新日本考古学辞典

江坂輝彌
芹沢長介
坂詰秀一
編

ニューサイエンス社

New Dictionary of Archaeology in Japan

Edited by

TERUYA ESAKA
Professor Emeritus, Keio University

CHOSUKE SERIZAWA
Professor Emeritus, Tohoku University

HIDEICHI SAKAZUME
Distinguished Rissho University Professor

刊行に際して

『日本考古学小辞典』(第一版・1983)とその増補版『新日本考古学小辞典』(第二版・2005)を底本として，改装増補の第三版『新日本考古学辞典』が完成した。この度の第三版にあたっては第一・二版の共編者，江坂輝彌(1919～2015)，芹沢長介(1919～2006)が鬼籍に入られたので，第二版の刊行の後に遺された「留意事項と提言」をもとに，坂詰がその意を体して第三版の編集にあたった。第一版及び第二版の序文を掲載したのは江坂と芹沢の編集方針を受け継いでいるからである。

第二版の刊行後も，日本の考古学は，全国にわたって旧石器時代から近現代にいたる遺跡の発掘，遺物の検出が間断なく知られると共に，自然科学の諸分野との対応も目覚ましいものがある。

考古学は，時間と空間に限定されることなく人間の過去を物質的資(史)料〔遺跡・遺構・遺物〕によって究明する歴史科学である。研究対象の資料は一般に考古資料と称されるが，歴史史料であり，考古史料としても理解される。発掘調査によって認識される〔埋(水)没資(史)料〕，地上調査により把握される〔地上(伝世)資(史)料〕を包括し，それは旧石器～近現代に及んでいる。

考古資(史)料は，時空的に多岐にわたって，多種多様であり，歴史科学としての考古学の知識が求められる。考古学の辞(事)典は，その手解き，研究の手引きとして活用される。

第三版の編集にあたっては，第二版を底本に自然科学の諸分野をはじめ，新項目を大幅に追加すると共に「日本考古人名録」を増補した。また，巻末に「日本考古小年表」を新たに加えたほか，付録として遺物の名称一覧など様々な図表を増補し，便益に供することとした。

考古学に関心を有する多くの読者各位，考古学を学ぶ若い人たちにとって便宜な辞典として活用されることを願っている。

底本(第二版)及び増補(第三版)の刊行にあたり，簡潔に項目の執筆を頂いた皆様に対し厚く御礼を申し上げたいと思う。

第三版の刊行にあたり，増補新版の編集を長きにわたって慫慂されてきたニューサイエンス社の福田久子社長，そして編集担当の角谷裕通氏の労に敬意を表したい。

2020年9月

坂詰秀一

第二版（新日本考古学小辞典） 刊行の辞

近年，とくに日本の考古学界は，新資料の発見が相次ぎ，それに伴って研究成果も飛躍的に発展した。一方，レファレンスとして考古学辞(事)典類も数種が出版された。

その間にあって『日本考古学小辞典』は，幸いにして江湖の評価を得て増刷を重ねてきたが，時勢の趨勢によって新しい用語の出現，重要遺跡の発見などにより，増補改訂の要望が各方面から期待されるようになった。

この度，日本考古学の最新情報をとり入れた増補改訂が成り，刷新された『新日本考古学小辞典』が完成した。新用語・重要遺跡の選択はもとより，訂正新稿の項目も少なくない。収録項目は，現在，日本の考古学界において広く用いられている用語の中から厳選したものである。考古学の基本的な用語，近年になって用いられはじめた新しい用語，旧石器時代から近・現代にいたる遺跡と遺物など，日本における考古学の現状認識と調査研究の実践にとって有用な新辞典となったことと確信している。大・中の「考古学辞（事）典」とは一味違った小辞典として活用して下さることを願っている。

新版の刊行にあたり，種々ご協力を頂いた執筆者各位に対して厚く御礼を申し上げさせて頂きたいと思う。

2005年５月

江坂輝彌
芹沢長介
坂詰秀一

第一版（日本考古学小辞典） 編者言

日本考古学100年の歴史において，われわれはすでに４種の辞・事典をもっている。

酒詰仲男・篠遠喜彦・平井尚志編『考古学辞典』（改造社，1951），水野清一・小林行雄編『図解考古学辞典』（創元社，1959），日本考古学協会編『日本考古学辞典』（東京堂，1962），有光教一ほか編『世界考古学事典』（平凡社，1979）がそれである。

それぞれに特色をもつものであり，とくに後３著は考古学界をはじめとして関係の諸学にも広く用いられている。

これらの辞・事典は机上判としての本格的なものであり，一般読書人向きとしてはかならずしも適してはいない。

そこで，日頃『考古学ジャーナル』誌の編集に関係してきた私達は，ハンディでかつ最近の考古学界の状況を盛り込んだ小型の考古学辞典の刊行を希望してきていた。

欧米においては，Penguin Pressの“A Dictionary of Archaeology”1970やLeonard Cottrellの“The Concise Encyclopedia of Archaeology”1960，J. Jelínekの“The Pictorial Encyclopedia of the Evolution of Man”1975（ドイツ語版あり），Andren Sherrattの“The Cambridge Encyclopedia of Archaeology”1980，あるいはLarousseの“Dictionnaire de la Préhistoire”1969，Jan Filipの“Enzyklopädisches Handbuch zur Ur-und Frühgeschichte Europas”Ⅰ（A—K）1966，Ⅱ（L—Z）1969，Max Ebertの“Reallexikon der Vorgeschichte”Ⅰ～ⅩⅤ，1924～1932が読書界に流布し考古学の普及に役立っていることを知っているし，さらにまた専門的ではあるがSara Chanpionの“A Dictionary of Terms and Techniques in Archaeology”1980の

有用さを見聞きしてきている。

そこで一般読書人を対象とした小型の考古学辞典を編集する計画をたてた。立案してより数年が経過したが，いま漸くにして公けにすることができるようになった。

本辞典の内容は，紙数の関係より簡に失し，当該項目の解説に不満をもたれる方もあるかも知れぬ。しかし，それは項目末に加えた参考文献を繙いて頂くことによってその欠を補って欲しいと思う。

辞典の編集は，言うは易く行うは難しい。私達は，全力をあげて編集に従事してきたが，それでもなお不充分な点があることは否定することができない。願わくば，多くの識者のご教示を得て補訂を加えていきたいと思う。

執筆には，現在，考古学界において活躍中の中堅研究者をはじめ新進の多くの若手に加わって頂いた。日本考古学界の現状にそくした簡潔かつ有用な解説を施して頂いたことと信じている。執筆者各位に厚くお礼を申し上げたい。

最後に長年月にわたり本辞典の編集を辛抱づよく見守ってくれたニュー・サイエンス社に対して敬意を表したいと思う。

1983年8月

江坂輝彌
芹沢長介
坂詰秀一

新日本考古学辞典
目　次

編　　者

江坂輝彌　慶應義塾大学名誉教授

芹沢長介　東北大学名誉教授

坂詰秀一　立正大学特別栄誉教授　（第三版編集担当）

執 筆 者（五十音順）

青木　繁夫	青木　豊	阿子島　香	穴沢　咊光	阿部　朝衛
荒井　健治	荒幡　尚雄	安楽　勉	池上　悟	池田　栄史
池田　善文	石附喜三男	石橋　孝夫	市原　壽文	稲村　繁
乾　哲也	井上　洋一	今野　春樹	上野　恵司	牛ノ濱　修
上屋　真一	江口　桂	江坂　輝彌	江谷　寛	遠藤　政孝
大島　直行	大田　幸博	大竹　憲治	大谷　敏三	岡崎　完樹
岡嶋　格	岡田　康博	岡本　桂典	乙益　重隆	小渕　忠秋
小山田和夫	角張　淳一	加藤　定男	梶原　洋	金子　浩昌
上敷領　久	川崎　俊夫	川崎　義雄	岸本　利枝	木下　亘
桐原　健	工藤　竹久	車崎　正彦	桑月　鮮	小林　博昭
小林　康幸	高麗　正	小松　正夫	是光　吉基	斎木　勝
斎藤　孝正	阪田　正一	坂詰　秀一	坂本　彰	坂本　美夫
佐川　正敏	佐々木達夫	定森　秀夫	佐藤　攻	佐藤由紀男
潮見　浩	重松　和男	七田　忠昭	渋谷　忠章	島袋　綾野
下山　覚	新東　晃一	杉山　晋作	須田　英一	須藤　隆
鈴木　敏則	関　俊彦	芹沢　長介	曽我　貴行	高杉　博章
高田　和徳	高橋　理	橘　昌信	橘　善光	近森　正
知名　定順	千葉　英一	堂込　秀人	東門　研治	時枝　務
戸田　哲也	中島　広顕	仲宗根　求	中山　清隆	西谷　正
西脇　俊郎	丹羽百合子	沼山源喜治	野口　義麿	野澤　均
野村　幸希	野村　崇	橋本真紀夫	長谷山隆博	塙　静夫
馬場　悠男	早川　泉	林　徹	広瀬　雄一	廣田　佳久
福田　健司	藤村　東男	藤原　妃敏	藤原　弘明	松井　章
松浦　秀治	松崎　水穂	松下　孝幸	松原　典明	宮野　淳一
村田　文夫	森　醇一郎	盛本　勲	八木　光則	梁木　誠
柳沢　和明	柳田　俊雄	柳田　康雄	山田　晃弘	山中　一郎
吉田　格	渡辺　誠			

新日本考古学辞典

〔1 ～ 484〕

凡　例

1) 本辞典は日本の考古学・歴史学専攻の研究者，学生ならびに考古学に関心のある一般人を対象に，日本考古学の現状をふまえて，日本及び外国の考古学的知識を得るのに必要と思われる項目約 2,000 を選んで平易に解説した。とくに日本以外の旧石器時代の関係項目については極力収めた。底本は『新日本考古学小辞典』(ニューサイエンス社，2005) である。
2) 項目の選定には主として編者が協力者の意見を取り入れて当たり，執筆は 132 名が分担した。項目は，遺跡･遺物に関わる考古学用語をはじめ，人名，学説，技術･技法，文化・風俗，器物・道具・馬具・武器，鉱物・合金・材料，装飾・衣類・鏡，法令関係，時代，自然，動・植物など，考古学に関係するあらゆるものから重要と思えるものを選定してある。
3) 各項目の配列は五十音順，読み方は最も妥当とされているものを採用し，関連項目（見よ項目）は → 印で示した。
4) 記述は原則として現代仮名遣い，漢字は常用もしくは略字を使用するが，例外として専門用語や地名には常用外や旧漢字を使用した例もある。文末には * 印（アステリック）で示した主な参考文献を掲げ，文献名は単行本と雑誌名を『 』で，論文名を「 」でくくってある。各項目の最後に執筆者名を記し，文責を明らかにした。
5) 年は原則として西暦を用い，必要に応じ日本年号を（　）内に示した。数字は引用を除き算用数字で記述し，度量衡は km，m，cm，mm，g，%，° などのように記号で示した。
6) 外国の遺跡名・地名は，原則として片仮名の次に原名を付した。
7) 挿図は必要に応じ極力入れた。
8) 巻末には一般年表に加え明治期以降の近現代史を踏まえた「日本考古小年表」を掲載した。また，付録として各種土器編年表や遺構・遺物の名称一覧など，本文の理解を深めるための図表などを多数収めた。
9) 用語索引として人名・地名・事項などの五十音順索引を掲載したほか，考古関連の人名を抽出した考古関連人名索引を別途掲載した。

あ

会津大塚山古墳(あいづおおつかやまこふん) 福島県会津若松市一箕町にある。約90mの前方後円墳で，後円部に東西方向2基の割竹形木棺を埋置する。南棺・北棺から，日本製三角縁神獣鏡・捩文鏡・玉類・剣・三葉環頭大刀・銅鏃・鉄鏃・靫・鉄斧・鉇・刀子・紡錘車形石製品・石杵と砥石などが出土し，4世紀後半の前方後円墳が東北に存在することを示した。＊伊東信雄ほか「会津大塚山古墳」(『会津若松史』別巻1，1964) (杉山晋作)

アイヌ アイヌとはアイヌ語で人の意。その名でよばれる人々は本来日本列島北部の原住民で，言語・生活習俗・形質など文化的・形質的に周囲他民族と異なり，かつてエゾ(蝦夷)とよばれた。近世では北海道・本州北端・千島・南樺太に居住したが，今に残る地名からカムチャツカ半島南端や東北地方北半にも及んだことが知られる。生業は狩猟漁労が主で，農耕はアワ・ヒエなどの簡単な栽培のみであった。1807(文化4)年に総数2万4000人に近いとする記録もあるが，江戸時代後半，和人の移住・接触が多くなるにつれ，もたらされた疫病や，場所請負制度による強制労働などでその数を大きく減じていった。明治以降の統計は1万6000人前後を示し，和人との同化も進んだ。和人が北海道島に居住するようになった室町時代以降，しばしば和人との大規模な抗争がくり返された。アイヌの人種帰属について，かつてコーカソイド説が多く唱えられ，他にも諸説あるが，近年モンゴロイド説が浮上している。北海道を中心に古くから居住していたと思われるが，実態はあまり明らかでない。縄文時代を通じて北海道は石狩平野までの道南部，それを超えた道東・道北部の2文化圏に明確に分かれ(前者は東北北部系に属す)，そのいずれが主体をなすか究明されていないからである。ただ，続縄文時代の後半(6～7世紀ごろ)には全道的に文化圏が統一され，擦文文化に受け継がれるので，そのころには単一民族としてのアイヌ民族の祖型が全道的に成立したとみなせるであろう。サケ・マスなど季節的溯上性魚に依存し，アワ・ヒエの簡単な農耕をもつ生活形態や，壁にカマドをもつ冬季住居，キテ(回転離頭銛)・マキリ(小刀)などの系譜から擦文文化は祖先文化として大きな意義をもつ。有名な熊祭りの要素をオホーツク文化に求めるべきとの指摘もある。＊アイヌ文化保存対策協議会編『アイヌ民族誌』1969 (石附喜三男)

青石塔婆(あおいしとうば) → 板碑(いたび)

青木遺跡(あおきいせき) 鳥取県米子市青木，長者原台地に存在する遺跡の一つで，1971年から調査が実施された。その結果，縄文時代後期・晩期の落し穴，弥生時代以降の遺構として竪穴住居跡，掘立柱建物跡，周溝墓，土壙墓，古墳，土坑など西日本では有数の遺構が検出され，特に弥生時代から奈良時代にかけての集落構造を明らかにするうえで注目される遺跡である。＊青木遺跡発掘調査団『青木遺跡発掘調査報告書』Ⅰ～Ⅲ，1976～1978 (是光吉基)

檍遺跡(あおきいせき) 宮崎市吉村町檍中学校校庭にある弥生時代前期の遺跡。現地は赤江灘にのぞむ阿波岐ヶ原砂丘列遺跡群中の一つである。遺物には縄文時代終末の夜臼式系と，弥生初期の板付Ⅰ式の壺形と甕形土器を出土し，積石墓9基と小児壺棺・甕棺3組以上，および竪穴住居跡5軒分が検出されている。なお周辺砂丘列には広汎にわたって各時代の遺跡が分布する。＊森貞次郎「宮崎県檍遺跡」(『日本農耕文化の生成』1961) (乙益重隆)

青塚古墳(あおづかこふん) 愛知県額田郡幸田町坂崎字青塚にある。矢作川沖積地に占地する前方後円墳である。全長38m,

後円部径22m，前方部幅14mほどを測ると推定されている。葺石および埴輪(円筒・家形・水鳥形)をもつ。周溝は明確にされていない。内部主体は花崗岩・片麻岩による竪穴式石室で朱が認められ，全長4.6m，幅1.03～1.45m，高さ1.27～0.81mを測るという。副葬品は直刀・剣・鹿角製刀装具・鉄鏃・ガラス製小玉・金銅製銙が知られる。＊大場磐雄「三河国青塚古墳と発見遺物について」(『考古学』1–3，1930)　(坂本美夫)

障泥(あおり)　→　馬具(ばぐ)

赤坂天王山古墳(あかさかてんのうやまこふん)　奈良県桜井市倉橋にある大型方墳。南北約47m，東西が北辺50.5m，南辺43.2mのいびつな形の方墳である。墳丘は3段築成で，葺石があり，高さ約9mを測る。墳頂は平坦である。西側の古墳の一部を破壊して造成されている。主体部は，南に開口する両袖式の横穴式石室で，全長15.3m以上，玄室長6.5m，同幅3.2m，同高(奥壁側)4.2m，羨道長8.5m，同幅1.8m，同高2.0mを測る。花崗岩の自然石を積んだ，いわゆる天王山式石室で，当初は壁面をベンガラで赤く塗っていたことが知られる。入口に閉塞石が残る。石室内には，二上山産白色凝灰岩製の刳抜式家形石棺が安置されており，長2.4m，幅1.7m，高1.1mを測る。蓋に2対の縄掛突起があり，南側の小口の中央左寄りに一辺48cmの彫り込みがある。石室は早くから開口していたため，出土遺物は不明である。築造年代は6世紀末から7世紀初頭と考えられる。崇峻天皇陵に比定する見解もある。＊桜井市纏向学研究センター『赤坂天王山古墳群の研究　測量調査報告書』2018　(時枝　務)

赤碕塔(あかさきとう)　石造塔婆の一型。川勝政太郎により紹介命名されたもので，鳥取県東伯郡琴浦町赤碕に存在している。宝篋印塔式の隅飾を刻出した笠をもつ宝塔形式石塔で，下部より段形をもつ基礎，下面に反花を刻出した塔身，段形と隅飾をもつ笠，相輪の4材よりなる。基礎と笠が宝篋印塔形式，塔身が宝塔の型式をとっている。宝塔の一地方色あるいは宝篋印塔の一形式とされている。＊川勝政太郎「赤碕塔」(『考古学雑誌』25–7，1935)　(斎木　勝)

赤碕塔（鳥取・赤碕町）

明石原人(あかしげんじん)　1931年4月，兵庫県明石市西郊西八木海岸で採集された人間の腰骨(左寛骨)。海岸の崖面から出土する化石骨を研究していた直良信夫によって，砂質粘土層の崖下への崩壊土の中に認められた。実物は戦災で失われたが，東京帝国大学に保管されていた石膏模型をもとに，1948年長谷部言人は「明石市付近西八木最新世前期堆積出土人類腰骨(石膏型)の原始性に就いて」(『人類学雑誌』60–1)の中でNipponanthropus akashíensís Naoraiの通称を与え，形態に認められる原始的な特徴を指摘し，原人段階に列するとした。同年秋，

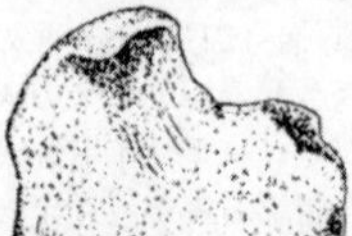

明石原人（腰骨）

出土地点に近い場所の発掘が行われたが，化石や石器の発見はなかった。腰骨の発見に先立ち，1927年直良によって8点の石器が採集・報告されているが(「播磨国西八木海岸洪積層中発見の人類遺品」『人類学雑誌』46–5・6，1931)，交互剥離で刃部を形成したチョピングトゥール，およびチョパーが含まれている。腰骨の再計測と多変量解析を用いた新しい研究から明石原人は現代人の範疇に含まれるという意見も出ているが，反論もあり，依然として謎の人骨であることに変りはない。（阿子島香）

赤土山古墳(あかつちやまこふん)　奈良盆地の東縁辺部の天理市櫟本町に所在する，東大寺山古墳群中の前方後円墳。後円部背後に造出しを付設しており，全長は105mほどである。主体部は調査されておらず，後円部墳丘上から石製玉杖などが出土している。4世紀末頃の築造である。＊天理市教育委員会『赤土山古墳調査概報』1～3，1989～1991（池上　悟）

赤星直忠(あかほしなおただ)　1902～1991。神奈川県生まれ。神奈川県師範学校卒，横須賀市立工業高校教諭，神奈川県立博物館嘱託。文学博士。鎌倉を中心とする「やぐら」の調査研究のほか中世の考古学的研究の先駆者として知られる。『中世考古学の研究』(1980)など。（坂詰秀一）

赤堀茶臼山古墳(あかぼりちゃうすやまこふん)　群馬県東部の赤城山南麓の伊勢崎市赤堀今井町に所在する前方後円墳。1929年に調査された学史に著名な古墳であり，全長62.1m，後円部径50.2m，前方部幅38mの規模である。主体部は，後円部頂に並置された2基の木炭槨である。1号木炭槨からは直径12.7cmの神像鏡，石製刀子21，臼玉25，三角板革綴短甲，剣・鉄鏃などの武器，2号木炭槨からは直径8.1cmの倣製内行花文鏡，直刀が出土している。後円部墳丘上には8棟の家形埴輪が配置されており，重要な資料となっている。＊後藤守一『上野国佐波郡赤堀村今井茶臼山古墳』帝室博物館学報6，1933（池上　悟）

赤門上古墳(あかもんうえこふん)　静岡県浜松市浜北区内野にある。三方原台地の裾部，姥ケ谷段丘上の先端に位置する前方後円墳で，前方部を南に，南北に主軸をとる。全長56.3m，後円部径36.2m，高さ4.9m，前方部幅14.7m，高さ1.15mを測る。墳丘の外縁全体に裾石が囲繞する。葺石・埴輪はない。内部主体は木棺直葬と考えられるものである。副葬品には三角縁神獣鏡・剣・直刀・銅鏃・鉄鏃・斧・鉇・刀子・管玉がみられる。三角縁神獣鏡はほかに同笵鏡がみられる。＊下津谷達男ほか「遠江赤門上古墳」(『浜北市史資料』1，1966)（坂本美夫）

赤湯古墳群(あかゆこふんぐん)　山形県南陽市赤湯にある大群集墳で，北方山塊の山麓地帯にいくつか支群にわかれて約500基が存在したが，現在ほとんど潰滅した。その中の二色根(にろね)2号墳は横穴式石室から直刀・鉄鏃・須恵器・和同開珎を出土し，支群の中島平古墳群から蕨手刀を出土している。＊柏倉亮吉『山形県の古墳』1953（穴沢咊光）

東原遺跡(あがりばるいせき)　沖縄本島中部の読谷村渡具知地区所在の，比謝川右岸の谷底海岸平野に立地する縄文時代草創期～前期の遺跡である。1975～1977年に3次にわたって読谷村歴史資料館によって発掘された。上層からは前期の曽畑式土器，下層からは草創期の爪形文土器が出土し，従来縄文後期を上限としていた沖縄の縄文文化を一新した。＊高宮広衛ほか『渡具知東原第1次・第2次調査報告』1977（渡辺　誠）

秋田城跡(あきたじょうあと)　国指定史跡秋田城跡は，秋田県秋田市寺内地内に所在する。立地は，旧雄物川河口に近い左岸で，基盤層の上に飛砂が堆積した標高30～50mの丘陵である。『続日本紀』の733(天平5)年12月条に「出羽柵を秋田村高清水岡に遷し置く」とあるように，出羽国の南にあった出羽柵を秋田村高清水岡に遷して造営したのがはじまりで，760（天平宝字 4）年頃には秋田城と改称された。

遺跡は，東西約 550m，南北約 550m の不整方形の築地塀で囲まれた外郭と，そのほぼ中心部に東西 94m，南北 77m の築地塀が方形に回る政庁からなっている。主な発見遺構は掘立柱建物・竪穴住居・井戸・沼・溝跡等で，官人の館や政庁内，政務を司るのは掘立柱建物で兵舎，工人等の住まいは 400 軒近く発見されている竪穴住居と考えられる。主な出土遺物は土器・瓦・木製品・木簡・漆容器の蓋紙に使用されたことによって保存された漆紙文書等がある。特に注目される遺構としては，1994 年に東外郭の城外約 100m で発見された水洗厠舎跡がある。掘立柱建物内に 3 基の便槽が配置され，それぞれの便槽から約 6m 延びた木樋の先には沈澱槽が掘られている。沈澱槽の堆積土からは，回虫・鞭虫・有（無）鈎条虫卵等多くの寄生虫卵と籌木（クソベラ）が発見されている。漆紙文書は，出挙や計帳，死亡帳等数十点発見されているが，16 号文書は「江沼臣」「高志公」など，北陸地方から柵戸として出羽国に移住させられた集団と関わりのある名が記述された死亡帳で，古代の制度を知る貴重な資料である。* 秋田市教育委員会『秋田城跡発掘調査概報』1973～2001

（小松正夫）

握斧（あくふ） → ハンドアックス

上げ底（あげぞこ） 土器の平底の底面の中央部が上部へもち上がり，底面の周囲が環状に置かれた面に接地するようつくられた底部。縄文時代早期末の尖底・円底から平底への推移過程で，尖底・円底の底面を製作過程で指先で押し上げ，内面へ凹ませた小さな上げ底もあるが，底面まで縄文を施文したものもある。ハイガイの貝殻背の圧痕文を施文した径 5cm 内外の上げ底は，関東地方縄文時代前期初頭の花積下層式土器などに認められる。（川崎義雄）

朝倉Ⅱ号墳（あさくらにごうふん） 群馬県中央部の前橋市朝倉町の，広瀬川右岸に立地した円墳。径 23m の規模であり，1960 年の発掘調査により墳丘部から東西方向に設けられた内法 4.9m の粘土槨が確認されている。剣・鉄鏃などの武器と，鎌・斧などの農工具が出土している。4 世紀代末頃の築造。* 山本良知「朝倉Ⅱ号古墳」（『群馬県史』資料編 3，1981）（池上　悟）

朝倉館跡（あさくらやかたあと） 福井市城戸ノ内町に構築された朝倉孝景から義景に至る 5 代の居館で，1573（天正 1）年の織田信長の攻撃をうけて滅亡するまで存続した。本館は，三方を土塁と濠で囲まれた方約 100m の規模を有し，諏訪館跡・湯殿跡からは庭園が発掘された。また，武家屋敷・寺院群も明らかになり，遺物も中国製陶磁器など多種多様のものが出土し，戦国大名の支配する小都市の形成や日常生活を知るうえで重視される。* 福井県教育委員会ほか『特別史跡一乗谷朝倉氏遺跡』Ⅰ～ⅩⅣ，1969～1982（是光吉基）

朝熊山経塚（あさまやまきょうづか） 三重県伊勢市朝熊山経ケ峰の山頂に所在する経塚群。1962・1963（昭和 37・38）年に発掘調査が行われ，小石室に銅製経筒を埋納したものなど，約 40 基の経塚が確認された。出土遺物には，紙本経・瓦経・経筒・陶製外筒など経典とその容器のほか，副納品として銅鏡・鏡像・飾金具・銭貨・刀子・火打鎌・鋏・錐・針・提子・青白磁皿・青白磁合子・山茶碗・花瓶・かわらけ・檜扇・櫛・漆合子など実に豊富な品々がみられる。なかでも国宝の 3 面の鏡像は，阿弥陀如来坐像や来迎図を線刻したもので，浄土教と経塚造営の関係を示す遺物として貴重である。経筒に 1159（平治元）年や 1173（承安 3）年の在銘遺品が含まれることから，経塚はおもに 12 世紀後半に造営されたと推測され，やはり銘文から伊勢神宮の祠官が造営に関わったことが知られる。* 石田茂作「伊勢朝

熊山経塚」(『立正考古』18, 1961)
(時枝　務)

足利公園古墳群(あしかがこうえんこふんぐん)　栃木県の西南端を占める足利市のうち，市街地の西側を画する南に派生する丘陵端上の緑町の足利公園内に位置する古墳群。公園造成に伴って地元の織物講習所勤務の峰岸政逸によって1基の古墳が調査され，次いで1886年に坪井正五郎によって2基の古墳が我国最初に学術調査された古墳群として著名である。いずれも横穴式石室を構築した円墳で，馬具，直刀・鉄鏃などの武器，玉類，須恵器などが出土している。このうちの1基からは大人12体，小児2体分の人骨が出土している。坪井は古墳の築造年代を専ら文献史料を根拠として，埴輪を伴うことから垂仁天皇32年以降，出土の金環を服飾に伴うものとして漢衣が伝えられた応神朝以前を想定している。1990～1994年にかけて公園の整備に伴い，足利市教育委員会によって再調査が実施された。既調査の1基は全長34mの小形の前方後円墳であることが判明し，この古墳を中心として東に7基，西に6基の合計14基からなる。後期群集墳であり，6世紀後半～7世紀前半にかけての築造である。峰岸の調査した古墳は前方後円墳であり，坪井の調査した2基の古墳は東の7基中に位置し，1基は完全に削平されていた。*坪井正五郎「足利古墳発掘報告」(『東京人類学会雑誌』30, 1888)；足利市教育委員会(『平成2～6年度文化財保護年報』1991～1995)　(池上　悟)

愛鷹山南麓遺跡群(あしたかやまなんろくいせきぐん)　概要：静岡県沼津市に在る。厚く堆積した富士山起源の火山灰層の中から旧石器時代の石器が検出され，武蔵野台地・相模野台地と同じく地層に保証された地域石器群の変遷を解明できる重要な遺跡群である。また国指定の「休場遺跡」，尾上イラウネ遺跡など極めて学術価値の高い遺跡が発見されている。そこでは20数層の火山灰分層による石器群編年が提示され1期から5期の石器文化に区分された。1期は台形様石器と刃部磨製石斧を示準石器とし，中見代遺跡BBⅥ層，清水柳北遺跡東尾根BBⅤ層などがある。武蔵野台地ではⅩ～Ⅸ層石器群に相当する。2期は多様な2次加工のナイフ形石器文化と大形石刃を示準石器とする石刃石器文化である。清水柳北遺跡中央尾根SCⅢb2層などがある。武蔵野台地Ⅶ層石器群に相当する。3期はAT火山灰層の石器群で小形石刃素材のナイフ形石器・エンド・スクレイパー(end scraper)と横長剥片素材のナイフ形石器・角錐状石器などのセットが示準石器である。中見代第Ⅱ遺跡BBⅠ層，西大曲BB0層などがある。武蔵野台地Ⅵ層～Ⅳ下石器群に相当する。4期は茂呂型ナイフ，石刃素材の彫刻刀形石器と尖頭器の石器群である。尾上イラウネ遺跡，広合遺跡などがある。武蔵野台地ではⅣ中～Ⅳ上の石器群に相当する。5期は細石刃と尖頭器の石器群である。中見代第Ⅲ遺跡，休場遺跡などがある。細石刃石器群では炉址も発見された休場遺跡，宮崎県船野遺跡の細石刃核と同じ技法が発見された駿河小塚遺跡，小塚遺跡などがある。武蔵野台地Ⅲ層相当の石器群である。*静岡県考古学会『静岡県考古学会シンポジウム　愛鷹・箱根山麓の旧石器時代編年』2, 1995　(角張淳一)

阿島遺跡(あじまいせき)　長野県下伊那郡喬木村にある弥生時代中期前半の集落跡で，「阿島式」の標式遺跡。天龍川の河岸段丘にあり，水田よりも畑作に適した地で，三河や遠江の文化を受け入れやすい所に位置する。大沢和夫は壺形土器に施文された太い波状文と爪形文と縄文の組み合わせが特徴と指摘した。甕・鉢・双口・瓢箪形の器種があり，東海の貝田町式や瓜郷式が共伴する。打製石斧・太型蛤刃石斧・扁平片刃石斧・石庖丁なども出ている。*佐藤甦信ほか「喬木村阿島遺跡」(『長野県考古学会誌』4, 1967)　(関　俊彦)

アシュール文化(Acheuléen)　フランスのアミアン郊外，サン・アシュール(St. Acheul)遺跡を標式遺跡とする前期旧石器時代文化。ヨーロッパではハンドアックス(hand axe)を伴う石器文化の新しいほうに位置付けられる。石器の稜部が直線形になり，薄く，より精緻なつくりがわかる。木や骨・角の軟質ハンマーの使用が考えられる。ミンデル氷河期からリス／ヴュルム間氷期の終わりまでの年代があてられ，30万年以上も継続したと考えられる。その分布も広く，西ヨーロッパからインドまで，およびアフリカ全土に知られる。アフリカではクリーヴァー(Cleaver)とよばれる幅広刃部をもつ両面調整石器を伴うことが一般的である。石器の特徴の変化が認められ，3期に分けられる。前期では部厚い塊状のハンドアックスがあり，大型の剥片石器を伴う。中期には長さが短くなったハンドアックスがみられ，楕円形で薄いものが多い(ヒラメ形)。後期では三角形になり，尖端が鋭くつくりだされたものが多くなる。ドルドーニュ地方(フランス)ではヴュルム氷河期になって特殊な発展が知られ，ミコック文化の名でよばれている。アルジェリアのテルニフィヌ(Ternifine)遺跡での原人の発見は，アシュール文化の担い手の問題を解決した。洞穴を含む多くの遺跡が調査されてはいるが，生活様式を明らかにできるには至っていない。テラアマタ(Terra Amata)，アンブロナ(Ambrona)，ラザレ(Lazaret)などの遺跡は有名である。*Jean Combier(éd.) ʻL'évolution de l'acheuléen en Europeʼ (“Prétirage de l'Uispp, Ⅸe Congrès, Nice” 1976)　(山中一郎)

アジル文化(Azilien)　フランス，ピレネー地方のマス・ダジル(Mas-d'Azil)遺跡を標式遺跡とする晩期旧石器時代文化。1889年，ピエット(E. Piette)がこの遺跡で初めて旧石器時代と新石器時代の両文化層間に両者と異なる文化層を検出し，「過渡期文化」とよび，後には中石器時代文化とよばれることになった。多くの遺跡でマドレーヌ文化につづいて発見される。アレレード(Alleröd)期から先ボレアル(Pré -boréal)期にあてられ，1万500〜9000年前の年代が与えられる。フランスからスペインにかけて分布するが，地域差が大きく，特に石器組成の量比が異なる。この地域差はすでに後期旧石器時代の終わりまでには認められていたものである。特徴的な石器は短い掻器(拇指状掻器)と半円形を呈する背付石器(アジル型小型ナイフ形石器)である。後者はシャテルペロン型ナイフ形石器を小型化したものと似ている。石器の製作技術の伝統はマドレーヌ文化から継続するので，あえてアジル文化をマドレーヌ文化第Ⅶ期と考える説もある。アジル文化は氷河時代が終わり，気候の温暖化が始まる時期に出現し，トナカイからシカへと狩猟の対象が変わっていく。このシカの角を用いて平たい有孔銛がつくられている。一般に骨角器は少なく，つくりも粗い。美術品にはいちじるしいものがみられなくなっているが，赤色オークで薄い礫に様式モチーフを描いた彩色礫は研究史の初期から注目された。*Denise de Sonneville-Bordes (éd.) ʻLa fin des temps glaciaires en Europe. Chronostratigraphie et écologie des cultures du Paléo-lithique finalʼ (“Colloque Internationale du C. N. R. S.” 271, 1979)　(山中一郎)

網代(あじろ)　土器の底部に網代痕のあるもの。縄文時代前期ごろからみられ，後期の加曽利B式土器で最も普及し，晩期までつづく。土器製作の時編布などの敷物の上でつくったため，土器の重みでその編み目が圧痕として残ったものである。材料には竹・樹皮などを加工した繊維や草本などの存在が考えられる。編み目には平編み，綾編みなどの各種がある。＊甲野勇『縄文土器の話』1976　(川崎義雄)

飛鳥池遺跡(あすかいけいせき)　奈良県高市郡明日香村飛鳥にあり，1991年の農業用ため池「飛鳥池」の埋め立てとその後の1997年の「万葉文化館」建設に伴う調査によって池底で発見された遺跡で，飛鳥寺の東南の「人」字形の谷にある。天武・持統朝の7世紀後半から平城遷都の8世紀初頭までの間に営まれた国営の工房跡が発見された。遺跡は東西方向の1本柱塀を境にして南北2つの地区に分かれ，北地区の北端では飛鳥寺の南面大垣となり，多数の掘立柱建物，石敷き井戸，方形の石組井戸があり，その導水路や下層の溝と土坑からは「天皇」「飛鳥寺」などを記した8000点の木簡が出土した。南地区では西谷筋と東谷筋に炉跡が多く，金・銀・鉄・銅・ガラスのほかにメノウ・コハク・水晶等の装飾品が生産されていた。また道昭が創建した飛鳥寺東南禅院の瓦窯があり，その下層から富本銭と鋳型や鋳竿などが出土したことから，和同開珎よりも古い我が国最初の貨幣であることが確認された。（江谷　寛）

飛鳥京跡苑池遺跡（あすかきょうあとえんちいせき）　飛鳥地域の苑池遺構は，坂田寺，雷丘東方遺跡，石神遺跡，小墾田宮，飛鳥池遺跡，島庄遺跡等の発掘調査で発掘されている。これらの遺跡は飛鳥川の東岸に集中する，飛鳥の諸宮，寺院，蘇我氏の邸宅に伴う苑池であり，日本書紀や万葉集によっても知られている。石神遺跡は飛鳥寺の北にあり，建物内に造られた，6m四方の石組みの池があり，1903（明治36）年に出土した男女の石人像と須弥山石は，この苑池に関連した噴水の施設であった。発掘された苑池の池はいずれも方形の石組みで，池底には砂利か石を敷いている。このような6世紀末から7世紀前半に造られた苑池に対して，飛鳥京跡苑池遺跡はこれまで知られてきた苑池とはまったく異なり，庭園史上重要な問題点があることがわかってきた。飛鳥浄御原宮の可能性のある飛鳥京跡の西北で，飛鳥川の東岸にあり，調査の結果池の中央に中島があって，池の東岸と中島を繋ぐ通路があり，この通路で池を南北に2分していることが判明した。南池の西岸は石積みの護岸で，池の東は自然地形の崖を利用したらしい。池底は偏平な石を敷き詰めている。池の南寄りで石像物が2点出土しており，大正時代に出土した2点の石像物と関連して考えると，南から流してきた水を噴水のように池に放水する構造であったことが明らかになった。池は南北200mにもなると推定され，斉明朝には完成し，13世紀には完全に埋没した。「丙寅年」「嶋官」の木簡が出土している。（江谷　寛）

飛鳥時代（あすかじだい）　一般には，美術史上の時代区分に用いる語であり，飛鳥の地に宮処のあった場所をいう。その時代の範囲には諸説があって，今日なお定説はない。その諸説とは，① 592（崇峻天皇5）年12月8日，敏達天皇の皇后額田部皇女が飛鳥豊浦宮に即位し，推古天皇となった時から，710（和銅3）年3月10日，元明天皇が都を平城に遷すまでの110余年を指すとの説。この間，孝徳，天智，弘文の3天皇を除き，都はほぼ飛鳥の地にあった。②仏教が公式的に伝来したといわれる6世紀中葉ごろから，上記の平城遷都に至るまでの時代を指すとの説。③6世紀中葉ごろから，孝徳天皇の御世すなわち645（大化元）年までの時代を指すとの説。④推古天皇の即位から，持統天皇が譲位し，太上天皇と号した697（持統天皇11，文武天皇元）年8月1日までを指すとの説。⑤政治史上の時代区分として行われている推古天皇時代，すなわち592（崇峻天皇5）年12月8日から73歳で崩御した628（推古天皇36）年3月7日までを指すという説，などがそれである。一般には，推古天皇の御世前後を指すと理解するのが妥当であり，政治経済的には，氏姓制から律令制への過渡期に位置し，わが国固有の文化と高句麗・百済を介して伝来した中国六朝時代の文化などとが混在する時代であった。飛鳥時代の中心は，6世紀中葉ごろに公式的な伝来があったとする『日本書紀』の記述に代表される通り，仏教であったといってよかろう。法興寺・四天王寺・法隆寺などの寺院が続々と建立され，建築・彫刻・美術・工芸などが急速に発達をみた時代である。

（小山田和夫）

飛鳥諸宮跡・飛鳥諸京跡（あすかしょきゅうあと・あすかしょきょうあと）　古事記では允恭天皇の遠飛鳥宮があったと伝えており，飛鳥地方では5世紀ごろから宮が造られていたという伝承があるが，飛鳥地方で確実な宮の造営は，592年に推古天皇の豊浦宮が最初で，それ以後7世紀末までの100年間に7代の天皇が現在の明日香村とその周辺の11ヵ所で次々と宮を造営していった。豊浦宮に次いで推古天皇は小墾田宮に移り，舒明天皇は飛鳥岡本宮，田中宮，厩坂宮，百済宮。皇極天皇は飛鳥板蓋宮。斉明天皇は飛鳥川原宮，後飛鳥岡本宮。天武天皇は嶋宮，飛鳥岡本宮，飛鳥浄御原宮を造営した。694年に持統天皇が藤原京を造営する以前の飛鳥地方の宮を総称して「倭京」「古京」といわれるが，これらの宮の所在地については伝承地であったり，さまざまな説のあるものもある。飛鳥諸宮は，天武天皇が大津京から飛鳥へ移したとされる飛鳥浄御原宮比定地で，1929（昭和4）年に喜田貞吉が発掘調査をしたのが最初であった。1959（昭和34）年以来では，蘇我入鹿が暗殺されたといわれる飛鳥板蓋宮伝承地の調査で，7世紀で3時期の重複する遺構が検出され，最上層が天武天皇の飛鳥浄御原宮の可能性が有力で，飛鳥京跡とされている。

飛鳥諸宮跡・飛鳥諸京跡

またこの宮跡の南側の明日香村島庄では，蘇我馬子の邸宅跡を天武天皇の草壁皇子の嶋宮にしたとされる，島庄遺跡の調査で，7世紀に造営された方形池と堤，人工の川が検出され，池を持った嶋宮の庭園の一部と見られている。　（江谷　寛）

飛鳥寺跡（あすかでらあと）　蘇我氏によって創建された日本最初の本格的な寺院である法興寺の遺跡。奈良県明日香村に所在する。1957（昭和32）年に奈良国立文化財研究所によって発掘調査された。『日本書紀』によれば，588（崇峻元）年に着工され，593（推古元）年に完成した。伽藍配置は，塔を中心に北と東西に3棟の金堂，中金堂の北に講堂，塔の前面に中門を配するもので，回廊は中門の両脇から延び，中金堂と講堂の間で閉じる。類似する伽藍配置は，朝鮮民主主義人民共和国の清岩里廃寺などで知られており，高句麗系のものと推測されている。軒丸瓦は素弁蓮華文で，百済系のものとみられ，百済から瓦工が渡来して製作したという『日本書紀』の記述を裏付ける。本尊は銅製釈迦三尊像で，鞍作止利（くらつくりとり）の作と伝え，典型的な飛鳥様式を示す。塔心礎に埋納されていた舎利容器にともなう副納品には金環・蛇行状鉄器・挂甲など古墳時代の遺風を残す遺物が含まれていた。

* 奈良国立文化財研究所『飛鳥寺発掘調査報告書』1958　（時枝　務）

飛鳥水落遺跡（あすかみずおちいせき）飛鳥盆地の中央部，飛鳥川東岸で飛鳥寺の東南に位置する。1972年に民家建設のための事前調査の際に遺跡が確認され，1981年以降から本格的な調査が実施され，貼石を有する1辺22.5mの正方形版築基壇とその上に地中梁工法を用いた4間×4間，一辺が11.2mの高楼状の礎石建物が確認され，この遺構が『日本書紀』斉明6（660）年夏5月の条の「皇太子初造漏剋　使民知時。」に記された「漏刻」とその付属施設であることが確認された。飛鳥時代，天体を観測し，暦を創り，時を計ることは，支配者の重要な役割であった。中国や朝鮮半島から伝えられた最先端の知識として，キトラ古墳の天文図，石神遺跡の具注暦木簡等と共に重要な遺跡である。＊木庭元晴「天香具山山頂を通過する天の北極軸を基軸とする古代飛鳥寺域と水落遺跡の飛鳥川争奪前後の占地」(関西大学文学部考古学研究室『関西大学博物館紀要』23，2017)　(松原典明)

足羽山古墳群(あすわやまこふんぐん)　福井市の足羽山に所在する前方後円墳1基，円墳約30基よりなる前～後期にわたる古墳群。群中の装飾図文を施した舟形石棺をもつ古墳が著名である。山頂古墳は径60mの円墳であり竪穴式石室中の石棺の身に稚拙な直弧文を巡らす。小山谷古墳は封土中に石棺を置き蓋の両側の斜面に4個ずつ8個の円文を浮き彫りにする。ともに4世紀後半の所産と想定される。＊斎藤優『足羽山の古墳』1960　(池上　悟)

麻生　優(あそうまさる)　1931～1990。東京生まれ。國學院大學文学部史学科卒・明治大学大学院文学研究科博士課程修了，千葉大学文学部教授。「考える考古学」を標榜し「人間行動の歴史的映像をとらえるための原位置論」を提唱。泉福寺洞穴(長崎)から豆粒文土器を発見し土器起源論に一石を投じ，西北九州の洞穴遺跡(岩下・下本山)の調査を通して日本細石器文化・縄文土器の起原を究明。日本の洞穴遺跡の研究を推進した。発掘者談話会主宰。『日本における洞穴遺跡研究』(2001)，『発掘のあとさき』(1997)，『岩下洞穴の発掘記録』(1968)，『泉福寺洞穴の発掘記録』(編・1985)『人間・遺跡・遺物1～3』(編・1983, 92, 97)。　(坂詰秀一)

阿高貝塚(あだかかいづか)　熊本県熊本市南区城南町阿高にある縄文時代中期の阿高式土器を出土する遺跡で，国の指定史跡。現地は雁回山の西北麓につづく台地の北端に位置し，浜戸川の沖積平野にのぞむ。西方には幅約160mの谷を隔てて淡水産の貝を主とする御領貝塚があり，鹹水産の貝を主とする阿高貝塚との相違から，石器時代における海汀線の後退を物語る好例とされている。＊小林久雄『九州縄文土器の研究』1967　(乙益重隆)

阿高式土器(あだかしきどき)　九州西北部に広く分布し，熊本県熊本市南区城南町阿高貝塚を標識遺跡とする縄文時代中期の土器形式である。阿高式土器は赤褐色あるいは黒褐色をした深鉢形土器が多く，口唇部に鋸歯状の凹凸を施す。文様は胴上半部より上に集約し，棒状工具による太い凹線文を主体とする入組渦巻文，点列文などを施文する。胎土には滑石の粉末を混入するものもあり，底部に鯨の脊椎骨の圧痕を有するものがある。朝鮮半島南部でも櫛文土器出土遺跡で阿高式類似土器が発見されている。

この形式の土器は，韓国東南部の釜山市の東三洞(とうさんどう)貝塚などの櫛文土器出土の貝塚遺跡からも出土している。＊前川威洋「九州における縄文中期研究の現状」(『古代文化』21–3，4，1969)　(江坂輝彌)

アタプエルカ遺跡(Atapuerka)　北スペインのブルゴスの東約20㎞にある石灰岩の遺跡。20世紀初頭に発見され，熊の骨が多いシマデロスウエソス，骨の穴(Sima de los Huesos)として知られていたが，1976年に化石人骨が発見された。1997年グランドリーナ，大陥没(Gran dolina)地点では，古地磁気法やESR法によりマツヤマ・ブリュネ(Matuyama-Bruhnes)の境界(78万年前)よりやや古いとされるTD6層から*Homo ergaster*に由来する*Homo Antecessor*の化石人骨が発見された。チョパー(chopper)などの礫石器群が伴うとされ，バイフェイス(Biface)は最下層では見られない。人骨には石器による傷が見られ，食糧不足によるカニバリズムの可能性も指摘されていて，存続に失敗した人類ともみられている。Sima de los

Huesos 地点では，全部で 1600 点以上，最低 32 個体以上の化石人骨が確認されている。形質人類学的に *Homo Sapiens* の系統と *Homo heiderbergensis-Homo neanderthalensis* の系統に先行する共通の人類とする説が強い。Biface などのアシューリアン(Acheulian)石器群を伴い，U シリーズ年代測定法により約 30 万年前より古いとされるが，それよりも若いとする見方もある。全身骨格の残る例が多いことから，衛生的な理由や何らかの儀礼的な投棄も推定されている。50 万年以前にさかのぼり，ネアンデルタール(Neanderthal)に連なる確実なヨーロッパの下部旧石器遺跡として重要である。* "Atapuerka Nuestros Antecesores" Fundacion del Patrimonio Histórico de Castella y Leon, 1999　（梶原　洋）

阿玉台貝塚(あたまだいかいづか)　→阿玉台貝塚(おたまだいかいづか)

アッセンブリッジ(assemblage)　日本の旧石器文化研究で組成の用語を用いる場合は，杉原荘介の考えでは，1 遺跡 1 文化層における道具の種類(器種・形態)の組み合わせとその数量比を組成といい，組成の変化が生活の変化を示すという理解である。チャイルドは，同時性が明らかな各種遺構・遺物の特定の型式の組み合わせを assemblage と呼び近藤義郎が「組成」と訳した。この場合の組成は，型式としての概念のまとまりの組み合わせをさし，杉原の組成は数量的な実比の姿態を示す考え方とは大いに異なる用語となる。なお大塚初重の解釈は「共存関係(同時性)にある一括遺物の組み合わせ」とし，例示は内容(種類)をさしていることから杉原に近い。* 杉原荘介「縄文文化以前の石器文化」(『日本考古学講座』3, 1955)／『日本先土器時代の研究』1974；V. G. チャイルド・近藤義郎訳『考古学の方法』1964；大塚初重「考古学の方法」(『考古学ゼミナール』1976)　（高麗　正）

安土城跡(あづちじょうあと)　織田信長が天下統一の拠点として，1576(天正 4)年に滋賀県蒲生郡安土町安土町に築いた城郭。1582(天正 10)年明智光秀による本能寺の変の直後に焼亡。築城当時は琵琶湖で最大の弁天内湖と伊庭内湖に囲まれ，湖に浮かぶ標高 199.2m の島状の安土山であった。その最高所にある天守(天主)跡が昭和 15 年に発掘調査され，翌年にはその東南の本丸跡が調査された。平成元(1989)年からの発掘調査では大手門から天主までの長さ 180m，幅 8～9m の大手道とその道沿いの郭，信長の建てた摠見寺，天主と城下町を結ぶ百々橋口道跡などが明らかになった。安土城が湖東流紋岩による野面積みの石垣であること，天主や本丸御殿をはじめ伝名坂邸跡や虎口などで検出されているように，礎石立建物が多いこと。更に唐人一観たち工人による瓦と，特に初めて金箔瓦と鯱瓦で屋根を飾っていた点がこれ以後の近世城郭の規範となって織豊系城郭と呼ばれる要素である。昭和 27 年に特別史跡となる。　（江谷　寛）

安土桃山時代(あづちももやまじだい)　織田信長(1534～1582)と豊臣秀吉(1536～1598)とがそれぞれ政権を掌握していた時代，すなわち安土時代と桃山時代との総称であり，政治史的見地からは織豊時代あるいは織豊政権の時代などとよばれることもある。1568(永禄 11)年 7 月 25 日，越前より美濃立政寺に足利義昭(同年 4 月 15 日，元服し改名)を迎えた織田信長は，同年 9 月 26 日，義昭を奉じて入京し，幕府を再興するとともに新政権を樹立した。1573(元亀 4, 天正元)年 7 月 19 日，信長は義昭を追放して，名実ともに室町幕府を滅亡させた。このいずれかを上限とし，それ以来，1582(天正 10)年 6 月 2 日の本能寺の変に至るまでの間は，信長が 1576(天正 4)年 2 月，琵琶湖東の要衝の地に安土城を築き，天下に号令し，当時の中心となっていたことに因んで，安土時代と称呼される。織田信長の遺業を受けた豊臣秀吉が天下統一に成功したのは，

1590(天正18)年9月のことであるものの，一般には，1582(天正10)年6月の本能寺の変以降，1598(慶長3)年8月18日，秀吉が死歿するまでの16年間を，秀吉が晩年を過ごした伏見城のある伏見山が18世紀後半以降に「桃山」と親しみを込めて称呼されたことにちなみ，桃山時代と称している。桃山時代の下限については，上記以外に，関ヶ原の戦によって徳川の覇権が確立した1600(慶長5)年9月15日までとする説もある。豊臣秀吉は，1583(天正11)年6月2日，大坂に築城をおえ入城しており，政権の所在地からすれば，大坂時代と称すべきではあるが，文化史上における華麗な時代の表現としてもふさわしい桃山時代が，歴史全般にわたって使用されている。（小山田和夫）

厚手式土器(あつでしきどき) 明治末から昭和上期に縄文土器が大別され，薄手式土器に対比して用いられた名称。現在の縄文時代中期の土器に厚手式が，後期の土器に薄手式が相応する。しかし「厚手式」「薄手式」には年代差の認識はなかった。坪井正五郎は明治37(1904)年「貝塚から多く出る薄手の土器と包含層から多く出る厚手の土器との関係如何。」と「厚薄式」所説に先鞭をつけた居民族論的見地から問い，10年後に鳥居龍蔵は『諏訪史第一巻』(1920)等で「厚薄式」に「派」を付し部族の生業の差と論述し用語も普及した。＊坪井正五郎「日本最古住民に関する視察と精査」(『太陽』10-1，1904)；山内清男「鳥居博士と明治考古学の秘史」(『鳥居記念博物館紀要』4，1970) → 薄手式土器(うすでしきどき) （高麗 正）

吾妻鏡(あづまかがみ) 鎌倉幕府の事績を幕府自身が編纂した歴史書。1180(治承4)年の源頼朝挙兵に始まり，1266(文永3)年の六代将軍宗尊親王の帰京で終わるが，完成した書物かどうか疑問がある。『吾妻鏡目録』では全52巻とするが，目録に記載されていない3年分の記事を収載した1巻の存在が知られており，52巻以上であったことが確認できるが，全貌は不明である。14世紀初頭に成立したと考えられるが，前半部と後半部の2度にわたって編纂され，前半部が13世紀中葉，後半部が14世紀初頭に完成したとする説がある。日記体で記載されているが，実際は編纂者が記事をまとめたもので，その独自な文体は吾妻鏡体と呼ばれている。編纂には『玉葉』や『明月記』をはじめ，寺社や御家人に伝来した文書など，さまざまな史料が使用されている。鎌倉時代の歴史を研究するうえで欠かせない史料であることはいうまでもない。＊八代国治『吾妻鏡の研究』1931 （時枝 務）

跡江貝塚(あとえかいづか) 宮崎市北部大字跡江字無田ノ上，大淀川右岸，南に突出した標高20mの台地上にある。1965年12月から69年にわたって宮崎大学教育学部の田中稔隆教授が数回発掘調査を行っている。貝層上半部のハイガイが多く，下半部にはヤマトシジミの貝殻が多く堆積していたという。下層には押型文土器，平栫(ひらごしらへ)Ⅱ式，上半部には轟A式・塞の神(せのかん)式土器などが出土しているが，宮崎大学で発掘した時の貝層中，かなり広範囲な地区から関東地方の早期末の茅山式土器片が出土し，数箱の平箱内にあったこの形式の土器が接合され，茅山式の小型突底深鉢一個体に復元できた。胎土中に植物繊維を含有する胎土脆弱(もろい)土器で，南関東地方で製作された可能性の強い土器であり，宮崎県下までどのようなルートで伝播されたか興味深い資料である。＊鈴木重治「宮崎市跡江貝塚の調査」(『日本考古学協会第31回総会研究会発表要旨』，1965)；田中稔隆「宮崎県宮崎市跡江無田ノ上貝塚」(『日本考古学年報』18，1970) （江坂輝彌）

窖窯(あながま) → 窯跡(かまあと)

姉崎二子塚古墳(あねがさきふたごづかこふん) 千葉県市原市姉崎にある前方後円墳。平地に南西面して築かれ，全長105m，後円部径55m，前方部幅57mで，円筒埴輪列がある。後円部と前方部に埋葬がなされているが，施設の構造はつまびらかではない。後円部から石枕・鏡3・玉類・甲冑など，前方部から石枕・銀製垂飾付耳飾・甲・轡などが出土した。冑は鉄地金銅張の小札鋲留式衝角付冑である。また前方部の石枕には直弧文が彫刻されている。営造時期は5世紀後葉。＊大場磐雄・亀井正道「上総国姉ヶ崎二子塚古墳調査概報」(『考古学雑誌』37–3，1951)　（車崎正彦）

アブヴィル文化(Abbevillien)　北フランス，アブヴィルのソンム川高位段丘の遺跡を標式遺跡とする前期旧石器時代文化。ヨーロッパのハンドアックス(hand axe)をもつ石器文化の最古に位置付けられる。

まずサン・アシュール(St. Acheul)遺跡で古い様相をもつハンドアックスが認められ，そうした遺物の標式としてシェル(Chelles)遺跡の遺物がドゥ・モルチエ(G. de Mortillet)によって選ばれたシェル文化(Chellen)。一般的にこの文化に属するとされるハンドアックスは転移磨滅を受けているが，シェル遺跡の遺物もその例にもれず，後ブリュイ(H. Breuil)は原位置出土の遺物が存在するとして，アブヴィル遺跡を標式とすることを提唱し，今日その用語の定着をみるに至っている。*Henri Breuil 'Le vrai niveau de l'industrie abbevilienne de la Porte du Bois (Abbeville)' ("L'Anthropologie", t. 49, 1939)　（山中一郎）

鐙瓦(あぶみがわら)　瓦葺建物の屋根の軒先を宇瓦との組合せによって飾る瓦で，男瓦の端部に瓦当と呼ばれる文様部分を接合したもの。この名称は729(神亀6)年の平城宮跡出土木簡に初見する歴史的名称。いわゆる科学的名称では軒丸瓦と呼ばれる。その形状が馬具の鐙を逆さまにした形に似ていることからこの名称で呼ばれる。鐙瓦の瓦当文様は古代には蓮華文が最も多く見られるほか，重圏文などがあり，また中世以降には巴文が多く見られるようになったため，江戸時代以降には俗に巴瓦の名称で呼ばれることもあった。→ 軒丸瓦(のきまるがわら)　＊坂詰秀一「古瓦名称論」(『論争・学説日本の考古学』6，1987)　（小林康幸）

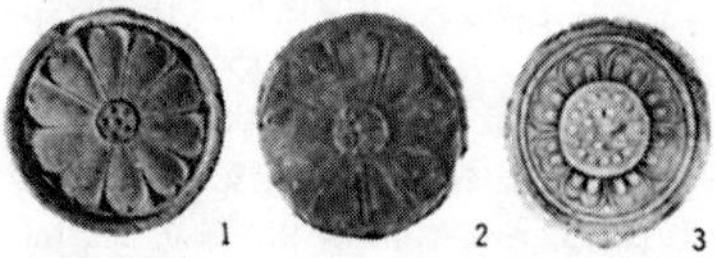

鐙瓦　1：奈良・飛鳥寺，2：奈良・法隆寺，3：奈良・法輪寺

阿武山古墳(あぶやまこふん)　大阪府高槻市の阿武山の山頂より南にのびた尾根の頂端に位置する。地山整形を主として形成された径82mの円墳である。主体部は，地山を3mほど掘り下げた墓壙内につくられた花崗岩を用いた横口式石槨であり，長2.6m，幅1.1m，高さ1.2mを測る。塼築の棺台上に夾紵棺が安置され，金糸をまとい，玉枕を用いた60歳前後の男性人骨が仰臥伸展葬にて検出されている。7世紀代の築造である。＊梅原末治「摂津阿武山古墓調査報告」(『大阪府史蹟名勝天然紀念物調査報告』7，1936)　（池上　悟）

網干善教(あぼしよしのり)　1927～2006。奈良県生まれ。龍谷大学文学部国史学科卒，関西大学専任講師・助教授を経て教授，名誉教授，文学博士，橿原考古学研究所指導委員など。飛鳥地方における古墳・寺院跡の発掘調査を進め，とくに高松塚・キトラ古墳の発掘を主宰。仏教考古学の分野では関西大学の日本インド共同学術調査団の団長としてインド祇園精舎の発掘を実施。飛鳥川原寺裏山遺跡出土の塑像・塼仏・塼を研究，瓦經の悉皆的調査研究を行う。『終末期古墳の研究』(2003)，『高松塚古墳の研究』(1999)，『壁画古墳の研究』(2006)，『佛教考古学研究』(2000)，『祇園精舎―発掘調査報告書』(共・1997)，『古代の飛鳥』(1980)，『古墳と古代史』(1996)，『日本古代史論』(1998)。　（坂詰秀一）

安満遺跡(あまいせき)　大阪府高槻市八丁畷町と高垣町にかけて分布する。弥生時代から歴史時代までの集落跡で，1928 年に調査した小林行雄は，弥生土器を「安満A·B·C 類」に分け，その系譜を追求した。その結果，弥生土器は北九州のものと深いつながりがあることを主張した学史的な遺跡の一つである。1966 年からの調査で方形周溝墓や大溝がみつかり，葬制にも好資料を提供した。* 小林行雄「安満 B 類土器考」(『考古学』3–4，1932)　(関　俊彦)

甘粕　健(あまかすけん)　1930〜2012。静岡県生まれ。東京大学大学院人文科学研究科博士課程修了。東京大学研究員(東洋文化研究所)，同助手を経て新潟大学法文学部教授。文学博士。日本考古学協会会長，文化財保存全国協議会委員，新潟県考古学会会長などを歴任。古墳時代を専攻し，前方後円墳に関する研究，東国古墳文化の研究などに業績，文化財保存の全国組織結成の中心となる。『前方後円墳の研究』(2004)ほか。新潟大退官記念論集『考古学と遺跡の保護』(1996)。　(坂詰秀一)

雨垂石(あまだれいし)　→　蜂巣石(はちすいし)

網目文(あみめもん)　→　縄文の文様(巻末参照)

アメリカ式石鏃(アメリカしきせきぞく)　打製石鏃の一型式で，茎の基部の両側にえぐりこみ(抉入部)を入れた異形のもの。北アメリカの原住民(インディアン)の遺跡から発見される石鏃に似ているところからこの名がある。日本で発見されるものは，以前縄文時代のものと考えられていたが，その後の調査研究で主として東北地方の弥生文化に副葬品として収められているものであることが判明した。一部北陸地方にも見られる。さらに，パレスチナのナトゥーフ文化にも同様の形状を示す石器がある。*Braidwood, R. J.(泉靖一ほか訳)『先史時代の人類』1969　(中山清隆)

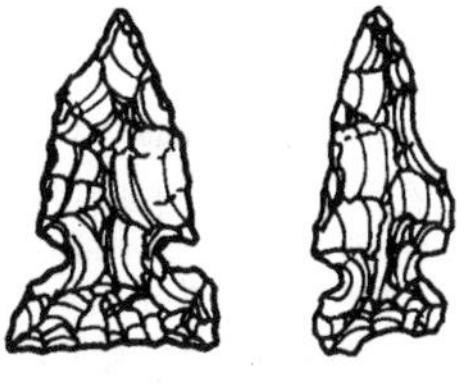

正面図　側面図

アメリカ式石鏃（岩手・常磐遺跡）

菖蒲塚古墳(あやめづかこふん)　新潟県新潟市西蒲区竹野町にある。角田山塊東麓の竹野町丘陵東南端から西方に延びる一支丘の先端部に占地する前方後円墳で，全長 50m，後円部径 30m，前方部幅 15m ほどの古式な形態を呈する。内部構造は不明。文化年間刊本の『北越奇談』に盗掘によって古墳があばかれたことが記されている。享保年間のことといわれ，神獣鏡・硬玉製勾玉・碧玉製管玉などの出土が知られる。1936 年には国指定史跡となった。* 上原甲子郎『菖蒲塚古墳』(巻町双書 3)，1960　(坂本美夫)

綾羅木遺跡(あやらぎいせき)　山口県下関市綾羅木町郷にある弥生時代前期の遺跡。1965 年に遺跡が破壊され，国分直一らが緊急調査した。遺構は袋状竪穴群，溝，土壙群，壺棺墓が多数存在し，出土土器は遺跡名をとって「綾羅木式」と名付けられた。遺物は打・磨製石器類，鉄器，陶塤(笛)，炭化したコメ，アズキが出土。遺跡は九州·山陰·瀬戸内地域の文化が交差する所で，諸地方の要素がみられる。なお，旧石器時代や歴史時代の遺物も出ている。* 下関市教育委員会『綾羅木郷遺跡』1981　(関　俊彦)

新久窯跡(あらくかまあと)　埼玉県入間市新久に存在する古代窯業遺跡で，東金子窯跡群の西半分を占めている。A から E までの 5 地点で瓦窯跡 3 基，須恵窯跡 4 基，それに工房跡などが検出されている。瓦窯跡から素縁六葉単弁蓮花文鐙瓦，均正唐草文字瓦をはじめ多量の文字瓦が出土し，須恵器窯跡からは甕・坏・蓋などが出土している。瓦は武蔵国分僧寺塔跡出土のものと同笵であり，845（承和12）年の塔再建に伴う造瓦窯として理解されている。また，須恵器窯跡出土の資料は須恵器の編年的研究に際し，関東唯一の絶対年代比定の基準として注目されている。一方，その須恵器は集落遺跡でしばしば土師器と伴出するため，土師器の年代観を把握するうえでも貴重な資料となっている。＊坂詰秀一編『武蔵・新久窯跡』1971　（阪田正一）

アラゴ洞穴（Caune de l'Arago）　フランス，ペルピニャンの北西20kmほどにある前期旧石器時代の遺跡。1964年以来ドゥ・リュムレー（H. de Lumley）が発掘している。1971年に原人の頭骨が発見されたほか，13個体に属する人骨が知られる。40～45万年前のヨーロッパ最古の人類頭骨である。ゾウ・バイソン・サイ・ウマなどの骨の中に発見されたので食人説がある。礫器，若干のハンドアックス（hand axe）のほか，多くの剥片石器が伴出する。＊Henry de Lumley（éd.）'L'homme de Tautavel, le premier homme en Europe'（"Les dossiers de l'archéologie" 36, juillet/août 1979）　（山中一郎）

荒屋遺跡（あらやいせき）　新潟県長岡市西川口に所在する後期旧石器時代遺跡。信濃川と魚野川との合流点付近の段丘面上に位置する。芹沢長介により1958年に調査され，矢出川遺跡に次ぐ細石刃文化の発掘となった。石器はほとんどが頁岩製で，多量の細石刃・彫刻刀形石器のほかに，尖頭器・鏃形石器・錐・細石刃核などがある。彫刻刀形石器の多くは，剥片のほぼ全周縁に調整を加えた後，先端の右肩から左方向に彫刻刀面をつくりだした特徴的なもので，芹沢はこれを荒屋型と命名した。細石刃生産技術は後に荒屋技法と名付けられ，両面加工石器を縦に半割して打面を設定するものとして，湧別技法と同一系統に属すると考えられている。この技法と荒屋型彫刻刀は，東日本から北海道，さらには東シベリア方面にまで関連し，中部地方以西の細石刃文化ときわだった対照を示している。なお，貯蔵穴と考えられる遺構が発見されている。出土炭化物より1万3200±350B.P.（Gak–948）という^{14}C年代が得られている。＊芹沢長介「新潟県荒屋遺跡における細石刃文化と荒屋形彫刻刀について（予報）」（『第四紀研究』1–5, 1959）　（山田晃弘）

有田（ありた）　佐賀県西松浦郡にあり，有田焼の産地として有名。有田焼は伊万里焼ともよばれ，佐賀藩主鍋島直茂が秀吉の朝鮮遠征に従軍し，帰陣の際につれ帰った陶工李参平が有田泉山の陶土で磁器を焼成したことに始まる。有田一帯の陶窯中，大川内窯は献上品や藩主自用品生産の藩窯で，その他は一般の需要に応ずる商品を生産した民窯である。19世紀初頭瀬戸で磁器が焼成されるまで，有田焼は大坂に集まる陶磁器中で首位を占め，海外にも多く輸出された。＊三上次男編『有田天狗谷古窯』1972　（渋谷忠章）

有光教一（ありみつきょういち）　1907～2011。山口県生まれ。京都帝國大学文学部史学科（考古学専攻）卒，大学院退学。朝鮮総督府古蹟調査技手，朝鮮総督府博物館（主任），京都大学講師・助教授を経て教授。名誉教授，文学博士。朝鮮考古学を専攻し，朝鮮半島各地の古墳調査事業に参画。奈良県立橿原考古学研究所長，財団法人高麗美術館研究所長。『朝鮮磨製石剣の研究』（1959），『朝鮮櫛目文土器の研究』（1962），『有光教一著作集1・2・3』（1990，1992，1999），『朝鮮考古学七十五年』（2007）。　（坂詰秀一）

アルタミラ洞穴（Altamira Cave）　スペイン北海岸サンタンデル（Santander）州，サンチャーナ・デル・マール（Santillana del Mar）の南2kmのなだらかな丘の上にアルタミラ洞穴がある。1868年，兎を追っていた猟師が洞穴の入口を見つけた。地主のマルセリーノ・S・ド・サウトゥオラ（Marcelino. S. de

Sautuola)(1831～1888)は考古学に関心を抱いており，洞穴の入口付近の発掘をするようになった。1879年のある日，サウトゥオラは9歳になる娘のマリア(Maria)をつれて発掘に出かけた。父の発掘を見ていたマリアは退屈して洞穴の奥に入っていった。娘がいなくなったので心配したサウトゥオラはカーバイト・ランプを持って洞穴の中に入り，ランプの光が天井を照らしたとき，マリアは「トロス(toros)！　トロス！」と叫び声をあげた。父が天井を見上げると，そこには彩色されたバイソン(野牛)の群れが石灰岩の白い肌に浮かんでいたのだった。サウトゥオラはこの天井画は旧石器時代人の手によって画かれたものだと確信し，学界に発表した。しかし当時のヨーロッパの学界はこれを否定し，この洞穴画は1875～1879年の間に画かれた偽作であり，サウトゥオラはペテン師だとさえ酷評されたまま1888年に淋しくこの世を去った。ところが19世紀の末から20世紀の初頭にかけて，若い研究者H・ブルィユ(H. Breuil)らがフランス西南部のドルドーニュ(Dordogne)川流域で，コンバレル(Les Combarelles)およびフォン・ド・ゴーム(Font-de-Gaume)洞穴を調査し，旧石器時代人の手になった洞穴絵画の存在を明らかにした。アルタミラ洞穴は奥行約270m，天井は低く，床面に横たわって見上げるようにしないと多くは眼に入らない。画かれた動物はバイソン，イノシシ，ウマ，シカ，雌シカ等であり，赤・黄・赤味がかった褐色，黒等で彩色されており，線刻画も少なくない。動物の大きさは1.5～2.2mにまでおよぶ。これらは旧石器時代後期のマドレーヌ(Madeleine)文化に属するといわれ，^{14}C年代は1万4000B. P.と測定されている。（芹沢長介）

阿波式石棺(あわしきせっかん) → 箱式石棺(はこしきせっかん)

合口甕棺(あわせぐちかめかん) → 甕棺(かめかん)

粟津湖底遺跡(あわづこていいせき) 琵琶湖から流出し，大阪湾に流れ込む，淀川上流・瀬田川の流れ口に近い琵琶湖南端部，大津市晴嵐町先の水面下2～3mの湖底にあり，貝塚積成時の縄文時代早期前半以降の晩期までの土器が発見されたが，大半は中期前半のものであった。貝塚積成時は今より水面が3m以上低かったと考えられる。貝塚に認められる貝類は，琵琶湖南端部付近から瀬田川流れ口付近の湖底に今日もかなり棲息する「セタシジミ」の貝殻が約80％を占め，その他に，イシガイ・カワニナなどが認められた。また，当時も湖岸に近い水際に貝殻などの食料残滓や日常什器の破損品の捨場(貝塚)となっていたので，貝層中から植物質の食料残滓，赤色顔料を塗った漆製品，木製品など，台地上の遺跡では発見できない貴重な資料が多数出土した。これらは今日滋賀県教育委員会に保存されている。*『粟津湖底遺跡第3貝塚』滋賀県教育委員会，1997（江坂輝彌）

安閑陵古墳(あんかんりょうこふん) 大阪府羽曳野市古市にある前方後円墳。古市高尾丘陵に治定されている。古市築山古墳ともいう。全長160m，後円部径100m，前方部幅130mあり，周濠がめぐる。後円部に横穴式石室があるというが，構造はつまびらかでない。西琳寺旧蔵の玉碗(ガラス容器)が出土したと伝えるが，疑問とする見解もある。6世紀中葉の営造。*末永雅雄『古墳の航空大観』1975（車崎正彦）

安行式土器(あんぎょうしきどき) 埼玉県川口市(旧安行村)領家猿貝貝塚出土の土器を標式として安行式土器と名付けられ，安行Ⅰ式，安行Ⅱ式を縄文時代後期に編年し，晩期は東北地方の大洞式土器にあわせ，安行Ⅲa，Ⅲb，Ⅲcの3期に分類された。その後，埼玉県奈良瀬戸遺跡の発掘によって，安行Ⅲd式が新設された。安行式前半は条線文土器と帯縄文系土器に分類され，安行Ⅲc以後は縄文が消滅する。分布は南関東地

方を中心とする。* 山内清男「眞福寺貝塚の再吟味」(『山内清男先史考古学論文集』3, 1967)　(江坂輝彌)

安国寺遺跡(あんこくじいせき)　大分県国東市国東町安国寺にある弥生時代集落遺跡。集落跡は田深川の南側にあり, 1951年以降5回にわたる発掘調査が行われた。弥生後期の住居群や周溝・水田跡から多くの土器や木器・木製品と若干の石器が出土した。田深川沿岸にある第2遺跡では, 3条の溝が掘られ, 灌漑と排水を兼ねた水路とみられている。* 九州文化総合研究所編『大分県国東町安国寺弥生式遺跡の調査』1958　(乙益重隆)

安国寺式土器(あんこくじしきどき)　大分県国東市国東町安国寺の低湿地遺跡より出土する, 弥生時代後期の土器。壺形土器は口縁部が「く」の字形に折れる二重口縁につくり, その上段に櫛描波状文を描く。胴部は卵形を呈し丸底をなす。甕形土器は口縁部が外に開き胴部は卵形に近く, 丸底または不安定な平底をなし器面の刷毛目調整がいちじるしい。* 九州文化総合研究所編『大分県国東町安国寺弥生式遺跡の調査』1958　(乙益重隆)

『あんとろぽす』(あんとろぽす)　東京の山岡書店より発行されたA5判縦組の考古学・民俗学・民族学の総合誌。1946(昭和21)年7月に創刊号を出し, 1948(昭和23)年10月に第9号を刊行して終刊。第6号は「日本石器時代研究」特輯として知られている。　(坂詰秀一)

行燈山古墳(あんどんやまこふん)　奈良県天理市柳本町にある前方後円墳。墳丘長242m, 後円部径158m, 同高31m, 前方部幅100m, 同高13.6mを測り, 前方部を北西に向ける。墳丘は3段築成で, 葺石が認められ, 埴輪を配する。主体部は竪穴式石槨と推測され, 近くにある長岳寺の境内に安置されている弥勒石棺仏は, 石槨天井石を転用したものであるとする説がある。墳丘の周囲には盾形の周濠が巡り, 周濠を含めると全長360m, 最大幅230mを測る。周濠には, 外堤がともない, 周濠内を区切る渡堤がみられる。周濠の一部は, 江戸時代の柳本藩による修陵事業によって改変された可能性があり, 注意が必要である。本墳の周辺には, 陪塚とされる古墳が4基あり, それらを含めて柳本古墳群を構成している。1974・75年には, 宮内庁による整備工事にともなう事前調査が行われ, 墳丘から円筒埴輪・土師器・須恵器が出土した。そのほか, 遺物としては内行花文のある銅板の存在が古くから知られているが, 拓本が伝世するのみで, 実物の所在は不明である。築造年代は4世紀前半と推測されるが, 崇神天皇陵に治定され, 宮内庁の管理下にある。
→　崇神天皇陵(すじんてんのうりょう)
(時枝　務)

安南銭(あんなんせん)　唐朝がベトナムに安南都護府を設置(A.D. 679年)し, 安南と呼称した時期の銭貨。太平興宝(970)から保大通宝(～1945)までを指し銭種も多岐多様。日本では発掘された産地不分明な銭貨を「安南銭」と呼んできた。「島銭」とも呼ばれた。* 鈴木公雄『出土銭貨の研究』1999　(松原典明)

安養寺瓦経塚(あんようじがきょうづか)　岡山県倉敷市浅原に所在する経塚群。勝福寺裏山の傾斜面に立地する。3基の経塚があり, 第1経塚と第3経塚が瓦経, 第2経塚が紙本経を埋納していた。第1経塚は瓦経196枚・土製塔婆形題箋8本・土製宝塔1基・檜扇片・ガラス小玉5個を納め, 瓦経は方形で法華経と般若心経のほか, 不空成就如来などの仏像を刻むものがある。第3経塚は1958(昭和33)年に発掘され, 土坑内に瓦経が7列2段に整然と並べられた状態が確認されており, 瓦経塚の典型例として知られる。方形瓦経302枚・塔婆形瓦経39枚・円盤状瓦製品11枚があり, 刻まれた経典は法華経・阿弥陀経・金剛経・仁王経・寿命経・薬師経・不動経・三千仏名経・懺法など多数にのぼり，密教的な色彩が強い。第2経塚は石囲中に経筒・誕生仏・刀子・青白磁片・土師器片が納入されていた。造営時期は，第3経塚出土瓦経に1086(応徳3)年銘をもつ願文があるので，11世紀後半に遡ると考えられる。＊鎌木義昌ほか『安養寺瓦経の研究』1963　(時枝　務)

い

鋳型(いがた)　青銅器や鉄器などの金属製品をはじめ，ガラス製品などを製作する際に用いられた鋳型。笵・鎔笵ともいう。その材質により石型・粘土(真土)型などとよばれる。片面だけの鋳型と2つ以上の鋳型を組み合わせ用いる合せ型に大別され，時間的には一般に前者が先行する。片面だけの鋳型は石型が多く，ヨーロッパの青銅器時代前期に多く見られるが，日本では今のところ明確な出土例をみない。ただ大阪府東奈良出土のガラス製勾玉の粘土型のように，勾玉の片面だけの鋳型を円筒形台の周囲に巡らし，ガラスの表面張力を利用して製品化したとみられるものがある。合せ型の発明と粘土型の発達は，中国の青銅器文化にみられる鼎・尊・爵のように，大形で複雑化した青銅器類の製作をも可能にした。日本においても銅剣・銅矛・銅戈などの鋳造に際しては石型が多く用いられたが，やがて主流は粘土型へ移行した。

粘土型による鋳造技法によって外型をつくる場合には，石型と同様に直接製品となるものの形を彫り込む場合と，木や粘土などで製品の原形をつくり，それを粘土(真土)で包み，型をとる場合が考えられる。ヨーロッパでは蝋でこしらえた原形の存在が確かめられているが，わが国ではまだ明確でない。また銅鐸や銅矛などのように中空部を有する製品を鋳造する場合には，外型のほかに内型を必要とする。内型は粘土型と考えられ，外型と内型との間には型持たせを設けて，これを製作した。銅鐸の表面にみられる四角形や円形の孔は，その痕跡を示すものである。

日本で発見されている鋳型のほとんどは石製の合せ型である。青銅製武器の鋳型を出土した遺跡は北部九州に数多く知られる。例えば銅剣は福岡県勝馬，銅矛は福岡県皇后峰，銅戈は福岡県三雲屋敷田などがあげられる。このほか，銅釧の鋳型は福岡県香椎などから出土している。また銅鐸の鋳型は主として畿内を中心に発見され，大阪府東奈良，兵庫県名古山などはその代表例として知られる。しかし最近では春日市大谷・鳥栖市安永田・福岡市赤穂ノ浦など九州でも銅鐸の鋳型が発見されるにいたった。これらの鋳型のほとんどが弥生時代中期以降の所産といわれ，国産青銅器の出現と軌を一にする。また銅鐸鋳型の中には大阪府東奈良と兵庫県気比3号鐸のように，鋳型と製品が一致するものも指摘されている。＊近藤喬一「青銅器の製作技術」(『古代史発掘』5, 1975)　(井上洋一)

伊川津貝塚(いがわつかいづか)　愛知県田原市伊川津町にある縄文時代後期から晩期にわたる主鹹貝塚。標高約2mの低台地上にある約800㎡の面積を持つ比較的大規模な貝塚。1920年代以降に小金井良精など多くの人類学者が縄文時代後・晩期の埋葬人骨を発掘の目的で大規模な発掘を行った。人骨のほか，埋葬人骨がつけていた貝輪，猪牙製腕輪，腰飾などの装身具骨角器，耳飾なども発掘された。縄文時代後期から晩期にわたる各形式の土器のほか，石棒，石刀，石冠などの各種石器，銛，釣針などの骨角製漁具なども発掘され，鈴木尚が発掘復原された上顎切歯4本を叉状研歯とし，下顎切歯4本を抜歯した人骨は当時の習俗の研究のためには重要資料である。＊渥美町教育委員会『伊川津貝塚』1972　(江坂輝彌)

伊木力遺跡(いきりきいせき)　長崎県西彼杵郡(にしそのぎぐん)多良見町(たらみまち)舟津郷

松手1128–1134番地に所在(現・諫早市)。(この地区の旧村名をとり伊木力遺跡とした)

大村湾南部，多良見町伊木力小学校東部の校庭付近から熊野神社敷地，近隣民家一帯が遺跡地で，縄文時代前期〜後期にわたる低湿地遺跡で，前期中葉の文化層からはセンダンの木材で製作した丸木舟が一叟発見されている。掘りこみは浅く，千葉県加茂遺跡出土のムクの木製の前期の丸木舟に形態が近似している。土器のほか，各種の石器，離頭銛などの骨角製品，ニホンジカ，イノシシなどの獣骨，クロダイ，マダイ，エイなどの魚骨，また100種を超える植物化石も発見されている。＊森浩一編『伊木力遺跡』(多良見町文化財調査報告　第7集，1990)　(江坂輝彌)

井草式土器(いぐさしきどき)　東京都杉並区新町井草遺跡出土の土器を標式とした。撚糸文系土器のなかで最も古い段階に位置する。器形は口縁部が肥厚外反し，やや胴張りを呈し，丸底状に近い尖底となる。文様帯は口唇部・口縁部・胴部に3分される。文様には縄文がおもに用いられ，撚糸文・押圧縄文・網目状撚糸文などもみられる。口縁部では縄文の条の走行は横や斜めに走り，胴部では縦方向に走る。井草Ⅰ・Ⅱ式に細分されている。＊小林達雄「多摩ニュータウン№52遺跡の発掘調査」(『多摩ニュータウン遺跡調査報告』Ⅱ，1967)　(吉田　格)

斎串(いぐし)　斎串は忌串とも書き，木の枝や薄い板・細い角材を串状に削った形で，神を招くときの依代，神への供物，災いを除ける祓いの道具などとして用いられた。仏教・道教・陰陽道と関連する。古くは万葉集に「斎串立て神酒据ゑ奉る…」などと見え，神主が斎串を立てて神酒を据えて神祭りをしている方法が具体的に描かれている。初現は9世紀後半説と8・9世紀説があり，官衙や宮都関連遺跡の溝や井戸跡から多数出土。圭頭部両角・両側縁に切込を有し，全長0.1〜1mに及び時代と共に大型化するとされる。　(松原典明)

異形剥片石器(いけいはくへんせっき)　縄文時代早期中葉から弥生時代にわたって，各時代の遺跡で発見数は極めて少ないが，北は北海道から南は九州地方まで日本各地で出土し，日本以外では類形的形態をしたものが，東北アジア各地で発見されている。　(江坂輝彌)

池上曽根遺跡(いけがみそねいせき)　大阪府和泉市池上町・泉大津市曽根町所在。大阪湾を望む低位段丘上に立地した南北1.5km，東西0.6kmの範囲に及ぶ近畿地方屈指の弥生環濠集落跡。明治時代に南繁則によって発見され，1960年代の後半に国道建設に伴う調査で発掘された直径300mの環濠によって全国的に注目された。市民レベルでの保存運動を経て，1976(昭和51)年に国史跡に指定。環濠は弥生時代前期後半に掘削され，中期初頭に再編成される。最盛期の中期後半には祭祀空間，工房，居住域，墓域などに集落機能が分化し，500〜1000人の人口が推定されている。集落中心部にある巨大な建物と井戸，整った集落構造，人口集中は「弥生都市論」が生まれる契機となった。後期には環濠が廃され，集落規模も縮小し，後期後半に終焉を迎える。多量の石器や土器類の出土，豊富な木製品の遺存でも知られ，特に我が国初の出土となった鳥形木製品は有名。大型建物に遺存した柱が年輪年代測定で紀元前52年に伐採されたことが判明し，弥生時代の実年代の考察に大きな影響を与えた。＊乾哲也編『よみがえる弥生の都市と神殿』1999；乾哲也「池上曽根遺跡の変遷」(『大阪府埋蔵文化財協会研究紀要』3，1995)；石神怡「池上弥生ムラの変遷」(『考古学研究』23–4，1977)；池上曽根遺跡史跡指定20周年記念事業実行委員会編『弥生の環濠都市と巨大神殿』1996　(乾　哲也)

池田茶臼山古墳(いけだちゃうすやまこふん)　大阪府池田市上池田町にある前方

後円墳。丘陵鞍部の傾斜面に東南東面して築かれ，全長 64m，後円部径 35m，前方部幅 18m ある。葺石および円筒埴輪列がある。後円部中央に割石小口積の竪穴式石室があり，脚付埦・石釧・管玉・小玉・鉄剣が出土した。なお埋葬施設には埴輪棺もあり，1号館から鉄刀子が出土した。4 世紀後葉の営造。＊堅田直『池田市茶臼山古墳の研究』1964 （車崎正彦）

遺構（いこう） 遺跡中に残されている不動性に富む人間集団の痕跡。集落であれば住居・倉庫・井戸など，墳墓であれば墳丘・埋葬主体部などを指し，可動性のある遺物と区別する。遺物とともに遺跡を構成する構造体である。→ 遺跡（いせき），→ 遺物（いぶつ） （坂詰秀一）

胆沢城跡（いさわじょうあと） 802（延暦21）年造営の陸奥国の城柵跡。岩手県奥州市水沢佐倉河八幡地区所在。北上盆地の胆沢扇状地扇端に立地し，外部線は一辺 670m 四方を築地塀で囲み，櫓を配し，南辺中央に桁行 5 間の門を建てている。

南門から中央の政庁に向かって大路が延び，政庁は 86m 四方を掘立柱塀で区画される。正殿・脇殿のほか北門付近は長屋風の建物が区画線上に配置されている。政庁周囲にはいくつかの機能をもつ複数の官衙域が形成され，特に 9 世紀後半以降，廂付の東西棟建物が整備され饗給官衙として機能している。

胆沢城には創建後まもなく鎮守府が多賀城から移遷される。律令国家の奥羽政策の重要拠点として 10 世紀中葉まで存続。国史跡。＊水沢市教育委員会『胆沢城跡』（各年度発掘調査概報） （八木光則）

石臼（いしうす） 磨製の石製品の一種で，石杵とセットをなし，おもに植物質食料を圧砕・粉化するのに用いた。石質は，大部分が安山岩質である。石皿が扁平な石塊の器面に浅いくぼみをつくったのに対し，石臼は厚みのある丸石を深くほりくぼめて鉢のような形にしたものをいうが，両者の区別は明瞭ではない。考古学では一般に縄文時代のものをいうが，古墳時代の石製模造品にもみられ，実際に使用された痕跡を示すものもある。分布をみると，中部地方以東，とりわけ中部山岳地方の縄文時代中期の遺跡に多い。石臼の用途はさまざまで，石臼の存在をもって，食用作物の栽培や原始農耕と直接結びつけることは危険である。 （中山清隆）

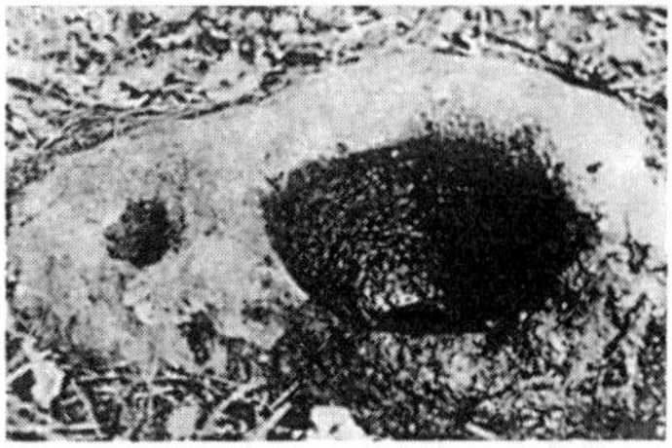

石臼（山梨・穂坂村）

石ヶ崎遺跡（いしがさきいせき） 福岡県糸島郡前原町曽根石ヶ崎（現・糸島市）にある弥生時代の墳墓群。1949（昭和 24）年に発掘調査が行われ，支石墓 1 をはじめ成人用甕棺 5，土壙墓 2，子供用甕・壺棺 19，小形土壙墓 1 などを出土した。それらは弥生前期後半から後期におよぶ。中でも支石墓は長さ 1.90m，幅 0.60m の小石室上に，長さ 2.20m，幅 2.10m，厚さ 0.60m の板状花崗岩をすえて掌石とし，石室内部より碧玉製管玉 11 個が出土した。その時期は近接して出土した甕棺との関係から，中期の所産と推定される。なお，この支石墓は小石室を有するところから，朝鮮半島における北方式支石墓の影響を考えるむきがある。＊原田大六「福岡県石ヶ崎の支石墓を含む原始墓地」（『考古学雑誌』38–4，1952） （乙益重隆）

石鎌（いしがま） 鎌状をした弥生時代の打・磨製石器で，やや内湾する部分に調整と磨きがみられ，刃をつけたもの。ただ刃部の剥離痕と研磨は鋭利さを欠き，鎌のように穀物を刈りとるのに用いたか不明である。むしろ武器や工具として使った可能性のほうがつよい。着柄法は，石器を柄に対し直角になるように付けて用いたらしい。北九州や本州西端の地から出土するが，それ以東ではほとんど使われていない。なお，中国ではB. C. 5000年代の後半に河南省の嵩山山麓に起こった裴李崗文化期にアワの収穫に石鎌が使われている。＊藤田等「大陸系石器―とくに磨製石鎌について―」(『日本考古学の諸問題』1964)　(関　俊彦)

石鎌（福岡・嘉穂東高南遺跡）

石神遺跡(いしがみいせき)　青森県西津軽郡森田村大字床舞(とこまい)小字石神狄ヶ館溜池(えぞがたてためいけ)(現・つがる市)の南東部に南方より北に突出した標高20mの半島状台地一帯が石神遺跡で，早期末ないし前期初頭の胎土に植物繊維を含有する斜縄文施文の尖底深鉢から縄文時代前期の円筒下層a，b，c，dの各式から中期の円筒上層a，b，c，dの各式と中期末の最花式(さいばなしき)―榎林式とも呼び，東北南部の大木9式とも類似する―まで，前期から中期末までの各時代にわたる集落遺跡で，東北地方北部の円筒土器文化研究上の貴重な遺跡である。地元には『石神遺跡保存会』があり，森田村歴史民俗資料館には本遺跡出土品の土器，石器，土偶，岩偶，玉類，玦状耳飾などの出土品が編年的に陳列されている。なお遺跡の一角にヤマトシジミを主とした主淡小貝塚が見られた。＊江坂輝彌編『石神遺跡』1970；村越潔『円筒土器文化』1974　(江坂輝彌)

石狩紅葉山49号遺跡(いしかりもみじやまよんじゅうきゅうごういせき)　北海道石狩市花川608ほかに所在し紅葉山砂丘と内陸側低地に立地する縄文時代前期末～アイヌ文化期の複合遺跡。一部は低湿地遺跡で，埋没河川から縄文時代中期末の木製品と遺構が出土する。木製品は2001(平成13)年現在，1,200点余りで，丸木舟の一部，尖り棒，石斧の柄，大小の舟形容器，片口容器，串，環状木製品などが出土している。木製品のうち50％をヤチダモ，ヤナギ製の杭(直径4cm，長さ2m前後)が占めている。遺構は，川を斜めに横断する形で各流路に打ち込まれた杭列で8ヵ所ある。うち2列は，下流側に支柱と上流側にヤマブドウの蔓で細い杭を編んだ柵を伴っている。これらの杭列は，アイヌ文化のサケ・マス用の杭列―「テシ・止め」と構造がほぼ同じであることから，定置の漁労施設「魞」の一種と考えられる。また，他の杭列も一部違いがあるが，構造的に似ており同種の遺構と推定される。付近から大形のタモや銛，松明，魚たたき棒も出土している。縄文時代中期末にはすでに，サケ・マス漁が盛んだったことが確認された。　(石橋孝夫)

石切り場(いしきりば)　石製品・石造物・土木建築用材などの石材を岩盤から切出した遺跡をさす。石器の石材採掘場は原石産地と呼び区分する。日本の大型石材利用は古墳時代に遡り，家形石棺や組合せ石棺などの石材を切出した。兵庫県石宝殿遺跡は，凝灰岩の岩盤(竜山石)から横口式石槨を切出そうとし放棄した石切場で，2014年(平成26年)に「石の宝殿及び竜山石採石遺跡」として国の史跡に指定された。中世の例は，長崎県西彼杵(にしそのぎ)半島の滑石製石鍋製作跡や，奈良県春日山周辺の凝灰岩石切り場，埼玉県小川町下里・青山の板碑製作遺跡(2014年国指定)は，石切り場と製品加工が一体であり共通する。近世の石切り場は大坂城・江戸城向けなどの城郭普請石材の石切り場が全国にある。大坂城向け石切り場は，小豆島・六甲山系が著名，江戸城向けは，真鶴・小田原・伊豆半島に遺る170の丁場と呼ばれる石切り場で2016年「江戸城石垣石丁場」として国史跡に指定された。＊金子浩之「静岡県 江戸城石垣石丁場関連遺跡」(『月刊文化財』548, 2009)（松原典明）

石釧(いしくしろ) 古墳時代に用いられた石製の腕輪である。内径5〜6cmの環状を呈する扁平なものであり，傾斜する上面と平滑な下面を有し，上面の斜面あるいは側面に細かな線を放射状に刻み文様とする。また一部には鋸歯文や直弧文などをあらわすものもある。車輪石あるいは鍬形石とともに碧玉製腕飾と称せられ，ともに弥生時代に用いられた貝輪を碧玉・凝灰岩・滑石などの石であらわしたものであり，石釧の場合はイモガイを素材とする貝輪をあらわしたものと考えられる。実用を離れ宝器化したものであり，近年明確になってきたところでは碧玉を主材としていない点をもあわせ，腕輪形宝器と称せられることもある。古墳時代前期，特にその後半の4世紀代より中期の5世紀代にかけて用いられたもので，畿内を中心に北九州より東北に及ぶ各地の古墳より出土している。碧玉製腕飾3種の中では，最も広い分布圏を示すものである。＊小林行雄「初期大和政権の勢力圏」(『史林』40–4，1957)（池上 悟）

石釧（奈良・池ノ内1号墳）

石鍬(いしぐわ) 鍬状をした打製石器の別名で，東日本では縄文時代の中期に登場するが，短期間で消えてしまう。弥生時代の中期に中部・関東・東北南部の地で，着柄部と基部を明確にした縄文時代のものと異なる形態がつくられる。これも打製石器の一つで，土掘り具としてつかった可能性がつよい。瀬戸内や南九州では，東南アジアに分布する有肩石斧に類するものがあるが，その祖型を外国に結び付けることはできない。＊八幡一郎「石鍬」(『考古学雑誌』31–3，1939)（関 俊彦）

石鍬（熊本・市房隠）

石匙(石匕)(いしさじ) 打製石器の一種で，すでに江戸時代に天狗の飯匕(めしがい)とか狐の飯匕の名で注意にのぼっていたことが知られる(木内石亭『雲根志』)。もともとさじとして使われたものではなく，皮剥とか石小刀とよぶほうが用途に即しており，一般的なナイフとして広く使用された道具であろう。頭部につまみ状突起をつくりだし，頭部からみて刃が縦に両側または片側についたもの(縦型)と，頭部と直角につけられたもの(横型)，および両者の中間型などがある。東北地方出土の石匙には，つまみの部分にアスファルトあるいは紐の付着していた例があり，紐に吊して持ち歩いたものと考えられている。時期的には縦型の方が早くあらわれ，東北地方から北海道にかけての縄文時代早期の遺跡から多く出土し，横型はまず関西以西にあらわれ，前期初頭には関東地方に波及し，前期後半には東北地方北部から北海道西南部に達するが，中期以降になると縄文文化の全域にわたって横型が優勢を占めるようになる。用材としては，東北地方では珪質頁岩，関東・中部地方は珪岩・黒曜石，西日本においてはサヌカイトが多く，それぞれの地域で得やすいものを用いている。その形態において時間差や地域性を微妙に反映し，縄文文化の内容に多岐なものがあることを示す遺物の一つである。西日本の弥生遺跡でまれに発見されることもあるが，縄文時代からの伝統をひいた名残りであろう。*上野佳也「有柄石匕試論」(『考古学研究』8–2，1961)　（中山清隆）

石皿（いしざら）　縄文時代の各時期にみられ，ドングリ・トチ・クリ・クルミなどのような堅果類を製粉するために使用されたものと考えられる。石皿の出土は西日本ではほとんどなく，東日本に多く出土している。*吉田格「縄文時代·日常生活用具」(『日本の考古学』Ⅱ，1965)　（川崎義雄）

位至三公鏡（いしさんこうきょう）　鈕を挟んで上下に縦の銘帯を有し，「位至三公」あるいは「君宜高官」などの4字句を2字ずつ配した鏡。左右の両区には，逆S字状に旋転する体躯の両端に龍首あるいは鳳首を有した双頭単身の獣形文の便化した図形を配している。外区には櫛歯文帯を有し，縁は一段高い平素縁となっている。径10cm以内の小型品が多く，図文の鮮明なものより便化したものまである。後漢末より六朝前半代の製作。*樋口隆康『古鏡』1979　（池上　悟）

石田川遺跡（いしだがわいせき）　群馬県太田市米沢の石田川左岸にある集落跡。遺跡は4世紀後半から5世紀初め，5世紀前半，9世紀に営まれた。1952年に発掘したころは初期の住人がのこした土器の類例が関東には少なく，弥生か古墳時代に属するかで話題をまいた。これが古式土師器研究のさきがけとなり，その後，本土器が北関東で最古の土師器ということから「石田川式」と命名された。その意味で土師器研究上忘れがたい遺跡である。*尾崎喜左雄ほか『石田川』1968　（関　俊彦）

石棚（いしだな）　横穴式石室の奥壁中位から水平に張り出した棚状の板石をいう。6世紀代の横穴式石室に認められる構造であり，西日本に約80例の所在が確認されている。特に和歌山県岩橋千塚古墳群に34例が集中しており，このうちの18例には両側壁を支える石梁も認められる。石棚には時に遺骸を安置し副葬品を配置することがあるとはいえ，石室構造上の必要から考案されたものとされる。

中国考古学の用語で石棚は“セキソク”と発音し，日本・韓国でいう支石墓—ドルメン—のことである。*関西大学考古学研究室『岩橋千塚』1967　（池上　悟）

石田茂作（いしだもさく）　1894～1977。愛知県生まれ。東京高等師範学校卒。帝室博物館鑑査官，東京国立博物館学芸部長，奈良国立博物館館長。文学博士。文化功労者。古代寺院跡・経塚・仏塔・仏具などの研究を推進し，仏教考古学の基礎を築いて体系化した。若草伽藍跡の発掘によって法隆寺再建論を決定づけたことは有名である。『佛教考古学講座』(全15巻，1936～1937)の編輯に関与し，『新版仏教考古学講座』(全7巻，1975～1977)を監修して，仏教考古学の組織化を果たした。『飛鳥時代寺院址の研究』1936，『総説飛鳥時代寺院址の研究』1944，『奈良時代文化雑攷』1944，『伽藍論攷』1948，『東大寺と国分寺』1959，『日本仏塔』1969，『佛教考古学論攷』全6巻，1977～1978などがある。　（坂詰秀一）

石突（いしづき）　槍・矛などの長い柄を有する武器の柄の下端につける金具をいう。古墳時代に用いられたものは鉄製の先端の尖ったものが多い。また前期古墳の特異な遺物である儀仗と考えられる玉杖の部分としては，それが丸味を有しながらも尖らない点より，中国での用法に従い鐓(とん・いしづき)とあらわしている。さらに筒形石製品といわれる上部が袋状をなすものの用途として，柄を挿入しての石突とも考えられている。（池上　悟）

石槌(いしづち)　槌としての機能をもつと推定される石器をいうが，敲石との厳密な区別がむずかしい。多くは敲打痕を有し，自然礫をそのまま用いたもの，磨製で短い円筒状のもの，磨製石斧の頭部破片を再利用したものなど各種あって，必ずしも形状は一定していない。石皿を伴って発見されることがしばしばある。物を敲いて砕いたり，押し潰したりしたもので，石器などの製作に用いたり，広範な使用法が考えられる。また，やや長めの球体の胴部に溝をめぐらす型式のもの(有溝石槌)もあって柄との緊着が想定される。世界各地で例をみるが，日本では縄文・弥生時代にわたってみられる。（中山清隆）

石燈籠(いしどうろう)　仏殿神殿の前に置かれた献燈するための石造物。構造は下部より基礎・竿・中台・火袋・笠・宝珠となる。石塔ではないが各部には反花・請花・格狭間など本来石塔に刻む細部様式を刻んだものもある。火袋が中心部で横に火口がうがたれ，八角・六角・四角の形がある。竿は円柱状のものが多いが，火袋の形状に合わせ八角・六角もある。古くは寺院の塔の前などに1基建立したが，その後神社に用いられ左右一対として建てられるようになった。＊天沼俊一『慶長以前の石燈籠』1937（斎木　勝）

石鍋(いしなべ)　滑石製容器。胴部中央以上に鍔を有する鍋形を呈することよりの呼称。鍔に替り，一対，または，二対の耳を付すものもある。径10cm，高さ4cm未満の小型から径40cm，高さ15cmほどの大型まである。煤の付着した出土例から実用したとされている。平安時代末より室町時代まで，西日本を中心に，沖縄～神奈川まで分布し，古城跡・寺院跡・集落跡などより出土する。石鍋の製作所跡は，長崎県西彼杵半島一帯に顕著にみられるほか，福岡県大牟田市湯谷・同県八木山峠などが知られている。石鍋の製作は滑石層の露頭面に直接石鍋の粗形をつくった後に滑石層から切り離す手法を採るもので，露頭面に方形マス目の割付を行い，マス目の掘り込みは口縁部・底部交互に行う例がある。すなわち，マス目割付けを1マス毎に空けた市松模様的に口縁部から掘り込み，中間に残る山形部分表面を底部として掘り込む技法で，滑石の素材の節約を図ったものである。＊森田勉「滑石製容器—特に石鍋を中心として—」(『仏教芸術』148，1983)（野村幸希）

石のカラト古墳(いしのカラトこふん)　奈良県奈良市山陵町と京都府相楽郡木津町相楽との境にある上円下方墳。カザハヒ古墳ともいう。丘陵の緩斜面に築かれており，下方部一辺13.8m，上円部径9.2m。葺石がある。墳丘中央に凝灰岩切石組の横口式石槨があり，漆片から漆塗木棺が納められていたと推定される。副葬品は金製玉・銀製玉・琥珀玉・銀製刀装具・金箔片が出土した。なお排水施設として，墳丘下および周囲に暗渠がある。営造時期は7世紀後葉。＊金子裕之「石のカラト古墳の調査」(『奈良山』Ⅲ，1979)（車崎正彦）

石鋸(いしのこ)　縄文時代の遺物のうち石鋸とよばれる石器には2種あり，用途や分布が異なる。

⑴杏仁形ないし半月形の大型の磨製石器。硬い火成岩の自然礫の角稜の部分を用い，上部は厚く，下部はうすくつくられている。中部地方以東の縄文遺跡で出土し，擦切技法による石斧製作などに使用された道具であろうと考えられている。＊八幡一郎『日本の石器』1948

⑵打製石器の一種。多くは黒曜石製で，長方形または櫛形につくり，一般に長軸の一辺に鋸歯状の刃部をつくり出した小形で

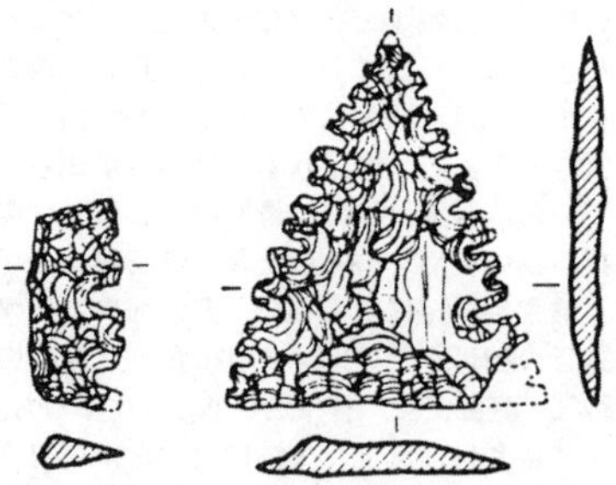
石鋸（左）と銛先状石器（福岡・天神山貝塚）

薄手の剥片石器。両面は打ち欠きや押圧剥離によって丹念に加工されている。おもに，西・北九州に分布し朝鮮半島から沿海州にかけても類例が知られている。軸にはめこんで使用するサイド・ブレイドと考えられ，一部に西アジアやエジプトのシクル・ブレイド(鎌の刃)に対比し，農耕の存在を主張するむきもあるが，石鋸と同様の鋸歯をもつ銛先状の石器を伴うことや分布などからみてこれを漁具とみる意見もある。時期的には，大体において九州縄文時代中期の阿高系土器から後期初頭の出水式土器に伴出し，朝鮮半島と九州の先史文化交流上，注目すべき遺物である。＊芹沢長介「周辺文化との関連」(『日本の考古学』Ⅱ，1965)　（中山清隆）

石鑿(いしのみ)　→　鑿形石斧(のみがたせきふ)

石櫃(いしびつ)　砂岩・凝灰岩など軟らかい石材を用いて作られた容器。身と蓋を備え，その両方，あるいはどちらか一方に刳り込み，印籠式にかぶさるのが普通である。身は，円形，方形箱形があり，蓋は，平蓋，半円形，家形などがある。機能は，火葬骨を直接収納する場合と骨蔵器・経筒・舎利容器などの外容器として用いられる場合がある。一般には奈良時代の火葬墓において，骨蔵器を収納するために作られたものを指す。＊石田茂作「墳墓」(『新版仏教考古学講座』7，1975)　（松原典明）

石舞台古墳(いしぶたいこふん)　奈良県高市郡明日香村島之庄に所在する一辺約50mの方墳。空濠と外堤をめぐらし，斜面には貼石を施す。横穴式石室は全長19.2m，玄室長7.7m，玄室幅3.4mを測る畿内でも最大規模のものである。巨石を用いた石室が露出していたために石舞台の名称が付けられた。この古墳を蘇我馬子の桃原墓にあてる説がある。＊浜田耕作ほか「大和島庄石舞台古墳の巨石古墳」(『京都帝国大学文学部考古学研究報告』4，1937)　（池上　悟）

石蓋土壙(いしぶたどこう)　地下に掘り込んだ土壙に石蓋を覆せたものをいう。おもに弥生時代の墳墓にみられるが，兵庫県亀山古墳主体部のように古墳時代の埋葬施設に採用された例がある。また，佐賀市久保泉町川久保丸山遺跡では縄文時代晩期末～弥生時代初頭とされる支石墓下の埋葬施設に用いられた例もある。長さ150cm，幅・深さ40cm前後の長方形土壙に数枚の板石で蓋をしたものが多く，中には楕円形・隅丸長方形のものもみられる。全体に箱式石棺に近似し，遺骸は伸展葬を原則とする。北部九州や山口県下を中心に分布し，箱式石棺や甕棺・土壙墓などと混在して集団墓を構成することが多い。地上に盛土などの標式がなく，甕棺墓や箱式石棺に比べて副葬品を伴う例が少ない。中でも福岡市南区上日佐，日佐原遺跡では合計53基の墳墓群中

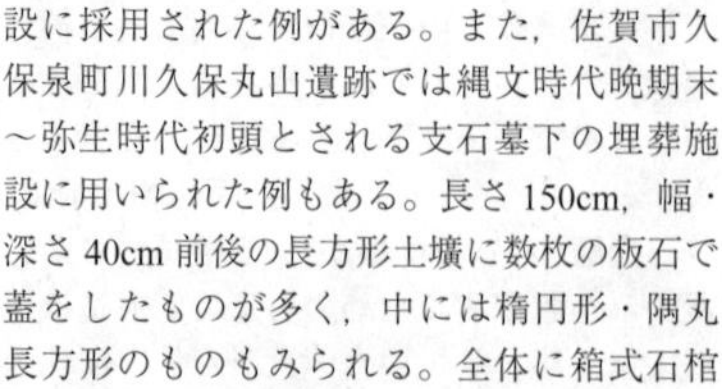
石櫃（和歌山・高野口町）

32基が石蓋土壙であり，その時期は弥生終末ごろとみられている。＊鏡山猛「石蓋土壙に関する覚書」(『史淵』58，1953)

(池田栄史)

石箆(いしべら) → 篦状石器(へらじょうせっき)

石庖丁(いしぼうちょう) その名称はエスキモーの用いる厨房用ナイフに似るところから「石庖丁」とよばれるようになったが，用途は穀類の穂摘み具である。東アジアにおける農耕文化に出現する特徴的な収穫用石器で，中国や朝鮮半島では石刀とよばれる。起源は華北の新石器時代文化に求められ，初期のものには扁平な石材の両端にえぐり込みを加えた石刀や土器片を同様に加工した陶刀などがあり，やがてこれが有孔の石刀に発展した。

わが国の石庖丁は佐賀県唐津市菜畑遺跡において，縄文時代終末段階の山ノ寺式土器に伴って発見された2例が現在最古の出土例である。その一つは半月形を呈する外湾刃のもので，他の一つは棟に近く両面から均等に擦り切り手法をもって穿孔している。九州における初期の石庖丁は正面観が三角形を呈し2孔を有するが，前期の後半段階から中期にかけて半月形を呈するものが多くなる。後期になると内湾刃の鎌形や長方形を呈するものがあらわれる。近畿地方では打製の石庖丁のほかに棟が直線をなし，外湾刃をなすものと，全体が矩形に近く棟が外湾の弧形を呈した外湾刃をなすもの，あるいは内湾刃をなすものとがあり，後期になると鎌形に近いものがあらわれる。九州地方のものはほとんどが両刃であり，近畿地方のものは片刃が多い。

中部地方以東地域の石庖丁は近畿地方の様式を踏襲するが，多くのものが両刃であり，また地域によって分布の濃淡差がいちじるしい。すなわち，関東地方では数例しか出土例がないのに対して，福島県下では総数200点近くが発見され，宮城県下の60例とともに最も顕著な対比がみられる。また，現在の分布地域の北限は岩手県・秋田県下にみられ，出土状態があいまいであるが，北海道下にも2例知られている。

石庖丁の使用法は棟に近く穿孔された穴に紐をかけ，片手で稲やあわの穂を摘み取ったものといわれ，最近はあわび貝製や木製のものも存在したことが知られるにいたった。＊石毛直道「日本稲作の系譜」上・下(『史林』51–5・6，1968) (池田栄史)

石庖丁（兵庫・田能遺跡）

井島遺跡(いじまいせき) 香川県香川郡直島町に所在する後期旧石器時代の遺跡。1954，1955年に鎌木義昌らによって調査された。遺跡は花崗岩よりなる島の南端付近の舌状台地上に位置する。調査では，表土から土器片，石鏃，含ザクロ石黒雲母安山岩製の細石刃，サヌカイト(sanukite)を石材とする小形ナイフなどが出土し，第2層である褐色の花崗岩風化土からは，比較的純粋な状況で小形ナイフが検出された。この結果をもとに，小形ナイフを主体とするグループは井島Ⅰ石器文化，細石刃，細石刃核を主体とする石器群は井島Ⅱ石器文化，石鏃を主とするそれらは井島Ⅲ石器文化と命名され，瀬戸内旧石器編年の基幹となった。＊鎌木義昌「香川県井島遺跡」(『石器時代』4，1957) (小林博昭)

石枕(いしまくら) 棺内に遺骸を安置する際に用いられた石製の枕であり古墳時代に使用された。舟形・割竹形の石棺の底面に馬蹄形のくぼみをほり込む造り付けのものと独立したものがある。前者は西日本の前・中期の古墳に認められ，後者は東日本，特に常総地方の5〜6世紀代に盛行した。滑

石枕（千葉・姉崎二子塚古墳）

石製がおもで，馬蹄形を主とする外周に1〜3段の高縁を有するもの，勾玉2個を緊縛した形を祖形とする立花を伴うものなどがある。＊千葉県立房総風土記の丘編『日本の石枕』1979　（池上　悟）

石山貝塚（いしやまかいづか）　滋賀県大津市石山寺辺町にある。琵琶湖の南端，瀬田川の流出口右岸，石山寺山門の東南100mあまりのところにあり，琵琶湖周辺域では唯一の貝塚である。南北50m，東西20m，現河水面より3m程の位置にある。貝層は約2mの厚さに達する。淡水貝種セタシジミを主体とし，コイ，フナ，ナマズ科，キギ科の魚骨，スッポン・イノシシ・シカなどの獣骨も多い。堆積する層序は下から押型文→（穂谷式）→茅山式並行→粕畑式→上ノ山式→入海Ⅰ式→入海Ⅱ式→石山式の各形式がつづき，縄文早期の編年が確立した。磨製石斧・石鏃・石匙・石錘があり，貝製品に鹹水産ベンケイガイの貝輪，ツノガイを輪切りにしたものがある。装飾を施したかんざし，有孔の鹿角板，クマの犬歯宝飾など早期例としては珍しく多彩である。なお，貝層中の石組炉もよくのこり，小児骨を含めた5体の屈葬人骨も検出されている。＊坪井清足・丹信実・塚本珪一『石山貝塚』（図録編）1956　（金子浩昌）

石山古墳（いしやまこふん）　三重県伊賀市才良にある前方後円墳。丘陵の地形を利用し南西面して築かれ，全長120m，後円部径70m，前方部幅40mある。葺石および3重の埴輪列がある。また南側くびれ部に方形埴輪列がある。後円部の墓壙内に粘土槨3があり，東棺内から鏡・玉類・琴柱形石製品・甲・靫・盾・刀剣など，中央棺内から冑・盾・滑石製模造品など，西棺内から鏡・鍬形石・車輪石・石釧・紡錘車形石製品・琴柱形石製品・玉類・滑石製模造品など，棺外から石製鏃・筒形石製品・盾などが出土した。営造時期は4世紀後葉。＊小林行雄「三重県石山古墳調査略報」（『日本考古学協会第8回研究発表要旨』1951）　（車崎正彦）

石山式土器（いしやましきどき）　近畿地方の南・東部に広く分布する縄文時代早期後半の土器型式である。石山式は滋賀県大津市石山寺辺町にある石山貝塚より層位的に出土した資料によって，石山Ⅰ式〜Ⅶ式に細分されている。各型式は穂谷式→茅山式並行→粕畑式→上ノ山式→入海Ⅰ式→入海Ⅱ式→天神山式に比定される。特に粕畑式〜天神山式に並行する各型式は東海地方との関連が指摘されている。器形は尖底ないし砲弾形を呈する深鉢形土器で，胎土に繊維を含むものもある。＊坪井清足『石山貝塚』1956　（岡嶋　格）

石槍（いしやり）　柄をつけて槍として用いたと考えられる打製石器。槍先形の石器は，古くから縄文時代以降のものを石槍とよんでいる。北海道や東北地方においては，早期から前期・中期にかけても引き続き製作されているが量的には少ない。

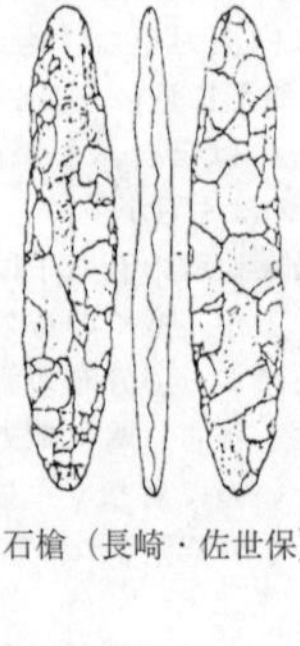
石槍（長崎・佐世保）

弥生時代の石槍は中期以降に存在し，畿内を中心に東海地方西部や兵庫・岡山・香川県など瀬戸内海沿岸に波及している。大部分はサヌカイト製で，時代が下降するにしたがって大型化する。＊小林行雄・佐原真『紫雲出』1964　（佐藤　攻）

異条斜縄文(いじょうしゃじょうもん)　→　縄文の文様(巻末参照)

伊庄谷横穴墓群(いしょうだにおうけつぼぐん)　静岡県静岡市伊庄谷。有渡山塊より派生した一支丘の南斜面上に占地する9基からなる横穴墓群で，うち7基が調査された。平面形はすべて玄室と羨道とが明瞭な両袖形で，玄室天井部はドーム形を呈する。6・7号には木棺の遺存が認められる。副葬品は金環・勾玉・切子玉・管玉・丸玉・小玉・大刀・刀子・鉄鏃・雲珠・飾金具・轡片・須恵器・土師器が知られる。6世紀後半から7世紀前半ころにつくられたものと推定されている。＊望月薫弘・手島四郎編「駿河伊庄谷横穴墳」(『静岡考古館研究報告』2，1963)　（坂本美夫）

威信財(いしんざい)　個人や集団の権威や権力を象徴する物。贈与交換の対象で，長距離交易によって共同体の外部から入手され，共同体内で再分配されるが，それにともなって上位の階層から下位の階層へと移動する。最終的に，食物などの一般財や女性と交換されるが，そうした一連の動きを威信財システムと呼ぶ。威信財には「贈与の霊」「マナ」などと呼ばれる霊的存在が宿るとされる。首長制社会に特有なもの。三角縁神獣鏡などがその具体例。＊石村智「威信財システムからの脱却」(『文化の多様性と比較考古学』2004)；辻田淳一郎「威信財システムの成立・変容とアイデンティティ」(『東アジア古代国家論：プロセス・モデル・アイデンティティ』2006)　（時枝　務）

出水貝塚(いずみかいづか)　鹿児島県出水市上知識町字尾崎，上知識村落の東南端部標高約25mの台地上にある縄文時代後期の貝塚。1920年12月，東北大学医学部第二解剖学教室の長谷部言人博士と京都大学文学部考古学教室の浜田耕作博士・島田貞彦らが同貝塚を大規模に発掘調査した。貝塚から発見の主な貝殻はマガキ・アサリ・オキシジミ・ハマグリなどの二枚貝と，アカニシ・バイ・ツメタガイ・ナガニシ・テングニシ・フトヘナタリ・ウミニナ・スガイなどの巻貝であった。この発掘調査では埋葬された実存人骨は出土していないが，長谷部による四肢骨などの計測結果は報告されている。1921年1月，『京都帝國大学文学部考古学研究報告』6，「薩摩國出水貝塚発掘報告」として長谷部言人・浜田耕作・島田貞彦共著の報告書が刊行されている。　（江坂輝彌）

和泉黄金塚古墳(いずみこがねづかこふん)　大阪府和泉市上代にある前方後円墳。全長85m，後円部径57m，前方部幅34mあり，台地の西北端部に南西に面して築かれている。葺石および埴輪列があり，周囲の水田は周湟の跡とみられる。後円部に粘土槨3が並置してある。中央槨から鏡・玉類・車輪石・石釧・筒形石製品・刀剣など，東槨から鏡・玉類・鍬形石・紡錘車形石製品・筒形石製品・刀剣・甲冑・盾・銅銭など，西槨から鏡・玉類・刀剣・甲冑などが出土した。うち中央槨棺外出土の画文帯神獣鏡には「景初三年」の紀年銘がある。営造時期は400年前後。＊末永雅雄・島田暁・森浩一ほか『和泉黄金塚古墳』1954　（車崎正彦）

和泉式土器(いずみしきどき)　古墳時代中期の土器型式名で，標式遺跡は東京都狛江市和泉に位置する和泉遺跡である。土器群は壺・鉢・甕・甑・高坏形土器などで構成される。壺形土器は坩形・広口・無頸のものがある。鉢形土器は口縁部が短く開く。甕形土器は球胴を呈し口縁部が外反する。甑形土器は鉢状をなし単孔で複合口縁を呈す。高坏形土器は坏部が大きく開く。全国的な斉一性を有し，集落遺跡のほか祭祀遺跡からも出土する。＊杉原荘介・大塚初重『土師式土器集成』2，1973　（阪田正一）

泉廃寺遺跡(いずみはいじいせき) 泉廃寺遺跡は、福島県南相馬市原町区泉地内に占地する奈良・平安時代の遺跡で，遺跡名称となっているいわゆる寺院址ではない。本遺跡は現在，古代陸奥国行方郡衙跡に比定される官衙遺跡である。すでに17次に亘る保存整備に伴う調査が実施されており，一辺50m内外の長方形を呈す柵列内から3期6時期に細分される郡庁遺構群が発掘されている。

Ⅰ期は南北主軸であり，東西42.8m×南北49.8mの郡庁跡でその中に正殿・前殿・後殿・東脇殿・西脇殿の5棟の掘立柱建物跡群が並ぶ7世紀後半期の遺構である。Ⅱ期は南北主軸であり，東西44.2m×南北52.4mの郡庁跡で，その中心部に正殿・前殿・後殿の3つの建物群,東西に2つの脇殿が配置されている。本Ⅱ期は2回の建替えが確認されており，時期は8世紀代である。Ⅲ期は南北主軸であり，東西54.9m×南北52.4mの郡庁跡で，かかる中に南門・正殿・後殿，北西隅に西脇殿，東隅に東脇殿が配置されている。本Ⅲ期は3回の建替えが見られ，8世紀末から9世紀代の郡庁と推定され，10世紀代には郡庁は廃絶されている。＊荒淑人『原町市内遺跡発掘調査報告書』7，2002 (大竹憲治)

出雲大社境内遺跡(いずもおおやしろけいだいいせき) 島根県出雲市大社町に鎮座。杵築大社ともいい，大国主神をまつる。記紀では大国主神の宮は，柱を高く太く，板は広く厚く，千木を天高く上げて造られており，現在の本殿も梁行二間，桁行二間の正方形な平面形で，切妻造妻入構造をとり，四周に縁を巡らし，千木の先端までの高さ八丈(約24m)を計る大社造を代表する巨大な建物であるが，970(天禄元)年の『口遊』ではさらに高く，高さ十五丈(約45m)ともいわれた東大寺の大仏殿より高大な(少なくとも，そう意識された)建物であったとされる。これについては,平成12年に現本殿南側，八脚門と拝殿の間の調査により，杉の巨木三本を束ねた柱や，帯状鉄製品・鉄釘・12～13世紀初頭と考えられる土器などが出土，出雲大社宮司家である出雲国造千家家に残る「金輪御造営差図」と符合することから，平安時代の終わりから鎌倉時代の初め頃に，高さについては明確でないものの，現本殿を超えるであろう高大な建物が存在したことが，ほぼ確認されている。 (荒井健治)

出雲国府跡(いずもこくふあと) 島根県松江市大草町･山代町に所在。発掘調査では，瓦のほか硯や分銅，「少目・介・館・出厨・西殿・意宇」などの墨書土器などが出土し，大型の掘立柱建物跡や，掘立柱から礎石建ちに建て替えられたと考えられる建物跡，区画なども発掘されている。しかし，国庁については，各地で発掘されているコ字形に配された建物群としては捉えるに至っていない。多くの国府が，承平(931～938)年間に成立したとされる『和名類聚抄』より位置が比定されているのに対し,733(天平5)年に編纂された『出雲風土記』に，出雲国内の道路・橋・駅・郡家などとともに，相対的な位置関係で所在地が記載されており，これによると国庁が，山陰道と考えられる正西道と，隠岐への官道である枉北道の十字路を南に入った交通の要衝で，至近には黒田駅家や意宇郡家，意宇郡家に属す意宇軍団といった公的機関が集中する環境に位置していたことが知られる。 (荒井健治)

出流原遺跡(いずるはらいせき) 栃木県佐野市出流原町にある弥生時代中期前半の再葬墓からなる共同墓跡。遺跡は比高5mの台地にあり，西側を出流原川が南流する。1964年に杉原荘介らが発掘し，径60～200cm，深さ30～50cmほどの土壙を39基確認した。土壙には土器や碧玉製の管玉を伴うものと，人骨をいれた壺形土器を出すものがある。なかでも人面をかたどった壺形土器は，当時の習俗がうかがえる。＊杉原荘介「栃木県出流原における弥生時代の再葬墓群」(『明治大学文学部研究報告』考古学8，1981) (関 俊彦)

遺跡(いせき)　考古学において対象とする資料は遺跡の範疇において把えることができる。遺跡は，人間集団の生活の痕跡であり，それは空間概念として認識される。空間中には地上・地下に残された不動性をもつ遺構と可動性に富む遺物が含まれることが一般的である。したがって遺構と遺物を包括した概念が遺跡でもある。遺跡は，人文的要素によって集落・墳墓・祭祀・生産関係などに大別され，一方，歴史的な尺度をもって日本の場合は先土器(旧石器)・縄文・弥生・古墳・歴史時代に分けられる。また，自然的要素によって高地・低地・水中，あるいは開地・洞穴(岩陰)と分類することができる。さらに遺物が地上に散布している遺物散布地，地中に包含されている遺物包含地の呼称もある。→　遺構(いこう)，→　遺物(いぶつ)　(坂詰秀一)

井堰(いせき)　井堰とは，河川を堰き止め灌漑用水を取得するための一種のダムと言える。規模は様々で，弥生時代前期(紀元前7世紀)の力武内畑遺跡で杭と矢板を組み合わせた遺構が発見された。古代・中世では荘園の農業経営と関連して各地で作られた。近世では，儒者の角倉了以・素庵による甲州富士川・京都大堰川・備前和気，野中兼山による大分竹田・豊後大野の水利は農業生産のみならず産業経済をも潤した。＊西川 広平「戦国期の地域寺社における井堰築造と景観 - 甲斐国 窪八幡神社を対象にして」(『中央大学文学部紀要』27，2018)　(松原典明)

伊勢堂岱遺跡(いせどうたいいせき)　秋田県北秋田市脇神字伊勢堂岱に所在。能代市から大館能代空港に伸びる道路建設中に縄文時代後期の環状列石遺構が4基発見された。最大のものは長径約45m，短径42mあり，規模は国特別史跡に指定されている大湯環状列石にほぼ匹敵するものである。キノコ型や鐸型土製品も数多く出土しており，縄文時代後期の墓地遺跡と考えられる。遺跡地は破壊されることなく，史跡として保存されることになっている。　(江坂輝彌)

伊勢堂岱遺跡

伊是名貝塚(いぜなかいづか)　沖縄県島尻郡伊是名島にある沖縄貝塚時代前期第Ⅳ・Ⅴ期〔縄文時代後期相当，約3000年前〕の遺跡。さんご礁島の広大なリーフに面した砂丘上に立地する。1962，1979，1991，1992年に発掘調査が行われた。遺構としては，石組住居遺構，テーブルサンゴ壁の竪穴式住居，炉跡が確認された。遺物としては，土器，石器，貝製品，骨角製品等が多数出土した。1991・1992年の調査は自然科学的手法を用いた画期的な発掘により，沖縄県で初めて釣針(貝製)が発見され，今まで謎であった沖縄県先史文化における釣漁の存在が判明した意義は大きい。　(林　徹)

磯ノ森貝塚(いそのもりかいづか)　岡山県倉敷駅の南々西約6km，倉敷市大字粒江字森，通称磯ノ森に所在の縄文時代前期の磯ノ森式土器を主体として出土する貝塚。薄手で口頸部に帯状に数段の爪形文を施文し，胴下半には羽状縄文が施文されるものが一般的である。本貝塚は1920年10月，京都大学文学部考古学教室の島田貞彦が発掘，1924年4月，『考古学雑誌』14–7に「備前国児島郡磯の森貝塚特に爪形紋土器に就いて」と題する報文を発表している。本貝塚の貝層を構成する貝類はハイガイ，マガキ，ハマグリなどの斧足類とアカニシ，サザエなどの腹足類の貝殻が目につき主鹹貝塚である。

本貝塚出土の土器を標識として中国地方の縄文前期の一形式として磯ノ森式土器と命名した。＊池田次郎ほか「岡山県磯ノ森貝塚発掘報告」（『吉備考古』81・82合併号，1951）（江坂輝彌）

磯ノ森式土器（いそのもりしきどき） 岡山県倉敷市粒江町東粒江字森磯ノ森貝塚より出土した土器を標式とする。山陽地方の縄文時代前期中ごろを代表とする土器型式である。器形は単純な深鉢形土器とキャリパー形土器に分けられ，底部は平底をなすものが大半で，なかに丸底状のものがある。器面に爪形文と羽状縄文を主たる文様として施文する。さらに爪形文・羽状縄文・条痕文を有する一群を磯ノ森下層式として細分している。＊鎌木義昌「岡山県磯ノ森貝塚発掘報告」（『吉備考古』81・82合併号，1951）（岡嶋 格）

磯山遺跡（いそやまいせき） 栃木県真岡市東大島磯山に所在し，八溝山地南西麓の独立丘上に立地する後期旧石器時代の遺跡。1961，1962，1973年に発掘され，ナイフ形石器・彫刻刀形石器・スクレイパー・局部磨製石斧などが出土した。石器出土層準は第一黒色帯上部からその上のローム層中にかけてであり，岩宿Ⅰに対比されている。剥片生産技術は，打面作出以外には石核をほとんど調整しない石刃技法（磯山技法とかつて仮称されたもの）が主体を占める。＊芹沢長介編「磯山」（『東北大学文学部考古学研究室考古学資料集』1，1977）（柳沢和明）

板石塔婆（いたいしとうば） → 板碑（いたび）

イタスケ古墳（イタスケこふん） 大阪府堺市北区百舌鳥本町にある前方後円墳。全長146m，後円部径90m，前方部幅98mあり，台地上に北西面して築かれている。南側のくびれ部に造出が付設されている。葺石および埴輪列があり，周濠がめぐらしてある。三角板革綴衝角付冑を模した埴輪が出土している。営造時期は5世紀中葉。なお，破壊の危険を住民たちの保護活動で救われたことでも有名。＊末永雅雄『古墳の航空大観』1975（車崎正彦）

板付遺跡（いたづけいせき） 福岡市博多区板付2丁目一帯にあり，旧御笠川の自然堤防に立地する弥生時代初期の集落遺跡。集落は東西約80m，南北約90mの環濠に囲まれ，これに伴い小貝塚や多くの袋状竪穴が検出された。それらの時期は縄文時代終末の夜臼式から，弥生時代初頭の板付Ⅰ式への移行期にあたり，1973年にはこれらに伴う水田遺構が環濠の西側から発見された。＊森貞次郎・岡崎敬「福岡県板付遺跡」（『日本農耕文化の生成』1961）（乙益重隆）

板付式土器（いたづけしきどき） 福岡市博多区板付字北崎にある板付遺跡出土の土器を標式とし，弥生時代前期初頭のⅠ式と前期後半のⅡ式とがある。いわゆる遠賀川式と総称される土器の祖形をなす。Ⅱ式の壺形土器は口縁部が小さく外湾し，頸部と肩部のつぎ目に段状の転換線があり，胴部は球形を呈し，底部は円板状貼付底になる。胴部に篦描きや彩色による重弧文や複線鋸歯文，有軸や無軸の羽状文・併行線文などを描き，Ⅱ式になると木葉文などが加わり，さらに文様が発展する。甕形土器は縄文時代晩期の夜臼式土器にみられる突帯文の伝統を有するものと，口縁部に刻み目を有し，器面に刷毛目のいちじるしいものとがあり，Ⅱ式には頸部の下際に沈線をめぐらすものが多い。福岡県下を中心にほぼ九州一円に点在し，大陸系の太型蛤片状石器や石庖丁・扁平片刃石器・柱状抉入石器，および朝鮮半島系の磨製石鏃や石剣を伴う。（乙益重隆）

板碑（いたび） 石造仏塔の一種。一般的には板状剥離の特性をもつ岩石を用いてつくった塔婆，供養塔である。関東では関東西部に荒川水系の緑泥片岩を用いた武蔵型板碑が分布する。また，東北各県，千葉県下，関西，徳島県下，北部九州にそれぞれの板碑型式が分布する。塔形は頭部を山形にして，2段の切込溝を刻み額部を造出する。中央の扁平な部分を塔身とし，蓮華座上に主尊である仏像または仏種子を刻出し，中央に紀年月日と法名・造立願文・経偈などを刻む。基礎はえぐりを入れ柄をつくって台石に組み込むものもある。図様として主尊上部に天蓋，種子下部に蓮華座，中央下部に花瓶(けびょう)や三具足，周縁には散蓮華などを配するものもある。板碑の規模は最大のものは5m前後を測り，小形のものは40〜50cmを示す。通常は1m前後が多い。造立数をみると武蔵型板碑は鎌倉時代前期から安土桃山時代まで確認され，鎌倉時代から南北朝時代にかけて爆発的に増加し，室町時代に至って急激に減少する。＊服部清五郎(清道)『板碑概説』1933；坂詰秀一編『板碑の総合研究』1・2，1983；千々和實『板碑源流考』(1987)；千々和到『板碑とその時代』(1988)　(斎木　勝)

板碑（埼玉・願成寺）

伊丹廃寺(いたみはいじ)　兵庫県伊丹市緑ヶ丘に所在する白鳳時代の寺院跡。1958〜1965年にかけて高井悌三郎が発掘調査した。伽藍は南面し，西に塔，東に金堂を配し，中門から派生する回廊はこれら堂宇をとりかこんでいる。講堂は金堂の北，回廊の外に位置し，中軸線よりはずれている特殊な例である。東西の回廊には門跡が検出されている。遺物には銅製の水煙，九輪残欠，風鐸，塼仏などがある。＊伊丹市教育委員会『摂津伊丹廃寺跡発掘調査報告書』1966
(岡本桂典)

一王寺貝塚(いちおうじかいづか)　青森県八戸市(はちのへし)大字是川(これかわ)小字一王寺(いちおうじ)貝塚は，一王寺所在の清水寺(せいすいじ)西北西約60mの畑地にある縄文時代前期の小貝塚群で，今日でも畑面に貝殻の破片が若干目につく程度に散乱している。1926年，東北帝国大学医学部解剖学教室の長谷部言人と山内清男が発掘。翌27年，長谷部は本貝塚発掘の土器を中心として「円筒土器文化」を『人類学雑誌』42–1誌上に発表されている。また，29(昭和4)年，大山柏公爵が主宰する大山史前学研究所で，是川中居泥炭層遺跡と一王寺貝塚を発掘，貝塚の発掘調査は研究所員の宮坂光次が担当，30年11月刊の『史前学雑誌』2–6に「青森県是川村一王寺史前時代遺跡發掘調査報告」の表題報告を発表した。貝層を構成する貝殻は，マガキ・イガイ・ホタテガイなどが多く，他にカガミガイ・アサリ・シジミなどの二枚貝，ヒメエゾボラ・クボガイなどの巻貝が見られた。また，魚類の骨骼は，クロダイ・スズキ・ヒラメ・サメなどが検出され，クロダイ・スズキ・ヒラメなどは，八戸湾から新井田川沿いの沖積地の砂泥性干潟に棲息する魚類である。

獣骨類は，シカ・イノシシ・ウサギの骨骼が多く，ほかにタヌキ・ムササビ，ほかに海棲哺乳類のクジラ・イルカの骨も出土していた。また，骨角器類も針・銛・釣針などが発見されている。　(江坂輝彌)

市ヶ尾横穴墓群(いちがおおうけつぼぐん)　神奈川県横浜市北部の，鶴見川支流の谷本川左岸の丘陵斜面に所在する19基からなる横穴墓群。12基と7基の2群に分かれて分布しており，斜面上には墳丘が築造されていた可能性が高い。1956年の調査により横穴墓の前側部分の墓前域(前庭部)の様相が明確となり，墓前祭の実践が想定された。横穴墓構造は，7世紀代になって当該地域に顕在化する矩形平面の切石使用石室を規範とした構造を最古として，7世紀代に展開したものである。＊甘粕健·田中義昭「市ヶ尾古墳群の発掘」（『横浜市史』史料集 21，1982）　（池上　悟）

市川橋遺跡（いちかわばしいせき）　宮城県多賀城市市川に所在し，陸奥国府の置かれた国の特別史跡「多賀城跡」のある丘陵地の南側に広がる遺跡。本遺跡のすぐ西側に隣接する山王遺跡とともに，平安時代の地方都市である「国衙」の実態が初めて明らかになった。その構造は，多賀城跡の政庁と南門を結ぶ中軸線上を，真っ直ぐ南に延びる南北大路（幅 19～23m）と，多賀城の南辺築地に平行し，その南約 550m にはしる東西大路（幅 12m）をメイン道路として，何本かの小路で区画された平行四辺形の地割による都市が形成されていた。町割は多賀城の創建当初から計画されたものではなく，8世紀末から9世紀後半にかけて3期にわたって漸次整備されていったことが判明している。この点，当初から計画的に造成された平城京や平安京とは異にする。また，各区画には大形の掘立柱建物群や井戸などが発見され，国司や多賀城関係の上級官人の邸宅跡と推定されている。＊宮城県教育委員会「市川橋遺跡」（『宮城県文化財調査報告書』193，2003）　（西脇俊郎）

市来貝塚（いちきかいづか）　鹿児島県薩摩半島西北部，日置郡市来町大字川上字中組（現・いちき串木野市）の桂城神社東側丘陵畑地にあり，1921 年山崎五十麿が同貝塚を小発掘調査し，その成果を同年8月刊の『考古学雑誌』11–12 に，「薩摩国日置郡市来村貝塚に就て」と題し報告している。鹿児島県下の縄文時代貝塚の報告としては，同年，県下出水市（いずみし）出水貝塚と2ヵ所が最も古い調査報告であろうか。縄文時代後期の市来式土器の標式遺跡で，丹塗台付皿形土器などが出土している。貝塚に堆積した貝類は種類多く 30 種以上あり，ハマグリ・ハイガイ・サルボウ・マガキ・アサリ・オキシジミ・オキアサリ・シオフキ・バカガイ・アカガイなどの二枚貝類，ツメタガイ・レイシ・テングニシ・バイイモガイなど巻貝が目についたと記しており，純鹹貝塚で今日のこの付近海岸産のものとあまり変化はないが，泥海底干潟は薩摩半島西岸には今日皆無で，ハイガイは全く絶滅している。　（江坂輝彌）

市来式土器（いちきしきどき）　鹿児島県いちき串木野市の市来貝塚を標式遺跡とする縄文時代後期の土器型式であり，九州南部を中心に分布している。器形は，口縁部を「く」の字状突帯とする深鉢形土器である。突帯状の施文は 2～3 条の沈線を描き，沈線の間をアナダラ属貝殻唇縁によって圧痕する。地文としては土器の内外面を貝殻による条痕文を施すことが多い。口縁部の形状は波状口縁と平口縁とがある。＊山崎五十麿「薩摩国日置郡市来村貝塚に就て」（『考古学雑誌』11–12，1921）　（岡嶋　格）

一字一石経（いちじいっせききょう）　小石一個に一字ないし数文字の経典を書写した経塚遺物。やや大きめの石に数十文字書かれたものもある。主に『法華経』が書写され，「礫石経」ともいう。墨書が一般的だが，朱書もあり，片面書写と両面書写の例もある。経典以外に供養者名，供養年，供養の願意などを記すものもある。地下に土坑を穿ち，直接埋納される場合と壷，甕，石櫃に納入してから土中に埋納するものとがある。また，古墳の横穴，石室を利用した例もある。＊松原典明「礫石経研究序説」（『考古学論究』3，1994）　（松原典明）

一条石人山古墳（いちじょうせきじんやまこふん）　福岡県八女郡広川町一条人形原より筑後市の一部にわたる前方後円墳。全長約 130m，後円部直径 75m，高さ 11m，前方部幅 63m，周溝をめぐらし，円筒や形象埴輪を出土している。後円部に割石積の横穴式石室があり，石室の内部いっぱいに組合式の家形石棺が置かれ，妻入りの入口を設ける。棺蓋には両側面の上段に5区にわたる同心円文と，下段に5区にわたる直弧文A型を浮彫りにし，妻側にもその連続文様をあらわす。前方部と後円部の境付近の墳頂には，高さ約2mの武装石人が立てられ，古墳は5世紀後半代の所産とみられている。*武藤直治・鏡山猛「筑後一条石人山古墳」(『福岡県史蹟名勝天然紀念物調査報告書』12，1937)　(乙益重隆)

市庭古墳(いちにわこふん)　奈良県奈良市佐紀町塚本・市庭にある前方後円墳。墳丘復元長253m，前方部幅164m，後円部径147mを測り，前方部を南に向ける。前方部は，平城宮造営に際して削平され，後円部の一部のみが現存している。くびれ部の両側には，造り出しの存在が知られているが，削平されている。墳丘には，葺石が施され，埴輪が巡らされている。埴輪は，円筒埴輪のほか，朝顔形・盾形・家形・囲形埴輪が検出されている。周囲に2重の周濠が巡る。奈良時代に，周濠を埋めて外堤の葺石を再利用して，苑池を造成している。周辺には，多数の古墳があり，佐紀盾列古墳群をなしている。築造年代は5世紀前半と推測されるが，後円部は平城天皇陵に治定され，宮内庁の管理下にある。　→　平城陵古墳(へいぜいりょうこふん)　(時枝　務)

市野山古墳(いちのやまこふん)　大阪府藤井寺市国府1丁目にある前方後円墳。墳長227m，前方部幅160m，同高23.3m，後円部径140m，同高22.3mを測り，前方部を北に向ける。くびれ部の両側に造り出しの存在が認められる。墳丘は3段築成で，葺石が施され，埴輪が巡らされている。埴輪は，円筒埴輪のほか，家形・蓋形・盾形・靭形・人物・馬形・犬形・鶏形などの形象埴輪が知られている。また，埴輪以外の遺物として須恵器蓋坏があり，江戸時代の古絵図の注記によれば墳丘から多数の勾玉が出土したらしい。周囲には2重の濠と堤が巡らされ，発掘調査の結果，外濠は幅約20m，深さ約2m，外堤幅10mであることが確認された。内堤からは，円筒埴輪棺1基，石槨木棺墓2基，土坑墓5基が検出された。周辺には，多くの陪塚があったが，開発によって大部分が消滅した。なお，本墳は，古市古墳群を構成する1基である。允恭天皇陵に治定され，宮内庁の管理下にある。　(時枝　務)

一括遺物(いっかついぶつ)　考古資料が一つの遺構の同レベルからまとまって出土し，一つの単位として設定できるものをさす。たとえば，石器製作跡における原石と剥片と製品と工具，住居跡の床面から壺や甕形土器とともに石斧や石鏃が共伴し，これらの遺物が石器製作の工程や日常生活のなかで同時に組み合わせて使ったと考えられる場合である。ただし，明らかに自然の作用や人為的攪乱によって混入したものはあてはまらない。

一括遺物を重くみるのは，複数のモノが同一段階で，どのような組み合わせや構成をしていたかを復原するのに役立つからである。人間集団の行動や思考を復原する際，単一のモノからみるよりも，複数のモノから推測するほうが多角的に検討できる。また共伴遺物の相対年代を知る手がかりもえられるなど，いくつかの面で一括遺物の利用度は高い。*久保常晴ほか『潮見台遺跡』1971　(関　俊彦)

一石五輪塔(いっせきごりんとう)　石造塔婆の一型で五輪塔の亜型式。一材構成で大きさは40～50cm(1尺5寸前後)のものが多い。台座のないものが圧倒的に多く，基礎は長い方柱状で底面が荒叩きのままの例もあり，根部を地面に埋めて建立したものと考えられる。南北朝以前のものは町石の塔形をもっている。資料が増えるのは室町時代で，後期になると激増する。水輪は文明ころより押しつぶされた形となり，永禄ころより火輪の軒端が急激に反り，勾配も時代とともに急傾斜となる。*田岡香逸「一石五輪塔造立年代考」(『史迹と美術』321, 1962)　(斎木　勝)

井出愛宕塚古墳(いであたごづかこふん)　群馬県高崎市井出町にある前方後円墳。井野川左岸の台地上に西面して築かれ，全長92m，後円部径56m，前方部幅51mある。葺石をもち，2重に周湟がめぐらされている。内湟中に中島4が配され，墳丘および中堤と中島に埴輪列がある。後円部中央に舟形石棺を納めた竪穴式石室がある。また中堤に埴輪棺2が検出されている。営造時期は6世紀前葉。＊後藤守一「上野国愛宕塚」(『考古学雑誌』39–4，1953)　(車崎正彦)

井寺古墳(いでらこふん)　熊本県上益城郡嘉島町にあり，丘陵斜面に位置する。径約14m，高さ約6.5mの円墳で，石室の全長4.86mを測る。石室は凝灰岩を煉瓦状に切り，持ち送り式に積み上げ，内えぐりのある天井石でおおっている。石室内は3区に区画した石障と石棚が設置されていた。石障や羨道には直弧文・円心文をもとにした車輪形・鍵手文・梯子形が線刻され，赤・白・青・緑の4色をもってこまかに塗りわけている。鏡や刀剣などの副葬品は散逸している。＊浜田耕作「装飾文様の種類と其の意義」(『肥後ニ於ケル装飾アル古墳及横穴』京都帝国大学考古学研究報告1，1917)　(渋谷忠章)

井戸(いど)　遺跡から検出される井戸は，インダス文明のモヘンジョ・ダロ遺跡に，その存在が既に確認されており，人間の生活と深い関係を有している。日本における井戸の初現は，弥生時代前期まで遡る。一般的には，稲作の導入にともなう生活様式の変化が，出現の要因と考えられており，環濠集落の発達とともに拡散すると想定されている。

井戸の構造は，初現期は，素掘りがほとんどであり，井戸枠をともなう例は少ない。弥生時代中期から古墳時代前期にかけて，鐘方正樹氏の分類によれば井戸枠は，草茎類貼り付け式，打ち込み式(矢板型・縦板型)，挿入式(円形丸太刳り抜き型，方形縦板組型)，組立て式(横板組杭留型)が出現する。古墳時代の終末には，朝鮮半島から石組型井戸も伝わる。奈良・平安時代になると，新たに組立て式縦板組型や積み上げ式横板組型が出現し，使われる素材も木材以外に，曲物・瓦・陶質井筒などがみられ，多種多様化をみる。中世には，乱積み式石組型が，京都を中心に普及し始める。井戸枠は，15世紀になると結桶の国産化など，井戸枠専用製品が生産されるようになり，規格化されてくる。井戸枠専用の円形陶質枠は，近世大阪を中心に盛行するようにな る。18世紀には，掘り抜き井戸の掘削技術が導入され，深い場所での湧水の確保が可能となった。

井戸は，直接生活にかかわる水を供給する実質面以外に，古くより信仰の対象ともなっている。京都府・石清水神社などは，井戸を

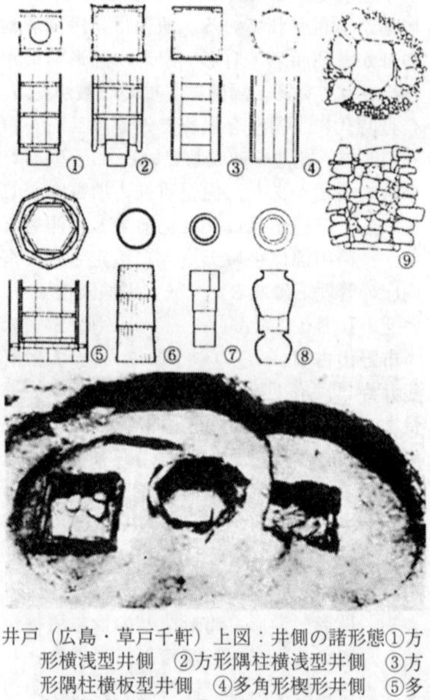

井戸（広島・草戸千軒）上図：井側の諸形態①方形横浅型井側　②方形隅柱横浅型井側　③方形隅柱横板型井側　④多角形楔形井側　⑤多角形横浅型井側　⑥円形梢側型井側　⑦円形曲者形井側　⑧陶器組井戸　⑨石組井側
下図：切り合った３基の井戸跡

信仰の対象としている。古代においては，井戸内から，墨書土器・木簡など，信仰と関係すると思われる遺物が出土する例も多い。また，井戸の使用期間は，土器の分析から，土器一型式間，約30年とも想定されている。＊日色四郎『日本上代井の研究』1967；鐘方正樹『井戸の考古学』2003　（上野恵司）

伊東信雄（いとうのぶお）　1908〜1987，仙台市袋町に生まれる。仙台第二高等学校をへて1931年東北帝国大学法文学部国史学科卒業。考古学参考品整理係嘱託をへて第二高等学校講師，同教授。東北大学第二教養部助教授をへて1957年同大学文学部教授。考古学講座開設と共に講座担任を命じられ，以後多くの後進を育てた。1971年同大学退官。1973年東北学院大学教授。文学博士。

伊東の生涯の研究目標は，東北地方古代文化の考古学的研究にあった。1920年代から1930年代にかけては仙台湾の縄文時代貝塚，奈良時代の瓦窯阯，さらに樺太の先史時代遺跡などの調査を実施した。1950年代には陸奥国分寺の調査を併行して，青森県田舎館遺跡の発掘を行い，本州北限の地に花開いた稲作農耕をもつ弥生文化の存在を立証した。1960年代以後は多賀城の発掘調査を続け，さらに会津大塚山古墳，縄文時代の漆器や編布を出土した宮城県山王遺跡などの発掘を重ねてきた。代表的な著書としては，『宮城県遠田郡不動堂村素山貝塚調査報告』1940『陸奥国分寺』（共著）1961『会津大塚山古墳』1964『古代東北発掘』1973　（芹沢長介）

糸切底（いときりぞこ）　轆轤（ろくろ）上で製作された土器や陶器を，糸を用いて切り離した結果，底部に認められる形状。一般的には，轆轤を回転させたまま，その回転力を使用して切り離す回転糸切りと，轆轤を回転させないで止まった状態で切り離す，静止糸切りとがみられる。回転糸切りを施した場合は指紋状に，静止糸切りを施した場合は平行線状の痕跡が底部にみられる。糸切り後には，ヘラで調整を施す例も認められる。＊中村浩『須恵器』1980　（上野恵司）

居徳遺跡群（いとくいせきぐん）　高知県土佐市高岡町にある縄文時代〜中世の遺跡。仁淀川西岸の沖積平野に位置し，標高8〜9m。1997〜1999年に高知県立埋蔵文化財センターが高速道路建設に伴い発掘調査を実施した。遺跡の中心時期は縄文時代晩期と古墳時代。縄文時代晩期の遺物では木胎漆器・木製鍬・土偶・大洞C_2式土器が代表的である。木胎漆器・木製鍬は同一の旧河道から出土。木胎漆器は蓋状の器形を呈し，外面に流麗・繊細な文様を朱漆で描く。木製鍬は弥生時代以降のものとは異なる独特の舟底形の形状をなし，1点の木製鍬は^{14}C年代測定法により790 ± 15〜25年cal B.C.の年代値が得られている。土偶は土器・石器・動物遺存体などが大量に集積した廃棄物堆積層と考えられる包含層から出土。土偶は頭部〜上半身の破片で，全長18.2cmを有する大型品である。大洞C_2式土器は複数の地点の包含層から出土しており，いずれも縄文時代晩期末の突帯文土器と弥生時代前期前半の弥生土器とに伴出する。大洞C_2式土器は縄文・弥生移行期の広域な交流を示す資料として注目される。古墳時代の遺物は土師器・須恵器・手づくね土器・勾玉・管玉・土製模造鏡・木製品などで，包含層から大量に出土している。これらは水辺の祭祀行為に伴うものと考えられる。

居徳遺跡群（木胎漆器）

2002年3月，土偶と同一の包含層出土遺物中から人骨が再発見された。人骨は大腿骨などが出土しており，矢の貫通痕や創傷痕と考えられる人為的な損傷を留めたものを含む。＊曽我貴行・佐竹寛「四国の低湿地遺跡—居徳遺跡群の諸様相—」(『季刊考古学』73，2000)；曽我貴行「高知県土佐市・居徳遺跡群—人為的損傷痕を有する縄文時代晩期の人骨—」(『考古学ジャーナル』493，2002)　(曽我貴行)

怡土城跡(いとじょうあと)　福岡県糸島市にあり，756(天平勝宝8)年新羅遠征の前進基地として築かれた山城。高祖山の西側斜面に構築され，防御正面を山麓にし，山頂から山麓へ扇形に開いた形の城である。北と南の山稜に数ヵ所ずつ2間×3間の望楼を階段上に設け，西には城門や水門が残っている。城門や望楼には礎石が遺存し，瓦・塼・土器などの遺物が発見されている。大宰小弐であった吉備真備によって築城されたといわれる。＊鏡山猛「怡土城阯の調査」(『日本文化研究報告』6，1937)　(渋谷忠章)

井戸尻遺跡(いとじりいせき)　長野県諏訪郡富士見町大字池袋にある縄文時代中期の集落跡。八ヶ岳南西麓の高地にあり，小谷を隔てた台地には中期の曽利遺跡がある。一帯には，新道・藤内・九兵エ尾根遺跡など，縄文時代中期の遺跡が群集しており，これを井戸尻遺跡群とよんでいる。井戸尻遺跡は藤森栄一らによって1958年より調査され，多くの中期の土器・石器などを出土した。また，竪穴住居跡の切り合いによる編年や遺物の出土状態の研究が知られている。井戸尻遺跡群出土の遺物は現在，井戸尻考古館に展示されている。＊藤森栄一編『井戸尻』1965　(広瀬雄一)

田舎館遺跡(いなかだていせき)　青森県南津軽郡田舎館村字東田にある弥生時代中期の遺跡で，明治20年代に水田から土器が出ることで知られていた。集落跡は標高28mの平野部にあり，「田舎館式」土器の標式として，また稲作農耕の北限の遺跡として著名である。伊東信雄は壺・深鉢・蓋形土器に施文した鋸歯文が，本型式の特徴であると指摘した。共伴遺物には擦切石斧・打製石鏃・管玉・土偶・炭化米がある。近くの垂柳遺跡と似た面が多く，両遺跡を田舎館遺跡群とも称する。＊伊東信雄「東北地方北部の弥生式土器」(『文化』24–1，1960)　(関　俊彦)

田舎館式土器(いなかだてしきどき)　青森県南津軽郡田舎館村田舎館遺跡出土の土器を標式とする東北北部の弥生土器で，南部の桝形囲式に並行する。有頸壺・無頸壺・甕・台付鉢・鉢・高坏・蓋形を主要な器形とし，平行沈線文・連続山形文・刺突点列文などが施文される。縄文時代最終末の大洞A'式の伝統を残すとともに，北海道の恵山式との関連が認められる。また，水田跡を伴っている。＊伊東信雄「東北地方北部の弥生式土器」(『文化』24–1，1960)　(藤村東男)

稲原貝塚(いなはらかいづか)　千葉県館山市那古(なこ)小字稲原の村落の南南東側の標高約20mの丘陵上にある。館山湾北部船形(ふながた)の現海岸から入った沖積低地(入江)に北面する貝塚で，1949(昭和24)年秋の台風の時に，この北側急斜面が崖崩れを起こし，貝層が露出した。これを地元の千葉県立安房(あわ)高等学校郷土史研究部の生徒が発見，顧問の君塚文雄教諭に知らせたのが調査の端緒になった。この貝塚は縄文時代早期中葉の田戸上層式と子母口式土器の時代のもので，今から約6000～7000年前の完新世初頭にあたる。後氷期に入り次第に気候が温暖化の様相を示した時期である。第四氷河期の海退期の頂点から海進期に転換し，ようやく太平洋西海岸地域の海水面の上昇が顕著になり始めた時代で，本貝塚の貝類と南南西5.4kmの距離の館山湾岸の沼(ぬま)に所在の完新世初頭の沼珊瑚貝化石層の貝類相と近似したほぼ同時代に堆積したと考えられる。東京湾口付近にまで，海水面が到達したことを示している。また，珊瑚の一種である菊目石化石は沼化石貝層と稲原貝塚の両者から出土している。貝塚発見の貝殻は発育良好な肉厚なハイガイを始め，マガキ・イタボガキ・イワガキ・オキシジミ・ハマグリ・アサリ・イタヤガイなどの斧足類，レイシ・イボニシ・アカニシなどの腹足類があり，魚の骨骼は，マダイ・クロダイ・ヘダイ・スズキ・ボラ・マグロ・ブダイ・アジ・エイ・サメなどが発見され，海凄哺乳動物ではマイルカ，陸産の獣類ではイノシシ・ニッポンジカ・タヌキ・イヌなどの骨骼が出土している。またイルカを岩頭から銛で突いて捕獲したものであろうか，イルカの橈骨（肩の骨）に黒曜石製の銛先が突き刺さったままの姿のものが発掘されている。＊岡田茂弘「安房國稻原貝塚調査概報」（『貝塚』41，1952）；江坂輝彌「館山市稲原貝塚調査の思い出」（『千葉県史のしおり』5，2000）　（江坂輝彌）

稲荷台式土器（いなりだいしきどき）　東京都板橋区稲荷台の稲荷台遺跡から出土した土器を標式とする。1939年白崎高保によって発掘され，当時最古の縄文土器として注目された。器形は砲弾形の尖底深鉢である。撚糸文が口縁部から底部にかけて縦方向に施文され，撚糸文の原体を間隔をあけて回転軸に巻くため，施文された条間は広くなる。粘土が乾燥した後に施文されるためか，圧痕は浅く，器面が研磨されている。関東地方一円に広く分布している。＊白崎高保「東京都稲荷台先史遺跡」（『古代文化』12–8，1941）　（吉田　格）

稲荷前古墳群（いなりまえこふんぐん）神奈川県東部の横浜市域のうち，鶴見川支流の谷本川流域の緑区大場町の丘陵部に所在する古墳群。前方後円墳2基，前方後方墳1基，円墳・方墳・横穴墓など20数基からなる。1号墳は全長47.5mの前方後円墳で，後円部に粘土槨を設ける。16号墳は特異な形状の全長38mの前方後方墳で，墳丘裾から多数の底部穿孔壷形土器が出土している。円墳には胴張り石室を構築したものもあり，横穴墓は平面逆台形のアーチ状天井構造のものである。4〜7世紀代に形成された古墳群。＊緑区史編集委員会『緑区史』資料編2，1986　（池上　悟）

稲荷山貝塚（いなりやまかいづか）　愛知県豊橋市の西に隣接する宝飯郡（ほういぐん）小坂井町大字平井稲荷山にある縄文時代晩期の貝塚で，1922年7月，50体余の埋葬人骨を，京都大学医学部の清野謙次が発掘し，その埋葬人骨各部の計測成果は，1939〜1940年に継続して発表した。また粗い条痕文のある高さ，口径とも35cm前後の深鉢土器に乳幼児の遺骨を埋納した乳幼児の甕棺も5例発掘された。また上顎切歯4本が叉状研歯した頭蓋骨破片も発掘されている。出土遺跡は土器以外に土偶胴部破片8点，石冠，石棒，磨製石斧，石鏃，石錐，石匙，玉類，玦状耳飾破片などの石製品。熊，犬などの犬歯，猪の内歯に孔を穿った牙玉類，鹿角製の弓弭，腰飾，矢筈，鹿の四肢骨製の簎（やす）など各種の骨角製品が出土している。清野謙次が発掘した多くの資料は奈良県天理市の天理参考館に保存されている。＊清野謙次「第4篇　三河国宝飯郡小坂井村大字平井字稲荷山貝塚」（『日本貝塚の研究』1969）　（江坂輝彌）

位牌（いはい）　死者の俗名・戒名・法名・死亡年月日あるいは享年などを記した木牌で，追善供養や祈念の対象として用いられている。中国から禅宗とともにわが国に伝わったもので，鎌倉時代以降，主として武家を中心にして使用されたが，近世以降は庶民のあいだに普及した。鎌倉時代から江戸時代までは雲首型が主体であったが，江戸時代になると札型（位牌型）・廟所型（厨子型）・櫛型などの形式がつくられだした。＊久保常晴「位牌」（『新版仏教考古学講座』3，1976）　（是光吉基）

伊場遺跡群(いばいせきぐん) 静岡県浜松市南部の伊場地区を中心とした埋没砂丘とその周辺部に立地する。城山・梶子・梶子北・中村・九反田遺跡を含む，縄文から戦国時代の広大な遺跡群である。弥生時代は中期から集落が営まれ，後期には三重の環濠を持つ。方形周溝墓は，梶子北・中村遺跡で東西1kmにわたって発掘された。多量の土器・石器，多様な木製品の他，特殊遺物として朱漆塗り木甲，銅鐸飾耳，釣り針，銅鏃がある。

律令時代は伊場遺跡西部地区で栗原駅との関連が深い掘立柱建物群，大溝からは多くの墨書土器と木簡が出土した。8世紀の郡衙中心部とされる城山遺跡では唐三彩陶枕と，軍団の存在を示す小毅殿と記された墨書土器が，梶子北遺跡では9世紀の敷智郡の郡庁か館と推定される大型の掘立柱建物群と大領と記された木簡が，九反田遺跡では礎石建物(郡寺か)の存在を示す瓦が検出された。＊浜松市教育委員会他『伊場遺跡発掘調査報告書』1976～1997／『城山遺跡』1981／『梶子北遺跡』1997 (鈴木敏則)

遺物(いぶつ) 人間集団が残した可動性に富む物質で，遺構とともに遺跡を構成する。遺物は遺構と相関関係をもって遺跡として把握される場合が多いが，遺構を伴わずに存在することもある。かかる場合は，遺物それ自体が遺跡としての空間概念を示すものであり，そこには人間集団の動きが反映されているとみるべきである。→ 遺跡(いせき)→，遺構(いこう) (坂詰秀一)

遺物散布地(いぶつさんぷち) 土器・石器などの遺物が地表面に散乱している場所をいう。地中にあった遺物が耕作によって掘り返されて畑の地表に出た場合，自然の営力によって表層が削平または流失した場合で地下の包含層や遺構内の遺物が露出した場合，あるいは遺物の含まれた土が持ち込まれた場合などの成因が想定されるが，遺物の表面採集による採取データのみで確認調査などで遺物包含層や住居など遺跡の種別を推測する遺構検出が明らかではない場合に使用される。なお，学史的には，明治27(1894)年に大野延太郎・鳥居龍蔵により定着・普及された用語。東京国分寺の切り通しの踏査で命名。地下にあるものは「遺物包含層」，「現今の地盤上に存在する」ものは「遺物散列地」(後に「遺物散布地」)の用語が使用された。＊坂詰秀一「『遺物包含層』と『遺物散列地』」(『武蔵野考古』41・42合併号，2016) (高麗 正)

遺物包含層(いぶつほうがんそう) 層が自然的要因で形成される過程で，その直上または層中に土器や石器など考古学的遺物を包含する層をいう。略して「包含層」。単層の場合と複数層を併せて呼ぶことがある。「文化層」とは出土物の共時性など特定の概念で括る場合，必ずしも符合しない。遺物を包含した住居跡など遺構内の凹層は包含層とはふつう区別する。現地踏査等で「切通」や掘削された箇所の観察ができない場合，遺物包含層を確認することは難しい。なお，学史的には，明治～大正初期には「土器塚」に代わる一種の遺跡類型表記として使用された用語で，明治27(1894)年に大野延太郎・鳥居龍蔵が東京国分寺の切り通しの踏査で命名。地下にあるものは「遺物包含層」と呼び，連動して「遺跡散列地」の用語が誕生した。「遺物包含層」(後に「遺物包含地」用語も登場)は今日も用いられている。＊坂詰秀一「『遺物包含層』と『遺物散列地』」(『武蔵野考古』41・42合併号，2016) (高麗 正)

今里大塚古墳(いまざとおおつかこふん) 京都府南部の長岡京市の，長岡京右京域の乙訓寺の南方に位置する古墳。西側の丘陵部下の，東側になだらかに傾斜する扇状地の末端の標高35m付近に立地する。遺存する墳丘は直径45mの円墳状で，東側と南側に幅20mの周濠跡が巡っている。前方部墳丘は完全に削平されているが，確認調査により西面する全長80mほどの前方後円墳の可能性が考えられている。埋葬施設は南南東に開口する巨石を用いた横穴式石室で，玄室長さ6m，幅3m，羨道の長さは10m以上に及ぶと推測されている。石室からの出土遺物は知られていないが，周囲からの採集遺物などにより6世紀後半代の所産と想定されている。当該地域の首長墓は，4世紀前半代の向日市の全長94mの前方後方墳の元稲荷古墳以降に継続して営まれ，5世紀前半代の恵解山古墳の124mを最大とし，今里大塚古墳はその終末時に位置付けられる。* 長岡京市編さん委員会『長岡京市史』資料編1，1991　（池上　悟）

今城塚古墳(いましろづかこふん)　大阪府の北東部の高槻市に所在する，6世紀前半頃の築造と考えられる国の指定史跡である前方後円墳。北側が高く南側が低い地に，前方部を西北に向けて築造されており全長190m，後円部径100m，前方部の幅140mを測る。中世に城柵として利用され，かなり変形している。後円部高さ9mに対して前方部高さは12mと前方部が発達し，両側のくびれ部に造出しがある。盾形の周濠が二重に巡らされ，内濠の幅30m，外濠の幅20mほどであり，周濠を含めた全長は360mを測る。『延喜諸陵式』に「三島藍野陵兆城東西三十町南北五町」と記載のある継体天皇陵は，今城塚古墳から西に1.2kmの茨木市の全長226mの太田茶臼山古墳が治定されているが，出土遺物から5世紀代の中頃から後半の築造年代が考えられ，継体の在位年代と合致しない。このため今城塚古墳を継体天皇陵と考える説が有力である。* 高槻市史編さん委員会『高槻市史』6，1973　（池上　悟）

入野遺跡(いりのいせき)　群馬県高崎市吉井町石神の入野中学校校庭に存在する。1958，1959年の2度にわたり古墳時代後期中心の住居跡22軒が調査された。有名な多胡郡建置の記念碑である多胡碑は，西北2kmの地点に存在し，本遺跡も『万葉集』巻第14の「…多胡能伊利野…」にあたると考えられ，多野郡は1889(明治22)年以前は，多胡郡に属し，郡内6郷の内，武美郷の前身と推定されている。また『続日本紀』巻27に吉井連の名がみられ，新羅人193人に吉井姓を与えたことが記されている。この記事も本遺跡に関連したものと考えられている。* 群馬県吉井町教育委員会「入野遺跡」(『吉井町文化財調査報告』1962)　(福田健司)

入海貝塚(いりみかいづか)　愛知県知多郡東浦町緒川，入海神社境内にある縄文時代早期末の鹹水貝塚。ハイガイが最も多く80％を占め，ついでマガキが20％弱。他に斧足類(二枚貝)は，アサリ・ハマグリ・オキシジミ・オオノガイ・イタボガキ・マテガイ・ナミマガシワ(以上鹹水産)・ヤマトシジミ(河口のような汽水に棲息)，腹足類(巻貝)は，アカニシ・イボニシ・ウミニナ・イボウミニナ・ヘナタリ・ツメタガイ・アワビ(以上鹹水産)・マルタニシ(淡水産)・ヤカドツノガイ・マルツノガイ・フジツボと21種の貝殻が発見されている。本貝塚は知多湾に流入する境川右岸の入海神社のある標高13m台地上にあり，縄文早期後半に境川沖積低地へ縄文海進が侵入，この付近が泥海底干潟となり，ハイガイの棲息に好適の場所となったと推測される。

本貝塚出土の土器は早期末の粕畑式と入海式土器で，これに続く東海地方の前期初頭の土器は木島(きじま)Ⅰ式であろうか。* 中山英司『入海貝塚』愛知県東浦町文化財保存会，1945　(江坂輝彌)

伊礼原C遺跡(いれいばるシーいせき)　沖縄県北谷町キャンプ桑江米軍基地内に所在する低地遺跡(標高約5m)で，縄文時代早期から弥生時代相当期に及ぶ複合遺跡。1996年の試掘調査で発見され，縄文時代前期の曽畑式土器に伴う植物遺体や食料残滓としての貝類，木製品等が良好な状態で出土。植物遺体は，約70種余確認されているが，堅果類であるオキナワジイやオキナワウラジロガシが主体。中には現存しない種子と樹種が認められ，前者はカジノキ・ニワトコ・カエデ属，後者はショウナンボク・ヒノキ・コウヨウザン属がある。木製品は石斧柄，カゴ，杭，構築材などが出土。曽畑式土器は県内では2例目で読谷村渡具知東原遺跡資料に比して古く，Ⅱ式と滑石を含む土器も確認。沖縄諸島における縄文前期のコロニー的存在の遺跡で，文化伝播や古環境などを考える上で重要な遺跡。上層より縄文時代晩期の櫛，同中期の大型木製容器，下層では縄文時代早期のヤブチ式土器が出土した。（東門研治）

祝部土器(いわいべどき)　須恵器の旧呼称。明治20年前後，坪井正五郎らが，古典に散見する「忌瓮」「斎瓮」を転じ呼称したもの。後藤守一は祝部土器の名称の不当さを説き須恵器と呼称することを提唱した。にもかかわらず，昭和30年前後まで「祝部土器」の名称が一部に使用されていた。＊後藤守一「須恵器」(『陶器講座』1，1938)

（松原典明）

磐座・磐境(いわくら・いわさか)　石を主体とした祭場。磐座は神の依代としての石を中心部に据えて祭場としたものであるのに対して，磐境は一定の区域を石で囲い込んで祭場としたもので，原則は異なるが，実態は中心に石を据え，周囲を結界したものが多く，両者を区分することは困難である。磐座・磐境は記紀に見える名称を踏襲したもので，本来一種の民俗語彙であったと考えられるが，考古学では大場磐雄以来祭祀遺跡の形状を把握するための概念として使用している。三輪山麓にある奈良県桜井市馬場山の神遺跡や赤城山腹にある群馬県宮城村三夜沢櫃石遺跡などが典型的な磐座として知られているが，いずれも周囲から古墳時代の祭祀遺物が多く発見されているところから，磐座が古墳時代に祭場として使用されたことは確実である。福岡県宗像市沖ノ島祭祀遺跡では，巨岩の上に設けた方形の石囲いの周囲から多量の遺物が出土した例が確認されているが，それは磐座上に設置された磐境と解釈できるものである。＊大場磐雄『神道考古学論攷』1943／『祭祀遺蹟』1970（時枝　務）

岩崎卓也(いわさきたくや)　1929〜2018。中国東北地区生まれ。東京教育大学文学部(日本史学専攻・考古学分野)卒。東京教育大学史学方法論教室，同助手・教授を経て筑波大学教授。日本考古学協会会長。日本の国家形成期から西アジアにおける文明の成立と発展の研究など広範な研究を進めた。『古墳の時代』(1990)，『古墳時代史論 ―上・下』(2000)ほか。筑波大学退官記念論文集『日本と世界の考古学 ―現代考古学の展開―』(1994)が編まれた。（坂詰秀一）

岩宿遺跡(いわじゅくいせき)　群馬県みどり市笠懸町の鹿の川沼に面した小丘上にあり，わが国旧石器時代研究の端緒となった旧石器時代から縄文時代にわたる多層遺跡である。1947年相沢忠洋が発見し，1949，1950年に明治大学考古学研究室により，発掘調査が実施され，それまで無遺物とされていたローム(loam)層中から石器が出土することが確認された。3枚の文化層は下位から岩宿Ⅰ，Ⅱ，Ⅲとよばれている。岩宿Ⅰからは磨痕のある楕円形石器・縦長剥片・サイドスクレイパー(side scraper)などが，岩宿Ⅱからは切出し形ナイフ・片面加工尖頭器・スクレイパー(scraper)などが出土した。1970年には東北大学考古学研究室と相沢忠洋の手で，八崎軽石層(約5万年前)より下層の調査が行われ，おもにチャート(chert)製のチョパー(chopper)，ハンドアックス(handaxe)，尖頭器，スクレイパー，彫刻刀などが発見され岩宿0文化層とよばれた。芹沢長介は石器群の特徴から大分県早水台遺跡と関連があると主張している。＊杉原荘介「群馬県岩宿発見の石器文化」1956；芹沢長介「岩宿0地点(ゼロ文化層)での調査」(『岩宿時代を遡る』1999)（梶原　洋）

岩清尾山古墳群(いわせおやまこふんぐん) 香川県高松市西方の石清尾山塊に構築された古墳群で，猫塚・姫塚・石船塚・鏡塚・北大塚など安山岩を用いて墳丘を築いた積石塚の一群と横穴式石室を内部主体とする16基の古墳から構成される。最大の古墳は猫塚で，全長95m，高さ5mの規模をもち，墳形は双方中円を呈している。積石塚の構築時期は遺物からみて4世紀初頭から中葉ごろに比定される。＊梅原末治『讃岐高松石清尾山石塚の研究』1934／『京都帝国大学文学部考古学研究報告』12，1934 (是光吉基)

岩橋千塚(いわせせんづか) 和歌山県和歌山市の岩橋山塊にある680基をこえる古墳群をいう。前方後円墳27基・方墳4基を除くほかはほとんど円墳で，7支群構成と考えられている。5世紀初頭から7世紀初頭まで築造された。積石塚もあり，特殊な人物埴輪や装飾付須恵器，石棚や石梁を有する横穴式石室の存在などその特殊な性格が注目され，紀氏との関連を指摘する説もある。＊末永雅雄ほか『岩橋千塚』1967 (杉山晋作)

岩戸遺跡(いわといせき) 大分県豊後大野市清川町の大野川と奥岳川の合流地点にのぞむ段丘上に位置する後期旧石器時代の遺跡。1967年に東北大学考古学研究室が第1次調査を実施した。その後1979年に別府大学が第2次調査を，1980年には清川村が第3次調査を行った。計11枚の文化層が確認されているが，2次調査は不明な点が多い。第1次調査では3枚の文化層が検出された。第Ⅰ文化層の石器組成はスレート製のナイフ形石器(切出し，国府型など)，三稜尖頭器，チョパー，いわゆる剥片尖頭器，スクレイパー，彫刻刀，錐，敲石，こけし形石偶からなる。剥片は瀬戸内技法や石刃技法によるほか，円盤形石核からもとられている。また，こけし形石偶はユーラシア大陸との関連を示すとされる。遺構は配石と人間の歯やナイフ形石器を出した土壙(第2次調査)が発掘された。この層の直下では姶良パミス＝A. T.(約2万2000年前)が検出されている。第Ⅱ，第Ⅲ文化層はその下にあり特に第Ⅲ文化層は後期旧石器時代初頭に属する。第Ⅰ文化層は国府石器群の九州地方への広がりとともに，その石器組成，剥片生産技術を検討する上で重要である。＊芹沢長介編「岩戸」(『東北大学文学部考古学研究室考古学資料集』2，1978) (梶原 洋)

岩戸山古墳(いわとやまこふん) 福岡県八女市吉田にある北部九州最大の前方後円墳。6世紀前半の築造で，石人のある古墳としても名高い。全長132mを測り，東北部の外堤には1辺約50mの方形の平地が付設されている。墳丘や堤外の方区には，多数の石人や人物・動物・器財などの形象埴輪が置かれていた。『筑後国風土記』にみられる筑紫君磐井の墓であり，『日本書紀』は磐井の反乱について特筆している。実年代を知りうる重要な古墳である。＊森貞次郎「筑後風土記逸文に見える筑紫君磐井の墳墓」(『考古学雑誌』41–3，1955) (渋谷忠章)

岩櫃山遺跡(いわびつやまいせき) 群馬県吾妻郡東吾妻町にある弥生時代中期前半の再葬墓。遺跡は山深い切り立った802mの頂上にできた岩陰にある。1939年，杉原荘介が発掘し，19個の壺形土器と人骨を得た。土器は東海地方や東北南部の要素を持ち合わせ，これを「岩櫃山式」とよんだ。墓は弥生時代の中期にみられる，関東地方独自のもので，土着の伝統をよく残している。なお，初期弥生土器の系譜をさぐるうえでも波紋を投じた。＊杉原荘介「群馬県岩櫃山における弥生時代の墓址」(『考古学集刊』3–4，1967) (関 俊彦)

磐舟柵(いわふねのさく) 『日本書紀』648(大化4)年の条に初めてその名がみえる。文献にみえる東日本の古代城柵のうちで，前年に設置された渟足柵に次いで古いものである。新潟県岩舟郡にその名をのこしており，1956年，新潟県村上市岩舟町の浦田山丘陵上で石組遺構が発掘された。石組遺構は2ヵ所で調査され，出土土器などから，磐舟柵跡に比定されている。＊新潟県教育委員会「磐舟」(『新潟県文化財調査報告書』9，1962)　(西脇俊郎)

石見銀山遺跡(いわみぎんざんいせき)　島根県の西部，石見地域の大田市大森を中心として隣接する同市温泉津町・仁摩町に及ぶ鉱山遺跡。1969(昭和44)年に，歴史的重要性に鑑み代官所跡，山吹城跡，大久保間歩・本間歩など間歩7ヵ所を含む14ヵ所が国指定史跡となった。文献史料によれば戦国時代の1526(大永6)年に博多商人の神屋寿禎により開発され，その後領有をめぐって大内氏・小笠原氏・尼子氏・毛利氏により争われ，1562(永禄5)年に毛利氏が掌握した。江戸時代には幕府の直轄地として奉行・代官により支配された。16世紀中頃から17世紀初頭の最盛期には，年間8000貫から1万貫(3〜4万kg)が産出され，世界の中心的な銀山として注目された。その後は衰退し，江戸中期には年間3000貫，幕末には100貫程度の産出量であった。戦国時代に遡る遺構は，標高537.5mの仙山周辺の石銀地区に集中しており，銀の生産を飛躍的に増大させた灰吹法による精錬跡などが調査されている。現状では文献史料に窺われるほど古い年代の遺構は確認されていない。銀山川に沿った谷あいの出土谷地区などでは，江戸時代の精錬跡が確認されている。文献史料，生産遺跡，関連する城跡・街道・港湾・墓地などの調査が継続して行われている。2007年には「石見銀山遺跡とその文化的景観」がユネスコの世界文化遺産に登録された。＊島根県教育委員会など『石見銀山総合調査報告書』1993　(池上　悟)

岩屋古墳(いわやこふん)　千葉県印旛郡栄町龍角寺にある。龍角寺古墳群の東南端に位置する一辺80mの方墳で3段築成の墳丘の南辺裾に2基の横穴式石室が開口する。副葬品は知られていないが，砂岩截石互目積や特殊な石室構造から7世紀中葉の築造と考えられる。東国第1の方墳規模や，近くの7世紀後半創建になる龍角寺との関連も注目される。＊大塚初重「千葉県岩屋古墳の再検討」(『駿台史学』37，1975)　(杉山晋作)

殷墟(いんきょ)　河南省安陽市の西北郊，小屯を中心として恒河をはさんで存在する商代の大遺跡群で商代後半の盤庚より帝辛(紂王)に至る歴代の首都大邑商の遺跡と考えられる。殷墟の発見は甲骨文字の出土がきっかけになり，1928〜1937年の10年間に中央研究院歴史言語研究所によって発掘が行われ，大量の甲骨文のほか，小屯を中心とした宮殿や宗廟跡と推定される建築群，その地下に埋納された車馬や武士を含む犠牲坑，また恒河北方の侯家荘西北崗では殷の王室の墓地が検出された。王陵群ははなはだしく盗掘されていたが，残存した銅玉石器などは豪華なものであり，おびただしい人と動物の犠牲坑を伴っていた。殷墟の発掘は解放後も再開され，王陵の一部とそれに附属する祭祀坑群，銅器などの手工業生産の遺跡，大量の中小墓や車馬坑のほか，1976年には小屯の北方で商王武丁の妃婦好の墓と思われるものから大量の銅器が出土した。＊李済『安陽発掘』1982　(穴沢咊光)

印璽考古学(いんじこうこがく)　印章の考古学研究として，中国古代(漢魏晋)の印璽の鈕(蛇・駝)形態の類型的研究，印面文字形状の分析研究による中国印璽考古学が石川日出志により提唱された。印影中心の印章研究を考古学の方法により研究することの重要性を提唱した新しい分野である。「漢委奴國王」金印の江戸時代贋作談を考古学的方法により否定し，後漢初期の製作とする。　→　印章(いんしょう)　＊石川日出志「「漢委奴國王」金印真贋論争から璽印考古学へ」(関西アジア史談話会「古代における「漢と倭」」2019.3)　(坂詰秀一)

印章(いんしょう)　わが国最古の印章は，委奴国王に下賜された金印であるが，奈良時代からは中国隋唐代の印制にならって行われ,「大宝律令」に官印の制がみえている。印章は鈕形から「孤鈕(圭鈕)」と「蒼鈕(鶏頭鈕)」に分類され,使用にあたっては官印・公印・私印に分けられる。官印は内印・外印・諸司印・諸国印で,古代の印は印影のみが知られる。公印は国師印・国倉印・郡印・郷印・軍団印・僧綱印や寺社印などで,千葉県八街町出土の「山辺郡印」などが現存する。私印は家印と個人印があり,印面の書体も自由で四字印の外に二字印や一字印がある。栃木県日光男体山頂からは平安時代の私印が11顆出土しており,印章に対する特殊な信仰がうかがわれる。鎌倉時代以降,禅僧の字や諱を印文にした印章や武将が花押の代用とした朱墨印,あるいはローマ字印も一部使われた。そして,時代が下降するとともに印章も普遍的に用いられるようになった。＊木内武男『日本の古印』1964 (是光吉基)

インダストリー(industry) ヨーロッパの旧石器時代研究で考案された,遺物の型式学的研究から出発して社会集団や文化伝統を抽出する際の分析単位のひとつの概念。主として1遺跡の1文化層から考古学上認識できる共時性(伴出性)が明確な出土状態で,材質別の例えば石(石器)のインダストリー,と呼び石核,剥片・微剥片・石砕片・石屑などを含む同系譜の技術に基づく石器(道具類または遺物)の総体としての概念を指し,器種の組成とは異なる。日本では,酒詰が「(一括)人工遺物群」と訳し,同じ内容・概念を持つとされる「石器群」「文化」という用語が一般に用いられているが,定まって訳語はない。戸沢は杉原荘介の「様相」概念を与え,カタカナ表記のままを提案したが,あまり普及していない。＊戸沢充則「先土器時代における石器群研究の方法」(『信濃』17-4, 1965);M.C.バーキット(酒詰仲男訳)『旧石器時代』1974 (高麗 正)

インダス文明(Indus civilization) 紀元前2400～1700年頃にインダス(Indus)川流域で栄えた古代文明。パキスタン(Pakistan)から西インドの広い範囲に分布し,ハラッパー(Harappa)やモヘンジョ・ダロ(Mohenjo-daro)などの都市遺跡のほか,多くの村落遺跡が確認されている。指標となる遺物にはさまざまなものがあるが,なかでもハラッパー土器と呼ばれる彩文土器は顕著な遺物で,甕・壺・鉢・椀・皿・高坏など多様な器種をもち,幾何学文・植物文・動物文などの文様が施される。また,独自な形態をもつ土偶や動物形土製品,用途不明のテラコッタ・ケーキ(terracotta-cakes),分銅や物差,リボン・フレイク(Ribbon flake)と呼ばれる刃器,印章なども指標となる。都市は,西側に大浴場・穀倉・集会所をもつ城塞,東側に碁盤目状に区画された市街地を配する計画的なものであった。家屋は密集していたが,整備された下水道に象徴されるように,比較的衛生的な生活が営まれていた。しかし,神殿や王宮など王権と結び付く明確な施設は確認されておらず,権力構造はまったく不明である。最盛期にはメソポタミアからもたらされた交易品も多く,インド洋からアラビア湾にかけての流通ネットワークが形成されていたことが知られるが,インダス文明の起源との関連は明確でない。＊曽野寿彦・西川幸治『死者の丘・涅槃の塔』1970 (時枝 務)

う

ヴィクトリア・ウエスト(Victoria West) 南アフリカの地方名。前期旧石器時代(ステレンボッシュ文化)に発展した特殊な剥片剥離技法にその名がとられる。石核を調整して目的とする剥片をとることから,ルヴァロワ技法の祖型(原ルヴァロワ技法)とよばれたこともある。また,類ルヴァロワ技法ともよばれる。一端が尖った横長の石核を調整し,それを縦方向に加撃して,あらかじめ形態が決められた横形剥片をとる技法である。*Henriette Alimen "Préhistoire de l'Afrique" 1955 (山中一郎)

上の台遺跡(うえのだいいせき) 千葉市幕張町にある。東京湾へのびた台地上に営まれた古墳時代中期から奈良時代にかけての集落跡で，住居跡は約320軒を数える。古墳時代中期には滑石製模造品の工房跡があり，後期および奈良時代の竪穴住居跡からは多量の土錘や軽石が出土し，貝の堆積も認められた。漁労活動に中心を置いた集落とされる。*倉田芳郎編『千葉・上の台遺跡』1981・1982 (杉山晋作)

上野原遺跡(うえのはらいせき) 鹿児島県霧島市国分上野原縄文の森に所在。南に錦江湾を望む風光明媚な標高250mの西方へ突出した台地上にあり，日豊線国分駅の東南5kmの地で，台地の西端には展望台もある。付近一帯は上野原テクノパークとして工業団地土地造成中に遺跡が発見され，一部に工場も誘致，建設されて操業中のものもあるが，1992～1996年度にわたる第3工区・第4工区発掘調査中，今から6300年前に噴火の鬼界カルデラ(大隈半島佐多岬沖西南約40km。硫黄島を西北外輪山とする海底火山)噴出の「アカホヤ火山灰」堆積層下に南九州地方独特の縄文時代草創期・早期の遺構・遺物が発見され，第4・第5工区を中心に遺跡公園化することに予定が変更され，西北端部の展望台を含めた遺跡公園化が急速に進み，国の史跡にも指定された。

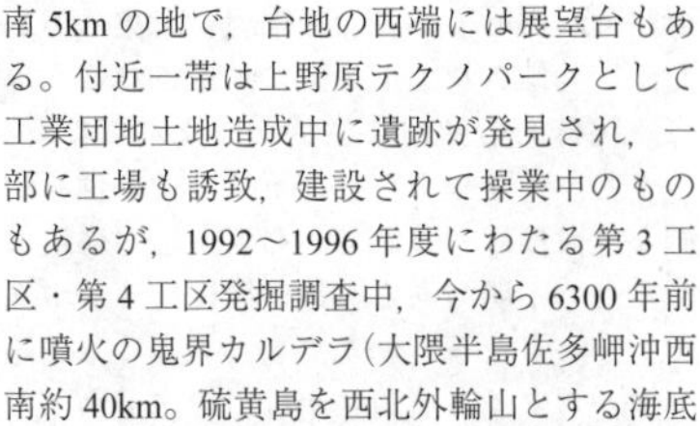

上野原遺跡

活火山の多い鹿児島県下では堆積地層中に数層の火山灰層が年代順に堆積が見られ，上野原台地でも上部から4200年前の桜島火山灰層，6300年前のアカホヤ火山灰，7500年前・9500年前の桜島火山灰，1万1500年前のサツマ火山灰，2万2000年前の姶良カルデラ大爆発のシラス火山灰などの逐次堆積層が見られる。第4工区北部では9500年前の桜島火山灰堆積層の直下から，竪穴住居跡52戸，集石(石蒸し炉跡？)39基，土坑(貯蔵穴又は墓坑)260基，連穴土坑(燻製作用？)16基などが発掘された。土製環状耳飾・壷形土器・土偶など九州南部では今日までに知られていない貴重な資料が多数発見されている。遺跡地に出土品の陳列施設もある。*鹿児島県歴史資料センター黎明館編『縄文のあけぼの—南九州に花開いた草創期文化—』2000 (江坂輝彌)

ヴェルタススルス(Vértesszöllös) ハンガリーの前期旧石器時代の遺跡。ミンデル氷河期中の後半の一休氷期にあてられる。1963年以来，ヴェルテス(L. Vértes)によって発掘され，炉跡や石灰化した骨の山を含む3枚の文化層が発見された。その最下層に1965年原人(*Homo erectus*)の後頭骨が検出された。しかし，この頭骨を(*Homo sapiens palaeohungaricus*)とする説もある。石器は非常に小型で，その大部分は礫器である。*L. Vértes 'Des vestiges humahns et des outils du Paléolithique inférieur(450,000 av. J. C.)découverts en Hongrie' ("Archeologia" 12, 1966) (山中一郎)

有喜貝塚(うきかいづか) 長崎県(旧北高来郡有喜村六本松)諫早市(いさはやし)松里町にある縄文時代中期から後期にあたる諫早湾に望む台上にある貝塚。1925年，京都大学文学部考古学教室の浜田耕作博士らが発掘調査,「肥前国有喜貝塚発掘報告」(『人類学雑誌』41-1·2, 1926)を発表された。胎土に滑石粉末を多量に混ぜた中期の阿高式土器，磨消縄文文様の施文された御手洗B式土器などが貝層中から出土した。表土には弥生後期末の土器が散在し，十字形石斧などの打製石器・磨製石斧・石匕・石錘・凹石なども発見されている。 (江坂輝彌)

宇木汲田遺跡(うきくんでんいせき) 佐賀県唐津市宇木字汲田にある弥生時代甕棺群遺跡と貝塚。1928年以来129個の甕棺が発掘され細形銅剣や銅矛・銅戈・銅釧・多鈕鏡・玉類などが検出した。時期は弥生時代前期末から中期，後期に及び，汲田式甕棺の標式遺跡。貝塚は下層に夜臼式，中・上層に板付Ⅰ式を出土し，縄文時代末から弥生文化への移行を知る上で重視される。＊唐津湾周辺遺跡調査委員会『末盧国』1982 (乙益重隆)

浮袋の口(うきぶくろのくち) 縄文時代後・晩期に多く弥生時代にもまれに知られる鹿角製品。角を適当の長さに切断し，その中軸に穿孔する。形は総じて臼形を呈して単純であるが，溝や隆帯の幅や深さによって，高さや全体の形に様々の変化をつくる。その形がエスキモーなど極北海獣狩猟民が銛猟の際つかった浮袋の口と似るところから名付けられた。しかし，この角器の内側にアスファルトが付着していたり，まれには孔の貫通しない例もある。また銛猟との関係のうすい内湾からの出土例もあり，おそらく全く別の用途をもつものであろう。耳栓との形態類似も指摘できるが，実際に人骨共伴例はない。この中に細い鏃状のものが挿入されたまま出土したことが2例あるが，それから用途を予測することはできない。なお，アスファルト付着と上述のような挿入物のあることから，漁労用の刺突具を柄に固定するために使用したとする説明もあるが，遺物の形態と着柄法との関係など疑問がのこる。また，弭説もあるがはっきりしない。 → 弭形角製品(ゆはずがたかくせいひん) ＊楠本政助「縄文時代における骨角製突具の機能と構造」(『東北考古学の諸問題』1976) (金子浩昌)

鶯塚古墳(うぐいすづかこふん) 奈良県奈良市春日野町にある前方後円墳。若草山の山頂にほぼ南面して，2段に築かれて，全長103m，後円部径61m，前方部幅50mある。円筒埴輪列が2重にめぐるほか，家形埴輪・舟形埴輪が確認された。前方部の西南隅付近から仿製内行花文鏡・滑石製斧が出土した。営造時期は5世紀前葉。なお『枕草子』にある鶯陵に由来する名。＊伊達宗泰「春日野地区」(『奈良市史』考古編，1968) (車崎正彦)

ウサクマイ遺跡群(ウサクマイいせきぐん) 縄文早期から近世の複合遺跡。石狩川の支流千歳川，内別川流域の札幌低地帯の最も奥まったところにある。A遺跡は1963年から3ヵ年発掘調査が行われ，蕨手刀，錫製の飾環など東北地方北部の末期古墳の副葬品に共通する遺物と，後北C～D式土器の伝統を強く持つ土器が共供する土壙墓が発掘されている。1995年，1999年に行われたN遺跡の発掘調査では，擦文文化期前期の土器を伴う竪穴住居跡11軒，土壙17基，住居の周辺から2枚の富壽神寶，河道から上半部にソーメン文が施された8世紀後半から9世紀前半のオホーツク式土器や須恵器が出土している。富壽神寶は銭自体の摩滅も少なく、鋳銭まもなく持ち込まれた可能性が高い。須恵器は秋田城周辺の窯跡で生産された可能性が高く，こうしたことから，この遺跡を調査した種市幸生はこの地がオホーツク海沿岸からもたらされた貂な

ウサクマイ遺跡群

ど毛皮の集荷場で，東北地方との交易が盛んに行われていた可能性を指摘する。

1975年から3ヵ年の分布調査では，縄文時代各期の遺跡や続縄文～近世の遺跡が確認され，1979年，146.4haが国の史跡に指定された。＊種市幸生「ウサクマイN遺跡の性格について—律令国家と擦文文化・オホーツク文化—」(『ウサクマイN遺跡』北海道埋蔵文化財調査センター報告156，2001)

（大谷敏三）

宇佐弥勒寺遺跡（うさみろくじいせき） 大分県宇佐市にあり，宇佐八幡の神宮寺。『石清水文書』などによれば，弥勒寺の建立は738（天平10）年に始まり，奈良末ごろに完工されたものと推定される。6回におよぶ発掘調査によって，南大門，中門，東·西塔，金堂，講堂という薬師寺や東大寺式に伽藍が確認され，また東塔のすぐ西側に輪蔵が位置する。金堂の創建は5間×4間で，後に桁行が7間に拡張されている。瓦は複弁の軒丸と，法隆寺系忍冬唐草文や鴻臚館系均正唐草文鐙瓦が出土している。＊小田富士雄ほか「弥勒寺遺跡」(『大分県文化財調査報告』7，1961)

（渋谷忠章）

牛川人（うしかわじん） 愛知県豊橋市市川町忠興にある石灰岩採石場のフィッシャー内堆積層中から1957年に発見された更新世の人骨。身長約135cmと推定される左上腕骨幹部と幼年男性と推定される左大腿骨頭が発見されている。伴出する動物化石，化石化の程度，骨内フッ素含有量による相対年代推定，形質人類学的諸特徴の分析結果をもとに，中期更新世上部に属する新人段階以前の人類であるとされている。

（柳沢和明）

牛頸遺跡（うしくびいせき） 上大利から牛頸，春日市，太宰府市にまたがる北部九州全体に須恵器と瓦を供給した大規模瓦陶兼業窯跡群で西日本最大規模窯跡群。平成21年2月12日に国指定史跡に指定。窯場の操業は6世紀中ごろから9世紀中ごろにかけて約500基以上複数窯跡群が営まれた。6·7世紀代は福岡平野，8世紀以降は大宰府の指導の下に饗宴・蕃客の接待などに使用する供膳具中心に生産され規模が拡大し，筑前国一国一窯体制が整えられた。8世紀末から9世紀以降は大宰府の停滞状況と不可分で生産が縮小し，肥後国に生産拠点の中心が移った。6世紀後半～7世紀前半の窯構造の特徴は大型で多孔式煙道と煙道に溝が取り付く。7世紀後半以降になると小型で煙出しが直立するものに変化。出土遺物として「和銅六年銘」須恵器甕（ハセムシ窯跡群）が発見され「筑前国手東里に住む大神君ら3人が調として大甕を和銅六年（713）に納める」ということが書かれていた（市指定文化財)。＊石木秀啓「牛頸窯跡群と九州の須恵器生産体制—八世紀以降を中心として」(『国立歴史民俗博物館研究報告』134，2007)

（松原典明）

ウシュキ遺跡（Ushki） カムチャツカ半島の中央部，東海岸にあるウシュコフスコエ湖の南岸に沿って五つの地点が存在する。この中で第3地点を除く4地点はいずれも後期旧石器時代から新石器時代にわたる多層遺跡である。後期旧石器時代の7層からは有舌尖頭器，6層からは湧別技法による細石刃核，木葉形尖頭器，エンドスクレイパー，5層からも楔形細石刃核・木葉形尖頭器などが出土している。中石器時代の4層では細石刃核は円錐形になっている。この他の遺物としては，7層から石製の垂飾，古層から篦状の骨器が発見された。遺構としては5層から4棟，6層から13棟，7層から1棟の住居跡がみつかっており，双円形の竪穴住居跡（7層)，中央に炉跡を持つ柄鏡形の竪穴住居が興味深い。また7層からは墓壙が，6層からは家犬の埋葬が発見されている。絶対年代は6層が1万674±360年，7層が1万4300±200年である。アメリカ大陸への移住の問題にからんで重要な遺跡である。＊N. N. ディコフ『カムチャッカチユコトカ・

ベルフニーコリマの考古学遺跡』1977
（梶原　洋）

宇宿貝塚（うしゅくかいづか）　鹿児島県奄美市笠利町に所在する南西諸島を代表する国史跡指定の貝塚遺跡。1933年三宅宗悦が発見。1955年，1978年の発掘調査により縄文・弥生土器とは異なる南島系の土器（宇宿下層式・宇宿上層式）が出土。宇宿下層式土器に南島では初めて縄文時代後期の市来式土器および一湊式土器が伴い，宇宿上層式土器と弥生時代後期の土器が共伴し，それまで不明であった南島の原始時代の土器編年研究が急速に進展した。宇宿下層式土器の時期には敷石住居跡と貯蔵穴が，宇宿上層式土器の時期には略方形の石組み住居跡2軒と埋葬遺構が検出されている。埋葬遺構は袋状土壙に母子の遺体を合葬したもので，母親は南西向きに仰臥伸展葬し，子供は母親の股間に，頭を母親の膝の辺りに置き，北向きに埋葬し，4個の礫で被覆している。現在，国史跡公園として保存整備されている。（新東晃一）

後野遺跡（うしろのいせき）　茨城県ひたちなか市中根に所在し，1975年に調査された。A地点から打製石斧・彫刻刀形石器・尖頭器などを特徴とする長者久保系石器群が，B地点からは細石刃核を主体とする石器群が出土した。A地点の石器群に無文土器が共伴，B地点から舟底形細石刃核が出土し，両石器群が層位的に分離されたことなど，旧石器時代終末期に関する重要な事実を提起した。＊後野遺跡調査団『後野遺跡』1976（藤原妃敏）

雲珠（うず）　馬具の一種。雲珠は，尻繋が馬背の中央で交差する位置に取り付けられ，一種の辻金具といえる。一般的に中空の半球体に脚を付けた形で，この脚に尻繋の革紐・組紐を鋲と責金具とによって固定する。脚に杏葉を直接付けた例もある。脚数は，使用される尻繋の型式により異なる。このほか鉄製の環に留金具を付けた簡単な

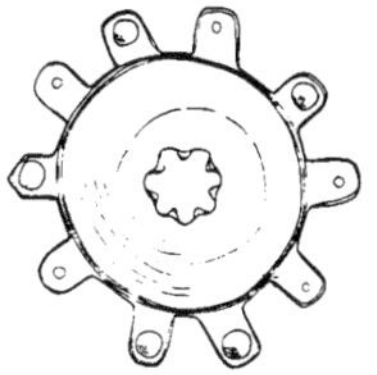
平面図

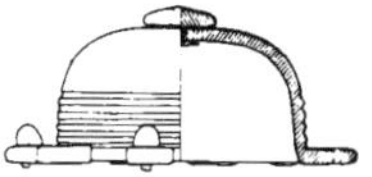
正面図

雲珠（千葉・法皇塚古墳）

例もある。鉄地金銅張のものが多く，透彫の金銅製のものも存在する。時間の下降するにつれ，雲珠の径が大型化する。＊小野山節「馬具と乗馬の風習」（『世界考古学大系』3，日本Ⅲ，1959）（坂本美夫）

臼杵石仏（うすきせきぶつ）　大分県臼杵市深田に所在する磨崖仏群。阿蘇の熔結凝灰岩の露出した面に刻まれたもので，谷をめぐってホキ・堂ヶ迫・山王山・古園の四つの群に分かれる。平安時代後期から室町時代まで数世代にわたって彫りつがれている。特に古園磨崖仏は，像高3mの大日如来像を中心にして仏・菩薩・明王・天部像を左右に各6軀を配しており，独特な信仰に基づく配列といわれる。また木彫的手法が随所にみられ，作者は木仏師と推定される。＊浜田耕作「豊後磨崖石仏の研究」（『京都帝国大学文学部考古学研究報告』9，1925）
（渋谷忠章）

薄手式土器（うすでしきどき）　明治末から昭和上期に縄文土器が大別され，厚手式土器に対比して用いられた名称。坪井正五郎（1904）がまず用い，後に鳥居龍蔵が「薄手式派」は漁撈生活民，「厚手式派」は山地狩猟民と大別，生業の相違を論じ（1920），共に年代差の認識はなかった。それ以前の明治12（1879）年，陸平貝塚と大森貝塚の土器の違いをまず飯島魁・佐々木忠次郎が提案，後に八木奘三郎・下村三四吉は「厚薄」

にも触れ年代差としていた。縄文土器の分別の芽は松本彦七郎の登場まで当時の民族論的見地には及ばなかった。＊鳥居龍蔵「武蔵野の有史以前」(『武蔵野』3-3，1920 武蔵野会)／『諏訪史・第一巻』1924；林謙作「鳥居龍蔵論」(『縄文文化の研究』10, 1984) →厚手式土器(あつでしきどき)　(高麗　正)

内耳土器(うちみみどき・ないじどき)　土器の口縁部内側に2～4個の吊り耳をもった，やや粗雑な鍋形土器。本州では中世より近世ごろまで使用され，ほぼ同じころに北海道の擦文文化終末期以降にあらわれる。また，この種の土器は樺太・千島・カムチャツカ半島南部にまで分布する。形態は円形，底部平底であり，中世鉄鍋と同形態であることから，この鉄鍋を模倣したものといわれている。本州では焙烙ともいい，その詳細は不明である。＊宇田川洋『北海道の考古学』1977　(西脇俊郎)

宇津木遺跡(うつぎいせき)　東京都八王子市宇津木町向原に存在し，1964年に中央高速自動車道八王子インターチェンジ建設に先だち調査された遺跡である。その結果，縄文時代中期の住居跡19軒，配石跡3基，土壙墓・甕棺墓15基，弥生時代中期の住居跡1軒，後期の住居跡53軒，方形周溝墓5基などが発掘された。本遺跡が考古学上重要なのは，大場磐雄によってそれまでに全国で数例発掘されていたにもかかわらず，名称および性格が不明であった遺構が「方形周溝墓」と名付けられ墓と判断されたことである。＊中央高速道八王子地区遺跡調査団『宇津木遺跡とその周辺―方形周溝墓初発見の遺跡―』1973　(福田健司)

鵜灘貝塚(うなだかいづか)　島根県八束郡(やつかぐん)鹿島町大字名分(みゃくぶん)(現・松江市)にある宍道湖(しんじこ)北岸から北流して日本海へ流出する佐陀川(さだがわ)の両岸は，かつて右岸(東側)が八束郡講武村に，左岸(西側)は佐太村に所属し，村名が分かれていた。従って国史跡指定のとき，「佐陀講武貝塚」という名称がつけられた。この佐陀川は1785～1788年にわたって，松江藩が宍道湖の排水口として開削した運河で，貝塚の中心はこの工事中に何処かへ運び去られたものと思われる。

貝層中から発見の貝殻は，ヤトシジミが最も多く，ハマグリ・サザエ・レイシなどの名称が記されている。土器は表裏に貝殻条痕文が施文され，胎中に植物繊維の含む早期末ないし前期初頭と考えられる関東地方の早期末の茅山式類似の土器で，近畿地方の石山7式にも近似している。また，貝層上層部からは，ヤマトシジミの腹線で施文した爪形文，斜縄文の施文された近畿地方の縄文時代前期の北白川2式土器に近い土器片も出土している。山陰地方では縄文時代早期末から前期の土器片を出土する遺跡は数少ない。骨角器としては鹿の四肢骨を加工した銛先が発見されている。＊清野謙次「出雲国八束郡講武村大字名文字鵜灘貝塚」(『日本貝塚の研究』1969)　(江坂輝彌)

姥塚古墳(うばづかこふん)　山梨県笛吹市御坂町井之上の南照院境内にある。金川扇状地の扇端部付近に占地する直径40m，高さ10mほどの円墳である。葺石・埴輪は確認されていない。内部主体は南西方向に開口する巨石で構築された片袖型横穴式石室である。現存長17.54m，玄室長9m，奥壁幅3.3m, 高さ3.6m, 羨道部長8.54m, 幅2.4m, 高さ2.5mを測り，東日本最大の規模をほこる。副葬品は不明だが，6世紀後半ごろの築造と推定される。＊大塚初重「山梨県姥塚古墳について」(『富士国立公園博物館研究報告』16，1966)　(坂本美夫)

烏八臼(うはっきゅう)　「八」と「臼」「烏」の合字とする説のほか『金剛頂瑜伽最勝秘密成仏随求即得神変加持成就陀羅尼儀軌』や『随求陀羅尼小咒』の経陀羅典中に見える「瑟䳱」の2文字を梵字字母(しったん)1字で表し吉祥成就を示すとされることから2字漢訳文字のうち「䳱」が略されて墓標に

刻まれたとする説が有力で，この文字には経典所説の「滅罪成仏」「功徳」もあるとされる。近世初期から墓碑や回忌供養塔などに用いられ，18世紀以降の大随求菩薩信仰を背景に広まる。*久保常晴「所謂烏八臼の諸型態について」（『立正史学』42，1978）（松原典明）

姥山貝塚（うばやまかいづか） 千葉県市川市柏井町に所在する，縄文時代中期～後期の純鹹貝塚。東京湾北岸の洪積台地上の広い範囲に貝層が分布している。学史的にも著名な貝塚で，1893（明治26）年の八木奘三郎らの発掘以来，多くの発掘が行われてきた。特に1926年の東京大学人類学教室による調査では，竪穴住居跡が発掘され，わが国で初めての竪穴住居の正式調査となった。また，1940，1948年のグロート（G. J. Groot）の調査では，住居跡からの木炭の放射性炭素による年代測定が行われ，4526 ± 200B. P.，4513 ± 300B. P.という数値が得られたが，これもわが国では初めての成果であった。出土遺物としては，多数の埋葬人骨，勝坂式・阿玉台式・姥山式（＝加曽利E式）・堀之内式・加曽利B式などの土器や石器・骨角器が発見されている。全域が国の指定遺跡。

なお，千葉県下では，九十九里浜海岸に近い山武郡横芝町字姥山台にも縄文時代後半の貝塚があり，本貝塚出土の一形式の土器に姥山Ⅱ式の名称が付され，貝塚は市川市姥山と明確に区別するように山武姥山（さんぶうばやま）貝塚と呼称されている。*松村瞭ほか「下総姥山に於ける石器時代遺跡」（『東京帝国大学理学部人類学教室報告』5，1932）（江坂輝彌）

大堂原貝塚（うふどうばるかいづか） 沖縄県の本島北部，名護市屋我地島に位置し，標高約3mの北に向いた砂丘海岸に立地する。1998年から古宇利大橋建設に伴う発掘調査が行われ，ほぼ古墳～弥生，縄文後期，縄文前期の遺物包含層を確認。弥生層からは埋葬人骨や大甕の口縁部，貝集積などが出土。曽畑式土器，爪形文土器を含む縄文前期層のさらに下位より獣骨製品と薄手の型式不明の土器が出土している。調査継続中。（岸本利枝）

ウベイディヤ遺跡（Ubeidiya Site） イスラエルの北ヨルダン渓谷にあるオルドワン（Oldowan）と初期アシューリアン（Acheulian）の遺跡。ヴィラフランカ（Villafranchian）期後半の動物群が多く出土している。4つの地層帯（Li，Fi，Lu，Fu）からなり，遺跡全体が地形の変動により約70°の傾斜面をなしている。石器群には，礫皮を残したハンドアックス（Handaxe），三稜のピック（Pick），チョパー（Chopper），チョピング（Chopping），石核などが伴いオルドウヴァイ（Olduvai）の発展オルドワンB，初期アシューリアンに対比される。地質学的にもオルドゥヴァイのベッド（bed）Ⅱと同時期と考えられ，約140万年前という推定年代もある。*Bar-Yosef, O. and Goren-Inbar, N., “The Lithic Assemblages of Ubeidiya; A Lower Palaeolithic Site in the Jordan Valley” Qedem Monographs of the Institute of Archaeology 34, 1993（梶原　洋）

駅家（うまや） 古代律令制下，原則として30里（約16km）ごとに，駅路に沿って置かれた駅使の休憩・宿泊の便に備えた施設。『延喜式』には，全国で402の駅家の名が記されている。駅家には，駅馬，駅長，駅子が置かれた。その研究は，外交使節を意識して特別に整備された山陽道の駅家において，考古学・歴史地理学・文献史学の学際的研究で始まった。発掘調査によって駅家の構造が判明した遺跡は，兵庫県たつの市小犬丸遺跡（播磨国布勢駅家），同県赤穂郡上郡町国史跡山陽道野磨駅家跡がある。その成果などから，駅家は，塀等で囲まれた駅館院，その周辺に配置された駅戸などの雑舎群及びその財政基盤としての駅田で成り立っていたと考えられている。このほか，駅家の可能性が指摘されている遺跡は，栃木県那須烏山市長者ヶ平遺跡(下野国新田駅家)，兵庫県加古川市古大内遺跡・坂元遺跡(播磨国加古駅家)，福岡県粕屋町内橋坪見遺跡(筑前国夷守駅)などがある。＊木本雅康ほか「古代駅家研究の現状」(『考古学ジャーナル』665，2015)；鈴木靖民ほか編『日本古代の道路と景観―駅家・官衙・寺―』2017　(江口　桂)

埋甕(うめがめ)　竪穴住居の入り口部分など，人の出入りが激しい場所に，底部を欠いたり穿孔した平縁の深鉢形土器を，幼児甕棺として埋設する風習。これは死産児などの女性の胎内への再入を願う再生観念を反映した妊娠呪術であり，単なる幼児甕棺とは区別して命名された。死産児埋納説のほかに胎盤収納説もみられるが，千葉県殿平賀貝塚では幼児骨が発掘されている。民俗例では胎盤収納の例が多いが，死産児埋納例も少なくない。時代が下るにしたがって，前者から後者へ移行したと想定される。縄文時代中期後半に出現し，中部地方を中心に盛行するが，甕を伴わない入り口部分下のピットは古墳時代などの竪穴住居跡にもしばしばみられる。入り口部分における埋納が主目的であり，甕はその容器にすぎないのであるから，この呪術はさらに古く遡る可能性もある。＊渡辺誠「縄文時代における埋甕風習」(『考古学ジャーナル』40，1970)　(渡辺　誠)

梅原末治(うめはらすえじ)　1893〜1983。同志社普通部卒。京都大学教授。文学博士。文化功労者。中国大陸・朝鮮半島の考古学研究に大きな足跡を残したが，他方日本考古学，特に銅鐸・古墳・古墓の研究に多くの業績を上げた。厳密な調査方法は範となり，銅鐸・銅剣・銅矛・銅鏡の研究も中国大陸・朝鮮半島の青銅器に対する巨視的認識のもとに学界をリードした。古墳の報告書も多く現在においても各地において活用されている。また，新羅古瓦を総括して研究の基礎をつくったことは朝鮮半島三国時代の墓制研究とともに大きな業績として知られている。おもな著書に『鑑鏡の研究』1925，『銅鐸の研究』1927，『日本考古学論攷』1940，『支那考古学論攷』1938，『東亜考古学論攷』第一1944，『朝鮮古文化綜鑑』1〜3共・1947，『日本古玉器雑攷』1971などがある。　(坂詰秀一)

浦底遺跡(うらそこいせき)　沖縄県宮古市城辺福里浦底の砂丘上(標高約3m前後)に立地する南琉球石器時代後期の遺跡。1987〜1988年の発掘調査により，製作途上品をも含めて200点余のシャコガイ製貝斧が出土。

遺跡の堆積層は，地山や間層も含めて6枚確認。うち，文化層は3及び5層の2枚のみ。発掘遺構としては，径50〜60cmの円形状に焼けた小礫群が30基余検出。これらの機能は焼石調理遺構を目的とした調理施設とみられている。多量出土のシャコガイ製貝斧は，法量や形態のバリエーションが豊富なうえ，他遺跡では例のない彫刻刀形の製品も出土。石器は極少で石斧2点と凹石，有孔製品のみ。他にスイジガイ製利器やホラガイ製有孔製品，貝盤，イモガイ科製品，イノシシの犬歯の有孔製品，骨針，篦状製品，サメ歯有孔製品等が出土。文化層の炭素年代測定値はⅢ層が1880 ± 75B. P.，2180 ± 75B. P., 2200 ± 75B. P., Ⅴ層が2340 ± 75B. P., 2520 ± 75B. P. である。　(盛本　勲)

瓜郷遺跡(うりごういせき)　愛知県豊橋市瓜郷町東寄道と西寄道にひろがって存在する。豊川下流の低地に営まれた弥生時代中期・後期の遺跡で，中期の瓜郷式土器の標式遺跡。遺跡の発掘は1947年に久永春男ら地元調査員と各大学の諸分野の調査員が協力し，好成果をあげた。住居跡・小竪穴群と主鹹貝塚からなり，木製鍬・丸木弓・骨鏃・銛・釣針・貝輪，打・磨製石器・貝類が豊富なため，初期農耕民の暮しが復原できた遺跡である。＊豊橋市教育委員会『瓜郷』1963　(関　俊彦)

瓜生堂遺跡(うりゅうどういせき)　大阪府東大阪市にある弥生時代遺跡で，南の八尾市にかけて広がる河内平野遺跡群の中心をなす。旧大和川が形成した標高5m前後の三角州と自然堤防に立地し，南北約1km，東西約700mの範囲を占めている。弥生時代前期に居住が始まり，中期中葉から後半に盛期を迎える。60基以上の方形周溝墓が発見されているが，とくに1971(昭和46)年に調査された2号方形周溝墓は，マウンドに木棺，土器棺，土壙墓が6基ずつあり，方形周溝墓にマウンドが伴うことを周知させるとともに，社会構成の研究に重要な資料を提供した。盛期の中期後半は居住域より墓域が卓越し，遺跡内は大きく3つの墓域に分けられる。遺構は他に竪穴住居，掘立柱建物，井戸，溝，土坑などが多数あり，遺物では土器，石器，木製品，骨角製品が大量に発見されているほか，武器形青銅器，男女の性器形石製品などがある。＊瓜生堂遺跡調査会『瓜生堂遺跡』1972／『瓜生堂遺跡Ⅱ』1973；浜田延充ほか「瓜生堂遺跡の検討」(『大阪の弥生遺跡Ⅰ』大阪の弥生遺跡検討会，1997)　（宮野淳一）

瓜破遺跡(うりわりいせき)　大阪府大阪市平野区瓜破を流れる大和川の川床にある。弥生時代前期から後期へつづく土器を包含し，前期のものは「瓜破式」という名が付けられ，畿内第1様式(新)に該当する。遺跡を著名にしたのは，中国の新代の貨幣「貨泉」が中期の土器と共伴したことで，当時，弥生時代の年代決定に有力な参考資料となった。1942年，1957年に山本博・杉原荘介が調査し，石器・銅鏃・木器や竪穴遺構を発掘した。＊山本博「河内国大和川床出土の弥生式遺物に就いて」1〜3(『考古学雑誌』30–11，31–2・7，1941，1942)　（関　俊彦）

漆紙文書(うるしがみもんじょ)　漆を入れた容器の蓋に用いた文書が，紙に漆が染み込んだために保存され，遺跡から出土したもの。1978(昭和53)年に宮城県多賀城市の多賀城跡で初めて発見され，以後全国各地の都城・城柵・国府・郡家(ぐうけ)・集落などの遺跡から出土例が知られるようになり，広範に存在するものであることがわかった。漆容器の蓋として再利用された文書の大部分は反故になったものと考えられるが，赤外線テレビカメラによる判読の結果，地方で作成されたさまざまな行政文書が含まれていることが明らかになった。多賀城跡の計帳，茨城県石岡市鹿の子C遺跡出土の出挙(すいこ)帳，岩手県水沢市胆沢城跡の兵士歴名簿，秋田市秋田城跡出土の書状など貴重な文書が確認されており，地方文書が乏しい古代史研究に資するところが大きい。＊平川南『漆紙文書の研究』1989　（時枝　務）

漆紙文書（宮城・多賀城跡）

ウワナベ・コナベ古墳(ウワナベ・コナベこふん)　奈良市法華寺町に存在する。奈良盆地の北部に前期の大前方後円墳を中心として築造された佐紀盾列古墳群中の2基の前方後円墳。前者は全長約280m，後者は204mを測る。ウワナベ古墳の陪冢大和6号墳は鉄鋌の大量出土が知られ，コナベ古墳はガウランド(William Gowland)による実測として著名である。＊上田宏範「ゴーランド氏の小奈辺古墳の調査について」(『奈良県抄報』4，1949)　（池上　悟）

上場遺跡(うわばいせき)　鹿児島県出水市上場高原に所在する。1965年から調査が実施された。南九州地方で最初に行われた旧石器遺跡の調査で，旧石器時代の文化層が5枚，層位的に確認されている。ナイフ形石器→　細石刃という編年の大枠が追認されるとともに，2～3層では細石刃を主体とする石器群が層位的に出土している。2層では福井洞穴の知見についで，細石刃と爪形文土器の共伴が確認された。6層上部の石器群については，縦長剥片を切断し，切断面を背とする台形石器(proto-trapeze)の製作技術として「上場技法」が提唱されている。さらに，細石刃を主体とする石器群の時期に比定される竪穴住居跡が発見されている。これは，遺構の発見がきわめて困難な日本の旧石器研究の中で，当時の具体的な生活内容を示すものとして興味深い。＊池水寛治「鹿児島県出水市上場遺跡」(『考古学集刊』3–4，1967)　(藤原妃敏)

雲崗石窟(うんこうせっくつ)　中国山西省大同市雲崗鎮にある石窟寺院。武州川北岸の断崖に東西1kmにわたり約43基の石窟が営まれており，東方・中央・西方の3群に大きく分かれるが，すべて仏教の石窟寺院である。北魏文成帝の460(和平元)年に官僧の長官である沙門統の地位にあった曇曜の発議で国家的な取り組みのもとに5躯の大仏が彫刻されたのに始まり，494(太和18)年に北魏が洛陽に遷都するまで活発な造営活動が展開され，それ以後も小規模な石窟が開窟され続け，最後の紀年銘は524(正光5)年である。仏像を主体とするいわゆる尊像窟が主体であるが，わずかにチャイティヤ(Caitya)窟の系譜を引く塔廟窟の存在が知られ，インドの石窟寺院との共通点を指摘できる。石窟は平面方形プランを基調とし，前室・主室の区分があるものが多いが，人の入る空間がまったくないものもみられる。雲崗石窟の彫刻は砂岩を刻み，表面に直接彩色を施したもので，初期のものには西方的要素が看取できるが，大部分は漢族式の服制を採用した北魏様式を示している。＊水野清一・長広敏雄『雲崗石窟』全16巻, 1951～1957(1963年日本学士院恩賜賞)　(時枝　務)

雲版(うんばん)　梵音具の一つで，火巻版・長版・板鐘・斎板などとも称される。主として禅宗寺院で食事や僧の睡眠をさまさせたり，あるいは座禅をやめたりする合図に用いられ，輪郭が雲形を呈していることからよばれるようになった。頭部に懸垂用の小孔がうがたれ，身部の中央部から下方にかけて撞座がある。また，頭部・身部の縁は1弧から9弧に及ぶ。わが国最古の紀年銘作は1187(文治3)年の福岡県太宰府天満宮の雲版である。＊久保常晴「雲版の研究」(『仏教考古学研究』1967)　(是光吉基)

雲版（神奈川・妙本寺）

え

ASM法(エーエムエスほう)　放射性炭素年代測定法。加速器質量分析装置を用いて，年代を測定する方法である。直接炭素14の数をカウントし，炭素14の比率を求めるため，従来の方法(気体計数法，液体シンチレーション法)に比べ，少ない試料で精度の良い測定ができるようになった。これにより，付着炭化物，骨，貴重な木質遺物，紙など測定対象が広がり，年代測定の幅が広がった。また，精度が高まり，暦年代への補正も一般化したため，遺物の編年と合わせた解析が行われるようになった。　(橋本真紀夫)

柄鏡(えかがみ)　円鏡に柄をつけ持ちやすくしたものでわが国では室町幕府の後半

に出現し，江戸時代には和鏡の主流となった。鏡背は鈕が消滅したこともあって文様が全面にあらわされている。題材は松・竹・梅・桜などの樹木，働く人物，能狂言，長寿を願うもの，山水図などがみられる。また，江戸時代前半には「天下一」銘があるが，中期以降になると，「天下一」の禁令によって「大上」などとした銘もある。後期になると鏡は大型化する。＊保坂三郎『和鏡』1973 （是光吉基）

駅家（えきか） → 駅家（うまや）

駅鈴（えきれい） 古代律令駅制のもと，駅使など公の使者が駅馬を利用する時に通行許可証として支給された鈴。中央政府のほか，大宰府や国府に備えられ，使者の位階に応じて刻まれた剋数によって，人馬を調達した。古代駅鈴の初見は大化改新詔で，駅馬・伝馬の制度の設置に伴って造られた。駅使は，駅鈴を鳴らして，駅子・駅馬等を徴発させたと考えられている。また，駅鈴は，単なる利用証を越えた，天皇の霊力と権威を示す象徴とも考えられている。＊樋畑雪湖『日本駅鈴論』1939；馬場基「駅制の基本的性格と成立について」（『古代交通研究』7，1997） （江口 桂）

抉入石斧（えぐりいりせきふ） 中国から朝鮮半島を経て，縄文時代の晩期にもたらされた磨製石器の1種。祖型は中国の有段石斧で，方柱状をした長い基部の中央から少し上部の部分に，柄と石器を密着させるためにひもかけ用のえぐりがあるので，このよび名がついた。おもに木工具として太型蛤刃石斧や扁平片刃石斧と併用された。弥生時代の後期には製作量が少なくなる。＊八幡一郎「抉入石斧を繞る諸問題」（『信濃』18–8，1966） （関 俊彦）

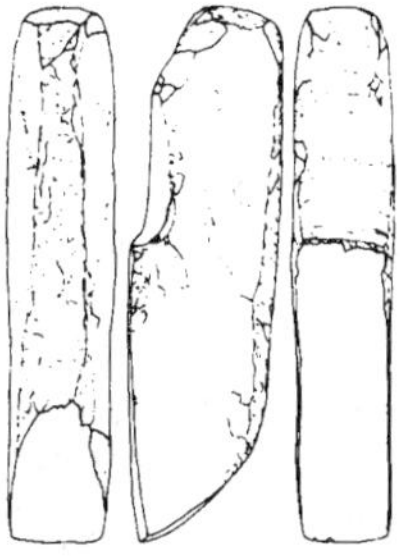

抉入石斧（福岡・板付遺跡）

会下山遺跡（えげのやまいせき） 兵庫県芦屋市三条町会下山につくられた弥生時代中・後期の高地性集落跡で，1956～1961年に村川行弘らが調査。標高200mの六甲山系の山頂にあり，狭い尾根から急斜面にかけて住居・祭祀場・土壙墓がつくられた。遺跡は要害の地にあり軍事防衛的性格をもち，当時緊迫した情勢であったことがわかる。石鏃・鉄鏃・銅鏃の武器のほかに土器・石器，祭祀場跡から男根状石製品・球形土製品が出ている。＊村川行弘・石野博信『会下山遺跡』1964 （関 俊彦）

恵解山古墳群（えげのやまこふんぐん） 標高276mの眉山から南方の小支脈状に築造された9基の古墳群で，徳島市八万町に所在する。墳形は円墳と考えられ，主体部には箱式石棺・竪穴式石室・横穴式石室があるが，第9号古墳のように竪穴式石室内に箱式石棺が構築された例もある。遺物は特に第2号古墳から鏡・漆塗櫛・琴柱形石製品・短甲・衝角付冑などが出土している。本古墳群は5世紀前半から6世紀代にかけて形成された。＊徳島県教育委員会『眉山周辺の古墳』1966 （是光吉基）

江坂輝彌（えさかてるや） 1919～2015。東京生まれ。慶應義塾大学文学部史学科（東洋史）卒。慶應義塾大学助手，講師，助教授を経て教授，名誉教授。松阪大学教授。文学博士。日本考古学を専攻し，縄文時代の研究に顕著な業績。縄文土器起源論，渡来栽培植物，海進海退論，土偶研究に一石を投じた。一方『月刊考古学ジャーナル』の編集を分担。また，日韓考古学情報にも意を注いだ。『縄文土器文化研究序説』（1982），『縄文文化』（考古学ノート2，1957），『縄文式土器』(1975),『土偶』(1960, 67),『日本の土偶』(1990, 2018),『日本文化の起原』(1967),『韓国の古代文化』(編・1978)。
(坂詰秀一)

恵山式土器(えさんしきどき)　北海道函館市柏野町(旧恵山町)に所在の恵山遺跡に基づく土器名称。北海道南部の続縄文時代前半期の総称的土器名でもある。甕形が最も多く，他に壺・鉢・高台付鉢などがある。外面縄文は縦位やそれに近い斜行がおもで，それを指幅大の等間隔に縦位にすり消す縞縄文が全般に特徴的。前期は，大洞式系統の工字文系の文様が優性で，総じて田舎館式など東北の弥生土器に酷似する。以後，独自の展開をなし，後期には力点移動施文の特殊縄文を成立させている。＊峰山巌「恵山式土器」(『北海道考古学』4, 1968)
(石附喜三男)

S. D. 法(エスディーほう)　Sequence Dates の略。ペトリー(W. M. F. Petrie)(1853～1942)の考案した編年法。エジプトのナカダ・ディオスポリスなどで多数発見された先王朝時代の墓の時代を設定するために，副葬品の土器の種類から土器を 8 種類に分類し，さらに 30 から 80 までの番号を付け，S. D. とよび，全墓地を 51 の連続するグループに分類した。30 を初めとしたのは，将来それよりも古いものが発見されるかも知れないため。この方法はエジプト考古学に利用され，先史時代遺物の処理にとり入れられている。ペトリーによると，土器の発生する新石器時代の初頭が S. D. 30 で，第一王朝出現の時期を S. D. 80 としている。＊V. G. チャイルド(近藤義郎訳)『考古学の方法』1964
(川崎義雄)

蝦夷(えぞ・えみし・えびす)　古代以来，近世まで東北北部およびそれ以北の地の原住民をさして“蝦夷”と総称。古代においては“えみし”(転訛して“えびす”)と訓じ，“えぞ”のよみは 12 世紀(平安末期)に出現。以後，“えぞ”がしだいに一般的になったと考えられる。“えみし”に「毛人」をあてる場合もあったことは蘇我毛人(そがのえみし＝蘇我蝦夷)，佐伯今毛人(さえきのいまえみし)の人名からも明らかである。宋書夷蛮伝の倭王武の上表文(478 年)に，東に毛人国のあることを記しているが，より後代のここでいう“えみし”と無関係ではなかろう。奈良朝に律令政府が多賀城・秋田城を設置して東北北部の経営にのり出した際，“えみし”は大きく抵抗した。制圧されたのは 9 世紀(平安初期)に入ってのことである。当時，“えみし”の居住圏は大崎平野(太平洋側)と秋田平野(日本海側)を結んだ線以北であった。“えぞ”と訓じた場合，それはアイヌをさす。アイヌが居住者の大多数を占めた江戸時代の北海道は蝦夷地とよばれた。早く 12 世紀に和歌によまれた“えぞ”もアイヌを思わせる。しかし，“えみし”と訓じた際のそれがアイヌであるか否かは論争がある。アイヌの祖とする説ももちろん多いが，一方，それは人種的概念ではなく文化的なものであり，人種的には和人系であっても辺遠にあって文化的に中央より劣ったとされたため，また政治的にも中央に“まつろわぬ”(抵抗する)，“あらぶる”(乱暴な)者であったための区別的呼称とする説もある。ただ，後者の立場でもその中にアイヌをまったく含まないわけにはいかないであろう。蝦夷と書き“えみし”“えぞ”となぜ訓ずるかについても諸説あって定まらないが，アイヌ語で人を意味する古語「エンジュ」が“えぞ”に，その古形「エムチゥ」が“えみし”とかかわるとする金田一京助説は注目されてよい。＊金田一京助『アイヌ文化誌』(金田一選集Ⅱ)1961；高橋富雄『蝦夷』1963
(石附喜三男)

江田船山古墳(えたふなやまこふん)　熊本県玉名市菊水町江田にある。全長 47m の前方後円墳で，後円部の家形石棺から，鏡・大刀・剣・槍・鉄鎌や，冠・沓・帯金具・金製耳飾などすぐれた工芸品が発見された。

また大刀には銀象嵌の銘文がみえ，はじめの「獀⃞⃞⃞⃞鹵大王」は反正，雄略天皇に考えられていたが，埼玉県稲荷山古墳より発見された鉄剣金象嵌銘により，ほぼ雄略天皇の可能性が強くなった。5世紀の積極的な対外交渉を裏付ける重要な古墳である。＊梅原末治「江田郡江田村船山古墳調査報告」(『熊本県史蹟名勝天然紀念物調査報告』1，1922)　（渋谷忠章）

江戸切支丹屋敷跡墓地(えどきりしたんやしきあとぼち)　東京都文京区小日向に所在する。平成26(2014)年に発掘調査が行われた。当該地には江戸時代の正保3(1646)～寛政4(1792)年間にキリスト教信徒もしくは棄教者を収容していた「切支丹屋敷」が置かれていたとされる。発掘調査の結果，3基の墓坑が確認され，その内169号遺構は長方形の櫃内に埋葬されていた。他の2基の墓出土人骨も含めて形質人類学，DNA分析の成果から169号遺構の人骨は宝永6(1709)年に切支丹屋敷に収容されたイタリア人宣教師ジョバンニ・バチスタ・シドッチであり，他2遺体は下人のものである可能性が高いとの報告がなされている。＊テイケイトレード㈱『切支丹屋敷跡』2016　（今野春樹）

江戸時代(えどじだい)　徳川時代とも称される時代の通り，徳川家康(1542～1616)が征夷大将軍に任ぜられ，江戸に幕府を開いた1603(慶長8)年2月から，1867(慶応3)年10月14日，15代将軍徳川慶喜(1837～1913)による「大政奉還」に至るまでの264年余の時代を指す。とはいうものの，徳川家康が1600(慶長5)年9月，関ヶ原の戦において勝利をおさめ，その覇権が確立しており，この時よりすでに徳川時代は実質的に存在していたとみるのが妥当であり，多くの見解は今日後者であるといってよい。「織田がつき羽柴がこねし天下餅すはりしままに食ふは徳川」という狂歌は，織田信長・豊臣秀吉が天下統一に苦労し，徳川家康はその成果をそっくり頂戴したと表現することを“餅つき”に喩えているのであるが，270年に及ぼうとする幕藩体制の基礎を築く封建的統一者の苦悩は，正しく遠き道であったに相違ない。政治史上は「慶長・元和期」「寛永・慶安期」「寛文・延宝期」「天和・貞享期」「元禄・宝永期」「正徳期」「享保・寛保期」「宝暦・天明期」「寛政・享和期」「文化・文政期」「天保・弘化期」「嘉永・安政期」「文久・慶応期」に時期を区分して分析されることが多い。江戸時代を一言で述べることは困難に等しいものの，徳川家康以来第15代将軍慶喜に至るまで，代々徳川氏が将軍職を継承して，江戸を中心に，世界の移り行く時代・情勢に影響を受けることなく歴史が推移した時代として，類例をみぬ一時代ということができよう。　（小山田和夫）

『えとのす』(えとのす)　Ethnos in Asia ―民族・民俗・考古・人類― の分野を対象として1974(昭和49)年11月に創刊。特集・研究ノート・通信の掲載が特色。考古学関係の特集も多い。1986(昭和61)年12月の第31号は古代日向世界の特集。　（坂詰秀一）

慧日寺(えにちじ)　福島県磐梯町大字磐梯に所在する山寺跡。寺域は，磐梯神社地区・戒壇地区・観音寺地区の3区に大きく区分され，それぞれ独立した伽藍配置をみせる。磐梯神社地区は，金堂・講堂が南北に並び，その奥に徳一廟と伝えられる石造層塔がある。石造層塔の地下からは，土師器の骨壺などが出土しており，9世紀の墳墓と考えられている。磐梯神社地区は，徳一廟を中心とした一画である可能性が高く，寺院の中枢部であると判断される。戒壇地区は，磐梯神社地区の西側で，礎石建物などが確認されているが，その性格は不明な点が多い。観音寺地区は，磐梯神社地区の東北1.5kmの地点にあり，山寺特有の任意伽藍が形成されている。瓦類の出土がないことから，植物質の屋根材を用いた建築であったと推測され，平安時代の山寺の特色をもつ。寺域からは，多数の墨書土器などが発見されており，湧水を中心とした儀礼が執行されていたことが推測される。おもに9～10世紀に栄えた山寺である。国指定史跡。＊磐梯町教育委員会『史跡慧日寺跡』1, 1986　（時枝　務）

恵庭市の古墳群（えにわしのこふんぐん）　北海道恵庭市柏木地区の茂漁川左岸段丘上で1932年ごろ発見された。14基が群をなしていたが，現在は壊滅状態にある。茂漁古墳群または柏木東古墳群と称される。江別市の元江別古墳群・町村農場古墳とともに北端の最終末期古墳。円ないし楕円の墳形で，径は小が約3m，大で7m前後，高さ80cm程度。周溝がめぐる。長袖が南東←→北西・南西←→　北東の，長さ1.5～2.5m，幅50～80cmの土壙を内部主体とする。最初期擦文式土器・須恵器・各種鉄器・環状装身具・銙が出土。8世紀代が主体であろう。＊河野広道「北海道の古墳様墳墓について」；後藤寿一・曽根原武保「胆振国千歳郡恵庭村の遺跡について」（『考古学雑誌』24–2・3, 1934）　（石附喜三男）

烏帽子形石器（えぼしがたせっき）　底面と前面を凹面につくり，両側面は平らに，上方を蛤刃状に仕上げた磨製の石製品。前面の下部から底面に，あるいは底面と平行して貫通孔がうがたれる。日本古代の烏帽子，冠に似た形であることからこの名が生まれ，冠状石器などともよばれる。おもに凝灰岩製。東日本の縄文後期遺跡からまれに発見される。立体土製品のうち「三角壔形土製品（土冠）」などとよばれるものが酷似し，両者の関係についてははっきりしないものの，いずれも実用品というより祭儀の器具である可能性が強い。いわゆる石冠・冠状石器とよばれているものとはやや形態が異なる。　→　石冠（せっかん）　＊角田文衞「烏帽子形石器」（『人類学雑誌』50–7, 1935）　（中山清隆）

絵馬（えま）　神社仏殿に祈願や謝恩のため奉納したもので馬などを板絵にした額である。古くに馬を奉納したことにその起源があると考えられる。歴史的には土馬・紙馬・木製馬形を奉納して種々の祈願，また，祈雨・水霊信仰の場合も考えられている。室町時代に至っては武士が戦いの勝利や無病息災などを絵馬に託するようになり，絵馬堂もあらわれた。江戸時代になると一般民衆へも普及し，民間信仰とも重なり，いろいろな図様が出現した。＊中村渓男「垂迹系美術について」（『新版仏教考古学講座』4, 1976）　（斎木　勝）

江見忠功（えみただたか）　1869～1934。筆名，水蔭（すいいん）。岡山市で生誕，明治中葉から大正初年にわたり，捕鯨船に乗り組んだ冒険小説・恋愛小説など多数の作品を発表，硯友社同人として著名な流行作家の一人であった。日露戦争勃発の1904年頃より考古学に興味を持ち，当時，朝日新聞記者で考古学に興味を持ち，関東各地の貝塚遺跡などを発掘して歩いた水谷乙次郎（筆名幻花）とも交友ができ，東京帝国大学理学部教授であった坪井正五郎に師事した。坪井の「縄文文化を残した民族はアイヌ以前にこの日本列島に居住した倭小人のコロポックルである」というコロポックル説を支持して江見が執筆した考古学関係の著書，『地底探検記』（1907）博文館刊，『地中の秘密』（1909）博文館刊，『三千年前』（1916）実業之日本社刊などには，江見の想定するコロポックル人の血沸き肉踊る活動状況が記された場面もある。　（江坂輝彌）

エリモ遺跡（エリモいせき）　北海道幌泉郡えりも町襟裳に所在。太平洋岸の通称「百人浜」を見下す低位海岸段丘上に位置し，約1kmにわたって数地点に分かれる。1950（昭和25）年，大場利夫・扇谷昌康らが発掘したB地点は縄文時代中期（いわゆる北筒式土器期）および後期（エリモB式＝加曽利B式並行期）に属し，竪穴住居跡も発掘された。上記土器のほか，石器として石斧・石鏃・石槍・石匕・掻器・削器等が出土している。他地点は縄文時代中期と思われるものが多

く，同前期の土器片が得られているものもある。＊大場利夫・扇谷昌康『エリモ遺跡』1953 （石附喜三男）

延喜式(えんぎしき) 醍醐天皇の命により左大臣藤原時平が905(延喜5)年に編纂を始めた法典。時平の死後は弟の忠平と橘清澄により，927(延長5)年に奏進されたが修正･改定があり，40年後の村上天皇の967(康保4)年に施行された。全50巻，3300条から成り，都城の造営や土器・瓦などの規定まであり，考古学の調査研究でも基礎史料となっている。 （江谷　寛）

燕形銛頭(えんけいもりがしら) 銛頭の尾部に燕尾形の突起があるため燕尾形回転離頭銛ともいう。これを略して上記名称が生じた。この銛頭は東北地方太平洋岸いわき市付近から，岩手県中部の宮古市付近の外洋に近い縄文文化後期末から晩期にわたる貝塚遺跡から普遍的に出土しているが，数少ない出土例は青森県下の太平洋岸にも及び，南は神奈川県下三浦半島の弥生時代中・後期の海蝕洞窟からの出土例が知られている。この種の銛頭はそのほとんどが鹿角製で，鹿角の先端部近くを切断し，まず下半を削って，燕尾形に突出する尾部をつくり出し，次に柄部を装着する盲孔を基部にうがち，ついで中央部より盲孔に接した下半部に，銛身と直角に銛頭をたぐり寄せる引き綱を装着する索孔を両側から貫孔している。燕尾形離頭銛で，尾部を燕尾形につくり出し，基部の柄を装着の盲孔と，索孔のみをうがち，先端部は鋭く円錐形に削りあげた形態のものは後期末にみられ，尾部の燕尾形突出部とは対称的位置の索孔上部に鐖(あぐまたはかえり)を一つつくり出したものは晩期初頭の大洞B式土器に伴うものである。索孔と鐖と燕尾形突出部は直角の位置につくり出されている。燕尾形尾部が三叉になったものは大洞C_1式土器と伴出したものである。尾部が三叉になり，体部の鐖が両側に2個以上つくり出され，頭部両側の鐖と平行に深く切りこみを入れ，猪牙製の有孔牙鏃状のものを装着し得る装置をつけた長さ8cmを越す大型なものは晩期後半の大洞C_2式以後にあらわれる。変形燕形銛頭はいわき市寺脇貝塚で大洞C_2式土器出土の貝層から出土した。

これらの回転離頭銛が出土する貝塚はマグロの背骨が多数出土しており，マグロのような外洋に生息する大型魚の捕採用の漁具と考えられる。三陸地方ではマグロ漁に今日でも近似の鉄製銛頭を使用している。

この種の銛頭は獲物に銛頭が突きささると，装着した柄が抜け，引き綱を引くと，銛頭が獲物体内で，引き綱と直角になり，獲物の体内から銛頭が脱出しにくい状態となり，獲物を泳がせ体力を消耗させて，舟へ引き寄せられるよう工夫されたものである。しかし銛頭がうまく柄から抜去しない場合もままあるようで，盲孔の部分の一部が裂けて破損したものが貝塚からかなりの数出土している。＊甲野勇「燕形銛頭雑録」(『古代文化』12–5，1941)；江坂輝彌編『日本考古学選集』20 甲野勇集，1971；長谷部言人「燕形銛頭」(『人類学雑誌』41–3，1926)；江坂輝彌編『日本考古学選集』15 長谷部言人集，1975 （江坂輝彌）

遠州式石斧(えんしゅうしきせきふ) → 乳棒状石斧(にゅうぼうじょうせきふ)

円堂(えんどう) 平面が円形プランに近い形状を採用した仏堂。木造建築では厳密な円形の平面を造ることは難しいので，実際には八角形や六角形の平面をもつ八角堂・六角堂を指して円堂と呼んでいる。現存する八角堂としては，739(天平11)年創建の法隆寺夢殿，764(天平宝字8)年創建の栄山寺八角堂，1210(承元4)年建設の興福寺北円堂などが知られるが，いずれも故人の追善供養に関わる建築である点に特色がある。終末期古墳にみられる八角形墳との関連が予測される。現存する六角堂は，1510(永正7)年建築の愛知県長光寺地蔵堂など室町時代以降のものが知られるのみで，八角堂よりも新しく出現したものと考えられる。＊福山敏男「栄山寺の創立と八角堂」(『寺院建築の研究』中，1982)　(時枝　務)

円筒棺(えんとうかん)　古墳時代中期に行われた埋葬施設の一種で，円筒埴輪を転用するか，あるいは特別に円筒形を呈する埴輪質の土製品をつくって棺に用いたものをいう。前者の場合は2個の埴輪を組み合わせて棺にするのが普通で，両端部の孔は埴輪片でふさがれる。これを埴輪円筒棺とよぶ。後者は埴輪棺といわれ，円筒には多くの凸帯がめぐらされており，両端は笠形の土器でおおわれる。畿内や周辺地域においておもに使用された。＊間壁忠彦「円筒棺」(『瀬戸内考古学』3，1958)　(是光吉基)

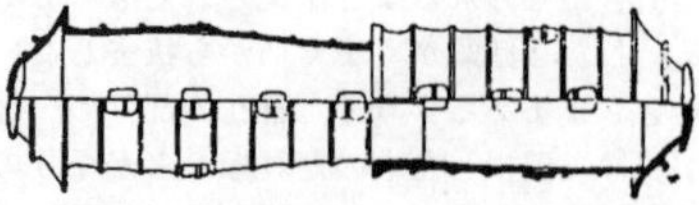

円筒棺（奈良・倉塚古墳）

円筒土器(えんとうどき)　東北地方の縄文前期から中期にわたる土器。分布は東北地方北部から北海道西南部に及ぶ。円筒形の器形を主体としていることから，1927年長谷部言人によって円筒土器と命名された。長谷部は青森県八戸市大字是川字一王寺貝塚を発掘調査し，上層と下層の円筒土器に差異があることに気付いた。山内清男はこれらの土器を調べ，下層式をa・b・c・d，上層式をa・bに細分した。現在は江坂輝彌・村越潔らによる細分が発表されている。下層式は縄文前期に編年され，胎土には繊維を混入する。文様帯は口縁部と胴部が画され，口頸部に隆帯のあるものとないものがある。口頸部には撚糸文，胴部には各種の縄文が施文される。上層式は中期に編年され，胎土にはしだいに繊維の混入が認められなくなる。口頸部には逆扇状の発達した把手が対称的位置に4個あるものが多く，文様帯は口頸部に隆帯がめぐらされ，胴部と画される。器形は円筒形深鉢のほか浅鉢・台付浅鉢などもあらわれる。＊長谷部言人「円筒土器文化」(『人類学雑誌』42－1，1927)；村越潔『円筒土器文化』1997　(高杉博章)

円筒埴輪(えんとうはにわ)　円筒状を呈する埴輪で，数条を単位とする櫛状工具で表面を調整することが一般的である。また箍様の凸帯を数段めぐらし，ところどころに円形・矩形・三角形の孔があけられている。形態的には，下方が細く，上部が開く漏斗状のものと，円筒部の上端部がいちじるしくくびれ，広口壺形土器の口縁部がその上方に付き大きく開くものがある。これを朝顔形円筒埴輪と称する。また埴輪の両側上半部に板状の鰭を有するものもある。これを有鰭円筒埴輪と称する。円筒埴輪の大きさはさまざまみられ，器壁も薄手のものと厚手のものとがみられる。概して新しい時期のもののほうが厚手で小形なものとなる。朝顔形円形埴輪の祖形は，底部が穿孔される土師器の壺形土器と考えられており，古墳に立てられた円筒埴輪列中において，親柱のように立てられたりしている。埴輪列の性格については，土止め，装飾，そして玉垣様のものなどと考えられている。＊小林行雄「埴輪」(『陶磁大系』3，1974)　(阪田正一)

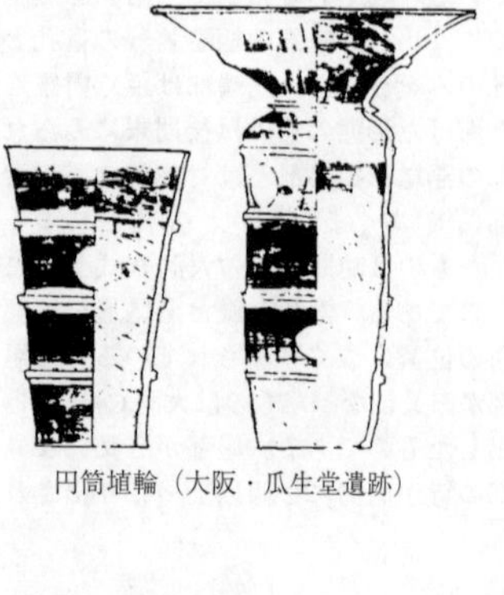

円筒埴輪（大阪・瓜生堂遺跡）

円墳(えんぷん)　盛土の平面形が円形を呈する墳墓をいう。最も単純に築造することができるので，全国的に分布し，時代も幅広くみられる。ふつうは，古墳時代の墳墓に対して使用される場合が多く，盛土も顕著に認められる。すでに，弥生時代において円形の周溝をめぐらせた墓があり，盛土を有する円墳が出現する素地をみることができる。4 世紀代の円墳には初期の前方後円墳と同じく粘土槨をおおった竪穴式石室をもち，鏡などを副葬して，葺石・埴輪を外部施設とする例がある。また，5 世紀代の円墳には，截頭円錐形を呈する墳頂部の平らな例が多い。6 世紀代には墳頂部が狭く，丸味を増す例が多い。古墳時代の各時期を通して，前方後円墳などと比較すると規模は小さく，築造に際しての差をうかがえるが，5 世紀代の一時期に前方後円墳にかわって円墳が築造される例があるという説がある。最大の円墳は，径 100m を越える。低階層墓として，4 世紀代は方形周溝墓などの方形墓が残っており，円墳の盛行期はむしろ 5〜6 世紀と考えてもよい。7 世紀に入ると，前方後円墳などとともに円墳も衰退し，再び方墳が盛んになるなかで半球状の墳丘は奈良県石のカラト古墳などの上円下方墳の一部として残る。造出を有する円墳と帆立貝式古墳なども円形を基調とする墳丘が関連する問題である。（杉山晋作）

お

追戸・中野横穴墓群(おいど・なかのおうけつぼぐん)　宮城県遠田郡涌谷町小塚にある横穴群。箆岳丘陵の南端に位置し，凝灰岩質砂岩の崖面を掘鑿して 175 基以上の横穴がつくられている。墓室は玄室・羨道・墓道からなり，玄室に棺台をつくりつけたものがある。追戸 A 地区 2 号横穴の羨道壁面に赤猫の格子文がある。副葬品に玉類・鉄刀・鉄鏃・鉄刀子・須恵器・土師器などがある。＊氏家和典・佐々木茂楨『追戸・中野横穴群』1973（車崎正彦）

横穴墓(おうけつぼ，よこあなぼ)「横穴(よこあな)」，「横穴古墳(よこあなこふん)」ともいう。遺体を安置する玄室と，これに至る通路である羨道を丘陵の斜面に掘削して構築した古墳〜奈良時代の墳墓の一形態である。内部の形態は横穴式石室と類似し，羨道入口部分で閉塞をなし，斜面を平坦に切り広げて墓前域をなしている。九州地方において 5 世紀代の後半に出現し古墳時代の 6･7 世紀に各地に一般化する。九州･山陰･北陸・東海・関東・東北に集中して分布し，それぞれ地域的に特徴ある形態を採るものである。

主として群を成して構築され，古墳時代後期の群集墳の一翼を担うものであるが，地域により様相を異にする。副葬品は後期の高塚古墳と同様武器を主とし若干の装身具を伴うものであるが，高塚群集墳の発達が認められない地域の群の中核をなす横穴墓よりは，金銅装馬具・環頭大刀などの特殊なものも出土する。一般に群集墳と同様の命脈を保つが，東国においては一部奈良時代までも造営される地域もある。＊池上悟『日本横穴墓の形成と展開』2004（池上　悟）

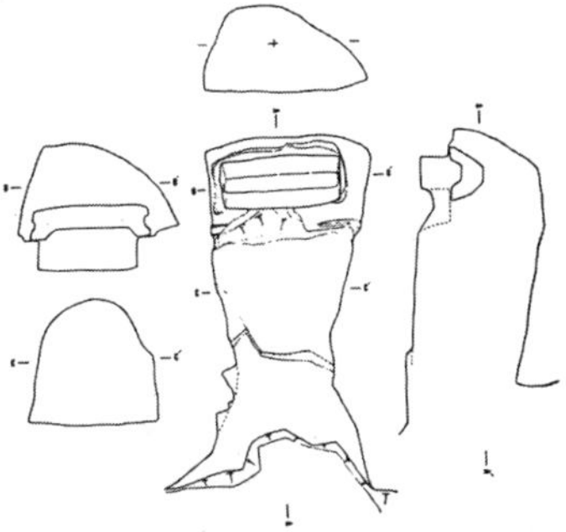

横穴墓（静岡・大師山）

王山古墳群(おうざんこふんぐん)　福井県北部の九頭竜川の支流の日野川流域に位

置する鯖江市街地の南に位置する。南北300m，東西200mの小丘陵である王山に展開する40基ほどの古墳群。1965年の発掘調査により，一辺約10m，高さ1mほどの小型方形墳丘で，墳頂の土壙を主体部として構築する墳丘墓の存在が明確となった。主体部からの副葬品は殆ど認められず，墳丘を巡る周溝内から土器類が出土している。地域において最初に確認された墳丘墓群であり，1967年に国指定史跡となった。弥生時代の後期から古墳時代中期にかけて造営された古墳群である。市街地の北側に位置する長泉寺山とあわせて調査されており，類似した内容が判明している。＊斎藤優「王山・長泉寺山古墳群」(『福井県史』資料編13，考古，1986)　(池上　悟)

応神天皇陵古墳(おうじんてんのうりょうこふん)　大阪府羽曳野市誉田にある。全長約420mの日本第2の前方後円墳で2重の濠と陪冢を有す。円筒埴輪は墳丘と中堤にあり，形象埴輪には家・蓋・水鳥がある。恵我藻伏岡陵という，応神天皇を葬った古墳と考えられ，古墳編年論の基準の1つとなった。5世紀前半代の築造が通説である。誉田御廟山古墳(こんだごびょうやまこふん)ともいう。→古市古墳群(ふるいちこふんぐん)　＊梅原末治「応神・仁徳・履中三天皇陵の規模と営造」(『書陵部紀要』5, 1955)　(杉山晋作)

横帯文銅鐸(おうたいもんどうたく)　→銅鐸(どうたく)

王塚古墳(おうつかこふん)　福岡県嘉穂郡桂川町字寿命に所在する全長82mの前方後円墳。6世紀中ごろの築造で，美しい壁画装飾のある古墳として有名。壁画は前・後室の全面にみられ，動物・靫・盾などの具象文や三角・蕨手・円などの幾何学文が赤・緑・黒・黄の4色の顔料で描かれている。副葬品は玉類や銀鈴，槍・挂甲などの武器・武具，鞍・杏葉・雲珠などの馬具と豊富である。＊梅原末治・小林行雄「筑前国嘉穂郡王塚装飾古墳」(『京都帝国大学文学部考古学研究報告』15，1940)　(渋谷忠章)

近江国府跡(おうみこくふあと)　滋賀県大津市瀬田町にある。古く米倉二郎によって方八町の府域が想定された。1963年に調査が実施され，国衙の政庁建物を発掘した。政庁は中門から延びる築地によって囲まれ，正殿を中心に廊でつないだ後殿，東・西脇殿からなる。各殿は左右対称に配置され，朝堂院型式をとる。8世紀後半の創建とされる。＊滋賀県教育委員会「史跡近江国衙跡発掘調査報告」(『滋賀県文化財調査報告書』6，1977)　(西脇俊郎)

王莽鏡(おうもうきょう)　王莽時代を中心とした前漢より後漢への移行期は鏡の様式上の転機にあたり，最盛期としての一時期を画するものである。特に方格規矩四神鏡は銘文中に「唯始建国二年新家尊」「新興辟雍建堂」「王氏作鏡四夷服，多賀新家民息」「新有善銅出丹陽」などの語句が認められ，王氏あるいは新，さらには政策の一端を示すものなどがあり，明確に王莽時代に製作されたことが知られ，総じて王莽鏡と称される。＊富岡謙蔵「王莽時代の鏡鑑と後漢の年号銘ある古墳について」(『考古学雑誌』8–5，1918)　(池上　悟)

王莽銭(おうもうせん)　中国，A. D. 5(元始5)年，前漢の平帝を毒殺してみずから皇帝の位につき，国号を新と改めた王莽の時代に発行された貨幣をいう。6(居摂元)年には錯刀・契刀，9(始建国元)年に大泉五十，小泉直一，壮泉四十，大黄布干が鋳造されたが，14(天鳳元)年にはこれらの銭貨にかえて貨泉・貨布がつくられた。このうち，貨泉は，わが国の弥生時代遺跡から出土しており，年代を推定するうえで重要な資料となっている。＊奥平昌洪『東亜銭志』1938(是光吉基)

小江慶雄(おえよしお)　1911〜1988。滋賀県東浅井郡湖北町大字尾上の真宗東本願寺派，相頓寺住職，小江栄慶の長男として出生，1936年，九州大学文学部史学科卒，1943年，岡山師範学校助教授，1945年，同校教授，1948年，京都師範学校教授，1960年，京都学芸大学教授，1975～1977年4月まで京都教育大学学長，断層など自然の地形変動で水浸した遺跡，沈浸船など水中にある遺跡・遺物の調査に興味を持たれ，『琵琶湖湖底先史土器序列』1947，『湖国の始源文化』1957，『わが国の水底遺跡』1967，『水中考古学研究』1968，『琵琶湖水底の謎』1975など，関係著書が多い。著者の郷里に近い湖北の葛籠尾崎湖底から縄文・弥生の関係土器が多数発見されたことが，この研究の機縁となった。（江坂輝彌）

大狩部遺跡（おおかりべいせき）　北海道新冠郡新冠町大狩部に所在する土壙墓群の遺跡。太平洋に注ぐ厚賀川の沖積地を北に見下す大狩部台地(標高50～80m)縁辺部に立地。1959(昭和34)年に確認され，藤本英夫らが2次にわたり発掘調査，15基の土壙墓が発掘された。土壙の形状は径1m内外の円あるいは楕円をなす。人骨の遺存は非常に悪いが，壙底にベニガラが確認された。続縄文期初頭の時期に属し，土器には大洞系もあるが，在地的伝統色を示すものが多い。石斧・石鏃・石槍・掻器・削器など各種石器と琥珀平玉も出土している。＊藤本英夫「北海道日高国新冠村大狩部の墳墓遺跡」(『古代学』9–3, 1961)／「大狩部第一地点の墳墓遺跡」(『せいゆう』6, 1961)

（石附喜三男）

大川　清（おおかわきよし）　1925～2003。静岡県生まれ。早稲田大学大学院文学研究科芸術学専攻修士課程修了。国士舘大学名誉教授・日本窯業史研究所長・窯業史博物館館長，文学博士。古代窯業技術史の研究を進め，多くの古窯跡の発掘を通して，古窯の構造を分類した。また，古瓦塼の研究をはじめ，墨書土器の先駆的研究，東日本における官衙・寺院・集落など諸遺跡の発掘調査を実施し，歴史考古学の分野に大きな足跡を残した。『古代造瓦組織の研究』2002，『武蔵国分寺古瓦塼文字考』1958，『日本の古代瓦窯』1972，『かわらの美』1966，『大川清 歴史考古学選集』2009などのほか『日本土器事典』1996，『百済の考古学』1972を編集した。（坂詰秀一）

大串貝塚（おおぐしかいづか）　茨城県水戸市東部常澄(つねずみ)塩ヶ崎にある。東方へ突出した大地の台端にある神社の背後の畑地にある縄文時代前期前半の花積下層式関山式の時期の貝塚で，ヤマトシジミの貝殻が最も多く，マガキ・ハマグリの貝殻も認められる主鹹貝塚である。この貝塚は『常陸風土記』に「平津駅家西一二里有岡，名日大櫛，上古有人，体極長大，身居丘壟之上，採蜃食之，其所食貝聚積成岡云々」と記すものに当たり，文献に残る貝塚の最も古いものであろう。本貝塚は水戸駅より東南約4kmにあり，字大串は最近の地籍では貝塚の西側隣接地になっている。＊田沢金吾他「大串貝塚」(『史前学雑誌』9–2，1937)

（江坂輝彌）

大坂城（おおさかじょう）　浄土真宗(一向宗)本願寺第8代法主蓮如が室町時代の1496(明応5)年に大坂(をさか)に隠居所として建てた坊舎が石山御坊・石山御堂である。京都の山科本願寺が1532(天文元)年に佐々木(六角)定頼と日蓮宗徒によって焼き打ちにあってから後，石山御坊が浄土真宗の本願寺となり，石山本願寺と呼ばれた。大寺院であって一向一揆の総本山として，地内町10町を堀と塀で囲み，強力な武力と防衛力を持った石山城・石山本願寺城といわれる摂津第一の城郭であった。1570(元亀元)年から10年にわたる織田信長との石山合戦の末，和睦をしたが火災で消失した。その位置は現大阪城説と法円坂説がある。豊臣秀吉は1583(天正11)年から本願寺跡に大坂城を築き，城下町も整備していった。豊臣時代の大坂城は本丸と二の丸を囲む外堀の外側に三の丸と惣構を持つ4重構造であったが秀吉の死後，徳川家康が二の丸内の西の丸に入り，もう1つ天守閣を建てた。1614(慶長19)年大坂冬の陣で惣構・三の丸・二の丸を破却し，外堀を埋めて内堀と本丸だけとした。次いで1615(慶長20)年大坂夏の陣で落城し豊臣氏は滅んだ。徳川幕府は亀山城主松平忠明を城主にし，1619(元和5)年大坂を幕府直轄地として1629(寛永6)年まで最高の築城技術をもって大坂城再築にあたった。1868(明治元)年の鳥羽伏見の戦いの後，本丸・二の丸をはじめ殆どが消失した。現在の天守閣は1931(昭和6)年に市民の浄財で建設された。(江谷 寛)

オーストラロピテクス(*Australopithecus*) 猿人。ヒト属の最も古い原始的な化石。南アフリカ，タウング(Taung)で，1924年ダート(R. A. Dart)によって最初に発見された。主として南アフリカ，および東アフリカに知られる。最近エチオピアからケニアにかけて，その発見例が飛躍的に増えており，中国・ジャワからも報告されている。

身長1.5m程度，脳容積600～800㎤とされるこれらの化石ヒトは，特にその歯列にヒトの特徴を認めることができ，直立二足歩行をしていた。オルドゥヴァイ(Olduvai)遺跡では礫器の共伴のほか，簡単な居住の跡が知られる。300～100万年前の年代が与えられるが，最古のものはさらに古いと思われる。

大型で頑丈なA. ボイセイと，小型できゃしゃなA. アフリカヌスの二つの変異を認めることができる。前者は草食で，雑食の後者によって絶滅させられたという説がある。人類進化史研究上の焦点に位置する。＊三原昭善・渡辺直径『猿人 アウストラロピテクス』1976 (山中一郎)

大平山元Ⅰ遺跡(おおだいやまもといちいせき) 大平山元Ⅰ遺跡は，青森県東津軽郡外ヶ浜町蟹田大平山元96–1にあり，標高約24mの大平段丘面に立地している。青森県郷土館によって1975年に試掘，1976年に本調査が行われた。出土資料は石斧3，尖頭器5，彫刻刀16，スクレイパー(scraper)4，錐1，鏃1，石刃39および土器片46であった。この遺跡発見の契機となった局部磨製石斧は，かつて山内清男・佐藤達夫の発掘した青森県上北郡東北町長者久保遺跡出土資料と酷似し，また石器組成も共通している。なお，大平山元Ⅰ遺跡の土器に付着していた炭化物の年代は，1万3070 ± 440年B. P.(平均値)と測定されている。＊大平山元Ⅰ遺跡調査団『大平山元遺跡の考古学調査』1999

(芹沢長介)

大谷古墳(おおたにこふん) 和歌山県の紀の川下流域右岸の和歌山市大谷に所在する前方後円墳2基，円墳9基よりなる晒山古墳群中の全長20mの前方後円墳。主体部は後円部墳頂にうがたれた墓壙内に安置された組合式家形石棺である。棺内・墓壙内より甲冑・武器・馬具などの豊富な副葬品が出土し，中でも鈴付きの馬具・馬甲・馬冑および1万点を越えるガラス玉が注目される。5世紀後半の築造。＊樋口隆康ほか『大谷古墳』1959 (池上 悟)

大知波峠廃寺(おおちばとうげはいじ) 静岡県湖西市大知波に所在する山寺跡。遠江と三河の国境にあたる大知波峠付近に所在し，谷の3方を取り囲むように建物が配され，山寺特有の任意伽藍をなしている。礎石建物12棟が確認されている。それらの建物群は，仏堂と僧坊がセットになった単位が複数みられ，大きく中央・北・南の3つのまとまりに区分される。仏堂は，中世仏堂の先駆と位置付けられ，密教的な色彩を帯びていることが指摘されている。僧坊からは，煮炊用の土器などが出土しており，生活の場として利用されていたことが判明する。それらの建物群の中には，大規模な石垣を伴うものがあり，とりわけ中央の一群は顕著な高石垣をなしている。石垣は，大規模な切土によって生じた崩壊のリスクを回避するために築かれたことが推測され，山寺の建設が高度な技術を前提に行われていたことが明らかになる。谷の中には，閼伽井や池が営まれ，幢竿が立てられていた。しかも，池中からは大量の墨書土器が発見されており，墨書土器を使用した儀礼が執行されていたことが判明した。国指定史跡。＊湖西市教育委員会『大知波峠廃寺確認調査報告書』1997 （時枝　務）

大津京跡・大津宮跡（おおつきょうあと・おおつきゅうあと）　大津京は中大兄皇子が667（天智6）年3月に飛鳥から突然遷都した，天智天皇の都で，琵琶湖の西岸，現在の滋賀県大津市にあった。京の所在地については江戸時代以来多くの研究があったが1928（昭和3）年に肥後和男，1938～1940（昭和13～15）年に柴田実によって発掘調査された。当時は比叡山東麓の山中にある崇福寺と梵釈寺を調査して京の位置を推定しようとしていた。1974（昭和49）年に園城寺（三井寺）近くの大津市錦織2丁目で，民家の建て替えに伴う県教育委員会の緊急調査によって13基の柱抜き取り跡が発見され，大津京の建物遺構が初めて確認された。その後の調査により，この遺構は内裏南門とそこから東西に延びる回廊とみられている。現在園城寺の大門から北へ，この南門の中心を縦断する形で南北方向の直線道路が通っており，更に500m北方の南滋賀廃寺の中心とほぼ合致していることから，この内裏南門の中心線を大津京全体の中心軸としており，南門から約90m北で発掘された，桁行3間以上，梁行2間以上に4面廂を持つ建物を中心軸で左右対称に復原してこの建物を内裏正殿と推定し，内裏南門から北側を内裏地区とし，内裏南門から南側を朝堂院地区とし，この地区の西北部分で発掘された南北棟を朝堂院西第1堂とみている。現在の段階で発掘される建物跡は内裏地区に多く，中軸線で折り返した形で推定復原しており，史料では「近江宮」「近江大津宮」とあって，条坊を持った「大津京」は確認されていない。（江谷　寛）

大寺廃寺（おおでらはいじ）　鳥取県西伯郡伯耆町大殿に存在する白鳳時代の寺院跡。1966年に調査された。伽藍配置は，東面し，南に金堂，北に塔を並置する特異な例である。寺域は，南北約60m，東西約47mである。東面する金堂の基壇は瓦積基壇で，南北13.66m，東西11.88mである。塔跡は，一辺11.9m，講堂跡は南北28.18m，東西17mと推定される。遺物には，高さ1mの石製鴟尾，塑像片などがある。＊鳥取県教育委員会『大寺廃寺発掘調査報告書』1967（岡本桂典）

大歳山遺跡（おおとしやまいせき）　神戸市垂水区西舞子所在の，舞子丘陵の西端に立地する縄文～古墳時代の複合遺跡。直良信夫らの調査により，近畿縄文時代前期末の大歳山式土器の標式遺跡として戦前から著名であったが，近年弥生時代後期の竪穴住居跡数基や，古墳時代後期の前方後円墳1基が調査され，神戸市が遺跡公園として整備した。＊直良信夫『近畿古文化叢考』1943 （渡辺　誠）

大野城跡（おおのじょうあと）　福岡県大野城市，太宰府市，宇美町に及び，都府楼の裏山にあたる。大宰府防備のため，665（天智4）年基肄城とともに百済の遺臣によって築かれた。城跡は四王寺山全域に及び，尾根にそって土塁が築かれ，その各所に城門がつくられている。現在確認されている城門は，宇美口・水城口・坂本口・大宰府口の4ヵ所で，いずれも門礎が現存している。城内各所には64棟の礎石建物が確認され，倉庫として使われた。＊鏡山猛「朝鮮式山城の倉庫群について」（『九州大学文学部創立40周年記念論文集』1966） （渋谷忠章）

大野寺（おおのでら）　大阪府堺市にある奈良時代の寺院跡で，行基の建立とされる。伽藍配置は不明で，現在は江戸時代に再建された山門と本堂，そして創建当初から残る土塔からなる。土塔は1辺約53m，高さ8.2mの截頭方錐形で，瓦積基壇上に構築された13層からなる土製層塔である。各辺はほぼ方位に合致する。構築方法は，ブロック状の粘土塊(長辺35cm，短辺25cm，厚10cm)を内側ほど高くなるように13重に積み上げ，その隙間に土を入れて各層の平坦部を築いている。土は細かく分層されるが，版築ではない。段の立ち上がり部に平瓦もしくは丸瓦の凸面を正面に向けて立て並べ，平坦面には瓦を葺いている。最上段では炭化材や凝灰岩片が出土することから，構造物か施設が存在したらしい。『行基年譜』によると大野寺は727(神亀4)年の建立とあるが，発掘調査により，「神亀四年□卯年二月□□□」の紀年銘を中房に記す複弁八葉蓮華文軒丸瓦が出土し，文献と一致したことで創建年代が確定した。複弁八葉蓮華文軒丸瓦と均整唐草文軒平瓦が創建瓦で，これを焼成した平窯が約200m北西に離れた地点で見つかっている。また，焼成前に人名を刻した文字瓦が大量に出土している。建立に関わった行基の知識集団の名と考えられている。さらに，奈良時代から室町時代にわたる各時代の瓦もあり，修復や瓦の葺き替えが重ねられていたことがわかる。＊近藤康司「大野寺跡－土塔と人名瓦－」(『行基　生涯・事跡と菩薩信仰』1998)　(宮野淳一)

大野延太郎(おおののぶたろう)　1863～1938。雲外と号した。福井県に生まれる。東京帝国大学理学部人類学教室へ画工として就職，土器・石器などの遺物の模写を行った。そのうち考古学資料に対する研究意欲が出て，後に大学助手となり，各地方へ出張，地方所蔵家の資料などを写生してまわった。著書は『模様のくら』1901，『先史考古図譜』1904，『人種文様—先住民族の部—』1916など文様や写生図を中心とした図録が多いが，『人類学雑誌』上には土偶・土版・岩隅・岩版類の研究をはじめ，装身具・石器類など各地出土の遺物の型式分類などの発表がある。晩年これらの資料をまとめ『古代日本遺物遺跡の研究』1925，『遺物遺跡より見たる日本先住民の研究』1926を刊行した。　(江坂輝彌)

太安萬侶墓(おおのやすまろぼ)　奈良市此瀬町の丘陵の中腹より，昭和54年に発見されたものであり，径約4.5mの円形封土を有して一辺2m弱の墓壙をおおう構造である。墓壙内には木炭により被覆された木櫃があり，人骨以外に墓誌・真珠などが検出されている。墓誌は長方形の金銅板に「左京四条四坊従四位下勲五等太朝臣安萬侶以癸亥年七月六日卒之，養老七年十二月十五日乙巳」とあり，被葬者の氏名・没年などが知られる。＊奈良県立橿原考古学研究所「太安萬侶墓」(『奈良県史跡天然記念物調査報告』43，1981)　(池上　悟)

大場磐雄(おおばいわお)　1899～1975。東京麻布笄町の谷川家に生まれ，後母方の大場家を継ぐ。1922年国学院大学国史科を卒業し，1925年内務省神社局考証課に入り，1929年国学院大学講師となり，1949年教授となる。日本の各時代・各地域にわたり，広範な研究を行い多くの人材を養成した。学風はその人柄とあいまって視野の広い，かつ実証的なものであった。とりわけ神道祭祀に関する研究は氏の独壇場であり，神道考古学を確立した。『神道考古学論攷』1943，『祭祀遺跡』1970，『古代農村の復元—登呂遺跡研究—』1948などのほか，主要な論文とエッセイは『大場磐雄著作集』8巻の中に収められている。　(渡辺　誠)

大飛島遺跡(おおひしまいせき)　岡山県笠岡市大飛島に存在する祭祀遺跡。1962～1963年に調査された。遺跡は砂洲の基部と山とが接する標高1～1.5mに位置し，数個の巨石を中心に形成される。奈良～鎌倉時代にかけての遺物が出土したがその中心は奈良～平安時代である。国家的祭祀の背景を推測させる畿内型の海神祭祀と考えられる。遺物は小形竈形模造品，三彩小壺，小形ガラス器，東大寺大仏殿出土の鏡と同笵の唐花文六花鏡などがあり，この遺跡の特異性が考えられる。遺跡の営まれた時期は遣唐使の派遣されたころにあたり，消滅していく時期は藤原純友の乱のころで，社会情勢が遺跡の消長に結びついていたことを推測させる。*鎌木義昌・間壁忠彦「大飛島遺跡―古代の祭祀」(『倉敷考古館研究小報』1，1964）　(岡本桂典)

大洞貝塚(おおぼらかいづか)　岩手県大船渡市赤崎町大洞にある縄文時代晩期を主とする貝塚集落。大船渡湾に突き出た丘陵上に立地している。大洞式土器の標式遺跡。A・A'・B・C・Dの5地区からなり，1925年長谷部言人・山内清男の調査があり，山内は各地点の出土資料に基づいて，大洞B式・C式・A式・A'式の順に編年し，のちに他の遺跡の資料を加味して，B・BC・C_1・C_2・A・A'の6型式に細分した。遺構は不明であるが，各種遺物のほか人骨が多数発見されている。貝塚はアサリを主とする内湾性のものであるが，魚類ではマグロの出土量が多い。*長谷部言人「陸前大洞貝塚発掘調査所見」(『人類学雑誌』40–10，1925)；江坂輝彌『大洞貝塚大船渡市教育委員会』1946　(沼山源喜治)

大洞式土器(おおぼらしきどき)　B・BC・C_1・C_2・A・A'の各型式に分けられている。1925(大正14)年，長谷部言人・山内清男などが岩手県大船渡市赤崎町(中赤崎小字)大洞に所在の縄文時代晩期の小貝塚群を発掘調査した。貝塚は小字大洞に東から西へ，大船渡湾に向かって延びる低い丘陵の南北の斜面に点在する。北斜面西側の崖上畑地の貝塚をA地区，崖下畑地の貝塚をA'地区，東側の最も広い貝塚をB地区，A貝塚の背面，南斜面のものをC地区と名付けた。山内はこの各地区を発掘し，その出土土器を表土，貝層の上・中・下部貝層，貝層下土層と層位的に観察し，B地区貝塚出土の土器が晩期の最も古い型式で，C地区のものがこれにつぎ，A地区，A'地区出土の土器型式に順次推移することを確認した。山内はその後青森県八戸市是川中居泥炭層出土の土器をみて，この型式がB式とC式の間に介在する型式であることを知り，中居出土の土器を標式資料として大洞BC式を設定した。また，C地区出土の土器を2型式に細分，大洞C_1・C_2式と区分した。山内はまた，B・BC・C_1・C_2・A・A'の諸型式がまた新旧の2型式に細分でき，12型式に細分できる可能性を示したが，文献上に記録した発表を残さずに逝去した。

大洞各型式土器は東北地方を中心に，北海道西南部，関東北部，北陸地方にも及び，大洞B・BCの土器の口頸部の文様として，特徴的な文様である三叉文・羊歯状文のある鉢形土器は北陸地方から滋賀県を経て，奈良，和歌山県下にまで及び，北は北海道東部の釧路方面にまで波及している。この各型式土器には口縁部から底辺部まで全く素文か，条線文・斜縄文などの地文に施文されただけの，煮沸用具として使用された粗製深鉢形土器などの粗製土器と，胴上半，

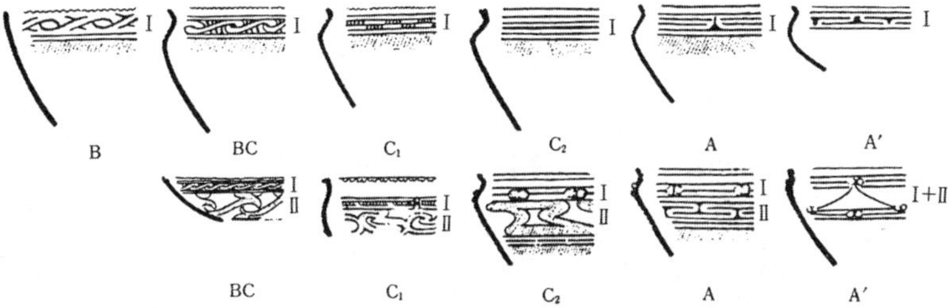

大洞式土器（岩手・大洞貝塚）

口頸部などの文様帯部分は土器面をよく研磨し黝黒色の光沢ある土器に仕上げたもの，赤色の丹漆塗壺・浅鉢・注口土器などの精製土器とがある。山内は大洞貝塚出土土器を中心として，1932年に文様と鉢形土器の器形の変遷を図示した。＊山内清男「日本遠古之文化Ⅲ縄文土器の終末」(『ドルメン』1–7，1932)　(吉田　格)

大曲洞窟(おおまがりどうくつ)　北海道網走市三眺大曲に所在。網走湖に発し，オホーツク海に注ぐ網走川の北岸丘陵麓に，同川に面して開口。河口より約4km。1941(昭和16)年に発見され，児玉作左衛門らが調査。1949年に米村喜男衛・河野広道ら，1962年には大場利夫らも調査。遺物包含層は縄文時代前期(いわゆる綱文式土器期)，同中期(いわゆる北筒式土器期)を主体とし，これら土器のほか，石器・骨角器などが出土。人骨も20数体分出土。1962年調査の際の ^{14}C 年代は6795 ± 150B. P. であり，最下層から石刃鏃も知られている。＊児玉作左衛門・大場利夫「網走大曲洞窟出土の遺物について」(『北方文化研究報告』10，1955)；大場利夫「北海道地方の洞穴遺跡」(『日本の洞穴遺跡』1967)　(石附喜三男)

大宮台地遺跡群(おおみやだいちいせきぐん)　古利根川と荒川に挟まれた関東平野中央部の大宮台地は，長さ約40km，幅約12kmの広がりを持つ。海成砂層の東京層相当層の上に陸成層のヌカ砂層，硬砂層，下末吉・武蔵野・立川・大里の各ローム(loam)層が堆積しているが，ローム層は武蔵野台地に比べて薄い。立川・大里ロームから様々な規模の旧石器時代遺跡が発見され，台地の縁辺，河川流域を中心に分布している。立川・大里ロームの細分されたⅢ～Ⅹ層から石器が出土し，また炉跡や礫群が発見される場合がある。初期には石斧や台形様石器が見られ，次第に石刃技法が発達し多様なナイフ形石器が作られるようになる。この時期には瀬戸内技法と関連する石器が見られる。その後，細石刃が現れ，大型尖頭器が出現し，縄文時代へと移行する。石器材料には黒曜石・頁岩・安山岩などの遠隔地のものとチャート(chert)などの近隣で採集されるものが用いられ，石材は石器の型式や製作技術とともに人々の経済・社会活動を復元する手がかりとなっている。＊埼玉県『新編埼玉県史』資料編1(1980)・通史編1(1987)　(阿部朝衛)

大室古墳群(おおむろこふんぐん)　長野県長野市松代町大室・牧島・小島田・柴にある。奇妙山・尼厳山麓とその前面の扇状地上に占地する積石塚を主体とした古墳群である。北山支群22基，大室谷支群241基，霞城支群16基，北谷支群192基，金井山支群18基を中心に500基以上で構成される。内部主体は横穴式石室がほとんどを占め，わずかに竪穴式石室・合掌式石室もある。副葬品は武器類・玉類・馬具類・須恵器・土師器が知られる。6～7世紀代ころの築造とされる。＊大塚初重「長野県大室古墳群」(『考古学集刊』4–3，1969)　(坂本美夫)

大森貝塚(おおもりかいづか)　東京都品川区大井6–21に存在する。品川区教育委員会の発掘で，謎とされていたモースの発掘域がわかった。現在，大森貝塚遺跡庭園として整備され，公開されている。貝塚は縄文時代後期が主体で，晩期・中期の土器も出土する。1877年9月16日にアメリカ人エドワード・S・モースが発掘した。これが日本における考古学調査の最初で，報告書の内容は総合的，かつ格調高くきわだっている。成果は外国にも発表され，日本人種論は話題となった。＊近藤義郎・佐原真編訳『大森貝塚』1983　(関　俊彦)

大山柏(おおやまかしわ)　1889～1969。元帥大山巌の次男として東京に生まれる。陸軍大学校を卒業。1923年ヨーロッパに留学，翌年帰国し，大山史前学研究所を設立したが，その後も3回渡欧し，H. シュミット，H. ブルイユに師事し，先史学を研究した。

1929年には史前学会を設立し，史前学雑誌を創刊した。関東地方貝塚の層位的発掘による縄文土器編年の確立，神奈川県勝坂遺跡の発掘による縄文中期農耕論，および日本における旧石器文化研究などの先駆的業績を残したが，1945年の東京大空襲により東京青山隠田の大山邸と図書・資料など研究所のすべてを消失し，戦後は那須に引籠り表だった活動はみられなかった。1928年から1942年まで隔年で，慶応義塾大学文学部において，人類学として基礎史前学を講じた。著書に『基礎史前学』1944，『欧州旧石器時代』1948，『史前芸術』1948などがある。（渡辺　誠）

大湯環状列石（おおゆかんじょうれっせき）　秋田県鹿角市にある縄文時代後期の遺跡。大湯川の段丘上に立地。集落の全貌は明らかでなく，国指定特別史跡野中堂と万座の2地点が知られている。どちらも大小数十基の配石遺構が環状に群集するもので，径45～50mの外帯と，径10～15mの内帯とに分かれている。両帯とも遺構の分布がいくつかに群別されるほか，何種類かの個々の遺構の構成形態があり，俗に日時計といわれる，中心に1本の柱状の立石をもち，周囲に細長い石を放射状にならべ，さらにその外周を縁どりした特殊な構造のものもある。* 文化財保護委員会編『大湯町環状列石』1953　（沼山源喜治）

オーリニャック文化（Aurignacien）　フランス，ピレネー地方のオーリニャック（Aurignac）洞穴を標式遺跡とする後期旧石器時代前半の文化。この文化の始まった直後（Ⅱ期）は，気候が温暖化した時期（アルシー休氷期）で，^{14}C法により3万500年前とされる。はじめムスチエ文化（Moustéerien）とソリュートレ文化（Solutreéen）の間に位置付けられたが，3期に区分されその中期のみをよぶことになる。オーリニャック型の石器の分布はきわめて広く，西ヨーロッパから中国まで，さらにケニアにも報告をみるが，それらを同じ文化とする考えは今日ではとられていない。特に東ヨーロッパでは西ヨーロッパと比較して1万年ばかり古い^{14}C年代が得られている。編年学的問題は未解決である。ペイロニー（D. Peyrony）は，その前後期（シャテルペロン文化 Chátelperronien とグラヴェット文化 Gravettien）を背付石器に特徴をみる文化系列とし，オーリニャック文化に並行するペリゴール文化（Périgordien）とよぶ説を発表している。このペイロニー説は，その後の調査で矛盾を指摘されているが，否定はされていない。基部割れ骨製尖頭器，舟底形掻器の出現がこの文化の始まりを特徴づける。そしてその形態変化にこの文化の進行をみる。オーリニャック文化はホモ・サピエンスによるもので，1868年に発見されたクロマニョン人（Cro-Magnon）はよく知られている。また美術品を残す最古のものでもある。*Janusz Kozlowsui（éd.）“L'aurignacien en Europe”，（Prétirage de l'Uispp, Ⅸe Congrès. Nice）1976　（山中一郎）

オールドクロウ遺跡（Old Crow）　カナダ北西端ユーコン準州のオールド・クロウ盆地の1979年までの調査で出土した約2万点の化石骨の中に，加工骨・骨器が大量に発見された。おもな化石層は氷期に形成された2枚の湖成層の間にあり，約5万年前にさかのぼる。カリブー脛骨製スクレイパーは2.7万年前と測定。絶滅種のマンモス・バイソン・ウマが多く出土。骨髄を取り出す際にできるスパイラル剥離を呈するものが多いが，骨核からの剥片・切断・磨きなどの技術がある。家犬，ヒトの下顎骨，石器なども発見されている。*Bryan, A. L.（ed.）'Early Man in America from a Circum-Pacific Perspective'（“Dept. of Anthropology Occasional Papers” 1, 1978）　（阿子島香）

大和田玉作遺跡（おおわだたまつくりいせき）　千葉県成田市大和田に存在する古墳時代玉作遺跡である。遺跡は治部台・稲荷峰・大日台・宮前・小山台・中道遺跡から構成された玉作遺跡群の総称ともいえる。このうち，治部台・稲荷峰遺跡が発掘調査され，工房跡4基と碧玉製管玉·匂玉，滑石製管玉·勾玉・臼玉が発掘されている。近傍には八代玉作遺跡群(千葉県)，桑山玉作遺跡群(茨城県)が位置している。* 寺村光晴編『下総国の玉作遺跡』1973　（阪田正一）

岡崎敬(おかざきたかし)　1923～1990。北海道札幌市生まれ。1944(昭和19)年京都帝国大学を卒業。1960年，九州大学文学部の助教授となり，以後，教授を経て，1987年，名誉教授。1979年，文学博士。1986年，紫綬褒章。中国考古学・東西交渉史が専門。北部九州や朝鮮半島の考古学でも多くの業績を残した。『増補改訂　東西交渉の考古学』，『中国の考古学』隋・唐編，『稲作の考古学』，『シルクロードと朝鮮半島の考古学』，『古代中国の考古学』，『魏志倭人伝の考古学』対馬・壱岐編など，著作多数。（西谷　正）

陸平貝塚(おかだいらかいづか)　茨城県稲敷郡美浦村(みほむら)馬掛(まがき)字陸平の丘陵斜面に蓄積された斜面貝塚。縄文時代中期の阿玉台式・加曽利E式土器，後期の堀ノ内式を主として出土する。この貝塚は，1877年，E. S. モースが大森貝塚を調査した2年後の1879年，霞ヶ浦湾岸を東京帝国大学理科大学学生であった佐々木忠次郎(ささきちゅうじろう)・飯島魁(いいじまいさお)両名が踏査，5ヵ所の貝塚を発見，このうち最も規模大なる陸平貝塚を発掘調査し，翌1880年2月刊の雑誌『學藝志林　第六』に「常州陸平介墟報告」と題する短報を掲載し，1882年両名で東京帝国大学理科大学欧文紀要1–1として，「OKADAIRA SHELL MOUND OF HITACHI」を発表した。これは，モースの大森貝塚の報告につぐ，日本の貝塚遺跡の研究報告である。本貝塚は，純鹹の貝殻から構成され，ハマグリ・アサリ・マガキなどの斧足類の貝殻が見られた。（江坂輝彌）

男瓦(おがわら)　女瓦と対になって屋根に葺かれる瓦で，となりあう女瓦相互の隙間を埋めるために女瓦の上に重ねて用いられる円筒を縦に半裁した形状の瓦。この名称は758(天平勝宝8)年の正倉院文書「造東大寺司解」に初見する歴史的名称。牡瓦と称されることもある。また，丸瓦とも呼ばれる。男瓦は形態的に連結部分を有さない無段式のものと，連結部分である玉縁を有する有段式のものに大別され，前者は行基葺の瓦屋根に用いられ，後者は本瓦葺の瓦屋根に用いられる。→　丸瓦(まるがわら)
* 大脇潔「丸瓦の製作技術」(『研究論集』IX，1991)　（小林康幸）

荻堂貝塚(おぎどうかいづか)　沖縄県北中城村荻堂所在の，中城湾に望む丘陵上の主鹹貝塚である。国指定史跡。1919年松村瞭によって発掘され，石器・骨角器とともに出土した叉状工具施文の口縁に小突起をもつ深鉢形土器は琉球式と命名され，後期縄文土器の一分派とされた。今日では荻堂式とよばれている。* 松村瞭「琉球荻堂貝塚」(『東京大学人類学教室研究報告』3，1920)　（渡辺　誠）

沖中遺跡(おきなかいせき)　青森県三戸郡三戸町大字川守田(かわもりた)字沖中，東北本線三戸(さんのへ)駅近傍の地に三戸中央病院が建設されたが，この敷地一帯は縄文時代後期末から晩期前半の集落遺跡で夥しい遺物が出土した。ここで注目すべき遺物は，高さ7cm，最大幅4cmの縫いぐるみに包まれた乳児の姿を示す土製品である。縄文時代晩期前半の頃の産育習俗を知ることのできる貴重な資料である。また本遺跡では他に蛙を模した土製品など興味ある作品が出土している。（江坂輝彌）

沖ノ島祭祀遺跡(おきのしまさいしいせき)　福岡県宗像市大島に属する東西1km，南北0.5km，周囲約4kmの玄界灘に浮かぶ孤島。宗像三社のうち沖津宮を鎮座する霊地で，古来海上交通の際の目標として重要な位置を占め，対外交渉に深くかかわりのある国家的祭祀遺跡。1954(昭和29)年から1971(昭和46)年まで3次にわたる調査が行われ，巨岩上，岩陰，半岩陰・半露天，露天の4つの形態の祭祀遺跡が確認された。これらの形態は4世紀後半から9世紀前半代に及び，鏡・玉・武器，馬具・須恵器・滑石製玉類，土器・陶器，金属製ミニチュアと遺物の変遷が認められる。2017年ユネスコの世界文化遺産に登録された。*宗像大社復興期成会『宗像沖ノ島』1979 （渋谷忠章）

沖ノ原遺跡(おきのはらいせき) 新潟県中魚沼郡津南町大字赤沢所在の，信濃川右岸の最高位段丘面に立地する縄文時代中期の集落跡。国指定史跡。1972年から1973年にかけて，津南町教育委員会によって3次にわたり範囲確認調査が実施された。その結果竪穴住居跡49基，長方形大形家屋跡3基，敷石住居跡1基が円形集落を構成していることが判明し，複式炉・火焔土器・クッキー状炭化物なども発掘されている。*江坂輝彌・渡辺誠編『新潟県中魚沼郡津南町沖ノ原遺跡発掘調査報告書』1977 （渡辺 誠）

沖ノ原貝塚(おきのはらかいづか) 熊本県天草市五和町(いつわまち)二江(ふたえ)にある縄文時代前期轟式・曽畑式から中期阿高式，後期の出水式・北久根山式・西平式などの各時代各形式の土器，弥生時代前期の板付Ⅱ式の土器が発見され，以上の各時代の埋葬人骨が27体発掘されている。また，骨角製の銛，組合せ釣針などの漁具，ヘアーピン(笄〔こうがい〕)，サメの背椎骨製の耳飾，歯を利用した垂飾品，猪牙製，熊の犬歯製の垂飾品，イモガイの殻項部を割切りにして中央に小孔を穿った垂飾品，石製の垂飾品なども出土した。*坂本経堯・田邊哲夫・隈昭志ほか『沖ノ原遺跡』五和町教育委員会，1984；内藤芳篤『沖ノ原遺跡の人骨』長崎大学医学部解剖学第二教室，1969 （江坂輝彌）

奥谷南遺跡(おくたにみなみいせき) 高知県南国市奥谷南遺跡は，高知空港滑走路の東北に接する。瀬戸内方面より高知に至る高速道路上にあり，遺跡はこの地の東北丘陵上斜面部にあり，巨大なチャート質の岩塊の下の岩陰(いわかげ)状の場所にあり，下層にチャート製のナイフ形石器などが出土，上層には隆帯文土器とともにチャート・瑪瑙などの岩石で製作した細石刃と細石核が出土している。愛媛県上黒岩岩陰遺跡，高知県不動ガ岩屋洞窟遺跡では，細石核・細石刃は出土せず，有舌尖頭器が発見され，九州では長崎県福井洞窟で，細石核・細石刃が伴存。地域により，また若干の年代差により，このような伴存石器に相違があるのか，今後の研究に残された重要課題と考えられる。 （江坂輝彌）

小国東山遺跡(おぐにひがしやまいせき) 山形県小国町に所在。東山型ナイフ形石器の標式遺跡。東山遺跡の資料から，東山型ナイフ形石器は⑴幅広の石刃を素材とする。⑵ブランティングは基部に限定され，打面を残す。⑶ナイフ形石器の先端部に腹面と逆方向の剥離面を残す，と規定された。その他，エンドスクレイパー，彫刻刀形石器が採集された。*加藤稔「東北地方の旧石器文化」(『山形県立中央高校研究紀要』1～17，1969) （藤原妃敏）

置戸遺跡(おけといせき) 北海道常呂郡置戸町に所在する旧石器時代遺跡群。付近には大規模な黒曜石原産地がある。1960～1962年に明治大学により調査された安住遺跡が著名である。当地点では，約50m×40mの範囲内に四つの集中地点が確認され，総計4万点に及ぶ膨大な遺物が発掘された。尖頭器・エンドスクレイパー・舟底形石器・彫刻刀形石器・細石刃・石刃と各種の細石刃核などがあり，戸沢充則はこれらのあり方を混在ではない「伝統的重複」ととらえている。*戸沢充則「北海道置戸安住遺跡の調査とその石器群」(『考古学集刊』3–3，1967) （山田晃弘）

女方遺跡(おざかたいせき) 茨城県筑西市女方にある弥生時代中期の再葬墓。古くから壺形土器に人面を付したもので知られていたが，人面を付けたものは少ない。ただ瓢箪形などをした特異なものはあり，これら土器には箆描きによる同心円文や山形磨消縄文を施した複雑な模様が目につく。かつては「接触式」土器の代表ともいわれ，それは縄文土器と弥生土器のデザインが融合したからである。40余基の土壙には土器が埋納してあった。＊田中国男『縄文式弥生式接触文化の研究』1944　（関　俊彦）

尾崎喜左雄（おざききさお）　1904～1978。神奈川県生まれ。東京帝国大学文学部国史学科卒。群馬大学教授。文学博士。上野国における古墳の研究に多大の業績を残した。古墳の年代研究に尺度論をとり入れる一方，降下火山灰との関係より古墳築造年代観に新しい視点を導入した。また，上野三碑の研究を試みてその基礎を確立したことは，埴輪の製作に関する先駆的研究と並んで学界に寄与したところが大きい。著書に『上毛古墳綜覧』編・1938,『古墳のはなし』1952,『横穴式古墳の研究』1966,『上野国の信仰と文化』1970,『上野国の古墳と文化』1977　（坂詰秀一）

押型文土器（おしがたもんどき）　縄文時代早期を中心とした時期の回転押型文をもつ土器群。日本全域に分布している。彫刻した丸棒を回転することによって施文され，山形文・格子目文・楕円文・市松文・複合平行線文・ネガティブ楕円文などの文様種類が認められる。器形は尖底の水平口縁の深鉢形土器となる。編年位置については明確にされていないが，撚糸文系土器群と相前後する時期に起源を求める考え方が主流を占めている。

東北地方には変形山形文を主とする日計式土器が，関東・中部・北陸地方以西には，神宮寺式・大川(おおご)式・立野式・樋沢式・細久保式・高山寺式土器などがある。主要な遺跡として，岩手県蛇王洞洞穴遺跡・群馬県普門寺遺跡・新潟県卯ノ木遺跡・長野県樋沢遺跡・同栃原岩陰遺跡・岐阜県沢遺跡・奈良県大川遺跡・和歌山県高山寺貝塚・岡山県黄島貝塚・大分県早水台遺跡・鹿児島県手向山遺跡などがある。北海道・東北北部・九州南部地方には，前期にも押型文土器が存在する。→　縄文の文様(巻末参照)　＊片岡肇「押型文土器」(『縄文文化の研究』3 縄文土器Ⅰ，1982)；上野佳也「押型文文化の諸問題－土器文様を中心としての研究」(『考古学雑誌』53–2，1967)　（江坂輝彌）

押出仏（おしだしぶつ）　半肉彫りの銅製原型の上に薄い銅板を置き，叩いて鎚起した仏像。表面を鍍金したものが多い。中国の影響のもと，日本では7～8世紀に多く製作された。遺品としては，法隆寺玉虫厨子の千体仏，東京国立博物館法隆寺献納宝物の阿弥陀五尊像，唐招提寺の十一面観音像などが著名である。また，原型としては，正倉院の如来像や那智経塚の薬師像などが知られている。　（時枝　務）

小竹貝塚（おだけかいづか）　富山県富山市呉羽町北・呉羽昭和町に所在。富山県のほぼ中央に位置する呉羽(くれは)丘陵と北側に広がる射水(いみず)平野との境にある縄文前期後半における日本海側最大級規模の低湿地性貝塚。1971・74年の調査により貝層の厚み，規模，人骨出土もあり早くから注目。2009・10年度には県教委が北陸新幹線建設工事に伴い(1,193㎡)，事前発掘調査を実施。

調査により居住域，墓域，貝殻の廃棄域をもつ集落であることを確認。特に厚さ最大2mのヤマトシジミで占められた貝層は日本海側最大級という。また縄文時代前期としては全国最多となる埋葬人骨91体(最少個体数。成年期が主，屈葬が大半を占める)が出土し注目された。13tもの縄文土器，1万点の石器，竪穴建物，丸木舟，国内最古のイノシシ形土製品，埋葬犬骨，漆製品，木製品，繊維製品，動植物遺体などを検出。また漆付着の土器，骨角貝未製品の出土から製作遺跡の面も持つ資料も見逃せない。

＊富山県文化振興財団埋蔵文化財事務所『小竹貝塚発掘調査報告』2014 (高麗 正)

阿玉台貝塚(おたまだいかいづか) 千葉県香取市阿玉台先堂にある縄文時代中期の貝塚。利根川の南岸台上および斜面にある純鹹貝塚で，広さは5000㎡ある。貝層の厚さは2mを越える。縄文時代中期の阿玉台式土器の標式遺跡であり，胎土中に雲母を混入していることは古くから著名である。緒締形垂飾品が出土している。＊八木奘三郎・下村三四吉「下総国香取郡阿玉台貝塚探究報告」(『東京人類学会雑誌』10–97，1894) (吉田 格)

阿玉台式土器(おたまだいしきどき) 千葉県香取市阿玉台貝塚出土の土器を標式として設定された縄文時代中期前半の土器型式。勝坂式と並行する時期に関東地方東部霞ヶ浦周辺を中心として分布，発達した。その分布はさらに福島県下に及んでいる。本型式はほぼ3型式に細分が可能である。器形は深鉢・浅鉢などがある。口縁部には逆扇状の把手が付き，文様は無文地が多く，隆起線が認められる。また，霞ヶ浦地方の金雲母を含む粘土で土器が製作されたために胎土に金雲母が土器表面で光り輝くものが多い。＊西村正衛「千葉県小見川町阿玉台貝塚」(『早稲田大学教育学部学術研究』19，1970) (高杉博章)

落川・一の宮遺跡(おちかわ・いちのみやいせき) 多摩川中流域右岸，東京都日野市落川から多摩市一の宮にかけての多摩丘陵北縁下，沖積微高地上約75万㎡に広がる縄文晩期・弥生中期・古墳時代から中世・近世にかけての複合遺跡で，対岸北東3.5kmに武蔵国府，5kmに国分寺が存在する。総計約6万7578㎡が調査され，竪穴建物882軒・掘立柱建物339棟・土坑約2495基，その他古墳・溝・井戸・道路・粘土採掘坑・水田・畑など多数の遺構が調査された(2001年現在)。4世紀後半ころ，肥沃で広大な氾濫原での水田経営を基盤とし集落が形成され，以後丘陵で須恵器・瓦・木器・鉄器・馬などの生産にも関与し，大量の物資が搬入・搬出のできる水運にも恵まれ，繁栄し連綿と集落が営まれるが14世紀初頭ころ滅亡する。出土遺物は，多量の土師器・須恵器・灰釉緑釉陶器に加え，越州窯系青磁・邢窯白磁・子持勾玉・刻字石製紡錘車(和銅七年十一月二日鳥取部直六手縄)・鉄製農耕具・馬具・刀装具・大工道具・火熨斗・焼印・剣菱状単弁蓮華文鐙瓦(軒丸瓦)・木器などが出土している。東国における古代末から中世にかけて武士団が台頭していく一側面が，遺構・遺物から具体的に復元できる遺跡である。＊落川遺跡調査会『落川遺跡』Ⅰ・Ⅱ・Ⅲ，1995～1997；落川・一の宮遺跡調査会『落川・一の宮遺跡』Ⅰ・Ⅱ・Ⅲ・Ⅳ，1999～2002 (福田健司)

おつぼ山神籠石(おつぼやまこうごいし) 佐賀県武雄市橘町おつぼ山にある遺跡で，1963(昭和38)年に発掘調査が行われた。従来神籠石については山城説・神域説など異論が多かったが，この調査によって神籠石は一種の山城であることが明らかになった。現地では山を取巻いて安山岩の切石がならび，その列石の上部に土塁があり，さらに列石の前面には柱穴列と礎石列が並んで発見された。谷の部分には水門跡が2ヵ所確認され，通水口も検出されている。それでもこの種の遺跡には，まだ多くの疑問点がある。＊鏡山猛『おつぼ山神籠石』1965 (乙益重隆)

音江環状列石(おとえかんじょうれっせき) 北海道深川市音江町向陽にある環状列石(ストーン・サークル)群。石狩川に向かって突き出した丘陵の先端部に，ほぼ円形に配石されたそれらが海抜114～118mの高度にわたって10数基，直線状に位置するのが確認されている。列石の直径は2～5m，下に土壙を伴い，中から朱漆塗の弓，硬玉製玉類，石鏃などが出土。縄文時代後期の墓とみなされる。1917年ごろに阿部正巳が，

1952・1953・1955・1956年に駒井和愛が発掘調査した。＊駒井和愛『音江』1959
（石附喜三男）

落し穴（おとしあな）　獣類を捕獲するための罠猟などの土坑。「陥し穴」とも書く。開口部の形状は円形から長楕円形まで，深さも多様である。底面に棒杭を立てた痕跡のあるもの，Tピットと呼ばれ開口部は大きく，下部を小さく窄め獲物の自由を奪う構造のものもある。後期旧石器時代にはじまり縄文時代，特に早～前期が最盛期となる。台地や丘陵平坦面に列状とする配置法や地形の制約から緩斜面や沢の源頭付近に2～3基配置する方法等がある。＊今村啓爾ほか『霧ヶ丘』1973／「陥穽」（『縄文文化の研究』2，1983）；佐藤宏之「陥し穴猟」『講座日本の考古学2旧石器時代（下）』2010
（高麗　正）

乙益重隆（おとますしげたか）　1919～1991。熊本県球磨郡（くまぐん）免田町（めんだまち）（現・あさぎり町）生まれ，1914年國學院大学文学部国史学科卒，1949年，熊本女子大学助手，1953年，同学助教授，1963年，同学教授，1970年，國學院大学文学部教授，1989年，同学教授を定年退職。1975年，日本考古学協会委員長もつとめられた。氏は，弥生文化の農具関係の研究に興味を持たれ，多くの学会誌にこの方面の論考を数多く発表された。1991年に慶友社より発刊された『朝鮮の在来農具』と題する復刻本は，1925年に朝鮮総督府勧業模範場から刊行された『朝鮮の在来農具』が稀覯本となり，この著書が弥生文化以降の日本の古い農具を研究する上にも重要な著書であること，氏の新しい観点に立つ解説も付していることから，実に時宜を得た企画であった。（江坂輝彌）

鬼瓦（おにがわら）　瓦葺建物の屋根の大棟，降棟，隅棟などの端部に用いられ，雨水の浸入を防ぐための道具瓦。初期のものは厚さが薄いことから鬼板とも呼ばれる。鬼面文の鬼瓦が主流となるのは8世紀以降であり，それ以前は蓮華文が鬼瓦の主たる文様であった。蓮華文は仏堂荘厳の重要なモチーフであり，寺院建築に用いられる鬼瓦の文様に多く採用された。瓦が宮殿や官衙の建築に広く用いられるころからは，邪気を払い福を招く思想から獣身文，鬼面文が鬼瓦の文様の主流となった。鎌倉時代以降，従来の型作りから手作りへと製作技法が大きく変化を遂げ，室町時代になると2本の角をもつ鬼瓦が出現する。奈良法隆寺で活躍した瓦大工橘氏は鬼瓦の優品を多く遺しており，著名である。＊井内古文化研究室『鬼面紋瓦の研究』1968；山本直尚「鬼瓦」（『日本の美術』391，1998）（小林康幸）

鬼高遺跡（おにたかいせき）　千葉県市川市鬼高に存在する古墳時代後期の集落遺跡である。遺跡は下総台地西南部に接し，江戸川の形成する沖積地に存在するが，多量に出土した杭木から東京湾の砂泥上に構築された杭上住居であると考えられている。杭木は砂泥上に散在して出土しているため具体的な配列状態は不明であるが，同時に出土した木器や土錘・土玉，あるいは魚介類などの自然遺物から漁村の性格を具備した遺跡として把握されている。古墳時代後期に型式設定される鬼高式土器の標式遺跡である。＊杉原荘介ほか「下総鬼高遺跡調査概報」（『人類学雑誌』53–11，1938）
（阪田正一）

鬼高式土器（おにたかしきどき）　古墳時代後期の土器型式名で標式遺跡は千葉県市川市鬼高に存在する鬼高遺跡である。土器群は壺・甕・甑・埦・坏・高坏形土器などで構成されている。壺形土器は坩より変化したと思われる小形のもので，胴部は球体に近く口縁部は鋭い屈曲を呈し，外方に開く形状を呈す。甕形土器はカマドとの関係から比較的長胴を呈すものが多い。甑形土器は鉢形を呈し胴部が直線的で，口縁部は短く外反する単孔のものである。埦形土器は口縁部が短く直立し肩部の張った胴部を呈す。坏形土器は球体を半截した形状のもの，口縁部がごく短いもの，口縁部が稜を界に直立するものなどがあるが，いずれも丸底の場合が多く，赤彩される例もしばしばみられる。高坏形土器は坏形土器に脚を付したもので形状に変化が多い。これらの土器群は関東地方を中心に東日本に分布が認められ，地域によっては須恵器を伴出する。また形態変化による細分もされている。＊杉原荘介・大塚初重『土師式土器集成』3，1973　（阪田正一）

鬼の俎・厠古墳（おにのまないた・せっちんこふん）　奈良県高市郡明日香村野口の丘陵南斜面に位置する。墳丘は古く破壊されていて，花崗岩でつくられた横口式石槨が底石（俎）と転倒した蓋石（厠）とにわかれてある。なお石槨の中軸線南延長線上35mの崖面に墓道とみられる遺構が確認されている。営造時期は7世紀後葉。＊大脇潔「主要古墳解説」（『飛鳥時代の古墳』1979）

（車崎正彦）

小野忠熈（おのただひろ）　1920～2019。香川県坂出市生まれ。1945年立命館大学法文学部卒，広島県世羅高校教諭を経て，山口大学教育学部講師・助教授・教授を歴任。1962年理学博士。弥生時代の高地性集落論を展開した。著書に『高地性集落論　その研究のあゆみ』（1984）などがある。（時枝　務）

小野毛人墓（おののえみしぼ）　京都府京都市左京区上高野西明寺山町にある。丘陵の先端部に築かれている。現在の墳丘は1895（明治28）年に修理されたもので，営造時の形態・規模などはつまびらかでない。花崗岩板石の組合式箱形石棺があり，墓誌が出土した。墓誌は鋳銅製で，表に「飛鳥浄御原宮治天下天皇御朝任太政官兼刑部大卿位大錦上」，裏に「小野毛人朝臣之墓，営造歳次丁丑年十二月上旬即葬」の銘を鐫刻して鍍金を施してある。丁丑年は677（天武6）年である。＊大脇潔「主要古墳解説」（『飛鳥時代の古墳』1979）　（車崎正彦）

オバルベツ2遺跡（オバルベツにいせき）北海道長万部町富野に所在する旧石器時代・縄文時代の複合遺跡。オバルベツ川と富野川の合流点，標高8m前後の低位段丘上に立地。1994～1999年に発掘調査。分布域を違えて縄文時代早期の竪穴住居跡が115軒，中期のそれが23軒確認され，同様に旧石器時代石器群の出土域が15ヵ所確認された。後者はナイフ形石器，蘭越型細石刃核，峠下型・美利河型細石刃核で代表される三つの石器群に分けられ，層位的にはナイフ形石器群は蘭越型細石刃石器群より下位から出土している。ナイフ形石器は小型の石刃を素材としたいわゆるバックド・ブレイド（backed blade）で，北海道では初めての出土であり，東北地方との関連性を窺わせる。

ほかに顔料と考えられる赤鉄鉱，黒鉱，マンガン鉱などの鉱物や粉末状の赤鉄鉱が付着した擦石が出土した。なお，蘭越型細石刃核で代表される石器群の^{14}C年代は2万490±200B. P.（Beta–156337），黒曜石水和層年代は約1万～1万1700B. P.，フィッション・トラック（fission track）年代は1万6800±1800B. P.である。＊「オバルベツ2遺跡」（『北海道文化財保護協会調査報告書第11集』1999）;「オバルベツ2遺跡（2）」（『同第13集』2000）;「オバルベツ2遺跡（1）」（『長万部町埋蔵文化財調査報告書6』2001）;「オバルベツ2遺跡（2）」（『同8』2002）　（千葉英一）

帯金具（おびかなぐ）　布あるいは革製の帯にとりつけられた金・銀・金銅・銅製などの金具をいうが，その総体としてのこれらにより飾られた帯をも示す用語としても用いられる。また金属ないし玉石で飾る帯を銙帯（かたい）ともいうが，これは唐代に用いられた用語であり，わが国では奈良・平安時代に認められるものをいう。すなわち，帯を金具で飾る習俗は，中国では北方騎馬民族の服飾の影響のもとに魏晉南北朝時代に定着したものであり，それが朝鮮諸国およびわが国へ伝わったものである。中国・

朝鮮三国時代およびわが国の古墳時代に用いられたものは，形式を等しくするものであり，わが国の中期古墳より出土する類品は中国ないしは朝鮮からの製品の移入と考えられている。これらは帯の留金具である鉸具(かこ)，帯を装飾し佩用品をとりつける銙(か)，帯の先端にとりつける帯先金具，帯の末端にとりつける鉈尾(だび)よりなる。銙は方形の板に龍・虎・鳳凰などの鳥獣文，あるいは唐草文などの植物文様を透し彫りにするもの，怪獣面文様を槌起するものなどがあり変化に富む。また，環状あるいは心葉形の垂飾をさげる。わが国の5世紀前半代の古墳よりの出土品は，主として短甲・挂甲などの武具に伴出しており軍装の一部をなすものと知れる。しかし，後半代にはその様相を変え，6世紀代にはその使用を断つ。再び使用されるようになるのは律令時代であり，銙帯といわれ服制により規定された。これは金属製のものから表面に黒漆を塗るものがあり，鉸具と鉈尾の間に方形の飾金具である巡方(じゅんぼう)と半円形の飾金具である丸鞆(まるとも)を配したものである。文献の記載により707(慶雲4)年〜796(延暦15)年と807(大同2)年〜810(弘仁元)年と使用年代が限定されるものである。＊町田章「古代帯金具考」(『考古学雑誌』56–1, 1970)　(池上　悟)

帯解黄金塚古墳(おびとけこがねづかこふん)　奈良県奈良市窪之庄町にある。丘陵南斜面に2段に築かれた方墳で，1辺約26mあり，東・北・西の3方に空隍がある。埋葬施設は石英粗面岩を塼状に整形して構築し，漆喰を塗った両袖式の横穴式石室である。営造時期は7世紀中葉。舎人親王の墓と伝え，陵墓参考地に指定されている。＊大脇潔「主要古墳解説」(『飛鳥時代の古墳』1979)　(車崎正彦)

オホーツク文化(オホーツクぶんか)　樺太南半から，一部日本海岸に及ぶが，おもに北海道オホーツク海沿岸を南下し，知床・根室両半島を経て南千島(国後・択捉両島)まで広がる文化。オホーツク海沿岸におもに分布するのでこの名がある。続縄文時代末期ごろから北海道に広まりはじめ，擦文文化期のほとんどと併存し，擦文文化より一足早く終末をとげたと思われる。実年代は6・7世紀〜12世紀ごろとみてよいであろう。鉄器の存在も知られるが，石器の使用量もまだまだ多く，回転離頭銛や釣針・鍬先など骨角器も豊富である。鯨・アザラシ・アシカなど海棲哺乳類の捕獲や漁労に生業の基盤をおく海岸文化で，犬・豚の家畜も飼育した。土器の出土量も多く，六角形の竪穴住居は特徴的である。末期には擦文文化との融合もみられる。鉄器は日本内地系が主であるが，鈴・鐸・銙・耳環など青銅・錫・軟玉製品は大陸系であり，土器や家畜の系統とともに樺太を経た黒龍江方面との関係が深い。近年，その方面の民族系統を担い手とする説もみられる。＊大井晴男編『シンポジウム　オホーツク文化の諸問題』1982　(石附喜三男)

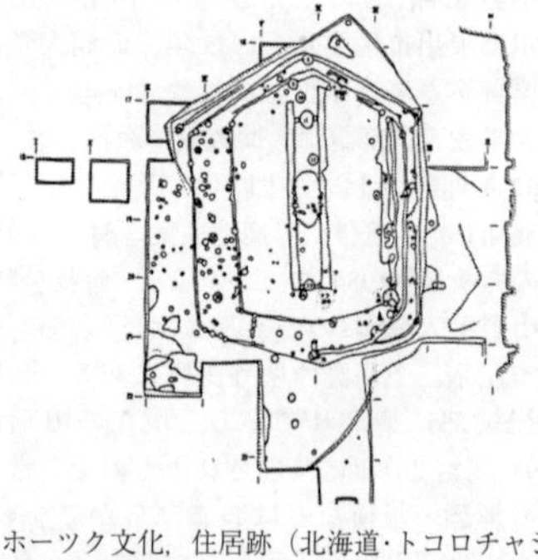

オホーツク文化，住居跡（北海道・トコロチャシ）

小見真観寺古墳(おみしんかんじこふん)　埼玉県北部の行田市小見，標高19mの低台地上にある真観寺境内に所在する前方後円墳。地域に著名な埼玉古墳群の北約3.5kmに位置し，前方部を北西に向けた全長112m，後円部径55m，前方部幅48mの規模で後円部の南側が削平されている。主体部は後円部に主軸と斜交して南に開口する横穴式石室と，くびれ部の後円部よりの墳丘鞍部に設置された箱式石棺である。横穴式石室は江戸時代の寛永年間に開口されており，出土遺物は不明である。緑泥石片岩の板材を組合せた幅2.33m，全長5.42mの複室構造と復元されおり，奥室と前室の境の玄門は板石の中央を刳り抜いた特徴的なものである。鞍部の箱式石棺も同じ石材を組合せたものであり，幅1.8m，長さ2.7mの規模であり，1880(明治13)年に内部から多数の遺物が発見されている。銀装圭頭大刀，金銅装頭椎大刀，銅鋺，挂甲，衝角付冑，鉄鏃などが出土している。6世紀末ころの築造。＊大野延太郎「武蔵北埼玉郡小見ノ古墳」(『人類学雑誌』14.156，1899)；田中広明・大谷徹「東国における後・終末期の基礎的研究(1)」(『研究紀要』5，1989)　(池上　悟)

オモ(Omo)　エチオピア南部のツルカナ湖に流れる川の名。1930年代，アランブール(C. Arambourg)がこの谷でヴィラフランカ期の脊椎動物の骨を研究した。1967年の非常に原始的なオーストラロピテクスの下顎骨発見をはじめ，以後さまざまなこの種の人骨が知られている。最古の年代は300万年前をこえる。100〜400万年前の1kmに及ぶ連続層位が火山活動の結果，水平に検出され，人類進化研究に最も興味深い地域となった。*Yves Coppens, F Clark Howell, Glynn Ll. Isaac and Richard E. F. Leakey "Earliest Man and Environments in the Lake Rudolf Basin. Stratigraphy, Paleoecology and Evolution" 1976　(山中一郎)

面縄貝塚(おもなわかいづか)　面縄貝塚は，鹿児島県徳之島(大島郡伊仙町面縄)に所在し，貝塚時代前1期(縄文時代早期–前期並行期)からグスク時代におよび，面縄第1貝塚から面縄第4貝塚の4つの時代の異なる遺跡が確認された。それぞれの貝塚は，洞穴・石灰岩丘陵崖下・海岸砂丘などの立地の違いにより，時代や生活の様相が異なり，ここからサンゴ礁地域の地形発達に伴う文化の展開をうかがい知ることができる。

これまでの調査では，貝層，竪穴遺構，集石遺構，埋葬跡などが確認され，標識となる面縄前庭式土器，面縄東洞式土器，面縄西洞式土器や兼久式土器などの特徴的な土器群が出土した。このように面縄貝塚は，奄美諸島や沖縄諸島の貝塚時代を網羅する遺物が出土し，琉球列島の代表的な遺跡といえる。九州と沖縄の中間に位置することからも，両地域の関係性解明の上において重要視されている。＊伊仙町教育委員会『面縄貝塚 総括報告書』2016　(橋本真紀夫)

オルドゥヴァイ(Olduvai)　タンザニアにある人類進化研究に最重要とされる遺跡の一つ。1931年以後，リーキー L. S. B. Leakey によって発掘された。190万年前ごろから堆積したBed Ⅰには，オーストラロピテクス(175万年前)に礫器と少しの剥片石器が共伴した。Bed Ⅱ(120万〜50万年前)の上半部に原人とハンドアックス(hand axe)の出土をみる。Bed Ⅲ，Ⅳにはハンドアックス製作の技術的進歩を追うことができる。Bed Ⅴは新人の文化である。*Louis S. B. Leakey "Olduvai Gorge", Vol. 2(Philip V. Tobias), Vol. 3(Mary Leakey)1951・1967・1971　(山中一郎)

オロルゲサイリー(Olorgesailie)　ケニア，リフト・ヴァリーの中に位置する前期旧石器時代の遺跡。40万年前(K-Ar法)とされる。1942年よりリーキー L. S. B. Leakey が調査し，1947年に国立公園に指定され遺跡博物館が整備されている。製作技術的に進化したハンドアックス(hand axe)が多数出土しているが，動物遺体に特色が認められる。ヒヒが多いB遺跡，ゾウの多いE遺跡，1頭のカバが解体されたE遺跡のほか，3地点が知られる。Glynn Ll. Isaac "Olorgesailie, Archaeological Studies of a Middle Pleistocene, Lake Basin in Kenya" 1977　(山中一郎)

遠賀川式土器(おんがかわしきどき)　西日本の前期弥生土器の総称。福岡県遠賀川の下流，遠賀郡水巻町伊佐座より立屋敷に及ぶ河底にある遺跡から一連の土器が出土したのでその名がある。この系統の土器は九州をはじめ四国・中国・近畿・伊勢湾周辺・長野県伊那谷に及ぶ。現在，遠賀川式は細分され，板付Ⅰ式，同Ⅱ式，さらにⅡ式も細分され，吉田式・唐古第Ⅰ様式・西志賀式・林里式その他があり，土器形式としては弥生時代前期を総称する以外に，あまり意味がなくなった。　（乙益重隆）

恩原遺跡群（おんばらいせきぐん）　岡山県苫田郡鏡野町上斎原に所在する後期旧石器時代，縄文時代の遺跡群。10ヵ所の遺跡からなる。1984年以降，岡山大学を中心とする恩原遺跡発掘調査団によって調査がなされてきた。遺跡群の地層と文化層の関係では，姶良丹沢火山灰層（AT層）より下層で，縦長剥片を素材とするナイフ形石器主体の石器群（R文化層）が，AT層より上位の第6層からは石器の集中区（O文化層）が発掘された。さらに上位の第3層では，安山岩製横長剥片素材の国府型ナイフを含むナイフを主体にする石器群（S文化層）が発見された。また第2層からは，荒屋型彫刀や湧別技法を有する細石刃期の石器群（M文化層）が発掘された。石材には瑪瑙，頁岩，玉髄などが選択されている。これらの石器群は，東日本との関連を追究する上で重要な資料となっている。＊稲田孝司編『恩原2遺跡』1996　（小林博昭）

か

貝殻経（かいがらきょう）　貝殻の内面に，経典を一字あるいは数字ずつ書写した貝殻で，経塚の経典遺物の一種と考えられる。貝殻は蛤が多く鏡貝やハイ貝などもあり，墨書と朱書がある。貝殻経の発見地は，山形県米沢市上小菅，茨城県石岡市石岡，千葉県茂原市小轡・匝瑳郡光町南条，山口県防府市阿弥陀寺などが知られているが，立地や埋納状態などまだ明らかではない。＊三宅敏之「経塚の遺物」（『新版仏教考古学講座』6，経典・経塚，1977）　（岡本桂典）

貝殻条痕文（かいがらじょうこんもん）→　縄文の文様（巻末参照）

貝殻文（かいがらもん）　→　縄文の文様（巻末参照）

海獣葡萄鏡（かいじゅうぶどうきょう）　鏡背全面に葡萄唐草文を配し，内区に海獣を重ねて配する文様の唐鏡の一種。海獣であらわされる禽獣は主として獅子であることが多いが馬・豹・猫・猿などもあり，外区では蜂・蝶なども配されている。この文様構成は中国古来のものではなく西域との関連をうかがわせる。円鏡のほかに方鏡もあり，わが国では古墳・寺院跡出土以外に正倉院では5面あり，伝世された例も多い。＊樋口隆康「海獣葡萄鏡論」（『橿原考古学研究所創立35周年記念論集』1975）　（池上　悟）

海進・海退（かいしん・かいたい）　Transgression and Regression。関東地方などで縄文時代早期末から前期，中期前半の貝塚遺跡が今日の海岸線よりかなり奥深く，沖積低地に臨む台地上に発見されるこれらの貝塚はアサリ・ハマグリなど，かなり鹹度の高い砂泥底の干潟を好んですむ貝類の貝殻がほとんどを占めている場合もある。

わが日本列島の太平洋岸の海岸線は，ウルム第Ⅳ氷期が過ぎ去った後，後氷期に入るとアジア大陸をおおっていた氷河はしだいに北極圏や，高山地帯へと後退し，湿潤温暖な気候となり，河川の水量もしだいに増加の一途をたどった。河川の水量の増大は海へそそぐ水量の増加であり，海水面はしだいに上昇していった。縄文時代早期末から前期にわたっての海面上昇は2mないし3m未満で，関東平野では，東京湾が沖積低地を栃木県藤岡町付近まで海岸線が伸長したのは，関東低地の造盆地運動による中心部の地盤の沈降も相乗している。

中期後半に入り気温の低下とともに再び

海進・海退

関東地方の縄文時代各期の貝塚の分布
と貝塚より見たる各期の海岸線想定図

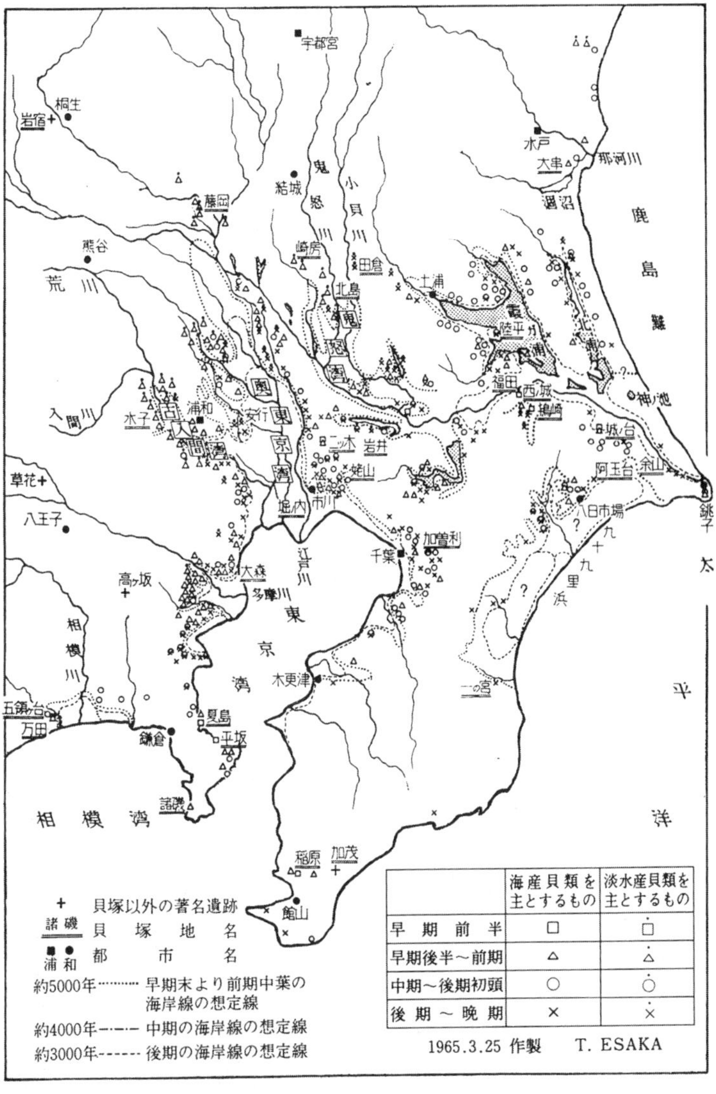

海面が低下の方向に向かい，海岸線はしだいに後退した。縄文時代草創期，紀元前8000年ごろには現東京湾内にはまだ海水の浸入がなく，やっと東京湾口付近にまで，海水が到達していたようである。したがって現海岸線に接した台地上でも，細隆線文土器や爪形文土器の時代の貝塚は発見される可能性がきわめて少ない。海進・海退は新生代の氷期と間氷期の周期に伴って何回も繰り返された。完新世へ入っての最後の海進・海退を縄文海進とよぶ人もある。この海進・海退は現在の海岸線に沿って現在ほとんど世界全域にみられるが，陸地の造盆地運動などと相乗する場合には，海進・海退現象も顕著に認められる。

ヨーロッパではバルト海沿岸の貝塚遺跡を調査し，この沿岸の海進・海退が調査されている。＊江坂輝彌「縄文時代の生活の舞台—自然環境の変化について—」(『日本の考古学』Ⅱ，1965) (江坂輝彌)

貝製品(かいせいひん)　日本列島沿岸は利用価値の高い貝を多産する。その多くは食用に供せられたが，その殻もまた形態や光沢の美しさ故に多くの貝が利用されている。特に鹹水産貝種が種数も多く，形態も多様であり，そのなかで装飾的な効果をもつ貝殻が海浜地域から遠く内陸，山間地域にまで運ばれている例がある。そこでは遺物としてのこることが少ないが，実際はかなりの量のものが交易の品として運ばれていたことが推察される。また石材の代わりに利器として使われることもあり，容器としてごく最近まで使われていた。もちろん，装飾品として現在でも価値の高いものがあることはいうまでもない。なお，これまでイモガイ，タカラガイ類で，半載，擦り切り，穿孔などの加工品として扱われてきたものの多くは，海岸での自然磨蝕品と考えられる。もちろん意図的な加工品もある。

〈縄…縄文，弥…弥生〉

狩猟・漁労具

鏃：アワビ類(弥)

錘：ベンケイガイ(縄)

農具

鎌(刈具)：アワビ類(弥)

工具

貝刃：ハマグリ・カガミガイなど(縄)，リュウキュウマスオガイ・ヤコウガイなど(以上南島産)

貝斧：シャコガイ(南島産)

刺突具：スイジガイ・ホラガイ属の棘や殻底端を尖らしたもの。南島産で縄文以降

へら状具：ハマグリ・アリソガイなど(縄)

容器(貝匙，貝皿)

自然貝殻の利用：ハマグリ(丹・アスファルト入れ)(縄)，大形ホラガイ(南島産)

加工貝殻：ウミギクガイ・シャコガイ(皿状)，ゴホウラ・ヤコウガイ・ラクダガイ(匙状・ヒシャク状のもの)いずれも南島産(縄〜)

装飾品

a)半載，切断加工：キイロダカラ・ホシキヌタ・ハチジョウダカラガイ・メダカラガイ・ハルシャガイ・カズラカ(縄〜)，ヤコウガイ(南島産)

b)穿孔品：フトコロガイ・ツメタガイ(縄)，南島産のものにチョウセンサザエ・サラサバテイ・タケノコガイ・イモガイ・カワラガイ・リュウキュウシラトリガイ・リュウキュウマスオガイ・サメザラガイ・ヌノメガイ

c)円板，ボタン状製品：ビノスガイ(北海道)(縄)，アワビ(縄)

d)貝の輪切り：〈ツノガイ類〉(縄)

e)貝輪〈巻貝類〉：ツタノハガイ・オオツタノハガイ・オオベッコウガイ※・マツバガイ・ユキノカサガイ・ゴホウラ※・スイジガイ(古墳)，ヤツシロガイ・アカニシ・テングニシ※・オニニシ・イモガイ類〈二枚貝類〉：クイチガイサルボウガイ・サルボウガイ・サトウガイ・アカガイ・ベンケイガイ・タマキガイ・ウミギクガイ※・

イタボガキ・シャコウガイ※・ハマグリ(まれ)　※九州および南島出土。＊酒詰仲男「貝輪」(『人類学雑誌』56—5, 1941)；三島格『貝をめぐる考古学』1977；上原静「いわゆる南島出土の貝製利器について」(『南島考古学』7, 1981)；金子浩昌, 忍沢成視『骨角器の研究』Ⅰ・Ⅱ, 1986；忍沢成視「縄文時代におけるタカラガイ加工品の表材同定のための基礎的研究」(『古代』109, 2001)　(金子浩昌)

改葬(かいそう)　いったん葬った遺骸または遺骨を掘り出して, 改めて葬ることをいう。これは現代に至るまで広く認められる事象であり, 地域・時代を限るものではなく, 中国ではこれを改殯(かいひん)と称する。文献にうかがわれるところでは, 特に奈良・平安時代の貴族社会では往々にして改葬が実施されており, それに伴う規定もある。したがって種々の理由により広く改葬の風は一般化していたものと思われる。古墳に関するものとしては, 宮城造営に係る破壊, 改葬のことがうかがえる。一方, 遺骸を一度葬った後にその遺骨を再び葬る葬法を再葬といい, 再葬にあたって骨を洗い清め再び葬るものを洗骨葬という。特に弥生時代の東日本における, 洗骨後に骨を壺棺に納め土壙内に納めるものは再葬墓といわれる。さらに再葬は縄文時代の埋葬にもうかがわれる古墳時代における壺棺あるいは小形の横穴墓の存在によって知られる。すなわち, 改葬と再葬とは定型化した葬法であるかどうかによる区分ともいえる。＊角田文衞「古代日本における改葬」(『古代文化』31–7, 1977)　(池上　悟)

貝層(かいそう)　貝塚にある人為的な貝層と, 往古の海による自然貝層がある。貝塚の研究には, 完新世の自然貝層の研究が欠かせない。当時の貝の採取条件を知るのに役立つからである。

貝塚の貝層形成には, 遺跡の立地, 貝種, 堆積速度つまり棄てられる速さ, 貝肉の摘出法, 貝の運搬の距離など多くの人為・自然的な要因が関与する。ハマグリ・アサリ・ヤマトシジミ・マガキなどからなる純貝層は, 特殊な条件がない限り, 殻は一定の傾斜で重なり合う状況が観取されるが, 淡水産のイシガイ・ヌマガイなどの純貝層は土圧によりつぶされ, 個々を見分けにくいほどになっていることがある。岩礁貝のアワビ・サザエなども同様の例があり, サザエはふたがよくのこる。貝塚で直接貝を焼いて肉をとり出している例もある。貝殻を焼いた多量の灰がまじる場合もある。

貝層には土がほとんどまじらない純貝層, 土がまじる混土貝層, 土のほうが多い混貝土層などの区別があるが, その程度は多様であり, 遺跡ごとに異なることが多い。また, 貝の上述したような自然破損のほか, 人為的に破砕されている場合がある。東京湾東岸の縄文時代中・後期貝塚にみるイボキサゴ破砕層は顕著であるが, ハマグリ・アサリの破砕貝層もある。貝殻の破砕は貝の生肉の摘出を推測させる。生肉のほうが煮て肉をとり出したものより, はるかに美味であることはいうまでもない。

貝の堆積は少量のものが幾度にもわたって行われており, その都度条件が少しずつ異なっているのが観察できる。その場所は廃棄された竪穴内, 集落のある台地斜面, 弥生時代以降には周溝内, 井戸などにみられる。斜面では, 貝層は前の方にせり出すように堆積していく。このような場合, より新しい貝層は貝塚の末端にあることが予想され, 発掘の場合はこうした条件を慎重に考慮する必要がある。＊千葉県市原市教育委員会編『西広貝塚第3次調査』1983　(金子浩昌)

貝鏃(かいぞく)　→　貝製品(かいせいひん)

貝田町式土器(かいだちょうしきどき)　名古屋市西区貝田町にある西志賀貝塚出土の土器を標式とした弥生時代中期の土器型式。型式の基準となった土器は, ハマグリを主体とする上部の貝層に包含していたもので，のちに細分する人もあらわれた。土器の特徴は，壺には細かな櫛目文に沈線を配し，甕には刷毛目文を，鉢には横位に羽状条痕を施文している。地方色のつよい土器で尾張地方でひろくつくられ，デザインは周辺の地域で採用された。＊杉原荘介・岡本勇「西志賀貝塚」（『日本農耕文化の生成』1961）　（関　俊彦）

戒壇（かいだん）　僧尼が出家する際に戒律を授けるための式場。結界された壇を設置するので戒壇の名がある。中国では，3世紀中葉に洛陽に設けられた施設に始まるが，唐代に南山律宗の道宣の布教活動によって定着したとされる。日本では，754年に道宣の孫弟子の鑑真が東大寺に築き，聖武天皇ら約430人に菩薩戒を授けたのに始まる。その後，筑紫観世音寺と下野薬師寺に戒壇が設けられ，日本三戒壇と称されるようになった。また，822年には，最澄が生前に計画していた大乗戒壇が，比叡山延暦寺に建立された。日本の戒壇は，三重の基壇で構築され，壇上に多宝塔を安置する。　（時枝　務）

貝塚（かいづか）　人間の捕食した貝の殻が堆積したものであるが，その他にも鳥・獣・魚類の骨格歯牙あるいは植物質のものもまじる。その規模，埋存状況は様々であり，その種類も地域・場所によって変わる。また貝塚には人や犬の埋葬される例も多く，今日のゴミ捨て場といった考えのみからみることはできない。主体となった貝類には，淡水・鹹水そして陸産のものもあり，それらの貝は貝塚のある場所のすぐ近くで採取されることもあったが，海岸線の後退によって，かなりの距離を運んだものらしい。このように貝塚の動物種はそれを採取する技術や環境を示すものとして重要であり，貝塚をめぐる地形発達史とあわせて，人々の文化を探る貴重な資料である。

貝塚は世界の各地にみられるが，日本ほど多様なものをみる例も少ない。また貝層の堆積関係より文化諸遺物の編年的位置付けが明らかとなり，動物種の季節の推定より堆積の速さ，量的なものを推定する研究も進められている。日本各地にある貝塚の主体貝種，採取の環境条件を一覧で示したのが次頁の表である。＊金子浩昌「貝塚に見る縄文人の漁労生活」（『自然』2，1980）；金子浩昌・西本豊弘・永浜真理子「狩猟・漁労対象動物の地域性」（『季刊考古学』1，1982）　（金子浩昌）

回転押型文（かいてんおしがたもん）　→押型文土器（おしがたもんどき）

回転縄文（かいてんじょうもん）　→　縄文（じょうもん）

灰陶（かいとう）　中国の還元焔で焼成された灰黒色を呈する土器。仰韶文化期では酸化焔で焼成された紅陶が主体であったが，龍山文化期以後は灰陶が主体となった。胎土には砂粒を含むもの（夾砂灰陶）とほとんど含まず細密なもの（泥質灰陶）とがあり，前者には鼎・斝などの炊器が，後者には盆・埦・豆・坏などの盛器・飲器が多い。文様には縄蓆文・印文・刻線文などがみられる。＊秋山進午『古代中国の土器』1978　（斎藤孝正）

崖墓（がいぼ）　中国の古墓のうち，切り立った崖に横穴をうがち墓室としたもの。副葬品は銅器・陶器などを主とし，長さ3～4mの長方形の単室のもの，長さ20mほどの左右に室を設けたものなど変化に富む。四川省に顕著な分布が知られ，漢代より南北朝に至るものとされる。また，大型崖墓は金縷玉衣を出土し前漢の中山靖王劉勝と妻竇綰の墓と確認された全長40～50mを測る河北省の満城漢墓，魯王の墓である九龍山漢墓などが知られている。＊八幡一郎「崖墓断章」（『日本民族文化とその周辺』1980）　（池上　悟）

灰釉陶器（かいゆうとうき）　施釉陶器の一種。釉薬として，植物を焼いて作った灰を使用する。胎土は，主として精選された

貝の種類による分類表

外海系貝塚	外海性の岩礁砂底種	A	a_1岩礁性貝類主体	1. スガイ・クボガイ・イボニシ・レイシ・タマキビ類など。 2. イガイ類・ムラサキインコ。 3. アワビ類・サザエ・アワビ類は東日本，サザエは関東以西の貝塚。 4. アマオブネ・チョウセンサザエ・キクザルガイ・サラサバテイ。 1～3は北海道以南の本州と周辺の島々にみるが，主体種は変わり，種々組み合わさる。4は奄美以南に多い*。
			a_2砂底棲巻貝と二枚貝主体	1. ダンベイキサゴ：2の二枚貝とともに九十九里，東海地方の貝塚に多い。 2. チョウセンハマグリ・コタマガイ・アマスジケマンガイなど。 3. ウバガイ・サラガイ・ホタテガイ 3は東北以北，ホタテガイを敷きつめた上に人を埋葬した例がある（縄文）。1，2は下の項も参照。
内湾系貝塚	砂（泥）底質	B	アサリ主体	1. イガイなどの岩礁二枚貝とまじる：東北日本の貝塚にみる。 2. ハマグリ・シオフキなどの内湾貝種と混在。 1ではウチムラサキ・オニアサリなど多いことがある。2では場所・時期により埋存率を示し，B，Cの層位差を明らかにみる例も多い。
		C	ハマグリ主体	1. シオフキ・アサリ・オオノガイなどの内湾砂・泥棲種と混在。 2. イボキサゴと混在あるいは互層的堆積をみる。 2の例は関東東京湾東岸域，貝殻は長30mm未満のものが多い。 一般に弥生・古墳時代以降のものは殻が大きい。
		D	イボキサゴ主体	1. イボキサゴ単種の厚い貝層をつくることがある。内湾貝種混在。 東京湾東岸奥のイボキサゴを主体とする大貝塚は中期以降に形成。弥生時代ぐらいまでさかんにとられる。
	砂泥底質	E	マガキ・ハイガイ主体	1. マガキ主体でB，C項の貝をまぜる：縄文時代北海道から九州に分布。 2. ハイガイのみからなる貝層：関東～九州。 3. ハイガイ・マガキの混在。 ハイガイ・マガキの混入割合は貝塚や貝層で異なる。 ウネナシトマヤガイ・ハマグリ・ヘタナリなど混在。
		F	ヤマトシジミ主体	1. ヤマトシジミのほぼ単独層：内湾のラグーン化により各地にみる。 2. マガキ・ウネナシトマヤガイ・ハマグリを混在：北海道以南各地。 3. チョウセンハマグリなどa_2，B，Cなど外海に近いラグーン貝塚。 北海道以南の全国に分布。
淡水系貝塚	泥底質	G	淡水貝種	1. カワニナ（小石・礫底を好む）。 2. イシガイ・オオタニシ。 3. セタシジミ：琵琶湖畔とその水系の貝塚。

*陸産貝ヤマタニシ属の貝塚が南島にあり，岩礁の貝種とまじる。

白色粘土が用いられ，高火度焼成で作られる。その技法は，8世紀中頃，中国陶磁の影響下で発達したものと考えられている。初期は，愛知県名古屋市東部の丘陵に展開する猿投窯を中心に焼成され，その後東海地方一帯に生産が拡大される。11世紀末頃には，猿投窯では施釉技法がやめられ，東海地方でも12世紀に入ると施釉技法は終焉をみる。＊大場磐雄「灰釉陶器の諸問題」（『地方史研究論叢』1954）　(上野恵司)

回廊（かいろう）　主要伽藍を取り囲む廊下状の施設。飛鳥時代には単廊が多く，奈良時代には複廊が主流となり，平安時代には中門をもたない回廊が密教寺院を中心に営まれたが，鎌倉時代には禅宗寺院で三門をもつ複廊が復活した。古代寺院の回廊は，法隆寺や東大寺などの古建築が知られるが，大部分の寺院では礎石や基壇が残るのみである。奈良県桜井市山田寺跡では，回廊が倒れたままの状態で発掘され，胴張りのある柱や頭貫(かしらぬき)・大斗・肘木・虹梁(こうりょう)などの建築部材が残っていた。一般に回廊は礎石建物であるが，千葉県市原市上総国分寺跡や鳥取県倉吉市伯耆国分寺跡などでは掘立柱建物の回廊が知られ，地方寺院などでは掘立柱を用いる例があったことが判明する。回廊の基壇は，金堂や講堂などの中心的な建物に比べると簡略で，自然石の乱石積などが採用されている例が多い。＊斎藤忠「寺院跡」（『新版仏教考古学講座』2，1975）　(時枝　務)

貝輪（かいわ）　→　貝製品（かいせいひん）

ガウランド（William Gowland）　1842～1922。イギリス人の考古学者。1872(明治5)年，大阪造幣局の技師として来日，1889(明治21)年まで滞在した。本務のかたわら大阪府高安千塚をはじめ，多くの古墳を調査した。とくに東大阪市芝山古墳を発掘し，その成果を“The Dolmens and Burial Mound in Japan”1897と，“The Dolmens of Japan and their Builders”1897などに発表した。そのほかにも1907年には“The Burial Mounds and Dolmens of the early Emperor of Japan”を著した。その実測図や観察は正確で，論旨が通り，当時の学問としては高い水準にあったが，惜しむらくは「民間学者」であったため，日本滞在中考古学界に大きな影響を及ぼすまでにいたらなかった。しかし，日本近代考古学の先駆者として，後世に残した業績は大きい。　(乙益重隆)

家屋文鏡（かおくもんきょう）　奈良県北葛城郡河合町佐味田の4世紀後半代の築造と想定される全長103mの前方後円墳宝塚古墳より発見された家屋の形を文様化して配した仿製鏡。外区の文様および半円方形帯を有する点は他の仿製鏡と同様であるが，鈕をめぐる内区に入母屋造の竪穴住居・平屋住居・高床住居，切妻造の倉庫と思われる高床建築をあらわしている。まだ家屋の間には樹木を配しており，独創的な文様を有する。＊池浩三『家屋文鏡の世界』1983　(池上　悟)

家屋文鏡（奈良・佐味田宝塚古墳）

鏡山　猛（かがみやまたけし）　1908～1984。福岡県浮羽郡田主丸町(たぬしまるまち)(現・久留米市)生まれ，1932年九州帝国大学法文学部卒，同年5月，法文学部副手，1934年12月同学部助手，1936年，法文学部講師，日本古代史・考古学の講義をする。1939年8月応召，1945年9月召集解散，1951年12月，教職追放解除，1952年4月，九州大学文学部教授に任命，考古学の講義を行う。1938年6月九州大学文学部教授，考古学講座が新設され，講座担任となる。1972年3月，定年で九州大学を退任する。同年5月同九州歴史資料館長を委嘱される。北九州の弥生文化研究に大きな業績を残す。（江坂輝彌）

賀川光夫（かがわみつお） 1923～2001。栃木県烏山町(現那須烏山市)生まれ。1944年(昭和19)，日本大学法文学部在学中に学徒出陣し，宇佐航空隊に配属される。1947年に卒業し，大分県文化財委員を経て別府大学文学部教授・学長に就任し，縄文晩期農耕論を展開した。著書に『農耕の起源』(講談社，1972)などがある。＊弁護団編『「聖嶽」事件―報道被害と考古学論争』2010（時枝 務）

瓦経（がきょう） 粘土板に経文を書いて焼成したもの。兵庫県姫路市極楽寺経塚出土の瓦経願文には，その不朽性が謳われており，経典を永く保存するために案出されたものであると考えられる。紀年銘をもつ最古の瓦経は1071(延久3)年の鳥取県倉吉市桜大日寺経塚出土例であり，最新のものが1174(承安4)年の三重県伊勢市小町塚経塚出土例であることから，瓦経は11世紀後半に出現し，12世紀後半まで盛んに製作されたと推測される。現在，瓦経を出土した経塚は全国で約60ヵ所知られているが，その大部分が愛知県以西に所在し，瓦経が西日本を中心に分布していることが判明する。瓦経は方形もしくは長方形の粘土板に，界線と罫線を引き，そのなかに経文を書写するのが普通である。瓦経に書写された経典は法華経が主体で，無量義経・観普賢経・阿弥陀経・般若心経がそれに次ぎ，そのほか大日経・金剛頂経・蘇悉地経の秘密三部経，金光明経・仁王経・理趣経の護国三部経，顕無辺仏土経・八名普密陀羅尼経・文殊師利発願経・三千仏名経・梵網経・普賢十願経・薬師経・金剛般若経・寿命経・不動経などさまざまな経典が書写されている。＊石田茂作「瓦経の研究」(『佛教考古学論攷』3，1977)；三宅敏之「経塚の遺物」(『新版仏教考古学講座』6，1977)（時枝 務）

核石器（かくせっき） 母岩から剥片を剥離し，残った核を石器とするもの。剥片石器と相対する用語である。生じる剥片は副産物でしかなく，目的とする剥片を生産し，それに2次加工を加えて石器をつくる剥片石器と対称的である。母岩から，すぐに石器製作がはじまるので，石器製作は，一段階で完結する。チョパー，チョピングトゥール，ハンドアックス，尖頭器の一部などは，核石器に属する。＊芹沢長介「大分県早水台における前期旧石器の研究」(『日本文化研究所研究報告』1，1965)（藤原妃敏）

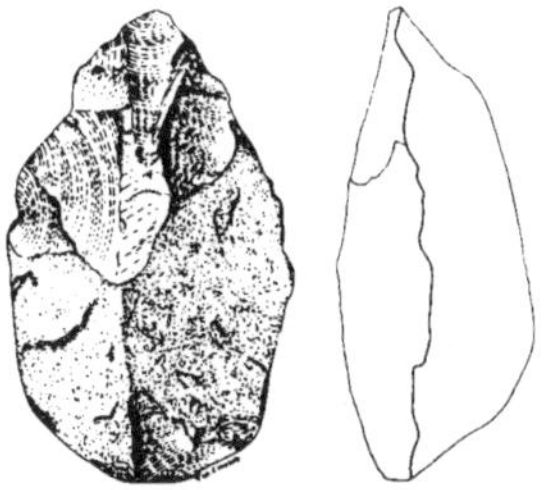

核石器（韓国・全谷里遺跡）

嘉倉貝塚（かくらかいづか） 宮城県北，岩手県西磐井郡に接した宮城県栗原郡築館町(旧玉沢村)(現・宮城県栗原市)嘉倉小土内屋敷の大場八郎玄裏手に所在の嘉倉貝塚を江坂は1950年9月に実査した。貝塚は石巻湾北北西約40kmの北上沖積低地(標高約30m，谷との比高約10m)に立地し，縄文時代後期末の土器を出土し，貝塚に堆積する貝殻は斧足類(二枚貝)はイシガイ・マツカサガイ・カラスガイ，腹足類(巻貝)はオオタニシ・カクタニシなど淡水産のものが大半を占める。現在も付近にある伊豆沼・内沼のような内水面湖沼に産するものであるが，これに混じって僅かではあるが，ハマグリ・アサリ・サルボウ・アカガイなどの鹹水産斧足類の貝殻も見出されるが，主淡貝塚と言うより，純淡に近い貝塚である。海産干潟に棲息する貝類は東に北上山地を越えて，約25km志津川方面に出たが，南に北上川沖積低地を20km余，独木舟を利用して，石巻湾奥部の干潟地帯に出て採捕したものと思われる。魚骨は淡水湖沼産のキバチ・コイのほか，マアジの骨があり，石巻湾岸の干潟まで出漁していたと思われる。また獣鳥骨はシカ・イノシシ・タヌキ・エチゴノウサギ・テン・マガモ・ハトの骨が認められ，ほかにヒキガエルの骨骼も発見されている。＊江坂輝彌「北上川流域最奥部貝塚の踏査」(『貝塚』29，1950)（江坂輝彌）

加栗山遺跡(かくりやまいせき)　鹿児島市川上町に所在する旧石器・縄文・歴史時代の複合遺跡。沖積地に張り出した標高170m前後のシラス(入戸火砕流堆積物)の舌状台地に立地しており，1975・1976年，鹿児島県文化課で緊急調査が実施されている。桜島起源のサツマ(桜島・薩摩テフラ)火山灰層(約1万1000年前)直下の土層から，細石刃・細石核を主体とする石器群が38ヵ所の集中地点(ユニット，ブロック)で出土している。これらの石器群に，縄文時代に普遍的な石鏃13点，局部磨製石斧・大形の石皿などが伴っている。サツマ火山灰層上位では縄文時代早期の遺構・遺物が発見されている。＊青崎和憲編「加栗山遺跡・神ノ木山遺跡」(『鹿児島県埋蔵文化財発掘調査報告書』16，1981)（橘　昌信）

懸仏(かけぼとけ)　御正体，懸鏡ともよぶ。円形銅板に毛彫や立体的な神仏像をはりつけ，さらに上部の左右に鐶をつけて懸垂し，礼拝の対象にした。平安時代から鎌倉時代にかけて盛行した鏡像から発展し，島根県宮嶋神社の1156(保元元)年銘のものは過渡的な形式を呈している。中心像の大多数は本地垂迹説に基づいており，薬師如来・阿弥陀如来・千手観音・聖観音・馬頭観音・虚空蔵菩薩・蔵王権現・子持三所権現・不動明王などがあらわされている。出現初期は薄い銅板に懸垂用の紐がつく単純形式であったが，鎌倉時代前半では円板周囲に覆輪がつき，鐶も花形になる。後半になると円形銅板の裏に木板があてられ，神仏像も薄肉彫から高肉彫の立体像にかわってくる。また，連珠や花瓶などが配されて装飾的になり，鐶座も羯磨座や獅噛座などが用いられているものもある。室町時代に入ると懸仏は盛んになり，小型の粗製品が多くなる。裏面には紀年銘，作者名，結縁者名などが記されている。＊東京国立博物館『鏡像と懸仏』1973（是光吉基）

懸仏（岩手・熊野神社）

鉸具(かこ)　別名を尾錠ともいう。帯の留金具の一つで帯鉤と交替してあらわれるが，性格的には相似るものである。腰帯のほかに馬具の装具にも使用されている。馬蹄形ないし楕円形縁金の下端に帯の他端をとめる棒状の刺金を取り付けた回転自在の横棒と，帯をつなぐ横棒とを並列して差し込んだものであるが，馬具には簡略化されたものが多い。中国では漢代にあらわれ，わが国では奈良県新山古墳，滋賀県新開古墳出土例が最も古い。金銅・鉄製が一般的である。＊町田章「古代帯金具考」(『考古学雑誌』56–1，1970)（坂本美夫）

拵ノ原遺跡(かこいのはらいせき)　鹿児島県南さつま市村原に所在する縄文時代草創期から中世の山城までを含む複合遺跡。1975年，1977年の土取工事に伴う発掘調査と1989～1993年の都市計画事業に伴う発掘調査がある。丘陵の北側の約4,000㎡に，配石炉4基，集石遺構22基，炉穴8基が検出された縄文時代草創期の遺跡が発見された。出土遺物には，1,000点を超す隆帯文土器や石鏃，石斧，磨石，石皿など多種多量の石器がある。磨製石斧には様々な形態のものがあり，刃部が丸くなった丸ノミ形石斧は「栫ノ原型石斧」と呼ばれ，丸木舟製作用の木工具と考えられ，南島とのつながりなどが注目されている。草創期の遺跡は国指定史跡として保存されている。その他，縄文時代早期から後期まで断続的に存在し，弥生時代後期には住居跡3軒，古墳時代後期には住居跡4軒がある。中世山城は，連郭式の曲輪が列び，二重の空堀や掘立柱建物跡，竈状遺構，土塁，虎口，道路跡，門跡など多彩な遺構が発見された。（新東晃一）

籠形土器(かごがたどき)　土器とともに古くから使われた容器として植物繊維で編んだカゴがある。土器に比べ残存しにくいので，条件がよくないかぎり目にとまらない。アメリカのカリフォルニア州に住んだ先住民は土器をつくる技術がないため，カゴに泥を塗り，樹液でかため，それを煮沸の容器として使っていた。日本でも縄文時代にはカゴに漆を塗って使っていたことは知られており，目の粗いカゴに粘土をはりつけて土器を成形したものもある。この例は岡山県金蔵山古墳から出土した土師器，あるいは大阪府国府遺跡出土の弥生土器も，カゴを外型にして作製している。この種のものは出土例が少ない。（関　俊彦）

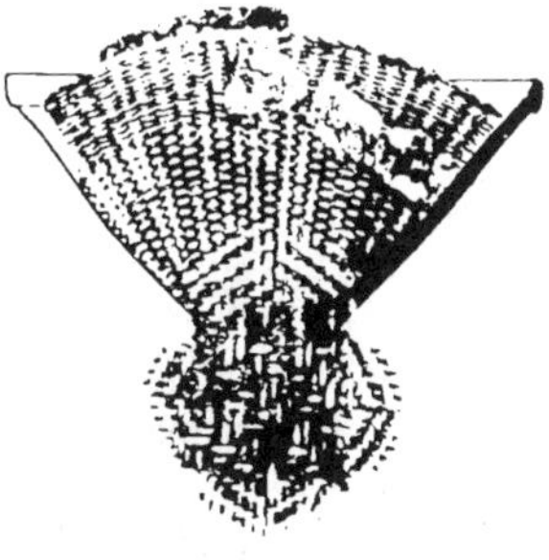

籠形土器（大阪・国府遺跡）

笠塔婆(かさとうば)　石造塔婆の一型。仏像をおさめる厨子を安置する施設がしだいに簡素化したもの。塔形として主流を占めるのは長方形の塔身に主尊を刻出し，笠・露盤・請花・宝珠をのせる石塔である。また，塔身上方に仏龕をつくる形式や，塔身を六角・八角にして笠・宝珠をのせる形式，断面が四角で柱状の竿を立て，方形の笠を置き宝珠をのせる形式がある。造立数は多くない。鎌倉～南北朝時代になると日蓮宗がこの塔形を採用し題目を塔身に刻む。＊日野一郎「笠塔婆」(『古代』12，1953)　（斎木　勝）

笠塔婆（大分・富貴寺）

風張遺跡(かざはりいせき)　青森県八戸市に所在する縄文時代・弥生時代・平安時代の複合遺跡。特にこの遺跡から出土している縄文時代後期後葉の遺物は亀ヶ岡文化の成立を考えるうえで重要な一括資料として，666点が国の重要文化財に指定されている。1988(昭和63)年から4回にわたり発掘が行われ，竪穴住居(265棟以上)，掘立柱建物(19棟)，土壙墓(127基)，屋外炉(30基)，土壙(1367基以上)が発掘された。遺構の大半は縄文時代後期後葉に属し，2群に分かれる土壙墓を中心にその外側を土壙や掘立柱建物が回り，さらに竪穴住居が巡る環状の配置になっており，規模は直径120mに達す

風張遺跡（合掌型土偶）

る。竪穴住居は直径 5m 前後の円形や楕円形のものが主体を占め，斜面の低い方に出入口施設とみられる溝状の遺構をもつものが多い。縄文時代後期末の第 32 号竪穴住居からは炭化したコメ 7 点・アワ 7 点・イナキビ 1 点が出土し，トロント大学で 2 点の炭化米について ^{14}C 年代を測定した結果 2540 ± 240B. P.，2810 ± 270B. P. の測定値が得られている。また，台地の先端部には，平安時代の環濠集落も立地している。（工藤竹久）

火山灰考古学（かざんばいこうこがく）火山灰は，その広域性と同時性という特性により，考古学の分野でも広域にわたる遺物や遺構の新旧関係の検証の指標として古くから利用されてきた。姶良 Tn 火山灰や鬼界アカホヤ火山灰などは，それぞれ旧石器時代と縄文時代における全国規模の年代指標として有名である。近年は，年代指標としてだけではなく，遺構や遺物を瞬間的に埋積し，良好な状態で長期間保存する堆積物としても注目されている。とくに火山灰の層相と遺構遺物の埋積状態および噴火過程などとの比較検討から，噴火当時の遺跡の様相の詳細が明らかにされることがある。また，遺跡における火山灰の堆積状態から，詳細な噴火年代や噴火過程の推定がなされることもあり，火山学と考古学の相互の分野の関連性は高くなっている。（橋本真紀夫）

柏尾山経塚（かしおやまきょうづか） 山梨県甲州市勝沼町勝沼柏尾の標高 500m の白山平山頂に位置する。1962 年発電所施設工事中に発見され，6 基の経塚からなる。1103（康和 5）年銘経筒が出土しており，筒身に刻す 26 行の銘文は，経塚造営の様子を具体的に示すものである。ほかに経筒 2，経軸残欠 8，玻璃玉 25，陶製容器 1，陶製外筒 1，短刀 1 が埋納されていた。＊上野晴郎「山梨県勝沼町柏尾山発見康和五年銘経筒その他の埋納品調査報告」（『考古学雑誌』48–2，1968）（岡本桂典）

梶栗浜遺跡（かじくりはまいせき） 山口県下関市安岡梶栗浜にある弥生時代の墓地。1913（大正 2）年に箱式石棺 1 基が出土し，その中から古式の多鈕細文鏡 1 と細形銅剣 2，弥生土器 1 が発見された。1957（昭和 32）年の調査で，組合式箱式石棺墓 5 基のほかに，石囲墓 2 や壺棺が発掘された。うち石棺 2 基の直上の旧地表に列石と敷石があり，その外側に前期末の壺形弥生土器が置かれていた。これらは墓標墓域を示すものといわれている。＊金関恕「梶栗浜遺跡」（『山口県文化財概要』4，1964）（乙益重隆）

橿原遺跡（かしはらいせき） 奈良県橿原市橿原公苑にあり，1938 年に建設工事の際に縄文時代から歴史時代にわたる，広範な遺構遺物が発掘された。現在運動場になっている付近から縄文時代晩期前半の，土器・石器が多量に出土し，これらの土器を標式として，晩期の橿原式が設定された。東北地方の大洞 B，BC 式土器を伴出し，多量の土偶をはじめ，動物形土製品・冠形土製器・耳栓・石刀・木製品の遺物が出土した。＊末永雅雄ほか『橿原』1961（吉田 格）

橿原式土器（かしはらしきどき） 奈良県橿原市畝傍町御坊橿原出土の土器を標識と

したもので，縄文時代晩期に属し，大部分は無文の粗製土器であるが，文様のある精製土器は東北地方の大洞 B〜C 式から大洞 C_2 式までの土器が豊富に出土した。器形は深鉢を主体とし，浅鉢・注口がみられ，橿原式土器は浅鉢形を主体として，平行沈線文間に三角形の刳入を主体として，七宝形文風にした文様がみられ，口唇には刻目がない。底部は上底・丸底である。* 末永雅雄ほか『橿原』1961 （吉田 格）

鹿島沢古墳（かしまざわこふん） 青森県八戸市に所在する終末期古墳。馬淵川をのぞむ標高 80〜90m の丘陵に立地している。1958（昭和 33）年までの慶応義塾大学の江坂輝彌や地元の音喜多富寿等の発掘調査により，古墳は 6 基以上存在したことが確認されているが，遺跡の地形が大きく改変されており，現在はかろうじて 3 基残存しているのみである。大きさは直径 12m 前後と直径 6m 前後のものであることが知られており，底面に 2 × 1m の規模に礫を敷きつめ一端に大小の割り石を置いた主体部も発見されている。これまで直刀・提瓶・刀子・鉄鏃・金環・ガラス玉・切子玉・勾玉・土師器・毛彫り馬具・銅釧などが出土し，慶応義塾大学と八戸市教育委員会が所有している。なお，八戸市に隣接する下田町阿光坊古墳においても発掘調査が行われ，鹿島沢古墳と同時期の東北北部の古墳文化を知るうえで貴重な成果が得られている。

（工藤竹久）

加治屋園遺跡（かじやぞのいせき） 鹿児島市川上町に所在する旧石器・縄文時代の複合遺跡。標高約 155m のシラス（入戸火砕流堆積物）台地に立地しており，1975〜1976 年にかけて鹿児島県文化課で緊急調査が実施された。桜島起源のサツマ（桜島・薩摩テフラ）火山灰層（約 1 万 1000 年前）上位で縄文時代早期，直下の黒褐色土層で細石刃・細石核を主体にスクレイパーなどの石器群が 1 万点近く出土している。細石刃核の石材には，黒曜石の他，砂岩・頁岩など扁平な礫を用いたものが存在し，それらを適当な大きさに分割したまま，あるいは下縁のみ調整を施し，小口の一端ないし両端から細石刃剥離が行われている。この極めてシンプルな製作法は，弥栄久志によって「加治屋園技法」と呼ばれており，ほぼ南九州地域に限って分布している。細石刃・細石核を主体にした当石器群には土器が伴い，口縁部に S 字状の粘土紐を貼り付けたものが出土している。距離的に近く，しかも層位的にも同様な加栗山遺跡とは対照的で，土器は存在するが石鏃は出土してなく，南九州地域での後期旧石器時代終末から縄文時代草創期にかけての複雑な様相が知れる。* 弥栄久志編「加治屋園遺跡・木の迫遺跡」（『鹿児島県埋蔵文化財発掘調査報告書』14，1981） （橘 昌信）

柏谷百穴（かしやひゃっけつ） 静岡県田方郡函南町の伊豆半島西側の基部を北流する狩野川の支流である柿沢川を臨む丘陵に所在する横穴墓群である。現在開口する横穴墓数は約 250 基とされ，未開口も含めると 500 基に達するものと想定されている。矩形平面・穹窿状天井の構造を主流とし，若干の棺室構造を含む。出土品では亀甲が特徴的であり，7 世紀代の初現・盛行がうかがわれる。* 山内昭二ほか『伊豆柏谷百穴』1975 （池上 悟）

梶山古墳（かじやまこふん） 鳥取県鳥取市国府町岡益に所在する径 20m の円墳で，主体部は玄室・前室・羨道の 3 室（全長 8.8m）からなる横穴式石室である。玄室奥壁に彩色壁画が存在し，上段には三角文・同心円文・曲線文の幾何学文様，中段には頭を右にむけた全長 53cm の魚，下段には円文が 2 つ描かれている。遺物は須恵器・土師器・鉄器などが出土し，構築時期は 7 世紀初頭に位置付けられる。* 鳥取県教育委員会『壁画古墳・梶山古墳緊急発掘調査報告書』1979

（是光吉基）

柏倉亮吉(かしわぐらりょうきち)　1905～1995。山形県東根市に生まれる。1930年京都帝国大学卒業。滋賀県史跡調査委員，日本古文化研究所所員，関西学院大学教授。その間安土瓢箪山古墳，雪野寺跡の発掘調査などを担当する。1938年郷里山形に帰り，山形中学校，山形師範，山形大学教授をへて，県立米沢女子短期大学学長に就任。山形県内各地の遺跡発掘の担当・指導にあたり，山形考古学会会長，県文化財保護協会会長を歴任。温厚な人柄が多くの人々に慕われ晩年まで後進の育成指導にあたった。『山形県史』をはじめ県内の自治体史を多く手がけているが，主要な著書論文に『雪野寺跡調査報告書』1935,『山形県の古墳』1953,『東北地方の条里制』1961などがある。没後，その業績をたたえ，知人や教え子たちによって『草ぶえの考古学』1997が刊行されている。　(川崎利夫)

柏台1遺跡(かしわだいいちいせき)　北海道千歳市柏台に所在する旧石器時代の遺跡。支笏火砕流堆積物によって形成された標高16～20mの台地(古砂丘)上に立地。1997・1998年に発掘調査。恵庭a降下軽石層(約1万8000B. P.)下位の火山灰層から，細石刃石器群の炉跡を伴う集中域が7ヵ所と不定形剥片石器群の炉跡7ヵ所を伴う集中域が8ヵ所確認され，前者からは蘭越型・美利河型細石刃核，細石刃，石刃，彫刻刀，スクレイパー，琥珀玉が，後者からはスクレイパー，錐形石器，刻みのある石製品のほかに顔料関連遺物が出土し，層位的には後者が下位である。^{14}C年代は前者で1万9850～2万790B. P.，後者で2万300～2万2550B. P. の測定値が得られている。特筆すべきは，顔料の赤色礫のなかに自然に産出するのが珍しい磁赤鉄鉱があり，これは褐鉄鉱を多量の炭の中など還元条件下で焼成したときに生成され，加熱の度合いによって赤→朱→黄へと変化することから，2万B. P. には化学変化を知っていた可能性が高いことである。*「柏台1遺跡」(『(財)北海道埋蔵文化財センター調査報告書第138集』1999)　(千葉英一)

化石人類(かせきじんるい)　化石として発見される人類。一般的には約600万年前の中新世から鮮新世そして更新世末の1万年前までの人類を指す。かつては，人類は猿人・原人・旧人・新人と段階的に進化したと考えられてきたが，最近では，4～6属で十数種以上の人類が誕生・分岐・絶滅し，最後に生き残ったのが我々ホモ・サピエンス(*Homo sapiens*)であると認識されている。しかし，簡略な理解としては，進化段階の設定も捨てがたく，現在でも使われている。

猿人にはサヘラントロプス・チャデンシス(*Sahelanthropus tchadensis*)，アルディピテクス・ラミダス(*Ardipithecus ramidus*)，アウストラロピテクス・アファレンシス(*Australopithecus afarensis*)，ケニアントロプス・プラティオプス(*Kenyanthropus platyops*)，パラントロプス・ロブストス(*Paranthropus robustus*)など多くの種が含まれる。原人にはホモ・エルガステル(*Homo ergaster*)とホモ・エレクトス(*Homo erectus*)が含まれるが，両者を単一の種と考える研究者も多い。有名な化石としては，ケニアのトルカナ(Turkana)原人やグルジアのドマニシ(Dmanisi)原人あるいはジャワ原人や北京原人がある。ホモ・ハビリス(*Homo habilis*)は猿人と原人の中間的で，どちらに入れるか未定である。旧人にはホモ・ハイデルベルゲンシス(*Homo heidelbergensis*)とホモ・ネアンデルターレンシス(*Homo neandertharensis*)が含まれ，代表的な化石にはドイツのネアンデルタール(Neanderthal)人や中国のダーリー(Dali)人がある。新人はホモ・サピエンスであり，化石としてはクロマニヨン(Cro-Magnon)人や山頂洞人が有名である。

日本では，土壌が酸性のために人骨の保存が悪く，旧人以前の化石人骨は発見されていない。沖縄県の山下町洞穴人や港川人，静岡県の浜北人など，すべて新人である。その他の化石人類の多くは，時代が新しいか(葛生人の半分，三ヶ日人，明石人，聖嶽人)，あるいはヒトではない(葛生人の半分，牛川人)ことがわかっている。（馬場悠男）

貨泉(かせん) 中国，新の王莽がA. D. 14(天鳳元)年に鋳造した貨幣で，中央に方孔があり，右側に「貨」，左側に「泉」の2字がある。わが国では福岡県糸島市志摩御床の御床松原，長崎県壱岐市芦辺町原の辻，同県対馬市豊玉町シゲノダン，広島県福山市津ノ郷町本谷，京都府京丹後市久美浜町函石浜，大阪市東住吉区瓜破大和川床の弥生時代遺跡から発見され，特にシゲノダン遺跡からは多くの舶載青銅器とともに出土し注目される。* 奥平昌洪『東亜銭志』1938（是光吉基）

瓦塼(がせん) 瓦と塼の総称。寺院や宮殿などの屋根を葺き，屋内への雨水の浸入を防ぐ機能を有する瓦と，屋内の床面や壁面を装飾する塼とに大別される。538年に朝鮮半島から日本に仏教が伝来し，6世紀後半から寺院の建立が盛んになると瓦の需要は飛躍的に増大した。寺院の建築様式と屋根の葺き材は密接な関係があるため，中世以降には古代に比べ瓦の需要が減少した時期もあるが，中世後半から近世初頭には相次ぐ城郭の築城によって再度，需要の増加がみられた。また近世になると桟瓦の発明により，町屋における商家や民家にも瓦屋根が普及をみた。最古の瓦葺き寺院は奈良県飛鳥寺が初現とされる。* 上原真人『瓦を読む』1997（小林康幸）

下川遺跡(かせんいせき) 山西省南部の垣曲・沁水・陽城の3県に分布する16ヵ所の後期旧石器時代の遺跡群である。^{14}C 年代は1.4～2.4万年前である。大部分の石器はチャートを石材とし，石刃を含む縦長剥片を素材としており，ナイフ形石器・彫刻刀形石器などの定形石器があるほか，細石刃核も存在する。これらの石器群の共時性に問題を残すが，該期華北の代表遺跡である。なお石刃出現以前の文化層も発見されている。* 王建・王向前・陳哲英「下川文化―山西下川遺跡調査報告―」(『考古学報』3，1978)（佐川正敏）

画像鏡(がぞうきょう) 鏡背の半肉彫りで表現された主文が絵画的であり，後漢代の画像石の表現と類似する鏡。主文は内区を乳により四分し，東王父・西王母の二神仙を中心として龍虎・二車馬を配したもの，あるいは禽獣・歌舞・交戦図などを配したものがある。縁は平縁と三角縁があり，外区には流雲文・鋸歯文などが配される。中国南部よりの出土が多く，紀年銘鏡との伴出より後漢代より三国時代に盛行したものである。* 富岡謙蔵「画像鏡考」(『古鏡の研究』1926)（池上　悟）

画像石・画像塼(がぞうせき・がぞうせん) 画像石は画像を彫刻した石材，画像塼は画像を刻んだ笵型に粘土を詰めて成形・焼成したタイルの一種であるが，古代中国のものに限って呼ぶ。前漢から唐まで製作されたが，とりわけ後漢に盛行し，画像石・画像塼を使用した石室・塼室をもつ画像石墓や画像塼墓が営まれた。画題は被葬者の生前の生活，儒教思想にもとづく忠臣・孝子・烈士・貞婦，宗教的な色彩の濃い孔子・老子・神仙・神獣など，多岐にわたる。写実的な描写をするものも多く，古代中国の生活や文化を知るうえで恰好の資料となっている。* 長広敏雄『漢代画像の研究』1965／『南陽の画像石』1969（時枝　務）

火葬墓(かそうぼ) 火葬した骨を埋葬した墳墓。死体を火葬する風習は世界各地にみられるが，とりわけインドでは輪転聖王をはじめ高貴な人物の葬法であるとされ，釈迦が荼毘に付されて以降は仏教と深く結びつくことになった。インドでは火葬後遺骨を川に流すなどの方法で処理したために墓地を確認することができないが，ミャンマーでは2世紀頃から火葬墓が営まれ，僧侶のみでなく王族も火葬されたことが知られる。しかし，チベットや中国では火葬によって死体が損傷されることを忌避したため火葬が浸透せず，チベットでは仏教徒でも風葬・鳥葬が一般的であり，中国では仏教徒以外には火葬墓を営む者は稀であった。朝鮮では百済・新羅で火葬が受容され，僧侶のみでなく王族や官人も火葬墓に葬られたが，そのあり方が日本に伝えられた。日本では700(文武天皇4)年に道昭が火葬されたのが最初であるとされ，702(大宝2)年に崩御した持統天皇が火葬になって以後，皇族や官人の間に急速に火葬が普及した。荼毘所と埋葬地はかならずしも一致せず，収骨して骨蔵器に納め，土壙に安置して埋めたが，土壙内部に木炭を充填した例も多く，除湿効果を期待したものと考えられている。副葬品は少ないが，墓誌をともなう例もあり，小治田安万侶墓など上部に低い墳丘を築いた例も知られている。平安時代になると火葬墓は減少するが，鎌倉時代には武士層を中心に流行し，集石墓や墳墓窟をはじめさまざまな形式の墳墓が営まれ，上部に板碑や五輪塔などの石塔を造立する風習も定着した。近世には土葬が主流となるが，火葬墓も継続して営まれ，近代になると衛生上の理由から火葬が奨励され，現在では火葬が一般的な葬法として定着している。＊石田茂作監修『新版仏教考古学講座』7，1975 （時枝　務）

加曽利E式土器（かそりイーしきどき） 千葉県千葉市加曽利貝塚E地点発掘の土器を標式にして命名された土器型式で，縄文時代中期後半に編年されている。現在基本的に3型式に分類されているが，細分化の傾向がみられる。

加曽利EⅠ式土器は勝坂式土器の伝統を受けつぎながら関東平野東部の阿玉台式土器の影響を漂わせ発展する。形態は口縁部が内側に湾曲し，頸部でくびれて，通称キャリパー形をし，胴部は円筒形になる深鉢形が多く，把手は勝坂式土器に比べてやや小形になる。文様は口縁部と胴部に分かれ，隆起文による渦巻，∽字状文などが施文される。

加曽利EⅡ式土器はⅠ式土器よりやや薄くつくられ，口縁部の湾曲がやや緩やかになってくる。把手は退化して小突起になり，それを中心に文様が展開される。

加曽利EⅢ式土器は口縁部の湾曲もほとんどみられなくなり，文様も隆起文が沈線文にかわり，胴部には縦方向に条線が施文されたり，縄文と無文の区画がそれぞれ交互につけられたりする。＊岡本勇・戸沢充則「縄文時代(関東)」(『日本の考古学』Ⅱ，1965) （川崎義雄）

加曽利貝塚（かそりかいづか） 千葉市若葉区桜木に所在し東西約150m，南北約300mの範囲にわたって展開する縄文時代中期から晩期前葉にわたる大貝塚で，直径約150mの南北二つの環状貝塚からなっている。北貝塚の位置に千葉市立加曽利貝塚博物館があり，1964，1965年にわたって日本考古学協会の加曽利貝塚調査団が発掘調査した際の出土資料が陳列されている。本貝塚は1922(大正11)年大山柏・小金井良精らによって全域測量調査が行われ，A，B，C，D，E地区などに地域区分された。その後，1924年大山・小金井・松村瞭・八幡一郎・甲野勇などで同貝塚の小発掘調査が行われ，B地区の発掘で貝層から大森貝塚出土の土器と同一型式の後期の土器が出土し，貝層下の黒土層からE地区貝層出土の土器と同一型式の中期の土器片が発見され，ここに層位的に両型式の新旧が甲野・八幡などによって確認された。この資料が標式となり，後に加曽利E式，加曽利B式と命名されることになった。このように，関東地方の縄文文化の編年研究の学史では一頁を飾る歴史的な貝塚でもある。国の特別史跡。＊杉原荘介編『加曽利南貝塚』1976／『加曽利北貝塚』1977／『加曽利貝塚』1966 （川崎義雄）

加曽利Ｂ式土器(かそりビーしきどき) 千葉県千葉市加曽利貝塚Ｂ地区発掘の土器を標式として名付けられた。関東地方縄文時代後期中葉に編年される土器型式で，現在は3型式に分類されている。

加曽利ＢⅠ式土器は堀之内式土器の伝統を受けついだところが多い。口縁には刻目が多くみられ，小突起状の把手がしばしばつけられる。口縁部には堀之内式土器からの8字状の粘土紐が残るものがあるが，沈線化する傾向にある。底部には網代痕が多く見られる。注口土器は特によく研磨され，光沢がある。注口部は長く上方に向く傾向がある。

加曽利ＢⅡ式土器は，精製土器には磨消縄文が盛んに使われ平行沈線文・曲線文・入組文などが施文される。台付土器がしばしばみられる。粗製土器は口縁部に粘土紐をはりつけて厚くし，指頭の圧痕や刻目がつけられる。胴部には斜行の沈線文などが施文される。

加曽利ＢⅢ式土器はⅡ式土器よりも精巧になる。磨消縄文は弧状，入組文などの連続したものが多く，磨消縄文と刻目文とによって文様が構成される。注口土器の注口部はやや短く，太くなる。＊岡本勇・戸沢充則「縄文時代(関東)」(『日本の考古学』Ⅱ，1956) (川崎義雄)

樫原廃寺(かたぎはらはいじ) 京都市西京区樫原内垣外町に所在する7世紀の寺院跡。1967年に京都府教育委員会によって発掘調査が行われた。四天王寺式の伽藍配置が推測されているが，調査されたのは塔・中門・築地の一部のみで，大部分は未調査のまま残されている。塔は八角形の平面プランで，中心部に地下式心礎を設置し，瓦積基壇をもつ特異なものである。創建時の軒瓦は蓮華文軒丸瓦(鐙瓦)と素文軒平瓦(宇瓦)のセットであるが，軒丸瓦(鐙瓦)は特異な蓮華文で，軒平瓦(宇瓦)の顎下面にもその蓮華文が押捺されている。＊京都府教育委員会「樫原廃寺発掘調査概要」(『埋蔵文化財調査概報』1967) (時枝 務)

片口形土器(かたくちがたどき) 深鉢・鉢の口縁に嘴状の注ぎ口を付けた土器で，液体を扱う点で注口土器と共通する。縄文土器では関東の前期(関山式)，東北の晩期に伴うが，注口土器ほど普遍的なものではない。晩期の片口形は台付きが多く，また胴部に炭化物の付着が認められ，注口土器とは異なる用法を考えなければならない。弥生土器の水差形は口縁の一部を嘴状に窪ませたもので，片口形に含まれる。＊中谷治宇二郎「注口土器ノ分類ト其ノ地理的分布」(『東京帝国大学理学部人類学教室研究報告』4，1927) (藤村東男)

形代(かたしろ) 人の姿・形や動物・武器・器物などの形を写した人形であり，木・銅・鉄板，石・土などから造られる。同種の呪具である古墳時代の石製・土製模造品とは区別される。人形は呪いと祓いに用いられる。馬・鳥・舟形は，神記の神話に由来し死に纏わる穢れに関連し用いられる。刀・矢など武器形は，財物として神へ捧げられたり，邪気を払拭するために用いられた。鏡形は，様々な鎮めに用いられた。現代的には罪・穢れを人形に移し，身代わりに清める神事である「夏越の大祓」などに通じる。＊金子裕之『道教と東アジア』1989 (松原典明)

片刃石斧(かたばせきふ) 磨製の石器で刃部の片側を鋭く研いだもの。木工具として製品の細部加工に用い，その形態は扁平や方柱のものがあり，のみやくさびの役目もはたした。石材は硬度なものを使用し，刃部を砥石で磨き，刃が摩滅すると再び研ぎ，何度も使った。石器が盛んにつくられた時期は，弥生時代の前期から中期末で，いわゆる大陸系磨製石器とよぶ太型蛤刃石斧とセットで用いた。＊松原正毅「弥生式文化の系譜についての実験考古学的試論—抉入片刃石斧をめぐって—」(『季刊人類学』

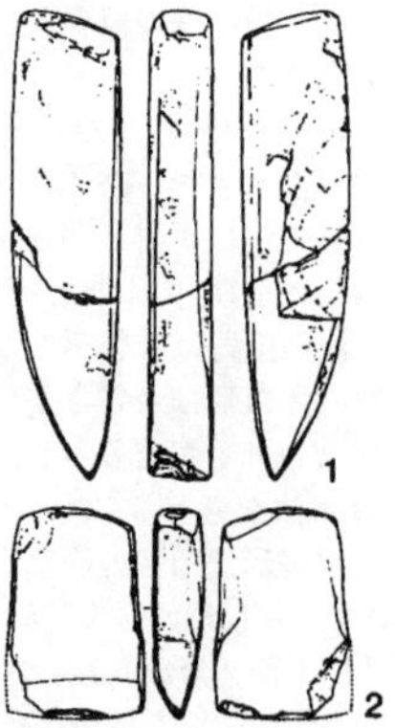

片刃石斧（大阪・池上遺跡）
1：柱状片刃石斧　2：扁平片刃石斧

12–2，1971）　　　　　　　　　（関　俊彦）

片山津玉作遺跡（かたやまづたまつくりいせき）　石川県加賀市に位置する玉作遺跡。比高 20m を測る 450 × 150m の台地上に営まれた遺跡であり，確認された工房跡は 22 軒を数え，いずれも工作用の小穴を有している。鍬形石・車輪石・石釧の碧玉製腕飾類，合子，鏃形・紡錘車形石製品などの未製品を出土し，これらの生産が行われたことがうかがわれる。砥石・鑿・錐などの工具も出土し，4 世紀後半より 5 世紀前半代の生産が考えられている。＊寺村光晴『古代玉作の研究』1966　　　　　　　　　（池上　悟）

堅魚木（かつおぎ）　家形埴輪のなかには棟木の部分に丸棒を切った感じのものが並列している。また，勝尾木とも書く。群馬県赤堀茶臼山古墳出土の家形埴輪には堅魚木が切妻造りの主屋の屋根に 6 個ものっている。屋根は遠くから眺望のきくもので，堅魚木は一種のステイタス・シンボルの役割も果たしている。なお伊勢神宮の切妻造の屋根にもみられ，『古事記』の記事から推測すると，これは天皇の尊厳と権威をあらわしたもので，各地の豪族もこれをまねたらしい。堅魚木は棟押さえとしての千木組みに由来したともいわれている。（関　俊彦）

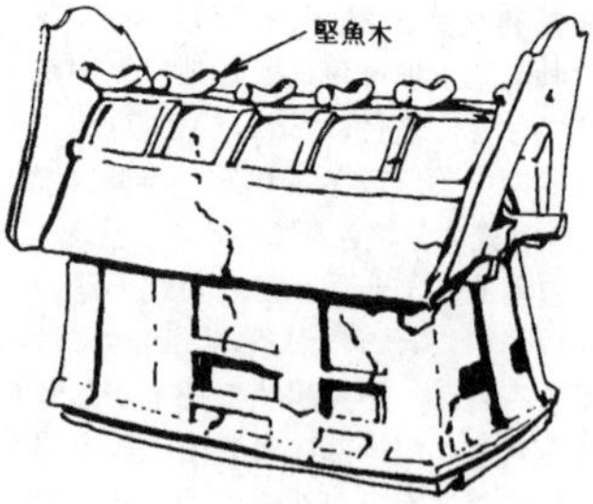

堅魚木

勝坂遺跡（かつさかいせき）　神奈川県相模原市勝坂にある縄文時代中期勝坂式土器の標式遺跡である。相模川の左岸で，ほぼ相模平野の中心にあたる。1926 年に大山柏により発掘調査され，復原できる土器 11 個と顔面把手 1 個，多数の打製石斧・石槌・凹石・磨石・石槍等が出土し，打製石斧は土掻きに使用されたものであると述べられている。＊大山柏『神奈川県下新磯村字勝坂遺物包含地調査報告』1927　　　　（吉田　格）

勝坂式土器（かつさかしきどき）　神奈川県相模原市勝坂遺跡出土の土器を標式として設定された縄文時代中期前半の土器型式。中部地方から関東地方西部にかけて分布し，阿玉台式と共存している。器形はバラエティーに富み，キャリパー形深鉢，浅鉢などのほか釣手や台付土器がある。口縁部には雄大な把手が付けられ，文様も豪華で太い隆起線を中心に彫刻的手法が施される。本型式の中心は，中部山岳地方にあったとされている。＊大山柏『神奈川県下新磯村字勝坂遺物包含地調査報告』1927（高杉博章）

滑車形耳飾（かっしゃがたみみかざり）
→　耳栓（じせん）

合掌土偶（がっしょうどぐう）　地面に腰を下ろし，両膝を立て胸の前で合掌する姿勢の土偶。本例は青森県八戸市風張 1 遺跡の竪穴住居入口反対側の奥壁際から 5 部位に割れた状態で出土。両足のつけ根及び膝と腕の接合面に天然アスファルトで接着した補修の跡がある。表面に僅か赤色顔料が残る。縄文時代後期。高さ 19.8cm。1989 年出土。2009 年国宝指定。「合掌」のかたちは，祈りの表現とも，細部の描出から出産 (座産) の様子とも見られている。 → 風張遺跡(かざはりいせき) ＊藤沼邦彦 1997『縄文の土偶』1997；文化庁ほか『国宝土偶展』2009 （高麗　正）

合葬墳(がっそうふん) 複数の死者を同一の場所に葬ることを合葬といい，1 人の死者だけを葬る単葬に対応する語である。それが墳墓に認められるときにかく呼称する。しかし，その内容には種々の形態を含むものである。すなわち，時間的に同時に複数の死者を埋葬する場合と，当初の埋葬以降に行われる同一墳墓への追葬の場合があり，さらに同一の埋葬施設に認められる場合と異にする場合とがある。わが国の古墳では，前・中期の古墳においては，同一の墳丘で位置を異にする埋葬が認められ，後期では横穴式石室内部での様相が知られる。後者は特に横に入口を有するという点において度重なる使用に適した構造を有する。さらに追葬においては棺を異にする場合と同一の棺内への埋葬が認められ，後者を重葬とよぶこともある。また，同一の墳丘内に 2 つの横穴式石室を有する例もあり，これは特に双室墓として区別されている。同一施設への埋葬回数の差異に基づく区別は，別に単次葬と複次葬という語でも行われている。 （池上　悟）

甲冑(かっちゅう) 甲(よろい)は人体の胴部をおおい，冑(かぶと)は頭部をおおい保護する武具である。人類の抗争の歴史に従い各国，各時代にその手段としての武器の発達が認められ，これに対抗して身を守る防御用の武器である甲冑に代表される武具の発展が促された。金属製のものが出現する以前においては皮革などの有機質の材料が用いられたものと思われるものの，その遺存する例は乏しい。遺存例によりその形成のうかがえるものは，青銅製を経て盛行した鉄製のものである。わが国においては，古墳時代以降に顕著な発展を示し，中世を経て近世まで用いられた。古墳時代における甲は，三角形あるいは長方形の鉄板を革紐で綴じ合わせるか鉄鋲で留める短甲と，小札を革紐あるいは組糸で綴じる挂甲とがある。短甲における革綴じより鋲留技法の変換は，5 世紀代に認められ，この技法の変換は冑においても認められる。すなわち胴部のみをおおう短甲が 4 世紀代から 6 世紀の前半代まで用いられたのに対し，胴部をおおうのみでなくこれに腰から大腿部をおおう付属具である草摺(くさずり)が一連のものとしてつくられ，短甲に比べて可動性に富む挂甲は 5 世紀代に出現し 6 世紀代に盛行した。一方冑は，前額部の形状が艦船の舳に似ることより命名された衝角付冑と，前面につけられた半円形の眉庇(まびさし)を特徴とする眉庇付冑がある。前者は草綴式のものが 4 世紀代には出現し，5 世紀代に鋲留式と技法を変換して 7 世紀代にまで認められるのに対し，後者はほぼ 5 世紀代に盛行したものである。甲冑は以上のほかに多数の付属具を伴い，各部をおおうものとして頸甲・肩甲・籠手・手甲・膞当・膝甲などがある。平安時代初期には，外観・実用の点で優れた大鎧が出現し以後盛行した。＊末永雅雄『日本上代の甲冑』1934 （池上　悟）

瓦当(がとう) 軒瓦の先端部分のこと。おもに鐙(あぶみ)瓦・軒丸(のきまる)瓦の円形部分を指すが，宇(のき)瓦・軒平(のきひら)瓦の先端部分を指す場合もある。鐙瓦・軒丸瓦の瓦当は，丸瓦の先端を塞ぐために作られたもので，当初は半円形の半瓦当であった。秦・漢時代に半瓦当が出現し，後に円形となったが，当初から文様を施すことが多かった。当初は饕餮文など奇怪なものが好まれたが，円形になる頃から蓮華文が盛んに用いられるようになった。 （時枝　務）

瓦塔(がとう) 瓦製の小塔。屋蓋・軸部・

水煙などの部品を積み上げて，五重塔や三重塔とするもので，斗栱や棰など木造建築の細部まで忠実に模倣していることから，木造塔をモデルに製作されたものであることが知られる。東京都東村山市多摩湖町出土例などが8世紀後半に遡るもので，徐々に形式化が進み，細部表現の省略化が顕著な富山市長岡杉林遺跡出土例などは9世紀後半まで下ると考えられている。瓦塔は関東や中部など東日本を中心に分布し，西日本では分布が希薄である。性格は不明な点が多いが，静岡県三ケ日町宇志出土例のように内部に押出仏を安置するものもみられ，仏教的な信仰の対象として造営されたことは確かである。また，金堂を模したと思われる瓦堂も知られており，埼玉県美里町東山遺跡出土例など瓦塔と瓦堂が対をなす場合もある。近年，韓国でも瓦塔の存在が明らかになり，日本へ伝播した可能性が想定されるようになった。＊高崎光司「瓦塔小考」(『考古学雑誌』74-3，1989)　(時枝　務)

カトンボ山古墳(カトンボやまこふん)　大阪府堺市北区百舌鳥赤畑町にある円墳。御廟山古墳の陪冢と考えられている。径50mの2段築成と推定され，葺石および埴輪列がある。墳丘の中央に粘土床があり，鏡・刀剣・滑石製模造品などが出土した。また粘土床の付近封土中から鉄製品が出土した。なお滑石製模造には子持勾玉4・勾玉725・臼玉約2万・斧6・鎌13・刀子360などがある。営造時期は5世紀中葉。＊森浩一・宮川徏『堺市百舌鳥赤畑町カトンボ山古墳の研究』1953　(車崎正彦)

金蔵山古墳(かなくらやまこふん)　岡山市中区沢田金蔵山山上に構築された前方後円墳で，全長165m，後円部高さ18m，前方部高さ15.5mを測る。くびれ部の両側には造出が存在し，埴輪は3段に配列される。主体部は埴輪によって区画された中に竪穴式石室2があり，中央石室には副室がある。遺物は鏡・玉・鉄器・土器などで，特に副室から発見された埴製合子4個からは工具・農具・漁具・武器などの鉄製品が出土し注目される。＊鎌木義昌・西谷真治『金蔵山古墳』1959　(是光吉基)

金沢城跡(かなざわじょうあと)　石川県金沢市丸の内にある江戸時代の城跡。1583(天正11)年から1871(明治4)年まで前田氏の居城。1546(天文15)年建立の金沢御坊(尾山御坊)を1580(天正8)年佐久間盛政が攻略し，1583年前田利家が入城した。1871年兵部省，1872年陸軍省，1949年金沢大学，1996年石川県管轄となり，現在金沢城公園。1881(明治14)年大火で石川門と三十間長屋のみ残り，現在ともに重要文化財。金沢大学が二ノ丸御殿，四十間長屋を発掘し，石川県埋蔵文化財センターが本丸附段，二ノ丸の菱櫓や五十間長屋，橋爪門や続櫓，三ノ丸，いもり堀，石川門土橋等を発掘し，二ノ丸菱櫓や五十間長屋，橋爪門が2001年に再建された。本丸附段では石敷階段，三ノ丸では鉄砲所鍛冶場が発見された。二ノ丸東辺に長さ100mに連なる菱櫓，五十間長屋，橋爪門続櫓は，内堀底から高さ11mとなる石垣台上に築かれ，石落とし，鉄砲間格子窓，白塗漆喰壁，海鼠壁の防御防火施設であった。石垣には打込ハギ(割石積)と切込ハギ(切石積)が見られる。橋爪一ノ門前の内堀に架かる橋基礎周辺から橋架け替えの際に魔除けに置かれた柄鏡が出土。百間堀と白鳥堀を区切る石川門前土橋内には辰巳用水石管と木製といが通っていた。いもり堀は築城初期16世紀末に幅20mの空堀として掘られ，水堀に造り替えられた。土橋は盛土下部を低い石垣と，長さ60cm，幅40cmの土俵2段積みで補強していた。17世紀初に埋められた金箔鯱瓦・金箔軒平瓦が出土。燻瓦に漆を接着剤として金箔を貼る。(佐々木達夫)

金関丈夫(かなせきたけお)　1897〜1983。香川県生まれ。1924年京都帝国大学卒。1925年京大医学部助教授，1936年台北帝国大学教授，1956年九州大学教授，1960年鳥取大学医学部教授，帝塚山大学教授。医学博士。考古学・人類学・民族学を専攻し，とくに南島の研究と弥生時代人の研究に大きな業績を残した。北九州～本州西北端地域に弥生時代の初頭に渡来した人びとは銅剣銅矛文化を，後に近畿地方に定着した大陸系渡来集団は銅鐸文化を担った，とする見解はよく知られている。また，弥生人骨の計測をもとに文化の地域性を指摘したことは巨視的な識見に裏打されたユニークな研究成果といわれている。著書に『日本民族の起源』1976，『木馬と石牛』1976，『考古と古代』1982などがある。　（坂詰秀一）

金関　恕（かなぜきひろし）　1927～2018。京都市生まれ。京都大学文学部史学科（考古学専攻）卒。大学院（考古学専攻）退学。天理大学講師・助教授を経て教授，名誉教授。大阪府立弥生文化博物館長。財団法人辰馬考古資料館館長。弥生時代を中心に日本考古学の諸分野に活躍。イスラエルのテル・ゼロールの発掘をはじめヨーロッパの考古学にも精通。著書に『考古学は謎解きだ』（1999），『弥生の習俗と宗教』（2004），『弥生の木の鳥の歌―習俗と宗教の考古学―』（2017），『邪馬台国と吉野ヶ里』（共・1997），『東大寺山古墳と謎の鉄刀』（共・2010），『弥生文化の研究』（編・10巻）などがある。　（坂詰秀一）

金谷克己（かなたにかつみ）　1923～1961。奈良県生まれ。國學院大學文学部史学科卒，同大学院文学研究科博士課程修了，國學院大學助手，相模女子大専任講師。古墳時代を専攻し，紀伊の古墳群などの調査。埴輪の研究者として知られる。『埴輪考』（1960），『はにわ誕生』（1992），『紀伊の古墳1～3』（1955～60），没後，編集論文集『日本考古学研究』（1961）。　（坂詰秀一）

鉄鉗（かなはし）　鉄製の鍛冶に用いる道具である。加熱された鉄素材をつかむものであり，2本の棒状の鉄材の先端を加工し交叉させ，交叉点を鋲で固定するものである。古墳出土例はまれであるが，長さ30cm前後のものが一般的である。鉄槌・鉄礁とともに使用され，前期古墳では奈良県猫塚古墳より3種の工具が一組となって出土している。他は後期古墳よりの出土が多いが，3種の工具が出土した例は山口県後井古墳などきわめてまれである。＊網干善教『五条猫塚古墳』1962　（池上　悟）

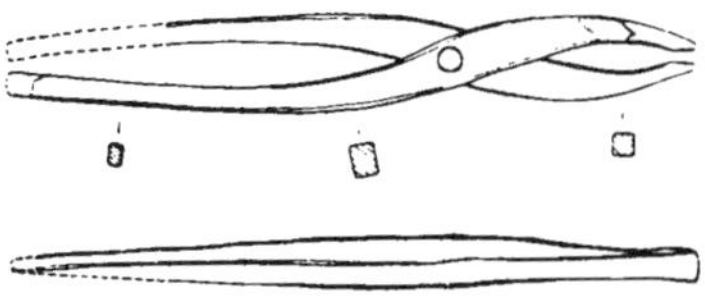

鉄鉗（埼玉・埼玉稲荷山古墳）

金谷原遺跡（かなやっぱらいせき）　山形県寒河江市金谷に所在。硬質頁岩を主石材とする石刃石器群の一つ。1957年以来，約10年間調査された。杉久保型ナイフ形石器を含む石器群と類似する内容を持つが，ナイフ形石器に若干の差違が認められ，「金谷原型ナイフ形石器」が規定された。さらに単設打面を基本とする石刃技法の特徴が明らかにされている。＊渋谷孝雄「金谷原遺跡の石刃技法の分析」（『山形考古』2–4，1976）　（藤原妃敏）

鹿野忠雄（かのただお）　1906～1945（？）東京生まれ。東京帝國大学理学部地理学科卒。理学博士。台湾及び東南アジアの民族学・先史学の研究。（財）日本拓植協会嘱託・陸軍嘱託。台湾高山の動植物の調査を実施すると同時に民族学先史学関係の調査，後，東南アジアにおける先史学的調査。インドネシアの甕棺，東南アジアの石器類の研究は高く評価されている。＊鹿野忠雄『東南亜細亜民族学先史学研究』Ⅰ・Ⅱ（1946・1952），『山と雲と蕃人と』（1941）；山崎柄根『台湾に魅せられたナチュラリスト鹿野忠雄』（1992）　（坂詰秀一）

樺崎寺（かばさきでら）　栃木県足利市樺崎町に所在する足利氏の菩提寺跡。園池を伴う臨池伽藍である。「鑁阿寺樺崎縁起並仏事次第」によれば，足利義兼が，奥州征伐から帰還後，文治5年（1189）に伊豆走湯山の理真上人を招いて創建したという。伽藍は八幡山を背に東面し，山麓には東西2間・南北10間の足利氏御廟，1間4面堂，多宝塔，赤御堂の4棟の建物，その北側に坊院と推測される掘立柱建物と礎石建物，樺崎川が開析した小支谷に庭園，池の北側に地蔵堂，下御堂法界寺，経蔵，川の東側に掘立柱建物と敷石広場を営む。赤御堂は，義兼の廟所であり，骨壺の存在が知られている。伝来した本尊は，大日如来坐像で，運慶作の優品である。庭園は，中島を伴う本格的な浄土庭園で，極楽浄土への信仰を感じさせる。出土遺物には瓦・白磁四耳壺・こけら経・かわらけなどがある。12〜13世紀のものが主体をなしている。国指定史跡。＊足利市教育委員会『史跡樺崎寺跡（法界寺）発掘調査概要（2）』2008　（時枝　務）

樺山配石遺構（かばやまはいせきいこう）　岩手県北上市稲瀬樺山にある縄文時代中期前半につくられたと考えられる配石遺構。1977年史跡指定。北上川左岸の丘陵上にあり，径30cm前後の角礫・川原石など種々な形に径1m余から3m余の範囲に配石したもの。その一端に花崗岩質の長さ50cm余の棒状の石材を，下半部を地下深く埋めて直立させて配石した例，また同様に，長方形石皿を縦に墓石のように立てた例もみられた。これらの配石遺構は径50m前後の範囲に，雑然と散在した形で発見された。＊江坂輝彌・菊池啓治郎ほか『江刺郡稲瀬村樺山遺跡』1952・1954　（江坂輝彌）

頭椎大刀（かぶつちのたち）　把頭が拳状にふくれる古墳時代の刀装形式の一種。金銅装が通有であり，鉄製のものもある。表裏2枚の銅板を合わせるものと鋳造品があり，把との境には切羽を有し縁金物を有するものもある。表面には細かなくぼみによる畦目を有するものと平滑なものがあり，懸通孔をもつ。東国に全体の80%が集中し，特に群馬・千葉・静岡の3県に集中する。6世紀末葉より出現し，7世紀前半代に盛行する。＊桐原健「頭椎大刀佩用者の性格」（『古代学研究』56，1969）　（池上　悟）

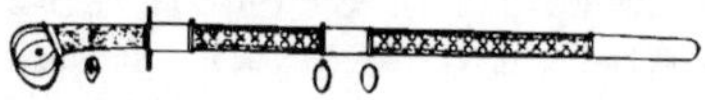

頭椎大刀

冑（かぶと）　甲とともに用いられた防御用の武器である。甲が胴部を防御するのに対して冑は頭部の防御を目的とする。わが国の古墳時代に製作された冑は，前期には頭部を円弧状にした小札を革綴にしたものがまれに出土し，中期には衝角付冑と眉庇付冑，後期には衝角付冑が製作された。衝角付冑は，鉄板を組み合わせた形状が艦船の舳先に似るための命名であり，中期の初めに三角板革綴形式として出現した。この形式の冑は長方形あるいは三角板革綴短甲とともに用いられた。中期の中ごろには甲とともに鋲留のものが出現し鋲留短甲あるいは挂甲とともに用いられ，後期にも引き続き製作された。眉庇付冑は，中期の中ごろに鋲留技法を伴って出現したものであり，正面にとりつけられた半月形の眉庇を最大特徴とする。多くは小札鋲留式であり，他に横矧板・菱形板を用いるものもある。平面楕円形の頂部に受鉢・管・伏鉢を有し金銅装の例が多い。錏・頬当などの付属品がある。＊末永雅雄『日本上代の甲冑』1934　（池上　悟）

甲塚古墳（かぶとづかこふん）　栃木県下野市国分寺に所在する帆立貝形古墳。姿川と思川に挟まれた台地上に立地する。推定墳丘長約80m，後円部径61m，同高7.5mを測り，前方部を南に向ける。墳丘は2段築成である。第1段が，幅の広い平坦面をもつ基壇で，中央部に円筒埴輪列を巡らせる。第2段が，通常の墳丘で，くびれ部に形象埴輪を並べる。

出土した形象埴輪には，人物埴輪と馬形埴輪があり，人物埴輪には女性が機を織るいわゆる機織形埴輪2点が含まれる。同地点からは，埴輪のほか，土師器坏・高坏，須恵器坏・蓋・有蓋高坏・大甕などが出土している。出土品から本古墳が6世紀の築造であることが知られる。主体部は，凝灰岩製の横穴式石室で，前方部前面に開口し，全長4.2m，玄室長3.0m，同幅2.0m，同高1.9m，羨道長0.6mを測る。出土品は国指定重要文化財である。＊下野市教育委員会『甲塚古墳発掘調査報告書　下野国分寺跡史跡整備に伴う関連調査』2014 （時枝　務）

甲山古墳（かぶとやまこふん）　滋賀県野洲市小篠原（桜生史跡公園内）にある円墳。桜生古墳群中の1基で円山古墳の北西に位置する。横穴式石室は花崗岩で構築され，西面して開口する。玄室内に凝灰岩でつくられた刳抜式家形石棺がある。営造時期は6世紀中葉。＊梅原末治「近江野洲郡小篠原に於ける二三の古墳に就て」（『人類学雑誌』31–7，1916） （車崎正彦）

蕪木5号墳（かぶらきごごうふん）　房総半島の中央部東側の九十九里に面する，木戸川により開析された標高40mの左岸台地上の，山武市松尾町八田に所在する前方後円墳4基と円墳14基からなる古墳群中に位置する前方後円墳。1952・1953年に軽部慈恩らによって調査され，前方部を西に向けた全長46m，後円部高さ5m，前方部高さ3mの規模である。主体部はくびれ部に開口する幅16.5m，長さ2.2mの両袖型横穴式石室であり，馬具，金銅装刀子，金銅装巾着形器具，須恵器などが出土している。6世紀後半代の築造。＊軽部慈恩「蕪木5号墳」（『日本考古学年報』6, 1963）；平岡和夫『千葉県九十九里地域の古墳研究』1989 （池上　悟）

花粉分析（かふんぶんせき）　Pollen analysis。風によって空中に飛散した植物の花粉は，その植物が生育していた地表に落下する。その上に新たに堆積物ができると，もとの花粉群は下層に埋まり数千年にわたり地層に保存される。花粉の膜は酸化作用には弱いが，泥炭層や湖底の地層のような水分が多く嫌気的な地層ではとくに保存がよい。この現象を利用して，泥炭などの地層中に保存されている花粉や胞子を検出して，含まれる花粉の種類や％を層位的に分析すれば，試料を採集した地点周辺の植物の種類や植生から気候の変遷が層位的にわかる。この方法を花粉分析とよび，花粉学の進歩と相まって，考古学をはじめ資源開発・地質調査・土木農業・生物研究など広範囲に利用されている。考古学における花粉分析の利用は遺跡・古墳の層位の検出により古環境の復原，植生・気候・地理的条件（台地・平野・山地など）の解明，地質時代区分による先史時代の遺跡の年代測定などであるが，近年は花粉だけでなく地層に含まれる珪藻・微化石・鉱物の分析も同時に検出されている。花粉分析は本来，ヨーロッパで発達したもので，1916年ポスト（L. von Post）によって第四紀の画期的な研究法として確立され，1930年ころからスウェーデン・オランダ・デンマークで森林史，気候史が解明されてきた。日本では1930（昭和5）年に導入されたが，考古学に利用されたのは1960（昭和35）年ころからである。

花粉分析の前提は，①植物分類学的に属の異なったグループの花粉は花粉分類法によって識別できる，②花粉の外膜は地層の中でも分解しにくい，③主要な花粉種は大量に空中に均等に散布される，という仮定に立っている。試料を採種する地層は必ずしも泥炭層に限らない。採取量は100〜200g位，その試料を薬品処理し，凝縮された花粉・胞子の分離液の1滴からプレパラートをつくり，それを200〜600倍で検鏡する。読取り粒数は分析の目的によって異なるが，普通200〜500個である。同定の目安は花粉の大きさ・形態・外膜などである。識別された花粉は草本と木本に分けられ，それぞれ％が計算される。一般に花粉の最低分類単位は属 Genus までであるが，属の種類により種 Species まで識別される。現在日本では花粉分析の作業までは大学地質教室や花粉分析業者が請負っている。* 徳永重元『花粉分析法入門』1972　（江坂輝彌）

貨幣（かへい）　自給自足の生活の中で，生産力が向上し，自己生産物を他者が必要としたときに初めて交換が成立してくる。しかし，価値基準がなく，等価交換が困難なために，交換の媒介となる物が必要とされる。そこで誰もが欲する塩，穀物，布帛，毛皮などの物品貨幣が出現した。ところが，物品貨幣は等質性に乏しく携帯・運搬・分割・保存などに適していない。次に，これらの条件を満たすもの，つまり金属の貨幣が登場してくることになる。貨幣は銅のような卑金属貨幣から金・銀の貨幣に移行していく傾向が一般的にみられ，さらに貨幣が普及してくると紙幣などが現れる。貨幣は素材の価値と通用する価値が等しいものと素材以上の価値をもつ貨幣に分けられる。日本における貨幣の鋳造は，708（和銅元）年の和同開珎からとされ，これに続いて奈良・平安時代に萬年通寳・神功開寳など銅銭の皇朝十二銭が鋳られたとされていた。しかし，富本銭が飛鳥池遺跡で約 560 点，他に藤原京，大阪市細工谷遺跡などで出土，7 世紀に遡る銭貨と確認された。富本銭は無文銀銭と和同開珎のはざまに位置するわが国最古の鋳造貨幣と考えられている。皇朝十二銭以外に和同開珎には銀銭があり，他に金銭の開基勝寳・銀銭の大平元寳（実物不明）が造られた。皇朝十二銭の鋳造中止により一時，米や布帛などが使用されたが，平安時代末から唐銭が流入，鎌倉時代には宋銭などが，室町時代には洪武通寳や永楽通寳，宣徳通寳などの明銭が輸入され，国内において使用された。中世から近世初頭にかけて，寛永通寳が流通するまでの間に模鋳銭や無文銭が国内で造られ，撰銭の現象がみられた。室町時代には金や銀も鋳造され，戦国期には独自の金銀貨を鋳造し軍用資金とした。江戸時代には，徳川家康が 1601（慶長 6）年幣制を統一，金・銀銭貨を鋳造し全国の通用貨とした。金貨には大判，小判，一分金などがある。銭貨には，慶長通寳・元和通寳・寛永通寳などがあった。幕府制定の三貨のほかに藩札と呼ばれる紙幣が発行された。1871 年 4 月には，明治政府は造幣寮を開業し新貨条例を制定し，円という貨幣単位を採用した。* 滝澤武雄・西脇康編『日本史小百科貨幣』1999　（岡本桂典）

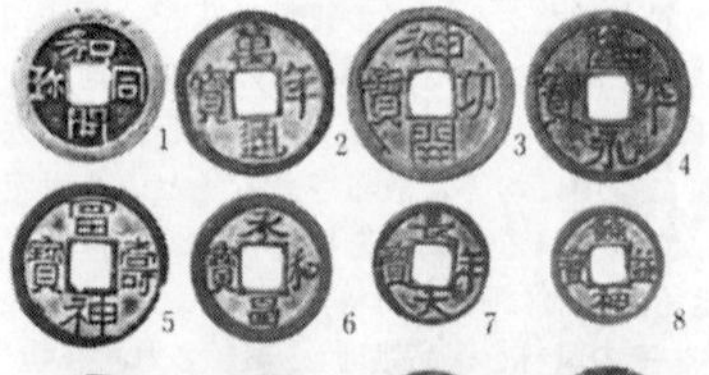

貨幣（皇朝十二銭）　1：和同開珎（708 年鋳造），2：万年通宝（760），3：神功開宝（765），4：隆平永宝（765），5：富壽神宝（818），6：承和昌宝（835），7：長年大宝（848），8：饒益神宝（859），9：貞観永宝（870），10：寛平大宝（890），11：延喜通宝（907），12：乾元大宝（958）

窯跡（かまあと）　土器，埴輪，瓦などを焼成するために火熱を高め，統御する施設跡。

縄文時代は遺構内に残る多量の灰から「野焼き」をしていたことが伺われるが，具体的な遺構は発見されていない。野焼きには，薪燃料を主体とし炎が外部に逃げる「解放型」と平地や少しのくぼみに土器を配し，稲藁等の草燃料で覆う「覆い型」がある。前者を縄文土器，後者を弥生土器の焼成方法に比定できる。弥生土器焼成遺構の事例も大分市，大阪府など僅少である。土師器の場合は，土坑を掘り込み，床面に薪を敷き，土器を配した上を稲藁で覆った「覆い型」と考えられる。これら酸化焔焼成は，900℃に満たなかったものと思われる。

5 世紀初頭に朝鮮半島より伝来した 1200℃ほどの熱量を有する還元焔焼成法は須恵器

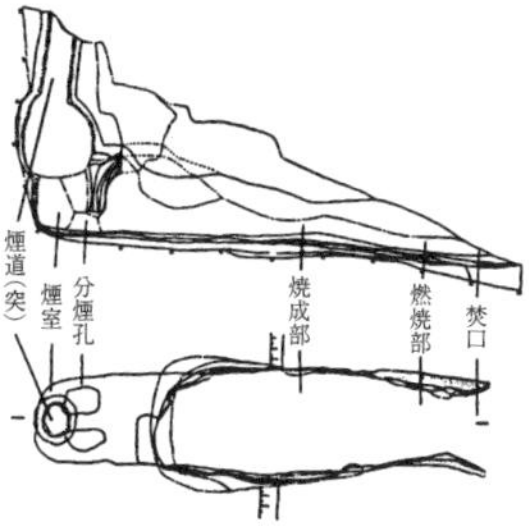

窯跡（陶邑 TK—36）

や瓦の生産へと波及していく。大別すると，窯底が傾斜を有する「登窯」と平坦な「平窯」がある。構造的には，共に焚き口，燃焼室，焼成室，煙道を具備した形態を有している。立地は，丘陵の斜面に溝を掘り，床面を整えた後，ドーム状の天井を設け焚き口と煙道を造作する「半地下式」と窯体自体が地山をくりぬいて作り地中にある「地下式」がある。窯体全長 8〜10m, 床幅 2〜3m, 高さ 1.5m ほどが標準的な大きさである。酸化焔焼成で温度を上げ，最終段階で大量の燃料を入れて焚き口を密閉し還元焔焼成にする。更に焼成室と燃焼室を障壁などで区別し，高低差(階)で分けたり，焼成室の床上に製品を置く段を施したり，細長い牀を数条作りロストル式にするなど年代，製品によって窯の型式は多種に分かれる。通常，窯は需要地近辺に構築されるが，材料，水源，燃料などの確保のために自然条件に左右されることも多く，遠隔地に構築される例も少なくない。　(松原典明)

鎌木義昌(かまきよしまさ)　1918〜1993。大阪市に生まれ，岡山県第一岡山中学から興譲館中学卒業後，早稲田大学第一高等学院をへて同大学法学部卒業。日本特殊鋼管株式会社，岡山県食糧営団をへて財団法人倉敷考古館主事，後に副館長。1965 年同館退職。岡山理科大学講師をへて 1967 年同大学教授となる。20 歳の頃から考古学に興味を持ちはじめ，早稲田大学に通うかたわら，本郷元町の山内清男のもとをしばしば訪ねて教えを受けていたという。岡山県を中心とする瀬戸内地域の旧石器時代から縄文・弥生・古墳・歴史時代にわたっての研究業績をあげるとともに，若い世代の研究者の育成に力を注いだ。主たる著書・論文には『金蔵山古墳』共著1959『日本文化のあけぼの』共著1960『瀬戸内考古学研究』1996　(芹沢長介)

鎌倉(かまくら)　神奈川県南部，相模湾に面した都市で京都・奈良と並ぶ古都。源頼朝が 1192(建久 3)年に幕府を創設。1333(元弘 3)年に滅びるまでの 140 年間，武家政治の中で京都文化とは違う禅宗を基盤とした独自の文化を育てた。鎌倉には宝篋印塔・宝塔・五輪塔・層塔などの石造塔婆が数多く遺存し，「やぐら」とよばれる墳墓，あるいは供養堂が山肌にうがたれている。江戸時代には幕府の直轄地であったが，社寺の門前町としてのみ残る農漁村に変わった。
* 白井永二編『鎌倉事典』1976　(斎木　勝)

鎌倉時代(かまくらじだい)　源頼朝(1147〜1199)が相模国鎌倉の地を根拠として創始したわが国初の武家政権の時代である。その成立時期については，① 1192(建久 3)年 7 月 12 日，源頼朝が征夷大将軍に任ぜられた時，② 1190(建久元)年 11 月 24 日の源頼朝右近衛大将就任時，③ 1184(元暦元)年の公文所・問注所の設置時，④ 1185(文治元)年 11 月 29 日の守護・地頭の設置の勅許時，⑤ 1183(寿永 2)年 10 月宣旨による東国支配権獲得時，⑥ 1180(治承 4)年 10 月から 12 月にかけての東国軍事政権成立時，⑦ 1190(建久元)年 11 月の上洛中に，源頼朝は日本国総追捕使・総地頭の地位を確認された時点，などの時点に求める諸説がある。現在の有力学説は④および⑤の 2 説であり，後に提出された⑥は⑤の中より発生した説で，1183(寿永 2)年 10 月宣旨が内乱による東国実力支配の朝廷による承認であれば，そうした承認以前に支配体制は実質的な成立をみていたという主張であり，④の中より生まれた⑦は，本来臨時的に設けられた守護・

地頭が恒久的なものとなった時期を求めた説である。鎌倉幕府の成立時期についてはかように諸説があるものの，その終焉の時期が1333（元弘3）年の鎌倉幕府滅亡であることに異論はみられない。鎌倉時代は武家の地位が強化された時代であることに間違いはないものの，国家全体を支配していたものは，前代同様朝廷であり，武家は国家の軍事・警察権を掌握担当するものであった。（小山田和夫）

カマド塚古墳（カマドづかこふん）　大阪府堺市に位置する陶器千塚21号墳をいう。径15mの円墳であり，最大の特徴は窯槨と称せられる焚き口と煙出しを備えた須恵器の窯に類似した主体部を有する点にあり，遺骸は埋葬後に火葬されたものである。その意義は文献初見の火葬の年代より100年近く遡及する構築年代にあり，付近に認められる須恵器工人との関連で考えられている。かかる主体部構造の古墳はその後類例を増し，従前固有名詞として用いられたものが，窯槨を有する古墳としての普通名詞として用いられるようになった。その後，窯槨と同様の構造を呈するものの焼かれていない例も知られて類例が増加し，これらを総称して横穴式木芯粘土室とも称せられる。現在畿内を中心に西は中国・四国より東は関東に及ぶ範囲において，30数基の古墳が確認されている。＊森浩一「陶器千塚調査概報」（『日本考古学協会彙報』別篇7，1956）；柴田稔「横穴式木芯粘土室の基礎研究」（『考古学雑誌』68–4，1983）（池上　悟）

上川名貝塚（かみかわなかいづか）　宮城県柴田郡柴田町，旧町名槻木(つきのき)大字入間田(いりまだ)字上川名にある縄文時代前期初頭の上川名式土器を出土する貝層は，上半部でヤマトシジミを主とする貝層であり，下半部はマガキ・ハマグリ・ハイガイ・オキシジミ・マテガイなどの斧足類，アカニシ・ウミニナ・バイなどの腹足類の鹹水産貝類を主とする主鹹貝塚で，この下半の貝層からは，早期末の槻木上層式土器が出土した。この貝塚の上層か下層から出土したかは詳らかでないが，地元の小学生が，大型日本犬の頭蓋骨と下顎などを発掘している。小型な柴犬に近似の日本犬の遺骨の発見は大型犬の発見は稀有のことで，注目に値する。また，上層のシジミ貝層中から石膏石製かと思われる断面円形の軸の太い白色の光沢ある玦状耳飾と小槌上の同種の石で作られた垂飾品の発見も注目すべき資料である。＊加藤孝『宮城県上川名貝塚の研究』（宮城学院研究論集Ⅰ）1951；直良信夫「宮城県上川名貝塚発掘の家犬の遺骸」（『古代』3，1951　（江坂輝彌）

上黒岩岩陰（かみくろいわいわかげ）　愛媛県上浮穴郡久万高原町上黒岩にある縄文時代草創期～早期の岩陰遺跡。国指定史跡。1961年に発見され，1961・1962・1969・1970年に5回にわたって江坂輝彌らによって発掘された。Ⅳ層からは早期中葉の押型文土器と20体以上の人骨，Ⅳ層からは薄手無文土器・石鏃，Ⅸ層からは細隆起線文土器・有舌尖頭器・矢柄研磨器および緑泥片岩製

上黒岩岩陰

の女性を描いた線刻礫が出土した。年代測定はⅥ層が1万700±300B. P., Ⅸ層が1万2165±600B. P. である。＊日本洞穴遺跡調査会『日本の洞穴遺跡』1967　（渡辺　誠）

上神主・茂原官衙遺跡（かみこうぬし・もばらかんがいせき）　栃木県の中央部，宇都宮市南端の茂原町から上三川町北端の上神主地内にかけて所在する本遺跡は，奈良時代の人名文字瓦が多量に出土することで古くから知られ，「上神主廃寺」或いは「茂原廃寺」として，長い間寺院跡と考えられてきた。遺跡を共有する宇都宮市と上三川町では，この将来的な保存を目的として，1997（平成9）～2002（平成14）年にかけて，実態解明のための合同調査を進めてきたが，その結果寺院跡ではなく，奈良時代を中心とした官衙跡であることが判明した。

確認された遺跡の規模は，東西約250m・南北370m以上で，南辺及び西辺は幅2～3mの溝で区画されていた。遺跡南部からは30棟を超える総柱式の掘立柱建物跡が確認され，大規模な正倉域を形成していたことが判明したが，人名文字瓦を出土した本遺跡唯一の瓦葺建物も，この正倉域に配された一際大規模な倉庫建物であったことが確認された。また，この正倉域の北側，遺跡中央部からは，政庁と考えられる「コ」の字状の配置をとる大型掘立柱建物跡群が確認された。このように正倉と政庁が一体的に確認されたことにより，本遺跡は古代下野国の河内郡衙である可能性が高くなったが，同郡内にはすでに郡衙正倉と推定された多功遺跡があることから，両者の時間的或いは機能的な関連の解明が課題となっている。＊宇都宮市教育委員会・上三川町教育委員会『上神主・茂原官衙遺跡』2003　（梁木　誠）

上侍塚・下侍塚古墳（かみさむらいづか・しもさむらいづかこふん）　栃木県大田原市湯津上にある。両墳とも前方後方墳であり，上侍塚は約115m，下侍塚は約85mを測る。昔，上・下車塚とよばれ，徳川光圀が発掘して，鏡のほか，石釧・甲冑片などが出土した。この那珂川中流域は，5世紀に入っても前方後方墳を築造する特色ある地と考えられている。＊山越茂「上侍塚・下侍塚古墳」（『栃木県史』資料編考古1，1976）

（杉山晋作）

上之国勝山館跡（かみのくにかつやまだてあと）　北海道檜山郡上ノ国町字勝山に所在。松前氏初代武田信広（2代目以降蛎崎姓）が1470年前後に築いた，渡島半島南西部，日本海に面する中世後期の山城。蛎崎氏は1514年松前進出，1599年松前と改姓する。この館は16世紀末葉まで北方日本海交易の拠点として蛎崎氏を支えた。背後の夷王山山頂から日本海を一望し，眼下の大澗と，天の川河口の潟を港とする。主体部は標高70～120mの3段の平坦面からなり，左右の一段低い平坦部や緩斜面にも階段状の小区画，侍屋敷の伝承地などがある。1952（昭和27）年，背後の夷王山墳墓群を明治大学考古学研究室が発掘，武田・蛎崎氏一族のものと推測された。1977（昭和52）年史跡指定，1979年から史跡整備に伴う発掘調査を継続中。主体部を中央通路が縦貫し，左右の100㎡前後の地割に掘立柱と竪穴建物が建つ。前後に空壕を切って橋を架け縁辺に柵が巡る。掘立柱建物跡約200棟，竪穴建物跡93棟，鍛冶・銅細工作業場，地鎮遺構，貝塚などの遺構を検出。陶磁器5万点余（45％は船載）など約10万点の遺物が出土する。鉄砲玉・

上之国勝山館跡

煙管・梅毒病変人骨など海外新来の文物も見られる。仏教や茶道などの本州文化の定着と，骨角器やアイヌ墓の混在は館の通説を見直させるもの。＊網野善彦・石井進「北から見直す日本史―上之国勝山館と夷王山墳墓群からみえるもの」(『史跡上之国勝山館跡』Ⅰ～ⅩⅩⅢ)　（松崎水穂）

上屋地遺跡(かみやちいせき)　A地点では，片刃石斧を含む二つの石器群が層位的に出土しており，旧石器時代終末期の片刃石斧の変遷に関する貴重な資料を提示している。一方，B地点では，段丘堆積物である礫層中から，いわゆる斜軸尖頭器，各種の礫器を主体とする石器群が確認されている。これらの石器群は後期旧石器時代初頭に位置づけられている。山形県西置賜郡飯豊町中津川所在。＊加藤稔編「上屋地遺跡」(『山形考古論集』Ⅵ，1972)　（藤原妃敏）

神山遺跡(かみやまいせき)　新潟県津南町の信濃川右岸低位段丘上に位置する後期旧石器時代遺跡。石器組成はナイフ形石器・彫刻刀形石器・スクレイパー・石刃・磨石などからなる。杉久保型ナイフ形石器を伴う石器群に共伴する石器として神山型彫刻刀形石器が抽出されたこと，遺物集中地点の範囲を把握する試みが初めてなされ，三つの遺物集中地点が検出されたことが学史上重要である。＊芹沢長介編『神山』1959　（柳沢和明）

上淀廃寺跡(かみよどはいじあと)　鳥取県西部の米子市淀江町福岡に所在する白鳳寺院。1900～1903年の発掘調査により主要伽藍の配置が明確となった。伽藍の規模は半町(54m)四方と想定され，中門の北側区画内の西側に金堂，東側に南北に並置して3基の塔が配置された特異な寺院跡である。金堂は瓦積み基壇の幅14.4m，奥行12.7mの規模であり，桁行3間，梁行2間と想定される。塔は3個の心礎により確認されるが，瓦積み基壇の確認されたのは中塔と南塔であり，北塔は心礎のみの確認である。中塔の瓦積み基壇規模は一辺9.5m，南塔は一辺9.4mの規模である。創建期の瓦は，上淀廃寺式とされる単弁十二弁蓮華文鐙瓦(軒丸瓦)と重弧文宇瓦(軒平瓦)の組み合わせである。多数出土した瓦のうちに男瓦に刻された「癸未年」の紀年銘瓦が確認されており，創建の年代として683(天武12)年が想定されている。11世紀ころと考えられる火災により廃棄された壁画の痕跡のある壁体破片は約5000点あり，菩薩・神将などの諸天，天衣，台座，天蓋の一部，樹木・下草などの背景をなしたと思われる細かな図文である。至近地に築造された向山古墳群との関連から，存地の豪族層による寺院造営が想定されている。＊淀江町教育文化事業団『上淀廃寺』1995　（池上　悟）

神居古潭遺跡(かむいこたんいせき)　北海道旭川市神居町神居古潭に所在する200余の竪穴住居跡群と1基のチャシからなる遺跡。石狩川河口より100km以上もさかのぼった内陸部に同川南岸ぞいに展開する。明治時代より知られ，1957(昭和32)年に北海道指定史跡となる。1956(昭和31)年以来，河野広道・佐藤忠雄らが竪穴住居跡群の一部を発掘調査，擦文文化を中心とするものであることが判明。なお，指定地域より同川を隔てた対岸にも竪穴住居跡群があり，それらを含めて総称する場合もある。すぐ背後にそびえる神居山中腹には環状列石(ストーンサークル)遺跡もある。＊河野広道ほか『神居古潭遺跡発掘報告―昭和31年度・同33年度―』1959　（石附喜三男）

亀ヶ岡遺跡(かめがおかいせき)　国指定史跡，青森県西津軽郡木造町(きづくりまち)北部，津軽半島中部にある大字館岡(たておか)字亀ヶ岡(現・つがる市木造亀ヶ岡)に所在する縄文時代後期から晩期にわたる集落遺跡。亀ヶ岡台上，雷電社の周辺には歴史時代の土師器を出土の竪穴住居跡もある。館岡の北へ突出した字亀ヶ岡の台上にも縄文文化の後期から晩期にわたる集落跡もあるが，この台地の東西に入り込んだ小支谷小字沢根と小字近江の沢の水田地帯，苗代の作られている付近一帯の地価は葦の倒木，根など堆積した泥炭層が発達し，その下部はこれら泥炭を構成する植物遺存体が良く腐蝕し黒色淤泥層に変化した堆積物が見られる。この層は縄文時代後・晩期の堆積層で，この黒色淤泥層中からは縄文時代の後・晩期の土器片，朱漆，黒漆塗の光沢ある美しい晩期の小形完形土器，朱漆塗木製の耳栓(耳飾り)，腕輪，乾漆性朱漆塗櫛，植物の蔓などを編んで製作した目の詰まった籠に朱漆を塗った籃胎漆器など乾燥した台地上の黒土層中では腐食して残存しない。珍しい遺跡が多数発掘され，また，1874 年には地元の素封家越後谷源吾氏所有の水田下からは高さ 34cm の大型遮光器土偶が発掘されるなどして，19 世紀後半から著名遺跡であった。遺物採集の目的で小規模の発掘は 19 世紀後葉以降かなり行われているが，大規模な計画的な発掘調査は皆無で，遺跡の全容は全く判っていない。＊清水潤三編『亀ヶ岡遺跡』三田史学会，1959　　（江坂輝彌）

亀ヶ岡式土器(かめがおかしきどき)　青森県つがる市木造の亀ヶ岡遺跡の名称から，亀ヶ岡式土器と名付け，東北地方縄文時代晩期土器の総称である。かつては出奥式・陸奥式とよばれていたが，現在は大洞諸型式に細分されている。土器は粗製土器と精製土器に分かれ，精製土器には皿・鉢・深鉢・壺・注口土器・香炉形土器等各種の形態がみられ，繊細，優美な装飾・彫刻が加えられ，朱漆・黒漆で文様が描かれたものがある。＊山内清男「所謂亀ヶ岡式土器の分布と縄紋土器の終末」(『考古学』1–3，1930)　（吉田　格）

甕被葬(かめかぶりそう)　埋葬人骨の頭部に土器，時には大形破片をかぶせたもの。最も古い例は大阪府国府遺跡の縄文前期例で，中期では千葉県中峠遺跡，晩期では岡山県津雲貝塚，愛知県吉胡貝塚・稲荷山貝塚に見られる。また，オホーツク文化の北海道モヨロ貝塚にもみられる。命名者の小金井良精は頭部を特に重視していることの反映だといっている。胴部がなく頭部のみ縄文時代中期後半の土器をかぶっている千葉県姥山貝塚例は極端な例であるが，その目的をよく示しているといえる。＊小金井良精「日本石器時代の埋葬状態」(『人類学雑誌』38–1，1923)　（渡辺　誠）

甕棺(かめかん)　人の遺骸または遺骨・遺灰を甕形土器に納めて埋納するものをいい，壺形土器に納めたものを壺棺という。そのおこりは縄文時代にさかのぼるが，それらの多くは小児や乳幼児を埋納したものであった。東北地方では縄文後期に成人骨を甕や壺に再葬したものがある。弥生時代の成人用の大形甕棺は前期末に出現する。それらの棺は埋葬専用につくられたらしく，被葬者の年齢層に応じて大形・中形・小形の別があり，大形には口径約 80cm，高さ 1m 以上におよぶものがある。＊鏡山猛「甕棺累考」1・2・3(『史淵』53・55・62，1952・1953・1954)　（池田栄史）

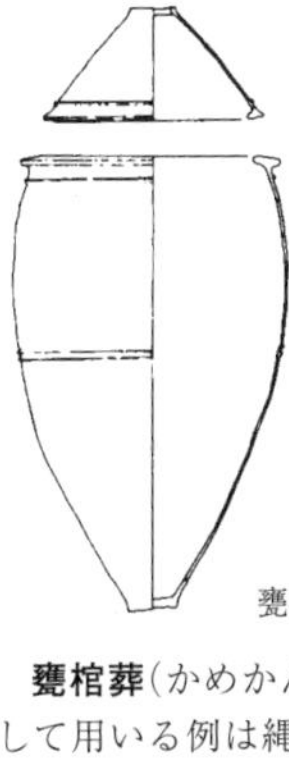

甕棺（佐賀・二塚山遺跡群）

甕棺葬(かめかんそう)　甕形土器を棺として用いる例は縄文時代以降の各時代にみられ，また甕形土器以外の壺・深鉢形土器なども用いられる。縄文時代の甕棺は小児用単棺が多く，前期から出現する。中期にはまれに成人骨を埋納したものがあり，晩期には甕形土器 2 個体分を合口にした甕棺もあらわれる。九州では晩期末から弥生時代初頭の支石墓下に発見されることがあり，これらは日常容器としての甕形土器を転用しており，おそらく小児を埋葬したのであろう。

弥生時代の甕棺は成人の埋葬が主体をなし，前期末に出現する。一般に北部および中部九州(福岡・佐賀・熊本)地方を中心に長崎や大分県西南部に分布し，南部九州にはまれである。弥生中期に盛行し終期終末まで継続する。原則として2個の大甕を合口にし，内部に遺体を納めるが中には専用の鉢形土器をはじめ木板や板状石，あるいは高坏・壺形土器を蓋にしたものがある。埋葬に際しては斜位埋葬が多く，ついで直立や水平位に近い例もあり，まれに倒立したものがある。遺骸は甕棺の容積に応じて屈葬を主とするが中には伸展葬もみられる。地上に盛土などの標式はなく，数基あるいは数十，数百基がまとまって群集墓を形成する。副葬品を有するものは少ないが，中には舶載の鏡をはじめ青銅製武具や装身具類・鉄製武器などを伴い，編年上の有力な手懸かりとなる。北部九州以外の地方では甕形土器に洗骨とみられる人骨を納めて埋葬した例がある。

朝鮮半島では無文土器文化の後半ごろに出現し，三国時代初期ごろまで継続する。慶尚南道金海市会から出土した甕棺は，北部九州からの移入品らしい。しかし目下のところ両地域における甕棺の直接関係については明らかではない。＊鏡山猛「甕棺累考」1・2・3(『史淵』53・55・62，1952・1953・1954)　(池田栄史)

亀塚古墳(かめづかこふん)　東京都の南部，多摩川左岸の狛江市和泉に所在する帆立貝式古墳。全長48m，後円部径36mの規模であり，1953年の調査により後円部に2基の木炭槨，くびれ部付近に組合式石棺が発見された。2基の木炭槨からは，金銅製毛彫飾板，舶載の画像鏡，馬具などの副葬品が発見されている。5世紀後半から6世紀前半にかけて形成された約100基からなる狛江古墳群の盟主墳の1基であり，6世紀初頭の築造である。＊大場磐雄・小出義治「東京都北多摩郡亀塚古墳」(『日本考古学年報』4，1955)　(池上　悟)

亀ノ甲遺跡(かめのこういせき)　福岡県八女市室岡の亀ノ甲台地にある弥生時代の遺跡。1962・1963(昭和37・38)年の調査によって弥生時代前～中期の竪穴住居跡群と弥生時代中～後期にわたる甕棺墓20基，箱式石棺墓25基・土壙墓21基が出土した。住居跡群には縄文時代晩期の夜臼式にみられる突帯文土器の系流を踏襲した甕形土器と，前期末の土器が共伴し，一部ではこれらを亀ノ甲式とよんでいる。墳墓群の南区では鉄剣1が発見され，5号と14号土壙墓には鉄斧を，10号甕棺には素環頭大刀1，3号甕棺には貝輪6を副葬していた。とくに箱式石棺より検出された鏡(径9.4cm)は，漢代の四螭鏡を倣製したものであった。＊福岡県八女市教育委員会『亀ノ甲遺跡』1964　(乙益重隆)

亀甲山古墳(かめのこやまこふん)　東京都の東南部，多摩川下流域左岸の大田区田園調布4丁目の多摩川台公園内に所在する前方後円墳。全長104m，後円部径60m，前方部幅42mの規模であり，国史跡に指定されている。大田・世田谷区域の多摩川に面する台地縁辺に展開する荏原古墳群中，全長100mの前方後円墳・蓬莱山古墳に継続し，全長82mの帆立貝式古墳の野毛大塚古墳に先行して，4世紀後半代に築造されたものと想定されている。＊後藤守一「東京府下の古墳」(『東京府史蹟名勝天然紀念物調査報告』4，1936)　(池上　悟)

仮面(かめん)　仮面は，埋葬の時死者の顔にかぶせたりする喪葬仮面と，呪術的なものや宗教儀礼に用いられる舞踏仮面がある。前者の例には華麗なものが多く，ツタンカーメン王(Tutankhamen)のミイラにかぶせてあった金製の仮面，シュリーマン(Schliemann)がミケネ(Mykenai)で発見した

7枚の金製仮面，その他スキタイ(Scythai)の金製仮面，パレンケの翡翠製仮面，中国の遼時代の銀製・金銅製のもの，アルタイの陶製のものなどがある。仮面を死者にかぶせる風習は，死者を悪霊から守る理由から起こったとも考えられる。後者の例には，フランス，レ・トロワ・フレール(Les Trois Fr res)洞穴の動物仮面をつけた呪術師が描かれた壁面がマドレーヌ(Madeleine)期のもので最古例である。日本では縄文時代の後・晩期につくられた土面が存在する。秋田県鷹巣町(現・北秋田市)出土例は精巧な装飾が施された優品。また，長野県波田村(現・松本市)出土例のような単純なものも存在する。耳の位置や両眼の眦の辺に孔があいている例があり，紐を通してかぶったと考えられる。呪術用の木製あるいは皮製の仮面は現在でも世界各地にそのなごりをみることができる。しかし，中国などの地域では，しだいに儀礼的な意味を失い演劇的なものに変化し，伎楽などの発達につながった。＊江坂輝彌『土偶』1960　(江坂輝彌)

仮面

加茂遺跡(かもいせき)　千葉県南房総市加茂にある縄文時代前・中期の遺跡。房総半島の南端に近い東海岸側，丸山川の支流である古川の小支谷(旧湖沼)の北岸にある。

1948年，慶應義塾大学によって総合的な発掘調査が行われ，縄文前期の土器(諸磯式)を包含する泥層から丸木舟・弓・櫂などの木製遺物などが出土した。特に，考古学的に縄文時代前期と確認された丸木舟は，現在のところ日本最古のもので重要な発見である。＊松本信広ほか『加茂遺跡』三田史学会，1952　(中山清隆)

加茂岩倉・荒神谷遺跡(かもいわくら・こうじんだにいせき)　島根県宍道湖(しんじこ)の西南に接する標高300m前後の丘陵地帯の谷奥2ヵ所，約3kmの間隔を置いたそれぞれの谷奥の南斜面から埋納された弥生時代の青銅製の銅剣・銅矛・銅鐸などが多量に発見された。1984(昭和59)年夏，簸川郡斐川村大字神庭西谷(ひかわぐん・ひかわむら・かんば・さいたに)(現・出雲市)で，広域農道建設予定地に須恵器破片の発見を見たので，試掘調査を行ったところ，2.6m × 1.5mの埋納壙に合計358本の銅剣が横に重なるように埋納されていたという。かつて日本各地から出土していたという銅剣も総数で300本であり，今回一遺跡からの発見数がこれを凌駕する数であり，この発見が如何に重大なものかを物語っている。そして，その翌年〔1985(昭和60)年〕，358本の銅剣の発見された地区より7m離れた丘陵斜面で銅矛16本と銅鐸6個が密集埋納されているのが発見された。

また，1986(昭和61)年には10月14日，斐川村と東南に接する大原郡加茂町大字岩倉字南ヶ廻(みなみがさこ)(現・出雲市)で農道工事中に大量の銅鐸が発見された，11月よりほぼ2ヵ月間にわたって発掘調査が行われた。今日発見総数は39個を数える。このように，弥生時代の祭儀用に使用されたかと思われる青銅器(銅剣・銅矛・銅鐸)などが多量に埋納された遺跡が相接して出雲の地で2ヵ所も発見されたことは注目すべきことであり，従来の分布圏，文化圏の相違

加茂岩倉遺跡

荒神谷遺跡

などについても，再考すべきであり，弥生文化の時代全般にわたって再検討すべき問題である。＊『「古代出雲文化展」目録』島根県ほか，1997；島根県教育委員会『荒神谷遺跡銅剣発掘調査概報』1，1985／『荒神谷遺跡発掘調査概報―銅鐸・銅矛出土地―』2，1986　（江坂輝彌）

河姆渡文化（かもとぶんか）（ヘムドぶんか）　中国新石器時代の文化。浙江省余姚市河姆渡にある河姆渡遺跡を標識遺跡とする。遺跡は，杭州湾南岸の姚江に臨む海抜3～4mの平地に位置する。1973年から発掘調査が行われ，4文化層が確認された。第1・2文化層は，従来から知られている馬家浜・良渚などの文化との類似性が指摘されているが，第3・4文化層は，それまで類似が知られていない文化であったため，特にこれを河姆渡文化とよんでいる（^{14}Cによって，5895 ± 115B. P. ～6310 ± 100B. P. と測定）。第3・4文化層からは，高床式木造住居遺構，家畜（犬・豚・水牛・羊），植物インディカ（多量の稲殻・茎・葉，ヒョウタン・チャンチンモドキなど），装身具（石製・玉製の璜，玦状耳飾，管玉など），土器（大部分が夾炭黒陶，彩陶片など），骨器，石器は非常に少ないが，それに反比例して骨器の占める割合が大きい。水牛の肩甲骨製の鋤先や銛，骨偶と思われるものなどが出土，遺構・遺物の発見が多い。出土遺物は余姚市の河姆渡博物館，浙江省杭州市の浙江省博物館などに陳列されている。＊余姚市人民政刊『河姆渡遺址』1992　（江坂輝彌）

画文帯神獣鏡（がもんたいしんじゅうきょう）　平縁式神獣鏡のうち，外区に飛禽・走獣・飛雲文よりなる文様帯を有するものをいう。しかし主文よりする区分では半円方形帯神獣鏡・環状乳神獣鏡・重列式神獣鏡を含み，型式区分の要素ではなく，その一部を形成するものである。さらにこれらの型式の神獣鏡はいずれも半円方形帯をも有している。神獣鏡のうちでも，特に優秀な類に属するものである。＊樋口隆康「画文帯神獣鏡と古墳」（『史林』43–5，1960）　（池上　悟）

茅山貝塚（かやまかいづか）　神奈川県横須賀市佐原町字茅山（旧三浦郡久里浜村）の慈眼寺裏の畑地にある縄文時代早期末の茅山式土器の標式遺跡。本遺跡は，19世紀末『日本石器時代人民遺物発見地名表』に沼田頼輔（ぬまたらいすけ）により「三浦郡久里浜村大字佐原小字カヤマ貝塚，土器・魚骨・

獣骨発見と報ぜられ，貝塚の貝殻は，1877年ころ，観音崎砲台構築用の貝灰製造用に発掘されたという。貝塚所在半島状の台地は，西より東へ長さ約80m，幅20m，標高15mほどの台地で，貝塚は，慈眼寺の北側に所在する。貝類はマガキ・ハイガイ(以上斧足類)，レイシ・イボニシ(以上腹足類)の多い主鹹貝塚である。（江坂輝彌）

茅山式土器(かやましきどき) 神奈川県横須賀市佐原町茅山貝塚出土の土器を標式として命名された。後に野島式→鵜ヶ島台式→茅山下層式→茅山上層式に細分された。子母口式とあわせて条痕文系土器と総称される。胎土に繊維を含み，貝殻条痕文が器面内外に施文される。鵜ヶ島台式になると尖底から平底となり，胴部から口頸部にわたって内反し，口縁に向かって再び外反するという器形もあらわれる。この器形は後続する土器に引き継がれる。文様は新しい型式では簡略化されるものがある。＊赤星直忠・岡本勇「茅山貝塚」(『横須賀市立博物館研究報告』1，1957)（吉田 格）

加悦丸山古墳(かやまるやまこふん) 京都府与謝郡与謝野町温江にある円墳。南北にやや細長い楕円形で3段からなり，南北径約65mある。自然の地形を利用した墳丘で，盛土はない。墳頂から掘りくぼめた墓壙に組合式石棺をおさめた竪穴式石室があり，中国製三角縁神獣鏡・仿製方格規矩鏡・鉄刀が出土した。営造時期は，4世紀後葉に比定しうる。＊横山浩一「加悦丸山古墳」(『京都府文化財調査報告』22，1961)（車崎正彦）

榧本亀次郎(かやもとかめじろう) 1901～1970。杜人(もりと)と号す。奈良県に生まれる。東洋大学国語漢文科中退。朝鮮総督府博物館，奈良国立博物館，東京国立博物館に奉職し，奈良国立文化財研究所平城宮跡発掘調査部長となる。日本・朝鮮半島・中国大陸にわたる考古学・歴史学上の該博な識見をもとに多くの業績を残した。朝鮮半島における石器時代・青銅器の研究は支石墓，楽浪郡関係遺跡・遺物の研究とともに拠るべき見解として知られている。また，古代金石文に関する幾多の優れた論文を公けにし，古代寺院跡・平城宮跡の発掘を指揮しつつ日本と朝鮮の古代寺院についての関心を深めた。著書に『楽浪王光墓』共・1935，『三重考古図録』1954，『平城宮発掘調査報告』Ⅱ・Ⅲ・Ⅳ共・1962・1963・1966，『楽浪漢墓』Ⅰ・Ⅱ共・1974・1975，『朝鮮の考古学』1980がある。（坂詰秀一）

唐古・鍵遺跡(からこ・かぎいせき) 奈良県磯城郡田原本町所在。奈良盆地中央の沖積地に位置し，弥生時代前期初頭から古墳時代前期まで継続して営まれた近畿地方最大の弥生集落。戦前に実施された唐古池の調査では豊富な木製農工具が出土し，弥生時代における水稲耕作を実証した。また，出土土器により近畿地方の弥生土器編年の骨子が作られた。弥生時代前期初頭に3つの集団により成立した集落は弥生時代中期に統合され，直径400mに及ぶ範囲が環濠によって囲繞された。最盛期には幅100～150mの多重環濠帯も付帯され，後期にも環濠は維持されていた。近畿地方最古となる総柱の大型掘立柱建物の発掘，中国地方から東海地方にかけての広範囲に及ぶ搬入土器の出土，青銅器をはじめ，木製品，石器などの生産を裏付ける遺物の豊富さなど，弥生文化の復元に欠くことのできない資料が多い。複雑な構造をもつ楼閣絵画をはじめとする絵画土器の出土量の多さは特筆され，全国出土量の約半数が出土している。1999(平成11)年，国史跡に指定。＊末永雅雄・小林行雄・藤岡謙二郎「大和唐古弥生式遺跡の研究」(『奈良県史跡名勝天然記念物調査会報告』16，1943；田原本町教育委員会『弥生の巨大遺跡と弥生文化』1989；藤田三郎「唐古・鍵遺跡の最近の発掘」(『考古学ジャーナル』446，1999)（乾 哲也）

唐古式土器(からこしきどき) 狭義には，奈良県磯城郡田原本町の唐古から出土した弥生時代の前期初頭の土器をいう。広義には，小林行雄が5様式に分類した前期から後期のものを総称する。

第1様式は北九州の初頭の土器よりも1段階おくれ，いわゆる遠賀川系の特徴をそなえ，第2様式以降，地域色のつよいものがつくられる。2・3様式は櫛目文，4様式は凹線文，5様式は無文で，本遺跡の土器の様式分類が弥生土器分類の基本ともなっている。＊末永雅雄ほか「大和唐古弥生式遺跡の研究」(『京都帝国大学文学部考古学研究報告』16，1943)　(関　俊彦)

唐鋤(からすき)　→　鋤(すき)

ガラス玻璃製璧(がらすはりせいへき)　福岡県下の春日町須玖，前原町三雲などの弥生時代の所遺跡から穀粒文のある円板状のガラス璧の破片が発見されているが，朝鮮半島及び中国北部からは発見例がなく，江南地方からは軟玉製の玉璧が各地から出土しているが，ガラス製の璧の出土例は知られていない。ところが，福建省福州市の西北部，閩候県曇石山の約3000年前の青銅器時代の墳墓から印紋土器と共にガラス璧の完形品と破片が数点発掘され，また，湖南省長沙市付近の遺跡からもガラス璧の発見が報道され，ガラス璧の伝播ルーツは西域から黄河上流域のルーツではなく，中近東からアジアの南部を経て，中国南部へのルーツも考えられ，この伝播経路とその時代の問題は，今後の重要研究課題ではなかろうか。　(江坂輝彌)

唐津(からつ)　佐賀県西北部で，唐津湾にそそぐ松浦川河口に位置する。古来朝鮮半島に対する渡津として知られ，市街は1602(慶長7)年寺沢広高が唐津城を築いてからは城下町として栄える。また東の瀬戸，西の唐津とよばれ，やきものの町としても有名。唐津焼は，陶業がいつごろから始まったか明らかでないが，室町末期には窯が築かれ古唐津が焼かれたようである。松浦古唐津系，多久古唐津系，武雄古唐津系，佐賀古唐津系と移り変わって，その古窯跡は100ヵ所に及ぶ。＊長谷部楽爾「唐津」(『陶磁大系』13，1972)　(渋谷忠章)

唐御所横穴墓(からのごしょおうけつぼ)　栃木県那須郡那珂川町和見にある。北向田・和見横穴墓群中の1墓で，那珂川左岸の丘陵に位置し，凝灰岩の崖面を掘鑿してつくられ，南面して開口する。墓室は玄室・玄門・羨道・墓道からなり，玄室に棺台3がつくりつけてある。玄室天井は中央に棟木とみられる突出がつくられ家屋の屋根を模したらしい。玄門に井桁形の刳抜があり，閉塞の施設がなされたとみられる。＊大和久震平「北向田・和見横穴群」(『栃木県史』資料編考古1，1976)　(車崎正彦)

カラボム遺跡(Kara-Bom Site)　アルタイ共和国オングーダイ(Ongudai)地区にあり，調査は1987〜1993年までデレビャンコ，ペトリン(Derevyanko, Petrin)により行われた。中期旧石器から後期旧石器初頭にかけて連続的な石器群の変遷が追跡できる遺跡で，中期旧石器段階から石刃技法の発達が著しい。中期旧石器層の年代がESRにより66.2ka，72.2kaで，後期旧石器初頭の6，5層では^{14}C年代測定法により，3万990±460B. P.から4万4300±1600年B. P.の間のいくつかの年代がある。中期旧石器層では，「連続ルヴァロワ(Levallois)」技法による石刃や尖頭器が多く，典型的なルヴァロワ剥片はない。後期旧石器層も石刃石器群だが，石刃の形態と2次加工のあり方に違いが見られ，技術的な変化が43〜50ka頃にあったと推定された。北部内陸アジアでも後期旧石器的石器群の出現が，従来考えられていた年代よりかなり早かったことがわかった。*A. P. Derevyanko, V. T. Petrin, E. P. Rybnin, and L. M. Chevalkov "Paleolithic Complexes of the Stratified Part of the Kara-Bom Site" 1998　(梶原　洋)

伽藍配置(がらんはいち)　寺院の建物の配置に関する類型。伽藍は舎利や仏像を祀る塔や金堂などの空間である仏地，僧侶が生活し，修行するための空間である僧地，修理や経営のための施設である政所などの空間である俗地から構成されているが，伽藍配置は一般的に仏地における塔や金堂などの主要堂塔の配置を基準に設定されている。標準となる寺院の名を冠して飛鳥寺式・四天王寺式・法隆寺式・薬師寺式・東大寺式などと呼ばれることが多い。インドでは当初仏地である塔院と僧地である僧院が明確に分離しており，塔院が在家信者を対象とするものであるのに対して，僧院が出家のためのものであるというように性格を異にしていたが，ガンダーラでは早くに両者が結びつき，同じ寺地に塔院と僧院を併せ持つあり方が確立した。それが中国に伝えられ，方形の平面プランをもつ平地伽藍と地形に合わせて堂塔を配置する山岳寺院の2つのあり方が，仏教寺院の基本的なあり方として定着した。朝鮮や日本にはそれがさらに伝播したわけであるが，地域によってさまざまな変化をみせ，多種多彩な伽藍配置が生み出された。伽藍は仏教儀礼を行う場として重視されていたため，金堂の前面に広い空間を確保するなど，儀礼のあり方によって伽藍配置が規制されることもあった。＊坂詰秀一「初期伽藍の類型認識と僧地の問題」(『立正大学文学部論叢』63，1979)

(時枝　務)

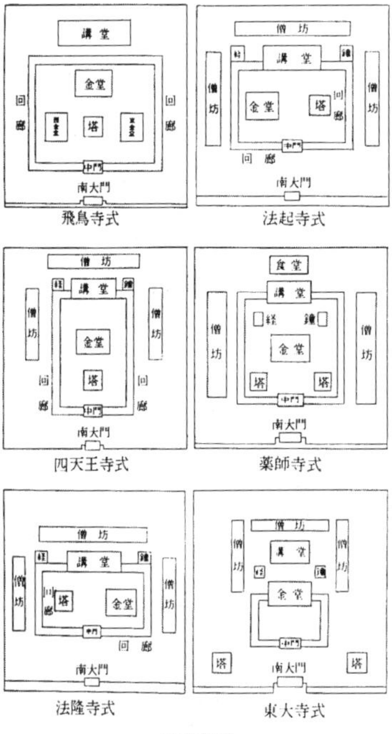

伽藍配置

カリンバ3遺跡(カリンバさんいせき)　北海道恵庭市黄金にある縄文時代，擦文時代，近世アイヌ期の遺跡。千歳川の支流カリンバ川沿いに各時代の集落と墓地が残された。1999年の調査で縄文時代後期から晩期の土坑墓が多数みつかった。そのうち後期末から晩期前半に属す墓25基には，漆塗りの髪・額飾りや耳飾り，腕飾り，腰飾り，滑石や琥珀で作られた小玉・勾玉の首飾り，サメの歯の額飾り，石棒などが副葬されていた。大部分は墓の中に赤いベンガラを大量にまいており，多くは東西方向に長い楕円形で，長さ100～140cmの1人を埋葬した墓のほかに，数人を埋葬した直径160～245cm，深さ100cmほどの合葬墓が4基みつかっている。このうち3基は漆製品を大量に含んでいたため遺跡から切り離し，室内に場所をかえて墓の調査を行ったものである。合葬墓には被葬者に着装した状態を

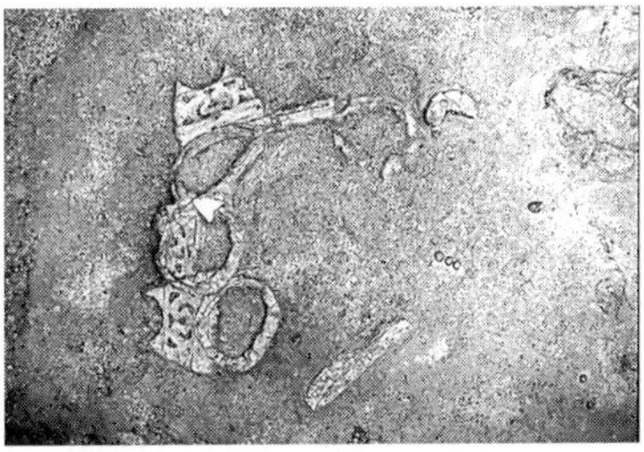
カリンバ3遺跡

示すたくさんの櫛，環状の髪・額飾りや耳飾り，かんざし，2〜3 個を対で両腕にはめたと思われる腕輪，細長い紐，衣服の存在を想わせる腰に巻いた飾り帯など，大量の漆製品が副えられていた。透かし模様のある櫛をはじめ，多様な形の腕輪など，赤・オレンジ・ピンク・黒に塗られた色鮮やかな漆のアクセサリーは総数 120 点を越える。多種多様な漆製品の存在は縄文時代後期に漆工芸技術が確立していたことを示している。＊恵庭市教育委員会『恵庭市カリンバ 3 遺跡発掘調査報告書』2003 （上屋真一）

軽石製浮子（かるいしせいうき） 縄文時代。加工が容易な軽石を研磨した小形の石器。水に浮くので漁網用の浮子，釣用の浮標と一応推定されており，石冠形，錘のように切目を入れた楕円形また有孔のものなど数種ある。軽石は最初水に浮くが，徐々に吸水して長くても数時間で沈んでしまい，浮子としての浮力も非常に弱いものであるため機能的にやや無理があり，再研究を要すべき遺物である。＊米田耕之助「所謂『軽石製浮子』について」（『古代』46，1978） （小渕忠秋）

軽石層（かるいしそう） 軽石（パミス）は火山砕屑物の一種である。マグマの発泡によって生じる，多孔質で比重の小さいものをいい，白色〜淡黄色を呈するものが多い。軽石は，その特徴から，火山灰層中においても，肉眼で比較的容易に識別することができる。一定火山の一時の活動は比較的短時間に終わるものと考えられており，同一の軽石が広域に分布する場合，軽石層はローム層の対比を行ううえで，さらには，考古学上，一定同時期を指し示すものとして，きわめて重要である。

たとえば，群馬県・栃木県南西部においては，上部ローム層中に板鼻黄色軽石層（Y. P.），板鼻褐色軽石層（B. P.），中部ローム層中に鹿沼軽石層（K. P.），八崎軽石層（H. P.），湯の口軽石層（U. P.）などが確認されている。これらは，当地域のローム層の対比をなすうえで，さらには考古遺物の時間的前後関係を決定するうえで重要な鍵層（Key bed）となっている。＊地学団体研究会編『増補改訂地学事典』1970 （藤原妃敏）

川勝政太郎（かわかつまさたろう） 1905〜1978。京都府生まれ。京都帝国大学文学部史学科選科卒。大阪工業大学教授，大手前女子大学教授。文学博士。史迹美術同攷会（1930 年創立）を主宰し，『史迹と美術』誌を刊行する。石塔婆・石仏・石燈籠など石を材料としてつくられた遺物を“石造美術”と称し，新しい分野を開拓する。古建築・梵字などについても造詣が深く多くの著作をのこした。『石造美術』1939，『日本の石仏』1943，『梵字講話』1944，『京都石造美術の研究』1948，『日本石材工芸史』1957，『石造美術入門』1967，『日本石造美術辞典』1978 などがある。 （坂詰秀一）

川原寺跡（かわはらでらあと） 奈良県明日香村川原に所在する 7 世紀の古代寺院跡。河原寺・弘福寺ともいう。『日本書紀』には 673（天武天皇 2）年に川原寺で一切経を書写したことがみえており，当時すでに僧侶が住んでいたことが判明するが，創建時期などは不明である。1957〜1958（昭和 32〜33）年に奈良国立文化財研究所によって発掘調査された。その結果，東に塔，西に西金堂を配し，前面に中門，後方に中金堂を配し，中門と中金堂を回廊で結び，中金堂の北側に講堂を置き，その三面に僧房を巡らす伽藍配置であったことが判明した。所用瓦は面違鋸歯文縁複弁八葉蓮華文軒丸瓦と重弧文軒平瓦の組み合わせで，川原寺式軒瓦と呼ばれる。裏山から多数の塑像や塼仏が発見されており，川原寺に使用されていたものが，火災に遭い，廃棄されたものと推測されている。寺院遺構の下層からは川原宮跡と推測される建築遺構が検出されており，川原宮が斉明天皇の殯宮であるところから，川原寺が天智天皇によって斉明天皇の供養

のために創建されたと推測する説がある。＊奈良国立文化財研究所『川原寺発掘調査報告書』1960　（時枝　務）

川村喜一（かわむらきいち）　1930〜1978。東京生まれ。早稲田大学第一文学部史学科卒。早稲田大学講師を経て文学部教授。早稲田大学古代エジプト発掘調査隊長としてマルカタ遺跡の発掘を指揮し彩色階段を発掘。著書に『ファラオの階段―マルカタ遺跡の発掘―』1979がある。　（坂詰秀一）

瓦（かわら）　→　瓦塼（がせん）

瓦窯（かわらがま・がよう）　瓦を焼いた窯で，造瓦技術の導入に伴い日本に伝えられた。奈良県飛鳥寺の創建瓦を焼いたと推定される窯が最古のものと考えられている。寺院や宮殿の建設に伴い築造され，官衙や国分寺の整備に伴い地方へと波及した。初現期の瓦窯は，地下に築かれ，燃焼部と焼成部を窯底面の高低差で区画し，焼成部を階段状に造り出した構造の登窯で，地下式有階有段登窯と呼ばれている。その後，窯の構造は多様化するが登窯と平窯とに大別される。登窯では，地下式，半地下式，地上式がある。地下式には有階有段の他，有階無段・無階有段・無階無段，半地下式・地上式にはそれぞれ無階有段・有階無段の形態がある。東日本においては，無階無段構造の登窯が瓦と須恵器の焼成に兼用される例も多い。平窯の瓦窯には地下式・半地下式・ロストル式がある。窯体構造の変化は，造瓦技術の伝播に伴うもので，時代の推移により簡略化されていったと考えられている。＊大川清『日本の古代瓦窯』1972　（遠藤政孝）

瓦塚窯跡（かわらづかかまあと）　茨城県石岡市部原604番地外に所在する国府供給の瓦窯跡。窯跡の全体規模は昭和43年以降の調査により，南北130m，東西80mの範囲に合計35基あり，大半が地下式登窯であることが判明。操業は，7世紀前葉に須恵器生産窯として始まり，8世紀前葉に須恵器の他，茨城廃寺への瓦を焼成。9世紀以降には瓦塚窯跡が官営窯場として常陸国の中心瓦窯となり，茨城郡外の寺院にも瓦を供給するようになる。同市の金子澤瓦窯跡の他近隣には，かすみがうら市柏崎窯跡群・松山瓦窯跡などが確認されており瓦の一大生産地であった。平成29(2017)年10月13日に国の史跡に指定，現在「瓦塚保存会」の協力により遺跡の保存が図られている。＊石岡市教育委員会『瓦塚窯跡発掘調査報告書』2015　（松原典明）

瓦谷戸窯跡（かわらやとかまあと）　東京都稲城市大丸に所在する奈良時代の窯跡。近接する大丸窯跡とともに武蔵国分寺の創建期造瓦窯に位置づけられている。瓦・塼の散布により窯跡の知見は古く，1925(大正14)年には東京府の旧跡に指定された。2度の発掘により4基の窯が調査され，地下式有階有段登窯であることが明らかとなった。また，出土した塼の特徴から武蔵国庁との密接な関連も指摘されている。特に，A号窯からは「解文塼」が出土し，B号窯には「馬」が沈刻され，大きな反響を呼んだ。＊松原典明他『瓦谷戸窯跡群発掘調査報告書』1999，都内遺跡調査会　（遠藤政孝）

漢（かん）　秦の滅亡後に，高祖劉邦が建国した中国の王朝。前漢(B. C. 202〜A. D. 8)と後漢(25〜220)に分かれる。専制的中央集権国家で，体制は安定し，外征によって周辺の民族に強い影響を与えた。日本との交渉は，『前漢書』『後漢書』に記されている。遺跡は，城郭・生産工房・墓地などがあるが，墓地の発掘例が圧倒的に多い。前漢の長安城，後漢の洛陽城は漢王朝の首都として，大規模な城郭遺跡を残し，城内には宮殿・工房跡・住居跡の存在が確認されている。曲阜九龍山の魯国王墓，河南満城の中山王墓，長沙馬王堆の軑墓は，前漢に残存していた強大な王国を示すものであるが，前漢中期から後漢にかけては，官僚制の肥大化と呼応して，大規模な官人墓がみられるようになる。大型木槨墓や甘粛の塼室墓からは，書籍・文書・付札などの木簡・竹簡・帛書なども発見され，漢代社会の様相を伝えている。（江坂輝彌）

官衙跡（かんがあと）　日本古代律令国家が，中央集権体制に基づく人民統治機能や，行政に関わる諸行事・諸実務を執行する役所の施設。律令国家による地域支配の成立や変遷過程を解明する重要な手掛かりとなる遺跡である。律令政府の中枢を構成する中央官衙は，7世紀初頭の推古朝にその萌芽がみられる。その後，藤原宮で条坊制の京が成立し，天皇起居の場である内裏，大極殿，朝堂院，行政を行う諸官衙が配置された。平城宮では，内裏，大極殿，朝堂を中心に，二官八省一台五衛府と呼ばれた中央の諸官衙が計画的に配置されていた。発掘調査では，兵部省などの遺構が明らかになっている。恭仁京などの短期間遷都の後に造営された長岡宮では，官衙が分散設置されている。その後の平安宮では，官衙の配置を具体的に示す指図資料が残され，官衙は，内裏を取り囲むように配置されている。発掘調査では，造酒司などの遺構が検出されている。さらに，五畿七道に区分された国･郡･里（郷）制に基づく，地方の行政組織を支えた地方官衙がある。68ほどの国ごとに置かれた国府，西海道を統括する大宰府，陸奥の鎮守府多賀城などの城柵をはじめ，伊勢神宮に奉仕した斎王の居所である斎宮などである。さらに，国の下部組織の郡の役所である郡衙（郡家），郡の下部官衙である郷衙（郷家），駅路の運用にあたる駅家，津や泊などの水運施設，三関に代表される関，古代山城，軍団の兵士駐屯場所，烽家などが官衙としてあげられる。＊奈良文化財研究所『古代の官衙遺跡Ⅰ・Ⅱ』2003・2004；青木敬「Ⅱ．中央官衙」ほか（江口桂編『古代官衙』）2014（江口　桂）

棺槨壙論争（かんかくこうろんそう）　棺・槨・壙のそれぞれを，字義に従ってわが国の古墳の主体部構造のうちのどれに該当させるべきかについて行われた論争である。古墳の編年が未だ明確に定まらなかった1914～1916（大正3～5）年にかけて，当時京都帝国大学文学部講師であった喜田貞吉の説に対して，考古学者の高橋健自を中心として関野貞・八木奘三郎が反駁・応酬した形をとる。この論争は単に古墳の主体部構造の名称論ではなく，古墳の編年に関して行われた論争の随伴的位置を占め，歴史学者喜田貞吉が常識をもって考古学者の曖昧な用語の使用法を批判したものとすることができる。論争の発端となったのは，竪穴式の石槨は古く横穴式の石槨は新しいとする編年観の呈示された1913（大正2）年の喜田の論文「上古の陵墓」であり，これに引用された斉明陵に関しての天智天皇の詔，「我奉皇太后天皇之所勅，憂恤萬民之故，不起石槨之役，所冀永代以爲鏡誡焉」の中の石槨の解釈をめぐってであった。喜田は多くの中国文献を渉猟して，「壙は墓穴なり，槨は棺を周るなり，棺は屍を蔵むるなり」との理解で，天智天皇詔中の石槨は，当時古墳一般に用いられていたいわゆる石槨を指すものではなく石棺を指すものと解した。これに対し高橋説などは，石棺はその中に屍を納めるためのものであり，詔中の石槨も当時一般に用いられていた石槨と考えた。従ってその理解の差異は，いわゆる石棺の中に遺骸を直接納める棺施設が存在するかどうかという点にあり，喜田説では棺は屍を納めるものであり移送に便なるものでなければならないという点より，いわゆる石棺は石槨となり，いわゆる石槨は石壙であるという理解となる。しかし，石棺の内部に石枕を造りだすものについては疑問が残るとした。要するに，その字義に従い厳正なる使用を目指した喜田に対して，本邦独自の発展をとげた古墳の主体部構造についての適用には困難を伴う点，さらにはその使用法は当時すでに慣用化していたことが反駁の理由になったものと思われる。この論争は1912(大正元)年で終息し，その後の発展は見られなかったが，関連して総体としての古墳編年の確立を見ることとなった。現在，後期古墳の主体部として一般化している石積みをもってする横穴系施設は，論争当時使用されていた石槨ではなく，単に棺を覆う以上の空間を確保している点をして石室と呼称されて来ている。しかしながら，近畿地方中央部の古墳時代終末期に展開する小形の類例は横口式石槨と呼称されており，技術的に関連する全国に所在する例も同様に扱われている。また山陰地方の出雲東部地区に展開する地域的特徴の顕著な切石を用いた一群の横穴式石室は，中九州の横口式家形石棺に起源する故をもって石棺式石室と呼称されている。＊喜田貞吉「古墳墓年代の研究」(『喜田貞吉著作集』2, 1979)　(池上　悟)

雁木玉(がんぎだま)　古墳時代に用いられたガラス製の丸玉のうち，生地のガラスの色と異なる色のガラスを用いて縞目模様をあらわしたものをいう。同じく生地と異なる色のガラスを用いて斑文などをあらわしたものを蜻蛉玉(とんぼだま)という。雁木とは橋の上の桟をいい，表面の縞目の模様よりの連想かと思われる。古墳時代中期以降にみられるものであるが，類例はきわめて乏しくまれなものである。　(池上　悟)

漢鏡(かんきょう)　中国鏡のうち独自の発展をとげた鏡式であり，三国・六朝時代にも行われた。これは前漢時代の後半に様式の確立した平直な鏡体や平縁などを特色とする前漢鏡，漢鏡の最盛期であり，四神・瑞獣あるいは東王父・西王母などの神仙思想を反映した図文が盛行し，獣帯鏡・夔鳳鏡などの各種の鏡があらわれる後漢鏡，この間にあって四神鏡を特色とする王莽鏡，後漢鏡の様式を受けついだ魏晉鏡などの区別がある。＊後藤守一『漢式鏡』1926　(池上　悟)

岩偶・岩版(がんぐう・がんばん)　岩偶は人の形をそのままやわらかい石質の凝石岩質泥岩・砂岩などの加工しやすい石材で製作したもので石偶ともいう。土偶と同じ意味をもつ遺物と考えられ，主として東北地方に分布する。旧石器時代の遺跡である大分県豊後大野市岩戸からコケシ形をした岩偶が発見されており，これにはかすかに目・鼻・口らしいものがある。日本最古の岩偶である。縄文時代前期には秋田県小坂町内岱例が示すように頭部と小さな腕だけを表現した簡素な岩偶がある。人の形を忠実に描写した岩偶は東北地方の晩期に多い。西日本の出土例は少ないが，熊本県荒尾市境崎貝塚(後期)，鹿児島県南さつま市上加世田(晩期)などから発見されている。青森県・北海道から発見される人形石製品も岩偶の部類である。弥生時代の遺跡からも数例発見されている。

岩版は土版と似た形態で長方形・楕円形を呈する。扁平なものが多いが厚みを有するものもある。岩偶と同じ石材が選択されており，土版と同じように護符的な性格をもつ遺物と解釈されている。東北地方の縄文時代晩期に多い。土版の状態・文様をそのままうつしたものもあるが，多くは彫刻文様がつけられ，表裏の識別が困難なもの，目だけをはっきり表現したものなどがある。

1:岩偶(青森・小向), 2･3:岩版(青森・中居遺跡出土)

縄文時代草創期の遺跡である愛媛県久万高原町上黒岩から発見された扁平な自然の礫石に細い線刻で描かれた表徴的な女性像は広義の岩版と考えられよう。＊江坂輝彌『土偶』1960　（野口義麿）

還元焔（かんげんえん）　窯の内部の熱を高めて，後に空気の供給を少なくすると，不完全燃焼の還元焔になる。還元焔で焼かれた土器などは胎土中の鉄分が減少し，灰色や青黒色に変る。須恵器・瓦などは還元焔を利用して焼かれている。　→酸化焔（さんかえん）＊楢崎彰一「歴史時代・上（窯業）」（『日本の考古学』Ⅵ，1967）　（川崎義雄）

環濠（かんごう）　大きな溝が集落内の遺構をとりまくかたちでめぐっているものをさす。例えば福岡県板付遺跡では，弥生時代前期の集落が低湿地に面した微高地につくられた。そこには小竪穴が29基あり，これを囲む状態で幅2～5m，深さ0.5～1.5mの排水を目的とした溝が108m掘ってあった。

神奈川県そとごう遺跡は標高40～50mの台地にある弥生時代中期から後期の集落跡で，長期にわたって何世代もの人々が居住していた。溝は中期の住居ができてから掘られ，幅2～2.5m，深さ1～1.5m，南北95m，東西65mのものが住居跡を囲む状態で長方形に走っている。遺跡の立地からみても，ここは攻めがたく，溝も防衛的性格のつよいもので居住者を守る目的で掘ったと考えられる。しかし後期中葉になると，溝は埋没しはじめ，ここに住む人々にとって無用のものとなったことがわかる。環濠とよばれるものは，遺跡の立地条件によって，それぞれの目的で掘られたが，短期間で不要と化したものが多い。　（関　俊彦）

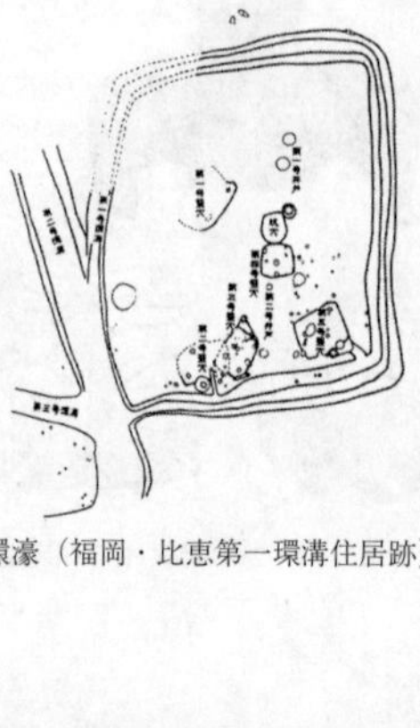

環濠（福岡・比恵第一環溝住居跡）

観光考古学（かんこうこうこがく）「遺跡（遺構）を観光資源として捉え，活用の方策について考古学を軸に関連分野とともに総合的に考えていくことを目的」として2004年に提唱され，2019年に観光考古学会が発足した。考古学の研究対象である遺跡は，地域の文化遺産・文化資本であり観光資源でもあるとする視点から，その活用を関連分野と協同して考えていくことを目指している。＊坂詰秀一監修『観光考古学』2012；『観光と考古学』1，2020～　（坂詰秀一）

漢式鏡（かんしききょう）　日本の出土鏡のうち漢鏡の型式に属するものをいう。舶載鏡と彷製鏡がある。漢鏡は中国鏡としての独自の鏡式であり，三国・六朝時代にも継続して行われ，前漢鏡・王莽鏡・後漢鏡・魏晋鏡の別がある。前漢鏡は長い銘文を主文に配した内行花文鏡などが主流であり，鏡体は平直で反りが少なく縁は厚く平縁をなす。王莽鏡では方格規矩四神鏡が特徴的であり，後漢鏡では夔鳳鏡・画像鏡・獣帯鏡・獣首鏡などがある。また後漢中期以降には神仙思想を図文や銘文に反映した，龍虎と神仙を配した神獣鏡が出現した。これは反りが強く複雑な断面を呈し，三角縁などが特徴的である。これらのうち神獣鏡・獣帯鏡・画像鏡などは古墳よりの出土を主とし，古墳の年代を測る資料となっている。特に三角縁神獣鏡は，その豊富な数と同笵鏡の分有関係より，その配布の状況の推定よりする大和政権の勢力圏の拡大過程が推考されている。＊後藤守一『漢式鏡』1926　（池上　悟）

観自在王院跡（かんじざいおういんあと）　岩手県西磐井郡平泉町にある。1955～1956年に発掘調査された。当院については『吾妻鏡』に「観自在王院(阿弥陀堂)基衡妻(宗任女)建立也(中略)次小阿弥陀堂同人建立也」とみえている。遺跡は，毛越寺の東に隣接し，寺域は東西約400尺，南北800尺。苑池には荒磯様の石組，洲浜，中島があり，池の北岸の西に大阿弥陀堂，東に小阿弥陀堂が位置し，東岸には鐘楼跡と普賢堂跡とされる建物跡がある。毛越寺との境には，東宿も確認されている。池から南門までは空地が広く，臨池伽藍でも略式のものと考えられる。＊藤島亥治郎編『平泉』1961　(岡本桂典)

乾漆棺(かんしつかん)　木棺の表裏に漆を塗った棺をいう。これに対して漆を接着剤として布を貼りあわせ，何度か繰り返して一定の厚みをもたせて成形した棺を夾紵棺という。ともに畿内の終末期古墳を中心として確認されている。飛鳥・高松塚古墳では，木棺に布を張り塗漆した上に金箔を施し金銅装の金具を付しており，草壁皇子の壇山稜と推定されている飛鳥・東明神古墳では赤漆の痕跡が確認されており，棺内部に赤漆を塗ったものと推定されている。また飛鳥・マルコ山古墳，大阪府太子町・御嶺山古墳などからも確認されている。地方においては埼玉県・八幡山古墳から断片が出土している。＊網干善教『終末期古墳の研究』2003；猪熊兼勝「夾紵棺」(『論集・終末期古墳』1973)　(池上　悟)

乾漆棺（大阪・阿武山古墓）

乾漆製品(かんしつせいひん)　従来，飛鳥白鳳・天平などの奈良時代の佛像に，木彫・金剛などの佛像のほか，漆を麻布・木屑・抹香など貼り固めて製体する乾漆佛。古墳時代に作られた乾漆棺などの存在に注目され，5世紀頃中国より渡来した技法と思われてきた。

ところが，これより古く縄文時代後・晩期，今から4000年～3000年前に，目のつんだ編み籠の表裏に数回漆を塗りつけた赤色の籃胎漆器(らんたいしつき)，また，松・杉などの木の皮を粉末にしてこれを漆の樹脂・荏胡麻の種子の油などと混ぜ合わせて漆の練り物を一定の型に入れ乾燥させ，この練った中へ，枝子状の細い木製品，または竹製品を一列に十数本並べて櫛の歯状にして，前髪に差しこむ櫛を製作するが，この櫛の体部が広義に見ると一種の乾漆製品であり，縄文前期の中葉，今から約5000年前にまで遡る。また，黒色漆塗の木製杓子などは早期末まで遡るものがあり，早期の7000年前に浙江省方面から玦状耳飾・瓢箪・荏胡麻などとともに東シナ海を横断してわが西九州地方に伝播したものであろうか。　(江坂輝彌)

環状石斧(かんじょうせきふ)　縄文早期後半に出現し，前期中期にもあり一時途絶，弥生時代に再びあらわれる石器。中央に2cm前後の貫通孔を有する円盤状の石器を環状石器とよぶが，この周縁に刃を付けたものを特に環状石斧，無刃のものを環石という。中央孔に沿って肥厚することが多く，直径は6～15cm前後，閃緑岩・粘板岩・片岩製で，発見例はそれほど多くないが広範囲に分布する。棍棒頭と断定するものもあ

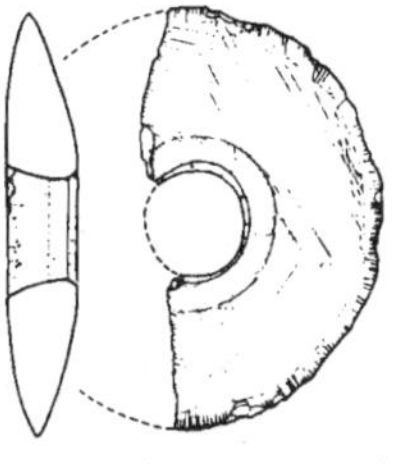

環状石斧（大阪・池上遺跡）

るが，背景となる社会組織の復原など重要な問題を含み，いまだ不明な点が多い。＊日下部善巳「環状石斧」(『縄文文化の研究』7，1983)　(小渕忠秋)

環状土器(かんじょうどき)　環形土器ともいう。チューブを円形にしたドーナツ状の土器を典型とする。注口あるいは小さな口をもつものがほとんどで，また人面や透し彫りなど特殊な装飾が施されているところから，祭祀用品，特に神酒などの容器として使用されたと考えられる。縄文時代後期・晩期の遺跡から出土するが類例はさほど多くなく，この点からも非日常的な特別な意味・用途を有する土器であることがわかる。＊佐原真「縄文土器Ⅱ」(『日本の原始美術』2，1979)　(小渕忠秋)

環状列石(かんじょうれっせき)　近年は，ストーン・サークルの訳語として使われる。1886(明治19)年，渡瀬荘三郎は『東京人類学会報告』第1巻に小樽市西郊，忍路の環状列石について記している。北海道のものは地表に露出し，細長い石を環状に立てならべてあるため早くより好事家の目にとまり，19世紀末，日本人類学会創立時に学会誌に報告が寄せられている。明治時代には一般に環状石籬の用語が用いられた。環状列石の用語は1927(昭和2)年ごろ喜田貞吉が秋田県北秋田郡沢口村藤株(現・北秋田市)遺跡を発掘し，環状に河原石を配石した遺構を発見し，1928年刊の『日本石器時代遺物発見地名表』第5版に「環状列石」と記されたものが最初であろう。1927年には大湯環状列石の一部も発見され喜田が調査している。このほか河原石，山の割石を種々な形に配石したものがあり，これらは一般の日常生活の場ではなく，墓域を示すもので，配石の下に墓壙があるとし，環状列石も含めてすべてを墓地関係遺跡とする説は駒井和愛から今日斎藤忠に受け継がれている。本州の近畿地方東辺部以東で発見される石を環状に配列する遺構，石を数個から10数個1組として配石し，これが雑然と群をなし環状をなさず，配石遺構・敷石遺構の名称が適切なものなどあるが，これらの多くは配石の下，配石の周辺に，また環状列石の内部に遺体を埋葬したと思われる墓壙の痕跡のないものが多い。このような例は縄文時代前期末から中期をへて後期前半までのものである。後期中葉の加曽利B式以降のものには，遺跡の中に長方形の配石があり，内部に墓壙のあるもの，配石の下に石棺状の遺構をもつものなどがあり，墓地的色彩が加わってくる。北海道では後期中葉以降のものが多く，墓壙を伴う場合がほとんどである。大場磐雄は，最初，神を祭る祭壇的なものであった場所へ，死者の霊を天上に送り，再生を願うような貝塚で行われた祭事も後に複合されたものではなかろうかと考えた。また大湯環状列石は北方に黒又山，岩手県松尾村寄木(現・八幡平市)の環状列石は東に姫神山，静岡県富士宮市千居遺跡は北東に富士山と，富士山形の山のみえる位置につくられたことも，山ノ神信仰との関連が考えられそうである。＊文化財保護委員会『大湯町環状列石』1953　(江坂輝彌)

完新世(かんしんせい)　Holocene。地質時代のうち，約1万年前から現在に至る最も新しい時代の名称。化石が完全に現代型という意味がある。この他，現代(Recent)(人類の時代の意味)，沖積世(Alluvium)，後氷期(Post glacial)ともいう。日本では沖積層・沖積平野・沖積低地など河川の作用を意味する沖積の語が広く使われているが，地質時代名としては1885年万国地質学会で完新世が採択されている。完新世とその前の時代の更新世をあわせて第四紀という。完新世の自然は後氷期という言葉によくあらわされている。気候は更新世末の最終氷期(ウルム氷期)後，しだいに温暖になり，完新世にはいって(約6000年前ごろ)最高温期(年平均気温が現在より2～3℃高い)を迎える。ヨーロッパや北米などの高緯度地域では広くおおっていた氷河が衰退し，海面は世界的に上昇した。このときの海岸線を新石器時代の海岸線とかデーリー汀線とよんでいる。日本ではこの海進を有楽町海進または縄文海進といい，海面は－140mの位置（大陸棚の深さ）から海抜3～5mの高さまで上り，その上昇速度は平均10mm／年と計算されている。東京下町では当時の谷が埋めたてられ，東京湾の海水は栃木県藤岡町付近まで浸入した。また，館山市にある「沼の珊瑚礁」もこの時期のもので，サンゴ礁が関東にも分布することから水温も約4℃高かったと推定されている。貝塚はこの海岸線に沿って分布し，縄文人の生活を知ることができる。この高温期をヒプシサーマルといい，この時期を過ぎると海面はゆるやかに低下し，その後に沖積平野（または下町低地）が形成され現在の姿となった。考古学上は中石器から新石器時代に入る。日本では縄文時代早期以降の時代にあたる。＊成瀬洋『第四紀』1982 （加藤定男）

観世音寺跡（かんぜおんじあと） 福岡県太宰府市観世にあり，太宰府の東200mに位置する。『続日本紀』709（和銅2）年2月1日条に母帝斉明天皇のために発願建立したとある。伽藍は東に塔，西に東面する金堂を配し，回廊は中門より講堂に接続する。中門の東に菩薩院，西に戒壇院を置く。寺域は方三町四方に復原される。遺物には，瓦類のほかに塑像片などがある。白鳳時代の梵鐘，平安時代から鎌倉時代の仏像がある。1064（康平7）年，1143（康治2）年に火災をうけ12世紀末には東大寺の末寺となる。＊鏡山猛『太宰府都城の研究』1968 （岡本桂典）

ガンダーラ美術（Gandhara） パキスタン西北部のガンダーラ（Gandhara）地方で栄えた仏教美術。ガンダーラはプシュカラーヴァティー（Pushkalavati），現チャールサッダ（Charsadda）を首都とする国で，漢籍には「健駄邏」・「迦駄羅」などとみえ，原始経典では十六大国の一つに数えられる。仏教に帰依したことで知られるマウリヤ朝（Maurya）のアショーカ王（Asoka）がタキシラ（Taxila）を王国北部の州都とした紀元前3世紀に，ダルマラージカー大塔（Dharmarajika）が創建され，大規模な仏教寺院が形成された。2世紀になると，クシャーン朝（Kushan）のカニシカ王（Kanishka）がプルシャプラ（Purushapura），現ペシャワール（Peshawal）に王都を定め，シャー・ジーキー・デリー寺（Shah-ji-ki-Dheri）をはじめとして多くの寺院を営み，仏教が繁栄した。それらの寺院建築には仏伝図などの彫刻が施され，最初釈迦は菩提樹・法輪・仏足跡・ストゥーパ（stupa）などで表現され，人間の姿で表されることはなかったが，やがて人間の姿に近い仏像が作られるようになった。初期の仏像にはギリシャ彫刻と共通する要素が多数見出されるところから，フーシェ（A. Foucher）はガンダーラ美術が西方からの強い影響のもとに生まれたと考え，時代が下るとともにギリシャ的要素が減り，インド的表現に変化したと主張した。しかし，ガンダーラ美術の多くが学術的な発掘調査によって検出されたものではなく，ギリシャ的要素をもたない在地的な表現のものも存在することから，フーシェの様式観に疑問を呈する学者も少なくない。ガンダーラ美術は西域を介して東アジアなどの仏教美術に多大な影響を与えた。＊A. Foucher “L’art greco-bouddhique du Gandhara” 3vols. 1905-51

（時枝 務）

環頭大刀（かんとうのたち） 把頭に環状の装飾を有する刀装形式の一種である。これには環内に三葉文・龍鳳文などの図形を鋳出するものと素環頭のものがある。三葉文環頭は環内に三葉文を配するものであり，三累環頭は3個の素環の累なるものである。また，獅噛環頭は怪獣が牙をむいて把頭の環を噛んでいる意匠であり，捩文環頭は金属線を縄のように捩って環としたものである。環頭大刀のうち最も数の多いものは，環内に龍鳳文を鋳出したものであり，これには単龍鳳文と双龍鳳文がある。環体にはS字状渦文・直弧文・龍鳳体部文・植物文などを配する。これらの環頭の起源は中国に求められ，わが国では素環頭が弥生時代中期を上限とし古墳時代前期に盛行し，以下7世紀代まで使用された。6世紀前半までは舶載品を主とするが6世紀の後半よりは日本で製作され，頭椎大刀などとともにその配布には前代の鏡・甲冑と同様の強い政治的意図が存在したものと想定されている。＊新谷武夫「環状柄頭研究序説」(『考古論集』1977)　(池上　悟)

環頭大刀（千葉・山王山古墳）

関東ローム層(かんとうロームそう)　関東地方に分布する更新世のテフラ(tephra)(火山砕屑物)の総称。ローム(Loam)(壌土)は土壌学用語で，砂・シルト・粘土がほど良く混じり合った土壌をさし，1881年にブラウン(D. Braun)招聘教授が東京都下の赤土に対して呼んだ。1949年の岩宿発見に刺激を受けて関東ローム研究グループが結成され，関東ローム層の組織的な研究が始められた。その結果，テフラ累層単位の層序区分がなされ，南関東では低位段丘の立川面を覆うものが立川ローム層，次の武蔵野面を覆うものが武蔵野ローム層，さらに古い下末吉面を覆うものが下末吉ローム層，最も古い高位段丘の多摩面を覆うものが多摩ローム層と命名され，示標テフラや暗色帯・クラック(crack)帯・重鉱物・粘土鉱物・地形面などの研究に基づいて南関東と北関東の関東ローム層が対比された。以後，「関東ローム層」の名が学史的に定着した。関東ローム層の年代については，植物遺存体の^{14}C年代測定や軽石層のフィッション・トラック(fission track)年代測定などに基づいて，立川ローム層が約1～3万年前，武蔵野ローム層が約3～6万年前，下末吉ローム層が約6～13万年前，多摩ローム層が約14～30万年前に堆積したことが判明している。南関東では立川ローム層より多数の後期旧石器時代石器群が層位的に出土しており，示標テフラ・暗色帯によって各台地の基本層序を対比し，石器群を編年している。北関東では上部ローム層より多数の後期旧石器時代石器群，中部ローム層より少数の中期旧石器時代石器群が発見されている。＊関東ローム研究グループ『関東ローム－その起源と性状』1965；上杉陽「火山灰にみる自然環境」(『考古学と年代測定学・地球科学』1999)　(柳沢和明)

観音塚古墳(かんのんづかこふん)　群馬県の中央部，高崎市八幡町の利根川の支流の烏川と碓井川に挟まれた台地上に位置する前方後円墳。前方部を西北に向けた全長97m，後円部径74m，前方部幅91mの規模で，前方部4段，後円部3段で築成されており周囲には堀がめぐる。主体部は主軸に直交して後円部に東南に開口する両袖型の横穴式石室である。全長15.3m, 玄室幅3.55m, 長さ7.15mの巨石を使用した大型石室である。1945年に地元民により開口され豊富な副葬品が確認された。画文帯環状乳神獣鏡，獣形鏡，内行花文鏡，五鈴鏡，銀装大刀4，銅鋺4，金銅装馬具，挂甲，須恵器などであり，1961年に一括して重要文化財に指定されている。6世紀末頃の築造である。＊尾崎喜左雄・保坂三郎『上野国八幡観音塚古墳調査報告書』1963，高崎市教育委員会『観音塚古墳調査報告書』1992　(池上　悟)

観音洞遺跡(かんのんどういせき)(クアンインドンいせき)　中国貴州省黔西県に位置する前・中期旧石器時代の石灰岩洞穴遺跡。1964年の発見以来，中国科学院古脊椎動物與古人類研究所が発掘調査をし，上層と下層の石器群に大別される。ウラン系列(Uranium-series)法による年代測定結果は，上層が4～7万年前，下層が7～12，10～19万年前。ほ乳動物化石は中期更新世の後葉の特徴をもつ。石器はチャート(chert)製の多様な剥片石器から組成され，華南地方にみられるチョッパー(chopper)などの大型石器群を伴うものとは異なる。*李炎賢ほか『観音洞』1986　(佐川正敏)

神原神社古墳(かんばらじんじゃこふん) 島根県雲南市加茂町の赤川左岸の舌状低台地の突端に位置する一辺35×30mの方形墳で，主体部は竪穴式石室である。副葬品は鏡・素環頭大刀・大刀・鉄剣・鉄鏃・鍬先・鎌・斧・鑿・錐・縫針・なた状鉄器などがあり，特に鏡は三角縁神獣鏡で「景初三年」(239年)の紀年銘を有している。石室蓋石上部からは土器・埴輪片が多数発見されており，山陰の代表的な前期古墳である。*蓮岡法暲「島根県加茂町神原神社古墳出土の景初三年陳是作重列式神獣鏡」(『考古学雑誌』58-3，1972)　(是光吉基)

冠遺跡群(かんむりいせきぐん) 広島県廿日市市を中心とする冠高原一帯に所在する後期旧石器時代～弥生時代の遺跡群。同地域は，「冠山安山岩」の原産地としても知られている。遺跡は丘陵上や低地に展開する。1970年頃から広島大学や広島県教育委員会などによって分布調査や，発掘調査がなされ，膨大な数の旧石器が発見されている。高原一帯の基本的層序は，6枚の層から構成されている。第4層が姶良丹沢火山灰層(AT層)であり，下位の第6層から台形石器，小形のナイフ形石器などが，AT層より上位の第3層では角錐状石器を主体とする石器群，そしてそれより上の層からは槍先形尖頭器などが検出されている。石材の大半は冠山安山岩である。*広島県教育委員会，(財)広島県埋蔵文化財調査センター『冠遺跡群 Ⅷ―冠遺跡群発掘調査事業最終報告書―』2001　(小林博昭)

顔面付土器(がんめんつきどき) 土器の一部に人面を表現した土器。縄文時代の東日本において，前期・中期・後期・晩期にそれぞれ出土例がみられる。前期の宮城県上川名貝塚例，中期の山梨県坂井遺跡・長野県大石遺跡・福島県愛谷遺跡例，後期の北海道茂辺地遺跡・青森県十腰内遺跡・埼玉県高井東遺跡・千葉県小見川貝塚例，晩期の長野県石神遺跡・埼玉県馬場遺跡・千葉県山武姥山貝塚例などがみられる。また，中期の山梨県津金御所前遺跡例のように，顔面把手付土器に表現したものもみられる。後・晩期のもののなかには注口土器・香炉形土器・環形土器など特異な形態の土器に付けられているものがある。

晩期末の中空土偶の系譜としてとらえられる容器形立像の例(神奈川県中屋敷遺跡・長野県腰越遺跡例など)の継承されたものとして弥生時代中期の福島県滝ノ森遺跡・同番場遺跡・栃木県野沢遺跡・茨城県女方遺跡・同小野天神前遺跡・愛知県市場遺跡例，後期の愛知県亀塚遺跡例などがある。

古墳時代においては，人面を有する埴輪は別にして，長野県片山出土の挙手人面土師器は6世紀につくられたと考えられ，特異な形態をもつめずらしい例である。

宮城県多賀城跡・奈良県平城宮跡・福岡県大宰府跡などより人面を墨書で描いたものが発見されているが，これらは，8世紀以降のもので「まじない」に関連するもので

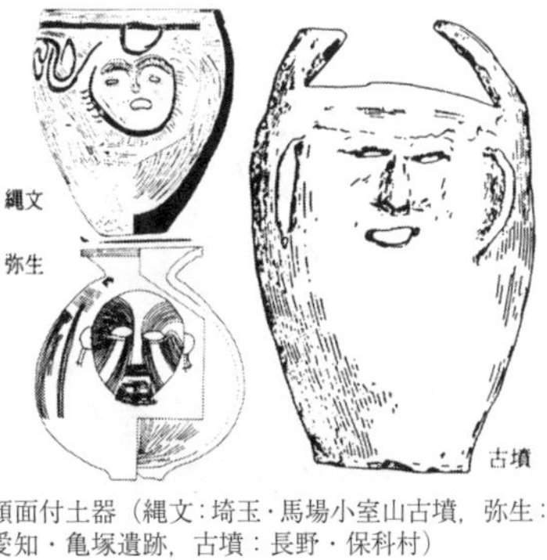

顔面付土器（縄文：埼玉・馬場小室山古墳，弥生：愛知・亀塚遺跡，古墳：長野・保科村）

あろう。＊小林達雄編「縄文土器」(『日本原始美術大系』1，1977)　（佐藤　攻）

顔面把手(がんめんとって)　人面把手ともいう。土器の把手に人の顔を表現したもの。したがって，土器の口縁の上，口縁部ちかくに把手をつけた土器にみられる。縄文時代前期の諸磯b式土器には小さな把手・突起を付け，ここに獣面を装飾するものがあるが，そのなかにまれに人面らしいものを見い出すことができる。中期になるとしだいに顔面把手の形態を整えてくる。特に勝坂・藤内・井戸尻の時期になると隆起線をめぐらした豪華な土器がつくられるが，これと呼応し変化に富んだ雄大な把手が付けられ，この把手には人の顔を表現したもの，獣類・鳥類・爬虫類を表現したものがある。顔面把手の内部は中空で顔は半球状を呈し，土器の内面を向くものが多く，目を柿の種状に鋭くくりぬき立体感をもたせ，後頭部左右に蛇身文様や三本指文様などを組み合わせたものなどがある。これらの顔面把手を付けた土器は単なる日常容器ではなく，特殊な土器として使用されたものと思われる。＊中村日出男「顔面把手出土地名表」(『考古学ジャーナル』63，1971)；小林達雄「縄文土器」(『日本原始美術大系』1，1977)　（野口義麿）

顔面把手（静岡・桃園尾畑）

き

魏(ぎ)　中国では魏の名のつく王朝はいくつかあり，戦国時代の魏，三国時代の曹魏，南北朝時代北朝の北魏・西魏・東魏などの諸王朝が有名であるが，日本に最も関係深いのは後漢末の曹操が建て，その子曹丕(文帝)が後漢の献帝の禅譲を受けて興した曹魏王朝(220–316)である。邪馬台国の卑弥呼の使は文帝の238(景初2)年洛陽に至って文帝に入貢し，多くの賞賜を与えられている。魏の景初3年銘の神獣鏡が大阪府の黄金塚古墳と島根県神原神社古墳から出土しており，『魏志』倭人伝の記述の傍証とされている。＊岡崎敬「魏晋南北朝の世界」(『図説中国の歴史』3，1977)　（穴沢咊光）

基肄城跡(きいじょうあと)　佐賀県三養基郡基山町にある本格的な山城。背振山塊から東へのびる基山に築城され，太宰府政庁の南8kmに位置する。665(天智4)年大野城とともに築かれた。平面馬蹄形状の山で，内に凹地を囲み，南に開口部がある。尾根を土塁がめぐり，北方2ヵ所に門跡があり，南の谷には石垣が築かれている。土塁線内部は約30棟の礎石建物が確認され，大野城と同様5間3間の建物が多い。＊久保山善映「基山と基肄城跡」(『佐賀県史蹟名勝天然紀念物調査報告』6，1938)　（渋谷忠章）

『季刊考古学』(きかんこうこがく)　季刊の考古学雑誌，B5判横組，毎号特集の編集。創刊号は，1982(昭和57)年11月。『季刊考古学別冊』『普及版考古学』(不定期)を刊行。特集記事のほか，発掘情報・連載・書評・論文展望・新刊一覧・考古学界ニュースを掲載。㈱雄山閣刊。　（坂詰秀一）

桔梗2遺跡(ききょうにいせき)　北海道函館市桔梗町に所在する旧石器時代・縄文時代中期の複合遺跡。石川右岸，標高約30mの日吉町段丘(関東地方の下末吉段丘に対比)と称される海成段丘上に立地。1987年に発掘調査。旧石器は100mの距離をおいて2ヵ所の出土域が確認された。南域からは石刃2点，彫刻刀1点，石核1点が出土し，石材は珪質頁岩である。北域からはナイフ様石器19点，ナイフ様剥片17点，石核・剥片など1326点が出土し，石材はめのう質頁岩が主である。ナイフ様石器とは剥片の縁辺部に刃こぼれ状の微細な剥離が見られるものや二次加工があるもので，なかには切出し状の形態を呈するものがある。この北域の石器群は，北海道では石刃技法石器群以前の最も古い石器群のひとつであり，米ヶ森技法や立野ヶ原系石器群との関連を考える上で重要な資料である。また，縄文時代の特筆すべき遺物として，シャチを模した土製品(長さ6.3cm)が初めて出土した。
*「桔梗2遺跡」(『(財)北海道埋蔵文化財センター調査報告書第46集』1988)

(千葉英一)

鞠智城跡(きくちじょうあと)　鞠智城跡は，朝鮮半島での白村江の敗戦(663年)後，大和朝廷によって築かれた古代山城の一つ。国書に，築城時期の明記が無く，698(文武3)年の「鞠智の繕治」記事が初見。最終記載は，879(元慶3)年で「菊池城院」とある。地理的には，大宰府から内陸部へ80kmも入り込み，菊池川河口からも30km遡っている。当然，唐と新羅が攻めてくる状況になく，常識的には，有事の際に前線の後方から武器と食糧を供給して，兵士を送る兵站基地の役目を担ったと思われる。城域面積は55haで，崖線と土塁線で囲繞されている。崖線と土塁線の複合箇所もあり，土塁には，削り出しと版築がある。門は，堀切門，深迫門，池の尾門で，城域の南域に門礎石が残る。堀切門が正門，池の尾門が西門とされる。熊本県では，1967(昭和42)年度から発掘調査に取り組んでいる。これまでに，八角形建物跡(鼓楼)，貯水池跡，貯木場跡が発見された。貯水池跡からは「秦人忍(米)五斗」と書かれた木簡も出土した。これらは国内の古代山城として初の発見である。建物跡は72棟を数え，貯木場跡からは，建築部材や農機具等の木製品が出土した。出土遺物の須恵器や土師器は，7世紀後半を上限となす。城以前では6世紀後半の竪穴住居跡が発見されている。整備は県によって，1994(平成6)年度から進められ，鼓楼，米倉，兵舎，武器庫が復元された。「温故創生館(ガイダンス施設)」を核とした歴史公園の建設が進められている。

(大田幸博)

鞠智城跡

菊名貝塚(きくなかいづか)　横浜市港北区菊名5丁目(旧小字宮谷〔みやたに〕)と菊名台地の東側を南北に伸びる標高40m余の尾根道が横浜市鶴見区上の宮(かみのみや)1丁目との境界をなしており，宮谷貝塚中心部より東方へ150m，上の宮八幡社，東側斜面にも一貝塚があり，この貝塚は上の宮貝塚の名称で呼ばれているが，両貝塚を一括総称し菊名貝塚と呼んでいる。

宮谷貝塚は1929(昭和4)年秋，土地所有者の金子信治氏が山芋を採掘中に地下に堆積の貝層を発見，近くの蓮勝寺の住職・柴田敏夫の知るところとなり，大正大学の学友であった桑山龍進・松下胤信などとはかり，1930年7月，小発掘調査を行い，翌1931年9月，松下が『史前学雑誌』3–4に「武蔵国菊名宮谷貝塚調査予報」を発表した。

この報告を見た大山史前学研究所の大山柏・甲野勇らは，この貝塚に注目，1931年11月から12月にわたり，オランダの考古学者スタイン・カーレンフェルス（Stein Callenfels）を招き，大々的な発掘調査を行い，1932年5月22日，大山史前学研究所でカーレンフェルスの「国際的研究の一分課としての日本史前学の使命」と題する独語の講演が行われ，同年11月刊の『史前学雑誌』4–3･4にこの大山柏訳の論文を掲載した。カーレンフェルスは，北ベトナムの旧石器時代末のホアビニアンの礫核石器，新石器時代初頭の刃先のみを局部磨製したバクソニアン石器と菊名貝塚出土の礫核石器が近似する点を指摘し，菊名貝塚の文化は新石器時代初頭に遡るものと考え，菊名貝塚の石器文化をキクナニアンと呼称してはどうかという提案をした。

菊名貝塚の貝層出土の土器は，縄文文化前期初頭の花積下層式土器であり，本貝塚出土の土器が本形式として代表的なものと考え，菊名式の名称で呼ぶ人もある。

南関東地方一帯に広く分布するが，菊名貝塚出土資料以下，数形式に細分も考えられている。また，近畿地方東部以東，中部地方に広く分布する極めて薄手の硬質な焼成の木島Ⅰ式・Ⅱ式土器は，南関東地方の花積下層式土器出土遺跡では伴出するが，関東東北部の茨城県下などでは伴出しない。また，前期初頭の花積下層式土器は，土器の胎土中に植物繊維を含有する所謂繊維土器であるが，菊名貝塚の貝層下の黒土層からは繊維を胎土中に全く含有しない。体部は，無文の口頸部に隆帯を一条めぐらせる無文部の多い土器が出土しており，貝層出土土器とは異なる古形式の土器と考えられる。＊江坂輝彌「横浜市神奈川区菊名町貝塚出土に就いて」（『考古學論叢』 14, 1939）；桑山龍進『菊名貝塚の研究』1980 （江坂輝彌）

擬似縄文（ぎじじょうもん） → 縄文の文様（巻末参照）

黄島式土器（きしましきどき） 岡山県瀬戸内市の黄島にある黄島貝塚出土品を標式資料とする，縄文時代早期押型文土器の一型式である。器形は尖底または丸底の深鉢で，器壁は薄く，比較的小型である。楕円および山形の押型文を主とするが，他に格子目・変形格子目・複合鋸歯・平行線その他の変形押型文などを伴う。口縁部裏面の施文も一般的である。＊立命館大学史前学研究会「瀬戸内海黄島貝塚発掘概報」（『日本史研究』3–3, 1949） （渡辺 誠）

木島式土器（きじましきどき） 静岡県富士市の木島遺跡から出土した土器を標式とする。縄文時代早期末から前期初頭にかけての土器である。器厚が2〜4mmほどのきわめて薄手の土器が大半。尖底の深鉢形土器で，平縁のものと波状口縁のものがある。文様は数条の粘土紐を貼り付けたり，半截竹管状工具による沈線を施す。分布範囲は東海・中部地方を中心に南関東・北陸地方に及ぶ。南関東地方では前期初頭の花積下層式土器に伴出する。＊江坂輝彌「静岡県庵原郡木島遺跡」（『日本考古学年報』1, 1958）；渡辺誠・保角里志「中越遺跡をめぐる諸問題—縄文早期から前期への転換を中心として—」（『長野県考古学会誌』11, 1971） （佐藤 攻）

『魏志』倭人伝（ぎしわじんでん） 晋の陳寿が著した『三国志』の一部。正しくは『三国志』のうちの一書である『魏志（書）』の第30巻東夷伝の末尾に掲げられた倭人の条。3世紀ころ，倭の政治的中心であった邪馬台国の記録は日本古代史上の重要資料である。当時倭では地方的連合国家が生まれ，女王卑弥呼による祭政一致の呪術的政治が行われていたこと，また社会や風俗の特異なことなどが記されており，注目される。邪馬台国の所在地が畿内か九州かは，学界の論争点である。＊和田清・石原道博『魏志倭人伝・後漢書倭伝・宋書倭国伝・隋書倭国伝』1951 （中山清隆）

帰葬（きそう）　本貫の地を離れて死亡した人物の遺体を，本貫地に帰して埋葬することをいう。奈良時代の例としては，石川年足は762（天平宝字6）年に京の宅で亡くなり，摂津国島上郡白髪郷酒垂山に埋葬したことが墓誌に記されており，帰葬であることが知られる。威奈大村の場合は707（慶雲4）年に任地の越後で亡くなり大倭国葛木下郡山君里に埋葬されたことが骨蔵器の銘文により知られる。また采女として宮廷に仕えた伊福吉部徳足比売は708（和銅元）年に亡くなり，同3年に火葬して故郷の因幡国法美国に埋葬されたことが骨蔵器の銘文により知られる。継体朝の6世紀前半代では朝鮮半島南部をめぐる新羅との戦いに派遣された近江毛野臣が，24年に対馬で亡くなり近江に帰葬されたことが『日本書紀』の記載から窺われる。古墳時代でも，成人遺体を埋葬し得ない小規模な埋葬施設の改葬の場合には可能性があろう。＊斎藤忠『日本古代遺跡の研究』1976　（池上　悟）

北黄金貝塚（きたこがねかいづか）　北海道伊達市北黄金町75番地。噴火湾の東部沿岸にある縄文早期後葉から中期後葉にかけての集落遺跡。1953年以降，大学や行政によって10数回の発掘が行われている。前期の円筒下層式期につくられた5ヵ所の貝塚と盛土遺構，水場遺構に大きな特徴がある。構成貝の違いから5ヵ所の貝塚が同時に存在したのではなく，連続的につくられたものであることがわかる。もっとも古い前期初頭のB地点貝塚はハマグリが主体である。貝塚は墓地でもあり，12体の人骨が発見されている。盛土遺構は，貝塚を覆うように50～100cmの厚さで土が堆積する。台地平坦面の土砂を削平して，この土を盛り上げたらしい。前期の初頭から中葉にかけてつくられた水場遺構は，台地裾の湧水の周りにつくられた祭祀場である。大量の磨石と石皿が30m×15mの範囲に集中してみられた。土器や刻線礫などの供献品から祭祀場と判断した。中期につくられた作業場も発見されている。1987年に国史跡に指定された。＊伊達市教育委員会編『国指定史跡北黄金貝塚発掘調査報告書』1997～1999　（大島直行）

北白川遺跡（きたしらかわいせき）　京都市左京区北白川小倉町に所在する。白川扇状地に立地し，砂質土の中に縄文時代前期と後期の包含層が重なっている。1934（昭和9）年の調査で多量の縄文土器および石斧・石鏃・石匕・石錘・耳飾などが出土した。近畿地方の縄文時代前期の北白川下層式土器および後期の北白川上層式土器は，本遺跡から出土した土器を標式にして命名されている。最近では京都大学がひきつづいて調査を実施している。＊梅原末治「京都北白川小倉町石器時代遺跡調査報告」（『京都府史蹟名勝天然紀念物調査報告』16，1935）　（川崎義雄）

北白川下層式土器（きたしらかわかそうしきどき）　京都府左京区北白川小倉町の北白川遺跡を標式とする近畿地方の縄文時代前期の土器型式。北白川下層式土器は爪形文と刺突文，連続爪形文，羽状縄文，凸帯部に竹管工具による刻目文と羽状縄文へと変化し，それぞれ1式・2a・2b・2c式・B式に細分される。本土器は瀬戸内地方の土器と強い共通性をもち，中部地方・関東地方にまで分布している。＊梅原末治「京都北白川小倉町石器時代遺蹟調査報告」（『京都府史蹟名勝天然紀念物調査報告』16，1935）　（岡嶋　格）

北玉山古墳（きたたまやまこふん）　大阪府柏原市円明にある前方後円墳。玉手山古墳群中の1基で，丘陵上に西面して築かれ，全長51m，後円部径33m，前方部幅22.5mある。葺石および埴輪列がある。後円部に割石小口積の竪穴式石室，前方部に粘土槨があり，石室から勾玉・管玉・鉄剣・鉄刀・鉄矛・銅鏃・鉄鏃など，粘土槨から鏡・剣などが出土した。4世紀後葉の営造。＊井藤徹『北玉山前方後円墳発掘調査概報・第2

次調査』1966　（車崎正彦）

喜田貞吉（きたていきち）　1871～1939。徳島県生まれ。東京帝国大学文科大学国史学科卒。京都帝国大学教授，東北帝国大学法文学部講師。文学博士。日本歴史地理学会を創立して『歴史地理』を刊行，また東北大学文学部内奥羽史料調査部から『東北文化研究』（1930年3月，2巻4号まで），個人雑誌『民族と歴史』を編集刊行した。東北大学において古代史・考古学を講じながら東北古代史の研究を推進した。法隆寺再建非再建論で関野貞と，古墳の主体部構造による編年観で高橋健自と，さらに日本石器時代終末年代論で山内清男と熾烈な論争を展開して学界に刺激を与えたことは有名である。文献史家でありながら考古学的資料を積極的に自己の論に組み込んだ手法は，古代史の研究に新風を吹き込んだものとして高く評価されている。著書に『帝都』1915,『日本石器時代植物性遺物図録』共1932,『法隆寺論攷』1940,『藤原宮』1942などがある。　（坂詰秀一）

北作古墳（きたのさくこふん）　千葉県西北部の印旛沼南岸の柏市片山に所在する古墳群。1号墳は径17mの円墳，2号墳は全長30mの前方後円墳である。1959・1960年に発掘調査され，1号墳の主体部は長さ2.6mの粘土槨であり，直刀1，銅鏃1，鉄鏃3，刀子1，鉄斧2，鉋1が副葬されていた。また主体部の上からは壷・坩・器台・高杯など16個体の土器が破砕された状態で出土している。2号墳では後円墳に2基の粘土槨が配され，管玉が出土している。地域最古の様相を示す古墳群である。＊金子浩昌ほか「千葉県東葛飾郡沼南村片山古墳群の調査」（『古代』33，1959）；中村恵司ほか「北作Ⅰ号墳」（『印旛・手賀沼周辺地域埋蔵文化財調査』1961）；中村恵司『房総古墳論攷』1978　（池上　悟）

北野廃寺（きたのはいじ）　愛知県岡崎市矢作町北野に所在する飛鳥時代後期の寺院跡。1964年に愛知県教育委員会により調査された。東海地方最古の寺院跡で伽藍配置は四天王寺式である。寺地は東西約124m，南北147m（約1.5町四方）で，四方に土塁を残す。出土遺物は瓦類のほか泥塔・塼仏・銅製磬形垂飾がある。磬形垂飾は，正倉院所蔵品以外のものでは唯一のものである。＊愛知県教育委員会『史跡北野廃寺発掘調査図集』1965　（岡本桂典）

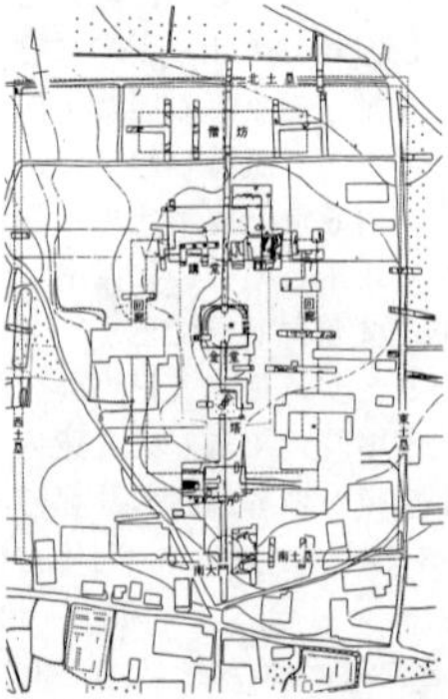

北野廃寺（発掘調査図）

基壇（きだん）　建物の床面を敷地より高くするための壇。一般に礎石建物に使用される。中国では殷代に出現したが，日本には飛鳥時代に仏教寺院の建築技術として伝来した。基壇の構築は版築によってなされる点に特色がある。版築は基礎部分を掘り下げ，土を少しずつ入れては棒で搗き固め，それを繰り返すことで礎石建物の重量に耐える基礎を構築する技法である。その断面は異なる土壌の互層として現れる。奈良県明日香村の飛鳥寺の東西金堂は下成基壇の上に上成基壇を重ねる二重基壇で，下成基壇の外装は玉石の乱石積であるが，上成基壇については後世の削平のため不明である。基壇の外装は土層の断面を石材や瓦塼などで覆うことが多い。石材では，玉石を用いた乱石積，加工した石材を使用した切石積，地覆石・羽目石・束石・葛石からなる本格的な壇上積などがある。壇上積は最下段に地覆石を置き，その上に一定間隔で束石を立て，その間に羽目石を嵌め込み，上端を葛石で押さえた構造である。壇上積は正式な基壇外装とされたようで，大寺院で一般的にみられ，地方寺院でも主要堂塔は壇上積の例が多い。瓦や塼を用いたものは瓦積基壇と呼ばれ，地覆石を置くものと置かないものがみられるが，いずれも平瓦を縦に半截して用いる。瓦積は7世紀後半から8世紀に盛行し，山城や近江を中心に分布するところから，渡来系氏族との関係を想定する見解もある。なお，愛知県豊川市三河国分寺塔跡の基壇外装は木造であったことが確認されたが，珍しい例である。基壇上面は舗装しない例が多いが，方形や三角形の切石や塼を敷き詰めた場合もあり，現存する古建築は大寺院が多いためにむしろ舗装されている例が一般的である。基壇の正面などには，階段が設けられ，建物への出入り口となっていた。＊小田富士雄「基壇」(『新版考古学講座』8，1971)　(時枝　務)

亀甲墓(きっこうばか・かめこうばか)　墓室が亀の甲形をした沖縄県独特の墓様式。墓の構造は，斜面をL字にカットして丸い亀の甲羅状に墓室を築き，その前面に袖垣(石垣)によって囲まれた墓庭を造る。墓正面観は鏡石が塞ぎ，その上に破風のような眉が付くのが一般的。琉球士族が福州に留学し風水と共に墓制を持ち帰ったことで広まる。柳田国男は早くから外形が中国(華南・福建)の影響を受けていると言及。「一族門党」で使用されることに沖縄の墓の構造的特徴がある。墓内の棚に一族門党の洗骨を家形あるいはボージャ厨子に治め埋納する。最古例は康熙25年(1686)に改修された中城按司護佐丸墓で，19世紀には一般民衆に広まる。＊小熊誠「沖縄と福建における亀甲墓をめぐる比較研究 - 沖縄における受容と展開を中心として」(国際常民文化研究機構・神奈川大学日本常民文化研究所『国際シンポジューム報告書』Ⅱ, 2011)　(松原典明)

キトラ古墳(キトラこふん)　奈良県明日香村字阿部山にある。丘陵南斜面を半円形に削り窪めて，小石を詰めた排水溝を巡らせ，その上に版築による基礎地業と埋葬施設構築そしてふたたび版築による盛り土を行った。直径約14m，高さ3.3mの二段築成の円墳。埋葬施設の横口式石槨は幅約103cm，高さ約111cmで，壁石材は奥が1枚，東西が各3枚，天井が4枚を数え，天井には屋根形の掘り窪めがある。壁面に漆喰が塗られ，奥壁に玄武，西壁に白虎，東壁に青龍，南壁に朱雀の四神図を，天井には天文図を，東壁上部に日像，西壁上部に月像を，さらに獣頭人物らしき像も描いている。四神図は躍動感にあふれ，天文図は，古代中国で認識されていた星座を金箔と朱線で，赤道や黄道などの円を朱線で表わしている。高松塚古墳より精緻な壁画で，高句麗古墳の壁画に通じる点がある。8世紀初めの造営とされる。＊キトラ古墳学術調査団『キトラ古墳学術調査報告書』1999　(杉山晋作)

紀年銘(きねんめい)　金属製品・木製品・石造物などがつくられた時に紀年を彫り込んだり記した銘をいう。奈良時代から平安時代初頭にかけては干支のみであらわしたものが多く，平安時代には年号のみを記す方法が行われた。また，年号と干支をともに記しているものは全時代を通じてみられるが，特に鎌倉時代から室町時代に多く，干支の表記の変化がある。一方，室町時代では年号の下に干支のいずれかを記している。　(是光吉基)

紀年銘鏡(きねんめいきょう)　銘文中に紀年を有する鏡をいう。漢式鏡ではこれが図文と同様の方法により施されており，製作年時を明示する資料として重視されている。現在知られる中国鏡は150面ほどであるが，これらは図文および構成により他の紀年を有さない鏡の製作時期推定の根拠となるばかりでなく，出土遺構および共伴遺物の年代推定にも重要な資料となるものである。最古の紀年を有する鏡は，前漢末の居摂元年銘を有する内行花文銘帯鏡であり，王莽鏡では始建国210年・天鳳215年の紀年を有するものがある。後漢代は各種の鏡式にわたり紀年銘鏡が多く，三国時代では呉の半円方形帯神獣鏡・重列神獣鏡を中心に多数認められる。その他六朝の4世紀末までに認められ，このなかで後漢代には，銘文中の年号の次に記した月日には正月あるいは5月の丙午日という実際の製作日ではない鋳造の吉辰にあたる干支を鋳出した例が多く，呉の紀年銘鏡の一部にも認められる。仿製鏡ではわずかに同笵鏡5面を有する三角縁神獣鏡と隅田八幡宮所有の画像鏡があるにすぎない。前者は中国鏡の銘文の模倣にすぎず，後者は「癸未年八月日十」の紀年銘を有している。この癸未年については西暦383・443・503・563年の説があるが，小林行雄は，この画像鏡の出土状況とその契機が想定される倭の五王の南朝への朝貢活動を考慮して443年と推定している。＊富岡謙蔵「漢代より六朝に至る年号銘ある古鏡について」(『考古学雑誌』7–5・6・7，1917)　(池上　悟)

城輪柵(きのわのさく)　9世紀初頭～10世紀中葉の出羽国の城柵跡。山形県酒田市城輪所在。庄内平野の北端の微高地に立地し，方720mの外郭は角材列と築地で囲む。中央部には方115mの政庁があり，正殿・脇殿などが配される。

文献に記載はないが，804(延暦23)年秋田城から移転した平安期の出羽国府とする説が有力。国史跡。＊柏倉亮吉・小野忍「城輪柵遺跡の内郭と性格について」(『山形県民俗・歴史論文集』2)　(八木光則)

蟻鼻銭(ぎびせん)　青銅銭で，上が狭くて下が広い卵形を呈しており，上部に小孔がある。背面は平滑であるが，表面は凸状になり刻文がみられる。文字の解釈については種々あってはっきりしないが「各一朱」「当半両」「当六朱」などと読む説がある。また，鬼の顔のようにみえるところからこれを「鬼瞼子」とよぶ場合もある。形からみて貝貨を模してつくられたもので，分布状態から戦国時代の楚の貨幣であると考えられる。＊奥平昌洪『東亜銭志』1938　(是光吉基)

亀趺(きふ)　亀の形を模した基礎(台・基台)を指し，多くは上に碑を載せた形で用いられ亀趺碑と呼ばれた。材質は，石が主で中には金属製もある。亀の形は，中国の伝説上の神獣・贔屓に似ているとされ重きを好むことから碑の台に用いられたとされる。亀趺碑の淵源は中国南北朝時代，浙江省付近を中心に被葬者の子孫繁栄が目的として作られた「神亭壺」にある。唐代『通典』雑制「碑碣之制」に「螭首龜趺」と記され，被葬者の品階に応じ墓前に建立された碑がある。日本で古くは舎利荘厳具として唐招提寺金銅金亀舎利塔(平安時代)，これを写した東大寺金亀舎利塔は応永18年(1411)である。石造物では正平24年(1369)造立の鳳閣寺宝塔の方形基台の正面に亀の頭部と前脚が陽刻されており珍しい。戦国期末期は禅宗の高僧の頌徳碑である「塔銘」として用いられ，近世に高僧に帰依をした大名らが墓碑あるいは墓前碑として亀趺碑を用いた。会津保科家，鳥取池田家，長州毛利家墓所などは著名。＊藤井直正「亀趺をもつ石碑の系譜」(『大手前女子大学論叢』25～27，1991)　(松原典明)

夔鳳鏡(きほうきょう)　鏡背の文様は鈕を中心とした四葉文により4分され，この間に相対する双鳳文を配する鏡である。外区と内区を段により区分せず平面をなし，中央の四葉文には糸巻形・蝙蝠形・宝珠形の3種がある。縁が内行花文帯で終了するものと，外側に平素縁をもつものがある。紀年鏡は後漢の105(元興元)年と145(永嘉元)年が知られる。一般的な白銅質のもののほかに鉄鏡もあり，魏晋代に盛行したも

夔鳳鏡（滋賀・瓢箪山古墳）

のとみられている。＊矢島恭介「夔鳳鏡と獣首鏡とに就いて」（『考古学雑誌』33〜35, 1943）　（池上　悟）

擬宝珠（ぎぼうし）　木帽子・金帽子・擬法師・木法師・葱宝珠などと書かれ，「ぎぼし」「ぎぼうしゅ」ともよばれる。橋や社殿，須弥壇などの昇勾欄親柱の頭に着装される装飾金具で，筒の部分を胴といい，その上を覆鉢，くびれた部分を首，そして上部に宝珠あるいは逆蓮がのっている。すでに敦煌の唐代壁画に逆蓮を柱頭とする親柱がみえているが，わが国では平安時代末期の「年中行事絵巻」などに描かれている。＊久保常晴「擬宝珠名称考」（『立正史学』16, 1953）　（是光吉基）

球形土製品（きゅうけいどせいひん）　縄文時代中期以降にみられる単純な球形を呈する土製品。直径3〜9cm。中軸に貫通孔があり，表面には簡単な文様がつけられている。姥山貝塚から大形の例が出土しており，貫通孔の一方を中心に渦巻文が描かれている。装身具とする説があるが，明確にはし得ない。＊八幡一郎「立体土製品」（『考古学研究』2–3, 1938）　（江坂輝彌）

旧石器考古学（きゅうせっきこうこがく）　旧石器時代人によって作られ用いられた石の道具の研究を中心とするが，さらに当時の生業・住居・芸術・自然環境・実年代等々の多方面にわたる問題については，隣接諸科学の協力をえて追求する。ヨーロッパでは1851年にネアンデルタール人の化石発見，1865年にジョン・ラボック（John Lubbock）が石器時代を旧石器時代パレオリシック（Palaeolithic）と新石器時代ネオリシック（Neolithic）とに分け，1879年にはアルタミラ（Altamira）洞穴の壁画が発見され，旧石器考古学は19世紀後半から発展の一途をたどってきた。しかし，日本では，1949年に相沢忠洋が岩宿のローム（loam）層崖面から黒曜石製の尖頭器を発見するまで，この分野の研究には手がつかなかった。　（芹沢長介）

旧石器時代（きゅうせっきじだい）　Palaeolithic あるいは Old Stone Age。新石器時代・中石器時代に先行する人類最古の時代で，約200〜250万年前から約1万年前までつづいた。人類の歴史上最古の，そして最も長い時代である。地質学からみればこの時代はほぼ更新世に相当し，氷河時代ともいわれている。旧石器時代はさらに人類の形質や文化の違いによってLower（下部）—Middle（中部）—Uipper（上部）の3期に区分されている。なお，中国ではこれらを早期・中期・晩期とし，日本では大山柏いらい，前期・中期・後期と訳している。

下部旧石器時代，人類が製作した最古の石器は，東アフリカのエチオピアにあるオモ川渓谷のシュングラ出土品であり，その年代は240〜250万年前までさかのぼるといわれている。約180万年前から約100万年前までつづいたオルドゥヴァイ文化（Olduvai）は，タンザニア（東アフリカ）のオルドゥヴァイ峡谷におけるL. S. B. リーキーの1931年以来のたゆみなき発掘調査によって明らかにされた。オルドゥヴァイ遺跡第1層から第2層下半部までがオルドゥヴァイ文化層であり，出土した石器には石英岩やチャートでつくられたチョパー・チョピングトゥール・ハンマー・彫刻刀・剥片尖頭器・錐・スクレイパーなどがあり，小形石器の多いことも注意されている。第1層下

日本旧石器の編年図

○左欄の年代は B. P.(before physics)で示してある(B. P. については「年代決定法」の項を参照していただきたい)。
○右欄の標式遺跡は各年代区分の中で，最も代表的な遺跡名を掲げている。各遺跡についてはそれぞれの項目をご覧願いたい。
○なお巻末に付した「旧石器時代編年表」も併用していただきたい。

（芹沢長介）

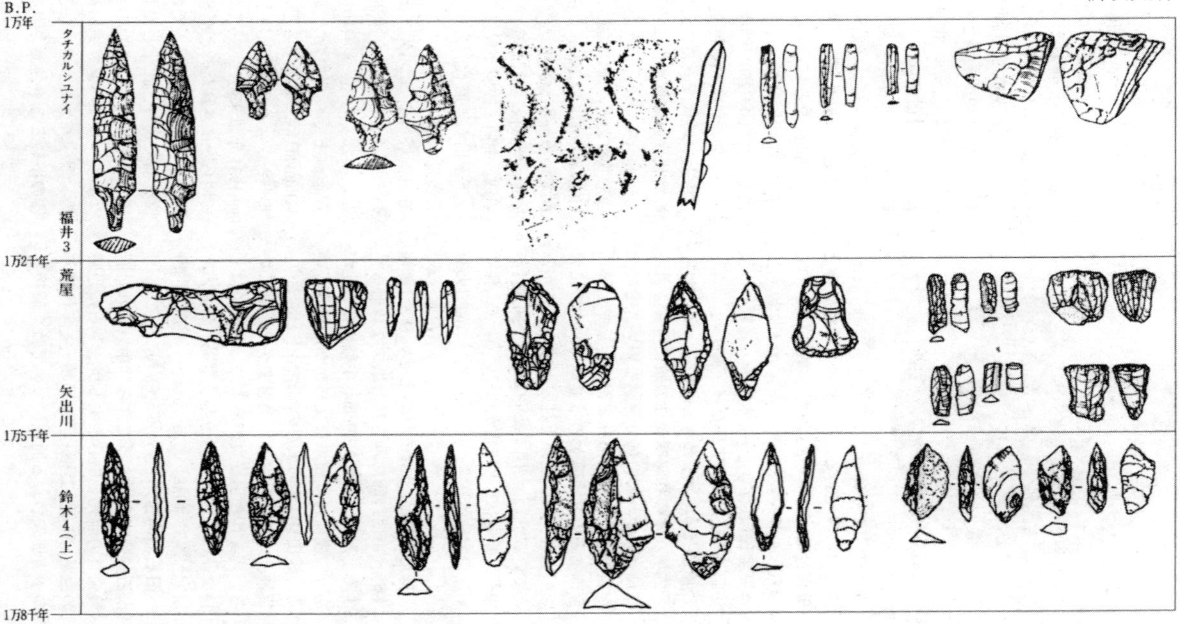

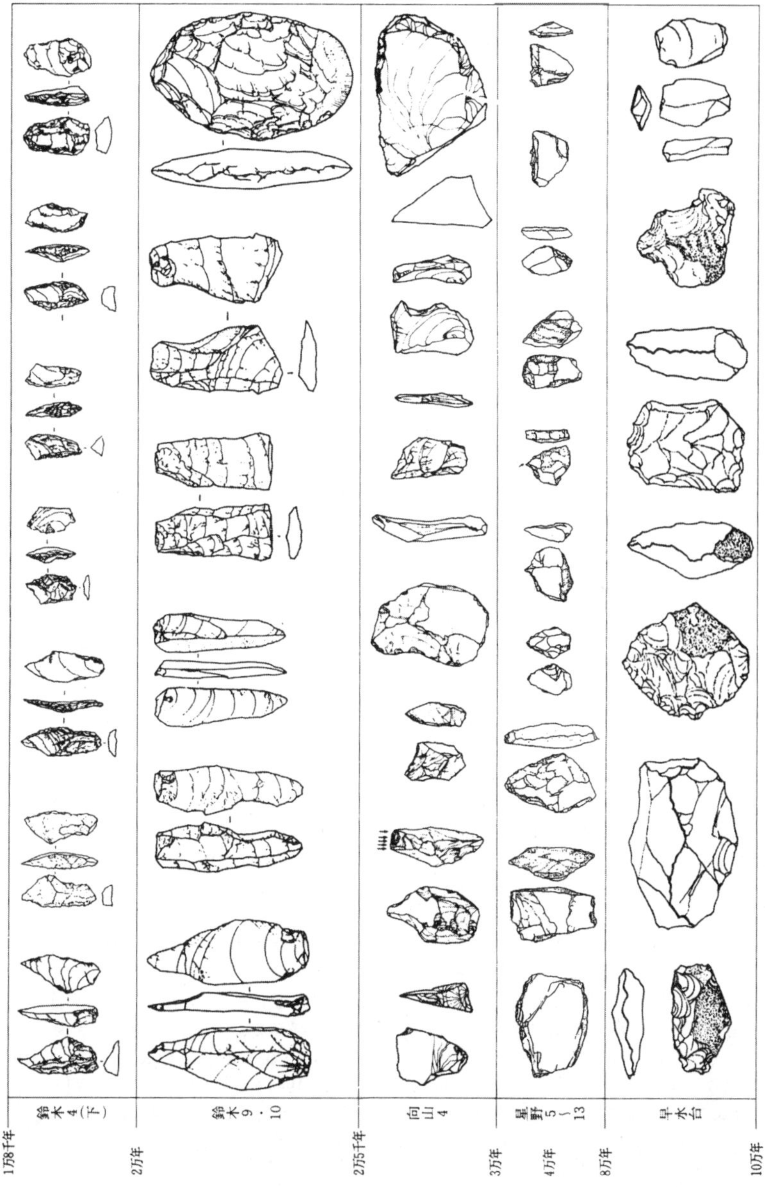
鈴木4(下)
鈴木9・10
向山4
星野5〜13
早水台
1万8千年
2万年
2万5千年
3万年
4万年
8万年
10万年

半部から半円形に礫を敷き並べた遺構が発見されており，世界最古の住居跡であろうといわれている。さらに同じ文化層からはアウストラロピテクス(猿人)およびホモ・ハビリスの頭骨が発見されている。ヨーロッパでは南フランスのヴァロネ洞穴その他が知られている。アジアでは中国北部の泥河湾盆地で，1978年いらい東谷坨遺跡(100万年前)や小長梁遺跡(162万年前)などが調査されてきたが，最近になって更に骨器や石器が発掘された馬圏溝遺跡では166万年前から132万年前という測定結果がえられた。したがって，アジアやアフリカに匹敵する初期人類文化が発達していたという事実が明らかにされたのである。

約80万年前から約8万年前まで，ヨーロッパではハンドアックスを特色とする原人の文化がつづいた。アブヴィル文化がまず出現し，その後はアシュール文化(下部・中部・上部)がながくつづいた。アブヴィル期のハンドアックスは石のハンマーで打ち欠かれ，縁辺は波状を呈し，基部には自然面を残している。これに反してアシュール期のハンドアックスは鹿角などの軟質ハンマーで加工され，槍先形・杏仁形・リマンド形などに整形された。クリーヴァー・剥片尖頭器・スクレイパー・彫刻刀を伴い，中期にはすでにルヴァロワ技法が出現した。アシュール文化の分布はヨーロッパ・アフリカからインドに及び，最近では1973年いらい，中国南部の広西省チワン族自治区の百色盆地に分布するハンドアックスを主体とする遺跡の研究が進み，これらはアシュール文化の系統をひくもので，その年代は約73万年前のものであるということも判明した。なお同じころ，ヨーロッパ北部からインド北部，さらに東および東南アジアにかけての地域には，ハンドアックスを持たぬチョパー・チョピングトゥール文化の伝統が広がっていたと考えられている。北京原人で知られる中国の周口店遺跡はその代表的な例である。

中部旧石器時代，約8万年前から約3.5万年前までつづいた旧人(ネアンデルタール人)の時代であり，ヨーロッパではムスチェ文化によって代表される。ルヴァロワ技法が盛行し，ムスチェ型尖頭器，ルヴァロワ型尖頭器，心臓型ハンドアックスなどの特色ある石器がつくり出された。住居跡や墓地も発見されており，粗雑な骨角器や装飾品もまれに出土する。関連する文化はヨーロッパ・アフリカ・西アジア・インドに広く分布し，その一部は東アジアにも達していたらしい。

上部旧石器時代，約3.5万年前から約1万年前までの短期間ではあるが，新人類が主人公となり，絵画，彫刻，精巧な骨角期，多種の石器を残した。整った形の石刃を多くつくり出す石刃技法が確立され，その結果としてさまざまの工具が発達し，さらに文化発展の原動力にもなったのであろう。フランス西南部からスペインにかけて分布する洞穴絵画，ヨーロッパからシベリアまでの広大な地域から出土する女性像(旧石器時代のヴィーナス)は著名である。約2万年前になると，シベリアの新人はベリンジアを通ってアメリカ大陸へ移住したと考えられている。

日本の旧石器時代，相沢忠洋による1949年の岩宿遺跡発見以来，日本にもかつて旧石器時代の人類が住んでいた事実が明らかにされた。これまでに日本各地から発見された遺跡は数千ヵ所にのぼり，その大部分は1万年前から3万年前までの後期旧石器時代に属していることが判った。しかし3万年から約10万年前までの前期旧石器時代の遺跡も1964年以後注意されるようになった。これまでのところ開地遺跡が大部分を占めているが，まれには洞穴遺跡も発見されている。*Richard G. Klein “The Human Career” 1999　(芹沢長介)

旧石器時代のヴィーナス(きゅうせっきじだいのヴィーナス)　ヨーロッパからシベリ

アにかけての後期旧石器時代人によってつくられた小形女性像。高さは10cm前後のものが多く，材料としては象牙のほかに石や粘土も用いられた。ヨーロッパの出土例は一般に肥満した裸体で，女性の性的特徴を誇張して表現しているが，頭髪や目・鼻・口などは省略されたものが多い。これに反してシベリアの出土例はむしろ細身で，頭髪や顔面の細部まで彫りこんでおり，衣服をあらわしたと解される例もある。特に著名なものとしてフランスのブラッサンプイから出土した象牙製の髪の長い少女頭部，オーストリアのウィレンドルフ出土の石灰岩製裸体女性像，チェコスロバキアのドルニ・ヴェストニッツェ出土の裸体女性土偶などがある。写実的な作とともに，便化された抽象的なヴィーナスも少なからず発見されている。シベリアではバイカル湖周辺のマリタおよびブレティの両遺跡から多数の発掘資料がある。　（芹沢長介）

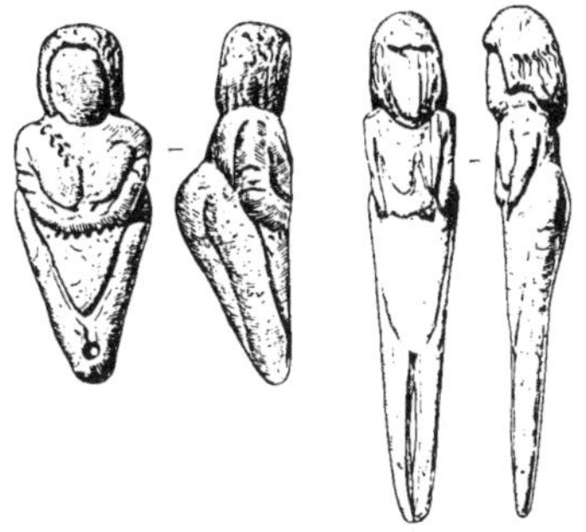

旧石器時代のヴィーナス（シベリア・マリタ）

旧石器捏造事件（きゅうせっきねつぞうじけん）　1981年10月に発表された「座散乱木」（宮城県）発掘の石器は前期旧石器時代に遡るという報道は，以降，「中峰C」（宮城県）「馬場壇A」（同）「高森」（同），「長尾根」（埼玉県），「総進不動坂」（北海道），「一斗内松葉山」（福島県）「小鹿坂」（埼玉）など同時代とされる出土石器が報じられ，日本に前・中期石器時代が存在したとされた。しかし，2000年11月5日，毎日新聞の報道により，これらの石器は人為的に埋没された「捏造（ねつぞう）」であったことが判明した。これを承けて日本考古学協会は「前・中期旧石器問題調査研究特別委員会」を発足して1年間にわたって検証し「20余年にわたり続けられて来た捏造」の全容が明らかにされた。その結果「129遺跡はねつ造された可能性」が指摘された。＊毎日新聞旧石器遺跡取材班『旧石器発掘捏造のすべて』2002；日本考古学協会『前・中期旧石器問題の検証』2003；安斎正人『前期旧石器再発掘 ―捏造事件のその後―』2007　（坂詰秀一）

宮殿跡（きゅうでんあと）　宮殿はわが国の古代国家の中心であり，天皇の居所と各種の官衙群から構成される。7世紀以前の宮殿については，その位置を推定するにとどまり，確実な遺跡として確認されたものはない。これに対し，7世紀に入ると宮殿の営まれる地はほぼ飛鳥地方に固定し，その後飛鳥の地を離れ，平城宮から平安宮へと移転する。現在調査された宮殿跡は，斑鳩宮・小墾田宮・板蓋宮・浄御原宮（以上飛鳥地方），難波宮・藤原宮・平城宮・長岡宮・平安宮などである。飛鳥地方に営まれた宮殿の調査は，いずれも推定地または伝承地であり，まだ部分的な調査がなされたのみで全体の規模や構造を明らかにし得ないが，遺構の規模，出土遺物の上から宮殿跡であることはほぼ確実である。これらの宮殿は，いずれも掘立柱建物で，屋根は板・檜皮・茅葺きであり，藤原宮以降の宮殿が礎石をもち，瓦葺きとなるのと対照的である。また，調査により最も古い朝堂院の存在が確認されたのは前期難波宮（651～686年）である。ここでは内裏と朝堂院は隣接し，しかも廊で連絡されている。しかし，藤原宮以降は内裏・朝堂院は隣接しているものの，おのおの独立した区画をもち，さらに長岡宮・平安宮では完全に分離する。このような宮殿跡の配置変遷は，わが国の古代国家の政治情勢と密接な関係にあり，特に大化改新以後の律令体制の確立とその変容を知るうえで一つの重要な基礎資料となっている。＊坪井清足・鈴木嘉吉編「埋れた宮殿と寺」（『古代史発掘』9，1974）　（西脇俊郎）

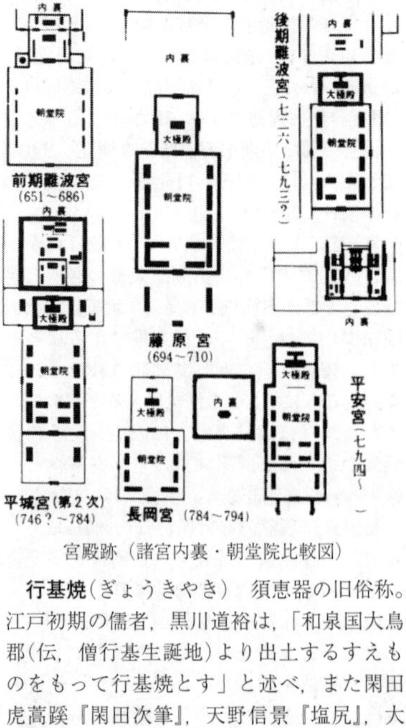

宮殿跡（諸宮内裏・朝堂院比較図）

行基焼（ぎょうきやき）　須恵器の旧俗称。江戸初期の儒者，黒川道裕は，「和泉国大鳥郡（伝，僧行基生誕地）より出土するすえものをもって行基焼とす」と述べ，また閑田虎蒿蹊『閑田次筆』，天野信景『塩尻』，大田南畝『一話一言』などにも行基焼という名称がみられる。しかし当時どの時代の土器を指してこの呼称がなされたか定かでない。明治初期まで使用されたがその後一般に使用されるにいたらなかった。＊田辺昭三『須恵器大成』1981　（松原典明）

共存遺物（きょうぞんいぶつ）　伴出遺物ともいう。一群の遺物が同一の遺跡の同一の層位で，かつ同時に使用されていたことを示す状況のもとに，まとまって発見されたとき，共存していると考え共存遺物とよんでいる。同一の組合せの例が多ければ多いほど，一つの共通な遺物間の有機的な関連は比例して大きくなる。例えば，火災にあった竪穴住居跡から一括して遺物が出土したとすると，同一の時期に使用されていたものが火災のため持ち出すことができず，一瞬のうちに残された一群の遺物である。しかもその保存状態が良ければ，共存遺物として学術的価値の高いものになる。このような共存状況の大変良好な遺跡から出土した共存遺物を基本的な資料として，数多く集積することによって，周辺地域との相関関係あるいは遺物相互間の編年関係などが明確になってくる。したがって，どんな細かい遺物といえども出土状況が大事である。＊八幡一郎「相関関係・一括遺物」（『新版考古学講座』1，1968）　（川崎義雄）

夾炭黒陶（きょうたんこくとう）　中国新石器時代の土器の一種。“夾 jiā”は，中国語で，「（両側から）はさむ。混ぜ合わす」の意。“炭 tàn”は，「木炭」の意味。河姆渡遺跡から多数出土し，河姆渡文化を特徴づける土器と考えられている。

雲母質粘土の中に炭化した植物の茎・葉や稲殻を混入してつくっている。器壁は厚く粗製で，軟らかく，縄文叩きで整形する。焼成温度は低い（黒陶の焼成温度は，800～930℃）。器形は，非対称形のものが多く，“釜 fū”（中国古代の鍋・釜の一種。釜など煮炊き用の土器は，上部を篦磨きしている）が，最も多い。施文の多くは篦描き文で，線・波形のほかに鳥・豚・稲穂・藻などの動・植物文を描いたものもある。河姆渡遺跡出土の夾炭黒陶は，馬家浜文化（黒陶・黒衣陶）や，良渚文化（灰胎黒衣陶）出土の黒陶とともに，龍山文化の代名詞になっている黒陶の起源を考える上でも貴重な資料といえる。　（荒幡尚雄）

夾紵棺（きょうちょかん）　→　乾漆棺（かんしつかん）

経塚（きょうづか）　経典は，法舎利とも呼ばれている。経典は，釈尊自身の教えであるが，経典自身が釈尊であることを一方では意味している。この経典を書写し，埋納するという行為の痕跡として把握されている遺跡，あるいは埋経遺跡を日本では経塚と呼称している。この経典を埋納するという行為は，10世紀末に日本において末法思想を背景にし，浄土信仰の発達に伴い仏教的作善業の一つとしてはじめられたと考えられている。埋納された経典の形態は，紙本経が主体となっているが，瓦経，滑石経，銅板経，貝殻経，礫石経，サンゴ経などがある。写経して埋めるという行為から瓦経や滑石経をみるとこれらの経典のあり方は，経典の保全という願望の手段として把握される。埋納された経典には，『法華経』，『般若心経』『阿弥陀経』,『弥勒経』『大日経』『金剛頂経』などがある。埋納方法は，紙本経は容器に納めて小石室に納めるなどの方法がある。経塚は古代から現在まで連綿と続いている。中世には廻国納経にともなう経筒がみられる。島根県太田南八幡宮の鉄塔に奉納された経筒などは，六十六部奉納経としての性格をもつものである。近世以降には，礫石経などが多くみられるようになり，標識を伴うものもある。経塚には，鏡などの副納品を副えることが多い。藤原道長が奈良県金峯山に1007(寛弘4)年に『法華経』などを納めた金銅製経筒を埋納したものが，現在最古の経塚である。＊坂詰秀一「経塚の概念」(『古代学研究所研究紀要』1，1990)；石田茂作監修『新版仏教考古学講座』6，経典・経塚，1977　(岡本桂典)

経塚（福岡・武蔵寺）：天井石をとりのぞいた内部

経筒(きょうづつ)　紙本経を保護するための直接容器には，箱形と筒形の2種がある。箱形のものは経箱と呼ばれ，奈良県金峯山経塚の経箱をはじめ経塚出土例は10例ほどしかない。経を納入する身の部分の形が筒形のものは，一般的に経筒と呼称されている。経筒には，伝世品の他に経塚，墳墓，仏像の胎内，石塔などに納められたものがある。通常経塚から発見されたものを指すことが多い。経筒の材質には，金属・陶磁器・石・木・竹などがある。金属器では，銅製品が多く，鋳銅製と銅板製があり，鍍金を施したものもある。石製品のものには，白雲母岩･滑石などを用いたものがある。金属製品には，円筒形，八角形や六角形の多角形のものがあり，また全体を宝塔形にしたものもある。経筒の蓋には，大別すると平蓋，盛り蓋，傘形があり，撮みのあるものとないものがある。撮みは，宝珠形や相輪形などがある。底は，平底・上がり底，台底があり，鏡を転用したものもみられる。経筒の銘文には鋳銘，刻銘，針書銘，墨書銘がある。紀年銘経筒で最古銘は，1007(寛弘4)年の藤原道長が金峯山に埋納した円筒形経筒である。経筒は，一般的に平安時代の経筒は背が高く25cm前後，鎌倉時代には18cm前後とやや低くなり，室町時代に

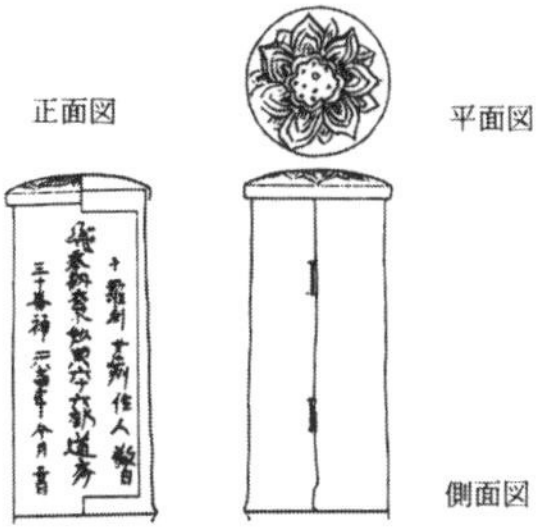

経筒（群馬・沼田市）

は10cm前後となる。経筒の高さは経巻の寸法と関係するが，特に室町時代に廻国納経と結びつき経筒の小形，軽量化がみられた。平安時代の経筒に記された容器の名称をみると箱・篋・宝塔・塔・筒・壺など様々なものがみられ一定していない。*三宅敏之「経塚の遺物」（『新版仏教考古学講座』6，経典・経塚，1977）　（岡本桂典）

鏡笵（きょうはん）　鏡の鋳型をいう。中国のものとして知られる戦国鏡のものは砂型である。砂型鏡笵の鏡背文を印した面におびただしい蝋分を含んでいるものがあるが，これはたび重なる蝋の流し込みによって吸収されたものと考えられ，蝋型を使用した鋳銅技法が想定されている。これに対し砂型に直接文様を彫刻する技法も，銘文あるいは図形の特徴よりうかがわれる。朝鮮平安南道孟山出土の多鈕鋸歯文鏡の鋳型は，蝋石の両面に文様を彫刻している。*田中琢『古鏡』1979　（池上　悟）

杏葉（ぎょうよう）　杏葉は，馬具の尻繋や胸繋から垂らす装飾であるが，なかには辻金具や雲珠の脚に直接取り付けた例もある。杏葉は，轡の鏡板と共通した特徴をもち，セットとして製作された。多くの形式がみられ，これらには時間的変遷がたどれる。大まかにまず剣菱形杏葉があらわれ，楕円形，ハート形，鐘形，棘葉形，長方形などとつづき，棘付花弁形杏葉が古墳時代の終末の形式となり，鈴付のものもある。金銅製・青銅製・鉄製・鉄地金銅張・鉄地銀張がある。*小野山節「馬具と乗馬の風習」（『世界考古学大系』3　日本Ⅲ，1959）　（坂本美夫）

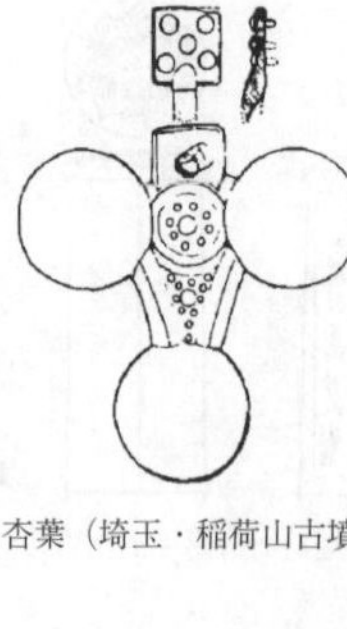
杏葉（埼玉・稲荷山古墳）

許家窰遺跡（きょかよういせき）（シュジァヨウいせき）　桑干河流域である山西省陽高県許家窰村と河北省陽原県候家窰村の約3km²に分布する遺跡群である。文化遺物と化石は地表下約8～12mの粘土層中部から出土している。石器は長さが3cm以下の小形の剥片石器が主体であり，メノウやチャートを主要石材とするスクレイパー・尖頭器・彫刻刀形石器などがある。スクレイパーの中には短身のエンドスクレイパーもある。また礫を球形に加工した大小の球形石器が約1500点も発見され，ポラー・ストーンとしての機能が推定されている。賈蘭坡らははじめ年代を3～6万年前と推定したが，1976年に発見された人類化石が北京原人とネアンデルタール人の両方の特徴をもっていることと，斐氏転角羊の化石の存在などを理由にその年代を約10万年前に改めた。その後，哺乳動物化石のTh230年代も約10万年前と測定された。こうして許家窰遺跡は小形石器伝統をもつ中期旧石器時代初頭に位置付けられているが，中国内の見解は一致していない。*賈蘭坡・衛奇・李超栄「許家窰旧石器時代文化遺産1976年発掘報告」（『古脊椎動物與古人類』4，1979）　（佐川正敏）

玉器（ぎょくき）　玉とは中国では半透明の美しい色，脂肪状の光沢をもつ石を指す。中国では古来，軟玉（nephrit）が好まれ，神秘的な力を有すると信じられたこともあって，様々な形の玉器が製作された。その初現は新石器時代の龍山文化・青蓮崗文化にあり，腕輪などの装身具や有孔の石斧・石庖丁などに美麗なものがあらわれた。殷・西周には瑞玉や祭玉とよばれる，祭祀や位置などの象徴的な玉器が発達する。

未盗掘であった殷墟婦好墓からは多くの玉器が出土したが，戈・矛・鉞・斧・錛・鎌のみ・石庖丁・圭などの武器や道具を石

玉器（中国・婦好墓）（殷）

から玉におきかえたもの，腕輪等の装身具からと考えられる玦・瑗・璧・璜の類，方柱形で中は円孔の琮のほか，若干の容器類，人や様々な動物，龍などを板状の玉に彫ったり，丸彫りでつくったものが数多くみられる。その後，春秋・戦国時代には瑞玉や祭玉は圭と璧を除いて衰退し，腰につるす佩玉が主流となる。つづいて漢代には葬玉が中心となり，圭や璧のほか，口中に含ませる玉蝉をはじめ死体の目耳鼻を覆う玉類，満城漢墓などで知られる玉匣などがある。玉には死体の腐敗を防止する力があると信じられていたためといわれる。六朝以後になるとそれも衰退し，容器などの奢侈品に用いられた。＊林巳奈夫「中国古代の祭玉・瑞玉」（『東方学報』40，1959）／「漢代の美術』1975；中国社会科学院考古学研究所『殷墟玉器』1981　（重松和男）

玉杖（ぎょくじょう）　T字型を呈する杖頭部と，管玉状の石製品を鉄芯で連ねた軸および筒形の参鐓よりなる50cmほどの短い杖状を呈する碧玉製を主体とする石製品である。類例は数例を越えず，桜井茶臼山古墳出土例を代表例とし，杖頭部の幅13cmほどを測る。その形態より権威の象徴としての儀杖用と考えられるものである。これに類似する石製品としてはメスリ山古墳副槨出土の4個体の翼状飾付石製品・十字形翼状飾付石製品がある。＊佐野大和「古墳出土の杖」（『大和文化研究』3–6, 1955）（池上　悟）

玉斧（ぎょくふ）　縄文～弥生時代の石器。硬玉・軟玉，また美麗な石材でつくられた石斧。地の光沢を出すため特に入念に磨かれており，刃部の調整も非常に鋭くなっている。材質の貴重さから考えると，また，中国や東南アジアの例からみると，玉斧は実用品ではなく，権威の象徴，祭儀呪術用といった役割をもっていると思われる。＊林巳奈夫「中国古代の祭玉・瑞王」（『東方学報』1969）　（小渕忠秋）

局部磨製石斧（きょくぶませいせきふ）　刃部だけが研磨された石斧。扁平な礫や大形剥片を素材とする。刃部を研磨する以前に，全体の形状を整えるために周辺を粗く加工する場合がある。前者の製作技術は打製石斧と同様である。刃部再生が行われる場合もある。刃部の研磨は両面の場合と片面の場合とがあり，その形状も直刃・円刃の両者がある。全体の形状は打製石斧と同様にかなり変化に富む。日本列島では後期旧石器時代初頭より出現し，縄文時代早期の撚糸文土器群まで存続する。しかし，各時期の石器群に普遍的に組成する石器ではないので，一つの系譜に連なるか否かは重要な問題である。特に，後期旧石器時代では前半に多く，後半に少ないので，後期旧石器時代の局部磨製石斧と神子柴・長者久保系石器群に伴う神子柴型石斧や隆線文土器群に伴う局部磨製石斧との関連はまだ不

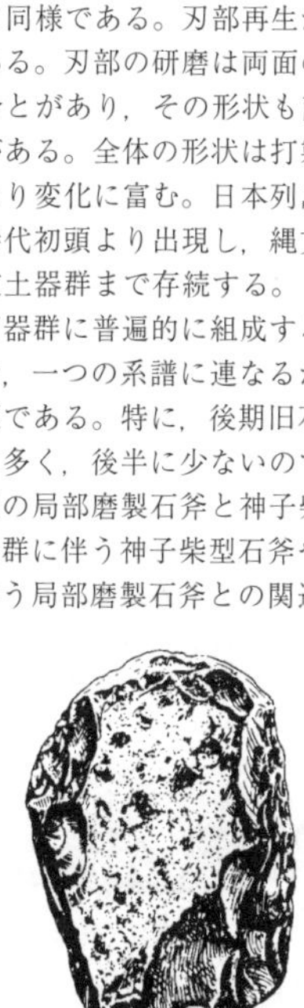
局部磨製石斧（群馬・岩宿遺跡）

明確である。なお，局部磨製石斧はユーラシアやオーストラリアでも後期旧石器時代より出現しているが，出土例は少ない。＊芹沢長介「旧石器時代の磨製石器」(『歴史教育』13–3，1965)　(柳沢和明)

玉篦(ぎょくべら)　玉や蛇紋岩質の石を用いて，長楕円形で偏平な薄板の一端に小さな孔をうがち，他の一端は篦先状につくられた石器。東日本の縄文時代前期または中期の遺跡からまれに出土する。明確な用途は不明である。類似品として，篦状石器とよばれる石器が，東北北部から北海道南部にかけての縄文時代早期末以降の遺跡から出土し，掌蹠骨製骨匕とよばれるものが，東北地方から関東地方の中期～後期の貝塚より出土する。玉篦様の玉製品は，北朝鮮・中国東北部・北アメリカなどでも発見されている。＊八幡一郎『日本の石器』1948　(佐藤　攻)

魚形石器(ぎょけいせっき)　魚形を模した石製品をいい，本州でも茨城県や富山県などに発見例があるが，代表例は北海道の恵山文化のもので，同文化の特徴的石器の一つである。形態は，腹側がやや狭い楕円形の胴部断面と，長楕円形の尾部断面をもつ鰹節型を典型とし，紡錘型例も多い。長さは20～25cmが一般的で，頁岩・粘板岩・凝灰岩などを利用。しばしば先端部を細く削り出し，また先端部や末端に1～2条の沈線を回らす。民俗例に照らし，擬似針の可能性が強い。北海道西南部から青森県下北半島方面に分布する。＊名取武光「網と釣の覚書」(『北方文化研究報告』15，1960)　(石附喜三男)

魚形石器（北海道・祝津遺跡）

鋸歯縁石器(きょしえんせっき)　デンティキュレイト(denticulate)の日本訳。剥片の長軸の1辺に鋸歯状の刃をつけた石器をいう。フランスの中期旧石器ムスチェ(Moustier)文化の中には，石器組成の30～50%をこの石器が占める場合があり，デンティキュレイト・ムステリアン(Denticulate Mousterian)とよばれている。ヴルム(Würm)氷期のはじめから同Ⅱ期まで続いたといわれる。日本では星野遺跡の約3万年から約8万年前の第5～第13文化層から多く出土しており，年代的にはほぼ同時期の所産である。3万年前以後の例としては，磯山遺跡からの出土例がある。

また，縄文時代になると，北九州から五島列島にかけて，両面加工の「石鋸」とよばれる石器が出現するが，これは大陸系のサイド・ブレイド(side-blade)と考えられる。＊F. ボルド(F. Bordes)『二つの洞穴の物語り(A tale of two caves)』1972　(芹沢長介)

鋸歯縁石器（星野第9文化層）

清戸迫横穴墓群(きよとさくおうけつぼぐん)　福島県双葉郡双葉町新山にある横穴墓群。総数200基以上あるといわれているが，76号墓に彩色壁画があるので有名(国指定史跡)。赤色顔料で玄室奥壁中央に渦巻文を描き，その下に鹿，犬，弓を射る人，騎馬人物，左右に男子2名の立像をえがく。羽山，泉崎の装飾横穴と主題が似ており，7世紀に比定される。＊『福島県史』6　考古資料，1964　(穴沢咊光)

清野謙次(きよのけんじ)　1885～1955。京都帝国大学医学部卒。京都大学医学部教授。1902年大阪府立北野中学時代より考古学に興味をもつ。1909年，医学部卒業後，微生物学・病理学の講座を担当，「生体染色の研究」で学士院賞を受け，また今日の京都大学ウイルス研究所の基礎を築くなど，微生物・病理学者としても多大な業績を残し，この方面でも世界的に著名な学者である。1919年ごろから大阪府国府遺跡の発掘調査を皮切りに，日本各地の縄文時代の遺跡を発掘調査し，約700例に近い計測可能な縄文時代人の骨格を蒐集した。これら清野門下の研究成果は『人類学雑誌』の別冊付録として相次いで刊行された。『日本貝塚の研究』などの著書がある。（江坂輝彌）

御物石器(ぎょぶつせっき・ごもつせっき) 御物とは天皇の所有物を呼ぶ場合の名称で，明治，大正，昭和初期まで一般的に使われた。この種の特異な形態で中部地方西部の山岳地帯という限られた地域で発見される石器で，1877(明治10)年，石川県能登半島西部の鳳至(ふげし)郡穴水町比良に所在する浄土真宗の法栄寺境内から長さ約30cmの紺黒色をした粘板岩製の特異な形態をした精巧な磨製石器が2点出土したので，京都の本山の大谷光尊師の手を経て，明治天皇に献上されたので，この種の石製品を御物石器と呼ぶようになった。これを「ぎょぶつせっき」と呼ぶのは一般の読み方で呼ぶので誤りではないが，正式の名称は「ごもつせっき」である。

御物石器には比良の法栄寺境内で発見されたような紺黒色の，粘板岩製の細長い形態のもの(これを第一形式とする)と黄灰色の砂岩製で厚みのある長方形をなし，体部に渦巻状の隆帯文の装飾のあるもの(これを第二形式とする)の二種類あり，分布圏は富山，石川，福井，滋賀，岐阜，愛知，三重県下にわたる同じような山岳地域に分布し，1966年の天羽利夫の集成発表の80余点に三重県下に新資料が2点増加した程度である。第二形式は中期末から後期初頭の縄文文化の時期のもので第一形式は後期末から晩期の所産と思われることが判明してきた。しかし，用途は今日まで皆目わかっていない。今後の発掘調査で，明確な出土状態がわかるものが増加すれば，その使用目的が明らかになるかと思われる。縄文文化の石器には用途不明のものが多い。＊天羽利夫「御物石器の研究」(『考古学雑誌』52–1，1966)
（渡辺　誠）

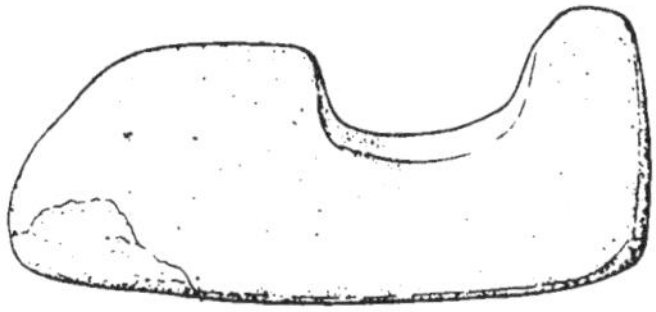

御物石器（石川・能都町小垣）

錐形石器(きりがたせっき) 剥片の一端を尖鋭につくり出した石器。穿孔に主機能があるという推定から命名された。大きくは外面形で，基部と先端部に明確な境界をもつものともたないものがある。細かくは，剥片の一端に小剥離を加え，小さな凸出部をつくり出しただけのもの，先端部が両面加工で長くつくり出されるもの，全面に2次加工がくわえられ，ポイント状を呈するもの，両側辺に刃潰し状の加工を加えて尖頭部を形成するものなど多くの形態がある。それに応じて，先端部の断面形も三角形・菱形・台形などのバラエティーがある。旧石器時代においては剥片の一端に同じ側から2次加工を加えて先端部断面形が三角形となるものが多い。しかし，縄文時代特有の細身の錐の出土はないも

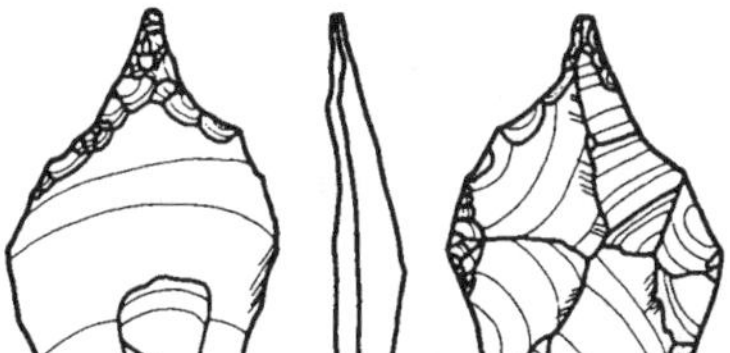

錐形石器（新潟・田沢）

のの，器面の大部分に2次加工が施され，先端部断面形が菱形や台形を呈するものも，わずかではあるが旧石器として発見されはじめている。*鈴木道之助『石器の基礎知識』Ⅲ，1981　(藤原妃敏)

切子玉(きりこだま)　古墳時代に用いられた玉のうち，六角を通有とする截頭角錐を2つあわせた形のものをいう。長さ2～3cmほどのものが普通であるが，5cm以上の大形のものもある。六角のほかに四・七・八角などもある。素材は水晶が最も多く，自然結晶を利用したものも切子玉とよばれる。そのほかには瑪瑙・蝋石・ガラスなどが用いられる。類似のものに載頭円錐を二つあわせたものがあり，算盤玉(そろばんだま)とよばれる　(池上　悟)

キリシタン遺物(きりしたんいぶつ)　キリスト教の祭祀や信仰の実践に用いた宗教具や教会，病院，学校，墓地などキリスト教関連施設の構築材などのことである。これまでに伝世品や埋蔵文化財調査で確認された宗教具ではメダイ，ロザリオ，十字架，聖遺物箱，聖櫃，聖画，木棺，祭服，苦行鞭，関連施設の構築材としては罪札付十字架，磨崖十字架，墓碑，花十字瓦などが存在する。これらのキリシタン遺物は日本全国的に分布し，キリスト教の布教が広がっていたことをうかがい知ることができる。*今野春樹『キリシタン考古学』2013　(今野春樹)

キリシタン考古学(きりしたんこうこがく)　新旧約聖書の事象を検証する「聖書考古学」，地球規模のキリスト教関連遺跡を対象とする「キリスト教考古学」に対して，「キリシタン考古学」は日本国内のキリシタン文化に限定した分野である。その対象となるのはキリスト教の祭具や信仰の実践に用いた遺物や教会，病院，学校などキリスト教関連の施設跡である。これらをキリスト教学，歴史学，美術史，考古学的の4つの観点から検証し，積極的に認知されるものをキリシタン遺物，遺跡と定義し，それを専ら考古学的手法で研究を行う。年代区分は天文8年(1549)にフランシスコ・ザビエルによって伝道されたキリスト教は1630年代後半に江戸幕府によって厳禁されるまでの約90年間を「布教期」，禁教から明治6年(1873)に明治政府によって禁教令が解かれるまでの約240年間を「潜伏期」とし，この期間は信徒とその子孫は取締りを受けつつも信仰を隠し潜伏してキリスト教の記憶を伝えていた。明治以降は「再布教期」と時代区分をしている。*今野春樹『キリシタン考古学』2013　(今野春樹)

キリシタン墓碑(キリシタンぼひ)　日本における布教期キリスト教徒の墓碑である。形は伏碑型と立碑型に大別される。伏碑型は九州地域を中心に多く見られ，立碑型は京都を中心とした近畿地方に分布する。東日本地域では伏碑型と立碑型も含めてキリシタン墓碑の存在は確認されていない。墓碑の形状には他に箱型や平型なども確認されるが，これらは幕府による禁教後の潜伏キリシタンのものである可能性が指摘されている。キリシタン墓碑の多くには十字架や花十字架が刻まれ，没年月日，俗名，霊名(洗礼名)，行年をあわせて刻するものが多く存在する。

西日本地域に存在する墓碑に刻まれる没年代の精査から最も古い墓碑は大阪四条畷市出土の天正九年(1581)「礼幡」墓碑であるが，主な出現期は伏碑型と立碑型ともに1600年初頭であり，下限は大分佐伯市の元和五年(1619)「るいさ」墓碑である。キリシタン墓碑は江戸時代の禁教を経た現在においても，かつて日本で盛行したキリスト教の記憶をとどめる貴重な存在である。*南島原市教育委員会「日本キリシタン墓碑総覧」(『南島原市世界遺産地域調査報告書』2012)　(今野春樹)

切出形石器(きりだしがたせっき)　切出しナイフの形態に仕上げられた石器。ナイフ形石器の一類型とされる場合が多い。調整加工(刃潰し)は両側辺に加えられ，刃部は斜行する。基部は平縁のまま残る場合が多いが，まれに調整加工が加えられるものもある。素材は横長剥片である場合が多いが，縦長剥片を折断して素材とすることもある。日本旧石器研究の端緒となった岩宿遺跡からも出土し，研究初期にはタイプトゥールとして，「切出形石器を伴う石器群」と一時期を画する材料とされた。しかし，南関東を中心とする資料増加によって，必ずしも一時期を代表する石器でないことが明らかになっている。中国のシャラオソゴール，水洞溝遺跡などから類例が報告されており，日本でも，調整加工は異なるが全体の形状が切出状を呈するものについては，その起源が前期旧石器時代にまでさかのぼるとされている。＊芹沢長介「石器の種類と名称」(『古代史発掘』1，1974)
(藤原妃敏)

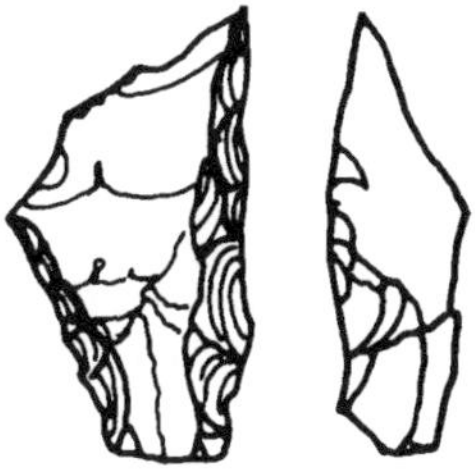

切出形石器（東京・殿ヶ谷戸)

金印(きんいん)　金製の印。中国では殷代から印章が用いられており，漢・魏・晉代には皇帝・諸王侯・官僚・内属の夷王などそれぞれの身分に応じて，材質・印文・鈕の異なる印章を用いる規定があった。金印はこの規定によりつくられたもので，現存するものに雲南省石寨山6号墓出土「滇王之印」，福岡県志賀島出土「漢委奴国王印」など数例が知られている。志賀島出土金印は1784(天明4)年2月23日百姓甚兵衛が田の溝を修築中に，石材の下から発見したといい，純金製であることから藩主黒田治之に献上し，それが黒田家に伝来したものである。印面は1辺2.4cmの正方形で厚さは0.9cm，これに高さ1.5cm幅2.4cmの蛇鈕がついている。『後漢書』東夷伝倭人条に「建武中元2年，倭奴国奉朝賀，(中略)光武賜以印綬」(A. D. 57)とあり，志賀島出土金印がこの光武帝から下賜された印に該当するものとされている。＊岡崎敬「漢委奴国王金印の測定」(『史淵』100，1968)（池田栄史)

金海貝塚(きんかいかいづか)　1890年今西龍により発見，東京人類学会雑誌23–1(朝鮮にて発見せる貝塚について)韓国慶尚南道金海邑鳳凰台(旧・会峴里)の花崗岩小丘上にある貝塚で，原三国時代の標式遺跡として知られる。たびたび発掘されたが，1920年(浜田耕作・梅原末治)と1934，1935年(榧本杜人)の発掘が有名である。貝層から陶質のいわゆる「金海式土器」，赤色軟質土器，鉄器，骨角器，炭化米，貨泉が出土し，支石墓・甕棺・箱式石棺も発見された。甕棺から碧玉製管玉・細形銅剣・銅鉾，箱式石棺から丹塗壺・磨製石鏃が発見されている。＊浜田耕作・梅原末治『金海貝塚調査報告』(大正9年度古蹟調査報告)1923；榧本杜人「金海貝塚の甕棺と箱式石棺」(『考古学雑誌』43–1，1957)　(穴沢咊光)

金鎧山古墳(きんがいざんこふん)　長野県中野市新野にある。丘陵の頂部に占地した直径21m，高さ2.6mほどの円墳である。土石混合墳で一種の積石塚といえる。内部主体は特異な合掌形石室で，長さ2.35m，幅0.64mほどを測る。副葬品には五鈴鏡・珠文鏡・勾玉・管玉・丸玉・小玉・白玉・貝輪・鉄刀・剣・刀子・槍・鉄鏃・鉄斧・鋸・砥石・轡・環鈴・鈴・鉸具・帯金具・革紐留金具・須恵器片・土師器片が知られる。6世紀代に築造されたものと考えられている。＊森本六爾『金鎧山古墳の研究』1926　(坂本美夫)

欣岩里遺跡(きんがんりいせき)　韓国京畿道驪州郡占東面欣岩里にある無文土器文化の遺跡。南漢江に面する標高123mの丘陵東西傾斜地に所在する。遺跡は1962年，金元龍により発見され，1972年よりソウル大学校の調査が行われた。調査の結果，住居跡から出土した土器の中より，炭化したコメ・オオムギ・アワ・モロコシの種子が出土した。コメはいずれも短粒形のジャポニカ種で，これは平壌の南京遺跡出土のジャポニカ種の炭化米とともに，朝鮮半島における稲作の起源および北限を知る上でも貴重な資料である。土器は有孔口縁土器・赤色磨研土器などがあり，無文土器文化前期に属する。その他，磨製石斧・打製石斧・磨製石鏃・打製石鏃・磨製石剣・庖丁形石器・砥石・漁網錘・紡錘車などが出土している。なお，^{14}Cの測定値によるとB.C.950年という年代が出ている。＊「1972年調査概要」(『朝鮮考古学年報』1972)；ソウル大学校考古人類学叢刊『欣岩里住居址』4・5・7・8，1973・1974・1976・1978　(広瀬雄一)

近世考古学(きんせいこうこがく)　近世考古学は，広義の歴史考古学に包括される分野で近世を考古学の方法で研究することを目的としている。1970年代から東京・京都・福岡などにおいて都市の再開発に伴って近世遺跡の発掘調査が行われるようになり，次第に日本考古学の一分野として位置づけられるようになった。その対象は都市から農・漁・鉱・工業などの遺跡に拡散し，文献史学・民俗学など隣接分野との協同研究によって，近世を多角的に研究する方法が確立されている。1980年代に入って江戸遺跡研究会や関西近世考古学研究会など，近世を対象とする研究組織が各地に誕生し，近世考古学は日本考古学の一分野として市民権をえている。＊江戸遺跡研究会編『図説江戸考古学研究事典』2001　(坂詰秀一)

金石学(きんせきがく)　金石文を研究する学問。金属器に記された金文と石碑などの石造物に書かれた石文を合わせて金石文と呼ぶが，甲骨や封泥など紙以外の材質に記された文字資料を含むことが多い。ヨーロッパでは古銘辞学として発達し，ベック(August Boeck)やモムゼン(Theodor Mommsen)らによってギリシャ銘辞学やラテン銘辞学として整備され，その影響下に形成されたインド銘辞学もカニンガム(Alexander Cunningham)らの努力で充実した学問として成長した。中国では，唐代に始まり，宋代に学問として整備され，さらに清代に考証学の一分野として発達した。日本では，江戸時代に考証学が隆盛し，藤貞幹『金石遺文』，市河寛斎『金石私志』，松平定信『集古十種』，狩谷棭斎『古京遺文』など基礎的な研究がまとめられた。近代になると，木崎愛吉『大日本金石史』，坪井良平『日本古鐘銘集成』，竹内理三『寧楽遺文』・『平安遺文』金石文編などの金石文集が編まれ，各地方ごとの金石文も自治体史編纂などに際して集成され，容易に銘文を知ることができるようになった。しかし，金石文の史料学的な研究は古文書などに比して立ち遅れており，金石学の体系化は今後に待つところが大きい。＊入田整三『日本金石文綱要』1937　(時枝　務)

金石文(きんせきぶん)　紙に書かれた古文書，古記録以外の材料に文字が記録されたものを金石文とよんでいる。この対象になる資料の多くは，社寺に関するもので，⑴金属類：鏡鑑・刀剣・墓誌・仏像・梵鐘・鰐口・雲版・磬・懸仏・錫杖・香炉・華鬘・経筒・燈籠・擬宝珠など，⑵石類：層塔・宝篋印塔・五輪塔・無縫塔・板碑・石仏・鳥居・水盤・墓碑・狛犬など，⑶瓦塼類：瓦経・瓦など，⑷木類：木簡・棟札・巡礼札・絵馬・扁額・太鼓・経箱など，⑸布類：裂・幡などがある。銘の表現にあたっては，凹字の場合を陰刻銘，凸字の場合を陽刻ないしは陽鋳銘という。また，細い線であらわした時には針書・釘書とよび，瓦塼類では箆書と呼称している。内容は，製作者の意図，年月日，あるいは位階，事績，没年月日などが端的にあらわされる場合が多い。わが国では，埼玉稲荷山古墳，江田船山古墳出

土の刀剣銘が最も古い例である。＊斎藤忠編著『古代朝鮮・日本金石文資料集成』1983 （是光吉基）

金石併用時代（きんせきへいようじだい）石器時代と青銅器時代の中間期はEneolithic Periodとよばれ，それを浜田耕作が金石併用期と意訳した。三時期法によるかぎり石器時代と青銅器時代あるいは鉄器時代は，段階的に編年するべきものであり，石器と青銅器あるいは石器と鉄器が伴う場合には，それぞれ青銅器時代・鉄器時代であるべき筈である。日本においては弥生時代が金石併用期として把握されたことがある。 （坂詰秀一）

金峯山経塚（きんぷせんきょうづか） 奈良県天川村山上ケ岳に所在する経塚。山上蔵王堂の南側にある湧出岩周辺に営まれていたが，1691（元禄4）年に竣工した蔵王堂の再建工事にともなう大規模な整地作業に際して，さまざまな経塚遺物が発見された。なかでも，1007（寛弘4）年銘の藤原道長の経筒は最古の経塚遺物で，『御堂関白記』の記事から道長自ら登山して奉納したことが裏付けられる点も貴重である。そのほか，銅板経・経箱・経軸端・鏡像・懸仏・銅鏡・仏具・銭貨・武器などさまざまな遺物が出土しているが，大部分は山頂祭祀にともなうもので，直接経塚と関連するものではないと考えられる。出土遺物には8世紀末まで遡るものがあり，そのころから形成された大峯山頂遺跡の一画に11世紀以降に経塚が営まれたものと判断され，山岳信仰と経塚の深い関係が推測される。金峯山の地名はすでに使用されていないが，考古学では最初に報告された際の名称が著名になったため，それを尊重して現在も金峯山経塚と呼んでいる。＊石田茂作『金峯山経塚遺物の研究』1938 （時枝 務）

欽明陵古墳（きんめいりょうこふん） 奈良県高市郡明日香村平田にある前方後円墳。檜隈坂合陵に治定されている。梅山古墳ともいう。丘陵上に西面して築かれ，全長140m，後円部径75m，前方部幅110mある。葺石および周濠がある。営造時期は6世紀後葉。なお陪冢とされる吉備姫墓にある猿石4は付近の水田から出土したものである。＊末永雅雄『古墳の航空大観』1975 （車崎正彦）

金鈴塚古墳（きんれいづかこふん） 千葉県の上総南西部，小櫃川下流域の木更津市長須賀に所在する前方後円墳。全長95m，後円部径55m，前方部幅72mの規模であり，主体部は後円部に構築された砂岩を用いた全長10.3m，奥壁幅2.2m，奥壁高2.1mの無袖式の横穴式石室である。1950年の調査により組合式石棺のほか2ヵ所の埋葬施設が発見され，3体の人骨が確認されている。奥壁寄りの被葬者に伴って古墳名称の由来となった5個の金鈴が発見されたほか，三神五獣鏡・四乳鏡，環頭・頭椎・圭頭・円頭大刀など17振の飾大刀，甲冑，金銅装の3組以上の馬具，銅鋺，300点に近い土師器・須恵器などの豊富な遺物が出土している。6世紀後半の築造である。＊滝口宏ほか『上総金鈴塚』早稲田大学考古学研究室報告，1，1952 （池上 悟）

く

クービ・フォラ遺跡（Koobi Fora Site） 1969年にトゥルカナ（Turkana）湖の東岸で発見された。全部で350mにも達する堆積層序のなかで，210〜230万年前とされるKBS凝灰岩の下に位置するKBS石器群とその上部にある約150万年前のオコテ（Okote）凝灰岩層に由来するカラリ（Karari）石器群が確認されている。KBS石器群はオルドワン（Oldowan）礫石器群に類似し，カラリ石器群は発達オルドワンに相当する。単打面のカラリスクレイパー（Karari Scraper）が特徴的な石器である。この他に150体以上の人類化石が発見されていて，オーストラロピテクス（*Australopithecus*），ホモ・エレクトス(*Homo erectus*)，ホモ・ハビリス(*Homo habilis*)などの重要な標識資料が存在する。*Isaac, G. L. ed., and Isaac B. assisted, "Koobi Fora Research Project, Vol. 5, Plio-Pleistocene Archaeology" 1997 (梶原　洋)

久ヶ原遺跡(くがはらいせき)　東京都大田区久原6丁目に散在する弥生時代の久ヶ原式土器の標式遺跡。1927年，中根君郎らにより紹介されて以降，調査がしばしば行われ，菊池義次によって大集落跡であると実証された。多摩川に面する標高15mの久ヶ原台地のいたる所に住居が形成され，なかには貝塚を伴い，土器は東海地方のデザインを採用し，赤色塗彩の鋸歯文で飾り，目をひくものがある。木製品・炭化米も出ている。*菊池義次「弥生文化」(『大田区史(資料編)』考古1，1974) (関　俊彦)

久ヶ原式土器(くがはらしきどき)　東京都大田区久ヶ原出土の弥生時代後期初頭の型式名。南関東を中心に分布し，東海地方の文様をとりいれ，華やかな装飾をもつ土器と実用に徹した煮沸用のものとの差がでている。器種は壺・台付甕・高坏・鉢・無頸壺で，その種類がこの時期にふえている。ことに壺を意識して装飾し，赤色塗彩，複合口縁に3本の棒状凸帯をつけたり，羽状縄文の上に連続山形文を配したりなどの工夫がみられる。*杉原荘介「武蔵・久ヶ原出土の弥生式土器について」(『考古学』11–3, 1940) (関　俊彦)

草摺(くさずり)　武具の一つで，特に短甲の付属具として腰から大腿郡を保護するものである。つくりにいくつかあるが，古墳時代前期前半ころのものは革製のものが用いられ，帯状にした革を重ねて革紐でつづり合わせている。後半になると鉄製のものとなり，幅5cm前後の帯状の鉄板を10数段同様に革紐でつづっている。短甲に用いるいま一つの例として，鉄製小札を革紐緘したものがある。挂甲の場合は，胴部と草摺とが連続してつくられている。*大塚初重「大和政権の形成」(『世界考古学大系』3, 1959) (坂本美夫)

草戸千軒町遺跡(くさどせんげんちょういせき)　広島県福山市，芦田川河口に近い河川敷に所在する遺跡で，常福寺(現明王院)の門前町，港町として栄えたが洪水によって埋没した。1961年以来，調査が実施されており，中・近世の井戸・掘割・溝・池などの遺構や陶磁・土製品・木製品など多種多様の遺物が出土し，中世の日常生活，生産活動，信仰・習俗，交易などを明らかにするうえで重要な遺跡である。*広島県教育委員会・草戸千軒町遺跡調査研究所『草戸千軒町遺跡』1968～1981 (是光吉基)

櫛(くし)　木・竹・骨・金属を用いてつくられた髪飾りで，日本では縄文時代前期からみられる。縄文時代の櫛は，①福井県鳥浜貝塚例のように10本ほどの歯を刻み出して漆をかけた木製のもの，②宮城県沼津貝塚例のように猪，鹿の肩胛骨を縦割りして5本ほどの歯をつくり出したもの，③青森県是川遺跡例のように10本ほどの竹ヒゴで歯をつくり，横木で固定したのちに漆地粉で塗り固めた所謂乾漆製のものなどがある。弥生時代の櫛は出土例が少ないが，奈良県唐古遺跡例は縄文時代と同じく，15本の木製のヒゴを組み合わせ漆で塗り固めたものである。ところが古墳時代の櫛は細い竹ヒゴを10本ほど揃え，中央を糸でくくっ

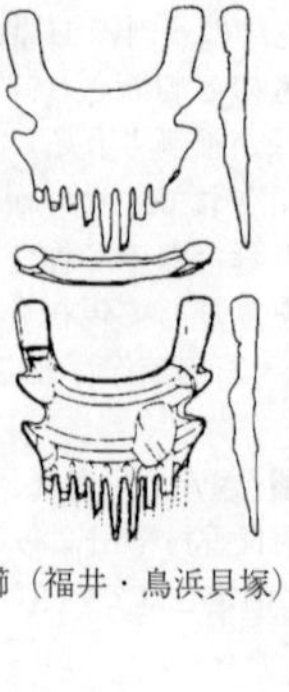

櫛（福井・鳥浜貝塚）

た後U字型に曲げ頭部を糸で巻き固め，その上を漆で塗り固めた縦長のものである。また，30本ほどの歯をつくり出した木製の横櫛も確認されている。＊中里寿克ほか「宮城県山王遺跡出土弁柄漆塗櫛の技法と保存処置」(『保存科学』7，1971)　(江坂輝彌)

釧(くしろ)　腕輪あるいは腕飾りのうち主として石製および金属製のものをいう。石釧は古墳時代に碧玉でつくられた腕飾りとして鍬形石および車輪石とあわせて包括される場合は，内径5～6cmの環状につくられた裏面が平坦で斜面をなす表面に放射状の線を刻む定型化したものであるが，このほかに滑石を材料として鋸歯文などの文様を有するものもある。銅釧は弥生時代に貝輪を模倣して製作され，巻貝を原材とする貝輪に起源する環の一端の突起を誇張するもの，台形を呈するもの，片側の三角形に突出するものなどが鋳造された。またガラス製の釧も弥生時代の遺物として確認されている。古墳時代の金属製の釧は金・銀・銅製のものがあり，10cm前後の円形が普通であるが，車輪石形を呈するもの，貝輪に起源するものなどがある。鈴釧は釧の周囲に鈴を付したものであり，鋳銅製である。これには細い円環に5，6個の鈴を付けたものと幅の広い釧に10個前後の鈴を付けたものがある。＊樋口清之「腕飾考」(『上代文化』23，1952)　(池上　悟)

葛生人(くずうじん)　栃木県葛生町(現・佐野市)大叶の石灰岩採石場のフィッシャー内堆積層中から古代人骨が発見された。17歳未満の男性と推定される右上腕骨下端部破片と未成熟女性と推定される左上腕骨骨体中央部破片と考えられ，直良信夫により葛生原人と命名された。その後の調査で，発見された骨には獣骨が混じり，人骨も中世のものであることがわかった。　(柳沢和明)

管玉(くだたま)　円筒形を呈し，中央に孔を有する装飾に用いられた玉である。長さ3～4cm，径1cmほどのものが一般的であるが，大きいものでは径2～3cm，長さ10cmに達し，小さいものでは径数mm，長さ1cmほどのものもある。わが国では縄文時代以来用いられており，弥生・古墳時代を経て奈良時代にも使われている。縄文時代のものは石製あるいは骨製・貝製のものが若干知られるのみであり，弥生時代に至って普遍化する。弥生時代のものは碧玉あるいは鉄石英を素材としており，古墳時代のものと比べると小形である点を特徴とする。古墳時代には碧玉製のものが盛行し，さらに中期ではほかの石製品と同様に滑石製のものが多数つくられ，後期に至ってガラス・水晶・瑪瑙製のものが知られる。特に古墳時代における管玉は，各地で明確化されてきた玉作遺跡における主要な製品として，その製作過程が明らかとなっている。奈良時代におけるものは，正倉院の宝物を著例とする。碧玉・瑪瑙製管玉は朝鮮半島の三国時代の遺跡からも発見されている。

(池上　悟)

九谷焼(くたにやき)　石川県南部の九谷地方で生産される磁器。その初めは江戸時代の明暦ごろに大聖寺藩主前田利治の命により，後藤才次郎らによって始まり，元禄ごろに廃絶したといわれる。この時期に焼成された製品を特に古九谷とよび，皿・鉢・徳利などがある。色絵が主である。その後，文化文政ごろに再興され，現在に至っている。1970年から古窯跡の発掘が行われ，「明暦2年」染付銘の破片や白磁・青磁などの破片が出土している。＊嶋崎丞「古九谷」(『日本陶器全集』26，1976)　(西脇俊郎)

百済(くだら)　？～660年朝鮮三国時代を形成した国家の一つ。3世紀ごろ，馬韓部族連合から伯済国を中心に建国，近肖古王代に至り，名実ともに古代国家としての確立をみる。はじめ広州付近に都したが(漢城時代)，その後公州(熊津時代)，扶余(泗沘時代)へと遷都した。ことに公州および扶余を中心としたころには，中国南朝文化などの影響を受けつつ，古墳文化や仏教文化がいちじるしい発達をとげた。遺跡としては山城跡や寺院跡，古墳群などがおもであるが，なかでも近時発見された公州宋山里の武寧王陵は，発見墓誌により被葬者とその埋葬年が明らかになった点が重要である。（中山清隆）

百済寺跡（くだらでらあと） 大阪府枚方市中宮にある奈良時代の寺院跡。1932年に発掘調査され，1965年には大阪府教育委員会により遺跡整備のため大規模な発掘調査がなされた。伽藍配置は，南北の中軸線上に南大門・中門・金堂・講堂・食堂が並び，回廊は中門より派生して金堂に接続するものである。2塔を金堂の前面に配す。伽藍配置は新羅時代の感恩寺跡に類似する。金堂跡より塼仏が出土しており，三重県夏見廃寺と同笵とされている。＊大阪府教育委員会『河内百済寺発掘調査概報』1965（岡本桂典）

山梔玉（くちなしだま） 中央が太く両端の細い扁球形を呈する玉のうち，表面に数条の溝がたてにつけられているものをいう。長さ2〜3cmほどであり，その形状が山梔の実に似るゆえの名称である。ガラス・金銅製のものがある。金銅製のものは球形中空につくられており，空玉(うつろだま)の一種である。後期の古墳より金銅製のものがまれに出土するほか，正倉院には金銅製・ガラス製のものがある。類似の玉として蜜柑玉がある。（池上 悟）

具注暦（ぐちゅうれき） 大和朝廷の陰陽寮が定める暦である。季節や年中行事，また毎日の吉凶など暦注が全て具(つぶ)さに漢字で記入されたことから具注暦と呼ばれた。暦の基本形式は，上段に日付・干支・納音・十二直などの基本的な項目・暦注が記載され，中段に二十四節気・七十二候などが，下段にはその他の暦注が記載され，半年分で1巻とされたことから上下2巻で1年分となる。奈良県石神遺跡第15次調査出土の持統3年(689)の具注暦は現存最古の具注暦とされてきた静岡県・城山遺跡出土の神亀6年(729)具注暦木簡よりも古く，中国南朝の天文学者・何承天(370–443)作成とされる中国南朝の暦法に基づいてつくられた暦の実物の発見としてアジアにおける暦の使用を考える上でも大きな意義をもつ。紙に書かれた具注暦は正倉院文書の天平18年(746年)暦が国内最古とされている。＊湯浅吉美・梅田俊一「奈良時代の具注暦に見える天道・人道について」(『京都府立大學學術報告』13人文，1961)；湯浅吉美「日本の古暦の様式について」(『埼玉学園大学紀要』13人間学部篇，2013)（松原典明）

靴型石斧（くつがたせきふ） 磨製石斧の一種。ヨーロッパの新石器時代の特徴的な石器で，中部ヨーロッパの黒土地帯やダニューブ地方の遺跡でしばしば見られる。断面の形が，靴をつくる際の木型に似ているので，shoe-last celtとよばれる。粘板岩質の両刃の石斧で，長さは5cmから30cmを越えるものまである。幅に比して厚さが大きなものと，幅広で薄いものまで種々あるが，ふつう厚手のものと薄手のものの2種に分類する。（江坂輝彌）

久津川古墳群（くつかわこふんぐん） 京都府城陽市にある。木津川東岸の台地および丘陵上にある古墳群で，平川支群・西山支群・芝ケ原支群・尼塚支群などに区分できる。平川支群は江戸時代に七ツ塚といわれた車塚・芭蕉塚・箱塚・青塚・円塚・梶塚・指月塚などの古墳がある。5世紀代に営造された古墳が多い。西山支群および尼塚支群は4世紀代に営造された古墳が多い。また前方後方墳および方墳が多いことは久津川古墳群の特徴である。＊平良良久・近藤義行「平川古墳群の復元」(『南山城の前方後円墳』1972)（車崎正彦）

屈葬（くっそう） 先史時代に行われた埋葬法の一つで，日本だけにかぎらず世界各地でみられる。死者の四肢を屈折して葬る方法で，下肢は膝と股の関節で強く曲げられているのが特徴である。埋葬の仕方で臥位と坐位とに大きく分けられ，臥位にはさらに仰臥・側臥・俯臥(腹臥)の種類がある。屈葬を行う理由について現在定説はないが，①埋葬穴を掘る穴が小さくてすむので労力と場所が節約できる，②手足をちぢめて寝るので，当時の休息をしている姿勢であった，③母胎内での姿勢を再現せしめる胎児位説，④封禁を施して死霊の再帰迷奔を防ぐなどの考えがあるが，縄文時代に屈葬とならんで伸葬が行われ，同一時代に二つの異なった葬法が行われたという事実から，必ずしも充分な説明とはなっていない。＊西村正衛「縄文時代(埋葬)」(『日本の考古学』Ⅱ，1965) (川崎義雄)

恭仁京跡・恭仁宮跡(くにきょうあと・くにきゅうあと) 740(天平12)年から744(天平16)年までの聖武天皇の宮都で，京都府木津川市加茂町例幣にある。京域は「続日本紀」天平13年9月条の記事から，東西2km幅で南から北へ延びる鹿背山(賀世山)を避けて西側に右京，東側に左京を分離してそれぞれ南北に9条，東西に4坊ずつを想定しており，東西6.1km，南北4.8kmとなるが，どのような条坊が施工されていたのかは不明である。宮域は左京の北端にあり，発掘調査によって四至が確定され，東西560m，南北750mの長方形で，大垣で囲まれ，現在までに東面南門の宮城門が確認されている。大極殿の現存する基壇は東西60m，南北30mで，建物は9間×4間と推定され，平城宮中央区(西側)の大極殿を移築したと見られる。礎石は現位置にある2基の他に6基ある。基壇は瓦積みで正面中央階段は石積みである。大極殿の北側に内裏とみられる東西2つの区画があり，朝堂院と官衙は現在の段階では不明である。 (江谷 寛)

国東塔(くにさきとう) 大分県国東半島を中心として所在する地方色豊かな石造宝塔の一種。大正年間に天沼俊一が命名した名称。相輪・笠・塔身・台座・基礎からなり，全体としては装飾に富んで美術的な価値も高い。造立の目的は祈願・供養・墓標などによる。在銘のものとして最も古い東国東郡国東町岩戸寺の1283(弘安6)年塔，同国見町別宮八幡社の1290(正応3)年塔など鎌倉・南北朝代の遺品に優品が多い。＊天沼俊一『国東塔講話』1919 (渋谷忠章)

国東塔（大分・岩戸寺宝塔）

くびれ部(くびれぶ) 前方後円墳あるいは前方後方墳などの，2つの墳丘を連接した形状の古墳の連接部をいう。前方後円形を宮車の模倣とする，1808(文化5)年に刊行された蒲生君平の『山陵志』では，「前後相接其間稍卑而左右有圓丘倚其下壇如兩輪也」として，中期の大形の前方後円墳に認められる造出を車の両輪に見立てている。

(池上 悟)

久保常晴(くぼつねはる) 1907～1978。北海道生まれ。立正大学文学部史学科卒。立正大学教授。文学博士。仏教考古学を専攻し，古瓦の名称・仏具・板碑・墓標などの研究に多くの業績をあげた。また，日本の私年号を文献・物質両資料の集成により総括的研究を果たしたことはよく知られている。立正大学インド・ネパール仏跡調査団の初代団長を勤めた。著書に『日本私年号の研究』1967,『佛教考古学研究』1967,『続佛教考古学研究』1977,『続々佛教考古学研究』1983がある。 (坂詰秀一)

久保哲三(くぼてつぞう) 1931～1988。東京生まれ，早稲田大学文学部史学科卒，大学院文学研究科(日本史)修了。宇都宮大学教育学部助教授・専修大学文学部教授を経て，早稲田大学第1文学部教授。古墳時代の葬送儀礼の研究を進め，同時に埋蔵文化財の保存問題にも尽力。『日本国家誕生への道』1986,『下野茂原古墳群』1990, 久保哲三先生追悼論文集『翔古論聚』1993,『亀の甲山遺跡』(編)1986　(坂詰秀一)

凹石(くぼみいし)　または雨垂石(あまだれいし)など種々な呼称がある。石の片面，あるいは両面に径2cm, 深さ1.5cm内外の漏斗(じょうご)状の穴を1個ないし数個穿ったものから，長さ30cm以上の石棒状の大石に5個内外，1列に穿ったもの，径30cm内外の平石に数十個の穴を穿ち，蜂巣状を呈するものなどがある。石は安山岩，多孔質安山岩，花崗岩，緑泥片岩，砂岩など多種多様の岩石のものを使っている。かつては一般に火を起こすことを援助する機具と考えられてきたが，日本で刊行の考古学辞典類，東京堂刊『日本考古学辞典』(1962)では,「古く行れた発火具説はほとんど顧みられなくなった」と永峯光一が否定的記述をし，創元社刊『図解考古学辞典』(1959)では「一種の発火器ではないかと考えられている」と樋口隆康が記している。また改造社刊の酒詰仲男ほかの『考古学辞典』(1951)では「発火石とすべきであり」と記している。ところがニューサイエンス社刊『日本考古学小辞典』では,「蜂巣石」として「かつて発火石ともいわれたが，火鑽臼にしては，石で発火しない。用途については不明である」と否定的見解を吉田格が記している。

このように過去発刊の4冊の辞典では肯定論と否定論が相半ばしている。

吉田・永峯説は勘違いされている点もあるように思われる。凹石は発火の原点となる臼(火鑽臼)と使用するのではない。臼と摩擦する杵棒が乾燥した発火点の低い杉材などを使用しても，対象となる臼が石では杵の先端部の発火は難しい。発火の対象点は乾燥させた杉の割板材に凹みをつけたもので，ここに杉の尖った棒状のものをあてがい，この杵材の反対側，上部尖端に凹石の凹んだ部分をあてがい，片手で石を持ち，臼と杵先へ強い圧力をかけ，片手(右手か？)は小さな弓を持ち，この弓の弦は，火きり杵の弦の中程にひとからげし，弓を前後に引くことにより，杵は廻転して，杵と臼の接点は摩擦し，杵の上部の凹石の重量の状況によって，接点の摩擦熱によって，数十分で炎が上るというわけである。東京都あきる野市の考古学研究家，故塩野半十郎はこの種法でよく発火の実演を行われた。縄文時代人の発火技法を実際に見られたわけではないが，海外の土俗例，その他から推理して，この想定は誤りではないように思われる。→　蜂巣石(はちすいし)

(江坂輝彌)

熊山戒壇(くまやまかいだん)　岡山県赤磐市熊山にある奈良時代の石積遺構。方形の3段の石積よりなり，各壇上面には礫石を敷く。方形石垣状基壇は一辺11.8mで，その上に上段一辺3.6m, 中段5.4m, 下段7.7mの石積があり，総高は3.4mである。中段の四方に方形の龕をもつ。上段中央には竪穴を設け，この穴より火焔の宝珠形蓋をもつ筒形容器，小形の奈良三彩の小壺が出土している。戒壇といわれるが一種の塔と考えられている。*熊山町教育委員会『熊山遺跡』1974・1975　(岡本桂典)

クマラ遺跡(Kumara)　アムール川中流域，クマラ村にあり，前期旧石器時代に属するクマラⅠ，Ⅱ遺跡と，後期旧石器時代に属するクマラⅢ遺跡がある。A. P. オクラドニコフの1968年の調査では，クマラⅠ遺跡からはチョパー，チョピングトゥール，尖頭礫器，サイドスクレイパー，彫刻刀，剥片が出土した。クマラⅡ遺跡からはチョピングトゥール，スクレブラが，クマラⅢ遺跡からは多面体石核，両面加工尖頭器などが発見されている。*A. P. ジェレビャンコ『古代のアムール川沿

岸—紀元前—』1971　（梶原　洋）

金坡里遺跡（クムパリいせき）　韓国京畿道の臨津江下流に位置する前・中期旧石器時代の遺跡。国立文化財研究所が1989～1992年に発掘調査をし，2000点以上の石器が出土。石材は石英岩と石英脈岩を主体とし，石器には大量のスクレイパー（Scraper）と少数のハンドアックス（Handaxe），ピック（Pick），クリーヴァー（Cleaver），チョパー（Chopper），球形石器があり，近隣の全谷里遺跡の製作技術と石器組成に類似するので，全谷里インダストリー（Industry）と呼ばれる。所属年代についての検討は今後の課題である。＊国立文化財研究所『金坡里旧石器遺跡』1999；延世大学校博物館『韓国の旧石器』2001　（佐川正敏）

雲形文（くもがたもん）　→　縄文の文様（巻末参照）

クラシーズ・リバーマウス洞穴遺跡（Klasies River Mouth Cave Site）　南アフリカの海岸部にある洞穴遺跡。初期現生人類の痕跡が12万年前で，後期旧石器時代の出現が7万年前にさかのぼる。堆積層の分析では，中期石器時代の剥片石器群の上にハビソンズ・プールト（Howieson's Poort）石刃石器群がのり，さらにその上に中期石器時代のインダストリー（Industry）が重なるという変遷が見られる。無遺物層を挟んでその上層が後期石器時代となる。中期石器時代から半月形の幾何形細石器，ナイフ状石器や石刃状剥片が多い。後期石器時代になると釣り針や骨製尖頭器などが存在する。化石人骨はかなりの層で見られるが，破片が多く，また変異の幅も大きい。中期石器時代層から出土する貝類は，最初の海産資源の例として知られる。中期石器時代から後期石器時代に変わるにつれて狩猟技術の効率が高まるとの見方とともに，中期石器時代には腐肉あさりが主だとする見方もある。＊Singer, R., and Wymer, J. "The Middle Stone Age at Klasies River Mouth in South Africa" 1982；Shea, J. J. and Stringer, C. B. "Klasies River Mouth" in Delson, E., et al. Eds. Encyclopedia of Human Evolution and Prehistory, 2000　（梶原　洋）

倉科将軍塚古墳（くらしなしょうぐんづかこふん）　長野県千曲市倉科に所在する前方後円墳。善光寺平の南半を画す山顛上に築かれている7基の将軍塚中の1基で，水田面との比高差150m余を計る。全長83m，後円径35mで墳高は後円・前方共に7mの2段築成。円筒埴輪片が出土しており，伝形象埴輪の中に人物と水鳥がある。後円部と前方部に竪穴式石室が設けられている。前者の規模は長さ6.3m，幅0.7mで板石が敷かれている。後者は長さ5.8m，幅0.6m。後円部石室からは管玉・ガラス小玉・鉄鏃・刀子・革綴短甲，前方部の石室からは鉾・鉄鏃・革綴短甲が出土している。陪墳は2基存し，うち1基（2号墳）は方墳で，長さ4.7m，幅0.8mの竪穴式石室が存し，剣・曲刃剣・直刀・鉾・

倉科将軍塚古墳

鉄鏃・冑の鎹が発見されている。築造年代は5世紀前半に置かれている。*森嶋稔・矢島宏雄『更埴市史』1　（桐原　健）

倉田芳郎（くらたよしろう）　1927～2006。東京都生まれ。東京大学文学部史学科卒，（旧制）大学院特別研究生。東京大学文学部考古学研究室助手を経て駒澤大学専任講師・助教授・教授。全国大学博物館学講座協議会東日本部会委員長。生産の考古学，とくに窯業関係遺跡の調査研究に業績。『有田天狗谷古窯』（共著）1972ほか。古稀記念『生産の考古学』1997，追悼『生産の考古学Ⅱ』2008の論文集。　（坂詰秀一）

クリーヴァー（Cleaver）　自然礫あるいは大形剥片を用い，先端を斧の刃のように直線的に，あるいは弧状に仕上げた石器である。礫を素材にした場合には，ハンドアックス（Handaxe）と同じように両面加工となり，剥片から作られる場合には周辺部だけの加工品が多い。アフリカ・タンザニアのオルドウヴァイ（Olduvai）遺跡では中部更新世の初頭から出現するが，アシュール（Acheul）文化に特徴的な石器であり，その分布は西ヨーロッパから中近東，インドまでの広範囲にわたっている。しかし中国やシベリア，朝鮮半島からの出土例はきわめて稀であり，日本からはまだ確実な資料が発見されていない。なお，J. ティクシエ（J. Tixier）は剥片を素材にしたクリーヴァーを0錯向剥離の周辺加工品，1片面だけの周辺加工品，2両面からの周辺加工品，32の片面が全面加工となったもの，43と加工法は同じだが，原剥片のバルブ（bulb）が側辺にあるもの，5完全な両面加工品，の6形態に分類している。　（芹沢長介）

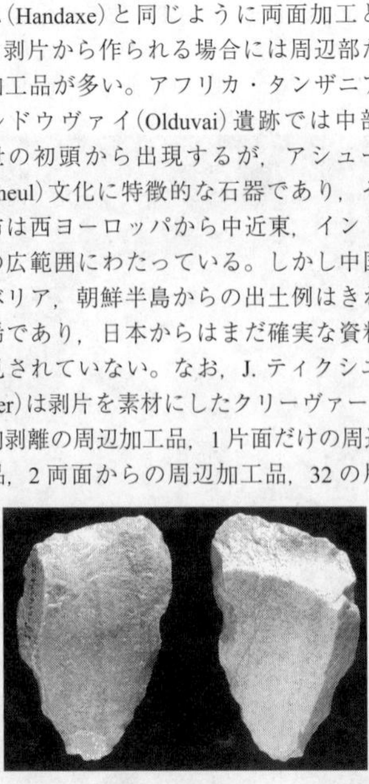

クリーヴァー
（シベリア・アンガラ渓谷グリンニャヤナ山出土）

黒井峯遺跡（くろいみねいせき）　群馬県渋川市中郷・北牧に所在する古墳時代後期の集落遺跡である。榛名山の噴火に伴って噴出した大量の軽石によって覆い尽くされた集落で，同時存在した遺構群を完全な形で把握できる遺跡として，集落研究には欠くことのできない貴重な資料となっている。

榛名山が噴出した軽石は，0.5から10数cmの大きさで，約2mにわたって堆積し，集落を密閉していた。およそ初夏の田植え時期に発生した噴火と考えられている。

発掘された遺構は，竪穴住居，平地住居などのほか，納屋，牛小屋など農耕に伴う施設があり，これらの遺構は柴垣によって括られ，その空間には道や畠などが存在している。また，柴垣の外側にも畠や竪穴住居が存在し，近くの谷津には水田が営まれているなど，柴垣の内外におけるこれらの遺構群は，当時の集落における生活様式を端的に示すものとして，一つの単位集団を考える上で貴重な資料であり，集落遺跡を復元する上の基礎資料となるものである。*石井克巳他「黒井峯遺跡」（『日本の古代遺跡を掘る』4，1994）　（阪田正一）

黒川洞窟遺跡（くろかわどうくついせき）　鹿児島県西南部，薩摩半島西海岸，日置市吹上町永吉の黒川神社境内にある洞窟遺跡。1952年，河口貞徳が第1回調査を実施し，1964・1965年，河口が中心となり，日本考古学協会洞窟遺跡調査特別委員会で発掘調査を実施した。本遺跡から出土の遺物は前期初頭の轟A・曽畑式土器をはじめ，春日式，中期の阿高式・並木式，後期の指宿式（いぶすきしき）・市来式・西平式・黒川式，晩期の夜臼式，弥生時代前期の高橋Ⅰ式土器などが出土し，土器のほか磨製石斧・打製石斧・石匙・石錐など石器類，貝輪・笄かと思われる骨製品などが発見され，ハマグリ・カワニナなどの貝殻も出土している。また，土壙内から熟年女性の仰臥屈葬人骨が発掘されている。本遺跡では，後期末の黒川式土器がかなりの量出土し，調査担当の河口は，本遺跡出土のこの形跡の土器を標識として南九州地方の後期末の黒川式土器と命名した。口唇部がく字型ないし逆くの字型をした口径20cm前後の無文深鉢の器面が磨研された土器と，口唇部く字型の口径30cm余の無文粗成土器とがある。また，粗成土器の中には，ベニガラで丹彩した痕跡のあるものもある。＊河口貞徳「鹿児島県黒川洞穴」(『日本の洞穴遺跡』1967)／「鹿児島県黒川洞穴」(『考古学ジャーナル』13, 1967)　(江坂輝彌)

黒塚古墳(くろつかこふん)　奈良県天理市柳本にあり，柳本古墳群の1基。墳丘長130m，後円部径約72m，後円部高約11mの前方部を西に向ける前方後円墳。葺石や埴輪は確認されないが，墳頂部に赤彩した底部穿孔壺があった。後円部頂の一辺15mをこえる隅丸方形の坑に，頭位が北で長さ約6.2mの割竹形木棺を据え，河原石と板石でもって合掌形に持ち送った壁をもつ南北方向の竪穴式石室を構築した。内法長約8.3m，幅0.9～1.3m，高さ1.7m。壁下位にベンガラが塗られ，棺内中央に水銀朱が残る。33面の三角縁神獣鏡は木棺外北部を囲むように鏡面を内側に向けて棺に，1面の画文帯神獣鏡だけは木棺内の頭部近くの仕切板に立て掛けた。鉄刀剣や鉄鏃は三角縁神獣鏡群と同じ位置に，U字形鉄器は木棺外の北に，甲冑と工具と土師器などは南に置かれた。3世紀後半から4世紀前半の間の造営。＊奈良県立橿原考古学研究所『黒塚古墳調査概報』1999　(杉山晋作)

黒浜式土器(くろはましきどき)　埼玉県蓮田市黒浜貝塚から出土した土器を標式にして名付けられた土器型式で，縄文時代前期中葉に編年されている。甕形・深鉢形が多く，底部に上げ底のものが多くみられる。胎土中には多量の繊維痕が認められ，焼成があまり良くない。文様は斜行縄文・羽状縄文・異条斜縄文など各種の縄文が施文されている。半截竹管工具による平行沈線・波状文・爪形文などが併用されて施文されている。＊岡本勇・戸沢充則「縄文時代(関東)」(『日本の考古学』Ⅱ，1965)　(川崎義雄)

黒姫山古墳(くろひめやまこふん)　大阪府堺市美原区黒山にある前方後円墳。西面して築かれ，全長114m，後円部径65m，前方部幅65mある。北側くびれ部に造出があり，葺石，埴輪列および周濠がある。後円部に石棺があったと伝えるがつまびらかでない。前方部に武器武具類を埋納するための竪穴式石室があり，短甲24・眉庇付冑13・衝角付冑11・鉄剣・鉄刀・鉄矛などが出土した。営造時期は5世紀中葉に比定できる。＊末永雅雄・森浩一『河内黒姫山古墳の研究』1953　(車崎正彦)

鍬ヶ崎貝塚(くわがさきかいづか)　岩手県宮古市鍬ヶ崎小字館山に所在する縄文時代後期から晩期にわたる時代の貝塚で，20世紀初頭，考古学に趣味を持った小学校教員の中島吉兵衛が本貝塚始め，宮古市付近の貝塚遺跡を発掘，土器・石器類のほか，鹿角製釣針・燕尾型廻転離頭銛など各種の骨角製漁具類，各種魚骨などを発掘保存された。これを東京大学農学部の岸上鎌吉(きしのうえかまきち)博士が『東京大学農学部英文紀要』2–7(1911年)に発表の「日本における貝塚出土魚類骨及び骨角製漁具の研究」(Prehistoric Fishing in Japan)に多数資料として利用され，鍬ヶ崎貝塚出土の魚骨・漁具は縄文時代の漁技術研究の重要な基礎資料になった。資料は現在も地元に保存されている。　(江坂輝彌)

鍬形石(くわがたいし)　古墳時代に用いられた葬祭用副葬の石製腕飾の一つ。従前，車輪石，石釧とともに碧玉を主として用いるという点より碧玉製腕飾と称せられていたが，その材質はむしろ碧玉は少なく凝灰岩・安山岩などであることが明らかになっている。全体の長さ17〜8cmの厚みを有する台形を呈し，その頭部に箍状の膨み，上半部に長径9cmほどの不整卵形の窓を有し，下半部が大きく扁平に広がるものである。その形状が鍬に似るために江戸時代に命名されたものである。その起源は，他の腕飾とともに弥生時代以来用いられてきた貝輪を石で模倣したものと考えられており，鍬形石の場合は奄美近海以南に生息する大形の巻貝ゴホウラを素材とする貝輪を石で模倣したものであることが明確となっている。忠実に貝輪を模したものから，原形を離れた左右対称の形への変化が認められる。前期後半に西日本，特に畿内を中心に分布するものであり，一部は大分・岐阜県に及ぶ。*小林行雄「初期大和政権の勢力圏」(『史林』40–4，1957)　(池上　悟)

鍬形石

鍬形鏃(くわがたぞく)　→　石鏃(せきぞく)

桑57号墳(くわごじゅうななごうふん)　栃木県の古墳分布の中枢部である思川左岸の，小山市大字喜沢に所在する古墳群中の1基。1971・1972年に発掘調査され，全長38.3mの帆立貝式古墳で南側の造り出し部は幅14m，長さ6mを測る。墳頂部と墳裾に円筒埴輪をめぐらし，器財・動物・人物埴輪を混じえる。主体部は墳頂部に南北方向に配置された木棺直葬であり，直刀3，剣2，蛇行剣1，径10cmほどの仿製鏡3，金銅製冠などが出土している。5世紀末ないしは6世紀初頭の築造である。*小山市教育委員会『桑57号墳発掘調査報告書』1972　(池上　悟)

郡衙跡(ぐんがあと)　古代律令体制下，地方行政単位である郡を統治する役所。文献史料上は郡家と呼ばれているが，考古学の学術上の用語として，郡衙の名称が使われている。郡衙には，地域の有力な首長である郡司以下，員外郡司らが勤務していた。その成立は，評制段階の7世紀後半と考えられている(評衙)。郡衙には，「上野国交替実録帳」(1030年)などの文献史料や発掘調査の成果によって，郡庁，正倉，館，厨家の主要施設と，実務を分掌する曹司があった。郡庁は，郡衙の中枢施設で，政務，儀礼，饗宴の場として機能し，複数の殿舎と庁庭にあたる広場を備えていた。発掘調査で確認された郡庁の配置は，ロの字形，コの字形，品字形を基本とする。国庁と比較して，郡庁の構造や配置は，多様であった。その規模は，国庁に匹敵する一辺90mに及ぶ新田郡庁跡のような例もあるが，一辺50m前後が一般的である。正倉は，主に稲穀・穎稲を収納した倉庫で，これらが建ち並ぶ一画が正倉院である。群馬県伊勢崎市上野国佐位郡正倉跡では，平面が八角形の総柱礎石建物が検出され，「上野国交替実録帳」に見える「八面甲倉」に比定されている。稲穀や穎稲を，郡衙と別の場所に，正倉別院を設けて収納する場合もあった。館は，宿泊施設，厨家は，食糧・食器の調達管理にあたった施設である。また，郡衙は，単独で機能していたのではなく，他の官衙施設と複合し，仏教・祭祀とも関わりの深い実態が各地で明らかになっている。*小宮俊久「5　郡衙」(江口桂編『古代官衙』2014)；大橋泰夫「総論　最新の郡衙研究」ほか(『考古学ジャーナル』692，2016)　(江口　桂)

郡家今城遺跡(ぐんげいましろいせき)　大阪府高槻市氷室町に所在する。瀬戸内技法，国府型ナイフを指標とする国府石器群の基準資料の一つ。1973～1974年に調査が実施された。国府型ナイフ形石器のヴァリエーション，剥片生産技術の多様性，エンド・スクレイパーの存在など，国府石器群の複雑な様相が明らかにされ，近畿・瀬戸内地方の石器群の理解に問題をなげかけている。＊高槻市教育委員会『郡家今城遺跡発掘調査報告書』Ⅰ・Ⅱ，1978 （藤原妃敏）

群集墳（ぐんしゅうふん） 同じ時期に属する古墳が一定の区域内に密集しているものをいい，同じように一定区域内に密集しながらも，個々の古墳の所属時期が多様である場合にいう古墳群の語とは使用を区別する。一般に，円墳または方墳で構成される場合が多く，前方後円墳や前方後方墳のみで構成されることはまずない。高安千塚・平尾山千塚のように墳丘がほとんどなく，横穴式石室などが傾斜地に構築されている群集墳と，岩橋千塚のように丘陵・台地上に墳丘をもつ古墳が密集する群集墳がある。また，高井田横穴墓群のように崖に掘削された横穴墓群なども群集墳の一種と考えてよい。古墳時代後期に形成されたものが多く，家父長制家族の台頭によって造墓階層が拡大し，被葬者数が増加した結果の産物であると理解するのが一般的である。また，群集する古墳は無秩序に造営されたのではなく，いくつかのグループによる計画的造営活動の結果であり，ある時間幅の中でも前後関係を追えるとの考えを，墓道の検出によって実証しようとする研究もある。さらに，弥生時代から古墳時代前期にかけての方形周溝墓群は，規模，内部施設，副葬品などの同質性からみて，群集墳と同じ存在形態を示しており，その被葬者の性格は，古墳時代後期に始まる小規模古墳のそれと系譜的につながるのではないかとする説もある。しかし，両者が経過した歴史的条件は異なる。＊近藤義郎ほか『佐良山古墳群の研究』1，1952；森浩一ほか「後期古墳の研究」（『古代学研究』30，1962）；白石太一郎「畿内の後期大型群集墳に関する一試考」（『古代学研究』42・43，1966）；水野正好「群集墳の構造と性格」（『古代史発掘』6，1975） （杉山晋作）

軍守里廃寺（ぐんすりはいじ） 韓国忠清南道扶余軍守里にある百済時代の寺院跡。白馬江東岸の低い丘陵上に位置する。1935・1936年に石田茂作が発掘調査した。伽藍配置は中軸線上に中門・塔・金堂・講堂を配し，回廊は中門より講堂に接続する。講堂の東・西には経蔵・鐘楼がある。金堂の東西，回廊の外にも基壇跡が検出されている。伽藍配置は大阪の四天王寺の伽藍に類似し両者の関係が注意される。塔跡より金銅仏像，石仏像が出土している。＊石田茂作「扶余軍守里廃寺址発掘調査」（『昭和11年度古蹟調査報告』1937） （岡本桂典）

け

磬（けい） 中国で使用されていた原始打楽器の一つで，当初は石製であったがやがて銅製に変わった。わが国では8世紀ごろから用いられたものと推定される。形態は左右均整の山形を呈しており，時代が下るにつれて上下線は弧線を描くようになる。上縁の左右には紐孔があり，中央に撞座が置かれている。平安時代中期まではこれをはさんで牡丹唐草文・蓮華唐草文などが主体的であるが，室町時代中期までは孔雀文が盛行した。＊広瀬都巽『日本銅磬の研究』1943 （是光吉基）

磬（福井・滝谷寺）

挂甲(けいこう) 中国の札甲で小札を縦に並べて革紐・組紐でつづった可動的なもの。草摺は胴甲と一体である。一領の小札の数は明らかでないが，延喜式に800枚と記されている。小札は少なくとも2種類以上使用され，付属具を入れると8種類前後になるという。鉄製のほか金銅製のものがわずかに知られる。8世紀以降には，革製小札の挂甲もつくられた。挂甲は，5世紀前半ころ朝鮮半島を経てもたらされ，馬具の普及に伴って盛行するが，騎馬戦闘との関係は否定的である。＊大塚初重「大和政権の形成」(『世界考古学大系』3 日本Ⅲ，1959)；末永雅雄・伊東信雄『挂甲の系譜』1979 (坂本美夫)

景行陵古墳(けいこうりょうこふん) 奈良盆地東南部の天理市柳本町渋谷字向山に所在する，柳本古墳群の盟主墳。第12代景行天皇の山辺道上陵に治定されており，渋谷向山古墳ともいわれる。全長300m，後円部径168m，前方部幅170mを測る全国第7位の規模の前方後円墳。円筒・蓋・盾形埴輪が知られており，4世紀中頃の築造年代が想定されている。 → 渋谷向山古墳(しぶたにむかいやまこふん) (池上 悟)

形式(けいしき) 形式(form)は考古資料を分類するための規準の一つである。形式は主に機能・用途によって分類が行われ，土器における壺と甕，石器における石斧と石鏃は形式の差である。しかし，考古学研究における機能・用途の復原は最も難しい問題であり，必ずしも研究者によって推定された形式と，当時の機能分化が一致するとは限らない。そのため，形式学的研究や使用痕の観察といった考古学的方法，民族学や民俗学からの類推や，実験的方法などによって推定された機能・用途によって便宜的に分類を行っている。形式は，必要とする機能を満たしている限り，素材の違いは問題とならない。例えば土版・岩版は明らかに異なった素材を用いているが，機能を考える上においては同一形式と扱ってよい。これに対して，鋭利な刃部を要求する機能が満たされるためには，軟質な砂岩は除外する，といった素材の選択がなされている。また，形式は特定の機能を満たすために，あらかじめその製作技法が限定されてくる場合がある。しかし，打製石鏃と磨製石鏃のように，異なった製作技法を用いながらも同じ機能が推定される場合もある。これらの点は，形式が，製作者自身のえがいたイメージとしての形式と，それを実際に製作する過程で生じる種々な制約を通して製作され，研究者の資料とされる形式とが必ずしも一致しないためである。形式の多くは，特定地域に限定されず，型式の枠を越えて広範囲に広がるものが多い。こうした形式をとらえることによって，各地域における人間集団の生産活動や文化内容の共通性を見出すことができる。例えば，ナイフ形石器という形式は世界的な分布を示しており，各地域の生産活動の関連性がうかがえる。形式という概念に近い内容を示すものに器種がある。また，日本においては，形式と型式が同音語であることも手伝って，従来，両者をあいまいに混同して使うことがあった。しかし，小林行雄によって『弥生式土器研究』の中で，理論的に深められ，形式と型式とが二つの異なる概念であることが明らかにされて行った。 (江坂輝彌)

型式(けいしき) 型式(type)は考古学における分類作業の規準となる概念である。考古資料は個々において，その特殊性・独自性をもっている。それは製品の製作条件が1回ごとに変化することに起因する。逆に，ある製品間には類似点や共通性・普遍性が認められ，特定の時間的・空間的ひろがりをもつことがうかがえる。これは個々の製作者が自分の所属している集団・地域・時代の影響を直接的・間接的に受けているためである。考古資料にあらわれた独自性と共通性という二つの側面を利用し，個々の形態・材質・技法を観察していくと，ある特定の条件を満たすグループに分類することができる。こうして摘出されたグループが型式である。型式の認定は研究者の観察規準，力点の置き方などの違いによって異なり，大別型式と細別型式などが生じる。それは，型式という概念が本来，観念的・抽象的な観念であるためで，一定した絶対的なものを提出することは困難といえる。型式は，主として相対年代を示す規準として分類が進められていった。山内清男は「地方差・年代差を示す年代学的の単位」として縄文土器型式の分類を行った。この場合，型式の有する意味内容よりも実践的な分類を主眼としていた。山内による型式は，精製土器・粗製土器というものをも，時間的・空間的にまとめられる場合，これらを一型式と認定した。これに対し，小林行雄は型式を，壺形土器におけるA型式，甕形土器におけるB型式という細分化された用い方をし，A型式とB型式の同時性を示す概念としては，型式とは別に様式を用いている。また，型式の意味する歴史事象を解明することをめざし，型式とその限定者である人間との結びつきを強調したのは杉原荘介である。さらに，小林達雄は，文化人類学に近い方法を取り入れ，範型論を展開させ，人間集団の解明にせまろうとした。小林達雄は型式を集団が保有する模範的な型である範型を具体的に表現したものととらえ，従来，縄文土器研究に用いられていた型式概念とは異なる，範型ごとの型式を唱えた。
＊山内清男「縄紋土器文化の真相」(『ドルメン』1–4，1932)；杉原荘介『原史学序論』1943　(江坂輝彌)

型式学的研究(けいしきがくてきけんきゅう)　層位学的研究とならんで考古学における最も基本的な研究方法の一つである。全ての考古資料のうち，同形式と認めうる資料を取り上げ，その中における相違点と類似点を摘出し，共通な要素を持ついくつかの型式に分類する。こうして得られた各型式の，時間的前後関係や空間的な広がりの差違をとらえることによって，各型式の持つ意味やその時期的様相，あるいは各型式に反映された人間行動を理解しようとするものである。特に，土器などの形態的変化が激しく，各地域・各時代に普遍的に存在する遺物を対象とする場合有効である。同研究法の基礎はスウェーデンのモンテリュウス(Montelius)らによって確立され，相対年代を決定する方法として発達した。その理論的な背景は，ダーウィン(Darwin)によってとなえられた進化の法則と，生物学的な種の分類によるところが大きい。すなわち，自然を支配する進化の法則は，人間の製作するものをも支配し，ある型式の資料は時代が下がるにつれて，その時代に適した方向へ変化をとげる。それとともに，その変化の過程において，前時代の特徴は型式学的痕跡器官として残存する。したがって，変化の方向と痕跡器官の確認をしていくことにより，各資料の相対的な前後関係が理解される，という原則にたっている。しかし，実際の資料の変遷過程には単純なものから複雑なものへ変化する方向と，その逆の場合や断絶などもあり得る。そのため以上の方法で想定された序列は，ほかの研究法によって補強・検証されなければ恣意的になりやすい欠点を持っている。型式学的研究を補強するものとしては一括遺物と層位が重要である。一括遺物は埋没時における確実な同時代性をあらわす資料で，一括遺物群とほかの一括遺物群に共通する型式の遺物を含むことがわかれば，両遺物群の同時代性を示す根拠となる。また各遺跡ごとの層序において，層位を異にして別型式の遺物が存在する場合，新旧関係を裏付けることができる。型式学的研究は，個別的な資料の前後関係を決定することだけが目的ではない。個別的に明確となった資料の前後関係を集成・比較して，全ての考古資料を時間的空間的に包括し得る編年体系を確立する試みがなされなくてはならない。その意味で，より細分化される方向と，大極をとらえる方向の2方向の研究が同時に進められるべきである。＊モンテリュウス(浜田耕作訳)『考古学研究法』1932　(江坂輝彌)

慶州(けいしゅう)　韓国慶尚北道の新羅の古都。市の郊外には新羅建国の聖地鶏林があり，市の内外の平地や丘陵には壮大な封土をもつ古墳が散在している。特に有名なのは，路東・路西洞にある金冠塚・瑞鳳塚，皇南洞大陵苑内の天馬塚・皇南大塚などで5～6世紀の王陵でおびただしい副葬品を蔵していた。新羅の王城は東方の半月城にあり，隣接の雁鴨池からおびただしい遺物が発掘された。皇龍寺・芬皇寺などの寺跡，掛陵や武烈王陵など統一新羅の王陵，吐含山の石窟庵など石造美術の遺物が多い。*E. アダムス『慶州ガイド』1979　(穴沢咊光)

形象埴輪(けいしょうはにわ)　古墳の墳丘に樹立された埴輪のうち，円筒埴輪以外の，様々な器物を象った埴輪の総称。家形埴輪・器財埴輪・動物埴輪・人物埴輪がある。家形埴輪には切妻造・寄棟造・入母屋造などの区別があり，住宅や倉庫などの建物を表したものである。器財埴輪は楯・靫・甲冑・大刀・鞆などの武器・武具，蓋・翳などの威儀具に区分される。動物埴輪には馬・猿・犬・猪・鶏・水鳥・魚・鹿・牛などがあり，馬の出土が最も多い。人物埴輪には男女の区別があり，武装したものと平装のもの，巫女・農夫・鷹匠なども認められる。このほか椅子・帽・舟なども埴輪として製作されている。器財埴輪が古く出現し，次いで動物・人物埴輪が現れる。これらの形象埴輪が群として古墳の墳丘に樹立された状態の解釈は，葬列を表したとする説，殯の場を表したとする説，亡くなった首長から新たな首長が首長権を継承する儀礼を表したとする説などがある。＊大塚初重『埴輪』1985　(池上　悟)

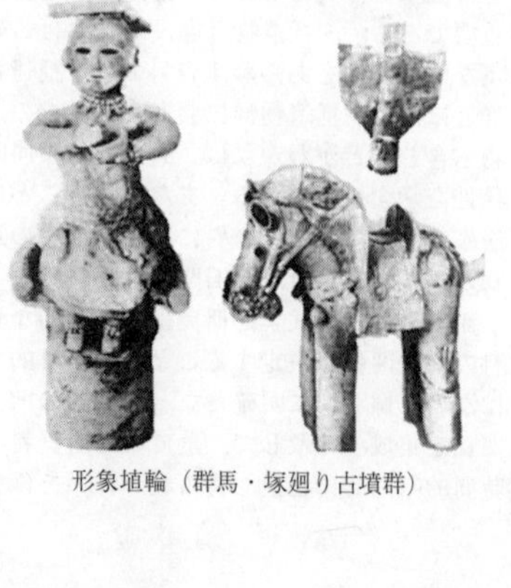

形象埴輪（群馬・塚廻り古墳群）

継体陵古墳(けいたいりょうこふん)　大阪府茨木市太田にある前方後円墳。太田茶臼山古墳ともいう。三島藍野陵に治定されている。山麓の平地に南南東面して築かれ，全長226m，後円部径138m，前方部幅147mであり，くびれ部両側に造出がある。周濠は前方部前面で2重になる。墳丘は3段築成で，葺石および埴輪列がある。営造時期は5世紀後葉。＊末永雅雄『古墳の航空大観』1975　(車崎正彦)

圭頭大刀(けいとうのたち)　把頭が玉器の圭に似た山形を呈する古墳時代後期の刀装形式の一種である。金銅装あるいは銀装を通有とし，覆輪状の外郭と板を組み合わせたものと外郭を有さないものがある。大半は懸通孔を有し，これを鵐目金具で飾っている。切羽あるいは畦目を有するものや，鞘を連珠文を打ち出した金銅板で飾るものなど頭椎大刀と共通する手法を有するものもある。円頭大刀からの発展形式とみなされるものである。＊末永雅雄『日本武器概説』1971　(池上　悟)

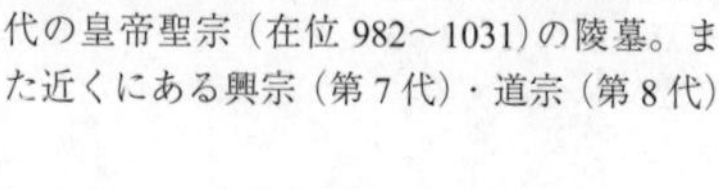

圭頭大刀（千葉・上総金鈴塚古墳）

慶陵(けいりょう)　中国遼朝契丹族の第6代の皇帝聖宗（在位982～1031）の陵墓。また近くにある興宗（第7代）・道宗（第8代）

夫妻の陵墓を合せた3陵の総称。内モンゴル自治区赤峰市巴林右旗白塔子部落（遼代の慶州）の北西ワール・イン・マンハの山中に所在。3陵墓の構造は山腹を刳り貫き煉瓦積みで構築されている。各陵とも前室・中室・後室，前室および中室の各左右にある2室，計7つの墓室から成る。前室を除く各室のプランはほぼ円形で天井部がドーム形を呈す。全長は約50mにおよび聖宗陵の壁面には文武官の肖像画や山水画などの華麗な壁画が残っている。中室の春夏秋冬図は雄麗であり，1933年鳥居龍蔵家族らによって模写され後に東方文化学院東京研究所『考古学より見たる遼之文化図譜』（全4冊1936）として結実した。またこの他陵墓からは漢字と契丹文字による皇帝と皇后の墓誌（哀冊）が発見され契丹字の解読に大きな手掛りを与えた。慶陵は1920年宣教師ミュリーにより発見され，1939年田村実造・小林行雄によって精査され『慶陵 ―東モンゴリアに於ける遼代帝王陵とその壁画に関する考古学的報告― Ⅰ・Ⅱ』（1952）として報告された（1964年日本学士院恩賜賞）。＊田村実造『慶陵の壁画』1977／『慶陵調査紀行』1994 （松原典明）

袈裟襷文銅鐸（けさだすきもんどうたく）→ 銅鐸（どうたく）

『月刊文化財発掘出土情報』（げっかんぶんかざいはっくつしゅつどじょうほう） 日本及びアジアを中心とする外国の新聞に掲載された考古学関係の記事を紙面そのままに収録する月刊の雑誌。1983（昭和58）年1月創刊。B5判縦横併用組。新聞記事のほか，各地の動向，学界動向，博物館情報，調査報告書・出版案内，出版情報なども収録。発行は（株）ジャパン通信情報センター。

（坂詰秀一）

玦状耳飾（けつじょうみみかざり） 古代中国の玉器の一種である玦に似ている縄文時代の耳飾。形は扁平で1ヵ所に切り込みをもつ環状をなし，下部が長くのびて長方形をなすこともある。蛇紋岩などの軟質の美しい石を磨いてつくられ，土製品や骨製品も少数ある。前期初頭に出現し全国的に分布するが，特に東北・関東・中部地方に多い。この出現を中国の青蓮崗文化からの影響と考える学者もいるが，説得力に乏しい。前期後半になると，関東地方を中心に土製品が出現し，中期以降は，西日本を除いて玦状耳飾はみられなくなる。土製品を介して中期以降の耳栓に発展したとみる考えと，耳栓は別個に大陸より伝わったとする考えとがある。大阪府国府遺跡第2・14号人骨（前期），および岡山県中津1号人骨（晩期）では，頭部左右に各1個の玦状耳飾が発見され，神奈川県上浜田遺跡（前期）では，3基の土壙墓より2個ずつ対をなして玦状耳飾が出土している。＊樋口清之「玦状耳飾考」（『考古学雑誌』23–1・2，1933） （渡辺　誠）

華鬘（けまん） 仏堂内を荘厳するために内陣の梁などにかけて用いるもので，生花を紐で結んで身体を飾るインドの風俗であったが，のちに荘厳具となった。形態は団扇形を呈しており，金銅・牛皮・木坂・糸・乾漆などでつくられる。中央には揚巻状に結ばれた紐が垂れ，その両側には宝相華・唐草・孔雀・伽稜頻迦・牡丹などの文様が透彫や彩画であらわされている。上部には懸垂用の環が付き，下側には小鈴や瓔珞が垂下している。＊広瀬都巽「華鬘」（『仏教考古学講座』4，1936） （是光吉基）

牽牛子塚古墳（けんごしづかこふん） 奈良県高市郡明日香村越に所在する八角形墳と考えられる終末期の古墳。丘陵上の平坦部に立地し，主体部は1個の凝灰岩をえぐり抜いた横口式石槨である。内部は中央に厚さ50cmほどの間仕切りの壁を挟んで長さ2.1m，幅1.2m，高さ1.3mの2室を造る。2棺分の乾漆棺（夾紵棺）の破片と金銅製および七宝亀甲形の飾金具，玉枕の残片と想定されるガラス玉が出土している。＊網干善教『史跡牽牛子塚古墳』1977 （池上　悟）

原史考古学(げんしこうこがく)　文字の存否をメルクマールとして設定された先史→原史→歴史(有史)の三時代区分法中の原史時代を研究の対象とする考古学のことであるが，現在ほとんど使われていない。かつて東京国立博物館考古課に原史室が設置されていた。→先史考古学(せんしこうこがく)，→　歴史考古学(れきしこうこがく)（坂詰秀一）

玄室(げんしつ)　古墳の横穴式構造の内部施設のうち遺骸を納める主室をいう。横穴式石室と横穴に用いられる。前後2室に分かれている複室構造の場合は奥室をいい，壁は扁平な割石・河原石・切石などで構築されるが，奥壁だけが1枚の大石を用いる場合があって鏡石とよぶこともある。長方形平面の長辺を羨道とつなぐ平入り構造は横穴式石室には珍しいが，横穴には時たまみられる。壁の多くは持送りと呼ばれるしだいに内傾する構造の積み方をなしていたものと思われるが，切石の大型石室にはみられない例もある。純然たる持送りでなく，壁の中位から内傾するもの，漸次，床から湾曲するものもあり，それも積み方でなく，石の削り出しによるものも認められる。玄室平面形は長方形・正方形・隅丸正方形・三味線胴張形・円形などがある。この玄室の中に各種の石棺や棺台，区切りのための石障，構造物である石屋形が設けられることがある。*尾崎喜左雄『横穴式古墳の研究』1966　（杉山晋作）

懸垂文(けんすいもん)　→　縄文の文様(巻末参照)

現生人類の出現(げんせいじんるいのしゅつげん)　現生人類の出現については，遺伝子レベルからの研究と考古学的理解の2つに分けられる。多地域進化説は，かつてワイデンライヒ(Weidenreich)により唱えられ，最近はウォルポフ(Wolpoff)に代表される説である。各地の現生人類起源が200万年前に拡散したエレクトゥス(*Homo erectus*)にまでさかのぼること。それぞれの地域で遺伝的に連続した進化があったこと。遺伝子の地域的選択と統一の力が働いたであろうこと。地域間での遺伝子の交換などを前提とした地域進化を主張する。これに対し，アフリカ起源説は通称“イブ仮説”，“エデンの園仮説”，“ノアの箱舟説”などともよばれ，F. C. ハウエル(Howell)，C. ターナー(Turner)，L. S. B. リーキー(Leakey)，C. ストリンガー(Stringer)らにより形質学の観点から主張されてきたものであった。1987年にR. L. カン(Cann)らにより母を通じてのみ子供に伝えられるミトコンドリア(mt)DNAの研究が明らかにされ，150の異なった(mt)DNAのサンプルを地域進化説とアフリカ起源説に関する2つの仮説の検証に使った結果，アフリカのサンプルにより多い変異が見られることから，すべての変異の元である(mt)DNAはアフリカの1人の女性(彼らは気まぐれにイブと呼んだ)に帰結すると結論付けられた。さらに突然変異の割合からイブの生きていた年代は約20万年前であるとした。これを補強する考古学的事実として，フェルドホーファー洞穴(Feldhofer)のネアンデルタール(Neanderthal)からの(mt)DNAが現生人類との関連を否定する結果となったこと，TLやESR年代により中近東のケバラ(Kebara)のネアンデルタール人骨よりもスクフール(Skhūl)やカフゼ(Qafzeh)の初期現生人類が古く位置付けられる可能性が出たこと，南アフリカのボーダー(Border)洞穴やクラシーズ・リバーマウス(Klasies River Mouth)の初期現生人類の年代が9〜19万年前とされたこと，南アフリカの中期石器時代ハビソンズプールト(Howieson's poort)伝統では，上部旧石器的な石器群が多く見られること。ザイールのカタンダ(Katanda)遺跡や南アフリカのブロンボス(Blombos)洞窟からは中期石器時代層からの骨銛が出土していること，ヨーロッパで現生人類に伴うオーリニャシアン(Aurignacian)とネアンデルタールに伴うシャテルペロニアン

(Chatelperronian)が同時代であること，コーカサスのメズマイスカヤ(Mezmaiskaya)遺跡では2万9000年前のネアンデルタール人骨のDNA分析がなされ，フェルドホーファーと同じく現生人類とかけ離れていたことなどがあげられる。これに対し，オーストラリアのソーン(Thorne)は，マンゴ(Mungo)湖遺跡出土の約6万年前とされる現生人類の骨がDNA分析の結果アフリカとはかけ離れていると反論した。また，遺伝学的な操作の不適切さも指摘されている。現在のところ，現生人類とそれ以前の人類との間に先読み能力，卓越した石刃技法と骨器の製作，芸術作品の有無，言語と象徴の使用などの行動の面で大きな違いがあることもアフリカ起源説に有利な証拠として扱われている。*Delson, E., Tattersall, I., Van Couvering, J. A., and Brooks, A. S. eds. "Encyclopedia of Human Evolution and Prehistory" 1999 (梶原 洋)

玄門(げんもん) 横穴式の石室構造のうち，遺骸を安置する機能を有する玄室の入口部分をいう。横穴式石室は玄室の前壁の有無により大きく両袖形・片袖形・無袖形に区分でき，このうち無袖形の多くは門構造をとらずに床面の梱石あるいは框石，天井の擬似楣石で区別されるのみであるが，両袖形のものでは門柱石を配し門構造をとるものと，単に羨道への幅を縮小した袖を有するのみの門構造をとらない素形のものがある。厳密にはこれらのうち門構造を有するものを指す。*尾崎喜左雄『横穴式古墳の研究』1966 (池上 悟)

こ

広域火山灰(こういきかざんばい) 特定の火山の活動によって降下した火山灰が広域に分布するものをいう。火山灰の同定には層位学的方法(層位・層相)，火山灰中の岩石レベルの方法(組織・鉱物組成・化学組織)，鉱物レベルの方法(形態・屈折率・熱磁気的性質・化学組織)が用いられる。特定の火山の一時の活動による降下物は，一般にはきわめて短時間に堆積したもので，同時性を示すものとして考古学研究上，きわめて有効である。これらの広域火山灰を用いて，遺跡間，あるいは地域間の諸遺物の時間的前後関係が対比可能となる。鹿児島県始良カルデラを給源とする始良Tn火山灰–AT–(B. P. 2万1000～2万2000)は，九州から東日本一帯に分布しており，後期旧石器時代の年代的前後関係を決定する際，しばしば用いられている。その他，鹿児島県鬼界カルデラを給源とするアカホヤ火山灰–Ah–(B. P. 5000～6000)が，広域火山灰の代表的例としてあげられる。*町田洋・新井房夫「広域に分布する火山灰—始良Tn火山灰の発見とその意義—」(『科学』46–6，1976) (藤原妃敏)

国府遺跡(こういせき) 大阪府藤井寺市道明寺に所在する。大正年間，浜田耕作，京都大学を中心に発掘調査が実施され，縄文時代前期，弥生時代の遺物とともに，多くの埋葬人骨が確認され，注目を集めた。その際，サヌカイト(Sanukite)製の大型石器にも注意が払われたが，旧石器の解明には至らなかった。1957，1958年鎌木義昌らによって再調査が実施され，縄文時代文化層より下位の粘土層中から，サヌカイト製の石器群が確認され，旧石器時代遺跡であることが判明した。これらの資料をもとに，特殊な剥片(翼状剥片)の連続剥離技術—瀬戸内技法—の工程が復原された。翼状剥片はナイフ形石器と強い結び付きがあり，翼状剥片を素材とするナイフ形石器を「国府型ナイフ」，さらに瀬戸内技法を含む石器群を総称して「国府石器群」とよぶ場合もある。*浜田耕作『河内国府石器時代遺跡発掘報告』1918；鎌木義昌他『河内国府遺跡調査略報』1958 (藤原紀敏)

硬玉製大珠(こうぎょくせいたいしゅ) 縄文時代中期に発達した硬玉(翡翠)製の飾

玉。形態上緒締形・鰹節形などがあり，長さ 10cm 前後のものが多い。孔は長軸に直交して管錐穿孔されている。北陸の糸魚川市の姫川などの転礫を加工したもので，藤田亮策らによって新潟県糸魚川市長者ヶ原遺跡，寺村光晴らによって同県青海町(現・糸魚川市)寺地遺跡などでその製造跡が調査され，大陸渡来説は完全に否定された。江坂輝彌の研究によると，これらの遺跡を中心に主として東日本を中心に分布しているが，後期には九州にもみられる。後期になると分割され小型化することについては，八幡一郎・寺村光晴らによって材料の転礫の不足が原因であると考えられている。＊江坂輝彌「所謂硬玉製大珠について」(『銅鐸』13, 1957)　(渡辺　誠)

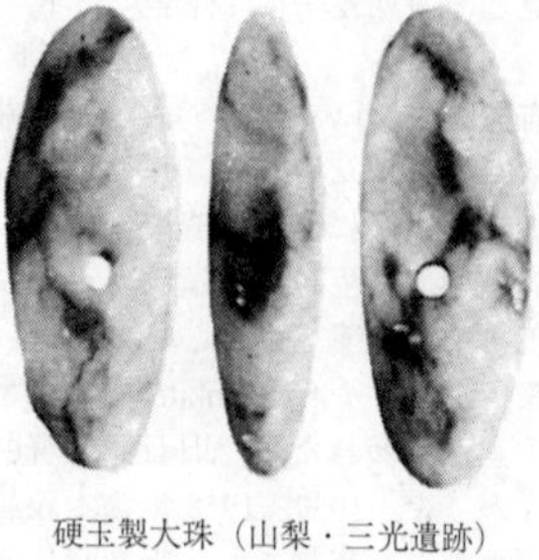

硬玉製大珠（山梨・三光遺跡）

高句麗(こうくり)　高句麗は，新羅・百済などとともに朝鮮三国時代を形成していた王朝で，朝鮮半島北部から現在の中国東北部一帯を支配領域としていた。高句麗族はもともと中国東北部に住んでいたツングースの扶余族と同族。紀元前 1 世紀ごろから紀元 5 世紀に至る間，桓仁→集安→平壌と本拠を移し，後漢末の中国の混乱などに乗じて発展し，4 世紀初めには楽浪郡を滅ぼし，広開土王の時代には華北に至るまでにその版図を広げ，強大な勢力を誇った。高句麗は漢・魏晋南北朝の影響を受けつつ独自の文化を発達させたが，壁画古墳をはじめ，都城・山城や寺院跡，工芸品の中には日本の古代文化の源流をたどる上で示唆を与えるものが多い。＊社会科学院考古学研究所編『高句麗の文化』(邦訳版)1982　(中山清隆)

『考古』(こうこ)　考古学会の機関誌。A5 判縦組。『考古学会雑誌』の後身で『考古界』の前身。1900(明治 33)年 4 月に第 1 編第 1 号を発行したが，同年 12 月に第 7 号を出して止んだ。7 冊発行されて『考古界』となった。　(坂詰秀一)

神籠石式山城(こうごいししきやましろ)　1m 前後の切石やそれに似た石を山をとり囲むように立てならべた遺跡で，列石は数 km に及ぶ場合もある。「神籠石」とは，列石を神域をかこむ護石とみたてたり，神の降りたつ場と考えて名が付けられたといわれる。性格については，明治 30 年代より神籠石論争が始まり，1963 年に行われた佐賀県おつぼ山・山口県石城山神籠石の調査により，朝鮮式山城の一種であることが確認された。分布は北部九州に多く，山口・岡山・香川県の瀬戸内にもみられる。神籠石は山頂から平野にむけて斜めに構築される九州型と，山頂を鉢巻状にとりまく瀬戸内型に分けられるが，谷部では数段以上の石積みをして水門を設けるなど共通性がある。構築の年代は 7 世紀中葉以前と考えられているが，九州では 6 世紀初頭の磐井の叛乱に，瀬戸内では吉備の叛乱に結びつける説もある。＊鏡山猛「太宰府建設時代の対外関係」(『古代の日本』3　九州，1970)　(渋谷忠章)

『考古界』(こうこかい)　考古学会の機関誌。『考古』の後身であり『考古学雑誌』の前身にあたる。A5 判縦組。1901(明治 34)年 6 月に第 1 編第 1 号を発行し，1910(明治 43)年 8 月の第 8 巻第 12 号で止んだ。全 96 冊であった。　(坂詰秀一)

考古学(こうこがく)　考古の語は中国ではかなり古くより使用されていたようで，北宋の 1092(元祐 7)年，呂大臨が著した古銅器・玉器などを集録した図録が『考古図』と名付けられている。わが日本でも 18 世紀後半から19世紀初頭にわたって，神代石などと称して，縄文時代後・晩期の特殊な形態の石器などを珍重蒐集する趣味家の紀行集・図録などが刊行され，考古・攷古・好古，などの用語が使われている。

19世紀末，明治時代に入ると，欧米の新学風が導入され，Archaeologyを意訳し考古学とし，Antiquityを古物学と訳し，Prehistoryから先史学・史前学などの訳語も生まれた。1922(大正11)年浜田耕作が『通論考古学』を著し，その序論，「考古学とは何ぞや」において「考古学は過去人類の物質的遺物により人類の過去を研究する学なり」と定義したのであった。

浜田の定義のように，考古学は過去の人類が残した物質文化を中心に，それぞれの時代の生活環境を復原できるあらゆる資料を駆使して，その時代の人類の生活環境を，全般的に復原を試みることが最終目標の一つではなかろうか。また，この余勢を駆って各時代の気候環境の推移，海岸地域の貝塚遺跡出土の貝類・魚骨などの研究による各時代の海岸景観の推移と，潮流などの変化による捕獲貝類・魚類の変化などの自然環境の変遷もあわせて把握でき，これに人類がいかに対応していったかなどの問題も，今後の考古学研究に残された重要課題になるのではなかろうか。

日本ではヨーロッパで前世紀に発達した古典時代の考古学，すなわちギリシア・ローマ時代の遺跡・遺物を調査し，この事実が古典に記されたことにどのように対応するかという研究，歴史学の一分科として発展してきたヨーロッパの考古学の伝統を強く受けて，19世紀末に誕生をみた学問であり，考古学は歴史学の一補助学であるとの見解を支持する歴史学者が多く，考古学者の中にもこの説に共鳴し，支持する人も多かった。文字が生まれ，人類発展の経過が文字によってその一部が記録されるようになったのは，人類がこの地球上に誕生して今日までたどった道のりの600分の1にも満たないわずかな期間である。人類の歴史の全体からみれば，文献による記録が示す年代は瞬時のまばたきするほどの時間である。歴史学の一分科としての古典考古学の範囲はそのまた数分の1である。しかし，人類が地球上に出現以降の人類がつくり出した文物の消長を究明する考古学の研究領域は実に広大な空間領域がある。よって研究方法も文献史学による研究領域をはるかに超越したものとなるのは当然の帰結ではなかろうか。

20世紀から21世紀の考古学の研究は，あらゆる自然科学の力を動員して，地球上に人類が出現，活動を開始して以来の人類の生活舞台の復原究明，生活環境の変化の推移によって，人類の体格にどのような変革が起こり，今日へと到達したかも究明しなくてはならない。また，周辺のあらゆる有用資源をどのように活用したかも，今日残された遺跡・遺物を素材として，これをいかに研究活用するかにかかっている。今日流行語になっている学際的研究こそ，考古学の研究に新分野が開拓できるものと確信する。土器の文様・器形の変遷などを層位的に観察する編年的研究を理解することは考古学の第一歩であり，これをいかに活用するかということが第二歩であることを考古学の勉学に志すものは先ず認識すべきではなかろうか。 (江坂輝彌)

『考古学』(こうこがく) 東京考古学会の機関誌。B5判縦組。創刊号は1929(昭和4)年3月に発行。以後，1940(昭和15)年11月刊の第11巻11号をもって終刊となり，日本古代文化学会の『古代文化』誌となる。弥生時代研究に果たした役割は高く評価されている。なお，東京考古学会発行の『考古学評論』誌は本誌の兄弟誌で特集「日本原始農業」など計5冊が刊行された。 →『古代文化』(こだいぶんか) (坂詰秀一)

『考古学研究』(こうこがくけんきゅう)

①森本六爾を中心とする考古学研究会の機関誌。A5判縦組。創刊号は1927(昭和2)年7月に四海書房より発行，以後5冊が刊行されたが，1929(昭和4)年6月刊の第3年第1号を日東書院より発行して終刊となった。後,森本は東京考古学会を組織して『考古学』誌を発刊したが，本誌はその前身としての性格をもつ。 → 『考古学』(こうこがく)
②考古学研究会の機関誌。1954(昭和29)年に創刊された『私たちの考古学』が1959(昭和34)年刊の第21号より改題され『考古学研究』となった。A5判縦組の季刊誌。特に考古学の方法論に関する意欲的な論文の掲載と文化財保存・歴史教育などについての広汎な意見開陳の場を提供していることでも知られている。 (坂詰秀一)

『考古学雑誌』(こうこがくざっし) 考古学会(現・日本考古学会)の機関誌。A5判縦組—B5判横組。『考古界』の後身で1910(明治43)年9月に第1巻第1号が発行された。その間，第14巻第1号は1923(大正12)年9月に発行されたが関東大震災によって同年10月は休刊。あくる年12月に第12号を発行した。1924(大正13)年より1943(昭和18)年の間は月刊。1944(昭和19)年は9月に第9号を発行して中断。1948(昭和23)年1月より1949(昭和24)年12月までの間に第35巻第4号を，1950(昭和25)年12月までに第36巻第5号を発行した。以降，季刊となり現在に至る。なお，1975(昭和50)年7月刊の第61巻第1号よりB5判横組となった。『考古学雑誌総目録一』(第1巻～第30巻),『考古学雑誌総目録二』(第31巻～第60巻)が発行されている。 (坂詰秀一)

『考古学ジャーナル』(こうこがくジャーナル) 考古学の普及と学界の情報提供を目的とした月刊雑誌。B5判横組。1966(昭41)年10月，江坂輝彌・芹沢長介・坂詰秀一が編集委員となりニュー・サイエンス社から創刊され，2019年末までで通巻734号が発刊されている。内容は特集テーマのほか，発掘速報・考古ニュース・新刊紹介など，研究者と一般同好者を結ぶパイプの役割を果たしている。毎年5月に特集号「考古学界の動向」が発刊されている。 (江坂輝彌)

『考古学集刊』(こうこがくしゅうかん) 東京考古学会の機関誌。B5判横組。創刊号は1948(昭和23)年に発行され，以降不定期刊ではあるが，重要な調査報告などが掲載されている。現在は，明治大学考古学研究室の研究誌。 (坂詰秀一)

『考古学手帖』(こうこがくてちょう) 塚田光(1934～1981)が中心となり明治大学卒業生などを同人としたB5判横組の小雑誌。先史時代の歴史認識の理論的な方法を追求することを目的とし，資料の再整備，学史検討を軸として編集された。1958(昭和33)年4月に1，1965(昭和40)年10月に26を出して止んだ。 (坂詰秀一)

『考古学と自然科学』(こうこがくとしぜんかがく) 文化財の材質・技法・産地・年代測定・古環境・探査・保存科学・情報システム，文化財防災等について文化財に関する自然科学・人文科学両分野の学際的研究の発達および普及を図ることを目的とし，1982年12月に日本文化財科学会(Archaeology and natural science)が発足。学会誌として当初『考古学と自然科学』を刊行し，77号より『文化財科学』(年2冊・第78号〈2019･3〉が最新〈ISSN 0288-5964〉)と名称変更され継続。また連絡誌『日本文化財科学会会報』(年2冊)を刊行。

(松原典明)

「考古学ライブラリー」(こうこがくライブラリー) 考古学研究の成果を個別テーマごとに簡潔にまとめたシリーズ。概説･遺跡･遺物・研究法のほか，考古学と自然科学との関係を分野ごとに要説して解説している。1『^{14}C年代測定法』(1978〈昭和53〉年5月刊)から67『旧石器』(1999〈平成11〉年5月刊)にいたる。後継シリーズは「考古調査ハンドブック」(1『埋蔵文化財調査の基礎テクニック』〜)。㈱ニューサイエンス社刊。
(坂詰秀一)

『考古学論叢』(こうこがくろんそう) 京都大学考古学教室の関係者(角田文衞・三森定男ほか)によって創設された考古学研究会の機関誌。A5判縦組で発行された。第1輯は1936(昭和11)年刊。その後,第15輯を1940(昭和15)年に発行した。第12・13輯は未刊。1937(昭和12)年より小論文掲載の『会報』(A5判縦組)を発行した。 (坂詰秀一)

『考古学会雑誌』(こうこがっかいざっし) 考古学会の機関誌。A5判縦組。1896(明治29)年12月に創刊号が発行され,1900(明治33)年2月の第3編第4号までつづき28冊が発行されて『考古』に引き継がれた。
(坂詰秀一)

考古地理学(こうこちりがく) 歴史地理学を,その資料・方法論の相違によって分類すると,文献地理学と考古地理学に区別される。考古地理学の対象とする時代は,人類の出現した時点から現在の直前に至る厚みのある時間的空間である。名称のあらわすように,考古学的な調査方法・資料を用い,過去の民族・人種や人口の問題,人類を取り巻く自然環境や社会環境の復原,各地域における環境への適応の方法,人類文化の地域性,地理的景観など,過去における自然地理・人文地理・地誌を解明する。また,方法論においては人類学・民族学・地形学・地質学・古気候学・古生物学・第四紀学・古環境学など,関連諸学の成果を多く活用し補助としている。現在,地理学との相違は,その対象が限定された時点での空間ではなく,数十万年もの時間を対象とする点にあり,動態的に地域を観察することができ,さらに人類文化の動きと環境の変遷などを大きな視野でとらえることが可能である。また,考古学との相違は,考古学が歴史的な観点から資料を扱うのに対して,当時の自然地理・人文地理・地誌などを明らかにするための証拠として採用する点にある。体系的には地理学に属するのである。具体的には花粉分析による時期別の植生を明らかにし,人類文化の変遷との対比を行ったり,稲作技術の波及における時間傾斜の問題,弥生系集落の立地と地形的位置の関係を明らかにするなど,多様な展開をみせている。*小野忠熈『日本考古地理学』1980 (江坂輝彌)

甲骨文字(こうこつもじ) 中国の商や西周時代に亀甲や獣骨に占卜(うらない)の内容を刻み,吉凶を占った文字。現在解読されている中国の漢字の最古の書体であるとともに,商時代の歴史・社会・文化を知る最も重要な史料とされる。甲骨文の存在は前世紀末に知られ,まもなく,その出土地が河南省安陽であることが判明,私掘によって世界各地に流散した資料や戦前戦後の中国の考古学者による発掘によって現在十数万片が知られ,すべて商代後期の王室の占卜に関係する史料であることが,羅振玉・王国維・董作賓など甲骨学者の研究でわかった。甲骨文の編年(断代)研究も甲骨文に出てくる貞人(占い師)の名前を手がかりにすすめられ,商王室の系譜や暦法・祭祀も解明されつつある。甲骨文は安陽殷墟以外でもわずかながら出土しており,陝西省周原の西周早期の宗廟跡から,細字で刻まれた甲骨文多数が発見されている。*白川静『甲骨文の世界—古代殷王朝の構造』1972
(穴沢咊光)

格狭間(こうざま) 中国に起源をもち,奈良時代には牙床(げしょう)とよばれた。建築,彫刻,器具の台や壇の羽目などに用いられた装飾で,石田茂作は①肘木式,②合掌式,③蓮弧式,④葉状式,⑤交混式の5形式に分類した。肘木式は飛鳥時代から用いられ,奈良時代には合掌式・蓮弧式・葉状式が,また平安時代末期に交混式があらわれる。格狭間の間はもとは透したままであったが,のちには孔雀や鳳凰などの文様がつけられるようになった。*石田茂作「香

様の起源と発展」(『考古学雑誌』31–7・8, 1941)　(是光吉基)

高山寺貝塚(こうざんじかいづか)　和歌山県田辺市糸田の標高200mの丘陵上に真言宗豊山派の高山寺が鎮座し，台下の市街地から高山寺への参道を寺院境内敷地へ登り切る道路北側の崖面上部にマガキ，ハイガイなどを主とする厚さ80cm内外の貝層が露出している。これが高山寺貝塚であるが，外洋に直面した現海岸線にほど近い。現在この地域の海岸にはマガキ，ハイガイは殆ど棲息せず，高山寺貝塚は縄文文化早期後半の貝塚であり，縄文海進直前の更新世末から完新世初頭の時期を示す貝類相である。貝層中から出土土器は縄文文化早期中葉の楕円と山型の押型文土器で，器厚7cm内外で比較的厚手であり，焼成は悪く，胎土は脆弱である。楕円押型文は粒子が粗大で，径1cm内外のものが多い。また，内面には口縁から口径にわたって指で引っ掻いたような斜行する沈線文が施文されている。石器は磨石と礫核石器，サヌカイト製の石鏃などが出土している。＊浦宏「紀伊国高山寺貝塚発掘調査報告—押型文土器の單純遺跡に就いて—」(『考古学』10–7, 1939)　(江坂輝彌)

高山里遺跡(こうざんりいせき)　韓国済州島(チェジュトウ)の西南部北済州郡翰京面高山里に所在し，標高約10mの海岸段丘上の畑地が遺跡で，西南海岸に接して段丘上に標高30mの水月峰という小公園がある。本遺跡は不安定の平底無文深鉢土器が出土し，土器の表裏に獣毛かと思われる繊維痕が認められ，日本の縄文時代草創期の長崎県吉井町福井洞窟遺跡，愛媛県上黒岩岩蔭遺跡出土の細隆線文土器と近似し，また安山岩質の岩手で作られた小型な有舌尖頭器が多数出土している。また1999年，済州島の東北部，済州市東方20km余，北済州郡旧左色金寧里のバイパス12号新国道開設に際しても，同形式の土器片，同石質の小型有舌尖頭器が発見された。中国大陸方面から朝鮮半島西部，済州島地域を経て，西北九州地方から本州，四国地方へ到達したものかどうか，今後に残された重要研究課題である。なお，済州島発見の有舌尖頭器に使用されている，角閃石安山岩などは済州島の山房山，西九州の長崎県多良岳産などの酸性の安山岩と異なり，アルカリ岩であり，この種の岩石は山東半島以西の中国産と考えられ，中国大陸より将来されたとの岩石学者の見解も示されている。日本の最古の土器のルーツを探る上で重要な遺跡と考えられる。　(江坂輝彌)

格子目押型文(こうしめおしがたもん)　→　押型文土器(おしがたもんどき)，→　縄文の文様(巻末参照)

工字文(こうじもん)　→　縄文の文様(巻末参照)

更新世(こうしんせい)　Pleistocene。新生代第四紀の前期の地質時代名，約300万年前から1万年前までの期間をいう。最新世とも洪積世ともいう。更新世は，はじめライエル(C. Lyell)によって最も新しい時代(貝化石群中，現生種を70%以上占める地層の時代)として提唱された(1839年)。一方，洪積の語は「ノアの洪水」に語源がある。ヨーロッパにはかつての大洪水を思わせる巨礫(迷子石)が多いからだが，これは氷河の運んだものとわかって，この時代は氷河時代の意味をもつようになった。更新世にはこのほか人類の時代という意味がある。しかし，氷河時代にしろ人類時代にしろそれぞれそのはじめの時期を決めるとなるとむずかしく，第三紀鮮新世との境はまだ明確になっていない。この問題はイタリアのカラブリア層(海成層)と陸上哺乳動物を多く含むヴィラフランカ層(陸成層)を中心に総合的に検討されている。更新世は前期・中期・後期の3期に区分されている。前期は温暖な第三紀から氷河時代に移る過渡的な時期で先氷河時代ともいわれる。生物は第三紀型にかわって第四紀型が優勢になる。日本では大陸から泥河湾(ニーホーワン)動物群(温帯北部型，北方系)と万県(ワンシェン)動物群(暖帯型,南方型)がやってきた。また，火山活動や地殻変動も盛んだった。中期はミンデル氷期とリス氷期を含む本格的な氷河時代である。日本では氷期にナウマンゾウやオオツノシカなどの周口店(チョウコウテン)動物群(温帯北部型，北方系)が，間氷期には東洋ゾウやワニなどの万県動物群が渡来した。現在みられる火山(ローム層など)はいずれもこの時期以降に誕生した。後期は最終間氷期から最終氷期(ウルム氷期)の時代で気候は最も寒く氷河の規模も最大となる。日本列島は間氷期には大陸と離れたが，ウルム氷期にはマンモスゾウ・ヘラジカなど寒帯型(北方系)の動物群が渡来している。＊新堀友行・柴崎達雄編『第四紀』2, 1982 (加藤定男)

厚葬(こうそう) 死者の埋葬に際し，規模・内容が壮大に表現されているものを指し，日本の古墳などはそれにあたるといえよう。支配者の墓地として，多数の労働力でもってつくられ，壮大な墳丘，構造を有し，多量の副葬品を伴っている。＊森貞次郎「原始文化·上(埋葬)」(『新版考古学講座』4, 1969) (川崎義雄)

好太王碑(こうたいおうひ) 中国吉林省集安県通溝にある高句麗時代の石碑で，広開土王碑ともいう。広開土王の死後，子の長寿王によって414年に建立された頌徳碑。碑文は4面にわたって総字数1800余字に及び，隷書体で陰刻されている。高さ6.3m。凝灰岩製。5世紀における倭王権の外交，具体的には好太王の時代に高句麗の侵略に苦しむ百済を軍事的に援助し，百済に対する優位性を確保するなどの事実がうかがえ，古代日朝関係史研究上の基本史料として重要なものである。近年各種の拓影などから碑文改変の疑惑がもたれ，実査を踏まえた再検討がせまられている。＊李進熙『広開土王陵の研究』1972 (中山清隆)

皇朝十二銭(こうちょうじゅうにせん) 古代に律令国家が発行した銅銭の総称で，本朝十二銭ともいう。708(和銅元)年の和銅開珎，760(天平寶字4)年の萬年通寶，765(天平神護元)年の神功開寶，796(延暦15)年の隆平永寶，818(弘仁9)年の富壽神寶，835(承和2)年の承和昌寶，848(嘉祥元)年の長年大寶，859(貞観元)年の饒益神寶，870(貞観12)年の貞観永寶，890(寛平2)年の寛平大寶, 907(延喜7)年の延喜通寶, 958(天徳2)年の乾元大寶の12種をもって皇朝十二銭と呼称する。これ以外に銀銭として和同開珎，大平元寶(現物不明)，金銭の開基勝寶が発行されている。皇朝十二銭は各地で出土しているが，大阪府細工谷遺跡の8世紀前半の溝から和銅開珎銅銭の枝銭，奈良県平城京左京六条一坊十六坪からは神功開寶の鋳造資料，長屋王邸跡からは和銅開珎の種銭が確認されている。中世にも若干流通しているが，形や品質の良好な和銅開珎から富壽神寶が主体で，承和昌寶以後の流通量は極めて少ない。＊永井久美男編『中世の出土銭補遺』Ⅰ，1996 (岡本桂典)

上野三碑(こうづけさんぴ) 高崎市の山ノ上碑(「辛巳歳」{681})・多胡碑(和銅四{711})・金井沢碑(神亀三 {726})の三碑は半径1,5kmにあり，約半世紀の間に建てられた日本最古の石碑群で，2017年ユネスコの「世界の記憶」遺産に登録。日本に18例現存する古代(7～11世紀)の石碑中，最古の「倭文体」石碑群である。山ノ上碑は自然石碑で新羅系渡来氏族・秦氏との関連がある。多胡碑は角柱状に整えられて笠石を載せる型式で磨雲嶺碑(新羅真興王巡狩碑)や那須国造碑(栃木県大田原市，七〇〇年)に類似。碑文から建郡記念碑。金井沢碑は自然石碑で，豪族・三家氏(みやけし)による先祖供養と一族繁栄祈念の碑で，古代東国の仏教の興隆，家族関係，行政制度の実態を示す歴史資料。＊熊倉浩靖「上野三碑と韓国石碑文

化：日本と新羅はなぜ統一国家建設に成功しえたのかの一側面」（『群馬県立女子大学紀要』39，2018）　（松原典明）

講堂（こうどう）　仏法を講じる堂。古代には金堂の後方に配し，僧房や経蔵などが近くに置かれ，僧侶の集会に便利なように工夫されていた。大寺院では正面8間の建物が一般的で，奈良市薬師寺では二重の屋根に裳階（もこし）を付しており，基壇外装は壇上積基壇が広く用いられた。地方寺院では，金堂が壇上積基壇であるのに対して，講堂は自然石乱石積基壇や瓦積基壇を採用し，金堂よりも一段軽い外装である例がみられる。密教寺院では，京都市教王護国寺（東寺）のように多数の仏像を安置した例，同市醍醐寺や仁和寺のように講堂の存在自体が確認できない例など，講堂のあり方が大きく変わった。鎌倉時代には禅宗寺院で講堂を法堂（はっとう）と呼んで重視するようになるが，ほかの宗派では講堂が重視されることはなく，大部分の中近世寺院では講堂が造られなかった。＊斎藤忠「寺院跡」（『新版仏教考古学講座』2，1975）　（時枝　務）

甲野　勇（こうのいさむ）　1901～1967。東京日本橋に生まれ，1922年東京帝国大学理学部人類学科選科に入学。1925年卒業し人類学教室副手，1926年大山柏の史前学研究所に入所。1927年の台湾調査は大きな学問的契機になった。その後，人類学教室嘱託，厚生省人口問題研究所嘱託，慶応義塾大学文学部講師などを経て，1954年国立音楽大学教授となる。先史学は古民族誌学であるとの考えから，関東地方貝塚の層位的発掘により縄文土器編年の確立につとめたばかりでなく，土偶・装身具・骨角器などの研究に先駆的な業績を残した。また埼玉県真福寺や青森県是川の特殊泥炭層遺跡や福島県三貫地貝塚などの発掘を手がけた。一方で多摩考古学会の設立や雑誌『ドルメン』『ミネルヴァ』の編集を行い，啓蒙活動に大きな役割も果たした。主著に『埼玉県柏崎村真福寺貝塚調査報告』1928，『未開人の身体装飾』1929，「関東地方に於ける縄文式石器時代の変遷」（『史前学雑誌』7–3，1935）「青森県三戸郡是川中居石器時代遺跡調査概報」（『史前学雑誌』2–4，1930），『縄文土器のはなし』1953などがある。　（渡辺　誠）

河野常吉（こうのつねきち）　→　河野廣道（こうのひろみち）

河野廣道（こうのひろみち）　1905～1963。札幌市北1条7丁目，父・常吉，母・かつ江の次男として誕生。長男は夭折したので姉2・妹1にはさまれた河野家の一人息子のように育った。1924年3月，北海道帝国大学予科入学，1927年，同大学農学部生物学科卒。1930年，同学農学部助手，1932年2月，農学博士の学位を授く。1938年5月，北海道大学農学部講師，1955年1月，北海道学芸大学札幌分校教授，1959年3月，同大学附属図書館長などを歴任される。氏は農学部出身で，昆虫類研究の権威で，1939年，満鉄嘱託として，北満および北支の昆虫調査を始め，1941年7月，北千島学術調査探検隊昆虫学班長として，北千島の昆虫調査を担当されたり，北アジア各地の昆虫研究にも，多くの業績を残されている。廣道は常吉の業績を継ぎ，北海道・千島・樺太地区の考古学・民族学・人類学方面でも，多くの研究成果を発表されている。1930年代に，青森県下北半島の東北端部を訪れ，東通村大字尻屋ムシリの海岸段丘上，弁天島対岸の地で，当時のまだ北海道南部でもようやくその存在が知られるに至った縄文時代早期の縄文の施文された尖底深鉢土器の存在を明らかにして，『ドルメン』誌上に報告されるなど，考古学上でも注目すべき先駆的業績を多数残されている。　（江坂輝彌）

後氷期（こうひょうき）　post glacial age。完新世と同義で，約1万年前から現在までをいう。地球上には現在でも南極大陸をはじめグリーンランドなどに大量の大陸氷河が発達していて，氷河の占める面積は陸地の1割に及んでいる。しかし，更新世の最終氷期(約2万年前，ウルム氷期)に発達した氷河は上記地域のほか，北半球に広がり，ヨーロッパではスカンジナビア氷河がイギリスを含むあたり(北緯50°)まで，北米ではローレンタイド氷河がニューヨーク(北緯40°)あたりまで達していた。その面積は現在の約3倍と推定されている。つまり，これらの地域では最終氷期以降，気候が回復するにつれ，氷河湖やモレーンを残しながら氷河が衰退し，そのあとにツンドラ植生がひらけ，次に森林植生へと移って人類の繁栄する現在に至ったことが知られている。この変化は地質学的にみるときわめて短期間に起こっており，むしろ，劇的にさえみえる。後氷期はこれら氷河が衰退したあとの(文明の発達した)時代という意味で，今なお地球上には大量の氷河が存在しているが後氷期とよんでいる。さて，氷河の消失時期だが，スカンジナビア氷河はスウェーデン中部まで後退した8800年前ごろ，ローレンタイド氷河はだいぶ遅れて6000年前ごろとされていて，その消失時期は地域により異なっている。このため後氷期の初めをどこにするかにむずかしさが生じた。現在では植物遺体や花粉分析の資料からヨーロッパにおいてツンドラ植生にかわって森林植生が急に広がりだした時期(1万年前)に境をおいている。さらにこの資料から，後氷期はプレボレアル，ボレアル，アトランティック，サブボレアル，サブアトランティックの5つの時期に区分されている。このうち，アトランティック期(7750～5000年前)は気温が最も高く，湿潤な時代で気候最良期(ヒプシサーマル)とよばれている。→ 氷河期(ひょうがき) ＊湊正雄『氷河時代の世界』1970 (加藤定男)

興福寺(こうふくじ) 奈良市登大路町に現存する法相宗の大寺院。南都七大寺の一つ。710(和銅3)年に平城京の外京に建設された藤原氏の氏寺で，厩坂寺(うまやさかでら)を移建したとも伝えるが，創建の事情には不明な点が多い。720(養老4)年に氏寺でありながら官寺となった。伽藍配置は，金堂が中・東・西の3棟あり，中金堂の南に南大門・中門，北側に講堂・僧房を配し，回廊が中門と中金堂をつなぎ，塔を東西金堂の南側にそれぞれ置く形式である。さらに，講堂の東方，東面僧房に隣接して食堂，西方の西面僧房の外側に北円堂，伽藍地の南西隅に南円堂が配されていた。中金堂や南円堂などでは創建時の鎮壇具が発見されている。軒瓦は蓮華文軒丸瓦と唐草文軒平瓦の組み合わせで，複数の笵型が使用されており，一部は伽藍地に隣接する荒池瓦窯で生産されたものであることが確認されている。明治初年の神仏分離で一時廃寺となったが，その後復興し，現在も法灯が続いている。＊奈良国立文化財研究所『興福寺食堂発掘調査報告』1959 (時枝 務)

弘法山古墳(こうぼうやまこふん) 松本市出川丸山にある。松本平の東南方に延びる中山丘陵の北端部につくられた前方後円墳で，全長66m，後方部幅47m，後方部長41m，前方部幅22mを測る。後方部中央に河原石を使用した一種の竪穴式石室があり，外被施設としての控積が外周に厚く広大になされている。ガラス製小玉や鏡・剣・銅鏃・鉄鏃・鉄斧などが出土した。特に石室の上方より発見された土師器は，長野県はもとより関東地方で最古の段階にあたるものとされており注目される。＊斎藤忠編『弘法山古墳』1978 (坂本美夫)

コウヤマキ(高野槇) 1科1属1種のわが国特有の針葉樹。かつては世界中に広く分布していたが，新第3紀では北アメリカで，更新世にはヨーロッパでもほろびて，日本とその周辺の韓国済州島にだけ残存している。福島県を北限とし，紀伊半島以西の山地に自生するが，その間の木曽地方・吉野地方が分布の中心になっている。この樹は直幹性の喬木で，材は割れやすく，加工し易いこと，および耐湿性にとむことから，井戸枠・橋梁(橋脚)・風呂桶など特殊な用途に適する。すでに弥生時代から木棺の用材としてよく用いられている(大阪府勝部遺跡・同瓜生堂遺跡例など)。古墳時代前期になると，近畿地方およびその周辺ではコウヤマキ製の巨大な木棺があらわれる。ことに大阪府の和泉黄金塚古墳の後円部の中央棺は割竹形木棺で，長さ8.5mにも及ぶ長大なもので，コウヤマキの巨木の幹を利用したものであった。勝部明生の調査によれば，23例中20例までがコウヤマキであり，特に割竹形木棺については，他の樹種はまったく用いられていない。

コウヤマキは古墳時代全期にわたって棺材として使われたが，後期になると，他の樹種の使用も多くなり，大きさも死者が一人はいる程度になる。コウヤマキ製木棺は，東は群馬県から西は兵庫県にいたる間で出土しているが，とりわけ近畿地方に多い。これは，この地方で，木棺埋葬がさかんであったことと，コウヤマキの天然分布の主域にあたるため，良材の入手が容易であったことによるものであろう。最も新しい例としては，奈良時代の太安萬侶墓の櫃に用いられている。またヒノキとともに建築材としても多用されていることが平城宮出土の柱材などから知ることができる。コウヤマキは，日本固有種であるが，朝鮮半島の百済古墳で公州の宋山里古墳群の武寧王・王妃の木棺は，コウヤマキの大木が使用されており，幼少の頃，日本育ちの王とその王妃の棺に日本の畿内地方産かと思われる棺材が使われていたことは，興味深い。百済の古墳には他にも数例ある。*勝部明生「前期古墳における木棺の観察」(『関西大学考古学研究年報』1，1967)；山内文「材の解剖学的識別法および発掘された丸木舟・弓・木棺の用材について」(『古代文化財の科学』26，1981)　(渡辺　誠)

古浦遺跡(こうらいせき)　島根県松江市鹿島町古浦にある弥生から奈良時代の遺跡。1956年の小片保，1961〜1963年の金関丈夫らの調査で4層の文化層を確認。そのうち3層と4層からは弥生中期と前期の共同墓地が見つかり，前期の墓からは50体近い屈葬の遺骸が置石・列石・礫・土器を伴っていた。成人骨には抜歯が，また貝輪・勾玉・管玉を共伴する。弥生人骨がたくさん出たことは，弥生人の系譜を探る点で関心がよせられた。*金関丈夫ほか「島根県八束郡古浦砂丘遺跡」(『日本考古学協会第29回総会研究発表要旨』1963)　(関　俊彦)

香炉(こうろ)　香をたくのに用いる器で，金属・陶磁器などでつくられている。インドでは臭気を消すために古くから利用されていたが，わが国では仏具の一つとして多く使われている。用途や形態から種類も多く，香炉の一端に長い柄をつけ，手にもって焼香する柄香炉，机上に置く居香炉，箱型の香炉に釣手をつけて周囲に小孔をうがち，修行や旅行に際して用いられた釣香炉，象の形態をしている香象などがある。*佐野真祥「香炉」(『仏教考古学講座』5，1936)　(是光吉基)

香炉形土器(こうろがたどき)　今日の香炉に形が似ているところから名付けられたが，香炉として用いられた痕跡は認められない。東日本の縄文時代後期末から晩期にかけて存在し，ブリッジ状の突起が付く主体部には各時期の代表的な文様が透し彫りされ，台付浅鉢形の下半部につづく。香炉形はその形からみて中期の釣手形土器の橋状，三つ股，十字型の把手により装飾が加えられて生まれたものと考えられる。*杉山寿栄男『日本原始工芸概説』1928　(藤村東男)

小型異形剥片石器(こがたいけいはくへんせっき)　ガラス質で貝殻打痕状に割れる水晶，瑪瑙，硅質頁岩，チャート，などの鋭利な打裂痕の残る岩石を使った石器。木の枝，獣類の骨角などを利用し，獣類の四肢骨などを切断，割截した。刃部で，骨の四周を削り，丸棒の先端加工や赤色塗料と漆を混ぜた塗料を塗って，装身具のヘアー・ピンなどを製作する際の工具として利用した。また鹿角を利用して，釣針，銛，程(やす)などの漁撈具製作に使用された工具である。これらのナイフ様の工具は，土器出現以前の更新世後期にあらわれるが，完新世に至って製作用途に適したものに分化する。削具，錐状用具など各種の用途に分化し，切断工具が小さくなり，各種のものに分化するのは更新世末になってからである。（江坂輝彌）

小金井良精(こがねいよしきよ) 1858～1944。新潟県長岡市生まれ，1880年東京帝国大学医科大学卒，同年ドイツのストラスブルグ大学に留学，解剖学を勉学，1886年医科大学教授となる。1887年医学博士，1921年定年退官，1922年2月，名誉教授の称号を受く。北海道各地のアイヌ人の古墳を発掘。アイヌ人の骨骼人類学的研究を行う。また，大阪府国府遺跡を始め，日本各地で石器時代人(縄文時代人)の埋葬骨を発掘し，アイヌ人骨との骨骼の類似性を指摘し，日本石器時代人アイヌ説を提唱した(小金井はアイヌとせず，アイノと呼称した)。＊『人類学研究』1926（江坂輝彌）

後閑天神山古墳(ごかんてんじんやまこふん) 群馬県前橋市後閑町にある。全長約130mの前方後円墳で，3段築成の墳丘頂部に壺形土器が配置されていた。内部施設は粘土槨で，三角縁四神四獣鏡2面ほか3面の鏡に加え，素環頭大刀・刀・剣・銅鏃・鉄鏃・鉇・斧・刀子・紡錘車形石製品・靫などの豊富な副葬品が出土した。群馬県における4世紀代古墳の代表例である。＊尾崎喜左雄「後閑天神山古墳」(『前橋市史』1，1971)（杉山晋作）

穀塚古墳(こくづかこふん) 京都府京都市右京区松尾山田葉室町にある前方後円墳。全長41mで，埴輪列があり，周湟がめぐる。後円部に竪穴式石室があり，画文帯神獣鏡・金銅製帯金具・環頭鉄刀・鉄刀・鉄剣・鉄槍・鉄鏃・鉄斧・鉄刀子・鉄製鏡板付轡・五鈴杏葉・須恵器などが出土した。営造時期は5世紀後葉。帯金具は埼玉稲荷山古墳出土例に類似する。＊梅原末治「松尾村穀塚」(『京都府史蹟名勝地調査報告』2，1920)（車崎正彦）

国府跡(こくふあと) 日本古代律令国家が，地方行政単位として区分した60ほどの国を統治するための行政機関(官衙)。考古学では，発掘調査で明らかにされてきた官衙施設の実態を踏まえ，学術上の用語として，国府の定義を行っている。国庁は，国の役所の中枢施設で，政務などの場として機能した政庁，曹司は，国の行政実務や役所の維持・運営に係る機関とその施設群，国衙は，国庁とその周囲に設けられた曹司の諸施設，国府は，国庁・国衙を中心に，その周辺に営まれた曹司や国司館などの関連施設の総体を指す。国府は，国の政治，経済，文化の中心として，様々な情報とモノが集まる水陸交通の要衝に置かれた。国府は，7世紀末～8世紀初頭，もしくは8世紀前半に成立したと考えられ，11世紀代まで，400年以上に亘って機能していた。国府には，国庁・国衙を中心に，主要な街路が設けられ，広範囲の国府域(国府のマチ)を伴っていた。そこには，国衙諸施設とともに，国司館，傜丁や兵士の宿所，市，国学の学校や国博士らの居所，百姓の民家，寺社，駅家などの施設があり，多くの人々が集住した古代地方都市と位置づけることができ

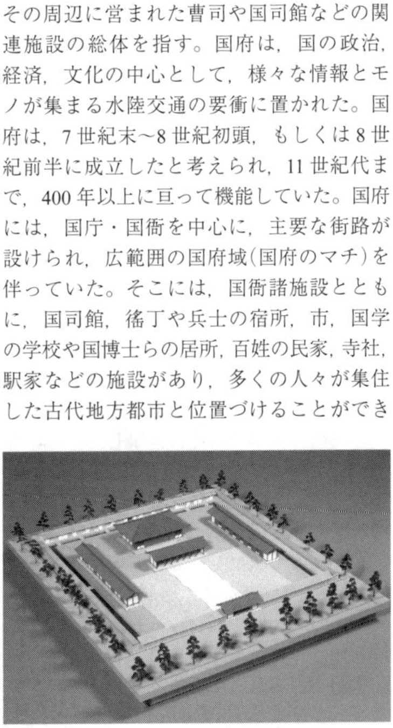

下野国庁復元模型

る。＊山中敏史『古代地方官衙遺跡の研究』1994；大橋泰夫『古代国府の成立と国郡制』2018 （江口 桂）

国分台遺跡群（こくぶだいいせきぐん） 香川県高松市国分寺町北部の山塊地帯に展開し，一部は西隣の坂出市にも所属する。後期旧石器時代を主体とするサヌカイト（sanukite）原産地遺跡群である。遺跡群は，西から蓮光寺遺跡群，国分台遺跡群，朱雀台遺跡群などから構成されている。1958年，香川県考古学会による分布調査が国分台で開始され，翌年には岡山大学を中心とする国分台遺跡発掘調査団による調査が実施された。出土遺物総数は，膨大な数量にのぼる。それらは，国府型ナイフや翼状剥片石核，盤状剥片とその石核などの瀬戸内技法関連資料をはじめ，掻器，削器類，角錐状石器，尖頭器，石刃，楔形石器，縦長そして横長剥片類，叩き石など後期旧石器時代の石器器種の多くを網羅している。これらの石器類は，型式学的，技術論的研究においてきわめて重要な情報をもたらす資料である。＊絹川一徳「国分台遺跡における石器制作の技術構造（上），（下）」（『考古学研究』35–1, 2, 1988） （小林博昭）

国分直一（こくぶなおいち） 1908～2005。東京生まれ。台湾で育つ。1933年に京都帝国大学文学部史学科を卒業。台南高等女学校などで教鞭を執った後，1943年に台湾師範大学教授となり，台湾先史遺跡の発掘と先住民の民族学的研究に従事した。1945年に台湾大学大学院副教授となったが，1949年に帰国し，1954年に下関水産講習所（現下関水産大学校）助教授，以後，熊本大学・東京教育大学の教授を歴任後，1974年に梅光女学院大学（現梅光学院大学）教授。1977年，雑誌『えとのす』を創刊し，主幹として活躍。研究分野は幅広く，考古学に留まらず，文化人類学にも及んだ。1994年に南方熊楠賞受賞。著書は『壺を祀る村』1944など多数。 （時枝 務）

国分山古墳群（こくぶやまこふんぐん） 富山県高岡市伏木国分字岩崎にある。二上丘陵東北端の岩崎鼻台地に存在する円墳8基以上で構成される古墳群である。A号墳が1951年に調査された。直径30mほどで古墳群中最大規模を持つ。内部主体はベニガラを敷きつめた木棺直葬2基であった。（イ）号主体から獣形鏡・直刀・鉄鏃，（ロ）号主体から内行花文鏡・勾玉・鉄鏃が発見された。ほかはG号墳の直径28mほどをのぞき9～16mの大きさのもので，このうち3基が現存する。＊古岡英明「国分山古墳群」（『富山県史』考古編，1972） （坂本美夫）

国分寺跡（こくぶんじあと） 奈良時代に国ごとに置かれた官寺。741（天平13）年2月の勅で，聖武天皇は諸国に金光明四天王護国之寺（国分僧寺）と法華滅罪之寺（国分尼寺）を置くことを定め，鎮護国家を目的とする寺院の造営に着手した。国分寺は国府の近くに位置することが多く，寺域は方形の平面プランを基本とし，面積も2町以外に3町や3.5町などがある。寺域の境界には築地・土塁・堀などが設置され，道路が走る場合も多く，外界と明確に区分される。伽藍配置は，従来東大寺式伽藍配置と考えられていたが，調査が進展するにつれさまざまな伽藍配置の存在が確認されるようになった。相模国分僧寺跡や下総国分僧寺跡は法隆寺式，美濃国分僧寺跡は法起寺式を採用しており，各地の国分尼寺跡は塔をもたない点で特異な伽藍を形成している。国分寺の堂塔を葺いた軒瓦の文様は多様であるが，信濃が東大寺式，常陸・上総・駿河・備中が平城宮系であるのに対し，武蔵・下総・出雲・日向などでは独自な文様をもつ軒瓦が採用されており，国によって造寺活動のあり方が異なっていたことを示している。＊角田文衞編『新修国分寺の研究』1～7，1986～1997 （時枝 務）

国分寺古墳（こくぶんじこふん） 鳥取県倉吉市国府字東前に所在する全長約60mの

前方後円墳である。主体部は粘土槨で，長さ 7m，中央部幅 1.8m，深さ 0.5m を測る。副葬品は鏡 3，柄付鉄製鉇 6〜7，剣 3〜4，刀子 1，短冊形刃付鉄板 1，小型鎌様鉄製品 3，斧頭 3，鉄鏃 2 などで，特に鏡はいずれも舶載されたもので，その内の夔鳳鏡は全国でも数少ない例である。構築時期は遺物よりみて 4 世紀後半に比定される。* 梅原末治「因伯二国に於ける古墳の調査」(『鳥取県史蹟名勝地調査報告』2，1923)　(是光吉基)

こけし形石製品(こけしがたせきせいひん)　こけし形をしたマンモスの牙や石製の小像は後期旧石器時代のユーラシア北部に散見され，マリタ(Mal'ta)，アンガラ(Angara)川流域，コステンキⅠ，Ⅳ(ウクライナ)，ラ・マドレーヌ(La Madeleine)，ペリゴール(P érigord)，マスダジル(Mas d'Azil)(南仏)などに例がある。日本では岩戸遺跡(大分県大野郡清川村)の 1967 年の調査で，「こけし」形石製品の完成品 1 点，未成品 2 点が出土した。出土層準はナイフ形石器・尖頭器・スクレイパー(Scraper)などの組成をもつ第 1 文化層。結晶片岩製で高さ 9.6cm，上部最大幅 3.0cm 下半部幅 2.1cm。灰青色を呈し全面が磨滅している。敲打によって整形され，顔の部分には径 6〜7mm の目と考えられる浅いくぼみが並び，その下に鼻・口のくぼみを有する。頭部背面には頭髪らしい沈刻が認められる。未成品は高さ 7.6cm で片面全面に敲打痕があり，頸部とみられる溝を有するものと，高さ 6.9cm で頭部の加工途上のもので，ともに破損している。* 芹沢長介「大分県岩戸出土の「こけし」形石製品」(『日本考古学・古代史論集』1974)(阿子島香)

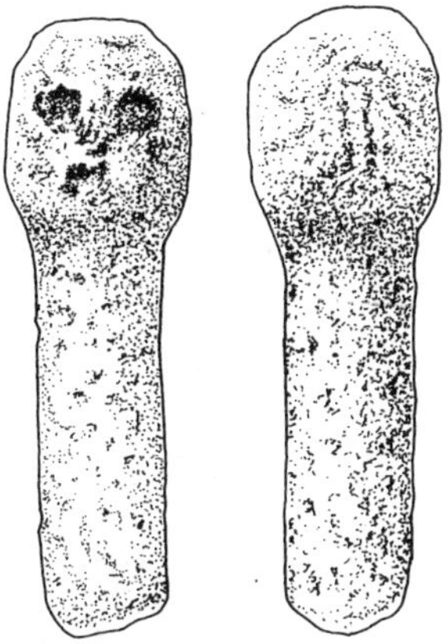

こけし形石製品（大分・岩戸遺跡）

ココレボ遺跡(Kokorevo)　エニセイ川中流域，クラスノヤルスキー地区にあり，6 ヵ所からなる後期旧石器時代の遺跡群である。Z. A. アブラモワによればココレボ文化に属するⅠ，Ⅳ遺跡とアフォントバ文化に属するⅡ，Ⅲ，Ⅵ遺跡に分かれる。ココレボ文化は大型石刃とそれを素材とする尖頭器・彫刻刀を特徴とし，アフォントバ文化は，多様な細石刃核と，スクレブラが特徴的である。年代は 1 万 2000〜1 万 4000 年前とされる。*Z. A. アブラモア『エニセイの旧石器時代コーカレフスカヤ文化』1979　(梶原　洋)

五社神古墳(ごさしこふん)　奈良県奈良市山陵町に所在する前方後円墳。古墳名は，かつて墳丘上に祀られていた小祠に由来するもので，現在神功皇后陵に治定されている。全長約 267m，前方部幅約 150m，同長約 115m，同高 20.5m，後円部径約 190m，同高 27m を測り，前方部を南に向ける。くびれ部の西側に造り出しを設ける。墳丘は，丘陵の尾根を切断して構築しており，前方部が 3 段，後円部が 4 段築成とされ，葺石が施され，円筒埴輪が巡らされる。埴輪は，円筒埴輪のほか，朝顔形埴輪，壺・盾・家・蓋などの器材埴輪がみられる。埴輪から 4 世紀末の築造であると推測されている。主体部は，嘉永 2 年(1849)に盗掘され，その折の記録から竪穴式石槨で，長持形石棺であることが知られる。現在，周濠が巡らされているが，当初のものではなく，後世の整備において新たに掘削されたものである

と推測されている。周辺に5ヵ所の陪塚があり，本墳を含めて佐紀盾列古墳群の一画をなしている。（時枝　務）

小札(こざね)　挂甲·冑·肩甲·草摺·臑当·籠手(手甲)それに馬甲などをつくるためにつかわれる上端が半円状の長方形を基本とした定型化の強い鉄板である。小札の大きさは，使用部位によって異なり，おおよそ長さが幅の2倍以上を普通とするが，例外的なものもある。小札には，小孔がうがってあり，革紐縅されたり鉄鋲留されるが，この小孔の数，位置は使用部位により異なる。鉄製小札のほか金銅製のものや，鉄地金銅張製のものなども少数存在する。＊大塚初重「大和政権の形成」(『世界考古学大系』3　日本Ⅲ，1959)（坂本美夫）

古式古墳(こしきこふん)　古墳の中でも相対的に古い要素をもつ形態をいったもので，特に厳密な規定はない。しかし，後期古墳に対し古式古墳とよぶ例もなく，概して，前期でも4世紀から5世紀前半代の古墳をさす場合が多い。墳丘は特に前方後円墳の前方部が狭長で低く，削り出しによる墳形の表現が多い。内部施設は割竹形木棺をおおうに竪穴式石室か粘土槨による場合が多く，埴輪は特殊器台形埴輪か円筒埴輪で，形象埴輪の種類は少ない。副葬品には，内行花文鏡・方格規矩鏡のほか三角縁神獣鏡などの前漢・魏晋鏡がみられ，鍬形石，車輪石・石釧などの碧玉製品が含まれる。鉄製武器では剣の量が多く，銅鏃もこの時期に限られる。鉄製武具として短甲も一部にみられるが，鋲留技法でなくまだ革綴である。鉇・斧・刀子などの鉄製工具もよく副葬される。これらの現象が認められれば古式とよぶことが多い。＊小林行雄「前期古墳の副葬品にあらわれた文化の二相」(『京都大学文学部50周年記念論集』1956)（杉山晋作）

五色塚古墳(ごしきづかこふん)　兵庫県神戸市垂水区五色山町にある。全長200mの前方後円墳で，瀬戸内海を見下す台地端に位置する。葺石と円筒埴輪，朝顔形や家・蓋埴輪が検出された。特に，ヒレ付埴輪の存在が注目される。内部施設は未調査であるが，石棺が露出したという話もあり，石製合子片や子持勾玉が出土した。4世紀末ごろの築造と考えられる。＊神戸市教育委員会『史跡五色塚古墳環境整備事業中間報告』1970（杉山晋作）

小篠原遺跡(こしのはらいせき)　滋賀県野洲市小篠原の大岩山にある銅鐸出土地で，山頂からは琵琶湖の東岸に広がる平野が一望できる。1962年，採土中に袈裟襷文鐸9例，流水文鐸1例が山頂崖面から見つかった。鐸は3例が入れ子になったものが3組あり，埋納状態を知ることができ，貴重なデータをもたらした。1881年にも14例の銅鐸が出ており，これまでのところ，1ヵ所からこれほど多くの銅鐸が発見された例はない。＊梅原末治『銅鐸の研究』1927（関　俊彦）

五銖銭(ごしゅせん)　漢の武帝のとき，118(元狩5)年にはじめて鋳造された貨銭で，中央方郭の右側に「五」の字，左に「銖」の字が鋳られており，重さが5銖あるところからよばれている。魏・晉，南北朝，隋代まで正貨として長期に流通したこともあって銭種も多い。また，中国だけでなく周辺地域からも出土しており，広く流布したことが知られる。わが国では大阪府和泉市黄金塚古墳の東棺内から五銖銭が出土している。＊奥平昌洪『東亜銭志』1938（是光吉基）

五条丸古墳群(ごじょうまるこふんぐん)　岩手県北上市上江釣子所在の末期古墳群。和賀川第一段丘上に位置。蝦夷塚古墳群ともよばれ江戸時代より知られる。1962(昭和37)年に岩手県教育委員会が調査，79基を確認。個々は周囲約2/3に周溝がめぐる円墳。墳径は小が約4m，大で14m，高さ1m前後をなす。内部主体は河原石小口積の横穴式石室退化形で幅40～70cm，奥行3m内外，長軸はほぼ南北。刀類・斧・鋤先・鏃など鉄製品，馬具，紡錘車，ガラス玉などが出土。8世紀代，蝦夷による造営であろう。＊伊東信雄・板橋源「五条丸古墳群」（『岩手県文化財調査報告』11，1963）　（石附喜三男）

五所川原須恵器窯跡群（ごしょかわらすえきかまあとぐん）　青森県五所川原市の南東，大釈迦丘陵上に位置し，日本最北の窯跡である。9世紀後半から10世紀にかけての窯跡が，現在までに38基確認されている。立地状況は小河川に挟まれた小さな尾根の先端部を利用して築窯されており，1ヵ所に1～2基と点在しているのが特徴である。1968～1973年に坂詰秀一，村越潔，新谷武によって7基の窯跡が調査された。窯の構造は半地下式の無階・無段の窖（登）窯であり，全長6.6～9.4m，焼成部幅1.3～2.4m，平均勾配20～30°を測る。操業当初は先端がすぼまる形状であるが，後半になると窯尻まで幅が一定の形状を呈する。主要な器形は，坏・鉢・壷・甕であり，操業当初は，食膳具が多いのに対し，後半になると貯蔵具中心の生産体制へと変化する。ここで生産された須恵器は，青森県全域，北海道のほぼ全域，秋田県・岩手県の北部に流通しており，この流通範囲が擦文文化の範囲とほぼ同一であることから，本窯跡群は擦文文化への供給を目的としたものではないかとの指摘もある。＊坂詰秀一『津軽・前田野目窯跡』1963；『五所川原市史』資料編1，1993　（藤原弘明）

御所野遺跡（ごしょのいせき）　国指定史跡。岩手県二戸郡一戸町岩館に位置する縄文時代中期後半（円筒上層C式・大木8a式（円筒上層C式）から大木10式までの時期）の集落遺跡である。中央部の配石遺構を伴う墓域を中心として，東，中央部の東西，西，さらに段丘下の馬場平遺跡まで竪穴住居跡がそれぞれ群在しており，ここまでを同一の集落跡として考えることができる。東西500m，南北150から200mの約7haが遺跡に相当し，そのうち5.4haが史跡に指定されている。竪穴住居跡は600棟を越すものと考えられ，大・中・小の構成を一単位としたいくつかのグループにより集落が形成されている。竪穴住居跡のなかには焼失住居があり，その調査で土屋根住居が具体的に確認された遺跡としても知られている。竪穴住居以外では，特に墓域周辺で掘立柱建物跡なども発見されており，機能は異にする別様式の建物があった事が確認されている。出土遺物のなかでは土器に特徴があり，その地理的位置から円筒土器と大木式土器の両型式の土器が出土する遺跡としても知られている。

御所野遺跡

現在遺跡は縄文時代のむらとして整備されており，隣接する縄文博物館とともに多くの見学者が訪れる憩いの場となっている。（高田和徳）

『古蹟』（こせき）　帝國古蹟取調會の機関誌。会則に「本会ハ我国の古蹟ヲ調査シ且保存ノ方法ノ謀ルヲ以テ目的トス」とある。『會報』1900（明治33）年12月創刊。後，1903（明治36）年2月に『古蹟』と改題し月刊。1904（明治37）年4月刊の第3巻第4号をもって「日露交戦の多事」により終刊。15冊刊行。古墳・国分寺（連載）に関する報告などを掲載。　（坂詰秀一）

古銭学（こせんがく）　numismatics。古泉学ともいう。古代から近代にいたるまでの貨幣とメダルを研究対象とする学問。古銭学は，形状や法量，素材，銘，文様，鋳造技術，発行年代，分布，芸術的な価値などを明確にするとともに，文化・宗教・政治的背景なども考察する。考古学や文献史学，地理学，美術史学などの補助的な役割を果たす。わが国では，中国古銭学の影響により江戸時代に萌芽がみられ，明治時代になると考古学の発展とともに古銭の考古学的な研究が展開されてきた。（岡本桂典）

『古代』（こだい）早稲田大学考古学会の機関誌。A5 判縦組，B5 判横組。創刊号を 1950（昭和 25）年 6 月に発行し，2020（令和 2）年 3 月現在，146 号に及んでいる。

（坂詰秀一）

『古代学』（こだいがく）（PALAELOGIA）（財）古代学協会が編集刊行した B5 判組みの季刊雑誌。1952（昭和 27）年 1 月に創刊号，以降，1972（昭和 47）年 3 月刊の第 18 巻第 2 号で休刊。遺物，文献等あらゆる史料に基づいて，広い見地から古代史の研究を進めることを目的とする協会の機関誌として 70 冊が刊行された。欧文（英・独・仏）を含む論文，史料報告，学史，書評，学界動向を収め，とくに外国の考古学界の動向紹介は有用である。（坂詰秀一）

古代学協会（こだいがくきょうかい）The Paleological Association of Japan「内外学者と提携し，世界史的な広い見地の上に立って総合的に古代史を研究し，かつ，古代史研究の成果を内外に紹介し，もって学術文化の向上発展に寄与することを目的」として 1957（昭和 32）年 1 月 18 日に財団法人古代学協会として認可されたが，その前身の古代学協会が結成されたのは 1951（昭和 26）年 10 月であった。財団化以来，平安博物館（1967〜1988），古代学研究所（1988〜）及び西方古典文化研究所（イタリア・ポンペイ。1995〜）を設置した。エジプト・アコリス遺跡（1981〜1992），イタリア・ポンペイ遺跡（1997〜2002）の発掘調査を実施する一方，国内においては，平安京跡・長岡京跡をはじめ丹生（大分），石亀（青森），平尾城山古墳（京都）など多くの遺跡の発掘を実施している。機関誌として『古代学』，『古代文化』，情報誌として『土車』を刊行。また，『古代学研究所研究報告』『古代学研究所紀要』『*Opuscula Pompeiana*』，『仁和寺研究』は定期刊行誌。考古学に関する単行書として，『共同体の研究』上，1958（昭和 33）年 12 月，『平安京古瓦図録』1977（昭和 52）年 7 月，『平安時代史事典』1994（平成 6）年 3 月，『平安京提要』1994（平成 6）年 5 月などがある。発掘調査報告書として『平安京跡研究調査報告』19 冊，1976（昭和 51）年 11 月〜1997（平成 9）年 3 月をはじめ『丹生―大分県丹生遺跡発掘調査概報―総括篇など』4 冊，1964（昭和 39）年 8 月〜1968（昭和 43）年 11 月，『*AKORIS —Report of the Excavation at Akoris in Middle Egypt* 1981〜1992—』1995（平成 7）年 2 月，『POMPEII —Report of the Excavation at Porta CAPUA 1993–2005—』2010（平成 22 年）11 月などが刊行されている。年度ごとの活動状況などについては『初音』及び『財團法人　古代學協會要覧』（年 1 冊刊）に記録されている。事務所は，京都市中京区三条通高倉入ル菱屋町 48。（坂詰秀一）

『古代学研究』（こだいがくけんきゅう）古代学研究会の B5 判横組の機関誌。創刊号は 1949（昭和 24）年に発行された。考古学を根幹に文献史学・民俗学・地理学など関連科学を総合的にとらえる方向の新鮮さで学界に好評を博し，2020（令和 2）年 3 月現在，224 号を数える。（坂詰秀一）

『古代研究』（こだいけんきゅう）①日本古代学会が編集発行した A5 判，縦組の雑誌。第 1 輯を 1950（昭和 25）年，ついで第 2・3 輯合併を 1951（昭和 26）年に発行したが，以後廃刊となった。

②財団法人元興寺文化財研究所考古学研究室が編集発行する B5 判，横組の雑誌。歴史考古学関係の論文・報告が毎号掲載されていた。30 号（1987 年）で終刊。特に中世の仏教考古学・仏教民俗に関する力作が多く

発表されているユニークな雑誌である。
(坂詰秀一)

『古代交通研究』(こだいこうつうけんきゅう)　古代の交通・流通・交通路などの学際的共同研究を目指して設立された古代交通研究会の年刊の機関誌。創刊号は，1992(平成4)年4月，13号を2004(平成16)年5月に刊行して終刊。B5判横組み。考古学・文献史学・地理学・国文学・民俗学・土木史学など諸分野の論文，報告，資料紹介，書評などが掲載されている。　(坂詰秀一)

『古代文化』(こだいぶんか)　①東京考古学会の後身，日本古代文化学会の機関誌。B5判縦組。『考古学』の巻号を引き継ぎ1940(昭和15)年12月刊行の第11巻第12号より改題。1943(昭和18)年10月刊の第14巻第10号で終刊となった。　→『考古学』(こうこがく)

②CULTURA ANTIQUA 財團法人古代學協會が編集発行する季刊誌(ISSN 0045-9293)。1957(昭和32)年8月刊の創刊号から1958(昭和33)年12月の17号までB5判縦組, 1959(昭和34)年の第3巻から1981(昭和56)年12月刊の第33巻までA5判縦組，1982(昭和57)年1月の第34巻第1号以降B5判横組となり，2019年で第71巻3号(通巻618号)を数える。世界史的視野にたち，内外の考古学関係の論文・報告・書評・学界動向などを収めている。　(坂詰秀一)

骨角器(こっかくき)鳥獣・魚の骨格の一部を材料としてつくられた器物。大型のものや土器・木器にかわる容器には適さないが，下表のように生活の様々の場面に登場し，色々の用途をもっていた。

(一)衣食住

1 家具

台　クジラ椎体(縄)

自在鉤　鹿角(中～近世)

2 調理具

臼・板　クジラ椎体(縄)

3 飲食具

匙　海獣骨(続縄，オ)

4 装身具

垂飾品　歯牙〔クマ・イヌ・オオカミ・タヌキ・キツネ・カワウソ・イノシシ・イルカ・マッコウクジラ・サカマタ・アシカ・トド・オットセイ・サメ・フグ(縄～弥)・キタキツネ・ラッコ・サメ・カラフトブタ(オ)〕 顎骨〔サル・オオカミ・オオヤマネコ・タヌキ・カワウソ・シカ・イルカ(縄)〕 四肢骨利用〔タヌキ・テン・キツネ・オオカミ・クマ・ワシ・ウミガメ(縄) ヒグマ(オ)〕 魚骨〔マダイ・スズキ・カジキ(縄)〕 人骨〔頭骨・指骨(縄～弥)〕

玉　鹿角・骨(縄)

腕輪　イノシシ犬歯，鹿角，小型クジラ後頭鱗(縄～弥)

耳飾　サメ椎体，鹿角抉状型(縄)

髪飾　鹿角，シカの中手・中足骨(縄)

バックル　鹿角(オ)

5 工具

錐　イノシシ下顎犬歯・尺骨(縄)　海獣骨(オ)

(二)生　業

1 土掘り具

鍬　クジラ肋骨，海獣肩甲骨(オ)　鹿角(特に落角，縄)

2 武器・狩猟具

鏃　鹿角，シカの中手・中足骨，イノシシ下顎犬歯(縄以降)シカ，海獣骨，ウ・アホウドリの上腕骨・尺骨など(オ)

矢骨　シカの中手・中足骨など(ア)

矢筈　鹿角(縄)

弭　鹿角(縄～古，擦文)

鳴鏑　鹿角(古)

鹿笛の口　鹿角(恵山文化)

3 漁労具

銛頭　単純銛頭：鹿角(縄中後晩)，鯨骨(弥以降)

開窩式銛頭：鹿角，海獣肋骨(縄早～晩，続縄文，擦文，オ)

閉窩式銛頭：鹿角，鯨骨(縄後晩，続縄文，

主要骨角・歯牙製品集成

略号　縄：縄文，弥：弥生，続縄：続縄文，古：古墳，オ：オホーツク，擦：擦文の諸文化。an：鹿角，sn：海獣骨

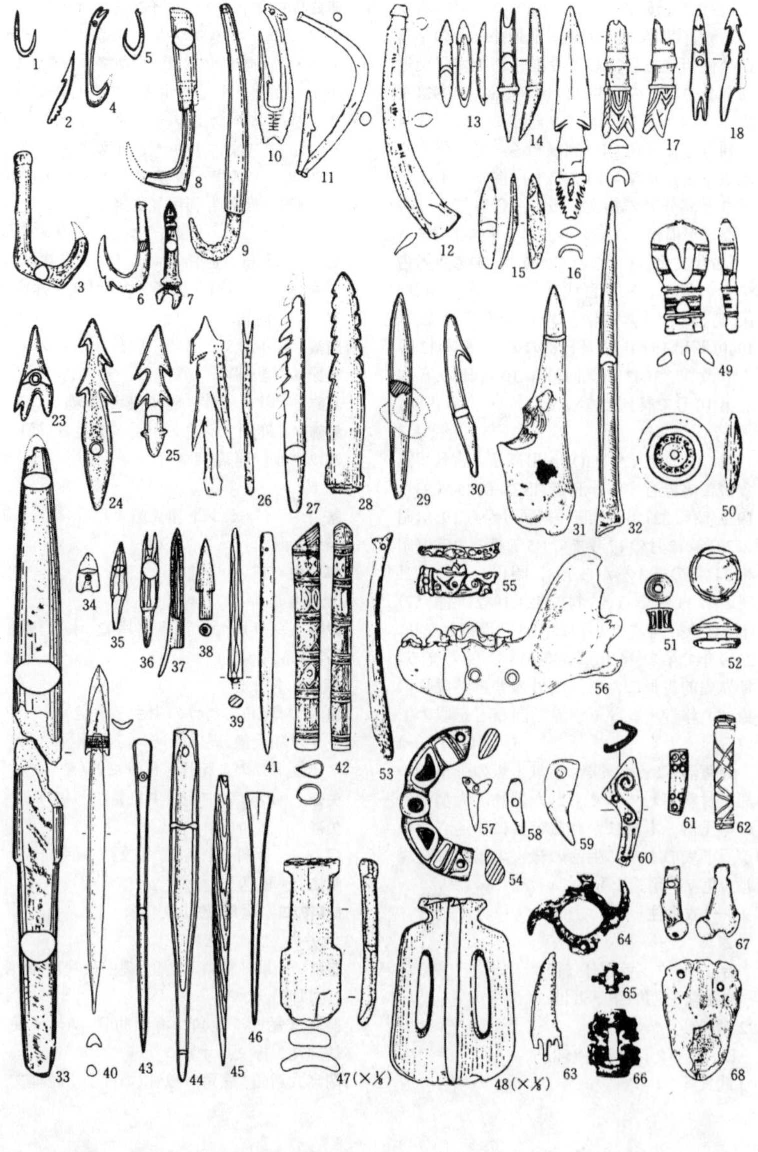

mct：中手・中足骨，特に記述のないのは骨製品。
図のサイズは，47・48・81以外全て1/4

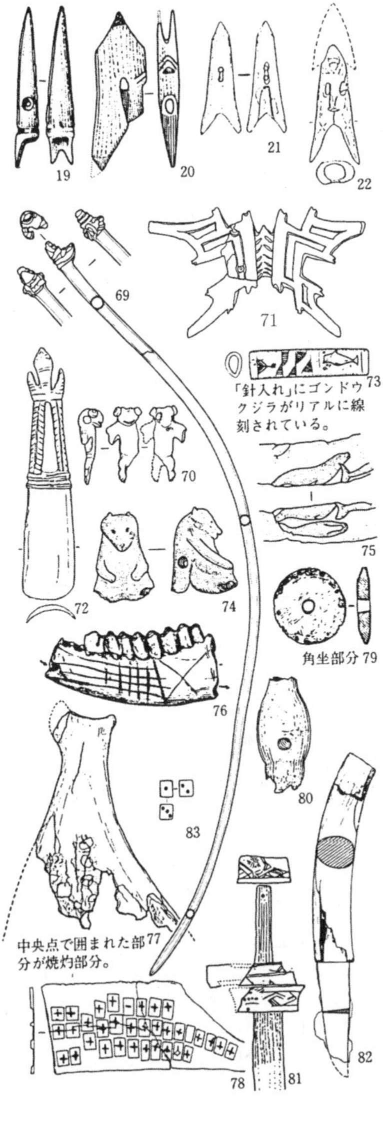

釣針　1．神奈川県夏島縄早初（多分イノシシの骨），2．青森県赤見堂縄前初（組合せ式。鳥骨），3．神奈川県野鳥縄早末（an），4．岩手県蛸之浦縄中（an），5．神奈川県称名寺B縄後初（an），6．千葉県富士見台縄後（an），7．福島県寺脇縄晩（組合せ式の軸。L字形の鉤先がある　an），8．神奈川県鴨居八幡境内古（組合せ式。鉤先・軸ともに　an），9．神奈川県毘沙門B洞古（鉤先は鉄製，軸　an），10．北海道恵山続縄（an），11．同（組合せ式で鉤先を付けて推定復原），12．北海道香深井オ（組合せ式の軸。鉤先はオットセイの犬歯でつくられるものが多い。軸は海獣の肋骨や尺骨など）。**銛頭　開窩式**，13．北海道北黄金縄前（sm　肋骨），14．同栄磯岩陰・縄中（sm　他に角製大型のものも出土），15．長崎県志多留縄後（さらに大型のものが西九州で知られる），16．北海道香深井オ（sm），17．北海道青苗擦（an　鉄製の先端を付ける。他に海獣骨製品がある）。**閉窩式**，18．岩手県獺沢縄晩（石・牙製の先端を付けるものもある。後期末より出現），19．神奈川県間口洞弥後（an），20．北海道モヨロオ（sm）。**半開窩**，21．北海道ライトコロ15世紀アイヌ文化（an），22．同17世紀アイヌ文化。**有孔有茎もしくは有肩の単純銛**，23．宮城県南境縄中（an　叉する部分が逆刺），24．岩手県獺沢縄晩（an），25．千葉県永井作縄後初（極く短かい製品例），26．北海道モヨロオ（sm　装飾彫刻）。**ヤスなどの単純刺突具**，27．茨城県浮島縄前（浮島系文化にのみ伴う　an），28．神奈川県毘沙門C洞弥後（an），29．千葉県大倉南縄後中（シカのmct断面形を示す），30．宮城県二月田縄後末（挟み込み式　an），31．岩手県貝鳥縄後（シカ尺骨，アスファルト付着），32．同（シカmct。有孔のものもあり，多量につくられる。着柄の加工の無い点が29と違う）。**槍**　33．北海道栄磯縄中（sm），34．岩手県貝鳥縄後（イノシシ犬歯），35．宮城県田柄縄後末（an），36．同（根ばさみ　an），37．北海道モヨロオ（av），38．同（sm），39．沖縄県カンドウ原・近世（牛馬骨），40．アイヌ使用の鏃。函館博蔵（先は竹，中柄マカニツが付く。同じものがアイヌ墓より多数出土。擦にも類品あり。柄はシカmct）。**骨針類**　41．北海道モヨロオ（メドをもつ，鳥骨），42．同香深井オ（鳥骨製針入れ），43．岩手県貝鳥縄後（ヘアーピン，シカ　mct），44．神奈川県鎌倉　中世（シカ　mct），45・46．東京都葛西城　近世。**骨斧**，47．北海道香深井（sm），48．同モヨロ（sm）。**装身・装飾具（骨角歯牙穿孔品）**，49．北海道香深井オ（バックル an），50．同モロヨオ（円形垂飾，帯飾か　an），51．千葉県布瀬縄中（耳飾，サメ椎骨），52．北海道モヨロオ（ラブレット sm），53．同オ（オットセイペニスボーン，穿孔品），54．千葉県布瀬縄中（腕飾り　an），55．北海道栄磯岩陰縄晩（カワウソ下顎彫刻品），56．岩手県貝鳥縄後（オオカミ下顎骨。固定のために関節突起などの内側部分を削っている），57．同サメ歯，58．福岡県新延縄中（イルカ類歯），59．同ツキノワグマ犬歯，60．茨城県平原縄中末（イノシシ犬歯線刻），61．岩手県獺沢縄晩（イノシシ犬歯），62．岩手県貝鳥縄後（鳥骨線刻），63．岩手県宮野縄前（櫛　an），64～66．宮城県沼津縄晩（彫刻品），67．岩手県貝鳥縄後（タヌキ大腿骨穿孔品），68．同（マダイ前頭骨穿孔品），69．同（オオカミ頭部を刻む鹿角棒），70．同（カエル彫刻。首の後ろに垂飾用の穿孔がある），71．沖縄宜野湾市安座間原第一沖縄貝塚時代前期（ジュゴン下顎骨製），72．北海道恵山続縄（熊を彫刻したスプーン状骨製品），73．北海道香深井（神像），74．同モヨロオ（ヒグマ彫刻品。モウカザメ吻端骨），75．同マタワッカオ（オットセイ，クジラを刻む鹿角棒），76．奈良県唐古弥（シカ下顎骨線刻），77．長崎県唐神弥（卜骨，イノシシ肩甲骨），78．神奈川県間口洞古（ウミガメ肋板骨，長方形の凹みに十字形の灼痕を付ける。），79．奈良県唐古弥（紡錘車　an），80．千葉県大裏塚古（鳴鏑　an），81．徳島県カンゾウ山古墳古（鹿角装具），82．千葉県河原塚古墳古（鹿角装刀子），83．神奈川県鎌倉　中世（サイコロ）

（金子浩昌）

オ，弥，古，ア）
中柄　シカの中手･中足骨など(擦文，ア)鯨骨(擦文，オ，ア)
釣針　単一式：鹿角・イノシシ下顎犬歯(縄以降)海獣骨(オ)
組合せ式：軸—鹿角，鈎先—イノシシ下顎犬歯・鹿角(縄～古)海獣骨，オットセイ犬歯(オ)
やす先　単純型：シカの中手・中足骨，鹿角(縄，弥，オ)
逆刺をもつ型：鹿角，エイ尾棘(縄，オ)
組合せ式 鹿角(縄)
挟み込み式：(縄)
箆　(あわびおこし，肉はぎその他に広く利用)　シカの中手･中足骨，鹿角(縄，弥)
4 紡織具
紡錘車　鹿角角坐(弥)
針　鹿角(縄，続縄文，弥，オ)
針入　鳥菅骨(オ，ア)
5 土器製作台
サメ椎体関節板(縄)
(三)儀礼・信仰・行事
1 礼拝
偶像･動物像　海獣歯牙，ネズミザメ吻(オ)ヒト・カエル(縄)クマ，海獣(オ)
2 呪術
垂飾品　(前述の大部分)奇型鹿角など(縄)
儀仗的　カワウソ・シカなどの下顎骨，鹿角(縄～弥)，ウマ･鹿角に刻み目(弥･古)，トナカイの角(オ)
3 占い
卜骨　イノシシ・シカ・ウシ肩甲骨，亀甲板(弥，古)
4 はい用
青龍刀型骨器　骨刀(縄)
刀子の柄　鹿角(古以降)
(四)娯楽・遊技
1 学器
弦楽器糸巻　鹿角(弥，擦文以降の弭形角器の別称)
2 サイコロ(近世)
〈縄…縄文，オ…オホーツク，続縄…続縄文，弥…弥生，古…古墳，ア…アイヌ文化〉

縄文時代は素材の選択の範囲が最も広い。狩猟の対象が多岐にわたり，それに応じて多様の利器を必要とし，獲物の骨角からそれを再生産することが可能であったこと，狩猟神・精霊として信仰する動物が多種にわたったことなどが影響していよう。造形性の上では鹿角が最も優れるが，角の幅や緻密質の厚さの限界を補うため角尖部や分岐部を利用するなどの工夫がこらされる。オホーツク文化では鉄器を工具として鯨骨が広く利用され，縄文時代のような多様性に比べると海獣狩猟的色彩の濃い骨器文化である。鉄器の導入と農耕経済への移行により弥生時代以降は骨角器の用途も特殊化縮小化された。＊大山柏「史前人工遺物分類」2 骨角器(『史前学雑誌』11—4・5・6，1939)　(丹羽百合子・金子浩昌)

骨角鏃(こっかくぞく)　→　骨角器(こっかくき)

骨鍬(こつぐわ)　→　骨角器(こっかくき)

骨考古学(こつこうこがく)　骨考古学(Osteoarchaeology)とは，遺跡から出土した古人骨を形質人類学の方法で調べ，生業，社会，文化，習慣など生活のスタイル全般に関わる情報を解読していくことである。更に性別，死亡年齢，顔立ち，背格好，食べ物，健康状態，生活習慣，病気や怪我などの推定や痕跡も知ることができ，考古学研究を担う部分が大きい。

動物質遺体全般(主に骨，歯，角，貝殻)から，過去の人間の動物利用の技術や文化を明らかにする場合は，動物考古学(Zooarchaeology)と呼ばれる。とくに食料資源や生業活動に関わる情報や獲得技術の研究は，遺跡の遺構や道具とも関連性が強い。＊片山一道『古人骨は語る —骨考古学ことはじめ』1990；松井章『動物考古学』2008　(橋本真紀夫)

骨蔵器(こつぞうき) 遺骨を収納する容器。おもに火葬骨の容器をいう。インドでは火葬後遺骨を川に流すなどの方法で処理したために舎利容器以外の骨蔵器を確認できないが，ミャンマーでは2世紀ころに陶製や石製の骨蔵器が出現し，銘文から僧侶のみでなく王族も火葬されたことが知られる。隋・唐では僧侶用の骨蔵器として金銅棺形容器が流行し，木棺を模した装飾的な容器が盛んに製作されたが，一般に普及することはなかった。朝鮮では百済・新羅で陶製の有蓋壺が骨蔵器として用いられ，統一新羅になると印花文で飾った美麗な骨蔵器が多数製作された。日本では奈良時代にガラス壺・金銅壺・三彩薬壺・須恵器薬壺などの専用骨蔵器が製作され始め，土師器甕などの日常什器を再利用した転用骨蔵器も広く使用されたが，平安時代になると緑釉壺などがみられるものの類例が著しく減少する。鎌倉時代になると白磁や瀬戸の四耳壺，常滑や珠洲の小型甕などが多く使用され，律僧や禅僧の墓地ではさまざまな形の金属製骨蔵器が使用されるようになった。近世には火葬が下火になったため専用容器を用いた例は少なく，日常品の甕や壺などの転用が目立つが，近代に入ると再び白磁などの専用容器が普及した。* 石田茂作編『新版仏教考古学講座』7，1975 (時枝 務)

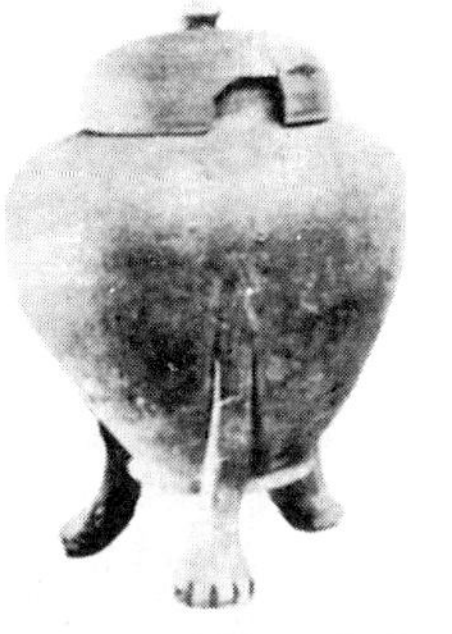

獣脚骨蔵器（神奈川・有馬）

骨針(こつばり) → 骨角器(こっかくき)

骨斧(こっぷ) → 骨角器(こっかくき)

骨篦(こつべら) → 骨角器(こっかくき)

骨銛(こつもり) → 骨角器(こっかくき)

古照遺跡(こでらいせき) 松山平野西部に連なる独立丘陵の南端部，大峰が台の南に広がる沖積地，松山市南江戸町にある。1972年，下水処理施設工事中に地下5～6mから発見された。発見された遺構は，4世紀代の堰堤遺構である。第1堰は，14m(杭材550本)，第2堰は，24m(杭材650本)，第3堰は8m(杭材80本)で，水の取り入れ口も確認された。杭材は，全長2m前後，1.6m前後，1m前後の杭に分類される。堰が同時に構築されたかは不明であるが，一時の出水により埋没したものとされ，島状の青色粘土層に構築されていた。堰は，流れに直行して斜材を打ち込み，これに横材をわたし，下流に縦材を打ち込んで固定したものである。堰には粘土塊や礫なども用いられている。材にはナラ・クヌギ・桜・杉などの他に，オギ・ワラなどの単子葉植物が漏水のための用材として用いられていた。第1・2堰材には転用された建築材が使われており，この建築材から4世紀の高床式倉庫が復元された。松山平野の干潮線に近い場所まで開発が拡大していたことを示す遺跡である。平安時代から室町時代の遺構や遺物も確認されている。* 長井数秋・森光晴『松山市史』1992 (岡本桂典)

御殿山遺跡(ごてんやまいせき) 北海道静内郡静内町目名御殿山にある縄文後期末ないし晩期初頭の土壙墓群の遺跡。静内川を南東に望む標高約30mの台地上に位置(河口より約5km上流)。1952年に発見され，1962年まで藤本英夫らによって7次に及ぶ発掘がなされた。遺跡範囲は数万㎡に達すると思われ，調査された墓壙は73を数える。その形状は径50cm余の円形から1.6m×2.6mの楕円形までさまざまで，上部に配石のあるものも多い。人骨遺存状況は悪く，

土器・土偶・石器・石棒・朱漆塗り櫛や各種玉類が出土した。＊藤本英夫『静内町史先史時代史』1963　（石附喜三男）

後藤守一（ごとうしゅいち）　1888〜1960。鎌倉市小坪に生れた。1913年，東京高等師範学校の地理歴史科を卒業後，県立静岡中学校の教員となり，1921年からは帝室博物館に奉職，1940年まで鑑査官をつとめた。その後明治大学の教授として考古学研究室の創設にあたり，没年に至るまで多くの研究者を育成した。その研究は古墳時代を中心としていたが，石器時代から歴史時代までの広範囲にわたる業績を残しており，昭和前半期の日本における代表的な考古学者の1人であったといってよい。日本古代文化学会会長，日本考古学協会委員，武蔵野文化協会会長，東京府史蹟調査委員，東京都文化財専門委員会会長，文化財保護委員会専門委員等を歴任した。代表的な著書として『日本考古学』1927,『日本歴史考古学』1937などがある。　（芹沢長介）

虎頭梁遺跡（ことうりょういせき）（フートウリャンいせき）　中国河北省陽原県の桑乾河河岸段丘上に位置する後期旧石器時代末〜新石器時代初頭の遺跡群。中国科学院古脊椎動物與古人類研究所が1972〜1974年に発掘調査をし，細石刃文化期の複数の地点を発見した。とくに蓋培は細石刃核を分類し，日本列島の細石刃技術と比較して，福井技法類似の虎頭梁技法や湧別技法類似の河套技法などを設定した。ダチョウ卵殻製の玉類なども出土。河北省による1996〜1998年の調査では，細石刃と土器片が共伴し，出現期の土器として注目されている（1万1870 ± 1720B. P.)。＊蓋培ほか『古脊椎動物與古人類』15–4，1977　（佐川正敏）

琴柱形石製品（ことじがたせきせいひん）　琴の絃を支える琴柱に似た形状の碧玉・滑石製の石製品である。3〜10cm程の扁平なものであり「人」・「工」・「夫」字形を呈するものが多い。いずれも盲孔あるいは貫通する小孔を有しており，垂下して装飾に用いられたと考えられてもきたが，主体をなすものの形状変化は二つの角状突起の省略化と考えられ，その初現は玉杖の杖頭飾に求める考えもある。奈良県下の古墳を主体として全国40ヵ所より120例以上が確認されており，古墳時代前期後半より中期にかけて用いられた。＊亀井正道「琴柱形石製品考」(『東京国立博物館紀要』8，1973)
（池上　悟）

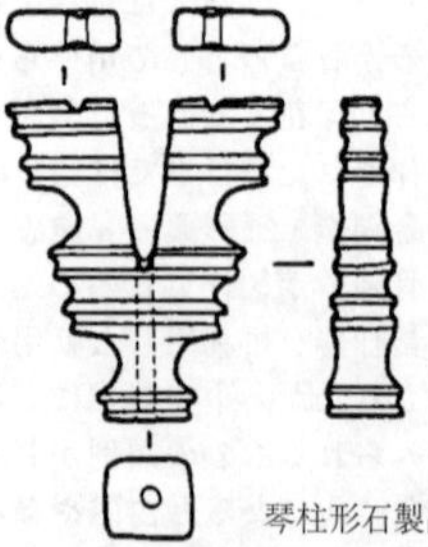

琴柱形石製品

小林三郎（こばやしさぶろう）　1937〜2006。東京生まれ。明治大学文学部史学地理学科卒・大学院文学研究科史学専攻（考古学専修）修了。明治大学専任講師・助教授を経て教授，明治大学考古学博物館長。文学博士。日本考古学協会副会長。国宝高松塚古墳壁画恒久保存対策検討会委員などを務める。古墳時代を専攻し，古墳時代の倣製鏡の研究。虎塚古墳・馬渡埴輪製作跡（茨城）・法皇山古墳（千葉）・大室積石塚古墳群（長野）・十五郎穴横穴群（茨城）などの調査に参画。『古墳時代倣製鏡の研究』2010,『古墳と地方王権』（編）1992,『日本古墳大辞典』（共編）1989・2002など。　（坂詰秀一）

小林行雄（こばやしゆきお）　1911〜1989。神戸市生まれ。神戸高等工業学校，1932年卒業。1935年8月京都大学文学部助手（考古学教室勤務）1947年立命館大学文学部講師（兼任），1947年3月京都大学より文学博士の学位授与，1975年3月定年退職。1975年

4月京都大学名誉教授。氏は中学生時代から考古学に興味を持たれ，直良信夫を介して森本六爾ともめぐりあい，東京考古学会の同人ともなり，『弥生式土器聚成図録』(1938年刊)の発刊などに盡力され，また1936～1937年，京都大学文学部考古学教室で実施の奈良県田原本町唐古池の弥生時代の集落遺跡の発掘調査では末永雅雄博士と共に，報告書の完成まで献身的に熱意をそそがれた。また伝世鏡，同笵鏡など鏡鑑の研究から弥生・古墳文化の研究についても広い視野に立って研究を進められた。1951年，創元選書の1冊として刊行された，『日本考古学概説』は入門書として名著であり，今日まで版を重ねて刊行されている。論文集として『古墳時代の研究』1961,『古墳文化論考』1976がある。 (江坂輝彌)

護符(ごふ) 俗にいう「御守り」，守札・秘符などのこと。これを身に着けたり，門口や柱にはったり，または神棚や仏壇などに奉納することによって，病気・火災・戦禍・死その他あらゆる災害から身を護り，幸福や健康をもたらすものと，未開社会から現代社会まで信じられ，また用いられてきた。護符の材料は紙・木・布・ワラ・石・金属・土・骨・毛髪など様々で，その形も人形・動物・性器・鈴・鏡・刀・文字・神仏名・神仏像などいろいろである。外国でも護符の機能をもつと考えられる考古学的遺物が各地で出ている。ヨーロッパの旧石器時代後期のヴィレンドルフ(Willendorf)(オーストリア東部)から出土した2体の石灰岩製と象牙製のヴィーナス像，グリマルディ(Grimaldi)(イタリア北西部)から出土した凍石製のヴィーナス像，マリタ(Mal'ta)(東シベリア)のマンモスの門歯製のヴィーナス像や新石器時代には各地から発見された多くの女人像，エジプトの王朝時代にはミイラとともに，金や青銅・瑪瑙・ガラスなどを材料とした神，王のシンボル，聖獣，象形文字などが出ている。日本においては，縄文晩期での土版や土偶も子授け・安産その他の護符として用いられたと考えられている。また弥生時代の分銅形土製品や用途不明の土製品にも護符と思われるものが多い。また沖縄では，兄弟が旅立ちの時に姉妹の毛髪や手巾などを護符として携行する風習があるが，戦時中に女性から出征兵士に贈った腹帯「千人針」も兵士の無事を護る護符と考えられる。 (江坂輝彌)

古墳(こふん) 高い盛土をもつ古い墓をいい，高塚ともよばれた。日本では，弥生時代と奈良時代の間を古墳が盛んに造営されていたことから，古墳時代とよんでいる。墳丘の平面形は，前方後円形，円形，方形，前方後方形，双方中円形，双円形，上円下方形，八角形などがあり，前方後円形にも帆立貝式などの特殊な形もある。上円下方墳，八角形墳は終末期に，前方後方墳，双方中円墳は前期に多く認められるが，前方後円墳，円墳，方墳は各時期を通して認められるというのが通説であった。しかし，円墳，方墳も同一地域内では盛行期にずれがある場合が多い。被葬者を埋葬する内部施設には，直接に遺骸を入れる棺に，木棺(割竹形・舟形・組合式・櫃形)や石棺(割竹形・舟形・長持形・家形・箱式)のほか，陶棺・埴輪円筒棺・夾紵棺などがあり，また，棺を覆う構造物として粘土槨や木炭槨，それに，空間を有する竪穴式石室や横穴式石

古墳（奈良・倭迹迹日百襲姫命墓）

室がある。横穴や地下式横穴は盛土を持たず，内部施設に相当する構造を地中に掘削する方式をとったものである。弥生時代の墳墓と，初期の古墳とをどう区別するか問題となっているが，古墳は，農耕社会を基盤にして形成された階級社会の産物であり，特に，畿内や瀬戸内を中心とする各地の地方勢力が連合したのち，首長継承儀礼を行う祭式の場も兼ねてつくられた前方後円墳などの大型古墳以降のものをさし，弥生時代の墳丘墓と区別する説が有力である。＊小林行雄『古墳のはなし』1959／『古墳時代の研究』1961／『古墳文化論考』1976／編『世界考古学大系』日本Ⅲ　古墳時代　1959；近藤義郎・藤沢長治編『日本の考古学』Ⅳ・Ⅴ(古墳時代上・下)1966　(杉山晋作)

古墳群(こふんぐん)　同時期性を重視する群集墳より広義に理解し，時期が異なっていてもそれらが地理的に集合している状態のものをいう。数も数基から100基を越えるまで様々で，前方後円墳・前方後方墳・円墳・方墳などを混じえる場合が多い。群内の古墳に時間差をみるのがふつうで，その古墳群の形成過程を分析することによって，その地域の歴史的展開を知ることができる。大古墳群などで，古墳がさらにいくつかにまとまる場合があって，それを支群とよんでいる。一般的に，支群は同時期ごとにまとまるより，支群自体も時間的展開を示す場合が多い。古墳群に対する理解は支群の把握しだいで，集落あるいはそれらを統括した地縁的集団の墓域か，それとも，氏族などの血縁的集団によるものであるのかの違いが出る。支群や古墳群のとらえ方はたぶんに主観的であって，古墳群の分析によってその地域の歴史的展開を求めるときに，少し離れた地域にある群を含めなければ古墳群の展開が終始しない場合は，その群を含めて一つの古墳群とすることもある。この考えの基本には，農耕を基盤とする社会において古墳を造営する背景の集団は必ず存在するという前提があるが，畿内の大型前方後円墳などによる百舌鳥古墳群や古市古墳群などは，その背後に集落といった小さな集団は存在せず，各地の地方勢力の連合体を想定しなければならない。ただし，造営にかかわる技術者集団の拠点は存在したであろう。→　群集墳(ぐんしゅうふん)　＊近藤義郎『佐良山古墳群の研究』1952；後藤守一「古墳群の研究について」(『先史考古学』1–2，1937)；森浩一「古墳と古墳群」(『古代学研究』6，1952)　(杉山晋作)

古墳群（百舌鳥古墳群）

古墳時代(こふんじだい)　古墳により特徴付けられる時代をいう。弥生時代につづくほぼ3世紀代末葉より7世紀代に至るまでを指すが，特にその初現年代には問題が多い。古墳とは，遺骸を埋葬するに必要以上の空間を占める盛土により構築された極めて大規模な墳墓であり，前方後円・前方後方・円・方形などの墳丘，遺骸を直接納める種々の主体部，埋葬に伴う副葬品などにより各時期の特徴を明示するものである。しかしながら，その内容は変化に富み，これを包括する規定は難しい。後藤守一の定義では，「高さ数米以上の墳丘を有し，いろいろの形式の棺におさめ葬り，しかも多くの場合はそれを囲むに石室をもってし，各種の副葬品を伴い，主体部は墳丘がどんなに高くとも墳丘からの深さが2～3米のところにある」とされる。しかし，ここで対象とされた竪穴式石室を有するものを含み，そのほかの内部主体を有するものでも，この定義より逸脱する構造のものが知られる。その代表的なものとしては丘陵の斜面の中腹に横に墓室を掘削する横穴墓であり，一般的なものでは墳丘を伴わない。また墳丘の裾部に箱式棺を普通とする主体部構造を有する定型化した古墳もあり，これは変則的古墳とよばれている。また古墳にはそこに示される膨大な労働力の集中，換言すればそれを築造せしめた権力を保持する首長層の存在がうかがわれるものであり，この点はさらに種々の豊富な副葬品よりも表示されるところで被葬者の生前占めた社会的位置を推定させるものである。この一般民衆とは異なる特定個人を対象とする墳墓の造営は，すでに弥生時代の後期において各地域で特徴を有して存在しており，総じて墳丘墓と称される。ここに認められた諸要素は古墳へと受け継がれ発展する。すなわち，集団墓より離脱する特定のグループを対象とする墳墓，さらに特定グループより特定の個人を対象とする墳墓築造の変遷が認められ，一定の法則を伴っている。山陰においては四隅突出型墳丘墓とよばれるものが出現しており，吉備においてはこれらの首長墓の埋葬儀礼に伴う特殊器台・特殊壺とよばれる儀器の定形化がうかがわれる。これらは定形化した墳形と特殊器台・壺より埴輪への変化という2点において古墳への変容が認められ，さらに他の墳丘墓の要素としては，突出部の前方部への変化，列石の葺石への変化が考えられている。以前，古墳の初現の年代は，主として出土の鏡鑑の古墳への副葬を漢中期の鏡も魏晉鏡のわが国への大量移入を前提としての墳墓への副葬が顕在化する段階で行われるようになったものと考え，さらに前期古墳の主要な副葬品としての三角縁神獣鏡は輸入後いったん一括保管された後に各地へ配布されたものと考えて，3世紀末葉ないし4世紀初頭と考えられていた。しかし，出土鏡鑑を根幹とする弥生時代後期の年代想定より古墳時代の初現を3世紀の中葉と考える説もあり，一方においては，主として盛土によって構築された定形化する以前の首長墓をも古墳と考え3世紀代の前半と考える説もある。初現期の古墳は，日本独自とされる前方後円形の墳丘を主体として，遺骸収納の施設としては基底部に粘土床を有し，この上に長大な割竹形の木棺を置き粘土で被覆した後に四壁を積みさらに天井石を架構する竪穴式石室を有し，鏡・玉類・剣などの宝器的性格の強いものを主体とする定形化した副葬品を有し，墳丘には埴輪を樹立するものである。ここに認められる個々の要素はすでに前代においてその萌芽が認められるものの，基本的には地域的特色を払拭した総体として出現しており，さらに墳丘墓とは大なる隔絶性を有する点を特徴とする。古墳時代は大きく前・後の2時期あるいは前・中・後の3時期に区分して考えられており，前者では3世紀後半～5世紀と6・7世紀，後者では3世紀後半～4世紀，5世紀，6・7世紀という年代が考えられている。前期の古墳は数も少なく限定された被葬者が想定され，中央と交渉を有した地域首長層および中央の豪族の墳墓と考えられる。中期古墳はその数の増加より若干の古墳築造階層の拡大が認められ，中央以外でも墳丘が巨大化し，地域ごとのまとまりも想定される。これらに対し後期では古墳の造営数が爆発的に増大し，群集墳とよばれる限定された墓域内に集中する小形古墳の造営を特徴とし，大幅な古墳造営者の増加がうかがわれる。＊小林行雄『古墳時代の研究』1961；近藤義郎『前方後円墳の時代』1983 （池上　悟）

駒井和愛（こまいかずちか） 1905～1971。東京都生まれ。早稲田大学文学部史学科卒。東京大学教授。文学博士。中国考古学の広い分野で多くの業績をあげた。中国史上の遺跡そして遺物を漢籍の造詣をもって解釈して歴史的に位置付けた。六朝以前鏡鑑の銘文研究はその白眉とされている。

日本考古学に関しても研究を進め，特に北海道におけるいわゆる配石遺構を縄文時代の墳墓としてとらえたことは名高い。また，日本北辺の文化に関心を寄せ大陸文化との関係を論じた。主著に『中国考古学研究』1952,『中国古鏡の研究』1953,『考古学概説』編・1972,『日本の巨石文化』1973,『中国考古学論叢』1974,『考古小記』1976,『中国都城・渤海研究』1977,『琅玕』1977,『琅玕(補)』1978がある。（坂詰秀一）

狛犬(こまいぬ)　宮中や神社に置かれた守護獣の像。中国では秦漢のころより建築や墳墓の前に獅子形をたてる風があり，これが朝鮮や日本に伝わった。唐獅子や狛犬とよばれるのは，中国の獅子や高麗の犬からきたといわれる。普通は右が開口し，左が閉口し阿吽をあらわす。材質は木・石・銅・鉄・陶などがあるが，多くは石造で，参道の両側に置かれている。薬師寺八幡宮，広島厳島神社，滋賀御上神社例は藤原時代の作といわれる。*橋本万平「狛犬を訪ねて」(『西日本文化』108～169，1975～1981)

（渋谷忠章）

小牧野環状列石(こまきのかんじょうれっせき)　青森市南部青森駅より南方約12km，青森空港の東方約3km，青森市大字野沢字小牧野の標高140mの北斜面台地状に所在する縄文時代後期初頭の環状列石遺跡で，1995年3月国指定の史跡となった。径約30mの二重の環状配列の列石で，東西南北に角を持つ隅丸長方形の配列で，東南側には外側の配石が，その配石の約12mを置いて，東北から東南に長さ8mほどの配石が見られる。また，西北から西南側にも外側の列石と，2mを置いて，外側の列石の外側にさらに14mほどの列石が認められ，三重の環状列石であったと見る向きもあるが，この外側のものは，北東，南西側には全く認められず，二重の環状列石と考えるべきであろうか。この列石は，1989年山林中に発見され，発見者の葛西勵が最初独力で調査，規模の大きな貴重な遺跡と判明，青森市教育委員会で葛西に協力して大規模な調査に乗り出した。

列石の配列，組み方は大湯環状列石など他の列石とは異なるもので，南西側では二次埋葬甕棺かと思われる大形土器を囲むような配石，段上に縦横に配列の階段状の配石など特異な列石がある。

出土土器は縄文後期初頭の十腰内Ⅰ式であり，大湯環状列石とほぼ同一時代のものである。*『小牧野遺跡発掘調査報告』Ⅵ　青森市埋蔵文化財調査報告書55，2001（江坂輝彌）

小牧野環状列石

高麗尺(こまじゃく)　我国古代に用いられた尺度。高麗尺とは高句麗伝来の尺度を意味し，東魏尺を高句麗において継受したものと考えられている。曲尺の1尺1寸5分強の35cmに近い長さと考えられている。飛鳥時代の寺院建築に用いられており，7世紀前半までの使用が認められる。法隆寺の再建非再建論争においては，高麗尺の使用をもって飛鳥様式の根拠とされたこともある。構築物としての横穴式石室への適用は，尾崎喜左雄により実践され，唐尺(約30cm)に先行して用いられたことが推定されている。唐尺の使用は7世紀中葉頃に始められており，高麗尺に先立っては晋尺(約 24cm)の使用が想定される。* 藤田元春『尺度綜考』1929;林　紀昭「7 世紀中葉の尺度について」(『日本史研究』126)　(池上　悟)

高麗寺跡(こまでらあと)　京都府木津川市山城町上狛にある飛鳥時代の寺院跡。1938 年に田中重久・梅原末治が発掘調査した。伽藍配置は，塔と金堂が並置し，北に講堂を配する法起寺式伽藍配置が明らかにされた。堂宇はすべて瓦積基壇であるが，塔跡では礫石基壇が瓦積基壇の内側に認められており，白鳳時代に修築されたものと考えられる。出土遺物には瓦塼類のほかに金銅透彫金具・金銅円板金具などがある。* 梅原末治「高麗寺址の調査」(『京都府史蹟名勝天然紀念物調査報告』19，1939)

(岡本桂典)

子持勾玉(こもちまがたま)　大形の勾玉の腹・背・胴(側面)などに小形の勾玉形の突起物(子)を有する滑石を主材料としてつくられた玉。通有の勾玉と同じく一端に孔を有し，子の数は一定せず表面に線刻による文様を有するものなどがあり変容いちじるしい。古墳時代中期の 5 世紀代を中心に用いられた祭祀用具の一つであり，一部古墳，祭祀遺跡より出土するものの単独出土例が多い。全国より約 200 個の出土が知られている。　(池上　悟)

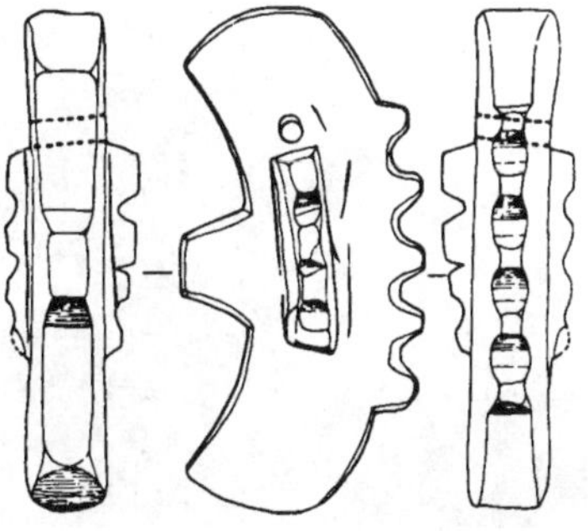

子持勾玉（和歌山・第一号墳）

五領遺跡(ごりょういせき)　埼玉県東松山市柏崎に位置する縄文時代から歴史時代にわたる集落遺跡である。遺跡は市川をのぞむ松山台地北端の緩斜面上に形成され，自然地形によってA・B・Cの 3 区域に区分されている。この内 B 地区では古墳時代前期の竪穴住居跡が中央に空地をもって環状形に分布しているのが確認され，当該期の集落構造を把握することができる。また，この遺跡は古墳時代前期の五領式土器の標式遺跡となっている。* 金井塚良一「五領遺跡 B 区 – 発掘調査中間報告」(『台地研究』13，1963)　(阪田正一)

御領貝塚(ごりょうかいづか)　熊本県熊本市南区城南町東阿高にある縄文時代の貝塚で，淡水産のヤマトシジミを主とする。現地は木原山(314.4m)の北麓台地の先端付近にあり，縄文後期の御領式土器の標式遺跡として知られ，指定史跡。見層内より磨製や打製の石器をはじめ，石鏃・角斧・貝輪・土偶などを伴出し，周辺から抜歯人骨や小児甕棺も出土している。最下層には西平式土器を出土しているが量は少ない。　(乙益重隆)

五領ヶ台貝塚(ごりょうがだいかいづか)　神奈川県平塚市広川にある縄文中期初頭五領ヶ台式土器の標式遺跡である。舌状台地の東西両斜面にある小貝塚で，貝層下より縄文早期・前期の土器が出土し，貝層直上より五領ヶ台上層式・勝坂式土器が出土した。貝層はダンペイキサゴを主体とし，イルカが特に多く，クジラも出土し，石錘・土錘が目立って多い。* 岡本勇ほか『平塚市五領ヶ台貝塚調査概報』(平塚市文化財調査報告書 9，1970)　(江坂輝彌)

五領ヶ台式土器(ごりょうがだいしきどき)　神奈川県平塚市広川五領ヶ台貝塚出土の土器を標式とする。1972 年神奈川県宮の原貝塚の調査からⅠ・Ⅱ式細分案が提唱された。器形は口縁部の外反・内湾する深鉢形や浅鉢形を呈する。文様は細線文や三角印刻文を主体に，胴部に縄文を縦位に施す細線文土器と半截竹管やヘラ状工具による平行沈線文・弧線文や交互刺突文などである。* 今村啓爾『宮の原貝塚』1972　（吉田　格）

五領式土器（ごりょうしきどき）　古墳時代前期の土器型式名で，標式遺跡は埼玉県東松山市柏崎五領に位置する。土器群は，壺・甕・甑・坩・鉢・坏・高坏・器台形土器などで構成される。弥生土器の影響を有し，壺形土器などは文様を有するものもある。この時期に定形化した甑形土器は底部に小孔が1孔ないし4孔を有し，前代より存在する台付甕形土器との関係からみて米などの調理方法の変化による所産と考えてよい。* 杉原荘介・大塚初重『土師式土器集成』1, 1974　（阪田正一）

五輪塔（ごりんとう）　石造塔婆の一種。供養塔・墓塔・舎利塔として用いられた。五輪塔形の起こりはいわゆる密教のあらゆる事物が地・水・火・風・空の五大を元素として構成されるということに基づくものである。ほぼ全国に普遍的に造塔されている。奈良県当麻寺や岩手県中尊寺願成就院の古式の五輪塔は水輪が有頸をなし壺形を示していることなどから，宝塔から五輪塔が出現したとも考えられている。塔形は下部より基礎の地輪，塔身の水輪，笠の火輪，請花の風輪，宝珠の空輪で，形状的に四角，円形，三角形，半円形，宝珠形となる。なお，基礎部に基壇，さらに反花座を設ける塔もある。石塔は空風輪・火輪・水輪・地輪の4材よりなるものが多い。1材や水輪地輪が同材のものもある。時代的変遷をみると，平安後期ころに原始五輪塔がみられ，鎌倉中期ごろには塔形が整い，巨大塔も出現する。南北朝ごろになると造塔数は多くなるが中形塔となる。室町期になると小形化し，塔高も平均化する。* 藪田嘉一郎編『五輪塔の起源』1958／『続五輪塔の起源』1966　（斎木　勝）

是川遺跡（これかわいせき）　青森県八戸市に所在する縄文時代の遺跡。1957（昭和32）年に国の史跡に指定された。隣接して存在する縄文前・中期の一王寺遺跡，中期の堀田遺跡，晩期の中居遺跡の3遺跡を合わせ是川遺跡と総称している。一王寺遺跡は，1926（大正15）年に長谷部言人により発掘調査が行われ，同氏による「円筒土器」の命名や山内清男による円筒土器の編年研究の基礎資料が出土した遺跡として知られている。中居遺跡は，1920（大正9）年に地元の泉山岩次

五輪塔（神奈川・箱根町）

是川遺跡

郎・裴次郎義兄弟(夫人が泉山家の令嬢で真の姉妹)により最初に発掘されて以来，植物質の遺物が良好な状態で出土し学会から注目されるようになり，1929(昭和4)年には大山史前学研究所により本格的な発掘調査が実施された。堀田遺跡からは宋銭が出土し，縄文時代の年代観をめぐって喜田貞吉と山内清男が雑誌『ミネルヴァ』1936(昭和11)年4月号～8月号で大論争を展開した学史が有名である。近年の中居遺跡の発掘調査により，遺跡の中央部から土坑墓が55基発見され，周辺の低地には晩期前葉や後葉の捨場が形成されていることが明らかとなり，亀ケ岡文化の集落内容を復元するうえで大きな成果が得られている。また南側の低地(大山史前学研究所が調査した地点の近く)には，2条の縄文晩期の沢が存在し，ここから大量の土器・石器やトチ・クルミなどの堅果類さらには多くの木製品・樹木などが廃棄された状態で出土した。これらの中には，二股に分かれ，えぐりをもつ直径30cm・長さ約3mの木柱などの建築部材らしいものもみられる。中居遺跡の特徴は，櫛・耳飾・腕輪・飾り弓・藍胎漆器・木製容器に代表される豊かな芸術性を誇る赤彩された漆器類が極めて良好な状態で出土することである。この遺跡から出土した遺物のうち633点は1962(昭和37)年に国の重要文化財に指定され，遺跡の一角に建てられた八戸市縄文学習館とその附属建物で展示公開されている。＊八戸市教育委員会『是川遺跡』2001　(工藤竹久)

伊治城跡(これはりじょうあと・いじじょうあと)　767(神護景雲3)年造営の陸奥国の城柵跡。宮城県栗原市築館城生野所在。南北900m，東西700m前後の不整形を土塁で囲繞し，直線の南辺では築地が築かれる。南半は官衙域で，245×185mを溝で区画して官衙建物群を配し，その中央には60×54～58mの政庁を設けて正殿などを建てている。北半は移民などの竪穴住居群で構成されている。

伊治城周辺は，古墳時代以来地域色が強く，7～8世紀前半に実施された関東からの移民政策は成功せず，760年前後に海道の桃生城とともに，城柵設置と新たな移民とが行われた。しかし，それも780年伊治公呰麻呂により伊治城が焼かれ，頓挫した。その後再建され，北に胆沢城などが造られる9世紀前葉まで存続した。国史跡。＊宮城県教育委員会・築館町教育委員会『伊治城跡』(各年度発掘調査報告書)　(八木光則)

金堂(こんどう)　本尊を祀った寺院の中心をなす仏堂。中国で仏を金人というところから，仏を安置する堂という意味で，金堂の名が生まれた。奈良県明日香村の飛鳥寺では3棟の金堂が塔を取り囲むように存在し，奈良市興福寺も3棟の金堂があるが，通常は1棟であった。奈良県斑鳩町法隆寺の金堂は，2重の屋根をもち，裳階(もこし)を付けている。奈良市東大寺の金堂は，内部に大仏を祀る巨大な建物で，大仏殿と呼ばれる。滋賀県大津市比叡山延暦寺東塔で根本中堂，同西塔で釈迦堂，同横川(よかわ)で中堂と呼ぶように，密教寺院では金堂の名を用いない。禅宗寺院では金堂を仏殿，黄檗宗の京都府宇治市万福寺などでは大雄宝殿，檀越寺院では本堂と呼ぶが，実質上は金堂である。＊斎藤忠「寺院跡」(『新版仏教考古学講座』2，1975)　(時枝　務)

近藤義郎(こんどうよしろう)　1925～2009。群馬県生まれ。京都大学大学院修了。岡山大学医学部助手，法文学部講師・助教授を経て教授。文学博士。喜兵衛島(香川)をはじめ各地の土器製塩遺跡を発掘し日本古代の土器製塩を実証，前方後円墳の研究に新視点を開らく。月の輪古墳(岡山)，楯築弥生墳丘墓(岡山)などを発掘。『日本考古学研究序説』1985，『土器製塩の研究』1984，『農民と耳飾り』1983，『前方後円墳の時代』1983，『前方後円墳と弥生墳丘墓』1995，『前方後円墳の成立』1998，V.G.チャイルド『考古学とは何か』(訳)1969，『考古学の方法』(訳)1964，『発掘五〇年』2006，『近

藤義郎と学ぶ考古学通論』2008 （坂詰秀一）

コンピュータ考古学（コンピュータこうこがく）　アメリカでは1970年代前半にコンピュータを石器の分析や統計処理に用い，これまで見逃していた事象をとらえ，研究時間の短縮に貢献した。1980年後半に日本でも画像分析や石器の分析，土器の実測などに応用されはじめ，いまや文献・遺物の集積，遺跡・遺構・遺物の図化，データの相互受信・発信など，その活用範囲は広い。今世紀は情報化時代の考古学といわれ，その応用はグローバル化する。　（関　俊彦）

さ

釵子（さいし）　頭髪をとめるものであり簪をさす。また類似のものとして髪をとめ冠を安定させる笄がある。すでに縄文・弥生時代においてもこの用をなす出土品が認められるが，古墳出土品では銅・金銅・銀製のものが認められる。金属製の棒をU字状に曲げた双脚のものと金属板を縦に切り分けた数本の脚よりなるものがあり，長さ15cmほどを測る。類似の形態のものに箸と想定される鉗・挾子，毛抜きと考えられる鑷子がある。＊森本六爾「日本上代の簪」(『日本上代文化の考究』1972)　（池上　悟）

祭祀遺跡（さいしいせき）　祭祀に関する遺跡，および祭祀の行われた遺跡の総称。大場磐雄は「神祭りを行ったことを考古学上から立証し得られる遺跡」と規定した。広義には，縄文時代の環状列石や配石遺構などの石造遺構，弥生時代の銅鐸や青銅製武器などの埋納地，埋墓祭祀遺構などが含まれる。狭義には古墳時代より奈良時代ごろにかけて行われた各種の祭祀関係遺跡をいう。祭祀遺跡の要件としては，祭祀に用いた遺物を伴う磐座(いわくら)や磐境(いわさか)の存在，また神体山としての神奈備(かんなび)や，神木としての神籬(ひもろぎ)など，崇拝の対象物の存在があげられる。祭祀に用いられた遺物には土師器や須恵器をはじめ，土製・石製・木製の模造品，銅鏡・儀鏡，そのほかがある。磐座には福岡県沖ノ島祭祀遺物群や，奈良県三輪山山上の遺跡，群馬県赤城山上の櫃石，島根県飯石神社などがあげられる。神奈備式の祭祀には奈良県三輪山や，静岡県三倉山・富士山・浅間山のように秀麗な円錐形を呈した山容を祀るものがあげられる。また離島や湧水地・河川・湖沼なども崇拝の対象となった。とくに峠路の祭祀遺跡としては美濃国と信濃国の境をなす神坂峠や，信濃国と上野国の境をなす入山峠などがあり，頂上から多くの祭祀遺物が出土している。＊大場磐雄『祭祀遺跡』1970　（乙益重隆）

祭祀考古学（さいしこうこがく）　古代の神祇祭祀を考古資料によって研究する考古学の一分野。おもに祭祀遺跡や祭祀遺物を研究し，過去の人類の祭祀の実態を解明するのみでなく，彼らの世界観や宗教の復原を試みる。縄文時代や弥生時代，あるいは中近世などの祭祀遺跡をも扱い，時代的も幅広さをもつ。椙山林継によって提唱され，笹生衛・大平茂らによって発展された。大場磐雄によって提唱された神道考古学と異なり，「神道」を時代的に限定されたものと捉え，日本のみならずアジア各地の事例に注目する比較考古学的な視野を導入する。なお，祭祀考古学会が結成され，機関誌『祭祀考古学』が刊行されている。＊大平茂『祭祀考古学の研究』2008；笹生衛『日本古代の祭祀考古学』2012　→　神道考古学　（時枝　務）

細石刃（さいせきじん）　マイクロブレイド(microblade)。細石器の一種で，非常に小形の石刃（幅約2mm〜1cm，長さ約2〜5cm）をいう。細石刃を剥離した石核を細石刃核とよぶ。細石刃は北欧・シベリアなどの出土例から，軸にはめ込み，組み合わせで用いられた道具であることが知られている。細石刃は調整を加える例は少なく，まれに，側辺部に細かな調整が加えられる例がある。

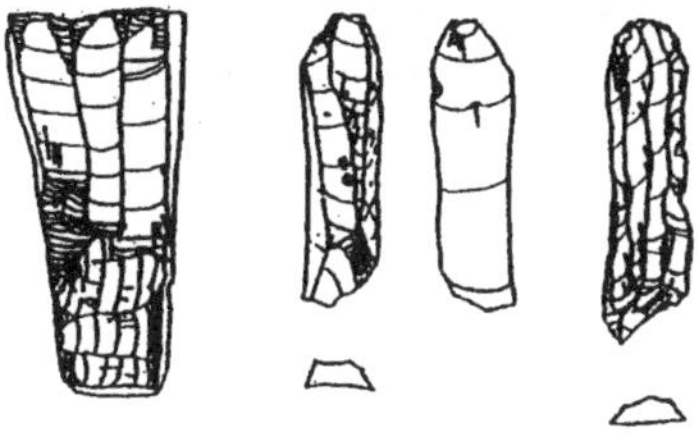

細石刃（長野・矢出川）

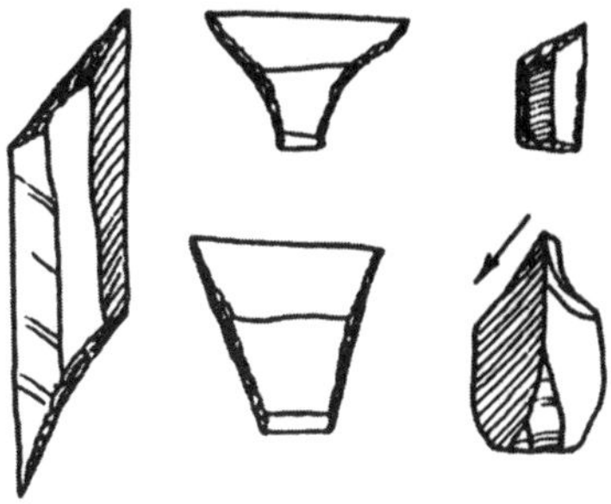

幾何形細石器（イギリス各地）

また，細石刃の中に，中央部の縦に走る擦痕が認められる場合があり，その部位，形状から着柄痕と考えられている。

日本における細石刃石器群は，細石刃剥離工程(その結果生じる細石刃核の形態)，石器組成から分類されており，その分布も追求されている。例えば，両面加工の尖頭器様の石核素材を準備し，ファースト・スポール(first spall)，スキー状スポール(ski spall)を剥離したのち，細石刃を剥離する湧別技法は，北海道から東北地方に分布している。日本では，細石器は細石刃で代表され，後期旧石器時代終末期に汎日本的に出現し，九州(福井洞穴など)では最古の土器の1群と共伴することが知られている。したがって，細石刃は旧石器時代と縄文時代を結ぶ重要な位置を占めている。さらに，細石刃はシベリア・中国・アリューシャンからアラスカにかけて広く分布することが知られており，日本の細石刃文化との関連が注目されている。＊芹沢長介「石器の種類と名称」(『古代史発掘』1，1974)　　（藤原妃敏）

細石器(さいせっき)　microlith。石刃や剥片を加工してつくられる大きさ1～数cm，厚さ数mmの極小の石器で，着柄による使用を前提とし，多くの場合，組合せ道具(composite tool)を形成する。後期旧石器時代末期から中石器時代にかけて世界各地に出現した。出現時期に先後はあるが，ヨーロッパ・アフリカ・西アジア・ヨーロッパロシア・中央アジア・南アジアからオーストラリア・北米まできわめて広い分布をもつ。アフリカやオーストラリアでは後まで残った。なぜ後氷期初頭以降に斉一的に細石器化が起こるのか，明確な説明はなされていない。細石器の形態は台形(trapeze)，三角形(triangle)，半月～三日月形(lunate, crescent)，菱形(rhomboid)を呈する幾何形(geometric)のグループとそれ以外に分けられる。イベリア半島から東欧まで広がる中石器時代後半のタルドノア文化は前者で，石刃にノッチを入れて折り取り，中央からtrapezeが，両側にmicroburinがつくられる特徴的な技法が認められる。細石器は骨あるいは木の柄に溝を彫って並べて固定されるほか，鏃や逆刺としても使われた。北欧マグレモーゼ文化の遺跡などで，着柄された状態での出土例も少なくない。レバントのナトゥーフ文化でみられる鎌として刈り取りに使用された細石器には，植物珪酸体に由来する光沢(corn gloss)が顕著である。また，後期旧石器時代の後半から末期に，北アジア・日本列島からアラスカ・カナダ北部には広く細石刃の製作が広がった。　（阿子島香）

細線鋸歯文鏡(さいせんきょしもんきょう)
→　多鈕細文鏡(たちゅうさいもんきょう)

彩陶(さいとう)　中国先史時代の彩文土器のことで，仰韶文化期から龍山初期文化期にかけてつくられたが，甘粛地方では殷・周代(辛店・寺窪・沙井文化期)までみられる。

精製した陶土を用い輪積み法で作り，表面を篦みがきして黒や赤で彩文を施す。器形は甕・鉢が主体で，文様には，人面，魚・鳥・蛙の動物文，種々の幾何学文がある。彩陶の起源には西方伝来説や中国自生説などがあるが，まだ確定されていない。＊秋山進午『古代中国の土器』1978　（斎藤孝正）

斎藤　忠（さいとうただし）　1908〜2013。北海道生まれ。東京帝國大学文学部國史学科卒。京都帝國大学助手，朝鮮総督府古蹟調査及び博物館嘱託（慶州博物館陳列主任），京城総督府博物館に務め，後，文部技官（文部省），東京大学文学部教授，大正大学文学部教授，名誉教授，文学博士。勲三等瑞宝章。朝鮮半島及び日本の考古学を専攻し，日本装飾古墳の調査，東アジアの葬墓制の研究を進めるとともにアジアの仏教史跡を踏査，日本考古学史の体系的研究。『朝鮮古代文化の研究』1943，『日本古墳の研究』1962，『日本装飾古墳の研究』1973，『東アジアの葬・墓制の研究』1987，『日本考古学史』1974，『日本考古学史資料集成』1979，『日本考古学史辞典』1984，『日本考古学用語辞典』1992，『日本考古学史年表』1993，『日本考古学文献総覧』1997，『斎藤忠著作選集』（6巻，続2巻）など。　（坂詰秀一）

西都原古墳群（さいとばるこふんぐん）　宮崎県西都市西都原にあり，東西2.6km，南北4.2kmの洪積台地上に329基の古墳が点在する。前方後円墳32基，方墳1基，円墳296基からなり，5〜7世紀の築造と推定されている。台地の中央にある男狭穂塚は全長219m，後円部径128mを測り，2重の周濠をめぐらした九州第一の古墳。1912年より当時の権威ある学者を総動員した発掘調査は，わが国における公式の古墳調査の最初で，古墳研究上に一時期を画した。＊浜田耕作・原田仁「西都原古墳の調査」（『日本古文化研究所報告』10，1940）　（渋谷忠章）

斎藤山貝塚（さいとやまかいづか）　熊本県玉名市天水町尾田字正法寺平，通称斎藤にある弥生時代初期の鹹水産貝塚で，台地の崖端斜面に位置する。1955（昭和30）年に発掘調査が行われ，土器の中心は縄文終末の夜臼式と弥生時代初頭の板付Ⅰ式であった。これらに伴って出土した鉄斧は鍛造品といわれ，わが国最古の鉄器として知られている。ほかにも磨製石斧や石匙・石鏃・砥石・紡錘車などが出土した。＊乙益重隆「熊本県斎藤山遺跡」（『日本農耕文化の生成』1961）　（乙益重隆）

斎尾廃寺跡（さいのうはいじあと）　鳥取県東伯郡琴浦町槻下字斎尾に存在する白鳳時代寺院跡。伽藍は東に金堂，西に塔を置く法隆寺式伽藍である。講堂は中軸線上より東にずれ，金堂跡の北に位置する。出土遺物は，鐙瓦5種，宇瓦2種のほか，8世紀代と考えられる塑造仏頭，塼仏，鴟尾がある。＊鳥取県教育委員会「斎尾廃寺跡」（『鳥取県文化財調査報告書』1，1960）　（岡本桂典）

最花貝塚（さいばなかいづか）　青森県むつ市最花にある縄文時代前期から中期末にわたる小貝塚群。下北半島の北半部は永く要塞地帯であったために，考古学上の遺跡探索に隈無く歩くことは困難であり，村落のある地域で1928（昭和3）年刊の『日本石器時代遺物發見地名表　第五版』には9遺跡の地名が記され（12頁），1930（昭和5）年刊の『第五版追補一』1頁には，田名部町関根，出戸，石器発見の1遺跡の追加のみである。

その後，1933年ころ，田名部町（現在，むつ市）出身の中島全二が青森師範学校に入学，田名部町近傍の遺跡並びに田名部川沖積地に露出の化石貝層などを探査し，1934（昭和9）年10月15・16両日，青森県師範学校付属小学校で開催の「第15回国史科初頭教育研究会」で「田名部町付近の先住民族遺物の分布」と題する研究発表を行っている。ここで，中島が最花に縄文時代の貝塚の所在を初めて発表している。

1946・1947（昭和21・22）年，田名部実科女学校の中島全二教諭の指導で，八幡一郎らによって初めて発掘調査が行われた。この時発掘された貝塚は中期末の土器を出土し，ヤマトシジミを主とする主淡貝塚であった。貝層下に石囲炉跡を持つ竪穴住居跡があり，伸展葬人骨が数体出土した。また，1950年には鈴木尚・酒詰仲男がB地区貝塚を発掘したが，この貝塚は前期後半から中期初頭の土器を出土したが未報告である。＊九学会連合下北調査委員会編『下北—自然・文化・社会—』1967 （江坂輝彌）

サイベ沢遺跡（サイベさわいせき） 北海道函館市亀田町西桔梗に所在。函館湾の内奥に広がる亀田平野の東側を限る台地縁辺部に立地。貝塚を伴い，縄文前期および中期を通じて形成された遺跡である。1949年に函館市立博物館が発掘調査。土器は円筒下層式および上層式の各種が層位的に出土。石製品に石斧・石鏃・石槍・石小刀類・北海道式石冠・抉状耳飾・環状垂飾などがあり，針・銛類・篦・釣針等の骨角器もある。中期の層からは土偶・土版・土玉・環状装身具も出土。人骨埋葬も2例検出されたが，遺存状況は悪い。＊市立函館博物館編『サイベ沢遺跡』1958 （石附喜三男）

彩文土器（さいもんどき）→彩陶（さいとう）

西琳寺跡（さいりんじあと） 大阪府羽曳野市古市に存在する飛鳥時代創建の寺院跡。伽藍は東に塔，西に金堂を配す法起寺式伽藍が推定されている。心礎は八角形の柱座を掘りこみ，四方に添木座をつけるものである。柱穴の中央には，「刹」の文字が刻されており，創建当時のものである。遺物には，素弁八葉鐙瓦など，鎌倉時代までの瓦が出土している。ほかに，塼仏・鬼瓦・石製鴟尾などがある。＊石田茂作『飛鳥時代寺院址の研究』1936 （岡本桂典）

栄浜1遺跡（さかえはまいちいせき） 北海道山越郡八雲町に所在。内浦湾に注ぐ茂無部川左岸に面した海岸段丘上に立地する。縄文・続縄文・擦文の各期遺跡があるが，主体は縄文時代前～後期の集落跡である。1978年に発見され，1981，1982年に発掘調査が行われた。その後，1983，1993，1997年にも小規模発掘が行われ，2000年，2002年には高速道路建設に伴う大規模発掘が行われた。1981～1997年にかけての調査では縄文時代前～中期の竪穴住居跡203軒，土壙502基，炉跡12基や人骨が入ったフラスコ状土壙8基など様々な遺構が出土した。なかでも縄文時代中期の住居跡は環状に配列し注目を引いた。他に特に注意すべき遺物として，1997年に発掘された軽石製の家形石製品がある。高さ13.8cm，長さ14.9cm，幅11.3cmで，入母屋造りの屋根と壁からなり，縄文時代中期の家屋を模した石製品である。＊八雲町教育委員会『栄浜』1983／『栄浜1遺跡』1987；三浦孝一「壁もち住居形石製品から見た竪穴住居」（『季刊考古学』73，2000）；北海道埋蔵文化財センター『八雲町栄浜1遺跡』2001 （野村　崇）

酒津遺跡（さかづいせき） 岡山県倉敷市酒津・水江にある弥生時代中期から奈良時代の集落跡。遺跡は高梁川がつくった三角州に存在したが，現在は河床になり，渇水期のみにあらわれる。おそらく自然堤防上に居住したらしく，数kmにわたって弥生土器・土師器・須恵器・瓦が出土する。鎌木義昌は，口縁部が著しく外反し，頸部に直線と弧線を配した壺，胴部が楕円形で刷毛目のある薄手の甕などを弥生時代末のものとして「酒津式」という名をつけたが，現在は土師器に入る。＊鎌木義昌「岡山県倉敷市酒津遺跡の土器」（『弥生式土器集成』1，1958） （関　俊彦）

酒詰仲男（さかづめなかお） 1902～1965。土岐仲雄は同一人物。東京都の出身。1927年，同志社大学文学部英文科を卒業の後，東京開成中学校の教諭となる。1933年，道灌山にあった自宅の庭から縄文土器の破片が出土することを知り，考古学への興味を抱きはじめた。翌1934年，大山史前学研究所の研究員となり，本格的に考古学の勉強をはじめた。1939年に東京帝国大学理学部人類学教室の嘱託，1947年に同大学助手，1954年には同志社大学文学部教授になった。研究の主題は，縄文時代の貝塚および縄文人の動物性食料であったが，1942年には縄文時代の海進について画期的な論文を発表した。おもな著書には『貝塚の話』1948，『日本貝塚地名表』1959，『日本縄文石器時代食料総説』1961などがある。　（芹沢長介）

坂西横穴墓群（さかにしおうけつぼぐん）東京都日野市にある横穴墓群。多摩川右岸にあたる日野台地東端に位置し，関東ローム層の崖面を掘鑿して7基の横穴墓がつくられている。1号横穴墓の壁面には白色粘土が塗られ，線刻がみられる。しかし線刻は営造時期に描かれたとはみなしえない。なお人骨15体分が確認されている。＊久保常晴編『日野市坂西横穴墓』1976　（車崎正彦）

酒船石遺跡（さかふねいしいせき）　飛鳥京跡の東側丘陵上にある酒船石は長さ5.5m，現在幅2.32mで，上面に半円形・円形・長円形の浅い凹みと，これらを繋ぐ細い溝を掘った石造物である。この西側斜面で砂岩切石の石垣があり，北側の山裾で湧水施設や石敷きの中央に据えられた円形の亀形石と小判形の水槽とがセットで発見され，これらを含めた丘陵を酒船石遺跡と言う。「斉明紀」の「宮の東の石丘」に比定され，「両槻宮」に関した祭祀・儀式の施設と推定されている。＊相原嘉之「酒船石遺跡—その研究史と現状，課題—」（別冊歴史読本『日本史研究最前線』2000）　（江谷　寛）

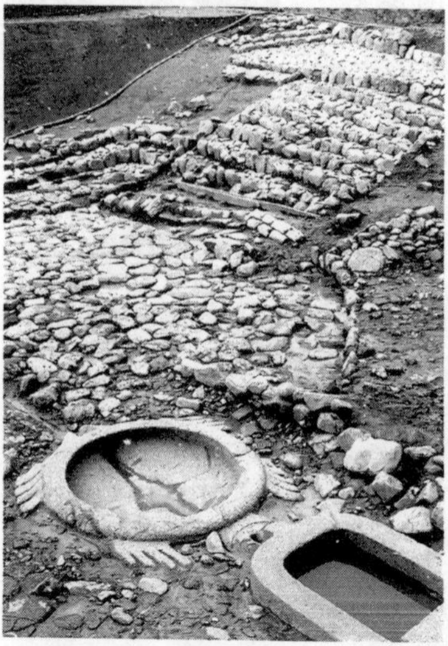

酒船石遺跡

佐紀古墳群（さきこふんぐん）　奈良市の佐紀丘陵上にある。狭義には，猫塚，マエ塚，塩塚，平城京跡の古墳をいう。広義には，佐紀支群のほかに，日葉酸媛命陵，神功皇后陵，成務天皇陵などの山陵支群，ウワナベ・コナベ，磐之媛命陵のウワナベ支群，それに不退寺裏山古墳の那羅山支群を含む総称で，佐紀盾列古墳群ともいわれる。超大型前方後円墳を含むわが国有数の古墳群である。＊末永雅雄『日本の古墳』1961　（杉山晋作）

埼玉稲荷山古墳（さきたまいなりやまこふん）　埼玉県北部の行田市埼玉の標高17〜18mの低台地に所在する，前方後円墳8基，円墳・小円墳群など30基以上からなる埼玉古墳群中の，群形成の端緒を担った前方後円墳。1937年の採土工事によって前方部が削平され，1968・1973年度の調査により内容が明確となった。前方部を西南に向けた全長117m，後円部径62m，前方部幅74mの規模で，二重の方形周濠がめぐっている。主体部は遺存した後円部に2基が確認された。第1主体部は幅1.2m，長さ5.7mの舟形礫槨，第2主体部は幅1.9m，長さ6.5mの粘土槨である。副葬品は第1主体部から，径15.5mの画文帯環状乳神獣鏡，帯金具・直刀4，剣2，挂甲，馬具，鉄鉗，鉋，鉄斧，剣2，鉾，多数の鉄鏃など，第2主体部からは直刀，剣，挂甲，馬具，鎌，鉄鏃などが出土している。この古墳を一躍有名にしたのは1978年に第1主体部出土の長さ73.5cmの鉄剣の表裏に金象嵌された115字からなる銘文が確認されたことによる。銘文中の「辛亥年」は西暦471年の可能性が高いものとされており，古墳の年代を考える重要な資料となっている。＊埼玉県教育委員会『埼玉稲荷山古墳』1980 （池上　悟）

埼玉古墳群（さきたまこふんぐん）　埼玉県行田市埼玉にある。東日本最大の円墳とされる丸墓山古墳や辛亥銘鉄剣を出土した稲荷山古墳のほか二子山古墳など大型古墳が密集する。稲荷山古墳は，長方形の2重周溝で中堤に造出を設け，人物埴輪などを樹立していた。この古墳群には2重周溝が多い。北武蔵の有力な大型古墳群であり，武蔵国造との関連を指摘する説もある。＊斎藤忠・柳田敏司・栗原文蔵ほか『埼玉稲荷山古墳』1980 （杉山晋作）

櫻井清彦（さくらいきよひこ）　1922～2010。東京市生まれ。早稲田大学文学部史学科卒，（旧制）大学院史学専攻。早稲田大学助手，専任講師，助教授を経て文学部教授，名誉教授。後，昭和女子大学大学院生活機構学研究科教授。早稲田大学古代エジプト調査室主任。日本考古学協会委員長。日本学術会議会員。紫綬褒章受章(1988)。比較考古学の立場にたって日本をはじめエジプトのほか，世界各地の遺跡を踏査研究する。『アイヌ秘史』1967，『エジプトを掘る』1977，『館址』（共）1950，『マルカタ南』Ⅰ・Ⅱ（共）1983・86など。『論争学説日本の考古学』（共編）1986～89。古稀記念論文集『二十一世紀への考古学』1983が編まれた。

（坂詰秀一）

桜井茶臼山古墳（さくらいちゃうすやまこふん）　奈良県桜井市外山にある。丘陵の丘尾を切断した前方部が狭く，後円部が高い全長約207mの前方後円墳で，盗掘を受けていたが，後円部の竪穴式石室からは，鏡・玉類・琴柱形石製品・鍬形石・石釧・玉仗・銅鏃・鉄鏃・刀・剣などが出土した。墳頂部では土師器壺が石室を囲むように長方形に置かれていた。盆地東南部の前期古墳。＊末永雅雄ほか『桜井茶臼山古墳』1961 （杉山晋作）

桜ヶ丘遺跡（さくらがおかいせき）　兵庫県神戸市灘区桜ヶ丘の神岡にあって，1964年に銅鐸14例と銅戈7例が出土した。出土地は標高246mの尾根筋の急斜面にあり，遺物は花崗岩を少し掘りくぼめた中に一括して苧布か藤布でつつんで埋めてあった。銅鐸は流水文と袈裟襷文で，なかには人物・動物・昆虫を表現したみごとなものと同笵鐸があり，銅戈は大阪湾型である。銅鐸と銅戈が共伴し，両者の関係がつかめたことで注目される。＊兵庫県教育委員会『神戸市桜ヶ丘銅鐸・銅戈』1969 （関　俊彦）

桜馬場遺跡（さくらばばいせき）　唐津市桜馬場4丁目に所在の弥生時代中期から後期（AD 1世紀）の甕棺墓地。唐津湾に注ぐ松浦川左岸砂丘上に位置する。近隣に菜畑遺跡がある。1944年，防空壕構築中に甕棺が出土。棺内から副葬品として後漢鏡2面（「流雲文縁方格規矩四神鏡」と「素縁方格規矩渦文鏡」），有鉤銅釧二種26個，巴形銅器3個，鉄刀片1個，ガラス小玉1個が発見された。1955年に発掘調査が行われ，改めて副葬品を納めていた甕棺が弥生時代後期初頭と位置づけられた。有鉤銅釧は南海産のゴホウラ製貝釧をモデルとしたもので，巴形銅器は小型で，有鉤と無鉤のものがある。これらは一括して1957年，国の重要文化財に指定された。その豊富な副葬品から，宇木汲田遺跡，柏崎遺跡，桜馬場遺跡と続く，3代にわたる弥生後期の「末廬国」王墓とされている。＊田島龍太「「桜馬場遺跡」63年ぶりの再発見の意義と成果」（『考古学雑誌』95，2011） （松原典明）

鮭石（さけいし）　サケと思われる魚が線刻され，魚文刻石と命名されている。秋田県南部を流れる子吉川流域にある由利本荘市前杉・大谷地および針ヶ岡など6遺跡から発見されており，おおかた安山岩製である。前杉遺跡の魚文刻石は1931年に発見さ

鮭石（秋田）

れた。長径1.5mで，魚は12尾確認されており，最大のものは体長52cmである。1952年には発掘調査が行われ，縄文時代中期の土器その他が出土しているが，その所属時期にはまだ問題が残されている。＊武藤鉄城「秋田県下の魚形線刻石」（『石器時代』3，1956）　（高杉博章）

笹遺跡（ささいせき）　群馬県甘楽郡甘楽町笹に存在する弥生時代から古墳時代にかけての集落遺跡である。検出された竪穴住居跡のほとんどは重複関係を呈しているため遺存状況が良好といえないが，弥生時代後期の竪穴住居跡からは粘板岩製の磨製石鏃，およびその未成品，蝋石製勾玉，滑石製勾玉，およびその未成品などが多量に出土しており，弥生時代における石製品工房跡として注目できる。＊群馬県立博物館編『群馬県立博物館研究報告』1，3，1963，1966　（阪田正一）

笹塔婆（ささとうば）　細長くけずった板（木簡）に経文を写し，おもに供養などのために寺院・経塚などに納めたもの。形状は頂部を山形に刻み，幅約2cm，長さ25cm前後の短冊形を示すものが多いようである。笹という名称もこの形からきたものと思われる。平安時代後期（898〜1185）にも，写経や経塚をつくることなどが行われた模様であり，それと並行して笹塔婆をつくることも盛んだったようであるが，遺存するものは少ない。＊石田茂作「元興寺極楽坊笹塔婆」（『日本仏塔』1979）　（斎木　勝）

翳（さしば）　長い柄の先に絹などを張り付けた唐団扇様のものが付けられたもので，即位式や朝賀などの大儀に貴人にさしかけるために用いられた調度品の一つである。即位式時には執翳女孀が高御座の左右より翳を斜めに持ち，鉦を合図に翳を開き天皇の顔が見える儀式が行われた。この翳が古墳時代に存在したか明らかでないが，中央部に孔を有する円板の周縁に鋸歯状の大きな飾りがつき，細長い円筒がついた埴輪がある。＊橿原考古学研究所『壁画古墳高松塚』1972　（阪田正一）

叉状研歯（さじょうけんし）　→　抜歯と歯牙加工（ばっしとしがかこう）

擦文文化（さつもんぶんか）　北海道における続縄文文化につづく文化期。土器を日常的に多量に製作・使用した最後の土器文化。文化名は擦文土器という土器名に由来する。終末年代に関して諸説あるが，8世紀後半ないし末から12〜13世紀とするのが妥当であろう。土器の分布からみると本州北端の津軽・下北地方をも含むが，樺太・千島方面には及んでいない。それらがオホーツク文化圏であった故であろう。8世紀代の本州文化の強い影響のもとに成立した文化で，土師器の器形・整形技法の影響を受けて製作された土器—擦文土器—や，壁につ

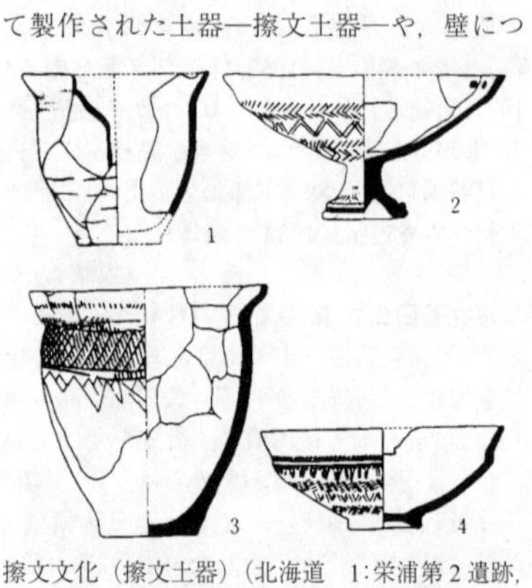

擦文文化（擦文土器）（北海道　1：栄浦第2遺跡，2：栄浦第1遺跡，3：岐阜遺跡，4：栄浦第2遺跡）

くりつけのカマドをもつ方形の竪穴住居が一般的となり，鉄器が万遍なく普及する(石器が消滅する)。ヒエ・モロコシ・ソバなどの農耕も行われたが，集落は鮭・鱒が遡上する河川をのぞむ台地に営まれており，狩猟・漁労が生業の基盤であったことが知られる。竪穴住居跡群はしばしば数十から数百の規模で地表に窪みをみせて残存するが，墓制に関してはさほど明らかでない。＊藤本強『擦文文化』1982 (石附喜三男)

佐藤達夫(さとうたつお) 1925～1977。東京大学文学部考古学科卒。東京大学教授。日本先史文化の東アジアにおける位置の把握と日本先史文化自体の構造的な理解に関する多くの業績を残した。『日本の先史文化』1978,『東アジアの先史文化と日本』1983 (坂詰秀一)

里浜台囲貝塚(さとはまだいがこいかいづか) かつて1919(大正8)年，縄文文化の編年研究の揺籃期に東北帝國大学理学部地質学・鉱物学・古生物学教室の助手で，縄文文化の貝塚遺跡を層位的に発掘し，縄文文化の編年的研究に着手した松本彦七郎博士が発掘調査。雑誌『現代の科学』7–5・6に「宮戸島里浜及気仙郡獺沢介塚の土器」の表題で紹介された貝塚は字里浜地内にある隣接地の貝塚で，主として後期末に編年される数形式の土器を層位的に出土する。

台囲貝塚はここに相接し，一部は里浜字里浜地内にあり，大部分の地は字台囲の地に属する。また隣接する畑中にも1貝塚がある。台囲貝塚は宮城県桃生郡鳴瀬町(現・東松島市)大字里浜字台囲にあり，本貝塚は後期末から晩期初頭までの土器を層位的に出土する。＊斎藤良治『宮城県鳴瀬町宮戸台囲貝塚の研究―昭和30年度Cトレンチ―』宮城県の地理と歴史地域社会研究会編，1960 (江坂輝彌)

猿投山古窯跡群(さなげやまこようせきぐん) 愛知県の名古屋市東･南部，豊田市西部，瀬戸市南部，刈谷市北部をむすぶ約20km四方の丘陵地帯に5世紀後半から13世紀末ごろまでの約850年間にわたって須恵器・緑釉陶器・灰釉陶器・山茶碗などを生産していた約1000基の窯跡が確認されている。1955年に愛知用水工事に先立ち調査が行われ，それ以後，調査・研究が進められている。この地域で生産された緑釉陶器・灰釉陶器は，全国の宮廷・官衙・寺院などより出土している。特に灰釉陶器は，東国の集落跡よりかなり出土し，地域ごとの土器群に分化していった時期の土器編年を考える上で，この窯跡群の研究成果が重要な役割を果たすと考えられる。＊楢崎彰一ほか『愛知県猿投山西南麓古窯址群』1957 (福田健司)

佐原　眞(さはらまこと) 1932～2002。大阪生まれ。大阪外国語大学ドイツ語学科卒。京都大学大学院修了。奈良国立文化財研究所(平城宮跡発掘調査部・埋蔵文化財センター研究指導部長)・国立歴史民俗博物館(教授・館長，名誉教授)において考古学の調査と研究を展開。広い視野から日本の考古学の進展に寄与。鈕の形態より銅鐸新編年の提唱をはじめ，弥生式土器の研究など遺物考古学に新しい視点を確立する。市民目線で考古学をやさしく楽しくと主張。吉野ヶ里(佐賀)をはじめ遺跡の保存と活用を推進。広い視野から外国の考古学の方法論を紹介する。『銅鐸の考古学』2002,『考古学千夜一夜』1993,『考古学つれづれ草』2002,『佐原真の仕事』(6巻―1考古学への案内，2道具の考古学，3美術の考古学，4戦争の考古学，5衣食住の考古学，6考古学と現在，2005),『日本考古学事典』(共編)2002など。 (坂詰秀一)

佐味田宝塚古墳(さみだたからづかこふん) 奈良県北葛城郡河合村佐味田にある前方後円墳。丘陵の地形を利用し北東に面して築かれ，全長約100m，後円部径約50m，前方部幅約40mで，円筒埴輪列がある。後円部に礫を周囲につめた粘土槨と推定される埋葬施設があり，鏡・玉類・鍬形石・石釧・石製合子・巴形銅器・銅鏃・滑石製模造品などが出土した。鏡は30面以上あり，ことに家屋文鏡は有名。なお前方部にも埋葬施設があったと伝えるが，つまびらかでない。営造時期は4世紀後葉。＊梅原末治『佐味田及新山古墳研究』1921 （車崎正彦）

狭山池（さやまいけ） 大阪府大阪狭山市に所在する，わが国最古の溜池の一つ。北流する河川を迂回させた後に堤（北堤）を築き，水を堰きとめている。記紀では垂仁あるいは崇神天皇の時代の築造とされるが，平成の改修に伴う発掘調査により，堤の構造とともに築造年代が明らかにされた。最古の堤は敷葉工法が採用されており，土嚢積みも行われていた。築造当初の堤体は高さ5.4m，幅27m，延長300mほどあったらしい。北堤を築くにあたり，地山を掘り込んでコウヤマキ製の樋管が設置されている。丸太をU字形に刳り貫いて連ね，木蓋をしたもので延長は70mに及ぶ（東樋）。このコウヤマキの年輪年代測定が616年であったことから，狭山池の築造が7世紀初めであることが判明した。奈良時代には731（天平3）年の行基による改修や762（天平宝字6）年の大規模な改修が行われたが，いずれも堤体は敷葉工法によっている。1202（建仁2）年の重源による改修では，取水部と放水部の樋管に小口を欠いた古墳時代の刳り抜き石棺を多数用いている。また，重源の改修を記した砂岩製の石碑が，1608（慶長13）年の片桐且元による改修のさいに設けられた中樋の一部に石棺とともに転用されていた。このように狭山池は，わが国の土木技術の変遷を考古学的に検証することができる貴重な遺産ということができる。このほか，周辺は陶邑窯跡群の一角にあたり，池内の斜面で池築造以前の須恵器窯が発見されている。＊狭山池調査事務所『狭山池　埋蔵文化財編』1998 （宮野淳一）

佐良山古墳群（さらやまこふんぐん） 岡山県津山市佐良山の3.5 × 5kmの地域に存在する約200基の古墳群で，主体部の大多数は横穴式石室を有し，なかには土師質陶棺を安置するものもある。調査を行った近藤義郎はこれらの古墳が十数人の労働力で数ヵ月後には完成するものとし，被葬者は共同体の変質に伴って成立した家父長家族であろうと考えた。この論は，被葬者の性格付けだけでなく，後期古墳の研究を歴史にまで高めた点で大きな意義をもつ。＊近藤義郎編『佐良山古墳群の研究』1952 （是光吉基）

サルガ鼻遺跡（サルガはないせき） 島根県松江市美保関町森山サルガ鼻の海岸にある海蝕洞窟。島根半島の中海と境水道の入口にあり，遺跡は洞窟の入口近くの落盤に遺物が包含され，縄文前期・中期・後期にわたるが，後期の津雲A式，彦崎Ⅰ式土器併行期の代表遺跡である。石器は石鏃・磨製石斧・磨石，骨角器などが出土している。自然遺物は貝類・魚類・鳥類・哺乳類の骨が出土している。＊佐々木謙・小林行雄・直良信夫「出雲國森山村埼ヶ鼻洞窟及び権現山洞窟遺跡」（『考古学』8–10，1937） （吉田　格）

サルベージ・アーキオロジー レスキュー・アーキオロジーともよばれる。現代の開発行為などから，文字通り遺跡を「救う」という意味である。日本でいう「緊急発掘」に相当する。この場合の「救う」という意味は現状保存から記録保存までさまざまであるが，学術調査と比較し，学問的問題意識が薄く，記録後消滅した遺跡が，将来のより進んだレベルのもとで充分に活用されることが困難で，現代考古学の直面する大きな問題の一つである。＊田中琢「遺跡の保護」1〜5（『考古学研究』76〜82，1973〜1974） （松井　章）

酸化焔（さんかえん） 窯の内部に酸素を充分に供給すると完全燃焼の酸化焔となる。土器・陶器・磁器の胎土中の鉄分が酸素と化合（酸化焔）して，赤くなり，赤味がかった焼成の土器になる。土師器・埴輪・陶器類の多くは酸化焔を利用して焼かれている。→ 還元焔（かんげんえん） （川崎義雄）

三角縁神獣鏡(さんかくえんしんじゅうきょう) 神像と獣形を主文として組み合わせて半肉彫りで表現した神獣鏡のうち，縁の断面が三角形を呈するものをいう。神像は東王父・西王母を表現し，獣形は龍・虎をあらわす。これらは神仙思想を反映したものと考えられている。舶載鏡と仿製鏡があり，神獣の組合せにより三神三獣・四神四獣・三神五獣などの区別がある。これらの図文は鈕を中心として放射状に配列するのが主流であるが，一方向に並べた重列式もある。銘文および,「正始元年」「景初三年」の紀年銘より魏代の製品と考えられている。舶載鏡だけで300面ほどがあり，わが国第一の出土数を誇るとともに仿製鏡の数もこれに匹敵し同笵鏡も多い。前期古墳の代表的遺品であり，各地の出土鏡は京都府相楽郡山城町椿井の大塚山古墳を中心とする同笵鏡の分布関係を有する。これは大和政権の勢力圏拡大の過程を表出するものとして政治的意義が強調されている。*小林行雄「三角縁神獣鏡の研究」(『京都大学文学部研究紀要』13，1971) (池上 悟)

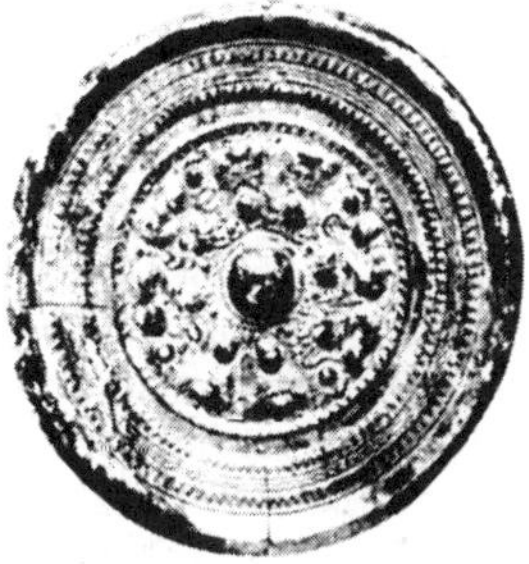

三角縁神獣鏡

三角形板状土製品(さんかくがたばんじょうどせいひん) 三角形あるいは二等辺三角形をした3～7cmほどの大きさの板状の土製品。表面はややふくらみ裏面がへこむ。表面に文様や刺突がある。頭部・手足はないが乳臍をあらわしたものがあり，土偶の一種のように思われる。縄文時代中期～後期にかけて青森・秋田・新潟を結ぶ日本海側に多く発見されており，地域性のつよい遺物であったと考えられる。*江坂輝彌『土偶』1960 (野口義麿)

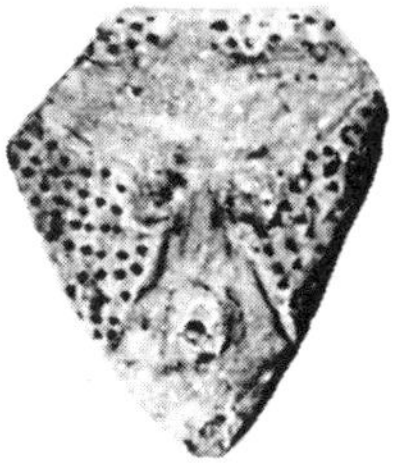

三角形板状土製品（新潟・城倉遺跡）

三角山遺跡(さんかくやまいせき) 北海道千歳市祝梅に所在する旧石器時代遺跡。恵庭軽石層(En-a，1万3000～1万5000B. P.)下の褐色ローム質粘土層中に包含層がある。1973年吉崎昌一によって調査され，ナイフ形石器(剥片を切断して台形～三角形に仕上げた石器)，スクレイパーなどが検出された。石刃技法は存在しないらしく，現在のところ道内では，最古の確実な旧石器時代石器群と考えられている。^{14}C年代法，黒曜石水和層法，フィッション・トラックにより，いずれも約2万1000B. P.の年代が得られている。*吉崎昌一ほか『祝梅三角山地点―北海道千歳市祝梅における旧石器時代遺跡の発掘調査』1974 (山田晃弘)

三貫地貝塚(さんがんちかいづか) 福島県東北部，相馬郡新地町(旧駒ヶ峯村)三貫地にある縄文時代後期初頭から晩期前半までの遺物を出土する小貝塚郡遺跡。本貝塚は1924年東京大学理学部人類学教室で小発掘調査，翌年には東北大学医学部第二解剖学教室の山内清男が小発掘，1952年3月～4月上旬，日本考古学協会縄文式文化編年研究特別委員会の甲野勇委員が中心となり大規模な発掘調査が行われた。本調査で晩期前半の埋葬人骨が墓域と決められた地域から約50体以上発掘された。新たに埋葬する遺体を埋葬するため墓域の一部を発掘すると，その地域に過去に埋葬した遺体が10体内外密集して埋葬した場所に遭遇することもあり，この過去に埋葬した遺骨を掘り出して，頭蓋骨を10個内外，円形に並べ，その中に四肢骨・肋骨・脊椎骨など他の部分の骨を埋納した特殊二次埋葬墓も発見された。この時の出土品は会津若松市にある福島県埋蔵文化財センターに保管されている。＊甲野勇「福島県相馬郡三貫地貝塚」(『日本考古学年報』5，1952)；渡辺一雄ほか『三貫地貝塚』1981 （江坂輝彌）

三脚石器(さんきゃくせっき) 三叉状をした打製石器の一種。縄文時代前期末から後期にかけて，秋田・山形・新潟県を中心に分布する。その用途は不明であったが，類似した形態の三角形板状土偶を石製としたものと考えられており，岩偶の一種であるとの見方もある。 （須田英一）

三彩(さんさい) 素地に2または3種の色釉をかけて焼成した陶器の一種。低火度の鉛釉を用いた軟質のものが多く，唐三彩・奈良三彩が代表的なものである。唐三彩は7世紀末に完成され墳墓に副葬する明器として製作されたもので，神像・人物像・動物像・容器など非常に種類が多い。安史の乱以後ほとんど絶えた。奈良三彩はおもに祭祀・仏事などのために製作されたと考えられているが骨蔵器としても用いられている。正倉院に伝わる正倉院三彩が著名であるが，奈良・小治田安萬呂墓(729)年出土のものが現在最古である。平安初期で絶えて以降は

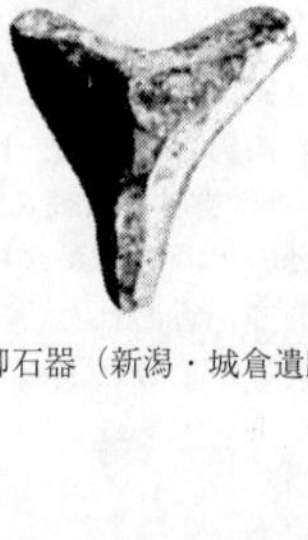

三脚石器（新潟・城倉遺跡）

緑釉陶器が主体となる。＊水野清一『唐三彩』1977；楢崎彰一『三彩・緑釉・灰釉』1973 （斎藤孝正）

三時代法(さんじだいほう) Three age system。前8世紀末，ギリシアの叙事詩人ヘシオドスは人類の歴史を1黄金の時代，2銀の時代，3青銅の時代，4叙事詩的英雄の時代，5鉄と恐怖の時代に区分した。また前1世紀にはローマの哲学者ルクレチウスがその著『万物の本性について』の中で，人類は1爪・歯・石・木・火の時代，2銅の時代，3鉄の時代を経過してきたと述べた。19世紀のはじめ，デンマークの歴史学者ヴェーデル・シモンセンは，スカンジナビアでは1石の時代，2青銅の時代，3鉄の時代が認められるとしたが，その説は広くは受け入れられなかった。コペンハーゲンの商人の息子として生れたトムセン C. J. Thomsen(1788～1865)は，1816年にデンマーク国立博物館の初代館長に任ぜられ，大学図書館の小部屋につめこまれていた膨大な古代遺物の整理を始めた。彼はこれらの資料を，製作された材料の違いによって石と青銅と鉄との年代的に継続する3群に分類した。これが三時代法を応用した最初の仕事となった。1819年には博物館が一般に公開され，観覧者に対してはトムセンが三時代法の解説を行った。やがて博物館はクリスチャンスボルグ宮殿の中に移転されたが，そこでは遺物の陳列にあたって石器時代室・青銅器時代室・鉄器時代室の3室が設けられた。三時代法の概念がはじめて文字によって公表されたのは，1836年に出版されたデンマーク語版の「北方古代遺物案内」の中においてであったが，次の年にはドイツ語版，1848年には英語版が出版された。トムセンの考えはまずデンマークとスウェーデンで認められ，ついでドイツでも歓迎されるようになったが，一方ではそれは誤った仮説であるとか，あるいはすでに19世紀初めの何人かの学者によって発表された説と

同じであるというような，きびしい批判があびせられた。三時代法は普遍妥当性をもつ真理であるということを，ヨーロッパの考古学界がようやく容認するに至ったのは，19世紀後半のスイスにおける湖上住居の発見がなされてからのことであった。1853～1854年にかけて，ヨーロッパでは乾燥した冬がつづき，スイスのチューリヒ湖の水位が低下した結果，オーベルマイレンとドリコンの間の湖底から多くの木杭，焼けた木材や石斧·骨角器·土器などが検出された。F.ケラーはこれらを湖上住居の遺跡であろうと考え，スイスに分布する多くの湖の組織的な調査を行った。その後1875年までにはスイスで発見された湖上住居遺跡は200ヵ所以上にのぼり，さらにフランス西部，ドイツ南西部，イタリア北部，アイルランドからも類例が報告された。特にスイスの湖上住居の発掘結果からみると，これらの遺跡は単一の時期に残されたものではなく，石器時代から青銅器時代，そして鉄器時代までの長期にわたるものであることも層位的に明らかになった。19世紀の中ごろまで，単なる仮説としてむしろ軽く評価されがちであったトムセンの三時代法の正当性を，このような湖上住居の発掘調査がみごとに実証したのであった。

旧大陸における文化の先進地域では，つねに石器時代から青銅器時代へ，そしてさらに鉄器時代へというトムセンの三時代法に従って人類の歴史が発展してきているが，周辺地域では必ずしもそうではない。日本は東アジアの大陸から海によって隔離されていたために，石器時代からひと飛びに鉄器時代に移行し，中国のような青銅器時代を経過していない。また，オーストラリアのような遠隔の地では，キャプテン・クックがはじめてそこへ上陸した1770年にいたるまで，旧石器時代の生活がつづいていたのであった。*G. E. Daniel "The Three Ages. An Essay on Archaeological Method" 1943 （芹沢長介）

山城跡（さんじょうあと） 外方からの攻撃を防ぐために山頂・丘陵・台地を削平して郭を構築するとともに石垣・土塁・空掘・掘切りなどの防御施設を有している城を山城とよんでいる。すでに古代西日本では神籠石山城，朝鮮式山城が造営されているが，最も盛行するのは中世で，近世になるとその大多数は廃城の憂目にあった。

山城は，時期・地域・立地などによって多種多様の型式が出現してくる。まず立地から山城は，山陵城（主尾根ないしは独立山魂を利用したもの），丘陵城（主尾根から派生した丘陵部を利用したもの）に分けられ，さらに郭の配置からも分類が行われている。それは1郭のみで構成された単郭式と複数の郭を有する複郭式で，複郭式は細分化される。(1)は，連郭形といわれるもので尾根上に複数の郭を配した飛び石型，1方向のみに階段状の郭を配した単連郭型，2方向に階段状の郭を配した複連郭型，(2)は最高所の郭を囲繞するように郭を配置した輪郭形，(3)は最高所の郭を中心にして2～3方向に郭を配した囲郭形，(4)は最高所の郭から丘陵にそって階段状の郭群を配した派生形に分けられる。一般に平安時代から鎌倉時代初頭にかけての山城は初期山城ともよばれており，単郭式で低丘陵端を利用して造営されている場合が多いが，鎌倉時代中期以降になると複郭式山城が大多数を占め，立地も急峻な山塊上に位置するものが多く，また，規模も広大化するようになる。*『日本城郭大系』1～20 （是光吉基）

三千塚古墳群（さんぜんづかこふんぐん） 埼玉県北部の比企丘陵の，東松山市大谷に所在する古墳群。5世紀代の築造の全長76mの帆立貝式前方後円墳の雷電山古墳を中心として，放射状に伸びる尾根上に8支群約250基で構成される。1956年には群中の31基が発掘調査されている。群中には弁天山・長塚・秋葉山の3基の30～40m規模の前方後円墳が築造されており，このうち長塚古墳と秋葉山古墳には横穴式石室が構築されている。6世紀代の盟主墳として累代的に築造されたものと考えられる。主体をなす円墳群は6・7世紀代に群集墳として築造されたものである。＊内藤晃ほか『三千塚古墳群発掘調査～中間報告～』1962；甘粕健「三千塚古墳群に関する覚え書」（『北武蔵考古学資料図鑑』1976）　（池上　悟）

酸素同位体期（OIS）（さんそどういたいき）　酸素同位体期（Oxygen Isotope Stage）は，深海底や南・北極のボーリングコア（boring core）中に含まれる単細胞生物の微化石フォラミニフェラ（*Foraminifera*）種のさまざまな種類の割合を調べ，さらに加速器によりその炭酸化合物に含まれる酸素同位体の^{18}Oと^{16}Oの割合を分析することにより得られた気候変動の時期区分である。原理としては寒冷期海面が低下するとそれにつれて*Foraminifera*の種類が変わり，また海水中の^{18}Oが増加する。逆に温暖化すると^{18}Oが減少することによる。ボーリングコア中の年代は，放射性炭素年代測定法，古地磁気法，U系列年代測定法などにより測定されている。第四紀の気候変化は，1909年に発表された古典的なペンクとブリュックナー（Penck and Brückner）によるアルプス氷河の変化に基づいた第四紀の気候区分では，ギュンツ・ミンデル・リス・ビュルム（Günz, Mindel, Riss, Würm）のたった4つの氷期とその間の3間氷期だけが認められていた。シャクルトン（Shackleton）らによる酸素同位体に基づいた方法は，78万年前の下部と中期更新世をわけるマツヤマ・ブリュネ（Matuyama-Bruhnes）境界以後，9氷期10間氷期に細分されることを明らかにした。たとえば従来のリス・ヴュルム間氷期はOIS5に相当し，さらに5a～5eまでの細かな気候変動が把握されている。後期更新世の最寒冷期はOIS2に相当し，約1万3000YB.P.（年代補正で1万6000年前）に急激な温暖化が始まることも花粉分析などの結果と良く一致する。人類の生活と気候環境の変化の関連をより厳密に議論することが可能になった。＊Shackleton, N. J. "Oxygen Isotopes, Ice Volume and Sea Level"（Quaternary Science Review 6），1987；Lowe, J. J., and Walker, M. J. C. "Reconstructing Quaternary Environments" 2nd edition 1997　（梶原　洋）

産地同定（さんちどうてい）　石器や土器などの遺物を対象として，その原材料の化学的特性を自然科学で用いられている分析手法により明らかにし，その原産地を同定（推定）すること。これにより産地（採取地）と遺跡や製作地と使用場所などの関係を検討することができる。石器では，黒曜石の産地同定が最も古くかつ多くの事例を有するが，それに次いでサヌカイトの産地同定事例も多い。他に石材の産地同定ではヒスイや碧玉といった特殊な石材の分析事例もある。土器では，窯跡出土試料の胎土と遺跡出土試料の胎土とを蛍光X線分析により求めた化学組成で比較し，産地同定を行う事例が最も多く行われてきた。また，弥生時代や古墳時代の青銅器について，鉛同位体比により大陸産や朝鮮半島産あるいは日本国内産などの産地同定を行う研究事例もあり，その歴史は古い。　（橋本真紀夫）

サンディア洞穴（Sandia Cave）　アメリカ合衆国ニューメキシコ洲アルバカーキ東北約25kmにある石灰岩洞穴。無遺物黄土層の上からフォルサム期の石器群が，下から2タイプの有肩尖頭器（サンディア型）19点，掻器・ウマ・バイソン・ラクダ・マストドン・マンモス等が，1940年までにHibbenにより発掘された。下層はパレオインディアン文化最古期に位置付けられるが，堆積層の解釈や^{14}C年代に論議があってクローヴィス型尖頭器との先後関係は未確定のままである。＊Hibben, F. C. "Evidences of Early Occupation of Sandia Cave, New Mexico, and Other Sites in the Sandia-Manzano Region." Smithsonian Miscellaneous Collections, 99–23, 1941　（阿子島香）

サントドミンゴ教会跡地(さんとどみんごきょうかいあとち)　長崎県長崎市勝山町に所在し，遺跡名称は勝山町遺跡である。2012～13(平成24～25)年にかけて長崎市教育委員会によって発掘された。宣教師報告文によると，当該地には1609(慶長14)年に薩摩を追放されたフランシスコ・モラーレスが京泊にあった教会と住院を解体して長崎に運び，キリシタンであった長崎代官の村山等安が寄進した土地に建てられた。教会を運営したドミニコ会は1587(天正15)年にフィリピン・マニラに拠点をおいたスペイン系カソリック組織である。教会は1614(慶長19)年に破壊されている。発掘調査の結果，教会建物の一部である石畳や排水溝が確認され，また教会の屋根に用いられていた花十字瓦が85点出土している。花十字瓦は瓦当内区に花十字紋と連珠を配したものである。遺跡は調査後に覆屋がかけられ，教会関連の遺構が保存され，出土した花十字瓦が展示されている。* 長崎市教育委員会『勝山町遺跡』2003　(今野春樹)

三殿台遺跡(さんとのだいいせき)　神奈川県横浜市磯子区岡村町三殿台にある。1961年，和島誠一らが調査して遺跡の全面を掘り出し，集落調査の手本となる。縄文時代から古墳時代までの住居跡が250余軒も出て，当時，大集落跡としてさわがれた。集落跡の主要期は弥生時代の中・後期で，151軒の竪穴住居跡が台地の中央につくられた。土器・石器・鉄器・青銅器が豊富にあって，南関東の弥生集落をさぐるうえで示唆するものが多い。* 和島誠一ほか『横浜市三殿台遺跡』1962　(関　俊彦)

三内丸山遺跡(さんないまるやまいせき)　青森市の南西部に位置する，縄文時代前～中期にかけての円筒土器文化の集落遺跡群で，特別史跡三内丸山遺跡を始めとして，三内霊園遺跡，三内沢部遺跡，三内遺跡，三内丸山(5)遺跡，三内丸山(6)遺跡，近野遺跡など半径1km以内に数多くの遺跡が密集する。中でも三内丸山遺跡は，縄文時代前期から中期にかけての拠点的集落跡である。長期間存続し，竪穴住居・大型竪穴住居・成人用土坑墓・小児用甕棺墓(埋設土器)・掘立柱建物・大型掘立柱建物・盛り土・捨て場・粘土採掘穴・貯蔵穴・道路など多様な遺構によって構成されてる。また，東西に420m以上延びる道路の両側に沿って整然と配置された成人用土坑墓や南北に360m以上延びる道路と環状配石墓(ストーンサークル)は当時の墓制や社会組織を知る上で貴重である。遺物出土量は膨大で，土器・石器のほかに日本最多の出土点数の土偶，土製品，石製品，低湿地からは骨角器・木製品(掘り棒，篦，編みかご)・漆器や動物(ノウサギ，ムササビ)・植物遺体(クリ，クルミ，ニワトコ，ヒョウタン，ゴボウ)，編布(あんぎん)が良好な状態で出土し，当時の自然環境や生業が具体的に復元されている。さらにヒスイ製大珠・琥珀・黒曜石など他地域との交流・交易を示す遺物が出土している。高精度年代測定による暦年代の推定や遺伝子分析によるクリの栽培化の確認など，自然科学的分析が積極的に行われ，重要な知見が得られている。* 青森県『青森県史別冊三内丸山遺跡』2002　(岡田康博)

三内丸山遺跡（大型板状土偶）

山王遺跡(さんのういせき)　宮城県栗原市に所在する縄文時代晩期中葉(大洞C_2式)

から弥生時代中期初頭(山王Ⅲ層式)にかけての遺跡。1965年東北大学考古学研究室により調査された。遺物包含層は30枚以上の自然層からなり，五つの文化層(Ⅲ～Ⅶ層)に大別されている。縄文時代晩期の包含層は泥炭層のため，布・藍胎漆器など一般に残りにくい遺物も出土している。＊伊東信雄「宮城県一迫町山王遺跡」(『日本考古学年報』18，1970)　(小林正史)

山王塚古墳(さんのうづかこふん)　埼玉県川越市に所在する上円下方墳。入間川中流域右岸の台地上，南大塚古墳群の一角に立地する。川越市指定史跡。2012年から川越市教育委員会による保存目的の確認調査が継続的に行われ，墳形，周溝，埋葬施設が確認されてきた。二段築成で，下方部墳裾が約69.1～70m，その外側に上幅約15.8m，深さ約1.5～1.8mの周溝が巡る。周溝は南側で途切れ，ブリッジとなる。下方部の外縁には，土手状盛土が築かれている。また，周溝の底部から，墳丘構築土であるロームの採掘坑と考えられる土型土坑が確認された。上円部直径は約37m，墳丘の高さが2m以上ある。発掘調査で上円下方墳と確認された国内6例のうち，最大規模である。墳丘から，葺石は検出されていない。主体部(埋葬施設)は，横穴式石室の石敷の前庭部が検出され，須恵器フラスコ形長頸壺や棺材と思われる鉄釘が出土している。古墳の築造年代は，横穴式石室の前庭部や羨道から出土した須恵器の年代観から，7世紀中頃から後半と考えられている。＊川越市立博物館『第46回企画展山王塚古墳』2019；川越市立博物館・川越市文化財保護課『シンポジウム山王塚古墳』2019　(江口　桂)

山王廃寺跡(さんのうはいじあと)　群馬県前橋市総社町総社字昌楽寺廻りにある7世紀後半に創建された寺院跡。1974(昭和49)年から前橋市教育委員会による発掘調査が継続的に実施された結果，金堂・塔・礎石建物・掘立柱建物・竪穴住居などの遺構が確認され，右側に塔，左側に金堂を配する法起寺式伽藍配置の寺院であったことが判明した。築地など寺域を区画する施設は明確でないが，寺域の北部で確認された掘立柱建物は桁行9間・梁間3間の細長い建物であるところから食堂か僧房と推定され，寺域の南部に塔・金堂を主体とする仏域，北部に僧侶の生活空間である僧域が配されていたと考えられる。地下式の心礎をもつ塔は一辺14mの方形の瓦積基壇であるのに対して，東西16.6m，南北11.7m以上の規模を有する金堂は角閃石安山岩の切石積基壇をもち，基壇の外装に違いがみられる。金堂所用のものと推測される石製鴟尾は素文の簡素なものであるが，柱座を飾っていた石製根巻石とともに，きわめて類例の少ない遺物である。創建期の軒瓦は蓮華文軒丸瓦(鐙瓦)と重弧文軒平瓦(宇瓦)の組み合わせを基本としていたが，8世紀には上野国分寺と同笵の蓮華文軒丸瓦(鐙瓦)と唐草文軒平瓦(宇瓦)の組み合わせに変わる。また,「放光寺」銘を陰刻した文字瓦が出土したことから，681(天武天皇10)年に造立されたと推定される山ノ上碑にみえる「放光寺」は本廃寺であると推定されている。なお，塑像破片や緑釉水注・碗・皿なども，本寺の実態を知るうえで重要な資料である。＊松田猛「山王廃寺の性格をめぐって」(『群馬県史研究』20，1984)　(時枝　務)

山王山古墳(さんのうやまこふん)　房総半島中央部を西北流して東京湾に注ぐ養老川の，下流左岸の市原市姉崎の台地上に展開する姉崎古墳群中に位置する前方後円墳。1963年に発掘調査され，前方部を西に向けた全長69m，後円部径35m，前方部幅54mと復元されている。主体部は後円部墳頂に主軸に沿って配置された内法長さ7m，幅1.5mの粘土槨であり，金銅製冠，径10cmの仿製鏡，単龍環頭大刀，直刀3，胡籙，鉄鏃多数などが出土している。6世紀前半代の

築造である。＊市原市教育委員会『上総山王山古墳発掘調査報告書』1980 （池上 悟）

三昧塚古墳(さんまいづかこふん) 茨城県南部の霞ヶ浦東岸の小園部川により形成された沖積地，行方市沖洲に所在する前方後円墳。1955年に斎藤忠・大塚初重らによって発掘調査された。前方部を西北に向けた全長85m，後円部径48m，前方部幅40mの規模であり，主体部は後円部墳頂下2.7mに主軸と斜交して東西方向に設けられた長さ2mの組合せ石棺である。石棺内からは変形神獣鏡，変形乳文鏡，馬形飾りを伴う金銅製冠，垂飾付耳飾，玉類，挂甲，直刀・剣・鉄鏃などの武器が出土しており，石棺の外側からは挂甲，横矧板鋲留短甲，頸鎧，衝角付冑，金銅装F字形鏡板付轡，直刀・鉄鏃160本以上の武器が出土している。6世紀初頭頃の築造。＊茨城県教育委員会『三昧塚古墳』1960 （池上 悟）

残留脂質測定法(ざんりゅうししつそくていほう) 脂質は，動物・植物ともに必須な栄養素である。生物によって異なる組成を持ち，付着・埋積場所から移動しにくく，比較的風化に強いという特徴がある。この性質を利用して，遺構内での遺体埋納や，灯明皿等で当時利用された油種の検討などが行われている。最近では，測定精度の向上や経年変化による分解生成物の同定が可能になった結果，土器に染みこんだ脂質の同定を行い，当時の食性に関する情報を得ることもできるようになった。 （橋本真紀夫）

し

ジーコンボ古墳群(ジーコンボこふんぐん) 山口県萩市の沖合，約40kmの地に位置する見島の横浦に築造された古墳群で，174基が確認されている。外形は積石塚で，主体部は箱式石棺，「見島式石室」とよばれる竪穴式石室，横穴式石室がある。第56号古墳からは青銅製釵子・青銅製匕・石帯・神功開宝・隆平永宝・承和昌宝・貞観永宝などが出土しており，本古墳群の形成は7〜9世紀にかけての時期が比定される。＊斎藤忠・小野忠凞「見島ジーコンボ古墳群」(『見島総合学術調査報告』1964) （是光吉基）

椎塚貝塚(しいづかかいづか) 茨城県霞ヶ浦南岸中央部付近，南へ入った小入江の左岸，稲敷市椎塚中の峯に所在の縄文時代後期の貝塚で，ハマグリ・アサリなどの鹹水産斧足類のほかヤマトシジミの貝殻も多数堆積している主鹹貝塚で，地元の人々が蜆塚(シジミヅカ)を訛ってシイヅカとなったそうである。本貝塚は20世紀初頭頃より，明治時代の考古学研究者の多くの人々が足繁く訪れ小発掘を行い，釣手付加曽利B式注口土器，あわびの貝殻を模した磨消縄文文様で飾られた皿形土器，山形土偶，鯛の頭骨に鹿角製の稓(やす)先が刺った状態のものなど貴重な遺物が多数発見されている。＊高島多米治「椎塚介墟篇」(『人類学雑誌』31〜4，1916) （江坂輝彌）

紫雲出遺跡(しうでいせき) 香川県三豊市詫間町大浜にある弥生時代中期の高地性集落跡。瀬戸内海をのぞむ352mの紫雲出山頂にあり，住居跡と貝塚には第3と第4様式の土器が伴う。打製石鏃・石槍が多く，それに打製石庖丁・磨製石斧・分銅型土製品・貝輪・鉄器・シコクビエも出ている。小林行雄・佐原真は石鏃の分析から，遺跡は戦争を考えてつくられた集落だという説をのべた。瀬戸内における代表的弥生遺跡の一つである。＊小林行雄ほか『紫雲出』1964 （関 俊彦）

シェーニンゲン遺跡(Schöningen) 中央ヨーロッパの北西部，ドイツのハノーヴァー(Hannover)から約100km東にシェーニンゲン鉱山がある。1995年，ここの地表から8〜15km下った褐炭の露天掘り鉱区から，約40万年前に人類によって作り出された木製の投げ槍が発見された。投げ槍はそれぞれの長さ2.25m，2.30m，1.82mの3本であり，すべて30年もののトウヒが用いられている。これらの長さには多少の違いはあるが，形は現在用いられている競技用投げ槍とほとんど同じであり，先端を細く尖らせ，先端から全長の3分の1あたりに重心がくるように作られている。その他に両端を尖らせた長さ78cmの短い木器も発見されたが，これは投げ棒あるいは刺突用の武器であろうといわれている。これらの木器の周囲には10頭以上の馬の解体された骨をはじめとして，1万点以上の動物の骨，フリント(Flint)製石器と剥片，炉跡などが発見されている。骨片の多くには石器で解体したときのカット・マーク(Cut mark)が残されている。この遺跡はラインスドルフ(Reinsdorf)間氷期の堆積物の中にあり，38～40万年前と考えられている。これまで前期および中期旧石器時代の木製槍としては，英国のクラクトン(Clacton)遺跡から1911年に出土した約40万年前の資料があり，また1948年には約12万年前のドイツのレーリンゲン(Lehringen)遺跡において，1体の象の骨の内側から完全な形の木製槍が発見されていた。ところが1980年代になると，4万年以上前の原人や旧人たちはまだ槍などはもたず，猛獣の食べ残しを拾って歩くようなスキャヴェンジャー(scavenger)(腐肉あさり)であったという説が有力になった。このような臆説を一挙に打破したのが，シェーニンゲンにおける投げ槍の発見であった。*H. Thieme. 'Lower Palaeolithic hunting spears from Germany.'("Nature" No. 6619, 1997)　(芹沢長介)

潮見　浩(しおみひろし)　1930～2006。広島県生まれ。広島文理科大学史学科卒。広島大学助手，助教授，教授を経て名誉教授。文学博士。西日本の縄文文化，イラン東北部に焦点をおいた調査，日本を中心としたアジアの鉄文化の研究を推進。「たたら研究会」の発展に寄与。『東アジアの初期鉄器文化』1982，『図解技術の考古学』1988・2000，『三兎を追って—私の考古学四〇年—』1993，広島大学退官記念論文集『考古論集』1993が編まれた。　(坂詰秀一)

志賀島金印出土地(しかのしまきんいんしゅつどち)　福岡市東区志賀島字古戸，叶崎にあり，1784(天明4)年百姓甚兵衛によって金印1個が発見された。印面に「漢委奴国王」とあり，蛇鈕で高さ2.24cm，一辺の長さ2.35cm，重さ108.73gを有する。この印は『後漢書』光武帝の57(中元2)年，倭奴国の使に印綬を与えたという記載を裏付けるものとして重視される。現地には石碑が建てられているが，出土地点や出土状態については異論が多い。*福岡市金印調査団『志賀島—「漢委奴国王」金印と志賀島の考古学的研究』1975　(乙益重隆)

信楽焼(しがらきやき)　滋賀県甲賀市信楽町を中心に製作される陶器。この地は，聖武天皇が742(天平14)年に紫香楽宮造営に着手された時に窯業が開始され，12世紀頃，常滑焼の技術を取り入れ，中世六古窯として発展する。粘土は，長石・石英の粒を含む良質な白色のものが用いられ，焼成後は赤褐色の地に，白い粒が点在するようにみえる。登り窯で焼成され，釉薬を用いず，自然釉がかかっている。中世においては，壺・擂鉢などの日常雑器が主として焼かれたが，近世には茶器として愛好される。*平野敏三「信楽」(『日本のやきもの』5，1976)　(上野恵司)

瓷器(しき)　中国では，「瓷」の字は焼物全般を意味するが，瓷器は一般的には，釉薬のかかった焼物をさす。日本において瓷器は，正倉院文書『造仏所作物帳』などから，緑釉・三彩鉛釉を施し，低火度焼成でつくられた陶器を，当初はさしていたものと思われる。平安時代に灰釉陶器が発達してくると，緑釉陶器は青瓷，灰釉陶器は白瓷と呼ばれ区別された。中世になると製品は，高火度焼成で作られ，古代に灰釉陶器を主として生産していた東海地方に窯跡が発達

する。* 楢崎彰一「奈良・平安・鎌倉・室町時代の瓷器」(『ミューゼアム』235, 1970)
(上野恵司)

敷石遺構(しきいしいこう)　住居の床として，全部または一部に，主として直径30cm前後の扁平な河原石を敷きならべた遺構をいう。中央部には石囲いの炉が通常みられ，土器片や拳大の河原石などが炉の底に敷きつめられることが多い。炉は焼土の堆積がいちじるしいものもあれば，あまり火を焚いた痕跡のないものもある。張り出した部分には埋甕や立石の存在することがある。また，いわゆる柄鏡式の竪穴住居跡の中にはその張り出した柄の部分に敷石をしていることもあり，敷石遺構の多くは平面形態が，基本的には柄鏡式の竪穴遺構と共通するところが多いように思われる。この種の敷石遺構は，関東平野南部から福島県方面，中部地方東部まで分布しており，最近では，東京の多摩地区でも多く発見されている。時期は，縄文時代中期後半から後期前半に，ある程度限られている。なお，後藤守一は，円形プランのものを「武蔵羽ケ田式」，半円形プランのものを「武蔵西秋留式」，楕円形プランのものを「相模寸沢嵐式」，方形プランのものを「伊豆見高式」の4形式に分類している。* 後藤守一「上古時代の住居」(『人類学先史学講座』15・16, 1940)
(川崎義雄)

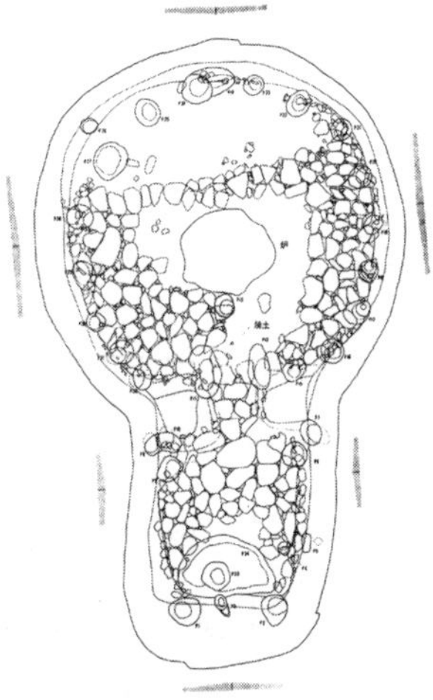

敷石遺構（東京・前田耕地遺跡）

磁気探査法(じきたんさほう)　発掘前に地下に埋もれている遺構や遺物を地上から非破壊で探査する方法として，磁気探査，地中レーダー探査，電気探査などがある。磁気探査法は，土中に含まれている鉄の酸化物などの磁性鉱物を磁石とすると，遺構の溝や住居跡などは後から埋没しているため周辺の土と磁石の量に差が出る。その相対的な差(帯磁率)を区別して遺構を発見する方法である。とくに窯跡や炉跡など高熱をうけた遺構では土中の磁性鉱物が一度磁性を失い，温度が下がるにしたがい外部の磁場によって再び磁化(熱残留磁化)する。そのような場所は地磁気が異常になるため磁気探査で区別することができる。遺跡で使用する探査機には，全磁力を測るプロトン(proton)磁力計と鉛直成分を測定するフラックスゲート(flux gate)磁力計がある。電気が多い場所は磁場を乱すノイズがあり，また日本のように複雑な土壌環境の所では問題が多く，熱残留磁化のある窯跡などの探査以外にはあまり使用されていない。
(青木繁夫)

式内社(しきないしゃ)　平安初期に編纂され，当代の諸制度を知る重要史料となっている『延喜式』の巻9・10の神名帳にのせられた神社をいう。これに対し神名帳に記載の認められない神社は式外社といわれる。全国3132座の神名と2861所の神社が認められる。これらは特別なもののほかはすべて五畿内にあり，神祇官の祭る官幣社と各国の国司の祭る国幣社に区別され，それぞれ大社と小社に分けられている。
(池上　悟)

磁山遺跡(じさんいせき)　中国河北省西南部邯鄲市の北西の武安市南部，磁山鎮の南洺河の河畔に所在する面積約8万㎡の河北地方の初期新石器時代の遺跡で，1976年に発見された。

近年の研究では磁山文化の発生年代は今から約1万年代まで遡るといわれ，この時代に黄河中流域の磁山文化では粟の栽培が行われ，粟の刈入れ収穫用具としての特殊な磨製石器が発達するに至ったと見られ，ほぼ同時代に長江の中・下流域では水田が作られ稲作が行われた。中国では完新世初頭に初期の農耕文化が起こり，犬，猪，羊などの動物も家畜として飼育され始めていたと考えられる。そして6000年代に入ると，西域から麦類も伝播し，栽培植物も増加する。このように，初期の農耕文化発生研究にはきわめて重要な遺跡である。磁山の南約200kmの河南省新鄭県裴李崗にも同形式同時代の遺跡がある。 （江坂輝彌）

蜆塚遺跡（しじみづかいせき） 静岡県浜松市中区蜆塚，段子川によって開析された佐鳴湖をのぞむ三方原台地縁に立地する縄文後期から晩期前葉の集落遺跡。すでに江戸時代から存在が知られ，明治以降，若林勝邦・榊原政職らによって発掘がなされたが，1955～1958年に後藤守一らが本格的な発掘調査をした。その結果，3ヵ所の貝塚が東西北に並び，内側に墓や住居跡が配列される様相が明らかになった。埋葬人骨をはじめ多くの遺物が出土したが，とりわけ石鏃のささったシカの左座骨は興味ある資料である。出土土器は，東西両地方と親縁関係にあり，交易圏を考える上で注目される。＊浜松市『浜松市史』1，1968（佐藤由紀男）

四神（ししん） 四神とは四方を鎮護し，邪凶を防ぐ四霊をいい，青龍（東）・朱雀（南）・白虎（西）・玄武（北）であり，それぞれ龍・鳳凰・虎の形をもってあらわされるが，玄武は亀と蛇の合体の図で示される。このような思想は戦国時代に初現し，漢代より魏晋代に盛行した。鏡をはじめ画像石・塼などの文様として認められるほか，墓室の壁画の一つの主題ともなり，東アジアの各地において認められる。また，その思想は都などの選地に反映した。＊駒井和愛「六朝以前鏡鑑の図紋」（『中国古鏡の研究』1978）
（池上　悟）

四神鏡（ししんきょう） 方格規矩四神鏡ともいわれ，鈕をめぐる方形格と，T・L・V字形よりなる規矩文の間に四神を中心とする図文を配したものである。四神は青龍（東）・白虎（西）・朱雀（南）・玄武（北）であらわされ，四方を正す霊獣とされる。戦国時代に初現し，漢代に成立した思想に基づく図文とされ，四神のうち青龍・白虎・朱雀はそれぞれ龍・虎・鳳凰の形をもってあらわされるが，玄武は亀と蛇の合体の図で示される。＊樋口隆康「方格規矩四神鏡」（『古鏡』1979） （池上　悟）

地震考古学（じしんこうこがく） 遺跡に見られる地震の痕跡から過去の地震を明らかにする研究分野。1988年5月に寒川旭が提唱した。中国の『地震与地震考古』（1977）に対応している。日本の場合，遺跡の発掘調査に際して発見される地割れ，地滑り，液状化の痕跡など遺跡の状態と伴出遺物により地震の発生年代を考古学の資料によって確定していく方法が深められている。考古学と地震学の協同研究の分野で「古地震」の究明に大きな役割を果している。＊寒川旭『地震考古学』1992 （坂詰秀一）

静内御殿山遺跡（しずないごてんやまいせき） 北海道日高郡新ひだか町静内目名に所在する縄文時代後期末の墓地遺跡。墓壙の上部に拳大の河原石が墓壙を封ずる様な型で配列され，調査者はケルン様遺構と報告している。

また，御殿山台地に土壙墓群が所在する地域は低い土畳のめぐらされる内部で，環状列石にかわる環状土畳のめぐらされる墓地遺跡と考えられる。また，副葬品は特異な器形の注口土器など，副葬用の土器，乾漆性櫛，玉類，異形剥片石器などが土壙底

面に見られた。＊藤本英夫「静内町先史時代史」(『静内町史』1963) (江坂輝彌)

賤機山古墳(しずはたやまこふん) 静岡県静岡市葵区宮ヶ崎町の賤機山山頂に占地する直径32m, 高さ7mの円墳である。葺石・埴輪は認められない。両袖形横穴式石室で全長12.42m, 玄室長6.8mを測る。玄室内に凝灰岩製の家形石棺を安置する。副葬品には金銅製冠帽, 金環, 玉類, 装, 鈴, 金銅装中空丸玉, 鈴鏡, 挂甲小札, 金銅装円頭大刀を含む鉄刀, 鉄矛, 鉄鏃, 金銅製馬具, 鉄斧, 須恵器, 土師器などが知られる。6世紀後半ごろに築造されたと推定されている。＊後藤守一・斎藤忠『静岡賤機山古墳』1958 (坂本美夫)

『史迹と美術』(しせきとびじゅつ) 史迹美術同攷会の月刊の機関誌。A5判縦組。1930年11月に創刊号が発行された。「先人の史迹や美術及びそこに醸成された文化を研究する」ことを目的として結成された同会の主旨に沿って刊行。とくに主筆をつとめた川勝政太郎の提唱した「石造美術」に関する論文・報告に特色を持つ。建築・美術・仏教・神道に関するユニークな論文を収めている。 (坂詰秀一)

支石墓(しせきぼ) 中国東北地方南部から朝鮮半島, および九州に分布するドルメンの一種。最近, 浙江省南部でも同一の遺構が発見された。上部を覆う巨大な掌石と, これを支える支石, および地下施設からなる。朝鮮半島では掌石下に支石を立てめぐらし, その内部が石室を形成する卓子状のものを北方式と称し, 掌石下に塊石を配し, 地下に埋葬施設を有する姿勢の低いものを南方式という。その名称は南北における分布密度の差によって仮称されている。日本の支石墓は縄文時代終末の夜臼式段階に出現し, 弥生時代後期初頭にわたる。その源流は朝鮮半島の南方式小形支石墓にもとめられる。長崎・佐賀・福岡・熊本県下と鹿児島県の一部に分布し, 中には甕棺群と併

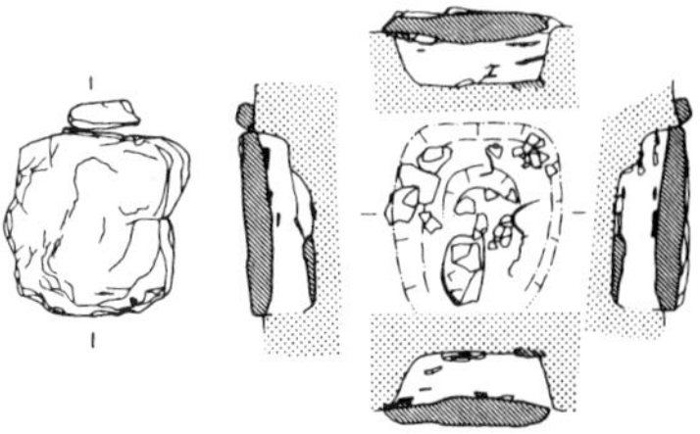

支石墓（長崎・風観岳）

存するものがある。長崎県南島原市北有馬町原山遺跡では総数200基以上が4群に分かれて発見され, その構造は上部に掌石を置き, 下部に数個の支石を配し, その下部に埋葬施設を設けていた。埋葬施設は長さ約80cm, 幅約40cmの小形箱式石棺を組み立てるものと, 単純な土壙を構築するものとがあり, 中には小児甕棺らしいものを埋納したものや, 小形壺形土器を供献した例もみられた。佐賀県唐津市鏡町葉山尻遺跡では支石墓の下に5個体分の甕棺があり, 中には倒立状態で埋納したものもあった。なお, 小形箱式石棺についてはあまりにも容積に乏しい点から遺骨を再葬したのではないかという説もあるが, 長崎県佐世保市宮の本遺跡ではこうした小形箱式石棺に四肢骨までそろった成人骨を埋葬した例も出土している。一般に副葬品に乏しいが, 福岡県春日市須玖岡本遺跡において30面近くの鏡を伴った甕棺は長さ約3.3m, 幅約1.8mの大石下から発見されたといい, その遺構は支石墓の一種とみられている。＊金載元・尹武炳『韓国支石墓研究』1967；T. Kagamiyama, "Dolmens in Western Japan" 1955 (乙益重隆)

『史蹟名勝天然紀念物』(しせきめいしょうてんねんきねんぶつ) 史蹟名勝天然紀念物保存協会の機関誌。①大型判(22cm × 30cm)縦組, 1914(大正3)年9月～1923(大正12)年5月, 79冊を刊行。②菊判・縦組, 第1集第1号(1926〈大正15〉年1月～第19集第8号(1944〈昭和19〉年8月), ①の

再刊として出発。「保存思想を鼓吹することを本位と致し，史蹟や名勝や天然紀念物そのものの研究と相俟って，之を保存」「政府の方針と互に左提右携して進む」と内務大臣(若槻禮次郎会長)の言葉を巻頭に収める。史蹟名勝天然紀念物保存協会の機関誌として月刊。新指定史蹟(文部省告示)，考古学関係の論文・報告・状報を掲載している。223 冊を刊行した。→『花の木』(はなのき)
(坂詰秀一)

耳栓(じせん)　従来は滑車形耳飾・臼形耳飾と一般によばれていたが，長谷部言人は耳飾の本来の意義は初期においては，耳孔封鎖の意味をもつものであると提唱し，甲野勇が賛成し，耳栓の名称が正しいとして，使用されるようになった。耳栓の起源は中期初めに出現し，後期末から晩期中ごろに最も多く流行した。縄文中期の耳栓は中心孔があるものと，ない耳栓があり，いずれも両面が平滑になり，丹が塗布された耳栓が多いが，千葉県月之木貝塚出土の耳栓には中心孔にアワビ貝を象眼した珍しい耳栓がみられ，縄文晩期の東京都下布田遺跡出土の耳栓の文様は，晩期の土器にみられる三叉文や花弁状の文様が，透し彫にされ，環の中央から橋状にした入組文の中央に小方板がつけられ，直径 9.8cm と大きいが，裏面の着装部の径は小さい。甲野は後晩期の耳栓を，円筒状・栓状・輪鼓・滑車状・厚手環状・薄手環状・透彫耳栓の 7 形式に分類している。＊甲野勇「埼玉県真福寺貝塚発見の耳栓」(『人類学雑誌』55–10，1940)
(吉田　格)

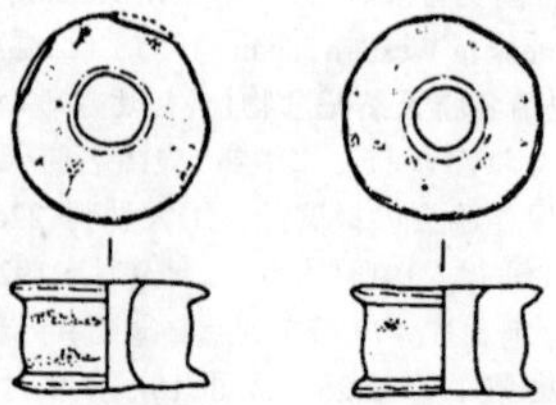

耳栓（東京・貫井南遺跡）

自然遺物(しぜんいぶつ)　人為的に製作されたもの，あるいは加工の痕を留めるものを人工遺物と称し，それに対して人為的加工の後を留めぬものを自然遺物とする呼称がある。しかし，その区別はあいまいで，人工遺物以外のものを自然遺物としてすべて分類しているわけではない。生活の資源は幅広く，多様である。例えば，シカの角を材料として道具がつくられる場合，その解体のときからそれを意識して頭蓋の切断や角をあらかじめ切っている。もし単純に人工，自然遺物という見方をするのであれば，これらの遺物についての一面的な理解に止まることもあり，さらにまた遺物研究に重要な製品と素材との関係，製作の工程，技術を遺物の上からみることが充分できぬこともあり得る。遺物は，各種の人工遺物と動植物遺骸や岩石・鉱物に大別し，それぞれの関連に考察を深めることが重要であろう。＊金子浩昌「縄文人の生活と動物」(『日本の美術』縄文時代Ⅱ，1982)　(金子浩昌)

『史前学雑誌』(しぜんがくざっし)　大山柏が主宰した史前学会の機関誌。B5 判縦組。1929(昭和 4)年 3 月創刊。1943(昭和 18)年に第 15 巻第 1 号を発行して終刊となる。縄文時代の研究を主対象とし，また外国の石器時代研究の紹介なども掲載され，縄文時代研究の進展に寄与した。　→　大山柏(おおやまかしわ)
(坂詰秀一)

自然釉(しぜんゆう)　陶磁器の表面に釉・釉薬をかけることを施釉という。これに用いられる釉は，人工的なものと自然にかかるものと二種類あり，後者を自然釉と呼ぶ。自然釉は，高火度焼成の窯で，薪の灰が自然に製品にかかり，それが熔けて釉となるもので，古墳時代の窯の製品にみられる釉は，全て自然釉である。奈良時代になると，人工釉の緑釉陶器が，平安時代になると灰釉陶器が発達してくる。＊佐々木達夫『陶磁』1991
(上野恵司)

地宗寺遺跡(じそうじいせき)　広島県山

県郡北広島町の丘陵上に所在する後期旧石器および弥生時代の遺跡。広島県埋蔵文化財調査センターが1981年に調査した。表土の下部からは，弥生時代中期末の土器片と1棟の竪穴住居跡が，第5層では姶良丹沢火山灰が検出された。その下の第6層下部では小形のナイフ形石器，スクレイパー(scraper)，楔形石器，錐，剥片などの後期旧石器時代に所属する遺物が3つの礫群とともに，2つのまとまりをもって出土した。石材の大半は安山岩であり，他に水晶などが用いられている。*広島県教育委員会，(財)広島県埋蔵文化財調査センター『地宗寺遺跡発掘調査報告―国道261号線道路改良工事に伴う埋蔵文化財の発掘調査―』1982
（小林博昭）

地蔵塚古墳（じぞうづかこふん） 埼玉県北部の行田市藤原町の標高18mの低台地上に所在する方墳。一辺28m，高さ4.5mの規模で，幅1mの周濠をめぐらす。主体部は南に開口する切石を用いた両袖型横穴式石室で，玄室は両側壁が外に張り出す胴張り平面を呈する。玄室最大幅3.6m，長さ4.1mの規模で羨道は破壊されている。古くから開口しており出土品は知られていない。両側壁と奥壁に人物・馬・水鳥などの線刻画が描かれている。7世紀代の築造。*栗原文蔵「古墳壁画の新資料」(『上代文化』33, 1963)；『新編埼玉県史』資料編2，1982 （池上 悟）

時代区分（じだいくぶん） 1836年にデンマークのトムセンによって提唱された，石器時代，青銅器時代，鉄器時代の三時代法は，博物館の収蔵品分類のためのものであったが，利器の材質という基準は物質文化を直接の対象とする考古学によく整合し，以来広く用いられた。1865年，ジョン・ラボックは“Prehistoric Times”の中で石器時代を，絶滅動物と人間の共存した旧石器時代と，磨製石器をもつ新石器時代に2分した。その後，アジル文化などの発見によって両者の間に中石器時代が設定された。時代区分の問題点としては，何を基準として行うのか，および地域的多様性をどう組み入れうるのか，の2点が大きい。チャイルドは，農耕・牧畜という生産経済への転換を「新石器革命」として，「都市革命」とともに重視したのであった。考古学の視野が世界に拡大し，各地域の知識が詳細になってくると，古典的な区分は適合せず修正が必要になった。「中石器時代」は環境変化がいちじるしかったヨーロッパで典型的にあてはまる概念であった。土器と生産経済とは必ずしも一致せず，西アジアではイェリコなどの定住農耕集落で「先土器新石器」文化が設定された。土器は日本で，1万2000B. P.にさかのぼる。石器の磨製技術は後期旧石器時代に広く出現している。また，栽培化と家畜化は野生種から漸移的になされたもので，考古学的に一線をひくのは困難とされる。メソアメリカでは，トウモロコシ栽培（約7000B. P.）は狩猟を含む多角的な生業システムに組みこまれ，定住農耕村落（約3500B. P.）の成立は遅れた。アフリカでは，前期石器時代，第一中間期，中期石器時代，第二中間期，後期石器時代の独自の区分が用いられている。人類学の一分野である北米考古学には通時的理解が不足していたが，石期・古期・形成期・古典期・後古典期の記述的区分(1958)がなされ，またバンド・部族・首長制・国家という段階説をとったE. サーヴィスらの新進化主義人類学との関連の中で，「複合社会(Complex Society)」の成立が重視されている。時代区分の基準には，特定の文化要素（たとえば土器）や年代を一貫して用いるよりも，文化内容の綜合的な評価のもとに時代的発展をよりよく示す時代設定を行うべきである。日本考古学においては，前方後円墳の成立をもって古墳時代が，稲作の受容をもって弥生時代が，新しい環境への適応形態の確立（撚糸文土器群期）あるいは出現（いわゆる「草創期」）をもって縄文時代が定義される。ヨーロッパや調査先進地をモデルとした一線的段階論は事実と異なるのであり，各地域での多様な発展過程が把握され相互に比較されて初めて文化の法則が追求されうるのである。（阿子島香）

七観古墳（しちかんこふん） 大阪府堺市堺区旭ヶ丘中町にある円墳。百舌鳥古墳群中の1基で履中陵古墳の北東に位置し陪冢とみられ，2段築成で径約50mある。葺石および埴輪列があり，周湟をめぐらしている。副葬品埋納施設が3基以上あり，衝角付冑7・矩甲5以上，素環頭鉄刀7・鉄刀約155・鉄剣約56・柄付手斧・金銅製帯金具・馬具などが出土した。また琴柱形石製品の出土を伝える。なお埋葬がなされたかどうかはつまびらかでない。営造されたのは5世紀中葉と推定されている。＊樋口隆康・岡崎敬・宮川徏「和泉国七観古墳調査報告」(『古代学研究』27，1961)（車崎正彦）

七支刀（しちしとう） 奈良県石上神宮の宝物として伝えられた剣で，全長約75cmを測る。刀身の左右に3本ずつ枝状の刃が出て7本になるところから七支刀とよばれ，剣身の両面には金象眼による銘文がある。表に「泰和四年五月十一日丙午正陽　造百練鉄七支刀生辟百兵　宜備供侯王□□作先世以来未有此刀　百滋□　世□奇生聖音故為倭王旨造伝示後世」とあり，泰和4年は中国東晋の太和4(369)年とし，百済王から日本に奉られたものとされる。＊神保公子「七支刀の解釈をめぐって」(『史学雑誌』84–11，1975)（是光吉基）

私鋳銭（しちゅうせん） 中世の有力大名，豪族，大寺社，大商人が，国内の貨幣需要が増大する中，輸入中国銭のうち「精銭」を鋳潰し銅以外の金属を混ぜて私鋳した粗悪な模造銭である。輸入銭は宋銭が主で，明銭，中国歴代銭貨などで，私鋳銭は中国の「精銭」に対して「悪銭」と呼ばれ交換基準は低く補助銭貨として使用され国内の不足する流動性を補った。＊軍司 裕昭「わが室町期における私鋳銭」(『國士舘大學政經論叢』26，2014)；東北中世考古学会編『中世の出土模鋳銭』2001（松原典明）

実験考古学（じっけんこうこがく） 遺跡から出土する遺物や遺構を，実際に作り使ってみることで，製作技術や機能を考える手法である。土器，土製品，石器，骨角器，木器などの製作技術やこれらを用いた機能実験，住居跡，炉跡，焼土塊，礫群の構築とこれらを実際に用いた生活実験，織物，染物，ガラス製造，製鉄，鋳造，鍛冶，鍍金，彫金などの実証実験などがある。これら実験によって，使っていた古代人の生活をより実態に近い状態で復原することが可能となる。さらに，近年ではこれらを体験学習として取り組む試みが各地で増えてきている。これは，文化財の観光資源としての活用に適しており，地域，自治体ぐるみで積極的な展開が行われている。（橋本真紀夫）

指定史跡（していしせき） 祖先の貴重な文化遺産を守るための文化財保護法では，文化財に対して指定主義をとっており，重要なものを国の指定に定めている。考古遺跡の場合，重要なものを国の史跡(例えば東京都大森貝塚)に，特に重要なものは国の特別史跡(例えば奈良県高松塚古墳)として指定している(第109条)。第109条によって指定を受けた遺跡が，指定史跡である。

史跡の指定は文化財保護審議会の答申によって文部大臣が行う。なお，緊急の必要が生じた時は都道府県の教育委員会が仮指定できる(第110条)。史跡の現状変更行為，その保存に影響を及ぼす行為は文化庁長官の許可を受ける(第125条1)必要がある。

史跡の現状変更や保存に影響を及ぼす行為をした者は，5年以下の懲役または100万円以下の罰金に処せられる(第196条)。

（関　俊彦）

四天王寺（してんのうじ） 飛鳥時代創建の寺院。593(推古天皇元)年に聖徳太子により，奈良県飛鳥寺とほぼ同時期の創建とされる。1955年の文化財保護委員会の調査により，伽藍中軸線上に，南大門・中門・塔・金堂・講堂を配し，中門と講堂は回廊で連絡される四天王寺式と確認され，創建時以降の伽藍も旧位置に造立されていることが確認された。塔・金堂は飛鳥時代創建であるが，中門・講堂は7世紀中葉ごろの創建である。創建期の講堂より，この時期に類例のない，円形扇垂木痕が検出している。大阪市天王寺区元町所在。＊文化財保護委員会『四天王寺』1967　（時枝　務）

四天王寺跡（してんのうじあと）　韓国慶州市排盤洞にある新羅時代の寺院跡。『三国史記』によると679（文武王19）年に創建されたとされる。小泉顕夫・梅原末治・藤田亮策により1922年に一部発掘調査が実施された。中軸線上に中門・金堂・講堂を置き，塔は金堂の南に双塔を置く双塔伽藍である。回廊は中門より講堂に接続し，金堂と講堂の間に東西に建物跡があり，経蔵・鐘楼と考えられる。出土の四天王像と宝相華文が彫刻された黄緑釉の塼は有名である。現在中門の南方は一段低くなり，亀趺2基と幢竿支柱1基がみられる。＊藤田亮策ほか「慶尚南北道忠清南道古蹟調査報告」（『大正11年度古蹟調査報告』1，1924）　（岡本桂典）

耳璫（じとう）　おもにガラス製の鼓状または松茸状の耳飾。中心に孔があり，ここに紐を通して垂飾をつける点において，耳栓とは異なる。前漢に出現し，楽浪を経て，弥生時代中期に福岡県須玖岡本遺跡，同立岩遺跡，および種子島広田遺跡などにも伝わっている。B. C. 5世紀頃の福建省の曇墓遺跡からもガラス製耳璫が発見されている。＊高山純「古代東アジアにおける耳璫の流伝」1･2（『考古学研究』14–2・3，1967）　（渡辺　誠）

私年号（しねんごう）　公年号に対する名称で，平安時代以降，公年号の使用を拒否したり，あるいは息災招福などのために私に創作して使用した年号をいう。わが国最古の私年号は，平安時代末期にさかのぼる奈良県五条市小和町御霊神社の神像銘の「保寿」で，鎌倉時代には「和勝」「迎雲」「建教」「永福」「正久」が使われた。南北朝時代には「白鹿」「応治」「真賀」「元真」「弘徳」「永宝」「至大」の年号が，また，室町時代には「天靖」「享正」「延徳」「享高」「正享」「福徳」「弥勒」「永喜」「宝寿」「命禄」「光永」などが用いられた。これらの年号は，おもに懸仏，仏像，経文奥書に記載されており，また，私年号の建元や改元理由も多様性に富み，政治的な抗争や公家内部の対立，新旧仏教の対立などから用いられたもの，あるいは庶民の救済を願って使用された年号があり，その多くは公家･僧侶･国人層たちがつかった。＊久保常晴『日本私年号の研究』1967　→　私年号表（巻末参照）　（是光吉基）

信太千塚古墳群（しのだせんづかこふんぐん）　大阪府和泉市にある。信太山丘陵の南西部に約80基の古墳が群集している。6世紀代に営造された円墳が多い。横穴式石室は比較的規模の大きい円墳にあり，河原石積の竪穴式石室が多く，木棺直葬，箱型石棺などもある。丸笠古墳（前方後円墳，全長70m）および玉塚古墳（円墳，径46m）は営造時期が他にさかのぼる。＊森浩一「古墳文化と古代国家の誕生」（『大阪府史』1，1978）　（車崎正彦）

篠遠喜彦（しのとおよしひこ）　1924～2017。東京生まれ。自由学園修了後，ハワイ大学人類学科卒，日本考古学研究所（市川）を経てハワイ・ビシップ博物館人類学部長。フランス領ポリネシア（タヒチ）のファヒネ島の考古・民族学的調査を実施。南太平洋における文化の進展を釣針の編年的研究より確立した。『姥山貝塚』（共）1952，『楽園考古学』（共）1994　（坂詰秀一）

篠山貝塚（しのやまかいづか）　栃木県栃木市藤岡町藤岡にある縄文時代前期中葉の関山式土器を出土する貝塚。現東京湾最奥部より北へ約50kmの距離にある奥東京湾最奥部の貝塚。茨城県古河市付近で，東側から茨城県，西側から群馬県が伸び，三県が接近した関東平野北端中央部付近に位置し，利根川上流・思川・巴波川・渡良瀬川などの支流が分流する地域にあって，貝塚のある低台地の東側は赤麻沼，西側は板倉沼(ほぼ干拓された)となっている。本貝塚は北端部にあるヤマトシジミを主とした厚さ15cm内外の薄い混土貝層下に1941年，日本古代文化学会で長方形の一竪穴住居跡を発掘，1951年には篠山地区南端部斜面の貝塚を明治大学文学部考古学研究室で発掘，貝層下に2戸の長方形の竪穴住居跡を発見した。南部の貝塚に貝層が20cm以上の純貝層に近い混土貝層の部分もあり，小粒なヤマトシジミ，マシジミ以外にハマグリ，シホフキ，ハイガイ，マガキ，イタボガキ，マテガイなどの鹹水産斧足類の貝殻，アカニシ，アワビ，タニシなどの腹足類の貝殻も発見された。縄文文化前期前半は奥東京湾岸の満潮にはこの付近まで，海水が侵入したものと思われる。本貝塚より2500m南の群馬県邑楽(おうら)郡板倉町(旧海老瀬村)の一峯神社境内にはヤマトシジミの貝殻を主とした縄文文化早期末の茅山式の時代の小貝塚がある。また現在，所在した場所が明らかでないが，篠山貝塚より約3km北部の栃木県下都賀郡藤岡町(旧赤麻村)赤麻の地に縄文文化前期の黒浜式の時期のヤマトシジミを主とする小貝塚が存在したという。これが，奥東京湾岸の最奥部に所在の貝塚であったであろう。（江坂輝彌）

耳杯(じはい)　楕円形で，浅く，左右に耳の付いた容器で，銀・青銅・陶・玉・漆製がある。中国で，戦国時代末から出現し，漢・六朝時代に盛行した。戦国時代では洛陽金村墓など，漢代では長沙馬王堆漢墓などから多数出土している。文様は，戦国時代のものは細緻であるが，漢代には大ぶりなものに退化する。また耳の形も角張ったものから，丸味のあるものへと変化していく。朝鮮半島においても，王盱墓などの楽浪漢墓から出土している。（定森秀夫）

芝丸山古墳(しばまるやまこふん)　東京都の東端部を占める港区芝公園内に位置する前方後円墳。東京湾を臨む台地の縁辺に立地しており，前方部を南に向けた全長125m，後円部径72m，前方部幅46mの規模で墳丘の西側が削平されている。1897(明治30)年に隣接する7基の円墳とともに坪井正五郎によって発掘されたが，江戸時代の撹乱によって主体部は湮滅していた。僅かな出土品から後円部に粘土槨が想定される。坪井は自身が調査して応神朝以前とした足利公園古墳よりはやや新しく，当時安閑朝の築造と考えられていた小見真観寺古墳より遥かに古い応神・仁徳朝頃の築造と推定した。5世紀前半頃の築造と考えられてきたが，墳丘の特徴から4世紀後半代とも考えられている。＊坪井正五郎「芝公園丸山大古墳及び其近傍に在る数ヵ所の小古墳に付いて」(『古蹟』1–1，1903)（池上　悟）

芝山古墳群(しばやまこふんぐん)　房総半島の中央部，九十九里浜へ東流する木戸川中流北岸の，山武郡横芝光町中台の標高35mほどの台地上に展開する古墳群であり，中台古墳群とも称される。全長88mの殿塚古墳と全長58mの姫塚古墳の前方後円墳2基，方墳1基と円墳15基の18基からなる。1956年に調査され，殿塚古墳では後円部に南に開口する横穴式石室，姫塚古墳では前方部南に開口する横穴式石室を主体部として構築している。殿塚古墳からは頭椎大刀，銅鋺，鉄鏃，玉類など，姫塚古墳からは金銅装馬具，金銅装大刀，玉類，須恵器などが出土している。両古墳ともに墳丘中段には多数の形象埴輪，人物・動物からなる埴輪列が巡らされている。円墳の中には横穴式石室を構築したものもあり，6世紀後半代から7世紀代にかけて築造されたものである。＊滝口宏「千葉県芝山古墳群調査速報」(『古代』19・20，1956)；平岡和夫『千葉県九十九里地域の古墳研究』1989（池上　悟）

鴟尾(しび)　瓦葺屋根の両端を飾る道具

瓦。中国では棟の先端が反るように熨斗瓦などを積み重ねたが，それでは風雨によって壊れ易いため，沓形の道具瓦である鴟尾を生み出した。後漢にはすでに定型化した鴟尾が誕生していたことが明器などによって知られている。日本では飛鳥時代に寺院建築に採用され，素朴な鴟尾が製作されたが，奈良時代には唐の装飾的な様式が伝来し，大きく華やかな鴟尾が流行した。奈良市唐招提寺金堂の屋根がごく最近まで奈良時代の鴟尾で飾られていたことはあまりにも有名である。大部分は瓦製であるが，群馬県前橋市山王廃寺などで石製品が知られており，金属製のものが存在した可能性も指摘されている。平安宮大極殿の屋根は緑釉の鴟尾で飾られたが，やがて鴟尾は製作されなくなり，宋の影響を受けて鴟吻(しふん)や鯱(しゃち)に取って代わられた。なお，天守閣の象徴とされる鯱も鴟尾の系譜を引く道具瓦で，滋賀県安土城跡出土のものは金箔で装飾されていた。* 大脇潔『鴟尾』1999 (時枝　務)

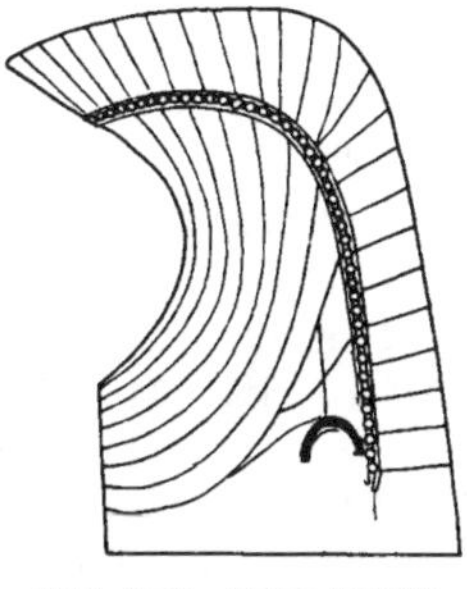

鴟尾（兵庫・高丘3号窯跡）

渋谷向山古墳(しぶたにむこうやまこふん)　奈良県天理市渋谷に所在する前方後円墳。奈良盆地東縁の傾斜変換点の尾根筋に立地する。墳丘長300m，前方部幅約170m，同高23m，後円部径168m，同高25mを測り，前方部を西に向ける。南側裾に造り出し状施設を設ける。墳丘は，前方部が3段，後円部が4段築成とされ，円筒埴輪が巡らされる。埴輪は，円筒埴輪・鰭付円筒埴輪のほか，朝顔形埴輪，盾・蓋などの器材埴輪がみられる。埴輪から4世紀後半の築造であると推測されている。主体部は不明であるが，元治元年(1864)に出土したと伝える国指定重要文化財の石枕などの出土品が伝えられている。周濠が巡らされ，後円部側の6ヵ所，前方部側の4ヵ所で渡堤によって区切られている。後円部周辺の周濠が当初の面影を留めるとされるのに対して，前方部側は近世の溜池拡張工事によって大きく改変されている可能性が高い。周辺に上の山古墳・丸山古墳・赤坂古墳があり，陪塚であるとされ，本墳を含めて柳本古墳群の一画をなしている。景行天皇陵に治定され，宮内庁が管理している。　→ 景行陵古墳(けいこうりょうこふん)　(時枝　務)

脂肪酸分析法(しぼうさんぶんせきほう)　動植物を構成している成分には，タンパク質，糖質(炭水化物)，脂質(脂肪)がある。これらは埋蔵されると分解されるが，脂質は長期間比較的安定して残るといわれている。脂質は誘導脂質，単純脂質，複合脂質に分けられるが，考古資料には誘導脂質の脂肪酸が残っていることがある。動物と植物によって脂肪酸組成に違いがあり，動物の種類によっても成分比が異なる。このことから考古資料から取り出した脂肪酸の成分比で生物の種を決めることが可能になる。分析法としては，クロロホルムやメタノールなどで試料から脂肪酸を抽出して，ケイ酸薄層クロマトグラフィーや薄層クロマトグラフィーにかけて分離する。得られた脂肪酸をガスクロマトグラフィーで分析して脂肪酸組成を定量し，またガスクロマトグラフィー質量分析計で同定する。試料の汚染は分析の精度に影響するため試料に直接手を触れたり，ポリエチレン容器など石油化学製品や新聞紙，綿などで梱包してはならない。　(青木繁夫)

子母口貝塚(しぼくちかいづか)　神奈川県川崎市高津区(旧橘村千年〔ちとせ〕)子母口238番地付近一帯。縄文時代早期の子母口式土器出土の標識遺跡。1・2・3号貝塚が子母口式の時期の貝塚で，4号は茅山式土器の時期の貝塚。大山史前学研究所で1927年1号貝塚を発掘，1929・1930年に2号並びに3号貝塚を発掘した。1927年度の研究所の発掘資料を見た山内清男は『史前学雑誌』2–3(1930)に「繊維土器に就いて，追加第三」の中の記述で「子母口式とでも命名すべき一形式の標準になるものである」と記し「この型式が恐らく茅山式以前，三戸式以後に位するだらうと思う」と述べている。このことを当時既に熟知していて，「関東地方に於ける縄紋式石器時代文化の変遷」と題する論考を，ほぼ書き上げていた甲野勇の論文が研究所の中の他の研究者との都合で，所長の大山柏の論考の出た後というような事情もあってか，甲野の大論考は1935年5月『史前学雑誌』7–3に発表された。この論文では第一群土器として，A類からD類までに分類，写真も附して発表されている。この甲野の報告が子母口式土器をやや詳細に記した最初の報告である。

その後，山内清男･三森定男の発掘があり，1986年，川崎市民ミュージアム陳列室に子母口貝塚の貝層断面を陳列目的で発掘，その成果は『川崎市史　資料編1』(1988)に掲載した。多摩川右岸，最奥の高津区久本貝塚(前期末諸磯b式)より約3km下流域にあり，左岸の東京都世田谷区瀬田貝塚(前期末諸磯b式)も田園都市線沿線近くにあり，多摩川谷の入江に，前期末にはこの付近まで海進が進んでいたものと考えられる。これより下流域の早期末の子母口貝塚ではマガキ・ハイガイの多い砂泥底の干潟の発達した場所に初期の海進があったものと思われる。　(吉田　格)

紙本経(しほんきょう)　紙に書写された経典。装丁は巻子(かんす)が主体で，冊子・粘葉(でっちょう)装・折本などがある。経文は通常墨書で，朱・金・銀などで書かれる場合もあり，血を混ぜた奏見墨や朱で書く血書経も知られる。料紙は素紙が基本であるが，紺紙などの色紙を用いることも多く，金銀箔や金銀泥などで飾った装飾経もみられる。一般に界線・罫線を引き，17字など一定の字数を定めて，楷書体で書写する。巻子本では，中心に経軸を入れて巻き上げ，軸の両端に金属・水晶・ガラスなどで製作した経軸端を取り付ける。紙本経は中国で誕生した写経で，北魏から唐まで盛んに制作されたが，宋代に版経が流布するようになって衰退した。日本には朝鮮を経由して伝播し，奈良時代には官立の写経所が設けられて本格的な写経事業が行われたが，それらの経典はすべて紙本経であった。奈良時代には，和銅経・聖武天皇勅願経・光明皇后御願経・紫紙金字金光明最勝王経などが制作され，隋唐の影響のもとに独自な写経が生み出された。平安時代には，円仁が草筆石墨による如法経の写経作法を伝え，法華経を主体とする如法経が盛んに書写された。平安時代中後期には，中尊寺経・平家納経・久能寺経・慈光寺経・荒川経などの装飾経，早く写経することに意義があるとする頓写経，死者を一日のうちに救い出すことを目的とした一日経など，信仰と深く結びついた写経が盛んであった。＊兜木正亨「信仰と経典」(『新版仏教考古学講座』6，1977)　(時枝　務)

島田貞彦(しまださだひこ)　1889～1946。京都生まれ。1913年，京都高等工芸学校図案科卒業。同年10月京都大学文科大学助手。1919年鹿児島県指宿，岡山県津雲貝塚の調査に参加。1920年12月浜田耕作，長谷部言人とともに鹿児島県出水町尾崎貝塚調査に参加。1925年7月長崎県有喜貝塚調査。1927年4月，はじめて満州に渡る。1928年関東州牧羊城の調査に参加。1929年9月福岡県須玖遺跡の甕棺遺跡発掘に参加。10月

関東州南山裡における漢代塼墓調査に参加。1932年8月，京都大学文学部講師。1945年6月旅順博物館長。1946年12月旅順にて病没。『造瓦』1935，『鶏冠壺』1936，『有史以前の近江』1928，「筑前須玖史前遺跡の研究」京都帝国大学文学部考古学研究報告11（梅原末治と共）1929，東亜考古学会『貔子窩』『牧羊城』『南山裡』『営城子』『羊頭窪』など共著。（江坂輝彌）

清水潤三（しみずじゅんぞう） 1917～1988。1917年6月27日，慶應義塾大学の所在地，三田2丁目で誕生。1923年4月，三田に所在した慶應義塾幼稚舎に入学，普通部・予科・旧制文学部史学科（国史専攻）ともに一貫して三田で授業を受けた最後の卒業生である。1939年3月卒業，助手・助教授を経て教授，文学博士。著書には『加茂遺跡』『亀ヶ岡遺跡』『是川遺跡』など。*「清水潤三博士を偲ぶ」（『考古学ジャーナル』299，1988） （江坂輝彌）

清水柳北1号墳（しみずやなぎきたいちごうふん） 静岡県沼津市に所在する上円下方墳。1986年に発掘調査が行われた。現地保存ではないが，近くの工業団地内に復元されている。愛鷹山の標高160mほどの緩斜面上に立地する。二段築成で，規模は下方部が北辺で12.4m，上円部が直径9mと推定される。墳丘高は高くても2.8m以下とされる。下方部の外側には，一辺20m・上面幅2.6m・深さ1mほどの周溝が巡る。墳丘には縁辺で積石が施されている。主体部（埋葬施設）は，後世の破壊によって構造が不明であるが，周溝の中から凝灰岩製の石櫃の残骸が出土したことから，石櫃を直葬したものと考えられている。石櫃は凝灰岩を加工して切り出したもので，身部・蓋部ともに扁平な長方体に復元されている。古墳の築造年代は，出土した須恵器などから，8世紀前葉頃とされる。本古墳の周辺には，7世紀後葉に建立された日吉廃寺があり，その深い関連性が指摘されるとともに，本古墳の被葬者は，律令制下の駿河国駿河郡に関わりの深い人物が想定されている。*沼津市教育委員会『清水柳北遺跡発掘調査報告書その1・その2』1989・1990；山本惠一「清水柳北1号墳」（『考古学ジャーナル』592，2009） （江口　桂）

下総台地遺跡群（しもうさだいちいせきぐん） 下総台地は千葉県北部に位置する標高20～50mの台地で，新期の河岸段丘が台地を開析する谷に沿って見られる。下末吉ローム（loam）が堆積する地域はあるが，基本的には武蔵野・立川ローム相当層に覆われている。旧石器時代遺跡はすべて立川ローム相当層から発見され，台地の広い範囲に分布する。小規模遺跡の他に環状に石器集中地点がめぐる大型遺跡が存在し，炉跡や礫群もわずかに発見されている。Ⅲ～Ⅹ層に分けられた各層から石器が出土し，それらはⅠ～Ⅲ期にまとめられる。Ⅰ期は台形様石器・石斧，Ⅱ期はナイフ形石器，Ⅲ期は細石刃を代表的な石器とし，Ⅱ期の後半では小型尖頭器，Ⅲ期の後半では大型尖頭器が現れる。黒曜石・安山岩・頁岩・チャート（chert）などが材料として用いられるが，下総台地では石材が乏しいので，多くは西・北関東，中部，東北などの遠隔地から加工された状態で搬入されたと考えられる。人々の遊動範囲・資源獲得方法を知る手がかりとなっている。*（財）千葉県文化財センター『房総考古学ライブラリー1　先土器時代』1984 （阿部朝衛）

下岡田遺跡（しもおかだいせき） 広島県安芸郡府中町下岡田に所在する遺跡で，丘陵南端の東西170m，南北70mの範囲に存在する。遺構は礎石建築跡A（南北2間×東西2間），B（南北棟6間×3間），掘立柱建築跡（3間×3間），素掘り井戸（1.6×1.3m）などが検出された。遺物には古瓦類・土器類・木製品・木簡などがあり，奈良後期末から平安時代に位置付けられる。本遺構は，806（大同元）年の勅にみえる安芸駅館に比定される。*府中町教育委員会『下岡田遺跡発掘調査概報』1966・1967 （是光吉基）

下野薬師寺跡（しもつけやくしじあと）　栃木県下野市薬師寺に存在する白鳳時代寺院跡。1966〜1971年に調査された。伽藍は，中軸線上に南大門・中門・金堂・講堂を配し，回廊は中門より講堂に接続する。推定戒壇跡は金堂と講堂の中間，中軸線より西へ22.4mに認められる。遺物は，瓦類のほか，風鐸・釘・硯・螺髪などがある。確認された伽藍は再建期の伽藍と推定されている。＊栃木県教育委員会『下野薬師寺跡発掘調査報告』1973　（岡本桂典）

下藤地区キリシタン墓地（しもふじちくきりしたんぼち）　大分県臼杵市野津町に所在し，2010〜15（平成22〜27）年に墓地と墓の規模と構造を確認する調査が行われた。当該地は江戸時代よりキリシタン墓地と言い伝えられ，1956（昭和31）年に小口面に「常弥（ジョウチン）」と刻まれた伏碑形墓碑や1999（平成11）年に石製十字架の「INRI」と刻まれた罪札部分も発見されている。墓地は丘陵の頂上部に造成され，広さは約500㎡を測る。墓地の表面は20〜30cmの堆積土で覆われていたが，その下からは五輪塔や板碑などの中世の仏教墓標を転用した長方形の石組みが66基確認された。石組みは長軸が正確な東西方向に整然と並び，周囲には石組み上に敷設されていた伏碑形墓碑が一部は破壊され，覆されて散在していた。石組みは伏碑を据えるための基礎に相当し，それ以下の地下部分が埋葬施設である。埋葬施設部分は全く破壊されず，地表面に露出した伏碑のみが破壊されている状況であった。これまで高槻城跡，東京駅八重洲北口遺跡，大友府内の調査においてキリシタン墓は発見されていたが，すべて地上構造物が破壊され，埋葬施設部分のみが偶発的に発見されたが，当該地の墓は地上構造物から埋葬施設まで一貫して発掘が行える画期的な調査ということができる。

埋葬施設の墓坑の深さ1m前後を測り，土層観察から墓坑内に長方形木棺が納められていたことが明らかとなった。先の3遺跡と同様の埋葬形態である。強い酸性土壌のため木棺木片や遺体は確認できなかったが，木棺を形作った鉄釘が出土している。本遺跡は2018（平成30）年に国史跡に指定されている。＊臼杵市教育委員会『下藤地区キリシタン墓地』2016　（今野春樹）

下宅部遺跡（しもやけべいせき）　東京都東村山市多摩湖町に所在する縄文時代後期〜晩期前葉，奈良・平安時代を主体とした低湿性遺跡。狭山丘陵の西側で北川によって削り出された丘陵の支丘の縁辺部から，河川敷にかけて位置する。1996〜2003年まで下宅部遺跡調査団によって発掘調査された。縄文時代の特徴的な遺構は，河道にそって材や杭で構成された11ヵ所の水場遺構である。これらの遺構からは低湿性ゆえに飾り弓や丸木弓等の木製品や素材となる半割材や切断材，漆製品，水晒しした繊維，獣骨等の有機質遺物が豊富に出土した。河道を有効利用した作業空間として多様な生業活動の痕跡を示す遺跡である。

奈良・平安時代の遺構・遺物は池状遺構が構築され「家成」「宅」等の文字が記された墨書土器や瓦塔片等が出土した。＊下宅部遺跡調査団『下宅部遺跡発掘調査概報』東村山市遺跡調査会，1996〜2003　（上敷領久）

蛇王洞洞穴（じゃおうどうどうけつ）　岩手県気仙郡住田町にある縄文時代の洞穴遺跡。気仙川沿いの石灰岩の崖面にあり，河水面との比高は約8mである。1920年代に松本彦七郎が調査を行っているが，本格的な調査は1964年に東北大学考古学研究室の手によって実施された。Ⅰ層からⅦ層にわたって早期の文化遺物が層位的に確認され，東北地方の編年研究に大きく貢献した。Ⅰ・Ⅱ層から縄文条痕系，Ⅲ〜Ⅵ層にかけて沈線・貝殻文系，Ⅶ層から押型文系の資料が出土した。＊芹沢長介・林謙作「岩手県蛇王洞洞穴」（『石器時代』7，1965）　（芹沢長介）

釈迦堂遺跡（しゃかどういせき）　山梨県

東八代郡一宮町塚越北(現・笛吹市)〜東山梨郡勝沼町釈迦堂(現・甲州市)にわたる地域。中央自動車道，釈迦堂パーキングエリアの所在する道路南東側の標高約500m，東北より南西に伸びるパーキングエリアの所在地一帯。本遺跡では縄文文化中期土偶の破片が夥しい数発見され，遺跡の東北隅台地上に建設の釈迦堂遺跡博物館に他の出土品とともに陳列されている。また本遺跡出土の土偶には蹲居姿勢(中腰でこごみこむ姿勢)で出産の様子を描寫したものが多いことも一特徴である。＊小野正文「山梨県釈迦堂遺跡群」(『日本考古学年報』33・34，1983〜1984)　(江坂輝彌)

錫杖(しゃくじょう)　徳杖・知杖・声杖・鳴杖ともよばれる。インドでは比丘の携行すべき道具の一つで，山野を巡行するとき害虫などを避けるために用いられた。形態は，木製杖の下端に金属製の石突きがつき，上端には二股の宝珠形を呈す輪がついている。この輪の中心には五輪塔・相輪塔・宝珠・宝瓶・水焔などが飾られ，また，股上に塔形を付すものもある。輪には4ないし12個の遊環がある。＊小野玄妙「錫杖略説」(『考古学雑誌』1–7，1910)　(是光吉基)

蛇穴山古墳(じゃけつざんこふん)　群馬県中央部の利根川西岸の，前橋市総社町の前橋台地上に幅約1kmの範囲に展開した総社古墳群中に位置する方墳。宝塔山古墳の東約120mの総社町総社字町屋敷に位置する。墳丘は後世の改変が著しいが基壇を有する2段築成の方墳で，南北39.1m，東西4.34mの規模で周囲に濠がめぐることが確認されている。主体部は南に開口する安山岩の一枚石を組合せた両袖型横穴式石室で，幅2.61m，長さ3mの玄門を備えた玄室に，「ハ」字状に開く奥行き2.5mの墓前域を付設する。古くから開口しており副葬品は知られない。宝塔山古墳に継続する7世紀後半代の築造と考えられる。＊松本浩一「蛇穴山古墳」(『群馬県史』資料編3，1981)　(池上　悟)

遮光器土偶(しゃこうきどぐう)　→　土偶(どぐう)

斜行縄文(しゃこうじょうもん)　→　縄文の文様(巻末参照)

斜軸尖頭器(しゃじくせんとうき)　幅広で短い剥片を素材とし，一端の両側辺にこまかい剥離を連続させて尖頭部を作り出した石器である。尖頭部からおろした垂線に対して，素材剥片の打面とバルブ(bulb)とが左右いずれかに傾斜した位置にあるために，斜軸尖頭器と名づけられた。ヨーロッパ中期旧石器時代に見られるコンヴァージェント・スクレイパー(convergent scraper)(収斂形スクレイパー)に類似する。はじめ群馬県権現山や山形県上屋地などから発見されたが，同形態のものは東北地方の縄文時代後期の遺跡からもしばしば出土している。　(芹沢長介)

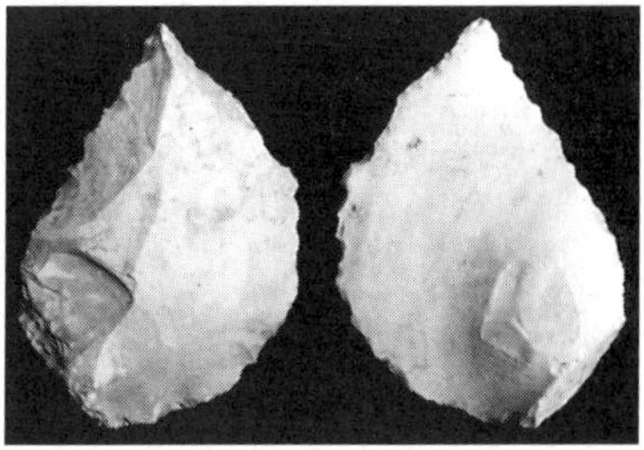

斜軸尖頭器

舎利壷(しゃりつぼ)　→　舎利容器(しゃりようき)

舎利容器(しゃりようき)　仏舎利を収納するための容器。釈迦の死後，遺骨を安置するストゥーパ(Stū pa)が造立されたが，その際に遺骨の収納容器として作られたのが最初である。ストゥーパは内部に舎利を安置するのが基本的なあり方であるが，インドでは金・銀・銅・水晶・滑石などで大小の容器を作り，もっとも小さな容器に舎利を入れ，それをさらに大きな容器に入子状に納める方法が採用された。形式は円筒形と塔形のものが知られるが，仏像を飾るものや銘文を刻むものなど，個体差が大きい。中国では，小さなガラス壺に舎利を収納し，金棺形容器・銀槨形容器・石製外容器に入子状に納めるのが基本とされた。朝鮮では，中国のように棺形とすることはなかったが，ガラス壺を貴金属製の箱形容器に入子状に納める点で共通していた。日本では，やはり舎利を入れたガラス壺を貴金属製の容器に入子状に納めた例が滋賀県大津市崇福寺塔跡や法隆寺五重塔などで知られており，ガラス壺を用いない大阪府茨木市三島廃寺例などはガラス容器が入手できなかった場合の便法であろう。＊高田修「インドの仏塔と舎利安置法」（『仏教芸術』11，1951）

（時枝　務）

車輪石（しゃりんせき）　古墳時代に用いられた石製腕飾の一つである。内径 5～6cm を測る扁平な幅の広い環状であり，卵形ないし円形の平面を呈するものである。内縁の厚いものが一般的であり，したがって外に傾斜する上面に放射状の彫刻を施すものである。ほかの碧玉製腕飾とともに弥生時代に用いられていた貝輪を石であらわしたものと考えられ，車輪石の場合はカサガイ製の貝輪を模したものである。表面の放射状の彫刻は，この貝輪の肋条を写したものである。他の碧玉製腕飾と同様に実用のものではなく，宝器的な性格を有するものと考えられる。碧玉・凝灰岩・安山岩などでつくられるが，ほかにこれを模した土製品が奈良県の櫛山古墳より，銅製品が岡山県の丸山古墳より出土している。その形状が車輪に似ているための江戸時代の命名である。古墳時代前期の後半から中期初頭にかけての古墳よりの出土が知られ，畿内を中心に鍬形石よりは広い分布を示している。

（池上　悟）

車輪石

周（しゅう）　古代中国の王朝名。最も有名なものは先秦時代の王朝で，本拠は陝西省に興り，前 11 世紀の武王の時代に商の紂王を滅ぼして中国の支配王朝となった。各地に諸侯を分封し，その勢力圏は今日の東北中国から華南に及んだ。B. C. 771 年幽王のとき犬戎の侵入で王は殺され，次の平王は洛邑に遷都した。これ以前を西周，以後を東周という。東周の天子はもはや名目的な権力しかなく，春秋戦国時代の混乱を経て始皇帝の統一（B. C. 221 年）に至る。周代（特に西周）の有名な遺物には銘文のある青銅器があり，宋代以来金石学者の研究によって歴史が再現されつつある。＊貝塚茂樹『中国古代再発見』1979

（穴沢咊光）

住居跡（じゅうきょあと）　人の住む建物を住居といい，発掘調査によって発見された住居が住居跡である。住居の種類は，床が地表面を掘り込んでつくられているか，地表面にあるか，高くつくられているかによって，竪穴住居・平地住居・高床住居などにわかれる。また，地形などの自然景観を利用した洞穴（岩陰）住居・湖上住居もある。

洞穴や岩陰に生活の場を持った遺跡は，先土器時代以降に，日本全国でみられるが，明確に住居跡と確認されるものは少ない。先土器時代から縄文時代初頭にかけ，長崎県福井洞穴・同県泉福寺洞穴・愛媛県上黒岩岩陰・新潟県小瀬ヵ沢洞穴などの洞穴や岩陰が，一時的な生活の場として利用されていたことが明らかになっている。湖上住居は，湖岸や水中に杭を打ち込んだ土台の上に丸太小屋をつくったもので，日本においては明らかにはされていない。

竪穴住居は，縄文時代から歴史時代にいたるまで最もふつうの住居形態である。関東地方において，その変遷をみると，縄文時代草創期から早期の住居跡は不整円形で，早期から前期の住居跡は方形プラン，前期から中期の住居跡は円形もしくは隅丸方形，後期から晩期の住居跡は方形プランとなる。縄文時代の竪穴住居跡は中期中ごろより出入口構造が明白となり，中期末から後期前半にかけて敷石住居がみられる。弥生時代から古墳時代前半の竪穴住居跡は，縄文時代の形態が引きつがれる。古墳時代後半以降になると，炉にかわって，カマドが屋内に設置されるようになる。

平地住居としては，弥生時代の静岡県登呂遺跡における床のまわりに土堤をめぐらした住居が有名である。高床住居は，平地住居と同じく弥生時代以降にみられる。高床住居とは，古墳時代の家形埴輪などにみられるものから，平安時代の寝殿造邸宅，現代の住居までふくめて考えることができる。遺跡の調査によって，掘立柱建物遺構として確認される。おもな遺跡として，岡山県津島遺跡(弥生時代前期)，鳥取県青木遺跡(弥生時代中期から奈良時代)，奈良県平城宮跡などがある。

住居の形態は，銅鐸や土器に描かれた建物，家形土器，家屋文鏡，家形埴輪などによって知ることができる。弥生時代中期の香川県出土銅鐸には高床住居が表現されており，岡山県女男岩遺跡(3 世紀末～4 世紀初)からは掘立柱住居をあらわす家形土器が出土している。奈良県佐味田宝塚古墳出土の家屋文鏡(4 世紀)には高床住居など 4 棟が描かれている。群馬県赤掘茶臼山古墳(5 世紀)出土の 8 棟の家形埴輪は，地方豪族の屋敷構えを伝えるものとして有名である。* 八幡一郎ほか編『世界考古学大系』Ⅰ～Ⅳ，1959～1961　(江坂輝彌)

宗教考古学(しゅうきょうこうこがく)　宗教を考古学的方法によって究明する考古学の一分科。ヨーロッパの聖書考古学，アジアの仏教考古学，日本の神道考古学などは宗教考古学の分科である。フィネガン(Finegan)による宗教考古学は，原始・ゾロアスター教・ヒンズー教・ジャイナ教・仏教・儒教・道教・神道・回教・シーク教に細分されている。この細分にキリスト教を加えれば，ほぼ宗教考古学で対象とするおもな宗教が認識される。宗教現象は形而上的なものであり，それが形而下の遺構遺物に反映されている実態を把握することに宗教考古学の主目的がある。*Finegan:Archaeology of World Religions 1952　(坂詰秀一)

獣形鏡(じゅうけいきょう)　鏡背の主文として内区に獣形を配した仿製鏡。大半は半肉彫りで表現されるが，細線式のものもある。獣帯鏡を模倣したものであり，獣形は 4 獣が最も多く，5 獣・6 獣・7 獣を配するものもある。獣形は原形に忠実なものから便化したものまであり，獣帯鏡がそれぞれ種類を異にする瑞獣であるのに対して同一図文のくり返しを特徴としている。一般に小型であり，仿製鏡のうちでは例数の多いものである。* 樋口隆康「仿製獣形鏡」(『古鏡』1979)　(池上　悟)

重圏文鏡(じゅうけんもんきょう)　中国古鏡の一種で鈕を中心に，鏡背に複数の重

重圏文鏡（福岡・立岩遺跡）

圏文帯を同心円状に分画する。各圏帯に銘文をあらわすものと，幾何学文を配するものとがある。すでに戦国時代に出現し，図文のない類は前漢中ごろよりみられ，銘文によって「重圏昭明鏡」「重圏清白鏡」などとよばれる。弥生時代の出土例には福岡県須玖岡本・三雲・立岩遺跡の甕棺に伴った例などが知られる。日本製の重圏文鏡には群馬県采女塚古墳出土例のように銘文がなく，重圏線を主文とし，櫛歯文や波状文を併用するものがある。＊樋口隆康『古鏡』1979　（稲村　繁）

周湟(溝)（しゅうこう）　墳墓の盛土の周囲をめぐり，墳形をつくり出す溝。本来，墓域を画するために掘られた溝であるが，墳丘の封土に使う土を得るために掘られることもあったらしい。発達した時期の古墳の溝は水をたたえていたようであり，これを周濠とよんで区別することがある。また，水をたたえていない空堀を周堀・周隍とよぶ説もある。住居内外の溝を周溝ということもある。平面の形状は，特に前方後円墳の場合，墳丘相似形，盾形，長方形にめぐる。また，2重にめぐる例も多く，3重とされる例は全周していたのか疑わしいとする考えもある。2重周濠の中堤には，埴輪が樹立される場合があり，造出状の突出部を有する例もある。周湟の外側に周庭帯とよばれる区画帯がある例や，それに陪冢が接続して築造される例がある。水をたたえていた周濠は本来少数である。周溝内に土器を供献したり内部施設を設けるのは古い時期の方形周溝墓などに多い。＊梅沢重昭「前方後円墳に附設する周堀について」(『考古学雑誌』45–3, 1959)；白石太一郎「古墳の周濠」(『古代学叢論』1983)　（杉山晋作）

周口店遺跡（しゅうこうてんいせき）　北京市房山県周口店の龍骨山付近に分布する旧石器時代の遺跡群である。1921年と1923年アンダーソンとツダンスキーが採集した化石の中から人類の歯が発見されたことに端を発し，1927年から正式な発掘調査が始められた。その結果第1地点(前期中葉～後葉，各種絶対年代25～50万年前)，第13地点(前期中葉初)，第15地点，第4地点(新洞)，第22地点(以上3地点は前期後葉あるいは中期前葉)，山頂洞(後期，^{14}C年代約1.8万年前)の各遺跡が発見された。このうち第1地点は第13層まで発掘が行われ，第3層底部，第4層(上文化層)，第8～9層(下文化層)，第10層(底文化層)，第13層で人類の生活痕跡が認められる。他地点でも断続的居住の痕跡が残されている。第1地点上文化層に認められるチャート原材，両面加工，スクレイパーや尖頭器の増加と打面調整技術の出現は，石器製作技術の進歩の一端を示す。また，山頂洞では首飾りをつけた埋葬人骨が発見されている。＊賈蘭坡「周口店遺址」(『文物』11，1978)　（佐川正敏）

十三塚（じゅうさんづか）　中・近世の塚で，13基で構成されていることから十三坊塚，十三本塚，十三仏塚，十三部塚，十三峠や並塚などともいわれている。ほぼ日本全国に分布する。塚の形態は，径1～5mほどの円形マウンドを有し，尾根上や，台地上に築かれ，そこが字・村・郡・国境に相当することがある。塚は13基が1列に並ぶのが基本型で，特に中央塚が他に比較して大きいのが特徴である。塚の平面形が方形の事例もある。また13基を上回る事例，さらには2列に並ぶ事例もある。発掘調査によって遺物が発見される場合はきわめて稀である。13の数については，聖天と十二壇説・四臂(しひ)不動明王と十二天説・十三仏説などの諸説がある。発掘資料からは，室町期以降の盛行を示唆する。＊村田文夫「発掘された十三塚」(『神奈川大学日本常民文化研究所調査報告書』10，1985)　（村田文夫）

十三菩提式土器（じゅうさんぼだいしきどき）　神奈川県川崎市野川十三菩提遺跡発掘の土器を標式にして名付けられた土器形式で，縄文時代前期終末に編年されている。

細かい粘土紐を格子目，渦巻状等に貼り付けたり，半截竹管状工具による平行沈線が多く，地文に縄文が施文される。また三角形の印刻文が付けられるのも特徴になっている。分布は南関東から伊豆諸島方面に比較的多いが，あまり大きな遺跡は確認されていない。＊岡本勇･戸沢充則「縄文時代(関東)」(『日本の考古学』Ⅱ，1965)（川崎義雄）

十字形石器(じゅうじがたせっき)　縄文時代中期から後期に九州地方にのみ分布する打製石器。直径約 10cm 前後の板状石に大きなくりこみをほどこし，全体を十字形に仕上げたもので，くりこみの部分に磨滅面がみられることもあるが，その用途は不明である。砂岩や安山岩などの硬い石材を用いるが，結晶片岩や粘土岩のような柔らかい石を用いることもある。轟貝塚出土品の石鍬の一種であろう。（渡辺　誠）

獣首鏡(じゅうしゅきょう)　鏡背の文様が平面的であり，内区は鈕を中心とした糸巻形図文により 4 分され，この間に獣首文を配する鏡。獣首文は獅子面形または虎面形の正面像が一般的であり，次いで連弧文帯が配される。外区には菱雲文帯が多く，禽獣文帯・連弧文も配される。実数は少ないが紀年銘鏡が多く，後漢の 156(永寿 2)年から魏の 260(甘露 5)年まで認められる。わが国では九州・四国地方で 4 面ほど出土している。＊梅原末治「獣首鏡について」(『史林』7–4，1922)（池上　悟）

集成(しゅうせい)　考古学において発掘は重要な資料収集であり，研究である。しかし出土遺物や各地に散在する遺跡のデータをまとめることもだいじである。こうして考古資料を，ある種の研究目的をもって集め，分析し，さらにそれを類型的･地域的･時間的に整理，解釈することも，集成作業の一つといえよう。このデータを基に研究を広く深く行うことにより，いくたの問題点と着実な成果も得られる。

かつて森本六爾・小林行雄・杉原荘介らは全国に散在する弥生土器を集めて『弥生式土器集成』を刊行した。この作業によって弥生土器の編年・地域性・系統が明らかにされた。この仕事は継続され，弥生土器研究に大きく貢献した。その後，杉原・大塚初重らは『土師式土器集成』を刊行した。

このほか，梅原末治は銅鐸の集成をなしとげて，『銅鐸の研究』という大著を出版した。江坂輝彌の『土偶』，杉山寿栄男の『日本石器時代植物性遺物図録』, 酒詰仲男の『日本縄文石器時代食料総説』『日本貝塚地名表』も，広い意味で集成という言葉があてはまろう。（関　俊彦）

舟葬(しゅうそう)　遺骸を舟にのせて葬る方法をいう。これには，遺骸を舟にのせて現実の海に放すものと，舟を棺としてあるいは舟の形の棺に遺骸を納めて埋葬するものがある。広く各地の海洋民族のあいだに認められる葬法であり，多元的な発生が考えられている。中国においては舟形の棺を用いる風習が特に四川方面で行われたようであり，土壙内に埋葬するもの，あるいは崖墓の中に安置するものなどが知られている。わが国においても，かつて古墳に認められた施設あるいは遺物により舟葬の風習の推定されたことがあった。すなわち粘土槨が木棺を被覆した施設であると認識される以前において，その形状が舟形を呈するものとみなしたり，あるいはわずかに検出された木棺の遺存部分より独木舟状の棺を想定したことによるものである。さらに埴輪における舟形のものも一つの根拠とされ，文献では『北史』「倭人伝」の「死者斂棺槨，親賓就屍歌舞，妻子兄弟以白布制服，貴人三年殯，庶人卜日而瘞，及葬，置屍船上陸地牽之，或以小輿」徴証と考えられていた。しかし，いずれも舟葬が行われたとする積極的な証左足り得るものではないと考えられている。また舟形石棺とよばれる，身・蓋ともに石材をえぐり抜き，扁円形を呈する両端に縄掛突起を有する石棺は，全体の形が舟を想起せしむるという故の命名である。＊四川省博物館『四川船棺葬発掘報告』1960；小林行雄「舟葬説批判」(『西宮』3, 1944)　(池上　悟)

重葬(じゅうそう)　一定の場所が墓地として長い時間かかって利用されていると，以前に埋葬した場所が忘れ去られて，そこに再び他の死体が埋められることがある。この埋葬が重複した場合を重葬とよんでいる。2人分あるいはそれ以上の人骨が重複すると，先に埋葬された人骨の一部が取り去られている場合が多い。吉胡貝塚，伊川津貝塚などではその好例が発掘されている。＊西村正衛「縄文時代(埋葬)」(『日本の考古学』II, 1965)　(川崎義雄)

獣帯鏡(じゅうたいきょう)　鏡背の文様が帯状の内区に配された獣形を主とする鏡。図文の表出は細線式と半肉彫式がある。主文は獣形の他に禽形，神仙像あるいは禽鳥文を配したものもあり，4ないし8像を環状に配し間に乳を置く。外区は一段高く流雲文・唐草文・画像文・複線波文などを配する。細線式は前漢末に出現し六朝初期まで，半肉彫式は後漢代に出現し六朝代に及び，それぞれ四神鏡あるいは神獣鏡と関連する。＊樋口隆康「獣帯鏡」(『古鏡』1979)　(池上　悟)

袖珍土器(しゅうちんどき)　袖珍とは袖の中に入れて携えられるほどの小形のものの意。小形土器またはミニチュア土器とも称する。東日本では縄文早期後半の子母口式，青森県石神遺跡で前期中葉の高さ数cmの鉢形土器も発見されているが，多くは中期以降の作品で，墓への副葬品が多い。後・晩期には深鉢，壺注口土器，皿など無活用土器一式が作られている。その内容・意義についてはいまだ充分に明らかにされていない。　(岡嶋　格)

終末期古墳(しゅうまつきこふん)　古墳時代を，各期の特質により区分するときに，後期に続く時期をいう。従前の6・7世紀を後期と包括するのに対し，おもに7世紀代に造営された古墳をいう。特に異なる後期との差異により提唱せられているものであり，後期の最大の特質である群集墳の大半の造墓活動の停止と，古墳時代の社会を体現する前方後円墳の消滅という点において特徴付けられるものである。したがってこの時期に造営されつづけたのはわずかに命脈を保ったごく一部の群集墳と，特殊な位置を占める古墳のみであり，古墳造営数の凋落はいちじるしい。群集墳はその後，7世紀の中葉すぎに完全に造営が終熄するのに対し，いわゆる支配者層の古墳は，6世紀末葉の前方後円墳から大形の方(円)墳への転化後に7世紀の中葉に八角墳を出現させ，8世紀初頭まで造営された。しかし，この時期区分は，あくまで中枢的位置を占めた畿内地方における事象を根幹としており，地方における短絡的な適応はなし難い。＊森浩一編『論集終末期古墳』1973　(池上　悟)

獣面把手(じゅうめんとって)　土器の把手に獣類の頭部を表現したもの。縄文時代前期の諸磯b式土器には小さな把手・突起を付け，ここに獣面を装飾するものがある。表現された獣類はイノシシが多い。このほかサル・イヌ・ウサギかと思われる獣面もあるが，種目は不明である。中期の土器把手にもイノシシ・鳥を連想させるものがある。＊小林達雄「縄文土器」(『日本原始美術大系』I, 1977)　(野口義麿)

集落跡(しゅうらくあと)　集落とは，単なる住居の集合体ではなく，人のすむ場所を包括する生活舞台全般をさす。集落跡は，住居跡・建物跡・倉庫跡・墓地・貯蔵穴・おとし穴・水田跡などの遺構として発掘調査によって発見される。遺跡は，異なる時期の遺構が複合して残されており，一時期に存在した集落を認定することが必要である。

旧石器時代の生活の痕跡として，静岡県休場遺跡においての石囲い炉の発見，山形県越中山遺跡・埼玉県砂川遺跡・東京都鈴木遺跡・長野県矢出川遺跡・富山県直坂遺跡などから石器類の集中地点や礫群の発見がある。明瞭な痕跡を残さなかった旧石器時代の集落を知るうえでの新たな手がかりとなっている。縄文時代草創期の東京都前田耕地遺跡の竪穴住居跡，早期の東京都多摩ニュータウンNo.145遺跡や茨城県花輪台貝塚における小規模な集落がみられる。定住性のある大集落が成立するのは前期以降である。継続的な集落においては，大きな円形の広場を中央におき，そのまわりに環状もしくは弧状に住居群を配する構成がみられる。代表的な遺跡として神奈川県南堀遺跡・千葉県貝ノ花遺跡・同県加曽利貝塚・群馬県三原田遺跡・長野県尖石遺跡・鹿児島県加栗山遺跡などがある。

弥生時代の集落の典型的な姿として，神奈川県大塚遺跡と隣接する歳勝土遺跡がある。大塚遺跡は，大きな環濠で囲まれた中に竪穴住居跡群と高床倉庫と考えられる柱穴群をもつ集落で，歳勝土遺跡からは方形周溝墓群が発見されている。居住区域と墓域が明確に分離した遺跡である。環濠をもつ集落として，大阪府池上遺跡・福岡県板付遺跡などがある。古墳時代以降になると，縄文時代・弥生時代にみられた竪穴住居の集落が，その様相を大きく変えた。家屋文鏡や家形埴輪にみられる平地住居や高床住居と考えられる掘立柱の建築物の遺構が増加する。畿内の古墳時代集落は，掘立柱建物群のみからなる集落（大阪府大園遺跡など），竪穴住居群を中心とする集落（京都府森山遺跡など），掘立柱と竪穴の両者からなる集落（大阪府陵南遺跡など）に類別される。関東の古墳時代集落は，東京都中田遺跡をはじめとして，住居の主流は縄文・弥生時代以来の竪穴住居である。飛鳥・奈良・平安時代は，政庁としての都市の発達がみられる。＊水野正好「縄文時代集落研究への基礎的調査」（『古代文化』21–3・4，1969）

（江坂輝彌）

重列式神獣鏡（じゅうれつしきしんじゅうきょう） → 画文帯神獣鏡（がもんたいしんじゅうきょう）

修験道（しゅげんどう） 日本古来の山岳信仰の一形態であり，シャーマニズム，仏教就中，密教，道教などの影響を受け，平安時代中期ごろに一つの宗教的体系ができ上がり，中世以降には盛行を呈するに至った。修験とは，修行を積むことによって験を修めることであり，験とは，超自然的な力を用いて行う加持祈禱に効果があることにほかならない。修験道の儀礼は，修行・祭・卜占・巫術・加持祈禱・調伏と憑きものおとし・符呪に大別することができる。修験道の開祖は一般に役小角といわれ，葛城山の洞窟に籠り，孔雀明王を安置して，30年間の修行の後，奇異の験術を得，鬼神を自在に使う術を体得したといわれ，1799（寛政11）年には神変大菩薩の諡号が贈られている。平安時代後期ごろより，吉野の金峯山寺，熊野の本宮，新宮，那智三社が修験者を多く擁する勢力となり，吉野は高野・大和の修験者峰入の拠点として，また熊野は園城寺系の修験者の拠点として，その地位を有するようになる。 → 修験道考古学（しゅげんどうこうこがく）

（小山田和夫）

修験道考古学（しゅげんどうこうこがく） 修験道に関わる考古資料をもとに修験道史を研究する考古学の一分野。修験道は，山岳で修行して得た験力で，人々を救済するための儀礼を行うもので，中世に形成され，室町時代に教団が整備された宗教である。研究対象となる考古資料としては，山岳修行と関連する山岳祭祀遺跡や行場遺跡，修験道の拠点となった山岳寺院遺跡，修験者の墓地や入定塚，修法壇や塚，修験者が造営に関わった経塚などの遺跡や遺構，笈や三鈷柄剣など修験道の仏具や法具，頭巾・鈴懸などの山伏装束，修験道板碑や碑伝，守札などの遺物が知られる。＊時枝務『修験道の考古学的研究』2005 → 修験道（しゅげんどう）

（時枝　務）

種子(しゅじ) 密教で諸尊を象徴する梵字。「植物の種子」を意味するサンスクリットのビージャ bija の漢訳。インドで生まれた悉曇文字を母胎に，縦書きで毛筆による漢字文化圏で，密教の教学を背景に洗練された独自な文字で，文字自体が諸尊を象徴的に示すものとして用いられた。平安時代後期には仏教美術のなかに取り込まれ，仏像の胎内銘や種子曼荼羅などに活用され，五輪塔や板碑などの石造美術では本尊などを示すためになくてはならない存在となった。荘厳点などを活かしたきわめて装飾的な種子が開発され，種子自体が美的効果を上げるようになり，さまざまな美術工芸品などに用いられた。しかし，種子は一貫して神秘的なものとして取り扱われ，真言や偈とともに仏教儀礼のなかで重要な位置を占めた。＊三井奝円「仏の種子」(『新版仏教考古学講座』4，1976) (時枝 務)

数珠(じゅず) 念珠・誦数ともいう。起源はインドで，バラモン教の荘厳具の一つであった。一定の数の小珠を紐で貫いて環状にし，仏前で称名念仏，陀羅尼などを誦経する場合や，祈禱に際して手にかけ，両手で揉みながら礼拝に用いる。珠の数は，108珠，54珠，27珠，14珠がある。材質は鉄・銀・赤銅・真珠・珊瑚・蓮子・木槵子・菩提子・水晶・琥珀などがあり，正倉院には水晶・琥珀・蓮子・菩提子製の遺品がある。＊八木直道「数珠・如意」(『仏教考古学講座』5，1936) (是光吉基)

儒葬(じゅそう) 中国の12世紀，朱熹が纏めた『家礼』の「喪祭」に示された儒教に依拠した遺骸の埋葬方法である。特に魂魄の復魄思想から遺骸を重視し，火葬を嫌い土葬を用いた。中国，韓国など儒教を国教とした国々で厳格に実践された。日本では17世紀中葉以降，天皇家，大名家，儒者などの一部の信奉者によって日本的な解釈を加え簡略化され実践され，19世紀以降には儒葬ではなく遺骸埋葬方法として武家に広まる。埋葬の特徴は，遺骸保護のために木棺を瀝青(ちゃん)と呼ばれる松脂を棺全体に塗布し，防腐と水や蟻など小動物の浸入を避け，その外側は「灰隔板」を用いて漆喰と木炭を充填する葬法である。＊松原典明『近世大名葬制の考古学的研究』2012 (松原典明)

『出土銭貨』(しゅつどせんか) 1993年3月に発足した出土銭貨研究会の機関誌。B5判横組。年2冊刊。遺跡出土の銭貨を全国的視野にたって調査研究すると共に情報の交換をする場として発行された。考古学・文献史学・経済史・民俗学・東洋史・保存科学・分析科学・古銭学など広い分野の研究者による論文・報告・情報・新刊案内などが掲載されている。 (坂詰秀一)

主墳(しゅふん) 古墳群や群集墳を構成する古墳のうち，特に墳丘・内部施設の規模や副葬品の内容が他の古墳よりまさっているものをいう。相対的な概念規定であって，時期が異なる古墳の集合においては，それが形成される契機となったあるいは最も発達した古墳をさす場合がある。特に時期が同じ古墳の集合においては，主墳の被葬者を身分的最上層に位置づけ，それに従属する者を葬った陪冢と対比する場合もある。＊白石太一郎「大型古墳と群集墳」(『橿原考古学研究所紀要考古学論攷』2，1973) (杉山晋作)

修法壇(しゅほうだん) 密教で行う修法に用いる壇。修法の種類によって異なるものが用いられ，一般的に使用されるものは華形壇・箱壇・牙形壇・密壇の4種類で，表面を黒漆で仕上げた例が多い。華形壇は大壇とも称され，密教の大法を修する際に本壇として用いられ，台座をもつ発達様とそれをもたない根本様に大別される。箱壇は蓮弁をもたない素朴なもの，牙形壇は牙壇ともいい，正方形の天板の四隅に脚をつけたもの，密壇は格狭間をもつ箱形のものと四脚を付けるものがあり，後者は供壇と呼ばれる。＊奈良国立博物館編『密教法具』1985；岡崎譲治「密教法具」(『新版仏教考

古学講座』5，1976）（時枝　務）

須弥壇（しゅみだん）　仏殿内に仏像を安置する壇をいう。もとは須弥山をかたどったもので，四角・八角・円形などを呈しており，和様と唐様がある。和様は台上に組勾欄を設け，その正面の親柱と四隅には擬宝珠がある。壇の束の羽目板には格狭間や蓮華文があり，壇下に蓮華座を置くものもある。唐様は禅宗とともに伝えられ，台上の勾欄は逆連華で架木の先は蕨手となる。壇は上下に同じ繰形を反転して用い，中心には狭い束がある。（是光吉基）

珠文鏡（しゅもんきょう）　鏡背の主文様を小さな突起である珠文とする径10cm前後の小型の仿製鏡であり，仿製鏡の中では末期のものである。鈕をめぐる内区に珠文が配されるが，これは1列に配されるものから3列以上配されるものもあり，また珠文帯を小乳で分画したもの，放射線で文画したものもある。さらにこの外周には櫛目文帯あるいは鋸歯文帯が配される。一般に仿製鏡は小型品の割合が多く，径13cm以下では8割を占めている。＊樋口隆康「珠文鏡」（『古鏡』1979）（池上　悟）

珠文鏡（岐阜・坂祝町）

首里城跡（しゅりじょうあと）　沖縄県那覇市街東方の琉球石灰岩丘陵上（標高約150m）に築城された城跡。琉球の三山鼎立時には中山王の居城として，1429年の琉球の統一王朝以降，1879年まで王宮として王国の政治・経済・文化の中心的役割を果たした琉球史上重要な城。史跡整備等に伴った遺構調査等の成果から初期築城は14世紀中葉～後半頃であることが判明している。

城域は内・外郭から成り，内郭のみで東西400余m，南北270余mを測り，王宮に相応しい規模を誇る。内郭には正殿や南殿・番所，北殿，奉神門等の主要建物群を東側半分に配する。正殿は琉球独特の宮殿建築で，戦前には国宝指定を受けていたが，大戦で焼失。1992年に他の主要建物群等とともに復元整備された。

1972年の沖縄県の本土復帰以後30年間にわたって実施されてきた外郭城郭等や1989年以後に進められている公園整備によって，徐々に往時の景観を取り戻しつつある。

これらの整備に伴った発掘調査によって，石積や建物遺構や陶磁器類を主とした多量の遺物が出土。とりわけ，世界で4～5例しか存在しないとされる，極めて希少資料の紅釉水注等を出土した「京の内」地区出土の陶磁器類は，その学術的価値から国の重要文化財に指定。

なお，当該城跡は歴史上の価値や整備上の評価等から他のグスク等とともに，2000年に世界遺産に登録された。（盛本　勲）

狩猟文鏡（しゅりょうもんきょう）　鏡背の文様に狩猟の光景を文様化して配した鏡。わが国では群馬県群馬郡出土と知られる径

狩猟文鏡

18.2cmの仿製鏡がある。文様は2重圏により区画された内区に4個の乳を有し，この間に4人の人物と4頭の鹿と思われる動物を放射状に配する。外区には10人の人物を配し，このうちの9人は刀と盾を左右の手にもっている。独創的な文様として注目される。中国では唐代に狩猟文が流行し，鏡にも採用された。＊高橋健自「狩猟文鏡」(『考古学雑誌』5–5，1915)　(池上　悟)

殉葬(じゅんそう)　古くから王侯，貴顕の死にあたって，臣妾や従者が殉死をする風習があり，王を記念する建造物跡の周囲にも殉葬される。日本でも『魏志』倭人伝に卑弥呼の墓に奴婢100人を殉葬したと伝えられていることが知られている。また，垂仁朝に殉死を廃止するために埴輪をつくったとも伝えられているが，殉葬の実例を考古学的に実証するまでにはいたっていない。　(川崎義雄)

ショーヴ洞穴(Chauvet cave)　1994年12月18日，フランス東南部，マルセイユ(Marseilles)の北北西約180kmにあるアルデシュ(Ardèche)峡谷の洞穴から，すばらしい旧石器時代の壁画が発見された。この地で20年以上研究を続けている3名の洞穴研究家チームが，峡谷の崖の凹みから洩れる隙間風に気づき，付近を掘り下げて大洞穴の存在を探知したという。洞穴は南北約500m，最大幅は約46m。床面には動物の骨が散乱し，熊や人間の足跡も認められるという。壁面にはサイ47頭，ライオン36頭，マンモス34頭，馬26頭，バイソン19頭，熊12頭，トナカイ10頭，ヤギ7頭，オーロックス7頭，オオツノシカ3頭，アカシカ1頭，ヒョウ1頭，フクロウ1羽など，267頭以上の動物が描かれていた。なかでもとくにヒョウとフクロウとは旧石器時代壁画ではこれまで知られていなかった。人間と思われる像も1例発見されている。いわゆる魔術師(sorcerer)といわれるものであり，上半身はバイソン，下半身は人間に近く，両手両足の先端は球形をなしている。これらの壁画は黒色と赤色の顔料で描かれているが，稀には黄色も用いられている。また線彫りもあり，赤いドット，さらにはネガとポジとの2種類の人間の手形が押されている。また，動物の描写に陰影を加えている点も，この洞穴絵画の特色であるという。壁画の一部から採取された木炭の^{14}C年代は3万790 ± 600B. P.(Gif A 95135)と測定され，約3万年前に描かれたことを示している。この年代は約1万6000年前のスペインのアルタミラ(Altamira)洞穴，約1万7000年前のフランスのラスコー(Lascaux)洞穴よりもはるかに古く，世界最古の洞穴壁画といってよい。なおこの洞穴の名称は，最初の発見者の名前にちなんで付けられたという。＊Jean-Marie Chauvet 他 "CHAUVET CAVE." 1996　(芹沢長介)

荘園(しょうえん)　上皇・女院・貴族など上級権力による立荘を契機に，私領である免田をもとにして，公領をも含むより広い領域を囲い込む土地所有の形態。御願寺の造営などに際して，造営を請け負った院の近臣や受領らが，造営費を確保するために荘園として立券する候補の土地を探し，条件を満たした土地が見つかると立券し，荘園として立荘する。多くの場合，国司が関与して，国衙領から割愛した免田を私領化し，それを基本として荘園が営まれた。従来は，開発領主が上級権力の保護を求めて荘園領主に寄進したと考えられてきたが，立荘時点で開発が進んでいるとは限らないことが知られるようになった。むしろ，立荘時点では小規模な私領に過ぎなかったものが，その後公領をも蚕食して開発を推し進め，郡規模の荘園が形成された例が，上野国新田荘などで確認されている。開発領主の活躍は，立荘以前ではなく，立荘後に期待されたのである。　(時枝　務)

荘園遺跡(しょうえんいせき)　古代・中世に経営された荘園の遺跡。荘園は一定の広さを持つ土地を占有し，内部に荘所などの経営拠点・領主居館・集落・耕地や山野・港湾・河岸・市場・寺社・墓地などさまざまな施設を含み，その遺跡は異なる種類の遺跡からなる遺跡群として存在する。荘園の四至には境界を示す傍示(ぼうじ)が設けられたが，ランドマークとなる自然物や木製のものなどが用いられる場合が多く，遺跡として確認できる例は稀である。10世紀の東大寺領丈部荘に属する施設と推定される富山県入善町じょうべのま遺跡では，複数の区画に分割された官衙風の建物群が確認されており，古代荘園の荘所が古代官衙と深い関係にあることが知られる。しかし，12世紀の八条院領六人部荘の拠点と推定される京都府福知山市大内城跡では，軍事的な機能を強めており，武家の影響下に荘所が変質したことを示している。渋谷荘と推定される神奈川県綾瀬市宮久保遺跡では，柵列に囲まれた掘立柱建物からなる荘所とは別に，渋谷氏が居住したとみられる方形居館が確認されており，荘所とは別に領主居館が存在する場合も多かった。荘園の開発の実態を示す遺跡は少ないが，群馬県の赤城山南麓に掘削された女堀は，淵名荘をはじめとする荘園開発にともなって利根川から農業用水を引き入れようとしたものと考えられる。寺社や墳墓の遺跡は枚挙に遑がないが，木製祭祀具や青銅製三具足(みつぐそく)などを出土した崇徳院御影堂領大屋荘穴水保に比定される石川県穴水町西川島遺跡群は，小祠や村堂を含めた宗教遺跡の実態を知ることのできる貴重な例である。国指定史跡の群馬県新田荘遺跡群や大阪府日根野荘遺跡群などでは，現在も使用されている湧水や溜池，法灯を伝える寺院などとともに遺跡が存在しており，そうした文化財を含めて荘園遺跡を把握する必要性が指摘されている。*宇野隆夫『荘園の考古学』2001　　　　（時枝　務）

上円下方墳(じょうえんかほうふん)　古墳時代終末期の7世紀中頃～8世紀初め頃に

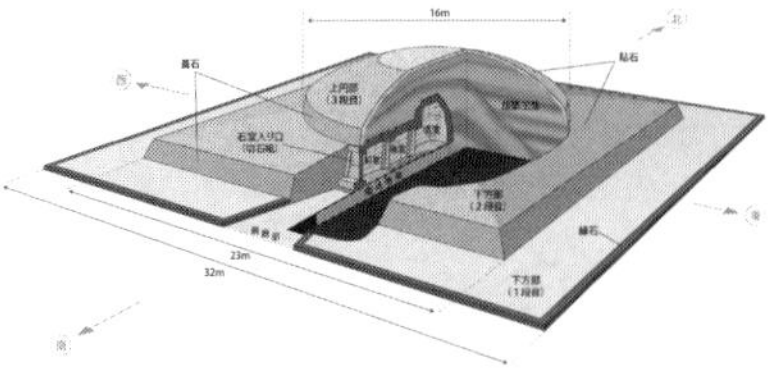

上円下方墳（東京・武蔵府中熊野神社古墳）

築造された，方形の墳丘の上に円形の墳丘を築く古墳。発掘調査で明らかになった上円下方墳は，東京都府中市武蔵府中熊野神社古墳，奈良県奈良市・京都府木津川市石のカラト古墳，福島県白河市野地久保古墳，静岡県沼津市清水柳北1号墳，埼玉県川越市山王塚古墳，東京都三鷹市東京天文台構内古墳があげられる。これらの上円下方墳には，葺石が施される武蔵府中熊野神社古墳など4古墳と，葺石が施されない2古墳に分かれる。武蔵府中熊野神社古墳の墳丘企画は，上円部(三段目)直径16m，下方部(二段目)一辺23m，下方部(一段目)一辺32m＝1 : $\sqrt{2}$: 2で，石のカラト古墳，清水柳北1号墳，野地久保古墳も，同様な墳丘企画と考えられている。このほか，上円下方墳の可能性のある古墳は，奈良県明日香村石舞台古墳，埼玉県熊谷市宮塚古墳などが知られる。*府中市郷土の森博物館『あすか時代の古墳』2006；塚原二郎「国史跡 武蔵府中熊野神社古墳 —墳丘企画を中心として—」ほか(『考古学ジャーナル』592，2009)
（江口　桂）

衝角付冑(しょうかくつきかぶと)　古墳時代に製作された鉄製の冑。鉄板を組み合わせて鉢形につくり，前面で合わさる鉄板の両端を別の鉄板で縦に覆うものである。この形状が艦船の舳先に似ているために命名されたものである。衝角部の下面には低い竪眉庇を付し，頂部には将棋の駒形をなす鉄板より突出した棒状の3本の枝を有する三尾鉄を革綴じにし，これに鳥の羽根などを付して装飾したと想定されている。革綴式と鋲留式がある。

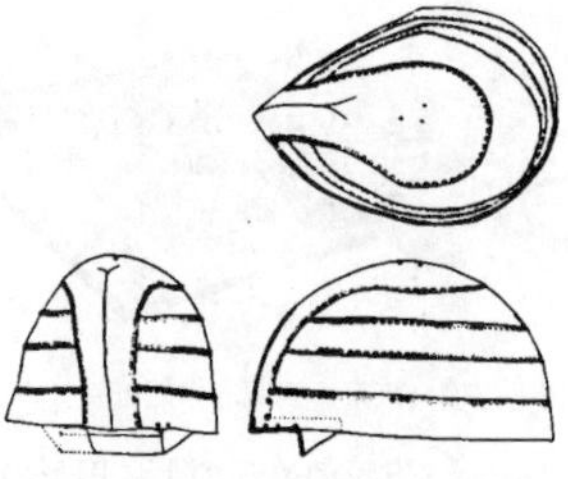

衝角付冑（奈良・新沢千塚古墳）

*村井嵓雄「衝角付冑の系譜」(『東京国立博物館紀要』9, 1974)　(池上　悟)

松菊里遺跡(しょうぎくりいせき)　韓国忠清南道扶餘郡草村面松菊里にある無文土器文化の遺跡。小谷の入り組んだ標高40mの低丘陵上に所在する。1975〜1977年にわたって国立中央博物館で発掘調査を行った。竪穴住居跡が17戸発掘され，また石棺墓から遼寧式銅剣・磨製石剣・磨製石鏃・管玉・勾玉など青銅器時代前期の資料が一括発見された。さらに，54区1号住居跡床面の3ヵ所から炭化した395gの炭化米が出土した。これは，欣岩里遺跡出土のコメとともに無文土器文化前半に，すでに稲作が韓国西南部に普遍化していた事実を示す貴重な遺跡である。*国立中央博物館「松菊里」Ⅰ(本文)・Ⅱ(図版)(『古蹟調査報告』11, 1979・1978)　(広瀬雄一)

象形文字(しょうけいもじ)　物の形をかたどってつくられ，その物を表現する文字をいう。このような文字を中国の先秦時代には「象形」とよび，象形文字は漢字の最も祖形となるものであった。古代エジプトのヒエログリフ，メソポタミアの楔形文字の原形，また，インダス文化の原始インド文字，ヒッタイトの象形文字など，古代文明社会における原始的文字は，すべて象形文字といってよい。象形文字は，いわゆる絵文字から発生した。絵文字は文字が発明される前段階のもので，言語と結びついて，それぞれの古代象形文字が誕生したのである。漢字は現在，世界で広く用いられている文字のうち，象形部分を残す唯一の文字であるが，その最古の文字としてB. C. 1300年ころから甲骨文字が知られている。*加藤一朗『象形文字入門』1962　(中山清隆)

鉦鼓(しょうこ)　形態は鰐口を半截したもので，表面はやや膨らみをもつ。中央に撞座を置くものもあるが，多くは数条の圏線がめぐらされている。上部の左右には懸垂用の紐がつき，下方部には細い側縁がある。本来は雅楽用の楽器であったが，平安時代末から鎌倉時代初頭に仏教へ取り入れられ，念仏唱和の際に調子をとるのに使用される。東大寺1134(長承3)年銘，兵庫県小野市浄土寺1189(建久元)年銘のものが古い遺品である。　(是光吉基)

使用痕(しようこん)　石器・土器・骨器・木器など道具を加工対象物に作用させることによって道具自体が被る変化。特に石器の使用痕の研究が進んでおり，刃部位置や使用法，被加工物の種類まで推定できる。石器の破損状況も力のかかり方を示唆するが，微細痕跡の観察によって高精度な情報が得られる。刃縁に生じる刃こぼれ状の痕跡は「微小剥離痕」(microflaking)とよばれ，5〜60倍程度が観察に適する。大きさ，分布状態と連続性，剥離の開始点と終結部の様子などの特徴が，作業内容と相関する。石器の運動方向とほぼ一致して走る「線状痕」(striation)はバラエティに富み，深いきず状のものから，表面の微細形状が連続して線状をなすものまである。接触部分には，金属顕微鏡下200〜400倍でよく観察できる「光沢」(polish)が発生し，そのタイプによって被加工物が何か(木か珪酸の多い植物か，骨・角か，肉・皮か)大別できる。以上は頁岩・チャート・流紋岩などCCS(Cryptocrystalline Silica)に共通の特徴である。また，着柄や保持によっても使用痕が生じる。方法的には，複製石器を用いて種々の条件下で使用実験を行い，その結果と遺物に観察される使用痕とを比較対照させるのが不可欠である。この分野は1930年代からソビエトのセミョノフによって開拓されたが，1960年代に欧米でも一般化し，1970年以後Tringhamらの微小剥離痕分析法，Keeleyの高倍率光沢分析法，Andersonの走査電顕による残滓物検出法など，研究の進展が著しい。*B. Hayden ed. "Lithic Use-Wear Analysis" 1977　（阿子島香）

条痕文（じょうこんもん）→ 縄文の文様（巻末参照）

城柵跡（じょうさくあと）　東北地方に設置された古代律令国家の奥羽支配の拠点。7世紀中葉～10世紀中葉までの約300年間にわたるが，9世紀前半に大きな再編が行われる。

城柵は永く「蝦夷征伐」の軍事拠点として理解されてきた。1970年代から多賀城（たがじょう）跡などの発掘調査が行われ，その構造が次第に明らかになるにしたがい，行政府としての機能が強く主張されるようになった。外郭線が都城と同じ築地塀であり，柵の実体を示すと考えられた払田（ほった）や城輪（きのわ）遺跡の材木列も簡便な砦のような柵ではなく，築地の基礎地形と考えられること，政庁が平城京朝堂院を模したコの字型を呈することなどから行政府の性格が前面に出されたのである。

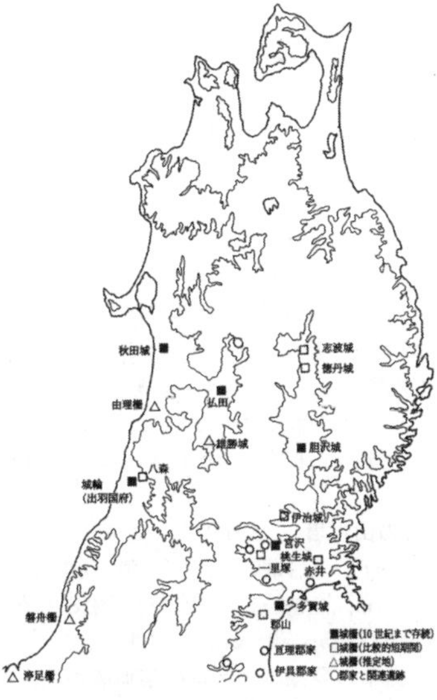

城柵跡（東北の古代城柵）

近年は，城柵の軍事的要素，外郭に櫓が設けられ，出土遺物に鉄鏃などの武器武具も多く出土する点を評価し，行政だけではなく軍事も城柵に課された大きな役割と解する見方が一般化しつつある。城柵の本質が武力を背景にした蝦夷（えみし）統治の拠点であることは疑いない。

城柵は大きく外郭・政庁・官衙域からなり，外郭の区画施設として築地（築垣）・土塁・材木列（柵）が用いられ，四至には門が設けられる。櫓が付設される場合とない場合がある。政庁は城柵のほぼ中央に位置し，築地や板塀で区画され，正殿と脇殿が南に開くコの字形に配される。官衙域は外郭内外に行政実務・饗給・館などの機能ごとの地区が形成されている。

国府との違いは外郭施設によって明確に外界と区分していることで，軍事的緊張の反映であろう。また郡家にみられる正倉が存在せず，城柵に田租などの徴収の役割がなかったことが端的に示されている。*八木光則「城柵の再編」（『日本考古学』12，2001）　（八木光則）

正倉（しょうそう）　古代律令制下，主に，正税として納められた稲（穎穀）を収納して管理するために，郡衙（郡家）などに置かれた倉庫。正倉は，収納物によって，穀倉・穎稲倉・義倉・糒倉などに区別される。近年では，特に重要視された穀倉である法倉や，義倉の考古学的研究が進展している。その建物には，倉と屋があり，倉は総柱建物の高床倉庫，屋は側柱建物の土間などの倉庫であった。東京都北区御殿前遺跡（武蔵国豊島郡衙）のように，郡庁などの官舎群と区別された正倉院が構成される。＊奈良文化財研究所『古代の官衙遺跡Ⅱ遺物・遺跡編』2004；大橋泰夫(研究代表者)『古代日本における法倉の研究』2012　（江口　桂）

正倉院（しょうそういん）　正倉は，古代の正税を納める倉の意であり，正倉のある一画を正倉院とよぶ。一般的には東大寺付属の正倉院宝庫をさす。宝庫は，北・中・南の3倉よりなり，北・南倉が校倉で，中倉は板倉である。創建時は明確ではないが，756(天平勝宝8)年に崩じた聖武天皇の宝物類を毘盧舎那仏に奉献した奉納目録が『東大寺献物帳』の巻頭にみえ，それ以前の創建と考えられる。正倉院の宝庫収蔵品は，その施入時期と由来が明確で，天平時代の一括置物として把握できる。＊和田軍一『正倉院』1955　（岡本桂典）

『上代文化』（じょうだいぶんか）　国学院大学上代文化研究会―考古学会が編集・発行した雑誌。創刊号は1928(昭和3)年刊。第17輯を1939(昭和14)年に発行し，第18輯(1948–昭和23–年刊)以降は，国学院大学考古学会によって発行された。第38輯が1969(昭和44)年に発行された。第1輯～第12輯はA5判縦組，第17輯～第25輯はB5判縦組，第26輯以降はB5判横組で刊行された。なお，第1輯～第17輯の覆刻が1969・1974年に3分冊として刊行された。（坂詰秀一）

上東遺跡（じょうとういせき）　岡山県倉敷市上東に存在する弥生時代中期から古墳時代前期，奈良時代から鎌倉時代の遺跡。足守川の西岸につくられた四つの微高地に集落が点在する。古くから弥生時代後期前半の上東式土器の標式遺跡として知られていた。1972年からの発掘で，この土器を使った集団の様相がわかるとともに，弥生時代後期から古墳時代前期への土器が継続して出土し，この地域の土器編年の基準となる。木製品の量も多く，土器とのセット関係を知るのによい。＊柳瀬昭彦ほか「上東遺跡の調査」(『岡山県埋蔵文化財発掘調査報告』2，1972)　（関　俊彦）

小銅鐸（しょうどうたく）　おもに弥生時代の青銅製品で，形態が銅鐸に似ているため，この名称が付けられた。大きさは10cm前後で，いわゆる銅鐸分布圏から離れた福岡・大分・岡山・静岡・神奈川・栃木などの県から見つかっている。福岡の例は鋳型が前期の土器と，神奈川では鐸が後期の土器と伴出している。用途は祭祀との結びつきが考えられるが判然としない。祖型は朝鮮半島にあり，両者の関連を示す資料である。＊榧本亀生「朝鮮発見銅鐸の集成」(『考古学』7–6，1936)　（関　俊彦）

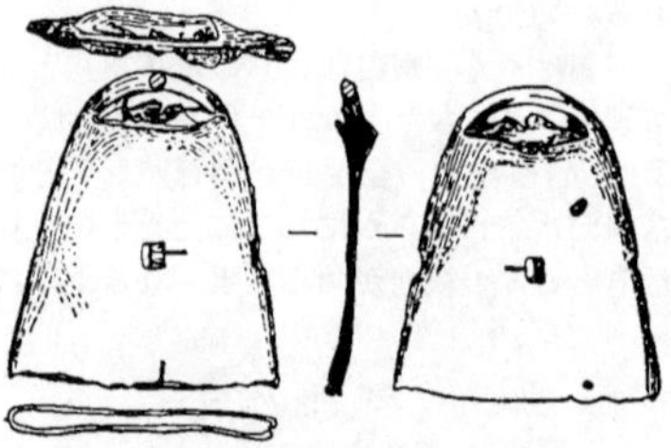

小銅鐸（大分・別府遺跡）

聖徳太子墓（しょうとくたいしぼ）　大阪府南河内郡太子町太子にある円墳。叡福寺北古墳ともいう。径54mあり，現在結界石と称する石列が2重にめぐる。南面して切石で構築された横穴式石室があり，玄室には石棺の棺身(棺台とも考えうる)と格狭間を彫った石製棺台2がある。棺台には夾紵棺が安置されていたらしい。聖徳太子を葬った古墳である可能性が大きい。＊梅原末治「聖徳太子磯長の御廟」(『聖徳太子論纂』1922)　（車崎正彦）

城の山古墳（じょうのやまこふん）　新潟県胎内市大塚に所在する円墳。南北35m，東西41m，高さ5mの楕円形を呈する円墳である。ひとかご山，大塚山とも呼ぶ。2014(平成26)年の発掘調査でコの字形溝が検出され，一時前方後円墳説が浮上したが，翌年の調査で溝が15世紀に構築されたものであることが判明し，円墳であることが確定した。主体部は，舟形木棺で，長約10.5m，幅約5mの土坑に安置されていた。主体部からの出土遺物には，盤龍鏡・両頭金具・翡翠製勾玉・管玉・ガラス小玉・靫・大刀・槍・銅鏃・鉄斧・やりがんななどがあり，畿内の古墳出土品と共通する。靫は漆を多用した工芸的に優れたものとして注目される。本墳は,4世紀前半に築造されたと考えられ，同時期の古墳としては日本海側では最北端に位置する。＊胎内市教育委員会『城の山古墳発掘調査報告書(4次～9次調査)』2016
(時枝　務)

上八角下方墳(じょうはっかくかほうふん)　古墳時代終末期の畿内に営まれた八角墳のうち，方形壇の上に八角墳丘をもつ終末期古墳。奈良県桜井市段ノ塚古墳(舒明稜)，京都府京都市山科区御廟野古墳(天智稜)が上八角下方墳で，奈良県明日香村岩屋山古墳もその可能性が指摘されている。段ノ塚古墳は，三段の下方部上に二段の八角形の墳丘が築かれる。その正面が南辺ではなく，八角形部の隅角となっていることが特徴とされる。御廟野古墳は，下方部二段上に，二段もしくは三段の八角形墳丘をもつと考えられている。岩屋山古墳は，下方・八角形部ともに一段ずつの二段築成と考えられている。＊河上邦彦『大和の終末期古墳』2005；福尾正彦「終末期古墳の墳形　八角形墳」(『考古学ジャーナル』655，2014)
(江口　桂)

菖蒲池古墳(しょうぶいけこふん)　奈良県橿原市五条野町の丘陵南斜面に位置する。墳丘は古くから削平され，形態・規模などつまびらかでない。花崗岩巨石で構築した横穴式石室は南面して開口するが，羨道および玄室の前方を失う。石室の壁面は漆喰で平滑にされている。凝灰岩でつくられた家形石棺2は刳抜式の特異な形をなし，内面に漆塗がなされている。営造時期は7世紀後葉。＊大脇潔「主要古墳解説」(『飛鳥時代の古墳』1979)
(車崎正彦)

情報考古学(じょうほうこうこがく)　情報とは物事の内容・事情を知らせるもので，考古学では共同体の構成員が互いに各自の活動・技術・思想などを伝えるものを言う。

日本では1980年代，考古学事象について，情報交換を通して石材・石器群の研究を行い時間・空間のさまざまな変異について説明したり，土器文様から情報の伝播の姿を究明する動きがでてきた。この動向は1970年代に米英の考古学者に始まり，現在わが国でも概念や研究法が確立している。
(関　俊彦)

称名寺貝塚(しょうみょうじかいづか)　神奈川県横浜市金沢区金沢町から寺前町にかけて低台地の砂丘にU字形に散在し，縄文後期より晩期にわたる貝塚群である。A貝塚は称名寺山門内貝塚ともよばれ，後期初頭の称名寺式土器の標式遺跡である。B貝塚は多量の漁労用の骨角器，イルカ，魚のウロコが多量に出土し，D貝塚貝層下より後期の埋葬人骨十数体が出土している。＊吉田格「横浜市称名寺貝塚」(『東京都武蔵野郷土館調査報告書』1，1960)
(吉田　格)

縄文(じょうもん)　縄文はながらく布とか蓆とかの圧痕と考えられていたが，山内清男の研究によって，撚紐すなわち縄文原体による文様であることが判明した。これには縄の側面を線状に圧した線状縄文と，縄の全面を回転して圧した回転縄文の2種がある。線状縄文は軸に巻いて回転施文する場合と回転させずに直線圧する場合がある。軸に巻く場合，単純に一方向から巻いて回転させた撚糸文と，中央から左右に分けて巻き回転される木目状撚糸文，間隔をおいて2方向に巻いて回転させる網目状撚糸文などがある。回転縄文は縄自体を回転させるので軸はない。条は普通同じ撚りのものを撚りあわせるが，異なった撚りのものを撚りあわせると一方の撚りがもどり異条斜縄文となる。撚りあわせるのは2本が多いが，3～4本撚りあわせることもある。また結び目を文様としたり，別撚りの2本を結び回転すると羽状縄文となる。右撚りと左撚りとでは回転施文すると傾斜が逆になるからであるが，1本で回転方向を変えれば擬似羽状縄文となる。回転施文された縄文の面はそのまま装飾とされるが，その上に浮文または沈線が加えられることも多い。磨消縄文はその代表的な例であるが，縄文時代後・晩期に発達する磨消縄文は，沈線で区画した後に回転施文するのであり，充填縄文とよぶべきである。　→　縄文の文様(巻末参照)　＊山内清男「縄文土器の技法」(『世界陶磁全集』1，1958)　（渡辺　誠）

縄文原体(じょうもんげんたい)　古くから縄文の原体は，織物・編物や蓆のようなもので圧痕したものと考えられていたが，本体はわからないままであった。昭和初期，山内清男は斜縄文が縄を回転して押捺したものであることを発見し，以後同氏の研究で急速に解明された。種類には縄・組紐などがある。縄は条が2本か，3，4本が螺旋状に絡み合いをなしている。条は無節・単節・複節などの変化がある。縄を構成する条は同性質のものが多いが，異条のものも多い。組紐には丸組紐・平組紐などがある。その他単軸絡条体(撚糸文・木目状撚糸文・網様撚糸文など)，多軸絡条体などがある。　→　縄文の文様(巻末参照)　＊山内清男編『日本原始美術』1，1963；山内清男『日本先史土器の縄紋』1979　（川崎義雄）

縄文時代(じょうもんじだい)　日本の旧石器時代と弥生時代の間に入る，縄文土器が使用されていた時代を一般に，縄文文化の時代，縄文時代とよんでいる。日本における旧石器文化(または無土器文化・先土器文化とよぶ人もいる)・縄文文化・弥生文化・古墳文化というような時代区分は決して適切なものではなく，この時代区分に反対し，新しい名称の使用を試みた学者もいるが，ほかの人々が公認するものにはならなかった。縄文時代・縄文文化の名称は，長さ5cm前後の細く短い各種の撚り紐・組紐を，成形・生乾きの未完成土器面に回転押捺して施文した細い縄紐の回転圧痕文がみられる土器が多いので，この名称が生まれた。弥生文化の「弥生」は，口頸部以上が欠損したこの文化の壺形土器が東京都文京区の向丘，旧弥生町から発見されたことによる発見地名によるもので，名称のつけかたが不統一である。縄文土器の名称は1877(明治10)年，モース(Edward S. Morse)が東京府品川区の大森貝塚を発掘し，1879年に『東京帝国大学理科大学欧文紀要』1として刊行の英文『大森貝塚』(Shell Mounds of Omori)の中で“Cord marked pottery”という表現をされたものが最初である。これを1886年，『人類学会報告』3(今日の『人類学雑誌』の前集，同誌第1巻第3号に該当する)に白井光太郎が初めて「縄紋土器」の訳語を使用した。これが名称の起源である。縄文の施文された縄文土器は北方は樺太南部，択捉(エトロフ)島・国後(クナシリ)島，北海道，南は九州地方北半部にまで及んでいる。縄文土器文化が最も広がった時代は縄文時代後期のころで，縄文の施文を欠く縄文土器は沖縄本島にまで広がり，北は南樺太の多来加湖畔にまで及んでいる。また交易物資の黒曜石などとともに，中期後半から後期初頭の西九州地方の縄文土器片は朝鮮半島東南部の櫛目文土器遺跡からもわずかながら発見されている。縄文時代を，日本列島に土器が出現をみた当初から弥生文化への推移時期まで，約1万2000年前から2200年前ごろまでとする説と，縄文文化草創期としている円底深鉢ないし浅鉢の，豆粒文・細隆線文・爪形文などが施文された縄文文様の施文をみない，その伴存石器も後続の縄文文化のものといちじるしく異なる文化は，縄文土器文化以前の土器文化として晩期旧石器時代の土器文化とする説も出されている。

縄文時代を代表する縄文土器文化は今日まで多くの学者が一元論を提唱，山内清男は東北アジアに広く分布する櫛目文土器文化が沿海州方面から波及し，縄文土器文化の起源をなしたものではないかと考えた。縄文の施文された深鉢尖底土器は南関東地方の三浦半島，房総半島，東京都東半部付近に分布する井草式土器が最も古く，夏島式・稲荷台式と時代が下降するに従ってしだいに分布圏が広がることは岡本孝之が指摘したとおりである。細長い手に握れる程度の細長い河原石の先端を打ち欠くか，局部磨製した礫器のみが特徴的な石器を持つ文化は，東南アジア的な文化であるがどこから伝播した文化であろうか。

縄文文化は，複数の土器文化がわが日本列島の中央(中部地方東部から関東地方)を中心にして融合醸成して日本独自の縄文土器文化が発生した，とする融合説は，1941年以来江坂が主張してきたところである。縄文時代を今日は一応，草創期(B. C. 1万〜7000年)，早期(B. C. 7000〜4000年)，前期(B. C. 4000〜3000年)，中期(B. C. 3000〜2000年)，後期(B. C. 2000〜1000年)，晩期(B. C. 1000〜200年)と区分している。山内清男は^{14}Cによる年代測定を信ぜず，草創期初頭がB. C. 3000年代をあまりさかのぼらぬ時期と考えた。最近，東京・横浜方面で草創期の細隆線文円底深鉢土器の復原できるものが数点，関東ローム層上面から出土し，同一平面上から小型の有舌尖頭器なども出土した。また，更新世の半島状台地の上に数戸からなる浅い竪穴住居集落をつくっていたことも明かになったが，草創期から早期初葉まで(押型文土器使用のころ)は山岳地帯では自然の洞窟，断崖下の岩陰などを住居に利用しているものも多く，気候も今日より年平均気温にして数度低温であったと思われる。竪穴住居の生活面が広くなって，床面中央と屋根までの間隔も大きくなり，竪穴住居の床面に炉が設けられ，住居内で食物の煮炊が行われるようになるのは前期以降で，草創期・早期の竪穴住居内からは炉跡は発見されない。また前期の中葉までは，三方に見晴しのきく台上に竪穴家屋が5戸前後の散村形態でつくられた。中期へ入ると中部地方以東の東日本では，河成段丘下に泉のある場所の段丘上に広い平坦地を持つ場所を選び，泉を中心に台上に直径100m前後の広場を持つ環状集落が営まれ，竪穴家屋の数も10戸以上15戸内外に増加している。かつては縄文土器文化の時代は，狩猟・漁労を主たる生業とした採集経済の段階にあったといわれてきた。草創期・早期の時代はほぼこれに近い状況であったと思われるが，前期に入ると，福井県鳥浜貝塚などで検出されたように，ヒョウタン・エゴマ・リョクトウ・カジ・ウルシなどの中国南部から渡来した，有用栽培植物があり，植物質食料の占める位置もしだいに大きくなってきている。また重要食料資源となるシカ・イノシシなどの保護育成にも目を向けられた痕跡があり，彼らが好んで食用としたマガキが，岩礁地帯のない砂泥底の砂浜でも付着するように工夫した痕跡などもあり，前期以降の人々はかなり高度の生活を営んでいたことが考えられる。また前期以降には配石遺構なども発見され，土偶・岩偶などの存在とともに，信仰関係の行事もしだいに複雑化をたどっていることが推察される。

縄文文化人は埋葬遺骨からみると死産児や乳幼児の死亡率が高く，また40歳ないし50歳前半の壮年期で死亡する人が多かったようである。身長は男子で156cm前後，女子で150cm前後が当時の平均身長であった。

(江坂輝彌)

縄文土器(じょうもんどき)　わが国の縄文時代につくられた土器。時期・地域によりバラエティーに富む。器種は精製・粗製の深鉢を主とする。これらは草創期・早期には尖底・丸底が多く，前期以降は平底と

縄文土器編年図

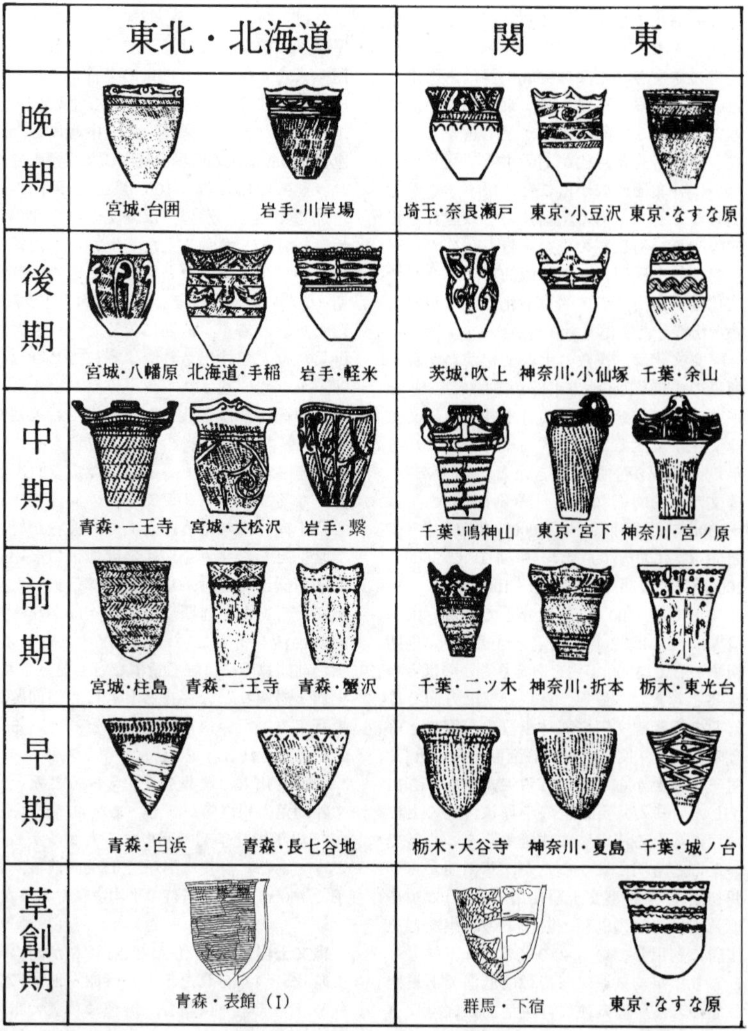
東北・北海道
関東
晩期
宮城・台囲
岩手・川岸場
埼玉・奈良瀬戸
東京・小豆沢
東京・なすな原
後期
宮城・八幡原
北海道・手稲
岩手・軽米
茨城・吹上
神奈川・小仙塚
千葉・余山
中期
青森・一王寺
宮城・大松沢
岩手・繋
千葉・鳴神山
東京・宮下
神奈川・宮ノ原
前期
宮城・柱島
青森・一王寺
青森・蟹沢
千葉・二ツ木
神奈川・折本
栃木・東光台
早期
青森・白浜
青森・長七谷地
栃木・大谷寺
神奈川・夏島
千葉・城ノ台
草創期
青森・表館（I）
群馬・下宿
東京・なすな原

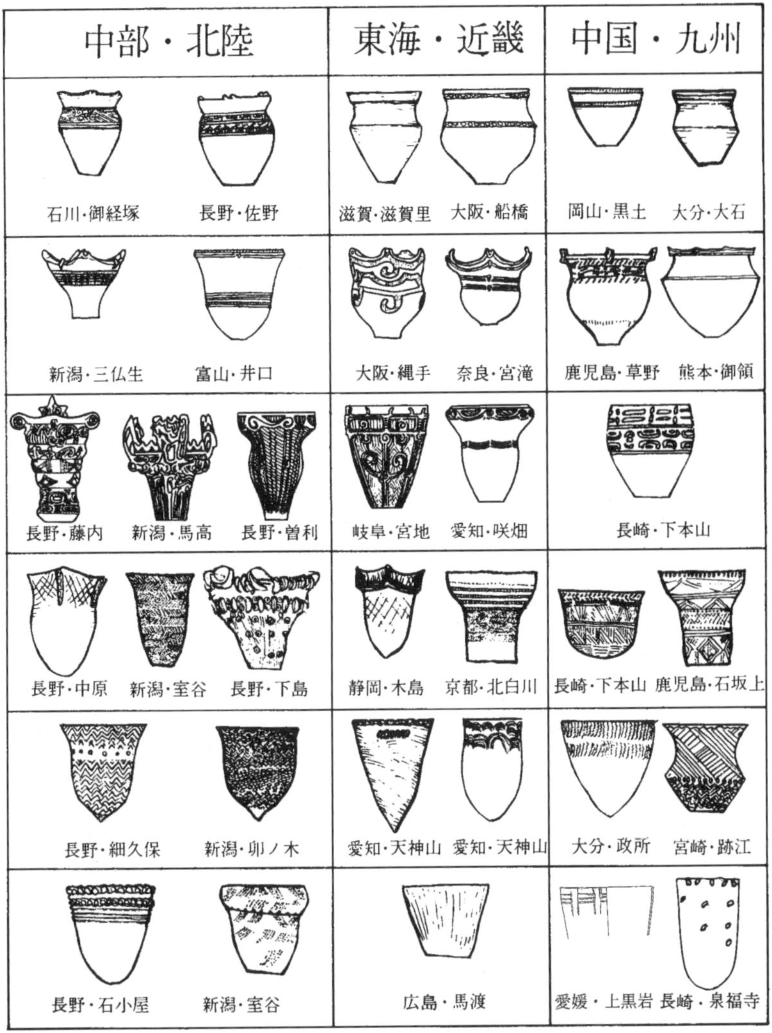
中部・北陸
東海・近畿
中国・九州
石川・御経塚
長野・佐野
滋賀・滋賀里
大阪・船橋
岡山・黒土
大分・大石
新潟・三仏生
富山・井口
大阪・縄手
奈良・宮滝
鹿児島・草野
熊本・御領
長野・藤内
新潟・馬高
長野・曽利
岐阜・宮地
愛知・咲畑
長崎・下本山
長野・中原
新潟・室谷
長野・下島
静岡・木島
京都・北白川
長崎・下本山
鹿児島・石坂上
長野・細久保
新潟・卯ノ木
愛知・天神山
愛知・天神山
大分・政所
宮崎・跡江
長野・石小屋
新潟・室谷
広島・馬渡
愛媛・上黒岩
長崎・泉福寺

(江坂輝彌)

なるが，地域によっては早期でも平底が優先する。また後期から晩期にかけて東日本でみられる製塩土器には尖底もある。深鉢に加えて前期以降，鉢・浅鉢・多孔土器が加わり，中期には特に中部地方を中心に釣手土器・器台・有孔鍔付土器・台付土器が発達し，東北地方では注口土器が発達する。注口土器は後期になると九州地方へも伝わるが，特に東北地方晩期の亀ヶ岡文化において，各種の皿・台付土器・壺などとともに非常に発達する。中期の土器は人面付・蛇体装飾付深鉢や火焔土器などにみられるように立体的な装飾が主である。これに対し後晩期は黒く焼成して研磨したり，朱や漆を塗布する細工もの的な発達が特徴である。土器の製作は輪積法を基本とするが，九州地方晩期にはカゴの内面に編布・平織布・網などを当てた型作り法も発達する。文様は各種の回転縄文を主にするが，地域によっては沈線文・貝殻文などを主体とする地域も少なくない。縄文の少ない隆帯文・微隆起線文・爪形文を主体とする草創期を縄文土器から除外して，縄文土器以前の土器とする説もある。→編年図 p.232，p.233
* 山内清男・甲野勇・江坂輝彌編「縄文式土器」(『日本原始美術』Ⅰ，1964)（渡辺　誠）

城山第1号古墳(じょうやまだいいちごうこふん)　千葉県香取市小見川町小見川にある前方後円墳。城山古墳群中の1基で，利根川右岸の丘陵上に北面して築かれ，全長68mある。周湟および埴輪列がある。また後円部の墳丘中から破砕された須恵器と土師器が集中して出土した。後円部に南面して開口する横穴式石室があり，鏡・玉類・耳環・鉄刀・鉄鏃・甲冑・馬具など豊富な副葬品が出土した。営造時期は6世紀後葉。
* 丸子亘ほか『城山第1号前方後円墳』1978
（車崎正彦）

条里(じょうり)　古代の土地区画制度。畿内を中心としてほぼ全国の沖積平野に実施されたものと考えられる。条里の地割りは，一辺6町(約654m)四方の地積を里とよび，南北を1条，2条……，東西を1里，2里……と数える。さらに里は方1町の面積をもつ36の坪に区画され，里の一隅から1坪，2坪，……と数えていく。この坪付には平行式と千鳥式がある。方1町の坪は最小区画として，長地型または半折型に10等分され，これを段と称した。したがって耕地の所在地は何条何里何ノ坪と示される。条里は大化改新による班田収授の法施行の基盤となったものであるが，その実施は大化以前から行われたとする説もある。いずれにせよこの土地制度の改革と新しい徴税制度は，のちの律令制度へと継承され，古代国家の財政的基礎となった。条里の跡は現在でも各地の土地割りに残っており，近年ようやくその発掘調査が実施され，条里地割りの変遷などが明らかになりつつある。
* 弥永貞三「条里制の諸問題」(『日本の考古学』Ⅶ，1967)　（西脇俊郎）

松林山古墳(しょうりんざんこふん)　静岡県西部，天竜川東岸の磐田原台地南縁の磐田市新貝に所在する前方後円墳。1931年に，帝室博物館鑑査官の後藤守一らによって発掘調査された。前方部を西に向けた全長110m，後円部径60m，前方部幅30mの規模であり，主体部は後円部墳頂下1.6mに主軸と直交して設けられた長さ7.9m，最大幅1.3mの竪穴式石室である。三角縁神獣鏡，内行花文鏡2，神獣鏡，四獣鏡，石釧2，琴柱形石製品，貝釧2，長方板革綴短甲，巴形銅器3，直刀・剣・鉄鏃・銅鏃などの多数の武器が出土している。4世紀後半代の築造。
* 後藤守一『静岡県磐田郡松林山古墳発掘調査報告』1939　（池上　悟）

峙峪遺跡(じよくいせき)(ヂーウィーいせき)　中国泥河湾盆地の西端に位置する山西省朔州市にある後期旧石器時代初頭の遺跡。古脊椎所が1963年に発掘調査し，炉跡，人類頭骨化石片1点，1万5000点余の石器，多量のほ乳動物化石が出土。石器には打面調整のない古手の石刃核と石刃，エンドスクレイパー(Endscraper)，彫刻刀形石器が含まれる。石刃は道具の素材になる場合が少なく，直接使用されることが多かった。哺乳動物化石はシャラオソゴル(Sjara-osso-gol)動物群に類似し，とくにウマとロバが目立つ。^{14}C 法による年代は約 2 万 9000 年前。＊賈蘭坡ほか『考古学報』1972–1，1971

（佐川正敏）

植刃（しょくじん）　insert blade あるいは side blade を山内清男が日本語に訳した用語。広義では角・骨・木などでつくられた軸の両側あるいは片側に溝を彫り，その中に並べてはめこんで用いられた小型の石器を指す。この場合には細石刃をそのままはめこむ場合が多いが，石刃を折って三角形・台形・半月形・四辺形などに整形して用いることもあった。狭義の植刃は両面加工によって整形された四辺形あるいは楕円形の小型石器であり，特にシベリアの新石器時代に多くみられる。日本にこのような植刃があるとすれば，九州北西部から出土する縄文時代後期の石鋸およびその類似品があげられる。＊山内清男・佐藤達夫「縄紋土器の古さ」(『科学読売』14–12，1962)

（芹沢長介）

植刃（シベリア・ブラツスキー・カメーニ）

『植生史研究』（しょくせいしけんきゅう）　日本植生史学会(Japanese Association of Historical Botany)は，植生史に関する学際的研究を目的とした植生史研究会(1986 年発足)を母体とし，1996 年に日本植生史学会と改名・移行。植物学・地質学・地理学・考古学など様々な分野の研究者が生態・古生態と環境変動，人と植物の関係史，分類・系統と生物地理などの多角的な視点から植生史の総合的な理解をめざしている。学術雑誌『植生史研究』〈ISSN 0288-5964〉を年 2 号発行，2019 年 10 月現在，28 巻まで刊行。

（松原典明）

植物遺存体（しょくぶついぞんたい）　遺跡・遺物から検出される植物の総称。木部・果実・種子がおもである。このほか，花粉分析や，プラント・オパール分析法などの発達により，遺跡の土壌中の花粉や，土壌や土器胎土に含まれる植物珪酸体なども広義の植物遺存体といえよう。炭化した木材の小片は縄文時代の土層中にしばしばみられ，たき火の痕跡のことが多い。炭化しないで残存するのは低湿地遺跡などに限られる。流木などを除くと，木材のほとんどは木製品として出土している。樹種から，直接に遺跡周辺の古環境を推定することは困難である。

縄文時代前期の福井県鳥浜貝塚では，漆塗櫛，籠，紐，縄などの豊富な資料が得られている。縄文時代以降古代の低湿地遺跡から多く出土するのは，柱・板・杭などの建築材，鋤・鍬などの農耕具(カシ類)，什器，火切具(タブノキ・スギ)，丸木弓(イヌガヤ・イヌマキ・イチイなど)，丸木舟と櫂(カヤ—千葉県，マツ・スギ・クリ・クスノキなど)，木棺(コウヤマキ—近畿，ヒノキなど)などの木製品である。種子・果実の出土は，当時の人々の採集活動の結果である。旧石器時代に植物利用は始まっていたと思われるが，縄文時代には食糧となった植物が，堅果類を中心として 38 種知られている。以後古代を通じて出現頻度の高いのは，ニホンイネ・イヌガヤ・オニグルミ・クリ・モモ・トチノキ・ヒョウタンの類である。栽培種であるヒョウタンの類(*Lagenaria* sp.)が縄文時代前期初頭の福井県鳥浜貝塚や，前期の千葉県大坪貝塚から出土していることは注目されよう。縄文時代の主要種の一つトチノキは東北～南九州の50ヵ所の出土例があり，北へいくほど多く，また縄文後期以降積極的にアクヌキ技術が駆使されたという。炭化米や，土器に付着した籾圧痕は，500以上の遺跡から検出されており，特に縄文時代のものは，稲作の直接的証拠として重要視された。花粉分析やプラント・オパール分析によっても，北九州の縄文後期末～晩期にイネが存在したことが裏付けられている。また農耕に伴う細かな雑草の種子の検出・分析も進み，南方系水田雑草群を伴う稲作がまず北九州に伝わり，やがて弥生時代にはひきつづき東進していったことが推定されている。

植物遺存体の研究は，対象・方法が多岐にわたる。花粉分析は遺跡の立地した古環境の復原や，時代的変化の究明が主眼である。また植物遺存体の研究の関心の多くが，農耕の起源や伝播の解明に向けられていることも事実である。一方，野生種であっても，人間の採集活動の痕跡を示す資料として，さらに採集時期，採集方法，加工処理の仕方の細かい研究の進展が必要である。同様の意味で，木製品についても，製品に至るまでの工程を含めた詳細な観察・研究も大切となるだろう。*前川文夫「種子」，亘理俊次「木材」(『考古学ゼミナール』，1975)　(丹羽百合子)

植物考古学(しょくぶつこうこがく)　植物遺存体を研究し，人間の植物利用の歴史を明らかにしたり，環境復原，年代測定などを行う分野である。それらにはコメ・ムギなどの栽培植物，ドングリ・トチなどの木の実，花粉，木器や建築材などの木材，樹皮，編物などがある。微細遺物は一般に保存が悪かったり，肉眼で観察が困難なので保存処理や比重を利用して浮かせたり，水洗ふるいをかけたりして選別することが必要である。*Dimbleby, Geoffrey "Plants and Archaeology" 1967　(松井　章)

白石稲荷山古墳(しらいしいなりやまこふん)　群馬県藤岡市に位置する全長92.5mの前方後円墳。主体部は後円部の墳頂に構築された主軸に併行する2基の竪穴式石室状を呈する礫槨であり，長さ5.3mと8mを測る。出土遺物として特徴的なものは各種の石製模造品であり，5世紀前半の特質を明示する東国の代表的な古墳である。また，昭和8年に後藤守一の主導のもとに行われた調査は，単に個別の古墳の調査にとどまらず，地区総体としての古墳群の把握を目指したものとして，研究史的に重要な位置を占める。*後藤守一・相川龍雄「多野郡平井村白石稲荷山古墳」(『群馬県史跡名勝天然紀念物調査報告』3，1936)　(池上　悟)

新羅(しらぎ・しんら)　朝鮮三国時代の一国で，朝鮮半島南東部の慶州盆地に興り，12ヵ国の一つ斯盧国であったが，4世紀ごろ辰韓を統一し，6世紀の真興王の代に伽耶を併合して，高句麗・百済と対立し，唐と巧妙な外交戦略を結んで，660年に百済を，668年に高句麗を滅ぼす。これ以前を古新羅といい，文武王(661～681)から935年の新羅滅亡までを統一新羅という。新羅初期の遺跡としては最近鏡や甲冑や土器を副葬した土壙墓の存在が知られるようになり，5～6世紀の古新羅の文化は金冠塚・天馬塚・金鈴塚・瑞鳳塚などの黄金の装身具，ガラス器，武器，漆器，新羅土器を副葬した壮大な墳丘の積石木槨墳で知られる。6～7世紀以降の遺跡は十二支などの護石や石人を配した陵墓，皇籠寺・芬皇寺・四天王寺・感恩寺・千軍里寺などの寺跡や石塔石仏などの仏教遺物がある。王宮跡の月城近くの雁鴨池内からこの時代の各種遺物が大量に出土した。*斎藤忠『新羅文化論攷』1973　(穴沢咊光)

師楽遺跡(しらくいせき) 錦海湾に面す岡山県瀬戸内市牛窓町に所在する遺跡で,古墳時代後期に比定される。本遺跡は,水原岩太郎によって発掘が行われ,多量の粗製台付深鉢形土器や小形鉢形土器が出土し,「師楽式土器」の名称が与えられた。その性格については不明であったが,近藤義郎は香川県香川郡直島町喜兵衛島東南浜遺跡の調査を通してこの土器が製塩にかかわるものであることを明らかにした。＊水原岩太郎編『師楽式土器図録』1939 (是光吉基)

師楽式土器(しらくしきどき) 岡山県瀬戸内市牛窓町師楽遺跡出土の土器に水原岩太郎が命名した。瀬戸内沿岸の海浜や島嶼部の古墳時代遺跡から多く出土する薄手の土師系粗製土器で,器表には格子目・平行線など各種の叩きがみられる。前期には深鉢の底に脚台をつけた土器であるが,しだいに平底風の丸底土器にとってかわり,後期では丸底の鉢形土器が使用され,遺跡の規模も拡大化した。濃縮された海水を煮つめ製塩するのに用いられた。＊喜兵衛島発掘調査団「謎の師楽式」(『歴史評論』72,1956) (是光吉基)

白滝遺跡(しらたきいせき) 北海道紋別郡遠軽町白滝地区に所在する旧石器時代の一大遺跡群。湧別村と支湧別川にはさまれる段丘上,および湧別川北岸の斜面上に約40地点が確認されている。十勝三股・置戸とならぶ黒曜石の大原産地である。1927年遠間栄治によって発見されたが,旧石器時代に属することが判明したのは,1953年以降の吉崎昌一の踏査研究による。1955～1957年には吉崎がLoc. 13・30・33などを,1959～1961年には白滝団体研究会がLoc. 32,ホロカ沢Ⅰなどを調査した。また,服部台地点では明治大学,北海道教育委員会による調査もある。初期の研究も,Loc. 13(ホロカ型彫刻刀形石器・舟底形石器など)とLoc. 30・32(荒屋型彫刻刀形石器,湧別技法など)の間に層位的上下関係が確認されたこと,黒曜石水和層法により絶対年代が測定されたこと,細石刃もしくは舟底形石器の製作技術である湧別技法が確認され,同時に東シベリア・中国北部・アラスカ方面の細石刃文化との関連が指摘されたことなど,多くの成果があげられている。＊白滝団体研究会『白滝遺跡の研究』1963 (山田晃弘)

白浜遺跡(しらはまいせき) 青森県八戸市鮫町字姥懐32番地,通称白浜に所在する縄文時代早期の白浜式土器の時代の集落遺跡。1951年3月慶應義塾大学文学部考古学研究室でJR八戸線の線路際より標高10mほど高い段丘にトレンチを設定し発掘調査を行った。貝殻腹縁文,平行状線文など施文された尖底土器,擦切磨製石斧,石槍,石鏃,石錐などの石器類が出土した。＊江坂輝彌「青森県八戸市白浜遺跡」(『日本考古学年報』4,1951) (江坂輝彌)

白保竿根田原洞穴(しらほさおねたばるどうけつ) 白保竿根田原洞穴遺跡は,沖縄県石垣市に所在する旧石器時代にさかのぼる複合遺跡である。遺跡の発見は,2008年の新石垣空港建設時の洞穴の測量調査において,人骨や貝類などの遺物が発見されたことが発端となる。この人骨は,放射性炭素年代測定により,おおよそ約2万年前の年代値が得られ,国内最古として公表された。

その後の緊急発掘調査で,今から約2万4000～1万6000年前の旧石器時代(後期更新世),9500～8500年前の完新世初頭(縄文時代早期並行),約4000年前の下田原期(縄文後期並行),約1800年前の無土器期(弥生並行),14～17世紀の中森期(グスク時代)までの複数時期におよぶことが判明した。それまで,先島諸島の先史文化は,下田原期が最古とされていたが,約2万4000年前の旧石器時代には人類が石垣島に存在していた可能性が示された。とくに,後期更新世に属する層からは,全身の骨片が約1,100点出土していることが特筆すべきものである。

調査においては,学際的研究が重視され,

とくに，ミトコンドリアDNA分析では，中国大陸南部や東南アジアを起源とする結果が得られ，日本列島への渡来したルートの検討がされた。一方で，後期更新世の層準より石器などの明確な人工遺物や遺構が確認されていないという課題が残されている。＊沖縄県立埋蔵文化財センター『白保竿根田原洞穴遺跡』(同センター調査報告書85・86集，2017)　(橋本真紀夫)

尻八館遺跡(しりはつたていせき)　青森駅の北方約20km余，陸奥湾に面した津軽半島東部中央付近の津軽山地(中山山地)の尾根から派出する東端部に構築された山城で，標高約170mの場所に位置する。青森市大字後潟字後潟山275，山林，同字六枚橋山281，山林地区に所在する。発掘調査は1977～1979年にわたり，三上次男博士の指導のもとに，村越潔，桜井清彦，岩本義雄などが調査にあたった。城郭東北部斜面，標高80m余の馬立場と呼称される地域からは，南宋末(13世紀初葉)から15世紀明代に至る舶載陶磁器が多数出土している。なかでも韓国南東部新安沖発見の元初の龍泉窯青磁浮牡丹文香炉と近似の香炉をはじめ，青磁酒海壷など56個体分が発掘され，韓国李朝初期の花三島の破片も1点出た。日本の瀬戸黒褐色釉印花大瓶子，珠洲焼の磨鉢，広口壷などもあり，日本の室町時代初頭頃の青森県下北部津軽半島に居住する領主もかなり高い文化を保有し，日本海貿易で中国浙江，福建方面産出の陶磁器も手にし，恐らく秋田湾代から津軽半島西北部の十三湊を介しての貿易があったと想定される。＊『青森県立郷土館調査報告』9，『尻八館調査報告書』1981　(江坂輝彌)

シルクロード(Silk road)　絹の道。ユーラシア大陸を東西に横断する大交易路。ドイツの学者リヒトホーフェン(F. von Richthofen)が，内陸アジアのこの交通路を通って中国の絹が西方世界へ運ばれたことからザイデンシュトラーセン(Seidenstrassen)(“Chine” 1877)と命名したことによる。北方のステップルートと南海の海上交易路と並んで東西文化と物資の交流の大動脈であった。シルクロードは中国の漢中盆地から河西回廊を経て天山山脈の南北を結ぶ天山北路と天山南路があり，後者はさらにタリム盆地のタクラマカン砂漠の南北を走る西域南道，西域北道があり，交通の要衝には楼蘭，チエルチエン，カシュガル，カラシャール，クチヤ，アクスなどのオアシス都市が栄え，それらの遺跡から多数の文物が発見されている。カシュガルからパミールを越え，サマルカンド，タシュクルガンを経て西方世界に達した。この交易路によって多くの西方系文物が東アジアにもたらされている。＊長沢和俊『東西文化の交流・新シルクロード論』1979　(穴沢咊光)

城の内遺跡(しろのうちいせき)　長野県千曲市屋代城の内の千曲川の氾濫原である自然堤防上に発達し，弥生時代後期から平安時代までの長きにわたって営まれた遺跡である。その間，古墳時代は，森将軍塚をはじめとする古墳群，奈良・平安時代には，廃寺・式内社・条里制などを周辺に営んでいる。1957～1960年まで4次にわたる調査が東京教育大学によって行われ，多大な成果とすぐれた報告書を刊行した遺跡である。＊木代修一・岩崎卓也「城の内—信州千曲河岸の土師式集落遺跡の研究—」(『史学研究』東京教育大学文学部紀要XXXI，1961)　(福田健司)

城ノ台貝塚(しろのだいかいづか)　千葉県香取市木内字城ノ台地にある縄文文化早期の大丸，花輪台1，2，田戸下層，田戸上層，子母口，茅山の諸形式の土器を層位的に出土する貝塚で，台地の南と北斜面の2ヵ所にある。貝塚を構成する貝類はハマグリが最も多く，小粒なハイガイがこれに次ぎ，汽水性の入江に多く棲息する斧足類のマガキ，イタボガキ，アサリ，バカガイなどが目につき，腹足類ではアカニシ，ツメタガイ，バイの貝殻が目に止った。貝層中では斧足類13種，腹足類5種の計18種で，鹹度は低い貝類が目につくが，純鹹貝塚と見做すことができ，現鹿島灘湾岸から約20km入った沖積地まで，霞浦湾岸は完新世初頭に海進が進行していたと考えられ興味深い。*吉田格「千葉県城ノ台貝塚」(『石器時代』1, 1955) （江坂輝彌）

秦(しん) 古代中国の春秋戦国時代の列国の一つで，その起源は西周時代にさかのぼり，周室が東遷した後は本拠の甘粛地方とともに関中盆地を領有して戦国七雄の一つとなった。孝王のとき商鞅の法家思想による政治を採用して国力をまし，B. C. 221年始皇帝によって中国の統一国家が完成した。しかし，性急苛烈な秦の支配は人民の反乱を招き，始皇帝の没後まもなく滅亡した。秦の遺跡としては，初期の都鳳翔，咸陽の宮殿跡と壁画，憧潼にある壮大な始皇陵と有名な兵馬俑坑のほか，湖北省雲夢睡虎地秦墓から秦律を記した竹簡が大量に出土し，その実態がわかる。*大庭脩「秦漢帝国の偉容」(『図説中国の歴史』2, 1977) （穴沢咊光）

秦鏡(しんきょう) 『西京雑記』の「有方鏡，廣四尺，高五尺九寸，表裏有明，人直来照之影，則倒見，以手掩心而来，則見腸胃五臟，歴然無硋，人有疾病在内，掩心而照之，則知病之所在，又女子有邪心，則瞻張心動，秦始皇常以照宮人，瞻張心動者則殺之」という記載により秦鏡・照瞻鏡という言葉ができ，秦宮防姦などと用いられたために，その名を高からしめた。鏡の神秘な霊力について記した例であるが，後代の作とされる。*富岡謙蔵「鏡鑑の起源」(『芸文』7–11, 1916) （池上 悟）

人工遺物(じんこういぶつ) 人間が創り出した過去のモノをいう。例えば住居や墓も広い意味では該当する。この場合，動物の骨や鳥骨・貝類・木の実などの自然遺物と区別するときに用いる。しかし，狭い意味で人工遺物といえば土器・石器・青銅器などをさす。

いままで自然遺物に対して人工遺物が重要視されてきたのは，人間がモノを創り出すときには，製作者の意識や行動が反映されていたからである。しかし，諸外国でも近年はモノから生活を復原しようという風潮が定着するにつれ，生態学的データを収集しはじめ，自然遺物も重視してきた。今後は人工遺物を研究するときには，必ず生態学的データが引合に出されるであろう。

人類史を復原する際，人工遺物は時間的にも空間的にもさまざまな要素をもちあわせているので，最高の資料といえる。

（関 俊彦）

晉尺(しんじゃく) 晉代尺には晉前尺と晉後尺の2種類がある。前者は晉代前期に荀勗(じゅんきょく)が音律の乱れを正すために古尺古器により復元した尺で，晉の前期に作られた尺の意味である。後者は江東で用いられた尺で，ともに1尺は曲尺の8寸7里に相当し，24.45cm強で晉代に用いられた尺である。4～5世紀代には漢尺もしくは晉尺が用いられたと考えられている。*小泉袈裟勝『ものさし』1977 （岡本桂典）

神獣鏡(しんじゅうきょう) 神像と獣形を主文として半肉彫りで表現した漢式鏡の一つであり，後漢中葉より三国，六朝時代に製作された。平縁式と三角縁式に大別され，平縁式は内区の文様を構成する単位文の相違により半円方形帯神獣鏡・環状乳神獣鏡・重層式神仙鏡・重列式神獣鏡などがある。これらは神像を主文，獣形を副文として配置するのに対し，三角縁神獣鏡では乳により分画された各区に神像と獣形を同等に配置している。*樋口隆康『古鏡』1979

（池上 悟）

新石器時代(しんせっきじだい) Neolithic あるいはNew Stone Age。旧石器時代・中石器時代につづく石器時代最後の時代。J. ラボック(Sir John Lubbock のちに Lord Avebury,

1834〜1913）は1865年に出版された『先史時代 Prehistoric Times』の中で石器時代を二つに分け，古い方を旧石器時代（Palaeolithic あるいは Archaeolithic），新しい方を新石器時代（Neolithic または New Stone Age）とよぶことを提唱した。新石器時代は磨製石器の時代であって，フリントでつくられた美しい武器や道具によって特色づけられる。装飾品として時には金が用いられたことを除けば，金属の知識をもたぬ時代であった，と彼は述べた。それ以来，新石器時代という区分が広く用いられるようになったが，ヨーロッパでは旧石器時代と新石器時代との間に文化的・人種的な断絶があるという説が強かった。ところが1887年にフランスのマス・ダジール洞穴がE. ピエトによって発掘され，新旧両石器時代の橋わたしをする中間的な文化層が確認され，20世紀に入ってから中石器時代（Mesolithic あるいは Middle Stone Age）が設定され，今日に至っている。ラボックの区分が発表されたのち，新石器時代の特色は磨製石器と土器の製作にあると久しく考えられてきていたが，1936年に英国の考古学者チャイルド V. Gordon Childe は，農耕と牧畜の実行をもって新石器時代の特色とするという新説を発表し，食料の生産 food producing は人類の歴史における最初の経済上の革命であったと主張した。新石器革命 The Neolithic Revolution という用語はチャイルドの所説をよく表現している。

新石器時代の指標となる農耕と牧畜は，今から約1万年前，中近東においてその第一歩を踏みだしたと考えられている。旧石器時代が終わった直後の近東にはナトゥフ文化（Natufian）とよばれる中石器時代の文化が広がった。ナトゥフ人の生業は基本的には狩猟と漁労であったが，集落の周辺に生育する野生のオオムギ・コムギを刈り取って食料とし，やがて本格的な農耕を開始するに至った。ナトゥフ人はすでに農耕を行っており，これが新石器時代のさきがけとなった，というのが英国の女流考古学者ガロッド（D. A. E. Garrod）による1950年代の説であった。

近東のなかでも地中海に接したレバント地方から，1980年代になって重要な新資料が発掘されている。ここでは旧石器時代直後の約1万2000〜1万500年前になると，半定住的な大規模の集落が出現し，すでにガゼル・ヤギ・ロバなどの動物の飼育が開始され，コムギの栽培も意識的に行われた疑いがつよいと考えられてきている。初期新石器時代は約1万500年前から開始されるが，イェリコやテル・アスワド遺跡のような大集落が低地に発達する。オオムギ・コムギ・エンメルコムギ・豆類が栽培され，カモシカ・ウシ・ブタが家畜として飼育された。海抜250mのイェリコ遺跡は，年中枯れることのない泉をもつオアシスに接しており，そこからまだ土器がつくられていないので先土器あるいは無土器新石器文化とよばれる時期の，約4000㎡におよぶ町の跡が発掘された。人口はおよそ2000人に近かったと推定される。住居は泥の煉瓦・漆喰・小枝・材木などでドーム状につくられ，町の周囲には大きな壁をめぐらし，直径12m，現存の高さ9mの石造の塔が残されている。約9000〜8500年前になると，はじめて土器をもつ新石器文化 Pottery Neolithic が出現し，その分布もやがて西アジアから地中海沿いに南ヨーロッパへ，またトルコ・バルカンを経由して東部および中部ヨーロッパへと拡大していった。約7000年前までには，ヨーロッパの大部分に新石器文化が波及し，北欧もその影響を受けるに至った。

中国では農耕，牧畜，土器の製作をあわせもった新石器文化が，約8000年前から出現しているし，始源年代は将来さらにさかのぼるものと推定される。約6000年前から2000年間つづいたとされる仰韶文化では，アワを栽培し，ブタを飼育し，ロストル式の窯で彩色土器が焼かれていた。日本の縄文文化にはまだ植物栽培の証拠が明確でなく，本格的な新石器文化とはいいがたいが，朝鮮半島の新石器文化との交渉がわずかに認められている。*S. Cole. "The Neolithic Revolution" 1959 （芹沢長介）

心礎（しんそ） 塔の中心柱の礎石。柱を受ける設備として，表面を加工していない平坦なもの，径1m，深さ10cm前後の円形孔を有するもの，その円形孔の周囲に3～4個の副柱孔をもつもの，枘穴をうがち心柱の枘をはめ込むもの，枘を突出させたものなどがあり，これに舎利を納入する舎利孔が重なって複雑な形を示す。柱孔を有し複雑な舎利孔を有するものは飛鳥・白鳳期に多く，奈良以降は礎石中央に枘を造出し，舎利孔を欠く傾向にある。*石田茂作「塔の中心礎石の研究」(『考古学雑誌』22–2, 1932) （渋谷忠章）

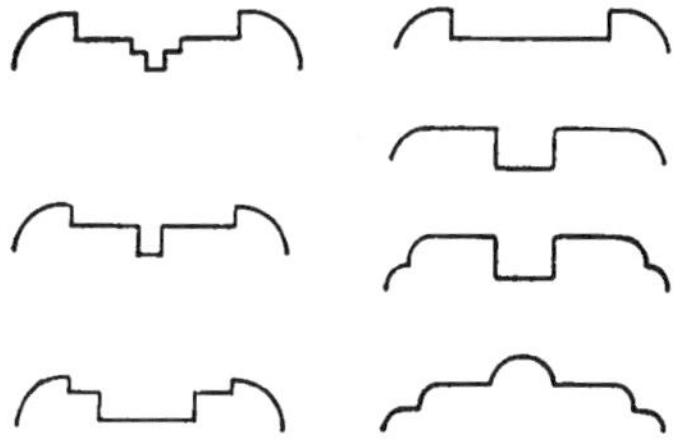

心礎（塔心礎の種類）

伸葬（しんそう） 死者の四肢を屈折して葬る屈葬に対して，下肢をのばした姿勢で葬る方法で伸展葬ともよんでいる。仰臥・側臥・俯臥などに分けられる。ながい縄文時代をとおして，より普遍的であったと思われる葬法の多くは屈葬が知られているが，伸展葬はある限られた時期と地域にしかあらわれなかったらしく，あまり多くみることができない。時代が新しくなるほど，特に縄文時代末期に及ぶにつれて伸展葬の数が増えてくる傾向にあり，弥生時代以降伸展葬の盛期になっていく。*西村正衛「縄文時代(埋葬)」(『日本の考古学』Ⅱ, 1965) （川崎義雄）

人体文土器（じんたいもんどき） 人をかたどった人形・文様を土器面に表現した土器をいう。武蔵野台地から中部山岳地帯にかけて分布する縄文時代中期の勝坂・藤内・井戸尻の諸型式に発見される。これには土偶のような形をした人形そのものを土器にはりつけたものと，形象化し図案化したようないわゆる人体文を土器文様と組み合わせて装飾したものとがある。有孔鍔付土器(樽形土器)にはしばしばこの文様が採用されており，また三本指文様を描くことも多く何かの意味をもつ土器であったことが推察される。*藤森栄一編『井戸尻』1965 （野口義麿）

新地貝塚（しんちかいづか） 福島県東北部，相馬郡新地町大字小川にある縄文時代後期の貝塚で，常磐線新地駅の南南西約2km。貝塚は斧足類ハマグリの貝殻が最も多い主鹹貝塚で，1924年，東京帝国大学理学部人類学教室の山内清男，八幡一郎らが発掘し，微隆線による弧線文が器の表面に発達した文様のある後期末の土器が多量に出土したので，両氏はこれを新地式と命名した。またこの貝塚の西4800mにある鹿狼山(がろうさん)の山頂に手長明神が腰をおろし，新地貝塚の海岸の砂を掘り，貝を採集して，食した殻を捨てた場所が新地村小川貝塚であると言い，貝塚のかたわらに手長明神があったという。『常陸風土記』の大串貝塚の説話と近似しており興味深い。この説話は佐久間義和の撰になる『奥羽観蹟聞老志』に記されている。 （江坂輝彌）

神道（しんとう） わが国固有の宗教思想である。仏教がわが国に伝来した後，仏教と対立させて用いられた例が『日本書紀』用明命天皇即位前紀に「天皇信仏法尊神道」としてみえるのが，神道という語の文献上の初見である。神道という漢語発生以前においては，「かんながら」という言葉をもって道のある相を指していたと考えられており，原始的形態は，自然崇拝，霊魂不滅を信じるシャーマニズム的性格を持った民族宗教であり，それが祖先神・氏神・国祖神崇拝へと展開していったという。平安時代に入ると，本地垂迹説が盛んになり，仏主神従的な山王一実神道から，南北朝時代には，神主仏従的な伊勢神道が起こり，室町時代には吉田兼倶(1435～1511)が唯一神道の理論を説き，神道界の統一・組織化に努め，江戸時代には山崎闇斎(1618～1682)が吉川神道に儒教を加えた垂加神道を提唱し，本居宣長(1730～1801)は儒教を排し，国学に立脚した神道論を説き，その弟子平田篤胤(1776～1843)は，独善的な神国思想を一面において提示するに至った。（小山田和夫）

神道考古学(しんとうこうこがく)　大場磐雄によって提唱された日本における宗教考古学の一分科で，日本固有の宗教である神道を考古学的方法により究明することを目的としている。古くは神社考古学とよばれた。研究の時代は，関係遺跡遺物の検討より，神道前期(縄文時代)，原始神道期(弥生・古墳時代)，歴史神道期(歴史時代)と3期に分けられ，遺跡は①自然物対象(山岳・石・樹木・湖沼・海洋・島など)②古社境内とその関連地③墳墓④住居，遺物には祭祀関係の手捏土器・小形石製模造品・儀鏡・子持勾玉などがある。考古学上，祭祀遺跡，祭祀遺物とよばれるものは神道考古学の主要な研究対象である。＊大場磐雄『神道考古学論攷』1943／『祭祀遺跡』1970／『神道考古学講座』1～6，1975～1981　→　祭祀考古学(さいしこうこがく)　（坂詰秀一）

新堂廃寺(しんどうはいじ)　大阪府富田林市緑ヶ丘町に所在する。1959年に調査された。南北に，南より塔・金堂・北方建物が一直線上に並び，塔と金堂の西に西方建物が認められた。回廊は検出されていない。創建期の瓦は百済系素弁十葉鐙瓦である。検出された遺構は，創建期の瓦を含む埋土の上に構築されたもので，早い時期に大改造を行ったと考えられる。白鳳時代の楕円形重弁文棰端飾瓦・鬼面文隅木端覆瓦などがある。本寺は鳥含寺と称していたと考えられている。＊浅野清・坪井清足・藤沢一夫『河内新堂・鳥含寺跡の調査』1961（岡本桂典）

陣内廃寺(じんないはいじ)　熊本県熊本市南区城南町道ノ上，北前田ほかに所在する奈良時代の寺院跡。1957，1958年に町史編纂の一環として発掘調査され，南面する伽藍配置が明らかにされた。東に塔，西に東面する金堂を配し，中門から派生する回廊は，これらの堂宇をとりこんで講堂に接続している。回廊の東に僧房，講堂の北に僧房，西に鐘楼と考えられる建物跡が検出された。塔跡より東に150mに蔵司と想定される建物跡も検出されている。＊松本雅明「陣内廃寺調査報告」(『城南町史』1965)　（岡本桂典）

真福寺遺跡(しんぷくじいせき)　埼玉県さいたま市岩槻区真福寺にある縄文時代後期末より晩期の遺跡。綾瀬川渓谷左岸，岩槻支丘上の低台地に存在する主淡貝塚と泥炭層遺跡があり，安行式土器の細分が行われた遺跡として著名である。晩期の1辺11m余の竪穴住居跡中に小竪穴があり，石剣4，耳栓30，土偶，土版などが発見され，泥炭層からは，丸木弓・耳栓・木製品が発見されている。＊甲野勇『埼玉県柏崎村真福寺貝塚調査報告』1928　（吉田　格）

人面付壺(じんめんつきつぼ)　弥生・古墳時代の土器の口辺部に人面を映しだしたもの。縄文時代の中期には顔面把手の群があり，後・晩期には双胴土器の胴部に小さく付したものもある。しかし，これらとは別のもので，弥生時代の中期初頭から関東，東北の南部にかけてつくられた。この土器は，人骨の白骨化したものを一部入れ，再埋葬するために壺棺として用いるものが多い。ほとんどが土壙内から出土し，あるときは副葬品の役目もはたした。　→　顔面付土器(がんめんつきどき)　＊坂詰秀一・関

俊彦「弥生後期の人面土器について」(『考古学雑誌』48–1, 1962)　　　　（関　俊彦）

人類学（じんるいがく）　人類学 Anthropology は本来ヨーロッパで発生した学問で，わが国へは1877(明治10)年ごろ導入された。一般に広義に使用する時は，人類学は文化をもつ生物としての人類を比較研究する科学である。そして人類の形質研究を行うものを形質人類学(または自然人類学)Physical anthropology，文化を創造する人類の各般の研究を行うものを文化人類学(または社会人類学)Cultural anthropology の二つに分けている。狭義に使用する時は前者をさす。さらに形質人類学は比較解剖学・生理学・人種学・遺伝学・化石人類学などに分化している。一方，文化人類学は人間の文化活動に関するすべてを含むとすれば，歴史学・経済学・法律学・人文地理学・社会学まで含まれることになるが，これらの学問は，あまりにも分野が大きく専門化されている。狭義の文化人類学は人間の異なった社会構造を比較研究し共通性を求める学問ともいえる。いっぽうで人間社会の本質を追究する社会学があるために，これまで文化人類学は現在の未開社会の文化を比較する民族学と過去の人類文化を研究対象とする先史学，あるいは考古学に分化している。この点が人類学と考古学の接点であり，これからの考古学の方向を示唆しているともいえる。そして，民族学自体も未開社会の研究から，広く人類文化全般と取り組む方向に進展しつつある。したがって先史学はより人類学に近く，また民族学に隣接し，考古学がより史学に近いことは，このように人類学の発展分化と深い関わりをもつ。このように，現在の人類学の定義は複雑かつ多面的で，一概に定義することはむずかしい。ヨーロッパでは，主としてドイツのように形質人類学だけを人類学とよび，民族学を人類学から独立させている。アメリカでは人類学を形質人類学と文化人類学を統合した形で研究が進められつつあることは，これからの人類学の姿を示しているともいえよう。　　　　（江坂輝彌）

『人類学雑誌』（じんるいがくざっし）　東京帝国大学理科大学人類学教室(理学部人類学教室)内に所在した東京人類学会，日本人類学会の機関誌。B5判縦組→横組。『人類学会報告』(第1巻)→『東京人類学会雑誌』(第2巻～第25巻)→『人類学雑誌』(第26巻以降～)と誌名が変更され現在にいたる。創刊号は1886(明治19)年2月刊。石器時代に関する重要な報告の論文が多く掲載されている。第1巻から第50巻の総索引がある(1938年刊)。　　　　（坂詰秀一）

す

隋（ずい）　581～618。北周の武将楊堅(始祖・文帝)は北周を滅ぼし(581)，南朝の陳をも併呑(589)して，南北朝の統一を完成。大興城(長安，陝西省西安)に都して，洛陽を東都とした。煬帝のときに経済的破綻や反乱を引き起こし，前後3回にわたる高句麗遠征にも失敗し，隋はわずか38年で滅びたが，南北朝の分裂を再び統一し，文化の融合をはかり，次の唐帝国への基盤をつくったことは注目してよい。

隋代の遺跡の発掘例は少ないが，西安の李静訓墓や河北省磁県賈壁の青磁窯は特に重要な発見である。＊日比野丈夫『華麗なる隋唐帯帝国』1977　　　　（中山清隆）

隋鏡（ずいきょう）　中国鏡のうち，六朝時代末期より隋代を経て唐代初期にかけて製作された鏡は，前代の様式と特に鏡背文において著しい相違を示しており隋鏡と称され，漢鏡と並んで中国鏡の双璧をなす唐鏡の先駆となっている。四獣鏡・四神鏡は前代以来の霊獣を浮彫りにして配したものであるが，団華鏡は西方系のパルメットを単位とし，複合されて配列したものである。海獣葡萄鏡は隋代より初唐に及ぶものであ

り，西方系の図文を配す。＊梅原末治『欧米における支那古鏡』1931　（池上　悟）

推古陵古墳（すいこりょうこふん）　大阪府南河内郡太子町山田にある方墳。磯長山田陵に治定されている。山田高塚古墳ともいう。東西にやや細長く3段に築かれ，長辺が下段60m，中断43m，上段30mある。墳丘の周囲には空隍に相当すると考えうる平坦地があり，なかでも東・南に広い。埋葬施設は判明していないが，東西辺が大きいことから2石室とする説もある。＊末永雅雄『古墳の航空大観』1975　（車崎正彦）

水神平遺跡（すいじんびらいせき）　愛知県豊川市上長山町水神平地区にある。豊川に面した標高40mの段丘にあり，昭和の初め工事で見つかり，大型の壺や甕に粗い条痕文を施文する土器を出す遺跡として知られた。1963年に杉原荘介が発掘し，縄文時代から弥生時代へ移る過渡期の集落跡で，従来の遠賀川系土器とは異なるタイプの土器が，また，石冠・独鈷石など縄文時代にみる石器が出土した。なお甕棺墓も見つかっている。＊杉原荘介・外山和夫「豊川下流域における縄文晩期の遺跡」（『考古学集刊』2–3，1964）　（関　俊彦）

水神平式土器（すいじんびらしきどき）　弥生時代の土器。愛知県水神平遺跡出土土器を標式としたもので，同県東部から静岡県さらに長野県南部にまで分布する。粗めの条痕を器壁全体に有する比較的大形の深鉢・甕が特徴的だが，これは晩期の同種の器形のものにも認められ，伴出石器として独鈷石・石剣・石冠などがあり，晩期の伝統を受け継ぐものである。なお板付Ⅰ・Ⅱ式土器の系統をもつものもあるが，甕棺あるいはピットに埋設されるなど，出土状況に特殊性が認められる点が注意される。＊紅村弘「東海の先史遺跡」（『東海叢書』13，1963）　（小渕忠秋）

水洗選別法（すいせんせんべつほう）　水洗選別法は植物遺体を水洗と篩(ふるい)を使用して選別する方法で，種子などの植物遺体を調査するひとつの方法である。水に浮遊している植物遺体を選別する水中浮遊選別法と併用されることが多い。容器に水を入れ，その中で土と植物遺体が混ざった塊状試料をほぐすと，軽いものは浮かび，そうでないものは沈んでしまう。遺体は脆弱なものが多いのでほぐすときは崩壊させないように注意しなければならない。浮いた軽い遺体はフローテーション(floatation)法で選別し，重いものは水洗法で選別する。選別は1〜0.25mm程度の篩目をもつ何種類かの篩を用いることによって行われる。これらの作業が同時に出来るフローテーション装置が開発されている。選別後の遺体は，種類ごとに分け，同定が終了するまで腐食しないように水中に保管し，乾燥させてはならない。この方法によって選別された試料の中には動物遺体や微小な遺物が混在していることがあるので注意が必要である。　（青木繁夫）

水中考古学（すいちゅうこうこがく）　水底考古学ともいう。自然環境は絶えず変動をつづけており，過去において陸地であった地域が地盤沈下や水位の上昇によって遺跡ごと海底や湖底に沈んだ例が認められる。また，事故によって沈没した船舶，あるいは祭祀に関係して供献品が特定の水域に投棄された場合など，水底には多くの考古資料が埋没している。こうした資料を対象として扱うのが水中考古学である。水中での作業のため種々な制約が存在する。しかし，20世紀中ごろ以降，アクアラングの開発をはじめ，照明・カメラ・測量機器やエアリフトを用いての砂泥の除去などの技術の発達によって飛躍的な前進をとげた。フランスのクストー(J. Y. Cousteau)，アメリカのスロックモートン(P. Throckmorton)，バス(G. F. Bass)らの努力によって注目を浴びるようになった。日本では，琵琶湖の葛籠尾湖底，網走湖底，浜名湖弁天島湖底遺跡の調査など，湖底遺跡を対象に調査が開始された。しかし，こうした調査は遺物採集や遺物散布状況の把握にとどまっていた。1973年より江差町教育委員会が文化庁の補助をうけ，開陽丸の調査･引上げを行った。同調査では，海底地形図の作成，実測図の作成，水中カメラによる撮影・記録の作成などを行い，日本における本格的な水中調査の例である。また，近年の韓国全羅南道新安沖や長崎県北松浦郡鷹島沖の海底調査は，水中考古学の新しい成果として注目を集めている。＊小江慶雄『水中考古学』1968；江差町教育委員会『開陽丸』1982　（江坂輝彌）

翠鳥園遺跡(すいちょうえんいせき)　大阪府羽曳野市に所在する後期旧石器，古墳時代の遺跡。遺跡は羽曳野丘陵東側の低位段丘面に位置する。羽曳野市遺跡調査会が1991年から1996年まで調査を実施し，後期旧石器時代では2枚の文化層が確認された。上層では約63ヵ所にわたる石器集中区から，約2万3千点余にのぼるサヌカイト(sanukite)製の国府期資料が発見された。下層の砂礫層中からも国府型ナイフを含む約2千点の資料が出土した。当該期の遺跡としては規模的にも最大級に属する。接合資料も数多く存在し，当時の石器製作技術や集団の動態などを考究する上で重要な遺跡である。古墳時代では，方墳など数基の古墳や埴輪棺，土坑などが検出された。＊羽曳野市教育委員会『翠鳥園遺跡発掘調査報告書―旧石器編―』2001　（小林博昭）

水田跡(すいでんあと)　わが国の水田遺構は，稲作文化の開始と同時期に出現する。すなわち佐賀県唐津市菜畑遺跡では，縄文晩期の山ノ寺式土器を伴う水田跡の一部が発見され，炭化米や木製農具その他が出土した。さらに福岡市博多区板付遺跡群の一部では，縄文終末段階の夜臼式土器や，弥生初頭の板付Ⅰ式土器を伴う水田跡が発見され，これに付帯する灌漑用排水施設も検出された。このように初期の水田は主として谷口の低湿地や，沖積平野に囲まれた微高地周辺の低湿地に営まれたが，やがて河川流域の広大な平野に進出し，乾田が開発されるとともに土地の傾斜や水系・土壌などの環境条件に応じて方形や長方形，台形や扇形，魚鱗形など各種の区画が形成された。

弥生時代の水田区画はあぜ(畦畔)の在り方によって畷(なはて)型・柵列型・小あぜ型の3種に大別される。これらは多くの場合併設される。畷型はあぜ幅を広く大きく築き，各水田間の農道を兼ねるもので，福岡市板付の北台地南西部から発見された水田跡は，幅約80cm～1.50m，高さ約30cmのあぜで囲まれ，あぜの頂部は平坦な道をなしていた。また群馬県日高遺跡の水田跡は，あぜ幅30～50cmを有し，大きなものは1.50mに及び，芯を丸太や小枝で骨組みにしていた。柵列型は静岡県登呂遺跡や山木遺跡の場合にみられ，直線にならぶ板杭列によってあぜを形成する。柵列間には粗朶や粘土を詰めて芯となし，上から土盛りし棒杭を打ち込んで強化し，一般にあぜ幅1m内外を有する。このような水田区画は大河川流域の洪水常襲地帯に多く，おそらくあぜの流失決壊を防ぐための施設であろう。小あぜ型というのは畷型などによる大区画水田内に設けた，長さ3～4m，幅2～3mの面積を単位とする小区画水田をいう。あぜは幅約15cm，高約10cmを有し，一側に水の流し口を設ける。その代表的な例は岡山県百間川の弥生後期遺跡や，群馬県熊野堂の古墳時代前期の水田跡にみられ，北は青森県垂柳遺跡でも発見されている。大分県南海部郡の山間部では，水田内の水まわりを良くするため，田植終了後こあぜを設けて，収穫後は取り崩すといい，又あせともよばれる。

その他福岡市三筑の古墳時代遺跡では，各水田の水口の内側に直径約1m，深さ約1mの水溜まりのような掘込みが掘られていたという。『成形図説』1804によるとこれを置簣といい，竹簣や堆肥を埋め，水勢をやわらげ肥料を行きわたらせる装置であった。*乙益重隆「古代水田区画雑考」(『鏡山猛先生古稀記念古文化論攷』1980)　(乙益重隆)

水洞溝遺跡(すいどうこういせき)(シュイドンゴウいせき)　オルドス(Oldos)高原の西南部に位置する寧夏回族自治区銀川市にある後期旧石器時代初頭の遺跡。フランスのリサン(E. Licent)とティヤール(P. Teilhard)が1923年に発見，発掘し，ブリュイ(A. H. Breuil)らも加わって1928年に報告書を刊行した。中国科学院古脊椎動物與古人類研究所と寧夏は1960年以来3回の大規模な発掘調査を行った。複数の炉跡,石刃核,石刃，エンドスクレイパー(Endscraper)，周縁加工の尖頭器などを含む大量の石器，若干の哺乳動物化石が出土した。石刃核には柱状のものと円盤形のものがあり，後者の打面や作業面にみられる調整剥離や求心剥離は，ロシアのアルタイ地方や外モンゴル中部に分布するルバロワ(Levallois)技法の系譜上で理解できるもので，この点について，ブリュイもかつてムスチェ(Mousterian)文化からオーリナック(Aurignacian)文化への過渡期の影響がみられると指摘した。動物化石はシャラオソゴル(Sjara-osso-gol)動物群の段階に属する。^{14}C法による年代は約1万6500～2万6300年前で，ウラン系列(Uranium-series)法による年代は3万2000～4万年前である。*M. Boule, H. Breuil, E. Licent et P. Teilhard 1928 "Le Paléolithique de la Chine."；賈蘭坡ほか『古脊椎動物與古人類』8–1，1964；寧夏博物館ほか『考古学報』1987–4，1987　(佐川正敏)

垂仁陵古墳(すいにんりょうこふん)　奈良盆地の北部の奈良市尼ヶ辻町に所在する全長227m，後円部径123m，前方部幅118mを測る全国20位の前方後円墳。第11代垂仁天皇の菅原伏見東陵に治定されており，宝来山古墳ともいわれる。佐紀盾列古墳群中の神功陵古墳に後続し，日葉酢媛陵古墳に先行する大王墓として，4世紀後半の築造年代が想定されている。　→　宝来山古墳(ほうらいやまこふん)　(池上　悟)

水盤(すいばん)　手洗石・水鉢・手水鉢・水船ともよばれる。用途については容易に決定し難く，形態・規模および容水部の掘込みの大きさから使途が推察される。花崗岩･砂岩･凝灰岩･安山岩を用い，形態長方形，断面四角で上面は容水部とし方形あるいは盤状に掘込み，この部分に水をたたえ，神社仏閣の参詣人を対象として身を浄めるため置かれた。桃山時代には茶道で手水を用いることが盛行し，石造物の転用がみられた。江戸時代には青銅製もある。*久保常晴「中世の紀年銘ある水盤」(『続々佛教考古学研究』1983)　(斎木　勝)

水和層年代測定法(すいわそうねんだいそくていほう)　黒曜石製石器が土層中に埋もれている間に，表面に形成された風化被膜である「水和層」の厚さを計測し，石器の製作年代を推定する方法。水和層の厚さの二乗は，土中埋積後の経過年代と比例するという関係があるが，水和層形成速度は，黒曜石の化学組成および埋積時の気候・温度条件に左右されるため，基本的には出土地ごとに年代既知の試料を用いた水和層形成速度を求めなければならない。水和層の計測は薄片を作製し，顕微鏡下で行うが，近年では「顕微分光光度計法」などの機器測定による非破壊分析の方法もある。　(橋本真紀夫)

崧澤遺跡(すうたくいせき)　上海市の西部，青浦県にあり，遺跡は崧澤小学校の西側の農村地域の低地で，付近の水路より低い位置に文化層がある。畑面下2m内外で周辺龍山文化の黒陶の文化層にあたり，埋葬人骨や副葬土器などが多数出土している。この文化層の下層に縄蓆文土器・有段石斧など出土する文化層があるが，まだ充分調査されていない。出土品は上海市立博物館に一部陳列され，青浦県の博物館にも多数の遺物が収蔵されている。下層の資料は日

本の縄文時代早期末から前期初頭のものと関連があるように思われる。＊上海市文物保管委員会編『崧澤』1987　(江坂輝彌)

崇福寺跡(すうふくじあと)　滋賀県大津市滋賀里町に所在する山岳寺院跡。1938, 1939年に肥後和男・柴田実によって調査された。寺跡は，谷を隔て3列に並ぶ尾根上に立地する。南の尾根に南面する金堂と講堂，中央の尾根に東面する小金堂と塔，谷を隔て北の斜面に弥勒堂をそれぞれ配している。塔心礎の舎利孔よりは，金銅外箱・銀中箱・金内箱の三重箱に納められたガラス製舎利壺が検出され，金銅背鉄鏡・無文銀銭・金箔などが伴出した。本寺跡を見世山中廃寺すなわち梵釋寺に比定する説が広く知られている。＊柴田実「滋賀県大津京阯」上・下(『滋賀県史蹟調査報告』9・10, 1940・1941)　(岡本桂典)

須恵器(すえき)　古墳時代中期末以降に日本で生産された陶質の土器をいう。延喜式に陶器と書いて「すえのうつわ」と訓ずる土器にあたるが，今これを須恵器としているのは施釉陶器との区別によるものである。須恵器の技術は朝鮮より渡来した者によることは『日本書紀』にみられる。「垂仁紀」3年の条，あるいは「雄略紀」7年の条から察すれば5世紀代に須恵器製作の工人集団が陶部として畿内にあったと考えられる。須恵器の成形技術の特徴は轆轤(ろくろ)を用いる点であるが，器壁の厚手の甕などは粘土紐を巻き上げ，叩きしめる技法を用いる。甕などの内面・外面にみられる平行文・格子目文・青海波文は，叩きしめの際に生じたものである。焼き上げに際しては地下式・半地下式の登窯で約1100℃の還元焔で焼き上げられる。須恵器のもつ青灰色の色調は還元作用によるためである。須恵器の器形は，壺・蓋坏・盌・甕・高坏・器台などに大別できる。壺には広口壺・細頸壺・長頸壺・短頸壺などがある。また孔のある䚶(はそう)，扁平な胴部の提瓶・平瓶，俵形胴部の俵瓶，胴部が環状の環状提瓶がある。蓋坏は蓋を持った坏で身受け・蓋受けがある。盌は深身の碗で時々把手が付く。甕は壺を大形にしたもので口縁が短い。高坏は蓋坏に脚を付け，四角や三角形の透し孔を有す。器台は大形の高坏に近く，壺などをのせる台である。そのほかに鳥形土器・家形土器などがある。壺・蓋坏・甕・盌など丸底が一般的である。＊中村浩『須恵器』1980；田辺昭三『須恵器大成』1982　(阪田正一)

末永雅雄(すえながまさお)　1897〜1991。大阪府南河内郡狭山村大字池尻227番地の旧家で勝三郎氏の長男として出生したが，兄弟はなく，一人子であった。豪邸であり，先生への書簡は1940年代前半ころまでは「大阪府狭山」と記すだけで到着した。(現在は大阪狭山市狭山3丁目2431)氏は1926年から京都帝国大学文科大学の考古学教室に通い，浜田耕作教授の指導の下に日本考古学の研究に没頭した。1936年『日本上代の甲冑』で，帝国学士院賞を受賞され，1938年奈良県当局を説き，橿原考古学研究所を創設し，初代の所長に就任された。1952年4月に関西大学教授に就任。1976年11月には日本学士院会員に選ばれ，1963年11月には文化勲章を受章された。博士の著作は膨大なもので，唐古(弥生)，橿原(縄文)などの報告書をはじめ，古墳関係の数多くの報告書がある。奈良県下のものが特に多い。＊『古墳の航空大観』1975；『末永雅雄著作選集』1990　(江坂輝彌)

陶邑窯跡群(すえむらかまあとぐん)　国内における最古の須恵器生産地である。大阪府南部の堺市・和泉市・岸和田市・大阪狭山市にまたがる泉北丘陵地に所在しており，5〜10世紀にかけての窯跡が，現在までに約500数基確認されている。この地域は，『日本書紀』の記事にみられる「茅渟県陶邑」が推定されている。1961年に平安学園により調査が行われ，その後，泉北ニュータウン開発事業に伴い大規模な事前調査が行われている。その結果，古墳時代における須恵器編年が確立され，全国のこの時代の研究におおいに寄与した窯跡群である。＊田辺昭三ほか平安学園考古学クラブ『陶邑古窯址群』1966；中村浩ほか『陶邑』Ⅰ・Ⅱ・Ⅲ・Ⅳ・Ⅴ，1976～1983；中村浩『和泉陶邑窯の研究』1981 （福田健司）

周防鋳銭司跡（すおうちゅうせんじあと） 山口市鋳銭司字大畠一帯の標高7～9mの沖積台地上に推定される。825（天長2）年設置された平安時代の貨幣鋳造を司る役所。明治時代より，鞴羽口・坩堝・鉱滓などの出土から周防鋳銭司の比定地として周知されていたが，1996年以降の発掘調査により，工房・倉庫跡などの建物跡が確認され，鞴羽口・坩堝・鉱滓・緑釉陶器や「長年大宝」，865（貞観7）年に鋳銭司長官に任じられた周防守安倍宗行に比定される「宗□私印」の印影粘土板などが出土した。木簡も出土しているが，判読は不明である。周防鋳銭司は，940（天慶3）年藤原純友の乱によって焼き討ちされ，その後施設を移転して11世紀初頭まで存続した。＊山口市教育委員会『周防鋳銭司跡』1978 （池田善文）

頭蓋変形（ずがいへんけい） 頭蓋の人為的な圧迫によって生ずる変形である。これには，運搬用揺籃に小児を固定する際，額を圧迫してできたり，荷物を運搬用バンドで背負う際，額を圧迫してできる変形と，変形を目的として頭蓋を板状のものに挟んで圧迫，あるいは緊縛するためにできる変形がある。このような変形は世界の各地にみることができるが，日本の古代人骨にも報告例がある。

北九州の弥生時代人骨男性18例中6例，女性9例中7例に，頭頂骨前部の冠状縫合にそって横走するあさい溝状のくぼみがみられ，この溝が頭部にかけた荷物運搬用の紐あるいは縄の圧迫によって生じたものであろうとされている。また意図的な変形例として，島根県八束郡鹿島町古浦砂丘出土の弥生前期に属する男性熟年の頭蓋には，その前頭部外面の下部中央に特異な変形が認められた。さらにこの部分に銅銹による骨の着色が認められ，円形銅板を固定したはちまき様のバンドを使用していたと推定されている。また，鹿児島県種子島広田の弥生中期に属する男性頭骨にも円形の圧痕と側頭から後頭部に不自然な狭窄のあとのあることが認められ，はちまき様バンドが若年時日常不断に使用されていたと推定されている。前述の古浦例にも同様な狭窄が認められている。

頭蓋変形は小児の時から，その頭を板ではさんだり，布や紐を巻きつけて頭を変形させる。アメリカ・インディアン，ボルネオ，セレベス，ニューギニア，アフリカ，そしてヨーロッパでも，フランス，クレタ，ラプランドなどで行われていた。＊小野直治「人工変形頭蓋概論」（『人類学先史学講座』12，1941）；金関丈夫「古浦遺跡調査の意義」（『日本民族の起源』1976） （金子浩昌）

菅江真澄（すがえますみ） 1754～1829。愛知県渥美半島出身の人，本名は白井永治，秀雄は諱であるかと思われる。1785年ころ，故郷を離れ，主として奥羽地方北部各地及び北海道を巡歴して，紀行文を記した。その紀行文は，今日南部叢書・秋田叢書などに収録されたものもあるが，まだこの地域の古い寺院などに秘蔵されているものもあり，真澄の巡遊した足跡に従って，体系的にまとまったものが編さんされることが望まれる。この紀行文中には，各地で遭遇した縄文時代などの遺跡・遺物を記したものもあり，考古学的に見ても，貴重な文献である。近年著名になった青森市三内丸山遺跡についても，真澄遊覧記中の一冊，『栖家の山』の文中に，「卒堵（そと）濱蒼社に近き三内の村は古名寒苗の里也。此村の渠のほとりより，瓦陶のことなるものを掘り出る。其形は頸鎧のことし，所謂幃延（よだれかけ）ちふものに似たり。美加幣乃輿呂比といひしや，甕甲（みかへのよろひ）ならん」と記している。

口縁に4つの丹状の把手のある縄文時代中期の深鉢土器の破片を見て，肩部からつる鎧の袖と考え，素焼粘土製の鎧と考え，甕甲(みかえのよろい)—土器の鎧と考えたのであろう。菅江眞澄翁『東北文化研究』1–1(1928，深沢多市)，中谷治宇二郎『日本先史学序史』1935　（江坂輝彌）

菅原東埴輪窯跡(すがはらひがしはにわかまあと)　この窯跡は奈良市菅原東町(近鉄西大寺駅南西に位置)を中心に広がる古墳時代を中心とした菅原東遺跡群にある。周辺一帯は，宿禰の子孫である菅原道真の生誕地とも，古代豪族土師氏が居した土地とも言われている。1990年の発掘調査で埴輪窯が6基発掘された。窯構造は地下式登窯で，円筒埴輪の他，人物・馬・鳥・家・太刀・盾・蓋形など形象埴輪などが多数発見された。焼かれた埴輪は奈良県内の後期古墳に広く供給されたとみられる。発掘調査後，窯跡2基と灰原，溝状遺構は原位置で保存され，4基が移設保存。この内1基は発掘時の状況が見学できるように野外整備され全域が「菅原はにわ窯公園」として保存・活用されている。奈良県立橿原考古学研究所『平城京右京三条二・三坊，菅原東遺跡』(奈良県文化財調査報告書 第149集，2011)(松原典明)

菅谷文則(すがやふみのり)　1942～2019。奈良県生まれ。関西大学文学部考古学科卒，1967年同大学院修士課程を修了。同大副手を経て，奈良県立橿原考古学研究所，古墳・宮跡・寺院跡などの発掘調査に従事した。後，北京大学へ留学して中国考古学を学び，帰国後奈良県立シルクロード学研究センター研究主幹に就任。1995年に滋賀県立大学教授に着任し，中国考古学のほか，山岳宗教遺跡などの研究を牽引し，また後進の育成に励んだ。2009年に奈良県立橿原考古学研究所長に就任。著書に『日本人と鏡』1991などがある。　（時枝　務）

鋤(すき)　縄文時代晩期に中国大陸から北九州へ，鍬や農耕技術とともに入ってきた。用途は水田や低湿地の土を掘り起こすのが主で，鋤の身に足の力をかけて作業する。形態はスコップ状のものが多く，柄の上部がT字形とU字形で内側を手が入るようにくりぬいたものがある。材料は常緑樹で強靱なアカガシやイチイガシを用い，伐採してから水に浸したのちに加工する。長崎・里田原や奈良・唐古遺跡から完全なものが出ている。＊八幡一郎「日本の古代鋤」(『民族学研究』21–4，1957)　（関　俊彦）

鋤（奈良・唐古遺跡）

杉久保遺跡(すぎくぼいせき)　長野県上水内郡信濃町野尻舟瀬にある旧石器時代の遺跡。石器の出土地点は野尻湖北側の浅い湖底にあり，湖面低下期には露出する。昭和初年から地元の研究家池田寅之助が表面に露出した石器や石片を採集し保管していた。1953年に芹沢長介と麻生優がその表採資料を実見し，はじめて旧石器であることを確認した。石器としては石刃・ナイフ・彫刻刀・スクレイパーがあり，石核や剥片も混じっていた。ナイフは石刃を素材とした特徴的なものであり，杉久保型ナイフと名付けられた。信州ローム研究会・豊賀原団体研究グループによる発掘調査が行われたのは1962年以後であり，多くの資料が出土した。その結果として石器はA先Ⅰ・AⅠ・AⅡ・AⅢに細分され，年代については放射性炭素法によって1万5100 ± 300および1万7700 ± 500年B. P. という測定がなされている。＊森嶋稔ほか「杉久保A遺跡緊急発掘調査報告」(『長野県考古学会誌』18，1970)　（芹沢長介）

杉久保石器群(すぎくぼせっきぐん)　発見の契機：長野県野尻湖底の杉久保地点から地元の採集家池田寅之助が採集した石器を，1953年7月30日に訪れた芹沢長介が再発見した石刃石器群。このときの柳葉形のナイフ形石器は「杉久保型ナイフ」と命名された。1958年9月には新潟県中魚沼郡津南町神山遺跡のローム層から杉久保型ナイフを含む石器群が発掘され，杉久保型ナイフと神山型彫刻刀の内容が明らかにされた。

杉久保型ナイフは薄い柳葉形の石刃の先端と基部を刃潰し加工によって尖らせた石器である。基部は石刃の裏面側に平坦な剥離でバルブを除く加工がなされる。石刃には打面調整があり礫を素材にした石核からは幅広の大形・中形の石刃が剥離され，中形の石刃が神山型彫刻刀の素材となる。大形の石刃は，その側辺から幅の狭い柳葉形の石刃が剥離され，その石刃は杉久保型ナイフの素材となる。杉久保型石器群は数種類の石刃技術を体系的に組み合わせて目的の道具を製作する完成された石刃石器文化である。

分布範囲：現在のところ杉久保石器群は長野県の北部をほぼ南限にして，東北日本の日本海側に広がる石器群であるらしい。

年代：杉久保遺跡の調査では石器群の地層が1万7000 ± 500年前より上層という放射性炭素の理化学年代がでている。＊芹沢長介・中村一明・麻生優『神山』1959

（角張淳一）

スキタイ(Scythians)　南ロシアに国家を形成したイラン系言語を話す民族。馬を飼育する遊牧民であった。紀元前7世紀ころに中央アジアからヴォルガ川(Volga)周辺に進出し，先住民のキンメリア人(Kimmeria)を追い出して，スキタイ国家を建設した。ヘロドトス(Herodotos)はスキタイを「農耕スキタイ」「農業スキタイ」「遊牧スキタイ」「王侯スキタイ」の4集団に区分し，スキタイ国家が部族連合であったことを書き留めているが，ロシア考古学ではそれぞれに対応する文化圏を想定している。スキタイ文化は文字をもたないため，考古資料によってのみその文化の内容を知ることができるが，とりわけクルガン(kurgan)(スキタイ古墳)は顕著な遺跡で，考古学的にはクルガンの分布する範囲をスキタイとして捉えることができる。ドニエプル川(Dnepr)下流のカメンスク(Kamensk)は紀元前5世紀ころのスキタイの中心地で，黒海沿岸のギリシャ植民地と盛んに交易を行い，奴隷制を基礎とした国家が繁栄していたことが確認されている。アキナケス形短剣(akinakes)・馬具・金銀器・アンフォラ(amphora)などのギリシャ風な土器・宝飾品などはいずれもスキタイ文化の特色をよく示しているが，それらの多くにはスキタイ風動物意匠が描かれており，いわゆるスキト・シベリア(Schytho-Siberia)動物意匠の起源をなすものと考えられている。4世紀頃に大きな社会変動があり，その後急速に衰退にむかうが，その終末については不明な点が多い。＊三上次男・護雅夫・佐久間重男『中国文明と内陸アジア』1974

（時枝　務）

杉原荘介(すぎはらそうすけ)　1913～1983。東京生まれ。1931年府立三中(旧制)卒業後家業の紙問屋を継いだが10年後に明治大学専門部地歴科に入学，1943年卒業。1942年から文部省嘱託，同事務官をへて1948年明治大学助教授，1953年同教授となる。東京考古学会同人，日本考古学協会委員，文化財保護審議会専門委員などをつとめた。若い頃から森本六爾の影響をうけ，弥生土器の研究に力をそそいだが，1949年以後には旧石器時代(先土器時代)の研究にも業績を残した。主な著書に『日本農耕文化の生成』(編著)1961，『日本青銅器の研究』1972，『日本先土器時代の研究』1974などがある。

（芹沢長介）

杉山寿栄男(すぎやますえお)　1884～1940。東京都浅草柳原に生れた。東京工業大学の前身であった東京高等工芸学校の図案科卒業後，図案家として名声を博したが，考古学・民俗学資料の集収にも力を入れ，大正末年からは考古学の専門誌に論文を発表するようになった。その初期の研究は縄文土器や土偶をふくむ原始工芸が対象となり，北海道から九州までの日本各地を歩いて出土資料の集成を行った。1920年に青森県是川遺跡が発見されると，泥炭層出土の植物性遺物に注目して発掘に参加し，見事な図録をつくった。さらに組物・編物・織物の総合的な研究，アイヌに伝えられているヒゲベラやアッシを含む工芸品の集成などを精力的にまとめ上げた。民間にあっての異色な研究者として記憶されてよい。著書には，『原始工芸』1930，『原始工芸概説』1930，『日本原始繊維工芸史上·下』1942，『北の工芸』1965，『日本石器時代植物性遺物図録』（共・喜田貞吉）1932　（芹沢長介）

須玖遺跡（すくいせき）　福岡県春日市須玖岡本町に所在する弥生時代の遺跡。台地上には広く甕棺墓が分布しており，1899（明治32）年には台地中央部の支石墓とみられる巨石の下部に，合口甕棺から30余面の前漢鏡をはじめ銅剣・銅矛・ガラス製璧などが発見された。周辺では，銅矛鋳型が発見されたことがあり，また近年同4丁目では小銅鐸の鋳型が出土し，多くの注目するところである。＊春日市教育委員会「須玖・岡本遺跡」（『春日市文化財調査報告書』7，1980）；島田貞彦・梅原末治「筑前須玖史前遺跡の研究」（『京都帝国大学文学部考古学研究報告』11，1930）　（木下　亘）

須玖式土器（すくしきどき）　福岡県春日市須玖遺跡出土の土器を標式とする弥生中期の土器型式。北部九州の弥生中期は，城ノ越式，須玖式，貨泉を共伴した御床遺跡を標式とする須玖式後半に細分される。いわゆる須玖式土器は口縁部断面がT字形をなし，肩部か胴部にコ字状・山形状断面の凸帯を施す。その分布は福岡・佐賀を中心とする北部九州に濃密であるが，九州全域に広がり，南は種子島・屋久島にも散発的にみられ，さらに山口県の西部にも波及している。＊九州大学文学部考古学研究室『福岡県須玖・岡本遺跡調査概報』1963　（岡嶋　格）

宿毛貝塚（すくもかいづか）　四国の西南部，豊後水道に西面する高知県宿毛市小字貝塚の2ヵ所にわたり，東西に80mほど離れた位置にある。貝塚の字名があるように，天正年間（1586～1590）に編さんの天正地検帳に,「カイツカ拾代」などの記載がある。また，寺石正路が，1903年刊の『土佐古跡巡遊録』にも，貝塚の所在を簡単に記している。本貝塚は，貝層下から縄文時代中期の土器も出土するが，貝層からは後期の各時代の土器が多く出土する。貝塚を構成する貝類は，ハマグリ・マガキ・ハイガイなどの斧足類，アカニシ・スガイ・クボガイなどの腹足類の貝殻も認められる主鹹貝塚であった。愛媛県西南端部の御荘町平城貝塚は宿毛湾の北岸，宿毛貝塚の西16kmの地にある。＊木村剛朗「四国西南沿海部の先史文化」1995，幡多埋蔵文化財研究所　（江坂輝彌）

スクレイパー（Scraper）　物を削ったり剥ぎおとしたりするために，剥片末端の背面側に90～45°の急角度の刃をつけた石器をスクレイパーとよんでいる。さらに横長の剥片を用いた場合にはサイド・スクレイパー（side scraper）（仏語ラクロワール racloir），貝殻状剥片もしくは石刃を用いた場合にはエンド・スクレイパー（end-scraper）（仏語グラトワール grattoir）として区別されている。日本語訳としては，皮剥・削道具（鳥居龍蔵），石掻·石剥（大山柏），堅型皮剥·横型皮剥（酒詰仲男），横刃形石器・先刃形石器，削器形石器・掻器形石器（杉原荘介）などがあり，最近では，主として削器と掻器とが用いられている。

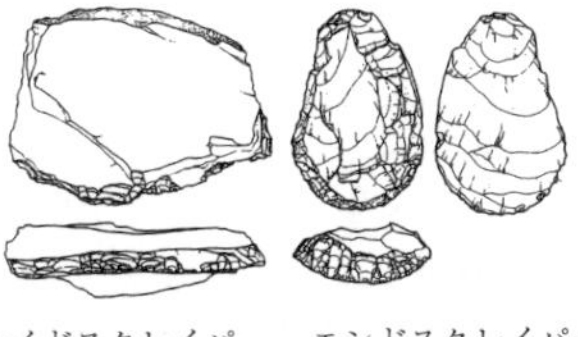

サイドスクレイパー（栃木県星野第8文化庁）　エンドスクレイパー（北海道モサンル）

140万年前からはじまったとされるアフリカ・オルドゥヴァイ(Olduvai)の原人文化層からも，すでにサイドとエンドの両方のスクレイパーが発掘されており，サイドの方が多数を占めているというM. D. リーキー(M. D. Leakey 1971)。以後，旧石器時代から新石器時代に至るまで，世界各地でこの石器は作られ続けた。日本でも，早水台や星野遺跡にすでに出現し，つぎの後期旧石器時代では，主要な器種となった。また縄文時代になっても東北と北海道では依然として用いられており，最も新しい時期のものとしては8世紀初頭の北大式土器に伴出する黒曜石製の円形スクレイパーが知られている。（芹沢長介）

菅生遺跡(すごういせき)　千葉県木更津市大字菅生より北流して小櫃川の対岸にいたる，古代水路を中心とする集落遺跡。1942年から発掘調査が行われ，戦後，改めて1970年代にも調査された。弥生中期および古墳時代後期の住居跡群や井戸が出土し，周辺には中世建物跡も検出された。水路は幅1.5m，深さ約1mを有し，古墳時代後期の土師器・須恵器とともに多量の木器，木製品を出土した。*大場磐雄・乙益重隆編『上総菅生遺跡』1980（乙益重隆）

朱雀(すじゃく)　→　四神鏡(ししんきょう)

崇神天皇陵(すじんてんのうりょう)　奈良県天理市柳本町にある行燈山古墳のこと。前方後円墳。墳丘長242m，後円部径158m，同高31m，前方部幅100m，同高13.6mを測り，前方部を北西に向ける。墳丘は3段築成で，葺石が認められ，埴輪を配する。主体部は竪穴式石槨と推測される。墳丘の周囲には盾形の周濠が巡り，周濠を含めると全長360m，最大幅230mを測る。築造年代は4世紀前半と推測される。　→　行燈山古墳(あんどんやまこふん)（時枝　務）

鈴木遺跡(すずきいせき)　東京都小平市鈴木町に所在し，石神井川谷頭部に位置する。1974年から調査が実施された。大規模調査が実施された代表的な旧石器時代遺跡である。面的に石器群のまとまりと礫群などが確認されるとともに，武蔵野台地Ⅲ～Ⅹ層にかけて，層位的に石器群が出土している。南関東の石器群の内容の把握と旧石器時代の遺跡の構造を理解する上で，重要な位置を占める遺跡である。*鈴木遺跡調査団『鈴木遺跡』Ⅰ，1978（藤原妃敏）

鈴木公雄(すずききみお)　1938～2004。東京生まれ。慶應義塾大学文学部史学科，大学院文学研究科博士課程修了。慶應義塾大学助教授を経て教授，名誉教授，文学博士。方法論の広範な考察，縄文文化の総合的研究，歴史考古学の実践的研究を実施。『考古学入門』1988，『考古学はどんな学問か』2005，『考古学がわかる事典』1997，『貝塚の考古学』1989，『出土銭貨の研究』1999，Rouse, I.『先史学の基礎理論』(訳)1974，Coles, J.『実験考古学』(訳)1977，Shackley, M.『石の文化史』(訳)1982（坂詰秀一）

硯(すずり)　墨を磨る道具で，その起源は中国と考えられる。日本では7世紀を初現として，奈良時代，漢字の普及にともない発達してくる。須恵製のいわゆる「陶硯」が主体であり，その形態は円面硯・風字硯といわれるものを中心に多種認められる。また，平安時代になると，石硯の発達がみられる。一般的には，墨水を溜める池すなわち海部と，墨を磨る陸部に分かれるが，

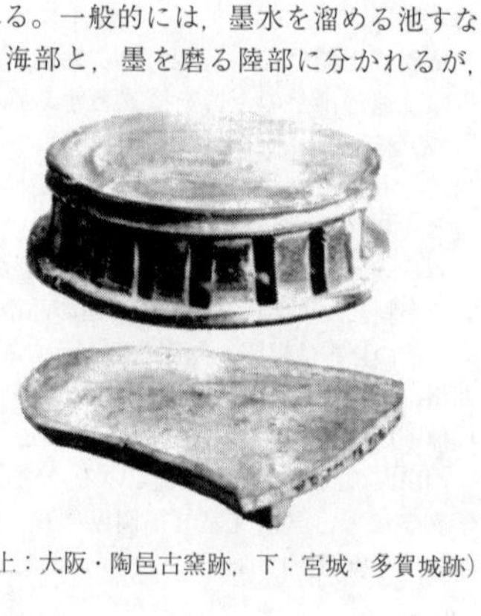

硯（上：大阪・陶邑古窯跡，下：宮城・多賀城跡）

さらにそれらを区分する突起条の堤を有するものもある。＊石井則孝「日本古代文房史の一面－陶硯について」(『古代探叢』1980)　(上野恵司)

隅田八幡画像鏡(すだはちまんがぞうきょう)　和歌山県橋本市の隅田八幡神社に所蔵される直径19.8cmの仿製鏡。原鏡は5世紀代に踏み返し鏡として製作され中国南朝から舶載された東京都・亀塚古墳，大阪府・長持山古墳など8面の同笵例が確認されている尚方作人物画像鏡である。舶載鏡では内区に西王母をはじめ11の図文が表されているが，この鏡では省略されて9図文しか認められない。半形方形帯を挟んだ外区には48字の「癸未年八月日十大王年男弟王在意柴沙加宮時斯麻念長寿遣開中費直穢人今州利二人等取白上同二百旱作此鏡」の銘文がある。癸未年は443年あるいは503年とする説が有力である。銘文中の意柴沙加宮は允恭天皇の皇后忍坂大仲姫との関連，斯麻は523年に歿した百済武寧王と考える説もある。原鏡のわが国に舶載された年代からは，前者の可能性が考えられる。＊小林行雄『古鏡』1965　(池上　悟)

スタンプ形土製品(スタンプがたどせいひん)　球あるいは楕円体の裏側につまみ状の突起を付けた小形の土製品で，形がスタンプに似ることから名付けられた。印面にあたる表側には弧線文・円圏文などが左右対称に刻まれる。主として東北地方の縄文時代後期に存在するが用途は不明である。突起には懸垂用の小孔がうがたれることが多い。なお左右対称の文様，小孔などは晩期の岩版・土版に通じるものである。＊樋口清之「日本先史時代人の身体装飾」(『人類学先史学講座』13，1939)　(藤村東男)

ストランスカ・スカラー(Stránská Skála Hill site)　チェコ共和国ブルノ(Brno)市の郊外にある石灰岩丘にあり，2つの洞穴と斜面堆積物からなる。タルス・コーン(Talus Cone)Ⅳ地点の13層から角岩や石灰岩製の約40点の粗雑な剥片，石核，チョパー(chopper)，ハンマーストーン(hammer stone)とクマ，オオカミ，ハイエナ，ウマなどの動物遺存体が発見されている。年代的には古地磁気法からクロメリアン(Cromelian)(酸素同位体期13相当)に相当すると考えられ，約40～60万年前と推定されている。＊Rudolf Musil et al. “Stránsk Skála Hill; Excavation of Open-Air Sediments 1964-1972” 1995　(梶原　洋)

砂川遺跡(すなかわいせき)　埼玉県所沢市三ヶ島字砂川に所在する後期旧石器時代後半の遺跡。狭山丘陵の北東に広がる所沢台地上に立地する。1966年にA地点が明治大学，1973年にF地点が所沢市教育委員会によって発掘調査された。石器群は立川ローム層第Ⅳ層上半に対応される層準から出土した。特にA・F両地点では，それぞれ典型的なナイフ形石器や残核，剥片等を含む3ヵ所の石器集中部(ブロック)が検出された。また，母岩分類と接合資料の分析から，個体別資料が抽出され，各ブロック間の分布から遺跡内での石材消費がどのような工程で行われたかが分析された。この分析法は，遺跡構造論研究としてその後の研究に大きな影響を与えた。国指定史跡。＊戸沢充則「埼玉県砂川遺跡の石器文化」(『考古学集刊』4–1，1968)；砂川遺跡調査団『砂川先土器時代遺跡—埼玉県所沢市砂川遺跡の第2次調査—』所沢市教育委員会，1974　(上敷領久)

砂沢遺跡(すなざわいせき)　青森県弘前市大字三和字下池神にある縄文時代後期，晩期終末から弥生時代の集落。1984～1988年に弘前市教育委員会が砂沢式期の水田跡6枚と水路跡を発掘した。1枚の面積70～200㎡，長方形の水田跡から炭化米，稲のプラントオパールが発掘され，津軽平野で晩期直後の稲作が確認された。包含層から鉢，高坏，壷，注口土器，蓋など多量の砂沢式土器，土偶，土版とともに，遠賀川系土器，環状石斧が出土し，東北地方北部における

弥生文化の成立過程を理解できるようになる。＊村越潔ほか『砂沢遺跡発掘調査報告書』1991　（須藤　隆）

次場遺跡（すばいせき）　石川県羽咋市深江町次場の邑知潟の砂洲にある。弥生時代の中期から後期にわたって，低湿地を利用した集落遺跡で，後期前半に位置する土器は「次場式」と名付けられた。この土器には磨製石斧・包丁形石器・環石・細形管玉が共伴する。木製品（櫂・槽・容器）の出土から鉄器の存在が裏付けられる。このほかに小銅鏡１面が出ており，猫橋遺跡とともに，この地方の低湿地遺跡の代表例である。＊橋本澄夫『羽咋市史』原始・古代編，1973　（関　俊彦）

炭窯（すみがま）　薪を炭化し炭に加工する窯のこと。須恵器・瓦を焼成する半地下・地下式に類似する無階無段登窯（のぼりがま）形態が主流である。その他に古墳時代の横穴墓のような「横穴」系や単に地表に穴（坑）を掘って簡便に製炭した「坑内」系などが発掘されている。これらの炭窯は年代を決定するに足りる資料を欠いているが，製鉄遺構に伴う炭窯はその操業年代が決定できる。好例として千葉県御幸畑・取香遺跡がある。台地平坦地は８世紀の製錬跡・鍛冶跡・竪穴住居跡・炭置場を含む一大製鉄遺跡であるが，斜面からは数基以上の黒炭用の登窯・平窯が発掘されている。近世では，一大炭消費地・江戸などへ供給するために製炭したと思われる製炭遺構が伊豆・相模・武蔵・下総国などの台地・丘陵地などから多数発掘されている。＊千葉県文化財センター「千葉県における製鉄遺跡の研究」（『研究紀要』7，1977）　（村田文夫）

澄田正一（すみだしょういち）　1915〜1996。山口市出身，山口高校から京都帝国大学文学部へ進学。1946年，第八高等学校教授，1949年名古屋大学文学部助教授，1961年同教授，1978年愛知学院大学教授。大学院時代に山西省大同の北魏平城跡，雲崗石窟，遼東半島先史遺跡などの調査に参加。名古屋大学着任後は，濃尾平野の弥生時代遺跡の調査や，濃飛山地の縄文遺跡の調査を精力的に行い，縄文農耕論に独自の見解を提示した。主要著書に『中国先史文化』（1948），編著に『九合洞窟』（『名古屋大学考古学研究室紀要』1，1956），主要論文に「日本原始農業発生の問題」（『名古屋大学文学部論集』史学4，1955），「濃飛山地出土する石皿の研究」（『同』7，1959），「木曽川流域の先史考古学的研究」（『同』10，1962），「濃・飛・越山地に出土する石皿の研究」（『同』16，1968），「魯南・蘇北の先史時代墓葬」（『橿原考古学研究所論集』1975），「遼東半島の積石塚」（『愛知学院大学文学部紀要』20，1990），など多数。　（渡辺　誠）

垂揚介遺跡（スヤンゲいせき）　韓国忠清北道の丹陽郡を流れる南漢江の河岸段丘上に位置する中・後期旧石器時代遺跡。忠北大学校が1980年に忠州ダム建設の事前踏査で発見し，1983〜1985・1996年の調査で旧石器が出土した。Ⅲ地区Ⅴ層出土のハンドアックス（Handaxe），チョッパー（Chopper）や球形石器が中期旧石器時代の所産と推定されている。Ⅰ地区Ⅳ層からは石刃核，石刃，剥片尖頭器，エンドスクレイパー（Endscraper），各種の細石刃核が出土しており，後期旧石器時代の複数の時期にまたがる所産であるが，層位的に分離できない。松藤和人は本遺跡を含む韓国南部に分布する剥片尖頭器が，日本列島九州の始良火山灰降下後の石器群と関連すると指摘している。しかし，韓国では典型的なナイフ形石器は未発見である。多様な細石刃核は李隆助によって細分され，九州を含む西日本の細石刃技術の変遷を研究する上で重要な比較資料となっている。とくに湧別技法は朝鮮半島における分布の南限を示すものであり，福井技法の成立を考える上でも示唆的な存在である。しかし，細石刃と土器の共伴例は未発見である。^{14}C法による年代は1万6400〜1万8630年B. P.である。＊李隆助

『古文化』35，1989；延世大学校博物館『韓国の旧石器』2001 （佐川正敏）

磨石(すりいし) 河床礫あるいは加工しやすい軟質石材などを用いた，物を磨り潰すための，球状・石鹸状・棒状の石器。木の実などの植物食料の粉化のほか，顔料の練成，土器の磨研工程の一部に使用された可能性がある。上述の形状を保たない擦痕のある塊状の石を，同様の機能を果たしたものとして磨石とよぶが，叩石として併用された場合がある。なお，石皿や扁平な石とともに使用され，後代へその使用はつづいていく。＊小日方正『吉野家遺跡』1974 （小渕忠秋）

3D画像(すりーでぃーがぞう) 光線を対象物に当て，反射する時間差や照射角度を解析し，3次元形状に関する情報を取得する。測定対象は周辺地形を含む遺跡全体など広範囲なもの，古墳や住居跡の遺構，土器，陶磁器や石器など小型のもの，圧痕や条痕など微細ものまでさまざまである。光線は対象物や精度によって，レーザー，自然光，可視光による格子パターン照射などが使われる。装置は，広範囲の場合はドローンとGPSを組み合わせた写真測量，古墳などの遺構は据え置き型のレーザー計測器，土器や石器などには卓上形の3Dスキャナ，微細なものはレーザー顕微鏡が使われる。最近では，デジタルカメラの写真撮影のみでも3D画像を再生する方法も実現されている。この他X線による断層撮影(CT)を使うことによって，見えない部分の可視化も可能となる。得られた数値情報は専用のソフトウエアをインストールしたパソコンで解析し，様々な方法(数値，画像，3Dプリンター)で出力する。考古学分野においては，測量や，遺物実測の分野において一部実用化され，活用されている。 （橋本真紀夫）

擦切磨製石斧(すりきりませいせきふ) 擦切技法により製作された石器。擦切技法とは，石材の表裏両面に対応する切断線を設けて，断面が三角状の擦切用砥石と金剛砂を使って擦切っていくもの。実際には，片面だけある程度切り，そのまま折ったものや，切断線がくい違いをみせている未製品などがある。一つの石材から複数の製品の生産を可能にしたこの技法は，原材交易の未発達な早い時期に，節約のため採用されたと考えられており，事実擦切磨製石斧は縄文時代早期から前期中葉にかけて発見されている。分布は北海道，東北地方に濃厚で，中部・関東・東海地方にもみられる。日本以外ではシベリアから中国東北部に同様の石斧の存在が知られており，この地を踏査した鳥居龍蔵は，日本との系統的関連を示した(『一九二九西比利亜から満蒙へ』ほか)。しかし，シベリア例は紀元前3000年期後半(キトイ期)にあらわれ，日本例のほうがかなり古いことになり，大陸伝播説は今のところ棚上げされなければならない。今後シベリア地方の考古学の発展によって明らかになってくるだろう。＊八幡一郎「石斧における擦截技法」(『日本の石器』1948) （小渕忠秋）

磨消縄文(すりけしじょうもん) → 縄文の文様(巻末参照)

擂鉢(すりばち) 底部から大きく広がり口縁部となり片口を有する形態で，器内面に擂目がないものを捏鉢，あるものを擂鉢と呼称。陶製が主で木製の摺粉木と切匙がセットとして用いられ食材などを摺砕く道具で様々な食文化をうみ出す万能容器。10世紀末から11世紀に愛知県猿投窯や兵庫県播磨周辺で生産が始まる。中世前半西日本では東播焼，中世後半では備前焼擂鉢が流通し各地で出土。博多や大宰府関連遺跡では中国産擂鉢が多出，大和では戦国期以降瓦質製品もある。＊荻野繁春「中世日本で擂鉢として使われた中国産の鉢」(『金沢大学考古学紀要』25，2000) （松原典明）

須和田遺跡(すわだいせき) 千葉県市川市須和田・真間・国分の地にかけて広がる集落跡。1932年，杉原荘介の調査で弥生時代から平安時代まで存続したことがわかり，出土土器は弥生時代中期のものに「須和田式」，古墳時代後期には「真間式」「国分式」の型式名を付けて編年の位置付けをした。関東の弥生・古墳時代の土器編年作成に貢献するとともに，この地が下総国の在地勢力の中心となる典型的遺跡としても注目された。＊市川市史編纂委員会『市川市史』1968　（関　俊彦）

須和田式土器（すわだしきどき）　千葉県市川市須和田出土の弥生時代中期初頭の土器。型式名は，1933年に杉原荘介が調査した資料をもとにして付けられた。土器は壺形に特色があり，東海地方で発達した形態と文様が南関東へもちこまれ，土着の縄文土器の伝統と融合しあったものである。長頸で胴部中央に最大径があり，縄文・篦描文・条痕文を配し，壺棺として再葬に用いる例が多い。＊杉原荘介「下総須和田出土の弥生式土器に就いて」（『考古学集刊』3-3，1967）　（関　俊彦）

せ

星雲文鏡（せいうんもんきょう）　中国前漢中・後期にかけて製作された鏡で，百乳鏡ともいう。鈕が高く連峰式をなすものと半球形とがあり，縁に連弧をめぐらす。主文は多くの突乳を唐草状の曲線でつなぎ複雑な図柄を呈するが，中には乳の数が減じて2〜3個になったものもある。突乳は蟠螭文の骨節や眼・爪などが変化したものといわれ，四川省成都羊子山出土の四螭鏡にはその原型をとどめている。中国では前漢時代のほぼ全域に分布し，特に洛陽周辺の墳墓に多い。日本では北九州にみられ，福岡県須玖岡本の甕棺出土例が代表的である。＊樋口隆康『古鏡』1979　（稲村　繁）

製塩土器（せいえんどき）　製塩にあたって煎熬（せんごう）過程で使用される粗製の台付深鉢形土器や小形鉢形土器などをよんでいる。わが国では，1939（昭和14）年，水原岩太郎によって瀬戸内沿岸から出土するこれらの土器に対して「師楽（しらく）式土器」の名称が与えられていたが，その性格については詳らかではなかった。しかし，1954（昭和29）年，近藤義郎は香川県香川郡直島町喜兵衛島で調査を行い，さらに実験的な研究によってこれらの土器が製塩にかかわるものであることを明らかにした。その後，各地において同種の土器の発見があいつぎ，製塩土器の編年も次第に確立された。

現在までのところ最もさかのぼる製塩土器は，関東・霞ヶ浦地方の縄文時代後期安行Ⅰ式に伴う粗製深鉢形土器で，やがてこれらは東北・松島湾や青森湾などからも出土するようになる。弥生時代中期には，東北地方や紀伊，瀬戸内中部の一部で出現するが，特に後者では東北地方の土器と異なり，脚台付の小形深鉢土器が用いられた。古墳時代前期には東海・若狭・能登あるいは瀬戸内西部と拡散化し，脚台付小形深鉢土器が用いられるが，東北では「コップ」状の平底土器が使用された。後期になると遺跡も増加し，製塩土器も地域的特色をもつようになる。瀬戸内中部では球形で丸底の鉢形土器，西部では脚台部が長くのびた深鉢，紀伊・若狭地方には薄手で平底風の丸底をもつ深鉢，東海・能登では長い筒状の脚台をもつ土器，九州の天草では球形に近い体部に長い脚台をもつ土器が出現する。

製塩土器（岡山・上東遺跡）

しかし，瀬戸内西部や紀伊・天草・東海地方などでは奈良時代を境にして廃絶の方向に進むが，平安時代の若狭や東北地方では新しい形式の土器が使用された。＊近藤義郎「土器製塩の話」1～5(『考古学研究』103～107，1979・1980)　(是光吉基)

青海波文(せいかいはもん)　須恵器の体部内面に残っている当て道具の痕跡が波の文様にみえるところから一般によばれている。壺・甕・横瓶など比較的大形の須恵器をつくる場合，紐づくりによってつくられた器壁の成形を行うため，内側に同心円に彫刻された木槌状の当て道具を用い，そして外壁を叩き板で叩く。そのとき木槌に刻まれた同心円がいくつも重なり合ってちょうど波状文を呈している。＊田辺昭三『須恵器大成』1982　(是光吉基)

清岩里廃寺(せいがんりはいじ)　北朝鮮平壌市大聖区域清岩里に存在する高句麗時代の寺院跡。1938年に朝鮮古蹟研究会により発掘調査された。八角建物を中心に東・西・北に建物跡が検出されており，これらは，塔と三金堂と考えられる。八角建物の南には門跡と回廊と考えられる建物跡がある。『三国史記巻一九』文咨明王7年の条に「秋七月創金剛寺」とあり，金剛寺跡に比定されている。＊小泉顕夫「高句麗清岩里廃寺址の調査」(『仏教芸術』33，1940)　(岡本桂典)

西侯度遺跡(せいこうどいせき)(シイホオドウいせき)　中国山西省芮城県の黄河東岸に位置する。哺乳動物化石がすべて絶滅種であることから，共伴した石器は100万年以上前の前期旧石器時代のものと推定されている。石器は剥片素材で片面加工のものを主体とし，スクレイパー，チョパー，大形三稜尖頭器などがあるほか，小形の石核や両極技法も存在するので，賈蘭坡らは華北の大形石器と小形石器の両伝統が西侯度遺跡までさかのぼると考えている。中国には，この石器を人工品と認めない研究者もいる。＊賈蘭坡・王建『西侯度』1978　(佐川正敏)

青磁(せいじ)　磁器の1種。釉中にわずかな鉄分を含み，高火度還元炎焼成によって青緑色を呈す。中国の唐代越州窯が名高く，宋代の龍泉窯に受け継がれるとともに，華北を経由して朝鮮にも伝えられた(高麗青磁)。特に龍泉窯の製品は，砧・天龍寺・七官の3種に分けてよばれ，おのおの南宋・元・明の時代にほぼ該当する。これらの青磁は海外にも輸出され，わが国においても各地で発見されている。わが国では江戸初期ごろから生産された。＊小山冨士雄「唐宋の青磁」(『陶磁全集』10，1957)　(西脇俊郎)

聖書考古学(せいしょこうこがく)　旧約・新約聖書の記載を土地と有機的に関連付けて研究することを目的とし，西アジア・地中海の地域において発達した宗教考古学の一分科。Biblical Archaeologyの訳。ほぼ紀元前2世紀より紀元2世紀ごろの間が研究の対象とされている。研究は聖書に記されている地名の比定地を求めることより開始され，その後実際にその地の調査が試みられるようになっていった。＊後藤光一郎「いわゆる『聖書考古学』について」(『聖書学論集』5，1967)　(坂詰秀一)

精製土器(せいせいどき)　装飾性に富み，丁寧につくられた土器のこと。縄文土器には煮沸用具と容器としての土器があり，早期から精粗の区別はあった。しかし，後期においてそれが画然と区別されるようになる。精製土器の形態には，特有な文様で装飾された深鉢・浅鉢・注口土器・香炉形土器などがあり，それぞれの機能に応じた形態に分岐してきたと考えられる。なかでも精製された深鉢土器は，人々が食用とする食物を煮沸するのではなく，神に捧げる食物を煮焚きする専用の深鉢土器であったかとも考えられる。　(須田英一)

青銅器時代(せいどうきじだい)　青銅製利器を生活用具の主体として用いた時代で，石器時代につづき，鉄器時代に先行する時代。初期の銅製品は自然銅を打伸した単純な錐やピンなどであったが，やがて錫を中心にアンチモン・ニッケル・鉛などを合金する冶金術がおこり，青銅器が出現した。その発祥地はイラン東北部のタウル山地などが候補地とされている。それはB. C. 4000年ごろといわれ，おそらくそこからアジアやヨーロッパへ，さらにアフリカへ広がったといわれている。

エジプトではすでに古王朝時代から，青銅器が鋳造された。やがてB. C. 2300年ごろエーゲ海地方に伝わり，キプロスの銅開発と相まって，いちじるしく発達した。ヨーロッパではハンガリーやイベリヤ半島などの銅とともに，イギリスの錫が開発され，ミケーネやギリシアの古典時代はもちろん，ローマ時代初期まで青銅器文化の主流が残った。北方ユーラシア地方では東ヨーロッパの青銅器文化の影響をうけて，カフカズのクバン文化，ウクライナのスキタイ文化，カサフスタンのアンドロノヴオ文化，ミヌシンスクのカラスク文化・タガール文化などが栄え，さらに東アジアに大きな影響をもたらした。

中国では新石器時代の終末ごろから甘粛省一帯を中心に純銅器時代が存在したといわれ，殷代には各種の食器や祭器・武器などが極度に発達した。朝鮮半島では紀元前6世紀ごろ，北方ユーラシア系と中国系青銅器文化とが合流した遼寧文化の南下によって，新しい青銅器文化が成立した。日本にはこの種の青銅器文化が直接・間接に強い影響をもたらした。

日本では厳密な意味での青銅器時代は存在しなかった。それは青銅器とともに鉄器や大陸系石器が，稲作を伴い，セットをなして伝来したことによる。そのために金石併用時代ともよばれる。日本における初期の青銅器は，すべて中国大陸や朝鮮半島でつくられた細形とよばれる実用の武器であった。それらは時おり，北部九州の前期末〜中期末の甕棺や箱式石棺などに副葬されれた。しかるに中期以降になると国産の青銅製式器や，銅鐸・銅鏡・銅鏃・銅鋤・巴形銅器などが鋳造されたが，それらはたぶんに儀器的な祭器的性格の強いものであった。とくに後期になると国産の銅矛・銅剣・銅戈は銅鐸とともに，土中に単独またはまとめて埋納するという，特異な祭祀形態が展開するのである。＊増田精一「ヨーロッパにおける青銅器文明」(『古代史講座』3, 1962)；杉原荘介『日本青銅器の研究』1972

（乙益重隆）

青龍刀形石器(せいりゅうとうがたせっき)　中国の青龍刀に似ている縄文時代の磨製石器。長さ30cm前後のものが多く，安山岩・粘板岩などでつくられている。ごくまれに鯨骨製品もある。縄文中期から後期にかけて北海道渡島半島南部・青森県・秋田県北部・岩手県北部などに約50例みられるにすぎない。弧状部分が刃になる青龍刀と異なり，その反対側縁が刃的にやや薄くなっている。今のところその用途は不明である。＊江坂輝彌「青龍刀形石器考」(『史学』38–1, 1965)

（渡辺　誠）

石寨山遺跡(せきさいざんいせき)　中国雲南省晋寧県城西5km，滇池の東岸に位置する石寨山，別名鯨魚山の丘陵上に発見された戦国末期ないし西漢初期から，西漢末期ないし東漢初期にいたる古墓群。1955年3月に試掘が行われ，1956年以降4次にわたって雲南省博物館が調査を行った。墓葬の多くは自然の岩の間に設けられた単純な土壙墓で，木槨をもつものもある。仰身葬をとり，東に頭位をおくものが一般的で，青銅器・鉄器・金銀器・漆器・玉類など豊富な副葬品を伴う。青銅製女性像・編鐘・玉器・貯貝器などとともに「滇王之印」を刻んだ金印を出土した6号墓はいわゆる西南夷の歴史にあらわれる滇王のものと推定されている。墓葬群は3期にわけられる。第1期の墓葬には銅尊・喇叭状器・案・笙などの青銅製品が伴い滇族の文化的特色を示す。第2期は銅戈・編鐘など中原の要素と銅鼓や靴形銅斧などドンソン文化に共通する要素が認められる。第3期の墓葬からは銅印・銅鏡・帯鈎・漆器など中原の漢式遺物を出土し，鼎・耳杯などは湖南省長沙の西漢後期のものと共通する。雲南省博物館の調査の成果は中国西南少数民族の歴史研究に重要な資料を提供した。＊雲南省博物館『雲南晋寧石寨山古墓群発掘報告』1959 （近森　正）

石室(せきしつ)　石材を使用してつくった室で，古墳の内部施設の種類の一つである。この石の構築物である石室には，上部が開く竪穴式石室と，横に出入口のある横穴式石室がある。竪穴式石室は，木棺や石棺などを置いたのちに壁を積み上げ，最後に天井石で閉塞する。箱式石棺も蓋石で閉塞するが，直接に遺骸を納めるのがふつうである。石室と石棺は便宜上，側壁に石が積まれているか，一枚石の側石であるかによって区別される。横穴式石室は，やはり木棺や石棺を納める広い空間があり，横口式石棺との区別は，出入口の前面構造や閉塞装置によって行われる。最近では，北九州の初期横穴式石室に竪穴系横口式石室，畿内の終末期内部施設に横口式石槨・石棺式石室とよぶ石室がある。石室の構築法には，石材の形状によって，割石小口積・切石積などがあり，截石積・河原石積といった語も使用されている。棺を直接におおう槨とは区別される。＊小林行雄『日本考古学概説』1951 （杉山晋作）

石障(せきしょう)　横穴式石室の玄室を区分し，遺骸納置場所を設定するために立てられた板状の石材構造をいう。九州でも北部の福岡県・熊本県では，この石障に直弧文や同心円文を彫刻したり塗彩したりする例があって，装飾古墳の一つとして知られる。その前段階は家形石棺などが横穴式石室内に入れられており，石障は石棺状の納置施設を意識して簡略化されたものと思われる。槨壁・槨障とよばれたこともあった。＊小林行雄『装飾古墳』1964 （杉山晋作）

石刃技法(せきじんぎほう)　縦長で両側辺が平行する剥片(石刃―ブレイド)を連続剥離する剥片生産技術の一類型。ブレード・テクニック(blade technique)の日本訳で，石刃を剥離した石核を石刃核(blade-core)とよぶ。石刃を連続剥離するためには，石核の作業面に平行な稜線を保ちつづけることが重要な条件となっており，そのために打面は一端，もしくは両端に固定する場合が多い。石刃技法の調整技術には，稜形成の作業面調整(剥離工程の初期に作業面に稜線を形成し，縦長の形状を保証するもの)，打面調整(打面部に加えられる細かな調整で打点を一点に集中させるためのもの)，打面再生(打面部に加えられる大きな剥離で，打面と作業面のなす角度を補正する)などがある。それらの調整技術の差違，有無，打面転位のあり方などから，石刃技法は細分可能である。

日本における石刃技法の出現は後期旧石器時代前葉に求められ，後葉には種々の調整技術が定着し，それに応じて石刃の形態もより整ったものになる。この時期になると，調整技術を駆使する，いわゆる真正の石刃技法が中部北半から東北・北海道に分布し，ほとんど調整技術をもたないものが近畿地方に分布するなど，石刃技法を通じての地域性も明確になってくるようである。

生産された石刃は，ナイフ形石器・彫刻刀形石器・スクレイパー類など様々の剥片石器の素材として用いられた。 → 石器製作法(せっきせいさくほう) ＊柳田俊雄・藤原妃敏「瀬戸内技法と石刃技法」(『旧石器考古学』23，1981) （藤原妃敏）

石人石馬(せきじんせきば)　古墳の墳丘上に表飾として用いられた石造彫刻の総称。石人石馬の名称は，『筑後風土記』逸文の筑紫国造磐井の墳墓について記した部分に初見がある。中国では漢代から墳墓や祠廟の前面に石人石獣をならべたが，わが国の石人石馬の源流をそれに求められるのかどうかは不明である。石材は阿蘇溶結凝灰岩が使用され，石人石馬発見の古墳は福岡・熊本・大分の3県で16ヵ所と鳥取県に1ヵ所ある。また，これらを有する古墳は，前方後円墳と密接な結びつきを示し，肥後地方では装飾を有する石室や石棺との関連も指摘される。石人石馬と総称される種類は，人物・鳥獣・器財に分けられる。人物は円体石人と扁平石人の2種があり，武装円体石人は甲冑を着け，下部に円柱を付している。扁平石人には盾や靫の半面に人物を彫刻したものがある。わが国の石人石馬の出現は5世紀前半代にあたり，短甲や甲冑を着装した円形武装石人の形態をとってあらわれ，筑後では岩戸山古墳以後，中央からの強力な政治的規制によりまったく姿を消す。＊小田富士雄「石人石馬」(『九州考古学研究』古墳時代編，1979)　(渋谷忠章)

石人（福岡・岩戸山古墳）

石錘(せきすい)　漁網用，編物用や錨などとして，用途も形態も多種であるが，おもなものは次の4種。①河原石の両端を打ち欠いた礫石錘。後期旧石器時代以降各時代にみられる。②河原石の両端に切目をいれた切目石錘(きりめせきすい)。縄文時代中～晩期にみられる。③同様に一周または十文字に溝を施した有溝石錘。縄文時代後期以降にみられる。④有頭大形石錘。中部地方の弥生時代後期に特に発達している。＊渡辺誠『縄文時代の漁業』1973　(渡辺　誠)

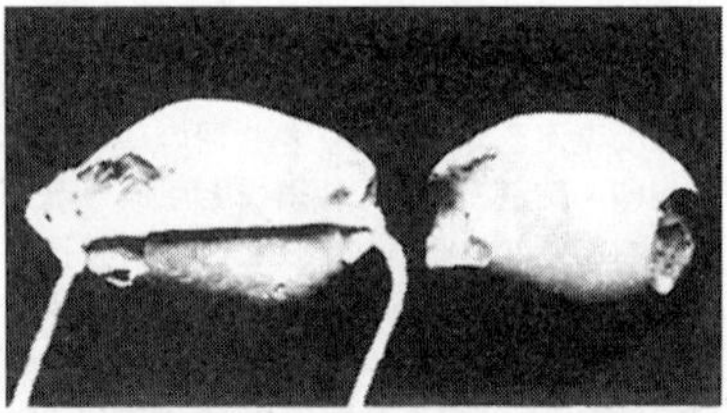

石錘

石錐(せきすい・いしきり)　縄文時代の石器。穿孔あるいは穿穴に使用された加工道具。先端の鋭い棒状を呈するものから，基部を板状に残したもの，さらに有茎石鏃のように茎を有するものなどもあり，石鏃との区別が困難な場合がある。精巧な敲打剥離の調整を加えた小型の打製石器だが，ビーズの穿孔，破損土器の修復のための綴じ孔をあけるなどの多目的な使用が考えられる。弥生時代の石庖丁特有の孔もこれによった可能性がある。＊鈴木道之助『図録石器の基礎知識』Ⅲ，1981　(小渕忠秋)

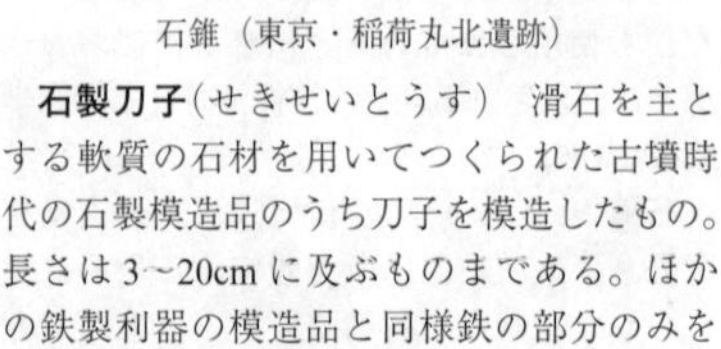

石錐（東京・稲荷丸北遺跡）

石製刀子(せきせいとうす)　滑石を主とする軟質の石材を用いてつくられた古墳時代の石製模造品のうち刀子を模造したもの。長さは3～20cmに及ぶものまである。ほかの鉄製利器の模造品と同様鉄の部分のみを模造する例と，皮製の鞘袋入りの形を模造する例があり，後者が多い。石製模造品の全体の趨勢に従い5世紀に盛行し，鎌形・斧形などの模造品と同様主として古墳より出土するほか祭祀遺跡よりも出土する。＊高橋健自「古墳発見石製模造器具の研究」(『帝

室博物館学報』1，1919）　　　　（池上　悟）

石製有孔円板（せきせいゆうこうえんばん）　古墳時代の5世紀代に盛行した石製模造品のうち，径3cmほどの扁平な円板に数mmの孔をうがったもの。古墳および住居跡よりも出土するが，祭祀遺跡ではその大半が出土する。双孔のものと単孔のものがあり，前者は鏡の模造品と考えられるものの，鈕を有する鏡形模造品というものもある。後者は通有な大きさ以上のものは鏡と考えられ，その他のものは鏡のほかに紡錘車の模造品とも考えられる。＊椙山林継「石製模造品」（『神道考古学講座』3，1981）　　　　（池上　悟）

『石造文化財』（せきぞうぶんかざい）　石造文化財調査研究所の機関誌。年1回発刊。2001年4月佛教石造文化財研究所として発足。「石造美術」を考古学的な視点から「石造文化財」として位置付けている。2011年「石造文化財調査研究所」と変更。　（松原典明）

石壮里遺跡（せきそうりいせき）（ソクチョンリいせき）　韓国忠清南道公州郡の錦江右岸に位置し，1964～1972年に調査が行われた。第1地区には石刃・細石刃・彫刻刀形石器・スクレイパーを含む後期旧石器時代の複数の文化層がある。これを居住跡とする解釈には問題がある。第2地区には12の文化層があり，出土石器をヨーロッパや中国の技術や編年に照らして前期・中期・後期旧石器時代に区分している。朝鮮半島の旧石器時代の編年確立と周辺地域との関連を明らかにする上で重要な遺跡である。＊孫宝基「層位をなす石壮里旧石器文化」（『歴史学報』〔韓国で発刊〕35・36，1969）　　　　（江坂輝彌）

石鏃（せきぞく）　矢の先端につけて用いる石製の利器で，矢の根石とよばれることもある。打製・磨製および局部磨製などがある。石材には，黒曜石・硅岩・頁岩・粘板岩・安山岩など硬質のものが選ばれている。北海道・関東地方・九州地方では黒曜石が主流を占めており，東北地方では頁岩が多い。また，近畿地方をはじめ瀬戸内地方ではサヌカイトとよばれる安山岩に限られるようである。石鏃は無茎と有茎の2種類に分けることができ，一般的には縄文時代早・前期に無茎のものが普及し，後期以降有茎が多くなるといわれている。無茎のものには，比較的厚みのある二等辺三角形をしたものが多いが，早期の押型文土器に伴って湾曲の大きい鍬形鏃が，より湾曲の極端な長脚鏃が爪形文土器に伴って，それぞれみられる。長脚鏃には脚部片側の短いものが多く，各種バラエティーに富んでいる。北海道では石刃鏃，九州では剥片鏃など特定な時期に特殊な技法によってつくられた石鏃がみられ，大陸文化との関連性で問題にされている。また，長崎県岩下洞穴では押型文土器に伴って，局部磨製・半磨製の石鏃が大量出土した例もある。弥生時代の石鏃は，細身の柳葉形石鏃が多いが，菱形のものもみられる。無茎の二等辺三角形の磨製石鏃もしばしばみられ，中央に穴のあけられた有孔磨製石鏃もある。石鏃を矢柄に装着するために茎部や下半部にアスファルトの付けられた石鏃が東北地方でしばしば出土し，装着方法研究のために役にたっている。＊岡本勇「縄文時代（労働用具）」（『日本考古学』Ⅱ，1965）　　　　（川崎義雄）

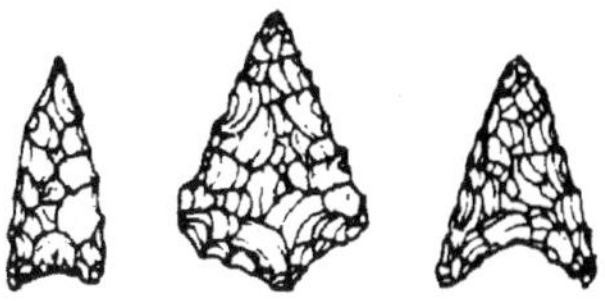

石鏃（埼玉・高井東遺跡）

石帯（せきたい）　古墳時代以降，わが国では中国の制にならい，豪族・貴族・官人などの衣服の一部として銙帯が用いられた。銙帯とは銙とよぶ金属製の飾金具を付けた革帯または腰帯のことであり，特に律令制に入ると身分・官位に基づいてその種類と使用を区別した。また，銙帯は796（延暦15）年と810（弘仁元）年の2度にわたり，そ

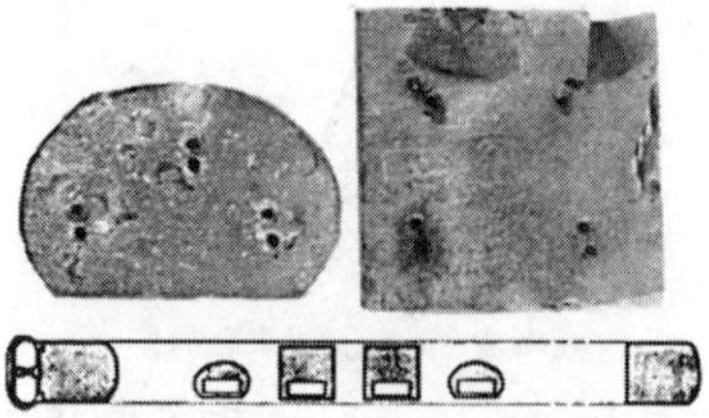
石帯（東京・武蔵国府関連遺跡）

の使用を禁じられており，これ以降，革帯・腰帯の飾具は石製または玉製のものが用いられた。このうち石製の飾具をつけた革帯・腰帯を石帯と称する。石製飾具には銙と同様，方形の巡方，半円形の丸鞆の種類があり，石質は大理石・蝋石・瑪瑙などである。また，巡方・丸鞆ともに透文のあるものと，装飾のないものとがある。石帯の分布は銙帯とともにほぼ本州全域に及んでおり，官衙・寺院・集落などの遺跡から発見されている。石帯は銙帯と同様に官位制に基づく区別があったと考えられ，律令国家の政治的動向を知る上で重要な遺物の一つである。＊阿部義平「銙帯と官位制について」（『東北考古学の諸問題』1976）　（西脇俊郎）

石刀（せきとう）　縄文時代の晩期に特徴的なやや長大の棒状磨製石器で，断面は楔形状をなし明らかに刃を意図したものであろう。直線的なものと，刃部を内側に緩く弧を描き鉈を思わせるようなものとがあるが，後者は握りの末端に瘤状のふくらみをもち，三叉文などの彫刻がある。前者の握りには格子状などの刻線が施される場合がある。粘板岩・片岩の利用が多く，東北地方を中心として，北海道から近畿まで広汎な分布をみせている。＊中谷治宇二郎『日本石器時代提要』1929　（小渕忠秋）

石刀（岐阜・久々野町）

石幢（せきどう）　石造塔婆の一種。幢とは「のぼり」旗の意味。布製の幢幡を6組あるいは8組合わせた形状を石造物にしたものとされる。塔形には重制と単制がある。前者は基礎・竿・中台・龕部・笠・宝珠の6材よりなり，後者は基礎・幢身・笠・宝珠の4材よりなる。重制は石燈籠に似ているが笠に蕨手がないこと，龕部に火口がうがたれていないこと，竿に節が刻出されていないことの違いがある。単制の場合は笠塔婆形式を踏襲したものである。＊川勝政太郎「石幢」（『史迹と美術』93，1938）　（斎木　勝）

石幢（東京・普済寺）

関野　雄（せきのたけし）　1915～2003。東京帝国大学工科大学建築史の教授であった碩学の関野貞（ただし）工学博士の次男として出生。1938年夏，大学卒業前の夏休み，韓国の済洲島を訪れ，その時の見聞を10月刊の『考古学雑誌』の彙報覧に「済洲島に於ける遺蹟」と題する短報を発表されているが，この中で同島にも支石墓が存在するらしいことを指摘されている。済洲島に遺跡の存在を注意した最初の論文であろう。中国考古学の権威で，『中国考古学研究』（1972）『半瓦當の研究』（1972）などの名著があり，1967年東京大学文学部教授，文学博士，東大退官後，お茶の水女子大学教授，後，東京大学名誉教授の称号を受けた。またこの間，明治，法政，駒沢，国学院大学などの非常勤講師をされた。また日本考古学会

会長，日本考古学協会委員，東洋文庫研究員なども歴任された。（江坂輝彌）

関野　貞（せきのただし）　1867〜1935。新潟県生まれ。東京帝国大学工科大学卒。東京帝国大学教授。工学博士。朝鮮半島および中国大陸の多くの建築，遺跡の調査を行ったが，楽浪関係遺跡の研究は名高い。日本においても平城京をはじめ法隆寺などの古代建築および遺跡に関する先駆的研究を実施した。なお『朝鮮古蹟図譜』1，1915の編集主任をつとめ1917年にフランス学士院より表彰をうけた。なお著書には「平城京及大内裏考」（『東京帝国大学工科大学紀要』3, 1907），『楽浪郡時代の遺跡』1927，『日本の建築と芸術』1941，『朝鮮の建築と芸術』1941，『支那の建築と芸術』1941などがある。（坂詰秀一）

石斧（せきふ）　石斧には，柄を刃と平行に付ける「斧(axe)」と，柄を刃と直交させる「手斧(adze)」とがあり，打製石斧と磨製石斧とに大別される。打製石斧は手頃な礫や剥片を打ち欠いてつくったもので，磨製石斧は敲打して形を整え，砥石などで研磨して仕上げたもの。石斧は旧石器時代から存在し，縄文時代の全期間，弥生時代の中期まで使用された。

縄文時代の磨製石斧としては，擦切磨製石斧・乳棒状磨製石斧・定角式磨製石斧などがある。打製石斧としては，短冊形・撥形・分銅形などの形態がある。

擦切磨製石斧は，北海道から東北地方北半の地域を中心に，早期後半から前期にかけて盛行する。乳棒状磨製石斧は，前期から中期にかけて多くみられ，ほぼ全国的に分布している。定角式磨製石斧は，擦切磨製石斧の系統を引くもので，関東・中部地方以東では後期以降の磨製石斧の主体となる。また，ミニチュアの定角式磨製石斧が後期になるとみられるが，実用品ではなく儀器であろう。

縄文時代の中期中ごろから後半にかけて，関東・中部地方において打製石斧の出土量が増大する。打製石斧の側面は湾曲しているものが多く，「斧」としての利用は不便であり，棒の先に着柄し掘棒などとして使用されたものであろう。西日本においては打製石斧の増加する時期は遅れ，近畿地方では後期前半，北九州地方では後期後半以降となる。東北・北海道地方においては，時期による増加の傾向は認められない。

打製石斧（東京・神谷原遺跡）

弥生時代にみられる磨製石斧は，大陸系のものと判断される。弥生文化の及んだ地域に斉一的に認められる。太型蛤刃石斧・柱状片刃石斧（抉入石斧）・扁平片刃石斧・小形のみ状石斧などがある。木製品を製作する工具であり，鉄器の普及によって石斧の使用は弥生時代中期ごろで終局をむかえる。

石斧の柄については，福井県鳥浜貝塚や滋賀県滋賀里遺跡などで発見された木製石斧柄によって装着法を知ることができる。
＊佐原真「石斧論—横斧から縦斧へ—」（『考古論集—慶祝 松崎寿和先生六十三歳論文集』1977）（江坂輝彌）

石棒（せきぼう）　石の棒の端を瘤状にふくらまして加工したものであるが，その瘤が片方だけに付けられたものと，両先端に付けられたものとがあり，形は男根を彷彿させる。また頭の無いものもときどきみられる。大小さまざまあるが，縄文時代中期のものは概して大形で，1m以上に及ぶものもある。後期・晩期のものは，中期のものに比べて小形のものが多く，さらにその多くは彫刻をしたりして装飾が豊かになり，同時に中期では断面の丸いものが多く，晩期になると断面は扁平になり，石刀・石剣へと変化していく。石棒の用途についてはまだ明らかではないが，中部高地の長野県・山梨県・静岡県などでは中期の住居跡の炉付近に立石にした痕跡もみうけられ，性器崇拝の対象物ともいわれているが，儀礼的なもので，まつられ崇拝されていたものと思われる。後期･晩期のものは，精巧な石刀･石剣への変化がみられ，集団の統率者への儀礼的な宝器といえるかも知れない。＊野口義麿「縄文時代(信仰)」(『日本の考古学』Ⅱ，1965） （川崎義雄）

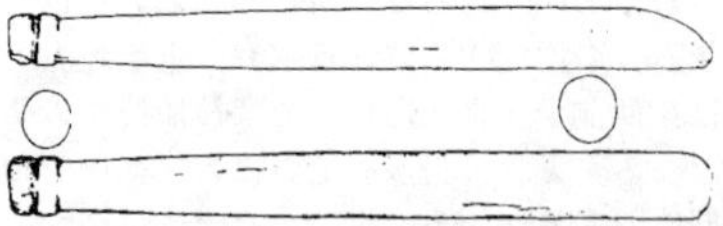

石棒（神奈川・なすな原）

関山式土器(せきやましきどき) 埼玉県蓮田市関山貝塚出土の土器を標式として名付けられた。1928年に調査され，羽状縄文が発達した土器を蓮田式と名付けたが，後に山内清男によって蓮田式から黒浜式を分離し，関山式が抽出された。器形は口縁が平縁，波状を呈し，平底または上底の深鉢形や浅鉢である。まれに注口や片口がつく。胎土に繊維を多量に含む。文様は羽状縄文・ループ文・組紐縄文がみられ，口縁部には平行沈線や瘤文が施文される。＊庄野靖寿ほか「関山貝塚」(『埼玉県埋蔵文化財調査報告書』3，1974） （吉田　格）

石戈(せっか) 弥生時代の銅戈を模倣した磨製の石製品で，わが国独特な所産である。弥生時代前期末から中期末にかけて盛行し，北部九州・山口県下を中心に近畿地方にも及び，今までに総数百数十例が知られている。長さ10～30cmを有し，身部の樋の有無によって九州型と近畿型に分類されるが，近畿型は少ない。基本的には細形銅戈を模し，実用の武器に供せられたが，墳墓に副葬したり，祭器として用いられたものもある。＊下條信行「武器形石製品の性格」(『平安博物館研究紀要』7，1982） （池田栄史）

石核(せっかく) 剥片を剥がした際に残された核をいう。剥片を剥がした際に生じる凹形のバルブ(negative-bulb)が残される。多くは礫をそのまま用い，調整を加えて石核とするが，なかには瀬戸内技法第2工程に代表されるように剥片を素材とするものもある。調整技術のあり方や作業の進行に応じて，円盤形・円錐形・円筒形・亀甲形などもろもろの形態が生じる。石刃・翼状剥片・細石刃などの特殊な企画剥片を剥離した石核を特にそれぞれ石刃核・細石刃核・翼状剥片石核とよぶ場合もある。石核面に残る剥離面の形状，切合い，打面の様相などから剥片剥離作業の特徴を知ることができる。しかし，石核に残された諸特徴は，剥片生産作業の最終段階のものに限定されるので，必ずしも全体を代表するとは限らないことに留意しなければならない。この限界を打破するために，同一個体の剥片の特徴と石核の比較，接合資料の追求などが必要となる。＊芹沢長介編『最古の狩人たち』(『古代史発掘』1，1974） （藤原妃敏）

石槨(せっかく) 古墳の内部施設の1種で，切石組石室の小形化した，または，横口式家形石棺の変化した構造と考えてよく，中に別種の棺を入れるが，棺と壁の間に人の立ち入る余裕がないものをいう。大正初期に盛んであった棺・槨・壙論争で用いられた石槨の語は，横穴式石室という意味であり，今日では横口式石槨という横穴式石室とは異なる構築物のみに対して使用されるのがふつうである。棺は直接に遺骸を納める容器であり，槨は棺を覆うもので，室は棺または槨が収容できる部屋であるが，一般に槨は粘土槨・木炭槨・礫槨など棺に密着しておおうのに対して，石槨のみは棺との間に人が立ち入れない空間を有する。人が立ち入ることができる空間を有するものは石室とよばれる。今日，石槨の語が使用される横口式石槨は高松塚古墳にも認められる。羨道がつくものとつかないものがある。横口系石槨，また，石棺式石室とよばれることもある。＊末永雅雄ほか『壁画古墳高松塚』1972　（杉山晋作）

石槨墓（せっかくぼ）　棺をおおう施設を称して槨というが，このうち石を素材として構築されるものをいう。したがって各国，各時代にそれぞれの特徴を有する石槨が認められ，その墳墓様式をして石槨墓という。しかし，棺と槨とは，棺が有機質のものが想定されるときには必ずしも明瞭に区分されてはいない。さらに石槨と石室との区分も明確なものとはいい難いものである。わが国周辺でつとに著名なものは，中国遼陽方面の後漢代より魏晉代にかけて築造されたものがある。これは板石を組み合わせて1個の木棺を囲む簡単なものから，数個の棺室を中にして周囲に回廊をめぐらした複雑な形式のものまである。特にその壁面に壁画を有する点と，紀年銘を有する遺物あるいは塼の出土により築造の絶対年代の知られるものを含む点において注目されるものである。朝鮮半島においての類例としては，1949年に発見された黄海北安岳郡所在の安岳第3号墳が著名である。これは壁面に認められた銘により，357（東晉の永和13）年に没した冬寿の墓と考えられるものであり，築造年代・被葬者の分明なるものとして注目されるものである。わが国の古墳時代における主要な埋葬施設の2種，すなわち竪穴式・横穴式の石材で構築される施設も石槨とよばれていたこともあるが，それが単に棺をおおう以上の空間を有するという点において石室と呼称されている。しかし，近年明確になってき，特に畿内地方を中心に分布する終末期の小形の横穴式石室に対して，その構造が羨道の形骸化のいちじるしいものである点を考慮し，横口式石槨と呼称している。この様式のものは，玄室の奥に棺室を造作するものから徐々に棺室部分のみのものへと変化し，ついには石棺状のものへと転化する。＊岡崎敬「安岳第3号墳の研究」（『史淵』93，1964）　（池上　悟）

石冠（せっかん）　冠帽に形が似ているのでこの名が付けられた縄文時代の磨製石器。冠石ともいう。特異な形態をもつため江戸時代人も興味を示している（木内石亭『雲根志』）。底面は内湾する場合もあるが，ほとんど扁平な楕円形である。上面は山形に中央部が最も盛り上がり，その上にさらに扉の把手状の瘤をもつ。分布は飛騨高山，美濃の山間部に濃く，また東北・北海道地方にも及ぶ。前者は砂岩製，後者は安山岩製でやや大形（10cm以上）のものが多い。＊吉田富夫「石冠考」（『考古学』11–9，1940）　（小渕忠秋）

『石冠』（せっかん）　飛騨考古土俗学会の機関誌。A5判，縦組，創刊号（1934〈昭和9年〉5月～第2年第4号（1934〈昭和9〉年10月）。後，『ひだびと』と改題。第2年第4号に山内清男「土器形式の細別」を掲載。　（坂詰秀一）

石棺（せっかん）→　長持形石棺（ながもちがたせっかん），→　箱式石棺（はこしきせっかん），→　舟形石棺（ふながたせっかん），→　横口式石棺（よこぐちしきせっかん）→　割竹形石棺（わりたけがたせっかん）

石器時代（せっきじだい）　Stone Age。石を材料にして刃物をつくった時代で，また人類最古・最長の時代でもある。トムセンは1816年に人類の歴史を石器時代・青銅器時代・鉄器時代の3時代に区分したが，ラボックは1865年に石器時代をさらに2分し，古い方を旧石器時代，新しい方を新石器時代とした。前者は地質学上の更新世に属し，後者はみがかれた美しい石器を特色とする，と規定されたのであった。石器時代の始源および終末は地球上の各地域によってまちまちであり，必ずしも一定していない。文化の先進地域では数千年前に石器時代が終了したが，オーストラリアやアマゾン河の奥地などでは，ごく最近まで石器時代の生活が残存していた。*John Lubbock "Prehistoric Times" 1865　（芹沢長介）

『石器時代』（せっきじだい）　石器時代文化研究会の編集刊行する雑誌。B5判横組。1955（昭和30）年4月に創刊号を発行し，1973（昭和48）年5月に第10号が刊行された。日本の旧石器時代～縄文時代研究の専門誌で，日本の石器時代研究の推進に大きな役割を果たしている。　（坂詰秀一）

石器製作法（せっきせいさくほう）　道具としての石器は，製作者に関わる自然環境，文化伝統，製作技術の水準，使用目的などによってさまざまの形態をとる。石器は，自然の状態のまま使われるものを除くと，加撃してつくられる打製石器と，研磨してつくられる磨製石器に大別される。石器の材料はフリント・頁岩・チャート・玄武岩・安山岩など多様である。打製石器では，礫や剥片が加工の対象となる。礫の一部もしくは全面が加工されると，チョパー・チョピングトゥール・ハンドアックスなどの石核（礫核）石器となる。剥片石器の場合，前期旧石器時代には石核石器からとられる剥片も石器の素材として使われたが，しだいにあらかじめ調整した石核から一定の形の剥片をとる技術が発達した。その代表が中期旧石器時代のルヴァロワ技法と後期旧石器時代に盛行する石刃技法である。

石器を加工する方法には直接打法（石・角・骨・木などのハンマーを使用して素材に直接加撃する方法），間接打法（たがねを通して間接的に加撃する方法），押圧剥離（角・骨・木などを押しつけて加撃する方法）などがある。いずれも剥片をつくる時にも使われた。

磨製石器では敲打法，擦り切り，剥離によってあらかじめ整形されてから研磨される例が多い。

石器の製作法はすでに失われてしまった技術であり，研究者が先験的に知ることはできない。このため石器の分析（接合・剥離面切りあいの観察）を通じて帰納的に推定する方法を中心に，実験による復原モデルや，民族誌を援用する必要がある。→ 石器の製作法 P.240　（梶原　洋）

石窟寺院（せっくつじいん）　崖面に横穴を穿った内部に造られた寺院。インドではB. C.3世紀にアージーヴィカ派によってバラーバル丘やナガールジュニ丘で開窟されたのを最初に，B. C.2世紀以降，西インド・南インドで仏教の石窟寺院が盛んに営まれた。仏教の石窟寺院は，塔を祀るチャイティヤ窟と僧侶が生活するためのヴィハーラ窟に大別され，1基のチャイティヤ窟の周囲に複数のヴィハーラ窟が営まれるのを通常とする。チャイティヤ窟は，内部に円形プランのストゥーパを祀るため，全体を円形プランとするか，奥壁が半円形のカーブを描くように設計された。それに対してヴィハーラ窟は，中央部に方形プランの広場を設け，その周囲に多数の房室を配置するものであった。チャイティヤ窟は，B. C.2世紀ころのグントゥパッリ窟では円形プランの主室の中央に塔を置き，長方形プランの前室を設けるのみであったが，A. D.1世紀のカルーラー窟になると，半円形プランの奥壁寄りに塔を安置し，前面の長方形プランの広間は列柱をめぐらし，周囲に側廊を設けるようになる。さらに，7世紀のエローラ第10窟では，ストゥーパの正面に仏龕を穿って仏像を祀るようになる。ヴィハーラ窟は，グントゥパッリ窟では各房室が乱雑に配置され，房室の大きさや形態も区々であったのが，B. C.1世紀のナーシク第3窟では中央に方形プランの広間を配し，周囲の3面に複数の房室を穿つ計画的な設計が採用される。さらに，5世紀のアジャンター第1窟では，奥壁に仏像を祀る祠堂を設け，ヴィハーラ窟が仏堂としての機能をもつように変化する。8世紀以降はヒンドゥー教の石窟寺院が主体となり，最奥部にリンガなど

石器の製作法

湧別技法（吉崎昌一による）

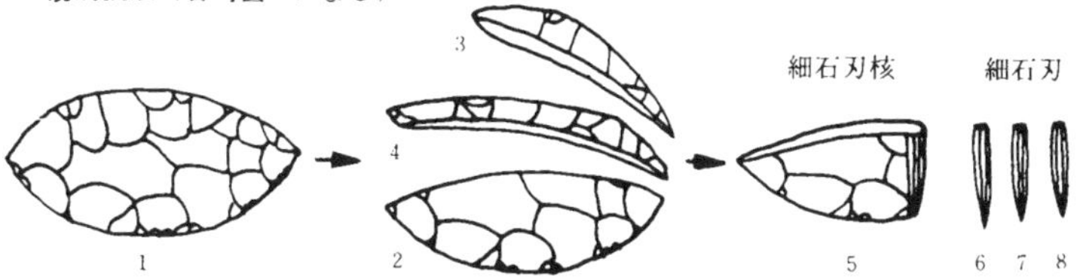

石刃技法（D．クラブトリーによる）

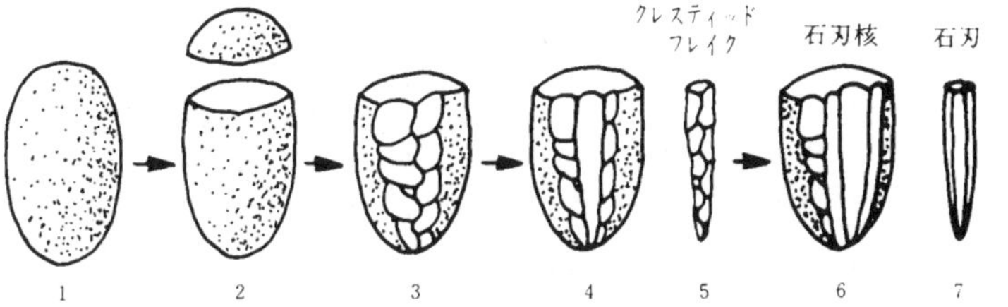

瀬戸内技法（鎌木義昌による）

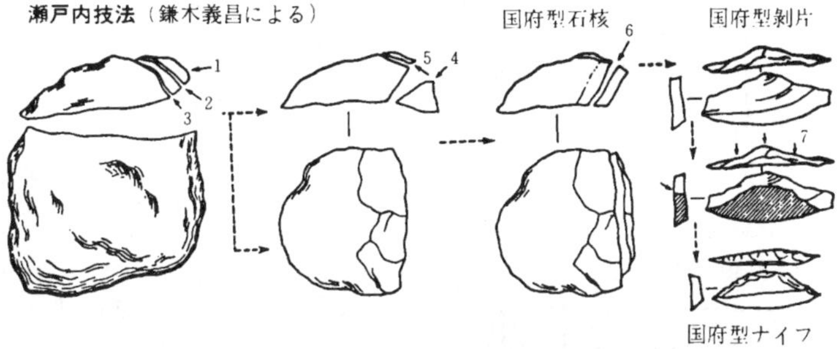

ルヴァロワ技法（F．ボルドによる）

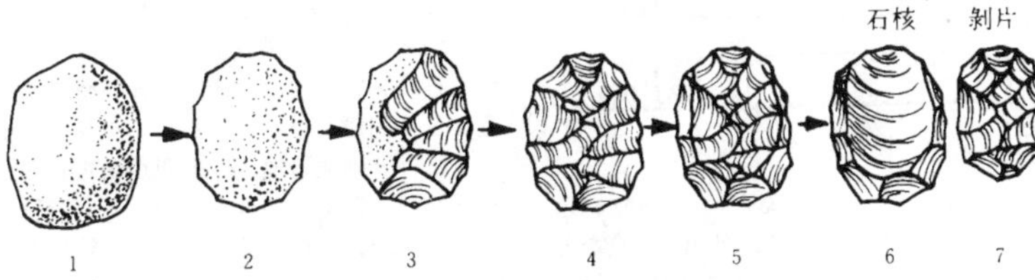

を祀り，壁面を神像彫刻で埋め尽くすようになる。アフガニスタンではハッダ城周辺に多数の石窟寺院が営まれるが，石窟寺院と地上寺院が一体となって構成されており，インドとは異なるあり方をみせる。中央アジアではキジル，クムトラ，ベゼクリク，トユクなど多数の石窟寺院が営まれるが，いずれも仏教寺院であるにもかかわらずヴィハーラ窟を欠き，チャイティヤ窟もきわめて少なく，大部分が尊像窟である点に特色がある。そのあり方は中国にも継承され，敦煌莫高窟・炳霊寺石窟・麦積山石窟・雲岡石窟・天竜山石窟・竜門石窟・響堂山石窟など多数の石窟寺院が開窟されたが，すべて尊像窟を中心に構成される石窟群である。韓国の石窟庵なども中国の影響を受けた尊像窟といえよう。＊高田修「インドの石窟寺院」(『仏教芸術』41，1959)；斎藤忠『石窟寺院の研究』1999
（時枝　務）

石剣(せっけん)　縄文時代の後期から特に晩期に多い。一端に把握部をもち，楕円形ないし菱形の断面形をもつ。瘤状の頭をもつもので石棒との区別が困難なものもあるが，機能的には起源が異なるので注意を要する。石刀と同じく，粘板岩・片岩の磨製が多く，東日本を中心に南九州にまで広汎に分布している。なお，弥生時代および中国・朝鮮にみられる石剣は，特に磨製石剣とよんで区別される。＊なすな原遺跡調査団(『なすな原遺跡』1，1983)　（小渕忠秋）

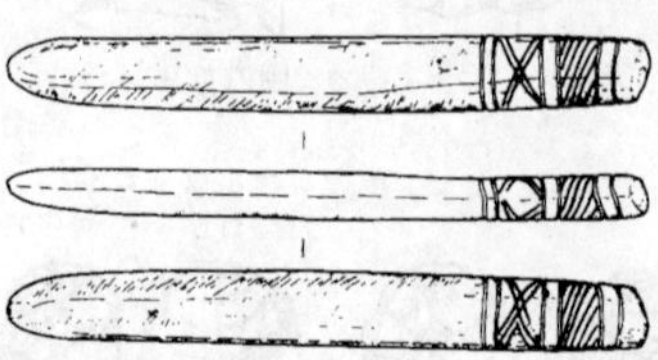

石剣（神奈川・なすな原遺跡）

絶対年代(ぜったいねんだい)　遺物や遺跡などについて，その製作・使用・廃棄などが何年，何年何月と明示できる年代をいう。何世紀，何年ごろという年代は，概定年代ともいう。遺物間の年代的順序によって示される相対年代に対するもの。絶対年代は，銘や文献，共存遺物などから得られるが，放射性炭素の測定や年輪測定法などの自然科学的方法も用いられている。　（江坂輝彌）

瀬戸(せと)　一般的には，現在の愛知県瀬戸市を中心として展開する，窯跡群で焼かれた製品をさす。中世六古窯の一つで，平安時代，灰釉陶器を焼成していた猿投窯の技術的伝統のもとに発達した。中世においては，瀬戸窯のみで施釉陶器が焼かれている。釉薬には，黄褐色の木灰釉と，黒褐色の鉄釉の二種類が認められる。粘土は，木節・蛙目といわれる良質なものが主として使われる。製品は，日常雑器が主であるが，器種は輸入された中国陶磁器の模倣が多い。また壺類は，骨蔵器として使用される例が多くしられる。＊本多静雄『古瀬戸』1974
（上野恵司）

瀬戸内技法(せとうちぎほう)　国府遺跡の資料をもとに，鎌木義昌・高橋護により提唱された後期旧石器時代の剥片製作技術の一つ。盤状の石核から横に長い，翼(つばさ)状の剥片を連続的に剥離する技法で，さしみを切るように打ち欠くところに特徴がある。石核の稜(角)をそぎとるようにする石刃技法と対照をなす。剥片は打面側に刃潰し加工が施され，国府型ナイフ形石器となる。

松藤和人によれば，製作工程は一般的に石核素材の盤状剥片を得る第1工程，翼状剥片を剥離する第2工程，国府型ナイフ形石器を製作する第3工程に区分されている。これに対しては剥離技法と石材(特にサヌカイト)との関連，工程区分とその内容の妥当性，石核調整技術の意味，工程の歴史的変遷などが問題となっている。また翼状剥片の定形性と剥離の連続性の観点から石刃技法としてとらえるか否かについても問題となってきたが，柳田俊雄・藤原妃敏は剥片剥離のメカニズムから両者を明確に区分している。分析は近畿・中国・四国などのサヌカイトを素材とする地域から九州(スレート素材)や東北(頁岩素材)の一部に及ぶ。また関東で発見される横長剥片も系統的に瀬戸内技法との関連が問題となっている。年代的には大分岩戸遺跡の瀬戸内技法を含む第1文化層が姶良丹沢パミス(約2万1000〜2万2000Y. B. P.)より上にあることから大体2万年前前後に出現したと考えられる。類似した技法として西アジア新石器時代初期の石刃の稜に加撃して横長剥片を連続的にとる技法のほかエジプトやメキシコにも翼状剥片に類似した剥片をとる技法がある。→ 石器製作法(せっきせいさくほう) *鎌木義昌「旧石器時代論」(『岩波講座日本歴史』1, 1975) (梶原 洋)

瀬戸岡古墳群(せとおかこふんぐん) 東京都の西北部, 多摩川上流域のあきる野市瀬戸岡の, 平井川に臨む台地縁辺を占める350m四方の範囲に50基の古墳が群在する東京都所在の代表的な群集墳。大正年間からの数次の調査により10数基の内容が判明している。全長3〜4mの羨道と玄室からなる横穴式石室を掘り方内に構築し, この上部に盛土により小規模な墳丘を形成したものである。羨道と玄室の区別の明確なものから曖昧なものへと変遷しており, 7世紀代に構築されたものと考えられる。僅かな武器などが出土しており, 土師器・須恵器の骨蔵器も出土している。*『多摩地区所在古墳確認調査報告書』1995 (池上 悟)

瀬戸古墳群(せとこふんぐん) 静岡県藤枝市の西部にある丘陵上の東西2km, 南北3kmに占地する古墳群。1963年ころより分布・発掘調査がされ, 瀬戸支群98基, 向山支群14基, 岩田支群25基, 南新屋支群33基を中心とした220〜230基の存在が推定されている。木棺直葬例もわずかに知られるが, ほとんどが横穴式石室の円墳からなる。武器類・装身具類・馬具類・須恵器・土師器などが知られる。5世紀後半から7世紀代にかけて築造されたものと推定されている。*増井義巳ほか「瀬戸古墳群」(『西駿考古学研究会調査報告』1, 1968) (坂本美夫)

寒ノ神遺跡(せのかんいせき) 九州南半に広く分布する縄文時代早期の寒ノ神式土器の標識遺跡で1932年, 当時鹿児島県立大口中学に勤務していた木村幹夫が発表したものである。鹿児島県西北部大口駅跡の東南約4kmの伊佐郡菱刈町寒ノ神(現・伊佐市)に所在する。1945年代までは木村幹夫・寺師見國・三森定男などによって関東地方の縄文時代, 後晩期に比定される土器型式と考えられてきたが, 1960年代ころから南九州地方の縄文時代各遺跡の層序関係が次第に明らかになると共に, 前期の前半に位置するものではないかと考えられるに至った。その後, 新東晃一の鬼界カルデラ(硫黄島。竹島を北岸の外輪山の一部)完新世前半の噴火火山灰層下からこの土器片が発見されることに着目, ^{14}Cの測定などから約7000年前に作られたものであることが判明した。く字形口線で, 胴部に網目状撚糸文が施文され, 橙褐色の明るい地肌の深鉢土器を出土する。*寺師見國『鹿児島県下の縄文式土器分類及び出土遺蹟表』1943 (江坂輝彌)

責金具(せめかなぐ) 鏡板・杏葉・辻金具・雲珠・飾金具などの鉤あるいは脚などと面繋・尻繋・胸繋などの革条とを強力に取り付けるために, 鋲とともに用いられる金具をいう。断面がかまぼこ状ないし長方形を呈する幅4mm, 厚さ2mm前後の金属棒を1〜2条, 脚などの上からまわして革条などを抱えこむようにして締めつけ留めるものである。鉄製, 鉄地銀張, 鉄地金銅張, 金銅製などのものがあり, なかには刻目を入れた装飾性に富むものもみられる。刀装具にも同名のものがある。*小野山節「馬具と乗馬の風習」(『世界考古学大系』3 日本Ⅲ, 1959) (坂本美夫)

芹沢長介(せりざわちょうすけ) 1919〜2006。静岡県生まれ。明治大学文学部史学地理学科卒・大学院文学研究科博士課程修了，明治大学・東京大学講師を経て，東北大学文学部付属日本文化研究施設助教授，文学部教授，名誉教授。石器時代の考古学，とくに日本旧石器研究のパイオニア。岩宿(群馬)遺跡の発掘以来，日本列島全域の旧石器時代遺跡を調査。1950年代に日本旧石器文化の先駆的編年を作成した。以来，理化学的年代測定値の活用，石器使用痕の研究導入など，研究方向に新生面を開拓した日本旧石器研究の確立者。縄文時代にも精通し，多くの業歴がある。一方，『月刊考古学ジャーナル』編集に参画，『日本考古学選集』(24冊)の企画編集にあたった。『石器時代の日本』1960,『日本旧石器時代』1982,『最古の狩人たち』1974，ボルド『旧石器時代』(訳)1971，『縄文』1975など。（坂詰秀一）

塼(せん)　古代以来の宮殿建築や寺院建築における建物の床面や壁面に用いられた建築資材で，煉瓦やタイルに相当する。材質は瓦と同様の焼き物である。まれに石製のものもみられる。1辺が30cm程度の正方形をした方形塼や，これを半裁した長方形の長方塼が一般的であるが，稀少な例として三角形の塼もある。奈良県岡寺の天人や鳳凰を文様のモチーフとした華麗な塼は著名である。古代には塼を仏堂の基壇の構築材とした塼積基壇がみられ，また中世後半から近世には塼を建築物の基礎部分に敷き並べた塼列建物も見受けられる。＊森郁夫『瓦』2001　（小林康幸）

善応寺横穴墓群(ぜんおうじおうけつぼぐん)　宮城県仙台市宮城野区燕沢2丁目の善応寺裏山にある横穴墓群。3～4段になって存在する100基以上のうち,23基が調査された。玉類，金環，直刀，鉄鏃，刀子，須恵器の蓋杯，長頸壺，甕，土師坏を出土。7世紀後半から8世紀にかけて築造，9世紀末まで埋葬が行われた。＊伊東信雄・氏家和典『善応寺横穴古墳群調査報告書』1968　（穴沢咊光）

千軍里廃寺(せんぐんりはいじ)　韓国慶尚北道慶州市千軍洞に存在する新羅時代の寺院跡。千軍洞廃寺ともよばれる。1938年に米田美代治が調査した。調査の結果，金堂の前に2塔を配し，金堂の北に講堂を置く伽藍が明らかになった。講堂の東西に建物跡があり，回廊は直接講堂にはとりつかない。感恩寺の伽藍と比較して金堂の東西に翼廊が接続していたと推定される。＊米田美代治「慶州千軍里寺址及び三層石塔調査報告」(『昭和13年度古蹟調査報告』1940)　（岡本桂典）

全谷里遺跡(ぜんこくりいせき)(チョンコクリいせき)　韓国北部にある前期旧石器時代遺跡。京畿道漣川郡のハンナン川(漢灘江)に接する標高61mの河岸段丘上にあり，1978年4月に発見され，1979年いらい継続的・組織的な発掘調査が行われている。出土した土器にはハンドアックス(両面石器)，クリーヴァー，チョパー，チョピングトゥール，ピック，石球，サイドスクレイパー，ナイフ，彫刻刀，ノッチ，鋸歯縁石器，ハンマー，剥片，石核などが認められている。付近の段丘礫層中に含まれる石英岩の自然礫を材料にして石器がつくられており，東アジアでは従来みられなかった本格的なハンドアックスをもつ文化だといってよい。F.ボルドは形態的にみてアシュール期のものと同じだといっており，調査者たちはミンデル－リス間氷期もしくはリス氷期の所産であろうとしている。＊金元龍・崔茂蔵・鄭永和『韓国旧石器文化研究』1981　（芹沢長介）

洗骨葬(せんこつそう)　遺体を土葬などによりいったん埋葬し，軟部のなくなった後の骨を洗い清めて再埋葬する葬法。我国では南西諸島の一部で近年まで行われていたが，2次埋葬された状態で出土した人骨が洗骨されたかどうかを判断するのは難しく，遺体の2次的処理がされたものの総称として用いられる。縄文時代後期頃から確認され，東日本の弥生時代初めには人骨を2次

的に壷棺に収納した再葬墓が顕著に認められる。* 国分直一「洗骨の系譜」(『季刊考古学』9, 1984) (池上 悟)

先史学(せんしがく) 先史時代すなわち文字による記録のない時代の歴史を研究する総合的学問。先史考古学とほぼ同義語。史前学ともいう。その概念は国によりまた学者により必ずしも同じではない。先史考古学は先史時代を対象とする考古学で，一般考古学の範疇内にあるのに対し，先史学は先史考古学を内に包含しつつ，人類の自然史研究の立場から先史時代人の生活・社会・文化・人類の進化の解明という広汎なテーマを扱う。もちろん先史の研究には基本的に考古学的証拠(遺物・遺構など)を採用するが，それ以外の諸科学，例えば人類学・古生物学・地学・地理学・民族学・動植物学による証拠も利用される。このように先史学は広義の人類学を背景に成立した学問とされ，また先史時代の属する洪積世は地質年代では第四紀にあたるから，先史学は第四紀学の一部であるともいわれている。このような先史学の本格的な研究は，ヨーロッパでは1865年にイギリスのジョン・ラボック(Sir John Lubbock)が旧石器時代の独立を確証してからといわれ，以後，旧石器時代や中石器時代の研究が先史学の主要なテーマとなり，ヨーロッパ各国で先史学研究が盛んになった。日本では自然環境を含む広義の先史学研究に功績があったのは大山柏で，昭和の初期，東京に大山史前学研究所を設立し，ドイツ流の史前学を日本に初めて導入した。大山は東京湾にそそぐ主要な河川流域に分布する貝塚の発掘調査を行い，広汎な史前学の研究に貢献したが，その後，日本では史前学は育たなかった。 (江坂輝彌)

先史考古学(せんしこうこがく) 先史考古学とは，文字による記録のない時代，すなわち先史時代の人間の歴史・生活・社会・文化を物的残存物，すなわち土器・石器・骨器・金属器・住居跡・墳墓などの研究を通じ総合的に再構成する学問である。先史考古学に対比される歴史考古学は，文字による記録のある時代を対象とする歴史学の一分野となっている。いずれも物的残存物(遺物)の研究を基礎としていることは同じであるが，歴史考古学が古文書などの記録も利用できるのに対して，先史考古学はそれができないことが，両者の大きな質的相違となっている。このように先史考古学は方法論的な限界から，特定人の歴史ではなく，先史時代人の集団レベルでの人間の歴史を扱う学問となり，人間集団(人種・民族など)を扱う人類学と重複する。

先史考古学はまずギリシア・ローマ文明が波及しなかった北ヨーロッパに起こったという。そこでは早くから自然科学者によって自然史研究が行われたが，それに付随して19世紀の初めから古代人類史の研究が起こり，さらに1836年にデンマークのトムセン(C. J. Thomsen)がいわゆる三時代法(石器時代→ 青銅器時代→鉄器時代)が発表され，また1859年にダーウィン(C. Darwin)によって『種の起源』が出版され，石器や骨器が絶滅動物の化石とともに発見される事実から，進化論が認められ，先史考古学の方向に大きな影響を与えた。また1870年以降，シュリーマン(H. Schliemann)がヒサリック丘を発掘して先史時代の文化層を発見して以来，ギリシアやローマの文明を即物的に研究する歴史考古学と文明以前の原史および先史考古学との連係が初めて可能になったといわれている。 (江坂輝彌)

『先史考古学』(せんしこうこがく) 山内清男が主宰した先史考古学会の機関誌。B5変形横組。1937(昭和12)年に第1号を刊行したが，第3号で終刊となった。縄文文化研究史上に名高い山内の「縄文土器の細別と大別」が発表されたのは本誌(第1号)である。 (坂詰秀一)

先史時代(せんしじだい) 文字による記録のない時代，すなわち歴史以前の時代を先史時代とよぶ。この言葉は1838年，スウェーデンのニルソン(S. Nilson)によって初めて提唱され，日本にも導入されたが，その後，この概念に対する批判が起こり，今日では「先史時代」という言葉は死語化しつつある。文字で書かれた記録が出現する時代は，地域によって異なるから，先史時代の時期は地域によってまちまちである。例えば，ヨーロッパでは石器時代，アメリカでは白人との接触まで，日本では縄文時代と旧石器時代をそれぞれ先史時代とよんでいる。いわゆる三時代区分法では，文献・伝承が数量的に少ないか，あってもも痕跡的で役に立たない時代を原史時代とよび(日本では古墳時代，弥生時代を指す)，先史時代・歴史時代と対比させているが，この時代概念は現在ではほとんど使われていない。

（江坂輝彌）

『先史時代』(せんしじだい)　先史学同好会(札幌・大場利夫)の機関誌。B5判，横組，第1輯(1955〈昭和30〉年3月)～第11輯(1960〈昭和35〉年12月)，「先史学の落穂拾い」を果たし「北海道の先史学を推進」することを目的として刊行され，6年間に11冊が刊行された。第11輯「終刊の言葉」に『北海道考古学誌』(北海道埋蔵文化財調査会)と合併の形をとると記されている。（坂詰秀一）

先史地理学(せんしちりがく)　人類の出現から文献資料があらわれるまでの先史時代を対象として，自然環境の復原，人類文化の展開に関連した環境への適応状況の解明，さらに人類文化の地域性を明らかにするため，考古学・地質学・古気候学・古生物学・第四紀学・古環境学など，関連する学問の成果を活用して研究を行う歴史地理学の一分野。地理学が本来，現時点に関連する薄い時間的地域を対象とするのに対して，何万年，何十万年という厚みのある時間的地域を対象とするため，自然環境の長期的な変遷とそれに適応する人類の動き，あるいは恒常的な地域性をとらえることが可能である。気候の変化や植生など，自然環境の復原には花粉分析，樹木の年輪計測，氷縞粘土，地層の層序など理化学的方法が重要であり，化石人類とそれに伴う考古資料から，自然環境の変化に対して人類がどのように適応していったかを解明する。また，環境への適応については，考古学資料が重要となる。時期別による貝塚の分布調査と包含された貝類の調査は，その時代の汀線を復原し，それに適応して発展した文化の内容と対比することが可能である。先史時代における人類文化の地域性の問題は，考古学の研究法が最もよく活かされる分野である。分布研究における成果は，例えば，縄文時代晩期における西日本の突帯文土器と東日本の亀ヶ岡系土器といった東西文化の地域性を明瞭にしている。＊小野忠凞『日本考古学地理学』1980　（江坂輝彌）

栓状耳飾(せんじょうみみかざり)　→耳栓(じせん)

戦跡考古学(せんせきこうこがく)　第2次世界大戦における沖縄戦の実態を物資的資料の調査研究によって究め，それの保存と活用を考えることを主眼として提唱された戦争遺跡の考古学。戦争遺跡は，古今東西，時代を超えて存在するが，現在，日本の戦跡考古学は，第2次世界大戦に伴う資料の調査と保存が中心となっている。近年は，近代史における戦争の遺跡(遺物)を考古学の手法で調査し保存する方向が示されている。＊十菱駿武・菊池実編『しらべる戦争遺跡の事典』正続　2000・2003

（坂詰秀一）

仙台城本丸跡(せんだいじょうほんまるあと)　1600(慶長5)年に縄張りを始め，1602年に一応の完成をみた陸奥仙台藩の近世城郭。宮城県仙台市青葉区川内所在。青葉山丘陵を利用した山城で，築城当初は本丸中心，寛永年間以降に二の丸・三の丸が造営される。

本丸の石垣は，中世の千代城の縄張りを

ベースにしながら石垣を積んだⅠ期，1646（正保3）年の地震崩壊後の新たな形状のⅡ期，1668（寛文8）年の地震後に普請された現存石垣のⅢ期に分かれる。Ⅲ期の本丸平面は東西245m，南北167mと大規模である。

内部には豪壮な大広間を中心に建物が配され，その基準線はⅠ期北面石垣軸線と共通する。また周囲には4基の三重隅櫓と1基の二重櫓が建てられた。正保地震後は再建されなかったことが南東部の巽櫓跡で確認されている。国史跡。＊仙台市教育委員会『仙台城跡』2002，2003，2004　（八木光則）

前庭部（ぜんていぶ）　→　墓前域（ぼぜんいき）

羨道（せんどう）　古墳の内部施設である横穴式石室や横穴に認められる。玄室と墳外をつなぐ通路で，天井をもつトンネル状を呈す。玄室より高さが低く，幅も狭いのがふつうである。無袖式石室であっても，床面の構造や側壁の積み方によって玄室と羨道を区別し得る場合がある。玄室との境には玄門，外部との境には羨門があり，前庭部へつながる。まれにこの羨道に埋葬されることがあり，石棺類も置かれることがある。＊小林行雄『日本考古学概説』1951；尾崎喜左雄『横穴式古墳の研究』1966　（杉山晋作）

尖頭器（せんとうき）　ポイント。狭義には，おおむね木葉形に薄く仕上げられた尖頭部を有する石器をいう。木葉形尖頭器，あるいは槍先形尖頭器とよぶ場合もある。調整加工の種類によって，両面加工，半両面加工，片面加工，周辺加工などに分けられているが，必ずしも出現期のものが，周辺加工，あるいは片面加工といった調整技術を用いているという傾向は顕著でない。素材としては，剥片を用いるものと，礫を素材とするものがある。日本においては，後期旧石器時代後半期に出現し，縄文時代を通じ，弥生時代まで製作・使用されている。時期によって形態に若干の差異が認められ，基部に舌部を形成する有舌尖頭器，肩部を形成する有肩尖頭器など

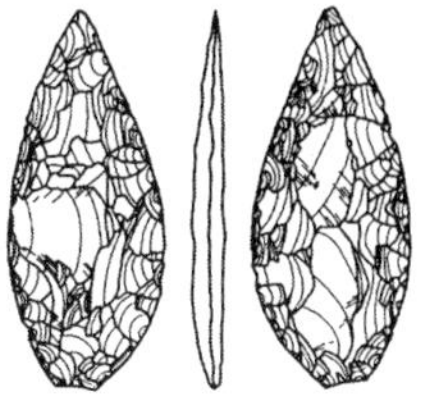

尖頭器（新潟・田沢）

が知られており，特に有舌尖頭器は，旧石器時代終末期に集中的に確認され，当該期を代表する遺物となっている。機能については，ものを突き刺すことを主目的とすると推定されており，その大きさから槍先として用いられたと予想されている。

広義には，尖頭部をつくり出した石器の総称である。槍先形の尖頭器はもちろん，石鏃・石錐なども含まれるので，一定の石器の形態，あるいは時代性をあらわす用語ではない。礫の一部に加工を加え，尖頭部を形成するものを尖頭礫器とよぶ。剥片の一端に尖頭部を形成したものを剥片尖頭器とよび，剥片尖頭器のなかでも，加撃軸と先端部の軸が45°に近い角度をもつものを斜軸尖頭器という。＊芹沢長介「石器の種類と名称」（『古代史発掘』1，1974）（藤原妃敏）

先土器時代（せんどきじだい）　西アジアの新石器時代初頭には土器の製作がまだ行われていない時期があり，これを先土器新石器　時代（Pre-pottery Neolithic）あるいは無土器新石器時代（Aceramic Neolithic）とよんでいる。日本では縄文時代以前をさして先土器時代とよぶ研究者がある。立川ロームおよびそれ以前の堆積物はすべて更新世に属することが明らかなので，日本の先土器時代は，地質学上からみれば更新世にふくまれる。＊杉原荘介編「先土器時代」（『日本の考古学』1，1965）　（芹沢長介）

銭笵（せんはん）　中世の国内銭貨鋳造をするための模鋳銭鋳型。粘土製の鋳型で近世に入ると砂型による鋳造。鋳型片は，京都市

平安京八条二・三坊，大阪府堺，鎌倉市小路西，博多，環濠都市遺跡など都市遺跡から発見されており，仏具などを造る細工職人らによる小規模鋳造であった。茨城県村松白根遺跡では「永楽通宝」の枝状に鋳型を配置する枝銭鋳型が出土。＊東洋一「「渡来銭と真土」一鋳造環境からみた七条町・八条院町の立地条件一」(『研究紀要』第10号　京都市埋蔵文化財研究所，2007)　(松原典明)

潜伏キリシタン(せんぷくきりしたん)　1640年代に江戸幕府により禁教とされた以降に，表向きは仏教もしくは神道に改修していたが，本人やその子孫が密かに信仰を続けていた者を「潜伏キリシタン」と呼ぶ。江戸時代を通じて，先祖にキリシタンを持つ者は「切支丹類族」とされ，出生，結婚，死亡などのおりに取締りや監視を受けていた。しかし類族は世代を経るごとにキリシタンであった記憶が薄れ，その痕跡は九州各地に見られる仏教墓と形状をことにする墓制のみに見られる。特殊な事例としては長崎県生月や五島列島などではキリスト教原初の姿とは変質しつつも信仰を保持していた人々がいることも確認されている。　(今野春樹)

泉福寺洞穴(せんぷくじどうけつ)　長崎県佐世保市瀬戸越町にある砂岩の壁に生じた4個の自然洞穴。1970年以来8回の発掘調査が行われ，炉跡や敷石状遺構，洞穴の内外を区分した列石遺構などが発見された。特に先土器時代より土器文化への推移を示す遺物が層序的に検出され，現在最古の土器とみられる豆粒文土器が発見された。＊麻生優・白石浩之「泉福寺洞穴の第六次調査」(『考古学ジャーナル』116，1975)
(乙益重隆)

塼仏(せんぶつ)　粘土を笵型に詰めて型取り，焼成して仕上げた仏像。中国では6世紀に北朝で製作が開始され，隋・唐に流行するが，その後も明代まで作り続けられた。仏龕状のものと方形のものがみられる。朝鮮では高句麗でみられるものの少数

塼仏（奈良・壺坂寺）

であるが，日本へは7世紀に伝えられ，橘寺・南法華寺・川原寺・山田寺など飛鳥地方の寺院を中心に流行した。山田寺などでは，塼仏の表面に金箔を貼り，多数を仏堂の壁面に取り付けたことが，残存する金箔や釘穴によって知られる。地方では単独で出土する例がみられ，本尊として祀られた可能性が高く，さまざまな使用法があったことが推測される。塼仏のなかには押出仏と同じ原型から製作されたものがみられ，押出仏と深い関係にあることが知られるが，いずれも8世紀になるとほとんど製作されなくなる。＊大脇潔「塼仏と押出仏の同原型資料一夏見廃寺の塼仏を中心として一」(『MUSEUM』418，1986)　(時枝　務)

前方後円墳(ぜんぽうこうえんふん)　円形の墳丘に方形の墳丘を付した古墳で，蒲生君平の『山陵志』によって初めて命名された。俗に銚子塚・二子山・茶臼山・車塚などとよばれていた。円形部が墓の中心であることからそれを後円部，一方の方形部を付属部分と考えて前方部とよんでいる。前期の前方後円墳は，丘陵の先端などに削り出され，前方部が狭く低い形で柄鏡形とよばれている。中期の前方後円墳は平野に土を盛り，前方部が幅広で高くなり，くびれ部に造出を付設することも多い。後期の前方後円墳は，後円部に横穴式石室が構築されることもあって小さく，前方部のみが

前方後円墳（大阪・応神天皇陵古墳）

大きくみえる。前方後円という日本独特の形の発生については，丘尾切断説など諸説があったが，前方部は祭式を行うために付設され，首長権の継承儀礼が行われたというのが有力な説である。初期の前方部はバチ形に開く例が多い。また，天皇陵に擬せられるものの多くが巨大な前方後円墳であり，各地の古墳群中の大型古墳も前方後円墳であることを考え，前方後円墳という墳形と文献に残る氏姓制度などと関連付けて，古代史を考えようとした論もある。前方後円墳の築造企画については，後円部6分割による分類や，後円部8分割法，全長8分割法による研究があり，また，使用基準尺度まで論じた研究もあるが，あくまでも，墳形分類のための方法にすぎず，当時の築造設計法と断ずるに至っていない。＊浜田耕作「前方後円墳の諸問題」（『考古学雑誌』26–9，1936）；小林行雄「前方後円墳」（『考古学』8–1，1937）；上田宏範「前方後円墳における築造企画の展開」（『近畿古文化論攷』1962）；甘粕健「前方後円墳の研究」（『東洋文化研究所紀要』37，1965）；近藤義郎「前方後円墳の成立と変遷」（『考古学研究』15–1，1968）　（杉山晋作）

前方後方墳（ぜんぽうこうほうふん）　方形の墳丘に方形の墳丘を付した古墳である。最近では，九州から東北まで確認されている。時期は古墳時代前期から後期まで認められ，その数はすでに100基をこえている。墳丘を有する点では前方後円墳と変わりないが，超大型のものが少なく，山陰，関東東部において前方後円墳にかわって古墳群の主流を占めている点で，初期前方後方墳の特殊性を論じられたことがある。しかし，岡山・京都の古式古墳が前方後方墳と再確認されるようになり，前方後円墳と比較して特殊な性格を考えさせる要素は少なくなった。一方，前方後方墳の終末については，横穴式石室を有する例もあり，7世紀に入ってからの造営になる。最近，関東地方において，墳丘を確認できずに溝だけが前方後方形状にめぐる周溝墓が発見され始め，時期も方形周溝墓と同じころの例が多いと確認された。前方後方墳が出現してくる前夜を考えるに参考となる類例である。前方後方墳の平面形の形態について，前方後円墳の平面形分類と同じく，後方部6分割法を基本とする方法，全長8分割法を基本とする方法があり，それに前方部の形態を分類して付け加える方法もある。一般に特殊な例とされていた前方後方墳は，畿内においては前方後円墳と変わらぬ例がみられ，また関東においては方形周溝墓から前方後円墳への過渡期の例として考えられ始めた。その研究は今後に重要な位置を占める。＊大塚初重「前方後方墳の成立とその性格」（『駿台史学』6，1956）／「前方後方墳序説」（『明治大学人文科学研究所紀要』1，1962）；茂木雅博『前方後方墳』1974；置田雅昭「大和の前方後方墳」（『考古学雑誌』59–4，1974）　（杉山晋作）

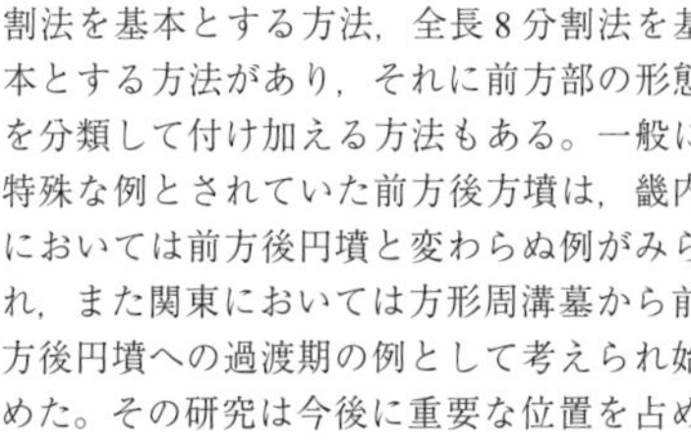

前方後方墳（栃木・上侍塚古墳）

羨門(せんもん)　横穴式石室を代表とする横穴系の内部主体における羨道の入口を指す。横穴式石室およびこの形成をうけた横穴墓の場合は，遺骸を安置する玄室と，これに至る通路の用をなす羨道よりなる構造を通有とするが，この入口部分を漠然と指す語として用いる場合と，門柱石を有し床に框石あるいは梱石を配し，上に楣石を配する門構造を有するものに限定する場合がある。* 尾崎喜左雄『横穴式古墳の研究』1966　(池上　悟)

川柳将軍塚古墳(せんりゅうしょうぐんづかこふん)　長野県北部の長野市篠ノ井(旧川柳村)の，千曲川西岸の丘陵上に立地する前方後円墳。1929 年に森本六爾の調査により内容が明確となった。前方部を東北に向けた全長 90m，後円部径 42m，前方部幅 32m の規模である。江戸時代の寛政年間に地元民によって発掘されており，残された記録類から主体部は後円部墳頂に主軸と並行して設けられた竪穴式石室と，前方部にも竪穴式石室が配されていたものと考えられている。現存する遺物は 8 面の鏡と琴柱形石製品 2 点，勾玉・管玉・切子玉などの玉類のみである。記録類に窺われるところでは出土鏡鑑は 27 面以上，銅鏃 17，筒形銅器 2，車輪石，玉類多数である。4 世紀後半頃の築造。* 森本六爾『川柳村将軍塚の研究』1929　(池上　悟)

そ

ソアン文化(Soan culture, Soanian)　チョパー，チョピングトゥールを特色とするインド・パキスタンの旧石器時代文化で，その名称はパキスタンのソアン渓谷に由来する。(1)第 1 間氷期までさかのぼる先ソアン期，(2)ヨーロッパのアシュール文化に平行するソアン前期，(3)中東のムスチエ文化に対比されるソアン後期の 3 期に細分されており，旧石器時代の前期から中期にかけての長期間存続した文化と考えられている。最古の先ソアン期の資料はきわめて少ない。ソアン前期には河原石でつくられたチョパー，チョピングトゥールが盛行するが，ハンドアックスやクリーヴァーを伴出することもある。これに反してインド南部のマドラス文化では，ハンドアックスとクリーヴァーが多くつくられた。ソアン後期はインドの中期旧石器時代であり，大型のチョパー，チョピングトゥールと共に多くのルヴァロワ石核·剥片をもっている。*T. T. Paterson and H. J. H. Drummond. 'Soan'. ("The Palaeolithic of Pakistan" 1962)　(芹沢長介)

草鞋山遺跡(そうあいさんいせき)　中国江蘇省蘇州市東部の呉県の低台地に接する水田地帯にある低湿地遺跡。水田跡を伴う約 5000 年前の遺跡から炭化籾を多量に発見したが，その後，宮崎大学農学部の藤原宏志教授の協力調査で，さらに 1m 下層の低湿地に平坦面を発見。この平坦面からも多量の稲のプラント・オパールと，炭化した稲籾を検出，この文化層が 7500 年前のものということが明らかにされた。長江下流域でも，かなり遡上った時代に稲作が開始されていたことが明らかになり，稲作の開始年代は 9000 年代まで遡上るらしきことが考えられ，日本列島への渡来年代も縄文文化早期後半まで遡上るのではないかとの考えが中国の一部の研究者の間で語られている。　(江坂輝彌)

層位(そうい)　考古学的調査において最も基本となる事項は層位を明確にとらえることである。層はある一定の時期に，自然的要因・人為的要因によって堆積し形成されたもので，上・下の層とは包含される内容物の差異によって区別される。こうした層の重なりを層序とよび，累積した層序の中の特定層を上下の層との相対的な位置関係で示すことが層位である。したがって層位は，他の層との時間差をあらわす。また，同一層位と認定された場合は，その層が形成された時期の同時性を示し，そこに包含された考古資料がほぼ同時期のものであることがわかる。考古学で扱う層位には，純粋な自然堆積層を地質学・土壌学的方法を用いて区分された層位，人間の行動が間接的にあらわれる遺物包含層を考古学的に区分する層位，人為的に形成された層や遺構の重複関係による層位があり，さらに，それらが複雑にからみ合っている場合が多い。また，考古学で扱う層位には，地層累重の法則の概念から逸脱したものが存在する。水平層位とよばれるもので，それ自体では厳密な研究法とはなり得ない。しかし，他の研究方法と組合わせることにより，例えば，墓地遺跡における時期差による分布域の差として認められる場合がある。

（江坂輝彌）

層位学的研究（そういがくてきけんきゅう）　考古学において，型式学的研究とならんで最も重要な研究法の一つである。地質学の地層累重の法則，すなわち同一地点の攪乱を受けていない層の堆積が認められる場合，下位の層ほど形成された年代が古く，上位の層ほど新しい，という原則に基づいている。考古学に応用された初期にあっては，地質学の層序区分と標式化石を利用していたが，しだいに考古学独自の層位学へと発展していった。考古学における層は，人間が直接に関与して形成された人為的な層，間接的に人間の行動がうかがえる層，純粋な自然堆積層の全てを扱い，その垂直的な位置関係や遺構の重複関係によって，新旧関係を明らかにする。この場合，再堆積土層による新旧の逆転などに注意しなくてはならない。旧石器時代における層序区分は，何万年，何十万年という時間の単位であるため，地質学における層序区分が有効性を持つ。関東ローム層の研究の進展により，立川ローム層中に存在する黒色帯を鍵層として，同一地点における新旧関係だけでなく，各遺跡間における層序の対比により，広範囲にわたって同年代に限定される出土遺物・遺構の比較が可能となっている。このように，広域火山灰は鍵層として，層位学的研究に重要な意味をもっている。沖積世以降になると，特定地域をのぞいて薄い堆積層しか形成されておらず，さらに文化の推移が急速であるため，地質学による層序区分よりも，人為的に形成された層を細かく観察して区分する考古学的な層序区分が必要となってくる。中近東におけるテル（tell）は，人為的な堆積層が累積し，層位学的研究に絶好の資料となる。日本における縄文時代以降の時期区分には，貝塚における層位や遺構の重複関係が用いられてきた。しかし，注意しなくてはならないことは，人為的に形成された層の推移と，それに包含されている考古資料の推移は必ずしも一致しない，ということである。さらに，貝層などのように，明確に層を区別できる材料がない場合，層序区分はひじょうに困難であり，恣意的になりやすい危険性を持っている。また，自然堆積層と人為的堆積層を同等に扱って時期区分の材料とすべきではない。＊林謙作「層序区分—その現状と問題点—」（『物質文化』21, 1973）；小林達雄「層位論」（『日本の旧石器文化』1，1975）

（江坂輝彌）

双円墳（そうえんぷん）　円墳が二つ接続して築造された形態をいう。左右均等でなく大小あるため瓢形墳ともよばれた。朝鮮

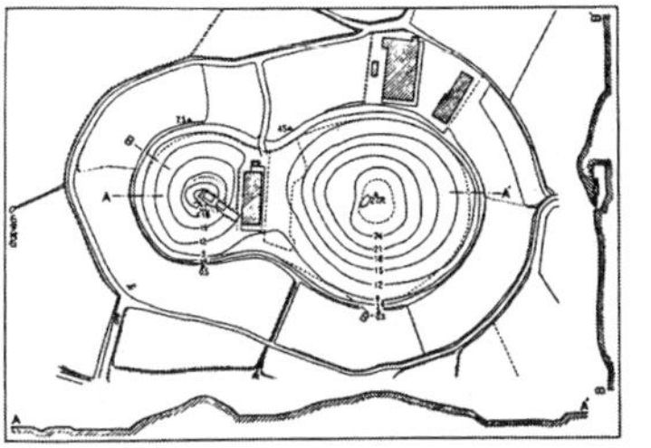

双円墳（大阪・金山古墳）

半島にも双墓とよばれる類例がある。『日本書紀』に「雙墓」の記載があるが，双方墳をさしているのか明らかでない。大阪府金山古墳はその代表例であって横穴式石室に家形石棺が入っている。古墳時代後期の産物として理解される。前方後円墳などと同じく築造に企画性のあったらしいことが知られてきた。＊小林行雄・楢崎彰一「金山古墳および大藪古墳の調査」(『大阪府文化財調査報告』2，1953)　(杉山晋作)

宋鏡(そうきょう)　中国の宋代に製作された鏡をいう。外縁部は円形・方形・四花・八花・八稜などを呈し，一般に薄手・無文・無圏・素鈕で，唐鏡に比して粗末な鏡である。わが国には平安時代後半から鎌倉時代にかけて多量に輸入され，経塚などから多く出土する。特に「湖州石念二叔，煉銅無比照子」「湖州真石家，念二叔照子」などの鋳造銘をもち，浙江省湖州でつくられた湖州鏡は藤原鏡に大きな影響をあたえた。＊矢島恭介「湖州並浙江諸州の銘ある南宋時代の鏡に就いて」(『考古学雑誌』34–12，1947)　(是光吉基)

宋山里古墳群(そうさんりこふんぐん)(武寧王陵)　韓国忠清南道公州市錦城洞旧小字宋山里の丘陵上に南面して8基の円墳群があり，この古墳群を宋山里古墳群と呼ぶ。この公州の地は，百済が広州から遷都し，次に扶餘に遷都するまで繁栄した都城の地で，1945年以前の調査では7基と考えられた古墳群が，1971年，壁画のある6号墳の石室の土砂の流れ込むのを防ぐため，背後に防水路を設ける準備中に，5号墳との間にそれまで気付かなかった1基の円墳があり，この古墳は塼築墳で，その羨道口の磚積み封鎖部に発掘中に遭遇，急遽，この発掘調査に切り替えられたが，玄室入口に，百済25代の武寧王(ムニヨンワン)(501～523)と王妃の墓誌名を発見。百済中興の英主とされるこの王陵からは，6世紀初葉の百済と日本の文化交流がさかんであったことを示す資料が，副葬品の中にも多量に発見された。武寧王は，『日本書紀』に武烈天皇の条の記載によれば，21代蓋鹵王の子・混支(コムキ)が日本に赴く途中，筑紫島で生誕したのが武寧王で，筑紫の島で誕生したので幼名を斯麻王と呼ばれたようである。また，武寧王を葬った塼槨墳も，玄室には壁画のある古墳で，内部の王と后の遺体を収納した木棺があるが，日本では，弥生文化以降の首長級の人を収めた棺と同じく，高野槙の大木製で，日本の熊野地方産のものを使用したと思われる。　(江坂輝彌)

総社(そうじゃ)　惣社あるいは奏社とも書かれる。国司は本来国内の諸社を巡拝し，祭祀するのが建前であるが，この労を省くため，国府付近に諸社の祭神を1ヵ所に合祀したもの。しかし総社についての記録はなく，その設置年代，制度については明らかでない。ただし，その名の初見は1099(承徳3)年の『時範記』にみられることから，ほぼ平安時代中ごろに成立したものと考えられる。また，その成立事情は国によって異なるようである。＊土田直鎮「新発見の因幡国・総社資料」(『府中市資料集』5，1964)　(西脇俊郎)

装飾古墳(そうしょくこふん)　浮彫や線刻および彩色文様・彩色画を内部施設またはそれに準ずる場所に有する古墳をいう。これら装飾の施される個所には，石棺，横穴式石室内の石障，横穴式石室の壁面，横穴の内部や入口外面がある。このうち内部の壁面に彩色や線刻などで絵の描かれたものを壁画古墳とよぶこともある。多くは，福岡・佐賀・熊本・大分の北九州にみられ，5～6世紀にかけてつくられたと考えられている。そのうち最も早い装飾は，石棺へ直弧文を彫刻したもので，その次は，同心円文を横穴式石室内へ表現するようになり，一部に鉱物質顔料で彩色しているものもある。横穴式石室の壁に描かれた壁画には，同心円・三角形・蕨手文などの抽象的図形と，靫・盾・大刀・舟などの器物，それに人馬犬鳥の動物の3種を組み合わせたものが多い。北九州の装飾古墳の出現について，横穴式石室の壁画や，描かれているヒキガエルの図などに朝鮮半島など大陸文化の影響を考えようとする向きもあるが，装飾古墳はそれより古くからつくられ始めている。また，北九州のみならず，畿内においては大阪府高井田横穴の線刻画のほか有名な奈良県高松塚古墳の絵画もみられ，時期や内容が異なっている。さらに，関東·東北には，茨城県虎塚古墳の壁画や，福島県中田横穴の壁画もみられ，装飾古墳の類例は，各地に増加しつつある。しかし，4世紀代にさかのぼる例はまだない。*小林行雄編『装飾古墳』1964；斎藤忠『日本装飾古墳の研究』1973 （杉山晋作）

早水台遺跡(そうずだいいせき) 大分県速見郡日出町小深江の別府湾にのぞむ標高35mの海岸段丘上に位置する前期旧石器時代から縄文時代にわたる多層遺跡。1953年に大分県教育委員会が1，2次調査を行い，縄文時代早期の押型文土器に伴う集落跡が明らかにされた。1964年には第3次調査が行われ芹沢長介により前期旧石器が確認され，同年芹沢はさらに第4次調査を実施した。前期旧石器は第5層の安山岩角礫層中と第6層の砂質粘土層中から出土しており，第7層は基盤となる。石器組成はチョパー(chopper)・チョピングトゥール(chopping-tool)・ハンドアックス(handaxe)・ピック(pick)・尖頭器・スクレイパー(scraper)・彫刻刀・石核・剥片などからなる。剥片はプロトルヴァロワ(proto-Levallois)技法や両極打法によりつくられている。両極打法は石器の加工にも使われている。年代は遺跡が下末吉海進の結果形成された35mの海岸段丘に位置するので約10万〜12万年前と推定される。裴文中は早水台と中国周口店第15地点の石器が，石材，石器組成，製作技法の点で文化的な系統関係をもつと主張している。*芹沢長介「大分県早水台における前期旧石器の研究」(『日本文化研究報告』1，1965) （梶原 洋）

宋銭(そうせん) 中国，宋代(960〜1279)に鋳造された銭貨で，北宋(960〜1126)は，960年の宋通元寳から1126年の靖康元寳・靖康通寳まで，大量の銭貨を鋳造した。これらの銭貨は日本に輸入され，中世の通用の銭貨の主体となった。南宋(1127〜1279)は，1127年の建炎元寳・建炎通寳・建炎重寳から1265年の咸淳元寳を鋳た。南宋銭の淳熙元寳から咸淳元寳の銭背面には，年号の数字が鋳られていることから，俗に南宋番銭と呼ばれている。南宋銭の中世の出土銭に占める割合は約2%である。折二銭，当三銭などの大銭も若干流入している。*永井久美男編『中世の出土銭補遺』Ⅰ，1996 （岡本桂典）

相対年代(そうたいねんだい) 考古学では，ある遺物または遺跡について，BはAより新しく，Cより古い(A→B→C)という古さの順序—年代的順序—が明らかな場合，これを相対年代という。遺跡や遺物の年代は，絶対年代(今から何年前，紀元前何年と，具体的に表示する。銘，一般文献，放射性炭素の測定などの自然科学的方法によって得られる年代)と，時間的前後関係のみをあらわす相対年代の2種類が用いられる。相対年代は，遺跡の層序(層位学的方法)や，遺物の型式(型式学的方法)の相違を検討する事によって得られる考古学における基本的年代判定法であり，それは，地質学の相対年代判定法に準拠したものである。前後するA・B・C・D……の文化の相対年代が，明確になったら，それに基づいて編年表をつくり，文化の流れを把握する。つまり，考古学者は，相対年代と絶対年代の両者を結び付けて，時間の物差しをつくらなければならない。相対年代の一種にW. M. F. ペトリーが考案した継起年代がある。これは，ある文化の全体的期間に100の数値を与えて，相対年代を細かく究明し，Aは100〜85，Bは84〜52，Cは51〜36というように数字で相対年代を示したもので，絶対年代が容易に得られない地域では，有効な手段である。→ S. D. 法(エスディーほう)，→ 年代決定法(ねんだいけっていほう)
(荒幡尚雄)

層塔(そうとう) 石造塔婆の一種。供養塔あるいは墓塔として造立されたものである。基礎の上に主尊である塔身をのせ，その上に笠を重ね，笠との間に軸部を設け，さらに最上部に相輪をのせる塔形である。笠数は3・5・7・9・13層に限られ，その数により三重塔・五重塔と呼称する。石造物としては古くから造立され，奈良時代の石塔もある。鎌倉時代になると造塔数も多く，巨塔にもなる。南北朝時代になるとやや少なくなるが装飾的施行はいちじるしい。＊田岡香逸「層塔」(『近江の石造美術』6，1973) (斎木 勝)

層塔（般若寺十三重塔）

象鼻山1号古墳(ぞうびさんいちごうこふん) 岐阜県の西南部の養老町に所在する，全長40mの前期の前方後方墳。標高142mの象鼻山の山頂に立地する，円墳を主体として前方後方墳2基，方墳17基を含む62基からなる古墳群中の1基。後方部幅25m，長23m，前方部長27m，後方部の木棺直葬の埋葬施設から双鳳紋鏡，琴柱形石製品3，鉄鏃53，刀剣8などが出土している。＊養老町教育委員会『象鼻山1号古墳』第1・2・3次調査，1997〜1999 (池上 悟)

双方中円墳(そうほうちゅうえんぷん) 円丘の前後に相対する2つの前方部をつけた形の古墳をいう。香川県石清尾山猫塚と鏡塚にその形態がみられ，積石塚である。奈良県櫛山古墳は，方形部の一つが短く前後均等な形を呈していない。方形部は発達した前方後円墳の前方部のように大きく張り出す例がない。その時期は，古墳時代前期でも4世紀と考えられる。全国的にみても類例はきわめて少ない。＊梅原末治「讃岐高松石清尾石塚の研究」(『京都帝国大学文学部考古学研究報告』12，1933)；上田宏範「櫛山古墳」(『桜井茶臼山古墳附櫛山古墳』1961) (杉山晋作)

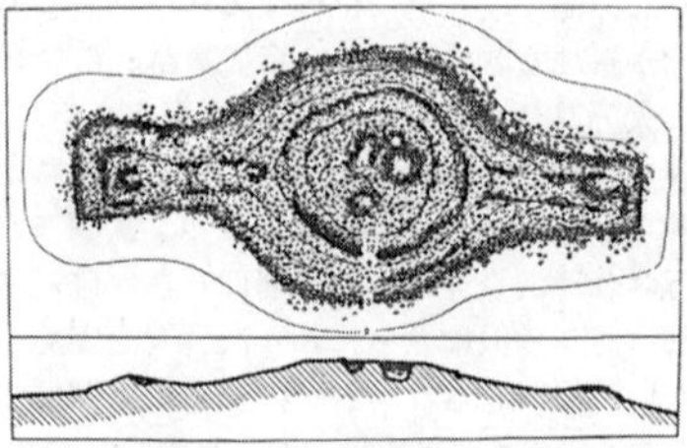

双方中円墳（香川・石清尾山鏡塚）

続縄文土器(ぞくじょうもんどき) 北海道を中心とする日本列島北部の縄文文化に後続する続縄文文化期の土器。前半期は石狩平野までの道南部とそれを越えた道東・道北部の2グループのものに分れる。前者は「恵山式」と総称される土器群で，後者は従来「前北式」とよばれるグループが主体をなす。恵山式は，初期には田舎館式など本州北端の弥生土器にきわめて類似する。亀ヶ岡式土器の工字文系文様がよく残り，体部の縦位の縄文は等間隔に磨り消されいわゆる「縞縄文」を示す場合が多い。甕・壺・鉢・台付鉢・浅鉢(皿)などの器種をもつ。「前北式」は近年，細分編年の作業が進んでいる。口縁部に縄線押圧文をもち，体部は斜行縄文が付され，それらの上に同心円文や懸垂文などが組み合わされ貼付される。甕が主体で，口縁上端に内から外へ突出の突瘤列がつくものも多い。後半期の土器は従来「後北式」あるいは「江別式」とよばれるグループで，4ないし5期に細分編年されるが，恵山・前北両者の要素の融合一体が認められ，全北海道が文化的に統一化される様相を示す。その末期には南千島，東北北部にも土器が広まる。＊石附喜三男「続縄文式土器と擦文式土器」(『地方史マニュアル』6，1977) (石附喜三男)

粗製土器(そせいどき) 食料などの煮沸専用の土器としてつくられた深鉢土器は，縄文文化早期の尖底土器の時代から，口頸部に数段の連続刺突文帯を施文したのみで，口頸部以下には横位の貝殻条痕文のみが施文された簡素な土器がつくられている。また，前期の円筒形深鉢土器にも口頸部から底部まで斜縄文のみ施文されたもの，全く素文の鉢形土器などがある。これらの粗製土器は早期から晩期まで口縁部は変化のない平縁のものがほとんどである。後晩期の底面より口縁へ直線的に開いた深鉢は，全く素文のもの，荒い斜縄文が器面全面に施文されたもの，櫛歯状の工具で施文した条線文の施文されたものなどがみられる。これらの土器は器面全面または胴上半に煮こぼれの炭化物が付着したものが多い。 (須田英一)

礎石(そせき) 建築物の柱の沈下を支える働きをする石。通常は花崗岩や安山岩などの固い石を用いる。表面の平らな自然石をそのまま利用する場合もあるが，丁寧なものには石の表面に柱座を造出してある。柱座の造出には円形・方形などが多く，さらにその中心に円形の突出をつくって，柱が動かないようにしたものがある。塔の心礎は逆に礎石の上面を円形に彫りくぼめたものもある。 (渋谷忠章)

曽根遺跡(そねいせき) 長野県諏訪市の諏訪湖湖底にある旧石器時代終末から縄文時代早期にかけての遺跡。1908(明治41)年に大量の石器・土器が発見され，坪井正五郎が調査した。坪井は杭上住居説を説えたが，以来学会の注目を集め，大正時代にかけて神保小虎の陸地沈下説，鳥居龍蔵の筏上住処説をはじめとして，水鳥猟場説・石器運搬船沈没説など多くの説が出された。昭和に入ってからは，出土したエンド・スクレイパーなどの小型石器に注意がむけられ，遺跡の成立年代に論点が移行したが，今日では旧石器時代最終末から縄文時代早期中葉にわたっての減水期の湖畔の半島状の突出部にあった遺跡と考えられている。出土遺物としては，縄文時代早期の押型文土器と前期の爪形文土器，また石器には，ばくだいな量の石鏃(剥片鏃・長身鏃・長脚鏃・円脚鏃・片脚鏃・三角鏃)のほか石小刀・スクレイパーなどがある。＊藤森栄一「諏訪湖底曽根遺跡」(『信濃』12–7，1960) (中山清隆)

曽野寿彦(そのとしひこ) 1923～1968。東京都生まれ。東京大学文学部東洋史学科卒。東京大学教授。文学博士。東京大学イラク・イラン遺跡調査団および東京大学アンデス地帯学術調査団に参画し，新・旧両大陸の遺跡発掘に従事した。特に西・南アジアの彩文土器を比較研究し大きな業績をあげた。国内においても登呂遺跡(静岡)，用土遺跡(埼玉)の発掘をはじめ多くの調査に参加したが，インド考古学に深い関心を示しインド考古学研究会の組織化を果たした。著書に『発掘』1961，『西アジアの初期農耕文化』1974，「テル・サラート」Ⅰ・Ⅱ(『東京大学イラン・イラク遺跡調査団報告書』1，共 1958・1970)，「Excavation Sat Kotosh, Peru」(『東京大学アンデス地帯学術調査団報告』2，共 1963)がある。 (坂詰秀一)

曽畑貝塚(そばたかいづか) 熊本県宇土市曽畑にある縄文時代の貝塚。現地は雁回山の西南麓につづく台地の尖端部にあたり，下層に押型文土器を出土する。中層と上層には前期の曽畑式土器を出土し，その標式遺跡とされている。これにつづく曽畑東貝塚は縄文時代後期の御手洗B式や市来式土器を出土し，一部は歴史時代の遺跡と重複している。＊中山平次郎「肥後国宇土郡岩古曽字曽畑貝塚の土器」(『考古学雑誌』8–5, 1918)　（乙益重隆）

曽畑式土器(そばたしきどき)　熊本県宇土市曽畑にある曽畑貝塚の出土土器を標式として命名された，縄文時代前期の土器型式。曽畑式は，おおむね，3〜4型式に細分されている。曽畑1式は佐賀県西唐津海底遺跡にみられるもので，細い棒状工具の先端部で施文し，文様構成にまとまりのある幾何学的な平行沈線文を描く丸底の深鉢形土器である。曽畑2式は口頸部の刺突文と細い鋸歯状の平行線文を特徴とする丸底状の深鉢である。曽畑3式は口縁部が外反し，文様構成に乱れを生じ，底部に直線文と曲線文を組み合わせた放射線状の文様を施すものがある。丸底・平底の深鉢形土器がみられる。なお，鹿児島県日勝山遺跡出土の土器は，胴部のふくらみ，口縁部の波状化，沈線文の孤線化・曲線化が顕著であり，この土器型式はさらに細分化される可能性がある。曽畑式土器の胎土中には，混和材として滑石の粉末を混入するものが少なくない。曽畑式土器の分布は，熊本県を中心に，北は福岡県沖ノ島，南は沖縄本島にも波及している。＊江坂輝彌「縄文土器—九州篇(6)—」(『考古学ジャーナル』5，1967)　（岡嶋　格）

素山貝塚(そやまかいづか)　宮城県県北部遠田郡美里町(旧不動堂村)素山にある縄文時代早期末の貝塚。地文に表裏貝殻條痕文，斜縄文を施文した土器の器壁内に植物繊維を含有する関東地方の茅山式土器に対比する土器が貝層中から出土し，素山Ⅱ式と命名され，貝層下のⅠ層からは薄手の平行沈線文または微隆起線文ある小土器片が僅かに出土し，これらを素山Ⅰ式と命名している。

貝塚は小牛田駅西方1km余の低丘陵の山林中にある。＊伊東信雄「宮城県遠田郡不動堂村素山貝塚調査報告」(『奥羽史料調査部研究報告2』1940)　（江坂輝彌）

曽利遺跡(そりいせき)　長野県諏訪郡富士見町・八ヶ岳南西麓標高900m前後のJR信濃境駅周辺に展開する縄文中期遺跡群の総称・井戸尻遺跡群のうちのひとつの遺跡。群は曽利，井戸尻(1966年国史跡)，大花，木戸日向遺跡とその西方にある籠畑，九兵衛尾根，藤内，新道，狢沢遺跡など近接した2群構成。曽利遺跡は八ヶ岳南麓における縄文時代中期後半の曽利式土器の標式遺跡として古くから知られている。1943年が最初の発掘。その後1960・61年に本格的な調査が実施され，約40㎡から近接して17棟の住居跡を発見。この時に住居跡の重複と住居内の残置土器の時間差を基礎とした編年が組立てられた。ただ重要な位置を占める曽利Ⅰ〜Ⅴ式土器は，井戸尻式土器との関わり，加曽利E式土器の強い影響，分布域を異にする「唐草文土器」が含まれるなど，課題の多い土器様式とされる。

1997年調査検出のパン状炭化物は「縄文(中期)農耕論」に有力な物証とされ，以後の類品発見にも繋がる。また，曽利第4号住居跡出土の7点の一括土器が県宝に指定(1975年)。その1つが水煙渦巻文(故・藤森栄一の命名)深鉢であり，1972年には郵便はがきの料額印面の意匠に採用されている。＊富士見町教育委員会『曽利 —第3・4・5次調査報告書』1978；小林公明『曽利遺跡』(富士見町教育委員会1997)　（高麗　正）

ソリュートレ文化(Solutréen)　フランスのソリュートレ(Solutré)遺跡を標式遺跡とする後期旧石器時代文化。2万年前ごろに始まり，1万7000年前ごろの湿潤なラスコー休氷期までつづいた。その分布の中心は南西フランスにあるが，その周辺地域にも認められる。

打製石器製作の最高の技術を示す。この文化の起源および浸透の問題をめぐって，ウクライナのコスチィエンキ(Kostienki)遺跡の遺物，ハンガリーのシェレータ文化(Szélétien)，北アフリカのアテル文化(Atérien)の遺物と比較される。しかし年代的差が大きすぎ，今日ではソリュートレ文化のフランス起源説が有力である。

打撃角の低い，深く入る細部調整を器面全面に施して整形した尖頭器に特色がある。その器形の違いに基づいて3期に区分される。前期には片面細部調整がみられる。中期には両面細部調整尖頭器(月桂樹葉形尖頭器)が出現し，押圧剥離技術が用いられ始める。後期には柳葉形尖頭器・有肩尖頭器が出現する。スペイン南東部では小型翼付有茎尖頭器がこの文化に伴出し，石鏃説が強い。骨製の針がこの文化の後期に初めて認められる。

この文化には美術品の発見が乏しいが，目立ったものが若干ある。特にロック・ドゥ・セール(Roc-de-Sers)遺跡の浮彫(バー・レリーフ)は有名である。バイソンからウマおよびイノシシへとモチーフが変えられており，旧石器美術研究の貴重な資料である。*Philip E. L. Smith "Solutréen en France" (Publication de l'Institut de Préhistoire de l'Université de Bordeaux, Mémoire 5, 1996)

（山中一郎）

算盤玉(そろばんだま)　おもに古墳時代に製作された装身具としての玉の一種。形状が算盤の玉に類似していることからその名がある。材質は水晶・瑪瑙などで，断面六角形の切子玉のうち，長さが短いために算盤の玉のような形態を呈するものをおもに算盤玉と呼んでいる。一般の切子玉に比して稀少な存在で，他の形態の玉類と組み合わされて装身具として用いられることが多く，算盤玉のみで構成されるものは少ない。*高橋健自『考古学』1913　（時枝　務）

た

大化薄葬令(たいかのはくそうれい)　『日本書紀』孝徳天皇の646(大化2)年3月条に認められる造墓についての詔。推古天皇603(11)年に制定された冠位12階に基づいて，王以上，上臣，下臣，大仁・小仁，大礼～小智，庶民の6段階に分けて墓室規模，墳丘規模，役夫の人数，造墓日数，葬具などを規定する。皇族と考えられる王以上では，方九尋・高さ五尋の墳丘で長さ九尺・広さ五尺の墓室，役夫は7日で千人，白布と轜車を用いることができ，墳丘は下臣まで，墓室は小智までの構築が認められ，最下の庶民は「収埋於地」のみで麁布を用いるべきことが示されている。また墓室の構築には小石を用いることも定める。詔の前文には魏志武・文帝紀の薄葬思想がひかれており，薄葬を企図したものである。時代的に古墳時代終末期にあたっており，畿内を中心とする終末期古墳との対応が問題とされ，詔は遵守された，改新政権を支持した畿内豪族層によって遵守された，『日本書紀』編纂時の虚構など様々な考えがあり，壬申の乱の功臣の舎人の墓にも適応されたとする考えもある。*網干善教「大化甲申詔にみえる墳墓の規制について」(『末永先生古稀記念古代学論叢』1967)；横山浩一「大化薄葬令に規定された墳丘について」(『九州文化史研究所紀要』28，1983)；大分市教育委員会『古宮古墳』1982　（池上　悟）

大官大寺跡(たいかんだいじあと)　奈良県高市郡明日香村大字小山に存在する奈良時代寺院跡。1973年より発掘調査された。伽藍は西に金堂，東に塔が並置するものと推定されたが，東に塔のみを配し，中軸線上に金堂・講堂が配される形が明らかにされた。回廊は中門より派生し，金堂に接続するが，一部北に伸びており，講堂をとり囲むものと推定される。出土遺跡としては，瓦類のほかに隅木先飾金具，風鐸，風鐸吊り金具などがあり，火災の痕跡が認められる。＊上野邦一「大官大寺跡における最近の発掘調査」（『仏教芸術』129，1980）

（岡本桂典）

大木囲貝塚（だいぎかこみかいづか）　宮城県七ヶ浜町に所在する縄文時代前期から後期中葉にわたる鹹水貝塚。1917年に松本彦七郎がはじめて分層発掘を行った貝塚として有名である。その後も長谷部言人（1918），清野謙次（1925），山内清男（1927）により調査され，山内はこの調査結果をもとに縄文時代前・中期の編年（大木1〜10式）を確立した。さらに1973年から環境整備に伴う調査が実施され，12個の貝塚群からなる馬蹄形貝塚とそれに付随する小貝塚群から構成されていることが明らかになった。＊七ヶ浜町教育委員会『史跡「大木囲貝塚」環境整備調査報告書』Ⅰ，1973

（小林正史）

大木式土器（だいぎしきどき）　宮城県七ヶ浜町大木囲貝塚出土の土器を標式として設定された縄文時代前期から中期にわたる土器型式。分布の中心は宮城県にあり，北限はおおむね北上盆地と山形・秋田県境をむすんだラインとされている。山内清男はこの土器を大木1・2a・2b・3・4・5・6・7a・7b・8a・8b・9・10式に細分した。大木1式から6式までが前期，7aから10式までが中期に大別される。器形は深鉢を基本としている。大木1式の時期には羽状縄文の発達した関東地方の関山式の影響が及んでいる。それにつづく大木2a式から6式までは貼付文土器群として包括され，胎土にはしだいに繊維の混入が認められなくなる。中期になると，関東地方との関連が強くうかがわれるようになる。大木7a式は関東の五領ヶ台式に並行する。さらに大木8a式，8b式になるとキャリパー形の土器が出現し，渦巻文土器群として包括され，関東の加曽利E式に近似する。＊山内清男「関東北に於ける繊維土器」（『史前学雑誌』1–2，1929）

（高杉博章）

台形石器（だいけいせっき）　縦長剥片を素材として，両端を切断し，大まかに形を台形に仕上げた後，切断面に2次加工を加えて完成される石器。素材の縁辺の一部が刃部として残される。ナイフ形石器の一類型としてとらえられる場合が多い。刃部は石器の長軸に直交し，石器の最大幅が刃部幅と一致することを原則とする。全体の形状は台形を呈するが，横長剥片を素材とし，台形石器よりも大形の一群を「台形様石器」とよび区別する場合もある。この区分は，あいまいな部分も残しており，今後，明確な一線を画する必要があろう。同様の製作手法によって，三角形・半月形に仕上げられるものもあるが，日本では数が少ないためか，区別した名称でよばれていない。分布は九州地方と南関東地方に濃密で，後期旧石器時代後半に多く出現する。機能は，日本の出土例については不明であるが，ヨーロッパ中石器時代には鏃（直箭鏃）として用いられたことが知られている。＊麻生優・白石浩之「百花台遺跡」（『日本の旧石器文化』3，1976）

（藤原妃敏）

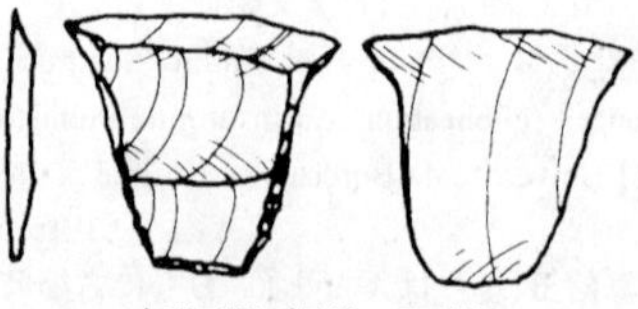

台形石器（長崎・足形池）

大極殿（だいごくでん）　朝堂院の正殿。『日本書紀』には皇極天皇の飛鳥板蓋宮にその名がみえるが疑問視されており，記録上確実なのは天武天皇の飛鳥浄御原宮からとされる。現在確認された最古の大極殿は前期難波宮（？〜686年）のもので，内裏正殿と廊で連絡された掘立柱のものである。藤原宮以降，大極殿は内裏と分離し，基壇をもった礎石建物になる。したがって，前期難波

宮のものは，藤原宮以降のものへの過渡的段階と考えられる。＊福山敏男『大極殿の研究』1967 （西脇俊郎）

帝釈峡遺跡群（たいしゃくきょういせきぐん） 広島県北東部の庄原市東城町と神石郡神石高原町一帯に広がる旧石器時代から縄文時代を中心とする遺跡群。この一帯は石灰岩地帯で，岩陰や洞穴遺跡が52ヵ所確認されている。1962年以来，松崎寿和を中心に調査研究が継続的に行われ，帝釈馬渡岩陰・帝釈寄倉岩陰・帝釈名越岩陰・帝釈猿穴岩陰・戸宇牛川岩陰・帝釈観音堂洞穴・豊松堂面洞穴などが調査されている。馬渡遺跡では，旧石器時代から縄文時代前期にかけての5文化層が明らかにされ，寄倉遺跡では縄文・弥生・古墳時代の遺物が層位をなして出土し，西日本の縄文時代編年の一基準となっている。名越遺跡からは，縄文時代から弥生時代前・中期の遺物が出土し，縄文時代晩期後半の文化層からは，底部に籾痕のある土器が出土した。また，観音堂遺跡では第3層から第22層にかけて縄文時代の遺構や遺物が多量に発見された。＊松崎寿和『帝釈峡』1971 （是光吉基）

大師山横穴墓群（だいしやまおうけつぼぐん） 静岡県伊豆の国市北江間大師山にある。大師山の南斜面上に占地する3群10基より構成される横穴墓群。このうち6基が調査されている。平面形は玄室と羨道部との区別が明瞭でない無袖形に近い形態をとる。1･2号には凝灰岩製の家形石棺が置かれ，8号には刳抜棺身2基が遺存する。副葬品は須恵器・土師器・鉄鏃・刀子などが発見されたが，8号横穴を除き貧弱である。7世紀中ごろから8世紀前半につくられたと推定されている。＊斎藤忠・平野吾郎・佐藤達雄「大師山横穴墓群」（『静岡県文化財調査報告書』14，1976） （坂本美夫）

胎土分析（たいどぶんせき） 土器は粘土を用いて作られている。考古学では土器を構成している焼成された粘土のことを胎土と呼んでいる。この胎土を分析して地域差が確認されれば土器の産地を同定したり，移動を追跡することが可能になる。分析はさまざまな方法を組み合わせて行う必要がある。偏光顕微鏡観察によって胎土の粘土鉱物の組成を明らかにする方法，X線回折分析による鉱物の分析，蛍光X線分析による胎土中の元素組成の測定，胎土中の微量元素組成を定量分析する放射化分析などの各種の分析方法を組み合わせて土器の産地や移動について総合的な解析が試みられている。上記のような科学的調査手法を取り入れた須恵器の産地と移動分布を分析する研究が進み，その成果と考古学的な知見を合わせて，当時の政治的・社会的構造を研究するための有力な研究手段になっている。 （青木繁夫）

大中の湖南遺跡（だいなかのこみなみいせき） 滋賀県近江八幡市安土町下豊浦字葦刈と東近江市能登川町伊庭字須田地先に存在する。弥生時代中期に営まれた農耕集落で，1965，1966年に滋賀県教育委員会が調査した。その結果，集落と水田の関係，木器の役割の大きさがわかった。住居跡は平地式で砂州の南端に4群，ほぼ75mおきにあって，小貝塚と伴う。水田跡は低湿地に63〜93アールの広さのものがあり，住人は水稲と魚介に依存していた。＊滋賀県教育委員会『大中の湖南遺跡』1968 （関　俊彦）

大念寺古墳（だいねんじこふん） 島根県出雲市今市町鷹ノ沢に所在する前方後円墳で，全長84m，後円部径46m，前方部推定幅41m，高さ6.5mを測る。墳丘は段築をもち，円筒埴輪が囲繞する。主体部は横穴式石室で，全長12.8m，奥壁幅3.1m，高さ3.5mを測り，玄室･前室･羨道の3室から構成される。遺物は須恵器・馬具・鉄製品などが出土しており，構築期は6世紀後半に位置付けられる。＊島根県教育委員会『島根の文化財』3，1963 （是光吉基）

大丸式土器（だいまるしきどき） 神奈川

県横浜市南区六ツ川町大丸にある大丸遺跡の資料を標式として設定された土器型式。おもに関東地方に分布する撚糸文土器群内の一型式であり，井草Ⅱ式と共存する。器形は平縁深鉢形で底部は丸底に近い尖底である。撚糸文を器面に縦方向にくまなく施文し，口唇上にも同じ文様を施している。大きさは，口径でみると6cm程度の小形のものから30cmに達するものまであるが，15〜25cmくらいのものが一般的である。＊芹沢長介「神奈川県大丸遺跡の研究」（『駿台史学』7，1957）　（桑月　鮮）

大名墓（だいみょうぼ）　近世武家社会は，徳川将軍家を頂点とし，その家臣は地方行政官として各地域を治めた。特に俸禄1万石以上の石高を領有する家臣を大名と言い，新井白石著『藩翰譜』（元禄14年｛1693｝）では337の家が記されている。各大名は参勤交代の制を背景に多くの大名家は国元と江戸に祖先祭祀の場として墓所を有した。葬地の選択は歴代藩主，家の事情により様々である。墓の様式には規制は無く独自の様式で形成が許され，宗教的にもキリシタン以外は容認されたので，各地の大名墓には歴代藩主の思想が大きく反映されている。藩主の正室や子女は，主に江戸の菩提寺に葬られたが，藩主と同じ墓所に葬られる例も多い。＊松原典明『近世大名葬制の考古学的研究』2012　（松原典明）

第四紀（だいよんき）　→　完新世（かんしんせい），→　更新世（こうしんせい）

内裏塚古墳群（だいりづかこふんぐん）　千葉県富津市の下飯野を中心としてある。100mをこえる内裏塚古墳・九条塚古墳・三条塚古墳・稲荷山古墳が継起して築造される。内裏塚古墳は2基の竪穴式石室に武器類をもつ。埴輪は内裏塚古墳や稲荷山古墳にみる。多くは横穴式石室を有し，砂質土中にあるため，人骨などの遺存度が高い古墳群である。＊甘粕健「内裏塚古墳群の歴史的意義」（『考古学研究』10–3，1964）　（杉山晋作）

楕円形石器（だえんけいせっき）　礫や大形剥片のほぼ両面に加工を施し，全体の形状を扁平な楕円形に仕上げたもの。前期旧石器時代に特徴的な石器の一つ。学史的には芹沢長介がこうした特徴をもつ早水台遺跡出土資料を「楕円形石器(Ovate)」「粗形楕円形石器(proto-ovate)」と呼称したのがこの名称の由来である。その後，芹沢は「握槌形石器」と呼称していた岩宿Ⅰの石斧を「楕円形石器」とよび，その典型例とみなすようになり，この石器が前期旧石器時代から後期旧石器時代のものとしては，早水台遺跡出土資料が著名である。類例は周口店第1地点・第15地点，丁村，山西交城県遺跡など，東アジアの中期・前期旧石器文化に認められ，これらと日本列島の前期旧石器文化との関連性をうかがわせる特徴の一つとなっている。＊芹沢長介編『最古の狩人たち』1975　（柳沢和明）

楕円形石器（大分・早水台）

高井田横穴墓群（たかいだおうけつぼぐん）　大阪府柏原市高井田にある。生駒山地の南端に位置し，凝灰岩質砂岩層の崖面を掘鑿してつくられた横穴が150基以上群集している。横穴は玄室・玄門・羨道・墓道からなり，玄室天井部はドーム形のものが多いが，寄棟造家屋の屋根を模したとみられるものもある。また玄室内に棺身をつくりつけたものがある。線刻壁画をもつ横穴が約30基ある。線刻画は人物・舟・家・動物・鳥・魚・樹木・花・唐草などを描いている。＊吉岡哲「高井田横穴群」(『探訪日本の古墳』西日本編, 1981) (車崎正彦)

高尾山古墳(たかおさんこふん) 静岡県沼津市東熊堂に所在する前方後方墳。かつて辻畑古墳と称されたこともある。愛鷹山から伸びる尾根の先端部に立地し, 尾根を削平して構築している。前方部を南に向ける。全長62.1m, 前方部長30.7m, 後方部長31.7m, 同北辺29.1m, 同南辺35.7mを測る。前方部は撥形を呈する。かつて前方部には熊野神社, 後方部には高尾山穂見神社が鎮座しており, 墳丘の改変が行われている。おもに幅8〜9mの周溝が巡り, 南東隅に土橋を設ける。墳丘からは, 二重口縁壺・小型壺・大型壺・器台・高坏・小型鉢などが出土し, 土器を用いた祭祀が行われたことが知られる。主体部は, 後方部中央に東辺4.9m, 西辺4.4m, 南辺6.1m, 北辺5.9mの東西に主軸をもつ方形土坑が掘られ, 内部に長5m・幅1.2mの舟形木棺が安置されていた。棺床には水銀朱が撒かれていた。主体部からの出土遺物には, 獣帯鏡・槍・鉄鏃・鉇(やりがんな)・勾玉などがあり, 獣帯鏡は破砕されていた。遺物から3世紀に築造されたと考えられている。＊沼津市教育委員会『高尾山古墳発掘調査報告書』2012 (時枝 務)

高木森古墳(たかぎもりこふん) 石川県七尾市矢田町にある, 海岸段丘の傾斜面上に占地する前方後円墳で, 復原全長59m, 後円部径34.5m, 前方部幅21m, 前方部と後円部の比高差2.5m前後を測る。丘陵側の墳裾にU字状溝が存在する。葺石および埴輪は認められない。くびれ部の鞍部から甕・器台・坩・子持壺などの須恵器と土師器とが検出された。内部主体は盗掘により破壊され, 竪穴式石室ではなかったかと推定されるにすぎない。5世紀末から6世紀初めの築造。＊後藤守一・大塚初重・橋本澄夫『能登・高木森古墳』1960 (坂本美夫)

高倉(たかくら) 湿気をきらう穀物や日常容器を収納しておくための倉庫。現在でも東京都の八丈島, 鹿児島県の奄美, 沖縄の諸島に残っている。八丈島ではジグラとよび, 高さ2〜3mの丸木を4本ないし6本立て, 柱組の上に支柱か本棟の短い寄棟の屋根を葺き, その屋根裏に稲束や穀類を収める。柱と小屋の接する部分に鼠返しがある。

高倉は水稲耕作とともに弥生時代に東南アジアや中国の江南地域から入ってきたと推測される。高倉の規模は, 弥生時代が1間×1間, 1間×2間, 1間×3間, 古墳時代は1間×2間と想定される。

岡山県津島遺跡の例は, 1間四方(柱間4m×2.8m, 3.7m×2.1m, 1.7m×3.3m)の建物で前期に属する。後期の静岡県登呂遺跡の例は, 1間×2間。古墳時代前期の静岡県目黒身遺跡では1間×1間(2.6m×3.5m)である。後期の大阪府勝部遺跡は2間×2間(3.6m×4.2m)である。

これら高倉には鼠返しや梯子が伴出する例がしばしばあり, ネズミの害を防ぐことに注意をはらっていたことがわかる。＊八幡一郎「日本古代の稲倉」(『史学研究』56, 1966); 石野博信「弥生・古墳時代の高倉管理形態とその変遷」(『橿原考古学研究所論集』1975) (関 俊彦)

多賀城跡(たがじょうあと) 宮城県多賀城市市川の低丘陵上にある。陸奥国府の所在地。規模は1辺約900m四方の不整方形を呈し, 外郭線は築地である。現在までの調査で5期にわたる変遷が明らかとなっており, 存続期間は8世紀前半から平安末までである。その中枢部は朝堂院型式の建物配置をもつ。＊宮城県多賀城跡調査研究所『宮城県多賀城跡調査研究所年報』1979／『多賀城跡—昭和54年度発掘調査概報』1980 (西脇俊郎)

高槻城キリシタン墓地(たかつきじょうきりしたんぼち)　大阪府高槻市大手町の高槻城三ノ丸跡に所在する。1998(平成10)年に発掘調査が行われた。高槻城は淀川の北岸に位置し，キリシタン墓は高槻城内北部で教会堂がかつて存在したとされる野見神社の東隣にあたる。高槻城はキリシタン大名の高山飛騨守と高山右近の居城であり，キリシタン墓の年代は高山飛騨守が城主となった1573(天正元)年を上限とし，高槻城が大規模な盛土によって完全に埋められる1617(元和3)年を下限とされている。発掘調査の結果，27基のキリシタン墓が確認された。墓は主軸方向を南北に向けて整然と並び，全て長方形の木棺を有し，内部には遺体が伸展位で納められている。その内N8号墓とS6号墓からはロザリオが出土し，S1号墓棺蓋には「二支十字架」が墨書されているのが確認された。高槻城キリシタン墓の調査は初めてキリシタン葬制の実態について考古学的見地から解明されたものであり，キリシタン文化について考察を進めるにはきわめて重要な情報を提供した調査であるということができる。*高槻市教育委員会『高槻城キリシタン墓地』2001　(今野春樹)

高橋健自(たかはしけんじ)　1871～1929。奈良県生まれ。東京高等師範学校文学科卒。東京帝室博物館監査官，同歴史課長。文学博士。古墳出土遺物の研究を意欲的に行い，古墳文化の性格について多くの業績を残した。鏡の研究により邪馬台国大和説を提唱したことは有名である。一方，埴輪を資料として古墳時代の服装を研究し，後に日本服装史を確立した。また，考古学会を主宰して『考古学雑誌』の刊行に努力し，その事務所を東京都下谷区(現台東区)根岸の自宅に置いたので，そこに集まる人びとは根岸学派とよばれた。主著に『鏡と剣と玉』1911,『考古学』1913,『古墳発見石製模造器具の研究』1919,『日本埴輪図集』編・1920,『古墳と上代文化』1922,『銅鉾銅剣の研究』1925などがある。　(坂詰秀一)

高松塚古墳(たかまつづかこふん)　奈良県高市郡明日香村平田にある径約18mの円墳である。版築による封土中に横口式石槨と称された内部施設があり，漆塗木棺が納められていた。石槨内に塗られた漆喰面に日月・星宿・四神・男・女などの極彩色壁画が描かれており，唐・高句麗に類例が求められる。副葬品は海獣葡萄鏡・玉類・銀装飾大刀金具があり,7世紀末と考えられる。*末永雅雄ほか『壁画古墳　高松塚』1972　(杉山晋作)

高安千塚古墳群(たかやすせんづかこふんぐん)　大阪府八尾市にある。生駒山地の西麓斜面に約200基の古墳が群集している。ほとんどの古墳は花崗岩割石でつくられた横穴式石室をもつ円墳である。家形石棺17および陶棺を納めたものがある。石棺は刳抜式と組合式のものがあり，いずれも石材は二上山白色凝灰岩である。6世紀代に営造された古墳が多い。*吉岡哲「高安古墳群」(『探訪日本の古墳』西日本編，1981)　(車崎正彦)

高床建築(たかゆかけんちく)　地上や水上に柱をたて床を高い位置に構築するもので，竪穴住居・平地住居などと区別される。床を高くすることにより，湿気やネズミの害を防ぐ効果がある。その後，支配者層の住居，あるいは神殿に用いられるようになり，精神的な威厳をもつようになる。日本では弥生時代に穀物を貯蔵するための倉庫として採用されたのが最初である。登呂遺跡や山木遺跡(静岡県)でその用材が発掘され，鼠返しなどの構造が明らかにされた。また，伝香川県出土銅鐸の文様や唐古遺跡(奈良県)出土の土器片に描かれた絵画から屋根が切妻で，棟を支える棟持柱がたてられていたことが確認されている。古墳時代に入ると，古墳出土の家形埴輪から，倉庫に用いられた例には入母屋造・切妻造・寄棟造などがあり，機能に適した構造の多様化をうかがうことができる。さらに，倉庫以外の建物に高床が用いられた例を，佐和田古墳(奈良県)出土の家屋文鏡の文様から知ることができる。倉庫としては校倉造が奈良時代に完成した。一方，神社の本殿として高床は早くから用いられ伊勢神宮の神明造や出雲大社の大社造が有名である。住居としては，支配者層が古墳時代以降しだいに高床式に変化していったが，一般の庶民に至るまで高床の住居に住むようになったのは中世以降である。高床建築において，水上に営むものに湖上住居がある。19 世紀の中ごろ，スイスのケラー(Keller)によって研究が進められ，現在ではヨーロッパ各地に,その存在が知られている。* 網干善教「高床式建築考」(『近畿古文化論攷』1963)

(江坂輝彌)

宝塚古墳(たからづかこふん)　三重県の東部，伊勢湾に臨む伊勢地域の中央に位置する，松阪市街地の西南の丘陵部の宝塚町に所在する古墳群中の前方後円墳。前方部を東に向けた全長 95m，後円部径 54m，前方部幅 54m の地域最大の規模を誇る。前方部墳丘には 2 段，後円部に 4 段で埴輪が巡らされていた状態が想定されており，主体部は未発掘のために不明である。5 世紀前半代の築造と推定されている。* 松阪市史編さん委員会『松阪市史』2，1978　(池上　悟)

高鷲丸山古墳(たかわしまるやまこふん)　大阪府羽曳野市島泉に所在する円墳。島泉丸山古墳ともいう。径約 75m，高約 8m を測る大型の円墳であるが，後世の修陵によって島泉平塚古墳と合わせて前方後円形に整備されている。墳丘は，2 段築成で，埴輪・須恵器・土師器を伴う。埴輪などから 5 世紀後半に築造されたことが判明する。丸山池と呼ばれる周濠が巡るが，南側は整った円形を呈するのに対して，北側は不整形である。南側は修陵による改変を受けていることが明白であるが，北側も拡張されており，原型を留めているわけではない。周辺には陪塚とされる隼人塚古墳があり，1 辺 20m の方墳とされているが，古墳かどうか疑問視する見解もある。本墳を含めて古市古墳群が形成されている。現在，雄略天皇陵として治定され，宮内庁が管理している。本墳が雄略天皇陵であるとする説は，早くも 1679(延宝 7)年の『河内鑑名所記』にみえ，1864(元治元)年には上野国館林藩の秋元氏によって修陵され，1885(明治 18)年には前方後円形に整備された。西田孝司『雄略天皇陵と近世史料』1991　(時枝　務)

抱石葬(だきいしそう)　埋葬人骨の胸部に大きな石を置いたもの。霊魂を封じこめるためだといわれている。縄文時代前期の大阪府国府遺跡などに少数例みられるにすぎない。* 長谷部言人「河内国府石器時代人骨調査」(『京都帝国大学文学部考古学研究報告』2，1920)　(渡辺　誠)

滝口　宏(たきぐちひろし)　1910～1992。東京都生まれ。早稲田大学文学部史学科卒。早稲田大学教授。目白学園女子短大学長。女子美術大学理事長。日本考古学協会委員長。日本考古学を専攻し，古墳～歴史時代の多くの遺跡の調査を担当すると共に，国・東京都・千葉県などの文化財保護審議委員などを勤め，埋蔵文化財の保護行政に尽力した。とくに，東国の国分二寺の調査(上総・下総・安房・武蔵など)を推進して大きな業績を残し，また，金鈴塚古墳(千葉)・芝山古墳群(同)などの古墳の発掘，さらに，八重山(沖縄)の先駆的な調査を果たした。なお，該博な天文学の知識を駆使した古墳・古代寺院の方位の決定についての見解を公にした。主著に『古代の探求―現代の考古学―』1958，『武蔵国分寺図譜』1966，『武蔵国分尼寺』1974,『上総国分寺跡』1973,『安房国分寺』1981，『勁艸(草)』1998 などがある。　(坂詰秀一)

拓本(たくほん)　紙を直接被写物に当てた上から墨を付けて記録する方法。中国で六朝時代に金石文を記録する方法として生み出されたものといわれ，唐代には拓本による法帖が多く製作され，書の手本として広く流布した。日本では江戸時代に考証学者が拓本を好んで用い，さまざまな金石文を記録したが，近代になっておもに考古学における遺物記録法の一種として定着した。水の使用の有無によって乾拓と湿拓に区分されるが，湿拓は中国伝来の技法であるのに対して，乾拓は日本で開発された簡易な技法である。湿拓は紙を水で被写物に密着させ，程好く乾燥したところでタンポに墨を移して叩き，被写物を記録する方法である。乾拓は紙の上から専用の墨でこすって影写するものである。拓本は考古学で写真や実測図とともに重要な記録法となっているが，おもに湿拓が用いられ，乾拓は金属器など水を嫌うものに限定して使用されている。＊篠崎四郎『図録拓本の基礎知識』1979 （時枝　務）

武井遺跡(たけいいせき)　群馬県桐生市新里町武井に所在。上部ローム軟質部から，ナイフ形石器･尖頭器を主体とする石器群(武井Ⅱ)と中部ローム頂部黒色帯からナイフ形石器を含む石器群(武井Ⅰ)が層位的に確認された。武井Ⅰは岩宿Ⅰに比定され，武井Ⅱは該期の石器群の全体像を示すものとして後期旧石器編年大枠をとらえる上で重要な意味をもった。＊杉原荘介「群馬県武井における二つの石器文化」(『明治大学文学部研究報告・考古学』7，1977) （藤原妃敏）

田下駄(たげた)　水稲耕作の技術とともに中国の江南から伝えられた。その用途は低湿地で農作業をする際，体が沈むのを防ぐために用いた履物。長さ40cm前後，幅20cmほどの木の板に鼻緒を通す孔を3個あけた下駄状のものである。弥生時代の水田跡からしばしば出土し，当時の水稲作業の様子を知ることができる。なお，この種のものを現代までつかっていた地方もある。＊木下忠「農具」(『日本の考古学』3，1966) （関　俊彦）

竹並遺跡(たけなみいせき)　福岡県行橋市竹並に所在する横穴墓を中心とした遺跡。宅地造成によって，横穴墓948基，横穴式石室墳13基，円墳7基，方墳6基，方形周溝墓4基のほかに，弥生時代の住居跡16軒，貯蔵穴160個などが調査された。特に横穴墓の数は1000基以上に及び，墳丘をもつ横穴墓も確認されている。横穴墓は5世紀後半から7世紀後半まで造営され，大きく5期の変遷に分けられている。横穴墓の研究に欠かせない遺跡。＊竹並遺跡調査会編『竹並遺跡』1979 （渋谷忠章）

竹原古墳(たけはらこふん)　福岡県鞍手郡若宮町竹原の諏訪神社境内にあり，低い丘陵上に位置する。現状は円墳状を呈するが，全長30mほどの前方後円墳の可能性をもつ。主体部は西南に向かって開口し，全長6.7mを測り前室と後室からなる複室の横穴式石室である。前室奥壁は剥落で明瞭でないが，右側に朱雀を左側に玄武らしきものが描かれている。後室奥壁には赤と黒の顔料で1対のさしばとその間に鉤爪のある馬らしきもの，牽馬とそれをひく人物，舟2隻，連続三角形，下方に波頭状の文様が描かれ，描写や構図とも優れている。＊森貞次郎「福岡県鞍手郡若宮町竹原古墳の壁画」(『美術研究』194，1956) （渋谷忠章）

蛇行状鉄器(だこうじょうてっき)　長さ50〜70cmほどの不規則に蛇行する鉄棒の下端を中空の円筒形にした鉄器。上端は短い半輪状の鉄棒を取り付けたものと，先端の尖るものがある。長い柄を付けて使用されたものと考えられ，前者は高句麗古墳の壁画を参考として馬背につける旗竿と考えられ，後者は鉤状の武器と想定されている。慶州金冠塚・梁山夫婦塚などから出土し，わが国では奈良県矢部古墳などからまれに検出されている。＊末永雅雄「蛇行状鉄器」(『考古学雑誌』26–9，1936) （池上　悟）

大宰府(だざいふ)　福岡県太宰府市にある官衙遺跡。特別史跡。大宰府は，663年

(天智 2)に白村江の戦いに敗北したことを契機に，665 年に博多にあった「那津官家」を移転して成立した。最初の発掘調査は 1943 年(昭和 18)に遡るが，1968 年に政庁の発掘調査に着手して以来現在に至るまで，継続的に発掘調査が行われている。政庁は，7 世紀には掘立柱建物であったが，8 世紀には瓦葺礎石建物となり，正殿・東西脇殿・後殿・中門などが整然と配された。941 年(天慶 4)に藤原純友の乱で焼失し，その後再建されたが，その遺跡が現在礎石をみることができる政庁跡である。古代都市である大宰府には条坊が設けられているが，南北 22 条，左郭 12 坊・右郭 8 坊からなる変則的な地割である可能性が高い。大宰府の西方には水城，北方には大野城があり，大宰府の防御施設となっている。また，大宰府とその周辺には，学校院・蔵司などの官衙，鉾の浦遺跡などの工房，観世音寺・筑前国分寺・太宰府天満宮などの寺社，宝満山上宮遺跡などの祭祀遺跡をはじめ，さまざまな遺跡の存在が知られている。＊九州歴史資料館『大宰府政庁跡』2002　(時枝　務)

田沢遺跡(たざわいせき)　新潟県十日町市干溝に所在し，信濃川と清津川の合流点に臨む右岸低位段丘上にある晩期旧石器時代(中石器時代，縄文時代草創期，土器出現期)の遺跡。1968 年に発掘され，隆線文系土器群(口唇部に波状装飾が施され，体部上半に数条貼付された幅広の隆線の上に太く浅い押圧が連続的に加えられた隆線文土器が主体)，木葉形尖頭器・有舌尖頭器・片刃石斧・石錐・エンドスクレイパーなどが出土した。石器組成に片刃石斧を含む点は神子柴，長者久保石器群と類似するが，石刃技法が認められない点は大きく異なる。＊芹沢長介・須藤隆「新潟県田沢遺跡の発掘調査予報」(『考古学ジャーナル』27，1968)　(柳沢和明)

打製石鏃(だせいせきぞく)　→　石鏃(せきぞく)

打製石斧(だせいせきふ)　手ごろな礫あるいは剥片を打ち欠いてつくった石斧。撥形・短冊形・分銅形などの形態がある。縄文時代早期末に「手斧」と考えられる直刃斧が出現する。関東・中部地方では，中期中ころから後半にかけて打製石斧が盛行する。短冊形は前・中期，撥形は中・後期，分銅形は後期に多い。打製石斧の側面は大きく湾曲するものが多く，棒の先に着柄して土掘り具として使用されたものと想定される。弥生時代にみられる石鍬は，機能をそのまま継承したものであろう。＊小田静夫「縄文中期の打製石斧」(『どるめん』10，1976)　(江坂輝彌)

敲石(たたきいし)　ものをたたいたり，すり潰したりする道具。形には，円形のもの，楕円形のもの，棒状のものなどがある。多くの場合，自然石をそのまま用いるが，中には研磨や剥離によって，形が整えられたものもある。石器製作に用いられたものは，溝状の打痕(使用痕)をもつ場合が多い。縄文時代に多く出土する，扁平で円形，もしくは楕円形を呈し，片面，もしくは両面に凹みを有する石器(凹石の一種)も敲石に含められる場合がある。この種の石器には凹痕のほか，磨痕通例の打痕を合わせ持つ例も多く認められる。また，縄文時代には，扁平な礫を打ち欠いて，円形に仕上げられた特殊な形態のものもある。石斧類が再利用されることも多く，特に弥生時代の太型蛤刃石斧は，しばしば，敲石に転用されて

敲石（栃木・向山遺跡）

いる。＊後藤秀一「凹石，磨石，敲石」(『峠山聖山遺跡』1979)　(藤原妃敏)

たたら　たたらは，多々良・高殿・踏鞴・鑪などが当てられ，送風装置を指す。原料である砂鉄と木炭を交互に炉に入れ，たたらにより送風して製錬する江戸時代の製鉄法を指すもので，中国地方に主として分布する。7世紀末より9世紀初頭の長方形竪穴炉を祖形とすると考えられている。湿度のない用水の便利な，谷川沿いの丘陵上などに設置され，湿気を極度にきらうため，径7m，深さ3〜5mほどの方形壙をうがち，内部に排水溝を設け，丸太・莚・石・粘土などを敷きつめて乾燥させた地下構造(床釣り)の上に炉を設置する。九州から東北地方にかけて調査が行われ，床釣りの構造も具体的になっている。たたら製法による製鉄の加工は，炭素含有量の少ない鉧鉄塊の加熱による刀剣類の鍛造，炭素含有量の多い銑鉄塊による鋳造がある。近年まで稼動していたが，近年製法の発達により衰退した。＊たたら研究会編『日本製鉄史論』1970　(是光吉基)

タチカルシュナイ遺跡(タチカルシュナイいせき)　北海道紋別郡遠軽町向遠軽に所在する後期〜晩期旧石器時代の遺跡群。湧別川と生田原川の合流地点の右岸台地上に位置する。遠間栄治により発見され，1958年芹沢長介により，1972年吉崎昌一らによって調査された。A，B，Cの三つの調査地点では，道内では数少ない貴重な層位的出土例が得られ，この石刃尖頭器＋スクレイパー→細石刃(峠下技法→湧別技法)→有舌尖頭器という変遷は，今日でも編年の骨子となっている。＊吉崎昌一編『タチカルシュナイ遺跡1972』1973　(山田晃弘)

立川遺跡(たちかわいせき)　北海道磯谷郡蘭越町立川に所在する旧石器時代遺跡。1958・1959年に芹沢長介・吉崎昌一らによって調査され，荒屋型彫刻刀形石器・有舌尖頭器・大型尖頭器・エンドスクレイパー・局部磨製石斧・石皿・石刃・細石刃・細石刃核などが4地点にわたって発見された。吉崎は，有舌尖頭器を旧石器時代終末期を代表する物と位置付け，各地点間の石器組成の差を時間差と考えた。一方，4地点の石器群を同時期と捉える研究者もある。＊吉崎昌一ほか『立川—北海道磯谷郡蘭越町立川遺跡における無土器文化の発掘調査』1960　(山田晃弘)

立切遺跡(たちきりいせき)　鹿児島県熊毛郡中種子町に所在し，標高120mの東側に開く谷頭部に立地する。1997年に発掘調査がなされ，3万年以上前の種Ⅳ火山灰層の下から礫群1基・土坑2基・炉穴14基が検出された。石器は，磨石・砥石・石皿を中心に石斧・礫器などが出土した。これらから日本最古の生活跡として話題となった。また上層からは種子島で初めて細石刃核が出土し，船野型細石核であり九州東南部地域の影響が考えられる。

その後，1998(平成10)年から3年計画で範囲確認調査が行われた。これらの調査で種Ⅳ火山灰下さらに土坑・焼土・ピット(pit)状遺構が検出され，石器は局部磨製石斧2・打製石斧2・スクレイパー(scraper)1・使用痕剥片3・礫器3・剥片11・磨石・敲石40以上・砥石12・石皿8・石核2が出土した。石材は砂岩を中心として島内で調達している。横峯C遺跡と考え併せて，植物食料に依存した生業の可能性が高く，日本列島の後期旧石器時代初頭の石器群の系譜や生業を考えるうえで重要な遺跡と位置付けられる。＊冨田逸郎･田平裕一郎「京塚･立切遺跡」(『中種子町埋蔵文化財発掘調査報告書(3)』2000)；田平裕一郎・牛ノ濱修・野平裕樹「立切遺跡」(『中種子町埋蔵文化財発掘調査報告書(4)』2002)　(堂込秀人)

橘樹郡衙跡(たちばなぐんがあと)　神奈川県川崎市に所在する古代武蔵国橘樹郡の郡衙跡。橘樹官衙遺跡群として国指定史跡。多摩川中流域右岸の沖積低地を見下ろす標高40mほどの下末吉台地上の平坦面に立地する。武蔵国橘樹郡衙(郡家)跡，その西側に隣接して造営された古代寺院である影向寺遺跡及びその周辺に展開する関連遺跡群で構成される点に大きな意義がある。橘樹郡衙跡では，1996年以降，川崎市教育委員会による発掘調査成果によって，東西約210m，南北約160mの溝で区画された郡衙正倉院の構成と4時期の変遷が明らかになっている。その変遷は，正倉院設置前の7世紀後葉に，大壁(壁建ち)建物が造られることを契機に，7世紀後葉～8世紀初頭の評段階に倉庫群が設置される。8世紀前葉～後葉の正倉院整備・拡充期に，建物の主軸をほぼ真北にそろえる総柱建物群が建てられ，9世紀前葉～中葉の縮小・終焉期を経て，9世紀後葉には，廃絶したと考えられている。影向寺は古から人々の信仰を集めてきた南関東屈指の古刹として知られ，大正時代以降，考古学的研究が行われてきた。境内と周辺の発掘調査成果によって，7世紀後葉～8世紀初頭に創建され，8世紀中頃には，塔の造営と金堂の改修による伽藍整備を経て，10世紀初頭まで補修が行われていたことが明らかになっている。出土瓦では，南武蔵の中心的な寺院であったと考えられる遺物をはじめ，伽藍内から出土した「无射志国荏原評」銘文字瓦が注目される。＊川崎市教育委員会『橘樹官衙遺跡群の調査 —橘樹郡衙跡・影向寺遺跡総括報告書〔古代編〕—』2014；村田文夫『武蔵国橘樹官衙遺跡群の古代学』2016 (江口　桂)

橘寺(たちばなでら)　奈良県高市郡明日香村にある飛鳥時代の寺院跡。1953・1956・1957年に発掘調査された。中門・塔・金堂・講堂が一直線に並ぶ。東面する四天王寺式伽藍配置である。塔心礎は副柱を三方にもつ柱座である。北門跡は川原寺の中心線上に位置し，川原寺跡の南門と相対するものである。塔跡・金堂跡よりは三尊塼仏が出土している。＊石田茂作「橘寺・定林寺の発掘」(『飛鳥』1964) (岡本桂典)

多鈕細文鏡(たちゅうさいもんきょう)　鏡背に細かな突線による鋸歯文を配し，鈕が中心からずれて2～3個付く凹面鏡で，鏡縁はかまぼこ形を呈する。この鏡は北方系青銅器文化の系統のもので，祖型は中国十二台営子にみられる。朝鮮半島では，慶州入室里などから出土していて，また文様の粗い多鈕粗文鏡もみられる。一部は沿海州にも及んでいる。日本では佐賀県宇木汲田遺跡，山口県梶栗浜遺跡などの弥生時代遺跡から計5面が出土している。＊宇野隆夫「多鈕鏡の研究」(『史林』60–1，1977)；岩永省三「多鈕細文鏡」(『末蘆国』1982) (定森秀夫)

館跡(たてあと)　東北地方～北海道南部の中世の居館・城館遺跡。広義には古代の囲郭集落や山地集落を含む。囲郭集落は防御性集落とも呼ばれ，竪穴住居の集落全体を堀で囲むものと一部を囲むものとがあり，前者の多くや標高400m超の山地集落(高地性集落とも)は蝦夷館(えぞだて)ともいわれていた。城柵が設置されなかった東北北部や道南で10～11世紀に営まれ，蝦夷(えみし)間の内部抗争に対する防御説，結界ないし境界領域を示す結界説などがある。

中世の居館や城館には各種規模があるが，東北北半の拠点城館はそれぞれに館主がいる「館」(曲輪)が集合し，被官の居宅なども取り込む特徴がある。また小形で単郭のものは，内部施設が明確に残らないものも多く，北海道のチャシに比定されることもあったが，チャシの多機能が明らかになるにつれ，東北地方での再評価が求められている。

なお，東北地方～道南の中世城館を「館(たて)」と呼ぶのは，南北朝に奥羽に出現した「楯」が戦国時代に転訛，一般化し，現在も「館」地名が数多く残されていることによる。＊伊藤晴郎・山口博之編『中世出羽の領主と城館』2002；柳沢敏男・飯村均編『鎌倉・室町時代の奥州』2002 (八木光則)

竪穴式石室(たてあなしきせきしつ)　古墳の内部施設の一つで，横に出入口のある

竪穴式石室（大阪・茨木市将軍山古墳）

横穴式石室に対して，四壁のいずれにも出入口がなく，上部の天井部のみが開く石室をいう。前方後円墳の出現とともに定形化した典型的竪穴式石室は，まず，割竹型木棺を安置した後に，四壁を扁平な割石で小口積にし，最後に天井石を架して閉じる。そのため狭長で持送り構造の内傾する壁の形態となるのが4世紀に多い。その後，5世紀になると，長持型石棺などを覆うことがあるため，石室長が短くなり幅が広くなる形態へと移行する。そして，さらに小形化した形態は7世紀代にも認められるが，中に木棺などが存在したか不明なため，石室よりも石棺としての用途に供されたと考えてよい場合が多い。それらが，壁の構造に横穴式石室の影響を受けていることをみても，前期の竪穴式石室とは明らかな相違がある。弥生時代終末期にみられる台状墓の竪穴式石室は未確立のものである。＊小林行雄「竪穴式石室構造考」（『紀元二千六百年紀念史学論文集』1941）；北野耕平「前期古墳における内部構造の問題」（『河内における古墳の調査』1964）；田中勝弘「前期古墳の竪穴式石室構造について」（『史想』16, 1973）；堅田直『池田市茶臼山古墳の研究』1964；都出比呂志「前方後円墳出現期の社会」（『考古学研究』26–3, 1979）　（杉山晋作）

竪穴住居跡（たてあなじゅうきょあと）地面を掘りくぼめ，その底面を平らにして床をつくり，その上に屋根をかけた構造をもつ住居。床面には，炉・カマド・柱穴などがあり，床面は固く踏みかためられている。竪穴住居跡は，世界各地でみられる。旧石器時代後期の遺跡から発見され，新石器時代以降の代表的な住居形態である。

日本において，縄文時代以降になると，ごく一般的な住居形態として竪穴住居跡が多く発見されている。竪穴住居跡としての明白な発掘例として最も古いものは，東京都前田耕地遺跡（縄文時代草創期）の3mほどの不整円形の竪穴住居跡である。

縄文時代から平安時代に至る竪穴住居跡の変遷を関東地方を例にとってみると，縄文時代早期前半（撚糸文系土器）では不整円形のプランで，炉と数本の柱穴をもつ。前期になると台形に近い長方形プランがあらわれ，その後円形プランに変化する。中期になると炉を片側によせ，炉と反対側に出入口を設ける方法が確立する。中期末から後期にかけて敷石住居跡が認められる。後・晩期には出入口部をもつ，円形や方形のものがある。弥生時代は，前期の小判形から，後期の隅丸方形へと変化する。古墳時代前半は，弥生時代の後期の形態を引きつぐが，後半になると炉からカマドへの移行があらわれる。奈良時代から平安時代にかけて，竪穴住居は，関東地方を中心に，中部・東北地方に数多く営まれる。東海地方から，畿内・瀬戸内沿岸地方においては，7世紀後半から8世紀の間に急速に竪穴住居から掘立柱住居に移り変わりがみられる。

竪穴住居跡（沖の原遺跡）

縄文時代の特殊な形態の竪穴住居跡として，10m をこえる規模の大形住居跡が，東北・北陸・中部・関東地方で前期・中期・後期に発見されているが，用途については明確ではない。 （江坂輝彌）

立岩遺跡（たていわいせき） 福岡県飯塚市立岩堀田遺跡を中心に分布する弥生時代の遺跡群で，前期末～中期にかけての甕棺墓，袋状竪穴，石器製作跡などが丘陵上に密集している。当地産の石包丁は福岡県に広く分布することで有名。また，10 号甕棺には，内行花文鏡・重圏鏡など前漢鏡 6 面をはじめ銅矛・鉄剣などが副葬されていた。ほかにも前漢鏡 4 面をともなう甕棺や，ガラス製管玉をつらねた頭飾・耳瑠状ガラス製品などを伴うものがあり，注目すべき遺物が少なくない。* 立岩遺跡調査委員会『立岩遺跡』1977 （木下　亘）

楯築遺跡（たてつきいせき） 岡山県倉敷市矢部向山にある弥生時代後期の墳丘墓。遺跡は足守川河岸の片岡山・王墓山丘陵北端の山頂にあり，眼下に平野が広がる。墓は頂部にあり，中央円径が約 40m，高さ 5m の範囲には呪的文様を配した石と周囲に立石がある。墓は 9 × 5.5m，深さ 1.8m の楕円状に掘り，木槨と木棺をもち，棺内に朱を敷き，勾玉・管玉・ガラス玉・鉄剣を副葬し，前方後円墳の出現とのかかわりで注目される。* 近藤義郎『楯築遺跡』1980 （関　俊彦）

館平遺跡（たてひらいせき） 青森県八戸市（旧大館村）新井田大館小学校庭南側の畑地が遺跡で，畑地一帯で縄文時代早期初頭の白浜式土器片，硅質頁岩製の石鏃，箆状石器，石器を製作した残片硅質頁岩の石片が散布している。土器は深い貝殻条痕文，サルボウなどの貝殻腹線圧痕文，篦状工具に上る平行沈線文など施文された円錐形尖底深鉢が普遍的で，口線は平線のものが多い。貝殻の腹線で櫛歯で施文したような文様を施文しており，櫛文土器系の文様と考えられる。大型のものは高さ 46cm に達するものもある。石器は硅質頁岩製の無茎石鏃・石錐・箆状石器などのほか，緑色変性岩製の擦切片刃磨製石斧，長径 5cm 前後の扁平な川原石の長径両端を打ち欠いて製作した石錘（網錘，延べ縄用など漁労用具としての錘）などが発見されている。1957 年発掘調査に際して，トレンチ内に住居跡を思わせるような遺構は発見されなかったが，復元可能な大型尖底深鉢を出土している。館平遺跡出土の土器は八戸市鮫町白浜遺跡出土の土器と同一形式のもので，白浜式土器の典型的資料と言ってよい。 （江坂輝彌）

多頭石斧（たとうせきふ） 輪形の体部の周囲に切込みを入れ，3～8 個の石斧状突出部をつくり出した棍棒頭形の磨製石器。個別に三頭石斧・四頭石斧などともよばれる。径は数 cm で，石質は閃緑岩などが多い。東日本の縄文時代晩期に多い。縄文時代前期からみられる環状石斧に切込みを入れたともみられるが，機能・系譜など不明な点の多い遺物である。* 八幡一郎「環状石斧類」（『考古学』1–2，1930） （渡辺　誠）

タドーシャ遺跡（Tadusha） ウスチノフカ遺跡（Ust'novka）ともいう。沿海州ゼルカリナヤ川左岸のウスチノフカ村にある後期旧石器時代遺跡。V. F. ペトルニが発見し，A. P. オクラドニコフが 1963 年に調査した。文化層は 2 枚あり，上層からは石刃・エンドスクレイパー・両面加工尖頭器・彫刻刀が，下層からは石刃核のほかに舟底形の細石刃核などが出土している。また下層からは竪穴住居跡が発見されている。年代は下層が 1 万 5000～2 万年前，上層が 1 万 5000～9000 年前と考えられている。*A. P. ジャレビヤンコ『古代のアムール川沿岸―紀元前』1971 （梶原　洋）

田戸式土器（たどしきどき） 神奈川県横須賀市田戸遺跡の上層と下層より出土した土器の名称である。口縁は外反または内湾し，胴部は湾曲し，丸底状の底部となる。胎土に繊維を微量に含むものがある。文様は細い沈線による鋸歯状文や渦巻・弧線などの曲線文が描かれる。刻目の付された隆起線文や結節沈線文，瘤状突起，口縁に刻目の付されたものや，全く無文の土器などがある。＊赤星直忠「横須賀市田戸先史時代遺跡調査」(『史前学雑誌』7–6，1935)　(吉田　格)

田中良之(たなかよしゆき)　1953〜2015。熊本県生まれ。九州大学文学部考古学科卒，同大学院文学研究科博士課程中退。同医学部解剖学第2講座助手，同文学部九州文化史研究施設助教授を経て，1994年同大学院比較社会文化研究科基層構造講座教授に就任した。人骨・歯から原始古代の親族構造を研究した。1993年，「古墳時代親族構造の研究」で博士号を取得。1996年に雄山閣考古学賞を受賞。2012年に日本考古学協会会長に就任。著書に『古墳時代親族構造の研究』1996などがある。　(時枝　務)

田辺昭三(たなべしょうぞう)　1933〜2006。静岡県生まれ。立命館大学大学院修了。奈良大学教授などを歴任。須恵器，水中考古学の研究に大きな足跡を残すとともに，考古学から新たな古代史像を展開した。大阪府堺市の陶邑窯跡群の調査研究に基づいた須恵器編年(田辺編年)は，遺跡の年代決定の指標となった。その著書『須恵器大成』は，日本学士院賞受賞。著書には『須恵器大成』1981，『古代史発見の旅』1990などがある。　(江口　桂)

田能遺跡(たのういせき)　兵庫県尼崎市田能字中ノ坪にある弥生時代前期から古墳時代の遺跡。猪名川のつくりだす自然堤防には集落が複合し，低湿地のため保存がよく，ことに弥生時代のムラが圧巻である。例えば，組合式木棺墓には人骨が残り，木棺はコウヤマキを使い，方形周溝墓，甕・壺棺墓，土壙墓が並存し，碧玉の管玉・勾玉・ガラス小玉を副葬，住居は平地と竪穴・高床遺構が整然と残っていた。遺物は膨大で問題を提起した。＊尼崎市教育委員会『田能遺跡発掘調査報告書』1982　(関　俊彦)

田端遺跡(たばたいせき)　東京都町田市小山町3112–2，3113–2に所在する。1968年に調査が行われ，縄文時代後〜晩期に属する環状積石遺構と呼称する環状列石の一種及び周石墓，土壙墓群が発見された。環状積石遺構は東西に長径9m，南北に短径7mを測り，幅1〜1.5mに大小の石塊や礫を集め帯状に積みあげてサークルを形成している。積石中には立石を礫で囲んだいくつかの単位が認められ，また環状積石の南東部分は大小の石棒と立石，石皿の集積により構成される。環状積石中からは後期〜晩期中葉までの土器・土偶等の破片が出土し，後期以降晩期までの宗教祭祀的な場として用いられたと考えられる。積石下部及び周囲からは加曽利B1〜2式期に属する周石墓，土壙墓群が存在しており，副葬品の舟形土器，注口土器，入れ子状の鉢型土器，耳飾りが出土している。東京都指定史跡。＊浅川利一ほか『田端遺跡調査概報』町田市教育委員会，1969　(戸田哲也)

田舟(たぶね)　弥生時代に水稲耕作が普及すると，湿田や深田での農作業に使われた。苗や収穫した稲を運ぶために，あるいは開拓した田の土を運搬するのに利用した。形態からみると2種類あり，一つは丸木をくりぬいた小舟状のもので，長さ1m，幅50cm，高さ30cm前後の紡錘形をし，底部を平坦に削ってある。もう一つのタイプは隅丸長方形をした長さ140cm，幅50cm，高さ20cmほどで，少し外側に反りをもち，長軸の両端上面に棒状の把手が2個ずつつく。底は平たく，全体に薄手で，これもくりぬいたものである。両者とも持ち運びができるように，大きさや重さを考えてつくり，杉材を使用した例が多い。＊木下忠「木器」(『新版考古学講座』4，1969)　(関　俊彦)

珠城山古墳群(たまきやまこふんぐん)　奈良県桜井市穴師の珠城山とよぶ丘陵上にある3基の前方後円墳。1号墳は東面し全長50mある。後円部に横穴式石室があり，玉類・

環頭鉄刀・挂甲・馬具などが出土した。2号墳は西面し全長75mある。前方部に竪穴式石室がある。3号墳は西面し全長47.5mある。後円部と前方部に横穴式石室があり，後円部石室から環頭鉄刀・三輪玉・挂甲・馬具などが出土した。6世紀中葉から後葉にかけての営造。＊伊達宗泰「大三輪町穴師珠城山2号・3号墳」(『奈良県文化財調査報告』3, 1960) (車崎正彦)

玉口時雄(たまぐちときお) 1919〜2006。宮城県生まれ。早稲田大学文学部卒。滝口宏に師事して考古学を専攻。1971年，東洋大学文学部教授。早稲田大学・立正大学の非常勤講師，千葉県文化財専門委員などを歴任。土師器，古代集落などを研究した。著書に『秩父』1956,『土師器・須恵器の知識』(共)1984などがある。 (時枝 務)

玉手山古墳群(たまてやまこふんぐん) 大阪府柏原市・羽曳野市にある古墳群。石川右岸の玉手山丘陵上に位置し，前方後円墳18と円墳7からなる。後山古墳(全長150m)・勝負山古墳(全長106m)・1号墳(全長103m)が規模の大きい前方後円墳。5号墳・6号墳・北玉山古墳・宮山古墳・西山古墳で竪穴式石室および粘土槨が確認されている。副葬品は鏡・玉類・碧玉製腕飾類などがある。なお安福寺にある割竹形石棺は勝負山古墳出土と伝えるがつまびらかではない。4世紀中葉ないし後葉の古墳が多い。＊森浩一「古墳文化と古代国家の誕生」(『大阪府史』1, 1978) (車崎正彦)

多摩ニュータウン遺跡群(たまにゅーたうんいせきぐん) 東京都南西部，中流域の多摩川と神奈川県との都県境となる境川に区画された多摩丘陵に建設の新都市・多摩ニュータウンエリア内にある遺跡群の総称。多摩市を中心に八王子市・稲城市・町田市に跨がる東西14km，南北2〜4km，総面積3,000haの日本屈指の規模を誇る団地。用地内には多摩川に注ぐ，乞田川・大栗川・三沢川が丘陵地の奥深く入り込み，遺跡はこれらの河川流域の丘陵斜面や尾根筋にまで分布し，地形に応じて概して小規模である。旧石器時代，箇所数の多い縄文時代，弥生・古墳，古代，中世と連綿と多様な土地利用が見られ，2008年度保存遺跡を除く全域発掘〜報告書刊行の完了した段階では№呼称の1〜964の遺跡が確認された。遺跡群が多摩丘陵内の乞田川・大栗川の略全流域を含む完結した地理的条件にあって，遺跡群や領域論研究に好資料となる。京王相模原線多摩センター下車，多摩市落合に所在する№57遺跡の一角には東京都埋蔵文化財センーと付設の庭園「縄文の村」が公開されている。＊小林達雄「多摩ニュータウンの先住者—主として縄文時代のセトルメント・システムについて—」(『月刊文化財』112, 1973)；各年次・遺跡単位の発掘調査報告書，1966年〜多摩ニュータウン遺跡調査会刊，1980年からは財団法人東京都埋蔵文化財センター (高麗 正)

田村遺跡群(たむらいせきぐん) 高知県南国市田村にあり，物部川右岸の自然堤防上に立地する縄文時代から近世にかけての県内最大級の複合遺跡。弥生時代前期と中期後半から後期初めの拠点的集落跡，古代の掘立柱建物群，守護代細川氏の居館である田村城館と家臣の屋敷跡に代表される。発掘調査が高知空港拡張整備事業に伴い2度に亙って実施され，約28万㎡が調査された。調査の結果，弥生時代では松菊里型住居を伴う県内最古の集落跡(東西約135m，南北約200m)，小区画水田跡(約5500㎡)，二重の環濠が検出された前期の集落跡(東西約130m，南北約220m)，450軒を超える竪穴住居跡，200棟を上回る掘立柱建物跡を始めとして数多くの遺構と共に朝鮮系無文土器，中広形銅鉾，有鉤銅釧，方格規矩四神境の破砕鏡，絵画土器，分銅形土製品，人面動物形土製品等出土例の少ない遺物を含めコンテナケース8000箱を越す膨大な量の遺物が出土する。古代では田村荘の荘館跡ではないかとみられる倉庫を伴う掘立柱建物群などが確認される。中世では14〜16世紀にかけての溝に囲まれた屋敷跡(環濠屋敷)が30余り確認され，敷地面積が1000㎡を超すものも20近くあり，14世紀のものは名主層，15世紀のものは守護代細川氏の家臣，16世紀のものは長宗我部氏の給人の住居ではないかとみられ，石組井戸が設置されるものが多い。＊高知県教育委員会『田村遺跡群』1〜15，1986；財団法人高知県文化財団埋蔵文化財センター『高知県埋蔵文化財センター年報』7〜10，1998〜2001
（廣田佳久）

田村晃一(たむらこういち)　1932〜2014。東京生まれ。東京大学文学部考古学科卒，大学院人文科学研究科(考古学専攻)修了，文化財保護委員会記念物課(文部技官)を経て青山学院大学文学部史学科考古学専攻助教授・教授・名誉教授。渤海文化研究中心を主宰し，東アジアの都城と渤海の調査研究。とくにロシア・クラスキノ古城跡などを発掘調査。『北関山城』(共)1993，『楽浪と高句麗の考古学』2001，『東アジアの都城と渤海』(編)2003，『長楽未央の記』2003。喜寿記念論文集『扶桑』2009が編まれた。
（坂詰秀一）

鼉龍鏡(だりゅうきょう)　画文帯神獣鏡を模倣したと思われる仿製鏡であり，内区の四乳をめぐるように配された獣形を中心図文とする。鼉龍とは鰐の一種といわれ，この名称は必ずしも適当ではないが，富岡謙蔵以来この種の仿製鏡に対して使用されている。獣形は半肉彫りで表出された長い体に，斜めに添えられた棒状の巨を有する。また，この間に神像と小虺が配される。外周には半円方形帯を有し，外区には菱雲文などが配される。＊小林三郎「鼉龍鏡とその性格」(『駿台史学』28，1971)　（池上　悟）

樽岸遺跡(たるぎしいせき)　北海道寿都郡黒松内町中ノ川に所在する旧石器時代遺跡。発掘調査は1954年，道内最初の本格的な旧石器時代遺跡の調査として函館博物館によって行われた。約10m × 7mの楕円形の範囲内に，頁岩製のエンドスクレイパー，スクレイパー，舟底形石器，石刃，石刃核など72点の石器群が発見されている。石刃技法は，きわめて発達したものとみられるが，出土点数が少ないために編年的位置は依然として明確にされていない。＊市立函館博物館『樽岸発掘報告書』1956　（山田晃弘）

垂柳遺跡(たれやなぎいせき)　青森県南津軽郡田舎館村垂柳。弘前駅の東北8kmの地，浅瀬石川左岸の標高約45mの乾田地帯に田舎館村大字田舎館とその東北東1kmに字垂柳の村落があり，垂柳の村落の冬場は乾田になっている水田下，数10cm下層から径3mに満たぬ正方形の整然とした畦が発掘され，この場所から炭化した籾や籾殻圧痕ある土器片が発見され，弥生文化中期末には稲作が行われていたことが明確になった(1956)。その後，弘前市の北部，旧裾野村砂沢溜池でも1辺1m余の小さな畦畔と炭化籾が発見され，縄文文化終末の大洞A'式(弥生前期板付2)の時期に既に水田耕作が本州北端近くで行われていたことが明らかにされた。
（江坂輝彌）

単位集団(たんいしゅうだん)　消費・経営・生産を担う基礎的な社会集団を指す考古学の概念。近藤義郎が，岡山県沼遺跡など弥生時代の小集落遺跡のあり方から帰納した概念で，遺跡に即したものである。近藤は，小集落の炊飯用炉は屋外の共用炉であったと推測し，それを使用する集団を「消費の単位集団」と位置付け，共同作業場・高床倉庫の共有から「経営の単位集団」，水田の共同占有から「生産の単位集団」を想定し，それらが重なり合う単位集団を考えた。＊近藤義郎「共同体と単位集団」(『考古学研究』6–1，1959)　（時枝　務）

短甲(たんこう)　鉄板を組み合わせてつくられたよろいであり，肩より腰までを覆うものである。組み合わせの素材となる地

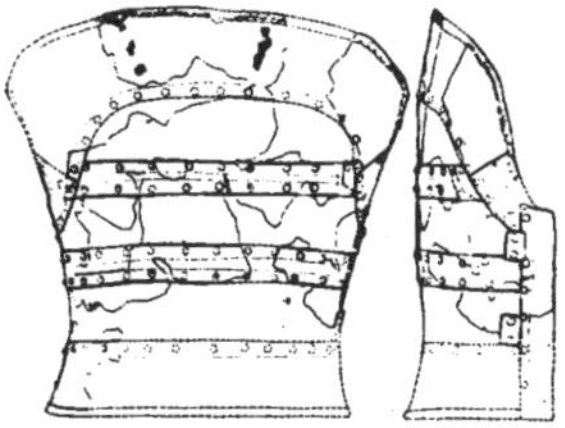

短甲（東京・御嶽山古墳）

板の形に竪矧板・方形板・長方板・横矧板・三角板の別があり，結合方法には革綴式と鋲留式がある。革綴式のものは4世紀より製作され，鋲留式のものは5世紀の中葉以降に行われた。冑の他に頸鎧・肩鎧・草摺などとともに用いられた。古墳出土の甲はほかに小札をつづり合わせてつくられた挂甲がある。＊末永雅雄『日本武器概説』1971

（池上　悟）

丹後平古墳（たんごたいこふん）　青森県八戸市に所在する7世紀後半から9世紀代の遺跡。総数100基以上に達すると推定される東北地方北部最大の群集墳で，馬を埋葬した長方形の土坑墓も発掘されている。1999（平成11）年に国史跡に指定された。古墳の周溝の直径は7m前後のものを標準とするが大小ある。主体部は地山を掘り込んだ土坑で，追葬が不可能な竪穴式単葬墓と考えられ，底面には礫や炭が敷かれたものも見られる。主体部の南側に出入口状の張

丹後平古墳

り出しをもつものが多い。副葬品の内容は，刀を中心とする古墳と玉類・釧を中心とする古墳とに分かれる。この遺跡で最大の第15号墳からは，朝鮮半島の新羅産とされる獅噛式三累環頭太刀把頭が出土しており，また，第29号墳からは鉄製の銙帯金具が出土するなど注目すべき遺物が多い。日本の古墳文化の北方伝播のあり方や律令制に組み込まれなかった東北地方北部の蝦夷社会を研究するうえで重要な遺跡である。＊八戸市教育委員会『丹後平古墳』1994

（工藤竹久）

短冊形石斧（たんざくがたせきふ）　長方形をした打製石斧。大野雲外によって名付けられた。縄文前期よりあらわれ，中期に盛行する。片面は自然面を残し，裏面左右を調整し，先端部に刃部を形成し，大きさは通常15，6cm前後である。石質は硬砂岩・玄武岩などが多い。多摩川流域に多い打製石斧の製造跡といわれるものが日常生活用具の土掘用具として使用された。＊大野雲外「打製石斧の形式に就て」（『人類学雑誌』22，1907）

（吉田　格）

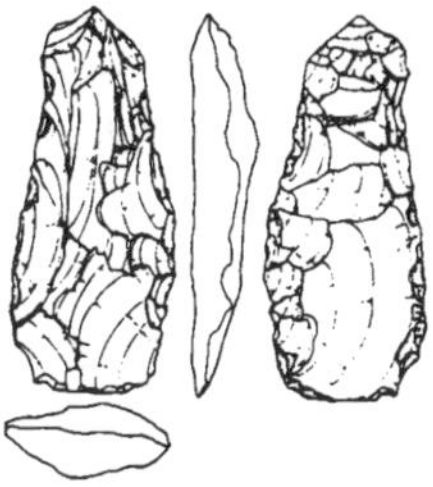

短冊形石斧（東京・多摩ニュータウン遺跡）

タンパン遺跡（Tampan）　マレーシア連邦コタ・タンパン（Kota Tampan）にある前期旧石器時代遺跡。第1間氷期に形成されたといわれる高位段丘の礫層中から石器が発見され，モヴィウスやA. シーヴキングによって報告された。石器は石英岩でつくられ，チョパー，チョピングトゥール，尖頭礫器，ハンマー，石核，剥片などを組成と

する。概して大形・粗製であり，発掘資料の多くは磨滅している，礫層中の出土であること，つくりがきわめて粗いことなどから，これらは擬石器であって人工品ではないと主張した研究者もいた。しかし，1975年にタイの北東部にあるランパン地方のマエ・タ遺跡から，大形のチョパーやチョピングトゥールが居住面に原位置のまま発見され，地磁気年代から少なくとも70万年前という古さが判明したので，タンパン文化を疑う理由は解消された。*A. Sieveking, 'The Palaeolithic industry of Kota Tampan, Perak, Malaya'（"P. P. S." XXVII, 1962）（芹沢長介）

断夫山古墳（だんぷやまこふん）　名古屋市熱田区旗屋町神宮公園内にある。尾張丘陵上につくられた東海地方最大の前方後円墳である。墳丘西側くびれ部付近に造出がみられ，また周溝も存在する。墳丘上には，須恵質埴輪円筒などをめぐらす。全長151m，前方部幅116m，高さ16.2m，後円部径70m，高さ13mを測る。内部主体，副葬品は未確認である。前方部が後円部に比べていちじるしく発達しており，前方後円墳の最も後出の型式に属し，6世紀初ごろに位置づけられよう。* 名古屋市博物館「断夫山古墳」（『尾張の歴史—展示概説 I』1983）

（坂本美夫）

ち

地下式横穴（壙）（ちかしきおうけつ〈こう〉）　この名称で包括される遺構に2種ある。一つは古墳時代の墳墓であり，他は中世の墳墓である。古墳時代後期を中心に5世紀後半より8世紀に及んで構築された例は，遺体を安置する空間を地表面下に求めたものであり，竪壙の底部より横にうがった羨道および玄室よりなる。宮崎県南部を中心に分布し，初期の例には鏡・甲冑・馬具などの第1級の文物を副葬している。斜面に構築された横穴墓と類似した様相を示している。中世の例は構造的には酷似し，僅少な遺物より鎌倉時代初頭より室町末期まで構築されたものと考えられている。分布は武蔵・相模を中心とする関東が最も濃密であり，ほかに福井・滋賀県と北九州に集中して認められる。人骨の遺存する例はまれであるが，本来的には墓を目的として構築されたものと考えられ，群を成して墓域を構成する。その初現は分明ではないが，中世における特異な葬法として注目される。* 石川恒太郎『地下式古墳の研究』1973

（池上　悟）

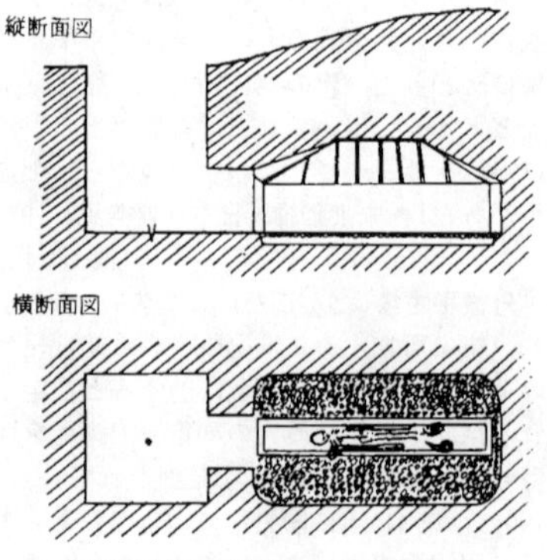

地下式横穴（宮崎・六野原古墳）

チカモリ遺跡（ちかもりいせき）　石川県金沢市新保本町。金沢駅の南西4.5km，旧字八日市進保に所在，かつてここより発掘の縄文晩期初頭の土器型式を八日市新保式と呼んだ。チカモリ遺跡は約7000㎡の地域に拡がり，その中心部4500㎡は児童公園として保存されることになった。この遺跡からは縄文文化後期後半から晩期後半に至る間の遺物が発見され，手取川の伏流水のある低湿地帯で，直径約30cmの栗材を縦にカマボコ型に割った柱材が発見され，これは直径6mの円形の範囲に，半裁の木柱をほぼ等間隔（約2m）に10本円形に立てた遺構で，いずれの建築遺構の一部か興味深いものがある。栗材の柱には直径 80cm を越えるものもあるという。青森市三内丸山遺跡の栗の巨木を利用した望楼かとも想定された遺構などとともに，縄文時代の木造建築物については，今後慎重に検討していくべきであろう。（江坂輝彌）

筑後国府跡（ちくごこくふあと） 福岡県久留米市に所在する古代筑後国の国府跡。筑後国府跡として国の史跡に指定されている。肥沃な筑紫平野の南辺を西流する筑後川下流域左岸で，標高 10 数 m の低台地上に立地する。国庁推定地としては，全国で最も早い 1961 年に発掘調査が開始され，久留米市教育委員会が半世紀に及ぶ国府域の調査を行ってきた。その結果，7 世紀末に成立し，12 世紀後半に至るまで，約 500 年の間，国庁が 3 遷しながら存続し続けたことが確認された。国庁は，Ⅰ期～Ⅳ期の変遷が明らかになっている。その時期と変遷は，Ⅰ期政庁（古宮地区，7 世紀末～8 世紀中頃），Ⅱ期政庁（枝光地区，8 世紀前半～10 世紀中頃），Ⅲ期政庁（朝妻地区，10 世紀中頃～11 世紀後半），Ⅳ期政庁（横道地区，11 世紀後半～12 世紀後半）となっている。また，国府設置前の先行官衙として，7 世紀後半代とされる土塁を伴う大溝で区画された大型建物跡「前身官衙」が確認されている。国府域は，東西約 1.3km，南北約 1.0km の範囲に広がり，東西に直線走行する西海道駅路（官道）沿いに，多くの官衙ブロックが造営されることもわかっている。更に，Ⅱ期政庁跡の南東約 100m からは，9 世紀中頃から後半の国司館跡とみられる遺構が発掘されている。出土遺物には，大量の土器類をはじめ，中国産磁器，イスラム陶器なども含まれる。* 久留米市教育委員会『史跡筑後国府跡保存活用計画』2020；神保公久「筑後国府」（『季刊考古学』152，2020）（江口 桂）

千種遺跡（ちぐさいせき） 新潟県佐渡市千種にある古墳時代前期の集落跡。国府川と大野川が合流する低湿地に営まれた遺跡で，1952 年に大場磐雄らが発掘し，矢板列や井戸，竪杵，弓，櫂，たま網の枠，稲などが多く出土した。また鹿の肩胛骨を利用した卜骨の存在は，相川地区の浜端洞窟の例とともに，当時の習俗を知るうえで大事である。出土土器は，北陸地方の古式土師器に位置付けられるとして，「千種式」という型式名を付けた。* 新潟県教育委員会『千種』1953（関 俊彦）

千々和実（ちぢわみのる） 1903～1985。福岡県生まれ。東京高等師範学校卒，群馬県師範学校教諭を経て東京学芸大学教授，都留文科・上武大学教授。上野国及び武蔵国における板碑の悉皆調査を進め，板碑研究の基礎を確立し，板碑の研究を通して民衆仏教の実態解明に尽力した。また，末法思想のあり方を経塚遺物を通して究明し，独自の視点を提示したことは注目される。主著に『板碑源流考—民衆仏教成立史の研究—』1987，『武蔵国板碑集録』1・2・3，1956・1968・1972，『上野国板碑集録』1966・1977，『東京都板碑所在目録』（二十三区分・多摩分）1979・1980 などがある。（坂詰秀一）

千年伊勢山台遺跡（ちとせいせやまだいいせき） 神奈川県川崎市高津区千年の下末吉台地先端に位置し，1996（平成 8）年夏に実施された宅地造成の事前調査で，整然と並ぶ掘立柱建物跡群が発掘された。本遺跡の西方約 350m には，奈良朝の創建を伝える影向寺（ようごうじ）が現存する。影向寺は，薬師堂下部や境内及び周辺地の発掘調査や文字瓦などから，古代武蔵国橘樹郡の郡寺と推測されているので，千年伊勢山台遺跡の掘立柱建物跡群は，郡寺に隣接して位置した橘樹郡衙の正倉跡と推測している。1998（平成 10）年度以降，川崎市教育委員会により郡衙の範囲などを確認する目的の発掘調査が行われた。正倉跡は建物構造や主軸方位などから，主軸が南北方位から 30° 前後振れる第 1 期（7 世紀末），主軸が南北方位の建物で，堅牢な上屋構造が推測できる第2期(8世紀前半代), 同じく南北に方位をとるが, 相対的に建物跡が小型化した第3期(8世紀後半以降)に分けられる。現在, 本遺跡は周辺遺跡を含め国史跡橘樹官衙遺跡群とされる。→　橘樹郡衙跡(たちばなぐんがあと)　＊河合英夫ほか『川崎市高津区千年伊勢山台遺跡発掘調査報告書』2000　(村田文夫)

チブサン古墳(チブサンこふん)　熊本県山鹿市城にあり, 菊池川支流岩野川に沿う城台地東端に位置する前方後円墳。全長約45m, 後円部径25m, 高さ5m, 前方部幅15.7mを測る。墳丘には円筒埴輪のほかに, 両手をあげた奴凧形の石人1体が置かれていた。主体部は後円部中央に南側に開口する複室の横穴式石室があり, 全長5.5mを測る。後室奥壁にそって石屋形の屋根をもつ組合式石棺があり, 内面左側石は赤・青・白の菱形連続文と円文・同心円文などの彩色が施され, 右側は全面を赤く塗り上段に白い円文8個を, 下段には冠をかぶり両手をひろげる人物が描かれている。＊下林繁夫「チブサン古墳」(『熊本県史蹟名勝天然紀念物調査報告』4, 1927)　(渋谷忠章)

茶臼山遺跡(ちゃうすやまいせき)　長野県諏訪市上諏訪に所在。1952年, 調査が実施された。ローム層軟質部から黒曜石を主石材とするナイフ形石器・彫刻刀形石器・掻器・削器・局部磨製石斧などとともに, 旧石器時代の遺構として炉跡状遺構が確認されている。岩宿遺跡発見以後, 研究初期になされた代表的調査例で, 中部地方旧石器研究の端緒となった資料の一つである。＊杉原荘介・戸沢充則「茶臼山の石器文化」(『考古学集刊』1–4, 1948)　(藤原妃敏)

中間土器(ちゅうかんどき)　弥生土器に与えられた俗称。N. G. マンローが1911年に提唱した。マンローは石器時代の土器と古墳時代の土器との中間に入る土器であるとの視点より位置付けを考えた。また八木奘三郎は, 貝塚出土土器と古墳出土土器との中間に入る性質を有す土器を「中間土器」と称したが, 一般に使用されるにいたらなかった。＊N. G. Munro “Prehistoric Japan” 1911；八木奘三郎「中間土器(弥生式土器)の貝塚調査報告」(『東京人類学会雑誌』248, 1906)　(松原典明)

中空土版(ちゅうくうどばん)　→　土版(どばん)

注口土器(ちゅうこうどき)　胴部に管状の注ぎ口を付けた土器で, 縄文時代後晩期に最盛期をむかえる。鉢に注口部の付いた新潟県室谷洞穴例によってすでに草創期から存在することが知られるが, 注口土器として定形化するのは壺に注口部の付く後期の土瓶形からである。晩期になると壺が偏平化し急須形とよばれる独自の形態をとるが, 特に東北地方では全土器の5～10%ほどを占め, 壺とともに編年研究の資料として用いられている。また前期の福井県鳥浜貝塚からは注口部付きの木製鉢が出土し, 木製品の普及が予想される。なお, 注口土器は注口部からみて液体を注ぐ器であることは確かであるが, その液体については明らかではない。弥生土器・土師器にも注口部の付いたものがあるが一般的なものではなく, 福島県天王山遺跡出土例などが知られているにすぎない。＊藤村東男「東北地方における晩期縄文時代の注口土器について」(『史学』44–2, 1972)　(藤村東男)

柱状片刃石斧(ちゅうじょうかたばせきふ)　弥生時代に木の加工に使われた磨製石器の一つで, 手斧の役目をした。石斧の基部断面が長方形ないし方形をしているので, このよびかたをしている。この種のものは中国から朝鮮半島にかけて分布し, 日本には縄文時代の晩期に太型蛤刃石斧とともに入ってきた。これに類するタイプには抉入石斧や有段石斧がある。＊松原正毅「弥生文化の系譜についての実験考古学的試論—抉入片刃石斧をめぐって—」(『季刊人類学』2–2, 1971)　(関　俊彦)

中世考古学(ちゅうせいこうこがく) 中世の考古学的資料(遺跡・遺構・遺物)を調査し，研究することによって中世史の実態をモノを通して明らかにしようとする考古学の一分野。日本においては，1960年代に入って意識的に中世の遺跡を発掘調査する傾向があらわれ，草戸千軒遺跡(広島)，一乗谷朝倉氏遺跡(福井)，富田川河床遺跡(島根)，根来寺遺跡(和歌山)，十三湊遺跡(青森)や博多(福岡)，鎌倉(神奈川)などの都市遺跡の調査が進展してきた。近年はとくに中世都市の研究を考古学的資料によって研究を進める方向が目立っている。中世史を考古学の立場から文献史学・民俗学・歴史地理学など関連分野と共に総合的に研究することを主眼とし，都市・集落・生産・信仰・経済などの諸相を明らかにすることを目的としている。この分野の研究は西欧諸国においても独立した考古学の一分野として機能している。日本においても，東北中世史研究会など地域に根ざした研究活動が盛んになりつつあり，中世史の解明に大きな役割を果たしている。* 小野正敏など編『図解・日本の中世遺跡』2001 (坂詰秀一)

中石器時代(ちゅうせっきじだい) 19世紀の後半までに，絶滅動物と人類が共存した旧石器時代の存在が認められるに至ったが，新石器時代との連続性は不明のままで，両者間には断絶があったとするヒアタス(溝渠)説が行われていた。1887年，E. Piette は南仏アリエージュ県マスダジル(Mas d'Azil)洞穴を発掘し，マドレーヌ文化層と新石器時代の層との間に，中間的な文化層を認めた。アジル文化はマドレーヌ期からの系統をひく小石刃，背付き小石刃(lamelle à dos)や骨角銛を有し，細石器，小形のアジル型ポイント，小円礫に抽象的なモチーフを描いた彩礫などの特徴をもつ。アジル文化にはソーヴェテール文化，東欧まで拡がり特徴的な細形彫刻刀(microburin)の盛行するタルドノア文化が後続する。1909年，J. de Morgan は，新旧石器時代の間に存在する一連の文化に，「中石器時代」の語を提唱した。この語は，細石器をもち，後氷期の新しい環境に適応した諸文化に対して広く用いられるが，フランスでは後期旧石器からの文化的連続性を重視して「続旧石器時代」(Epipalèolithique)の概念も用いられる。氷床の後退と気候変化に伴って，後期旧石器人の基盤であった特殊な植生(ツンドラ＝ステップ的寒帯草原)は激変し，森林化が進んだ。北西ヨーロッパでは，先ボレアル期(^{14}C 年代で 8300～7600B. C.)にまずカンバやマツの森林が広がり，ボレアル期(7600～5500B. C.)になるとハシバミが増加し，さらに温暖なアトランティック期(5500～3000B. C.)にかけてニレ，ナラ属，ハンノキ属などの落葉樹林となった。トナカイやウマ・野牛はアカシカ・オオシカ・ノロジカ・イノシシなどにとってかわった。先ボレアル期からボレアル期に，イングランドからユトランド半島を中心に，現在より広かった北ヨーロッパ平原に展開したマグレモーゼ(Maglemose)文化は，このような環境へ積極的に対応した代表的な中石器文化である。横方向打撃で刃部形成する打製石斧(tranchet)，骨角製銛，弓矢と多量の細石器，丸木舟と櫂，骨製釣針，網錘と浮き，家犬を有し，森林と水辺の資源を利用した。J. G. D. Clark により調査されたヨークシャーのスターカー(Star Carr)は同文化初期の遺跡であり，多くの自然遺物や木製品を出土した。中石器時代後半には，デンマークを中心にコングモーゼ文化，エルテベレ文化が，北仏を中心にカンピニー文化が知られている。ヨーロッパ以外の地域でも，細石器を用い，野生植物の収穫と狩猟・漁労を基盤とし，墓地を伴う定住集落を形成していたレバント地方のナトゥーフ文化のように，特色ある諸文化が存在したが，各地域における後氷期適応の多様性は中石器時代の一義的定義を困難にするのであり，日本列島も(中石

器時代は約1万2000～9500B. P.)例外ではない。（阿子島香）

鋳銭司(ちゅうせんし) 貨幣鋳造の役所である鋳銭司が文献にみえる初現は，『日本書紀』にみえる694(持統天皇8)年で，大宅朝臣麻呂・台忌寸八嶋・黄書連本実の33名が鋳銭司を拝したとある。699(文武天皇3)年には中臣朝臣意美麻呂が鋳銭司長官に任じられ，708(和銅元)年の和銅開珎鋳造に伴っては，多治比真人三宅麻呂が催鋳銭司に任命された。河内・長門・大和登美・山城田原・周防・山城岡田・山城葛野・近江などに鋳銭司が設置されたことが『続日本紀』などにみえるが，ほかに大宰府や播磨からも銅銭が献上され，鋳銭司の設置が推定されている。鋳銭司は818(弘仁9)年に長門国司が鋳銭使を兼務するまでは廃・置を繰り返す非常設的役所であったが，825(天長2)年以降周防鋳銭司が11世紀初頭まで存続した。職制は四等官以下鋳銭師・造銭形師・史生などで，任期は長官4年(一時6年)，二等官以下は4年で835(承和2)年以降6年，鋳銭師・造銭形師は頭初終身であったが，855(斉衡2)年以降は6年で，いずれも中央から派遣されていた。これら各地に設置された鋳銭司の所在が確認されているのは，岡田鋳銭司が京都府相楽郡加茂町，長門鋳銭司が山口県下関市長府町覚苑寺境内，周防鋳銭司が山口市鋳銭司で，各々発掘調査によりその一部が明らかにされている。＊山口市教育委員会『周防鋳銭司跡』1978（池田善文）

仲仙寺古墳群(ちゅうせんじこふんぐん) 島根県安来市西赤江町深廻・宮山に所在する24基の古墳群で，仲仙寺支群・宮山支群から構成される。本古墳群を特徴付けるのは仲仙寺支群9・10号墳，宮山支群4号墳の四隅突出型方形墳で，地山を加工した墳丘をもち，下段に割石を貼り，裾部には溝状の列石構造が認められる。時期は出土土器より古墳時代初頭に位置付けられ，高塚古墳出現を考えるうえで重視される。＊安来市教育委員会『史跡仲仙寺古墳群』1977（是光吉基）

中尊寺(ちゅうそんじ) 岩手県西磐井郡平泉町に存在する天台宗寺院。標高136mの丘陵に位置する。奥州藤原氏初代の清衡が善勝業として，1105(長治2)年に造営着手，1125(天治2)年に完成した。1337年に堂塔の大半が焼失し，現存するのは金色堂と経蔵にすぎない。金色堂は，1124年の建立で阿弥陀如来を本尊とする阿弥陀堂であるが，藤原三代の遺体を安置し，葬堂としての性格をもつ。伽藍は，山岳寺院的要素をもつが池・中島が存在しており，臨池伽藍への過渡的な伽藍とされている。＊朝日新聞社編『中尊寺と藤原四代―中尊寺学術調査報告』1950（岡本桂典）

『中部考古學會彙報』(ちゅうぶこうこがくかいいほう) 中部考古学会の菊判縦組みの機関誌。第1年第1報(1936〈昭和11〉年7月)～第4年第2号(1939〈昭和14〉年4月)，20冊刊行。八幡一郎「中部考古学序説」(連載)を掲載。（坂詰秀一）

朝光寺原遺跡(ちょうこうじばらいせき) 神奈川県横浜市青葉区市ケ尾町下市ケ尾の朝光寺裏一帯に広がる集落跡。縄文時代から古墳時代までの住居跡200余基，弥生時代中期のV字溝跡・方形周溝墓・高床建築跡・円墳と，その数と種類では関東地方でも屈指の大集落。ことに弥生時代後期中葉に大集落を形成し，この期の壺・甕形土器は櫛描波状文を特徴としている。岡本勇はこの土器に「朝光寺原式」という型式名を与えた。＊横浜市埋蔵文化財調査委員会『昭和42年度横浜市域北部埋蔵文化財調査報告書』1968／『昭和43年度横浜市埋蔵文化財調査報告書』1969（関 俊彦）

彫刻刀形石器(ちょうこくとうがたせっき) ビュアリン(burin)。剥片を素材として，細く長い樋状剥離を器面に形成した石器。まれには礫を素材とした場合もある。彫器・

刻器・グレイヴァー(graver)などともよばれる。彫刻刀形石器に残された樋状剥離痕を彫刻刀面(burin facet), 彫刻刀面を形成する加撃を彫刻刀面形成の加撃(burin blow), 彫刻刀面形成の加撃によって生じる小石片を削片(burin spall)とよぶ。

彫刻刀形成石器は日本の旧石器研究において, 初期から注目された石器の一つである。杉久保型ナイフに共伴する神山型彫刻刀(石刃を素材とし, 腹面側に打面を形成した後, 背面側に彫刻刀面を形成するもの), 細石刃石器群に共伴する荒屋型彫刻刀(腹面→背面の方向で周辺部に調整を加えてその後彫刻刀面を形成するもの。基部は背面側から調整されるのが通例で, まれに基部に舌部を形成するものがある)などが特殊なものとして知られている。なお, 中国の周口店では原人の作った彫刻刀が発見されているので, その始源はきわめて古いものである。日本でも早水台遺跡や星野遺跡から立派な彫刻刀が出土している。また, 九州や北海道では, 縄文時代に入ってからも彫刻刀が作られていた。 (藤原妃敏・芹沢長介)

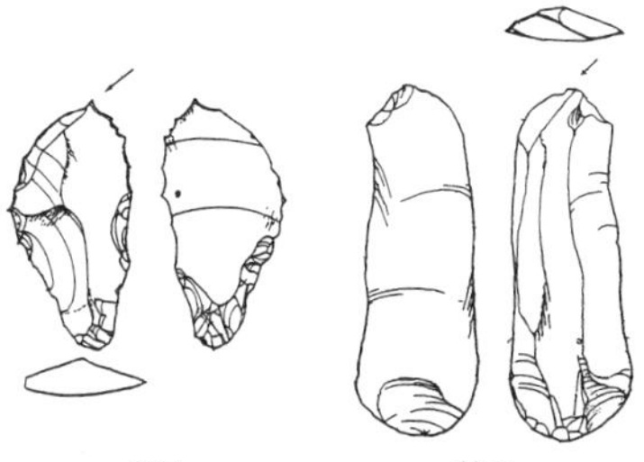

荒屋 神山
彫刻刀形石器 (新潟県)

長七谷地貝塚(ちょうしちやちかいづか) 青森県八戸市に所在する縄文時代早期後葉から前期前葉の遺跡。1957(昭和32)年に慶応義塾大学の江坂輝彌などにより最初に発掘が行われ, 1977(昭和52)〜1981(昭和56)年までに行われた青森県教育委員会・八戸市教育委員会の発掘では縄文早期後葉から前期初葉の竪穴住居跡や土坑などが多数発掘されている。貝塚は, 縄文海進期の早期後葉に形成されたもので, ハマグリ・オオノガイなどの内湾砂泥性の貝類が主体を占めており, 小規模な貝ブロック主体の部分の他に, 厚さが1mを超えるところもみられる。貝層中からは大量の土器・石器のほかに組合式釣針や離頭銛のような漁労に係わるもののほかヘアピンなどの装身具も出土している。魚骨はスズキ・クロダイを中心に多量に出土しているが, 陸獣骨は極めて少なく, 漁労に比べ狩猟はあまり盛んでなかったことが知られている。また,「長七谷地Ⅲ群土器」は北海道の綱文土器や関東地方の花積下層式と併行する東北地方北部の縄文前期初頭の標式資料となっている。1981(昭和56)年に約3万㎡が国史跡に指定された。* 青森県教育委員会『長七谷地貝塚』1980 (工藤竹久)

長七谷地貝塚

銚子塚古墳(ちょうしづかこふん) 山梨県甲府市下曽根町にある。丘陵端の傾斜変換線上の小丘を利用してつくられた前方後円墳で, 周溝をもつ。全長167m, 後円部径85m, 前方部幅63mを測る。初期円筒埴輪を伴う。後円部に竪穴式石室があり, 中から鏡5面や勾玉・管玉・車輪石・石釧・貝釧・石製模造品・剣・直刀・鉄鏃・鉄斧・鎌などが出土した。豊富な副葬品は, 畿内的色彩が強く, かつ鏡の中に同笵鏡の存在が知られ，東日本における中枢的な古式古墳と考えられている。*上田三平「銚子塚古墳，附丸山塚古墳」(『文部省史蹟調査報告』5，1930) (坂本美夫)

長者ケ原遺跡(ちょうじゃがはらいせき) 新潟県糸魚川市市街地の南方丘陵上に立地する縄文時代中期の遺跡。国指定史跡。1954・1956・1957年の3次にわたり，藤田亮策らによって発掘された。縄文時代中期前半の長者ケ原式の標式遺跡としてのみでなく，姫川産の硬玉(ひすい)を加工した硬玉大珠の製造跡として著名である。*藤田亮策・清水潤三ほか『長者ケ原』1964 (渡辺 誠)

長者久保遺跡(ちょうじゃくぼいせき) 青森県上北郡東北町に属し，標高約120mの小台地の先端部に位置する。層序は⑴黒土層，⑵軽石流堆積物，⑶褐色粘土質砂層，⑷灰色粘土質砂層，⑸紫黒色腐植層，⑹灰色粘土層，⑺円礫層となっており，とくに第4層の紫黒色腐植層中から多量のトウヒの根材と共に石器が包含されていた。この遺跡は1959年に発見され，発掘は1962，1963年に実施され，山内清男・佐藤達夫によって報告された。出土した石器は総計46点であり，円鑿形石斧・尖頭器・彫刻刀・スクレイパー(scraper)・錐・石刃・剥片・黒曜石の礫などであった。円鑿は長さ14.9cm，幅5cm，厚さ3.8cmの大形であり，断面も角形の形態である。刃部の一面が磨かれており，裏面は打ち欠かれている。この資料はシベリア新石器時代初頭のイサコヴォ(Isakovo)文化の北日本への波及を示す証拠とされ，長者久保遺跡の年代を4000年B. P.とする根拠となった。しかし，石器包含層をおおう第2層の軽石流堆積物は八戸軽石層であり，その ^{14}C 年代は1万2700年B. P.(Gak-205)と測定されていた。*山内清男・佐藤達夫『下北の無土器文化―青森県上北郡東北町長者久保遺跡発掘報告―下北―自然・文化・社会』1967 (芹沢長介)

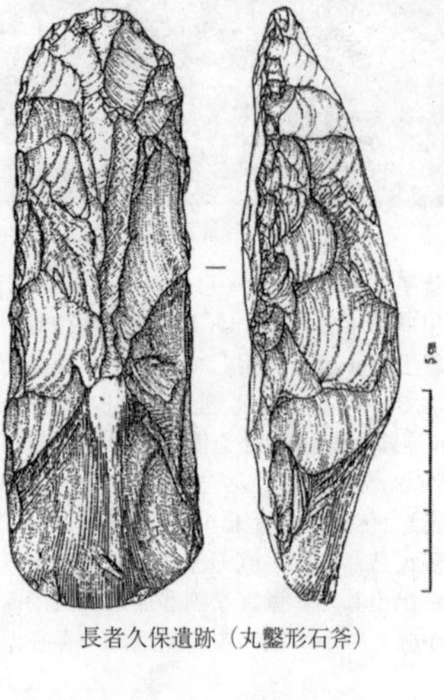

長者久保遺跡（丸鑿形石斧）

町石(ちょうせき) 石造物の1種。丁石ともいう。道標を兼ねた距離表示石造物の機能もあるが，単なる標式物ではない。塔形としては特に決まってはいない。笠塔婆・板碑・自然石などの形状的に簡略化されたものを用いる。石塔に塔の主尊の仏像や種子を配しているときは塔婆としてとらえられる。石塔面には何町であるかという表示，主願，造立した年月日を陰刻している。資料は鎌倉時代中期ごろより認められ，中世のものは関西地方にかたよる。*田岡香逸「石造美術学概論」4(『石造美術』4，1978) (斎木 勝)

長泉寺山墳墓群(ちょうせんじやまふんぼぐん) 福井県鯖江市長泉寺にある。南越盆地のほぼ中央に南北に連なる独立丘，長泉寺山の尾根上に占地する墳墓群で，総数90基ほどが確認されている。このうち西山支群・高山支群の9基が調査された。方形台状墓とよばれる形態のものである。内部主体は土壙がほとんどを占めるが，土器棺などもわずかに存在する。副葬品はやや貧弱であるが，管玉・勾玉・丸玉・櫛・鉄鏃・剣・刀子・鉄斧・土師器長頸壺・小形丸底坩などが知られる。*斎藤優・上野与一・椙山林

継「福井県鯖江市の王山・長泉寺山古墳群」(『日本考古学協会第32回総会研究発表要旨』1966) (坂本美夫)

朝堂院(ちょうどういん) 宮域にあり，天皇の即位，朝賀，授位，外国使節との謁見などの公式な儀式を行ったところ。正殿である大極殿を中心に，十二堂・朝集殿の3部分からなり，これらの殿堂は左右対称に整然と配置されている。考古学的調査によって存在が確かめられた最古の朝堂院は，前期難波宮(？～686年)のものである。前期難波宮の朝堂院は内裏と廊で連絡されているが，藤原宮以降のものは，おのおの独立して区画される。＊福山敏男編『太極殿の研究』1967 (西脇俊郎)

勅使塚古墳(ちょくしづかこふん) 茨城県行方市沖洲の霞ヶ浦に面した丘陵上に所在する全長64mの前方後方墳。後方部の主軸上に木棺直葬と推定される内部主体を検出した。副葬品は重圏文鏡・小玉・管玉が出土した。墳頂直下では土師器の坩・高坏・器台が故意に破砕された状態で出土していることから埋葬後の儀礼の存在が想定されよう。また墳裾に底部穿孔のある壺形土器が認められた。出土土器はいずれも五領期のもので，東日本の発生期の古墳の様相を示し，4世紀後半ごろの築造とされる。＊大塚初重ほか「茨城県勅使塚古墳の研究」(『考古学集刊』2–3，1964) (中山清隆)

直剪鏃(ちょくせんぞく) 三角形あるいは梯形などの形状を示す幾何学形細石器の一つトラピーズ(trapeze)で，石鏃として使われたものである。刃部を柄と直角につけ，先端が直刃をなすところからこの名がある。中石器時代から新石器時代初頭にかけて，ヨーロッパ・アフリカ・アジアにわたる一部地域に特徴的にあらわれ，特に北フランスのカンピニー文化，北欧のエルテベレ文化，北アフリカのカプサ文化などに典型例をみる。インドの細石器文化にもしばしばみられ，東南アジアの剥片・石刃石器文化であるトアラⅡ文化にも出現する。日本の西北九州地方や南関東地方の後期旧石器時代後半に出現する台形石器はこれに類似しているが，鏃として使用されたものかどうか，その機能については定説がない。＊大山柏「直剪鏃」(『史前学雑誌』8–2，1936) (中山清隆)

貯蔵穴(ちょぞうけつ) 食物などを貯蔵するための穴。新石器時代以降，世界各地で認められ，形状も多様である。

日本における貯蔵穴は，縄文時代以降に発見されている。屋内貯蔵穴と屋外貯蔵穴とに分類することができる。縄文時代の前期・中期などにしばしば屋内貯蔵穴がみられ，クルミやドングリの炭化したものなどが認められている。弥生時代や古墳時代には，竪穴住居内の炉やカマドの近辺に貯蔵穴が設置されている。縄文時代の屋外貯蔵穴は，フラスコ状・袋状・円筒状などの小竪穴の形態を有している。

東日本においては，早期から後期の時期にわたって発見されており，秋田県梨ノ木塚遺跡では袋状小竪穴中からクリが，千葉県加曽利北貝塚の小竪穴からは魚骨が出土している。西日本においては，中期から晩期の時期にわたって発見されており，岡山県南方前池遺跡でドングリ・クリ・トチが，山口県岩田遺跡でドングリが，佐賀県坂の下遺跡でアラカシなどが出土している。東日本の植物性食物の貯蔵は，冬期における凍結を防ぐ目的の貯蔵穴であったのであろう。西日本の後・晩期の堅果類の貯蔵穴は，湧水線のそばにつくられており，貯蔵と同時にしぶ抜きをも考慮していたとされている。＊佐賀県立博物館編「坂の下遺跡の研究」(『佐賀県立博物館調査研究書』2，1975) (佐藤　攻)

直弧文(ちょっこもん) 古墳時代に盛行した文様であり，直線と弧線の結合よりなる一種の幾何学的文様として，1917(大正6)年に浜田耕作により命名された。文様構成は，斜めに交わる2本の帯を基準として，それぞれの帯の1側線における交点を中心として渦巻形に巻き付けられたものであり，斜交帯の存在を強調したものと，渦巻帯の背後におおわれ対角線状をなすものがある。一種の呪力を持つ文様として鹿角製刀装具，形象埴輪，石棺，装飾古墳の文様などに多用された。特異な例としては奈良県・新山古墳から出土した3面の仿製鏡に代表される一群の仿製鏡が知られる。＊小林行雄「直弧文」(『古墳文化論考』1976)；伊藤玄三「直弧文」(『考古学ライブラリー』28，1984)
(池上　悟)

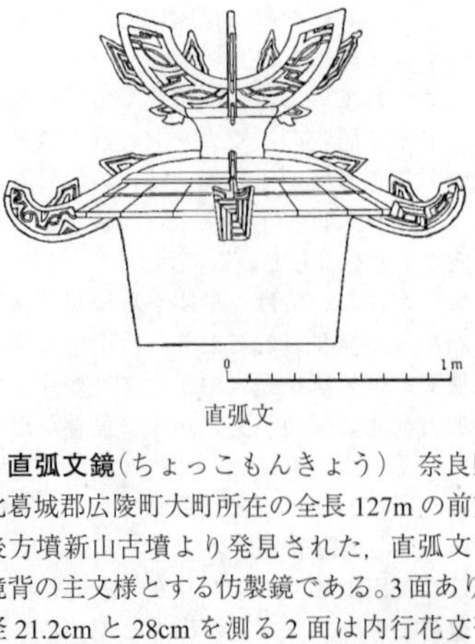

直弧文

直弧文鏡(ちょっこもんきょう)　奈良県北葛城郡広陵町大町所在の全長127mの前方後方墳新山古墳より発見された，直弧文を鏡背の主文様とする仿製鏡である。3面あり，径21.2cmと28cmを測る2面は内行花文帯と四葉鈕座をなし，この間に4個と縁部に8個の直弧文を配する。他の径26cmの一面は，内外2区に4個と8個の直弧文を配し，素文の平縁を有している。舶載鏡と仿製鏡34面と共伴しており，4世紀代の製作と想定されている。＊梅原末治『佐味田及新山古墳研究』1921
(池上　悟)

地割(ぢわり)　土地をある一定の法則に従って大規模に区画することをいう。人と土地との係わりは，定住生活とともに顕著となり，農耕の定着とともに決定的となった。耕地の占有は収穫を確保する前提であり，弥生時代以来その保全が問題となった。奈良時代には大規模な水田区画法としての条里制が施行された。方形の地割を基本として6町四方を里とし，36等分して1町(109m)四方の坪に分かつものである。古代の都城では，方格状の都市区画である条坊制が実施された。京は朱雀大路によって左右に分けられ，内部は大路・小路によって分割された。大路に囲われた区画を坊，東西に連なる坊の列を条と称した。平城・平安京では南北9条，東西4坊を基本形とする京域が形成され，これらに先行した藤原京では南北12条，東西4坊として施行された。
(池上　悟)

鎮壇具(ちんだんぐ)　寺院の堂塔を建立する際に，地天を本尊とする地鎮の修法が行われるが，その時に堂塔の地下に埋納される品々を鎮壇具とよんでいる。鎮壇具には，金，銀，水晶，真珠，琥珀，瑪瑙，ガラスなどの七宝類，呪術的な性格の刀剣・鏡，あるいは甲冑などの武具，金・銀の延板，金塊，銭貨，壺，盤，埦，合子などがある。わが国では奈良時代に盛んに行われており，東大寺大仏殿須弥壇の正面および西南隅，興福寺では中金堂下，塔跡の中心礎石周囲，また，法隆寺旧金堂，薬師寺西塔，陸奥国分尼寺推定金堂跡などから出土している。平安時代では密教の隆盛に伴って，それによる鎮壇が行われ，仁和寺金堂跡からは銅板経・金銅輪宝・銅筥など，円堂跡では金・銀合子，白銀合子，青磁合子が出土している。なお，『覚禅抄』の「鎮壇仕度事」によると金銅賢瓶に五香・五菜を入れて五色糸で結び，輪宝・橛などを納めることがみえている。＊森郁夫「密教による地鎮，鎮壇具の埋納について」(『仏教芸術』84，1972)(是光吉基)

つ

ツアガーン・アグイ洞穴(Tsagaan Agui cave site)　モンゴル南部のバヤン・ホンゴ

ル(Byan Hongor)県近くに位置し，ゴビアルタイ(Gobi Altai)の南麓にあたる。洞穴は1987年にソ連・モンゴル共同調査で発見された。1995年からはロシア・アメリカ・モンゴルの共同調査が行われている。洞穴はほぼ南北に長く，南西に開口し，下洞穴，前庭部，入口部，大洞穴，小洞穴に分かれている。洞穴の地層は第4，第3，第2，第1(最下部)堆積層に分けられ，第1堆積層の年代は，マツヤマ(Matuyama)逆磁帯期上部(約78万年前，前庭部11層)，52万年前(大洞穴12層)，47万年前(前庭部10層)，第2堆積層は45万年前(大洞穴11層)，さらに第3堆積層は22万年前(大洞穴5層)，4.4万年前(大洞穴4層上部)である。最下部堆積層の遺物には粗雑な両面加工石器の存在からアシューリアン(Acheulian)的な様相が見られ，第2堆積層の前期では，ルヴァロワ(Levallois)石核，両設打面の粗いプリズム(prism)型石核，さらにプロト(proto)楔形石核も見られる。同じく後期には発達したルヴァロワ技法による剥片素材のスクレイパー(scrapers)，鋸歯縁石器(denticulates)などの剥片石器が多く見られる。第3堆積層からは，2次加工されたルヴァロワ尖頭器や石刃，彫刻刀など後期旧石器に連なる石器も多く出土している。*Derevyanko, A. P., Olsen, D., Tsebeendorjh, D., Krivoshapkin, A. I., Petrin, V. T., and Brantinghem, P. D. "Multistratified Cave Site, Tsagaan Agui at Gobi-Altai (Mongoliya)" Archaeology, Ethnology, and Anthropology of Eurasia 1, 2000　（梶原　洋）

ツィンケン(Zinken)　ドイツ語の石器用語。一般にはベックに含まれる。一端部がかなり尖らせてある石器で，錐よりもその尖端が頑丈な様相を呈する。ツィンケンと一般によばれる場合は，その尖った刃部が器軸に対して斜めにつくり出されるものが多い(斜形ベック)。北ヨーロッパの後期旧石器時代最末期に特徴的に認められる(ハンブルグ(Hamburg)文化)。角材加工に用いられたとする説があり，わが国では北海道で出土例が報告されている。*Michel N. Brezillon "La dénomination des objets de pierre taillée. Matériaux pour un vocabulaire des préhistoriens de langue française" (Ⅳe supplément à Gallia Prehistoire, 1968)　（山中一郎）

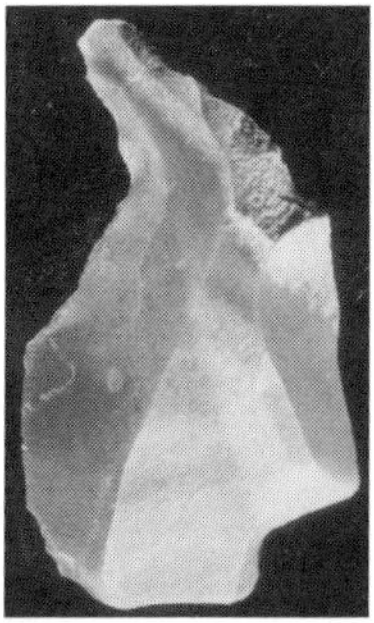

F. ボルド製作のツィンケン

塚崎古墳群(つかさきこふんぐん)　鹿児島県肝属郡肝付町にあり，肝属川右岸の火山灰台地に位置する。前方後円墳4基，円墳40基からなり，県内では唐仁古墳群につぐ古墳群を形成している。また周辺にはこれまで地下式横穴9基も確認されている。古墳群中最大の前方後円墳である40号墳は，全長52m，高さ7.9mを測り葺石が認められる。円墳で最大の43号墳は，径40m，高さ6.5mを測る。未調査のため，主体部や副葬品については不明な点が多い。＊木村幹夫「大隅に於ける前方後円墳に就て」(『考古学雑誌』25–5，1935)　（渋谷忠章）

塚原古墳群(つかはらこふんぐん)　熊本県中部の宇土半島の基部を占める熊本市南区城南町塚原に所在する古墳群。緑川の支流の浜戸川により開析された洪積台地上に展開した遺跡であり，1972～1974年の発掘調査により方形周溝墓39基，前方後円墳1基，円墳40基のほか，多数の石棺墓，土壙墓などが発見された。方形周溝墓は遺跡の全体に展開しており，主体部は箱式石棺・

木棺直葬などである。古墳の主体部は竪穴式石室・箱式石棺・横穴式石室などであり，ともに出土遺物は少なく，武器・装身具などが検出されたのみである。古墳時代の前半期を中心に形成された墳墓群である。＊熊本県教育委員会『塚原古墳群』1975

（池上　悟）

塚山遺跡（つかやまいせき）　東京都杉並区下高井戸4丁目にある縄文時代中期の直径約120mにわたる大環状集落がほぼ完全な形態で地下に残存することが判明。杉並区の史跡に指定，竪穴住居跡など残存する地域を公園として保存している。本遺跡は1930年代に京王井ノ頭線の浜田山駅から京王線上北沢に至る都道拡張工事に際し，神田上水をまたぐ，鎌倉橋際の台上に登る地区を振幅工事中に，道路崖面の断面に竪穴住居跡の炉跡を伴う竪穴住居跡中央部が露出し，炉ぶちに使われている勝坂式深鉢土器が発掘されたのが発見の端緒である。神田上水右岸，現在，史跡公園となっている台上に100戸以上の環状集落跡があり，公園内に一部の出土遺物が陳列されている。竪穴住居跡は外周縁に勝坂式・阿玉台式など中期前半のものが多く，内縁部に中期後半の加曽利E式の住居跡が多い。東京都区内で縄文時代中期の環状集落跡がほぼ完全の形態で残された例は極めて少ない。出土遺物は杉並区立郷土博物館・明治大学考古博物館・慶應義塾大学考古学研究室などに保存されている。

（江坂輝彌）

月ノ岡古墳（つきのおかこふん）　福岡県うきは市吉井町若宮八幡社境内にあり，沖積平野に造営された前方後円墳。全長95mを測り，家・人物・水鳥など各種の形象埴輪をめぐらしている。主体部は，竪穴式石室に長持形石棺が納められ，鏡・玉類・帯金具・刀剣・鏃・馬具（金銅鞍金具・轡・馬鐸）などとともに眉庇付冑と短甲を一具とする甲冑8領が発掘されている。5世紀中葉におけるきわめて畿内的色彩のつよい古墳として著名。＊島田寅次郎「日ノ岡・月ノ岡古墳」（『福岡県史蹟名勝天然紀念物調査報告』1，1924）

（渋谷忠章）

月の輪古墳（つきのわこふん）　岡山県久米郡美咲町飯岡の比高270mの地に構築された径60m，高さ9mの中期古墳で，裾部に長さ4m，幅4.5mの方形の造出がつく。墳丘には葺石が敷かれ，円筒埴輪が3段に囲繞し，墳頂には家・盾などの形象埴輪を交えた方形区画がある。主体部は粘土槨で，中央槨は長さ6.4m，幅1.55mを測り，副葬品は鏡・玉・短甲・剣などが，また南槨からは鏡・玉・櫛・石釧・針などが出土した。＊近藤義郎編『月の輪古墳』1960

（是光吉基）

月見野遺跡群（つきみのいせきぐん）　神奈川県大和市目黒川流域に所在する。1968年に調査された。本遺跡で石器群が層位的に確認されている。調査の規模が大きく，遺物群のまとまり，礫群が面的にとらえられている。研究史の中で，たびたび武蔵野台地の野川遺跡とともに，「野川・月見野以前」「以後」と言及されるように，旧石器時代の遺跡の理解，調査法に多大な影響を与えた。＊月見野遺跡調査団『概報月見野遺跡群』1969

（藤原妃敏）

築山古墳（つきやまこふん）　奈良県大和高田市築山字城山に所在する前方後円墳。全長約210m，後円部径約120m，前方部幅約105mを測り，前方部を東に向けている。くびれ部の南側に造り出しを設ける。墳丘は多段築成であるが，その段数を巡っては，前方部で2段もしくは3段，後円部で3段もしくは4段とする見解があり，結論をみない。墳丘は，中世に城郭として再利用されたこともあり，随所に改変がみられる。墳丘から埴輪片が採集されており，埴輪列を巡らしていると推測されるが，実態は不明である。埴輪から本墳が4世紀後半に築造されたことが推測できる。周囲には，水を湛えた盾形周濠や外堤が観察できるが，後世の改変が大きいため，当初の姿を復原することが困難な部分もある。本墳が所在する一帯は，多くの小規模古墳などが点在し，馬見古墳群を形成している。なお，本墳は，陵墓参考地に治定され，宮内庁が管理している。（時枝　務）

津雲貝塚(つくもかいづか)　岡山県笠岡市西大島所在の，縄文時代後・晩期の純鹹貝塚。清野謙次らによって多数の人骨が発掘され有名になった。これによって日本人種論の発展に大きく寄与したばかりでなく，抜歯風習や鹿角製耳飾・腰飾や貝輪などを伴った人骨，幼児甕棺，埋葬後のたき火の跡などがみられ，縄文時代の習俗の研究にも重要な資料を提供した。土器は後期中葉の津雲A式と晩期前半の一群が多い。*島田貞彦・清野謙次・梅原末治「備中国浅口郡大島村津雲貝塚発掘報告」(『京都帝国大学文学部考古学研究報告』5，1920)（渡辺　誠）

造出(つくりだし)　5世紀代の古墳のうち，特に前方後円墳のくびれ部の左右または片側に付け加えられた状態の方形の墳丘をいうのがふつう。その位置は，後円部と前方部の接点でなく，後円部の円周上あるいは前方部の直線上のどちらかに偏するのが一般的である。造出付設の意味については，多数の須恵器や土師器が出土した事実をもって祭壇とする考え方がある。あるいは，その時期が水を有する周濠の掘削される時期でもあり，内部施設に大形の石材を使用する時期でもあることを考え合わせると，古墳築造に際しての技術的理由による付設も考え得る。造出を祭壇とする考えは，この時期で墳丘頂での祭式が必要とされなくなったとする考えと符合する。2重の周濠を有する古墳では，中堤の一部に方形の張り出し部があって，人物埴輪や土器が発見されるのも造出と同じ意味がある。帆立貝式古墳の円丘に付設された方形の壇状部を造出といえる場合もある。*大場磐雄「断夫山古墳の造出に就いて」(『考古学雑誌』20–1，1930)；上田宏範「前方後円墳の造出の推移」(『考古学論攷』1, 1951)（杉山晋作）

作山古墳(つくりやまこふん)　岡山県総社市三須に所在する前方後円墳で，作山(さくざん)ともよばれる。全長270m，前方部幅160m，後円部径170m，高さ前方部10m，後円部16mを測り，全国13位の大きさをもっている。3段築成の墳丘で，周囲には円筒埴輪列が認められ，構築時期は5世紀中葉ごろと考えられている。本古墳は約3km東の造山古墳とともに畿内の同時期の王者と対等の力を有していた吉備首長の存在を物語っている。（是光吉基）

津島遺跡(つしまいせき)　岡山県岡山市北区いずみ野・学南町・絵図町に分布する集落・水田跡。1961年，和島誠一・近藤義郎らの調査により，縄文時代晩期から古墳時代まで沖積平地を後背地に人々が生活していたことがわかり，保存運動の結果遺跡は残された。笠原安夫により，水田跡から稲や水田雑草種が多く検出され，当時の植生や水田の営まれ方など新事実が見つかった。調査に生態学の成果をとりいれたさきがけである。*和島誠一ほか「津島遺跡の考古学的評価」(『考古学研究』15–4，1969)（関　俊彦）

土矢倉古墳群(つちやぐらこふんぐん)　山形県上山市大字金谷字上矢倉にあった3基の古墳で1967年に調査。1号墳は周湟と葺石のある円墳，2号墳は周湟・葺石・埴輪円筒のある前方後円墳(?)，3号墳は葺石・埴輪をもつ円墳。主体部はいずれも箱式石棺で2号墳から鉄鏃片・漆塗織物片出土。6世紀の築造か。*柏倉亮吉『山形県の古墳』1953（穴沢咊光）

筒形銅器(つつがたどうき)　古墳時代前期に用いられた青銅製品。直径2〜3cm，長さ15cmほどの筒形を呈する鋳造品であり，中空で裾広がりとなり下端が塞がる。2段4窓を通有とする長方形の透孔を有し，この間に突帯をめぐらすものもある。上端近く

筒形銅器（香川県石清尾山古墳）

に目釘穴と思われる円孔を有し，内部に木質の遺存する例もある。杖頭・剣把あるいは石突と考える説もあり，中に青銅棒の遺存した例から鈴に類する機能も想定されている。西日本を中心に約50例が確認されている。＊山田良三「筒形銅器考」（『古代学研究』55，1969）　（池上　悟）

津堂城山古墳（つどうしろやまこふん）　大阪府藤井寺市津堂にある前方後円墳。全長208mで，2重周濠をもつ。後円部に長持形石棺をおさめた竪穴式石室があり，多量の朱がはいった石棺内から鏡・勾玉・棗玉・管玉・素環頭鉄剣・短甲など，石室内から鏡・鍬形石・車輪石・三葉環頭鉄刀・銅製弭・銅製矢筈・巴形銅器・滑石製品などが出土。4世紀後葉の造営。＊藤井利章「津堂城山古墳の研究」（『藤井寺市史紀要』3，1982）　（車崎正彦）

角田文衛（つのだぶんえい）　1913〜2008。福島県生まれ。京都帝國大学文学部史学科考古学専攻卒。（旧制）大学院修了。文部省日伊交換学生としてイタリアを中心にヨーロッパ諸国の史跡踏査。京都帝國大学文学部副手，大阪市立大学助教授・教授を経て古代学協会を創設（理事長，平安博物館館長，古代学研究所所長），文学博士。文献学と遺物学を史料とする古代学を提唱する。平安時代の考古学的調査研究を財団法人古代学協会の事業として平安京跡の発掘を実施すると共にエジプト（アコリス遺跡）・イタリア（ポンペイ遺跡）の発掘を遂行。『古代学序説』1954・91，『古代学の展開』2005，『古代北方文化の研究』1954・71，『ヨーロッパ古代史論考』1980，『欧州の四季』1950，『死都ポンペイ』（監修）1955，『国分寺の研究』（上・下，編）1938，『角田文衞博士の学風と軌跡』2001，『角田文衞著作集』（7巻），『角田文衞の古代学』（4巻）など。　（坂詰秀一）

椿井大塚山古墳（つばいおおつかやまこふん）　京都府木津川市山城町椿井にある。前期古墳の代表例。全長約200mの前方後円墳で，前方部が撥形に開くという指摘もある。竪穴式石室の底部に粘土床を設けている。鏡・短甲・刀剣・槍・鉄鏃・銅鏃・刀子・斧・鎌・鉇・銛などが出土した。特に36面の中国鏡のうち32面が三角縁神獣鏡で，その同笵鏡が全国各地の古墳にみられる。＊梅原末治『椿井大塚山古墳』1964　（杉山晋作）

壺鐙（つぼあぶみ）　鐙の一種で，沓先のような形をして足の前半部をおおう形態のもの。わが国独自に発達したものとされるが，否定的な見解もまた存在する。5世紀末ころからあらわれ，最初のものは輪鐙同様に木製でその縁と稜に鉄・金銅の帯状の金属を鋲で打ちつけ補強する。7世紀ころから金銅・銅・鉄などの金属製壺鐙へと交替する。古いものは底面が平らで，後方に突出する踏込（舌）はないが，時代の下るにつれ踏込みが延び，後の舌長鐙につづく形態となる。＊小野山節「馬具と乗馬の風習」（『世界考古学大系』3　日本Ⅲ，1959）　（坂本美夫）

坪井清足（つぼいきよたり）　1921〜2016。大阪府生まれ。父は梵鐘研究者の坪井良平。京都大学大学院修了。平安中学・高等学校教諭を経て，1955年奈良国立文化財研究所に入所し，1977年に同所長。後，大阪文化財センター理事長，元興寺文化財研究所理事長を歴任。1999年文化功労者。縄文文化が専門だが，文化財行政に大きな足跡を残した。

著書に『埋蔵文化財と考古学』1986,『古代遺跡』1986,『東と西の考古学』2000などがある。 (時枝 務)

坪井正五郎(つぼいしょうごろう) 1863～1913。1863(文久3)年1月5日,江戸(東京)両国の矢の倉で,徳川幕府の奥医,坪井信良の子として生まれ,正月5日生まれなので正五郎と命名された。祖父の信道は福井藩主松平春嶽の侍医で,蘭学の権威として知られた人であった。1867(明治元)年維新に際して,徳川家とともに一時静岡に移り,1875(明治6)年両親とともに東京にもどり,翌1876年13歳で湯島小学校に入学,1880年に大学予備門に入学,1884年9月に東京帝国大学,理科大学動物学科に進み,1889年7月卒業,9月に大学院に入学,人類学を専攻することになった。この年2月に日本人類学会の前身である人類学会が創立され,『人類学会報告』の創刊号が刊行された。1891年9月理科大学助手に就任,翌1892年5月から3ヵ年英国に留学,1895年10月帰朝,理科大学教授に任命され,人類学の講座を担当することになった。1889年2月には理学博士の学位をとった。博士は教室で学生に講義するばかりでなく,広義の人類学の普及に努力し,当時の人々を啓蒙する人類学の入門書を数多く刊行し,縄文文化を遺した人々はアイヌより古く,この日本列島に居住した,アイヌの逸話に出てくるコロポックルという小人であるとの説をとなえた。1913(大正2)年,帝政ロシアの旧町ペトログラードで開催の第5回世界学士院連合大会に出席中5月26日,病を得て彼の地で急逝した。博士の逝去後,コロポックル説は衰微し,小金井良精と博士の愛弟子の鳥居龍蔵によって,大正時代前半は縄文文化人＝アイヌ説が風靡した。 (江坂輝彌)

壺棺(つぼかん) 壺形土器を埋葬用棺に転用したものをいう。遺骸・遺骨・遺灰を土器棺に用いた例は縄文時代以降,弥生・古墳時代にもみられる。特に東北地方北部では縄文時代後期から成人骨の再葬が行われ,晩期以降弥生時代になるとおもに東北地方南部から北関東地方において,これらをまとめて円形土壙内に埋納する再葬墓が盛行したが,これに用いられた土器棺の多くは壺形土器であった。また,縄文後期以後になると,壺棺は小児骨の埋葬に供せられた例も少なくない。壺形土器を棺に用いる例は特別な意味を有するものではなく,甕形土器を棺に転用した小形甕棺の場合と同様に便宜的なものではないかともいわれている。 → 甕棺(かめかん) (池田栄史)

積石塚(つみいしづか) 古墳の封土の代わりに,河原石や山石などを積み上げてつくった古墳。墳丘の形態は円墳がほとんどであるが,前方後円墳・方墳・双方中円墳・上円下方墳なども認められる。分布は世界各地におよんでいるが,日本では長崎・佐賀・宮崎・山口・香川・徳島・静岡・長野・山梨・神奈川・群馬などの各県に分布する。

長崎県対馬の雞知ネソ積石塚群中にある前方後円墳の存在,山口県の見島にあるジーコンボ古墳群,香川県石清尾山古墳群の前方後円墳・双方中円墳・方墳の存在,長野県善光寺平付近の大室古墳群・長原古墳群の密度の濃い分布などが知られている。

積石塚の埋葬施設としては,香川県内において割竹形や舟形の刳抜式石棺や竪穴式石室が発見され,長野県では石室の天井を屋根形につくった合掌式石室とよばれる特殊な構造の石室がある。副葬品については,積石塚が盗掘を受けているものが多く,内容の明らかなものはきわめて少ない。

積石塚の出現については,積石塚という特殊な墓制が朝鮮半島などに認められることから,渡来人の墳墓と考える大陸起源説と,古墳をつくる所に石があり,その石を用いて構築したとする環境自生説とがあるが解明されていない。初現的な積石塚は,4世紀後半～5世紀初頭のものと考えられ,8～10世紀にまで築造が及ぶ。朝鮮半島では,高句麗と百済に認められる特殊な墓制であるが，特に高句麗に多い。

墓の内部主体は，基本的には土壙・箱式石棺・石室（塼槨も含む）などである。

高句麗の積石塚は，シベリア系の簡単な積石塚（クルガン）に系譜をたどりうる北方系の墓制で，中国遼東半島の老鉄山・営城子などでは石器時代末のものが知られている。

高句麗では，自然の河原石・山砂利などを積み上げて墳丘をなしたものが多く，鴨緑江支流の禿魯江流域や，集安の通溝平野に石室封土墳と混在して濃密に分布する。高句麗の積石塚は方形台状につくりあげたものが多く無墓壙石塚，墓壙積石塚，羨道の付いた竪穴状の石槨をもつ積石塚，横穴式石室を主体とする積石塚などに分類される。集安の将軍塚のごとく，丁寧に整えた切石を組んで築造したものは石塚として区別されるべきであろうが，積石塚を土塚（石室封土墳）に対して，石塚という場合もある。韓国の大邱には，積石塚とドルメン（支石墓）の混合した墳墓があり，古新羅にも積石木槨墳なる墓制が発達するが，積石塚との関係については究明されていない。＊永島暉臣慎・西谷正訳（鄭燦永著）『高句麗初期墓制の起源』（『古代学研究』56，1969）（佐藤　攻）

爪形文（つめがたもん）　→　縄文の文様（巻末参照）

釣手土器（つりてどき）　一般的には，無文様の浅鉢の上に，窓の開いた釣手をつけたような形が基本である。釣手は，次第に独立した把手に変化していく。縄文時代中期，勝坂式期に中部地方を中心に分布する特殊な土器であり，鳥居龍蔵が諏訪地方の調査をした際に発見し，この名称をつけた。別名「香炉形土器」・「吊手土器」などとも呼ばれる。古いものは，釣手２本の三窓であり，新しくなると釣手２本の二窓式が多くなる。釣手土器には，顔面や蛇の飾りの付くものなど，多種認められる。その性格は不明であるが，諏訪の考古学者・藤森栄一は，出土状況の分析から，祭祀用の灯火具と想定している。＊藤森栄一「釣手土器論」（『月刊文化財』41–12，1966）（上野恵司）

て

手焙形土器（てあぶりがたどき）　弥生時代。卵の1/4を切り取ったような形の土器。すなわち鉢形土器を下部に，その上に半截したドームを載せた形の土器。手焙用の火鉢によく似ているところに名前を由来する。径20cm前後のものが通例で，東海・近畿・中国瀬戸内地方の弥生時代後期の遺跡から出土する。素文が多いが施文されたものもあり，時に外面下部にすすの付着をみる場合があるが，実際の用途は不明である。＊森本六爾・小林行雄『弥生式土器聚成図録』1939；佐原真編『弥生土器』Ⅰ・Ⅱ，1983（小渕忠秋）

DNA考古学（ディーエヌエーこうこがく）　分子生物学の進歩により，埋没した骨や植物遺体に対しても，DNA情報の解析が行えるようになった。主に，類縁性に関する解析が行われているが，DNAの保存状態が悪く断片化しているため，解析に結びつかないこともある。この中でも，母系にのみ伝わるミトコンドリアDNAは，分子数が小さく，細胞の中に多く存在する。このため，保存状態が良い場合が多く，たとえば，古人骨からみた人類の系譜など，多くの知見が得られている。（橋本真紀夫）

TLV式鏡（ティーエルブイしききょう）　→　方格規矩文鏡（ほうかくきくもんきょう）

庭園（ていえん）　人間は縄文時代以来，自然への崇拝や畏敬や親愛を空間としてデザインし，宗教的・実利的利用の場を自然表象として造形してきた。この空間の一つが庭園である。神道・儒教・仏教が習合する中で心象的な世界をコンパクトな空間として表現した。意匠として水・樹木・土・石（石造物）などを用い，その配置によって神仙・浄土・陰陽道的な思想表現が示された。7世紀の飛鳥寺西・石上池・酒船石遺跡亀形・小判型石槽など流水・噴水施設が著名。平安期は宮跡や寺院跡，貴族住宅に付属し，池・鑓水・滝・景石を石によって配する浄土的庭園が特徴で中世室町期まで好まれる。戦国期は武家庭園で城郭内や館に付属し近世城郭，屋形，大名屋敷など私的な空間への構築が特徴である。＊田中哲雄「発掘された庭園」(『日本の美術』429，2002)

（松原典明）

定角式石斧（ていかくしきせきふ） → 石斧（せきふ）

低湿地遺跡（ていしっちいせき） 海岸や河口あるいは河岸などに沿っての低地にみられる湿地を一般に低湿地という。低湿地の中には，植物が炭化堆積して層をなした泥炭層や堆積植物が黒色土壌となった黒色淤泥層などが含まれる。低湿地の内部もしくは縁辺の微高地などに遺構や遺物を包含している遺跡を低湿地遺跡という。

先土器時代の低湿地遺跡としては長野県野尻湖の杉久保遺跡が著名である。

縄文時代の低湿地遺跡の代表の一つとして福井県鳥浜貝塚がある。前期を中心とする遺跡で，縄文時代人が生活遺物としての土器・石器・木製品・編み物・骨角器・植物遺体などを水中に投棄堆積した貝塚を伴う低湿地遺跡である。また，千葉県加茂遺跡，青森県是川中居遺跡と亀ヶ岡遺跡，埼玉県真福寺遺跡などがあるが，いずれも低湿地面は遺物包含が主体で，生活面は縁辺の微高地などに位置している。

弥生時代になると，稲作の普及につれて低地への居住が一般化する。琵琶湖畔の滋賀県大中の湖南遺跡や静岡県登呂遺跡のように低湿地に水田跡をもつ集落跡がある。弥生時代の低湿地遺跡として，前期の福岡県立屋敷遺跡，奈良県唐古遺跡，中期の福岡県比恵遺跡，大阪府瓜破遺跡，後期の大分県安国寺遺跡，静岡県山木遺跡，宮城県桝形囲遺跡などが著名である。＊鳥浜貝塚研究グループ編「鳥浜貝塚」(『縄文前期を主とする低湿地遺跡の調査』1，1979)

（佐藤　攻）

丁村遺跡（ていそんいせき） 山西省襄汾県丁村一帯の汾河両岸で1953年以来発見された数ヵ所の旧石器時代の遺跡群である。段丘の層位と哺乳動物化石の特徴そして第100地点の旧人の歯の化石から，これらの遺跡の多くを6〜10万年前の中期旧石器時代に位置付けている。石材の95%は角頁岩であり，片面加工の大形剥片石器を主体とする。なかでも大形三稜尖頭器と球形石器は特徴的な石器である。最近匼河や下川に類似する前期と後期の地点も発見されている。＊裴文中主編「山西襄汾県丁村旧石器時代遺址発掘報告」(『中国科学院古脊椎動物與古人類研究所甲種専刊』2，1958)（佐川正敏）

泥炭層遺跡（でいたんそういせき） 湖沼などの低湿地に植物が堆積し腐植化して泥炭層が形成される。泥炭層は，木製品などの有機質遺物が埋没したままの状態で保存されるので，当時の生活を知る上で有利である。また，植物相や気候などを知ることができて環境復原に有効な資料を提供してくれる。青森県是川遺跡は縄文時代晩期前半の遺跡で，多量の土器・石器類とともに，篦状木製品・木製腕輪・木製容器・木製耳飾・櫛・籃胎漆器・組籃・木製弓など他に類をみない植物製品が出土した。同様の遺跡として，青森県亀ヶ岡遺跡，埼玉県真福寺遺跡，同県寿能遺跡などが著名である。＊保坂三郎『是川遺跡出土遺物報告書』1972（佐藤　攻）

泥塔（でいとう） 土塔ともよぶ。泥土を塔形に形ぬきした小塔をいい，奈良時代から供養に用いられ平安時代に盛行した。全国に分布するが関東・東北では少なく，畿内や周辺地域から多く発見される。大多数は寺院関係地で，京都六波羅蜜寺や宮城県多賀城廃寺からは数千に及ぶ泥塔が出土している。形態は宝篋印塔・五輪塔・層塔・

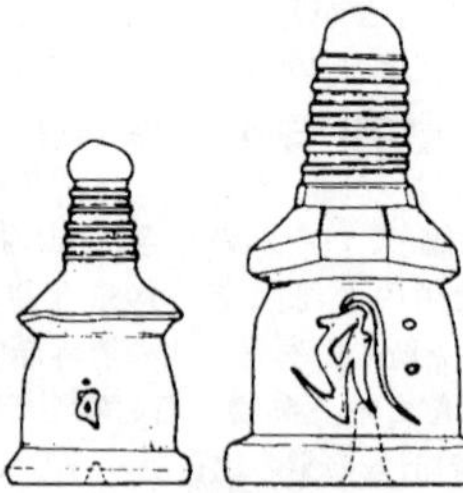

泥塔（奈良・宮古）

宝塔・円塔などで立体的なものと板状のものがある。底部には陀羅尼記入の紙を納める円孔がある。＊石村喜英「泥塔」（『新版考古学講座』8，1971） （是光吉基）

鉄戈(てっか) 弥生時代の銅戈を模倣してつくられた鉄製の戈をいう。戈は中国で発達した「鉤兵」という武器であり，鉄戈はこれから変化したといわれる。茎が短く両刃で，関は斜行する。銅戈に準じて細形・中広・広形に分類されるが，あまり厳密ではない。弥生時代中期中葉に出現し，後期前半まで用いられた。北部九州(長崎・佐賀・福岡)を中心に10数例が知られ，おもに甕棺の副葬品に供せられたが，中には全長50cmに及ぶものがある。福岡県飯塚市立岩遺跡の甕棺に伴った鉄戈には，長さ約70cmの木柄をほぼ直角に近く装着した痕跡が残っていた。＊福岡県飯塚市立岩遺跡調査委員会編『立岩遺跡』1977 （池田栄史）

鉄器時代(てっきじだい) 利器を中心とする人類文化の発展過程では，最も発達した段階にあたり，その開始期は地域や民族によって異なる。ギリシアの伝承によると鉄は西アジアに居住した，カリュベス(Chalybes)人によって開発されたというが確証はない。古代オリエント地方ではB. C. 3000〜B. C. 2000年ごろから鉄器を用いたという。当時の鉄は隕鉄(自然鉄)であったが，やがてB. C. 1300年ごろ小アジア東部地方で加工鉄が開発されたといわれ，B. C. 1200年ごろペルシアやエジプトに広まった。

中国における鉄の使用は殷代(B. C. 1600〜B. C. 1100年)ごろにさかのぼるというが，具体的な遺物は周初(B. C. 1000年ごろ)に出現し，材質は隕鉄であった。やがて春秋末から戦国初期(B. C. 770〜B. C. 403年)になると人工鉄が用いられ，世界に類のない鋳物や製鋼に供する銑鉄をつくり出した。

朝鮮半島における鉄使用の開始は，中国の戦国時代晩期ごろという。平安北道(慈江道)渭原郡龍淵洞の墳墓から出土した武器や農具・工具類は，ほとんどが鋳鉄製で明刀銭を伴った。おそらくその年代は紀元前3世紀ごろであろう。やがて漢代に並行する無文土器文化時代には全域に普及し，この文化の後期とみられる慶尚南道馬山市の近郊城山貝塚では，たたらの跡が検出されている。

日本における最古の鉄器は熊本県玉名郡天水町斎藤山貝塚より出土した。それは現存長さ4.7cm，幅5.6cmを有し，一側に銎を有する手斧の一種である。縄文時代終末の夜臼式土器と，弥生時代初頭の板付Ⅰ式併用期の混土貝層より検出され，分析の結果鍛造説と鋳造説とがある。また鹿児島県日置郡金峰町高橋貝塚でも，同時期の貝層内より鉄片2が検出されている。こうした鉄器類は稲作文化の伝播とともに関東・東北にも広まったが，まだ製鉄遺跡の確実な例をみない。しかし弥生時代中期になると国産青銅器が鋳造され，日本独自の鉄戈や農工具類が数多く出土するので，製鉄が行われた可能性がある。『魏志』東夷伝の弁辰条には韓と倭と穢が鉄を採っていた記事があり，長崎県壱岐の原ノ辻や唐神遺跡では鉄素材そのものが出土しており，おそらく初期の鉄材は輸入によったのかもしれない。現在，わが国で具体的な製鉄遺跡が確認されるのは，古墳時代後期以後であった。＊潮見浩『東アジアの初期鉄器文化』1982 （乙益重隆）

鉄鏡(てっきょう) 一般的な白銅質の鏡ではなく，鉄を素材とした鏡。中国では漢代よりみられ唐代に及ぶが，多量にはつくられなかったもののようである。鏡体は扁平であり，図文は夔鳳文・獣首文・画像文などを配している。わが国では大和松山古墳のパルメット文様を有するもの，豊後ダンワラ古墳の金銀錯嵌珠龍紋鏡，和泉百舌鳥大塚山古墳などよりの出土鏡のほかに，近江崇福寺塔心礎出土の貼金銅背鏡などがある。＊本村豪章「大和・高取町松山古墳出土の鉄鏡について」（『Museum』340，1979）（池上　悟）

鉄剣（てっけん）　日本において鉄剣は弥生時代中期後半に出現し，後期にかけておもに甕棺や箱式石棺などの副葬品として発見される。古墳時代になると前・中期古墳に多く副葬される。弥生時代の鉄剣は鎬の不明瞭なものが多く，全長15～20cm未満の短剣から25～45cm未満の長剣がある。茎にも短茎と長茎の2種があり，関は角関が多く撫角形の両削ぎ関は少ない。福岡県飯塚市立岩遺跡10・39号甕棺からは断面が菱形を呈した木柄で茎と剣身の一部を挟み，それを細糸で巻いた外装付の一例が発掘された。＊福岡県飯塚市立岩遺跡調査委員会編『立岩遺跡』1977（池田栄史）

鉄鏃（てつぞく）　鉄製の鏃であり，わが国では弥生時代に若干の出土例が知られ，古墳時代に盛行し，以降も引き続き使用された。古墳時代の鉄鏃は茎の有無により有茎鏃と無茎鏃に分かれ，身と茎の間に棘状突起のある棘箆被鏃を加えた3種に大別される。また身幅の広く器厚のうすいものを平根式，細長いものを尖根式ともいう。前期には銅鏃に類似した有茎の定角式・柳葉式などもあり，身の形状，逆刺の有無により細分される。＊後藤守一「上古時代鉄鏃の年代研究」（『人類学雑誌』54–4，1973）（池上　悟）

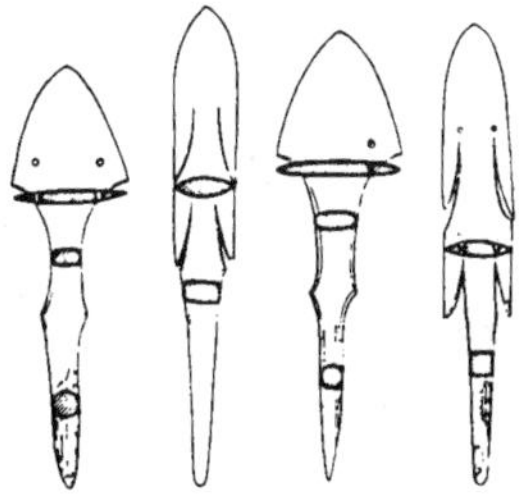

鉄鏃（大阪・河内）

鉄鋌（てってい）　中央の幅がやや狭くなった短冊形の薄い鉄板であり，運搬と保存に便利なように整えられた鉄素材と考えられている。朝鮮半島のうち特に新羅・百済の古墳よりの出土が多く，わが国では中期の5世紀代中葉以降後期にかけて若干の古墳より出土している。このうち最大の出土量を誇る古墳は，奈良市法華寺町に所在するウワナベ古墳の陪冢と考えられる径25mの円墳高塚古墳である。この古墳よりは長さ30～40cm，重さ約450gの大形のもの282枚と，長さ15～20cm，重さ23gほどの小形のもの590枚が出土している。他の鉄鋌出土の中期古墳は，大阪府鞍塚古墳・野中古墳・石山古墳，滋賀県新開古墳，兵庫県宮山古墳があり，福岡県沖ノ島祭祀遺跡からも出土している。これらはその成分分析より，朝鮮半島を経由した中国製のものであることが指摘されている。また，これらは鉄素材としてのみではなく，副葬品としての価値を有するものとしても扱われている。＊松本正信「鉄鋌に関する一試論」（『考古学研究』86，1975）（池上　悟）

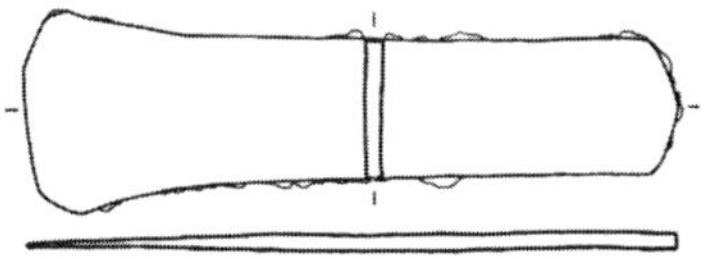

鉄鋌（福岡・花聳古墳）

鉄矛（てつほこ）　身の基部を袋状につくり，これに長い柄を挿入して用いられた刺突用の武器である。長い柄の下端には石突が取り付けられる。主として古墳時代中期以降に使用された。身の断面は長方形・菱形・三角形・扁三角形の刀身形に分かれ，袋の断面は円形のほかに，六角形・八角形を呈するものがある。後期の例には袋の基端に覆輪を有するものがある。刀身形の例には身と袋との境に短い枝を突出させたものもある。* 末永雅雄『日本武器概説』1971

（池上　悟）

デニーソワ洞穴(Denisova Cave Site)　1977年ロシア科学アカデミー，シベリア支部により発見されたアルタイ(Altai)山中の洞穴遺跡。9，11層が後期旧石器時代に相当し，細石刃，石刃，スクレイパー(scrapers)，骨角器などが出土した。9層から掘り込まれた2つのピットからは石器と骨が出土している。9層の^{14}C年代は4万6000～6万6000YBPとばらついている。12から21層がムステリアン(Mousterian)に比定されていて，特に19層からはルヴァロワ(Levallois)尖頭器やムステリアン尖頭器，ルヴァロワ剥片，ルヴァロワ石刃，サイドスクレイパー(side scrapers)，エンドスクレイパー(end scrapers)，ビュアリン(burins)，ナイフ(backed knives)，ノッチ(notches)，鋸歯縁石器(denticulates)など573点の石器が出土した。さらに，最下層の22層は，両面加工石器は含まないもののアシューリアン(Acheulian)と考えられており，その年代は熱ルミネセンス(thermo luminescence)法により22万4000～28万2000年前である。ムステリアン層の上部旧石器指数からみるとエンドスクレイパー，ビュアリンなどが6～40%の範囲で含まれており，カラボム(Kara Bom)遺跡の結果とも合わせて上部(後期)旧石器インダストリー(industry)の従来考えられているよりも早く出現した証拠と考えられる。*Derrevyanko, A. P. ed. “The Paleolithic of Siberia: New Discoveries and Interpretations” 1998

（梶原　洋）

デポ(dépot)　埋納遺跡と訳される。本来ヨーロッパの青銅器時代にみられる壺などに入れられて，意図的に埋納されたと考えられる遺跡の特殊な集合状態を示すのに使われた語で，ホード(hoard)，キャッシュ(chache)ともよばれる。研究の概念上は時間的同一性を示すとされる遺物の一括出土(一括遺物)の中でもさらに限られた出土状態に対して使われ，墳墓内や住居跡床面からの一括出土は除かれる。埋納された原因については，①個人の所有物を守るための埋納，②商人が自分の商品を守るための埋納，③信仰のための奉納としての埋納，④鋳物師の素材としてのがらくたの埋納のほか，⑤狩猟民などにみられる補充や非常用の貯蔵としての埋納という解釈も考えられる。

ヨーロッパでは旧石器時代の遺跡にもみられ，特にコスチィエンキⅠ遺跡では竪穴住居跡内の径約1.6mのピット内に，マンモス牙製の女性像や動物像が埋納された例が知られている。日本では旧石器時代には知られていないが，縄文時代には千葉県古作貝塚の壺に貝輪が入っていた例，土偶がピットや配石内から発見される例，住居跡内の溝やピットから剥片がまとまって出土する例もデポの一種と考えられる。弥生時代には銅鐸や銅剣・銅矛がまとまってピット内から出土する例は祭器として埋納されたと考えられる。古墳時代以降には沖ノ島祭祀遺跡でみられる遺物の出土状態がデポの一種と理解される。歴史時代には貨幣を甕などに入れて埋納する例が目立つ。埋納という観点からは同時とされるデポもその原因によっては異なった意味をもつ。例えば個人の所有物を埋めたものと，鋳物師が埋めた遺跡では，使用の同時性の点で大きく異なる。また，これとは別に，どのような出土状態をデポと判断するのかという基本的な問題も存在する。

（梶原　洋）

手宮洞穴(てみやどうけつ)　北海道小樽市手宮にある凝灰岩の海蝕洞穴。現在は天井部がほとんど崩落している。1866(慶応2)年の発見といわれ，壁面に記号状の線刻がある。イギリス人ジョン・ミルン(John Milne)による1880年の報文が広く学界に紹介された最初とされる。古代文字として古くから有名で，解読したとする説もあるが，なぜ刻まれたものか決着がついたとはいえない。一時偽作説も出されたが，フゴッペ洞窟に同類のものがみつかり，続縄文期のものと考えるのが妥当である。*名取武光ほか「手宮洞窟岩壁彫刻の研究史」(『小樽市博物館・博物館シリーズ』7，1968)

(石附三喜男)

出山横穴墓群(でやまおうけつぼぐん) 東京都三鷹市大沢に所在する1〜10号(7号を除く)で構成される横穴墓群の総称。武蔵野台地中央，武蔵野段丘(中位段丘)と立川段丘(低位段丘)を画する国分寺崖線，標高50〜54mに横一列に並ぶ。1985(昭和60)年度通学路整備に伴う確認調査，1993〜95(平成5〜7)年度には三鷹市の自然観察路整備計画と横穴墓の在否と群の範囲確認のための地中レーダー探査や発掘調査が実施され，うち8号墓は羨門から羨道にかけて前後3段の石積みを行う特徴的構造から，多摩川の一支流野川の中流域の代表格として1994(平成6)年東京都史跡に指定された。玄室内に4体の人骨，墓前域から7世紀前半の平瓶と土師器片が検出。1996(平成8)年に公開されたが関東ローム(テフラ)層を横に穿った穴構造の遺構に対して，温・湿度などをエアコン等で人為的制御しない方式で保存かつ公開する施設は全国でも珍しい。公開以来，温・湿度測定，玄室内の防黴，見学者と二重ガラス隔離のガラス面の結露防止の工夫が継続されている。*三鷹市教育委員会『東京都指定史跡 出山横穴墓群8号墓Ⅰ 保存・公開整備事業報告書』1996；三鷹市遺跡調査会『東京都指定史跡 出山横穴墓群8号墓Ⅱ 発掘調査報告書』1997 (高麗 正)

テラアマタ(Terra Amata) ニース市にある前期旧石器時代の遺跡。1966年，ドゥ・リュムレー H. de Lumleyが発掘した。連続した層に住居跡が検出され，最古のものはミンデル氷河期にあてられる。つづく砂層中には，原人の足跡とともに，中央に炉をもつ楕円形の住居跡が存在した。石器は礫器を主体とし，上部層では剥片石器が多くなる。ゾウ・サイ・シカ・イノシシの骨がみられる。現地博物館は研究成果を展示している。*Henry de Lumley et al ‘Le site de Terra Amata’, dans de Lumley et Barral (éd.) “Sites paléolithiques de la région de Nice et Grottes de Grimaldi” (Livret-Guide de L’excursion Bl de L’Uispp, IXe Congrès, Nice) 1976 (山中一郎)

寺師見国(てらしみくに) 1889〜1959。鹿児島県生まれ。九州帝国大学医学部卒。鹿児島県大口市(現・伊佐市)で医院を開業し，木村幹夫とともに遺跡調査を行う。手向山式・塞ノ神式の設定，南福寺貝塚の研究などを経て，縄文土器の編年を行う一方，古墳時代では地下式横穴・地下式板石積石室の総合研究，和鏡の集成，国分寺の研究など，全般にわたって鹿児島県考古学研究の基礎をつくった。著作には『南九州の縄文式土器』1954，『鹿児島県下の地下式土壙』1957などがある。 (牛ノ濱 修)

寺野東遺跡(てらのひがしいせき) 栃木県小山市梁地内に所在する旧石器時代〜平安時代の複合遺跡。南北に延びる台地の東端に立地し，標高約43m，低地からの比高約5m。1990〜1994年の発掘調査によって，旧石器時代後期の石器集中地区，縄文時代中期〜後期の集落跡，同中期末〜後期初頭の水場遺構，同後期前半〜晩期前半の環状盛土遺構，同後期後半〜晩期前半の木組み遺構，古墳時代前期の集落跡，同中期末〜後期の群集墳，奈良・平安時代の集落跡などが確認されている。特に水場遺構は谷部西側斜面より谷の底面にかけて，幅約12m，奥行き約17m，深さ1m前後のU字が開いた形に掘り込み，ここに土留めや足場を組み，水場には谷部から溝を設けて水を引き込んでいる。また谷部の小川を改修して，堅果・根茎類のアク抜き水晒し施設としての14基の木組み遺構が見つかっている。この木組み遺構に接した東側の台地平坦面から斜面にかけたところから，環状土盛遺構の西側半分が発掘されている。東側半分は江戸時代に削り取られ残っていない。この遺構は祭祀を行う度ごとに盛土し，ドーナツ状に築いたもので，外径(南北)約165m，盛土の幅15〜30m，高さ最大約2mの大きさである。環状のほぼ中央には石敷台状遺構が見られる。なお，この遺跡からは膨大な耳飾り・土偶や垂飾り，土版・土面・石棒・石剣・鹿角製のカンザシなどが出土している。＊栃木県文化振興事業団『寺野東遺跡』Ⅰ〜Ⅸ　1996〜2002　　(塙　静夫)

電気探査法(でんきたんさほう)　湿った土は，電気を流しやすいので抵抗が低くなる。反対に古墳の石室などでは石の間に空間があったり，石そのものに電気が流れにくいので抵抗は高くなる。このような電気抵抗の違いから遺構を探すのが電気探査である。地面の電気抵抗を測るには4本の電極を土に突き刺して行う。4本のうち2本に電流を流し，他の2本で地面の抵抗を測る。この時にわかる電気抵抗は，電極間の距離を直径とした円弧内で深さも同じ距離の半円球部分の深さまで測定することができる。電極間隔を広げていくとその分深いところまでさぐれることになる。探査法としては水平探査と平面探査がある。電極を横方向に広げていくと土層断面のような画像が得られる。これを水平探査と云うが，深さ方向の情報を得ることが出来る。平面探査では，質の違う土の範囲や形などから，それが住居跡か溝かどうかなど遺構の性格を知る情報が得られる。　　(青木繁夫)

天神前遺跡(てんじんまえいせき)　千葉県佐倉市岩名字天神前にある弥生時代中期の須和田期の再葬墓。1963年に杉原荘介らが発掘し，土壙墓7基，人骨9体，納骨に使用した土器16例を得た。杉原は，骨を入れた16例の土器から集落の人口は20人前後で，血縁関係のつよい共同体，それも1世代であること，また，人骨は体質が縄文人に近く，土器も縄文時代終末のものから継続し，土着の縄文人が農耕技術を受けいれたとのべている。＊杉原荘介・大塚初重「千葉県天神前における弥生時代中期の墓址群」(『明治大学文学部研究報告』考古学　4，1974)　　(関　俊彦)

伝世鏡(でんせいきょう)　入手してから墳墓へ副葬品として納められるまでに数世代を経過したものと考えられる鏡。香川県高松市の石清尾山古墳群から1928(昭和3)年の調査により出土が確認された方格規矩鏡が，文様の摩滅が著しい破損したものを穿孔して補修された鏡であったのを，梅原末治により長期間の使用の結果伝世したものと想定されたことに始まる。古墳から出土する方格規矩鏡や内行花文鏡などの漢中期の鏡は，魏晋鏡がわが国に伝来するまで長く伝世され，ともに古墳に副葬されたものと考えられた。この事象を古墳出現の理論として体系化したのは小林行雄である。すなわち伝世鏡を保有することにより権威を保証されていた司祭的首長から，世襲的首長の地位を大和朝廷に承認されるに至って伝世鏡が不用となった結果古墳へ副葬されるようになったと考えたものであった。従来文様の不鮮明さを長期間使用の摩滅の結果としてきた多くの類例は，京都府・太田南古墳，大阪府・安満宮山古墳出土の235(青龍3)年銘の後漢様式の方格規矩鏡の確認などから，3世紀代に古い様式の鏡を新たに製作した模倣鏡と考えられる一方，文様の摩滅により確実に伝世していると考える例もある。＊小林行雄『古墳時代の研究』1965　　(池上　悟)

伝世品(でんせいひん)　埋没することなく伝えられている物質資料で，世代を越えて持ち伝えられた品物をいう。多くは社寺に奉納され神宝・寺宝として保存されている。一般に発掘調査によって出土する遺物との関連では，各地の神社にある和鏡を含めた鏡鑑類が顕著であり，奉納された中・近世の武器・武具も多数知られる。考古資料としての伝世品は，普通異なる型式の製品の共存から想定されるところであり，複数の異型式の一括出土の銅鐸などにより確認される。また古墳出土の鏡鑑類では，扱いの異なった古い年代が考えられる少数の鏡が，多くの新しい年代の鏡と同じ埋葬施設から確認される場合に想定される。神社伝世の著例は，三種の神器のうちの伊勢神宮に伝世された八咫鏡，熱田神宮に伝世された草薙剣であり，考古資料との関連が問題とされている。前者は「八頭花崎八葉ノ形ナリ，中台ハ円形ニマスナリ」と文献記録に窺え，福岡県平原遺跡出土の直径46.5cmの仿製内行花文鏡と，後者は江戸時代の神官の実見記録から銅剣との関連が考えられている。* 森浩一『日本神話の考古学』1999 （池上　悟）

天智陵古墳（てんちりょうこふん） 京都府京都市山科区上御廟野町にある。山科陵と呼ばれている。上円下方墳とされているが，上円部は八角形であったとみる見解が多い。上円部の径40m，下方部は2段に築かれ上段の一辺46m，下段の一辺70mあり，葺石がある。下方部上段の南辺中央に沓石と称する巨石があり，横穴式石室の天井石とみる説がある。* 末永雅雄『古墳の航空大観』1975 （車崎正彦）

天王山遺跡（てんのうやまいせき） 福島県白河市久田野字豆柄山にある弥生時代後期の集落跡。盆地のほぼ中央にできた独立丘にあり，眺望のよい場所で，1950年に藤田定市が調査した。住居跡に伴う炉跡や焼土が各所からみつかり，磨消縄文や刺突浮線波状文を施文した土器，アメリカ式石鏃，管玉，炭化米や植物が共伴した。当時，東北南部では各種の遺物を出す遺跡が少なく注目され，土器には「天王山式」という型式名が与えられた。* 坪井清足「福島県天王山遺跡の弥生式土器」（『史林』36–1，1953） （関　俊彦）

天皇陵古墳（てんのうりょうこふん） 歴代の天皇の陵墓のうち，古墳としての外形をもっているものをいい，天皇を被葬者とすることが確実でない場合もあるため，宮内庁比定の陵名に古墳の語を付け加えた呼称。最近は地名を基にした全く別の名称を用いることが多くなった。昔の呼称は，例えば，仁徳陵は百舌鳥耳原中陵などと地名を付して呼ばれた。初代神武天皇から9代開化天皇まではその実在が疑わしいのとあわせて，陵墓を古墳と考え得るものは少ない。考古学的には，第10代崇神天皇の陵墓以降を天皇陵としての比定が妥当であるか否かの対象としている。この崇神天皇から30代敏達天皇までの多くの陵墓は前方後円墳が比定されており，安康・雄略・顕宗・武烈の4陵墓はいま，円墳などが比定されているが，古記録からは前方後円墳の広さであったとも考えられる。つまり，『古事記』『日本書紀』『延喜式』に天皇陵の名称および所在地や陵域・守戸などを記しているが，当時の陵墓と今日の陵墓は別の古墳をさしている場合がある。前方後円墳が天皇陵として比定される最後の陵墓は敏達陵であるが，母后陵への追葬であることを考えると，欽明陵が最後の造営の前方後円墳となる。その後，用明陵以降は，方墳を主とするようになる。特に第40代天武陵は，八角形という特殊な墳形をとっており，天皇で初めて火葬されたとされる持統天皇を合葬している最後の天皇陵古墳である。* 末永雅雄『日本の古墳』1961／『古墳の航空大観』1975 （杉山晋作）

天平産金遺跡（てんぴょうさんきんいせき） 宮城県遠田郡涌谷町黄金迫に所在する。1957年に伊東信雄により調査された奈良時代の遺跡。749（天平21）年に陸奥国守百済王敬福が小田郡から産出した黄金を献じたことに関連する産金遺跡とみられる。発掘の結果，築土層，根石群4ヵ所を確認した。出土遺物として，六角瓦製宝珠，天平の刻銘ある文字瓦などがある。六角瓦製宝珠が出土したことより六角円堂の仏堂が想定されている。＊伊東信雄『天平産金遺跡』1965
（岡本桂典）

天平時代（てんぴょうじだい）　天平時代という呼称は，美術史の時代区分より生じたもので，広く解釈して奈良時代全体をさすこともあるが，狭義には，聖武天皇の御世，すなわち724（神亀元）年2月4日，元正天皇が譲位，首皇子が即位して聖武天皇となった時より，749（天平感宝元）年7月2日，譲位するまでの間を中心として，広くはその前後をいうが，天平年間（729年8月5日～749年4月14日）に限定して用いる場合もある。この時代の呼称は，「天平文化」より派生したもので，わが国の固有の文化と唐代貴族文化とが融合する中で生まれた独特の文化であり，鎮護国家の思想の下での国分僧寺・同尼寺の建立および東大寺の建立といった時代様相を反映して，寺院建築あるいは仏像・仏画などに秀作が傑出している時代である。また，この時代は学芸面においても隆盛がみられ，『続日本紀』713（和銅6）年5月甲子（2日）条に記されている命に従ったと思われる『出雲国風土記』が733（天平5）年2月30日に完成したこと，現存最古の漢詩集『懐風藻』が，751（天平勝宝3）年11月に成立していること，さらに712（和銅5）年1月の『古事記』につづき，720（養老4）年には『日本書紀』が撰上されていることなどは，その顕著な例である。正倉院に伝来する鳥毛立女屏風などの宝物は，いずれも華麗な天平時代の世界性を表現するに足りる逸品である。（小山田和夫）

天平尺（てんぴょうじゃく）　713（和銅6）年2月に格を発令，日本の尺を唐尺に統一させることとした。唐大尺を大尺に，唐小尺を小尺とし，測定の対象も唐制に倣うこととした。この尺は後世，正倉院などにおさめる白牙尺や紅牙撥鏤尺（こうげばちるのしゃく），百万塔陀羅尼経の大きさなどを説明するために，天平時代に用いられた尺の意味で，天平尺と称した。唐尺の長さは，天平時代には発掘された遺構の測定値から実寸法を導き出すと29.7～29.8cmとなる。藤田元春『尺度綜考』1929（岡本桂典）

天武・持統合葬陵古墳（てんむ・じとうがっそうりょうこふん）　奈良県高市郡明日香村野口にある。1辺約17mの八角形墳とされる。内部施設は切石積の横穴式石室で，入口は金銅の観音開き扉を付けている。天武天皇は，格狭間のある金銅台の上の朱塗乾漆棺に，持統天皇は金銅製外容器の中の銀製骨蔵器に葬られていた。石帯・念珠・金銀珠玉の鼓形枕などがあった。終末期古墳の1例を示す。檜隈大内陵とよばれる。＊猪熊兼勝ほか『飛鳥時代の古墳』1979
（杉山晋作）

天文考古学（てんもんこうこがく）　Archaeoastronomy（考古天文学）とも呼称され，天文学と考古学の領域を関連づけて考える分野。イギリスのストーンヘンジ（環状列石遺構）を天文学的に考察したジェラルド・ホーキンズ（G.W.Hawking）の研究など天文学者が考古学の研究対象の遺跡を研究し，太陽・月の年周運動，季節の移り変り，暦の設定など，天体と人類の生活環境に関する事項を明らかにしている。日本でも大湯環状列石（秋田）の分析的研究などが試みられているのは天文考古学の一つの方向性を示している。＊桜井邦朋『天文考古学入門』1982，斉藤国治『飛鳥時代の天文学』1982，ジェイムズ・コーネル『天文学と文明の起源』（桜井邦朋・鳥居祥二訳）1986，T. Kobayashi『*Jomon Reflections*』2004，小林達雄（編著）『縄文ランドスケープ』2005（坂詰秀一）

天文台構内古墳（てんもんだいこうないこふん）　東京都三鷹市大沢国立天文台用地内に所在する7世紀中頃築造の上円下方

墳。多摩川水系の一支流である野川中流域，武蔵野台地中央，武蔵野段丘(中位段丘)南縁崖淵に占拠。古墳は最大幅 8m，深さ 2m の周溝に囲まれた方形で南北 30～31m，東西 25～27m で人為的に盛土・整備された第 1 段目，その上の第 2 段目は円形で直径 18.6m，現高 2.1m(3.6m 推定)を計る。石室及び墓前域の下一帯は掘り込み地業，墳丘盛土は版築的な土工法による。葺石は見られない。胴張り形の石室は細工(切組み)のある切石積みによる複室横穴式構造。入口空間の墓前域は羨門からハの字に開く。玄門に近い玄室東壁付近に 7 世紀後半(第 3 四半期)の完形フラスコ形須恵器(静岡・湖西産)1 個体と赤彩の坏形土師器が 2 枚重なりあって出土。これらは，保存と将来の調査・公開を前提とする確認調査の成果である。本古墳の周辺には高塚古墳は存在しないが周域の崖線には同時期前後とみられる横穴墓群が多数確認されている。* 三鷹市遺跡調査会『天文台構内古墳 I』2011 （高麗 正）

と

土井ヶ浜遺跡(どいがはまいせき) 山口県下関市豊浦町神田上の響灘に面した海岸平野の砂丘に立地する墓地遺跡。1931 年に河野英男が工事中に組合せ式箱式石棺墓を発見，1953 年から九州大学医学部の金関丈夫らが発掘を開始し，これ以降 19 次の調査が行われた。金関は，230 体以上の人骨を発掘し，形質人類学的にみて，従来の縄文人よりも長身で，面長の顔をもつ渡来人だと断定した。これが日本人種論の研究に大きな波紋を投じた。のちの発掘で墓域は 2 ないし 3 群からなり，東と西に集団の差をもち，人骨にも縄文系と弥生系の形質をもつ 2 種があり，そして追葬・改葬・集骨葬がみられた。埋葬された遺骨の大半は，顔を海に向けた状態にあり，彼らが生活の場とした海と，その故郷が響灘のかなたにあったことを意識したからではないかと思われる。

埋葬された人骨には特異なものが数例あった。1 体の男性の遺体には，右腕に大型の南海産のゴホウラ製腕輪が 2 個着装され，全身に 14 個の石鏃・猪牙鏃が射込まれていた。また，全身の骨が残っているのに，顔だけがない男性，胎齢 8 ヵ月の胎児とともに葬られていた 20 歳前後の女性が両足首を切断されている例など，呪術的要素の強かった集団と考えられるものがあった。

本遺跡の特徴に貝製品がある。ゴホウラやイモガイ製の腕輪，シャコガイでつくった装身具，貝小玉など，沖縄地域との交易でもたらされたものが多い。人々が活躍した時期は，前期後半(B. C. 200 年ころ)，前期末(B. C. 50 年ころ)，中期中葉(A. D. 50 年ころ)であった。1 次から 19 次にわたる調査で 300 体以上の弥生人骨が出土している。形質(顔面の容貌・身体の骨格の形態・かたち)の特徴は縄文人の低・広顔，低身長で，鼻が高く，彫りが深い容貌とは異なり，高・狭顔，高身長で，鼻は低く，彫りが浅く，鼻根部は縄文人に比較すれば扁平である。頭型は男女とも中頭型で，平均身長は男性が 162.81cm(18 例)，女性は 149.97cm(16 例)である。抜歯の施行率が高く，外耳道骨腫の出現率も高いが，後者は男性に集中している。* 金関恕「山口県土井ヶ浜遺跡」(『探訪弥生の遺跡―西日本編―』1987)

（関 俊彦・松下孝幸）

塔(とう) → 塔婆(とうば)

唐(とう) 618～907 年。隋のあとをうけて，高祖李淵が建国。国内の諸制度を整え，中央集権政治を確立し，対外的には領土の拡大をはかり，世界的な帝国を築いた。東西の海陸交通も活発で，西方との文物交流や人物の往来もさかんに行われ，首都長安は国際都市として繁栄した。唐の遺跡としては，隋・唐にわたる生産基盤であった洛陽含嘉倉，日本の高松塚古墳との関わりが指摘される永泰公主墓をはじめとする唐墓，空海の学んだ青龍寺の跡，東西交渉史上特筆され，和同開珎の銀銭も出土した西安何家村の遺跡など枚挙にいとまがない。また，トルファン・アスターナ古墳群や渤海遺跡の調査によって唐文化が辺境へ広く波及していたことも知られる。日本も遣唐使を派遣して唐文化の摂取につとめたし，平安京造営にあたって，長安・洛陽両城の都市プランをモデルに求めたことは改めて説くまでもなかろう。* 日比野丈夫『華麗なる隋唐帝国』1977 （中山清隆）

銅戈（どうか） 剣身形の身で，大きな関と短い茎が付く。身には樋があり，樋の下端に2孔があけられ，これで関にそって柄を付けた刃と柄がほぼ直角をなす句兵用青銅製武器。中国では殷代にすでに存在しているが，朝鮮・日本には中国と異なった細形銅戈がある。日本へはこの細形銅戈が銅剣・銅矛とともに弥生前期末に朝鮮半島から北部九州に入ってきて，宝器的に甕棺墓などに副葬される。弥生時代の西日本一帯に広まるが，型式変化が認められ，銅剣・銅矛と同じく一般に細形・中細・中広・広形の4型式に分けられていて，全体に幅広く扁平なものへと変化していく。ただ，銅剣・銅矛の型式分類より難しく，このことは質の粗悪化が細形型式からみられることなどによる。樋に綾杉文などの文様を施すが，特に大阪湾沿岸周辺出土のものは樋に組紐文を施していて，これを大阪湾形銅戈とよんでいる。* 森貞次郎「青銅器の渡来」「銅剣・銅矛・銅戈の鋳造」（『世界考古学大系』3，1960）；岩永省三「弥生時代青銅器型式分類編年再考」（『九州考古学』55，1980） （定森秀夫）

陶棺（とうかん） 陶質・土師質の焼物の棺を一般に呼んでおり，世界各国においてみることができる。わが国では，古墳時代後期に畿内および岡山県を中心に用いられた。

形態は，円筒状の脚を2ないし3列つけた身の部分と蓋から構成され，亀甲形と屋根形の2つに大別される。亀甲形陶棺は，蓋が丸みをもって盛り上がり，身と蓋の全面に粘土紐の凸帯が縦横にめぐらされ，上から眺めた場合に亀甲に似ているところから名付けられた。なかには赤色顔料が塗布されているものもある。

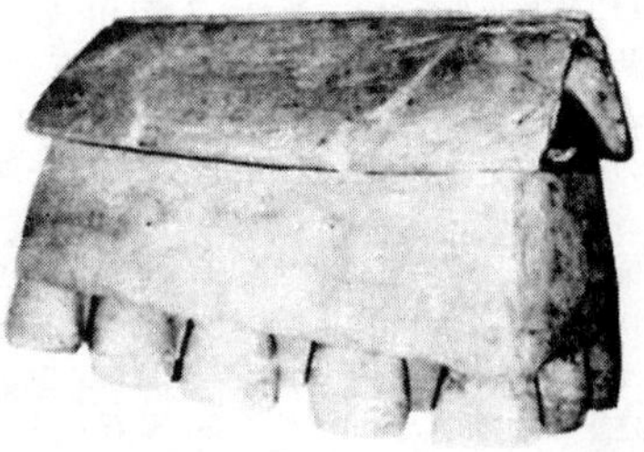

家形陶棺（岡山・水落古墳）

これに対して屋根形には寄棟式(四柱式)・切妻式がある。寄棟式は蓋の形が寄棟造の屋根に似ているところから呼ばれるもので，屋根の両端には円孔がうがたれ，円板によってふさがれている。切妻式は屋根の形が切妻を呈し，身の両端部に人馬や瓦当文が浮彫されたものがある。前者には土師質系のものが多く，後者は須恵質のものが多い。* 北房町教育委員会『定北古墳』1995 （是光吉基）

幢竿支柱（どうかんしちゅう） 古代の官衙や寺院で，重要な儀式の際などに，宝幢や各種の幡旗を立てた支柱。平城宮跡第二次大極殿の前庭で発見された宝幢遺構には，1本柱式，3本柱式，4本柱式の3種がある。地方では，東京都国分寺市武蔵国分寺尼寺跡のように，2本一対の事例が最も多い。* 国分寺市教育委員会『武蔵国分寺尼寺跡Ⅰ』1994；奈良文化財研究所『古代の官衙遺跡Ⅰ遺構編』2003 （江口　桂）

銅器時代（どうきじだい） → 青銅器時代（せいどうきじだい）

陶器千塚古墳群（とうきせんづかこふんぐん） 大阪府堺市にある古墳群。泉北丘陵上に位置し，小支谷をはさんで田園百塚古墳群と対峙する。明治時代の開墾で破壊された古墳が多いが35基の古墳が確認されている。ツキ塚古墳は木棺2を直葬し，鏡・玉類・鉄刀・馬具・須恵器などが出土した。カマド塚古墳の葬法は一種の火葬である。6世紀代の古墳が多い。*森浩一「古墳文化と古代国家の誕生」(『大阪府史』1, 1978)　(車崎正彦)

唐鏡(とうきょう)　多くは白銅製で，円形・方形・八稜鏡・八花鏡などがある。鏡背の帯圏が消滅したために文様も全面に大きくあらわされるようになり，その構成から，①回転式ないしは放射状の意匠を有する鏡で，隋代の団華文鏡や禽獣葡萄鏡にみられる緻密な構成から次第にゆったりした構成に進んだもの，②上下左右の配置構成鏡で，時代の下降に伴い絵画的になったもの，に分けられる。鏡背文様には，(a)古典的問題に題材をとった伯牙弾琴・月兎・孔子栄啓問答，(b)四神十二支・神仙・仙岳飛天・霊獣(龍・麒麟など)，霊鳥(鳳凰)の伝統文様，(c)狩猟・奏楽・打毬などの風俗文様，(d)宝相華文や蓮華文などの装飾文様，(e)虎・鸚鵡・羊あるいは禽獣文などがある。また，正倉院蔵の平螺鈿背八角鏡などのようにトルコ石・青金石・琥珀・赤玉・玳瑁などを配した豪華な宝飾鏡も唐鏡の特色をよく示している。*梅原末治『唐鏡大鑑』1945

(是光吉基)

道教(どうきょう)　後漢の順帝の142(漢安元)年に張陵(張道陵)が四川省成都の郊外にある鵠鳴山の山上で老子から受けた「正一盟威の道」の教えを基に，張衡・張魯の3代にわたって蜀の国を中心に広まった「五斗米道」教団と，同じころ後漢の184(中平元)年に黄巾の乱を起こした張角の「太平道」教団によって成立した宗教。老子の無為自然の考えと易経の吉凶判断の占いを合わせて，古来からの上帝信仰を理論的に説いたものといわれる。不老長寿の神仙思想を重要な要素としているが時代と共に変化し，日本には飛鳥時代ころに伝わった後に陰陽道や修験道などのように日本的なものに変化して広まった。「日本書紀」の656(斉明天皇2)年条に見える「両槻宮」は「嶺の上の両つの槻の樹の辺に観を起て」とある「観」で，これが道教寺院の「道観」ではないかといわれていた。1993年に藤原京跡の発掘調査で下ツ道の側溝から出土した木簡に「日」「尸」「鬼」などの文字と「急急如律令」という呪文があり，道教による最古の国家的祭祀跡が発見された。こうした呪符木簡は人形・斎串・人面土器・土馬などとともに律令制祭祀具といわれ，平城宮や平安京でも朝廷の「大祓」の神事に用いられた。北斗信仰・鎮宅霊符などの民間信仰にも道教がみられる。　(江谷　寛)

東京駅八重洲北口遺跡(とうきょうえきやえすきたぐちいせき)　東京都千代田区丸の内に所在する。2000(平成12)年から翌年にかけて発掘調査が行われた。当該地は江戸城東部の外堀の内側に位置する。江戸時代には譜代大名屋敷や南北町奉行所が置かれていた。発掘調査の結果，1期(1590〜1605年)の生活面上において，土坑墓6基，木棺墓4基のキリシタン墓が確認された。土坑墓の平面形は隅丸長方形を呈し，この中に伸展位で遺体が直接納められ，S1349とS1351号の人骨には繊維状の付着物がみとめられた。木棺墓の木棺は高槻城や大友館跡で出土した木棺と大きさもほぼ同じ長方形を呈し，やはり遺体は伸展位で納められていた。出土遺物は少なく，土坑墓のS1404号からは表面に「無原罪の聖母」が鋳出されたメダイ1点，ガラス製ロザリオ珠49粒，木製ロザリオ珠2粒が出土し，またS1380号の木棺には十字架が墨書されているのが確認されている。東京駅八重洲北口遺跡の調査によって江戸を中心とした東日本地域においてもキリシタンと関連する遺跡・遺構・遺物の存在が確認された意義は非常に大きい。*千代田区東京駅八重洲北口遺跡調査会『東京駅八重洲北口遺跡』2003　(今野春樹)

洞窟遺跡(どうくついせき)　石灰岩地帯の鍾乳洞，裂罅(れっか—岩のさけめ)，火山の横に噴出した噴気孔，海蝕による深さが比較的浅い海蝕洞，断層崖，河岸段丘の下部などが水蝕によって多少内部にえぐりこまれた岩陰(いわかげ—半洞窟)などは古代人にとって雨露をしのぐには最適の場所であり，これらの場所に人類がかつて生活していた痕跡を残すものは世界各地でかなりの数発見されている。洞窟遺跡は英語で一般にCave siteと呼び，岩陰遺跡はRock-Shelter site，フランス語のAbri siteがよく利用されている。

洞窟は第三紀末鮮新世に生息した中国雲南省のラマピテクス(禄豊猿人)の時代から居住に利用され，北京原人も北京市西南郊の周口店の石灰岩の裂罅と鍾乳洞の合成したような場所の堆積層から発見されている。ヨーロッパの鍾乳洞窟の奥深く居住した後期旧石器時代人は，動物絵画を洞窟の岸壁に描出していることで著名である。東南アジアでもベトナム北部，ハノイ市西北郊の石灰岩丘陵地帯には貨平(ホアビン)・北山(バクソン)などに洞窟遺跡群があり，旧石器時代末から新石器時代初頭の遺物が発見されている。スラウェイ，ミンダナオなどの島嶼にも古い洞窟遺跡が知られている。わが国でも後期旧石器時代から縄文時代草創期・早期の遺物を出土する洞窟遺跡・岩陰遺跡は北海道から九州までの各地で発見され，入口近くを住居とし，奥部を遺体埋葬の場とした遺跡も愛媛県上黒岩岩陰遺跡をはじめ数例知られている。また神奈川県三浦半島などの海蝕洞窟は弥生時代の納屋的性格をもち，漁具置場のような日常住居外の仕事場として使用し，奥部をあわせて墓域に利用したような例もある。少数だが縄文時代前・中・後・晩期の遺物を出土するものは，住居として使用された洞窟もある。＊日本考古学協会洞穴調査委員会編『日本の洞穴遺跡』1967　(江坂輝彌)

同型鏡(どうけいきょう)　一つの鋳型で数面の鏡を鋳造したものを同笵鏡という。また面径が同じで，かつ同一の図文を有する鏡を複数鋳造した場合，それらの鏡を同型鏡という。同笵鏡の鋳型は石型あるいは粘土型であり，一つの鋳型をくり返し使用することから，鋳造可能な鏡の枚数は限定される。それに対し同型鏡は，共通の原型を用いて踏返しをしたり，一つの型を別な型に押捺したり，あるいは一つの雌型からいくつもの原型を再生し，鋳型を複製するなどの方法をとることから鋳造可能な枚数は多い。このようにして製作された同じ図柄の鏡は，製作年代や製作場所が限定されるので，出土した古墳の年代や分布状況によって，古墳間の関連関係を知るうえで重要な手掛かりとなる。特に日本では，古墳時代前期における各地の古墳から出土している三角縁獣鏡のなかで同笵鏡と考えられるものがあり，その分有状況についての詳細な分析や研究が行われている。同型鏡は，すでに中国の戦国時代から認められ，河南省洛陽市金村出土と伝えられる螭首文鏡や怪神文鏡など若干の例が知られている。これらは一つの基本的図文を新しい鋳型に押捺し，しかるのち鏡の直径をきめたものであった。漢代になると戦国式鏡に比べ種類も増大し，画象鏡・獣帯鏡・重列神獣鏡・画文帯神獣鏡・三角縁神獣鏡などに同型鏡がみられ，そのいくつかは日本でも出土している。日本の特に奈良時代になると，伯牙弾琴鏡や海獣葡萄鏡など舶載の唐鏡を原型にして再製したものが少なくない。しかし日本では，このような古鏡の鋳型が出土していないため，いかなる技法によって製作されたかは明らかでない。＊小林行雄「同笵鏡考」(『古墳時代の研究』1961)；樋口隆康「同型鏡の二三について」(『古文化』1–2，1952)　(稲村　繁)

銅剣(どうけん)　弥生時代における青銅製の剣は細形・中細形・中広形・平形に大

別される。細形銅剣は中国東北地方の遼寧文化にみられる琵琶形銅剣から変化したものといわれ，身幅が狭く鋭利で背に節状部と両側に刳方をもつのを特徴とする。ほとんどが舶載品でほかにも有柄式・触角式・多樋式などの型式がみられる。福岡市板付田端では前期末の甕棺に伴ったといわれ，一般には北部九州の中期後半の甕棺に多く副葬された。細形銅剣は本来実用利器として用いられたが，国産化とともに儀器化の傾向が認められる。

国産の非実用的な銅剣が出現するのは中期以降，中細形の段階からで，それはもっぱら儀器や祭器として土中に埋納された。中細形・中広形は剣身長と身幅の比によって分類される。また平形銅剣は全体が扁平で刳方は完全に消滅し，身の両側に顕著な棘状突起がある。中細形・中広形が北九州を中心に分布するのに対し，平形は四国・中国地方の瀬戸内海側にその中心があり，中でも松山市道後市筋では10本の平形銅剣がまとめて土中に埋納されていた。このほか，銅剣は香川県高松市石清尾山猫塚や和歌山市山崎山古墳のように，一部は古墳時代にも存在した。＊九州歴史資料館『青銅の武器』1980；岩永省三「弥生時代青銅器型式分類編年再考—剣矛戈を中心として—」(『九州考古学』55，1980)　（井上洋一）

銅鼓(どうこ)　東南アジアにおけるドンソン(Dong-Son)文化にあらわれ，今なおインドシナ，南中国の山地民族の間で用いられている青銅製の太鼓。中国では諸葛亮(孔明)の陣太鼓とよばれて，早くから知られていた。F. ヘーゲルによって4型式に分類されているが，そのうちの第1型式はドンソン文化に属する代表的な遺物である。考古学的にはドンソン遺跡，ヴェト・ケ船棺墓遺跡，雲南石寨山遺跡など墓葬遺跡から副葬品として出土する場合が多い。現在知られている約150点の第1型式のうち，約70点はヴェトナム北部から発見されている。ヴェトナム以外では中国の雲南省・広西省，タイ，ラオス，カンボジア，マラヤ，インドネシアに分布する。銅鼓の起源について籐製の台の上に木製の太鼓を置いたものを青銅でかたどったと考えるV. ゴローベフ説や，銅鍋を倒置させて太鼓に転用したものであるとするP. レヴィ説などがあるが，近年，雲南省の大波那や楚雄の墓葬遺跡から出土した小形の特徴的な銅鼓は，銅釜との形態的類似から銅鼓の原初的な型式ではないかと考えられている。＊松本信広「古代インドシナ稲作民宗教思想の研究—古銅鼓の文様を通じて見たる—」(『インドシナ研究』東南アジア稲作民族文化総合調査報告1，1965)　（近森　正）

東谷坨遺跡(とうこくだいせき)(ドングートゥオいせき)　中国泥河湾盆地の東端に位置する河北省陽原県の前期旧石器時代遺跡。前・中期更新世の泥河湾盆地は巨大な湖で，その旧湖岸は気候変動に応じて拡大・縮小し，そこに水成層と風成層を堆積している。旧湖岸には東谷坨をはじめとして小長梁，馬圏溝などの遺跡があり，それらは古地磁気法によって約98万年前のハラミヨ(Jaramillo)正磁極亜期より下位の地層に位置することから，110万年前頃かそれ以前と推定されている。とくに東谷坨では上下5枚の地層から大量の石器とほ乳動物化石が出土している。石器の石材は遺跡付近で採取可能なチャート(chert)，メノウを主体とし，石灰岩もある。剥片剥離技術は研究途上であるが，固定した打面の周囲から剥片を剥離するものや両極技法が確認される。後者はチャートなどに節理が極端に発達し，大型の素材が得にくいことと関連があろう。石器は不定形なサイドスクレイパー(Side scraper)を主体に，エンドスクレイパー，尖頭器，錐がある。ハンドアックス(Hand axe)などのアシュール(Acheulean)文化系統の大型石器がほとんどないことは，初期人類のアジアへの拡散過程を考察する上で重要である。＊衛奇『人類学学報』4–4，1985；呉汝康ほか『中国古人類遺址』1999
（佐川正敏）

唐三彩（とうさんさい）　中国の盛唐期(684〜756)に低火度で焼成された陶器。世界各地の多彩陶器は，唐三彩を源流とし，わが国の奈良三彩も同じである。鉛釉(透明釉)を基礎とし，これに酸化鉄(赤・黄)，緑青(緑)を加えた各釉をかけ合わせたもの。他にコバルトによる藍釉をつかう場合もある。出土地は西安・洛陽周辺に多く，おもに貴族・官僚階層の墳墓から発見されている。各種の容器のほかに，人物・動物像のものがある。＊水野清一「唐三彩」(『陶器全集』25，1962)
（西脇俊郎）

東三洞貝塚（とうさんどうかいづか）　韓国東南端部釜山広域市影島区東三洞，影島の東海岸，朝島の韓国海洋大学へ向かう防波堤を兼ねた通路の分岐点，東南角が貝塚国指定地である。この貝塚は1929(昭和4)年4月，釜山在住で考古学に趣味を持たれる及川民次郎，大曲美太郎氏など釜山考古学会員数名で探索発見したもので，1932年8月，釜山考古学会創立一周年に1日小調査が試みられたという。その成果の概要は1933年5月刊の雑誌『考古学』4–5に及川民次郎が「南朝鮮牧ノ島東三洞貝塚」として発表されている。また京城帝国大学予科教授の横山將三郎も及川の教示を得て1932年7月23日より3日間の発掘調査を実施し，その成果を『史前学雑誌』5–4(1933年8月)に，横山將三郎「釜山府絶影島東三洞貝塚調査報告」として発表している。西北九州地方佐賀県腰岳産の黒曜石製の石鏃，鋸歯状の小剥片石器など西九州地方五島列島から，長崎，佐賀県下の海岸地方の縄文時代，前期末・中期の遺跡で発見の石器と同様の石器が出土した。東三洞貝塚出土の土器片中にも西北九州地方から渡来したと思われる曽畑式，阿高式，北久根山式土器がある。西北九州地方の前記形式の土器に見られる土器焼成の粘土中に滑石の粉末を混入し，煮沸用具として耐熱度の強い土器を作成した。僅かであるが，この滑石混入の土器片が東三洞貝塚にも認められる。ソウルの国立中央博物館には東三洞貝塚出土品の一部に10片余の日本渡来と思われる土器片を陳列している。
（江坂輝彌）

東山道武蔵路跡（とうさんどうむさしみちあと）　古代の武蔵国は，771(宝亀2)年に東海道に所属が変更になる。それ以前は東山道に所属し，上野国から武蔵国府へ達する東山道駅路が存在した。これを東山道武蔵路と呼んでいる。東山道武蔵路は，上野国の東山道本道から，群馬県太田市新田郡衙跡付近より分岐・南下し，「五ケ駅」(五ヵ所の駅家が有力)を経て，武蔵国府に至ると考えられている。発掘調査では，群馬県太田市新野脇屋遺跡群の東山道から南に分岐する道路跡をはじめ，埼玉県坂戸市町東遺跡，所沢市東の上遺跡，東京都国分寺市武蔵国分寺跡，府中市武蔵国府関連遺跡などで，東山道武蔵路跡とされる道路遺構が確認されている。このうち，国分寺市の東山道武蔵路跡は，国史跡武蔵国分寺跡の附として，国史跡に指定されている。その道路幅は約12mで，現代の国道の幅に匹敵する。谷筋の低湿地を埋めてでも，ほぼ直線で結ばれていることから，その土木技術の高さがうかがわれる。東山道武蔵路の敷設年代は，東の上遺跡の道路跡側溝から出土した須恵器の年代観によって，7世紀後半と考えられている。国分寺市武蔵国分寺跡北西地区では，全長340mにわたって直線の古代道路跡が検出され，7世紀後半から10世紀末に至る間の4時期の変遷が明らかになっている。＊木本雅康『古代官道の歴史地理』2011；川越市立博物館『古代入間郡の役所と道』2015
（江口　桂）

陶磁器（とうじき）　焼物の総称。土器・陶器・磁器・炻器に大別されるが，この分類は厳密な意味での概念規定ではない。土器は焼物の中で最も始源的なもので，釉薬を用いない素焼の器であり，縄文土器・弥生土器・土師器など時代に応じて変遷がある。陶器は土器の進歩したもので，素地が充分焼き締まらずやや吸水性をもつ不透明な，本来釉薬をかけた器である。しかし，広義には土器・磁器以外の焼物をさす。古代には奈良三彩，灰釉・緑釉陶器の3種が，中世以降には瀬戸・備前・常滑などの六古窯，その他の製品がある。磁器は素地がよく焼き締まってガラス化し，吸水性のない白く半透明の焼物であり，有田・九谷などである。炻器は西欧において素地が白くなく，石のように焼き締まった焼物の総称であったが，わが国では大正以後使用された名称であり，一般的に器には使用せず，陶器の中に含めている。ちなみに現在炻器の名称は土管・火鉢などに用いる。わが国の陶磁器の歴史は，須恵器からはじまってその大部分は中国・朝鮮の影響のもとに発達してきた。中国では殷代に硬陶がつくられ，西周期にはすでに灰釉が生まれ，漢代末には古越磁があらわれ，各種陶磁器の基盤がつくられた。これらの陶磁器は唐代以降に完成され，盛んに海外へ輸出された。わが国の古代陶器である奈良三彩，緑釉・灰釉陶器もその影響を受けて生まれ，中世陶器へと変遷した。なお，わが国で磁器が焼かれたのは江戸時代初期である。＊小山冨士夫『日本の陶磁』1967 （西脇俊郎）

桃氏剣(とうしけん) 『周礼考工記』に記載された桃氏がつくったとされる剣。中国に一般的な剣として，かつて水野清一は断面菱形のものをあてたが，林巳奈夫は菱形の各辺に一つずつのかどのある断面八角形のもので茎が中空のものをあてている。文献と出土例の対比から別の解釈がありうることは用語としての使用に注意が必要であろう。＊林巳奈夫『中国殷周時代の武器』1972 （重松和男）

桃氏剣（朝鮮・全北遺跡）

唐尺(とうじゃく) 唐で使用された尺度で，唐は隋の大小二尺制を受け継いだ。小尺は8寸1分(24.6cm)，大尺は9寸7分(29.4cm)である。度地などの場合は大尺，音律の調整や湯薬の調合，日影の測定などには小尺を用いた。日本の律令国家は唐尺を導入し，これらを基礎とした度法を施行しようとした。しかし，唐代の1尺2寸が1尺にあたる高麗尺が使用されていたため，高麗尺を大尺，唐尺を小尺とした。＊藤田元春『尺度綜考』1929 （岡本桂典）

唐招提寺(とうしょうだいじ) 奈良市五条町に存在する律宗の総本山。唐僧鑑真が新田部親王の邸跡を賜わり，寺を創建した。金堂は，奈良時代唯一の遺存する金堂である。講堂は，平城京東朝集殿の移築で朝堂関係建物の遺存例といわれている。伽藍は，南大門・中門・金堂・講堂・食堂を一直線上に配す。回廊は，中門より，金堂・講堂に接続するものと推定されている。塔は回廊の外に位置する。伽藍が整うのは，五重塔が完成した810(弘仁元)年と考えられ，当寺が私寺としての性格をもっていたため，伽藍造営が遅滞したのであろう。＊工藤圭章「唐招提寺の造営と伽藍配置」(『仏教芸術』64，1967) （岡本桂典）

唐仁古墳群(とうじんこふんぐん) 鹿児島県肝属郡東串良町唐人にあるわが国南端の畿内型古墳群。前方後円墳5基を含む132基の古墳が点在する。古墳群中最大の大塚古墳は，周濠を含む全長184mを測り，前方部の極端に低い前方後円墳である。後円部で発見された主体部は，花崗岩の竪穴式石室の内部に凝灰岩の家形石棺を納めたものである。棺外に短甲の副葬があったという。＊東串良町文化財保護委員会『唐人古墳群』1976 （渋谷忠章）

銅鏃(どうぞく) 青銅製の鏃。弥生時代中期に出現し，一般に前期古墳からの出土例が多く，5世紀代まで継続する。有茎・無茎に大別される。弥生時代の有茎鏃には静岡県矢崎や大阪府瓜破，無茎鏃には鳥取県浜坂などから出土したものがある。また特異な例として兵庫県会下山からは漢式三翼鏃が発見されている。

古墳時代になると有茎鏃は型式が多様化し，柳葉式・逆刺(腸抉)式・定角式・鑿頭式などに分類され，さらに箆被・横鎬の有無などによって細分される。滋賀県安土瓢箪山古墳出土の定角式鏃は箆被を有する。無茎鏃は京都府椿井大塚山古墳や妙見山古墳などにみられる。このほか，滋賀県伊香郡出土とされる銅鏃は6個の逆刺付銅鏃が銛状につながっており，銅鏃の製作法を示す一例として重視される。銅鏃は最初実用利器として用いられたが，鉄鏃の普及とともに消滅した。＊小林謙一「弓矢と甲冑の変遷」(『古代史発掘』6，1975)；本村豪章「近江出土の異形青銅器」(『考古学雑誌』63–3，1977)　(井上洋一)

東大寺(とうだいじ)　奈良市雑司町に現存する華厳宗の大寺院。南都七大寺の一つ。743(天平15)年に聖武天皇が造立を発願した毘盧舎那(びるしゃな)仏は，当初近江国に造立される予定であったが，745(同17)年に平城京に遷され，752(天平勝宝4)年に開眼供養が行われ，東大寺が創建された。伽藍配置は，大仏殿(金堂)の南に中門・南大門を配し，両門の中間の東西に東塔・西塔を置き，大仏殿と中門を回廊でつなぎ，北に講堂と僧房を構えるもので，東大寺式伽藍配置と呼ばれている。754(同6)年には，唐僧鑑真によって太上天皇に受戒が行われるに際して，戒壇院が設置された。こうして奈良時代に整備された伽藍は1180(治承4)年の兵火でその多くが焼失したが，重源の努力によって復興を果たし，南大門などでは宋から輸入された新様式である大仏様が採用され，威厳ある寺観を取り戻した。戦国時代には再度荒廃したが，公慶によって復興され，大仏殿などは1709(宝永6)年に再建された。＊石田茂作『東大寺と国分寺』1959　(時枝　務)

東大寺山古墳(とうだいじやまこふん)　奈良県天理市櫟本町にある全長140mの前方後円墳。後円部に粘土槨があり，鍬形石・車輪石・石釧・筒形石製品・碧玉製鏃・滑石製坩・環頭鉄刀(刀背に「中平□年五月丙午造作支刀百練清剛上応星宿下辟不祥」の金象嵌銘をもつ鉄刀がある)・鉄剣・鉄槍・銅鏃・鉄鏃・巴形銅器・革製短甲などが出土した。4世紀後葉の営造。＊金関恕「卑弥呼と東大寺山古墳」(『古代史発掘』6，1975)　(車崎正彦)

銅鐸(どうたく)　弥生文化特有の青銅器で，吊り下げるための鈕と鐸身からなる。神戸市渦ケ森出土の銅鐸は舞の内面に半環を設けており，鳥取県泊では舌が伴出していることなどからして，おそらくその用法は中国の鈴の系統を引く鳴り物と解せられる。またその祖型については朝鮮式小銅鐸にもとめる説が有力視されている。銅鐸を文様の種類によって大別すると，横帯文式と袈裟襷文式・流水文式に分けられる。しかし，近年は鈕の構造と変化による型式分類が一般化している。すなわち，古式は菱環鈕式，ついで外縁付鈕式・扁平鈕式・突線

銅鐸（大阪・西浦）

鈕式に分類され，同時に編年的位置付けがなされている。そして銅鐸はこの変遷に応じて小型から大型化への傾向を示している。

銅鐸の分布は近畿地方を中心として，西は島根・広島・香川・高知，東は福井・岐阜・長野・静岡まで及び，現在までに約450個が発見されている。しかし最近，佐賀県安永田や福岡県赤穂ノ浦から銅鐸の鋳型が発見されたことにより，九州にもその分布範囲を広げる可能性が予想される。近畿における銅鐸の鋳型は大阪府東奈良，同府鬼虎川，奈良県唐古・鍵，兵庫県名古山，同県上高野，同県今宿丁田，京都府鶏冠井の各遺跡から発見され，それらの一部は製品との対応関係が指摘されている。また福岡県岡本4丁目と同県大谷の両遺跡からも小形銅鐸の鋳型が検出されているが，この2例は朝鮮式小銅鐸の系統に属する可能性があり，ほかのものとは別に考えねばならない。

銅鐸の製作開始時期については，弥生時代前期末とする説と中期中葉以降とする説がある。また銅鐸の埋納の意義についても宝器隠匿説・祭器埋納説・地中保管説などがあるが，いずれもいまだ定説をみない。＊梅原末治『銅鐸の研究』1927；佐原真「銅鐸」（『日本の原始美術』1979）／『銅鐸の考古学』2002；三木文雄『銅鐸』1983　（井上洋一）

『銅鐸』（どうたく）　立正大学考古学会が編集発行したA5判縦組の雑誌。1932（昭和7）年創刊。1958（昭和33）年に14号を発行して休刊。仏教考古学関係の論文・報告が主として掲載された。1968（昭和43）年に全冊が一冊本として覆刻された。　（坂詰秀一）

銅鐸型土製品（どうたくがたどせいひん）　銅鐸を模した小型の土製品。現在までに30数例が知られ，その分布は九州・関東も含め銅鐸よりも広範囲にわたっている。一般に銅鐸が集落地帯とは隔絶して発見されるのに対して，土製鐸は集落跡内より発見される例が多い。一般に破損品が多く呪術的な意味が考えられ，個人または家族単位で用いる護符の一種とみるむきもあるが，具体的な用途は明らかでない。また，ほかの土器類と共伴出土するところから銅鐸使用時期の一端を知ることができる。佐賀県詫田，同県川寄若宮，大阪府瓜生堂などでは弥生中期のものに伴出したといわれ，奈良県四分では後期に伴っている。愛知県南部には出土例が多く，そのほとんどが弥生時代のものであるが，中には同県見晴台出土例のように古墳時代の所産を思わせるものがある。＊佐原真「銅鐸」（『日本の原始美術』1979）；芋本隆裕『鬼虎川の銅鐸鋳型』1981；小林行雄『古墳の話』1959　（井上洋一）

投弾（とうだん）　ユーラシア大陸からオセアニア，新大陸まで分布する武器の一つ。日本で，これを最初に注目したのは八幡一郎である。弥生時代の前期に出現し，中期に普及し，後期まで使われた。おもに九州から西日本に分布し，わずかに北陸や東海地方でも出土する。

紡錘形をしたこの武器は土製と石製とがあり，大きさや形態からして外国のものと似ているので，同じ用途と考えられる。長さ1mほどのひもの中央が投弾をのせるため，やや幅広につくり，ひもの両端を片手に持ってぐるぐるまわし，遠心力を利用してとばす。

土製のものは長軸3～6cm，円周2.5～8cm，重さ5～70gで，粘土を焼いてつくった。石製のものは長軸4～8cm，円周3～10cm，重さ30～80gで，自然石を少し加工しただけのものと，紡錘状に磨いたものとがある。福岡県津古中ノ台遺跡の後期の住居跡からは土製の紡錘形をしたものが，60個ちかく出ている。鹿児島県高橋遺跡では自然礫のものが前期の住居跡から96例も見つかった。＊八幡一郎編『弾談義』1981　（関　俊彦）

東南アジア考古学会（とうなんあじあこうこがっかい）　東南アジアを中心とする地域の考古学的研究を推進し，隣接科学を含む研究者相互の連絡や諸外国の研究者との交流を図るために，1977年に結成された学会。大会・月例会を開催し，機関誌『東南アジア考古学』や『東南アジア考古学会研究報告』を刊行する。（時枝　務）

塔婆（とうば）　ストゥーパ（Stūpa）の漢訳。塔，卒塔婆，浮屠などともいう。ストゥーパはインドで民間信仰による墳墓祭祀などに用いる施設として創始され，釈迦の死後に舎利を納めるために起塔したことから仏教に導入され，在家仏教徒の信仰対象として普及した。その形態は平面が円形プランで，基壇のうえに半球形の伏鉢を載せ，さらに露盤・傘蓋を立てた独特のものである。この形態は前2世紀頃に成立したもので，サンチー（Sanchi）やアマラーヴァティー（Amaravati）などでは，周囲に欄循を巡らし，仏伝やジャータカ（jātaka）などの浮彫を施している。ストゥーパはスリランカや東南アジアなどに伝播し，ミャンマーのパゴダ（Pagoda），タイのチェディ（Chedi），ラオスのタート（that），チベットのチョルテン（mchod rten）などに発展した。中国では在来の楼閣建築と結び付き，南北朝に木造や塼造の三重塔・五重塔・九重塔などの層塔が案出され，さまざまな形態の石製や銅製の小塔が生み出された。朝鮮では，中国の影響を受けて多数の木造層塔が建設されたが，統一新羅から高麗にかけて石造層塔の造立が流行した。日本では，6世紀末以降に木造・石造・瓦製などの層塔が造立され，14世紀までには木造・石造・金属製などの層塔・多宝塔・宝塔・五輪塔・宝篋印塔・無縫塔・板碑・相輪塔など多様な形態の塔婆が造られるようになり，その性格も供養塔や墓塔などさまざまなものが出現した。＊石田茂作『日本仏塔』1969；杉本卓州『インド仏塔の研究』1984；石田茂作監修『新版仏教考古学講座』3，1976（時枝　務）

同笵鏡（どうはんきょう）　同じ鋳型を用いて製作されたものと考えられている鏡。同形同大で同文様の複数の鏡の存在から復元想定される鏡製作の技術。弥生時代後期においては，石製鋳型の存在により同笵鏡の存在は確実であるが，古墳時代における鋳型の確認はない。このため1個の鋳型からは1面の鏡のみを作り，この鏡を原型として複数の鋳型を製作して同形同大の鏡を作ったとする同型鏡という考え方もある。舶載鏡に多種の類例が知られており，特に古墳時代の三角縁神獣鏡の特徴の1つとなっている。この鏡は製作場所・時期など問題の多いものであるが，舶載鏡と，これを模倣して製作された仿製鏡を含めた約500面のうちの7割が同笵鏡として知られる。京都府椿井大塚山古墳では34面中21種26面，奈良県黒塚古墳では33面中7種15面が同笵の三角縁神獣鏡である。＊小林行雄「三角縁神獣鏡の研究」（『古墳文化論考』1976）（池上　悟）

動物遺存体（どうぶついぞんたい）　遺跡から出土する動物骨をいう。Animal Remainsが同義であるように，遺物であり，自然堆積ではなくて人間の手を経て捕獲・加工・処理された結果，遺跡内に残存した貝や骨が主である。その種類は，軟体動物（貝殻），節足動物（フジツボ・カニ），棘皮動物（ウニ），脊椎動物（魚・両生・爬虫・鳥・哺乳類）など多岐にわたるが，残存する部位をもたないもの（イカ・タコなど）を考慮すると食糧となった動物はさらに多いはずである。また，遺跡に群がる動物（残滓に集まる昆虫や，陸産貝類など）も遺存体として扱う。日本の旧石器時代にも絶滅した大型動物（ナウマンゾウ・オオツノジカなど）の狩猟が想定されるが，化石に他の遺物が伴ったり，骨自体に人の痕跡がみられる例は多くない。縄文時代は出土量，種類数が最も多い。なぜなら，多様な小環境（山地～海岸，湖沼）に適応したこと，特徴的な貝塚では，貝のカルシウム分で動物遺存体がよく保存されたためである。また，内陸部の住居跡近くに焼骨片となって残存したり，山地帯の洞窟，岩陰遺跡の灰層中に埋存する。弥生時代には，貝塚のほかに，大集落の環濠・溝中などの低湿地遺跡に，かなりまとまった資料をみる。それより時代が下ると，出土例はまれになり，海岸部の漁労専業民や，断続して利用された洞窟遺跡の上層部にみる狩猟専業民がのこす例，藤原宮・平城宮などの宮跡，武家屋敷・鷹匠屋敷跡などに特殊な例をみるにすぎない。一方，北海道を中心として，縄文時代以降も，続縄文時代，オホーツク文化，擦文文化の貝塚，アイヌのチャシ跡などに豊富な遺存体をみる。特に，オホーツク文化では骨塚や厚い魚骨層を形成する。このように動物遺存体研究は，広い時代にわたるが，生業を明らかにするというその目的や，出土量からいって，狩漁採集経済の営まれた時代に有効である。研究の方法には，①種類の同定，②数量化，③痕跡（狩猟痕，解体痕，加工痕，犬などの咬痕）の観察，④歯牙の萌出・成長輪などによる絶対年齢推定，季節推定などがある。これらの総合的研究の結果，はじめて①ある地域での駆使された技術，生産量を含めた生業の年間スケジュールの復原，②採集・捕獲→解体→運搬→調理→骨角牙貝製品への再加工→廃棄，儀礼などの生存活動の一連の行為を復原すること，などが可能となり，それを通して人間の歴史を生態学的に究明していくことができる。＊直良信夫『古代日本の漁猟生活』1946；金子浩昌「動物遺存体」（『考古学ゼミナール』1976）（丹羽百合子）

動物考古学（どうぶつこうこがく）　動物遺存体を研究することにより，人間が季節に応じ，いかなる動物をどのようにして，どれだけ捕獲し，食料や道具に利用したか，また，当時の環境と人間との関係を研究する分野である。これらは日本で一般的な酸性土壌のもとでは保存されにくく，貝塚や石灰岩洞穴などで主として骨とそれを利用した骨角器が保存されているにすぎない。特殊なものとしては糞石や足跡なども含められる。微小遺物の採集には土壌選別が必要である。*Chaplin, Raymond "The Study of Animal Bones from Archaeological Site" 1971（松井　章）

『動物考古学』（どうぶつこうこがく）　編集・発行　動物考古学研究会，〒285-8502 佐倉市城内町117，国立歴史民俗博物館考古研究部西本研究室内，tel. 043-486-4261。『動物考古学』と呼称して刊行されている現在のところ唯一の雑誌。1993年の創刊。本来考古学界における動物遺体の研究誌であったと思うが，そのための研究分野は広く，それらを網羅的に扱っていこうとする編者の意図が掲載「論文」,「調査ノート」「資料紹介」,「その他」にみることができる。（金子浩昌）

動物埴輪（どうぶつはにわ）　形象埴輪の一種で，鳥獣をかたどった埴輪である。人物埴輪に次いで多く，出現は人物埴輪より若干早く，古墳時代前期末と考えられている。鳥類として水鳥・ニワトリ・タカなどがみられ，獣類はウマ・イヌ・シカ・イノシシ・サル・ウシがみられ，ウマが最も多い。ウマの埴輪には鞍・杏葉・雲珠・鏡板・馬鐸・馬鈴を付けたものがある。また背をふり向いたサル・イヌなどの動作を表現したものがある。＊小林行雄「埴輪」（『陶磁大系』3，1974）（阪田正一）

『東北文化研究』（とうほくぶんかけんきゅう）　喜田貞吉を主任として，東北帝国大学法文学部内奥羽史料調査部で，1927年9月1–1（創刊号）を発売。東北文化に関する研究報告を発表するとともに，東北文化資料の蒐集の蒐集機関としても活動するという抱負をもって編輯する雑誌で，月刊の予定であったが，1–1（1928.9），1–2（28.10），1–3（28.11），1–4（28.12），2–1（29.1），2–2（29.3）（発刊の遅延から1–6と誤植する），2–3（29.4）（本号も2–1（4.4）と誤植する），2–4（29.5）（2–2と誤植），2–5（2–3と誤植）（29.9），2–6（2–4と誤植）（30.3）〔この頃より刊行がかなり遅れ不規則となる〕，2–7(2–5 と誤植)(30.12)。2–7 号は単独で『東北文化研究』として刊行されたものはなく，いくつかの歴史関係の雑誌に「古代文化研究」と題するカバーを印刷したものがかなりの数出て，古書店などで販売された。従って，実際に発売されたものは，総計 11 冊である。本誌には，「東北に於ける古城柵研究　池内儀八」，また，斎藤忠が 2–6・2–7 の 2 号に「松島湾内に於ける貝塚調査概報」を発表されている。昭和初期の縄文文化研究の論考として，注目すべきものである。（江坂輝彌）

銅矛(どうほこ)　剣身形の身で，基部が袋状の銎になり，これに柄をさし込んだ刺突用青銅製武器で，銎のところに 1～2 個の環状の耳が付く。中国では殷代からみられ，朝鮮には細形銅矛がある。日本へは弥生前期末に朝鮮半島より北部九州に銅剣・銅戈とともに入ってきて，甕棺墓などに宝器的に副葬される。弥生時代の西日本一帯に広まるが，型式変化が認められ，銅剣・銅戈と同じく一般に細形・中細・中広・広形の 4 型式が認められ，これも長大化・扁平化の過程をたどっていく。型式変化の目安は鋒と銎・耳に認められる。広形に関しては，銎に鋳型の土が残っているものもあり，柄を付けることを無視していて，明らかに儀器化している。また，長さが 1.2m に及ぶ長大なものもある。福岡県広田では 9 本の広形銅矛が鋒を交互にして埋納されていた例がある。この広形銅矛は長崎県対馬での出土数が非常に多く，航海関係の祭祀が行われていたものととらえられている。＊森貞次郎「青銅器の渡来」「銅剣・銅矛・銅戈の鋳造」(『世界考古学大系』2，1960)；岩永省三「弥生時代青銅器型式分類編年再考」(『九州考古学』55，1980)（定森秀夫）

ドウマンチャ貝塚(どうまんちゃかいづか)　青森県下北郡大間町大間字大間平(おおまいら)俗称ドウマンチャの伊藤角松氏所有の畑地である。北緯 41° 31′，東経 140° 54′ に位置し，本州最北端の縄文時代晩期初頭の貝塚である。貝塚は標高 15～20m の海岸段丘の山塊につづく段丘の基部にところどころ小高い畑地があり，貝塚もこの微高地の一つに位置している。大間崎の南々東約 2km の場所である。貝塚に堆積していた貝類は，タマキビ・クボガイ・エゾボラなど小型巻貝類が最も多く，巻貝としてイシダタミ・サザエ・レイシ・イボニシの貝殻も見られ，サザエは蓋のみが多く残っていた。今日大間の岩礁地帯の海岸にはサザエは棲息しない。二枚貝はアカガイ・ベンケイガイ・イガイ・ホタテガイ・ハマグリ・シラトリガイなどの貝殻が認められたが，ベンケイガイ・アカガイは貝輪の製品の貝として認められた。魚骨はマダイが最も多く，他にメバル・スズキ・ブリ・アイナメ・マフグ・マグロ・ネズミザメなどの骨骼が発見された。また，北洋の海岸であり，アシカ・トドなどの骨骼もかなり出土した点，下北半島北端の尻屋崎札地貝塚(晩期，大洞 C_1 式)と近似している点は興味深い。（江坂輝彌）

銅鋺(どうわん)　銅製の鋺であり，仏器の一種である。「かなまり」，「佐波理」ともいわれ，舎利容器として用いられる場合もある。形態は，台付・承台付・蓋付などが組み合わさり，数種認められる。出土は，東日本の終末期古墳や横穴墓からが多いが，仏器としての性格より，威信材としての性格が強かったものと考えられる。＊毛利光俊彦「古墳出土の銅鋺の系譜」(『考古学雑誌』64–1，1978)（上野恵司）

遠見塚古墳(とおみづかこふん)　宮城県仙台市若林区遠見塚にある。沖積平野につくられた全長約 110m の前方後円墳で，後円部下 2m に主軸と並行した粘土槨が 2 基検出されたが，土師器壺が出土しただけであった。東北 2 番目の規模を有するといわれるのに反して副葬品は少ない。＊伊東信雄「遠見塚古墳」(『宮城県文化財調査報告書』1，1954)（杉山晋作）

尖石遺跡(とがりいしいせき) 長野県茅野市大字豊平字大塩にある中部地方の縄文時代中期の代表的な集落遺跡。宮坂英弌により1940年から調査，竪穴住居跡37戸が発掘された。集落は中央に広場を設けたU字形集落で，北側に谷を隔てて中期の与助尾根遺跡が隣接する。尖石という名は，集落南斜面下にある三角錐形の石に由来する。この石にはいくつもの人工的な溝があり，当時磨製石斧などの砥石として利用されたものと考えられる。

尖石遺跡からは，口縁に蛇体把手をつけた深鉢などの多彩な土器をはじめ，各種の石器，シカ・ウサギなどの焼骨，クリ・ドングリ・クルミなどの炭化物，また33号住居跡の炉跡付近から出土の自然石の周辺に太陽・樹木・人をモチーフとした線刻のあるものが出土した。遺跡は1952年国の特別史跡に指定され，遺物は南大塩にある尖石考古博物館に展示されている。＊宮坂英弌『尖石』(茅野市教育委員会)1957／『尖石』1968 (広瀬雄一)

土冠(どかん) 石冠あるいは冠石とよばれる石器と同じ形をした遺物で，これを土製品として製作したものと思われる。冠のごとき形態をなし断面は凸字形である。つまみのようになった丸い頭部と横に長い基部とからなり，底はくぼみ扁平ではない。基部の先端などに文様を施文した精巧なものと無文のものとがあり，東北地方の縄文時代晩期に発見されるが石冠と同様に用途は不明である。 (野口義麿)

土器塚(どきづか) 斎藤長秋の著した『江戸名所図会』(1836)の荏原郡，駒場野の条に「土器塚，駒場野の内なり。里諺に云，住古此地奥州街道なりしにより，源義家朝臣奥州征伐の頃，此地に至り玉ひ，酒宴ありし土器を，後土人等此地に埋めて義家朝臣の武功英名を尊ぶのあまり，土器塚といふ云云」と書かれており，1883(明治16)年に福家梅太郎・坪井正五郎により調査され，該地が石器時代の遺跡であることが明らかになった。以来貝塚に対して土器塚とよんでいたが，その後鳥居龍蔵によって遺物包含層とよばれるようになった。＊甲野勇『縄文土器の話』1976 (川崎義雄)

土偶(どぐう) 人の形につくった土の人形をいう。広義に解釈すれば古墳時代の埴輪，祭祀遺跡から発見される人形(ひとがた)なども含むが，今日では土偶といえば先史時代のものを指すようになった。土偶は縄文時代の重要な信仰的遺物である。早期・前期という古い時期には少なく，人をかたどったというよりも人型に近く，つくりも拙劣で小さい。頭と乳のふくらみによって土偶であることが識別できるほどの粗末なものである。中期になると目・鼻・口をはっきり表現し土偶らしい形態をととのえてくる。一遺跡から多数発見されることも珍しくない。後期には形態が定型化してくる。筒形土偶とよばれるコケシ人形のようなものや，群馬県吾妻町郷原例のようにハート形の顔をした土偶，後頭部が突出し三角形の顔をした山型土偶，丸い目，耳，口をはりつけ飾りたてたみみずく土偶などがある。北海道から九州に至るまで全国から発見され数量も多い。晩期には東北地方では亀ヶ岡式土器に代表されるように繊細巧緻の土器が製作されたが，その文様をとりいれた空洞づくりの大形土偶がつくられた。王冠のような頭に眼鏡をかけたような大きな目は，エスキモーが目を保護するために使用した遮光器とよく似ているので遮光器土偶とよばれている。

土偶が遺構を伴って発見された例がある。しかし，遺構自体もさまざまで，その中から発見された土偶も完全なものもあればひどく損傷をうけているものなどがある。小形の土偶や手足を省略した土偶は携帯するのに便利で，護符的な用途が考えられよう。赤色の顔料を塗ったものは神秘性・呪術性を強調しており，女性の特徴を誇張した土

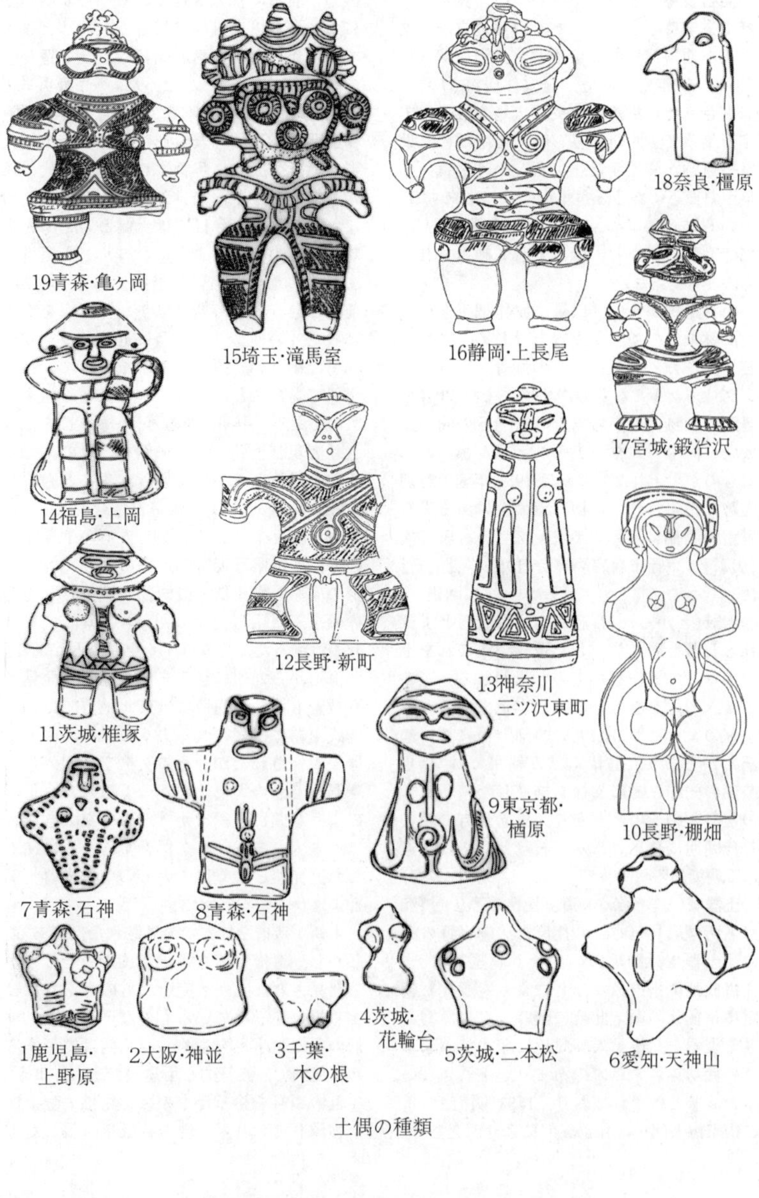
19青森·亀ヶ岡
15埼玉·滝馬室
16静岡·上長尾
18奈良·橿原
17宮城·鍛冶沢
14福島·上岡
12長野·新町
13神奈川
三ツ沢東町
11茨城·椎塚
10長野·棚畑
9東京都·
楢原
7青森·石神
8青森·石神
1鹿児島·
上野原
2大阪·神並
3千葉·
木の根
4茨城·
花輪台
5茨城·二本松
6愛知·天神山

土偶の種類

偶は出産・繁殖・生産との結びつきが考えられよう。完全な土偶がきわめて少ない事実を考えれば疾病・災害の身代りとして祈祷し破壊したという説もなっとくされる。容器形土偶のうちには胎内に幼児骨を納めて葬った例があり，広義に信仰的な遺物であると解釈しても遺構と土偶自体のあり方からみれば，その用途・目的はきわめて多彩であったと考えられる。江坂輝彌『土偶』1960／『日本の土偶』1990　(小野美代子)

徳川将軍家墓所(とくがわしょうぐんけぼしょ)　近世日本におけるヒエラルヒーの頂点にあった将軍徳川家の墓所は，初代徳川家康墓・三代家光は日光東照宮にあり，2・6・7・9・12・14代は芝増上寺，その他は上野寛永寺に埋葬され，最後の将軍15代慶喜は 谷中寛永寺墓地に神道形式で埋葬された。家康は遺言に従い，遺体は駿府久能山，葬儀を増上寺，位牌を岡崎大樹寺に祀り，一周忌後に日光に神霊「東照大権現」として祀られた。当初秀忠により木製多宝塔が建立されたが家光により石造宝塔に作り替えられ，5代綱吉によって家康・家光の墓が銅製宝塔に造り替えられた(現在)。その他の歴代将軍墓は昭穆制を想起させるように増上寺と寛永寺に交互に葬られた。墓様式は位牌を祀る霊屋と遺骸を埋葬した墓所からなる。墓上部構造は銅製宝塔であるが7代以降は8代吉宗の倹約志向や国内銅生産縮小に伴い石製宝塔となった。増上寺は，東京大空襲により荒れ1958から59年に改葬立会調査が行われ，墓の下部構造が『増上寺徳川将軍墓とその遺品・遺体』(1967)により知られた。また，近年，寛永寺裏方墓所の計画的調査が行われ将軍正・側室墓の実態が明らかにされ将軍家有縁の墓制が明確になった。*『東叡山寛永寺徳川将軍家御裏方霊廟』2012　(松原典明)

土坑(壙)(どこう)　一般に地表面を掘りくぼめた一定の容積を有する円形・楕円形・方形あるいは長方形などの平面形を呈する穴を土坑という。この場合には機能の限定されないものを指し，墓としての機能の想定される場合には特に壙の字義に従い土壙の語を用いる。さらに明確に墓であることが遺骨および副葬品の出土より断定される場合には土壙墓という。土壙墓の場合は，一般にはほかに何らの遺体収納の施設を伴わないのを指すが，棺施設が有機質である場合には，その消滅に伴い区別は困難となる。したがって土壙墓とよばれるものは最も単純な埋葬施設として各地域・各時代に認められるものである。わが国の場合も各時代において認められるものである。また，646(大化2)年3月甲申の条収載のいわゆる大化薄葬令に「収埋於地」と規定された庶民の墓などもこの範疇の埋葬と考えることができよう。　(池上　悟)

土壙墓(どこうぼ)　土中に小竪穴を掘り直接遺骸を納めた墳墓で，土壙以外には特別な施設設備を持たない。埋葬方法としては最も簡潔なものであり，世界各地に認められる。日本では縄文時代以降に例があり，形態，大きさ，頭位方向，副葬品などが問題となる。例えば縄文時代晩期の北海道札苅遺跡では面積352㎡の段丘上に60基の土壙が発見された。その形は隅丸方形・小判形・楕円形などであり，大きさから見て屈葬が多く，また方向も西から西北を向いていた。さらに各土壙には壺・鉢・石鏃・石刀・玉類などが副葬されていた。

なお土壙は単独の場合もあるが，多数の土壙が群集して墓域を形成することが多い。なかには北海道の周堤墓(環状土籬)や，東北の環状列石の内側に多数の土壙が掘られており，土壙が他の遺構と組み合わさることを示している。*北海道開拓記念館『札苅』1976　(藤村東男)

十腰内遺跡(とこしないいせき)　青森県岩木山東北麓，標高50mの十腰内村落の北に伸びる台地一帯が，縄文時代後期末から晩期にわたる集落遺跡で，旧中津軽郡裾野村十腰内で，今日は，弘前市になっている。十腰内の南 2.5km 街道筋の十面沢(とづらざわ)にも，縄文時代晩期の集落遺跡があり，街道筋を西北西に 2.5km 歩けば，建石の村落があり，ここにも後期から晩期の集落遺跡があり，この付近の遺跡は，20 世紀初頭頃からこの地方の人によってさかんに発掘され，多くの完形土器・土偶などが東京や関西の好事家宛に売却された。また，発掘した出土品だけではその需要に応じ切れず，稚拙な贋作を多数製作し，これも販売していた。今日，これらの贋作が，かなり残っている。また，これらの遺跡は遺物発掘の目的で，地元の好事家の手で発掘されたのみで，考古学研究者の研究目的で発掘調査は全く行われなかった。＊弘前市教育委員会『岩木山―岩木山麓古代遺跡発掘調査報告書』1966　(江坂輝彌)

常滑(とこなめ)　一般的には，愛知県知多半島で生産された陶磁器をさす。中世六古窯の一つで，平安時代，灰釉陶器を焼成していた猿投窯の技術的な影響を受け，その成立は猿投窯の衰退と関係しているともいわれる。釉薬を用いず，初期は，山茶碗と呼ばれる碗が中心として焼かれたが，その後壺や甕を主体とする中世常滑窯に変化していく。近接する瀬戸窯とは，深い関係が認められ，分業生産も想定され，官窯的な要素も有していたと考えられている。＊赤羽一郎『常滑焼』1984　(上野恵司)

常世遺跡(とこよいせき)　福島県会津盆地の東北部，喜多方市東部，磐梯山塊西麓，喜多方市塩川町(旧駒形村)大字常世(とこよ)字原田(小河川を挟み，北側は字山ノ神。この遺跡は宇佐見常憲より桑山龍進が教示を受け調査した。縄文時代早期，関東地方の田戸上層式・子母口式とも類似した文様の薄手の土器で，絡條帯圧痕文の施文された点，ムシリ 1 式(青森)とも類似する。桑山は，奥羽南部の早期の一形式の標準資料としたいと記している。＊桑山龍進「会津盆地の早期縄文文化」(『日本考古学年報』1，1948)　(江坂輝彌)

常呂遺跡群(ところいせきぐん)　北海道北東部，常呂郡常呂川河口付近からサロマ湖の北東岸にかけて分布している遺跡群の総称。旧石器時代後期から近世アイヌ期にわたる遺構・遺物がみられ，朝日トコロ貝塚や国史跡「常呂遺跡」「常呂川河口遺跡」などを含む大規模な集落遺跡が主体となる。遺跡群の調査は 1957 年以来，東京大学考古学研究室によって行われているが，1973 年には東京大学文学部付属北海文化研究常呂実習施設も開設され，長期的展望に立った調査･研究が進められている。「常呂遺跡」は，常呂川河口から西にのびる砂丘上に約 5km にわたってみられる 2500 に及ぶ竪穴群である。そのうち栄浦第二遺跡については，13 の竪穴の調査が実施され，縄文時代・続縄文時代・擦文文化・オホーツク文化の各期の竪穴住居跡が検出され，うちオホーツク文化に属すると思われる六角形の竪穴などもある。竪穴の分布は非常に濃密で，最も濃いところでは 100m 四方に 90 の竪穴を数える。朝日トコロ貝塚は，北海道東部最大の貝塚で，縄文時代の北筒式土器が層位的に出土し，道東の縄文時代編年の基礎となっている。貝層の下からは石刃鏃を含む石器群が土器と共伴し，また押型文土器を伴う住居跡なども発見されている。常呂川河口遺跡は，常呂川護岸工事に伴い 1988 年から 2002 年まで，常呂町教育委員会により発掘された。遺跡総面積は 14 万㎡に及ぶ。この発掘により，縄文時代からアイヌ文化期に至る大量の遺構・遺物が出土した。なかでも縄文時代前・中期の押型文土器が層位的に出土したり，縄文時代晩期から続縄文時代にかけての墓からコハクやヒスイ製玉などが豊富に出土した。他に，常呂平野をとりまく台地上にある岐阜第二遺跡・トコロチャシ跡遺跡などで擦文文化，オホーツク文化，近世アイヌ期の遺構・遺物が発見されており，常呂町と東大で一部調査がなされている。＊東京大学文学部考古学研究室編『常呂』1972；常呂町教育委員会『常呂川河口遺跡』(1)〜(3)，1996，2000，2002
（野村　崇）

戸沢充則（とざわみつのり）　1932〜2012。長野県生まれ。明治大学文学部史学地理学科卒・大学院文学研究科博士課程修了。明治大学専任講師・助教授を経て教授。文学博士。明治大学学長。岩宿時代・縄文時代を専攻。「市民と共に学ぶ」視点で考古地域史の確立に尽力する。岩宿（先土器）時代の石器の分析的研究，縄文時代の土器研究をはじめ集落の構造論・農耕論など多方面の研究を展開する一方，わかりやすい考古学の創出を説く。『先土器時代の文化の構造』1990，『縄文人との対話―私の考古学手帖―』1987，『縄文時代史研究序説』1990，『縄文時代史事典』（編）1996 など。　（坂詰秀一）

都城跡（とじょうあと）　わが国の古代都市は，周囲に城壁をめぐらした例はないが，その源流である中国の例にならい都城の名を用いている。都城はほぼ中央北側に宮殿を配し，宮殿より南に延びる朱雀大路を中心として左・右の京域に分け，朱雀大路と直交する路を条，平行する路を坊とよぶ条坊制によって京域全体を方格地割りしたものである。条は北から順次南に向かって一条，二条……と呼称するのに対し，坊は朱雀大路を中心として左京が東一坊，東二坊，右京が西一坊，西二坊，おのおの東西に向かって三，四坊と呼称する。その遺制は特に京都市の町割によく遺存している。わが国で初めて都城制が確立されたのは藤原京である。この藤原京が原型となって，次の平城京が営まれ，以降平安京まで踏襲される。また，藤原京や平城京は中国の北魏・洛陽城，唐・長安城の影響によって営まれた。一方，都城の名が初めて文献上にあらわれるのは，『日本書紀』683 年の天武天皇の詔である。その内容は複都制をあらわしたもので，難波にも京を置くことが記されている。近年その難波宮跡の考古学的調査が進み，前期難波宮（？〜686 年）と後期難波宮（726〜793 年）の存在が明らかにされた。前期難波宮にはすでに朝堂院が認められ，その形態が藤原宮以降のものの先駆的形態をもつことから，その理解をめぐって論議のあるところである。もし藤原京以前に都城制がひかれていたとすると，古代史上その意義は大きい。＊上田正昭編『都城』1976　（西脇俊郎）

土壌分析（どじょうぶんせき）　考古学は，土壌空間に記された人間活動の痕跡を探ることを研究手法としている。土壌に関する基本的性状を正確に認識する必要があり，そのためには土壌そのものを研究対象としている土壌学との連携が必要不可欠である。土壌調査法には，目的によってさまざまなものがあるが，考古学の場合には土層断面（文化層）の判定，人間活動の認定，古環境の推定が主な関心事であると思われる。土層断面では，その生成環境や人間活動の痕跡を判断する指標として土色，粒径組成，緻密度，斑紋，石礫の混入程度などの調査が一般的に行われる。さらに必要によっては土壌含水比，pH，粘着性，可塑性限界，収縮限界などの調査も行われる。人間活動の認定のためによく行われる調査には鉄とマンガンの沈着した斑紋判読による古水田の同定，土坑の用途判定のための全リン酸分析などが行われている。　（青木繁夫）

土錘（どすい）　土製の錘（おもり）であり，漁網あるいは編み物の錘とされたと考えられているものである。縄文時代以降各時期に特徴のある形のものがある。

(1)土器片錘：四辺形に再加工した土器片の長軸に浅い刻みをつけたもの。関東地方の茨城・千葉・東京・神奈川県下での出土が圧倒的に多い。福島県がそれに次ぐ。時期的には縄文時代中期阿玉台，加曽利 E 期に多い。長軸の長さは平均 4.2cm，幅 3.5cm，重さは 30g 台が多い。両側の刻み目の幅は 1.0

〜1.5mm しかなく，かなり細い紐で固定したものらしい。内湾の奥の遺跡で出土することが多く，もし網具とすれば，ハゼ・アジ・フナなどの小魚，内湾魚が対象となったろう。

⑵有溝土錘：扁平な紡錘形につくられ，長径 4.5mm，短径 2.5mm，厚さ 1.5mm，重さ 20g 位。関東以北茨城・福島・宮城県下での出土量が多い。縄文時代後・晩期。長・短軸に沿い，また周囲に溝がつけられ，中央に穿孔している例もある。土製の錘としては入念なつくりである。あまり大形でないところから，小規模の網に付けたものであろう。なお，溝の付け方にはさらにいくつかの方法があり，円筒状のものの両端に 2 条の溝をつけ，さらに長軸上にも溝をつけたものもある。

⑶管状土錘：円筒形あるいは紡錘形の土製品で，長軸の中央に貫通する孔があく。この形のものは縄文時代につくられることはあまりなく，弥生時代あるいはそれ以降につくられたものが多い。弥生時代のものでは，大阪府豊中市勝部遺跡から，3g，11g，69〜105g というように大小のものがつくられる。古墳時代では，横須賀市なたぎり遺跡でも大小のものがつくられ，長さ 3〜8cm 位になり形も土玉状のものがつくられている。＊渡辺誠『縄文時代の漁業』1973；草間俊一・金子浩昌編『貝鳥貝塚』1971

（金子浩昌）

土製耳飾(どせいみみかざり)　縄文時代中期以後滑車形，臼形耳飾などとよばれ，流行した。特に後期終末から晩期にかけて普及する。名前のごとく中央のくびれた形の土製品である。中期では質素な文様が付けられるだけであるが，晩期になると，三叉状文，印刻文などを装飾文にしたものがつくられた。土偶の耳にそれがつけられたように表現されていることから，耳飾りとして利用されていたものと考えられる。大きさは直径が 1〜2cm ぐらいのものが多いが，なかには 10cm 以上のものもあり，はたして耳飾に使われたかは疑問をいだいているものもある。しかし，この土製の耳飾は縄文時代を終るとその姿を消してしまう。＊吉田格「日常生活用具」(『日本の考古学』Ⅱ，1965)

（川崎義雄）

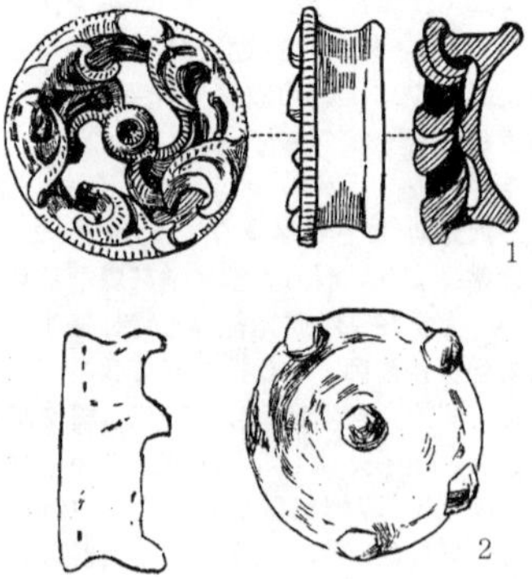

土製耳飾

土製模造品(どせいもぞうひん)　各種の器物を模して造られた祭祀用の土製品をいう。古墳の副葬品に認められる仮器と，主として祭祀遺跡より出土する 2 者がある。前者は近江国滋賀郡における 6 世紀後半代の小型炊飯具が著名である。後者は，弥生時代にその萌芽を認め得るものの，普遍化するのは，5 世紀代に盛行しその後衰退に向かった石製模造品に代った 6 世紀代である。鏡・玉類・武器・武具・什器・農耕具・機織具・形代類など多岐にわたる。＊亀井正道「土製模造品」(『神道考古学講座』3，1981)　（池上　悟）

土弾(どだん)　→　投弾(とうだん)

都月坂遺跡(とつきざかいせき)　岡山市北区津島の都月坂にある弥生時代末から古墳時代初めの墳墓群。平野部を眼下にひかえた標高 80m ほどの所にあって，墳丘墓，前方後円墳・方形墳・前方後円墳がつらなる。1 号墳とよぶ前方後方墳は後方部の中央に長さ 4m の竪穴式石室があり，鉄剣・鉄斧・管玉が副葬されていた。墳丘には特殊器台形と壺形埴輪が20〜30基あったらしい。全長33mの2号墳丘墓は約20×16m，高さ約2mの長方形をし，長辺の裾部に石垣状の列石を配していた。中央に竪穴式石室が，周囲に木棺墓が10基，配石土墓があり，周囲の木棺直葬墓内から勾玉・管玉・鉄製刀子などが出土した。また特殊器台形と特殊壺形土器も検出され，弥生時代後期末のもので，古墳への移行を知るうえで注目される。* 近藤義郎ほか「埴輪の起源」(『考古学研究』13–3，1967)　(関　俊彦)

独鈷石(どっこいし)　形状が仏具の独鈷杵と似ているところから，独鈷石とも石鈷ともよばれる。縄文時代後期末以降に東日本でみられる。一種の両頭石斧で，両端が石斧の刃のようになっているもの，にぶい丸味をもったもの，また尖っているものがある。くびれた中央部に，柄を装着して使用したと思われる。当初は，石斧的な機能をもっていたが，しだいに非実用的な性格をもつものに変化していったと考えられる。* 藤森栄一・神田五六「弥生式遺跡の両頭石斧」(『考古学』7–10，1936)　(須田英一)

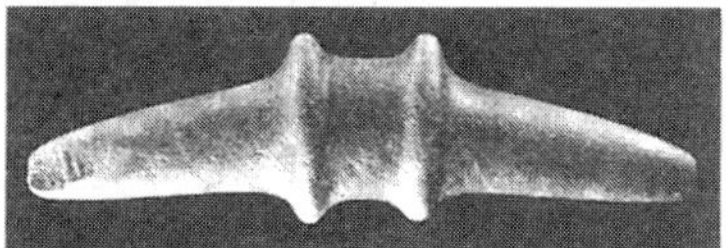

独鈷石（青森・亀ヶ岡遺跡）

把手(とって)　器物を手に持つために口あるいは胴に付けられた突起である。縄文土器の場合，前期に出現し中期に最盛期をむかえるが，持ち手としてよりも土器を飾る目的で付けられる。口縁の突起には1ヵ所のみのものと，口縁に沿って等間隔に多数付くものとがあり，その数は時期によって異なる。形は大小の山形が多いが，火焔形をしたり，人面・蛇などを表現したものもある。なかには口縁突起と文様の配列が一致したものがあり，文様を描く際の割り付けの役をはたしている。特殊なものに釣手形・香炉形のように橋状に突起の付くものがあるが，後期以降の粗製土器には付けないのが普通である。また，胴部の突起は文様の一部としての突起に限られる。

弥生土器の水差形には横位置の把手が肩に付けられる。また，土師器の椀・甑には角状・棒状の把手が胴に付けられるが，いずれの場合も土器を持ち上げるための実用的な把手である。* 沼田頼輔「把手の分類」(『人類学雑誌』13–145〜16–178，1898〜1901)　(藤村東男)

土塔(どとう)　土を積み上げて造成した塔婆。大阪府堺市大野寺の土塔は，727(神亀4)年に行基が創建したものであるが，方形の平面プランで，土を階段状に13段積み上げ，各段ごとに瓦を葺いていたことが知られる。奈良市の頭塔もほぼ同様な形態で，7段に築成し，奇数段の四面に石仏を配している。岡山県赤磐市の熊山遺跡はやはり方形プランで，石材を3段に積み上げ，上段に筒形容器を納めた石室を設けており，戒壇とする説もあるが土塔の一種と考えられる。インドネシアのボロブドゥール(Borobudur)も方形プランの基壇を六段重ね，その上部に円形プランをもつ3段の円壇を載せ，さらに中央に大きなストゥーパ(Stūpa)を配しており，一種の土塔として理解できる。いずれも8世紀に築造されたもので，以後類例がみられないところから，この形式の塔は8世紀末で絶えた可能性が高い。* 石田茂作監修『新版仏教考古学講座』3，1976　(時枝　務)

轟貝塚(とどろきかいづか)　熊本県宇土市宮ノ荘字州崎にある縄文時代の貝塚群。現地は白山(215.5m)の東北麓にあたり，轟式土器を出土する標式遺跡として知られる。その北方80mにある轟北貝塚は，縄文時代後期と中世の遺物を出土する。これより幅約60mの谷を隔てた西岡台西端の貝塚も，轟式土器のほかに縄文時代後期と中世の遺物を出土する。＊浜田耕作ほか「肥後国宇土郡轟村宮荘貝塚発掘報告」(『京都帝国大学文学部考古学研究報告』5, 1920)　(乙益重隆)

轟式土器(とどろきしきどき)　熊本県宇土市宮ノ庄轟貝塚を標式とする縄文時代早・前期の貝殻条痕文土器である。A～Dの4型式に細分され，A式は羽状文・綾杉文を施し，B式は口縁部より胴部にかけてミミズバレ状の隆起文を貼付する。C式は貝殻条痕による波状曲線文を特徴とし，D式は刺突連続文・爪形連続文によって構成される。底部形態をみると，A式は尖底・丸底，B～D式は丸底・平底の深鉢形土器が一般的である。＊松本雅明「轟式土器の編年」(『考古学雑誌』47–3, 1961)　(岡嶋　格)

富木車塚古墳(とのぎくるまづかこふん)　大阪府高石市富木にある前方後円墳。台地上に北西面して築かれ，全長48mある。西側くびれ部に須恵器多数が埋置されていた。埋葬施設は横穴式石室1・木棺直葬5・礫槨1がある。石室には陶棺および木棺が納められ，玉類・耳飾・鉄刀・鉄矛・挂甲・馬具などが出土した。木棺直葬のうちには耳環・耳玉・頸飾・手玉の着装を推定できるものがあり，女性の被葬者とされる。営造時期は6世紀前葉。＊上田舒・森浩一ほか『富木車塚古墳』1960　(車崎正彦)

殿塚・姫塚古墳(とのづか・ひめづかこふん)　千葉県山武郡横芝町中台にある。殿塚は長方形周溝を有する約90m，姫塚は約60mの前方後円墳で，ともに横穴式石室をもち，金銅装大刀・玉・金銅鈴・銅鋺・須恵器などが出土した。両墳とも，墳丘の北側に，形象埴輪列がみられ，武人・男・女・馬・動物・器財という構成は，葬列を思わせる。関東における形象埴輪列の代表例の一つである。＊滝口宏ほか『はにわ』1963　(杉山晋作)

土馬(どば)　大きさ10cmから20cmほどの小形の土製馬であり，手捏ね粗製品が多い。全国約180ヵ所より出土しており，その焼成状況より土師質と須恵質，形態よりは裸馬と飾馬に分けられる。5～10世紀代に至る墳墓・神社・集落・官衙・井戸などよりの出土が知られ，水霊信仰に関連する遺物と考えられている。類似のものに石製・鉄製・板製・木製の馬形遺物がある。＊小田富士雄「古代形代馬考」(『史淵』105・106, 1971)　(池上　悟)

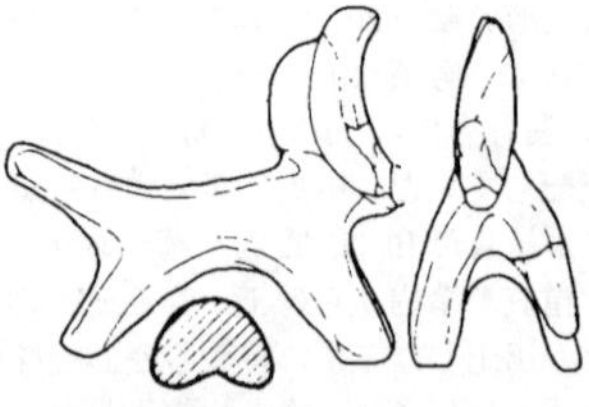
土馬（奈良・新沢千塚古墳）

土版(どばん)　縄文時代後期末から晩期に発見される長方形・楕円形の扁平な土製品。内部が空胴づくりの中空土版もある。土偶などと同様に信仰的な遺物と考えられている。長さ5～15cmぐらいの大きさのものが多い。土偶が発達し普遍化すると形象化もすすみ，やがて手足を省略し顔面意匠のみを表現するようになり，形態も板状に変化し土版へと分化していったという説と，独自に発生したという説とがある。顔をはっきりと表現したもの，顔のある位置に複雑な文様をつけたもの，山字状の記号をつけたもの，指先をおしつけたような凹みを有するものなどがある。上端に小孔をうがっ

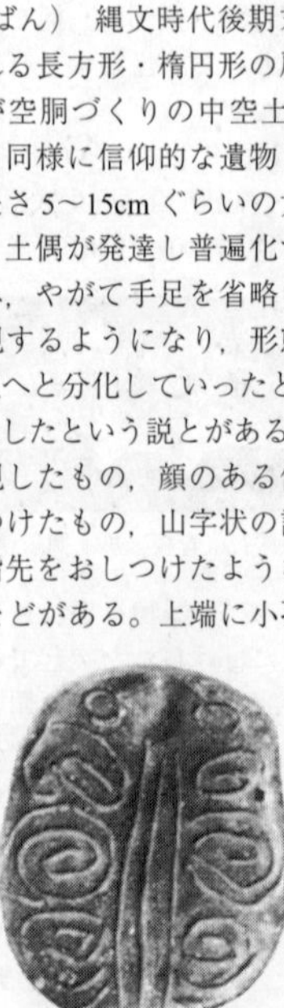
土版（茨城・谷田）

た例があり，護符として佩用したという説の有力な証拠とされている。＊天羽利夫「亀ヶ岡文化における土版・岩版の研究」(『史学』37–4，1965)　(野口義麿)

富岡謙蔵(とみおかけんぞう)　1873〜1918。京都府生まれ。富岡鉄斎の長男。京都帝国大学文科大学講師。中国金石学の識見に立脚して中国古鏡の変遷観を確立し，鏡式編年に先鞭をつけた。前漢鏡・王莽鏡・後漢鏡・魏晋鏡(いわゆる三角縁神獣鏡)・呉〜南朝前半の紀年鏡にいたる変遷過程を明らかにし，海獣葡萄鏡の年代観を正しく隋唐鏡であるとしたことなどで，中国古鏡の研究を一新させた。主著に『古鏡の研究』1920　(坂詰秀一)

巴形銅器(ともえがたどうき)　弥生時代から古墳時代にかけてみられる国産青銅製装飾金具の一種。半球形，円錐形または截頭円錐形状の座を中心に周囲に扁平な先が尖ったいくつかの脚を付け全体が渦を巻いた巴状を呈するのでその名がある。背面には足金具が付き，何ものかにとり付けたことがわかる。弥生時代のものは半球形座あるいは截頭円錐形座に6〜9脚がつき，古墳時代のものは円錐形座に4脚を付けたものが多い。その分布は西は九州，東は静岡・長野に及び，20数遺跡約90個の例が知られている。弥生時代のものは九州では佐賀県桜馬場出土例のように甕棺などの墳墓に副葬した例が多いが，香川県森弘では8個が一括埋納された状態で検出されている。また，三重県石山古墳や大阪府黄金塚古墳では革張りの盾や靭などの表に装着した状態で発見され，その用法が知られる。形態上の祖型については諸説があるが，南島産大型巻貝のスイジガイを模したとする説が有力である。＊森本六爾「巴形銅器考」(『日本考古学研究』1943；三島格「鉤の呪力—巴形銅器とスイジガイ」(『古代文化』25–51，1973)；小田富士雄「日本で生まれた青銅器」(『古代史発掘』5，1975)　(井上洋一)

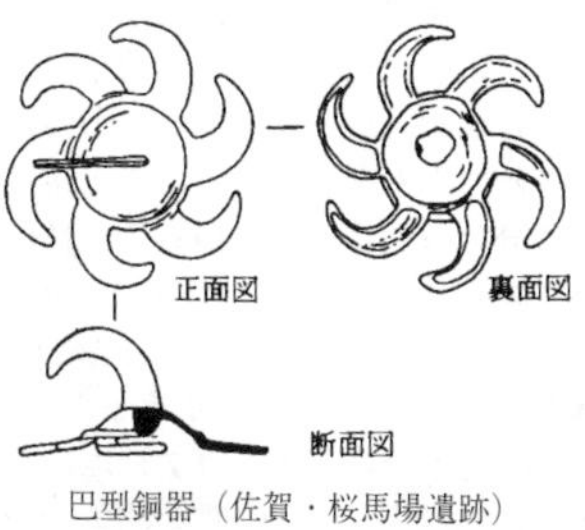

巴型銅器（佐賀・桜馬場遺跡）

渡来人(とらいじん)　『日本書紀』応神天皇16年に王仁が，同20年に倭漢直の祖阿知使主などが渡来し，その後裔が雄略天皇7年には東漢直掬に支配され倭漢氏といわれていた。『古事記』応神天皇14年には秦造の祖である弓月君が百済から渡来したと伝える。これらは5世紀初頭ころの渡来伝承であるが，記紀の記事には問題が多く，考古学上で渡来が確実と見られるのは，飛鳥の桧隈にあった応神天皇の軽島豊明宮近くに住みついた倭漢氏と，河内古市古墳群に近い西文氏である。倭漢氏は中国の漢王朝からの渡来ともいわれたが，「漢」は韓国慶尚南道の咸安を中心とした「安羅」地域で，阿羅伽耶といい，『魏志』韓伝の弁辰安邪国，『三国史記』には阿那伽耶と見える。大和・河内で出土する朝鮮系土器のうち，5世紀前半までは洛東江下流域の金海・釜山など伽耶南部の土器が主で，5世紀中葉から6世紀初頭では伽耶の陶質土器と，その技術者によって成立した日本の初期須恵器が共伴することが多くなる。5世紀前半までに，こうした渡来人の技術や文化を掌握できたのはごく一部の有力首長層だけで，初期須恵器窯や鍛冶工房も王権とかかわる大首長の基で行われていた。例えば奈良県御所市の南郷遺跡群では，5世紀前半に葛城氏の王のもとで，鍛冶・ガラス・石製の玉など高度な技術を持った渡来人が日常的に製作していたことが明らかになった。

こうした倭王権にとって重要な渡来系技

術や文物を伝えていた伽耶地域が，5世紀末以降になって百済が高句麗に攻められて南へ下ってきたため情勢が変わり，562年に伽耶は新羅に併呑されてしまった。この時期に伽耶・百済・新羅から多くの渡来があった。欽明朝の仏教伝来はその後の我が国の文化に大きな影響を与えた。飛鳥時代の寺院や仏像の製作には百済と高句麗の工人の製作のあとが多くのこされている。この時期の渡来人の遺跡としては，滋賀県大津市南滋賀遺跡などでオンドルを持つ切妻大壁住居があり，滋賀古墳群では穹窿形の横穴石室が出現し，長野県高井郡・埴科郡には高句麗系の積石塚が築造されている。平安時代になっては光仁天皇の夫人，桓武天皇の生母高野新笠の父は渡来系の和乙継であり，百済王氏は奈良・平安時代の宮廷で活躍した有力氏族であった。　（江谷　寛）

渡来銭(とらいせん)　平安末期以降，国内では農業生産力の向上や経済の広域化により金属貨幣に対する需要増が興る。中国等との貿易を経て得た貨幣をいう。韓国新安沖合海底の難破船内で28 t（約7500貫）の銅銭積載が確認され中国慶元から日本向けの荷であった可能性が指摘される。また鎌倉大仏は渡来銭を原材料として鋳造される。＊三宅俊彦「渡来銭をめぐる若干の問題」(『博古研究』28，2004)　（松原典明）

虎塚古墳(とらづかこふん)　茨城県ひたちなか市中根にある。全長約52mの前方後円墳で，両袖式の横穴式石室を有する。副葬品として小大刀・鉄鏃・毛抜形鉄製品・刀子が発掘された。石室の壁面には三角形や円形の幾何学文と馬具・武器・武具・装身具の形象図文が，白土の上にベンガラで描かれ，九州の古墳壁画に通じるとされる。7世紀前半の造営と考えられている。＊大塚初重ほか「虎塚壁画古墳」(『勝田市史』別編Ⅰ，1978)　（杉山晋作）

トランシェ(Tranchet)　北欧の中石器時代につくられた石斧の一形態。フリント(flint)の礫からつくられた大型品と，剥片からつくられた小型品とがある。大型品は核石器としての石斧の形をつくり出したのち，長軸末端部に直角の方向から打撃を加えて石片をはがし取り，鋭利な刃部をつくり出すという特色をもっている。この方法はトランシェ・テクニックとよばれている。また小型品の方は剥片を素材としてバルブ(bulb)を横位置におき，両側辺に剥離を行ってほぼ二等辺三角形に仕上げる。この場合には，素材の剥片の鋭利な縁辺がそのまま刃先として用いられるので，大型品のような剥離を必要としない。大型品はマグレモーゼ(Maglemose)期からコンゲモーゼ(Kongemose)期をへてエルテベレ(Ertebélle)の初期まで続き，小型品はエルテベレ中期から後期もしくはそれ以後までつくられ続けた。*J. G. D. Clark "The Mesolithic Age in Britain." 1932　（芹沢長介）

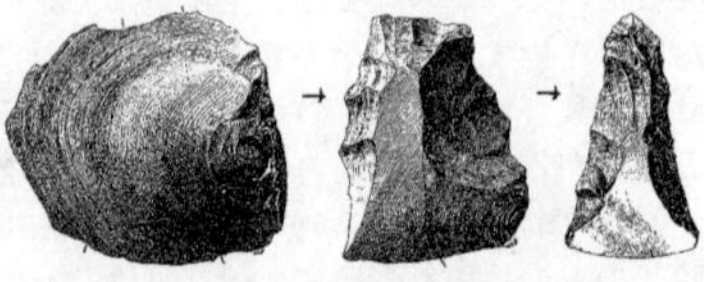

トランシェ（小形品）の製作順序

鳥居(とりい)　神社の参道入口に立てられた簡単な構造の門で，本来は木造であったが平安時代後半から石造にかわった。2本の柱で笠木や島木を支え，その下に貫を通して貫と島木の間の中央部に額束をおく。これを島木鳥居といい，島木のないのを黒木鳥居とよぶ。島木鳥居には若干の構造の違いから明神鳥居・春日鳥居などの形式に区分され，黒木鳥居も鹿島鳥居・伊勢鳥居などに分けられる。最古の石鳥居は山形市小立にある。＊根岸栄隆『鳥居の研究』1943　（是光吉基）

鳥居龍蔵(とりいりゅうぞう)　1870～1953。徳島市船場町1丁目2番地の場所で1870(明治3)年4月4日，煙草問屋「登利新」

の6代目新次郎の次男として出生。1876年観善小学校に入学，1886年東京に人類学会が創設されるやこれに入会，1893年東京帝国大学人類学教室の標本整理係として勤務，坪井正五郎に師事する。1896年夏には大学からの派遣で台湾の人類学的調査を行う。翌97年10月には台湾紅頭嶼(蘭嶼)のアミ族の調査に派遣される。また1899年5月には大学の命で北千島の人類学的調査に出張，占守島などのクリルアイヌが当時竪穴住居で生活し，土器・石器も使用していたことを知り，坪井のコロポックル説に疑問を持つ(この調査は坪井が鳥居を北千島に派遣し，コロポックル説に有力な証左となるような発見を期待したが，逆の資料しか得られなかった)。1902年大学よりの派遣で中国西南部の苗族調査。1905年理科大学講師となる。1910～1916年，朝鮮半島各地へ6回の調査旅行を行う。1919年大学よりの派遣で東部シベリアの調査，1920年文学博士。1922年，東京帝国大学理学部助教授，1923年国学院大学教授に就任。翌年6月東京帝国大学を辞任する。1928年，上智大学教授，1939年，北京燕京大学の客座教授となり，一家で北京へ移住，1951年中国より帰国。

以上鳥居龍蔵の大略の調査歴をみても博士が国内・国外の調査旅行に終始，このために一生の大半をかけたことがわかる。この成果は東京大学の紀要をはじめとして，多くの著書にまとめられている。日本の考古学界の揺籃期に各地へ先鞭的調査を試みた偉大な学者といえよう。現在，郷里，徳島県徳島市に博士の偉大な業績を追慕した徳島県立鳥居記念博物館がある。*『鳥居龍蔵全集』12巻・別巻，1975～1977　(江坂輝彌)

都立一橋高校遺跡(とりつひとつばしこうこういせき)　東京都千代田区東神田に所在する近世都市，江戸の遺跡。遺跡名は移転前からの学校名で，地名の一橋とは関係がない。1975(昭和50)年に発掘調査された対象地の一橋高校地区は5層の土層が確認され，江戸の土地利用の変移を明確にした。最下層は1621年以降の墓地にはじまり，明暦の大火による焼土層，墓地が一旦は復旧するが再び大火したため，全面的に移転し町屋となる。また江戸後期の長屋跡も掘り出され，出土道具類から大工職人など住人の職業も推測された。200点にも及ぶ下駄，べっ甲などの素材を用いた笄(こうがい)や簪(かんざし)の出土も注目された。その先駆けとなった1958～60(昭和33～35)年，港区芝増上寺の徳川将軍墓で初めての本格的調査が実施されたことや，1974(昭和49)年の千代田区日枝神社境内内遺跡の発掘調査とともに近世考古学が始動する契機となり，学史的にも記念碑的な調査となった。東京都では「江戸」遺跡の保護策が広域となっていく。*都立一橋高校内遺跡調査団『江戸・都立一橋高校地点発掘調査報告』1985；古泉弘『江戸を掘る』1983　(高麗　正)

鳥浜貝塚(とりはまかいづか)　福井県三方上中郡若狭町鳥浜に所在する，縄文時代草創期～前期の複合遺跡。1962～1972年の第3次調査までは同志社大学・立教大学・若狭考古学研究会によって，1975～1980年の第4・5次調査は福井県教育委員会によって発掘された。三方湖岸の低地に立地するため，植物性遺物の遺存も良好で，独木舟・櫂・石斧柄・弓・編物・櫛などが多数出土し，漆製品も多い。ヒョウタンをはじめ植物遺体も豊富であり，縄文農耕論にも大きな影響を与えた。また主淡性の縄文時代前期の貝層下に，草創期の文化層も確認されている。*鳥浜貝塚研究グループ編『鳥浜貝塚―縄文前期を主とする低湿地遺跡の調査―』1・2，1979・1981　(渡辺　誠)

ドルメン(dolmen)　ドルメンとはブルトン語の卓子(dol)と石(men)を意味する。巨石記念物の一種で，墳墓とみられる。数個の石材を箱形に組立て，上部に扁平な巨石一枚をのせた構造から命名された。新石器時代から初期金属時代にかけて，ヨーロッパ・北アフリカ・南アジア・東アジアの広域に分布し，地域ごとに構造や築造時期・内容の違いが見られる。朝鮮半島および中国の山東半島や東北地方，日本の北部九州地方に分布する支石墓もドルメンの一種と考えられている。最近中国では，浙江省南部でも発見されている。朝鮮ではコインドル，支石墓(シソンミョン)ともよび，中国では石棚(セキソク)とよんでいる。　（池田栄史）

『どるめん』　1973(昭和48)年9月に萩書房より創刊された。第3号(1974年7月刊)よりJICC(ジック)出版局刊となり，1981(昭和56)年12月に第30号を刊行して休刊。『どるめん』は，『ドルメン』と同じく「人類学・民俗＝民族学・考古学」などの諸領域にわたる雑誌として親しまれたが，『ドルメン』の再刊ではない。A5判縦組。　（坂詰秀一）

『ドルメン』　人類学・考古学・民俗学を中心にした「炉辺叢談誌」として1932(昭和7)年4月に岡書院より創刊され，1935(昭和10)年8月刊分で休刊。1938(昭和13)年11月再刊され，1939(昭和14)年9月に5巻7号を刊行して終刊となった。A5判縦組。1930年代の日本考古学界の状況を知るうえに欠かせない雑誌である。　（坂詰秀一）

トレンチ　→　発掘溝(はっくつこう)

登呂遺跡(とろいせき)　静岡県静岡市駿河区登呂5丁目にある弥生時代後期の集落。1947～1950年に日本考古学協会が諸分野の研究者とともに発掘し，考古資料を総合的にとらえた。住居群と生産の場である水田跡を発掘し，経済基盤をもとに生活の実体を理解するようになる。住居跡群と倉庫跡は自然堤防上にあり，水田は近くにつくられ，矢板による畦畔で区画した水路をもつ大規模なものである。土器の一部は「登呂式」に認定され，遺跡は保存されて啓蒙の役割を果している。＊日本考古学協会編『登呂』本編，1954　（関　俊彦）

敦煌石窟(とんこうせっくつ)　中華人民共和国甘粛省敦煌市に所在する仏教の石窟寺院。敦煌莫高窟の略称。千仏洞ともいう。鳴沙山東南の崖中腹に1.6kmにわたって492基の石窟寺院が営まれている。草創は前秦の366(建元2)年に僧楽僔(らくそん)が開窟したことに遡るとされるが，その石窟は現存せず，5世紀初頭の北涼のものが最古の一群に属する。以後，北魏・西魏・北周・隋・唐・五代・宋・西夏・元と造営が継続された。大部分の石窟には仏像が祀られており，仏像を本尊とする仏像窟とみられ，チャイティヤ窟とヴィハーラ窟を基本とするインドの石窟寺院と大きく異なる。仏像は塑像が主体で，大きなものでは石胎塑像も確認されているが，いずれも美しく彩色されている。石窟の壁面には，説法図・仏伝図・本生図・因縁説話図などを描くものが多く，なかには天井に中国固有の天界図や神仙図を配するものもある。＊敦煌文物研究所『敦煌石窟』1～5，1980～1982　（時枝　務）

ドンソン文化(Dong-Son)　ヴェトナム・タンホア省のソン・マ川右岸にある遺跡にみられる青銅器ないし初期鉄器時代の文化相ならびにドンソン遺跡出土の特徴的な青銅器を標式とする東南アジア青銅器文化の類型をさす。ドンソン遺跡はタンホアの北東4kmにあり，1924～1928年にフランスのパジョ(M. Pajot)，1935～1937年にヤンセ(O. Janse)が発掘を行い，さらに1961～1962年にヴェトナムの学者が調査を行った。住居跡や土壙墓が発見され，有肩石斧や土器とともに多くの青銅器を出土した。それらのうち銅鼓・桶形容器・靴形斧・装飾具などの青銅器に地方色豊かな文化の様相が認められ，一方，漢式鏡や貨泉・銅剣などによって戦国期末から漢代に至る中国文化の流入がみられる。最近の^{14}C年代測定の結果では，ドンソン遺跡前期がB. C. 850年にさかのぼり，類似のヴェト・ケ(Viet-khe)船棺墓遺跡ではB. C. 465年あるいはB. C. 380年という年代が得られている。ドンソン文化はフン・グエン(Phung Nguyen)文化期B. C.

1445年あるいはB. C. 1378年に始まるヴェトナム北部金属器文化の最終段階に位置づけられる。ドンソン文化はほぼB. C. 1000年紀の前半にヴェトナム北部と中国南境地方を中心に成立し，インドシナ半島からタイ・マラヤ・インドネシアさらにはイリアンジャヤの西端にまで達して東南アジアの広範な地域に金属器文化相を形成した。*O. Janse "Archaeological Research in Indo-China" 1958 （近森　正）

蜻蛉玉（とんぼだま）　古墳時代に用いられたガラス製丸玉のうち，生地のガラスの色と異なる色のガラスを用いて玉の表面に斑文などの簡単な文様をあらわしたものをいう。表面の文様が蜻蛉の複眼を連想せしめるゆえの名称と考えられている。類似のものに，生地と異なる色のガラスを用いて表面に縞目文様をあらわしたものを雁木玉(がんぎだま)という。ともにまれな遺物として，古墳の副葬品中に認められるものである。 （池上　悟）

な

内行花文鏡（ないこうかもんきょう）　文様構成が幾何学的図形よりなり，主文を内区に連弧状に配された半円弧形とする鏡である。この主文を花弁を内向きに連ねたものとの理解により1911（明治44）年に高橋健自が命名した。鈕は四葉座と蝙蝠形座があり，弧の数は8を主とするが6·7·9もある。この間に「長宜子孫」を主とする銘を配するために長宜子孫鏡ともよばれる。後漢代に定形化したものであり，仿製鏡では最大の径46.5cmのものがある。* 高橋健自『鏡と剣と玉』1911 （池上　悟）

内行花文鏡（佐賀・二塚山遺跡）

内藤　晃（ないとうあきら）　1909〜1997。静岡県出身。京都帝国大学文学部卒。旧制山口高等学校教授，静岡大学人文学部教授，同図書館長，人文学部長を歴任。小林行雄が前方後円墳の発生を副葬品の舶載鏡から論じた伝世鏡論，また，前方後円墳出土の三角縁神獣鏡の同笵関係を論じた同笵鏡論を強く批判して自説をのべた。三池平古墳・堂山古墳などを発掘し，古墳時代関係の業績が多い。主著『日本原始古代文化の研究』 （市原壽文）

内藤政恒（ないとうまさつね）　1907〜1970。宮崎県生まれ。東北帝国大学法文学部国史科卒。東京薬科大学教授。日本歴史考古学会を組織して機関誌『歴史考古』を編集刊行し学界に寄与した。陶硯を全国的に集成して日本文房具史の一面を闡明する方向を開拓し，また，東日本における古代の瓦塼研究を進めて編年観と性格を明らかにした。秋田城・四天王寺・国分僧寺（信濃・武蔵）などの大規模発掘に参画する一方，南関東において平安時代初期に円堂型式の堂宇をもつ寺跡が存在することを発掘によって明らかにした。「宮城県利府村春日瓦焼場大沢瓦窯址研究調査報告」（『東北帝国大学奥羽史料調査部研究報告』1，1939），『本邦古硯考』1944，「川崎市菅寺尾台瓦塚廃堂址調査報告」（『川崎市文化財調査報告』1，1954），『古瓦』共・1968 （坂詰秀一）

ナイフ形石器（ナイフがたせっき）　剥片を素材として，素材の鋭い縁辺を一部に残し，その他の部分にブランティング(blunting)（刃潰し加工）が加えられている石器。広義には切出形石器や台形石器を含む

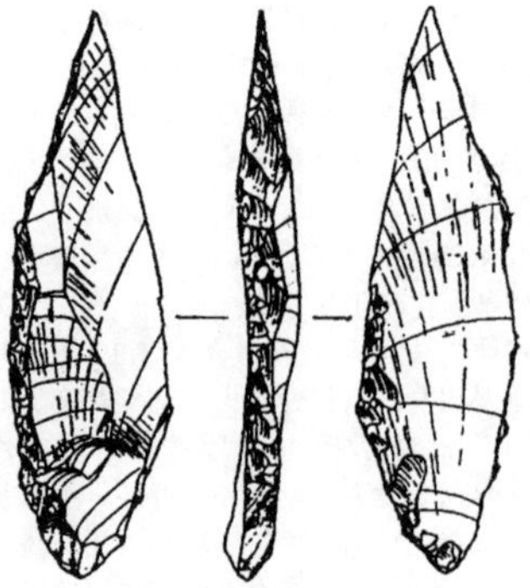

ナイフ形石器（東京・茂呂）

場合が多い。研究初期から注目され，タイプ・トゥール（type tool）として，旧石器時代編年の大枠を確立する上で重要な位置を占めた石器である。一定の石器群を代表するものとして，柳葉形の石刃を素材として，ブランティングが基部周辺と先端部に限定されるもの（杉久保型ナイフ），縦長剥片を素材として，ブランティングが一側辺と相対する基部に加えられ，刃部が斜行するもの（茂呂型ナイフ），特殊な横長剥片（翼状剥片）を素材として，打面部に調整を加えるもの（国府型ナイフ）など多くの遺跡名を冠する「型」が研究史の中で設定されている。最近では，ナイフ形石器全体について，素材，ブランティングの種類，ブランティングの加えられる位置を有機的に関連づけた分類が試みられているが，必ずしも統一的見解に到達していない。ナイフ形石器は日本の後期旧石器時代を代表する石器で，各地域でいちじるしい地域性をもちながらも，その初期から細石刃が盛行する直前まで2万年以上にわたって製作・使用されている。特に南関東地方では，層位的出土例が多く，ナイフ形石器のおおまかな変遷と組み合わせが明らかになっている。最近，中国大陸においてもしだいに出土例が知られるようになり（下川遺跡など），関連が注目される。＊神奈川考古同人会『南関東を中心としたナイフ形石器文化の諸問題』1983　（藤原妃敏）

直良信夫（なおらのぶお）　1902～1985。完新世日本産化石獣類研究の権威。独学で野生哺乳動物の研究を志し，1926（昭和元）年，早稲田大学理工学部採鉱冶金学教室の徳永重康博士に見出され，同教室の事務員として勤務のかたわら，同博士の指導で研究を継続，理工学部講師から晩年1957年，早稲田大学文学部より学位が授与され，1960年，文学部教授に昇任された。1972年，早稲田大学定年退職され，1973年，養子先・2人の愛妻の郷里出雲市へ転居，1985年，出雲市で逝去された。氏は，1902（明治35）年1月，大分県臼杵町（現・臼杵市）で，村木幸一の次男として出生。1920年，岩倉鉄道学校に入学，1924年，結核転地療養のため，兵庫県明石海岸に居住，女学校教諭であった奈良女子高等師範学校卒業の直良音と結婚，直良永の婿養子となる。1931年4月，明石西八木海岸で明石原人と命名された化石人骨を発見する。直良の詳細な研究史は，高橋徹『明石原人の発見　聞き書き直良信夫伝』を参照されたい。　（江坂輝彌）

長岡京跡・長岡宮跡（ながおかきょうあと・ながおかきゅうあと）　桓武天皇の784（延暦3）年に平城京から遷都し，現在の京都市・向日市・長岡京市・大山崎町にある。京域は東西4.3km，南北5.2kmであるが桂川に近い低湿地には条坊の工事は施工されていない所もある。宮域にある大極殿・朝堂・内裏は後期難波宮の建物と瓦を移建して造営したが，大極殿背後の後殿を回廊から分離したのが大きな特色である。内裏は初めは大極殿院の北側に置かれていたが，延暦8年頃から平城宮の建物を解体して長岡宮へ運び，大極殿の東側に内裏を移す後期の大改作が発掘調査で確認された。＊山中章『長岡京研究序説』2001　（江谷　寛）

中尾山古墳（なかおやまこふん）　奈良県高市郡明日香村平田にある八角形墳。丘陵の西南緩斜面に位置し，谷をはさみ南200mに高松塚古墳がある。3段築成の墳丘は葺石があり，対辺長約20mある。墳丘のまわりに2重の礫敷をもつ。墳丘中央に切石組の横口式石槨があり，南面して開口している。漆喰および朱が使用されている。営造時期は700年前後。＊秋山日出雄・網干善教『史跡中尾山古墳環境整備事業報告書』1975
（車崎正彦）

中川成夫（なかがわしげお）　1922～2002。大阪に生れる。台北帝國大学予科文科大学・文政学部史学科（西洋史学専攻），東京大学文学部史学科（考古学専修）卒。東京大学助手を経て立教大学文学部教授（博物館学講座）。全国大学博物館学講座協議会委員長。物質文化研究会代表を務める。歴史考古学・博物館学を専攻。中世・近世考古学を提唱する。『歴史考古学の方法と課題』1985，『博物館学論考』1988，『考古学の調査法』（共）1958，『平泉』（共）1961　（坂詰秀一）

中川原貝塚（なかがわばるかいづか）　遺跡は沖縄本島読谷村（よみたんそん）の西海岸に位置し，東中国海を臨む標高約4mの海岸砂丘に立地。1990年に発掘調査が行われ，複合遺跡で沖縄貝塚時代前期（縄文時代後期相当），同時代後期前半（弥生時代相当）と同時代後期後半（古墳時代から奈良・平安時代に相当）の3時期の文化層を確認。主たる文化層は弥生時代相当期で，発掘遺構としては九州等への貝製腕輪の素材提供のためのストック遺構であるゴホウラやイモガイ集積がある。遺物は当該期の現地製の甕形無文尖底土器，石斧，磨石，ゴホウラやイモガイ製腕輪の未製品，二枚貝有孔製品等に伴って弥生土器（高橋Ⅱ式，入来式，山ノ口式），小型方柱状片刃石斧，五銖銭，青銅製品，ガラス製ビーズ等の搬入製品や袋状鉄斧，槍鐘も出土。搬入製品の多くは貝の道の交易に伴う見返り品と思われ，交易拠点の一つとなる重要な遺跡。これらを含んだ下位より箱式石棺墓1基も検出。　（仲宗根　求）

中里貝塚（なかざとかいづか）　東京都北区上中里に所在する縄文時代中期の貝塚。武蔵野台地東端の崖線下，標高5mの低地に立地する。1886年，白井光太郎によって初めて学界に紹介され，明治年間，山崎直方・佐藤傳蔵・鳥居龍蔵らが盛んに論争した。1996年，北区教育委員会が公園整備に先立つ発掘調査を実施し，以降，継続調査によって貝塚の性格が判明した。貝塚は崖線に沿って帯状に広がり，幅70～100m，全長500m以上と推定。波食台直上に堆積する貝層はハマグリとマガキに限定され，最大で4.5mに達する。貝層中には無数の焚き火跡，貝塚に隣接する砂層堆積中から貝の身を取り出すための装置とみられる木枠付土坑2基，波食台を掘り込んだ土坑や木道など多様な遺構が発見された。桁違いの貝総量に対し魚骨・獣骨は皆無に近く出土遺物も僅少であるが，下層から中期の勝坂式・阿玉台式，上層から加曽利E式，貝層上面では後期の称名寺式土器が若干出土。貝塚が形成された年代は，貝層中の杭列などの年代測定により中期中葉から後期初頭の年代が得られ，出土土器とも符合。また，ハマグリの成長線・微小貝・珪藻化石などの自然科学分析を通して古環境復原を行った。縄文海退が進む海岸線で約500年間，専業的にマガキとハマグリを採集し，加工・廃棄し続けた結果，巨大な貝塚が形成されたと想定されている。2000年，貝塚の一部が国史跡に指定。＊北区教育委員会『中里貝塚』2000　（中島広顕）

長瀬高浜遺跡（ながせたかはまいせき）　鳥取県中部を，北流して日本海に注ぐ天神川河口の海岸砂丘上の遺跡。北側の丘陵上には馬ノ山古墳群が所在する。約5万㎡を対象とした1977～1982年の発掘調査により，縄文時代から中世にいたる多数の遺物・遺構が発見された。建物跡は弥生時代の竪穴住居跡6棟，古墳時代の竪穴住居跡163棟，掘建柱建物跡40棟，奈良時代以降の掘建柱建物跡2棟である。弥生時代では4棟の玉作工房跡が確認され，古墳時代では4世紀末頃の40号跡が注目される。一辺3.5mの4本柱の高床式建物跡と考えられる構造であり，周囲を前方後方形の溝がまわる特異なものである。土師器のほかに鉄斧・銅鏃・小形鏡などが出土しており，集落の中心を占めた祭祀用の建物であったものと考えられる。墳墓は，弥生時代の前・中期の土壙墓群，古墳時代中・後期の古墳群，土壙墓・石棺，中世の土葬墓・火葬墓が確認されている。古墳は前方後方墳1基と，直径33mを最大として12～13mの規模が主体をなす37基の円墳が調査されている。古墳時代前半期の集落が廃絶した後に形成されたものである。埋葬施設の区分では箱式石棺59基，木棺23基，土壙墓22基，土器棺4，円筒埴輪棺13基である。＊鳥取県教育文化財団『長瀬高浜遺跡』Ⅰ～Ⅵ，1980～1983（池上　悟）

中田遺跡（なかだいせき）　東京都八王子市の盆地の北縁，川口川に臨む東西長約600m，南北幅約90mを測る微高地上に占地する集落遺跡である。確認された竪穴住居跡は142軒を数え，このうち古墳時代後期の所産にかかるものは76軒を占め，この時期の集落として東国の代表的な遺跡である。また，古墳時代後期の土師器・鬼高式土器の細分・編年が試みられたことで有名である。＊甲野勇ほか『八王子中田遺跡資料篇』Ⅰ～Ⅲ，1966～1968（池上　悟）

中田横穴墓（なかだおうけつぼ）　福島県いわき市に所在する複室構造を呈する装飾横穴墓。隅丸方形平面・穹窿状天井構造の奥室壁面全体に赤と白よりなる連続三角文を描く。出土遺物は土器・玉類・鉄鏃などの武器のほかに，金銅装の馬具や珠文鏡・銅鋺など豊富である。6世紀末葉の築造と想定され，東北地方に分布する装飾横穴墓の初現例，東国初現期の横穴墓として重要なものである。＊渡辺一雄ほか「中田装飾横穴」（『いわき市史』別巻，1971）（池上　悟）

長塚古墳（ながつかこふん）　静岡県沼津市東沢田にある。愛鷹山麓の台地縁辺に占地する前方後円墳である。全長55m，後円部径32m，高さ5m，前方部幅17m，高さ3.5mを測る。埴輪が墳丘に囲繞され，幅10mほどの周溝がめぐる。内部主体は箱式石棺ではなかったかと推定されている。副葬品と考えられるものは後円部から発見された鉄矛のみである。周溝からは須恵器の器台・坏・蓋・脚付坩・土師器が出土した。5世紀後半から6世紀初めの築造と考えられている。＊後藤守一『沼津長塚古墳』1957（坂本美夫）

長登銅山跡（ながのぼりどうざんあと）長登銅山跡は，山口県美祢市美東町長登に所在し，山口県の中央部に位置する秋吉台カルスト台地の東南麓に在る。古生代の石灰岩層に中生代の花崗岩が貫入して形成された，典型的なスカルン鉱床であり，孔雀石や黄銅鉱などを産出し，古代，中世から江戸，明治から1960(昭和35)年と3期の隆盛期を呈した銅山である。

1989(平成元)年からの調査により，8世紀前半の須恵器を出した坑道跡や製錬炉跡，大溝，平安時代の粘土採掘坑跡，木組製の暗渠排水溝，炭窯跡，区画をなした製錬作業場，柱穴などが確認されている。出土遺物は多彩で，古代の須恵・土師・緑釉・製塩・黒色土器等の食器類や木製品の日常用具の他，製錬関係の要石，石鎚，羽口，炉壁片，坩堝，からみ，銅・鉛片，松明片などが特徴的である。特に，830点にも及ぶ木簡が出土し，和銅から天平四年の銘をもつ塩や庸米等の貢進物木簡，技術者工人達が生産した製銅の付札が多く出土しており，太政大殿や節度使判官，少目殿，豊前門司等の出荷先を記述したものが多く，当時の銅山官衙の様子を彷彿とさせる。＊美東町教育委員会『長登銅山跡』Ⅰ・1990，Ⅱ・1993，Ⅲ・1998（池田善文）

中林遺跡（なかばやしいせき）　新潟県十日町市干溝に所在し，信濃川と清津川の合流点に臨む右岸低位段丘上にある晩期旧石器時代(中石器時代)の遺跡。本ノ木論争の再検討を目的として芹沢長介が1965年に発掘。木葉形尖頭器・有舌尖頭器を主体とする石器群が出土したが，土器を共伴しなかったことから芹沢説が補強された。報告では有舌尖頭器の形態分類と編年も試みられ，その後の研究に大きな影響を与えた。＊芹沢長介「新潟県中林遺跡における有舌尖頭器の研究」(『日本文化研究所研究報告』2, 1966)　(柳沢和明)

永峯光一(ながみねみつかず)　1927〜2014。東京都生まれ。國學院大学文学部史学科卒。生家・三囲神社の神職。國學院大学文学部教授。文化庁文化財保護審議委員を歴任するほか東京都の埋蔵文化財保護行政に尽力。主要論文等は『永峯光一著作選集』2005,『忘れ得ぬ人びと』2011に収録。

(高麗　正)

長持形石棺(ながもちがたせっかん)　古墳時代の組み合わせ石棺の一つで，底石の上に短側石を挟んで長側石をたて，蓋石をのせる。組み合わせには溝を掘ってはめ込み，各棺材には突起がつく。蓋石は上面にふくらみをもち，下面がその曲面に応じて湾曲する形態と平らな形態の2種がある。典型的な形態は中国の木棺に祖型が求められ，多くは竪穴式石室でおおわれる。規模・装飾がすぐれたものは中期の大王陵級の古墳にみられる。＊梅原末治『久津川古墳研究』1920；小林行雄「河内松岳山古墳の調査」(『大阪府文化財調査報告書』5, 1957)；間壁忠彦・間壁葭子「長持形石棺」(『倉敷考古館研究集報』11, 1975)；田中英夫「長持形石棺の検討」(『古代学研究』77, 1975)(杉山晋作)

長持形石棺（京都・産土山古墳）

中谷治宇二郎(なかやじうじろう)　1903〜1936。石川県片山津町(現加賀市)に生まれる。物理学者中谷宇吉郎の弟。東洋大学印度哲学科に進み新劇活動などに従事したが，1924年東京大学理学部人類学選科に入学し，先史学を研究した。1929年パリに留学，フランス先史学の研究中病を得て帰国，大分県由布院で療養につとめたが35歳の若さで死去す。著書に「注口土器の分類と其の地理的分布」(『東大理学部人類学教室研究報告』4, 1927),『日本石器時代提要』1929,『日本先史学序史』1935があり，遺稿集として賀川光夫編『日本縄文文化の研究』1967がある。　(渡辺　誠)

中山平次郎(なかやまへいじろう)　1871〜1956。京都生まれ。東京帝国大学医科大学卒の病理学者であったが，1906(明治39)年福岡医科大学(九州大学医学部の前身)の教授となって以来，かたわら考古学の研究に従事し，九州考古学の草分け的存在として大きな足跡を残した。その最も大きな業績は，北九州をフィールドとした弥生時代文化の実証的研究である。細形の銅剣や銅矛を副葬した大甕に石器が伴うことをつきとめ，石器時代(縄文時代)と古墳時代の間に金石併用の時期が存在したことを提唱した。さらに弥生文化の性格や年代に手がかりを考え，また弥生遺跡より発見される焼米から弥生文化が農耕生産を背景にしていたことなどを実証した。「九州北部に於ける先史原史両時代中間期間の遺物に就て」(『考古学雑誌』7–10〜8–3, 1917・1918), などの論文がある。　(中山清隆)

名護屋城跡(なごやじょうあと)　「肥前名護屋城」は，豊臣秀吉が国内の統一後に大陸侵略を企てて1592(天正20)年から1598

(慶長3)年にかけて行った「文禄・慶長の役」の拠点施設として建設された大阪城に次ぐ規模をもつ城で，17万㎡の本城と全国の諸大名を配した130の陣跡によって構成されている。

築城は文禄の役が始まる1591年の後半から加藤清正・小西行長・黒田長政らの縄張りによって開始され，諸大名の割普請により約半年で完成したとされている。築城された名護屋城の構造は本丸を中心に置き，二の丸・三の丸・東出丸を配置し，遊撃丸・水手郭さらにその下段に山里丸と台所丸を配置した「渦郭式」といわれるものである。門は大手口の他に搦手口・船出口・水手口・山里口があり，本城北側には鯱鉾池と称されている堀も設けられている。

本城を取り巻くように，全国から参集した諸大名の陣跡は130ヵ所にも及び，遺構の良好な豊臣秀保・堀秀治・前田利家・徳川家康・加藤清正・小西行長・島津義弘の各陣跡からは，石塁や土塁の他に数棟の礎石をもつ建物跡の存在が確認され，当時使用された陶磁器類や瓦類が多数出土する。

名護屋城の当時の状況は，狩野派の絵師の1人である狩野光信によって描かれた「肥前名護屋城図屏風」によっても知ることができ，近世城郭の研究史上欠かすことのできない遺跡として位置付けられている。

「名護屋城並びに陣跡」は，佐賀県東松浦郡鎮西町・呼子町・玄海町・肥前町にまたがっており，1926(大正15)年に国の史跡に，1955(昭和30)年には特別史跡に指定されている。*『特別史跡名護屋城跡』佐賀県立名護屋城博物館，1998　(森　醇一朗)

なすな原遺跡(なすなはらいせき)　2000年現在，東京急行電鉄，長津田車輌基地となっている引込線のある地域，東端部の入線部の一部は横浜市線区長津田に入るが，基地の大部分は，東京都町田市成瀬1号312〜3番地にわたる地域とその周辺部一帯が，「なすな原遺跡」である。

かつて，通称「なすな原遺跡」と呼ばれた地域は，車輛基地西端部の丘陵地で，この畑地で開発以前には夥しい縄文時代後・晩期の土器片が散乱していたので，丘陵地にナズナも生育していたので，この通称が生まれたものであろうか。

また，本遺跡は，町田市三輪町の日蓮宗妙福寺住職であった故・高橋光蔵が屡々表面採集に訪れた遺跡で，氏は翡翠の垂玉，巧みな彫刻文様の施された土製耳飾などを収集されており，これが八幡の目に止まり，『考古学雑誌』22–1(1932)に公表され，学界で注目される遺跡となった。

1975年，この地一帯が東急電鉄田園都市線の車輛基地となることが決定，1975年11月〜12月，先ず，遺跡所在地の地表面よりの確認調査実施，1976〜1980年まで，5ヵ年にわたり，綿密な発掘調査を行った。第1地区は，縄文時代中期から晩期にわたる遺跡と，歴史時代の土師器・須恵器を出土の竪穴住居跡群が発見された。特にこの地域は縄文時代晩期の住居跡。出土遺物が豊富で，南関東地方の安行式のほか，大洞B・BC・C_1式の土器などが多量に見つかり，注目を引いた。また，第2地区では，西斜面に近い縄文後期初頭の配石もある竪穴住居跡の東隅で，荏胡摩(えごま)の種子がかたまって多量に発見された。また，この地区では，草創期の細隆線文深鉢丸底土器の復原できるもの1点が発掘された。また，前期初頭

なすな原遺跡

の花積下層式土器出土の長方形竪穴住居跡も2戸発掘されている。本遺跡から出土の膨大な貴重な発掘資料は，町田市教育委員会に保管されている。なお，数冊に分冊の報告書は，「なすな原遺跡調査会」から刊行されている。（江坂輝彌）

那智山経塚(なちさんきょうづか)　和歌山県東牟婁郡那智勝浦町市野々に所在する経塚。1918，1924年に3回にわたり発掘されたが，遺物の出土状態は明確でない。出土遺物は経塚・仏像仏具・密教大壇関係を主体とするものに分けられ，複合遺跡と考えられる。経塚の意味を拡充した大規模な経塚で護法埋納塚としての性格をもつとされ，埋経に際して埋納供養を行ったものと考えられる。紀年銘経筒は1530(享禄3)年銘のみで，銭弘俶塔のような特殊な遺物もある。* 石田茂作「那智発掘仏教遺物の研究」(『帝室博物館学報』5，1927)　（岡本桂典）

夏島貝塚(なつしまかいづか)　神奈川県横須賀市夏島町にある縄文時代の遺跡。三浦半島東岸に位置し，東京湾に臨む夏島の南端部に形成された鹹水性貝塚である。1950，1955年の2回，明治大学考古学研究室が発掘調査を行った。3枚の貝層を含む7枚の層から早期に属する遺物が層位的に検出された。特に夏島式(撚糸文土器)の内容が明らかにされ，沈線文土器(田戸下層式)よりも古いことが層位的に確証されたことが大きな成果であった。* 杉原荘介・芹沢長介「神奈川県夏島における縄文文化初頭の貝塚」(『明治大学文学部研究報告』考古学2，1957)　（桑月　鮮）

夏島式土器(なつしましきどき)　神奈川県横須賀市にある夏島貝塚の資料を標式として設定された土器型式。関東地方を中心に分布する縄文時代早期の撚糸文土器群内の一型式である。器形は平縁深鉢形で，底部は丸底に近い尖底である。大きさには多少のバラエティがあり，口径が5～6cm程度の小形品から35cm以上にまで達する大形品まで存在するが，15～30cmくらいのものが一般的である。文様要素には撚糸文と縄文があり，ほとんどの場合，器面上を縦方向に密に施文するが，井草・大丸式とは異なり口唇上には何も施さない。原体は縄文は2段，撚糸文は1段の例が圧倒的である。まれに無文土器が伴うことがある。縄文と撚糸文の遺跡における比率は地域によって違いがみられ，神奈川県方面は撚糸文の割合が高く，武蔵野台地・下総台地方面では逆に縄文の割合が高い。多摩丘陵地帯では，両者の比率がどちらか一方に片寄ることが少ない。（桑月　鮮）

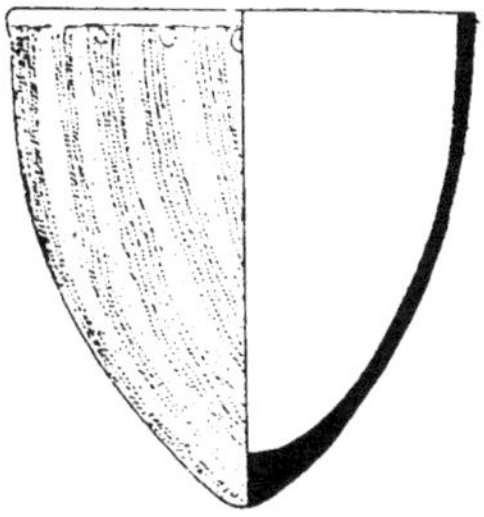

夏島式土器（神奈川・夏島貝塚）

棗玉(なつめだま)　1cmほどの大きさの，中央が太く両端の細い扁球形で中央に孔を有する玉である。その形状が棗の実に似るゆえの名称である。表面に刻線による羽状文あるいは木の葉文を有するものもあるが無文のものもある。古墳時代前期に硬玉製として出現し，碧玉製のものも認められ，中期に至り滑石として量産されたものである。このほかにガラス・水晶・琥珀などを素材とするが，このうち琥珀製のものは関東地方を中心に分布する。（池上　悟）

七廻り鏡塚古墳(ななまわりかがみづかこふん)　栃木県栃木市大平町西山田七廻りにある。径約30mの円墳で，成人男性を納めた舟形木棺と毛髪が残る組合式木棺が埋葬時の原形を保って発見された珍しい例。湧水と粘土層によって良好に遺存した副葬品には，玉纏大刀・矛・弓・鳴鏑矢・靭のほか，轡・竹櫛などの木製品・竹製品・革製品がある。6世紀前半と考えられている。＊大和久震平『七廻り鏡塚古墳』1974　(杉山晋作)

難波京跡・難波宮跡(なにわきょうあと・なにわのみやあと)　大阪市中央区馬場町・法円坂1丁目にある前・後2期の宮都。前期難波宮は天武天皇が679(天武8)年頃に造営し，飛鳥浄御原宮を首都，難波宮を副都とした。宮殿の建物の配置は八角殿院を境にして北側の内裏地区と南側の朝堂院地区が回廊で繋がっており，天皇の内廷と行政の朝堂院がまだ未分化であった。全て掘立柱で，板葺きか檜皮葺きであった。基準尺は現在の292mmである。孝徳天皇の難波長柄豊碕宮もこの位置とみられている。後期難波宮は聖武天皇の726(神亀3)年頃から造営され，内裏と大極殿が分離し，内裏は掘立柱でそれ以外は瓦葺きの礎石建物で，造営尺は298mmの天平尺である。難波京の条坊の遺構については不明な点が多い。＊中尾芳治『難波宮の研究』1995　(江谷　寛)

菜畑遺跡(なばたけいせき)　佐賀県唐津市菜畑字松円寺山に所在する縄文時代前期から弥生時代中期にかけての遺跡。唐津湾を見おろす丘陵の先端部に位置する。東側には松浦川によって形成された砂丘があり，当時はその砂丘の後背湿地であったと考えられる。1979年に唐津市都市計画街路事業で遺跡の存在が確認された。1980〜1981年にかけて唐津市教育委員会により調査され，住居跡・土壙墓・甕棺墓・水田跡・貝塚等が発掘された。中でも重要なものは縄文時代晩期後半の水田跡で，小規模な水田が畦や水路により区画され，谷に沿った状態で発掘された。炭化米,木製農工具が発見され，水稲耕作の歴史を板付遺跡の例よりも，さらに100年以上遡らせることになった。また，磨製石剣や背部に近く擦切り技法により溝状の穿孔を施した石包丁など朝鮮半島とも関係の深い石器が出土して注目されている。＊唐津湾周辺遺跡調査委員会編『末盧国』1982　(広瀬雄一)

鍋田横穴墓群(なべたおうけつぼぐん)　熊本県山鹿市鍋田にあり，54基からなる横穴墓群。装飾のある横穴墓が9基あり，そのうち7基は外壁に形象図像を浮彫にし，3基は内壁に幾何学的文様の線刻がある。第7号は入口の右上に矢をつがえた弓を浮彫にし，8号は盾と弓と靫らしいものがならんでいる。27号は大の字の格好をした人物像と弓や靫・鎌などをならべ，その下方に馬と大型の盾を彫っている。＊下林繁夫「鍋田横穴」(『熊本県史蹟名勝天然紀念物調査報告』4，1927)　(渋谷忠章)

鉛同位体比分析法(なまりどういたいひぶんせきほう)　鉛には質量数204，206，207，208の安定な同位体が存在する。自然界の鉛同位体は地球生成時の鉛同位体に壊変生成物が加わったもので，その存在比は鉛鉱床生成の地質年代や地質環境により明らかな違いがある。このことから遺物中の鉛同位対比を測定して，違いから原料として使用された鉛鉱物の産出地域や鉱山を区別し，その鉛を含む遺物の原料産地を判別することが可能であると考えられる。鉛同位体比は青銅器が腐食しても変化しないことから，遺物の表面から少量の錆を採取するだけで測定可能である。しかし汚染物が着かないように注意を払わなければならない。採取された試料から抽出された鉛の同位体比を質量分析計で測定を行う。島根県荒神谷遺跡から出土した銅剣358本の鉛同位体比を測定した。343本が中国華北産，14本が朝鮮半島と華北産との混合，1本が朝鮮半島産であるとの結果が出て注目されるなど青銅器の原料産地推定に大きな成果を上げている。　(青木繁夫)

楢崎彰一(ならざきしょういち)　1925〜2010。大阪生まれ。京都大学文学部史学科考古学専攻卒。大学院考古学専攻中退，名古屋大学助手・講師・助教授を経て教授，名誉教授。名古屋学院大学外国語学部教授。愛知県陶磁資料館総長，南京大学・厦門大学客員教授など。猿投窯跡群の調査などを主導し，古代～中世の陶磁器を研究。『日本の考古学』Ⅵ・Ⅶ(共編)1967，『猿投窯―陶器全集 31―』1966，『三彩・緑釉・灰釉 ―陶磁大系 5―』1973，『古瀬戸―日本の美術 133』1979,『日本の三彩と緑釉』(共)1974,『日本陶磁の源流 ―須恵器出現の謎を探る―』(共)1984,「日本の陶磁」「日本陶磁全集」「世界陶磁全集」「日本やきもの集成」などに日本古代～中世の陶磁の研究成果を執筆。

(坂詰秀一)

奈良三彩(ならさんさい) 唐三彩を模倣して，奈良時代に作られた鉛釉陶器であり，二彩でも，単彩でも一般的には奈良三彩という総称の中に包括される。鉛釉を基調とした，緑釉・黄釉・白釉から構成される。同じく鉛釉陶器である緑釉とは，一般的には前者が奈良時代，後者が平安時代で区別されるが，厳密には器形や施釉状態などによって識別される。＊佐々木達夫『陶磁』1991

(上野恵司)

奈良時代(ならじだい) 奈良に都が置かれていた時代，すなわち元明天皇の 710(和銅 3)年 3 月 10 日の遷都より，784(延暦 3)年 11 月 11 日，長岡遷都がなされるまでをいい，この間，740(天平 12)年恭仁宮，742～743(天平 14～15)年の一時期紫香楽宮，744(天平 16)年難波宮と造営が相次いでいるものの，いずれも遷都が短期間であるため，一般には奈良時代の中に包含させている。また，784(延暦 3)年 11 月 11 日の長岡遷都より，794(延暦 13)年 10 月 22 日の平安遷都に至る 10ヵ年間は，通常奈良時代に付属させているが，これを平安時代と考える説もある。平城遷都後，飛鳥にあった大寺は相次いで新京に移った。厩坂寺は平城京東の外京へ移り興福寺と改め，大官大寺も右京六条・七条四坊に移り大安寺と改め，法興寺は外京四条七坊の地に移り元興寺と改めたのはその例である。平城京を中心として，仏教文化が盛行を呈するようになったのは，東大寺の造営にその原動力があったといってよいであろう。やがて東大寺は総国分寺として，また法華寺は総国分尼寺として，全国国分寺の中心ともなっていった。

(小山田和夫)

成川遺跡(なりかわいせき) 鹿児島県指宿市山川成川字曲り道にある弥生～古墳時代の墳墓群。遺跡は標高約 40m を有する台地の南斜面にあり，土壙墓や甕棺・壺棺とともに板状石を墓標とする立石土壙墓が数例あり，500 体近い人骨を出土した。それらの時期は弥生中期より後期を経て，6 世紀代まで継続し，数百個の土器と 260 点以上の鉄製武器を伴い，おそらく阿多隼人の墓制であろうという。＊文化庁編『成川遺跡』1973

(乙益重隆)

縄掛突起(なわかけとっき) 古墳時代の石棺や木棺の身や蓋をつくるときに削り出された円棒状または角棒状の突出部をいう。古い時期の割竹形石棺などは身蓋の両端にあるが，次の長持形石棺では蓋の長側面にも 2 個ずつ付け加えられる。家形石棺では身，ついで蓋にも付かなくなる。突起の断面は，円形から方形に変化する。本来の用途について，運搬用とする考えと呪縛用とする考えがある。木棺の発見例は少ない。＊小林行雄「家形石棺」(『古代学研究』4・5，1951)

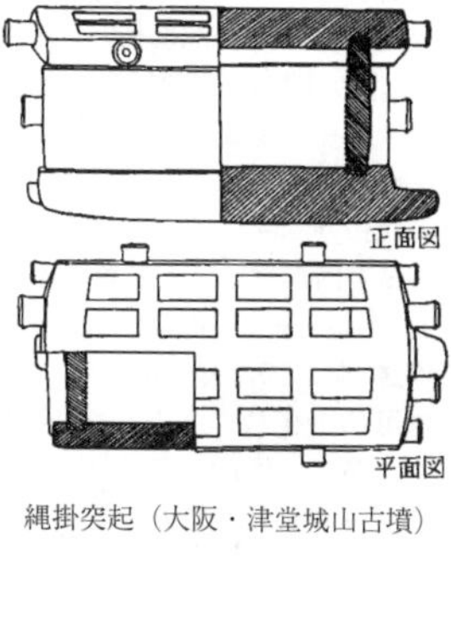

縄掛突起（大阪・津堂城山古墳）

／「河内松岳山古墳の調査」(『大阪府文化財報告書』5, 1957)　(杉山晋作)

男体山頂遺跡(なんたいさんちょういせき)　栃木県日光市中宮祠の男体山(標高2484.4m)頂上に所在する祭祀遺跡。太郎山神社脇の火口壁に入った岩裂とその周辺の平坦地が遺跡で, 1924(大正13), 1959(昭和34)年の2回, 発掘調査が行われた。その結果, 奈良時代末～平安時代前期の三鈷鏡・憤怒形三鈷杵・錫杖・鐘鈴・塔鋺・銅鋺, 平安時代後期の八稜鏡・陶器・土器, 鎌倉時代の懸仏・独鈷杵・三鈷杵・三鈷柄剣・経筒・禅頂札・刀剣など大量の遺物が雑然とした状態で検出された。空海の『性霊集』によれば, 782(天応2)年に男体山登頂に成功した勝道が, 807(大同2)年の旱魃に際して国司の依頼で補陀落山において祈祷したことがみえるが, 奈良時代末～平安時代前期の遺物はそれに関連したものと考えられる。それ以後, 日光男体山が山岳宗教の聖地として発展し, 修験者などの信仰を集めたことから, 中世・近世に及ぶ豊富な遺物が残された。＊日光二荒山神社『日光男体山―山頂遺跡発掘調査報告書―』1963　(時枝　務)

南蛮鐘(なんばんしょう)　「南蛮寺遺鐘」と称される教会鐘。京都市花園・妙心寺の塔頭春光院に伝存する鐘は1578(天正6)年8月15日献堂・京都天主堂の遺鐘と言われている。高さ60cm, 径45cm, 舌は欠。竹田市中川神社の鐘は, 胴部の十字は藩祖中川秀成の家紋, 鋳出銘に「サンチャゴ病院」「1612」の銘がある。梵鐘の竜頭にあたる部分は, 扁平な懸吊, 笠形は平担で, 身部は末広がり下端の部分に唐草文が見られる。梵鐘(和・朝鮮・中国)と異なりヨーロッパの教会鐘と同形態。日本の類例は少ない。＊西村貞『南蛮美術』1958　(坂詰秀一)

南蛮寺跡(なんばんてらあと)　京都府中京区姥柳町に所在し, 遺跡名称は姥柳町遺跡である。1973(昭和48)年に同志社大学によって発掘調査が行われた。宣教師のルイス・フロイスやオルガンティーノ等の記録によると, 当該地には1576(天正4)年に完成し, 1587(天正15)年に豊臣秀吉の禁教令によって閉鎖されるまで南蛮寺(教会堂)が存在したとされ, 絵図との照合から中門, 庫裏, 天主堂の配置が推定された。発掘調査の結果, 教会堂の庫裡の一部が比定される礎石(根石), 炉跡, 敷石, 捨て穴(廃棄土坑)などの遺構が確認され, 遺物としては中国製陶磁器, 瀬戸, 美濃, 唐津産の陶器類の他に異形の装束を着た人物が線刻された硯が出土している。＊同志社大学文学部文化学科『京都市中京区姥柳町遺跡(南蛮寺跡)調査概報』1973　(今野春樹)

南方式支石墓(なんぽうしきしせきぼ)　→　支石墓(しせきぼ)

南北朝時代(なんぼくちょうじだい)　鎌倉時代後期になって, 長期間にわたって院政を続けていた後嵯峨上皇が1272(文永9)年に亡くなった後,「治天の君」といわれる皇位継承を巡る天皇家の対立と, 広大な荘園公領の相続問題が分裂の契機となった。後深草天皇は持明院統, 亀山天皇は大覚寺統と称し, この2統から皇位継承されるのを両統迭立といい, 鎌倉幕府が調停していた。1321(元亨元)年大覚寺統の後醍醐が天皇親政を始めたが討幕計画に失敗して隠岐に流された。1333(元弘3・正慶2)年に隠岐を脱出した後醍醐は鎌倉幕府を倒し, 京都に入って建武の新政を開始した。この新政は公家政治的な面が強く, 二条河原の落書に見られるように批判が多く, 1336(延元元・正慶6)年には一旦九州に落ちた足利尊氏が楠木正成を破って京都に入り, 光明天皇を立て, 年号を建武と改めた。後醍醐天皇はなお皇位の正当性を主張して尊氏討伐を呼びかけ, これ以後南北朝内乱の時代となった。1393(明徳3)年には南朝の三種の神器を北朝に渡し, 皇位は両統交互とし, 国衙領は大覚寺統, 長講堂領は持明院統が支配するという条件で合体し, 後亀山から後小松

の土御門東洞院内裏へ神器が移され，57年間の南北朝の分裂は終わった。（江谷　寛）

に

新沢千塚（にいざわせんづか）　奈良県橿原市川西町にある600基近い古墳群をいう。前方後円墳・前方後方墳・方墳もあるが，多くは小規模円墳で木棺を直葬している。500号墳のように粘土槨に鏡・石製品・銅器・銅鏃・甲を有する例や，126号墳のように銅製柄付皿・ガラス皿・金製指輪など大陸色の濃い副葬品を有する例がある。5世紀中心の特異な性格の大群集墳である。* 末永雅雄・網干善教・伊達宗泰・森浩一『新沢千塚古墳群』1981（杉山晋作）

新治郡衙跡（にいはりぐんがあと）　茨城県筑西市古郡にある。1941～1943年，1949年に調査され52棟の建物跡を検出した。これらの建物は北部群25，東部群13，西部群9，南部群4の4グループに分離される。調査者は西部群を官舎，他を倉庫としている。特に東部群からは焼米が出土し，『日本後紀』の817（弘仁8）年の記事に一致する。また各建物群は礎石があり，板・草葺と推定される。* 高井悌三郎『常陸国新治郡上代遺跡の研究』1944（西脇俊郎）

新治廃寺（にいはりはいじ）　茨城県筑西市久地楽にある奈良時代の寺院跡。1939年に発掘調査。中軸線上に中門・金堂・講堂が位置し，金堂の東西に塔を配す。中門から派生する回廊は，堂宇をとりこんで北門に接続する。北門の北の中軸線上には廊で接続した食堂・僧房と推定される建物跡があり，また食堂の西には倉とされる建物跡がある。新治郡衙に隣接し，郡の寺として位置付けられる。* 高井悌三郎『常陸国新治郡上代遺跡の研究』1944（岡本桂典）

仁王（におう）　二王とも書き，詳しくは密迹金剛力士という。寺域や仏を守護するものとして，普通表門の左右に安置される忿怒尊である。中国では石窟寺院の寺門にあたる入口の左右に置く例が多い。わが国では長谷寺銅板法華説相図の下部像や，法隆寺中門と東大寺法華堂の仁王が奈良時代の作として有名。東大寺南大門の仁王は，運慶・快慶らによってつくられた鎌倉時代の代表作である。大分県国東半島には石造の仁王が多くみられる。* 倉田文作編「二王像」（『日本の美術』151，1978）（渋谷忠章）

西ヶ原昌林寺貝塚（にしがはらしょうりんじかいづか）　西ヶ原昌林寺貝塚は，旧い時代の呼称名で現在は西ヶ原遺跡群の西ヶ原貝塚として周知されている。

貝塚は，東京都北区西ヶ原3丁目地内の武蔵野台地の東北端に位置して，区立飛鳥中学校から昌林寺を中心とした一帯に分布し，縄文時代中期後半から晩期前葉に形成された馬蹄形の貝塚である。貝塚の一部である飛鳥中学校内は，1999（平成11）年3月に都の史跡に指定されている。貝塚は日本考古学の黎明期から知られ，1879（明治12）年3月にはE. S. モース（Edward Sylvester Mose）が訪れ，1892（明治25）年には坪井正五郎が発掘調査を行い，研究成果を7回に分け『東京人類学会雑誌』上に詳細に報告していることは学史上名高い。その後，1920（大正9）年に山内清男が小発掘を行い，1951（昭和26）年には酒詰仲男が飛鳥中学校内を調査し，1953（昭和28）年に樋口清之が昌林寺境内を調査している。

1985（昭和60）年以降は，北区教育委員会等が主導する調査団により数次の調査が行われ，その結果，貝塚の形成は中期加曾利E2～3式期に始まり，後期堀之内1式から加曾利B式期にピークに達し，安行式期には衰退することが確認されている。貝の種類も初期にはイタボガキ，ハマグリなどの主鹹水産貝類が主であるが，加曽利B式期には大型のハマグリやヤマトシジミが主となり安行式期にはヤマトシジミを主とした汽水産に変化することが分かってきている。

遺物にはカワシンジュ貝製垂飾や鰹節型ヒスイ大珠をはじめ，人骨，骨角製品，双口異型土器，土偶，土版，製塩土器，石器類，シカ・イノシシ，魚骨，鳥骨，クリ・トチなど，多種多様な遺物が発見されている。＊北区史編纂調査会『北区史　資料編考古1（西ヶ原貝塚）』1994；都内重要遺跡等調査団「北区西ヶ原貝塚」（『都内重要遺跡等調査報告』1998）　（岡崎完樹）

西志賀遺跡（にししがいせき）　愛知県名古屋市西区貝田町1丁目と北区志賀町に分布する弥生時代前期から後期の遺跡。1930年に小栗鉄次郎が発掘。標高5mの沖積低地に住居と貝塚がつくられ，各時期の土器が層位的に包含され，遠賀川系土器も混入していた。出土遺物は石器・銅鏃・骨角器・銅鐸型土製品，中期の人骨である。遠賀川系土器は，これをつくった人々が移住してきた，という説が出るなど本遺跡は問題をもっている。＊杉原荘介・岡本勇「愛知県西志賀遺跡」（『日本農耕文化の生成』1961）　（関　俊彦）

西殿塚古墳（にしとのづかこふん）　奈良県天理市中山に所在する前方後円墳。奈良盆地東縁の丘陵上に立地する。墳丘長約230m，後円部径約140m，同高約16m，前方部幅約130m，同高約12mを測り，前方部を南に向ける。墳丘は，後円部東側が3段，同西側が4段，前方部東側が1段，西側が2段築成であることが知られ，葺石を施す。墳丘上に方形壇があり，後円部が東西25.15m，南北26.54m，高3m，前方部が東西12.92m，南北が14.43m，高1.87mを測る。墳丘の西側には平坦面があり，東側には後円部中央・前方部南側の2ヵ所に陸橋状施設があり，いずれも東殿塚古墳に接続している。墳丘からは，特殊器台形土器・特殊器台形埴輪・特殊壺形埴輪・円筒埴輪が出土しており，埴輪を伴うことが判明する。これらの遺物から本墳は3世紀後半の築造と推測されている。周辺には多数の古墳が存在し，本墳を含めて大和古墳群を形成している。手白香皇女陵に治定され，宮内庁が管理している。　（時枝　務）

西之城貝塚（にしのじょうかいづか）　千葉県香取郡神崎町並木字西之城の北部，利根川河岸に突出した独立丘状の標高30mの台地上にある円墳の墳丘下にヤマトシジミを主とした混貝土層があり，この貝層中より，チリメンカワニナ，カワニナ，オオタニシなどの淡水の泥湖底に棲息する腹足類の貝殻も発見されている。数はあまり多くなく，全量が本貝塚堆積の貝層の貝殻の10％内外と思われるが，鹿島灘に面する外洋の鹹度の高い海岸で捕採し，約30km西部の入江の奥地の西之城貝塚まで，チョウセンハマグリ，ハマグリなど貝類を運び食用としたものと思われる。縄文文化早期前半の夏島・稲荷台・花輪台1，2式の頃には，東部からこの付近まで，潮がさし，ヤマトシジミが豊産し，ハイガイ，マガキなども棲息したものと思われる。　（江坂輝彌）

西村正衛（にしむらまさえ）　1916〜1995。1935年春，早稲田大学第一高等学校に入学。同大学第一文学部史学科を卒業後，教育学部の助教授，教授として勤務され，同学部の史学専攻学科で文化人類学，考古学の講義を担当。夏期休暇などの折は利根川下流域，千葉県，茨城県下の縄文時代，早・前・中・後・晩各期の貝塚遺跡を調査。これらの研究成果は『早稲田大学教育学部学術研究』『史観』『古代』『石器時代』など諸誌に発表された。文学博士。1945年以降，戦後の早稲田大学考古学研究室の発展の基礎を瀧口宏教授を助けて築き上げた。　（江坂輝彌）

西求女塚古墳（にしもとめづかこふん）　兵庫県神戸市灘区都通に所在する前方後方墳。標高6〜8mの扇状地上に立地する。全長98m，後方部長52m，同幅50m，前方部長46m，くびれ部幅25m，最大高9mを測り，後方部を西に向ける。墳丘は，前方部が2段以上の築成であることが知られ，葺石を伴う。主体部は竪穴式石槨で，慶長元年(1596)の慶長大地震で地滑りのため崩落したことが発掘調査の結果あきらかになったが，副室を伴い，ベンガラの上に水銀朱を塗布していたことが知られた。石材は徳島県や和歌山県から搬入されたものであった。石槨からは三角縁神獣鏡7面·画文帯神獣鏡2面·神人龍虎画像鏡1面·半肉彫獣帯鏡2面の銅鏡，碧玉製紡錘車状石製品，山陰系の土師器，副室からは鉄剣·鉄刀·鉄鏃などの武器，鉄斧などの工具，漁具など多くの鉄製品が出土した。これらの遺物から本墳は3世紀後半の築造と考えられる。付近には処女塚・東求女塚などの古墳がある。本墳は国指定史跡，出土品は重要文化財に指定されている。＊神戸市教育委員会『西求女塚古墳発掘調査報告書』2004　(時枝　務)

二上山遺跡(にじょうさんいせき)　遺跡は大阪府羽曳野市と奈良県香芝市にまたがる近畿地方最大のサヌカイト(sanukite)(ガラス質無斑晶質古銅輝石安山岩)の原産地帯に位置する。二上山の北側の春日山付近の地域で遺跡が多く発見されることから二上山北麓遺跡群とも呼称されている。後期旧石器時代から弥生時代にかけての多量の剥片・砕片・石核・くさび形石器・敲石類が採集されており，遺構としての採掘坑も確認されている。後期旧石器時代の桜ヶ丘第1地点遺跡，鶴峯荘第1地点遺跡では瀬戸内技法による翼状剥片や同石核が多く発掘されている。＊同志社大学旧石器文化談話会『ふたがみ—二上山北麓石器時代遺跡群分布調査報告』1974；奈良県立橿原考古学研究所編『二上山・桜ヶ丘遺跡』奈良県史跡名勝天然記念物調査報告38，1979　(柳田俊雄)

日輪寺古墳(にちりんじこふん)　福岡県久留米市京町にあり，筑後川に近い小台地上に位置する。全長約50mの前方後円墳であったが，現状はかなり削平されている。主体部の石室は，長さ3.1m，幅2.3mの長方形をなす。石室内には石障が設置されている。奥壁と左右両壁との石障の内面には，鍵手文と同心円文とを交互に配置した線刻がみられる。副葬品には，四獣鏡·銅鐶·刀·鉄鏃・玉類・土師器・須恵器などが出土したが，今は失っている。＊梅原末治「筑後国久留米市日輪寺古墳」(『京都帝国大学文科大学考古学研究報告』1，1917)　(渋谷忠章)

日光鏡(にっこうきょう)　鏡背の文様が同心円で構成され，帯圏に特殊な書体の銘文を配し，これを主文とする鏡のうち銘文により区分・命名されたものである。一般に内圏は内行花文帯をなし，外圏に渦文や菱形文と交互に「見日之光長毋相忘」あるいは「見日之光天下大明」の銘文を配するものである。前漢鏡の一型式であり，類似のものに「絜精白而事君」の銘の精白鏡,「内清質以昭明光輝象天日月」の銘の明光鏡などがある。＊樋口隆康「異体字銘帯鏡」(『古鏡』1979)　(池上　悟)

日光鏡（中国・廬家屯古墳）

『日本考古学』(にほんこうこがく)　①日本考古学研究所(所長：G. グロート)が発行した雑誌。B5判縦組。1948(昭和23)年1月に創刊号を発行。後，1949(昭和24)年12月に第1巻第6号を出して終刊となる。なお，第2巻は，1952(昭和27)年8月刊の『姥山貝塚』があてられている。第2次大戦直後における縄文時代研究の動向を知るのに有用な雑誌である。

②日本考古学協会の機関誌として1994(平成6)年11月，創刊号が発行された。A4

判横組。年2冊刊。論文・研究ノート・遺跡報告・研究動向・書評が掲載されている。（坂詰秀一）

日本考古学協会（にほんこうこがくきょうかい） The Japanese Archaeologists Association。1948年（昭和23）年4月1日発会。会則第1条に「日本における考古学研究者が，自主・民主・平等・互恵・公開の原則にたって，考古学の発展をはかることを目的とする」と謳われている。年1回の総会（春）と大会（秋）を開催し，講演会・研究発表会などを行っている。2009（平成21）年5月一般社団法人となる。『日本考古学年報』（年度ごと）と『日本考古学』（年2冊）を編集刊行している。会員数は4,074名（2019年4月現在）。事務所は，東京都江戸川区平井駅前協同ビル4階に置かれている。（坂詰秀一）

『日本考古学年報』（にほんこうこがくねんぽう） Archaeologia Japonica。日本考古学協会の編集で，B5判横組。1（1948年度）～20（1967年度）は誠文堂新光社の発行。21・22・23（1968～1970年度）以降は日本考古学協会発行（吉川弘文館発売）で年1冊刊。内容は該当年度の考古学界の動向，県ごとの調査の概要，文献目録などが収められている。（坂詰秀一）

日本情報考古学会（にほんじょうほうこうこがっかい） 1994年，帝塚山考古学研究所の「考古学におけるパーソナルコンピュータ利用」の研究会と文部省統計数理研究所の「考古学における計量分析」の研究会を核として発足した。会員は考古学・統計科学・情報科学などの研究者から構成され，三者による学際研究を目指している。これまでに考古遺跡・遺物の数値データ化と計量分析，これにかかわる情報のデータ化を進め，その成果は年1回の研究総会と年2冊の学術誌『情報考古学』で発表されている。初代会長は堅田直。（関　俊彦）

日本西アジア考古学会（にほんにしあじあこうこがっかい） エジプトや周辺地域を含む西アジアの考古学的研究，同地域の歴史的文化財の保護を推進するために，1997年1月11日に結成された日本の学会。大会・発掘報告会・講演会・シンポジウムを開催し，毎年研究誌『西アジア考古学』を刊行する。（時枝　務）

日本文化財科学会（にほんぶんかざいかがくかい） Archaeology and Natural Science。文化財に関する自然科学・人文科学両分野の学際的研究の発達および普及を目的として1982（昭和52）年12月18日に発会した。文化財の材質・技法・産地・年代測定・古環境・探査・保存科学・情報システムなどについての共同研究を目的とする学会。年1回の総会・大会を関東と関西で交互に開催し，会誌『考古学と自然科学』，連絡誌『日本文化財科学会会報』を刊行。正会員・学生会員・団体会員・賛助会員・名誉会員からなり，入会には，会員2名の推薦が必要。事務所は，奈良市山陵町1500，奈良大学文学部文化財学科内。（坂詰秀一）

二枚橋(2)遺跡（にまいばし〔に〕いせき） 二枚橋(2)遺跡は，下北半島の津軽海峡に面し，大畑町（2005年むつ市に編入）大字二枚橋に所在し，縄文晩期後半期（大洞C_2式～A'式）を主体とした遺跡で，1960年代中葉に，東北大学文学部考古学研究室（故伊東信雄名誉教授）によって発掘調査された。二枚橋遺跡（東北北部の弥生前葉期の土器）が，茶水川を挟んで所在する。したがって，行政区が同一なので，大畑町教育委員会が1999（平成11）年に調査した遺跡を，二枚橋(2)遺跡としたものである。遺跡は国道279号線を挟んで，涌館地区の標高20～40mの舌状台地にあり，縄文早期～晩期，更に中世の空堀や陶磁片も採集され，総面積10万㎡のうち，6450㎡を発掘した。2基の集石（祭祀）遺構のほかに土壙墓，土壙，柱穴など187ヵ所，縄文中期の竪穴住居跡3軒や晩期の埋設土器遺構24基，遺物はこれらに伴う多種の土器，ミニチュア土器，各種の石器，土製品，勾玉，管玉などの装飾品，祭祀(呪術)遺物としての土偶，土面や動物遺存体(シカ，クジラなど)，鳥類や魚類(ウグイ，アオザメなど)，貝類などであった。ことに土偶や土面などは質，量ともに縄文時代晩期後半の亀ヶ岡文化を理解する上で，きわめて貴重な資料を提供した遺跡と言えよう。*橘善光・奈良正義・小笠原正明・藁科哲男『二枚橋(2)遺跡発掘調査報告書(本文編，写真編)』2001　(橘　善光)

ニューアーケオロジー(New Archaeology)　1960年代初めに，アメリカのL.ビンフォードらの主唱にはじまる考古学理論の再構築をめざす新しい潮流。従来の考古学は帰納的，経験的，歴史叙述的であるのに対して，演繹的な論理，つまり普遍的な原理を構築し，なかでも方法論を整備し，導かれる仮設に対して検証を重ね歴史事象を説明する，という接近法で枠組みを議論する考え方。

中でも文化をシステムとして捉え，その変化の過程(プロセス)を解明することを重視することから「プロセス(考古学)学派」の名がある。しかし，後，歴史学的な考古学の主張も再興，展開しており，それらは総括して「ポストプロセス(考古学)学派」と呼ばれている。これらの潮流は日本考古学にも影響し，小林達雄，酒井龍一，谷口康浩らの理論・実践に係る「セトルメント・システム」をはじめ季節性・領域,生態系(動植物)，墓制，認知など新たな側面の研究も大きく進展していくこととなる。*酒井龍一『セトルメントアーケオロジー』1990；谷口康浩『環状集落と縄文社会構造』2005；安斎正人編『現代考古学事典』2004　(高麗　正)

入田遺跡(にゅうたいせき)　高知県四万十市入田字石鎚・佐田芝に所在し，遺跡は四万十川の自然堤防に位置する。1952年に岡本健児，1953年に日本考古学協会弥生土器特別委員会により発掘調査された。包含層より縄文時代晩期末の突帯文土器(入田B式土器)と弥生時代前期初頭の(入田I式土器)が伴出する。石器は打製の撥形石斧が多く，打製石庖丁も出土している。*岡本健児「高知県入田遺跡」(『日本農耕文化の生成』1961)　(岡本桂典)

新田原古墳群(にゅうたばるこふんぐん)　宮崎県児湯郡新富町にあり，標高80mの洪積台地に位置する。200基を越す古墳からなり，円墳186基，方墳2基，前方後円墳22基を数える。1939(昭和14)年飛行場建設に伴って3基の古墳を調査した。このうち第45号墳は全長約68mを測る前方後円墳で，後円部の横穴式石室には家形の石棺が安置され，前方部には木棺が確認された。また同じ前方後円墳で全長約30mの第42号墳は，主体部に粘土床が発見され，金銅装圭頭太刀が出土している。*梅原末治「新田原古墳調査報告」(『宮崎県史蹟名勝天然紀念物調査報告』11，1941)　(渋谷忠章)

乳棒状石斧(にゅうぼうじょうせきふ)　磨製石斧の一型式。体部の横断面が円形または楕円形で，肉厚の棒状を呈し，刃部に向かってしだいに太くなり，蛤刃状をなす。静岡県西部(遠州)地方にこの型式のものが多いことから遠州式石斧ともよばれている。

主として硬質の岩石(輝石安山岩など)を用い，敲打して整形した後研磨して仕上げる。縄文時代の前期から中期にかけて盛行するが，一部地域では晩期にも伴う。ほぼ全国的に分布するが，特に関東から中部地方以西に多く，日本海岸よりには少ない。

藤森栄一はこれを土掘具とみて，縄文中

乳棒状石斧（長野・井戸尻遺跡）

期農耕説を肯定する資料の一つにあげたことがある。大陸にこの種の石斧はまれで，むしろマリアナ諸島や伊豆諸島方面に類似したものをみるのは興味深い。＊八幡一郎「日本の乳棒状石斧」(『人類学雑誌』53–5, 1938)；藤森栄一「乳棒状石斧論」(『縄文の八ヶ岳』1973)　(中山清隆)

乳文鏡(にゅうもんきょう)　鏡背の主文として数個の乳のみを配した小型の仿製鏡。乳は単に円形を呈するもののほかに円環を付したもの，獣形の肩部の変形したものと考えられる乳の片側に2〜3の尻尾を付けたもの，蕨手文を配するものもある。乳は4･6･7・8個を等間隔に配するものであり，この外周には櫛歯文・鋸歯文などを配し，縁は素文の平縁である。一般に径10cm以下の小型品であり，仿製鏡としては末期の所産に係る。＊樋口隆康「乳文鏡」(『古鏡』1979)　(池上　悟)

乳文鏡（宮崎・西都原古墳）

如意寺跡(にょいじあと)　京都府京都市左京区鹿ケ谷から同区粟田口如意ケ嶽町にかけて所在する山寺跡。標高472mの如意ケ嶽の中腹から山麓に広がり，園城寺蔵の「園城寺境内古図」如意寺幅によれば，宝厳院・大慈院・西方院・深禅院・赤龍社・本堂など67基以上の建物が確認できる。如意寺は，10世紀に創建され，『大乗院寺社雑事記』によれば1468(応仁2)年に焼亡するまで法灯を維持したことが知られる。本堂地区では，桁行5間・梁行4間の本堂，楼門，三重塔，桁行5間・梁行4間の常行堂，桁行5間・梁行4間の講堂，石段など，深禅院地区では桁行5間・梁行4間の本堂，石段が発掘調査されている。瓦葺である三重塔以外の建物は，いずれも檜皮葺であったため，屋根材は検出されていない。出土遺物は，瓦のほか，土師器・須恵器・緑釉陶器・灰釉陶器・青磁碗・信楽焼甕・滑石製鍋・円面硯などが確認できる。また，東側の滋賀県境の高所には，灰山庭園遺跡が所在するが，如意寺の一部を構成するものと推測される。＊江谷寛・坂詰秀一編『平安時代山岳伽藍の調査研究』2007　(時枝　務)

如法経(にょほうきょう)　一定の作法に従って書写した経典。草筆石墨で法華経を書写して経塚に埋納した経典を指すことが多い。その行事を如法経会(にょほうきょうえ)という。如法経の言葉はすでに『日本霊異記』にみえるが，円仁が比叡山で実修してから規則が整備されたとみられ，『叡岳要記』や『今昔物語』には円仁が如法経を始めたとする伝承が書き留められている。実際，比叡山では，横川(よかわ)を中心に如法経の書写が活発に行われ，その多くが経塚に埋納された。如法経作法に従って書写すれば，写経の功徳が倍増すると説かれたことから，多くの僧俗がそれを試み，経塚造営の風習が全国的に広まったとみられる。このように，如法経は本来特定の宗派と無関係な用語であったが，比叡山で法華経と結び付いたことから，それ以後，天台宗と深い関係に置かれることとなった。＊兜木正亨『法華写経の研究』1983　(時枝　務)

尼寺廃寺跡(にんじはいじあと)　奈良県香芝市尼寺に所在する古代寺院跡。塔跡を中心とする北遺跡と薬師堂を中心とする南遺跡からなり，両者の間に川跡が確認されていることから，南北2つに分かれる寺院跡と推測されている。1991〜1996(平成3〜8)年に発掘調査が実施され，北遺跡で金堂跡・塔跡・回廊跡が確認され，東を正面とする法隆寺式伽藍配置を採用する寺院であることが判明した。また，塔跡の心礎は径3.8mと日本最大の大きさで，柱座から耳環・水晶玉・水晶切子玉・ガラス玉・ガラス蜻蛉玉・刀子などの舎利荘厳具が検出された。軒瓦は坂田寺式・川原寺式・藤原宮式のものがあり，北遺跡が7世紀中ころに創建され，後半まで造営が続いた可能性が高いことが知られる。心礎の柱座の形式が若草伽藍と共通するところから，『法隆寺伽藍縁起并流記資財帳』にみえる「葛城尼寺」に比定する説と敏達天皇系の王家の氏寺とする説が提出されているが，いずれとも決していない。南遺跡については開発が進んでいるため，十分に解明されていないが，軒瓦には坂田寺式・大安寺式がみられる。＊山下隆次「尼寺廃寺の発掘調査」(『仏教芸術』235，1997)　(時枝　務)

認知考古学(にんちこうこがく)　考古資料から過去の人類が行った認知行為やその認知能力などを研究する考古学の分野。認知とは，外界にある対象を知覚して判断・解釈することで，具体的には世界観・価値観・象徴・感情などを指す。認知考古学は，認知心理学と進化心理学の理論を取り入れ，心の進化を考古学的にあとづけようと試みる。また，考古学者の認知，とりわけ考古資料の鑑識眼についても研究している。＊松本直子『認知考古学の理論と実践的研究』2000；松本直子・中園聡・時津裕子『認知考古学とは何か』2003　(時枝　務)

忍冬文(にんどうもん)　エジプトの側面形ロータス系の文様から発祥したもので，忍冬唐草文ともよぶ。渦巻状のつるが左右にのび，数枚の葉が花文様にひろがっているが，日本では波状文が連続して描かれ，その先に側面形の葉形がある。ギリシア・西アジアから東方に伝わって仏教美術と融合し，中国の南北朝時代，朝鮮半島をへてわが国に入り，法隆寺玉虫厨子，法隆寺若草伽藍跡出土鐙瓦など飛鳥時代に多く用いられている。　(是光吉基)

仁徳天皇陵古墳(にんとくてんのうりょうこふん)　大阪府堺市堺区大仙町にある。全長約480mの日本一の前方後円墳で，円筒埴輪のほか家・馬・鳥・犬・女子の形象埴輪をみる。前方部に長持形石棺を納めた竪穴式石室があり，金色の眉庇付冑や鋲留短甲，またガラス埦などが出土した。百舌鳥耳原中陵または大仙陵古墳ともよばれ，3重の濠や陪冢を有する。　→　百舌鳥古墳群(もずこふんぐん)　＊平林悦治「仁徳天皇陵に埋まる金色の甲冑」(『考古学』10–7，1939)　(杉山晋作)

ぬ

貫井遺跡(ぬくいいせき)　東京都小金井市貫井南町に所在する縄文中期中葉から末葉の環状集落。武蔵野段丘面(中位段丘)，標高約72m，JR中央線・武蔵小金井駅の西にある。明治30年東京帝国大学編纂地名表に登場，大正末～昭和初期には鳥居龍蔵らに注目される。初の調査は昭和14年成城学園の藤原音松と同高校生，1946(昭和21)年には武蔵野郷土館の甲野勇が後藤守一らと，昭和30年代には吉田格が東京学芸大とともに継続調査が実施されるなど，これまでに20数次を数える。土坑(墓穴・100基以上)など密集する中央広場を囲み竪穴住居が巡る。中期集落の外帯に分布する縄文時代早期前半の撚糸文第Ⅴ様式(稲荷原・滝坂式など)土器，同時期に多いスタンプ形石器，磨石，敲石などの石器類のほか土偶，大珠などが出土。2・3・6号住居出土の中期土器群(片口碗形土器など)一式が2011年に小金井市の有形文化財に指定。調査資料は小金井市内の浴恩館や江戸東京たてもの園などに保管。＊吉田格「東京都小金井市貫井遺跡調査報告」(『武蔵野』38-1，1958)；小金井市貫井遺跡調査会『貫井遺跡』1979；小金井市遺跡調査会『貫井Ⅱ』1991　(高麗　正)

布目瓦(ぬのめがわら)　古代における男・女瓦の凹面や凸面には製作時の痕跡として布目の圧痕が残されていたことに由来する俗称。しかし古代に限らず時代によっては，布目の痕跡を製作当初の段階から有しないものや，その痕跡を撫でや磨きによって消し去るものがあるため，今日では，この名称が使用されることは稀である。＊石田茂作「布目瓦の時代判定」(『仏教考古学論攷』1，1978)　(小林康幸)

布目底(ぬのめぞこ)　布目の圧痕のみられる土器の底部。布の上で土器を製作したためにできたものといわれる。東日本の弥生時代中期の土器に多くみられ，このことから弥生時代に織物が織られていたことを証明できる。圧痕の状態から平織の麻布であろうといわれている。＊小林行雄『古代の技術』1962　(川崎義雄)

沼津貝塚(ぬまづかいづか)　宮城県石巻市に所在する縄文時代中期から晩期にかけての貝塚。明治時代から昭和初期にわたり毛利総七郎・遠藤源七により調査され，数多くの後・晩期の遺物が出土している。特に骨角器の種類と量は他に例をみない。その後1963・1967年に東北大学考古学研究室により調査が行われた。1963年には後期後葉から晩期後葉にかけての，1967年には中期後葉から後期前葉にかけての貝層が調査され，多量の動物遺存体・土器・石器・骨角器が出土した。＊東北大学文学部東北文化研究室『沼津貝塚出土石器時代遺物』1962　(小林正史)

ね

根石(ねいし)　礎石と地盤の間に埋め込まれた小石。浅い土坑を掘り，その中に小石を充填する場合が多く，地業の一部をなす。荷重を分散しながら地盤へ伝える役割を果たす。また，石積みの最下部の地面に接した土台石を指して，根石と呼ぶ場合がある。　(時枝　務)

猫塚古墳(ねこづかこふん)　香川県高松市に所在する石清尾山古墳群の1基で，外形は積石による双方中円墳である。全長96m，中円部径44m，高さ6m，北東方形部長24.5m，幅14m，高さ1.8m，南西方形部長27.5m，幅15m，高さ2.4mを測る。主体部は中円部に9つの竪穴式石室があったと推定され，副葬品には内行花文鏡，獣帯鏡，四獣鏡，三角縁神獣鏡，筒形銅器，銅鏃，鉄斧，銅・鉄剣，石釧，土師器壺などがある。→　石清尾山古墳群(いわせおやまこふんぐん)　＊梅原末治「讃岐高松石清尾山石塚の研究」(『京都帝国大学文学部考古学研究報告』12，1933)　(是光吉基)

猫谷地古墳群(ねこやじこふんぐん)　岩手県北上市上江釣子ほかにある古墳群。和賀川北岸の台地上にある付近の蝦夷塚古墳群とともにかつて数十基を数えたという。1951年に早稲田大学が調査。すべて円墳で主体部は河原石積みの退化した横穴式石室であり，金環・玉類・半球形飾金具・蕨手刀・鉄鏃を出土した。年代は8世紀に比定される。＊滝口宏ほか「猫谷地古墳調査報告」(『岩手史学研究』9，1951)　(穴沢咊光)

捩文鏡(ねじもんきょう)　鏡背の主文を捩り紐状の文様とする仿製鏡。この捩紐状の文様は，鈕の周囲に放射状に配された2本1組の弧線間を数条の平行線で充填したものであり，これが捩り紐を細糸でくくっ

捩文鏡（山口・山口市）

たようにみえるところより命名されたものである。この文様は舶載鏡に認められる獣形をもとに成立した仿製鏡独得の単頭双胴の怪獣文のさらに簡便化したものと想定されており，小型仿製鏡のうちでは比較的古いものである。＊樋口隆康「捩文鏡」(『古鏡』1979)　(池上　悟)

根城跡(ねじょうあと)　青森県八戸市に所在する中世城館。1334(建武元)年に南部師行(もろゆき)により築城され，1627(寛永4)年岩手県遠野に移封されるまでの約300年間にわたり南部氏が拠点とした城。根城の南部氏の勢力圏は，岩手県・秋田県北部から青森県の津軽地方や下北にまで及んだ。この城は馬淵川下流の右岸段丘上に構えられており，本丸を中心とする合計5ヵ所の館が堀で区画されながら並ぶ連郭式の城郭で，1937(昭和12)年に約21haが国史跡に指定されている。1978(昭和53)年から12年間にわたり本丸を復元整備するための発掘調査が行われ，17期にわたる遺構群の変遷が考えられている。現在，本丸には第16期(天正期)の遺構に基づいた整備が行われており，主殿・北馬屋・工房・鍛冶工房・板蔵・門は立体復元され，内部には当時の武家の儀式の様子や遺物のレプリカなどが展示されている。また，常御殿・奥御殿・中馬屋は，柱位置のみを示す平面表示が行われている。＊佐々木浩一「根城跡」(『青森県史考古』4，2003)　(工藤竹久)

根城跡

鼠返し(ねずみがえし)　高倉式の倉庫とみられる建物の柱の床直下および梯子の上端面などに取りつける方形あるいは長方形を呈する板状の建築部材をいう。これにより床下から柱・梯子を登るネズミの進入を防止したと考えられている。すでに弥生時代の，静岡県登呂遺跡や山木遺跡などで実物が発見されている。登呂出土例によると，長さ70cm，厚さ3cmほどの板材の中央に8cmに14cmの長方形の孔をあけ，柱を貫通させ使用したことが推測される。＊日本考古学協会『登呂』1954　(木下　亘)

熱残留磁気年代測定法(ねつざんりゅうじきねんだいそくていほう)　岩石や土の中には磁鉄鉱などの磁性鉱物が含まれている。これを加熱してそれぞれの固有の温度に達すると磁性がなくなる。この状態から温度が下がってくると磁性鉱物は再び磁性体にもどり，地球磁場(地磁気)の方向に磁化される。これを熱残留磁化といい，ほとんど永久的にその磁化は保存される。発掘調査された窯跡や炉跡なども最終焼成時の熱残留磁化をもっている。地球磁場は地球上の場所によって向きや強度に違いがある。通常それを偏角，伏角，全磁力で表していて，これらは時間経過によって変動している。この変動を地磁気永年変化と云っている。地磁気永年変化と焼土遺構の熱残留磁化とを照合することによって年代を推定することが出来る。また堆積岩中の磁性鉱物は，堆積するときに磁気コンパスの針が北を指すように地球磁場の方向に向けて磁化方向が固定される。これを堆積残留磁化というが，地層の層序ごとに堆積残留磁化を測定し，地磁気の時間変化を追うことによって堆積層の年代決定を行うことも可能である。　(青木繁夫)

熱ルミネッセンス法(ねつルミネッセンスほう)　thermoluminescence　鉱物を熱すると青い燐光を発する。この燐光を熱ルミネッセンスという。この方法は土器の焼成年代を明らかにするために行われる。土器を焼成すると粘土中の石英は，高温に加熱されて熱ルミネッセンス発光する。その時，石英ができてから焼成されるまでに吸収した放射線エネルギーをすべて光としてはきだしてしまう。その後，埋蔵された土器中の石英は再び周囲の土から自然放射線と宇宙線を吸収する。発掘された土器の石英中の放射線の量を測ると，土器が焼成されてから今までに吸収した放射線の量(蓄積線量)が分かる。蓄積線量は土中で吸収した放射線の総量であるから，それは土器の埋蔵期間に比例する。土中に埋蔵されている間に1年間あたりどれほどの放射線を吸収したか(年間線量)を別の方法で測定して，蓄積線量を年間線量で割り算すれば年代が推測できる。　(青木繁夫)

年代決定法(ねんだいけっていほう)　遺跡・遺物の年代を決定する場合に相対年代と絶対年代との二つの方法がある。まず相対年代はAはBより古い，あるいはBはAより古いというように，対象の相対的な先後を決定する方法であり，そのためには層位学(stratigraphy)の原理が応用される。コペンハーゲン生れのデンマーク人ニコラス・ステノ(Nicholaus Steno)(1638～1687)は「乱されていないかぎり，上にある地層は下にある地層より新しい」という累重の法則(law of superposition)を発見したが，これは古典物理学における万有引力の法則に匹敵するといわれている。遺物包含地・貝塚・洞穴・ローム層・粘土層などの発掘にさいして，考古学研究者はつねにステノの法則を用いて地層の新古を決定する。これと別に，型式学(typology)によって遺物の年代的序列を定める方法があり，モンテリュウス(G. O. A. Montelius)(1843～1921)が行った北欧青銅器の編年は著名である。しかし，型式学による方法は，人間によってつくられた道具その他はつねに進化の法則に従うものだという前提に立っているので，そこから出された結果は最終的には層位学的方法によって検証される必要がある。

絶対年代の決定は，遺物あるいは遺跡の年代をたとえば紀元前1000年(B. C. 1000)，紀元300年(A. D. 300)というように数字によって表示するもので，放射性炭素による年代については，リビーの測定法が確立された1950年を基準として，たとえば1500B. P. (Before Physics)と記すことになっている。絶対年代を知るための最上の条件は，その遺物の一部に年代が書き込まれている場合であり，紀年銘資料とよばれている。島根県神原神社古墳，大阪府黄金塚古墳から出土した景初3年銘(A. D. 239)のある三角縁神獣鏡はその好例である。また，製作年代がはっきりしている資料の一つとして貨泉がある。これは新の王莽がA. D. 14(天鳳元)年に鋳造させたものであり，紀年銘資料とほぼ同じ意味を持っている。

自然科学的方法を用いる絶対年代測定法としては，樹木の年輪を数えることによって年代を割り出す年輪年代学(dendrochronology あるいは tree-ring dating)，氷河によってせきとめられた湖の底に年々堆積した粘土層を数えていく縞粘土年代学(varve counting)などがある。1950年以来発達した画期的な測定法は放射能の半減期を応用するものであって，放射性炭素法(^{14}C法，carbon dating)，カリウム－アルゴン法(K. A. 法)，フィッショントラック法(飛跡法 fission trackdating)，熱ルミネセンス法(thermoluminescence dating)などがある。ほかにも熱残留磁気による年代測定(archaeo magnetism)，黒曜石の水和層による年代測定(obsidian dating)などがあり，日本でもさかんに応用されているが，この二つは絶対年代を算定するのではなく，相対的な新古を決定するのに役立つ。　(芹沢長介)

粘土槨(ねんどかく)　古墳の内部施設の一つで，割竹形木棺などを直接に粘土で被覆した構造をいう。木棺が腐朽し，粘土のみが遺存するために呼ばれた。粘土棺も同じ意味である。粘土でおおわれた棺の種類は粘土に残された痕跡によって判断される。一般的には墓壙をうがった床面に砂利・礫などを敷いた上で，粘土を用い木棺を固定して棺身を包み，さらに棺蓋をおおう工程をたどることが多い。排水溝を付設する場合も多い。棺の痕跡面に朱が残っていることもあり，副葬品もその面で検出される。刀・剣・鏃などの武具類は，木棺外それも粘土槨の壁体内に埋納副葬されることも多く，副葬工程の判断材料にもなる。棺蓋まで粘土でおおわずに，棺身の固定のみでおわる場合は，粘土床とよばれる。多くは，四周を石で積む竪穴式石室の構造の一部となるが，単独で粘土床のみが残る場合もある。竪穴式石室と粘土槨の盛行時期は前者が古いとされている。＊小林行雄「竪穴式石室構造考」(『紀元二千六百年記念史学論文集』1941)；佐野大和「粘土槨考」(『上代文化』19，1950) (杉山晋作)

年輪測定法(ねんりんそくていほう) 樹木の年輪によって，古い遺跡や建造物の実年代や，過去の気候の良否などを調べる方法。樹の年輪と年輪との間隔は一定していない。年輪の間隔は，その樹がよく成長した年には広くなり，成長しにくかった年は狭くなる。このことから，年輪の間隔の幅によって，その年の樹木の生育条件が順調であったかどうかを判断することができる。つまり，年輪幅の狭い年は，旱魃や冷害などの気候不順の年であり，年輪幅が広い年は，気候が順調な年であったと推定できるというのが基本的な考え方である。この考え方による年輪測定法を創案したのは，アメリカの天文学者の J. E. Douglass である。Douglass は，太陽の黒点周期の研究のために，多数の年輪幅を測定した。そのデータから，年輪幅の年変化の基準パターンが作成できることを発見し，その基準パターンを順次遡って行く作業をすすめることによって B. C. 59 までの基準パターンを作成することに成功した。この基準パターンに考古遺物(木材や木炭など)の年輪パターンを照合し，合致するパターンの年代をその遺物の年代と決定するものである。しかし，年輪測定法の基準パターンが使えるのは，その基準をつくった地域と気候条件が同じである範囲に限られる。そのため，アメリカのアリゾナのような大まかな地域ではかなり広範囲に同一の基準パターンが通用するが，日本のように，気候が非常に局地的である場合,その適用は困難である。しかし，日本における年輪測定法の研究は，まだ端初についたばかりで，今後の研究に待つところが多いといえよう。＊東村武信『考古学と物理学』1980 (江坂輝彌)

の

能満寺古墳(のうまんじこふん) 千葉県の中央東部に位置する一宮川の支流により開析された丘陵上の，長生郡長南町芝原の天台宗能満寺境内に所在する前方後円墳。前方部を西南に向けた全長 74m，後円部径 47m，前方部幅 27m の規模の前方部の未発達な形状を示す。1947 年に発掘調査されて，後円部墳頂下 1.5m に幅 2m，長さ 7.5m 木炭槨が確認され，破片として獣形鏡を含む 2 個体分の鏡，剣・直刀・鉄鏃・銅鏃 8 などの武器，玉類が出土した。また後円部墳丘からは高杯・器台・壺などの土師器が出土している。房総地域初現期の有力古墳である。＊大塚初重「上総能満寺古墳発掘調査報告」(『考古学集刊』3，1949) (池上 悟)

野川遺跡(のがわいせき) 東京都調布市上石原に所在。1969，1970 年に発掘調査が実施され，後期旧石器時代の文化層が 10 枚確認されている。大規模調査がなされた先駆的遺跡で，特に石器群のまとまりに注意が払われた。まとまりはユニットとよばれ，その内容をパターン化し，人間の行動型を復原しようとする試みがなされている。＊小林達雄・小田静夫・羽島謙三・鈴木正男「野川先土器時代遺跡の研究」(『第四紀研究』10–4, 1971) (藤原妃敏)

宇瓦(のきがわら) 瓦葺建物の屋根の軒先を鐙瓦との組合せによって飾る瓦で，平瓦の広端面側に文様をもつ瓦当部分を接合したもの。この名称は729(亀神6)年の平城宮跡出土木簡に初見する歴史的名称。一方，軒平瓦とも呼ばれている。宇瓦の瓦当文様は古代以来，圧倒的に唐草文が多く見られるが，中世以降では剣頭文や蓮華唐草文なども多く見られる。江戸時代以降には俗に唐草瓦の名称で呼ばれることもあった。＊坂詰秀一「古瓦名称論」(『論争・学説日本の考古学』6, 1987) (小林康幸)

軒平瓦(のきひらがわら) → 宇瓦(のきがわら)

軒丸瓦(のきまるがわら) → 鐙瓦(あぶみがわら)

野口王墓古墳(のぐちおうのはかこふん) 奈良県明日香村野口に所在する八角形墳。檜隈大内陵ともいう。藤原宮の中軸線を南に延長した線上に位置し，最下段1辺15m，対角辺長約40m，高7.7mで，平面形が八角形を呈する古墳である。墳丘は，5段築成で，最上段高約3mを測り，表面を凝灰岩製切石で覆う。一見，仏塔を思わせる容姿をみせる。1235(文暦2)年に盗掘されたが，その際に作成された記録である「阿不畿乃山陵記」が高山寺に伝えられており，主体部の状況を知ることができる。同史料を手がかりに復原すれば，切り石積みの横口式石槨で，内部には天武天皇の漆塗棺と持統天皇の金銅骨壺が安置されていたと考えられる。686(朱鳥元)年に亡くなり，688(持統天皇2)年に埋葬された天武天皇が土葬であるのに対して，702(大宝2)年に亡くなった持統天皇は火葬で，翌大宝3年に追葬されたことが知られている。天武・持統合葬陵に治定され，宮内庁が管理している。 (時枝 務)

野口義麿(のぐちよしまろ) 1929～1982。東京都世田谷区松原に生まれ，少年時代より考古学に興味を持ち，世田谷区内の遺跡を表面採集に歩いた。世田谷高校の先輩に吉田格・鈴木淳正(のぶまさ)などがおり感化を受けたものと思われる。

世田谷高校から國學院大學神道部に入学。その後，慶應義塾大学文学部史学科に入学，卒業後東京国立博物館考古学課に技官として就職。

1955年より西村正衛・芹沢長介・江坂輝彌らと雑誌『石器時代』を創刊。1973年10号を刊行して休刊となっている。また土偶・土版・岩偶・岩版類の研究を江坂輝彌と組んで熱心に推進し，まず1959年写真家田枝幹宏撮影の写真によって『日本の土偶』を紀伊国屋書店から刊行。1964年には講談社刊の『日本原始美術2 土偶・装身具 甲野勇編』で土偶を担当, 1969年にはサントリー美術館開催「土偶と土面」特別展の展観出品物を鹿児島県下から北海道まで全国より蒐集，江坂と組んで，1969年春の特別展「土偶と土面」の出品目録も編さんした。また1974年には講談社刊「古代史発掘」3「土偶芸術と信仰」江坂と共編で執筆も担当した。また1942(昭和17)年度慶應義塾大学で発掘した縄文時代前期の椋(むく)の木製独木舟，櫂の発掘の端緒を作ったのも野口である(千葉県丸山町加茂遺跡)。 (江坂輝彌)

野地久保古墳(のじくぼこふん) 福島県白河市に所在する上円下方墳。白河舟田・本沼遺跡群として国史跡に指定されている。阿武隈川左岸，標高340mほどの丘陵の先端部に立地する。2004年に発見され，2008年の保存目的確認調査で，上円下方墳と確認された。背面を造成し，平坦面を構築して古墳が築造されている。二段築成で，規模は，下方部が一辺約16m，上円部が直径約10mである。墳丘斜面に河原石を小口積された積石と，墳丘平坦面に貼石が敷設され，少なくとも，下方部上面に貼石(葺石)

が施されていたことがわかる。主体部(埋葬施設)は，墳丘中央から床石が発見され，古墳の周囲から埋葬施設の構築材とされる石材が確認されたことから，横口式石槨と考えられている。古墳の築造年代は，主体部と墳丘の特徴から，7世紀中頃〜8世紀初頭頃と考えられている。野地久保古墳の周辺には，下総塚古墳(前方後円墳)，舟田中道遺跡(豪族居館跡)，横口式石槨を持つ谷地久保古墳などがある。交通の要衝に立地することも含め，被葬者は，古代白河郡における盟主的な立場の人物と考えられている。* 鈴木功ほか「野地久保古墳の調査」(『考古学ジャーナル』592，2009)；鈴木一寿ほか『野地久保古墳確認調査報告書』2010

(江口　桂)

野島貝塚(のじまかいづか)　神奈川県横浜市金沢区野島山頂部北斜面に所在する。マガキ・アサリ・カガミガイ・カリガネエガイ・オニアサリなどの斧足類，アカニシ・イボニシ・スガイ・コシダカガンガラ・テングニシなどの腹足類の貝殻が多く目につく。純鹹貝塚で，早期後半の茅山式土器のうち，古形式の野島式土器の時期の貝塚である。本貝塚では，ニホンイヌ・シカ・イノシシ・タヌキ・アナグマなどの獣骨，マダイ・クロダイ・スズキ・アカエイなどの魚骨も見られるが，野性ネコ(ヤマネコ)と思われるネコの下顎骨が発掘されており，注目を引いた。* 赤星直忠「神奈川県野島貝塚」(『考古学集刊』1，1948)　(江坂輝彌)

野尻湖遺跡群(のじりこいせきぐん)　発見の契機と発掘調査の歴史：1953年に芹沢長介，麻生優によって，野尻湖周辺の石器を蒐集していた池田寅之助の蒐集石器から旧石器を再発見した。ここで杉久保型ナイフが命名された。それに先立つ1948年，加藤松之助がナウマン象の臼歯を発見していたことから，1962年に野尻湖立ヶ鼻遺跡第1次湖底発掘調査が行われた。1964年第3次発掘調査ではナウマンゾウやオオツノシカの化石と一緒に剥片が発見され，旧石器時代人と大型哺乳動物との関係が認識された。

立ヶ鼻第3次調査と並行して信州ローム研究会と豊野層団体研究グループによって杉久保遺跡A地点が発掘された。調査はその後6回(1966年は駐車場建設の緊急調査)行われた。発掘では泥炭層(^{14}C年代1万7000 ± 500年)を挟んで，下層に礫器2点，上層に石刃に杉久保型ナイフを伴う石器群が発掘された。野尻湖仲町遺跡は立ヶ鼻遺跡の500m西にあり，仲町丘陵の北端に位置する。1973年第5次野尻湖発掘のあとの周辺調査で遺物が大量に採集され，1974年には水成層堆積層の地質調査で上部野尻湖層中に大量の遺物が発見された。そのため，1976年に第1次，1977年に緊急調査，1979年に第2次の陸上発掘が行われた。ローム(loam)層からは2枚の文化層が検出され，上層は杉久保型ナイフ，エンド・スクレイパー(end scraper)，瀬戸内技法に類する横長剥片とナイフなどが，下層は石刃を折り取り刃潰し加工で整形されたナイフ形石器，平坦な単設打面の石刃核，上ヶ屋型彫刻刀に類する石器が出土している。

1993年からは上信越自動車道路による緊急発掘が行われ，貫ノ木，西岡A，裏ノ山，東裏，大久保南，上ノ原，日向林A・B，七ツ栗，などの重要遺跡が発掘された。この発掘によって野尻湖周辺にはAT火山灰下層から縄文草創期にかけて大量の資料が発掘され，今後の整理研究の成果が待たれている。意義：野尻湖遺跡群は旧石器研究の学史当初の重要遺跡であり，その内容は近年の大規模発掘によって後期旧石器時代の揺籃期と展開及び縄文時代草創期への移行を明らかにする重要遺跡群である。*『長野県誌　考古資料編』全1巻(2)主要遺跡(北・東信)

(角張淳一)

野岳遺跡(のだけいせき)　長崎県大村市東野岳町に所在する細石刃文化(期)を主体とした後期旧石器時代遺跡。標高260〜

280m の山麓台地に築かれた野岳湖(野岳堤)周辺で，細石核を始めナイフ形石器・台形石器・槍先形尖頭器などの石器が，地元の井手寿謙によって採集されている。1954 年，芹沢長介・鎌木義昌はそれらの旧石器に注目し，その後，麻生優は九州地域における細石刃核の型式的変遷で，円錐形細石核として位置づけた。さらに鈴木忠司は細石刃核の技術的・形態的な分析を行い，西南日本地域の細石刃核に共通する特徴との理解から「野岳・休場型細石刃核」を提唱した。数度の発掘調査では良好な結果は得られていない。＊鈴木忠司「野岳遺跡の細石核と西南日本における細石刃文化」(『古代文化』23–8，1971)；長崎県教育庁文化課埋蔵文化財班編「野岳遺跡」(『原始・古代の長崎県』資料編Ⅱ，1997)　(橘　昌信)

野中古墳(のなかこふん)　大阪府藤井寺市野中にある。古市古墳群中の 1 基で墓山古墳の陪冢とみられ，一辺が 28m ある 2 段築成の方墳で，葺石および埴輪列と周濠をもつ。コウヤマキでつくられた木棺 1 と木櫃 4 があり，管玉・眉庇付冑 8・衝角付冑 3・短甲 11・鉄刀 153・鉄剣 16・鉄矛・鉄鏃・鉄鋌・石杵・石臼など豊富な副葬品が納められていた。また墳頂から滑石製模造品などとともに初期の須恵器が多数出土。営造時期は 5 世紀中葉。＊北野耕平『河内野中古墳の研究』1976　(車崎正彦)

登窯(のぼりがま)　窯底面が登り勾配となるように造られた窯の総称。構造上，丘陵斜面を利用して構築され，焚口部・燃焼部・製品を焼く焼成部・煙道からなる例が一般的である。須恵器の生産技術の導入に伴い日本に伝わり，5 世紀前半ころには登窯を築いて須恵器を生産するようになったと考えられている。古代においては，須恵器の他に瓦や埴輪も登窯で焼成されている。登窯には，地中を刳り抜いて構築された地下式，地面を掘り込み天井を架構した半地下式，地上に築窯された地上式がある。さらに，燃焼部と焼成部を区分する窯底面の高低差(階)の有無，焼成部に見られる製品を置く段の有無などの構造の違いにより形態分類がなされている。中世以降，須恵器の生産技術の流れをくむ陶器の生産にも登窯が用いられている。登窯に対して窯底面が平坦に造られた窯を平窯と呼ぶ。　(遠藤政孝)

鑿形石斧(のみがたせきふ)　弥生時代の前期から後期初頭まで，木工用としてのみのように使われた。細い棒状をし，断面は長方形で，刃部は片側だけである。鉄器の普及しない時期に使われるが，他の磨製石器に比べて需要は少ない。＊関俊彦「南関東における弥生時代の石器について」(『立正大学文学部論叢』28，1967)　(関　俊彦)

能美古墳群(のみこふんぐん)　石川県能美市にある。能美丘陵とその眼下の西山・秋常山・末寺山・和田山・寺井山と称する独立丘上に所在する 5 支群，前方後円墳 2 基を含む 62 基以上の古墳からなる古墳群である。1951 年から継続調査が行われ，木棺直葬・粘土槨・切石造横穴式石室の内部主体が明らかになった。神獣鏡・六鈴鏡・素文鏡・短甲・眉庇付冑・衝角付冑・肩甲・剣・直刀・鉄鏃・農工具類・玉類・金環・馬具・須恵器などが出土した。＊石川県考古学研究会編『能美古墳群調査概要』1968
(坂本美夫)

ノン・ノク・タ遺跡(Non Nok Tha)　タイ国北東部，コーン・ケーン県にある新石器時代から歴史時代にわたる土壙墓を主とした遺跡。発掘調査は 1965～1966 年と 1968 年にタイ国政府芸術局・ハワイ大学・オタゴ大学の共同で行われ，B. C. 4000 年から A. D. 1000 年紀のギャップをはさんで，数百年前までにわたる文化層が明らかになった。この調査によると早期の葬墓から紅銅製の袋穂斧が出土し，サーモ・ルミネセンス法による年代測定によって B. C. 2700～2500 年の年代が与えられたことから，東南アジアの金属器時代の開始が B. C. 3000 年紀にさかのぼるものとして注目された。ただし，この編年観はまだ多くの研究者によって受け入れられるにいたっていない。早期に属する土壙墓から出土する伸展葬の人骨に伴って縄蓆文を施した丸底の土器，彩色によって曲線文様を描いた土器が出土し，コメの圧痕も検出された。また，イヌ・ブタ・ウシ・シカなどの動物遺体も発見されており，ウシは家畜化された Bos Indicus であるという。*Bayard Donn T. 'Non Nok Tha：the 1968 Excavation Procedure',（"Studies in Prehistoric Anthropology" 4, 1971）/ 'The Pa Mong Archaeological Survey Programme'（"Studies in Prehistoric Anthropology" 13, 1980）
（近森　正）

は

廃寺（はいじ）　廃絶した寺院。本来の寺院名が不明な場合に地名などを冠して某廃寺と呼称することが多い。寺院の廃絶はさまざまな要因によって引き起こされ，僧侶が不在になって荒れるに任せてやがて朽ちた場合もあれば，火災や地震などの災害で終焉を迎えた場合もあり，明治時代初期の廃仏毀釈のように政治的な理由から故意に破却された事例も多い。建物跡をもつ遺跡が寺院であるかどうかの判断は，塔や仏像など確実な仏教の所産の存否，建物の配置類型，立地などを総合的に検討して行うべきであり，瓦が出土したから廃寺と断定するような軽率な見解は慎むべきである。*石田茂作監修『新版仏教考古学講座』2，1975
（時枝　務）

配石遺構（はいせきいこう）　→　環状列石（かんじょうれっせき）

買地券（ばいちけん）　死者を墓地に埋葬する際，その土地を土地神から譲り受けたことを証明する文書。石・瓦・金属など堅固な素材に，故人の姓名・死亡年月日・墓地の四至・契約内容・代価・保証人・土地侵犯者に対する罰則などが記され，墳墓に埋納される。土地神の観念は道教に由来するもので，祟りやすい性格をもつ神とされるところから，丁重な儀礼が成立したものとみられる。中国では喬進臣墓地買地券など後漢の事例が知られ，道教の成立時にはすでに存在していたことが確認できるが，発見例は少なく，一般的に普及した風習であったかどうか疑問が残る。韓国では百済の武寧王陵例が著名であり，日本では岡山県真備町瀬戸出土の763（天平宝字7）年の矢田部益足のものと福岡県太宰府市宮ノ本遺跡出土のものが知られるが，いずれも中国的な風習を受容する中で導入されたものと考えられる。*間壁忠彦・間壁葭子「『矢田部益足之買地券文』（白髪部毗）登富比売墓地塼券）の検討」（『倉敷考古館研究集報』15，1980）
（上野恵司）

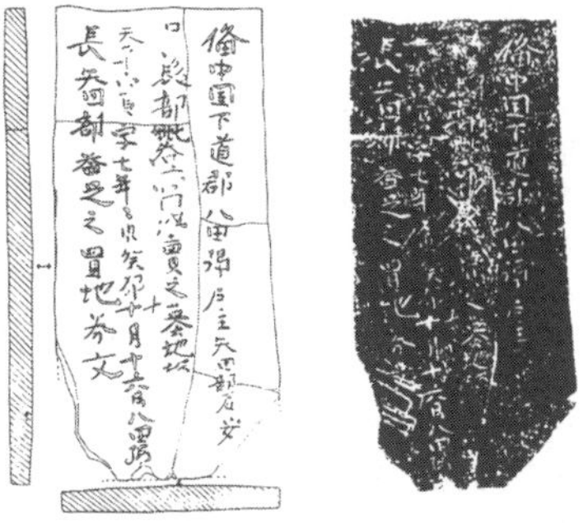

買地券（岡山・倉敷）

陪冢（ばいちょう）　大型の前方後円墳などの周囲に，あたかも付属するかのように築かれている小型の円墳や方墳などを陪冢ということがある。その前提には，主墳とする大型墳との間に時間的・内容的つながりのあることが必要である。例えば，陪冢に人体埋葬がある場合は主墳との間に被葬者同士の主従的あるいは近親者的つながりがあるとする考えの根拠がいる。多くは5世紀代の古墳に付随してみられる。*森浩一・

宮川徏『堺市百舌鳥赤畑町カトンボ山古墳の研究』1953；西川宏「陪冢論序説」（『考古学研究』8–2，1961）　（杉山晋作）

灰原（はいばら）　窯の焚口部からかき出された灰や炭の堆積したもの。焼成の際に破損し廃棄された製品も大量に含まれ，物原とも呼ばれる。登窯では，焚口部前面の斜面に扇状に形成される例が多い。通常，製品を取り出した後に遺棄される窯跡では，窯体内に遺存する資料は極めて少ない。そのため，窯に伴う灰原に残された遺物から，その生産の実態が明らかとなる。遺存状態の良い灰原では，層序を観察することで窯の操業回数など貴重な情報を得ることも可能である。　（遠藤政孝）

馬具（ばぐ）　馬具は，5世紀の前半ころ朝鮮半島をへて日本にもたらされた。初期の馬具は，大部分が輸入品であったが，やがて国内において生産が開始され，6〜7世紀に副葬品中に頻繁にみられるようになり，後期古墳を特徴づける遺物の一つとなった。古墳に副葬された馬具は，騎乗用の実用品である。馬を適切に制御する装具と装飾具類をあわせて馬具という。馬具のうち有機質のものは腐朽してしまい金属製の部分しか残らないが，埴輪馬や石馬あるいは伝世品などからその種類がわかる。特に革・布でつくられ使用部位によって面繋・胸繋・尻繋とよばれる三繋は，各部品を有機的に結ぶ重要な役割をもつ。各種装具類と三繋との関係は，まず馬の制御に不可欠な轡で面繋・手綱がつく。次に騎手の乗る鞍・鐙・障泥・鞍褥で胸繋・尻繋がつく。最後に装飾具類で雲珠・辻金具・杏葉・馬鐸・馬鈴その他の飾金具などで三繋につく。馬具の名称は，平安時代の飾馬の名称を使用している。＊小野山節「馬具と乗馬の風習」（『世界考古学大系』3　日本Ⅲ，1959）（坂本美夫）

伯玄社遺跡（はくげんしゃいせき）　福岡県春日市小倉伯玄町より出土した弥生時代の墳墓群遺跡。1966（昭和41）年より翌年にかけて発掘調査が行われ，木棺土壙墓36基・石蓋土壙墓13基・甕棺墓133基以上が検出された。これらの墳墓群は弥生時代前期前半期から多少の断続はあるが，終末期におよびほかに前期古墳とみられる高塚円墳1基が出土した。とくにP3の袋状竪穴からは朝鮮半島系の磨製石鏃や石剣片が検出された。遺跡の頂部，伯玄神社の下から伝説上の呪術者，伯玄その人とみられる人骨が鎌倉時代の遺物を伴って発見された。
（乙益重隆）

舶載鏡（はくさいきょう）　主として中国で製作されわが国に伝来された鏡の総称。総体として仿製鏡に比較して精巧であり，文様も鮮明なものが多い。銘文・紀年銘を有するものも多く，墳墓および古墳の年代推定の重要な資料となっており，わが国出土鏡三千数百面のうち3分の1を占める。その初現は弥生時代前期末に確認される多鈕細文鏡であり，朝鮮半島で製作されたものと考えられている。弥生時代中・後期には，九州地方を中心に多数の中国鏡が認められる。これらは戦国鏡たる雷文鏡，前漢の星雲鏡・方格草葉鏡・内行花文銘帯鏡，後漢の方格規矩四神鏡・獣帯鏡・獣首鏡などである。舶載鏡のうち最も数の多いものは，魏代の製作と考えられる三角縁神獣鏡であり，出土面数は270面と全舶載鏡の約3割を占める。これら大量の中国鏡の流入の背景には，中国との直接あるいは間接の接触が想定され，『魏志』倭人伝などの記載は，その状況を反映したものと考えられている。
＊田中琢『古鏡』1979　（池上　悟）

白山平泉寺（はくさんへいせんじ）　福井県勝山市平泉寺町にある寺院跡。717（養老元）年に泰澄によって開山されたと伝え，1574（天正2）年に一向一揆の兵火に罹り，一山灰燼に帰した。以後，一部を除いて再興されることなく，現在まで遺跡として残されている。平泉寺の寺名は，境内にある御手洗池を「平清水」と呼んだことに由来するとみられ，湧水への信仰が背後にあったと推測できる。伽藍の中心部は，仏堂ではなく，尾根上にある白山社である。本社の前に長大な拝殿である三十三間拝殿があり，周囲に大塔や大講堂を配し，伽藍中心部を形成している。社殿の背後が起点となる白山禅定道は，そのまま霊峰白山へと続き，山岳修行の拠点となっている。南北の谷地には，南谷3600坊・北谷2400坊といわれる坊院が配され，石垣に囲まれた坊院の屋敷が多数営まれている。屋敷内には，本堂・庫裡・井戸などがあり，いずれも礎石建物であった。坊院は，道路によって区画されており，道路は石畳道である。坊院からの出土遺物には，青磁や染付などの中国陶磁，越前や瀬戸美濃などの国産陶器，石製行火，硯や筆架などの文房具などが出土しているが，なかには景徳鎮の青白磁観音像のような特殊なものもみられる。坊院の周辺には，徳市・安ヶ市・鬼ヶ市などの市場，女神川対岸の墓地などがあり，入口の構口門付近には堀と石垣があり，惣構の存在が知られる。国指定史跡。＊勝山市『白山平泉寺　よみがえる宗教都市』2017　（時枝　務）

白山藪古墳（はくさんやぶこふん）　愛知県名古屋市北区味鋺堂にある。庄内川北岸の台地上に占地する。円墳とも前方後円墳ともいわれている。内部主体は粘土槨で，木棺の両端が塼積されている。また隣接して塼造りの副室がある。副葬品は木棺内より三角縁神獣鏡・変形四獣鏡・内行花文鏡・勾玉・管玉・切子玉・棗玉・丸玉・小玉，副室から素環頭大刀を含む鉄刀・剣・矛・斧・鉄鏃が発見された。三角縁神獣鏡はほかに同笵鏡が知られる。5世紀初頭ころの築造とされる。＊伊藤秋男・高橋信明「白山藪塚古墳発掘調査報告書」（『南山大学人類学研究所紀要』6，1977）　（坂本美夫）

博山炉（はくざんろ）　蓬莱山を模した蓋をもつ香炉。中国では戦国時代に出現し，漢代になって盛行するもので，鋳銅製もしくは陶製で，前者には金銀象嵌を施した遺品もみられる。承盤をもつものともたないものなどさまざまな形態があるが，鳥・亀・神仙などを表現したものが多いことから，修仙道と密接な関係にあることがうかがえる。魏普南北朝以後になると仏教でも用いるようになり，その形を浮き彫りした仏像彫刻も多くみられるところから，供養具として普及したことが推測される。朝鮮では漢のものが楽浪で出土し，百済の扶余・陵山里廃寺からは炉部を蓮弁で飾り，頂部に鳳凰を配した銅製の優品が発見されている。＊石田茂作監修『新版仏教考古学講座』5，1976　（時枝　務）

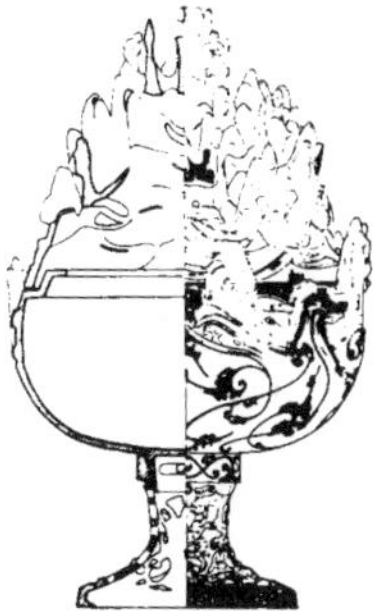

博山炉（中国・満城漢墓）

白磁（はくじ）　白色の素地に灰と長石を用いた透明性の釉薬をかけ，高火度で焼成した陶磁器の一種。7世紀ごろ，中国北部で完成したと考えられている。唐代では河南省・河北省で盛んに生産され，那州窯が著名であるが，唐末以降，各地に多くの白磁窯が出現し量産が進んだ。日本では江戸初期に有田で焼き始めたのが最初とされている。なお，釉中の鉄分がやや多く還元焔で焼成されて青みの濃くなったものは特に青白磁（影青・いんちん）ともよばれる。＊佐藤雅彦『白磁』1975　（斎藤孝正）

白陶（はくとう）　中国，殷代後期の硬質で白色を呈する土器。純度の非常に高い良質カオリン土を用い，1100℃以上の高温で焼成している。大型墳墓などからの出土が多く，白色土器ともよばれ，儀礼用につくられたものと考えられている。器形は豆が最も多く，壺・尊・罍・簋などの食器が主体で鬲などの煮炊器はみられない。表面には磨いたうえに青銅器と同様の饕餮文や雷文などを施している。＊秋山進午『古代中国の土器』1978　（斎藤孝正）

剥片（はくへん）　フレイク。石核から剥がされた石片。凸出したバルブをもつ腹面（主要剥離面）と，それより古い剥離面で構成される背面，打面から成る。剥片には，剥片の剥離技術の特徴をあらわす属性として，打面の形状（打面の大きさ，調整の有無），バルブの形状，背面の剥離面の加撃方向と切り合い，末端形状（フェザー・エンド，ヒンジ・フラクチャー，オートラパッセの別）などがある。それらを総合することによって剥片剥離技術の一部の特徴が明らかにされる。剥片の剥離に際して，調整技術がおのおの有機的な関連を有するために生じる企画的な特殊な剥片として，瀬戸内技法による翼（つばさ）状剥片，石刃技法による石刃などがある。剥片はそのままで用いられる場合と，さらに2次加工を加えることによって，石器がつくられる場合とがある。石器がつくられる剥片を素材（剥片）とよび，剥片からつくられた石器を剥片石器とよぶ。＊加藤晋平・鶴丸俊明『石器の基礎知識』1，1980　（藤原妃敏）

剥片石器（はくへんせっき）　石核から剥離された剥片を素材とし，それに2次加工を加えることによってつくられた石器。核石器と相対する用語である。石器製作技術は，剥片を得る段階―剥片生産技術―と，得られた剥片を素材として石器を製作する段階―2次加工技術―の2段階を経る。ナイフ形石器・彫刻刀形石器・スクレイパーなど多くの石器は，剥片石器に属する。したがって，石器製作技術の分析は，両者の視点を必要とする。＊芹沢長介編「最古の狩人たち」（『古代史発掘』1，1974）（藤原妃敏）

白鳳時代（はくほうじだい）　文化史，特に美術史・建築史の分野において多く用いられる時代区分であり，孝徳天皇の645（大化1）年以降，710（和銅3）年3月10日の平城遷都に至るまでの間を指すといわれる。一般には，狭義的に，天武天皇の御世，すなわち大海人皇子が即位し天武天皇となった673（天武天皇2）年2月27日から，天武天皇が崩御した686（朱鳥1）年9月9日までの間を指すかあるいは，次代持統天皇が譲位した697（文武天皇1）年8月1日までを含めて示す場合が多い。“白鳳”という年号は，孝徳天皇時代の年号“白雉”と年代的に合致することが指摘されており，また高句麗僧道顕が自ら撰した『日本世記』の年立に用いられた年号であるとの説も出されている。美術史上では，飛鳥時代と天平時代とにはさまれた時代であり，前半期は飛鳥時代の名残りを残しているものの，中国北斉・北周の影響も幾分みられ，後半期では隋・唐などの影響があらわれており，薬師寺金堂の薬師三尊像はその典型的な一例である。（小山田和夫）

剥離面の切り合い（はくりめんのきりあい）　1回の加撃で生じる剥離面がとなりあうとき，それらは必ず新旧関係をもっている。その新旧関係を剥離面の切り合いという。剥離面の切り合いを見分ける方法としては，①リングの収束のしかた，②剥離面末端部から生じるフィッシャーの有無と形状，③剥離面境界稜線のあり方，④剥離面周辺部の凸凹，などがあげられる。1個の石器器面の剥離面の切り合いを追いかけることによって，剥片が剥離されるまでの工程，石器製作過程の特徴の一部が明らかとなる。したがって，実測図作製に際して，剥離面の切り合いを明確に表示する必要がある。剥離面の切り合い関係の追及は，石器製作技術を知るうえで，重要な視点であり，接合関係の追及などとともに，石器研究の基礎的な作業の一つである。なお切り合い関係を表示する略号として，— ○(新しい剥離面の方に ○ をつける)を用いる場合もある。＊甘粕健編「考古資料の見方—遺物編—」(『地方史マニュアル』6，1977)　(藤原妃敏)

箱式石棺(はこしきせっかん)　板状の石材数枚を長方形の箱形に組み立て，石蓋でおおう棺の一種で，かつては阿波式石棺ともよばれた。縄文時代晩期末から弥生時代前期初頭には小形の箱式石棺を支石墓下に埋葬した例もある。弥生時代には甕棺や土壙墓などとともに群集墓を構成することが多く，地上には盛土などの施設をもたない。まれに副葬品として鉄刀・刀子・巴形銅器・銅矛などを伴うことがある。古墳時代には盛土をもたない墳墓として構築されるとともに方形周溝墓や高塚古墳の埋葬施設にも用いられた。また，一棺内の合葬や追葬例も認められる。

内法160cm前後，幅・深さ40cm前後のものが多く，使用石材によっては10数石を用いたものや切石で精巧に組み立てたものもある。また底石を用いず，礫や粘土で床をつくった例もある。埋葬に際しては遺骸を石棺内に伸展葬位に直葬したが，中には屈葬位もみられる。＊森貞次郎「埋葬」(『新版考古学講座』4，1969)　(池田栄史)

はさみ山遺跡(はさみやまいせき)　大阪府藤井寺市の低位段丘面に位置し，後期旧石器時代～中，近世にわたる遺跡である。大阪府および藤井寺市教育委員会によって調査が実施されてきた。85–7区の第Ⅵ層で旧石器群が集中して出土し，その中心部の下から東西径6m，南北径5m，深さ0.3mの楕円形を呈する住居状遺構が発見された。遺構内部では，中心へ内傾する7個の柱穴と，それらをめぐる溝や，国府型ナイフ，翼状剥片などの遺物も発掘された。この遺構以外に，同時期と考えられる土坑，沢状遺構も発見された。古墳時代では，竪穴住居群や溝，さらに奈良，平安時代では多くの官衙関連掘建柱建物が検出された。＊(財)大阪文化財センター「南河内における遺跡の調査」Ⅰ(『大阪府文化財調査報告書』38，1990)　(小林博昭)

土師器(はじき)　古墳時代から平安時代の間に製作された赤褐色の素焼土器の総称である。『延喜式』に土師あるいは土師器(はじのうつわ)と記載されるものにあたる。すくなくとも平安時代に土師器が存在していたと考えてよい。また，古墳時代の土器を含めた考え方は素焼土器という共通する点にある。土師器は弥生土器と同様に800℃前後で焼かれた土器であり，弥生土器と土師器の問に明確な一線は画すことができない。そして数百年もの間，日常用器として使用された土師器が，中世の施釉陶器などの出現によってしだいに変容し機能を失っていった。土師器はその長い歴史の中においてさまざまな変化をみせている。弥生時代につづく古墳時代前期では，弥生土器の特徴を受け継ぎながら，壺・器台・小形丸底土器などを発達させ，甑形土器が加わってくる。古墳時代中期では，壺・高坏形土器などの形態的な変化がいちじるしく，甕形土器などの器面調整にも前代と異なる点がみられる。古墳時代後期では，須恵器が土師器と伴出する例が多くなるが，須恵器を模倣した土師器も製作される。全体的に器面などの調整は粗雑になる。奈良時代では，宮殿跡をはじめ寺院跡などからも出土するが，地域的な形態変化がいちじるしい。平安時代では，坏類に内面を黒色処理したいわゆる内黒土師器がみられるが，供膳形態が土師器から須恵器・施釉陶器に変化し甕形土器が残る程度となり，しだいにその姿を消していく。＊玉口時雄「土師器」(『新版考古学講座』5，1970)　(阪田正一)

箸墓古墳(はしはかこふん)　奈良県桜井市箸中にある全長約280mの前方後円墳であり，倭迹迹日百襲姫命墓・大市墓ともいう。『日本書紀』に造墓に関する記載があり，また二上山系の石がある。前方部は撥形に開く古式な形態を示し，後円部の埴輪と壺は吉備地方の，前方部の壺は桜井茶臼山古墳のそれと類似する。卑弥呼墓説が出るように，三輪山麓の大型前方後円墳の中でも，最も古いとされる。＊末永雅雄『日本の古墳』1961 （杉山晋作）

土師部（はじべ） 土師器・埴輪などの生産に従事した部民で土師氏を伴造とする。『日本書紀』垂仁紀32年の条は埴輪製作をもって土師部の成立を伝えている。また，雄略紀17年の条は，土師連の祖吾笥が私の民部を進めたのを贄土師部とし分立させ，広く宮廷の土師器の需要を供したと伝えている。『和名抄』には土師郷がみられ，専門的技術者が集住していたことがうかがわれる。これを大和国家が支配したところに土師部は成立したとしてよい。＊石母田正「古代社会と物質文化」（『古代末期政治史序説』下，1956） （阪田正一）

橋牟礼川遺跡（はしむれがわいせき） 鹿児島県指宿市十二町にある縄文時代から中世に至る複合遺跡。1918，1919（大正7，8）年に浜田耕作，長谷部言人らによって発掘調査が実施された。当時，この遺跡は指宿遺跡と呼ばれ，アイヌ式土器と呼ばれた縄文土器から弥生土器へという使用時期の差異を火山灰を用いた層位学的方法により確認され，1924（大正13）年に国指定史跡となった。1986（昭和61）年以降に史跡周辺の地域の発掘調査が進展し，古墳時代の集落跡や豊富な鉄製品，近畿地方産と考えられる初期須恵器，子持勾玉などが出土した。また，874（貞観16）年の開聞岳の火山灰直下から火山災害を受けた集落跡が発見されるなど，薩摩地方の古代史を考える上で多くの情報を提供し，1996（平成8）年以降「指宿橋牟礼川遺跡」という名称で統一され，周辺地域の追加指定も行われた。特に，古代の「隼人」と呼ばれた人々の生活様式に関する情報が継続した調査で蓄積され，薩摩地方の古代の様相を知る上で重要な遺跡となっている。 （下山 覚）

長谷部言人（はせべことんど） 1882～1969。6月10日東京麹町生まれ，1902年東京第一高等学校第三部卒，1908年東京帝国大学医科大学卒業，同年京都帝国大学医科大学助手，1916年東北帝国大学医学部助教授，1920年同医学部教授，1933～1935年東北帝国大学医学部長，1938年，東京帝国大学理学部教授，1939年4月理学部人類学科創設，主任教授となる。1913年「日本人の脊椎」の研究で東京大学医学部より医学博士の学位を受ける。また1946年東京大学理学部より「石器時代の日本犬」の研究で理学博士の学位を受ける。1943年東京大学停年退職，1944年東京大学名誉教授。1919年頃より大阪府国府遺跡を始め，鹿児島県出水貝塚・岩手県細浦貝塚・大船渡市大洞貝塚など日本各地で縄文時代の日本石器時代の人骨及び埋葬家犬の骨骼などを発見，これらの発掘資料から新石器時代人類の骨骼・埋葬家犬・猿・馬などの計測研究もされ，多くの論考を発表されている。また大船渡市近傍の大洞貝塚などから出土した鹿角製の漁具などの研究もされ，1926年，『人類学雑誌』41–3に「燕形銛頭」,「燕形銛頭とキテ」（同41–7）など特異な論考を発表された。博士の考古関係重要論文は『日本考古学選集』15,「長谷部言人集」1975に再録されている。 （江坂輝彌）

𤭯（はそう） 古墳時代を中心に生産された須恵器の一器形である。球体に近い胴部に小孔があるのを特徴とし，口縁部が大きく開く形状を呈す。時代とともに器形の変化がみられ，古墳時代末期に至ると台が付けられるようになる。『和名抄』などにより，胴部の小孔に竹管を挿入し，容器内の液体を注ぐ用途に使用されたと考えられる。関東地方で土師器のものがみられるが，おそらく須恵器の入手困難による模倣品と考え

てよく，例も少ない。* 田辺昭三『須恵器大成』1981　　　(阪田正一)

馬鐸(ばたく)　裾広がりの扁円筒形の身をもち，上部に1孔をうがった方形あるいは半環状の鈕をつけた青銅製鋳造品である。馬形埴輪や石馬に胸繋から垂れた馬鐸があらわされ，また舌を表現した例もあり，音を出す目的のものとされる。日本では5世紀末ないし6世紀ころからつくられたと考えられており，15～25cm 前後である。文様は片面のみに施すのを原則とし，4区画して珠文をおもに配する。なお両面無文様のものや，両面文様のものがまれにある。* 小野山節「馬具と乗馬の風習」(『世界考古学大系』3　日本Ⅲ，1959)　　　(坂本美夫)

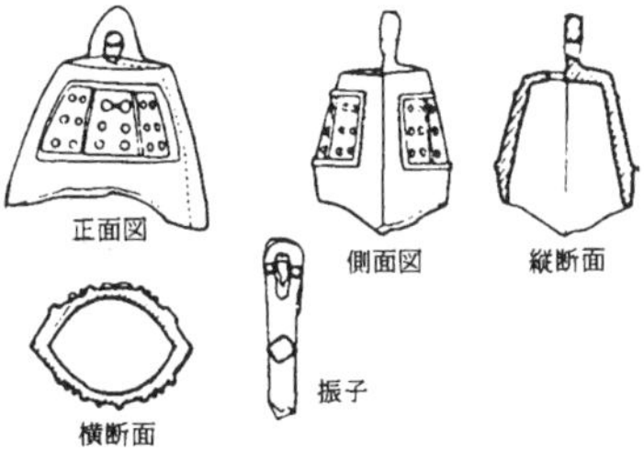

馬鐸（長崎・対馬）

撥形石斧(ばちがたせきふ)　大野雲外により撥形石斧と名付けられたのは，刃部が三味線の撥のように広がっているからである。片面は自然面を残し，左右は曲線をえがいて広くなり，縄文中期から存在する。縄文晩期になると大型となり，鍬，鋤状となる撥形石斧がみられる。日常生活用具の土掘具の一種で，大山柏は土掻として，食用植物の栽培に結びつけようとした始まりの形態の石器である。* 大山柏『神奈川県下新磯村字勝坂遺物包含地調査報告』1927

(吉田　格)

撥形石斧（東京・三鷹市五中遺跡）

蜂巣石(はちすいし)　石皿・石棒・丸石などの表裏に多数の浅い孔があいているところから，蜂巣石・雨垂石ともよばれているが，孔は研磨されたものと，敲打によるものがみられる。蜂巣石の孔があけられている岩石は，一般に緑泥片岩とか花崗岩が用いられているところから，なんらかの関係があると思われるが不明である。かつて発火石ともいわれたが，火鑽臼にしては，石では発火しない。用途については不明である。→　凹石(くぼみいし)　　　(吉田　格)

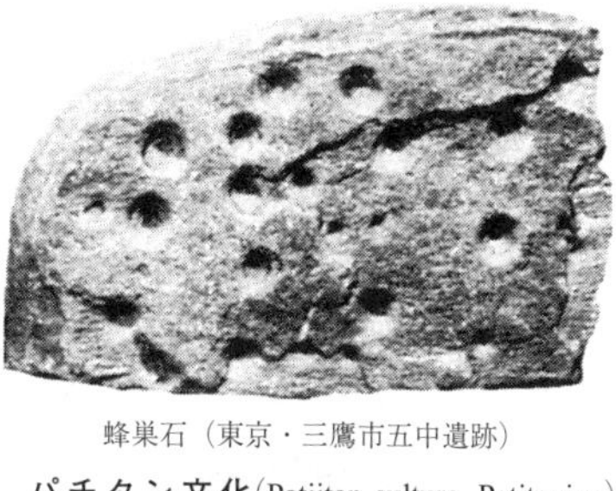

蜂巣石（東京・三鷹市五中遺跡）

パチタン文化(Patjitan culture, Patjtanian)　インドネシア，ジャワ島東南部のパチタンという小さな町の名前に由来するインドネシアの旧石器時代文化。1935年，C. H. R. フォン・ケーニヒスワルトらがバクソコ川の川床から原始的な石器を発見し，これらはヨーロッパのシェル文化に対比できるものと考えた。1938年にはアメリカ東南アジア古人類共同調査団としてモヴィウス，ド・テラ，シャルダンらがここを訪れたが，約2000点の石器を検討したモヴィウスは1944，1948

年の論文の中でパチタンの石器はチョパー・チョピングトゥール文化であると述べた。1972年，インドネシア国立考古学研究所チームがパチタン文化の再検討を行い，バクソコ川に沿って上・中・下の3段丘がみられること，石器はすべての段丘から発見されること，上位段丘からもハンドアックスや礫器とともに小形の剥片石器が出土すること，などを確認した。パチタン文化は原人より後に出現したソロ人(Homo soloensis)によって残されたものかもしれないという。*G. J. Bartstra "The Patjitan Culture" ("A Preliminary Report on New Research" 1978)　（江坂輝彌）

八稜鏡(はちりょうきょう)　八花鏡に類似するが，外線の弧の中心が菱のように光っている鏡をいう。唐鏡から和鏡へと鏡式変化する中間形式で，平安時代に盛行する。鏡背文様は唐花双鸞鏡の唐花が瑞花に，また，双鸞は鳳凰や鴛鴦と交代し，瑞花鴛鴦鏡あるいは唐式鏡とよばれる瑞花双鳳鏡が生まれた。わが国最古の紀年銘を有する八稜鏡は，広島県宮島町中村隆燈氏蔵988(永延2)年銘瑞花双鳳鏡(阿弥陀五仏線刻)である。　（是光吉基）

八花鏡(はっかきょう)　鏡の外周を八つ割にして切り込みをつくり，花弁が丸味をもっている葵花形の鏡をよんでいる。中国の唐代において盛んにつくられ，このほかに四つ割，五つ割，六つ割などにした四花鏡，五花鏡，六花鏡などがある。このうち八花鏡が最も多く，わが国では奈良時代から平安時代中期にかけて中国から舶載され，また，これを模して多くつくられた。正倉院の平螺鈿背八角鏡・盤龍背八角鏡などが代表的な八花鏡である。＊梅原末治『唐鏡大鑑』1945　（是光吉基）

八花鏡

八角墳(はっかくふん)　古墳の墳丘の平面形が八角を呈する特殊な古墳であり，大和においてのみ若干認められるものである。現在，確実に墳形の知り得るものは天武・持統陵古墳，天智陵古墳，舒明陵古墳，中尾山古墳があり，想定では岩屋山古墳も類例に加えられている。すなわち，いずれも即位の天皇陵と想定される点を最大の特徴としており，舒明陵古墳を最古に7世紀の中葉より8世紀の初頭にかけて造営されており，当代の畿内有力豪族との隔絶性を顕在化せしむる意義を有したものと考えられている。八角墳出現の背景としては，仏教思想よりの影響と考える説と，広義の中国政治思想の影響とする説がある。＊白石太一郎「畿内における古墳の終末」(『国立歴史民俗博物館研究報告』1，1982)　（池上　悟）

発火石(はっかせき)　→　蜂巣石(はちすいし)

発掘溝(はっくつこう)　トレンチ(trench)ともいう。地表下の遺構を探すために掘られた適切な幅と長さの溝状の発掘区をいう。遺構や遺物の包含状態のよいところをさらに拡張するには都合がよい。また最小の調査で，その遺跡の範囲，包含層，堆積状況などを観察するのに役に立つ。＊文化庁文化財保護部『埋蔵文化財発掘調査の手びき』1966　（川崎義雄）

発掘届(はっくつとどけ)　文化財保護法第93条第1項の規定に基づく所定の手続きの用語。同項の「発掘」とは「土木工事その他埋蔵文化財の調査以外の目的」で遺跡地内において土地を掘削しようとする場合，つまり土木工事等の届出である。届出書に「埋蔵文化財発掘」とあるために誤りやすいが，考古学的調査でいう所謂「発掘」の意味はない。運用上は掘削に限らず建築，土盛りその他の現状変更行為など広く対象とされる。考古学的発掘調査を実施しようとする場合には法第92条第1項の規定に基づく「発掘調査届」(この条では対象地が遺跡内外不問である)の提出を要す。個人や民間法人の場合には「届出」，国や地方公共団体の場合には事前協議制度を設けた「通知」(法第94条第1項·第97条第1項の規定)の書面。提出先は何れも対象地を所管する市区町村の所定窓口。＊三鷹市教育委員会『三鷹市遺跡保護ガイドブック —埋蔵文化財保護の手引き—』2005　(高麗　正)

発見届(はっけんとどけ)　土木工事などにより新たに遺跡を発見したときは，文化財保護法第96条第1項の規定により土地所有者，占有者は遺跡発見届を文化庁長官に提出することになっている。また発掘調査や工事中に発見された遺物は，遺失物法の適用を受け，所轄の警察署に埋蔵物として提出する。そのときは遺失物法の規定により「埋蔵物発見届」をすみやかに提出することになっている。この発見届によって，遺物現品に代え，「埋蔵文化財保管証」を発見地の都道府県教育委員会に提出する。
(関　俊彦)

抜歯と歯牙加工(ばっしとしがかこう)　見えやすい門歯や叉状研歯を犬歯に意図的な加工を加える風習である。特定の歯を抜去する抜歯，フォーク状に溝を入れる叉状研歯，尖らせる尖状研歯や隅角研歯，水平に磨き減らす水平研歯などのほかに，おはぐろのような歯牙の彩色，金片などでおおう飾歯，人工的異常歯列などもある。アフリカ・東南アジア・オセアニアなどにみられる古い風習である。単なる装飾から，社会的地位や集団の表示，勇気の誇示，通過儀礼における試練，服喪，刑罰など目的は多様である。＊鈴木尚「人工的歯牙の変形」(『人類学先史学講座』12，1939)(渡辺　誠)

抜歯風習(ばっしふうしゅう)　健康な歯を一定の目的のもとに，一定の様式で抜去する風習。その分布と目的は4大別される。①日本を含めた台湾・中国・東南アジア・ミクロネシアなどの地域で，通過儀礼として実施される。②ポリネシアでは服喪のためである。③インカでは刑罰のためである。④アフリカのマサイ族などの牧畜民にもみられ，口笛を鋭くするためともいわれる。日本では縄文時代中期末に発生，後期から晩期にかけて発達し，弥生時代にも残存する。第2次性徴期に実施され，かつ男女の別なく85％以上という高率である。抜去する歯は，はじめは上顎第2門歯のみであるが，犬歯中心型に移行発展し，これに門歯抜去が加わり，さらに叉状研歯を伴うこともある。犬歯や下顎抜去のみられない中国や台湾の新石器時代人，および近世の少数民族のそれとは，目的は同一であっても様式上の特徴には大きな差違がある。＊渡辺誠「縄文時代における抜歯風習の研究」(『古代学』12–4，1966)　(渡辺　誠)

服部清道(はっとりせいどう)　清五郎，1904～1997。茨城県生まれ。大正大学文学部史学科卒。横浜商科大学教授。文学博士。仏教考古学を専攻し，とくに板碑を全国的な視野にたって統括的にまとめた業績は，以後における板碑研究の金字塔として光輝している。板碑の研究は，江戸時代以来の個別的・地域的な研究を豊富な仏教の知識を縦横に駆使して総括的に論じたもので，現在においても板碑研究のよるべき著作『板碑概説』1933のほか『鎌倉の板碑』1965,『郷土文化を探る』1943,『徒歩旅行者の歴史学』1944などを著した。　(坂詰秀一)

花積下層式土器(はなづみかそうしきどき)　埼玉県春日部市花積貝塚の下層から発掘された土器を標式にして命名された土器形式で，縄文時代前期初頭に編年されている。横浜市菊名貝塚出土の土器を標式として菊名式土器とよばれることもある。胎土中には多量の繊維痕が認められ，撚糸文・羽状縄文が発達し「の」の字形の撚糸が頸部に押されるのもこの時代の特徴である。また，貝殻の腹縁文が施文されることもある。3mm ぐらいの薄手で繊維を含まない通称オセンベ土器木島式が伴出することがある。＊岡本勇・戸沢充則「縄文時代(関東)」(『日本の考古学』Ⅱ，1965) （川崎義雄）

『花の木』（はなのき）『史蹟名勝天然紀念物』誌の改題。史蹟名勝天然紀念物編集部編(文部省社会教育局文化課内)，誌名の冠に史蹟名勝天然紀念物保存誌。『史蹟名勝天然紀念物』後継改題。1947(昭和 22)年 11 月刊の第 20 集第 1 号より，1948(昭和 23)年 11 月刊の第20集第3号の3冊が刊行された。→『史蹟名勝天然紀念物』(しせきめいしょうてんねんきねんぶつ) （坂詰秀一）

花見山遺跡（はなみやまいせき） 神奈川県横浜市都筑区にあった縄文時代草創期の遺跡。多摩丘陵から下末吉台地へ流れる鶴見川の中流北岸，標高 53m の低位台地上に位置する。1977～1978 年に港北ニュータウン埋蔵文化財調査団が調査し，東西 40m・南北 30m の範囲から竪穴 1・配石 3 と多数の土器・石器が出土した。竪穴は一辺 3m の隅丸方形で柱穴をもつ住居，大型河原石を据えた配石は石器製作用の台石である。土器は約 1400 点で 124 個体分を数え，深鉢・鉢形で，平縁丸底(一部尖底)をなす。大型は径 28cm(10 ℓ)，小型は径 6cm(0.05 ℓ)で，径 15～20cm の中型が多く，被熱・煤の付着が認められる。紋様は隆線・ハの字・斜格子・無紋で，隆線とハの字の組合せの多いことが特徴的である。隆線の太さにより，花見山 1 式(太隆線)・花見山 2 式(細隆線)・花見山 3 式(微隆線)の 3 段階に分けられ，2・3 式の資料が多い。石器はチャート(chert)・安山岩の剥片を主な素材とし，種類は槍・刺槍(有茎尖頭器)・鏃・錐・片刃打斧・植刃・指形掻器・掻器・削器・抉入削器・分割器・打割器・残核などで，特に刺槍・鏃・錐はバラエティに富む。遺構・遺物共に縄文時代初源期の特徴をよくそなえた東日本最大級の遺跡である。記録・遺物は横浜市歴史博物館が収蔵・展示し，一部は東京国立博物館平成館に展示されている。＊坂本彰 他「花見山遺跡」(『港北ニュータウン地域内埋蔵文化財調査報告 XVI』1995) （坂本 彰）

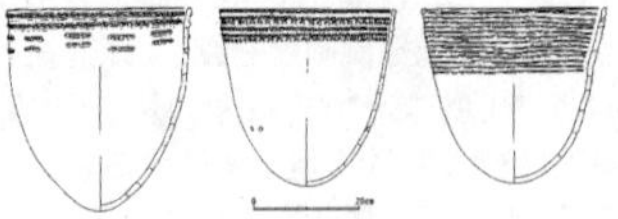

花見山 1 式　花見山 2 式　花見山 3 式
花見山遺跡

花輪台貝塚（はなわだいかいづか） 茨城県北相馬郡利根町花輪台にあり，現利根川北岸台上にある縄文時代早期花輪台式の主淡貝塚。戦前は台上 1 ヵ所にみられたが，戦時中削平され，3 ヵ所の点在貝塚となった。竪穴住居跡 5 軒が調査され，竪穴は方形で，炉を欠くのが特徴である。花輪台Ⅰ式・Ⅱ式の標式遺跡であるとともに，最古の小型板状土偶が 5 個発見されているので著名である。＊吉田格「茨城県花輪台貝塚概報」(『日本考古学』1–1，1947) （吉田 格）

埴輪（はにわ）『日本書紀』に埴輪の名がみえているが，何をさすものであるか明らかでない。語義より解せば，埴土をもって製作された円筒であり，円筒埴輪を考えてよいであろう。酸化焔焼成にて赤褐色を呈し，土師部の技術に近い。文献も土師部の製作によるものと伝えている。ただし，殉死を禁じて人物埴輪を立てたことに始まるという有名な記載は事実と符合しない。奈良県茶臼山古墳出土の底部が穿孔される土師器の壺形土器は，口縁部の形状が円筒埴輪の起源となる朝顔形埴輪の発生と考えられている。円筒埴輪のほかに，さまざまな装いを呈した男女をかたどった人物埴輪，鞍などを付けたウマやイヌ・鳥などをかたどった動物埴輪，刀剣・矛・短甲などの武器，蓋・翳などの儀式具，椅子などをかたどった器財埴輪，住居などの家をかたどった家形埴輪，舟をかたどった舟形埴輪があり，これらを総称して形象埴輪といい，円筒埴輪と区別する。形象埴輪の中で人物埴輪が最も多く，次いで動物埴輪の順となっている。埴輪が殉死の代用とする説があったが，墳墓の表飾という説が一般的であり，墳丘上，外堤などに立てられる。古墳に立てられる埴輪は膨大な数を必要とするため，その生産にあたっては登窯で焼き上げられた。古墳の近くに設けられるのが一般的で，古墳の完成と同時に埴輪生産も終了する。埴輪は当時の文化をよく伝え，今日遺物として遺存しない物について埴輪より推察できる。＊小林行雄「埴輪」(『陶磁大系』3, 1974)　(阪田正一)

埴輪窯跡(はにわかまあと)　古墳時代前期の野焼き埴輪の製作跡は，竪穴状の遺構を推定できるが，確認数はきわめて少ない。中期から後期にかけて主に操業された窖窯(あながま)は福岡県から宮城県まで約90ヵ所で発見されている。窖窯は，基本的には傾斜地を利用して斜床のトンネル構造に構築したものだが，傾斜度に差があり，規模は長さが3～5mの小型から6～8m平均の中型，そして10mをこえる大型まであることを合わせ考えると，登り窯的と平窯的な構造に分けられる。また，1基が単独で存在するものから2基・数基・20基前後・数10基が集中するものまで多様である。需要に応じて一時的に操業したものから，長期にわたり安定した大規模操業を繰り返したものまである。埴輪を焼成した窯だけでなく，近くには粘土採掘坑や造形作業をした工房，そして乾燥場や集積所がある。1つの窯は，1回きりでなく，少なくとも10回前後の焼成を行った例が確認されている。大規模窯跡群は近くの大型前方後円墳の造営に際して操業を開始したとみられるが，その後も近くの古墳に製品の供給を続けたことが多い。＊笠井敏光「埴輪の生産」(石野博信編『古墳時代の研究』9，古墳Ⅲ，埴輪，1992)　(杉山晋作)

羽根尾貝塚(はねおかいづか)　神奈川県小田原市羽根尾字中道から発見された縄文時代前期中～後葉の貝塚と泥炭質遺物包含層遺跡である。調査は1998～1999年に行われた。遺跡は低位の小丘陵先端近くの南北両斜面と，同一地形の別地点を加え3ヵ所に形成されており，貝塚の最も良好な地点ではダンベイキサゴ，ヤマトシジミを主体とし，幅8m，長さ20m，厚さ0.5mの規模で認められた。貝層中からは関山式後半～終末期の土器群とともに埋葬人骨1体のほか骨角器類(釣針，刺突具，装飾品)が出土している。泥炭質遺物包含層は貝層堆積直後の関山式終末～黒浜式初頭期に発達しており，多量な木製品(漆塗容器類，赤漆製結歯式竪櫛，櫂，丸木弓，尖り棒，用途不明木製品類，編籠，紐縄類)，骨角器類(釣針，刺突具，装飾品)，石器類が出土している。動物遺体ではシカ，イノシシが多量に出土しており，水辺の解体場が想定される。一方カツオ，イルカ，サメ，イシナギなどの遺体が相当量出土していることから，相模湾での船を用いた外洋性漁撈が行われていたことがわかる。またクルミを主体とする堅果類が出土しており，水辺での植物性食料の加工が行われていたことが想定される。本遺跡は縄文前期の食料，文化遺物を良好に残しており，当時の生活技術を考えるうえに重要である。＊戸田哲也・舘弘子「羽根尾貝塚の発掘成果とその意義」(『日本考古学』11，2001)　(戸田哲也)

羽根山古墳群(はねやまこふんぐん)　富山県富山市婦中町羽根にある。呉羽山丘陵の一支脈の洪積台地上にあり，上平支群と下平支群との2支群によって構成される古墳群である。上平支群は全長75m，後円部径45m，前方部幅20mを測る古式な前方後円墳の勅使塚古墳と5基の円墳とからなる。下平支群は1948年に国指定史跡となった全長62m，後方部幅36m，前方部幅26mを測る前方後方墳の王塚古墳と5基の円墳とからなる。副葬品については不明。＊古岡英明「羽根山古墳群」（『富山県史』考古編，1972） （坂本美夫）

浜田耕作（はまだこうさく） 1881～1938。大阪府に生まれる。青陵と号す。第三高等学校から東京帝国大学文科大学史学科に進み，西洋史学を専攻し，1905年卒業。1909年京都帝国大学文科大学講師となり，考古学研究室を創設した。『通論考古学』1922年においてヨーロッパの研究法を広め，『京都帝国大学文科大学考古学研究報告』16巻は，そのアカデミックな学風を示した。1918年朝鮮総督府古蹟調査委員となり，1925年原田淑人らと東亜考古学会を設立し，国内のみならず広範にわたって考古学界のために寄与した。1937年京都大学総長となるが，病のため翌年死去。『東亜文明の黎明』1930，『東亜考古学研究』1930，『百済観音』1926などの多くの著書のほか，後に『考古学入門』と改題した『博物館』1929はすぐれた啓蒙書として版を重ねた。 （渡辺 誠）

馬面（ばめん） 馬具の一部で，馬の顔面につける装飾。青銅製・金銅製・革製などがある。ユーラシア大陸一帯に分布しているが，中国ではすでに殷周時代からあり，古来当廬（とうろ）・鏤鍚（ろうよう）・鍚（よう）などの名称でよばれ，文献の上でも馬面の使用が漢代以前にあったことを知りうる。朝鮮半島では楽浪古墳（王光墓など）に出土例がある。日本では埼玉県出土の馬形埴輪にその表現をみるが，古墳時代の遺例は確認されていない。平安時代には公家儀礼である唐鞍の馬装に使用された（銀面）。なお，馬面と馬冑はともに馬の顔面に着装するため混同されやすいが，馬冑は防護するための武具であり，区別されるべきものである。＊駒井和愛「先秦時代の馬面とその始源」（『中国考古学論叢』1974）；相馬隆「楽浪古墳出土馬面考」（『Museum』201, 1967） （中山清隆）

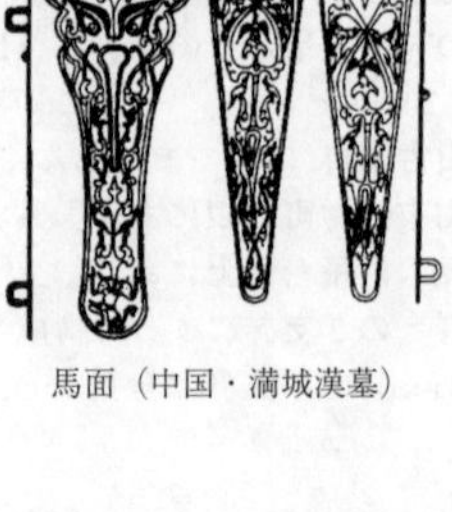

馬面（中国・満城漢墓）

林　謙作（はやしけんさく） 1937～2010。東京都生まれ。東北大学文学部卒，同大学院修士課程修了。1964年東北大学文学部助手。1966年にアメリカ合衆国ウィスコンシン大学へ留学し，アメリカの考古学を学ぶ。1971年に岩手県教育委員会文化課主査に着任，1974年に北海道大学文学部附属北方文化研究施設助教授，1995年に同大北方文化論講座教授。この間，縄文時代の生業・社会を中心に研究を進め，多くの論文を発表した。著書に『縄文社会の考古学』2001など。 （時枝 務）

原田淑人（はらだよしと） 1885～1974。東京神田小川町に生まれる。1908年東京帝国大学文科大学史学科を卒業，引きつづき大学院にて東洋史学を研究し，1914年東京大学文学部講師となる。浜田耕作らと東亜考古学会を設立，漢の牧羊城，渤海の東京城，元の上都などを調査する。1918年には朝鮮総督府古蹟調査会委員となり楽浪郡治跡や王盱墓を発掘する。これら東アジア文化史や考古学に関する論考は多く，主著に『東亜古文化研究』1940，『東亜古文化論考』1962，『東亜古文化説苑』1973などがある。 （渡辺 誠）

原目山古墳群（はらめやまこふんぐん） 福井県福井市原目山にある。丘陵尾根上に分布する45基の弥生時代から古墳時代の初頭にかけての墳墓群である。1966年の貯水池建設以来6基が調査され，方形台状墓で内部主体が土壙であることが明らかになった。特に3号・2号・1号の順序につくられた墳墓は，古墳発生のプロセスを知る好例としてとらえられている。副葬品は素環頭大刀を含む鉄刀・剣・銅鏃・細管状管玉・ガラス小玉が，また墳丘からは供献用の土師器が発見された。＊大塚初重・甘粕健ほか「福井市原目山古墳墓の調査」(『日本考古学協会第33回総会研究発表要旨』1967)

(坂本美夫)

原山遺跡(はらやまいせき)　長崎県南島原市北有馬町大字坂上下名字新田ほかに所在する縄文時代晩期の支石墓群集遺跡。島原半島の南西部，雲仙岳に連なる標高250mほどのなだらかな高台に位置する。1940年代前半の開墾によって遺跡が発見され，1956年と1960年に日本考古学協会西北九州総合調査特別委員会が調査している。もと3群あったが，第1群は開墾のために消滅し，第2群と第3群の計60基余が現存する。箱式石棺，甕棺，土壙などの下部構造をもつ。箱式石棺には方形のものがあり，屈葬位による埋葬が行われていた。土器については夜臼式土器を基本とする壷・甕・鉢・高杯などが葬棺や供献土器として用いられている。埋納された土器や埋葬の方法には，縄文文化の伝統が強く見られる一方，土器の中には籾殻圧痕を残すものがあり，すでに米つくりの生活をしていたことが知られている。＊森貞次郎・岡崎敬「島原半島原山遺跡」(『九州考古学』10，1960)　(広瀬雄一)

原の辻遺跡(はるのつじいせき)　長崎県壱岐市の芦辺町と石田町の境に所在。遺跡の発見は大正時代に遡るが，1951～1961年に行われた東亜考古学会の発掘調査によって，貨泉や朝鮮半島系の土器とともに鉄製品などが出土した。上層には後期を主体とする原の辻上層式土器，下層には中期を主体とする原の辻下層式が設定され，弥生文化研究にとって重要な遺跡と評価された。1992年からの本格的な調査によって，台地を環濠が三重に巡る多重環濠集落で遺跡の総面積は100haに及ぶことが確認された。標高18mの台地頂上部には，まわりを板塀で囲った高床建物が存在することから，遺跡の中枢部である祭儀場と考えられている。1996年の調査では，遺跡の北西部で弥生中期の日本最古の船着き場跡が発見された。遺物の出土も膨大な量にのぼり，特に青銅器・鉄器・土器など中国や朝鮮半島との交流を示す豊富な遺物は注目されるものがある。「魏志倭人伝」に記された国名と遺跡が一致する唯一の遺跡として2000年特別史跡に指定された。＊「原の辻遺跡」(『原の辻遺跡調査事務所調査報告書』1～25，長崎県教育委員会)　(安楽　勉)

原の辻遺跡（船着き場復元模型）

笵(はん)　鋳型のことで，青銅器やガラス製品をつくり出すとき，るつぼで溶かした液体を石や粘土で型どりした中へ流しこむ。この鋳型を鎔笵ともいう。

諸外国では青銅器時代から人物像・動物像や武器を青銅でつくる際に使い，中国では龍山文化期に青銅の武器や容器をつくるのに用いた。なかでも殷代の遺跡として著名な河南省の安陽や鄭州からは，砂でつくったものが多数出ている。この場合，砂型は原型を木でつくった。

日本では，弥生時代に青銅器が重要視される北九州や畿内にあっては，銅鐸や銅剣・

銅戈を石や砂の鋳型で鋳造している。大阪府東奈良遺跡では銅鐸・銅戈・勾玉の鎔笵をはじめ鞴口まで確認された。その調査によると，銅鐸の鋳型は神戸市須磨区に産する凝灰質砂岩を用いており，銅戈は土製の，勾玉は粘土の笵を使っている。＊中口裕『銅の考古学』1972　（関　俊彦）

半円方形帯神獣鏡（はんえんほうけいたいしんじゅうきょう）　平縁式神獣鏡は内区の外周に半円形と方形を交互に配する文様を有しており，このうち環状乳のないもの，重列式でないものをいう。半円には簡単な蕾形渦文を，方形内には1字ずつの副銘を入れるものが多い。主文は両脇に小禽を配した正面向きの神像と，両側に内向きの両獣形の3像を単位文とし，鈕をはさんで両側に対置する。この鏡は紀年銘鏡中に最も例の多いものである。＊樋口隆康「対置式神獣鏡」（『古鏡』1979）　（池上　悟）

半截竹管文（はんさいちっかんもん）　→縄文の文様（巻末参照）

平安山原B遺跡（はんざばるびーいせき）　沖縄県北谷町桑江に所在する平安山原（はんざんばる）遺跡群は，平安山原AからC遺跡が確認され，いずれも貝塚時代後期（弥生時代以降）から戦前にかけての遺跡とされている。遺跡は沖積地上のビーチロックや固結した砂礫層で形成された浜堤上に立地している。

主な遺構としては，鉄製刀子が刺さった埋葬人骨，近代のノロ殿内，グスク時代の建物址，耕作関連遺構，貝塚時代後期以降の埋納土坑などが確認された。

遺物においては，貝塚時代後期以降の土器や貝製品などが主体となり，多くの遺物が出土している。特筆すべきものは，平安山原B遺跡において亀ヶ岡系の範疇とされる大洞A式の可能性がある土器が出土したことである。遺跡の時代的なことを考慮すると，紛れ込みではあるが，東日本北東北を起源とする縄文時代晩期の土器が確認されたことは，縄文人の往来の可能性が示唆されるものである。また，鉄製の風呂鍬も県内初の出土事例であり，グスク時代の農耕関連遺構と調和するものである。＊北谷町教育委員会『平安山原B・C遺跡 ―桑江伊平土地区画整理事業に伴う発掘調査事業平成20・21年度）』（北谷町文化財調査報告書40，2016）　（橋本真紀夫）

バン・チェン遺跡（Ban Chiang）　タイ国東北部，ウドン・タニ県，ノン・ハン地区，バン・チェン村にある，おもに土壙墓を伴う新石器～鉄器時代の遺跡。バン・チェン村は南西から北東へ長さ1340m，幅約500m，周囲の水田からの比高約3mの細長く低い丘陵上にある。遺跡はこの丘の東側の傾斜面に多く分布する。1967年にタイ国政府芸術局によって調査が開始され，B. C. 3600年からA. D. 1000年紀のギャップをはさんでA. D. 1800年にわたる七つの文化相が明らかにされた。M. P. 地点で確認されたところによれば，下層の土壙墓では人骨は頭を北東に向けた仰臥伸展葬として埋葬されており，石斧・石製腕輪・縄蓆文土器が，足の部分に副葬されている。これに対して上層の土壙墓では頭を西に向けた仰臥伸展葬をとるものが多く，副葬品として青銅製の鎌，斧，槍先，彩文土器が大量に出土する。彩文土器には丸底の壺，台付き鉢，高坏などの器形があり，クリーム色の化粧土の上にフリーハンドで紅色の流動的な線描きを施す。波状文・螺旋文・同心円文などのほかに，カエル・トカゲ・水牛・シカなどの絵画文様がある。サーモ・ルミネセンス法と^{14}Cによる測定値によって，青銅器を伴う最も古い年代がB. C. 3600年と発表されたために議論をよんだが，年代測定値の結果には，かなりのばらつきがあって一定の年代観を得るに至っていないのが現状である。バン・チェン出土の遺物の諸型式はタイ東北部のウドン・タニ県，サコン・ナコン県，ナコン・パノム県，コーン・ケーン県などの地域に発見される遺物に共通しており，メコン流域の新石器時代から金属時代にわたる，いわゆるバン・チェン文化の様相が明らかになりつつある。*White C. Joyce, Pisit Charoenwongsa, Ward H. Goodenough "Discovery of a lost bronze age Ban Chiang" 1982 （近森　正）

版築（はんちく）　建築物の基壇・城壁・築地塀などを構築するため，板で枠をつくって中に玉石や粘土・土などを交互に入れて，棒や杵で突き固め，厚さ10～15cmほどの層状にして高く盛り上げる技法。中国では龍山文化期の城壁で行われたといわれる。わが国では飛鳥時代に仏教建築に伴って技法が伝えられ，飛鳥寺の中金堂や塔などが最古のものと認められている。また，古代山城の土塁も，版築によることが確認された。*奈良国立文化財研究所「飛鳥寺発掘調査報告書」(『奈良国立文化財研究所学報』5, 1958) （渋谷忠章）

蟠螭文鏡（ばんちもんきょう）　鏡背の主文を円圏あるいは方格規矩をなす内区に配された蟠螭文とする鏡。蟠螭とは角のない若い龍といわれるが，実際の蟠螭文は龍の体躯や四肢が細長い帯状となりいちじるしく渦文化したものであり，春秋期より普遍化し戦国期に盛行した図文である。蟠螭文は菱形渦文の細文地の上に鈕をめぐり3～4個環繞式に配され，表出には平彫り式と双線式がある。戦国期から前漢代にかけて製作されたものである。*富岡謙蔵「蟠螭鏡考」(『古鏡の研究』1926) （池上　悟）

ハンドアックス（handaxe）　両面を打製で調整され，形がつくりだされた大型の石器。平均的な大きさは12～15cm。よくみられる形はアーモンド形であるが，楕円形・三角形の例もある。把握するに便利なため，基部に礫の原面を残すものがしばしばである。斧(hache)，手斧(coup-de-póing；handaxe)とよばれるが，その機能は切ったり，削ったりという行為を主にしたといわれる。一方，「万能石器」とする説もある。

アブヴィル出土のハンドアックスh.13.6cm（ボルドー大学）

アブヴィル文化，アシュール文化（前期旧石器時代），およびある種のムスチェ文化（中期旧石器時代）の特徴的な石器であるが，最古で，最も粗雑な例は主としてアフリカで知られる。そこでは礫器からハンドアックスへの製作技術的進化をあとづけることができる。ヨーロッパでは，石のハンマーを用いてつくられたものは，その刃部がジグザグ状を呈し，主として年代の古いアブヴィル文化にあてられる。木や骨のハンマーを用いたその刃部が直線形を呈する，より精巧な製作技術を示すアシュール文化のハンドアックスは，アフリカ・ヨーロッパ・西南アジア・インドと広く分布する。一般的に東アジアには存在しないといわれるが，散発的資料の報告はある。

1954年にアルジェリアのテルニフィヌ(Ternifine)遺跡で，初めて原人の人骨と共伴し，製作者が確認された。なおハンドアックスは尖端をもつが，幅広の刃部をもつものはクリーヴァー(cleaver)とよばれる。*Michel N. Brezillon "La dénomination des objets de pierre taillée. Matériaux pour un vocabulaire des préhistoriens de langue française" (Ⅳe supplément à Gallia Prehistoire, 1968) （山中一郎）

盤龍鏡（ばんりゅうきょう）　鏡背の主文を体を大きく湾曲させる龍形とする鏡。龍形は半肉彫りの表出が通有であり，内区いっぱいに配され，胴部が鈕の下にかくれ前後に頭と尾をあらわす。一獣のみを配するものや2～4頭をあらわすものもある。頭形は龍のみでなく，虎をあらわすものもあり，龍虎鏡とも呼称される。一般に平縁で小型で，乳を配さず，外区に鋸歯文・唐草文などを配する。製作は後漢末より三国時代に及ぶものである。＊樋口隆康「盤龍鏡」(『古鏡』1979)　(池上　悟)

ひ

柊塚古墳(ひいらぎづかこふん)　埼玉県朝霞市岡3丁目に所在する前方後円墳。荒川に臨む洪積台地の辺部に立地する。かつては，10基前後からなる根岸古墳群の主墳であったが，現在では柊塚古墳が残るのみである。墳丘は，墳長約66mを測る。後円部は径約48m・高さ約8.5mを測りほぼ良好に遺存するが，前方部は，部分的に破壊を受けており，長さ18m・高さ4.5mが残存する。前後数回の調査が行われている。特に2000(平成12)年に行われた確認調査では，後円部墳頂に竪穴系埋葬施設が2基存在することが確認され，その上部から家形埴輪と土師器壺が出土した。構造は，墳丘面から版築構造が確認されたが，段築や葺石は確認されていない。そのほか出土遺物には，形象埴輪(人物・馬)や円筒埴輪・朝顔形円筒埴輪が知られている。柊塚古墳の築造時期は，出土遺物や構造から6世紀前半であろうと推定される。＊照林敏郎ほか『宮台遺跡第5・6地点発掘調査報告書』2001　(野澤　均)

比恵遺跡(ひえいせき)　福岡県福岡市博多区比恵町字古賀に所在する弥生時代中期の環溝集落遺跡。環溝の一つは一辺30～36mを有するほぼ方形を呈し，その内側に5軒分の竪穴住居跡が散在していた。5軒の内，4軒は同時期と考えられており，ほかに土壙・炉跡・井戸などが検出されている。環溝外には甕棺の墓域が認められる。＊鏡山猛「古代集落の研究」(『九州考古学論攷』1972)　(木下　亘)

ピエス・エスキーエ(Pièce esquillée)　ほぼ四角形の剥片で，対縁，ときに四縁に相対する打撃角の低い剥離痕をもつ。ふつう両面に認められる。一縁は固い物質に押しつけられ，対縁は強い衝撃力を受けた様相を示すので，間接打法を行うときの間接具としてつかわれたとする説がある。西ヨーロッパの石器リストから除かれ，「使用された剥片」と考えられている。わが国ではフランス語の研究書を翻訳するのに用いられた用語である。*Michel N. Brezillon “La dénomination des objets de pierre taillée. Matériaux pour un vocabulaire des préhistoriens de langue française” (Ⅳe supplément à Gallia Prehistoire, 1968)　(山中一郎)

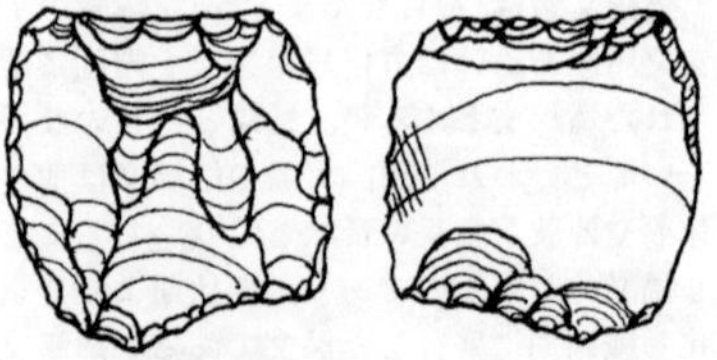

ピエス·エスキーエ　マドレーヌ期(ボルドー大学所蔵)

東釧路貝塚(ひがしくしろかいづか)　北海道北東部の釧路市のJR根室本線東釧路駅敷地に接する南側台地(標高15m前後)に立地する。明治後期以降，たびたび調査が行われたが，1958年の産業道路工事に伴う本格的調査が澤四郎によって行われ，概要が判明。その後も澤により，1971年まで7次にわたる発掘が実施された。1990年から史跡整備に伴う調査が行われ，1970年国指定史跡となる。

これらの調査の結果，縄文時代早期から近世アイヌ文化期までの14の文化層をもつ集落跡・墓跡であることがわかった。なかでも縄文前期の貝塚が中心となる。本貝塚は東西120m，南北90mの範囲に大小合わせて11ブロックに分かれて分布し，台地の平坦面と北斜面に堆積している。貝層は1m前後あり，その70%をアサリが占める。カキ，オオノガイなどとともに暖海性のアカガイ，シオフキなども含まれる。魚類はニシン，ブリ，スズキなど，鳥類はアホウドリ，ミズナギドリなど，海獣類はトド，アシカ，イルカなどが大量に出土している。陸獣類は少なく，エゾシカ，クマ，オオカミ，家犬などが検出されている。貝層中にはイルカ頭骨を放射状に配置したり，トド，家犬にベンガラをかけて埋葬するなど貝塚が送り儀式の場であったことを示している。*釧路市教育委員会『東釧路』1962 （野村　崇）

東奈良遺跡(ひがしならいせき)　大阪府茨木市の沖積地に立地し，弥生時代から古墳時代を盛期とする集落遺跡。弥生時代前期から方形周溝墓を伴う集落を形成し，近隣の中心的位置を占めているが，本遺跡の最大の特徴は多数の鋳型の出土にある。鋳型は，銅鐸の石製(凝灰岩質砂岩)鋳型6種類，銅戈の土製鋳型3種類，ガラス勾玉の土製鋳型2種類があり，このうち，1号流水文銅鐸鋳型はほぼ完存している。また，2号流水文銅鐸鋳型で製作された銅鐸は大阪府豊中市原田神社銅鐸と香川県善通寺市我拝師山銅鐸の2例，3号流水文銅鐸鋳型では兵庫県豊岡市の気比3号銅鐸の1例がある。また，青銅製品では弥生時代前期末ころの製作と考えられる小銅鐸が舌を伴って出土している。朝鮮小銅鐸に似るが，楕円や綾杉などの文様を持つ類例のないものである。他に，大量の土器，石器，木製品があり，銅鐸形土製品も出土している。大阪府内では，東大阪市の鬼虎川遺跡と並ぶ青銅器鋳造センターである。*東奈良遺跡調査会『東奈良Ⅰ』1979／『東奈良Ⅱ』1981 （宮野淳一）

火鑽臼(ひきりうす)　発火具の一つで，木製の台木(火鑽臼)をいう。この台木に木製の堅い棒を直交させ，急速に回転し，木と木の摩擦によって生じる炭粉を発火させるのが火鑽法である。日本では静岡県登呂遺跡から弥生時代の火鑽臼が出土している。登呂出土例によると，長さ20cm，幅2cm，厚さ1.5cmほどのスギとタブノキを使用しており，一定の間隔で穿孔がある。なお，今日でも伊勢神宮をはじめ各地の神社で火鑽法が行われている。*岩城正夫『原始時代の火』1977 （岡嶋　格）

火鑽杵(ひきりきね)　火鑽臼とセットで用いられる発火具である。火鑽杵による発火法は，両手で杵を挟み回転摩擦する鑽揉み式，紐か革を杵に巻きつけ交互に引いて回す紐鑽式，弓状の棒を紐で張って弓を台木(火鑽臼)火鑽臼1と火鑽杵2(静岡・登呂遺跡)に対して平行に動かし杵を回転させる弓鑽式，杵の中央部より下に球状のハズミ具をつけ，杵を台木と平行になる横木に交差させ，横木の両端より杵の上端に紐を結び，横木を上下に動かし回転させる舞鑽式がある。舞鑽式の横 木の資料は，静岡県登呂遺跡から出土している。*岩城正夫『原始時代の火』1977 （岡嶋　格）

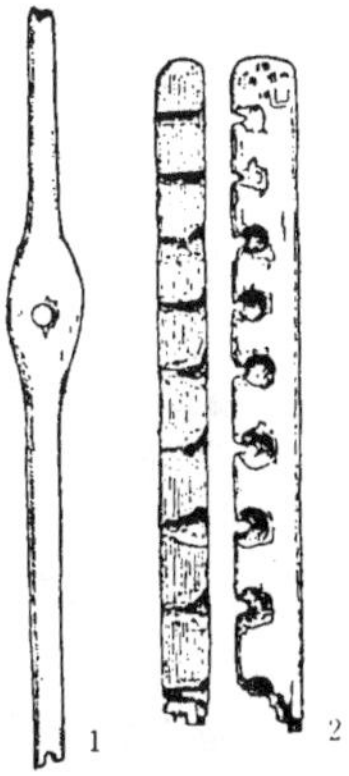

火鑽杵1と火鑽臼2（静岡・登呂遺跡）

樋口清之(ひぐちきよゆき)　1910～1997。奈良県に生まれる。奈良県立畝傍中学校，國學院大學史学科卒業。助手を経て國學院大學教授を勤める。既に中学時代に，三輪山麓祭祀遺跡を独自に調査し，『考古學雑誌』に投稿するなど鬼才ぶりを発揮。鳥居龍蔵・大山柏・高橋健自などの知遇を得，考古学を研鑽。1955年，「日本石器時代身体装飾品について」で，文学博士(國學院大學)。考古学は固より人類学・民族(俗)学などの広い分野で多大な業績を残した。主要文献『伊予大洲の古代文化』(1930)，『日本木炭史』(1960)他単行本270余冊。1972年紫綬褒章，1979年勲三等旭日中綬章。 (青木 豊)

樋口隆康(ひぐちたかやす) 1919〜2015。福岡県生まれ。京都帝国大学文学部史学科卒，大学院特別研究生，京都大学助教授を経て教授。文学博士。ボドガヤ(インド)発掘，京都大学イラン・アフガニスタン・パキスタン調査隊，京都大学中央アジア学術調査隊(バーミヤン・スカンダル・テペなど)に参画し(後者は隊長)。インド・パキスタン・アフガニスタンなどで仏教遺跡を発掘調査。『シルクロード考古学』(1―4，1986)，『古鏡・古鏡図録』1979，『三角縁神獣鏡綜鑑』1992，『バーミヤーンの石窟』1980，『中国の銅器』1967，『樋口隆康聞書―実事求是この道』(岩尾清治，2001)，『日本人はどこから来たか』1971，『バーミヤーン―アフガニスタンにおける仏教石窟寺院の美術的考古学的調査』1983・84など。 (坂詰秀一)

彦崎貝塚(ひこざきかいづか) 岡山県児島郡灘崎町(なだざきまち)に所在する縄文時代前期と中期の土器を出土する主鹹貝塚で，山内清男が彦崎Z1，Z2，彦崎K1，K2式と編年区分された土器形式が出土している。 (江坂輝彌)

ヒシャゲ古墳(ひしゃげこふん) 奈良県奈良市佐紀町に所在する前方後円墳。全長219m，後円部径124m，同高16.2m，前方部幅145m，同高13.6mを測り，前方部を南に向ける。盾形の周濠が巡り，前方部では2重となっている。後円部東側くびれ部相当の内堤には円筒埴輪が巡る。埴輪には，円筒埴輪のほか，蓋形や草摺形の器材埴輪がみられる。これらの遺物から本墳は5世紀後半の築造と推測されている。また，外濠を横断する渡土堤がある。北東部に円墳2基・方墳2基の陪塚があり，周辺には多数の古墳が存在し，本墳を含めて佐紀盾列古墳群を形成している。磐之媛命陵に治定され，宮内庁が管理している。 (時枝 務)

毘沙門洞穴(びしゃもんどうけつ) 三浦半島の先端，神奈川県三浦市南下津町にある海蝕洞穴。縄文から古墳時代にかけて漁労民が生活や墓として利用し，なかでも弥生時代後期の遺物が多い。岩礁と狭湾で囲まれ，住人は季節ごとに漁をし，魚介や製塩にとりくんだことが包含層にのこる貝庖丁・釣針・銛などから推測できる。また，卜骨の出土は漁に生きた人たちの精神面がうかがえる。近くには同タイプの大浦山・間口洞穴がある。*赤星直忠・岡本勇「神奈川県毘沙門洞穴」(『日本の洞穴遺跡』1967) (関 俊彦)

聖嶽洞穴(ひじりだきどうけつ) 大分県南部，佐伯市より西に15km，番匠川の渓谷をさかのぼった北岸の断崖の上部に，西南を向いて開口した鍾乳洞を聖嶽洞穴とよぶ。標高360m。全長45m，床から天井までの高さは平均4m，洞内は奥に向かってしだいに高くなる。洞穴内の層序は

第1層(10〜15cm)，粒子が細かく，乾燥すると軽い土壌。

第2層(15〜25cm)，粘板岩の分解小礫層で，礫はやわらかくこわれ易い。

第3層(25cm以上？)，粒子の細かい粘性土壌。

第1層には宋銭，金属器片，中世の素焼土器片などが混在し，これらに混じって中世人骨もかなり発見された。第2層中には遺物がみられない。第2層下部に接する第3層上部から黒曜石製の石核，ナイフ，細石刃(第1地点)，ナイフ，剥片，小石核および人骨破片，また頭蓋骨破片(第3地点)

が発掘された。人類学者故小片保によれば，第1層の中世人骨の弗素含有量は0.20％であるのに対して，第3層人骨は0.56％であり，両者の間には大きな差異が認められたという。しかしながら2001年になってから，聖嶽洞穴出土石器および人骨には疑義があるという研究者が出現し，再発掘の結果を公表したが，さらに詳細な再検討が必要であろう。＊賀川光夫「大分県聖嶽洞穴」1967；小片保「洞穴出土の人骨所見序説」(『日本の洞穴遺跡』)1967　(芹沢長介)

備前車塚古墳(びぜんくるまづかこふん)　岡山市中区湯迫，四御神の境界上に前方部を北西に向けて構築された全長48.3m，前方部幅22m，後方部幅24.5mの前方後方墳で，列石状の葺石が全周する。主体部は，全長5.9m，最大幅1.3m，高さ1.5mの竪穴式石室が後方部中央に営造されている。副葬品のうち，鏡13面はすべて中国製で，魏鏡とされる三角縁神獣鏡は11面あり，全国の12基の古墳との間に分有関係がある。＊鎌木義昌『岡山市史』古代編1962；鎌木義昌・近藤義郎「備前車塚古墳」(『考古学研究』14–4，1968)　(是光吉基)

備前焼(びぜんやき)　岡山県備前市伊部の周辺に存在する窯で焼成された焼物をいい，現在でもつづいている。平安時代末ないしは鎌倉時代初頭ごろから生産されるようになった無釉陶で，製品には壺・甕・鉢・擂鉢・埦などがある。鎌倉時代には，播磨・美作・備後などの周辺地域で流通しており，「一遍上人絵伝」の福岡市の情景のなかには10数個の大甕が売られている様子が描かれている。その後，生産量も増大し，西日本一帯に広まった。＊間壁忠彦・間壁葭子「備前焼研究ノート」1・2(『倉敷考古館研究集報』1・2，1966)　(是光吉基)

日高遺跡(ひだかいせき)　群馬県高崎市日高町村西から中尾町村東にかけて存在する。1973年，関越自動車道の建設で発見され，弥生時代と平安時代の水田跡，それに弥生時代の方形周溝墓，中世の集落跡が掘り出された。水田跡は低台地に沿う河川状湿潤地に数百mにわたってあり，灌漑水路を利用した谷地水田である。平安時代後期と弥生時代後期の水田跡を関東で大規模に発掘した例は，ここが最初で，以後，熊野堂・新保で発掘される。＊平野進一「日高遺跡」(『関越自動車道(新潟線)地域埋蔵文化財発掘調査概報』V，1979)　(関　俊彦)

常陸鏡塚古墳(ひたちかがみづかこふん)　茨城県の北部，那珂川北岸の太平洋を臨む大洗台地上の，東茨城郡大洗町磯浜に所在する前方後円墳。1939年に大場磐雄らによって発掘調査された。前方部を南に向けた全長105.5m，後円部径60m，前方部幅36mの規模であり，主体部は後円部墳頂下1.5mに主軸と直交して設けられた長さ10mを越える粘土槨である。変形四獣鏡，内行花文鏡，勾玉・管玉・臼玉などの多数の玉類，石釧6，直刀・鎌・鉇などの武器・農工具のほか，斧・鑿・鎌・鉇・刀子・紡錘車などの総計47点の滑石製模造品が粘土槨の中央より一括して出土している。5世紀前半代の築造。＊大場磐雄・佐野大和『常陸鏡塚』1，1956　(池上　悟)

『ひだびと』(ひだびと)　飛騨考古土俗学会の『石冠』の改題誌。菊版，縦組，1935(昭和10)年1月に創刊号，江馬修(赤木清)の主宰。第5年第11号(1937〈昭和12〉年9月)～第6年第1号(1938〈昭和13年〉3月)にかけて赤木提言を承けて甲野勇・八幡一郎などと交わされた縄文編年学の研究をめぐる「ひだびと論争」の舞台となった。1943(昭和18)年3月で終刊。　(坂詰秀一)

備蓄銭(びちくせん)　中世に経済的目的などで土中に埋納された大量の銭貨。13世紀第4四半期から16世紀第4四半期に全国展開し16世紀末頃まで確認できる。銭種は北宋銭が主で唐銭，明銭がある。数千枚から時には10万枚以上を超える場合もあり中世流通貨幣の経済史検討の基礎データとなる。2019 年，蓮田市黒浜新井堀の内遺跡（中世武家屋敷）で大甕に約 26 万枚の国内最多数級の古銭（19 銭種）が発見されている。＊坂詰秀一編『出土渡来銭』1986；鈴木公雄『出土銭貨の研究』1999　（松原典明）

碑伝（ひで）　山伏などの修験者が入峰修行の密法を後に伝えるため作成したもの。また，そのものを仏ととらえ，塔婆としての性格も説かれている。本来は木製であったらしい。石造塔婆としては鎌倉時代中期のものがある。塔形は四面扁平な角柱形で頭部を山形に面取りし，その下に横位の二条線を設け，額部を前方に突き出す。塔身は額部下の長方形面であり，その上位には種子，下位には造立年月日などの銘文を刻出する。板碑の祖形という指摘もある。＊石田茂作「碑伝について」（『銅鐸』12，1956）　（斎木　勝）

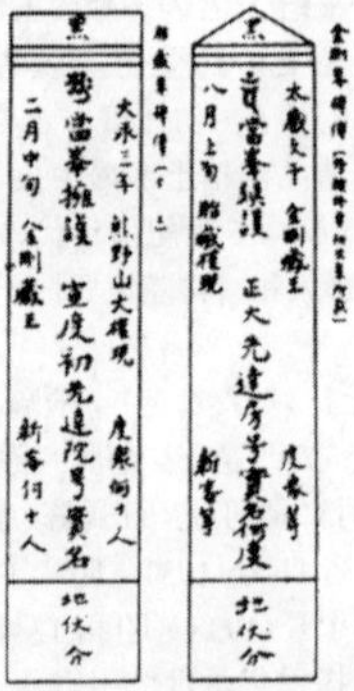

碑伝

日野一郎（ひのいちろう）　1915～1997。東京都生まれ。早稲田大学文学部史学科卒。関東短期大学助教授を経て，武相学園高・中・小学校長。仏教考古学を専攻し，とくに宝筐印塔を中心とする石造塔婆の調査研究に大きな業績を残した。宝筐印塔の地域的様相を統括的に論じ，その様態を明らかにしたことは高く評価されている。また，古代～中世の墳墓の調査，中世石大工の研究を進展させた。主著に「五輪塔・笠塔婆・宝筐印塔・無縫塔」（『新版考古学講座』7，1970），「石塔・日本各地の仏塔―関東」（『新版仏教考古学講座』3，1976），「宝筐印塔の発達とその地方相」（『古代文化』12–8～12，1941）などがある。　（坂詰秀一）

日拝塚古墳（ひはいづかこふん）　福岡県春日市にあり，下白水集落の南西 500m，比高 15m の河岸段丘上に位置する。基段全長 47.2m の上に築かれた前方後円墳で，墳丘長 34.2m，後円部径 15m を測る。主体部は単室の横穴式石室で，獣形鏡・金製耳飾のほかに，銀・水晶・ガラス製玉類が 1990 個，環頭太刀や直刀などの武具類 116 振，鉄製輪鐙 3 組，鉄地銅張鍍金雲珠 2 など多量の副葬品が確認されている。6 世紀中ごろに比定され，儺県の首長墓とみられている。＊中山平次郎ほか「日拝塚」（『福岡県史蹟名勝天然紀念物調査報告』5，1930）　（渋谷忠章）

日葉酢媛陵古墳（ひばすひめりょうこふん）　奈良県奈良市山陵町にある全長 206m の前方後円墳で，狭木之寺間陵に治定されている。佐紀陵山古墳ともいう。後円部に特異な構造の竪穴式石室があり，鏡・鍬形石・車輪石・石釧・琴柱形石製品・石製刀子・石製高杯・石製臼・椅子形石製品・石製合子などが出土した。埴輪列・周濠をもつ。4 世紀後葉の営造。＊石田茂輔「日葉酢媛命御陵の資料について」（『書陵部紀要』19，1967）　（車崎正彦）

美々貝塚北遺跡（びびかいづかきたいせき）　美々貝塚北遺跡は，北海道中央部の石狩低地帯南部，勇払湿原にのぞむ標高 20m 前後の舌状丘陵上に立地する。1993 年から 1999 年まで 5 次にわたる事前調査が行われた。縄文時代前期前半を主体とする遺跡で，放射性炭素による測定によって 5890 年 ± 80B. P. の年代が得られている。北からのびる 200m ほどの舌状丘陵上のほぼ全面に遺跡が展開しており，竪穴住居 77 軒，土坑 280 基，墓坑 30 基，溝状遺構 1 ヵ所，貝塚 3 ヵ所，焼土78ヵ所，盛土遺構3ヵ所，畠状遺構2ヵ所などが発掘された。

丘陵の平坦面では地形の削平，東西斜面への土壌搬出によって全面にわたる整地が行われている。東西の斜面転換点に盛土が形成され，その内側2ヵ所に畠状遺構がつくられている。遺構内土壌から種子などは検出されていないが，遺構下面が非常に凹凸に富むこと，キビ属(ヒエ属)と考えられる植物珪酸体が多数検出されたこと，土壌に団粒構造が発達していること，火山灰(スコリア)の風化が全体的に進行していること，多くの粘土鉱物が細かく破砕されていること，多量の焼骨が包含されていることなどの特徴がみられ，ここで恒常的な土壌の撹拌が行われ，それが何らかの植物栽培の場であったと推定される。盛土遺構も耕作に何らかの関与をするものだった可能性がある。

最終氷期後の気候最温暖期を迎え，人類の諸活動はより一層たかまったが，これは生業活動の多様性につながり，遺構構築技術の革新，計画的集落構造の顕在化や大規模な改変などへとつながった。美々貝塚北遺跡はその一つの典型ととらえられる。（高橋　理）

美々貝塚北遺跡

『日引』（ひびき）「石造物研究会」会誌。「石造物研究会」は日本石造物学会として1997年8月に発足され，同年11月にニュースレター『ひびき』第1号が刊行される。その後，2000年8月第1回研究会・総会を経て「石造物研究会」として再スタートした。2001年3月に『日引』第1号が刊行され，発掘調査によって出土した石造物や各地の石造物の情報交換誌。兵庫県芦屋市若宮町に拠点がある。（松原典明）

氷見朝日貝塚(ひみあさひかいづか）富山県氷見市朝日町にある。七尾湾に面した台地にあり，その時期は縄文時代から古墳時代で，貝塚の主体は縄文時代の前期から後期である。1918年，柴田常恵らにより調査され，シジミ・ハマグリ・アカニシ・ホタテガイ・イルカ・タイ・マグロ・イノシシ・シカ・サル・イヌなど自然遺物が多く確認された。貝類は鹹水産が多く，太平洋側の海進現象と比較するうえで好資料を提供した。また，日本で最大の硬玉製大珠が，縄文時代中期の土器と伴出している。＊柴田常恵「越中氷見朝日貝塚」(『石器住居』5, 1927)（関　俊彦）

氷室(ひむろ）氷を採取して貯蔵するための竪穴状の施設。氷は冬季に採取され，夏季に利用されるため，低温の条件をいかに確保するかが重要視される施設である。『日本書紀』仁徳天皇62年条などにみえるが，都祁氷室から長屋王邸に氷が献上されたことが長屋王家木簡にみえ，貴族の生活に密着した存在であったことが知られるようになった。『延喜式』には畿内近国の氷室は9ヵ所みえるが，その実態が必ずしもあきらかではないなかで，近年奈良県明日香村飛鳥池遺跡のSK70を氷室とする説が出され，氷池の存在も指摘された。一方，栃木県上三川町多功南原遺跡など東国の各地で発見されている径約4～5m，深さ約2mを測る大型の竪穴土坑を氷室に比定する説がある。＊中山晋「古代日本の「氷室」の実体～栃木県下の例を中心として～」(『立正史学』79, 1996)（時枝　務）

姫島(ひめしま）大分県国東半島東北部にある小島。この小島の丘陵に乳白色をした黒曜石が多産し，縄文時代早期押型文土器のころ以降，この島の乳白色の黒曜石が，石鏃などの小型剥片石器の石材として利用され，東は瀬戸内海沿岸の香川・岡山県下にまで，東南方向は高知県下，高知市以東にまで，西方は佐賀県下まで広がりをみせている。姫島産黒曜石は乳白色で目立ち，縄文時代早，前期の交易圏を知る上で貴重な資料である。（江坂輝彌）

紐線文（ひもせんもん）→ 縄文の文様（巻末参照）

百花台遺跡（ひゃっかだいいせき） 長崎県雲仙市国見町多比良に所在する。1973・1975年に調査が実施された。旧石器時代に属する3枚，縄文時代の1枚，計4枚の文化層が確認されている。Ⅱ文化層は細石刃を主体とする石器群で，他にナイフ形石器・彫刻刀形石器が出土している。Ⅲ文化層は台形石器を主体とする石器群で，他にポイント状石器・スクレイパー・小形石刃などが確認され，Ⅳ文化層からは，ナイフ形石器・石刃などが出土している。特に，Ⅲ文化層から台形石器が大量に出土したことは，九州地方の旧石器文化の特殊性と石器群の変遷を把握する上で，発掘当初から多大な注目を集めた。

この層位的出土例から，ナイフ形石器→台形石器→細石刃の変遷が確認され，九州地方後期旧石器時代の編年確立に貢献するとともに，台形石器のおおむねの時間的位置が決定された。＊麻生優・白石浩之「百花台遺跡」（『日本の旧石器文化』3，1976）（藤原妃敏）

百花台遺跡群（ひゃっかだいいせきぐん） 長崎県雲仙市国見町に所在する後期旧石器時代遺跡で，雲仙岳北側，火山性山麓扇状地の標高200～230mの台地上に立地している。安定した火山灰層に複数の文化層が認められ，石器群の編年や他地域との比較が可能な，西北九州地域における基準的な遺跡群である。1963・1965年，和島誠一・麻生優らによる調査（C地点）の結果，細石刃（3層）・「百花台型」台形石器（4層）・ナイフ形石器（6層）をそれぞれ主体とする3枚の文化層が層位的に確認された。1983～1988年にかけて，長崎県教育委員会の緊急調査でB・C・D地点が，また，1982～1988年には同志社大学・長崎県立国見高等学校の百花台遺跡発掘調査団による調査で，C地点・E地点（百花台東遺跡）が発掘されている。ナイフ形石器・台形石器・槍先形尖頭器などの石器群が4層～7層にかけて層位的に出土し，さらに礫群などの遺構も4層～6層の各層で発見されている。始良Tn（AT）火山灰の層準は6層中位にある。＊麻生優・白石浩之「九州・沖縄の遺跡　百花台遺跡」（『日本の旧石器文化』3，1976）；田川肇・副島和明編『百花台遺跡』1985；森浩一・松藤和人編『百花台東遺跡』1994；長崎県教育庁文化課埋蔵文化財班編「百花台遺跡」（『原始・古代の長崎県』資料編Ⅱ，1997）（橘　昌信）

百間川遺跡（ひゃっけんがわいせき） 岡山県岡山市中区穝東町，原尾島などを流れる旭川放水路，通称百間川の河床下にあり，およそ13kmの範囲に及ぶ。1950年，鎌木義昌が最初の発掘をし，その後1976年に川の改修工事に伴い5ヵ年計画で発掘が進んでいる。旧石器時代から江戸時代までの遺構や遺物がみつかり，ことに弥生時代の集落と水田跡の関係がつかめるなど，各時代の生活形態をしめす資料が多く包含されている。＊葛原克人ほか「百間川遺跡」（『日本考古学年報』29～32，1978）（関　俊彦）

ピュツタ遺跡（ピュツタいせき） 沖縄県石垣市字川平の花崗岩の風化した真砂上（標高約2.5m）に立地する南琉球石器時代前期の遺跡。1995～1996年に実施された範囲確認調査ではⅢ層とⅤ層で未攪乱の遺物包含層を確認。発見遺構としては，炉跡と思われる円形石列遺構が，遺物としては石斧，磨石などの石器や，下田原式土器などが出土。土器は，太沈線文をはじめとした有文資料やコップ形，深鉢形など新出の器種等も出土。炭化物による年代測定値は13870±50B. P. および14250±50B. P. と同時期の遺

跡の年代測定値よりも若干古い値が得られている。（島袋綾野）

氷河期（ひょうがき） 地質時代において氷河の発達した時代を氷河時代 ice age という。氷河は寒冷な気候下で発達し，温暖な気候下では融けて消滅する。そのため，過去の氷河の存在は，氷堆石・氷縞粘土など氷河が運んできた堆積物や，圏谷（カール）やU字谷などの浸食地形および氷河擦痕（さっこん）などの証拠に基づいて判断される。その結果，新しいほうから新生代第四紀更新世，古生代の二畳紀（ゴンドワナ大陸）とデボン紀（南米と南アフリカ），先カンブリア代などに氷河時代が認められた。このうち，最も確実で大規模なものが第四紀更新世の氷河で，一般に氷河時代というと，この時代のことをさす。

氷河時代は，その期間すべてが寒冷であったわけでなく，氷河の拡大する寒冷な時期と，氷河の後退する温暖な時期とがくり返されていた。寒冷な時期を氷期（glacial period），温暖な時期を間氷期（interglacial period）という。第四紀更新世にはアルプスでは古いほうからビーバー，ドナウ，ギュンツ，ミンデル，リス，ウルムの6氷期が，北米ではネブラスカ，カンザス，イリノイ，ウイスコンシンの4氷期が知られている。

氷期といっても地球上がすべて氷河でおおわれたわけではなく，また，寒冷といっても年平均気温が5～10℃低くなったにすぎない。しかし，大量の氷河が発達すると，その重みで地殻の一部が押し下げられることも起こるし，また，氷河の水は海水の蒸発によってもたらされるので海面が低下する現象も起こる。

特に，氷河の消長によって起こる海面の変化は世界的に起こるので，直接氷河に関係のない地域にも大きな影響を及ぼす。氷河時代のこのような変化はなによりも生物界に大きな影響を与えてきた。氷河時代の気温の変化（氷期の原因）についてはまだ明らかでない。地表の変化，火山の噴火，地磁気の変化，自・公転のわずかな変化（日射量の変化）などその原因は多くあげられている。＊小林国夫・阪口豊『氷河時代』1982（加藤定男）

標式遺跡（ひょうしきいせき） 特定の時代・型式・様式・所属などをあらわすために基準となる遺跡をいう。例えば，加曽利E式土器，加曽利B式土器という型式の発祥となった標式遺跡は加曽利貝塚E地区，B地区ということになる。ほとんどの型式，様式などは最初の基準になった遺跡が標式遺跡として命名されている。＊V. G. チャイルド（近藤義郎訳）『考古学の方法』1964（川崎義雄）

標式遺物（ひょうしきいぶつ） 型式・様式・時代など決定の標式になる遺物をいう。例えば，千葉県加曽利貝塚のE地区から出土した縄文時代中期の土器を加曽利E式土器の標式にしてよび，奈良県唐古遺跡から発見された弥生時代前期の土器を唐古式土器の標式にしてよんでいる。＊V. G. チャイルド（近藤義郎訳）『考古学の方法』1964（川崎義雄）

瓢箪形土器（ひょうたんがたどき） 瓢箪や瓜を模倣した土器を称してよんでいる。縄文土器にも瓢箪を連想させるものがある。瓢箪をモデルにした説は古くから大野雲外などが唱えていたもので，奈良県唐古遺跡から瓢箪の種子が発見され，また埼玉県真福寺の泥炭層遺跡から瓜の種子が発見されるに及んで立証された。瓢箪・瓜類はわが国の原産ではなく，他の国から輸入された栽培植物であるので，海外との交流を証明する資料といえる。＊甲野勇『縄文土器の話』1976（川崎義雄）

瓢箪山古墳（ひょうたんやまこふん） 滋賀県近江八幡市安土町宮津にある前方後円墳で，全長162m，後円部径90m，前方部幅70mある。後円部に竪穴式石室3，前方部に箱形石棺2があり，虁鳳鏡・二神四獣鏡・鍬形石・車輪石・石釧・筒形銅器・鉄刀・鉄剣・銅鏃・鉄鏃・鉄斧・鉄刀子・鉄鎌・鉄鍬・鉄鉇・短甲などが出土した。営造時期は4世紀中葉。＊梅原末治「安土村瓢箪山古墳」（『滋賀県史蹟調査報告』7，1938）　（車崎正彦）

表面採集（ひょうめんさいしゅう）　自然あるいは人為の作用によって，地表面に散乱している古代の遺物を採集することをいう。地表面に散布しているわずかな遺物を採集し，観察することによって大体の調査ができ，遺跡発見の手がかりともなり，遺跡の性質を知ることができる。＊文化庁文化財保護部『埋蔵文化財発掘調査の手びき』1966　（川崎義雄）

日吉加瀬山古墳（ひよしかせやまこふん）　多摩川下流域右岸の神奈川県川崎市南加瀬の丘陵上に所在した白山古墳と第六天古墳の総称で1937（昭和12）年に発掘調査された。前者は全長87mの前方後円墳で，後円部に木炭槨1，粘土槨2，前方部に粘土槨1の埋葬施設が発見された。木炭槨からは京都府・椿井大塚山古墳出土鏡と同笵の舶載鏡の三角縁神獣鏡，内行花文鏡などが出土している。南関東の代表的な前期古墳である。後者は胴張りの横穴式石室を内蔵する直径30mの円墳で，6世紀後半代の築造である。＊柴田常恵・森貞成『日吉加瀬古墳』1953　（池上　悟）

平泉遺跡群（ひらいずみいせきぐん）　現在の岩手県西磐井郡平泉町の市街地となっている中心地区と，その周辺地区にある12世紀の奥州藤原氏時代の遺跡の総称。中心地区は北は衣川，東は北上川，南は太田川，西は丘陵地に囲まれた地域で，中尊寺，毛越寺，観自在王院，無量光院，花館廃寺，白山社跡，金鶏山経塚，鈴懸森遺跡等の社寺。柳之御所，伽羅之御所，志羅山，泉屋，高館遺跡，国衡館跡，高衡館跡等の居館。猫間が淵，鈴沢等の池。瓦窯や梵鐘鋳造等の工房跡。交易関係の倉町遺跡。その他東西・南北方向の道路遺構がある。柳之御所跡遺跡は発掘調査の結果，12世紀の第3四半期に機能していたことから，2代基衡の晩年から4代泰衡の時代に当たり，『吾妻鏡』文治5年条の「平泉館（ひらいずみのたち）」とみられる。周辺地区は中心地区の南を東西に流れる太田川の南側で，祇園地区・大佐地区の他に達谷地区にも遺跡があり，「田谷窟（たっこくのいわや）」の磨崖仏や天台宗の西光寺がある。本遺跡群のうち，中尊寺，毛越寺，観自在王院跡，無量光院跡などを構成資産とした「平泉―仏国土（浄土）を表す建築・庭園及び考古学的遺跡群―」が，2011年にユネスコの世界文化遺産に登録された。　（江谷　寛）

平出遺跡（ひらいでいせき）　長野県塩尻市平出に存在する古代集落遺跡。1949～1952年に考古学をはじめ関係諸科学による総合調査が行われた。検出された遺構は竪穴住居跡・配石遺構・掘立柱建物跡などである。出土遺物は縄文土器・土師器・施釉陶器などで特に緑釉水瓶は出色のものである。1952年国指定史跡になる。遺物は平出遺跡考古博物館に収蔵展示されている。＊平出遺跡調査会『平出』1955　（阪田正一）

平井尚志（ひらいなおし）　1920～2002。東京生まれ。立教大学経済学部商学科卒。陸軍（北朝鮮）入隊，シベリア抑留，万常（マンツネ）紙店に勤務。駒澤大学・立正大学で非常勤講師として考古学史を分担。シベリア・沿海地方・モンゴルの考古学を研究。『貝塚』（月刊考古NEWS，1956～61）紙を編集刊行し考古学界の情報を伝える。『考古学辞典』（共編）1951，『郵便切手に見る考古学』1991。著作目録は『平井尚志先生古稀記念考古学論攷Ⅰ・Ⅱ』1992，『平井尚志先生追悼文集』2004に収録。　（坂詰秀一）

平窯（ひらがま）　平坦面または丘陵斜面に穴を穿って築いた瓦専用窯。基本的には燃焼室，焼成室，煙道を備え，登窯に対して燃焼室，焼成室の底面が平らなものを言う。形態は，焼成室と燃焼室の間の高低差，障壁，ロストル（分煙牀）の有無，半地下，地下，地上の構築によっても分類され，半地下式が一般的である。7世紀後半の藤原宮所用の造瓦窯である奈良県橿原市日高山瓦窯は，障壁，牀が施されていない我が国最古の平窯と考えられている。平城宮造営時には有牀(ロストル)式平窯が築かれ，長岡宮，平安宮の造瓦にも同様の瓦窯が活躍した。官瓦窯の1つである京都府栗栖野瓦屋は代表的平窯である。 (松原典明)

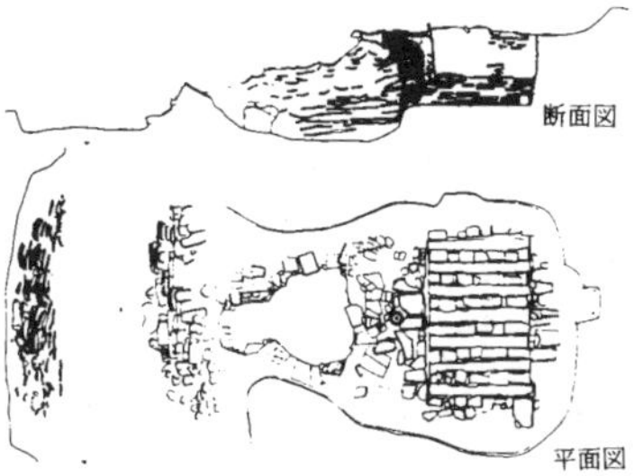

平窯（京都・西賀茂窯跡）

平城貝塚(ひらじょうかいづか) 四国の西南部，豊後水道に西面する愛媛県南宇和郡愛南町御荘(みしょう)平城に所在の縄文時代後期の貝塚遺跡で，西から東に入る御荘湾の小入江の奥部にあり，また，本貝塚は，1891(明治24)年，高知県の寺石正路により発見され，その時の小調査の成果は，1903年，高知市種崎町の開成舎から刊行の『土陽叢書 土佐古跡巡遊録』の11～12頁に“貝塚の発掘”と題し，簡単ではあるが，記されている。同書14～15頁に，“貝塚二ヵ所の発掘”の表題で，高知県宿毛(すくも)貝塚のことも記されているが，両者は四国では最も古い縄文時代貝塚遺跡の報告である。貝塚を構成する貝類は，マガキ・ハマグリ・サルボウなどの斧足類，イボニシ・レイシ・イボウミニナ・スガイ・イモガイなどの腹足類で，純鹹性のものである。貝塚の貝層下の土層からは縄文時代早期・前期の土器も出土するが，貝塚堆積時のものは，縄文時代後期のものである。出土資料は，御荘町教育委員会に保存されている。 (江坂輝彌)

平底(ひらぞこ) 土器の底の平たいものをいう。縄文時代草創期の室谷下層式土器に起源を求めることができるが，早期に尖底・丸底が普及する。早期末以後現代に至るまで一般的な容器の底部でみられる。底部には木葉・網代・布目などの圧痕や縄文が施文されるものなどがある。＊甲野勇『縄文土器の話』1976 (川崎義雄)

平原遺跡(ひらばるいせき) 福岡県糸島市有田に所在し，東西径13m，南北径9.5mの長方形墳丘を周溝が囲み，南東側が切れて入口がある。主体部は，墳丘の北東側に片寄って東西幅4.6m，南北幅3.5m，深さ45cmの墓坑が掘られ，その中央には西枕の朱が敷かれた長さ3m，幅80cmの船底状刳抜式木棺の痕跡がある。墓坑の周辺には柱穴群があり，主体部主軸方向の14.8m東側に直径65cmの「大柱」遺構の双方が葬送儀礼に関連している。副葬品は，棺内頭部に耳璫を含む多量の装身具，棺上にガラス勾玉3・ガラス丸玉約500・素環頭大刀，棺外に超大型内行花文八葉鏡5・「大宜子孫」銘内行花文鏡・「長宜子孫」銘内行花文鏡・虺龍文鏡・仿製方格規矩四神鏡32があり，頭部両側の4面以外の鏡が破砕されていた。時期は，周溝出土の最も新しい土器片・鉄器などの時期と多量の銅鏡が後漢末の製作技術に対応することから，弥生終末で200年ころに相当すると考える。＊柳田康雄「平原遺跡」(『前原市文化財調査報告書』70，2000) (柳田康雄)

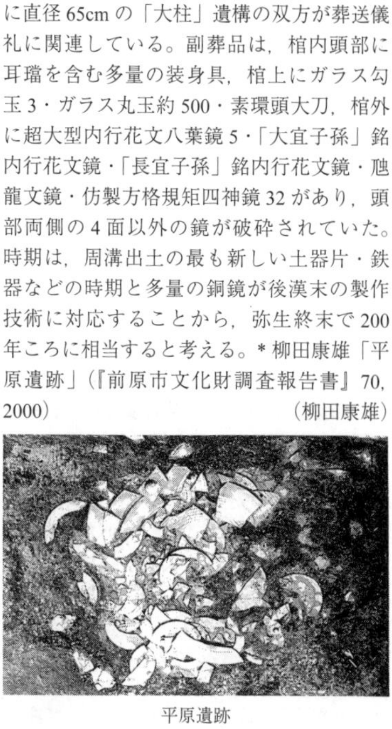
平原遺跡

美利河遺跡(ぴりかいせき)　北海道今金町美利河に所在する旧石器時代の遺跡。ピリカベツ川左岸，後志利別川との合流点付近の標高150mの第二段丘上に立地。1983・1984年に発掘調査。焚き火跡と考えられる焼土や炭化木片のまとまり14ヵ所と16ヵ所の石器集中域が確認され，約11万点の遺物が出土した。これらは出土層位・平面分布・組成からⅠ・ⅡA・ⅡB・ⅢA・ⅢBの5つの石器群に分けられたが，層位的にはⅢAはⅠの上位，ⅢBはⅡBの上位にあたる。各石器群は，Ⅰは峠下型細石刃核，荒屋型彫刻刀，ⅡAは美利河型細石刃核，ⅡBは蘭越型細石刃核，橄欖岩製の玉，ⅢAは有舌を含む各種の尖頭器，局部磨製石斧，ⅢBは有舌を含む各種の尖頭器，多面体彫刻刀，大型の石刃で構成され，Ⅰ→ⅡA・B→ⅢA・Bの変遷が考えられている。本石器群は細石刃石器群から尖頭器石器群への変遷，美利河型細石刃核の製作技法及び旧石器時代の装身具を知るうえで重要な遺跡であり，1991年に各石器群の代表的な石器・小玉・接合資料など163点が国重要文化財に，1994年には9万9090㎡が国史跡に指定された。なお，^{14}C年代はⅠで2万100±335B. P.(N－4937)，2万900±260B. P.(KSU－689)，ⅡBで1万9800±380B. P.(KSU－687)，ⅢAで1万8200±230B. P.(N－4936)，1万7500±200B. P.(KSU－688)，黒曜石水和層年代はⅡBで約1万1000～1万2000B. P.である。*「美利河1遺跡」(『(財)北海道埋蔵文化財センター調査報告書』23，1985)　(千葉英一)

広田遺跡(ひろたいせき)　鹿児島県南種子町の海浜砂丘上に立地し，1957(昭和32)～1960(昭和35)年に金関丈夫，国分直一，盛岡尚孝らが調査を行った弥生時代を主とする埋葬遺跡である。上・下二層から約153体もの人骨や在地の土器，貝符，貝小玉，貝輪，ガラス玉など豊富な副葬品が出土した。下層人骨は屈葬が見られ，サンゴ塊を周囲に置くものが見られる。上層人骨は集骨再葬墓と考えられるなど二時期の葬法が認められる。貝製品の素材には南海産のゴホウラ，オニニシ，イモガイ，オオツタノハが用いられていることから，九州本島の弥生時代貝製品の素材供給ルートの復元においても重要な遺跡である。また，貝製品に刻まれた文様について，中国殷周時代の青銅器に見られる文様(饕餮〔とうてつ〕文，笭床文，龍佩等)との関連や「山」字状の刻文が漢字であると指摘される一方で，型式学的検討を踏まえ直接的な関連を認めないとする説との対峙が認められるなど，広く東シナ海をめぐる文様系統論に発展している。*金関恕「鹿児島広田遺跡」(『探訪弥生の遺跡西日本編』1987)　(下山　覚)

檜皮葺(ひわだぶき)　檜の樹皮を用いた屋根。檜から剝いだ原皮を，用途別に仕分ける工程の洗皮，綴じ合せる工程の綴皮を行った後，屋根に葺く。軒付皮を積み，上目皮を張り，竹釘で平皮を葺き，棟に品軒を積んで箱棟を組み立てるという工程を経て，完成する。　(時枝　務)

ふ

ファイバースコープ(fiberscope)　ファイバースコープは，肉眼などで観察できない内部の画像を見ることが出来る装置で，文化財の内部観察によく使用される。ファイバースコープには医療用と工業用があり，文化財には一般的にボーリング孔の孔壁観察や航空機エンジンの内部観察用の工業用ファイバースコープが用いられることが多い。対物レンズで入射端に結像させた画像をイメージファイバー(image fiber)を通して伝送し，出射端に電送された画像を接眼レンズで，観察しやすく拡大して内部状態を観察する。観察物の大きさ，観察物の距離や角度などによってさまざまなタイプのものがある。基本的にはイメージファイバー，ライトガイド(light guide)の両端に接眼レンズと対物レンズがセットされたイメージガイドと光源，テレビカメラ，テレビモニター，35mm カメラで構成されている。（青木繁夫）

V 字溝(ブイじこう) 掘削した断面が，アルファベットの「V」状をしていることから名称がついた。弥生時代前期から古墳時代にかけて，集落遺跡に存在する例が多い。その目的は，低湿地では排水用に，台地では住居域を区画するために，あるいは防衛用に配したらしい。上部の幅は 1〜2m，深さ 1〜2m で，急勾配に掘り，あるものは住居を囲むように，あるいは台地の端から端まで直線状に走るものもある。（関 俊彦）

フィリモシュキ遺跡(Filimoshki) アムール川の支流ゼヤ川左岸にある前期旧石器時代の遺跡。石器は 10〜12m 段丘の地下約 1m から出土している。素材は石英岩で，チョパー，尖頭礫器，スクレブラ，石核などからなる。年代的には中部更新世を下らないとするジェレビヤンコの説と，カルギンスキー間氷期後期(3 万〜2 万 5000 年前)とするツェイトリニの説がある。*A. P. オクラドニコフ「ゼヤ川流域とアムール川中流域の考古学」(『ソビエト考古学』1961，1960)（梶原 洋）

風鐸(ふうたく) 堂塔の隅木の端や相輪にかけられ，風をうけて音を発するための鐸。青銅製か鍍金をしたものが普通で，形

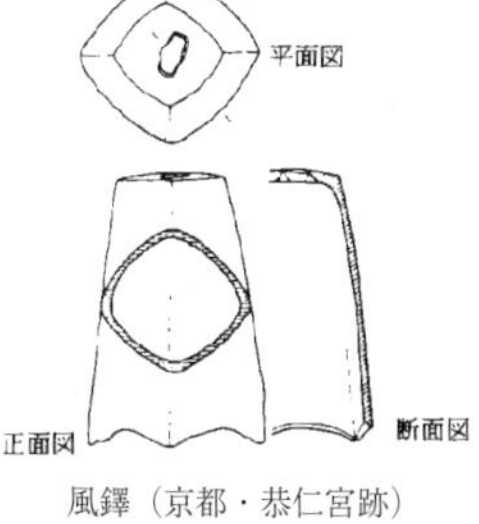

風鐸（京都・恭仁宮跡）

は馬鐸に似ている。身の断面は扁円形が普通である。相輪にかける風鐸は小形で，鍍金が鮮明に残っていた茨城県新治廃寺鐸は高さ 14.4cm である。隅木の端につるしていた鐸は 30cm を越える大形品である。また，音の鳴りやすいように，舌の下に鉄環を挿入して十字形の鉄製品を用いるなどの工夫がみられる。* 高井悌三郎『常陸国新治郡上代遺跡の研究』1944（渋谷忠章）

封泥(ふうでい) 木簡・竹簡の束や重要物の容器を封緘し，印を押すなどし，保管・輸送などの責任を示すために用いた粘土塊。西アジアでは，容器に被せた布や皮を封緘するために使い，封緘者を示す文字などを記した。中国では，木簡・竹簡を紐で綴って簡冊を作成する際，重要な書類を粘土で封緘し，責任の所在を示す印を押捺した。公文書の場合には官印を使用した。封泥は，戦国時代に出現し，秦・漢に流行し，紙の普及とともに衰退した。（時枝 務）

フォルサム遺跡(Folsom) 合衆国ニューメキシコ州東北部フォルサムの西約 13km にある。1926 年，絶滅種バイソンを発掘していた Figgins らは，尖頭器が骨と原位置で共伴するのを認めた。批判の中で 3 次の発掘が翌々年まで行われてキル・サイトであることがわかり，パレオインディアン諸文化研究の端緒となった遺跡。特徴的なフォルサム型尖頭器は，長さ 5cm 前後で押圧剥離により薄く整形され，内湾する基部から両面に大きく樋状剥離が施される。これを標式とする文化は，コロラド州リンデンマイアー(Líndenmeier)遺跡をはじめロッキー山脈東麓の高地プレーンズを中心に広く分布する。クローヴィス期に後続し，年代は 1 万〜1 万 1000B. P. である。冷涼，やや湿潤で *Bison Antiquus* 狩猟が目立つが，キル・サイト当り 10 数頭程度。次のプラノ(plano)複合の時期にかけて乾燥化，パレオインディアン文化の変質があり，尖頭器の地域性は強まり *Bison Occidentalis* の集約的な群狩猟

がなされるようになる。*Figgins, J. D. 'The Antiquity of Man in America' "Natural History" 27-3, 1927）　（阿子島香）

葺石（ふきいし）　古墳の墳丘の表面に敷かれた石やその施設をいう。墳丘の斜面に全面または帯状に敷かれる。河原石を用いている例が多く，その目的は，封土の流出を防ぐことや，外部との隔たりを示すことにあったと考えられるが，色の異なる石を遠くから運んできたと認められる場合もあって，装飾的意味を有することもあったらしい。古墳時代のほぼ全時期を通じて認められ，特に大規模古墳にはよくみられる。*近藤義郎「葺石」（『月の輪古墳』1960）；原口正三・西谷正「弁天山C1号墳」（『弁天山古墳群の調査』1967）；喜谷美宣『史跡五色塚古墳環境整備事業―中間報告―』1970　（杉山晋作）

福井洞穴（ふくいどうけつ）　長崎県佐世保市吉井町福井にある砂岩の河成岩陰で，後期旧石器初頭から縄文時代までの重層遺跡。1960，1963，1964年に調査が行われた。第1層は縄文時代早期の押型文土器と石鏃が出土。第2層は爪形文土器と黒曜石の細石刃核，細石刃が共伴した。第3層は木炭の^{14}C年代で1万2400 ± 350B. P.，1万2700 ± 500B. P.であり，細石刃核・細石刃には隆線文土器が共伴。2，3層では，模式的には円礫から横長の素材剥片をとり側面・下縁調整がまず施され，スポール剥取により加撃面形成が，またしばしば調整がなされ，舟底形の石核から細石刃が生産される。第4層には土器はないが，黒曜石の半円錐形細石刃核と細石刃，サヌカイトの尖頭器，スクレイパーが出土。第5，6層は無遺物で，第7層は黒曜石の小形石刃核，小石刃が出土し1万3600 ± 600B. P.。第9層はサヌカイト剥片，以下無遺物層が続き，第15層から（> 3万1900B. P.）サヌカイトの大形両面加工石器，スクレイパー，剥片が出土し，表土から約6mで基盤に至る。*鎌木義昌・芹沢長介「長崎県福井岩陰」（『考古学集刊』3上，1965）　（阿子島香）

複室墳（ふくしつふん）　複室とは，古墳の内部施設が二つ以上の部屋で構成されている場合につかい，横穴式石室では，玄室が前後に分かれる例を，竪穴式石室では，副葬品用に付設された小さな副室を付している例をいう。しかし複室墳という場合には，上記の石室をもつ古墳をさすほかに，一つの墳丘に二つ以上の石室を有する古墳，例えば，1基の前方後円墳や方墳に横穴式石室を2基構築する例をさすことがある。*斎藤忠『日本古墳の研究』1961　（杉山晋作）

副葬品（ふくそうひん）　埋葬にしたがって納められる品物をいう。したがって，遺骸を意識的に埋め葬る風習の認められるところには時間・空間的な懸隔にかかわらず副葬品が存在するものといえる。副葬品には，遺骸に直接に着装される衣服・装身具などと，これとは別に遺骸の近くに品物をそえる場合がある。後者の場合は，生前における所有品あるいは埋葬にあたっての品物，さらには埋葬用に儀礼化した仮器などの区分ができる。これらの副葬品は，遺骸とともに棺内に納められる場合と棺外に置かれる場合がある。また特別に副葬品用の施設がつくられる場合もあり，そのいちじるしいものには古墳における陪冢がある。各時代の副葬品は，それぞれ定形化した様相を示すものであり，当代社会の様相を推定するに足る重要な位置を占める。さらにはそれぞれの副葬品は墳墓の造営年代を推定する資料としても重要であり，その研究は考古学研究の重要な部門の一つである。　（池上　悟）

福田貝塚（ふくだかいづか）　茨城県霞ヶ浦南部，稲敷市福田にある縄文時代後期の代表的貝塚と，岡山県児島半島の倉敷市福田にある中国地方瀬戸内海の縄文時代後期の代表的貝塚と二つがある。いずれも後期の代表的な貝塚で，茨城県福田貝塚は1900

年代当初から考古学に趣味を持つ人により，盛んに発掘され，大型の方型土版・土偶など貴重な資料がたくさん出土している。岡山県福田貝塚は鎌木義昌の1950年代に入っての発掘により中国地方の縄文文化後期前半を福田KⅠ・KⅡ・KⅢ式と編年を確立した標式遺跡。＊鎌木義昌「中国地方の縄文式土器」(『日本考古学講座』3，1956)

(江坂輝彌)

福田式土器(ふくだしきどき)　岡山県倉敷市福田貝塚を標式遺跡とする。縄文時代中期の福田C式は貝殻条痕を有する沈線文を主体とする深鉢形土器。また，縄文時代後期に福田KⅠ式・KⅡ式・KⅢ式の3型式がある。KⅠ式は磨消縄文土器で中津式に並行する。KⅡ式は3本の沈線によって区画された細い帯部に縄文が残される。KⅢ式は巻貝による沈線文土器を特徴とする。KⅠ式・KⅡ式は中国・四国・近畿地方に波及し，KⅢ式は後期終末期の土器で，その分布範囲は限定される。＊鎌木義昌「縄文文化の発展と地域性—瀬戸内」(『日本の考古学』Ⅱ，1965)

(岡嶋　格)

副納品(ふくのうひん)　経塚の主体となるものは経典であるが，この経典に副えられ埋納された伴出遺物のことを副納品と呼んでいる。副納品は，紙本経，瓦経，礫石経の経塚において確認されている。経塚の副納品には，鏡，利器，銭貨，合子，仏像，図像類，仏具，その他がある。鏡は和鏡が主体をなすが，湖州鏡・唐式鏡・稀に漢式鏡がみられる。鏡には，鏡面に仏像を刻した鏡像もある。鏡が神聖視されていたことを示しているとともに，そこから除魔的な目的で埋納されたことが推定されている。利器には，短刀・小刀・大刀・小柄・剣・槍・鉾・鏃などがある。利器のうち最も多いものは小刀類で，刀子と呼ばれるもので，抜き身で埋納された例が多く，経典護持や魔除けのためと想定されている。ただし，写経用の利器もあったと推定される。合子には各種の材質のものがあるが，経塚に埋納された合子には，中国宋代の青白磁合子が一般にみられる。京都府稲荷山経塚からは，銀製鍍金菊折枝文合子が出土している。稲荷山経塚の合子は紙には包まれた砂金，和歌山県神倉山経塚の出土合子からは水晶とガラス小玉などが納められていた例がある。大多数の合子は，中に納められた物が確認されないことから香入れ，あるいは化粧用の容器とする説もあるが確証はない。合子は，鏡・利器と共に経塚副納品ではかなり重要な位置を占めている。銭貨は，奉賽的な意味と考えられているが，地鎮・魔除けの意味もあるという。福岡県観音寺4号経塚の合子には，2枚の銭貨が納められた例がある。仏像を伴う経塚は，総じて初期の経塚にみられ，多くが著名な大規模経塚である。材質は金銅製，木造，石造がある。仏具には，柄香炉，念珠，磬，鰐口など，そして密教法具では花瓶，六器，火舎，鈷杵などもある。三昧耶形を立体的に現した特殊な遺物もある。その他に硯，鋏，水滴，兜，火打鎌などがある。紙本経の経塚の副納品種類や量が多いが，瓦経の経塚では仏像や画像類が主体をなし，紙本経の経塚との間に副納品の差異が認められる。礫石経の経塚では，副納品は少ないが，鏡や利器，銭貨，香炉などが副納されている。経塚研究上，副納品の十分な検討が必要である。＊三宅敏之「経塚の遺物」(『新版仏教考古学講座』6，経典・経塚，1977)

(岡本桂典)

吹浦遺跡(ふくらいせき)　山形県飽海郡遊佐町所在の，洞穴と貝塚を伴う縄文時代前期の遺跡である。1918年に長谷部言人，1951〜1953年に柏倉亮吉・酒井忠純・江坂輝彌らによって発掘された。東北南部の前期末大木6式の典型的な土器のほかに，これと東北北部の円筒下層式土器の融合した吹浦式がみられ特徴的である。＊柏倉亮吉ほか『山形県飽海郡吹浦遺跡調査報告』1955

(渡辺　誠)

フゴッペ洞窟(ふごっぺどうくつ)　北海道余市郡余市町栄町畚部(ふごっぺ)にある砂質凝灰岩の海蝕洞窟。間口7m，奥行6m，高さ5mほどある。通称「丸山」の東麓に開口，現汀線からの距離は約400m。1950年に高校生によって発見され，内壁面に線刻が多数みられることで注目を集めた。その一部は手宮洞穴のものと類似する。1951，1953年に名取武光らにより発掘され，4m余の遺物包含層は続縄文時代後半の土器(江別式)・石器・骨器が主体で貝層・焼土層を伴う。線刻もその時期であろう。*フゴッペ洞窟調査団『フゴッペ洞窟』1970　(石附三喜男)

藤尾支石墓群(ふじおしせきぼぐん)　熊本県菊池郡旭志村大字弁利2734番地所在(現・菊池市)。遺跡は鞍岳の西麓，藤尾丘陵のほぼ中央にあり，1957年の発掘調査によって丘の平坦部をめぐって支石墓10基と，積石墓4基，甕棺墓2組が確認された。支石墓と積石墓の内部主体は石囲土壙の屈葬らしく，人骨は残っていなかった。うち第1号支石墓内に出土した甕形土器と，甕棺2組は黒髪Ⅰ式であった。*坂本経堯『藤尾支石墓群』1959　(乙益重隆)

藤沢一夫(ふじさわかづお)　1912～2003。岡山県生まれ。関西大学英語科中退。朝鮮総督府博物館嘱託，大阪府教育委員会技師主査，帝塚山大学専任講師などを経て，四天王寺国際仏教大学教授。大阪文化賞(1983年度)受賞。朝鮮半島並びに日本の古瓦研究を推進し，多くの業績を挙げた。一方，古代寺院跡の調査を実施し伽藍配置の研究に新生面を開いた。『四天王寺古瓦聚成』(監修1986)のほか「摂河泉出土古瓦様式の分類の一試企」(『佛教考古学論叢』1941)；「墳墓と墓誌」(『日本考古学講座』6，1956)「屋瓦の変遷」(『世界考古学大系』4，1961)「造瓦技術の進展」(『日本の考古学』Ⅵ，1967)などの著作がある。　(坂詰秀一)

藤田亮策(ふじたりょうさく)　1892～1960。新潟県見付市に生まれる。1918年東京帝国大学文科大学史学科を卒業。文部省維新史料編纂所，宮内省諸陵寮を経て1922年朝鮮総督府の古蹟調査委員および博物館主任となる。1926年京城帝国大学助教授となり欧米留学後1932年教授となる。1945年終戦とともに帰国，1949年東京芸術大学教授となり，慶応義塾大学などにおいても考古学を講じた。1948年日本考古学協会の初代委員長となり，日本学術会議会員(1949～1960)，文化財専門審議会専門委員(1950～1960)，1959年奈良国立文化財研究所所長となるなど，自身の研究に加えてわが国の文化財保護行政にも多大な貢献をした。主著に『朝鮮考古学研究』1948，『朝鮮学論考』1958などがある。　(渡辺　誠)

藤ノ木古墳(ふじのきこふん)　奈良県生駒郡斑鳩町法隆寺にある。径48m，高さ9mの円墳で，埴輪が並んでいた。南東に開口する巨石を用いた大型の横穴式石室。全長約14m，玄室長約6m，幅約2.7m，高さ約4.3m。玄室の奥壁近くに，長辺を奥壁に平行させて刳抜式家形石棺が置かれた。二上山白色凝灰岩を使い，蓋石の長辺に各2個の縄掛突起がある。長さ2.3m，最大幅1.26m，最大高1.54m。石棺内には，頭を東にした2体の人骨が残り，北側頭部には画文帯神獣鏡など3面の鏡が，南側頭部には獣帯鏡1面が伴う。上半身付近には，耳環と空玉による首飾りのほか，筒形金銅製品や銀製垂飾など多種の金属製の装身具と魚佩を付けた金属装飾の刀剣があり，足元付近には，金銅製の冠や沓そして大帯などがあった。石棺と奥壁の間には，鉄地金銅張りと金銅装の馬具と挂甲が置かれた。とくに，金銅装の鞍金具は龍・鳳凰・象や鬼神像の文様が施され，把手をもつものもある。また，石棺と東壁の間には鉄鏃が，玄室の西南隅には約60点の須恵器と土師器が置かれた。6世紀後半の造営。*奈良県立橿原考古学研究所『斑鳩藤ノ木古墳』1986／『斑鳩藤ノ木古墳概報　第1次調査～第3次調査』1989

／『斑鳩藤ノ木古墳　第二・第三次調査報告書』1993／『藤ノ木古墳の全貌』1993
（杉山晋作）

藤本　強（ふじもとつよし）　1936～2010。東京生まれ。東京大学文学部考古学科卒，大学院博士課程退学，東京大学助手，助教授を経て教授，名誉教授。新潟大学教授，國學院大學教授。先史考古学専攻。「外国の考古学が本職」と自認したが日本考古学の広範な分野も研究。日本列島の三文化（北・中・南）論を提唱。『考古学を考える』1985・94，『考古学の方法』2000，『モノが語る日本列島史』1994，『もう二つの日本文化』2009，『埋れた江戸』1990，『石器時代の世界』1980，「縄文時代の研究」（10巻，編），「考古学と自然科学」（5巻，共編），『住居の考古学』（編）1997，『生業の考古学』（編）2006など。
（坂詰秀一）

藤森栄一（ふじもりえいいち）　1911～1973。長野県上諏訪町（現諏訪市）に生まれる。1930年より森本六爾の指導を受け，深く私淑した。復員後は帰省し，1950年に諏訪考古学研究所を設立し，多くの若手研究者を養成した。1968年より長野県考古学会長となる。終生在野の考古学者としてユニークな活躍をしたが，とりわけ八ヶ岳山麓を舞台にした縄文中期農耕論は，学界に大きな影響を与えた。また名文家でもあり，『かもしかみち』1967などによって多くの人を古代へのロマンに駆りたてた。『縄文農耕』1970，『井戸尻』1965のほか著書・論文は多数あり，『藤森栄一全集』に収められている。
（渡辺　誠）

藤原京跡・藤原宮跡（ふじわらきょうあと・ふじわらきゅうあと）　奈良県橿原市高殿町・木之本町にある。持統天皇が694（持統8）年に浄御原宮から遷り，文武・元明天皇と3代16年間の日本最初の本格的な宮都。宮は1辺900mの方形で，掘立柱・瓦葺きの大垣で囲まれる。内裏は確認されていないが南半分に大極殿と12の朝堂を配置する朝堂院があり，全て礎石立ち瓦葺きの建物である。現在藤原京と呼ばれている京域は持統5年紀に新益京（しんやくのみやこ・あらましのみやこ）と見え，条坊が施工されていたが朱雀大路の他は調査が進んでいないため，条坊の範囲や宅地内の状況はあまり明らかではない。京内の大官大寺，本薬師寺の官寺と紀氏の紀寺が発掘調査された。
（江谷　寛）

藤原時代（ふじわらじだい）　文化史，特に美術史上において多く用いられる時代区分であり，政治史上，摂政あるいは関白として権勢をほしいままにした藤原氏全盛の時代にちなんで称呼されたものである。その時期は，平安時代の中・後期，摂関・院政期にあたる。美術史の上では，弘仁・貞観時代につづく時代で，894（寛平6）年9月，遣唐使が廃止された後の300年間をいい，唐の文化の影響力が薄らぎ，仮名文字の発達，和様の成立，浄土教の成立などの諸様相に明確にうかがえる通り，「国風文化」がつくりあげられた時代であり，以後の日本文化の深化に多大な影響をもたらすに至ったといってよいであろう。
（小山田和夫）

武蔵寺経塚（ぶぞうじきょうづか）　福岡県筑紫野市武蔵に所在する通称堂山と称される独立丘陵に位置する。平安末期に造営された10基の経塚群。盗掘を機に1968年に調査された。遺構は土坑をうがったもの，土坑をうがち空間に栗石を置くもの，小石室を構築した3類型が確認された。紀年銘経筒は調査時に検出した1126（大治元）年銘銅製経筒のほか，調査以前に出土した1094（寛治8）年，1103（康和）年銘銅製経筒がある。＊小田富士雄・宮小路賀宏『武蔵寺経塚』1970
（岡本桂典）

二塚古墳（ふたづかこふん）　奈良県葛城郡市寺口にある前方後円墳。葛城山東麓の丘陵の尾根上に北面して築かれ，全長60m，後円部径36m，前方部幅41mある。西側くびれ部に造出があり，葺石をもつ。後円部・前方部・造出にそれぞれ横穴式石室がある。

多数の須恵器・土師器のほか，玉類・三輪玉・鉄刀・鉄剣・鉄鏃・鉄斧・鉄鎌・轡・鞍・杏葉などが出土した。6 世紀中葉の営造。＊上田宏範・北野耕平ほか『大和二塚古墳』1962 （車崎正彦）

仏教(ぶっきょう) 紀元前世紀の中ごろ，インドにおいて釈迦牟尼 Śākyamuni が創始した宗教哲学で，人間的な苦悩より解脱し，真理を悟ったものを仏陀と称し，人は誰でも修行を積み重ねることによって仏陀となることができることを説く。支配者階層出身の釈迦が説いたことや，人間の苦悩を精神的な面より克服しようとしたこととがあいまって，B. C. 3 世紀ごろのアショーカ王の保護を受け，盛行となり，中央アジア・中国などにも波及し，朝鮮半島を経て，わが国にも 6 世紀中葉以前に伝来するに至った。わが国では，民族宗教と融合し，呪術的あるいは現世利益的側面のみが強調され，鎮護国家の思想として定着していったものの，聖徳太子に始まる大乗仏教の理解は，奈良時代の行基，平安時代の最澄などを経て，いわゆる「鎌倉仏教」として，本来の宗教的側面が顕現されていったということができよう。 （小山田和夫）

仏教考古学(ぶっきょうこうこがく) 宗教考古学の一分科。B. C.6 世紀，インドにおいて釈尊を教祖として形成された仏教の歴史を考古学の方法によって闡明することを目的としている。地域的には仏教の伝播地域－アジアの全域にわたり，時間的には B. C.6 世紀より今日に及ぶ。仏教考古学の研究は，インドにおいてイギリス人考古学者などにより釈尊関係遺跡の調査によって開始され，以降，北伝仏教の流伝を追ってパキスタン・アフガニスタン・中国・朝鮮半島・日本に，また，南伝仏教の流布地域であるスリランカ・ミャンマー・インドネシア・タイなどで調査が行われた。インドにおける四大仏跡(生誕の地－ルンビニー，開悟の地－ブッタガヤ，初転法輪の地－サルナート，入滅の地－クシナガラ)，ビプラワー仏塔，サンチー仏塔，アジャンタ・エローラ石窟寺院など，アフガニスタンにおけるバーミヤン石窟，中国の敦煌・雲崗・龍門石窟，朝鮮半島三国時代の寺院跡，ミャンマーのパガン仏塔群，インドネシアのボロブドール仏塔などの調査は有名である。仏教考古学の体系は石田茂作によって試みられ，寺院，塔・塔婆，仏像，仏具，経典・経塚，墳墓の 6 項目がたてられている。＊石田茂作監修『新版仏教考古学講座』1～7，1975～1977；坂詰秀一『仏教考古学の構想』2000 （坂詰秀一）

吹切沢遺跡(ふっきりざわいせき) 青森県下北半島津軽海峡岸東部，下北郡東通村(ひがしどおりむら)大字野牛(のうし)通称吹切沢に所在。遺跡は標高 50m の海岸段丘台地上の縁辺にあり，炉跡・剥片石器製造跡などが発掘されている。1950 年，東京大学の江上波夫教授が中心となり発掘調査した折には，高さ 47.5cm，口径 28.5cm の貝殻腹線文を胴部に波状に施文した尖底深鉢土器や絡條帯圧痕文が口頸部に施文された尖底土器が出土し，石器は硅質頁岩製の石鏃・石錐・石鋸・箆状石器などの各種剥片石器，緑色変成岩製の片刃扁平磨製石斧，扁平な川原石製の石錘などが出土している。吹切沢式尖底深鉢はゆるやかな波状口縁をなすものが多く，絡條帯圧痕文の施文などから考えて，東北地方南部福島県会津盆地方面に見られる常世式(とこよしき)南関東地方に分布する田戸上層式・子母口式など早期後半に編年される土器形式と関連性のあるものと考えられる。＊江坂輝彌「青森県下北郡吹切沢遺跡」(『日本考古学年報』2，1954)／「青森県下北郡吹切沢遺跡」(『日本考古学年報』3，1955)／「東海村古代遺跡の探索と調査の回顧“吹切沢遺跡試掘調査”」(『東海村史 歴史編』Ⅱ，1999) （江坂輝彌）

仏国寺(ぶっこくじ) 韓国慶尚北道慶州市進峴洞の吐含山中にある。535(法興王 22)

年創建と伝えるが明確でない。742〜764年に再建されたが1592年(文禄の役)で焼失し，李朝時代に再興され，1970〜1973年には，無説殿・回廊が復原された。伽藍は，大雄殿(金堂)の前に東西に多宝塔・釈迦塔の2塔を置き，大雄殿の後方に無説殿(講堂)を置く。回廊は紫霞門(中門)より大雄殿・無説殿に接続する。1966年には，釈迦塔より舎利容器，「無垢浄光大陀羅尼経」が発見された。＊米田美代治「佛国寺の造営計畫に就いて」(『朝鮮上代建築の研究』1944)　（岡本桂典）

『物質文化』(ぶっしつぶんか)　物質文化研究会の機関誌で「考古学民俗学研究」と副題が記されている。B5判横組。1963(昭和38)年に創刊号を発行し，以後，年2冊の刊行をつづけている。考古学と民俗学の両分野の共通の課題を研究対象とするユニークな雑誌である。　（坂詰秀一）

物質文化研究会(ぶっしつぶんかけんきゅうかい)　考古学と民俗学が共通の研究対象とする考古資料や民具などの物質文化の研究が，歴史学として発展することを目的として，1963年に結成された研究会。機関誌『物質文化』と連絡誌『貝塚』を刊行する。事務局は，2012年に立教大学から南山大学へ移った。　（時枝　務）

仏足跡(仏足石)(ぶっそくせき)　ブッダの足形を描いたもの。紙製・布製・木製のものもあるが，石製が一般的であるところから，仏足石と書くこともある。菩提樹や法輪などとともに仏像が成立する以前からブッダを表現するものとして用いられた。B.C.2世紀に南インドで出現した可能性が高いが，ヒンドゥー教やジャイナ教にも足跡崇拝がみられることから，仏教成立以前からの信仰的土壌のうえに成立したものと考えられる。足形のなかに千輻輪相・卍字・宝輪・三宝などが描かれたものが多いが，素文のものもみられ，時代や地域による変化が認められる。インド・スリランカ・パキスタン・アフガニスタン・ネパール・ミャンマー・タイ・カンボジア・中国・日本などに分布する。日本では753(天平勝宝5)年に作られた薬師寺のものが最古であるが，脇に同時に建てられた仏足跡歌碑が現存することから，仏足跡歌を唱えながら仏足跡を礼拝したと推測される。＊坂詰秀一「仏足跡信仰」(『仏教考古学の構想』，2000)　（時枝　務）

仏足跡（奈良・薬師寺）

仏足跡信仰(ぶっそくせきしんこう)　仏足石の信仰は，B. C.2世紀ころに南インド・クリシュナー河の流域に出現している。アマラヴァティー，ナーガルジュナコンダ遺跡から仏足石礼拝の石板彫刻・仏足石が出土している。以降，サーンチー，アマラヴァティー遺跡(B. C.2世紀〜A. D.2世紀)など中央インドの地の開花を経て，南のスリランカ，ミャンマー，タイ，北方のガンダーラ，中国，朝鮮各地に信仰が流伝したことが遺物の存在によって明らかである。日本では753(天平勝宝5)年銘の奈良薬師寺の仏足石が初現である。仏足石に添えられている歌碑の銘文によると，この仏足石はインド(パータリプトラ)の図案を模写し(王玄策)，中国・唐代に伝えられたものを，黄文本実がさらに模写して伝えた，とされている。文室真人智努の願主によるこの足跡(縦約48cm)には，輪宝・金剛杵・双魚などが表現されている。現在のところ中世における遺物は知られておらず，近世に入って袋中の『聖闍賛(しょうきゅうさん)』にみえる東大寺相伝足下図があらわれ，ついで元禄初期の西阿による案図を経て，貞極案図にいたっていることが知られている。これらの仏足石に刻まれている文様には，万字・双魚・金剛杵・法螺・花瓶・千幅輪・梵王頂などがあり，広い意味の吉祥文が表現されている。＊田中重久『日本に遺る印度系文物の研究』1943；加藤淳『佛足石のために』1980，十合薫編『双魚』1–15，1975–1983，坂詰秀一『仏教考古学の構想』2000（坂詰秀一）

仏法具(ぶっぽうぐ) 仏道を修するために用いる什器を指していう。仏教の伝来の過程において，各地の伝統などの影響を受け多種多様の仏法具が誕生した。

石田茂作は『仏教美術の基本』1967でこれらを釈迦関係，大乗(顕教)，密教，浄土教，禅宗などの系列に分類し，蔵田蔵は『仏具』1967で法具，密教法具，僧具，修験具とした。久保常晴「仏具」(『新版考古学講座』8，1971)，および『新版仏教考古学講座』5仏具1976では，荘厳具(天蓋・厨子・須弥壇・幡・華鬘・礼盤・経机など)，供養具(香炉・香盤・燈台・燈籠・花瓶・華籠・三具足・五具足など)，密教法具(金剛杵・金剛鈴・火舎・金剛盤・修法壇・戒体箱など)，僧具(袈裟・座具・袈裟箱・経箱・水瓶・珠数・仏餉鉢・如意・払子・錫杖・笈など)，梵音具(梵鐘・磬・鰐口・雲版・鉦鼓・鐃子・半鐘・引鏧・銅鑼・伏鉦・木魚・魚鼓・太鼓・法螺など)とに分けている。（是光吉基）

葡萄唐草文(ぶどうからくさもん) 葡萄の房や葉を付けた蔓唐草文様で，アッシリア地方から発生し，西はギリシア・ローマへ，また，シルクロードを通じて東洋に波及した。中国では北数の雲岡・龍門石窟で波状唐草文に葡萄の房がついた形であらわされているが，唐代では海獣葡萄鏡にみられるように禽獣に写実的な葉や蔓が配された。わが国では奈良県岡寺・慈光寺から出土した宇瓦，あるいは薬師寺本尊金銅台座などに用いられている。＊浜田耕作「禽獣葡萄紋に就て」(『考古学研究』1939）（是光吉基）

太型蛤刃石斧(ふとがたはまぐりばせきふ) 縄文時代の晩期に扁平片刃石斧などと，中国から朝鮮半島を経由して持ち込まれた。弥生時代の中期末までは樹木の伐採や1次加工の道具として盛んに使われた。刃部をハマグリのように磨きあげ，石材は重量感のある閃緑岩や玄武岩を用いている。この石器は農耕の広まりに伴い，耕地の開発と木材の利用がすすむにつれ，需要は急速にのびた。福岡県今山遺跡は本石器を周辺の集落に供給した製作跡である。＊中山平次郎「筑前糸島郡今山に於る石斧製造所址」上・下(『考古学雑誌』14–14・15–1，1924・25)（関 俊彦）

風土記(ふどき) 奈良時代に諸国から撰進せられた最古の地誌。713(和銅6)年，元明天皇の命により諸国郡郷の名の由来，伝説，土地の景況，産物などを記して報告させた。現存する5風土記のうち，出雲風土記が完本で，常陸・播磨風土記は一部を失っている。豊後と肥前風土記はきわめて小部分が伝わっている。以上を除いては逸文が伝わっており，後世に編成されたものと区別するために古風土記とよばれている。＊秋元吉郎『風土記の研究』1963（渋谷忠孝）

舟形光背(ふながたこうはい) 光背とは仏体から発せられる光明を示したもので，仏像のうしろに置かれる。石仏の場合は後背として刻まれる。舟形とされるのは，その形状が正面より拝すると，中央が尖り，左右対称の舟の形状に似ている点から付けられたものである。石仏で背後を舟形に掘り窪めたり，また，近世の墓塔形式では形状を舟形光背に刻出したものもある。舟形光背の基部は光脚，仏像の背にあたる部分は身光，頭部にあたる部分を頭光と呼称する。＊石田茂作「仏像光背の種類と変遷」(『考古学雑誌』30–2，1940)（斎木 勝）

舟形石棺(ふながたせっかん) 古墳時代

舟形石棺（京都・蛭子山古墳）

の刳抜式石棺の一つで，身と蓋を合わせた断面が扁円形を呈し，円形に近い割竹形石棺より安定感がある。蓋に稜があったり，両端が斜めに切られていたりして，舟に似ているので舟形と呼称されたが，割竹形石棺からの系譜を考える説が有力である。縄掛突起があったり，身に石枕がつくり付けられたりする。4 世紀から 5 世紀にかけて盛行したが，地方によって濃密の差がある。* 斎藤優『足羽山古墳』1960　（杉山晋作）

舟底形石器（ふなぞこがたせっき）　長楕円形の平坦な甲板面と舟の底に似る一対の側辺部からなる石器。横断面形はほぼ二等辺三角形を呈する。端部に細石刃を剥離した痕跡と似る樋状剥離痕をもつものと，もたないものとがある。製作技法として「ホロカ技法」とよばれるものが定評があり，部厚い剥片を素材とし，甲板面となる部分から側辺部を調整して，舟底形に整形する工程が知られている。さらに，最終段階の

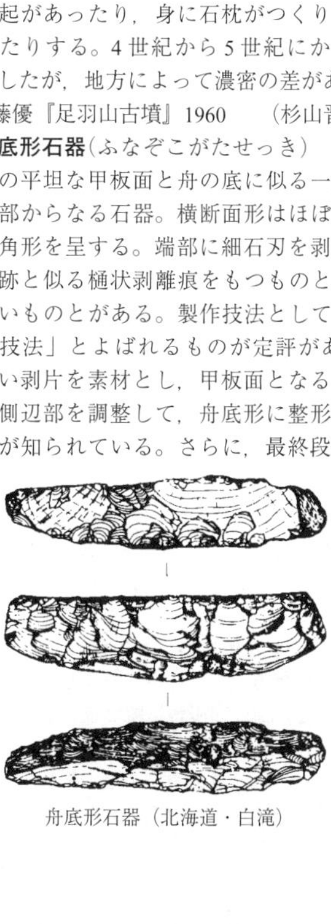
舟底形石器（北海道・白滝）

調整として，細かい加工が甲板面周辺や底部稜線から側辺に加えられる場合もある。樋状剥離痕をもつ舟底形石器と同様の形態を呈するものに細石刃核の一部があるが，舟底形石器は，「石器」としての機能を有するものに限定され，細石刃核と認定されるものについては，舟底形細石刃核とよぶ場合が多い。北海道白滝遺跡 13 地点，群馬県桝形遺跡などでまとまった資料が確認されており，青森県大平山元遺跡では製作工程を示す接合資料が出土している。* 白滝団体研究会『白滝遺跡の研究』1963　（藤原妃敏）

舟塚山古墳（ふなづかやまこふん）　茨城県石岡市北根本舟塚にある。墳丘長 182m を測る。茨城県第 1，東国第 2 の大型前方後円墳である。墳丘に円筒埴輪が認められる。内部施設は不明だが，昔，大刀が多量に出土したと伝えられる。霞ヶ浦の最奥部に位置し，茨城か新治国造との関連を唱える説もある。埴輪から 5 世紀中葉の築造が考えられる。* 大塚初重・小林三郎「茨城県舟塚山古墳の性格」（『考古学手帖』22，1964）（杉山晋作）

船泊遺跡（ふなどまりいせき）　北海道礼文郡礼文町大字船泊字ウエンナイホに所在。

礼文島北端の船泊湾の湾奥部に発達した砂丘上に立地する。発掘調査は 1949 年に北海道大学医学部児玉作左衛門，大場利夫が行い，縄文時代中期の船泊下層式土器，後期の船泊上層式土器と命名した土器が出土した。

1982 年には砂丘の崖面から人骨が出土し小規模な調査が行われ，貝製平玉を伴う縄文時代後期の積石墓が発掘された。

1999 年に防衛庁関係施設の建設工事に関わる発掘調査が礼文町教育委員会によって行われた。本調査では，縄文時代中期～後期の住居跡及び作業所跡 24 ヵ所，墓壙 24 基，土壙 19 基，屋外地床炉 29 基，集石炉 58 基などが発見された。注目されるのは，大多数の墓に多量の貝製平玉が副葬されていることである。この平玉はビノス貝から製作され

ている。他に南海産のタカラガイ，イモガイ，マクラガイや新潟県姫川原産のヒスイ製玉類など遠隔地交易によってもたらされたものもある。さらに重要なことは，本遺跡において，メノウ製ドリルや加工具が発見され，それらをもとに貝製平玉の製作加工から使用までの一連の行程を復原することができたことである。＊児玉作左衛門・大場利夫「礼文島船泊砂丘遺跡の発掘に就いて」（『北方文化研究報告』7，1952）；西本豊弘編『礼文町船泊遺跡発掘報告書』1999　（野村　崇）

船橋遺跡（ふなばしいせき）　大阪府柏原市古町と藤井寺市船橋に広がる縄文時代から室町時代の遺跡。大和川と石川の合流する地点から，西方1kmの川床が遺跡で，井戸・柵列・掘立柱群・寺院・土師器窯などの痕跡や弥生時代の墓がある。1956〜1960年に発掘をし，豊富な土器をもとにみごとな土器編年をつくり脚光をあびた。縄文時代晩期の土器に「船橋式」という型式名を設定し，関西の晩期遺跡の中で代表的なもの。＊原口正三ほか『船橋』Ⅰ・Ⅱ，1962　（関　俊彦）

富本銭（ふほんせん）　「和同開珎」に先行する7世紀後半に鋳造されたと考えられている銅銭。

富本の字義は，唐の『晋書』などにみられる故事「富国之本，在於食貨」に由来すると思われる。形状は円形方孔銭で，乾（天）坤（地）の調和を示し，左右に並ぶ七星は陰陽五行思想による日月木火土金水の総称七曜にあたり，中国における思想の理解と模倣から考案されたと思われる。長きにわたり江戸時代の「絵銭」「厭勝銭（呪い用）」の一種と考えられてきたが，1985年平城京八条一坊十四坪の調査で奈良時代後半の井戸底から出土した富本銭を「奈良時代の厭勝銭」と位置付けた。その後，藤原京の調査では『日本書記』683（天武天皇12）年の詔「自今以後，必用銅銭。莫用銀銭」にみえる「銅銭」である可能性が浮上した。そして，1998年に奈良県飛鳥池遺跡で富本銭の鋳造工房が発見され，層位，共伴遺物の年代により「和同開珎」を遡る7世紀の銅銭であることが判明した。現在次の7遺跡で確認されている。1）飛鳥池遺跡，2）藤原京（2地点），3）平城京（2地点），4）難波京，5）長野県高森町武陵古墳。その他数点の伝世品が知られている。「和同開珎」発行への過程の中で富本銭が「流通貨幣」として機能していたのかどうか，初期貨幣を考察する上で今後も様々な視点からの研究が待たれる。＊松村恵司「飛鳥池遺跡の富本銭」（『出土銭貨』14，2000）；今村啓爾『富本銭と謎の銀銭』2001　（松原典明）

扶余（ふよ）　熊津（公州）より遷都した百済最後の国都（538〜660）にあたり，現在の忠清南道扶余郡扶余邑。大きく湾曲する錦江が中心を流れ，東岸の扶蘇山城を中心として多くの遺跡がある。特に仏教が盛行していたことから，四天王寺式の軍守里廃寺跡をはじめとして，定林寺跡・東南里廃寺跡などの寺院跡が有名である。邑の東方には百済王族の墓地と推定されている陵山里古墳群が存する。また，百済の石碑として最初に発見された沙宅智積碑も有名である。　（定森秀夫）

プラント・オパール（plant opal）　古代の植生や古気候の変遷を研究するには，出土種子や花粉分析を行うことによって可能である。しかし，農耕起源を明らかにするためには人類の主食穀物であるイネ科植物の痕跡を丹念に追求することが必要になる。イネ科植物が枯れて腐食するとケイ酸質で固められたガラス質細胞だけが残り，その細胞をプラント・オパールという。これは化学的に安定なため化石として土壌中に残留する。このプラント・オパールを現生種から取り出したプラント・オパールと比較することによって，古代のイネ科植物の種類を決めることができる。分析方法は，超音波で分離水洗した土壌試料を，偏光顕微鏡下でプラント・オパールと土粒子に判別して，植物種ごとにプラント・オパールの数をかぞえる。そのデータから種ごとの植物体量や種子量を推定する。現

在では土器に残されているプラント・オパールを採取して分析することも可能になっている。（青木繁夫）

布留遺跡（ふるいせき）　奈良県天理市布留町の布留川の右岸，標高 82～83m の扇状地にある縄文時代から古墳時代の集落跡。現在は天理教団の敷地内にあり，縄文時代中期末から後期の土器を「天理式」「天理 C 式」「天理 K 式」と小島俊次や岡田茂弘は名付けた。縄文土器出土地の西方には古式の土師器を出す場所があり，この土器を「布留式」と命名した。付近の敷石遺構からは土師器とともに滑石製の小玉・勾玉・有孔円板が，さらに円筒埴輪群も確認された。* 小島俊次『奈良県の考古学』1965　（関　俊彦）

古市古墳群（ふるいちこふんぐん）　大阪府藤井寺市・羽曳野市にある。石川左岸の台地上に東西 2.5km，南北 4km の範囲に 60 基以上の古墳が群集している。ただし河内大塚古墳までを，この群にふくめる人もある。応神陵古墳・仲津媛陵古墳・仲哀陵古墳・允恭陵古墳・墓山古墳・津堂城山古墳の 6 基の前方後円墳は全長 200m 以上の墳丘をもつ。5 世紀代に百舌鳥古墳群とともに大規模な古墳が営造され，6 世紀代にも全長 100m 以上の前方後円墳が営造されている。本古墳群のうち 26 基が 2019 年「百舌鳥・古市古墳群」としてユネスコの世界文化遺産に登録された。　→　百舌鳥古墳群（もずこふんぐん）　→　応神天皇陵古墳（おうじんてんのうりょうこふん）　* 森井貞雄「古市古墳群」（『探訪　日本の古墳』西日本編，1981）　（車崎正彦）

布留式土器（ふるしきどき）　古墳時代前期の土器型式名で標式遺跡は奈良県天理市大字布留に位置する布留遺跡である。土器群は壺・甕・鉢・高坏・器台形土器，それに小型丸底土器などで構成される。壺型土器は丸底で胴部が楕円で口縁部が屈曲した帯状を呈している。小型丸底土器は球胴に大きく開く口縁部を有する。鉢型土器は肩部のあるものないものがあり，口縁部は外反する。高坏形土器は坏部に稜線があり大きく外方に開く。* 杉原荘介・大塚初重『土師式土器集成』1，1974　（阪田正一）

ブレティ遺跡（Buret'）　ロシア共和国イルクーツク州ニジュニブレ村を流れるアンガラ川右岸にある後期旧石器時代の遺跡。1936～1940 年に A. P. オクラドニコフが調査し，多面体石核，コアスクレイパー類似の石器，尖頭器，彫刻刀などとともに，軟玉製円盤，マンモスの牙や蛇紋岩製の婦人像などが発見された。住居跡はマンモスやトナカイの骨，石などを使っており，計 4 軒見つかっている。ツェイトリンによれば，年代はマリタ遺跡よりやや新しく約 2 万年前と考えられる。*V. E. ラリチェフ『北・中央・東アジアの旧石器時代』Ⅱ，1972（梶原　洋）

文化財保護法（ぶんかざいほごほう）　1950（昭和 25）年公布，施行された文化財の保護活用のための法律。従来の史跡名勝天然記念物保存法（1919〈大正 8〉年制定），国宝保存法（1929〈昭和 4〉年制定），重要美術品等ノ保存ニ関スル法律（1933〈昭和 8〉年制定）を廃止し，それらの単行法が統一整理修正されたもの。その契機は戦後の文化財の散逸や海外流失の危険的状況のなか，1949（昭和 24）年 1 月に法隆寺金堂に火災が発生し，壁画が焼失する事態に直面。これを期にそれまで参議院文部委員会で検討されていた新立法の動きが加速化し，議員立法により制定，施行された。ここで埋蔵文化財は学術調査の届出等が初めて規定された。1954（昭和 29）年，「埋蔵文化財」は有形文化財の章から分離独立した章が設けられ，一定の用語整備が行われた。また発掘届制度が整う。1975（昭和 50）年には新たな遺跡発見の届出や埋蔵文化財包蔵地の周知徹底など努力義務規定が新設された。2000（平成 12）年 4 月には所謂地方分権一括法に伴い，法の条数が整理され，埋蔵文化財関係の権限は殆ど全面的に都道府県・政令指定都市の教育委員会に，自主的に責任をもって処理する事務(自治事務)が都道府県に委譲され，文化庁直接の執行を離れた。2019(平成31)年4月，地方文化財保護行政の推進力の強化を図る，とされる新たな改正は「保護から活用へ」，「教育委員会から首長へ」である。遺跡を保護促進する法律であっても考古学研究を推進するための法律ではないことは変わらない。* 中村賢次郎『文化財保護制度概説』1999；和田勝彦『遺跡保護の制度と行政』2015　　(高麗　正)

文化人類学(ぶんかじんるいがく) Cultural Anthropology　主としてアメリカにおいて19世紀中葉以降に発展した学問である。広義の人類学が19世紀前半にフランスで，「パリ民族学会」の設立とともに誕生し，それが多様に分化しつつ，各国において独自な発展を遂げた。ドイツ・オーストリアでは形質的な(人間の身体的研究を行う)人類学と，文化史的研究を行う民族学に分化しており，他のヨーロッパ諸国もほぼそれと同様である。イギリスにおいては，おもに社会構造に主体を置く研究法が取られており，広義の人類学を自然人類学・先史考古学・社会人類学に3大別している。文化人類学という名称はない。アメリカにおいては，広義の人類学が形質人類学・先史考古学・文化人類学，ほかに言語的人類学・心理的人類学・社会人類学・民族学などへ多様に分化しているが，中心は前の3つである。多様に分化しているとはいえ，アメリカの人類学の特徴は，文化的研究と形質的研究の総合化に重点が置かれ，より包括的な学問として研究が進められてきた。文化人類学の特質は未開民族を中心に，人間の社会・文化を，現地調査を通じて実証的に研究することであり，その核心部は諸文化の比較研究を行う民族学的研究である。日本では人類学と民族学を2分していたが，戦後アメリカ流の文化人類学・イギリス流の社会人類学が移入され大きく発展した。人類学は初め進化論の立場が盛んで，つづいて伝播論が提唱されたが，いずれも文化要素を単純に構成する要素主義的なものであった。1920年代に入るとイギリスのマリノウスキーらにより機能主義的研究が行われ，つづいてラドクリフ・ブラウンにより構造主義的機能主義の研究が行われ，最近ではフランスその他でより理論的な構造主義が盛んである。* クライド・クラックホーン『人間のための鏡』1971　　(江坂輝彌)

墳丘墓(ふんきゅうぼ)　弥生時代における墓制の一種。盛り土によって墓域を画したものをいう。ほかに周囲を削り出して墓域を画するものを台状墓とよぶが，墳丘の形成法としては墳丘墓と基本的に変わりない。これらは，古墳時代において削り出しあるいは盛り土によって築造される高塚古墳とは時期の違いがあることから区別される。その分布は西日本が中心で，東日本の一部にみられる。おもに集落から離れ，山や丘陵の頂上・尾根などを利用して築造され，また群集しない場合が多い。墳丘の平面形が方形または円形をなすのが原則で，なかには長方形・楕円形などがあり，周囲に突出部を有するものもある。埋葬施設は古墳時代のものに比べて小規模で，一墳丘内に2個以上を有するものが多く，副葬品も貧弱である。墳丘墓は各地域で独自に成立したらしく，出現時期や墳形・墳丘施設・埋葬施設などは地域によって異なっている。岡山県では弥生時代後期中～後葉に出現する。倉敷市楯築墳丘墓では，現存直径43mを測り，北東部と西南部に突出部が設けられていた。墳頂には巨石を配し，墳丘斜面には列石がみられる。埋葬施設は木棺とそれを囲む木槨から構成され，副葬品には鉄剣・玉類があり，棺内に多量の朱が検出されている。また埋葬施設上の礫群中より多量の特殊壺・特殊器台が出土し，東南部に木棺1を埋葬していた。そのほかにも全長約10～20mの規模で特殊壺・特殊器台など葬送祭祀用に供したと思われる土器類を伴い，木棺直葬や竪穴式石室を埋葬施設とした岡山市都月坂2号墳丘墓，総社市立坂墳丘墓などがあげられる。山陰地方では，弥生時代中期後葉〜後期初頭に四隅突出型方形墳丘墓とよばれる独特な形態をもつ墳丘墓が出現する。なかでも島根県安来市仲仙寺墳丘墓や鳥取県倉吉市阿弥大寺1号墳丘墓などはその代表的なもので，鳥取市西桂見墳丘墓では一辺の長さが約65mにも達する。北部九州では福岡県福岡市宮の前1号墓など弥生時代後期終末ごろになって出現する。墳形が不整で，埋葬施設は箱式石棺が多く，副葬品は一般に貧弱である。その他の地域では福井県福井市原目山墳墓群，兵庫県加古川市西条52号墳，奈良県桜井市石塚など，近年その類列が増加しており墳丘や内容の諸要素から，初期高塚古墳との関連性が問題となっている。＊近藤義郎『前方後円墳の時代』1983　（稲村　繁）

豊後府内教会付属墓地（ぶんごふないきょうかいふぞくぼち）　大分県大分市では2001年から府内町・大友氏館跡の整備調査が行われている。第21次調査区では16世紀後葉から末葉の溝内から鉛製府内形メダイ，第13次調査区では鉛製「ベロニカ」メダイが出土している。これらの鉛製メダイが大友氏館付近で鋳造された可能性が高いことが報告されている。またメダイに使用されている鉛について鉛同位対比分析を行なったところ，鉛がタイのソントー鉱山で産出されたものであることが判明した。当時世界は大航海時代であり，世界的交易の拡大によって地球規模で物と人間が移動する時代であり，キリスト教伝播が大航海時代の潮流の一部であったことを再認識する成果である。大友氏館跡の第12次調査区では包含層・整地層から7点の府内形メダイが出土している。また第10次調査区では，館跡の東側に位置するキリスト教寺院「ダイウス堂」跡の西隣で木棺のキリシタン墓が出土している。木棺は長さ約1.8m，幅0.55mを測り，中に納められた遺体は伸展位であり，胸上で腕を組んでいる。墓の年代としては16世紀後半と推定されている。＊大分県教育庁埋蔵文化財センター『豊後府内6』2007；今野春樹『キリシタン考古学』2013　（今野春樹）

糞石（ふんせき）　コプロライト。地質学でいう動物の糞の化石である。考古学では，人あるいは人の住居地域周辺にいた獣のものが検出されている。糞石の調査によってその動物種，それに含まれる食物の残り，あるいは寄生虫卵などが知られ，それにより生活環境，健康，食糧の事情を知り得る情報が提供される。人と他の動物の区別には，アメリカの砂漠地帯の例では化学薬品（燐酸三ナトリウム溶液）による色の変化（人の場合黒っぽくなる）をみる方法がある。日本の縄文時代遺跡のものは1919（大正8）年長谷部言人がはじめて報告し，人の住居近くに出没あるいは飼養した食肉獣のものであろうとした。各地で知られるが，保存条件によって出土量は大きく変わる。縄文時代のものには多量の魚骨片や微小骨片が含まれることがある。そして同時に出土している獣骨の骨端，特に骨頭部が食肉獣によって食害されている例が多い。糞石もまた食肉獣，特にイヌのものである可能性が高い。＊長谷部言人「石器時代遺跡に於ける糞石」（『人類学雑誌』34－11・12，1919）；金子浩昌・長岐勉「動物」（『加曽利貝塚』Ⅳ，1977）　（金子浩昌）

分銅形石斧（ふんどうがたせきふ）　形が分銅形をしているので，一般に分銅形石斧とよばれるが，また，島田髷の形をしているところから島田形ともよばれ，左右がくびれ，両端は湾曲した打製石斧で，刃部の方が広くなる。縄文時代中期に多く，後期になるとえぐりが狭くなり輪形となった分銅形がみられるが，晩期になると大形となり，頭部・刃部の幅が広くなる。他の打製石斧と同様に土掘用具として使用された。

分銅形（打製）石斧（東京・三鷹市五中遺跡）

*大野雲外「打製石斧の形式に就て」(『人類学雑誌』22, 1908) (吉田 格)

分銅形土製品(ふんどうがたどせいひん) 弥生時代中期後半から後期後半の時期に，近畿・中国・四国地方でつくられた一種の祭祀用品。形態がハカリのおもりに似ているので，近藤義郎がこの名を付けた。最初は人面や人形(ひとがた)を表現したと思えるデザインである。なかには丹彩や凹線・重弧文・竹管文で飾った例もある。ほとんどが欠損し，廃棄した状態で集落跡から出土するので，その用途は個人の祭祀儀礼に使った，という説が強い。
*東潮「分銅形土製品の研究」(『古代吉備』7–11〜25, 1971) (関 俊彦)

へ

平安京跡・平安宮跡(へいあんきょうあと・へいあんきゅうあと) 桓武天皇の794(延暦13)年長岡京から遷都し，1869(明治2)年まで1200年間の都城であった。京域は南北5.2km，東西4.5kmで，ほぼ現在の京都市の市街地と重なる。京内は北の1条から南へ9条まであり，東西は朱雀大路を中心にして1坊から4坊まであり，左・右京とも4つの坊を一まとめにして永昌坊とか崇仁坊等ということもある。なお1条の北には土御門大路の北側に更に半条分拡大して北辺坊がある。条坊の最小単位は1町で，現在の120m四方であるが，庶民の宅地はまず1町四方を縦に4等分し，更に横に8等分した1町の32分の1で，東西10丈(約30m)南北5丈(約15m)約450㎡あり，この区分を四行八門の制といい，この単位を1戸主(いちへぬし)という。平安宮の内裏は朝堂院の東北にあり，朝堂院の西には豊楽院(ぶらくいん)があり，天皇即位の大嘗会などが行われていた。 (江谷 寛)

平安時代(へいあんじだい) 政治史上の時代区分であり，一般には794(延暦13)年10月22日の平安遷都より，鎌倉幕府が成立するまでの390余年間をいう。上限については，奈良時代を784(延暦3)年11月11日の長岡遷都までと規定する説では長岡遷都となり，さらに，桓武天皇の御世の始まり，すなわち784(天応1)年4月3日，光仁天皇が譲位し，山部親王が即位し桓武天皇となった時とする説もある。また，下限については，「鎌倉時代」の項で触れたごとく，幕府成立の時期には諸説があり，これまた一様ではない。奈良時代につづいて貴族が政権を掌握していたが，律令制度はしだいに形骸化するに至った。平安時代は一般に，律令制の再興に努めた前期，藤原氏が全盛を誇った中期，上皇・法皇による院政が行われた後期に分けられ，王朝時代と称されたこともある。この時代の前期においては，空海・菅原道真に代表される漢詩文が盛況であったものの，仮名の発達は，紫式部・清少納言らに代表される宮廷女流文学の全盛を迎えさせるに至り，末期ごろには文学を貴族階層の外にも拡大した『今昔物語』も誕生するに至った。 (小山田和夫)

平城京跡・平城宮跡(へいじょうきょうあと・へいじょうきゅうあと) 元明天皇の710(和銅3)年に藤原京から遷都し，桓武天皇の784(延暦3)年長岡京遷都まで7代の天皇74年間の都城。宮の中央に2組の大極殿・朝堂院があって，西側の大極殿は743(天平15)年に恭仁京遷都の時に移築された。東側の大極殿の北に内裏がある。京は南北4.8km，東西4.3kmで，左京の東に外京と呼称する張り出した条坊と，右京の北にも北辺坊がある。宮の北側の丘陵上には曲水の宴など重要な年中行事が行われた松林苑があった。京内の人口は約10万人とみられ，飛鳥・藤原京から移建された寺院や新たに建立した東大寺など，48寺があった。条坊の基準尺は295〜296mmである。 （江谷　寛）

平城陵古墳(へいぜいりょうこふん)　奈良県奈良市佐紀東町にある。平城宮造営の時，前方部を削平し，後円部だけがのこる。楊梅陵に治定されている。市庭古墳ともいう。南面した前方後円墳で，全長250m，後円部径150m，前方部幅160mあり，造出がある。後円部は3段に築かれている。埴輪列・葺石・周濠がある。営造時期は5世紀前葉。→　市庭古墳(いちにわこふん)　＊奈良国立文化財研究所『平城宮北辺地域発掘調査報告書』1981 （車崎正彦）

平地住居跡(へいちじゅうきょあと)　地表面を床面とする住居。地表を掘りくぼめ，その上に上屋構造をもつ竪穴住居跡や，地表面に柱を建て，地上に高く床を構築した高床住居跡に対する語である。縄文時代の遺跡の発掘中に炉跡や柱穴を発掘したとしても，当時の地表面を完全に確認することはむずかしく，平地住居跡か竪穴住居跡かの判別は困難である。かつては，敷石住居跡を平地住居跡の一例と考えられたこともあったが，敷石住居跡は明らかに竪穴住居跡の範疇に入るものである。弥生時代の静岡県登呂遺跡の住居跡は，周囲に土堤をめぐらし，あたかも竪穴住居跡のようにみえるが平地住居である。

畿内およびその周辺地域においては，7世紀ごろより平地住居もしくは低床住居が増加する傾向が認められる。奈良・平安時代になると，竪穴住居から平地住居・低床住居へと生活の場が移行していることが知られる。平地住居の形態を明確に示すものとして，奈良県佐味田宝塚古墳出土の家屋文鏡(4世紀)に描かれた家がある。この掘立住居は，土壇上に建ち，桁行3間の入母屋造で，柱間に横板壁が入っている。 （江坂輝彌）

璧(へき)　中央に孔をうがった円形板状の玉製品。新石器時代の環状石斧のようなものから発達したものと考えられ，殷代に出現し，のちには石製品・ガラス製品もみられる。西周代までは素文であるが，春秋末には穀粒文を彫刻したもの(穀璧という)がみられ，漢代になるとさらに龍文などが装飾されるようになる。周代においては祭天の供えものや諸侯の階級のシンボルとされていたが，戦国時代になると富を誇る諸侯たちは競って名璧を手に入れようとした。『史記』によると，戦国時代の趙の人藺相如(りんそうじょ)が，恵文王所有の「和(か)氏の璧」を奉じて秦の15城を交換する使者として堂々の外向交渉の末，無事に璧を持ち帰った話(完璧の故事)は有名であるし，鴻門の会ののち，漢の高祖が項羽に白璧一双を賜ったことなどをみると，当時かなりの貴重品であったことが知られよう。漢代には装飾としても用いられ，また墓の副葬品としても特別な扱いを受けていた。また，一方では佩用の小形品もつくられた。

朝鮮半島の楽浪漢墓では中国本土に劣らぬ優品が出土しており，日本でも九州の弥生遺跡からガラス璧の破片が出土している(福岡県三雲遺跡，同須玖遺跡)。このほか文政年間(1818年〜1829年)に日向国王之山(現在の宮崎県串間市)から出土したという玉璧が，現在加賀前田家の蔵品となっている。 （中山清隆）

璧（中国・満城漢墓）

碧玉製腕飾(へきぎょくせいうでかざり) 不透明な緑色を呈する碧玉を材料としてつくられた古墳時代の鍬形石・石釧・車輪石の3種の腕飾をいう。いずれも弥生時代に腕輪として用いられた貝輪を原型とし，しだいに大形化し儀器化した。石釧は内径5〜6cmの環状を呈し，大多数は片面が斜面となり放射状の線を刻んでいる。鍬形石は不整卵形の環体の一部が扁平に広がった形，中央に孔を有する車輪石は卵形の表面に放射状の彫刻を有する。* 小林行雄「初期大和政権の勢力圏」(『史林』40–4，1957) (池上 悟)

北京原人(ぺきんげんじん) 1921年北京市房山県周口店でアンダーソンの命を受けたツダンスキーが発掘した化石の中から，人類の歯が発見された。1927年正式に発掘が開始されてまもなく，ベーリンが人類の臼歯を発見，ブラックがこれにシナントロプス・ペキネンシスの学名を与えた。現在は直立原人の亜種ということで学名がホモ・エレクトゥス・ペキネンシスに改められた。1929年斐文中指導の発掘で発見された最初の頭蓋骨も含め，現在まで完全な頭蓋骨6個，上腕骨3個，大腿骨7個，歯152個など，約40体分の化石が発見された。頭骨の特徴は頭蓋が隆起せず，額がうしろに傾斜し，眼窩上隆起が左右つながって突き出し，最広幅部が両耳孔のやや上にある。頭蓋骨の厚さは約9.7mmと現代人の約2倍あり，平均脳容量は1059ccと現代人の約1/3にすぎない。上下顎骨が前に突き出し，おとがいがない。歯は現代人より大きいが，歯冠の高さは相対的に低く，切歯裏面は蒙古系人種の特徴を示すシャベル形をなす。肢骨の数は少ないが，現代人に類似した特徴をもつ。上肢が下肢に比べ発達している。ある大腿骨より推定された身長は156cmである。周口店第1地点の地層堆積は40m以上で，約50万から25万年前の間の原人の生活痕跡が残されているが，上部の第3層中の第5号頭蓋骨には，後頭隆起が弱く，脳容量がやや大きいなどの進化した特徴も認められる。また人骨の死亡年齢推定結果によれば，14歳以下で死亡した子供は実に40%にも達していた。* 賈蘭坡『北京原人』1977 (佐川正敏)

綜麻石(へそいし) 糸をつむぐときに使う紡錘車の古称。径4〜5cmの円形を呈し，中央に5mm程の孔を有するものである。扁平な円盤形・算盤玉形・截頭円錘形などを呈し，このうち截頭円錘形のものが臍に似るための呼称と考えられている。中央の孔に棒をさして用い，回転により糸に撚りをかけるときのはずみの用をなす。土製・骨角製などのほか古墳時代には石製のものが盛行し，ほかに須恵質のもの，鉄製のものなどがある。 (池上 悟)

篦状石器(へらじょうせっき) 縄文時代の石器で，石篦ともいう。八幡一郎がはじめて取りあげた。長さほぼ4〜7cmていどの小形品であり，片面あるいは半両面加工，断面が蒲鉾型で片刃のものをa型，両面加工で断面が凸レンズ形，諸刃のものをb型と区別した。a型は北欧のトランシェ(Tranchet)に近似し，b型の大形品は打製石斧として分類されることが多い。a型は東北地方北部から北海道南部の早期の貝殻文土器に伴出するといわれているが，例外的には遠く離れた伊豆七島の八丈島からも発見されている。またb型は同地域の早期に出

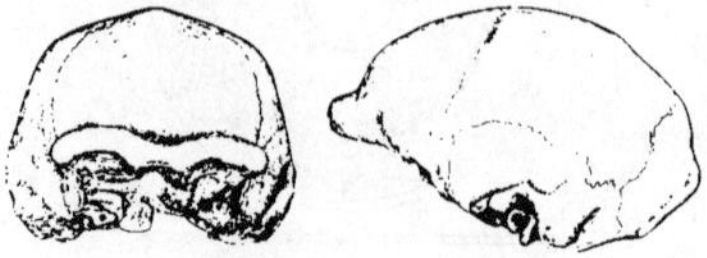

北京原人（裴文中による）

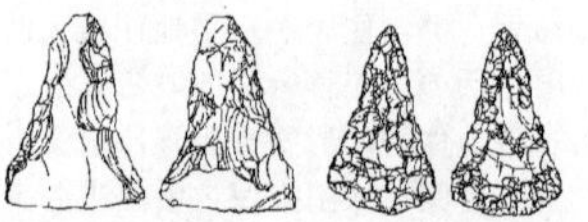

秋田県鳥沢(a型)　宮城県摺萩(b型)
篦状石器（東北地方）

現するが，以後引き続き後期・晩期までの長期間用いられていた。八幡によればa型の背面刃部に近く，アスファルト(asphalt)の付着した例があったという。→ トランシェ。　＊八幡一郎『奥羽地方発見の箆状石器』1935　(芹沢長介)

箆状木製品(へらじょうもくせいひん)　青森県八戸市是川遺跡より出土した縄文時代晩期の木製品。19点あるが，他の遺跡では亀ヶ岡で一例知られるのみか。厚さ1cm前後の板材を，先端を尖らせて幅4～5cm，全長45cm内外の剣形につくっている。基部には方形に画して渦文を浮彫りにした例もあり，基端は2個の突起がついている。その用途は不明である。＊喜田貞吉・杉山寿栄男『日本石器時代植物性遺物図録』1932　(渡辺　誠)

扁額(へんがく)　古代中国の宮殿・廟祠などの門の上方部にその名称を記した横長，縦長，方形の木札をかけたものを扁あるいは額と呼んだ。わが国では，これらの影響を受けてすでに飛鳥時代の宮殿・寺院に，平安時代からは神社の鳥居・社殿にかけられ，さらに室内用の扁額も平安時代後半ごろ出現した。扁額は墨書によるものが主体的であるが，陽刻や彩色をほどこした額などがあり，材も石や銅などが用いられた。　(是光吉基)

弁慶が穴古墳(べんけいがあなこふん)　熊本県山鹿市熊入町にあり，標高約40mの台地南端に位置する。現状では径15m，高さ5.7mの墳丘をもつが，本来は前方後円墳の可能性もある。主体部は全長11.5mを測る複室の横穴式石室で，凝灰岩の大石で構築している。後室奥壁にそって巨大な石屋形が設けられている。羨道左側壁に両足をふんばった人物像が浮彫りされ，そのほか，羨道に幾何学的文様，前室内壁には船に乗った馬，馬にまたがった人物，鳥と荷を積み込んだ船などが描かれている。遺物は鉄地金銅張雲珠・金環などが発見されている。築造は6世紀後半ごろ。＊原口長之「装飾古墳弁慶が穴調査報告」(『熊本県史』11，1957)　(渋谷忠章)

便所(べんじょ)　排泄をするための施設。古代には，藤原宮や秋田城で発見されたような溝に面した長屋状の共同水洗便所と，藤原宮や長岡京で発見されたような汲取り式土坑がみられる。いずれも，大量の籌木(ちゅうぎ)が出土し，埋土からは寄生虫卵が検出される。中世には，汲み取り式土坑が主体で，一乗谷朝倉氏遺跡では木製金隠しが出土しており，現在の便所に近い形態であったことが確認できる。江戸遺跡では，多数の便所が発見されているが，桶と甕を埋設したものが多くみられる。近代の汐留遺跡では，煉瓦積の桝形汲取り式便所が発見され，内部から切符など駅関連の遺物が検出されている。＊大田区郷土博物館『トイレの考古学』東1997；黒崎直『水洗トイレは古代にもあった』2009　(時枝　務)

編鐘(へんしょう)　中国古代，音階の異なる大小の鐘を台に吊るし，叩いて鳴らす複数一式の銅製打楽器。最初は礼器として用いられ，春秋戦国時代以降は楽器として独立してくる。殷代には，鐘の下部に内部空洞の柄が付され，そこに棒状のものを挿入し，鐘を上にして立て，並べて演奏したもので，大小3個より成っていた。西周では，鐘の上部に付された柄の，中央下部側面に環が付けられ，この部分で鐘が斜めに懸垂される。また，鐘の胴部に突起が付されるようになる。東周以降は，鐘の上部に方形状の鈕帯が付され，垂直懸垂となる。春秋戦国時代には，形態は同一で8鐘2連，13・17・9鐘などの編鐘がみられる。山西省万栄県廟前村古汾陰城の墓地よりは，呉王の用いたとされる50kgの大型編鐘が出土している。代表的な編鐘は，湖北省随州市近郊で発掘された「曾侯乙墓」から出土したもので，戦国時代初期と考えられ，65鐘からなる。鐘架に3層8組に分けて架けられ，編鐘のみの重量は合計約2,567kg，付属品を含む総重量は，1,854.48kgにもなる。王侯貴族の墓よりの出土が大部分であり，古代中国貴族階級の重要，礼楽器であったと思われる。＊文物編集委員会編『中国考古学三十年』1981 （上野恵司）

変則的古墳（へんそくてきこふん） 主体部が通有の古墳に認められる位置とは大きく異なり，墳丘の南側の裾に設けられる古墳をいう。主体部は組合式の箱式石棺を通有とするものであり，円墳を主として前方後円墳もあり，ここでは主体部位置のかなりの変化がうかがわれる。千葉県北部より茨城県南部にかけての常総地方において7世紀代に認められ，濃厚な地域色を明示するものである。＊市毛勲「東国における墳丘裾に内部施設を有する古墳について」（『古代』41，1963） （池上 悟）

編年（へんねん） 考古資料には単独で年代のわかるものが非常に少ない。そのため，多くの資料を層位学的研究，型式学的研究などにより相対的な新旧関係を明らかにする必要がある。こうした作業をくり返していくことにより，多くの遺物・遺構・遺跡，あるいはそれらの集合を時間軸上に配列することが可能となる。こうしてできあがった時間的な配列を編年とよぶ。編年には，土器編年のように個別の資料だけによって組織され，年代決定の規準となるような年代的編年と，石器時代・青銅器時代・鉄器時代，あるいは縄文土器文化時代・弥生土器文化時代といった，各種の要素を内包した文化の区分に主眼を置いた文化的編年とよべるものがある。個別資料による編年は，資料の型式学的把握を必要としているため，対象とする型式のひろがる限定された地域にのみ有効である。そのため，より広範囲において個別資料の並行関係や前後関係を知るには交差年代決定法が用いられる。この方法は，各地域間に共通して存在する資料，一方の地域から他方への搬入・搬出と認められる資料，あるいは各地域間にみられる共通した技法の存在といった関連性が把握できる資料の相互関係から時間的対比を行い，広範囲にわたる編年網を設定することができる。例えば，搬入品である大洞式土器と在地の安行式土器の伴出による同時性，あるいは，加曽利E（新）式と大木9・10式における磨消縄文手法という土器製作技法の共通点による同時性の証明は，日本の縄文土器の編年体系の確立に有効であった。一方，編年はあくまで相対的な時間の前後を示すにすぎず，区分されたおのおのの時間枠は一定の時間の経過を示してはいない。そのため，研究者間における年代観の差異が存在する。編年に実年代をそえようとする試みは絶えず行われてきた。山内清男は矢柄研磨器などによる交差年代決定法や気候編年との関連に着目し，縄文文化の上限をB. C. 2500年とする単編年をとなえ，^{14}C法による長編年と鋭く対立した。近年では，各種の理化学的方法による実年代測定が活発となり，年代観のくいちがいは是正されてきている。しかし，島国である日本は，大陸からの文物の流入が限定されており，日本における編年と大陸・朝鮮半島における編年のズレが生じている。今後，世界的な見地から研究を進める上で，どうしても克服しなくてはならない問題である。＊山内清男「縄紋土器型式の細別と大別」（『先史考古学』1–1，1937） （江坂輝彌）

扁平片刃石斧（へんぺいかたはせきふ） 縄文時代晩期に中国大陸から九州へ太型蛤刃石斧とともにセットでもちこまれた。用途は，後世の手斧のごとく材木の加工に鉄器が普及するまで利用された。石器の大きさは5〜8cm，幅は3〜5cmぐらいのものがふつうで，硬質の石材を研磨し，鈍くなると砥石で磨いて使った。抉入石斧など磨製石器と伴出することがあるので，これらと併用したらしい。＊松原正毅「弥生式文化の系譜について実験考古学的試論―抉入片

刃石斧をめぐって—」(『季刊人類学』2–2, 1971) (関 俊彦)

ほ

墓域(ぼいき) 死者を埋葬したところを墓地とよび，その総体としての占地の範囲を墓域という。しかし，その区別は厳密ではない。死者の遺骸を遺棄することなく埋め葬る風習は，すでに旧石器時代において認められ，以後人類の発展に伴い連綿と現在にまで認められるところである。わが国の場合，縄文時代においてはことさらに集落より分離した墓域の形成は認められず，集落内あるいはその隣接地に認められる。それに対し，弥生時代に至ると集落とは分離した墓域の形成が認められる。しかしながら，それは集落の立地する台地の一部を溝により区画するもの，あるいは至近の距離に形成されるなど，創出の基盤をなす集落との隔絶性は認められない。特に弥生時代は水稲農耕を基盤とする定着性の顕在化する時代であり，集落の定着はまた墓域の継続を意味する。この時代における墓域では，性別や年齢などに基づく埋葬場所の規制の存在したことがうかがわれ，さらにその中に小群の存在が指摘されるものもあり，これにより墓域を形成した集団内における小集団の存在が窺知できる。弥生時代の終末より集団の成員を対象とする墓域の形成から特定個人を対象とする墳墓造営が行われるようになり，ついには古墳として顕現する権力者の存在をうかがわせるものとなるが，古墳もまた墓域を形成して存在することを普通とする。古墳の場合は，古墳群と群集墳という2つの存在形態を示す。前者の場合は地形的なまとまりなどによる複数の古墳の単位を指し，必ずしも墳墓のみが存在するという墓域を形成しておらず，古墳群の中ではほかの土地利用も行われている。これに対し，群集墳とよばれるものは，限定された墓域の中での複数の古墳造営主体による築造の累積として考えられており，一般的なものでは可耕地を避けて丘陵上などに占地するものである。墳丘を有さず一般の群集墳とは異なるものの，横穴墓もほぼ同様の形態を明示するものである。また，平地に占地する大形古墳の場合は，墳丘と濠およびその外側の整然と区画された周庭帯を含めて墓域と認識されており，これは兆域とよばれる。＊白石太一郎「考古学より見た日本の墓地」(『墓地』1975) (池上 悟)

法皇山横穴墓群(ほうおうざんおうけつぼぐん) 石川県加賀市勅使町にある。独立丘陵的な法皇山塊上に10グループほどに分かれて存在する横穴墓群。1921～1922年の上田三平による26基の横穴墓の調査以来，現在までに80基以上が確認されている。この間1929年に国指定史跡となった。横穴は玄室平面が大きく3形態に分かれる長方形長軸形，奥壁立面がアーチ形を主体とする。須恵器・土師器・直刀・金環などが発見され，6世紀前半から7世紀ごろまでの間につくられたと考えられている。＊加賀市教育委員会編『法皇山横穴古墳群』1971 (坂本美夫)

法皇塚古墳(ほうおうづかこふん) 千葉県の西端部，江戸川を臨む市川市国府台に所在する前方後円墳。1969年に市川市史編纂事業の一環として発掘調査された。墳丘は周囲が削平されて遺存状態不良であったが，前方部を西北に向けた全長54.5m，後円部径27m，前方部幅35mの規模と復元されている。主体部は後円部に設けられた横穴式石室であるが，撹乱の著しいものであった。西に開口する石室は，全長7.55m，玄室長4.35m，幅1.8m片袖型であり，挂甲，衝角付冑，轡・鞍・雲珠などの金銅装の馬具一式，直刀・鉄鏃90本以上の武器などが出土している。6世紀後半代の築造。＊市川市博物館『法皇塚古墳』1976 (池上 悟)

烽火(ほうか) 烽火は狼煙ともいい，通信手段の一種である。古代にあっては，烽燧の制として軍事的な手段として位置付けられており，中国の烽燧の制のもとに成立しているものと考えられている。白村江の敗戦に伴って新羅の攻撃に備えたものとして，『日本書紀』664(天智天皇3)年の条に対馬，壱岐，筑後に防人と烽を置いたとされるのが，わが国の初見である。『養老令』の軍防令によると，烽は40里ごとに設置され，烽子4人，烽長2人が分番したとあり，辺境地から都まで連続して置かれたようで，藤原京近辺では高安烽，平城京近辺では高見烽，春日烽，平安京近辺では牡山烽が知られている。烽燧の制は，799(延暦18)年以降次第に衰えた。

烽火に関連する遺跡としては，弥生時代中期の高地性集落に認められるとされ，兵庫県芦屋市会下山遺跡や滋賀県大津市雄琴高峯遺跡などが，その事例としてあげられている。会下山遺跡は，標高160〜200mの山頂尾根部に営まれた遺跡で，住居跡のほか焼土遺構などが発見されている。一方，雄琴高峯遺跡は琵琶湖西岸の標高161mの要衝地に住居跡と焼土遺構が環濠により区画される遺跡である。これら遺跡の共通点は，焼土及び炭化物などが発掘された遺構が所在することから，都出によって烽火の存在が指摘されている。

古代の事例は，秋田県昭和町羽白目遺跡で土塁，空濠，柵列を設け，四方に突出した望楼を配した遺構が確認され，秋田城との関連遺構として知られている。

韓国では，半島の西海岸，百済の古都公州扶余のある錦江(白馬江)河口付近の黄海岸の岬，島嶼にこの種の遺構と近似の地が各所に残っている。海岸地帯を南から北へ調べてみると，全羅北道扶安郡(辺山半島)辺山面格浦里の西に突出した標高174mの岬の突端の山は烽火山と呼び，新羅焼の大壺・破片など烽火に利用した遺物が多数散乱しており，多くの遺品は全州市の国立全州博物館に陳列されている。烽火山の東北25km，界火面の干拓地の西北角に界火島があり，標高246mの山頂近くにノロシを焚いた積石望樓がある。百済の古都公州扶余に至る錦江河口付近の海岸の要衝にする烽火台がある。＊都出比呂志「集落の構造」(『日本農耕社会の成立過程』1989／『烽〔とぶひ〕の道』1997)　(阪田正一・江坂輝彌)

方格規矩四神鏡(ほうかくきくししんきょう)　方格規矩文鏡のうち，方格規矩文の間に表現される図文中に，青龍・白虎・朱雀・玄武の四神図のあるものをいう。方格規矩文鏡の鏡体は扁平であり，厚い外区と一段低い内区よりなる。鈕は半球鈕であり，縁は平縁である。方格には12の小乳を配し，その間に十二支の銘を配したものが通有であり，外区には流雲文・唐草文・複線波文などを配する。＊藤丸詔八郎「方格規矩四神鏡の研究」(『考古学論考』1982)(池上　悟)

方格規矩四神鏡

方格規矩文鏡(ほうかくきくもんきょう)　鏡背の主文が，凹んだ帯線であらわされた鈕をめぐる方形格と，各辺中央に位置するT字形とこれに相対するL字形，さらに方形格の四隅の向かいに配されたV字形よりなる規矩文を主とし，この間に細線であらわされた禽獣を配した鏡。T字形はコンパスである規であり，円と陽をあらわし，L字形は定規である矩であり，方と陰をあらわすものと考えられている。前漢末に出現し，三国時代に及ぶものである。＊樋口隆康「方

格規矩鏡」(『古鏡』1979)　(池上　悟)

法起寺(ほうきじ)　奈良県生駒郡斑鳩町岡本にある聖徳宗の寺院。古くは岡本寺，池後寺(いけじりでら)とも呼ばれた。法起寺は法隆寺東院の北東方の山裾の岡本地区に位置し，聖徳太子が法華経を講じた「岡本宮」の跡地と言われ，太子の遺言により子息の山背大兄王が岡本宮を寺に改めたのが始まりと伝える。『法隆寺伽藍縁起并流記資財帳』の「池後尼寺」は，771(宝亀2)年の『七代記』に「池後寺」と記される。創建当時の伽藍配置は，金堂と塔が東西に並び，法隆寺西院の伽藍配置と類似する金堂が西，塔が東に建つ形式を「法起寺式伽藍配置」と称す。創建年代は，会津八一の1931(昭和6)年「法起寺塔露盤銘文考」による文献解釈的見地から三重塔は706年頃の完成とする説が未だに有力。1993年に法隆寺の建築物群と共に「法隆寺地域の仏教建造物」としてユネスコの世界文化遺産に登録された。＊大橋一章「法起寺の発願と造営」(『早稲田大学大学院文学研究科紀要』第3分冊49，2003)　(松原典明)

宝篋印塔(ほうきょういんとう)　石造塔婆の一型。多くは供養塔として建立されているが，近世になると墓塔として建てられている。祖形は中国の呉越国王がインドのアショーカ王の故事により建てた金銅塔の形式にあったといわれているが，なお明らかではない。宝篋印塔は五輪塔とならんで造塔数の多い石塔であり，特に山陽・四国瀬戸内海岸，奈良・京都・琵琶湖岸・鎌倉に多い。細部については地方的様式が見受けられる。塔形は下部より反花座・基礎・塔身・笠・相輪の部分よりなる。積重ね塔のため，この5材による構成が多いが，高山寺塔のように各隅飾が別材であったり，もと鎌倉やぐらから出た1248(宝治2)年在銘塔のように1材による塔もある。塔高は基礎の幅の3倍に一致するという指摘もあるが，165(5尺5寸)〜210cm(7尺)前後を測るものが多い。応永年間(室町前期)ごろより石塔の小形化，簡略化する傾向がみられるが，他の石塔と異なり宝篋印塔は多数化しなかったようである。＊日野一郎「宝篋印塔形式の発達とその地方相」(『古代文化』12–8〜12，1941)　(斎木　勝)

宝篋印塔（茨城・宝篋山）

方形周溝墓(ほうけいしゅうこうぼ)　弥生時代から古墳時代につくられた墓の一形態。墓は1辺が20m前後で，幅1〜5m，深さ1〜2mの溝が四角に配され，溝はおのおのが独立したり，連続したものがある。墓の中央に土壙を掘り死者を葬ったものが多い。1964年，大場磐雄が東京都八王子市宇津木向原遺跡で，この墓を掘り命名した。

墓は東北地方南部から九州南部まで広く分布し，1基単独につくられるものから，滋賀県服部遺跡のように360余基が集中するものまである。出現する時期は弥生時代前期後半で，大阪府池上遺跡や安満遺跡で第1様式(新)の土器を伴う例が最古である。後期になると畿内では姿を消しはじめるが，東日本や九州ではさかんにつくられ，古墳時代へ移るにしたがい数を増す。

立地をみると，弥生時代のものは低地に，古墳時代は丘陵上に営まれる傾向がつよい。遺骸は木棺，石棺，壺・甕棺に納めたり，直接土壙に埋めたりした。底部を穿孔した壺型土器や小型丸底土器，勾玉・管玉・ガ

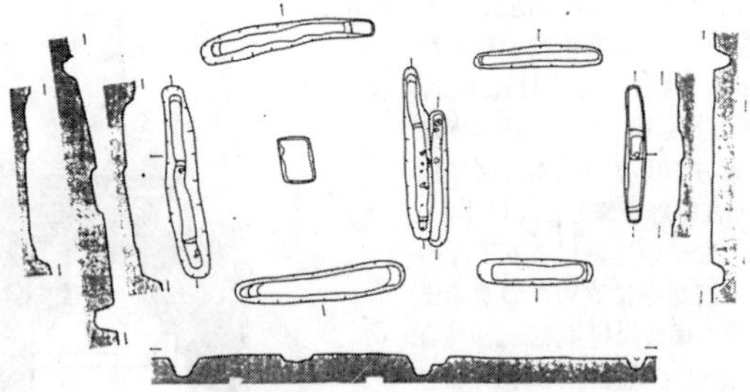

方形周溝墓（神奈川・歳勝土遺跡）

ラス玉・鏡などを副葬し，あるいは供献し，これらが土壙や周溝から出土する例もある。

畿内では集団墓の様相がつよいが，東日本では，初めその傾向があったが，独立墓へと変化する。葬られた人物は土着の家長や首長クラスと推測される。＊山岸良二『方形周溝墓』1981　　（関　俊彦）

方形台状墓（ほうけいだいじょうぼ）丘陵の尾根上につくられる。底辺が 20m 程度までの規模の方形や長方形に削り出された台状部に石室を構築したり木棺を埋設したりする墓をいう。低い盛土を伴い，裾に列石をめぐらせたりする。低い盛土をもつ方形周溝墓との直接的関係はまだ充分に解明されていない。弥生時代後期に多く，その変遷過程で単独に存在することがあって，古墳時代の初期方墳との親縁性をみせることもある。最近は，この間に，盛土を多く用いた墳丘墓を考えて，より詳細にその推移を考えようとしている。埋葬のための施設が，複数から単数へ変化していくことによって，特定家族墓から特定個人墓への推移がうかがわれ，円筒埴輪の祖形となる特殊器台など供献されることもある。しかし，墳丘の規模や副葬品の種類と数において初期古墳とは差があり，古墳出現の前段階に位置付けられている。東海以西に地域性をみせて存在する。＊神原英明『四辻土壙墓遺跡・四辻古墳群』1973　　（杉山晋作）

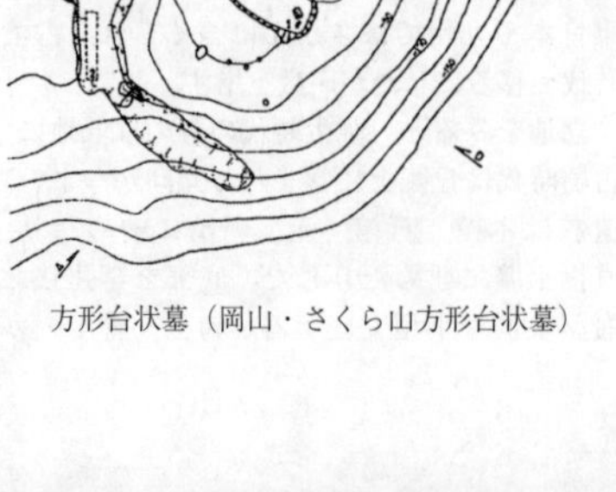

方形台状墓（岡山・さくら山方形台状墓）

放射能による年代測定（ほうしゃのうによるねんだいそくてい）^{14}C 年代測定法は 1949 年シカゴ大学のリビーにより実証された。大気中および生物体内の炭素には，宇宙線により成層圏で生成された炭素 14（^{14}C）が常に一定の割合で含まれている。生物が死ぬと外界との炭素の交換は停止し，^{14}C は放射線を出して崩壊し，5730 年（半減期）で量が半分になる割合で減衰していく。したがって，試料から出る放射線量を測定することによって年代が計算できる。^{14}C の崩壊は確率的に起きる現象なので，測定年代には必ず統計誤差が伴う。バックグラウンド（^{14}C 以外に由来する測定中の放射線）が存在し，測定年代の上限は約 4 万年とされる。

年代は1万2700 ± 500B. P.(GaK-950)のように表示される(長崎県福井洞穴第3層)。これは，1万2200〜1万3200年までの間に真の値が含まれる確率が68%という意味である。±以下の値を2倍すると確率は95%になる。GaKは測定機関固有の記号で学習院大学。B. P.とは1950年からの年代でリビーの半減期5568年が用いられる。^{14}C法では，大気中の^{14}C濃度の年代的変動，地球上での濃度の均一性，大気中と生物体内との濃度のずれ，生物体の死後の外界との炭素交換などが問題とされる。測定試料の汚染や，生存年代と出土生活面年代とのずれ(例，古い木を使用した建物)は考古学者の側の問題である。暦年代とのずれについては，カリフォルニア州のブリスルコーン・パインの年輪年代との比較によるシュースの補正曲線やMA-SCA補正値，また極北の縞粘土年代によって補正が可能である。^{14}C年代は暦年代に比べて，1000〜2000B. P.では古く，2000〜7000B. P.では若く出る傾向がある。ヨーロッパでは1960年ころまでに，新石器文化の開始年代は従来の編年より1000年以上も古いことが各地で明らかとなった。さらに年輪年代補正値の採用によって，イベリア半島や北仏の巨石墓，バルカン地方の銅器文化(ヴィンチャ文化)，イギリス(ウェセックス文化)や中欧の青銅器時代前期の年代が，それらに影響を及ぼしたとされるエーゲ海地方の諸文化より古くなり，伝播主義に基づいたチャイルド以来の伝統的な編年の枠組みが大きく修正されるという「ラジオカーボン革命」(レンフルー)が起きた。また，大陸間や遠隔地の諸文化の年代的位置付け，地球的比較が可能となった。特定の遺物の類似に着目して行う離れた地域間の編年よりも，むしろ独立した年代測定によって人間の移動，文化の伝播現象や文化発展の過程の研究に集中できることとなったのである。^{14}C法のほかにも，カリウム＝アルゴン法，ウラン238の自発核分裂の飛跡を計算するフィッショントラック法，鉱物を熱すると生じる蛍光の量により土器を直接測定できる熱ルミネセンス法がある。　(阿子島香)

宝珠(ほうじゅ)　魔尼宝珠・如意宝・如意珠ともよばれる。磨竭大魚，あるいは龍王の脳中から出たといわれ，これを得るとすべての願いがかなうとされた。中国の南北朝時代までは中心に六角形の宝石があらわされ，周囲に火焔がつく。のちには火焔のまわりだけが表現されるようになり，形も円形で頂部が尖ったものになった。わが国では，光背，経筒蓋のつまみ，塔，塔婆類の相輪上部などに多くみることができる。　(是光吉基)

紡錘車(ぼうすいしゃ)　織物の糸をつむぐときに回転を利用しながら，糸によりをかけていくときに使う。直径5cm，厚さ2cm前後の円形で扁平なものから厚さが4cm前後の腰高のものもある。円盤の真中に5mmほどの孔があけられ，ここに糸巻の棒をいれ，錘を回転させ，バランスをとりながら糸をよる。土・石・骨・鉄製のものまであり，紡錘車を側面からみると，上面が小さく，下面が大きく，台形をしている。

日本では縄文時代の晩期末に中国から朝鮮半島を通り，農耕技術や大陸系磨製石器と一緒にもたらされたらしい。中国では浙江省余姚県河姆渡遺跡で木製と土製の紡錘車が出ており，その年代は^{14}CによるとB. C. 3960 ± 170〜B. C. 4360 ± 100である。

福岡県夜臼遺跡では，縄文時代晩期末の夜臼式土器と土製の紡錘車が出ている。また土器片を加工したものも多い。古墳時代

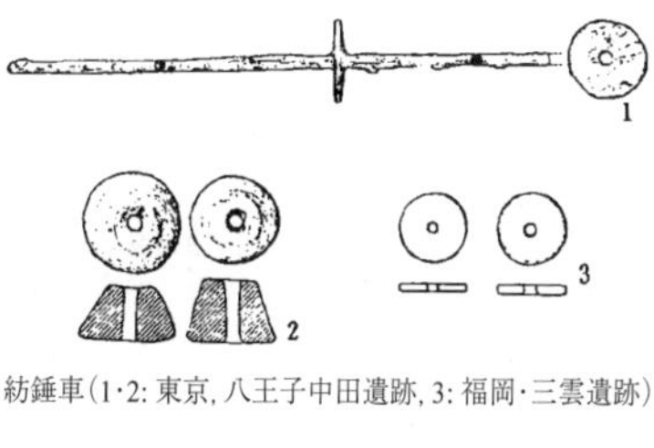

紡錘車(1･2: 東京，八王子中田遺跡，3: 福岡･三雲遺跡)

になると碧玉製のきれいなものが古墳から出土し，のちには鋸歯文を刻みこんだものがある。＊八幡一郎「紡織技術考」(『八幡一郎著作集』3，1979）（関　俊彦）

仿製鏡(ぼうせいきょう）　中国よりの舶載鏡をわが国で模倣して製作した鏡をいう。わが国出土鏡総数三千数百面のうちの3分の2を占める。舶載鏡を複製したもの，文様と構成を模倣したもの，文様・構成を独創的なものにかえたものなどがある。また，文様表現が拙劣で図形が変化し，銘帯の文字が文様化されることが多い。中国鏡の模倣はすでに弥生時代後期に朝鮮半島南部よりの影響により小型のものが製作され，100面ほどが出土している。仿製鏡の手本とされたものは方格規矩四神鏡・内行花文鏡・三角縁神獣鏡が多く，三角縁神獣鏡は同氾鏡が19組63面と多く，他の仿製鏡と様相を異にする。わが国独自の考案になるものは，和歌山県隅田八幡宮の画像鏡，上野国出土の狩猟文鏡などの特殊なもののほかに縁の外周に鈴を付した鈴鏡がある。これは四鈴鏡より十鈴鏡まで140面ほど出土しており，4世紀より開始された仿製鏡の終焉を明示する5世紀代の製作を想定されている。＊田中琢『古鏡』1979（池上　悟）

宝相華文(ほうそうげもん）　忍冬文から派生した空想的な植物文様で，真上から眺めると花を連想させるところから名付けられた。中国唐代，わが国の奈良時代から平安時代にかけて盛んに用いられ，多くは八葉を呈す。正倉院宝物の服飾・仏具・調度類や，また，大分県虚空蔵寺，福岡県天台寺出土の宇瓦，福岡県大宰府出土の塼，あるいは福井県滝谷寺の磬，岩手県金色院の迦陵頻伽文華鬘，京都妙心寺梵鐘などに線彫や透彫であらわされている。＊林良一「仏教美術における装飾模様」12・13(『仏教芸術』126・128，1979・1980）（是光吉基）

宝塔山古墳(ほうとうざんこふん）　群馬県の中央部の利根川西岸の，前橋市総社町の前橋台地上に幅約1kmの範囲に展開した総社古墳群中に位置する方墳。秋元山光厳寺の境内に所在しており，墳頂部は近世大名・秋元氏の墓所が造営されており墳裾は歴代住持墓地となっている。現状は南北長54m，東西長49m，高さ12mの規模であり，東側墳裾が削平されている。主体部は南に開口する安山岩の切石を使用した両袖型横穴式石室であり，全長12.4m，玄室は幅3.01m，長さ3.32mの矩形を呈し，高さは2.09mである。前方に続く前室は幅1.99m，長さ3.98m，羨道は幅1.79m，長さ4.15mであり，それぞれの境に門構造が造作されている。玄室中央には主軸に直交して幅1.32m，長さ2.1mの家形石棺が安置されており，脚部に格狭間を造作している。石室の前面には奥幅8.85m，奥行き3.76mの幅広の墓前域が付設されている。古くから開口しており，副葬品は知られない。古墳群の中で前方後円墳の後，3基が継続する方墳の2番目として，愛宕山古墳に継続して7世紀中ころに築造されたものと考えられる。＊石川正之助「宝塔山古墳」『群馬県史』資料編3，1981；右島和夫「前橋市総社古墳群の形成過程とその画期」(『群馬県史研究』22，1985）（池上　悟）

方墳(ほうふん）　墳丘の平面形が方形の古墳をいう。4世紀の後半からみられ始め，竪穴式石室を有する例もあるが，規模が大きいものは少ない。5世紀に入ると，畿内では，天皇陵など大型前方後円墳の陪冢によく採用されている。その後，一時衰退するものと思われるが，6世紀後半から7世紀には，再び盛行し，大規模方墳も畿内のみならず，各地で認められる。天皇陵では，用明天皇陵・推古天皇陵がそれであって，蘇我馬子の墓とされる奈良県石舞台古墳も大型の方墳である。最近では，方墳の出現について，盛土をほとんどもたない方形周溝墓や方形台状墓などとの関連を重視する傾向にある。弥生時代の普遍的な墳墓の形態が方形であることを考えると，古墳時代の方墳が，それと無関係に出現したとはふつうに考え難いからである。また，後期の方墳には，規模は決して大型ばかりでなく，小型の例も多い。特に関東では，封土があるか不明の方墳を含めて群集することが知られており，横穴式石室などの存在によって，その時期を確認することができる。さらに後期の方墳は，各辺を四方位にあわせて築造し，横穴式石室を南面させる例が多い。方墳の中には正方形の平面形でなく，長方形を呈する例があり，横穴式石室を2基並列構築している場合もある。また，奈良県石のカラト古墳のように実証された上円下方墳も，溝や最下段の形をみると方墳の一種と考えることができる。＊西川宏「方墳の性格と諸問題」(『私たちの考古学』5–3，1959)；山本清「出雲国における方形墳と前方後方墳について」(『島根大学論集』1，1951)　(杉山晋作)

宝来山古墳(ほうらいやまこふん)　奈良県奈良市尼ヶ辻町に所在する前方後円墳。全長330m，墳丘長227m，後円部径123m，同高17.3m，前方部幅118m，同高15.6mを測り，前方部を南に向ける。墳丘は，後円部，前方部ともに3段築成で，葺石を施し，埴輪を巡らす。埴輪は，円筒埴輪のほか，盾形・家形・靫形の形象埴輪が出土している。埴輪の年代から本古墳は4世紀後半の築造と推測されている。主体部は，嘉永2年(1849)に盗掘されており，その折の記録から，長持形石棺を安置した竪穴式石槨であったと考えられている。周濠は，鍵穴形を呈しており，南東部が後世に拡張され，外堤の一部が小島のような状態で残っているのを観察できる。陪塚は，濠内に1基，周辺に6基知られているが，すでに削平されてしまった古墳があった可能性が高い。垂仁天皇陵に治定されており，宮内庁が管理している。→ 垂仁陵古墳(すいにんりょうこふん)　(時枝　務)

法隆寺(ほうりゅうじ)　奈良県生駒郡斑鳩町にある寺院。聖徳宗の総本山。別名，斑鳩寺ともいう。創建は金堂薬師如来像光背銘,『上宮聖徳法王帝説』から推古15年(607年)とされる。金堂，五重塔を中心とする西院伽藍と，夢殿を中心とした東院伽藍に分けられる。西院伽藍は，世界最古の木造建築物群であるが，1890年代から再建非再建論争が50年間続いた。『日本書紀』天智9年(670)4月の法隆寺全焼の記事から再建論争に発展。1939年石田茂作による若草伽藍発掘調査により西院が再建されたと確定された(若草伽藍は，金堂の南に塔を配する伽藍配置で焼亡したとされる)。現存する法隆寺の建築物群は法起寺と共に，1993年に「法隆寺地域の仏教建造物」としてユネスコの世界文化遺産に登録された。＊石田茂作「法隆寺若草伽藍址の発掘に就て」(『日本上代文化の研究』聖徳太子千三百廿年御忌奉讃記念論文集1941)；東野治之「文献史料からみた法隆寺の火災年代」(『文化財学報』17，1999)　(松原典明)

法隆寺若草伽藍(ほうりゅうじわかくさがらん)　法隆寺境内に所在する飛鳥時代の寺院跡。1939年に石田茂作によって発掘調査が行われ，同寺が670(天智9)年に火災で焼失したと判断され，法隆寺再建・非再建論争に終止符を打ったことで著名である。伽藍配置は塔と金堂が南北に並ぶ四天王寺式であるが，伽藍の軸線は西院伽藍のそれよりも西に20度振れている。軒瓦は蓮華文軒丸瓦(鐙瓦)・忍冬蓮華文軒丸瓦(鐙瓦)と忍冬唐草文軒平瓦(宇瓦)のセットであるが，軒平瓦(宇瓦)は型紙を用いて文様を手彫りした特殊なものである。＊石田茂作「法隆寺若草伽藍址の発掘」(『総説飛鳥時代寺院址の研究』1944)　(時枝　務)

墨書土器(ぼくしょどき)　土師器・須恵器などの土器の底部や体部に，墨書によって文字や絵画が書かれているものをいう。奈良・平安時代を中心に出土し，坏・埦・皿などの器種に多く，文字は一字から数字が墨書される。主として役所・寺院・祭祀遺跡や，それら周辺の住居跡から出土する。意味不明の墨書も認められるが，地名・場所・身分・人名・数量・吉祥句・年月日などが比較的多く書かれている。＊大川清『墨書土器』1958　（上野恵司）

ボクスグローブ遺跡（Boxgrove site）　イングランド南西海岸部西サセックス州にある開地遺跡。遺跡の地層は，クロメリアン（Cromerian）間氷期（OIS13）に相当し，古地磁気法・光ルミネセンス（optically stimulated luminescence）法など複数の年代測定により約 50 万年前とされる。ハイデルベルク人（*Homo heiderbergensis*）と同年代である。ソフトハンマー（soft hammer）により製作された両面加工石器（Biface）の中間製品を主とし，石屑を伴う石器集中地点が 2 地点から発見されていることから，人類は崩れた白亜層からフリント（flint）を採取し，ハンドアックスなどを製作していたと考えられている。同時に石器の使用痕やカットマーク（cut marks）のある獣骨の存在から獲物の解体場所とも推定されている。1993 年人類の大形の脛骨片が発見され，ホモ・ハイデルベルゲンシスに比定されている。*Roberts, M. B. and Parfitt, S. A. "Boxgrove: A Middle Pleistocene Hominid Site at Eartham Quarry, Boxgrove, West Sussex" 1999　（梶原　洋）

北宋銭（ほくそうせん）　宋の太祖の 960（建隆元）年 12 月に鋳造された宋通元宝から徽宗の 1119（宣和元）年に発行された宣和通宝までの 34 種類の銭貨をいい，書体には真書・行書・草書・篆（てん）書がある。わが国では，奈良時代から平安時代に皇朝十二銭が発行されたが，乾元大宝以降は銭貨が鋳造停止になったため，私貿易によって宋から多量に輸入されるようになった。そして北宋銭は善銭として通用銭の主体をなし，国内出土銭の大多数を占める。＊奥平昌洪『東亜銭志』1938　（是光吉基）

ホケノ山古墳（ほけのやまこふん）　奈良盆地東南部に所在する大和古墳群のうち，桜井市大字箸中に所在する箸中古墳群中に位置する前方後円墳。1992～1999 年に発掘調査され全長 80m，後円部径 20m，前方部長 20m の規模で，低平・短小な前方部の未発達な特徴を有する。前方部を南西に向けており，後円部中央に位置する主体部は斜交して南北方向に設置されている。主体部は長さ 10m，幅 6m，深さ 1.1m の墓壙中に，長さ 6.7m，幅 2.7m の木槨を構築し外側を石槨で囲った特異な石囲い木槨と呼ばれる施設であり，この内部に長さ 5.3m の舟形木棺を安置したものである。出土遺物は径 19.1cm の画文帯神獣鏡 1 面と多数の鏡片，銅鏃 57 点，鉄鏃 75 点以上などである。前方部には全長 4.2m の木棺直葬，後円部には横穴式石室も構築されている。3 世紀中ころの定型化以前の古墳と考えられる。＊奈良県立橿原考古学研究所編『ホケノ山古墳調査概報』2001　（池上　悟）

墓誌（ぼし）　故人の姓名，没年月日，死亡時の年齢，生前の地位や事績などを石や金属など堅固な材質に記して墓中に納めたもの。墳墓の永遠の安泰を願うとともに，万が一荒らされた際に被葬者の姓名を明らかにすることによって遺骨の紛失を防ぐためのものといわれ，中国で前漢末に出現した。南北朝

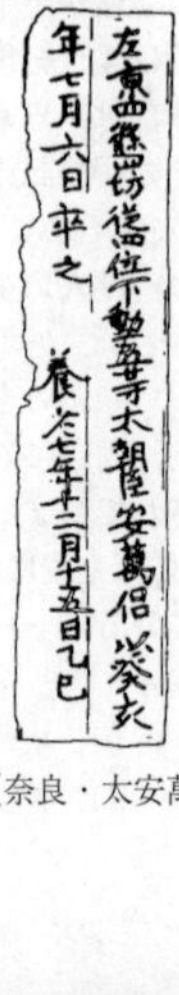

墓誌（奈良・太安萬侶墓）

時代には方形の切石を使用する形式が確立し，隋唐に引き継がれ，その影響のもとに日本古代の墓誌が出現した。日本では火葬の普及とともに畿内の貴族層を中心に墓誌を副葬する風習が広まり，668（天智天皇7）年の船王後を嚆矢として，677（天武6）年の小野毛人（えみし），707（慶雲4）年の文祢麻呂（ふみのねまろ），同年の威奈大村（いなのおおむら）など7世紀後半から8世紀前半にかけて多くの事例が知られる。それらの墓誌は，銅板や塼に記したものと，骨蔵器の蓋に銘文を書いたものに大別できる。墓誌は，8世紀後半以後減少し，784（延暦3）年の紀吉継を最後に途絶える。薄葬の火葬が衰退し，豊かな副葬品をもつ厚葬の土葬が復活することと連動した動きと考えられる。鎌倉時代になると再度火葬墓が増加し，1303（嘉元元）年の忍性（にんしょう）の例など奈良時代の風習に倣った墓誌が製作されるようになるが，供養を目的とした新たな趣向も指摘できる。その後，公家や大名を中心に明治時代まで墓誌が製作されたが，蓋石の内側に刻む例が多く，墓誌本来の性格は失われた。＊飛鳥資料館『日本古代の墓誌』1977　（時枝　務）

星ヶ塔黒曜石原産地遺跡（ほしがとうこくようせきげんさんちいせき）　長野県諏訪郡下諏訪町東俣，霧ヶ峰山塊北西部の星ヶ塔山の東斜面一帯に分布する国内で初めて縄文時代の黒曜石採掘土坑が発見された考古学上記念碑的遺跡。1920（大正9）年，鳥居龍蔵により黒曜石の原産地遺跡と判明。その後1959～61年，藤森栄一の調査により縄文時代の採掘跡が明らかとなる。さらに町教委による1997～2013年の発掘調査等により約35,000㎡の範囲に縄文時代の黒曜石採掘跡が193ヵ所確認された。縄文時代前期にはピック状道具で原石が採掘され原石を持ち出していることや同晩期には地下の黒曜石岩脈を敲石で採掘後に剥片剥離を行い，石核や剥片の状態で持ち出していること等が明らかにされた。JR中央東線下諏訪駅下車（見学は町教委開催の見学会のみ可）。2015年国史跡。2018年下諏訪町埋蔵文化財センターがリニューアルオープンする形で誕生した「星ヶ塔ミュージアム矢の根や」に，展示・保管されている。＊藤森栄一・中村竜雄「星ヶ塔黒耀石採掘址」（古代学11-1，1962）；鷹山遺跡調査団「長野県鷹山遺跡郡の調査」（明治大学考古学博物館報9，1994）　（高麗　正）

星野遺跡（ほしのいせき）　栃木県栃木市星野町の永野川にのぞむ扇状地にあり，旧石器時代から縄文時代にかけての重層遺跡である。1965・1966・1967・1973・1978年にわたって栃木市教育委員会と東北大学考古学研究室とによって発掘調査が行われ，約3万年前の鹿沼軽石層を境にして，その上位に4枚，その下位に9枚の旧石器文化層が発掘された。下位の第5～第13文化層までの石器は，すべて珪岩の礫を割ってつくられており，器種はチョパー（chopper）・尖頭器・スクレイパー（scraper）・小形彫刻刀・鋸歯縁石器・錐・小形台形石器・石核・剥片その他を含んでおり，かなり精巧な作りを示す。鹿沼軽石層直下からは動物の足跡，また第6文化層直下からは柱穴をもつ小形の住居跡らしい遺構も発見された。フィッション・トラック（fission track）法および熱ルミネッセンス（thermoluminescence）法による年代は，第5文化層と第6文化層の間が約4.5万年前，第6文化層と第7文化層の間が約6万年前，第12文化層と第13文化層の間が約6.8万年および7.4万年と測定されている。したがって星野遺跡第5～第13文化層は，約3万年前から約8万年前までの間に，継続的に残されたものと考えてよい。＊芹沢長介編『栃木市星野遺跡第1・2・3次調査報告』1966・1967・1968ほか　（芹沢長介）

墓前域（ぼぜんいき）　墳墓の前方区域の略で，一般に前庭部とよばれている部分のことである。横穴式石室・横穴墓に通有に存在する部分で，多くの場合そこにおいて墓前祭

が行われた痕跡が残されている。＊坂詰秀一『武蔵・梵天山横穴墓』1974　（坂詰秀一）

細形管玉（ほそがたくだたま）　碧玉や翡翠・鉄石英などの美麗な石でつくられた装身具で，径は2mm前後，長さは2cm前後のものが多い。太くて大型のものとは異なり，東日本の弥生時代中期から後期初頭にのみみられる。新潟県佐渡市新穂村玉造遺跡，同柏崎市下谷地遺跡などはその製造跡である。福島県郡山市柏山遺跡などでは土壙墓中から出土している。＊金子拓男「下谷地遺跡」（『日本考古学年報』30，1979）　（渡辺　誠）

帆立貝式古墳（ほたてがいしきこふん）　円丘に小さい方形の低丘が付けられた古墳で，平面形が帆立貝に似ているために名付けられた。方形部を祭祀の場とする考えがある。大型前方後円墳の造出と同様の意味を有するのか不明であるが，周湟のある場合は，盾形を示すなど円墳でないという明確な意識が読みとれる。その時期が5世紀中心に限られることから，前方後円墳の築造が制限された時期の，規制を受けた古墳とする説がある。＊小野山節「五世紀における古墳の規制」（『考古学研究』16–3，1970）；遊佐和敏「所謂『帆立貝式古墳』の形態的分類について」（『古代』68，1980）；石部正志ほか「帆立貝形古墳の築造規格」（『考古学研究』26–2，1980）；坪田嘉子「帆立貝式古墳について」（『先史学研究』1，1959）；久永春男「月の輪古墳の築造年代」（『月の輪古墳』1960）　（杉山晋作）

卜骨（ぼっこつ）　獣骨を焼き，骨面にできる亀裂によって吉凶を占うことは遊牧民や狩猟民・農耕民のあいだで古くから行われていた。その分布は旧大陸から新大陸までみられる。民族例からみると，それぞれの民族や地域によって卜骨に使う材料も，ヒツジ・ハクチョウ・シカ・ヤギ・カリブーとさまざまで，卜占の方法も異なる。

日本では『古事記』や『日本書紀』の中にみられるし，また『魏志』倭人伝の記事にも，その風習がうかがえる。

1948年，赤星直忠は神奈川県の三浦半島にある毘沙門洞穴や大浦山洞穴を調査した際，そこから卜骨の資料を見いだした。金関丈夫も島根県古浦遺跡で資料を得て，その系譜を中国から朝鮮半島を経て日本へ入ったと唱えた。1976年，神沢勇一は各地から出土した弥生時代前期から奈良時代までの資料を分析し，中国から伝わったことを論じた。その後，新田栄治はアイゼンベルガーの資料を基に民族資料から検討し，戦国時代後期から前漢時代にかけて朝鮮半島北部に形成した初期農耕文化のうちの狩猟文化的要素の一つが日本へ流れてきて，それが弥生文化の広がりとともに漁労民や

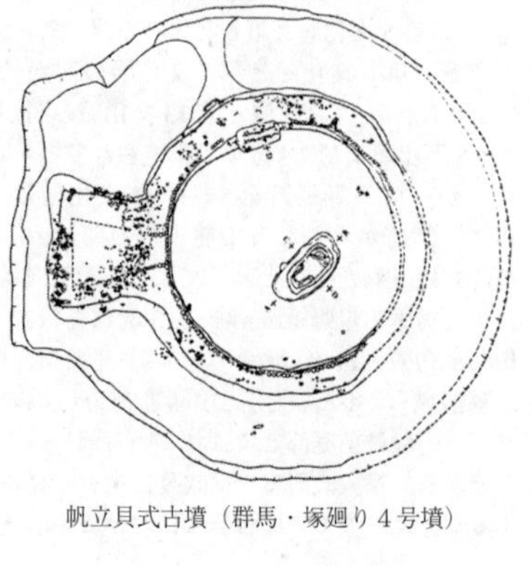
帆立貝式古墳（群馬・塚廻り4号墳）

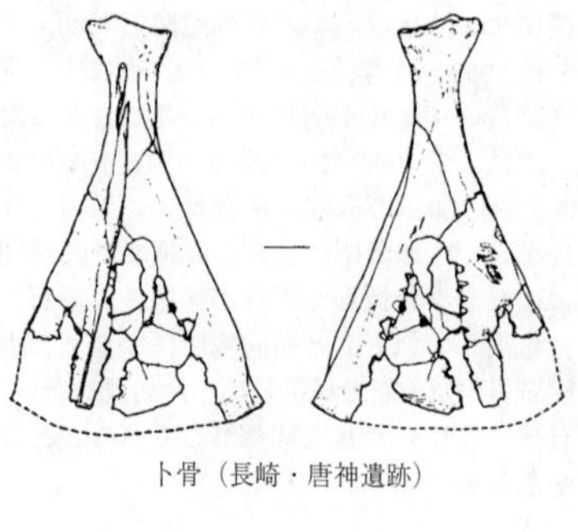
卜骨（長崎・唐神遺跡）

狩猟民に受け継がれたと発表した。これは三品彰英や大林太良らの唱える北方狩猟民，特にツングース説と同じくするものである。現在この2説がある。

卜骨の方法であるが，弥生時代のものは骨面に直径5mmほどの円形の灼痕が点状にあり，これは焼いた細い棒の先端をあてたからである。古墳時代のものは骨面の片側や両側に数個から10数個が連なっている。ニホンジカの肩胛骨を使ったものが最も多く，そのほかにイノシシやイルカを使った。おそらく農耕や航海・戦争などに関して神意をきいたのではなかろうか。1度使うと打ち割って捨てた。＊神沢勇一「弥生時代，古墳時代および奈良時代の卜骨卜甲について」(『駿台史学』38，1976)；新田栄治「日本出土卜骨への視角」(『古代文化』29–12，1977)　(関　俊彦)

払田柵(ほったのさく)　出羽国の城柵跡。秋田県大仙市払田などに所在。横手盆地の独立丘陵を中心に東西1370m，南北780mの長楕円形に角材列が巡る。外郭は丘陵の裾を東西765m，南北320mの規模で築地や角材列の外柵が巡り，櫓が配される。外柵は創建後改修されず，櫓も設けられていない。

比高20mの丘陵中央部に位置する政庁は東西64m，南北75mのほぼ方形を板塀で囲み，正殿や脇殿を配し，政庁南側に前殿を設ける。

払田柵跡外柵南門（復元）

5期の変遷がみられ，政庁規模や建物配置が僅かずつ変化している。存続年代は年輪年代などから802年～10世紀後葉である。

文献に記載のない城柵であるが，近年第二次雄勝城説が有力となってきている。国史跡。＊新野直吉・船木義勝『払田柵の研究』1990；秋田県払田柵跡調査事務所『払田柵跡』Ⅰ・Ⅱ，1985・1999　(八木光則)

墓道(ぼどう)　墓地のなかの道路，横穴墓や墳丘内の墓室に至る素掘りの通路は「墓道」と呼ばれることが多いが，混同されやすい。横穴式石室や横穴墓の前方区域には墓前祭祀を暗示する資料が発見されることから「墓前域」と現すが，墓道や前庭とも呼ぶこともある。一方では「墓道」には墓道部，墓道域，墓前部などの部位を指すこともあり，対象や範囲が必ずしも統一されていない。坂西横穴墓群(東京都)はローム層由来の崖に穿つ7基構成の横穴墓群であるが，各々付設する「墓前域」の南先端に前を直角に横走る墓参道なる1本の遺構は群を共有する状況を示すことから「墓道」と呼び区別している適例である。「墓道」は築造手順や被葬者集団の分析に繋がる部位として注目したい。＊久保常晴ほか『坂西横穴墓』1976；坂詰秀一「横穴墓研究の諸問題」『都内横穴墓緊急調査集録』1978　(高麗　正)

保渡田八幡塚古墳(ほどたはちまんづかこふん)　群馬県高崎市保渡田町に所在する前方後円墳。近接して保渡田薬師塚古墳・井出二子山古墳が営まれており，保渡田古墳群を形成している。付近は榛名山麓に形成された相馬ケ原扇状地の扇端に近く，西側を井野川によって開析されており，標高約137mを測る。1929(昭和4)年に福島武雄，1980・1984(昭和55・59)年，1993～1998(平成5～10)年に群馬町教育委員会によって発掘され，古墳の全貌が明らかにされた。主軸方位はN－14°－Wで，後円部を北に向け，墳丘長96m，後円部径57m，同高6.4m，前方部幅62m，同高4.8mを測る。主体部は礫で覆われた凝灰岩製舟形石棺と竪穴式石槨で，いずれも後円部に，墳丘主軸と直交する方向に安置されている。墳丘は3段築成で，斜面を葺石で補強し，平坦面に円筒埴輪を配する。墳丘の周囲には2重の堀を巡らし，その外側に外周溝を設け，内堀の中に4個の中島を築成しており，兆域の全長188m，全幅149mを測る。円筒埴輪を内堤に2列，外堤に1列，中島に2列巡らし，形象埴輪を内堤に設置した2ヵ所の区画に配し，そのほか外堤に埴輪の盾持ち人を一定間隔で配置している。形象埴輪にはさまざまな人物や動物をかたどった埴輪がみられ，その意味の解釈をめぐって活発な論争が行われたことから，本古墳の名が広く知られるに至った。本古墳の時期は，堀などに降下した堆積物中にみられる榛名山起源の火山噴出物であるFAテフラ(Tephra)によって下限が押さえられ，実年代としては5世紀後半から6世紀初頭の時間幅の中に収まるものと考えられる。*群馬町教育委員会『保渡田八幡塚古墳　史跡保渡田古墳群八幡塚古墳保存整備事業報告書』2000　(時枝　務)

墓碑(ぼひ)　故人を追悼し，その事績を顕彰するために，墓地の地上に建てた碑。大部分が石製である。故人の戒名，俗名，死亡年月日，墓碑の建立年月日，建立者，事績などを記す。中国では周代に出現したとされるが，遺品が確認できるのは漢代からで，「孔君墓碑」や「居摂墳壇刻石」などが著名である。日本では，『藤氏家伝』にみえる藤原鎌足の墓碑が最古のものとされるが，現物が確認されていない。実物が残る最古の例は群馬県高崎市にある山ノ上碑で，推定681(天武天皇10)年に放光寺僧長利が亡き母黒売刀自(くろめとじ)のために造立したものであることが明記され，母の系譜が数代に遡って記されている。脇にある山ノ上古墳は山ノ上碑よりも古いが，母黒売刀自の墓である可能性が高く，碑は年忌供養などに際して造立されたものと推測できる。中世には墓碑の造立はほとんどなされなかったが，近世になると儒教の影響のもとに亀趺(きふ)をともなうものなど中国風の墓碑が造立されるようになり，銘文も故人の詳細な事績を本格的な漢文で表現したものが出現した。*石村喜英「墓碑･墓誌」(『新版仏教考古学講座』7，1975)　(時枝　務)

墓標(ぼひょう)　墓標は「墓表」と同義で「墓のしるし」を意味し，「墓碑」「墓石」の義も含んでいる。特に近世墓の標識として「墓標」を用いる。近世墓標は，中世以来の伝統的なストゥーパに由来する塔形(五輪塔・宝篋印塔・宝塔・無縫塔・層塔・多宝塔など)とこれ以外の種類の墓標を非塔形として区分できる。非塔形墓碑は，17世紀代には出現するが盛行は，18世紀以降。形は尖頭舟形・円首・方柱が主である。碑文の刻まれ方により正面だけに刻まれる一観銘，側面・裏面にも刻まれる多観銘形式に区分できる。碑文内容は被葬者の戒名の他，没年，時には，願意や辞世の句などが刻まれる。*坂詰秀一「祖先祭祀と葬墓」(『仏教民俗大系』4，1988)　(松原典明)

ホモ・エレクトゥス(*Homo erectus*)　人類進化史上オーストラロピテクス(猿人)に次ぐ段階におかれる化石ヒト。かつては絶滅したヒト科の一属と分類されたが，今日ではヒト属の一種を形成する。ジャワ原人・北京原人・藍田人・ハイデルベルク人・アラゴ人・ヴェルタススルス人，さらにテルニフィヌ人などを含む。また，オルドゥヴァイ(Olduvai)遺跡およびトゥルカナ湖周辺でも多く知られる。

60～20万年前に年代付けされる例が多いが，最近ではその最古のものは，80万年前，さらには150万年前にもさかのぼるといわれる。背丈は低く，直立歩行し，その額は後に傾き，眼窩上が隆起し，アゴが突出しない特徴がある。脳容積は800～1200ccに達する。火の使用を始めているほか，枝かけの住居を営み，住居空間の区割りをも行ったらしい。西ヨーロッパ・アフリカではハンドアックスを主とする，そして東アジアでは礫器を主とする石器群を残している。*Henry de Lumley et Marie Antoinette de Lumley "L'homo erectus et la place de l'homme de Tautavel parmi les hominidés fossiles" (Prétirage du Congrés International de Palèontologie Humaine, 1 er Congrès, Nice, 1982) （山中一郎）

ホモ・サピエンス(*Homo sapiens*) 人類進化史上の最後におかれるヒトで現代人を含む。クロマニヨン人(Cro-Magnon)，コンブ・キャペル人(Combe-Capelle)など，その出現は3万5000年前ごろとされるが，その起源および先行するホモ・ネアンデルターレンシス(旧人)との関係は未解決の問題である。ネアンデルタール人から進化したとする説が，一部の石器に技術的継続性が認められることから主張される。また，人骨試料からこうした進化は西アジアであったという説も存在したが，その解釈は最近否定される傾向にある。人骨試料の数が少なすぎるからである。

共伴する石器群の特徴は，石刃剥離が認められるほか，分類される石器型式が変異に富むことである。さらに地域性もいちじるしい。構造がより複雑になった住居の使用，トナカイなどの敏捷な動物の狩猟，居住地の清掃，芸術活動の開始といった多様な生活行為をホモ・サピエンスは行っている。*Henri V. Vallois 'The origin of Homo sapiens', in William Howells (ed.) "Ideas on Human Evolution, Selected Essays 1949-61", 1962,(translated from 'La grotte de Fonté chevade. II. Anthropologie' dans "Archives de l'Institut de Paléontologie Humaine 29", 1958) （山中一郎）

ホモ・ネアンデルターレンシス(*Homo neanderthalensis*) 人類進化史上，ホモ・エレクトゥス(原人)に次ぐ段階におかれる。しかし，続くホモ・サピエンス(新人)に直接進化することなく絶滅した種と考えるのが一般的である。あるいはホモ・サピエンスの亜種とされる。ドイツ，デュッセルドルフ近くのネアンデルタール谷で1856年に発見された頭骨が最初の発見であり，以後フランスではシャペル・オ・サン(Chapelle-aux-Saints)，フェラシー(Ferrassie)，ムスチエ(Moustier)，キナ(Quina)などでムスチエ文化の石器群に伴出した。したがって，その最古のものはリス／ヴュルム間氷期におかれる。そして4から3万5000年前にホモ・サピエンスに代わられている。

西ヨーロッパから中国まで，およびアフリカに広く分布する。額は後に傾き，アゴは突出せず，眼窩上隆起がいちじるしい。脳容積は1600ccに達する。埋葬を行っており，宗教観を初めて抱いたヒトと考えられている。*William W. Howells 'Position phylétique de l'Homme de Néanderthal', dans Jean Piveteau (éd.) "Les origines humaines et les époques de l'intelligence" 1978 （山中一郎）

ホモ・ハビリス(*Homo habilis*) タンザニアのオルドゥヴァイ(Olduvai)遺跡で，ジンジャントロープス(*Australopithecus boisei*)と同じ層位から初めて発見された。リーキーL. S. B. Leakeyは脳容積が大きいなど，その特徴を進化したものとして他のオーストラロピテクスと区別し，*Homo habilis*と命名した。それはホモ・エレクトゥスへの進化の途上にあると主張され，出土層に伴出する石器はすべて他のオーストラロピテクスではなく，このホモ・ハビリスの手によるものであるとさえいわれた。

その後，リーキー説は否定されないまでも，ホモ・ハビリスはオーストラロピテクス(猿人)の変異の幅に含まれるとする考えが有力となった。しかし，最近トゥルカナ湖周辺(エチオピア，ケニア国境)，北部タンザニアから多くのこの型の人骨が出土し，100～300万年前には三つのタイプの猿人

H. habilis, *A. boisei*, *A. africanus* が生存した可能性が強い。*Philip V. Tobias 'Position et rôle des Australopithécinés dans la phylogenése humaine, avec étude particulière de Homo habilis et des théories controversées avancées à propos des premiers Hominidés fossiles de Hadar et de Laetoli', dans Jean Piveteau (éd.) ("Les origines humaines et les époques de l'intelligence" 1978)
（山中一郎）

掘り方（ほりかた）　地表面を掘りくぼめて遺構を構築する場合，その掘りくぼめた部分の総称として用いる語である。生活跡の主要な遺構である竪穴住居の場合は，ある一定の深さに地表面を掘りくぼめたのちに柱穴・床面・炉あるいは竈などの施設とともに上部構造を架構するものであるが，諸施設を整える前段階の素掘りの状態を指していうことが多い。古墳の石室の場合も，石材で壁を構築する前の掘りくぼめた段階をいい，この壁面に従い石材を積み上げて室構造を造作する。また，竪穴住居跡の上部構造あるいは掘立柱の建物を構成する個々の柱をたてるための柱穴の場合は，全体を掘り方とよび，その中央に柱を立て周囲を埋め戻すものである。　（池上　悟）

堀之内貝塚（ほりのうちかいづか）　千葉県市川市北国分町駒形に所在する。洪積台地上にある馬蹄形の純鹹貝塚。縄文時代後期前半の堀之内式土器の標式遺跡。明治時代から著名で多くの研究者が調査している。新しくは1963（昭和38）年明治大学が調査し，良好な縄文時代晩期の資料を得ている。1964年，国の史跡として指定され，その一部が永久に保存されることになった。＊後藤守一ほか「堀之内貝塚の発掘調査」（『人類学雑誌』43–10，1958）；杉原荘介・戸沢充則「千葉県堀之内貝塚B地点の調査」（『考古学集刊』3–1，1965）　（川崎義雄）

堀之内式土器（ほりのうちしきどき）　千葉県市川市堀之内貝塚から出土の土器を標式として名付けたもので，縄文時代後期前半に編年されており，堀之内Ⅰ式，堀之内Ⅱ式に区別されている。堀之内Ⅰ式土器は中期からの伝統を受けつぎながら甕・鉢・注口・釣手などの変化のあるものがつくられるようになる。精製土器と粗製土器とに分けられる。半截竹管状，櫛状の工具を利用し，洗練された沈線文や幾何学的な渦巻文が主となり，磨消縄文が出現しはじめる。概して黒色・黒褐色のものが多い。土器製作時の輪積みのつなぎ目には刻目をいれて強固にした土器もみられる。座部には木葉や網代などの圧痕の存在するものが多い。堀之内Ⅱ式土器はⅠ式土器から加曽利B式土器への移行期の土器で，Ⅰ式土器よりも小形化の傾向があり，比較的薄手である。精製土器・粗製土器の区分けがさらに明確になる。網代痕が多くなり，文様は胴部上半部に集中して施文され，渦巻文から直線的な菱形文へと変化する。口縁の裏面には数本の沈線が施文され，表面には刻目のある鎖状の隆起文がめぐらされる。＊岡本勇・戸沢充則「縄文時代（関東）」（『日本の考古学』Ⅱ，1965）　（川崎義雄）

梵字（ぼんじ）　サンスクリット（Sanskrit）語（梵語）を表記するために使用する文字。B. C.9世紀にメソポタミアを経てフェニキア文字がインドに伝播し，ブラーフミー文字（Brahmi）が生み出されたが，それが紀元前後に北インドで方形，南インドで円形に書かれる風潮を生じ，4世紀には別の文字に分化した。そのうち北インドで発達した文字がグプタ文字（Gupta）で，さらにそれが洗練されてシッダマートリカー文字（Siddhamatrka）が成立し，中国や日本に伝えられた。日本ではそれを悉曇，または梵字と呼び，僧侶が使用した。梵字の名称は梵天が作った文字であるとする伝承に由来する。本来は朴筆で書いたが，日本では毛筆で書くことが普及し，独自の書風が編み出された。梵字は経典や種子などを書く際に使用されたが，特異な形態を採るところから呪術的

な力をもつとみられ，呪符や守札などにも多く用いられた。＊中村瑞隆ほか『梵字事典』1977 （時枝　務）

凡字形石器（ぼんじがたせっき）　凡の字に似ているところから名称となったが，スタンプ(stamp)形石器ともよばれている。敲打器の一種で，関東地方縄文時代早期撚糸文系土器を出土する遺跡より主として伴出し，中期にもみられる。凡字形石器は下端は半割され，両側または中側の測線部を敲打して調整した形態があり，石質は主として安山岩が用いられ，用途はおそらく食料の打割に使用されたのであろう。＊芹沢長介「神奈川県大丸遺跡の研究」(『駿台史学』7，1957) （吉田　格）

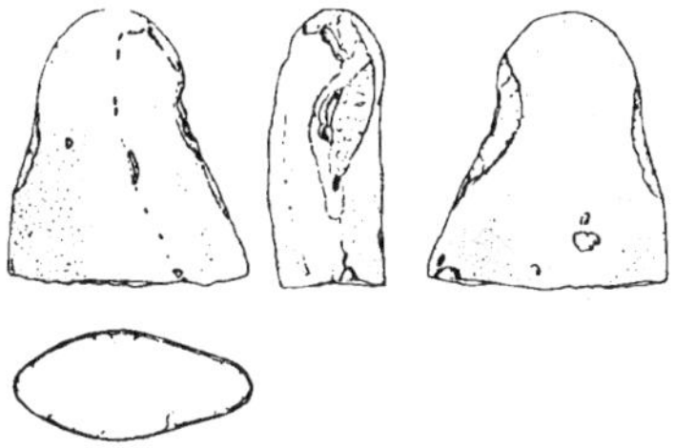

凡字形石器（東京・下里本邑遺跡）

梵鐘（ぼんしょう）　鐘楼に釣って鐘木で打ち鳴らす鐘をいう。鐘・釣鐘・金鐘・華鯨・鯨鐘・洪鐘・鳴鐘・撞鐘・巨鐘・大鐘・蒲牢など多くの異称がある。中国周代の甬や鎛から発展し，六朝時代にはすでに存在するようである。朝鮮には笠形の上に旗挿しをもつ朝鮮鐘があるが，わが国のものは上部に懸垂のための龍頭がつく。中央には池の間があって製作意図，年代，作者銘などが記されており，その上に乳頭を配した乳の間と笠形がつづく。中央下方には中帯・草の間・下帯・駒の爪があり，中帯の部分に蓮華座の撞座がつく。また，縦帯によって各間が4区に分けられる。龍頭の向きと撞座が直角をなすものは平安時代中期までの作で，撞座が高い位置にあるものが古い。

梵鐘（奈良・興福寺）

これに対して撞座が低く龍頭と撞座が同一方向のものは時代が下り，さらに乳頭が108個配された梵鐘は江戸時代の作品に多くみられる。最古の紀年銘を有すものは京都妙心寺の戊戌(698)年の梵鐘である。＊坪井良平『日本の梵鐘』1970 （是光吉基）

ま

埋葬（まいそう）　死者を葬ることは，死者の霊魂不滅の信仰と精霊に対する尊敬の念を抱いていたためと考えられる。古くはネアンデルタール人が死者を丁重に埋葬した。ときには頭の上に平らな石が置かれ，また，生前に使用していたと思われる道具（石器）が死体といっしょに副葬品として置かれた。わが国でも，縄文時代に屈葬または伸(展)葬の姿勢で土葬され，大きな扁平な石などをのせることなどから丁寧に葬ったことがわかる。

埋葬方法は，屈葬と伸(展)葬の2種類に大別することができる。ながい縄文時代を通して，より普遍的であったのは屈葬で，その中に一部で伸(展)葬が混入して存在する。しかし，時代が新しくなるにつれて，伸(展)葬の数が増えてくる傾向にある。その他死体の軟部が腐朽した後，骨格のみを集めて埋葬する洗骨葬(2次埋葬)もときどきみられる。弥生時代以降になると，死体を墓壙や棺内に納めて埋葬することが一般的になってくる。さらに中世以降になると一部の階層の間で火葬が普及するが，一般人の埋葬はほとんど土葬だったようである。＊西村正衛「縄文時代(埋葬)」(『日本の考古学』Ⅱ，1965) (川崎義雄)

埋蔵文化財(まいぞうぶんかざい) 「土地に埋蔵されている文化財」をさす文化財保護法に規定される用語。一般に遺跡と遺物に大別される。他の有・無形文化財等6類型とは異なり所在(状態)形態に着目した区分・分類(第6章第92～108条)とされる。同法ではほかに類似する「遺跡」「埋蔵文化財包蔵地」「史跡」の用語がある。考古学的な一般的呼称の「遺跡」は「埋蔵文化財包蔵地」に相当するが，法第2条第1項にある「遺跡」は「記念物」のひとつで貝塚・住居跡等の「遺構」を意味すると考えると理解しやすい。「埋蔵」する土地には海や河川・湖沼等の水中・底，また地表の散布状態にある遺物散布地なども含まれる。また「出土文化財」は発掘調査等で発見された「遺物」(出土品)が遺失物法規定の「埋蔵物」であり，文化財保護法の規定の「鑑査」の判定を経て文化財となる。＊和田勝彦『遺跡保護の制度と行政』2015 (高麗　正)

前野町遺跡(まえのまちいせき) 東京都板橋区前野町に存在する弥生時代後期の集落遺跡である。遺跡は荒川の小支谷をのぞむ緩斜面を呈する台地に形成されており，大規模な集落遺跡であることが数地点にわたる調査で明らかにされている。出土する土器は，甕・壺・高坏・坩・器台形土器などがあり，これらの土器をもって南関東地方における後期後半の前野町式土器の標式遺跡となっている。＊杉原荘介「武蔵前野町遺跡調査概報」(『考古学』11-1，1940) (阪田正一)

磨崖仏(まがいぶつ) 岩山に直接鑿を入れて彫刻した仏像で，インドや中国では石窟や石龕におさめられたものが多い。朝鮮半島では慶州南山につくられた磨崖仏が有名。日本では奈良時代の半ばすぎから作例がみられる。京都府笠置の磨崖仏は，花崗岩の大岩壁に刻まれた15mにおよぶ弥勒立像で線彫りである。奈良市滝寺磨崖仏は5個の矩形に彫りくぼめられた区画内に配された群像で薄肉彫りしている。そのほか，滋賀県狛坂磨崖仏，奈良県飯降磨崖仏など畿内に集中する。

平安時代になると仏教と民間信仰の地方への浸透により，各地で造像活動が行われ磨崖仏の全盛期をむかえた。関東を代表する栃木県大谷磨崖仏，東北を代表する福島県泉沢薬師堂磨崖仏，九州を代表する大分県臼杵石仏など各地に優秀な作品がみられる。鎌倉以後は，小規模ながらさらに全国的に広まり，絵画的なものや木彫りの新傾向を加味した作品もみられるが，14世紀以降急速な退潮を示す。＊川勝政太郎『日本の石仏』1943 (渋谷忠章)

勾玉(まがたま) C字形あるいはコの字形に湾曲し，片方の端部に孔を有する装飾に用いられた玉である。長さは，小は1cmほどのものより大は20cmに及ぶものまであるが，3～5cmほどのものを通有とする。孔を有する部分を頭，他の端を尾と呼称し，頭の部分に3～4条の刻線を有するものを丁字頭(ちょうじがしら)勾玉という。縄文時代における動物の歯牙に孔をうがった牙玉を初現とするものと考えられており，その後，弥生時代を経て古墳時代に盛行したもので

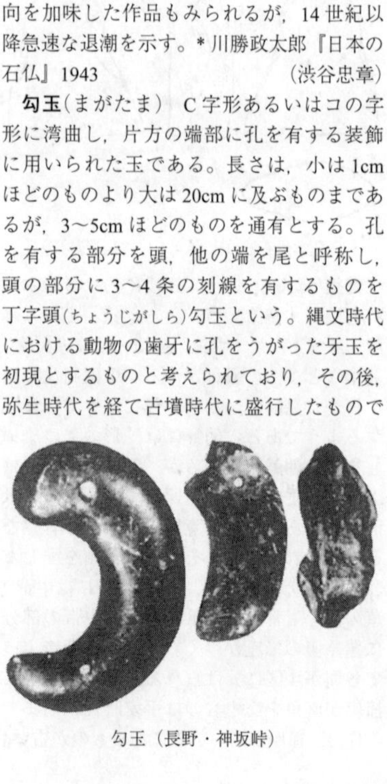

勾玉（長野・神坂峠）

ある。弥生時代の勾玉はC字形を呈する硬玉を素材とするものであり，まれにガラス製のものもある。古墳時代には同じく硬玉を主体とするものであるが，その他に碧玉・瑪瑙・滑石などを用いており，特に後期にはコの字形に湾曲するものが盛行した。祭祀用のものとして勾玉の背・腹あるいは側面に小突起を有する子持勾玉が用いられたほか，中期には滑石製のもの，後続しては土製の模造品もつくられた。　（池上　悟）

勾玉文鏡（まがたまもんきょう）　大阪府茨木市宿久庄所在の全長100mの前方後円墳紫金山古墳より出土した仿製鏡。径36cmを測る大型の仿製鏡であり，その名称は鏡背の文様のうち外区に連なる35個の勾玉形の図文に由来する。内区には四葉座を有する8個の乳の間に神像2，獣形4を配し，地を細線文様で充填し間に多数の鳥形が散在する。紫金山古墳よりは12面の鏡が出土し，伴出の仿製鏡はすべて三角縁神獣鏡である。＊小林行雄「紫金山古墳の調査」（『大阪府の文化財』1962）　（池上　悟）

纒向遺跡（まきむくいせき）　奈良県桜井市太田・辻・東田にある弥生から平安時代にかけての集落跡であるが，特に石塚古墳の周濠から弧文円板や鳥形木製品などが出土している。弥生時代から古墳時代に至る土器変遷と各地からの土器搬入がみられ，古墳の出現を考えるに重要な遺跡である。大和川（初瀬川）の上流にあたり，三輪山を背景に箸墓古墳や崇神・景行天皇陵などに囲まれる。＊石野博信ほか『纒向遺跡』1976（杉山晋作）

楣石（まぐさいし）　横穴式石室の内部施設の一つであり，室の内外を区画する目的を有して天井部に架構されるものである。一般的には玄室と羨道との境に施設される。これに対し，床面における玄室と羨道を区画する施設は，玄室と羨道の床面がほぼ同じ高さである場合，梱石（しきみいし）が床面に埋設され，その上部を床面上に出しており，床面に段差のある場合では多くが玄室の床面が下位にあり，玄室に面して石組みの段を施設した框石（かまちいし）がある。楣石は横穴式石室の天井をおおう天井石とは別の石で構成され，前後の天井石よりは一段低く架構され，この上に天井石が位置する。これに対し，小形の細長い天井石を玄室および羨道の天井石より一段低く架構するものは擬似楣石として区別される。楣石を有する横穴式石室は必ずしも多くはない。一般的には玄室天井と羨道天井とはほぼ同じ高さを示すか，羨道天井が一段低くなり羨道天井石の最奥のものが玄室天井部の前壁の一部をなす例が多い。

楣石を有する横穴式石室の変遷が明確化されている群馬県下の例では，6世紀前半代の東国初期横穴式石室の一つである前橋市前二子古墳は例外として，一般的には北群馬郡榛東村高塚古墳・高崎市観音塚古墳などの巨石を使用した大形石室，あるいは高崎市漆山古墳・藤岡市皇塚古墳などの加工石材を使用した両袖素形の石室および併存した無袖形石室に認められ，7世紀中葉以降の玄門を有する例では，藤岡市の伊勢塚古墳を例外として認められない。九州地方では筑前王塚古墳・筑後乗場古墳などの6世紀代中葉の装飾を有する複室構造の横穴式石室で，前者では後室入口，後者では前室入口に天井石とは間隙を有して楣石が施設されている。＊尾崎喜左雄『横穴式古墳の研究』1966　（池上　悟）

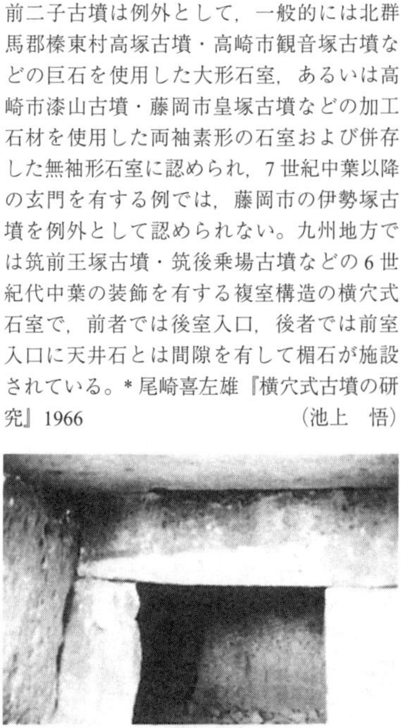

楣石（栃木・車塚古墳）

曲物(まげもの)　綰物(わげもの)ともいう。檜や杉などをうすい材に挽いて円形に曲げて合せ目を糊やにかわで接着し，あるいは桜・樺の皮などでとじて円筒をつくり，それに底板を竹釘などでとりつけた木製容器をいう。わが国では奈良時代に出現するが，特に中・近世になって盛んに用いられた。広島県福山市草戸千軒町遺跡では多くの木製品とともに出土しており，比較的大型の曲物は井筒としてつかわれている。*広島県教育委員会・草戸千軒町遺跡調査研究所『草戸千軒遺跡』1968〜1981　(是光吉基)

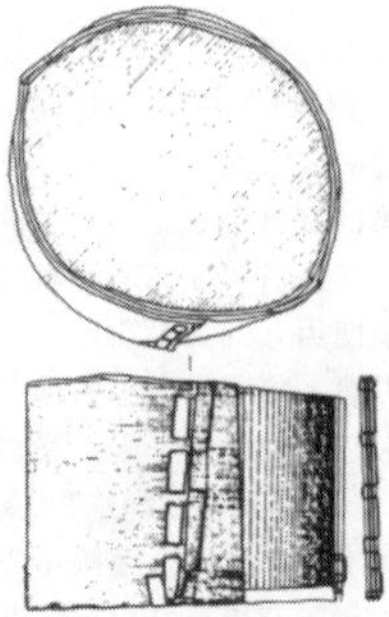

曲物（秋田・下夕野遺跡）

磨研土器(まけんどき)　表面をつややかに磨きあげた土器で，縄文時代後期・晩期および弥生時代の土器などにしばしばみられる。縄文土器は比較的小型の壺・皿・鉢形土器に多くみられ，黒色に磨きあげられていることから黒色磨研土器とよんでいる。弥生土器は丹などをすりこんだものもあり，丹塗磨研土器とよんでいる。しかしそれらは時代によって明確に分けられるものではない。特に丹塗磨研土器は縄文時代晩期にも比較的多く出土している例がある。*鎌木義昌編「縄文時代」(『日本の考古学』Ⅱ，1965)　(川崎義雄)

枡形囲遺跡(ますがたかこいいせき)　宮城県多賀城市大代枡形囲にある弥生時代中期の貝塚。本遺跡を著名にしたのは，1925年に山内清男が「石器時代にも稲あり」というタイトルで，貝塚出土の土器底部に稲籾痕のあることを見つけ，東北地方でも古くから稲作農耕が行われていたことを提唱したからである。なお，1919年に長谷部言人が貝塚を発掘し，その土器を「桝形囲式」と命名し，このとき磨製石斧・石庖丁・細形管玉も共伴した。*山内清男「石器時代にも稲あり」(『人類学雑誌』40–5，1925)　(関　俊彦)

増田精一(ますだせいいち)　1922〜2010。東京都生まれ。日本のオリエント考古学者。東京大学文学部東洋史学科卒。1948年東京国立博物館学芸部技官，1965年東京教育大学文学部助教授，1975年筑波大学歴史人類系教授，1986年東京家政学院大学教授。著書に『埴輪の古代史』1976，『オリエント古代文明の源流』1986，『日本馬事文化の源流』1996などがある。　(時枝　務)

磨製石鏃(ませいせきぞく)　中国大陸から朝鮮半島へ，そして北九州に入ってきた。朝鮮半島では，無文土器時代に支石墓に副葬されることが多い。長さが10cmほどで細長く，鋭利な刃部と鎬をもつ有柄と，無柄で長さが3〜5cmのものとがある。北九州の弥生時代前期の遺跡からは朝鮮半島製のものが出る。中期は銅鏃を模した長さ3cm前後の無柄のものがつくられ，東日本ではそれに孔をうがった例が後期まで使われ，粘板岩製が多く，非実用品が大半を占めた。*藤森栄一「諏訪湖付近の磨製石鏃と第Ⅲ型石斧」(『考古学』4–10，1933)　(関　俊彦)

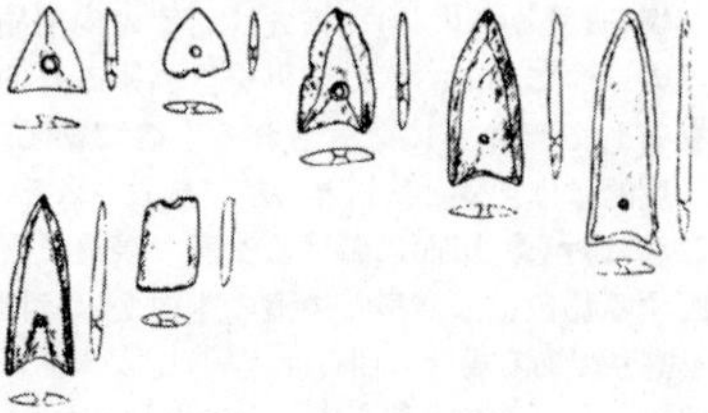

磨製石鏃（南関東地方）

磨製石剣(ませいせっけん) 金属製剣を石で模倣した剣で，中国東北地方南部と朝鮮半島・西日本に最も多く分布する。形態上，剣身と柄を共造りにした有柄式と，柄を木製などの別造りにして組合せた有茎式や，鉄剣形およびその変形などがある。朝鮮半島では無文土器文化の初期に出現し，後期まで継続した。日本では縄文時代の後・晩期ごろ，石棒の変形とみられる精巧な磨製石剣が発達した。それとは別に縄文時代終末期に稲作とともに朝鮮半島系の磨製石剣が伝来し，弥生時代前・中期に発展し，後期前半ごろまで継続した。うち最も多いのは有茎式と鉄剣形で，有柄式は一般に少なく，とくに有樋式はまれである。日本では平形銅剣をそのまま模した石剣や，剣身の関(まち)に近く双孔をあけた変則的なものがあり，特に石戈のような独自な武器まで模倣製作した。＊有光教一「朝鮮磨製石剣の研究」(『京都大学文学部考古学叢書』1959) (乙益重隆)

松岳山古墳(まつおかやまこふん) 大阪府柏原市国分にある前方後円墳。丘陵上に西面して築かれ，全長120m，後円部径60m，前方部幅35mある。葺石および埴輪列がある。後円部に一種の長持形石棺を納めた竪穴式石室があり，鏡・勾玉・管玉・鍬形石・石釧・鉄刀・鉄剣・銅鏃・鉄鏃などが出土した。なお石室の両短辺に安山岩の立石をもつ。また石棺の石材は花崗岩と凝灰岩が混用されている。営造時期は4世紀後葉。＊小林行雄『河内松岳山古墳の調査』1957 (車崎正彦)

松崎寿和(まつざきひさかず) 1915～1987。山口県生れ。1932年山口高等学校文科甲類入学，1935年東京帝国大学文学部東洋史学科入学。1938年同大学大学院入学，アンダーソン(J. G. Andersson)の英訳本“Children of the Yellow Earth”の翻訳をはじめ，1942年『黄土地帯』として出版。その後興亜院，桜井高等女学校，文部省，海軍司政官などを歴任し，戦後は広島高等学校講師・教授を経て，広島大学助教授となり，1965年には，文学部に考古学講座が新設され，その初代主任教授となる。1977年に退官，名誉教授となる。中国考古学では，『中国の先史時代』，『北京原人』，『中国考古学概説』『中国考古学大系』(鄭徳坤著訳)など新中国の考古学の紹介につとめた。1971年には，イランの考古学調査の途を開いた。広島を中心とした考古学・文化財研究の発展にもつくし，比治山貝塚，三ツ城古墳，常楽寺古墳群，草戸千軒町遺跡，帝釈峡遺跡群などの調査を手がけた。 (潮見 浩)

松添貝塚(まつぞいかいづか) 宮崎市折生迫字松添より字下箸方にわたる縄文時代の貝塚。遺跡は日向灘と青島海岸をのぞむ台地の東端にあり，縄文時代後期と晩期の土器を出土する。特に晩期には器面に網の目や布の目を圧着した組織痕文土器を伴い，貝の種類が多い。打製・磨製の石斧や石鏃・磨石・石皿・滑石製・垂飾品を出土し，めだって石錘の出土量が多い。＊田中熊雄「青島松添貝塚発掘録」(『宮崎大学学芸学部研究時報』1–15，1955) (乙益重隆)

マドレーヌ文化(Magdalénien) フランス，ドルドーニュ地方のマドレーヌ(Madeleine)岩陰を標式遺跡とする後期旧石器時代最後の文化。約1万7000年前の比較的温暖な時期(ラスコー休氷期)から，氷河時代が終わりはじめるころ(1万2000年前)まで継続した。主としてフランス・スペインに分布をみるが，イギリスおよび南西ドイツ・ポーランドにも同系統の文化が知られている。1912年，ブリュイ(H. Breuil)が6期に編年した。Ⅰ～Ⅲ期はプラカール(Placard)遺跡の層位をもとに，骨製尖頭器の形態変化で特徴づけられた。Ⅳ～Ⅵ期はマドレーヌ岩陰の骨製銛の研究によって定義された。したがって前後期に区分するときはⅢ期とⅣ期の間で分ける。なおⅥ期はヴィルパン(Villepin)遺跡の層位によって，Ⅵa 期とⅥb 期に細分された。石器型式では，Ⅰ期にはノッチとビュランが多く，Ⅱ期にはラクレットが多い。石器組成の様相はこのⅠ期とⅡ期の間で大きく変わり，Ⅱ期以後は継続する。したがって，この間に一つの区分を主張する考えがあり，特にⅠ期はバドゥグール文化(Badegoulien)とよばれることがある。細石器はⅡ期以後に認められる。また，Ⅲ期には半円棒が出現する。Ⅳ期には装身具(有孔円板)の出現があり，また，骨角器に動物の彫刻が認められる。それはⅤ期になるとリアリズムを失う。しかし，洞穴壁画を含めてマドレーヌ文化の後期は，旧石器美術が最高に開花する時である。*Henri Breuil “Les subdivisions du Paléolithique supérieur et leur signification”(2e éd.), 1937

（山中一郎）

真野古墳群(まのこふんぐん) 福島県南相馬市鹿島区寺内と小池に散在する古墳群。慶応大学が 1947～1961 年にこのうち 27 基を発掘した。2 基の前方後円墳(寺内 20 号・24 号墳)と円墳からなり，主体部も礫槨，横穴式石室模倣の礫槨，横穴式石室，竪穴式石室，箱式石棺など多彩であるが，副葬品は一般に豊かでなく，寺内 20 号墳から金銅双魚佩が出土したのが注目される。築造年代は 5～6 世紀。*『福島県史』考古学資料 6, 1964

（穴沢咊光）

真間式土器(まましきどき) 奈良時代の土器型式名で標式遺跡は千葉県市川市に存在する須和田遺跡である。真間とは遺跡の一字名である。土器群は盤形土器を特徴とし，甕·甑·鉢·坏·高坏形土器より構成され，鬼高式土器の影響を受けている。甕形土器は長胴を呈すものが多く，なかには口唇部に特徴のあるものがある。また，在地で生産された須恵器をしばしば伴出する。関東地方を中心に分布するが地域的な形態の違いが認められる。*杉原荘介・大塚初重『土師式土器集成』4, 1974

（阪田正一）

馬室埴輪窯跡群(まむろはにわかまあとぐん) 埼玉県鴻巣市大字原馬室字赤台の荒川東岸の台地縁辺に立地している。窯跡は標高 17～19m の斜面部に確認され，現在まで数次の調査が実施されている。1932 年に後藤守一によって 4 基の窯跡が調査され，1935 年に埼玉県史跡に指定された。1968 年に指定区域外南側が調査され，6 基の窯跡が確認され，県史跡中央群に対して「南群」とよばれている。

また，指定区北側において第 4 次調査で窯跡が確認され，10 基以上の窯跡が存在することが明らかになった。

窯跡はいずれも半地下式無段の登窯で，操業年代は 6 世紀代である。出土遺物は，窯跡内から円筒埴輪をはじめ人物・靫形・馬形・盾形埴輪などがある。*後藤守一「馬室村の埴輪窯」(『埼玉史談』5-4, 1934)；塩野博編『馬室埴輪窯跡群』1978；鴻巣市教育委員会『鴻巣市遺跡群』Ⅶ, 1991

（野沢 均）

マリタ遺跡(Mal'ta) ロシア。イルクーツク市の西 85km のベラヤ川左岸のマリタ村にある後期旧石器時代の遺跡。M. M. ゲラシモフが 1928 年に発見し，1959 年まで断続的に調査を行った(15～16m 段丘上にあり，主要な遺物は 6 層中第 4 層から出土している)。スクレブラ，片面加工尖頭器，石錐，コアスクレイパー(オーリニャック文化のものに類似)，ノッチ，円盤状石核，ナイフ(シャテルペロン形ナイフに類似)，彫刻刀などの石器，尖頭器，骨針，ナイフをはめこんだ角製の柄などの骨角器，マンモス牙や骨でつくった女性像，白鳥像などの装飾品が発見されている。住居跡は大形で長方形の竪穴住居 2 軒のほか掘り込みをもたない住居が 4 軒明らかにされている。遺跡の特徴から西ヨーロッパのソリュートレ文化やマドレーヌ文化と関連すると考えられている。年代は 2 万 3000～2 万 5000 年前のサハタン氷期の初めに属すると推定されており，アンガラ川流域では最も古い後期旧石器時代遺跡である。*V. E. ラリチェフ『北・中央・東アジアの旧石器時代』II，1972（梶原　洋）

丸瓦(まるがわら)　→　男瓦(おがわら)

丸木舟(まるきぶね)　1本の大木をくりくぼめてつくった舟を指してよび，独木舟とも書く。日本では各時代を通じ出土例が多いが，全容を知るためのものは少ない。千葉県南房総市加茂遺跡(縄文時代前期)から出土したものが最古のものとして古くから知られている。後期になると千葉県・埼玉県の低湿地帯の遺跡で発掘されることが多くなる。縄文時代のものは全体が鰹節型をし，断面が半円形を呈する。弥生時代以降の丸木舟はみな割竹型をし，舷に板材を取り付けたものもみられる。古墳時代になると舟首が尖り，舟尾が方形をし，断面が角型を呈する。＊松本信広「上代独木舟の考察」(『加茂遺跡』1952)　(川崎義雄)

丸木舟（千葉・加茂遺跡）

マルコ山古墳(マルコやまこふん)　奈良県高市郡明日香村真弓に所在する横口式石槨を主体部とする終末期の古墳。尾根の南斜面を整地し版築により墳丘を構築した径約15mの円墳である。横口式石槨は凝灰岩切石67枚を組み合わせたものであり，内法は長さ271.9cm，幅128.5cm，高さ143.3cmを測り，内面全体に漆喰を塗る。漆塗木棺の破片以外に飾金具・大刀外装金具・金銅製尾錠が出土している。＊明日香村教育委員会『マルコ山古墳』1978　(池上　悟)

丸底(まるぞこ)　土器の底がまるくなっているもの。縄文時代・古墳時代の土師式土器に時としてみられるが，縄文時代草創期の土器に主としてみられる点で注目される。＊甲野勇『縄文土器の話』1976

(川崎義雄)

丸玉(まるだま)　古墳時代に用いられた装飾用の玉のうち最も一般的なものであり，ほぼ球形を呈し中央に孔を有するものをいう。前代よりの系譜がうかがわれるものが，古墳時代に至り盛行したものである。径1～1.5cmほどのものを通有とし，小形のものを小玉として区別している。ガラス製のものを主体として碧玉・瑪瑙・水晶製のものがあり，さらに金銅・銀・土製のものなどがある。このうち主体をなすガラス製のものは，表面の文様などの変化により特別の名称でよばれるものもある。生地のガラスの色と異なる色のガラスで斑文などの文様を有するものは蜻蛉玉(とんぼだま)とよばれ，同様に縞目の模様をあらわしたものは雁木玉(がんぎだま)とよばれる。また表面に数条のくぼんだ溝を有するものは，全体の形状の連想より蜜柑玉(みかんだま)とよばれる。また，金銅あるいは銀製のものは中空につくられており，これは空玉(うつろだま)とよばれている。　(池上　悟)

マレイ式土器(マレイしきどき)　かつて称された弥生土器の異称。1904(明治37)年に八木奘三郎が，弥生土器の使用人種をマレイ人種の一分派とし，その使用土器をマレイ式土器と称した。しかし，その後一般に使用されるにいたらなかった。＊八木奘三郎「質疑応答」(『考古界』3–8，1904)

(長谷山隆博)

真脇遺跡(まわきいせき)　石川県鳳珠郡(ほうすぐん)能登町(のとちょう)字真脇，能登半島東端部に近い珠州市(すずし)の南方約20kmの半島の海岸に南面する小入江の奥部に位置する低湿地遺跡で，縄文前期前葉より弥生文化を経て歴史時代の遺物まで出土するが，最も多量な遺物は縄文前期末より中期初頭のものが多く，この文化層からは夥しい量のイルカの骨骼が発掘され，この時代にこの小入江でイルカの漁業が盛んであったことを物語っている。

南関東地方相模湾岸の平塚市五領ヶ台貝塚においても，中期初頭の五領ヶ台式の時期に夥しいイルカの捕獲が行われており，中期初頭に日本海岸と太平洋岸でイルカ漁が盛んであったことは興味深い。なお真脇遺跡付近には貝塚は皆無であり，この付近の海岸では棲息できるような海岸地形がなかったのであろうか。＊能都町教育委員会『真脇遺跡』，1986　（江坂輝彌）

馬渡埴輪窯跡（まわたりはにわかまあと）茨城県ひたちなか市馬渡にある。低い台地の支谷奥部に，計19基の窯が4ヵ所に分かれて確認された。A地点では埴輪窯9基と住居跡・工房跡・粘土採掘坑が，B地点では埴輪窯2基と工房跡・埴輪集積所・粘土採掘坑が，C地点では埴輪窯3基と工房跡2軒が，D地点では埴輪窯5基が検出された。これらの埴輪製作遺構群を取り囲む溝も確認されている。同じ台地で粘土を採取したこと，工房跡で粘土が貯蔵されたこと，未使用の窯があったことなどの調査成果を得た。製作された埴輪には円筒埴輪のほか人物や器財そして動物の埴輪があり，とくに武装人物埴輪には上下半身を分離して製作する技法が見られる。ここの製品は，鉾の宮古墳群など近隣の古墳に見られる。5世紀末葉から6世紀後半まで操業された。＊大塚初重・小林三郎「茨城県馬渡における埴輪製作址」（『明治大学文学部研究報告』考古学6，1976）　（杉山晋作）

曼荼羅（まんだら）　サンスクリット（Sanskrit）語の音写で，仏の無上正等覚という最高の悟りの本質を得ることを意味するが，一般にはそれを表現した仏画を指すことが多い。インドでは砂などを用いて製作し，修法の都度築いては壊していたが，後に絵画として表現されるようになり，チベットや中国には多くの遺品が残されている。密教では曼荼羅を重視し，金剛界・胎蔵界の両界曼荼羅をはじめ，その一部を取り出した部会（ぶえ）曼荼羅，修法の本尊を表した北斗曼荼羅・仏眼曼荼羅・童子経曼荼羅・法華曼荼羅などの別尊曼荼羅など，各種の曼荼羅が知られている。また，両界曼荼羅は表現法から，諸尊を仏像で描いた大曼荼羅，種子で表した法曼荼羅，三昧耶形（さんまやぎょう）で象徴した三昧耶曼荼羅，立体的に示した羯磨（かつま）曼荼羅に分類される。日本では，空海が請来して以後，多くの曼荼羅が製作され，仏教本来の曼荼羅以外に，神仏習合思想を反映した垂迹（すいじゃく）曼荼羅が生み出された。＊石田尚豊『曼荼羅の研究』1975　（時枝　務）

マンロー，N. G.（Munro, Niel Gordon）1861～1942。英国より日本へ帰化した男性。最初は横浜に居住，医師として横浜に居留の外国人の診療なども行ったが，19世紀末から20世紀初頭，横浜市近傍の貝塚遺跡など小発掘調査も行い，横浜市三沢（みつさわ）貝塚では竪穴住居址の一部も発掘し，彼の著書“Prehistoric Japan”1908，横浜で刊行，に三沢貝塚発掘の様子が記されている。晩年は，北海道に居住し，アイヌ民族の研究を行った。＊桑原千代子『わがマンロー伝』1983　（江坂輝彌）

み

三池平古墳（みいけだいらこふん）　静岡県静岡市清水区原にある。庵原山地の尾根先端に占地する前方後円墳である。全長65m，後円部径40m，高さ5m，前方部幅35mほどを測る。後円部中央に刳抜式の割竹形石棺を蔵する竪穴式石室がある。副葬品は鉄刀・剣・変形方格炬四神鏡・変形四獣鏡・筒形銅器・帆立貝式石製品・紡錘車・鎌・鍬・斧・鉋・鑿・刀子・鉄鏃・ガラス勾玉・管玉・小玉・車輪石・石釧が知られる。4世紀後半ころに築造されたと考えられている。＊内藤晃・大塚初重『三池平古墳』1961　（坂本美夫）

三浦遺跡（みうらいせき）　石川県白山市三浦町の石川県立翠星高等学校（旧・県立松任農業高校）校地内に存在する古墳時代～平安時代の複合遺跡。遺跡は手取川扇状地の扇央部の一角に位置する。1965年に石川考古学研究会が発掘調査し，住居跡・掘立建物跡・野鍛冶跡が発掘された。遺物は，土師器・須恵器・灰釉陶器・緑釉・青磁などが出土している。特に上層の土器群は標式資料として著名である。＊石川考古学研究会『加賀三浦遺跡の研究』1967　（岡本桂典）

三上次男（みかみつぐお）　1907～1987。京都府生まれ。東京帝国大学文学部東洋史学科卒。東京大学教授を経て青山学院大学文学部教授，中近東文化センター理事長，日本考古学会会長を務めた。文学博士。東北アジアの考古学的研究を進める一方，陶磁器を世界的視野にたって研究した。とくに，貿易陶磁器について先駆的な研究を果たし，また，日本・朝鮮・中国の陶磁史・イスラーム陶器史の研究に大きな業績を残した。（主要著作）『満鮮原始墳墓の研究』（1961），『古代東北アジア史研究』（1966），『金史研究』（1970・1972・1973），『陶磁の道』（1969），『三上次男著作集』全6巻（1937～1990），『高句麗と渤海』（1990），『春日抄』（1988）　（坂詰秀一）

蜜柑玉（みかんだま）　古墳時代に用いられたガラス製の丸玉のうち，表面に数条のくぼんだ溝をたてに有するものをいう。その形状が蜜柑の実に似るゆえの名称である。長さ2～3cmほどのものであり，後期の古墳よりまれに出土する。類似のものに扁球形を呈するものがあり，山梔玉（くちなしだま）と称せられている。これにはガラス製のもののほかに金銅製のものもある。同じく類例は乏しくまれなものである。　（池上　悟）

三木文雄（みきふみお）　1911～2003。徳島県生まれ。國學院大学國史学科卒。帝室博物館を経て東京国立博物館考古課長。辰馬考古資料館理事長。文学博士。日本の青銅器，とくに銅鐸の研究に新分野を開拓した。また，古墳時代の遺跡（前方後方墳の調査，横穴墓群の研究など）にも意欲的に取り組み，多くの業績を挙げた。『流水紋銅鐸の研究』（1974），『銅鐸』（日本の美術88，1973），『銅鐸』（1983），『日本出土青銅器の研究―剣・戈・矛・鏡・銅鐸―』（1995），『はにわ』（1958）などがある。　（坂詰秀一）

三雲遺跡（みくもいせき）　福岡県糸島市三雲に所在する弥生時代の遺跡。1822（文政5）年南小路で甕棺が発見され，棺内から重圏精文白鏡・重圏素文鏡・内行花文精白鏡などの前漢鏡35面とともに細形銅矛2，勾玉，管玉，ガラス製璧などのほかに，有柄銅剣を出土した。これらの発見事情については青柳種信の著した『柳園古器略考』に記録されており，遺跡の重要性をうかがうことができる。＊福岡県教育委員会「三雲遺跡」Ⅰ・Ⅱ・Ⅲ（『福岡県文化財調査報告書』58・60・63，1980・1981・1982）（木下　亘）

神子柴遺跡（みこしばいせき）　長野県上伊那郡南箕輪村神子柴に所在し，天龍川の支流によって開析された独立丘上にある晩期旧石器時代遺跡。1958年に発掘され，尖頭器・神子柴型石斧・大形石刃を主体とする石器群がソフトローム層上部の5×3mの楕円形を呈する範囲内より出土した。出土状況の特異性からデポ説・墳墓説・住居説などが唱えられている。類似する石器群は神子柴・長者久保系石器群とよばれ，有舌尖頭器の出現する直前に北方より伝播したと考えられている。＊藤沢宗平・林茂樹「神子柴遺跡―第一次発掘調査概報―」（『古代学』9–3，1961）　（柳沢和明）

御猿堂古墳（みさるどうこふん）　長野県飯田市上川路西にある。丘陵の山頂に占地する前方後円墳で，全長66.4m，後円部径26.4m，高さ8.5m，前方部幅29.6m，高さ9mを測る。墳丘に埴輪円筒，靫・盾の器財埴輪がみられる。内部主体は後円部にあり，全長11.3m，幅2.17m，高さ9.3mの横穴式石室である。副葬品には四仏四獣鏡・盤龍鏡・剣・環刀柄頭・直刀・鉄鏃・鞘金具・挂甲小札・轡・雲珠・杏葉・勾玉・切子玉・管玉・須恵器・土師器などが知られる。＊若林

勝邦「信濃国下伊那の古墳」(『考古学雑誌』1–19, 1897);信濃史料刊行会『信濃考古総覧』1956 (坂本美夫)

水城跡(みずきあと) 福岡県太宰府市および大野城市にある，土塁と掘等からなる古代の防衛施設。『日本書紀』巻27天智天皇3(664)年の条に「筑紫に，大堤を築いて水を貯えしむ。名けて水城と曰う」とある。前年，663年，百済の白村江海戦での倭・百済連合軍の敗戦を契機に，唐・新羅連合軍の倭へ侵攻を予想した防衛施設の建設である。翌664年には，筑紫に大野・(椽)基肄城，長門にも城を築いた。水城は，江戸時代には貝原益軒，青柳種信らの注目を集めた。考古学の調査は昭和時代に入ってからである。水城の場所は博多湾に面する福岡平野と南の筑後平野を結ぶ最も平野のすぼまったところで，水城の最東部はそのまま大野城へ連結し，南東約2kmに大宰府政庁がある。政庁が完備するのは水城の設置後であるが水城・大野城・基肄城を結ぶ三拠点間は天然の要塞である。水城は一直線に延びる全長12km，高さ13m，基底幅80mの内側が2段になった版築の土塁と，北側(博多湾側)にある幅60m，深さ4mの堀，堀への導水管である木樋，50cm程の石を1mほど積み上げた洗堰からなっている。東西の土塁と丘陵部の取りつく部分には城門の礎石が残っている。東城門に接する井戸跡からは「水城」との墨書銘のある奈良時代の土師器の杯蓋が出土した。水城の西側には小水城と称する土塁がある。*『大宰府市史(考古資料編)』大宰府市史料編纂委員会 1992 (島津義昭)

水迫遺跡(みずさこいせき) 鹿児島県指宿市西方に所在する後期旧石器時代，縄文時代草創期，縄文時代早期，弥生時代の複合遺跡で，1999～2001(平成11～13)年と発掘調査が実施されている。1999(平成11)年には，縄文時代草創期の隆帯文土器と縄文時代早期の円筒形土器との中間に位置する水迫式土器が設定され，南九州に特有とされる貝殻文系円筒形土器の系譜問題に貢献した。また，同年，後期旧石器時代の集落跡が発見され，姶良カルデラ噴出物や宿利原テフラ(tephra)などのローム(loam)層に掘り込んだ竪穴建物跡，道跡，杭跡，炉跡などの遺構が確認された。また，2000(平成12)年の発掘調査では，5軒が切り合った竪穴建物跡が発見されるなど，良好な状態で遺構が検出できることで知られる。これらの遺構と伴うと考えられる石器は，野岳・休場型細石刃核，細石刃，スクレイパー(scraper)，彫刻刀などのほか，小形のナイフ形石器，台形石器も出土している。細石刃文化初期段階の集落遺跡として具体的な遺構が残存していた点は，旧石器文化の集落実態の解明に重要な情報を提供していると考えられる。 (下山 覚)

水野清一(みずのせいいち) 1905～1971。兵庫県生まれ。京都帝国大学文学部卒。京都大学人文科学研究所教授。中国(響堂山・龍門・雲岡)，アフガニスタン(ハイバク，ハザール・スム，フィール・ハーナ・バサーワル)，パキスタン(カシュミル・スマスト)において多くの仏教石窟寺院を調査し，さらに，メハサンダをはじめとしてパキスタン・アフガニスタンの仏教遺跡の発掘を実施し大きな業績をあげた。一方，中国の石器時代・青銅器にも深い関心を示し，中国の仏教遺物の研究を推進したことは名高い。『龍門石窟の研究』(共・1941)，『雲岡石窟』(全32冊，共・1951～1955)，『ハイバクとカシュミールスマスト』(京都大学イラン・アフガニスタン・パキスタン学術調査報告，共・1962)，『ハザールスムとフィールーハーナ』(同上・1967)，『中国の仏教美術』(1968)などの著書がある。 (坂詰秀一)

水野正好(みずのまさよし) 1934～2015。大阪府生まれ。日本の考古学者。1957年大阪学芸大学卒。1962年滋賀県教育委員会技師，1969年大阪府教育委員会技師，1974年文化庁記念物課調査官，1979年奈良大学文学部教授。縄文時代から歴史時代まで幅広い研究で知られる。著書に『中世考古学論攷』2005，『土偶』1979などがある。（時枝　務）

見瀬丸山古墳（みせまるやまこふん）　奈良県橿原市見瀬町に所在する全長318mの奈良県最大，後期古墳ではわが国最大の前方後円墳であり，濠・周庭帯を伴う。後円部頂上が陵墓参考地となっている。主体部は後円部に位置する全長26.2mと想定されるわが国最長の横穴式石室であり，6世紀後半代の築造と想定されている。この古墳を『日本書紀』に檜隈大陵と表現された欽明陵と考える説がある。＊森浩一『古墳の発掘』1965　（池上　悟）

溝（堀・濠）（みぞ〈ほり・ほり〉）　大地に掘られた細長い窪み。水路や区画溝などさまざまな用途のものがある。一般的に，浅く細いものは溝と呼ぶが，深く幅広いものは堀や濠と称することが多い。屋敷を区画するものは溝，城郭の周囲に防御のために掘削したものは堀，集落の周囲に環状にめぐらされたものは濠と称されるように，溝・堀・濠の使い分けは慣用的な傾向が認められるが，実際にはそれらを明確に区分する基準はない。（時枝　務）

三反田蜆塚貝塚（みたんだしじみづかかいづか）　水戸市近郊，ひたちなか市三反田の中丸川に北面する標高10mの台地上にある主鹹貝塚で，地域によって縄文文化前期の関山式から中期後半の加曽利EⅢ～Ⅳ式，堀之内式，加曽利B式，安行Ⅰ～Ⅱ式まで長期にわたっている。また伸展葬の人骨が1968年度の藤本彌城らの調査でも7体出土しており，いずれも中期後半のものと思われる。＊藤本彌城編『那珂川下流の石器時代研究』Ⅰ，1977　（江坂輝彌）

三具足（みつぐそく）　経机の中央部に香炉1，右に燭台1，左に花瓶1をおき，仏前で用いる供養具をあわせていう。インド・中国ではすでに使用されていたが，わが国では鎌倉時代の後半から禅宗寺院で使われるようになった。のちには簡素な供養具であるところから一般にも普及していった。永正13年の箱書銘をもつ奈良唐招提寺の三具足は著名である。これに対して香炉1，燭台2，花瓶2をあわせて用いたものを五具足という。＊久保常晴「鎌倉新仏教各宗の仏具－供養具，梵音具」（『新版仏教考古学講座』5　仏具，1976）　（是光吉基）

三ツ沢貝塚（みつざわかいづか）　三ツ沢貝塚は神奈川県横浜市神奈川区三ツ沢東町字南沢の標高約30mの台地上にある。英国人医師マンロー（Niel Gordon Munro）は1905年にこの貝塚のAからGまでの7地点にトレンチ（trench）および発掘区を設定し，7ヵ月にわたって発掘調査を行った。層序は(1)黒土より成る最上層。この中には1707～1708年にかけて噴火した富士山の宝永山の火山灰層が挟まれていた。(2)獣骨・土器片・石器を含む貝層。(3)貝殻および遺物を混ずる土層。(4)関東ローム（loam）層。というような堆積が認められた。マンローは，下層からでる土器を土質が粗で文様もアルカイック（archaic）であるが，上層の土器は緻密で薄手，精巧な沈線で文様が画かれていると述べた。現在から見れば，下層は中期の加曽利E式，上層は後期の堀之内式であったと考えられる。また下層では土錘および朱塗り土器片が多く出土する事実を注意している。この発掘は石器時代人の集落を明らかにしようというマンローの考えによって計画されたのだが，トレンチからは5基の炉跡が発見され，中には石囲みの炉も含まれていた。人骨2体も発掘されたが，1体はローム（loam）層直上，他の1体は貝殻を含む黒土層の上面に横たわっていた。柱穴および貯蔵穴と思われるピット（pit）も認められ，住居跡の床面に口辺部を露出している埋甕の存在も，写真に残っている。明治の終わりに，このような発掘調査を実施したマンローの先駆的な業績は，学史上から高く評価されるべきであろう。しかし，当時の考古探検家として知られた江見水蔭は，貝層のない地点まで地下坑道のように深く掘り下げているのを見て「異様に感じた」と「地中の秘密」の中に述べている。マンロー発掘資料は，英国エディンバラ（Edinburgh）の国立スコットランド博物館に所蔵されている。また，1929年には大山史前学研究所によってこの貝塚の発掘が行われた。*N. G. Munro "Prehistoric Japan" 1908；池上啓介「横浜市三澤貝塚の土器に就いて」1978
（芹沢長介）

三ツ城古墳（みつじょうこふん）　広島県東広島市西条町大字御薗宇に所在する前方後円墳で，全長84m，後円部径52m，高さ13.2m，前方部幅52m，高さ10.5mを測る。くびれ部の両側には造出があり，墳丘は3段築成で葺石が敷かれ埴輪が囲繞する。主体部は特殊な箱式石棺2と箱式石棺1で，鏡・玉・櫛・銅釧・刀・矛などが出土し，築造時期は5世紀中葉に位置付けられる。本古墳は安芸国造の奥津城であると考えられている。*広島県教育委員会『三ツ城古墳』1954
（是光吉基）

三ツ寺Ⅰ遺跡（みつでらいちいせき）　群馬県高崎市に所在する古墳時代中期の首長層の館跡である。1980（昭和55）年以降の発掘によって首長層の居住空間が明らかにされ，一躍注目された遺跡である。

幅32〜40m，深さ3〜4mの濠をめぐらした方形の館で，内郭は86m四方の規模をもち，約1mの盛り土が行われ，外周部には急角度の石垣が施されている。内郭の南域部には主殿的建物と考えられる190㎡規模の草壁構造の掘立柱建物があり，西濠の水道橋から引水し祭祀を行ったと考えられる六角形の石敷遺構があるなど，公的な性格をもつ施設が集中し，北域部は日常的な施設である竪穴住居が位置している。また，内郭から方台形の張出部が濠に突出し防御施設の機能をもった遺構と考えられている。多くの祭祀遺物が出土している。

最近，三ツ寺Ⅰ遺跡の北方約3kmに位置する北谷遺跡が調査され，構造や規模も酷似していることから，当地域における豪族層の系譜や居館の在り方が注目されている。
*『三ツ寺Ⅰ遺跡』1988　（阪田正一）

三森定男（みつもりさだお）　1907〜1977。三森定吉の長男として神奈川県横須賀市生まれ。1920年石川県立小松中学校に入学，1925年東京都郁文館中学卒業。1929年京都大学文学部史学科選科に入学。1932年選科修了。1936年角田文衞らと考古学研究会を結成，『考古学論叢』を刊行，1952年札幌市北海学園大学教授。京都大学出身では数少ない縄文文化研究者。香川県小蔦島貝塚を始め，西日本で著名な縄文遺跡を数ヵ所発掘調査されている。
（江坂輝彌）

三戸遺跡（みといせき）　神奈川県三浦市初声町（はつせまち）三戸の光照寺背後台地上にあり，三浦半島南西端部，城ヶ島三崎町に近い小網代湾（こあじろわん）北西端の湾口部南西に突出した標高約28mの海岸段丘上の畑地が遺跡の所在地である。1929年赤星直忠が「古形式縄文土器の疑問の一形式」として，『考古学雑誌』19–11に相模三戸遺跡の報文を発表した。その後，田戸・三戸遺跡出土土器を標識資料として山内清男と赤星で三戸式・田戸下層式・田戸上層式の編年が組み立てられた。三戸式土器の標識遺跡である。

1944年白崎高保などによって，稲荷台・井草などの土器形式発見以前は三戸式土器が関東地方最古のものと考えられた。繊維を含まない，尖底部が鋭角の尖底深鉢で，文様は口唇部から底部近くまで平行沈線による格子状文・平行線文，箆状の施文工具の先端部による刺突文，サルボウ・ハイガイなどの貝殻腹縁による圧痕文などが施文されている。三戸式土器に関連ある同一施文法の土器は青森県下から福島県下太平洋岸にも認められ，三戸式土器は関東地方に広く分布している。*赤星直忠「古式土器の

一形式としての三戸式土ついて」(『考古学雑誌』7–9, 1936) (吉田 格)

三戸式土器(みとしきどき) 神奈川県三浦市初声町三戸遺跡出土の土器を標式とする。器形は，平らな口縁から直線的に，または，ごく緩いカーブを描いてすぼまる尖底である。口唇部の断面は内削ぎ状をなし，底部が肉厚で鋭角な乳房状をなすものを特徴とする。文様は細い沈線による格子目文や鋸歯状文が多く描かれる。他に斜行または横走する平行沈線文・貝殻条痕文・貝殻腹縁文･刺突文などがみられる。また，楕円･格子目・山型などの回転押型文土器を伴う。＊赤星直忠「古式土器の一形式としての三戸式土器に就いて」(『考古学』7–9, 1936) (吉田 格)

緑川東遺跡(みどりかわひがしいせき) 東京都国立市青柳に所在する特に縄文時代中期末から後期初頭に位置づけられる敷石遺構からほぼ無傷で完全な形の大形石棒が4本並置状態で発見された注目の遺跡。武蔵野台地の中央西，多摩川中流域左岸，青柳段丘(低位段丘面)にある。2012年の発掘調査で竪穴住居(推定)1基，竪穴状遺構2基，土坑，集石土坑などと注目の敷石遺構1基を発見。この敷石遺構は径3.3 × 3mを計る北東辺が直線的な略楕円形。遺構凹部には充填土上に平たい河原石を敷き，周壁内側に2.3段の積石が巡る。出土した石棒(2017年国重文)は同じ充填土層上に頭部を南西方向に向け，水平に平置き。いずれも1mを超え，最長1.125m，最重量30.8kg。頭部が半球状の笠形を呈し，何れも安山岩系，被熱や破損はない。炉や焼土は確認されていないことなどから，「石棒祭祀」の解釈を巡っては論議は尽きない。なお，遺構内には，958点の縄文中期末葉から後期初頭の土器が出土している。4本の石棒は，2017(平成29)年9月に国の重要文化財に指定された。＊ダイサン・国立あおやぎ会『緑川東遺跡第27地点』2014；清水周「大形石棒の出土状態 東京都緑川東遺跡の事例」(『考古学ジャーナル』678, 2015) (高麗 正)

水泥古墳(みどろこふん) 奈良県御所市古瀬にある。水泥の双墓として古くからしられている。水泥塚穴古墳と水泥南古墳がある。塚穴古墳は径約20mの円墳で，南面して開口する横穴式石室をもつ。6世紀後葉の営造。南古墳は径約14mの円墳で，南面して開口する横穴式石室に刳抜式家形石棺2を納めている。このうち羨道にある石棺の短辺の縄掛突起に蓮華文が彫刻されている。7世紀前葉の営造。＊河上邦彦「水泥古墳」(『探訪 日本の古墳』西日本編, 1981) (車崎正彦)

南御山遺跡(みなみおやまいせき) 福島県会津若松市門田町御山字中丸にある弥生時代の中期前半の再葬墓。1949年，杉原荘介が調査し，出土土器を「南御山式」と名付けた。遺跡は阿賀野川の上流の大川にそった奴田山のふもとにあり，小竪穴群から成る。この小竪穴は，おそらく土壙墓で，土器が壺棺ないし副葬品に使われた。土器は北関東の岩櫃山や女方遺跡と同系列のものが，また北陸の山草荷や東北の桝形囲遺跡のものに近いものもあり，これらには管玉や勾玉を伴う。＊杉原荘介「福島県北会津郡南御山遺跡」(『日本考古学年報』1, 1951) (関 俊彦)

南小泉遺跡(みなみこいずみいせき) 宮城県仙台市若林区南小泉，遠見塚，古城ほかにある。1939年に伊東信雄が調査した弥生時代中期から古墳時代前期の遺跡。弥生時代では桝形囲式土器に太型蛤刃石斧・扁平片刃石斧・有角石斧・石鍬・アメリカ式石鏃・石庖丁の石器群を伴うことが初めてわかった。同時に合口甕棺墓も多数確認された。古墳時代の住居跡からは土師器が一括して出土し，これに「南小泉式」という型式をあたえた。＊伊東信雄「仙台市内の古代遺跡」(『仙台市史』3, 1951) (関 俊彦)

南滋賀廃寺跡(みなみしがはいじあと) 滋賀県大津市南滋賀町に存在する白鳳時代

寺院跡。1938・1939年に調査された。伽藍配置は南面し，西に南面する西金堂，東に塔を配す。回廊はこれらを囲み，中金堂に接続する。中金堂の北に講堂を置き，北・東西に僧房を置く。川原寺では塔と西金堂が向かい合うが，当寺では南面する。大津宮に近接することから，官寺的性格を有すると推定される。遺物としては方形の瓦当が出土している。桓武天皇が創立した梵釈寺と考える。＊柴田実「滋賀県大津京阯」(『滋賀県史蹟調査報告』9・10，1940・1941)
(岡本桂典)

南多摩窯跡群(みなみたまかまあとぐん) 東京都の多摩南部地域，八王子・町田・多摩・稲城市に及ぶ多摩丘陵に広く分布する窯跡群の総称である。古代武蔵国の四大窯跡群(末野・南比企・東金子・南多摩)の一つとして知られている。窯跡群の操業の開始は，今のところ多摩ニュータウン№342遺跡1号窯(町田市小山)での須恵器生産がもっとも古く，7世紀後半代と考えられている。奈良時代には，瓦谷戸窯跡を含む大丸窯跡群(稲城市大丸)において，武蔵国府・国分寺の瓦塼の生産に伴う大規模な操業が確認されている。平安時代になると八王子と町田の市境，御殿峠を中心に展開した御殿山窯跡群の操業をもって，本窯跡群の最盛期を迎える。現在まで60基余の窯跡が調査されており，須恵器の生産を主体に，一部瓦の生産も確認されている。さらに，工房跡や粘土採掘坑跡も発見され，古代窯業生産の実態が明らかとなっている。＊坂詰秀一他『南多摩窯跡群―山野美容短期大学校内における古代窯跡の発掘調査報告―』1992／『南多摩窯跡群―東京造形大学宇津貫校地内における古代窯跡の発掘調査報告書―』1992／『南多摩窯跡群―八王子みなみ野シティ内における古代窯跡の発掘調査報告―』Ⅰ～Ⅳ，1997～2001
(遠藤政孝)

『ミネルヴァ』(ミネルヴァ) 甲野勇(1901～1967)編集の原始文化・古代工芸・人類考古・民族文化・民俗信仰・事物起源の総合雑誌。A5判縦組。1936(昭和11)年2月に輸林書房より創刊号が発行され，1937(昭和12)年2月発行の第2巻第2号で止んだ。全10冊発行。後世“ミネルヴァ論争”といわれているのは，本誌の第1巻第2号より第1巻第6・7合併号にかけて喜田貞吉と山内清男との間に日本石器時代の終末時期をめぐっての論争が展開されたことによる。
(坂詰秀一)

ミネルヴァ論争(ミネルヴァろんそう) 1936年に日本石器時代の下限(縄文時代終末)を巡り，喜田貞吉と山内清男によって主に雑誌『ミネルヴァ』誌上でかわされた論争。[1回表『ミネルヴァ』創刊号] 1936(昭和11)年2月開催の座談会「日本石器時代文化の源流と下限を語る」の記録に始まる。山内は「所謂亀ヶ岡式土器の分布と縄紋式土器の終末」(『考古学』1-3，1930)と同様に縄文土器の終末は地方によって大差はないと解説。[1回裏・3号] 対して喜田は「日本石器時代の終末期に就いて」で反論。「石器時代遺跡から宋銭と鉄の曲玉」(『歴史地理』61-1，1933)などで報告したと同様，山内とは逆説となる東北地方での縄文文化の終末が著しく下降することを強調した。[2回表・4号] 対する山内は「日本考古学の秩序」で反論。[2回裏・5・6号] 喜田は「あばたもえくぼ・えくぼもあばた」,「又も石器時代遺跡から宋銭の発見」と応対,[3回表・6号] 山内は改めて「考古学の正道」を説く。1回戦は当時根強かった学会の常識的な歴史的観点からの喜田と，縄文土器の型式学的・編年学的な調査成果・科学的な研究を示した山内の論争で，2・3回戦はレベルを異にした論争となる。翌年山内による「縄紋土器型式の細別と大別」(『先史考古学』1-1)の発表で終止符を打つ。この論争は，縄文時代研究の基礎を支える編年研究の重要性を定着させた。＊桜井清彦「ミネルヴァ論争」『論争・学説 日本の考古学・別巻』(桜井清彦・坂詰秀一編)1989；勅使河原彰「ミネルヴァ

論争」『市民の考古学 1 論争と考古学』1994 （高麗 正）

壬生愛宕塚古墳(みぶあたごづかこふん) 栃木県の中央部を南流する思川の支流・黒川左岸の台地上の，下都賀郡壬生町壬生甲に所在する国指定史跡の前方後円墳。前方部を西南にけた全長 64.5m，後円部径 46m，前方部幅 58m の規模の前方部の発達した形状を示す。この地域の前方後円墳に特有な基壇上に築造されたものであり，周囲に盾形の幅 17～20m の周濠をめぐらし，前方部上に愛宕神社の社殿が建立されている。未調査のため主体部は不明であるが墳丘には埴輪片が認められ，6 世紀中頃の築造と考えられる。*『壬生町史』資料編，原始古代，1987 （池上 悟）

任那(みまな) ？～562 年。朝鮮半島南部の洛東江流域に形成された小国家群の総称。「任那」というのは，日本古代史上の呼称で，伽(加)倻(耶)，加羅ともいう。弁韓部族国家以来ゆるやかな小国分立状態をつづけ，6 世紀中ごろ，新羅に併合されるまで，ついに国家としての体をなさなかった。加倻地域の古墳は，丘陵尾根上に構築され，群をなすが，壮大な墳丘をもたないものが多い。内部主体はおもに竪穴式石室で，のちに横穴式石室も採用される。近年発掘された高霊池山洞古墳群や，釜山市福泉洞古墳群出土の馬具や甲冑類は，日本古墳文化との関連を裏付けるものであるが，今日までの考古学的事実からいわゆる「任那日本府」の実質的な存在を主張することはむずかしい。*金延鶴『任那と日本』1977 （中山清隆）

木菟土偶(みみずくどぐう) → 土偶(どぐう)

三宅敏之(みやけとしゆき) 1923～2005。京都市生まれ。1944 年東京文理科大学文学部国史学科に入学，学徒動員後，1945 年復学し，1947 年に卒業。1950 年に文化財保護委員会保存部記念物課文部技官，四天王寺などの発掘調査を行った。1967 年に東京国立博物館学芸部考古課原史室長，以後考古課長・学芸部長・次長を歴任。2004 年に日本考古学会会長に就任。この間，仏教考古学の研究に従事し，とりわけ経塚の研究で大きな業績を残した。著書に『経塚の話』1964，『経塚論攷』1983 などがある。 （時枝 務）

都塚古墳(みやこづかこふん) 奈良県明日香村大字阪田に所在する大型方墳。別称金鳥塚とも呼ぶ。尾根上に立地し，東西 41m，南北 42m，高さ 4.5m を測る。墳丘は，階段状の積石で構築され，段数は 4 段以上であることが判明しており，あたかも戒壇ピラミッドのような景観を呈する。主体部は，石英閃緑岩製の両袖式横穴式石室で，南西に開口する。全長 12.2m，玄室長 5.3m，同幅 2.8m，同高 3.55m，羨道長 6.9m，同幅 1.9～2.0m，同高約 2m を測る。内部に二上山産凝灰岩製の刳抜式家形石棺を安置する。家形石棺は，棺身長 2.23m，同幅 1.46m，同高 1.08m，総高 1.72m を測る。また，棺台の存在から，木棺の追葬が推測される。盗掘のため副葬品は散逸していたが，刀子・鉄鏃・鉄釘・小札などの鉄製品，土師器，須恵器，瓦器が出土した。それらの遺物などから 6 世紀後半に本古墳が築造されたと推測される。周濠が巡るが，幅 1.0～1.5m，深さ 0.4m と浅いものである。墳丘に地割れ，石室に亀裂が認められ，地震によるものと推測される。被葬者に蘇我稲目を想定する説がある。国指定史跡。 （時枝 務）

宮地嶽古墳(みやじだけこふん) 福岡県福津市宮司元町の宮地嶽神社奥の院域内にある円墳。全長 22m に及ぶ長大な横穴式石室が東に開口している。副葬品は金銅鞍金具・金銅壺鐙・金銅鏡板付轡・金銅杏葉などの馬具類や金銅装頭椎大刀，流雲文の間に龍の形を配した金銅透彫冠，緑瑠璃板，緑瑠璃丸玉，蓋付銅鋺，銅盤，ガラス器と仏教文化の影響下に成立した大陸系遺物を豊富に出土し，7 世紀末から 8 世紀初頭に比

定される。＊宮地嶽神社『国寶宮地嶽古墳出土品修理報告書』1968　（渋谷忠章）

宮滝遺跡（みやたきいせき）　奈良県吉野郡吉野町宮滝にあり，吉野川北岸河成段丘上の舌状台地にある，縄文・弥生・奈良時代の複合遺跡。面積は東西300m，南北約150mの包含層があり，上層には弥生時代，さらに上には奈良時代の瓦と敷石層がある。縄文時代は後期の元住吉山式，ヘナタリによる扇状圧痕と凹線文の宮滝式土器，晩期の滋賀里式，丹治式・橿原式が多く出土し，弥生時代の合口甕棺が出土し注目されている。＊末永雅雄編『宮滝の遺跡』1944　（吉田　格）

宮山古墳（みややまこふん）　奈良県御所市室にある前方後円墳。室大墓ともいう。巨勢山山塊の北端に位置し西面して築かれ，全長238m，後円部径105m，前方部幅110mある。葺石および埴輪列をもち，周湟の跡がある。後円部に竪穴式石室2があると推定され，うち南石室は長持形石棺を納め，鏡・玉類・琴柱形石製品・鉄刀・鉄剣・短甲・滑石製模造品などが出土した。また前方部から鏡約11・玉類などが出土した。営造時期は5世紀前葉。＊秋山日出雄・網干善教『室大墓』1959　（車崎正彦）

『ミュージアム』（みゅーじあむ）　国立博物館が編集した日本と東洋の美術史・工芸史・考古学・歴史学・博物館学・保存科学に関する論文などを掲載した雑誌。1951年に創刊され，現在まで継続しているが，副題は当初国立博物館美術誌，ついで東京国立博物館美術史，最近は東京国立博物館研究誌と変化した。出版者は，当初美術出版社，その後ミュージアム出版，東京国立博物館などと推移した。内容は，美術史・工芸史が主体で，考古学がそれに次ぐ。当初は啓蒙的な内容のものが多かったが，徐々に美術品や考古品の研究が増え，近年は本格的な論文が主体を占めている。　（時枝　務）

ミルン（Milne, John）　1850～1925。ミルンは英国の南海岸にあるワイト島のシャイドに生れた。リバプールおよびロンドンのキングスカレッジをへて，マインズのロイヤルスクールで地質学と鉱物学を学んだが，少年時代から冒険好きの旅行者であった。26歳のとき工部省工学寮の教授として招かれ，11ヵ月を費してロシア・シベリア・カムチャツカ・蒙古・中国を踏破してから日本へ到着した。工学寮はのちに工部大学校，さらに東京大学と変ったが，彼は1895年までの19年間を教授として日本人学生の教育と研究とに専念した。ミルンは近世地震学の開祖とたたえられる地震研究の専門家であったが，大森貝塚の実年代推定，北海道先史時代遺物および北海道手宮の古代線刻画の研究などに優れた業績を残した。1895年に英国へ帰ってからは日本人妻のトネ夫人とともにシャイドに住み，没するまで地震の研究をつづけた。函館の本願寺別院にミルン夫妻の墓碑がある。　（芹沢長介）

弥勒寺跡（みろくじあと）　全羅南道益山市金馬面箕陽里に位置する。百済最大の寺院として，新羅の侵略を防ぐために百済30代の武王（600～641）が建立，17世紀頃まで存続したと伝えられている。弥勒寺跡に対する調査は，1910年，朝鮮総督府により半壊状態の西石塔の調査に始まる。1974年と1975年に円光大学馬韓・百済文化研究所が実施した東塔跡の調査により，東塔も石塔であったことが確認された。国立文化財研究所の1980～1988年の調査で，東西石塔の中間に木塔が存在し，東西石塔と木塔の北側には，それぞれ金堂の性格を持つ二重基段の建物があり，東西石塔と木塔は回廊により東・中央・西の3つに区画され，その北側には，巨大な講堂を配した三院並置式ともいうべき特異な伽藍配置であることが判明した。＊国立文化財研究所『弥勒寺遺跡発掘調査報告』1989　（広瀬雄一）

三輪玉（みわだま）　中央の大形の半球形の左右に小形の突起を有する長さ3～4cmほどの下面の平坦な特異な形状の装飾品であ

る。大和三輪山の祭祀遺跡より発見のゆえの名称である。碧玉・水晶製のものと金銅製のものがあり，後者は中空となる。消火器形埴輪に認められる着装状況からの推定により，大刀の柄につけた勾金の装飾品と考えられている。古墳時代の中期後半より後期前半にかけての時期に認められるものである。（池上　悟）

明銭（みんせん）　中国，明朝で官鋳された制銭である。わが国へは明帝からの頒賜物として他の品とともに制銭がもたらされたが，勘合船の附搭物として送られた商品の代価，また密貿易で入ったものが多い。明銭は建国時に鋳た洪武通寳より始まるが，朱元璋（太祖洪武帝）が呉を建てた時に鋳た1361（大中通寳）年を含め，1368（洪武通寳）年，1408（永楽通寳）年，1433（宣徳通寳）年，1503（弘治通寳）年，1527（嘉靖通寳）年，1570（隆慶通寳）年などの諸銭を鋳たが，弘治通寳以降銅銭の粗悪化がみられた。洪武通寳，永楽通寳は大量に渡来しているが，宣徳通寳以降の銭種は少ない。出土する明代の銭種には，官鋳の明銭の他に明の私鋳銭や本邦の模鋳銭も含まれていることがある。＊永井久美男編『中世の出土銭』1994（岡本桂典）

民俗学（みんぞくがく）　民間伝承を通して民族文化を明らかにする学問。英語では Science of Folklore，ドイツ語では Volkskunde。研究対象は国によって少しずつ違いがある。ドイツでは単民族，すなわち自民族の研究とし，複数民族を比較研究する民族学 Felkerkunde と区別する。フランスでは文明民族における民間伝承と生活を研究対象とする。おもにキリスト教以前のヨーロッパ人の宗教や伝承をさぐる傾向がつよいイギリスでは，歴史科学として考え未開民族を対象とする民族学 Ethnology との区別はさほどきびしくない。

1937年にパリで開かれた国際会議では，民俗学の対象に口頭伝承・説話・社会組織・物質文化などを含めている。日本ではイギリスの学風の影響をうけ，俚伝学・俗説学・土俗学などとよんで，民族学的研究とも一体であったが，1934（昭和9）年に柳田国男（1875～1962）がその対象を一国民族に限定し，日本人の内省の学として位置付けた。柳田は一般庶民すなわち「常民」の間に伝えられた風俗・習慣・伝承・生活技術の研究をその対象とし，すでに「民間伝承論」の名称で1924（大正13）年から慶応義塾大学で民俗学の講義を担当していた。柳田は言語芸術・心意現象とならんで有形文化（生活技術）の研究を重視したが，民具など，いわゆる物質文化の取り扱いは国によってそれぞれ違いがある。

アメリカや北欧・ロシアでは口頭伝承を重んじて，それを含めないが，ドイツやフランスでは研究対象にとり入れている。ヨーロッパでは民俗文化における農具や家屋の構造，運搬法などの理解が先史時代の生活を解釈する際に役立つ場合が少なくないが，このような方法を民族文化接近法とよんでいる。民俗学は文献史料によることなく，日常生活の中に伝えられた様々の蓄積をもって事物の現在にいたる変遷・経過を明らかにしようとする。したがって，それは歴史科学的な性格をもつといえる。

今日の民俗学は，多角約な視点から他民族との比較研究が推進されており，民族学とも重複する部分が少なくない。ともに民族 Ethnos を対象とする「文化の科学」あるいは文化人類学として統合される傾向にあるといってよい。＊大間知篤三ほか編『日本民俗学大系』全13巻，1960（近森　正）

民族学（みんぞくがく）　個々の民族文化を記述する民族誌 Ethnography の成果に基づき，それらを比較研究して，人類文化の生成の様式，その性質の総体を知ることを目的とする学問。英語の Ethnology，フランス語の Ethnologie はギリシャ語の Ethnos（民族）に由来する。1839年にフランスでパリ民族学会が成立してその名称を採用し，1843年にはイギリスにロンドン民族学会が誕生した。日本では1934(昭和9)年に日本民族学会が創設された。

ヨーロッパでは，大航海時代以降ヨーロッパ以外の人々の風俗習慣に対する関心が高まり，民族学の知的基盤がしだいに形成されてきた。民族学が科学として成立してから19世紀を特徴づけた文化進化主義，ついで20世紀初頭の文化伝播論，文化圏説などの文化史学派が歴史を主題にしてきたことはいうまでもない。1920年代に入って文化要素間の機能的連関を重視する文化機能主義理論が提唱され，イギリスを中心に社会人類学が成立してから，民族学は広い意味の文化人類学の一分野として文化の歴史的側面の研究とのかかわりが深い。

民族学の研究対象は民族文化史・言語・生業・家族・親族・政治・経済・人間関係・宗教儀礼・神話・伝承・音楽，いわゆる物質文化などきわめてひろく，考古学・歴史学・言語学・宗教学・民俗学・社会学・地理学・心理学・自然人類学などの提携が必要である。民族学の調査は参与観察と面接を伴う，長期にわたる実地調査によって行われる。従来民族学が主として対象としてきた文字をもたない，いわゆる未開社会が，文明の直接・間接の影響をうけて変化をとげつつあり，現代の民族学は文明社会や都市をもその独自の方法を用いて研究対象に組み入れようとしている。＊マーシャル・D・サーリン編(和訳)『現代文化人類学』全6巻，1972　(近森　正)

民族考古学(みんぞくこうこがく)　物質的資料(遺跡・遺構・遺物)の発掘調査を主対象とする考古学に対して，現存民族を対象として観察し記録する民族学は，ともに非文字資料から人間の歴史を研究する学問である。先史考古学で得られた文化・社会の状況を，現在の民族調査の結果と対応理解して研究を進める方法が民族考古学である。＊『考古学と民族誌 ―渡辺仁教授古稀記念論文集―』1989，民族考古学研究会『民族考古学序説』1998，後藤明『民族考古学』2001　(坂詰秀一)

む

向野田古墳(むかいのだこふん)　熊本県宇土市松山町字向野田に所在する前方後円墳。前方部を土採り工事によって失っているが，全長約86mを測る。主体部は後円部中央に，竪穴式石室に長大な舟形石棺が置かれていた。副葬品は石室内より直刀・刀子・剣・鉄斧などの利器や工具が，石棺内からは舶載鏡2面，仿製鏡1面のほかに，車輪石や勾玉・管玉・小玉類が分散していた。4世紀末～5世紀前半の築造で，30代後半の女性の単独埋葬。＊宇土市教育委員会「向野田古墳」(『宇土市埋蔵文化財調査報告書』2，1973)　(渋谷忠章)

妻木晩田遺跡(むきばんだいせき)　日本海を望む大山山系の丘陵上に営まれた弥生時代の集落遺跡。大規模なリゾート開発が行われることになり，事前調査が実施された結果，山陰地方屈指の巨大集落であることが確認された。全国的な保存運動を経て，開発は中止された。平成11年，国史跡に指定され，保存整備事業が始められた。遺跡は山中に大きく展開し，152haの面積を有している。弥生時代中期末に，直径65mの環濠を伴う集落が遺跡内の洞ノ原地区西側丘陵に出現し，最盛期を迎える後期後半には，尾根によりいくつかのまとまりが認められる巨大集落に発展した。松尾頭地区では首長居宅と考えられる大型の壁立式住居跡や大型掘立柱建物跡が，妻木山地区では竪穴住居跡が67棟検出されている。また，洞ノ原地区東側丘陵や仙谷地区では山陰地方に特徴的な四隅突出墳で構成される墓域が検出されている。遺跡全体では建物が約900棟，墳丘墓が30基余り検出されており，弥生時代後期の国の実態が解る好例である。　(乾　哲也)

向山遺跡(むこうやまいせき)　栃木市平井町に所在し，足尾山地東南麓末端にある孤立丘の北側急斜面に立地する旧石器時代遺跡。1970，1971 年に発掘され，鹿沼軽石層より上位に 4 枚，下位に 2 枚の文化層が発掘され，北関東における旧石器時代石器群の変遷過程を究明する上で重要な資料が出土した。上位の第 2〜4 文化層出土石器群の石器組成は類似するが，剥片生産技術の様相は異なる。下位の第 5・6 文化層出土石器群は星野遺跡下層出土石器群と類似する。* 芹沢長介編「向山」(『東北大学文学部考古学研究室考古学資料集』3，1980)　(柳沢和明)

武蔵国府跡(むさしこくふあと)　東京都府中市に所在する古代武蔵国の国府跡。武蔵国府跡は，東京湾に注ぐ多摩川中流域の左岸で，沖積低地から河岸段丘上に立地する。国府の中枢施設である国衙跡は，大國魂神社境内から東側一帯に所在し，その西方至近に位置する国司館跡とともに，国史跡に指定されている。国衙は 8 世紀前葉に造営されるが，国府は 7 世紀末〜8 世紀初頭に整備が始まった。その後，国分寺創建期の 8 世紀中頃から後半にかけて，国衙が塼を用いた格式の高い建物になる。10 世紀末葉に，国衙が機能を失うが，11 世紀代に至っても，国府の機能は維持され続けた。国府域のひろがりは，8 世紀前半で，国衙を中心に，東西約 2.4km・南北最大 1.8km に及ぶ。さらにその東と西に，国府関連遺跡群が展開している。国衙を基点として，主要道路と官衙などの施設が面的に国府域を形成。国府には，奈良時代前期の段階で 2,000 人を超える人々が暮らしていたと想定されている。その大半が，労役などに従事する一般の民衆で，竪穴建物に暮らしていた。出土遺物では，大量に出土する土器類をはじめ，墨書土器などの文字資料，陶硯類，瓦塼，木器などの木製品，刀子などの鉄製品，腰帯具などの銅製品など多種多様なものが出土している。* 江口桂『武蔵国府の成立と展開』2014；府中市郷土の森博物館『ブックレット 17 よみがえる古代武蔵国府』2016　(江口　桂)

『武蔵野』(むさしの)　1916(大正 5)年 7 月に鳥居龍蔵などによって設立された武蔵野会(1948〈昭和 23〉年 7 月に武蔵野文化協会と改名)の機関誌。A5 判・縦組。創刊号は 1918(大正 7)年 7 月 7 日刊。2020(令和 2)年 3 月，現在，359 冊を刊行(第 94 巻第 2 号)。2010(平成 22)年「総目録」，2017(平成 29)年「創立 100 周年記念」，2019(令和元)年 5 月「武蔵野人名録」，2020(令和 2)年「武蔵野事典」を特集。　(坂詰秀一)

武蔵野台地遺跡群(むさしのだいちいせきぐん)　東西が東京湾と山地，南北が多摩川・荒川に囲まれた武蔵野台地には河岸段丘が発達し，高位から多摩・下末吉・武蔵野・立川・青柳などの地形面が確認され，それぞれにローム(loam)層が堆積している。立川礫層上の江古田層から最終氷期の寒冷気候を示す植物化石が発見されている。旧石器時代遺跡は小河川に沿って段丘上に分布し，小規模遺跡の他に，環状に石器集中地点が巡る大型遺跡も存在する。また，礫群や炉跡も発見される。Ⅲ〜Ⅹ層に細分された立川ロームの各層から石器が出土し，Ⅳ層前後の遺跡数が多い。下位のⅨ・Ⅹ層では石斧・台形様石器・ナイフ形石器などが現れる。Ⅳ層までには石刃技法が発達し多様なナイフ形石器が作られ，後半には小型尖頭器が作られる。Ⅲ層では細石刃が現れ，後半では大型尖頭器が出現する。黒曜石・安山岩・チャート(chert)砂岩などが用いられ，前 2 者は長野県，箱根，北関東などの遠隔地からのもので，後 2 者は多摩川流域でも採集できる。* 赤澤威ほか(小田静夫・山中一郎)『日本の旧石器』1980　(阿部朝衛)

武藏府中熊野神社古墳(むさしふちゅうくまのじんじゃこふん)　東京都府中市西府町熊野神社境内に存在する上円下方墳。墳丘は一辺 32m(高さ 0.3m)の一段目方形の上に一辺23m(高さ2.2m)の二段目方形，その上に径16m，高さ1.2mの円形部を築いている。表面に葺石，二段目と円形部を画する部分には小口積みで石垣状の施設が見られる。主体部は，切石の3室複室構造をもつ横穴式石室で玄室は三味線胴張，後室・前室ともに緩やかな曲線の壁面構成である。石室全長は約8.8m，高さは玄室は3m以上。墓前域は河原石積みでハ状に開いている。遺物は，玄室・後室から鉄釘，玄室から鉄地銀象嵌鞘尻金具1点，丸玉6点，(水晶5，石1)が検出された。鞘尻には銀象嵌で七曜文が7ヵ所に配されている。築造年代は7世紀の中頃〜後葉と考えられている。発掘された上円下方墳としては3例目，最も古い例である。　(坂詰秀一)

ムシリ遺跡(むしりいせき)　青森県東北端部，下北半島東通村大字尻屋にあり，瓣天島の対岸，現在は日本製鉄の石灰岩積出港になり，遺跡地は採掘石灰岩の倉庫になっており，遺跡は全く壊滅状態である。遺跡中央には，海岸段丘を落下する小水流があり，水流の西側の台上には縄文時代前期初頭の円筒下層a式の遺跡があり，水流に沿う小凹地には，擦文土器の時代の小貝塚があり，鯨骨製の廻転離頭銛などが発見されている。また，小流の東側の崖面は，上層部に縄文時代前期後半，その下層に仙台平野方面に分布する縄文時代前期初頭の室浜式土器類似の土器が出土し，斜縄文の施文された尖底部破片も出土している。

また，この文化層は，伴出石器が豊富で，硅質頁岩製の石槍(銛先？)・縦型石匙・箆状石器・石鏃などの剥片石器類，緑色変成岩製の擦切磨製石斧などが発見されている。この下層有機質に富んだ黒色砂層からは，ムシリI式と命名された薄手平底ないしは平底に近い丸底の櫛目文的な特殊な幾何学的珍線文の施文された早期の土器が発見される。硅質頁岩製の直刃斧的な石器を伴うが，石器は少ない。＊江坂輝彌「ムシリI式土器について」(『先史時代』5，1957)　(江坂輝彌)

ムスチエ文化(Moustérien)　フランス，ドルドーニュ地方のムスチエ(Moustier)岩陰を標式遺跡とする中期旧石器時代文化。最古のものはリス氷河期中に知られるが，ほとんどはウルム氷河期前半にあてられる。約7〜3万5000年前におかれる。分布は広く，ヨーロッパ・アジアおよび北アフリカで報告されている。

次の五つの変異文化が区別されている。①典型的ムスチエ文化；ルヴァロワ・テクニックが顕著で，削器に特色がある。②アシュール系ムスチエ文化；心葉形ハンドアックスをもつ。③鋸歯縁石器ムスチエ文化。④キナ型ムスチエ文化。⑤フェラシー型ムスチエ文化(シャラント文化ともいう)。しかし，それらの変異が認められる理由は明らかになってはいない。

季節による生活様式の差，気候・環境による差，遺跡の機能差，技術基盤の異なる民族による差などの説明があるが，どの説も満足的説明と解釈を与えることがない。ただ細部調製の少ないルヴァロワ剥片を多くみる遺跡は石材原産地に近く立地する傾向がある。

ムスチエ文化の担い手は旧人であった。骨角器はほとんど認められないが，木器は多く用いられたと想像されている。生活形態を示す遺構は乏しいが，居住地域の周辺に不要物を捨てた例は知られる。ひたすら生存に意識を集中する域を脱し，例えば，赤色顔料を塗って死体を埋葬する観念をもつに至った証拠をこの文化の中に認めることができる。*François Bordes ‘Le complexe moustérien：Moustériens, Levalloisien et Tayacien’(“L’Anthropologie”, t. 55, 1951)

(山中一郎)

無土器時代(むどきじだい)　日本でこの用語が初めてあらわれたのは伊藤蔵平の「日本国家の成立過程」(1931)である。岩宿発見以後になって，1953年に芹沢が使用したこともあった。また立川ロームは完新世の堆積であるとして，立川ローム中の石器を無土器新石器時代とよぶ研究者もある。西アジアの新石器時代初頭にはまだ土器がつくられていなかったので，とくに無土器新石器(Aceramic Neolithic)あるいは先土器新石器(Pre-pottery Neolithic)として区別されている。＊芹沢長介「無土器文化」(『考古学ノート』1，1957)　(芹沢長介)

棟札(むねふだ)　「とうさつ」ともいう。家屋の建立・再建または修理を行ったときに工事の由来や修理の記録，祈願文，施行主名，大工名，年月日などを記した木製の札をいい，棟木に打ちつけたり，あるいは屋根裏に納めたりする。形態は頭部を山形にしたものが多くみられ，下方に向かってやや狭まっている。建築物を具体的に把握する場合，棟札は重要な資料である。　(是光吉基)

無縫塔(むほうとう)　石塔婆の一種。無縫とは塔身に縫目がないということ。頂部に塔身が置かれ，その形が卵形であることから卵塔ともよばれ，また，僧侶の墓塔形であることと，上部が長球形であるところから坊主墓ともよばれる。塔形には重制と単制がある。前者は基礎・笠・中台・請花・塔身の5部よりなり，後者は基礎・請花・塔身の3部よりなる。平面形は八角・六角・円形がある。鎌倉時代に禅宗の伝来とともに用いられ，その後，僧侶の墓塔として造立された。＊川勝政太郎「南山和尚祥勝塔と無縫塔形式」(『考古学雑誌』25–3，1935)　(斎木　勝)

無縫塔（愛知・長慶寺開山）

無紋銀銭(むもんぎんせん)　直径3cm，重さ10g前後の円形で中央に小円を穿った有孔の銀銭貨幣。「○」「×」など刻印もある。法定価値として和同銀銭1枚＝無文銀銭1枚の秤量貨幣。『日本書紀』天武天皇11年(683)詔の「今より以後必ず銅銭を用ゐよ。銀銭を用ゐること莫れ」の記載は，銅銭が「富本銭」で銀銭が「無文銀銭」を指していて日本最古の貨幣とされる。地鎮や荘厳など宝器的扱い。＊今村啓爾「無文銀銭と和同開珎銀銭」(『季刊考古学』78，2002)　(松原典明)

無量光院跡(むりょうこういんあと)　奥州藤原氏三代秀衡建立の中世寺院跡。岩手県西磐井郡平泉町所在。全体を南北320m，東西230mの土塁で囲繞し，内部は園地内の大きな中島に翼廊のある阿弥陀堂，小さな中島に礎石建物が配される。宇治平等院を模したといわれる。国特別史跡。＊八重樫忠郎「平泉・無量光院跡再考」(『岩手考古学』11，1999)　(八木光則)

室町時代(むろまちじだい)　政治史上の時代区分であり，その意味においては，1336(建武3)年11月7日，建武式目17ヵ条を制定し，幕府政治の実質的成立をみたこの時，あるいは足利尊氏が征夷大将軍に任ぜられた1338(建武5，暦応元)年8月11日を上限とし，1573(元亀4，天正元)年7月19日，織田信長によって足利義昭が追放されるまでという区分ができる。しかしながら，足利尊氏の開幕から南北両朝の合体，すなわち1392(元中9，明徳3)年までの間を「南北朝時代」とする見方が通説化しており，一般には，南北朝時代以後1573年7月19日までを室町時代と称呼している。また，1467(応仁元)年5月26日，細川・山名の一大衝突以降を戦国時代としてとらえる説もある。なお，室町時代を南北朝時代以後1573年までととらえた場合でも，応仁・文明の乱を境として，前後2期として分けて考える場合も多く，「応永・永享期」「嘉吉・延徳期」「明応以後」と同時代を3時期に分ける説，文化史的見地より，前期を北山時代，中期を東山時代とする説もある。また，室町時代は足利将軍にちなんで足利時代と称されることもある。　(小山田和夫)

め

明器(めいき)　中国で墓に副葬するために特別に製作した器物。殷代から明・清代まで伝統的に使用された。殷代に土や鉛で青銅製容器や武器を模造したのに始まり，秦始皇帝陵では武人俑，陶馬，車からなる戦車隊・歩兵隊が確認されている。漢代以降に瓦製明器の副葬が全国的に普及し，死者があの世で必要とした馬・犬・豚・鶏などの動物，家屋・倉庫・井戸・竈・食器などから構成される。＊駒井和愛『中国考古学論叢』1974　(池上　悟)

明刀銭(めいとうせん)　刀銭のうちで表面に「明」の字を有する銭貨をよんでおり，裏面には「左」「右」など数百種に及ぶ書体がある。中国，戦国時代の燕でおもに流通したものと推測され，華北や東北地方の遺跡から多く出土する。わが国では沖縄県那覇市城岳貝塚の貝層から出土した例や『銅鉾銅剣の研究』に所載されている広島県三原市出土と伝える明刀銭があるが，これについては出土地や遺物の所在がつまびらかでなく，再検討の余地がある。＊奥平昌洪『東亜銭志』1938　(是光吉基)

前原遺跡(めーばるいせき)　沖縄県国頭郡宜野座村前原の丘陵台地入り江の海岸線波打ち際(標高±0〜－1m)に立地する沖縄貝塚時代早期・前期(縄文中期・後期相当)を中心とする水場遺構を伴った遺跡。1996〜1997年の発掘調査により標高±1m前後の敷石を伴った文化層より多量の植物遺体とともに，丸木舟と思われる舟の舳先や板材，棒等が出土。また，標高0m以下の面から24基の貯蔵穴が検出され，そのうちの4基には目印的な機能を有したと推される木の棒が建てられていた。これらの貯蔵穴内にはオキナワウラジロガシが竹篭を伴って貯蔵。当該遺跡は往時の沖縄の水辺利用と食料事情の一端を窺い知る貴重な遺跡。　(知名定順)

珍敷塚古墳(めずらしづかこふん)　福岡県うきは市吉井町富永にあり，筑後川左岸にある耳納山麓の扇状地に位置する。墳丘は古くに失っており，石室も奥壁の1枚と右壁の基部を残すのみである。石室は長さ4m，幅2mと推定され，奥壁とその右側2個の石に彩画がみられる。奥壁の中央は二つの靫の間から蕨手文がだきこむようにあり，その右にも一つの靫がある。右端は盾をもつ人物，カエル，鳥らしきもの，左端は太陽とみられる同心円の下に，へさきに鳥のとまった舟とそれをこぐ人物が描かれている。築造期は6世紀後半。＊九州考古学会編『北九州古文化図鑑』2，1951　(渋谷忠章)

メダイ(めだい)　ポルトガル語「Medaiha」が日本語転訛したものであり，カソリック・キリスト教における護符の一種である。長さ2〜3cm，厚さ数mmの金属製で，素材には銅・真鍮・鉛・錫・青銅・鉄が使用され，金銀鍍金されているものもある。その表裏面にはキリスト・聖母マリア・聖人などの肖像や聖書に記される一場面などが鋳出されている。単独もしくはロザリオや十字架に付属して携帯され，キリスト教徒である証として宣教師などから授けられた。一部は日本においても鋳造されたものもあるが，大半は宣教師によってヨーロッパからもたらされたものである。＊今野春樹『キリシタン考古学』2013　(今野春樹)

面戸瓦(めんどがわら) 棟などの台土に雨水が直接当たることを防ぐための道具瓦。台土を隠し，外観を美しく見せる役割もある。陸棟用と隅棟用があり，棟面戸瓦・蟹面戸瓦・隅面戸瓦・鰹面戸瓦・面戸付土居丸などの種類がある。奈良時代から現代まで製作されている。 (時枝 務)

も

蒙古鉢形冑(もうこはちがたかぶと) 和歌山県初島町(現・有田市)の椒浜古墳出土の特異な形状の冑である。6枚の梯形鉄板を縦に鋲留めにして鉢形をなし，半截楕円形の伏鉢で頂部をおおい，裾には幅の広い帯状鉄板をめぐらして腰巻としたものである。正面下縁には連弧状のくり込みを有し，後方には小孔を有して7段よりなる小札錣を垂下させるものである。この形成よりして衝角付冑とともに古墳時代冑の主流の眉庇付冑の一変種と考えられている。＊末永雅雄「椒浜古墳」(『初島町誌』1962) (池上 悟)

蒙古鉢形冑

モース(Morse, Edward Sylvester) 1838～1925年。1838年6月18日に米国東北部メーン州ポートランドで生まれ，1925(大正14)年12月20日，ボストン北郊のマサチュセッツ州のセーラムの自宅で逝去した。1877年来日し，横浜から東京へ向かう汽車の中から大森貝塚を発見し，同年9月に発掘を行った。1879年に東京大学理学部の英文紀要1–1として"Shell Mounds of Omori"その日本語版『大森介墟古物篇』にはモールスとしてある。

ハーバード大学のルイ・アガッシーのもとで学生助手をするかたわら動物学を学び，ダーウィンの進化論の信奉者であった。モースは1877年，相模産の腕足類(ホオズキガイの類)を採集のため来日したが，東京帝国大学理科大学に教授として招かれ，2ヵ年同大学で動物学の講義を行った。大森貝塚の調査は日本における最初の科学的な発掘調査であった。またモースは日本の古陶磁を蒐集するために1900年再来日したが，その時の蒐集品は今日もボストン美術館に収蔵されている。またモースは親日家で，短い滞日中に日本各地を旅行して歩き，この時の日記を"Japan Day by Day"として刊行，石川欣一訳の『日本その日その日』は創元選書の1冊になっている。 (江坂輝彌)

木炭槨(もくたんかく) 古墳の内部施設の一つで，木棺を木炭でおおった形態をいう。粘土槨を簡略化したものとされており，礫槨と同じく，木棺の全てをおおったものか不明の木炭床とでもいうべき形態もある。古墳時代前期に認められる。また，奈良時代には墓域内に火葬骨を納めた木櫃を置き，木炭を詰めた太安萬侶墓のような例がみられ，これも木炭槨とよぶことがある。木炭床は，東日本に比較的多くみられる。＊柴田常恵ほか『日吉加瀬古墳』1953 (杉山晋作)

杢路寺古墳(もくろじこふん) 佐賀県伊万里市二里町にあり，有田川に接する舌状台地上に位置する。古墳は復原全長80m，前方部幅約20mを測る前方後円墳。主体部は現存しないが，後円部中央には礫槨もしくは礫床に木棺が推定され，墳裾に箱式石棺4基が確認された。副葬品は木棺から仿製三角縁神獣鏡，鉄剣6口，直刀，鉇が発掘され，石棺からも鉄斧や鉇が出土した。墳丘からは朝顔形埴輪が発掘され，5世紀初めに比定されている。＊大塚初重・小林三

郎「佐賀県杢路寺古墳」(『考古学集刊』4, 1962) (渋谷忠章)

百舌鳥大塚山古墳(もずおおつかやまこふん) 大阪府堺市西区上野芝町にある前方後円墳。百舌鳥古墳群中の南西部に位置し，西面して3段に築かれ，全長159m，後円部径93m，前方部幅109mある。北側くびれ部に造出があり，葺石および埴輪列をもち，周濠がめぐる。後円部に粘土槨4，前方部に粘土槨4があるが，埋葬は1号槨と7号槨だけで，他は副葬品埋納の施設とされる。鏡・玉類・刀剣・甲冑・盾・柄付手斧などが出土した。5世紀前葉の営造。＊末永雅雄『古墳の航空大観』1975 (車崎正彦)

百舌鳥古墳群(もずこふんぐん) 大阪府堺市にある古墳群。西に大阪湾をのぞむ台地上に東西4km，南北4.5kmの範囲に約100基の古墳が群集している。仁徳陵古墳・履中陵古墳・ニサンザイ古墳の3基は全国屈指の規模をもつ前方後円墳である。さらに御廟山・大塚山・乳の岡・反正陵古墳・イタスケ・長塚山・永山の7基も全長100m以上の前方後円墳である。5世紀代の古墳が多い。本古墳群のうち23基が2019年「百舌鳥・古市古墳群」としてユネスコの世界文化遺産に登録された。 → 古市古墳群(ふるいちこふんぐん) → 仁徳天皇陵古墳(にんとくてんのうりょうこふん) ＊中井正弘『伝仁徳陵と百舌鳥古墳群』1981 (車崎正彦)

持送式架構(もちおくりしきかこう) 石室の壁面を構築する技法であり，上に乗る石を順次内側へせり出させ，基底幅に対し天井幅は減少し天井石の小形化をもたらす。竪穴式石室では扁平な割石を用いた側壁に若干認められる。横穴式石室では小形の石材を用いて構築された初現期の横穴式石室に顕著である。九州では長方形の玄室の奥壁に若干，両側壁に顕著な持送りを施し，蒲鉾形の断面を示す横田下型石室，正方形の玄室の四壁を大きく持送り穹窿状の天井を呈す肥後型石室がある。

持送式架構（群馬・伊勢塚古墳）

畿内では，河内芝山古墳に代表される正方形の玄室の四壁を顕著に持送る石室が初現期の例とされるが，以後石材の巨大化に伴い持送りは減少し，玄室は長大化する。初現期以外の石室では，紀伊の岩橋千塚の横穴式石室が矩形の玄室の周壁を扁平な割石を用いて両側壁を他より大きく持送り，石棚・石梁を有するなど特異である。また，この石棚を有する石室では，阿波の美馬地方に集中する段の塚穴式石室が玄室の両側壁はわずかに持送るものであるが，天井石は主軸方向に階段状に中央部が高くなるように持送るものであり特異である。他に東国に集中する胴張り石室のうち，小形の河原石を小口積みにした石室では，持送りが顕著に認められる。

わが国の横穴式石室の源流が求められる三国時代の朝鮮半島では，高句麗に顕著な例が認められる。一つは楽浪・帯方の中国系の塼槨墓の影響により成立したと思われる四壁を持送り穹窿状を呈する天井の石室，他は玄室の対角線に直交して天井石を積み上げる三角持送りの石室である。また，わが国の横穴式石室の直接の源流と考えられるのは百済漢城期の石室であり，矩形の玄室の周壁をゆるく持送るものと，穹窿状に持送るものがある。＊尾崎喜左雄『横穴式古墳の研究』1966 (池上 悟)

持田古墳群(もちだこふんぐん) 宮崎県児湯郡高鍋町にあり，小丸川河口に面する標高約 50m の台地上に位置する。円墳 75 基，前方後円墳 10 基が現存するが，多くの古墳は盗掘されている。第 1 号墳（計塚）は全長約 53m の前方後円墳で，主体部は竪穴式石室に舟形木棺を設置し，鋳鏡や勾玉が出土している。また前方後円墳で全長約 44m の第 28 号墳（山の神塚）は，朝鮮半島南部の所産とみられる環頭太刀と純金の耳飾・勾玉・切子玉などが副葬されていた。* 梅原末治『持田古墳群』宮崎県教育委員会，1969
（渋谷忠章）

模鋳銭（もちゅうせん）　中世から近世初期にかけて中国銭などを模して鋳造した銭貨。私鋳銭なども含む。14 世紀前半，島銭は中国産鉛で，日本で模鋳。15 世紀は中国と日本の産出鉛を使用し，16 世紀～17 世紀初めの加治木銭や叶手元祐などは日本産の鉛によって模鋳。この時期朝倉一乗谷遺跡では鉛延板が出土し国内生産を物語る。* 斎藤努・高橋照彦・西川裕「中世～近世初期の模鋳銭に関する理化学的研究」（『金融研究』17，1998）；『中世の出土模鋳銭』（東北中世考古学叢書 1，2001）　（松原典明）

木槨墓（もっかくぼ）　本来は，地下に大きな穴を掘って，棺や副葬品を納める部屋を木材でつくった墓をさす。シベリアのミヌシンスク，南ロシアのスキタイやアルタイ地方のほか中国や朝鮮半島でも認められる。中国では，その風習は殷代の王侯墓から始まり中型墓に広がって前漢時代に終わる。平面形は方形・長方形・八角形などがあり，材木を横積みしたものや小口積みのものがある。木槨は堅固で防湿にも適しているが，さらに石を積んだり，木炭を敷きつめたりして機能の増大を図っている。朝鮮半島では三国時代の新羅墳墓に積石を有する木槨墓がみられる。わが国では，岡山県楯築墳丘墓ではじめてその痕跡が発掘され，墓壙の中に，長さ 3.5m × 1.5m の木槨をつくり，約 2.0 × 0.8m の木棺を納めたと考えられている。前方後円墳誕生の前段階にあたるこの墳丘墓に，前期古墳の割竹形木棺と竪穴式石室とはほど遠い木槨が認められた問題は大きい。* 近藤義郎『楯築遺跡』1980
（杉山晋作）

木簡（もっかん）　文字を書いた木片。中国で発明されたもので，当初は竹片に書写した竹簡が主流で，短冊形の簡を編綴して冊書の形態を採った。紙の出現で木簡の利用範囲は狭まったが，廃されることはなく，正式の書類や長文のものには紙，覚書や簡易なものには木簡が利用され，紙との機能分化がなされた。日本では，中国の影響のもとに 7 世紀に出現し，宮都や地方官衙で盛んに使用された。木簡の種類は文書木簡・付札木簡・呪符木簡などに大別される。木簡は古代のものばかりではなく，中・近世にも盛んに使用され，呪符木簡は現代でも使用されている。木簡は表面を削って再利用することが可能で，鉋屑状の削り滓が遺跡から発見されており，木簡の機能の実際を知ることができる。木簡は各地で発見されており，その内容も多様で，とりわけ史料の少ない古代史では貴重な情報源として注目されている。* 狩野久『木簡』1979
（時枝　務）

木簡（奈良・平城宮）

本ノ木論争（もとのきろんそう）　1956（昭和 31）年 12 月，芹沢長介らが新潟県本ノ木遺跡を発掘調査し，これに対抗した山内清男が翌年 8 月，同遺跡の発掘調査を行った。

このとき発見された多量の石槍(槍先形尖頭器)と少量の押圧縄文土器とを巡る土器共伴説・混在説から出発した学史上重要な論争である。旧石器時代の研究側からその終末を求める芹沢，縄文時代の研究側からその遡源を求める山内，異なる時代の枠組みを構築しようとした両者には，もとより研究姿勢に違いがあった。放射性炭素年代や大陸の出土品に関わる長・短期編年など年代論の対立もそのひとつである。國學院大学や地元の津南町教育委員会の尽力により60年前の論争の原点となる調査報告書が2016年刊行された。層位・年代，土器・石器自体の型式・年代的な帰属など基本的な問題はそこで整理されたものの，一方で新たな課題も呈示された。本ノ木論争は「草創期」の意味づけとともに百家争鳴は今後もつづく。* 芹沢長介・中山淳子「新潟県中魚沼郡津南町本ノ木遺跡調査予報」(『越佐研究』12, 1957)；山内清男・佐藤達夫「縄紋土器の古さ」(『科学読本』14-12, 1962)；津南町教育委員会『本ノ木遺跡第一次・第二次発掘調査報告書～山内清男資料整理報告～』2016；小林達雄(編)・岡本東三・谷口康隆ほか『座談会60年目の本ノ木遺跡 ―記録集―』2018 (高麗　正)

求女塚古墳(もとめづかこふん)　兵庫県神戸市東灘区住吉町にある前方後円墳。埋葬施設は後円部と前方部のいずれにもある。後円部の竪穴式石室から内行花文鏡・鏡片・前方部から木棺材とともに内行花文鏡，画文帯神獣鏡，三角縁神獣鏡4，車輪石，鉄剣などが出土した。8面の鏡はすべて中国製である。営造時期は4世紀中葉。* 梅原末治「武庫郡住吉町呉田の求女塚」(『兵庫県史跡名勝天然紀念物調査報告書』2, 1925) (車崎正彦)

モヨロ貝塚(モヨロかいづか)　北海道網走市に所在する住居跡・墓・貝塚などからなる集落遺跡。同市を縦貫する網走川の河口左岸の砂丘台地(標高約5m)に位置する。明治20年代より知られ，大正期以来発掘もなされた。1947, 1948, 1951年には東京大学・北海道大学・網走郷土博物館共同調査団も調査を行う。住居跡はオホーツク文化期のほかに続縄文期のものもあり，貝層はオホーツク文化期が主体で，貝層中・下にある墓はオホーツク文化期の人骨を出した。多数の出土遺物中には大陸系のものもある。* 駒井和愛編『オホーツク海沿岸・知床半島の遺跡』下, 1964 (石附喜三男)

森　郁夫(もりいくお)　1938～2013。愛知県生まれ。國學院大學文学部史学科。奈良国立文化財研究所(平城京跡発掘調査部考古室長)を経て京都国立博物館学芸課長となり帝塚山大学教授，同大考古学研究所長兼務，文学博士。歴史考古学・仏教考古学を専攻し，とくに古瓦の研究及び伽藍配置の研究を進め業績を残した。『日本古代寺院造営の研究』1998,『瓦と古代寺院』1983,『日本の古代瓦』1991,『大和古寺大観』1·2·5(共)1977・78など。還暦記念論文集『瓦衣千年』1999が編まれた。 (坂詰秀一)

森　浩一(もりこういち)　1928～2013。大阪生まれ。同志社大学文学部英文科卒，大学院文学研究科博士課程。関西大学非常勤講師を経て同志社大学文学部専任講師，助教授を経て教授，名誉教授。学生考古学研究会(1948)を古代学研究会と改称し(1950)主宰する。「考古学は地域に勇気を与える」を合言葉に，日本を中心とする考古学·古代史の研究を古代学的視点で独創的に展開し膨大な著作を残した。春日井市公民館「森浩一文庫」に軌跡。『古墳の発掘』1965,『巨大古墳の世紀』1981,『僕は考古学に鍛えられた』1998,『森浩一の考古学人生』2010,『森浩一著作集』(全5巻)2016ほか多数。『古代学研究』(180, ―森浩一先生傘寿記念論文集― 2008) (坂詰秀一)

森将軍塚古墳(もりしょうぐんづかこふん)　長野県千曲市屋代にある。丘陵尾根上に占地する前方後円墳で，全長90m，後円部径42m，高さ9m，前方部幅35m，高さ5m

ほどを測る。1971年に国指定史跡となった。葺石・埴輪が存在し，特に葺石は墳裾では石垣状に囲繞する。前方部・後円部に，竪穴式石室が存在し，後円部のものから三角縁神獣鏡片・剣・鉄刀・槍・鉄鏃・刀子・鎌・勾玉・管玉・土師器が出土した。墳丘および周縁から組合式石棺25基，埴輪円筒棺6基が発掘された。＊八幡一郎・米山一政・岩崎卓也「長野県森将軍塚古墳」(『東京教育大学文学部考古学研究報告』Ⅲ，1974)　(坂本美夫)

森本六爾(もりもとろくじ)　1903～1936。奈良県桜井市に生まれ，旧制畝傍中学に学ぶ。1924年に上京し，東京高等師範学校で三宅米吉の副手を勤め，のちに「東京考古学会」を主宰し，同会発行の機関誌『考古学』を編集した。特に弥生時代研究に画期的な業績があり，弥生土器の壺と甕の関係が，農業社会の必要が生んだ食料の貯蔵・煮沸などと密接なかかわりのもとで成立したとし，弥生時代を水田稲作を基盤とする農耕社会としてとらえたことは学史上著名であり，弥生土器の編年や青銅器研究にも大きな貢献をなした。おもな著作は，『金鎧山古墳』1927，『川柳村将軍塚の研究』1929，『日本原始農業』編．1933，『弥生式土器聚成図録』編．1938，論文集に『日本農耕文化の起源』1941，『日本考古学研究』1943など。桜井市粟殿極楽寺に墓地がある。＊藤森栄一『森本六爾伝』1973　(中山清隆)

茂呂遺跡(もろいせき)　東京都板橋区小茂根に所在し，石神井川と田柄川の合流点に近い独立丘(通称，茂呂オセド山)上にある。南関東で最初に発掘された後期旧石器時代遺跡であり，かつ，関東・中部南半を中心に分布する茂呂型ナイフ形石器の標式遺跡として学史上著名である。1951年に発掘され，ハードローム層上部より礫群を伴う遺物集中地点が2ヵ所発掘された。1980年に周辺が調査された結果，石器群が発掘されたハードローム層は武蔵野台地Ⅳ～Ⅵ層に相当することが判明した。＊杉原荘介・吉田格・芹沢長介「東京都茂呂における関東ローム層中の石器文化」(『駿台史学』9，1959)；小林三郎・坂入民子編「茂呂遺跡B地点発掘調査報告書」(『東京都板橋区教育委員会文化財シリーズ』42，1982)　(柳沢和明)

諸磯貝塚(もろいそかいづか)　神奈川県三浦市三崎町諸磯新掘にあり，縄文時代前期諸磯式土器の標式遺跡として著名である。遺跡は三崎街道から浜諸磯に至る道路の中程の台地上に位置し，古く1897年に八木奘三郎によって注目され，1921年に榊原政職により本遺跡出土の土器を標式として諸磯式土器と命名された。遺跡は前期黒浜式より諸磯a・b・c式にわたり，竪穴住居内覆土中にある小貝塚で，岩礁性の貝類が主体となっているがほかに魚骨・獣骨が発掘されている。＊岡本勇ほか「諸磯遺跡とその周辺」(『三浦市南部地区遺跡詳細分布調査報告書』1976)　(吉田　格)

諸磯式土器(もろいそしきどき)　縄文文化中期のかつて厚手(あつで)式土器と呼ばれたものや後・晩期の薄手(うすで)式土器と呼ばれたものと異なる形式であると最初に気付いたのは佐藤傳蔵，若林勝紀で1894年12月，『東京人類学会雑誌』10-105号に「常陸國浮島村貝塚探求報告」という表題の論文を発表，この中で「土器の形式は彼の椎塚より発見されし如きもの殆ど有る無く，紋様は沈様多く，浮紋少し，又彼の陸平(おかだいら)より多く発見せられし如き復環する如きは，一個も見出すを得ざりき」と記し，今日の関東地方の縄文文化後・晩期，中期の土器と異なる形式のものであることを19世紀末に既に喝破されている。また八木奘三郎が1896年『東京人類学会雑誌』13巻に「相洲諸磯石器時代遺蹟の土器」の表題で本遺跡出土の獣面把手付の特殊の文様ある土器片を図示して，後晩期や中期の土器と異なる形式であることを指摘されたが，八木もここに改まって形式名は附されなかった。

その後，榊原政職が1920年，『考古学雑誌』

11–8 に「相模國諸磯石器時代遺蹟調査報告」と題する榊原の発掘成果を発表したが，この中で初めて本遺跡出土の土器は諸磯式と命名する，他と異なる一形式であることが発表された。

その後 1924 年，『考古学雑誌』14–9 以降に谷川磐雄が「諸磯式土器の研究」の表題で，関東各地の本形式の土器を出土の貝塚遺跡の綜合的研究を発表した。当時は編年的研究も十分でなく，誤った考証を如実に示すものであった。その後，甲野勇，山内清男の見解が発表される。山内は諸磯 a，b，c の三形式に細分出来るとの見解を示された。その後 1956 年以降，江坂が縄文文化前期末の文化の編年的研究を継続的に実施し，関係論考を考古学雑誌上に連載し，千葉県丸山町加茂遺跡で，無造作遺跡の一時的堆積層も挟む層序も明瞭な遺跡を 1948 年に大規模に発掘。1952 年『加茂遺蹟』の表題の報告を三田史学会より刊行，江坂は水子(下田東)—矢上—四枚畑—草花 1～2 と五形式以上に関東地方の前期末の諸磯式文化を細分出来ることを記した。　(江坂輝彌)

門(もん)　内外を区分するために出入口に設けられた建物。木造や石造が多く，その形態は地域・時代・文化によって区々であるが，中央部を開口したものが多い。屋根をもたない門がもっとも簡素で，扉をもつものともたないものがあり，鳥居も一種の門である。屋根をもつものでは，四脚門(よつあしもん)や八脚門などの一重のものと二重門や楼門などの二重のものがあり，位置・形式・由来・本尊などによってさまざまな名称のものがみられる。城郭建築の櫓門，長屋の一部を門にした長屋門，石垣の一部を刳り貫いた埋門など，建物などの一部に組み込まれた門も広くみられる。社寺では祭礼や法会に際しての座として用い，拝殿として使用することもあり，随神や仁王などを祀る例も少なくない。民家では門の形式が家格を象徴することがあり，公家では上土門・棟門・唐門の序列で格式が高まるとされており，門が社会的な存在でもあることが知られる。* 岡田英男『門』1984
(時枝　務)

文珠院西古墳(もんじゅいんにしこふん)　奈良県桜井市阿部の安倍文殊院境内にある径約 25m の円墳。南面して開口する両袖式横穴式石室は花崗岩の切石でつくられている。玄室は各壁とも切石を 5 段に積み，天井石は 1 石である。羨道は両壁とも巨石 4 をたてて，天井を 3 石で覆う。石室は漆喰塗がなされている。営造時期は 7 世紀中葉。* 大脇潔「主要古墳解説」(『飛鳥時代の古墳』1979)　(車崎正彦)

や

矢上古墳(やがみこふん)　多摩川下流域右岸の神奈川県横浜市港北区日吉町 2 丁目の丘陵上に所在した直径 24m，高さ 4m ほどの円墳であり，埴輪を伴う。1937(昭和 12)年の調査により墳丘の中央部から粘土を使用した埋葬施設が発見され，同笵の鼉龍鏡 2 面・装身具などの副葬品が出土した。築造期は 4 世紀後半。* 柴田常恵・保坂三郎『日吉矢上古墳』1943　(池上　悟)

矢柄研磨器(やがらけんまき)　有溝砥石の 1 種で，平坦面の長軸に 1 条の溝のあるもの。同形の砥石を重ね，溝と溝との間に矢柄を通し，上下に擦り磨き，曲がりを正す道具。山内清男は縄文時代草創期の渡来石器の代表と考え編年の根拠とした。ただ従来の限定用途や時期の再考意見もある。* 山内清男「矢柄研磨器について」『日本民族と南方文化』1968；宮下健司「有溝砥石」(縄文文化の研究 7，1983)　(高麗　正)

焼塩壺(やきしおつぼ)　近世の都市遺跡において出土するコップ形や鉢形の素焼き土器で精製塩用の容器で，焼塩の生産ほか輸送・流通のための容器でもあった。二次的に供膳具としても使用され中世末から江戸時代を通じ武家・公家・寺院などで献上，贈答用に供した。壺には刻印があり塩生産者が明記され壺造りと成形技法などの分類が可能である。壷塩屋藤左衛門系，泉州麻生系，泉州磨生系の主要3系統の製品が大坂から菱垣廻船によって大量に江戸に持ち込まれた。＊小川望『焼塩壺と近世の考古学』2008／「「泉州麻生」の刻印をもつ焼塩壺に関する一考察」(『日本考古学』1，1994)
(松原典明)

八木奘三郎(やぎそうざぶろう)　1866〜1942。1866(慶応2)年，東京都港区青山北町に生まれる。父は丹波篠山藩の家臣だった。冬嶺・静山の号をもつ。苦学力行，東京帝国大学理学部人類学教室に入り，坪井正五郎・若林勝邦などの指導を受ける。1894年，千葉県阿玉台貝塚を発掘調査，阿玉台貝塚出土の土器が茨城県陸平貝塚出土の土器と同一形式で，大森貝塚出土の土器と異なることを指摘し，阿玉台貝塚を構成する貝殻はシジミが多く，大森貝塚にはアサリ・ハマグリなど海産の貝殻が多いことに注目し，大森式が古く，阿玉台式が新しい時期のものであり，形式差は時代的な差であると考えた。その後の調査で新旧は逆になったが，19世紀末にこのような見解を示すことのできた八木は，当時としては非凡な学者であったことを物語っている。1902年，台湾総督府学務課に勤務，1913年には韓国にわたり李王職博物館にも勤務した。その後満鉄に奉職，1936年東京に帰り，阿佐ヶ谷に居住した。『満洲考古学』1926，『朝鮮咸鏡北道石器考』1938など多くの著書がある。(江坂輝彌)

薬師寺(やくしじ)　奈良市西ノ京町に所在する法相宗の寺院。680(天武天皇9)年に皇后の病気平癒を祈って藤原京に創建された本薬師寺を710(和銅3)年に平城京に移転して創建された寺院である。東塔の建立が730(天平2)年であるので，そのころまで造営が続いていたことが知られる。伽藍配置は，中軸線上に南大門・中門・金堂・講堂が並び，中門から出た回廊が講堂に取り付き，中門と金堂の間の東西に塔を配し，講堂の背後に僧房を置くもので，薬師寺式伽藍配置と呼ばれる。東塔は創建当初のまま遺存する稀有な例で，伏鉢に創建の由緒を刻み，水煙に天女を表す。発掘調査の結果，焼失したまま放置された僧房が検出され，金銅仏を祀る空間と僧侶が起居する空間からなる僧房の実態が明らかになった。なお，境内には753(天平勝宝5)年の仏足石と仏足跡歌碑がある。＊奈良文化財研究所『薬師寺発掘調査報告』1987(時枝　務)

やぐら　丘陵部崖面の岩盤を横穴状に掘削して構築した方形の石窟墓。細い羨道を設け，玄室は平坦な方形の床面をもち，奥壁や側壁には棚状の段を設けるもの，仏像や石塔のレリーフを彫るものもある。墳墓堂を意識して構築されたことを窺わせる例には，天井部に屋根の垂木状の彫り込みを有するものもある。床面には納骨穴を穿ち，火葬骨を直接または陶磁器などの蔵骨器に入れて埋納する。時代のさがるものでは，甕に人骨を入れ土葬として埋葬する例もある。また玄室内に五輪塔，宝篋印塔などの石塔を置くものも多数認められている。従来，神奈川県鎌倉市周辺に集中して分布する特殊な中世墓との理解がされてきたが，同種の形態的特徴を有する中世墓は，近年，鎌倉と東京湾をはさんだ千葉県下にも約500

やぐら（神奈川・逗子まんだらどう）

基の分布が確認され，またさらに北陸の石川県，東北の福島県，宮城県，九州の大分県にも確認されており，年代的にも一部は近世に属するものまで認められる。有力武士や僧侶の墓と考えられてきたが，武士層は多くの場合，石塔を造立した墓を営むことから，やぐらの被葬者は僧侶などの仏教に深い関係を有するものが想定されるものの，諸説があり，定説的な一致をみていない。なお漢字で表記される「矢倉」は当て字である。* 田代郁夫「鎌倉の『やぐら』」(『中世社会と墳墓』1993)　(小林康幸)

矢島恭介(やじまきょうすけ)　1898～1978。長野県生まれ。早稲田大学文学部史学科卒。帝室博物館鑑査官を経て東京国立博物館考古課長。歴史時代の考古学を専攻し，とくに仏教分野に大きな業績を残した。経塚・御正体の研究をはじめ，出土銭貨の調査，近世の徳川将軍墓，谷中五重塔跡の発掘を担当し，新たな分野の先駆的研究を進めた。主著に「経塚」(『仏教考古学講座』10)1937,「経塚とその遺物」(『日本考古学講座』6)1956,『金峯山経塚遺物の研究』(石田茂作と共)1937,『徳川将軍墓とその遺品遺体』(共)1967,『貨幣—本邦に於ける出土銭貨—』(『日本考古学講座』7)1956 などがある。　(坂詰秀一)

矢立山古墳(やたてやまこふん)　長崎県対馬市厳原町にあり，佐須川に面した台地上に位置する。1948(昭和23)年，東亜考古学会によって調査され，2基の横穴式石室墳が確認された。1号墳は径20mの封土を残し，積石塚といわれる。石室は長方形の割石によって構築され，金銅製大刀や須恵器などが出土した。2号墳の石室はT字形を呈した石室で4.3mと0.9mを測る。1号墳と同じく割石によって構築する。口径11.7cm,高さ6cmで腹部に稜線をもつ銅鋺や長頸壺などが発見され，終末期に比定されている。* 水野清一編「対馬」(『東方考古学叢刊』乙種6，1953)　(渋谷忠章)

野中寺跡(やちゅうじあと)　大阪府羽曳野市野々上に存在する飛鳥時代の寺院跡。伽藍配置は法隆寺式配置と推定されている。塔心礎は円形の柱座を掘りこみ，三方に添木座をつけるもので，内側に横穴式の舎利安置施設を設ける。遺物は鐸舌などがあり，当寺所蔵の弥勒半迦思惟像は661(天智天皇5)年の銘を残すものである。銘文には栢寺なる寺名がみえている。* 石田茂作『飛鳥時代寺院址の研究』1936　(岡本桂典)

矢出川遺跡(やでがわいせき)　長野県南佐久郡南牧村野辺山にある旧石器時代遺跡。標高1330mの八ヶ岳高原末端にあり，すぐ東を矢出川が流れている。1953年12月，芹沢長介・岡本勇・由井茂也によって発見され，翌1954年に2回の発掘が行われた。遺物包含層はローム(loam)層の最上位であり，出土資料としては細石刃・細石刃核・スクレイパー(scraper)・ナイフ・チョパー(chopper)その他がある。細石刃は主として良質の黒曜石でつくられているが，頁岩や水晶製品もまれに認められた。日本に細石刃(細石器)が存在したかどうかという問題は1935年ころから論議されてきたが，否定的な意見が多かった。矢出川遺跡の発見はそのような問題をいっきょに解決し，さらに日本旧石器時代の終末期における様相を明らかにしたという点に画期的な意義をもっている。* 芹沢長介・由井茂也「矢出川遺跡の発見と調査」(『南佐久郡史』考古編，1998)　(芹沢長介)

柳又遺跡(やなぎまたいせき)　柳又遺跡は長野県木曽郡木曽町の開田高原にある。開田高原は木曽川上流の西野川，末川に開折された標高1100mの準平原である。A・B・C地点がある。1959～1962年に森島稔・小林達雄を中心にB地点が，信州大学の小林国夫らによってA・B地点が発掘された。1989～1995年にかけて國學院大學の発掘，A地点の南約60mのC地点は村道開発にともなう緊急発掘が1989～1990年にかけて行われた。

縄文草創期の標識石器として柳又型有舌尖頭器がB地点からまとまって出土した。C地点では層位的に石器群が検出され，最上層の細石刃石器群は，上部の削片系細石刃核と大形石刃，下部の野岳・休場型細石刃核の石器群に分離された。その下層には黒曜石の小形尖頭器・石刃石器群が，さらに下層には石刃素材と横長剥片素材のナイフ形石器が，最下層には珪岩・安山岩主体の切出ナイフ形石器と角錐状石器が検出された。柳又遺跡は中部地方南部の遺跡で良好な層位的に保証される複数の文化層をもつ後期旧石器時代から縄文時代草創期の遺跡である。＊開田村教育委員会『柳又C遺跡』1993 （角張淳一）

柳本大塚古墳（やなぎもとおおつかこふん） 奈良県天理市柳本町にある前方後円墳。柳本古墳群中の1基で南面して築かれ，全長94m，後円部径54m，前方部幅29m。葺石があり，周湟がめぐらされていた可能性がある。後円部中央に割石小口積の竪穴式石室があり，木棺片・朱・銅鏃などが出土した。なお副室ともみられる小石室から仿製内行花文鏡（面径39.7cm）が出土した。営造時期は4世紀後葉。＊千賀久「柳本大塚古墳」（『磯城・磐余地域の前方後円墳』1981） （車崎正彦）

山型土偶（やまがたどぐう） → 土偶（どぐう）

山木遺跡（やまきいせき） 静岡県伊豆の国市韮山山木にあり弥生時代後期の水田跡と古墳時代初期の集落跡からなる。1950年に後藤守一，1967年に八幡一郎らが発掘。狩野川がつくった沖積低地にあり，凹地に水田を，微高地に住居を営んでいた。出土した木製の鉢・高坏・杵・桶・鋤・田下駄・大足・弓・丸木舟などは，本遺跡を特徴付けるもので，木器の需要量の大きかったことを裏付けている。また，後世の民具研究にも好資料を提供した。＊後藤守一編『韮山村山木遺跡』1962；八幡一郎編『山木遺跡―第2次調査概報―』1969 （関　俊彦）

邪馬台国（やまたいこく） 『三国志』の『魏志』東夷伝倭人の条にみえる倭の女王国。当時の倭は100余の国にわかれ，中でも邪馬台国は卑弥呼の統治する戸口7万余の大国であった。その位置については九州説，畿内説そのほか異説が多く，いずれとも決まらない。女王卑弥呼は「鬼道に事え，能く衆を惑わす」巫女的な人物で，その都には宮室・楼観・城柵があり，つねに男弟が国政を補佐していた。239（魏の景初3）年，使を遣し男女の生口や斑布などを献じ，その返礼に銅鏡100枚など数々の好物を与えられた。その後240（正始元）年，243（同4）年，247（同8）年，さらに女王壱与の代まで数回にわたって使を派遣した。当時の日本は弥生時代の終末から，古墳時代の初頭ごろにあたり，古式古墳に副葬された三国時代鏡の分有関係や，卑弥呼の墓が「径百余歩」あったことなどから，すでに畿内における大和政権の萌芽が確立しつつあったとみるむきもある。しかし現状では3世紀代の高塚古墳は確認されず，またこの時代の所産として特定できる遺物も不明瞭である。『魏志』倭人伝の記事は，日本における統一国家成立の前夜を物語るものとして，きわめて重視される。＊佐伯有清『研究史邪馬台国』1971／『研究史戦後の邪馬台国』1972 （乙益重隆）

山田寺跡（やまだでらあと） 奈良県桜井市山田にあり，蘇我倉山田石川麻呂により7世紀中ごろから後半にかけて建立された。1976年より調査され，塔・金堂・講堂が一直線上に並び，回廊が塔・金堂を囲む伽藍が検出された。出土遺物は瓦塼類が大部分で，他に塼仏・風招などがある。現興福寺蔵の仏頭は山田寺にあったものである。1982年には東面回廊の建築物が一部倒壊した状態で発掘された。 （岡本桂典）

山根徳太郎（やまねとくたろう） 1889～1973。大阪府生まれ。京都帝国大学文学部史学科卒。大阪市立大学教授。文学博士。不分明であった難波宮跡の位置を明らかにし，発掘により規模を解明した。著書に『難波宮址の研究』1956～1970，『難波の宮』1964，『難波王朝』1969がある。（坂詰秀一）

山ノ上古墳（やまのうえこふん）　群馬県中央部の高崎市山名町の，利根川に注ぐ烏川の支流によって開析された丘陵の南斜面に所在する山寄せ式の円墳。墳丘規模は径15.6mであり，主体部は南に開口する凝灰岩切石を使用した両袖型横穴式石室である。全長6m，玄室幅1.72m，長2.6mの規模である。古くから開口しており副葬品は知られない。この古墳を著名にしているのは，隣接して所在する「山ノ上碑」との関連である。放光寺の僧・長利が母のために記したものであり，自身の父方・母方の系譜を記している。銘文中の「辛己」は「辛巳」として天武天皇10(681)年と考えられており，古墳築造年代が問題となる。＊桜場一寿「山ノ上古墳」(『群馬県史』資料編3，1981）

（池上　悟）

山内清男（やまのうちすがお）　1902～1970，東京に生まれ，旧制早稲田中学校を卒業後，1922年に東京帝国大学理学部人類学科の選科を修了。1924年から10年間東北帝国大学医学部解剖学教室の副手として勤務。1943年には再び同教室の助手，1946年から東京大学理学部人類学教室講師，1962年以後は成城大学文芸学部講師・教授を歴任した。中学生のころから考古学への興味を示し，生涯を通じて縄文土器と縄文文化の研究に専念した。先史時代の編年は集落から出土する土器破片の研究によってなされるべきであると主張して日本考古学の研究法を確立させ，また長い間不明とされていた縄文の施文法を解明，数十種類に及ぶ縄文の実体を復原した業績は高く評価される。また，縄文土器の実年代については^{14}C年代を否定し，その始源を約5000年前におく自説を強硬に主張した。代表的な著作は『日本遠古の文化』1939，『日本先史土器図譜』1940–41，『日本先史土器の縄紋』(博士論文)1979。（芹沢長介）

山の寺遺跡（やまのてらいせき）　長崎県南高来郡深江町山の寺梶木(現・南島原市)に所在する縄文時代晩期終末の遺跡。森貞次郎により設定された山の寺式土器の標識遺跡で，雲仙の北東より有明海に向かって傾斜する標高220m～300mほどの扇状地の頂上付近に位置する。合口甕棺，紡錘車，籾痕のある土器が発見され注目され，1957年に深江町教育委員会，1960～1961年には日本考古学協会西北九州総合調査特別委員会が調査を実施した。晩期中葉の黒川式と後葉の山の寺式土器や網目・蓆・布の圧痕をもつ組織痕土器，丹塗磨研土器，透かし高台の高坏とともに，焼畑等の農業作業用の石鍬として使用されたと考えられる扁平打製石斧が大量に出土している。＊森貞次郎・岡崎敬「島原半島山ノ寺遺跡」(『九州考古学』10，1960)；古田正隆「山の寺梶木遺跡」(『百人委員会埋蔵文化財報告』1，1970)；正林護『日本の古代遺跡』42，1989（広瀬雄一）

弥生時代（やよいじだい）　弥生土器文化時代の略称。縄文時代に継続し古墳時代に先行する時期で，弥生土器が使用された時代。その時期は紀元前2世紀代から紀元3世紀ごろにわたり，地域によっては古墳時代まで継続した。弥生時代の最大の特色は稲作農業が開始されたことにある。そして縄文在来の石器や大陸系石器とともに，金属器としての青銅器や鉄器が併用されたため，金石併用時代ともよばれる。さらにこの時期には在来の編物に対して，新しい織布が発達した。

まずわが国の稲作開始は，北部九州の縄文終末に近い突帯文土器(山ノ寺式)の段階にもとめられる。すなわち佐賀県唐津市菜畑遺跡では水田跡と，これに伴う木製農具や米・石器類とともに朝鮮無文土器や磨製石剣などを出土した。初期の水田は沖積平野の微高地周辺や谷口などに形成されたが，やがて河川流域に進出し，静岡県登呂遺跡のように7万585㎡にもおよぶ広大な水田が経営されるようになった。農具も最初の起耕から，最後の収納・仕上げにいたるまでセットをなしてそろい，すでに初期のころから完成された技術段階にあった。

当時の住居は円形または隅丸長方形が主体をなし，平地住居もつくられた。初期の集落は沖積平野の微高地が利用され，中期になると台地の崖線のほかに高地性集落もあらわれたが，後期にはふたたび平野部に進出し定着した。住居の周辺には井戸が掘られ，また食糧貯蔵のための袋状竪穴が設けられたが，やがて後期になると高倉式の倉庫へ移った。高倉の使用状態は伝香川県出土銅鐸の原始絵画にみられる。青銅器も鉄器もこの文化の初頭から存在した。青銅器には銅矛・銅剣・銅戈・銅鋤・銅鐸・巴形銅器・銅鏡などが用いられたが，一般に儀器的要素が濃厚であった。青銅製武器は北部九州の前期末に出現し，主として中期末まで継続した。それらは細形とよばれる舶載の実用品で，もっぱら墳墓に副葬された。国産の青銅製武器や銅鐸は中期に出現した。しかも武器は北部九州を中心に，銅鐸は近畿を中心とする地方で祭祀に供せられ，ともに土中に埋納される風習があったが，それらの理由については異説が多い。

当時の墓制については(1)縄文時代の伝統を受継いだ土壙墓や，東北南部および北陸東部・北関東に分布する再葬墓(円形土壙墓)がある。(2)その源流が中国大陸や朝鮮半島にもとめられるものに支石墓・甕棺墓・箱式石棺墓・木棺墓・石蓋土壙墓・石囲墓などがある。そのうち支石墓と甕棺墓・石蓋土壙墓は九州北部と西部に分布し，石囲墓は九州北部と山口・島根県下にみられる。箱式石棺墓と木棺墓は近畿以西に広がり，古墳時代に踏襲された。(3)弥生文化独自に起こった墓制に方形周溝や円形周溝墓があり，近畿を中心に全国に及んだ。方形周溝墓の一種とみられる方形台状墓は主として瀬戸内海沿岸に発達し，四隅突出形方形周溝墓は山陰地方に栄え，この時代の終末近くなって山陽地方と近畿の一部では墳丘墓も起こったが，高塚古墳とのつながりは明らかでない。(4)そのほか系流不明の墓制として南九州の一部に分布する，立石土壙墓や地下式板石積石室墓があり，ほかに特殊な例として崖葬や洞窟葬もみられる。

祭祀の具体的な行動こそ明らかでないが，前期のころから小形手捏土器が土壙墓などに供献され，中期以後の甕棺群の中には丹塗磨研の壺や大形器台が併存する。また後期の方形台状墓には，しばしば特殊器台や特殊壺とよばれる大形土器や土製玉類が供献され，墳墓祭祀の形跡がみとめられる。集落内でも祭祀が行われ，祭祀に使用したとみられる遺物を故意に破砕して，溝や川に棄てた例は少なくない。低湿地遺跡では木製の鳥や刀・剣・戈・男根などを出土することがあり，青銅製武器や銅鐸などの使用目的や埋納目的については，まだ多くの疑問が残されている。そのほか鹿や猪の骨を焼いて卜占を行った例は，長崎県壱岐唐神遺跡出土をはじめ約20例が知られ，『魏志』倭人伝にみえる「灼骨」の卜占を裏付けるものがある。要するに弥生時代は日本人がクニとして，はじめて朝鮮半島や中国大陸と交渉をもちはじめた時期であるとともに，後につづく日本文化の基礎ができた時期であった。＊乙益重隆「初期農耕文化」(『月刊文化財』11，1971)　(乙益重隆)

弥生時代年代論争(やよいじだいねんだいろんそう)　1990年代後半から，加速器質量分析法(AMS)を使った炭素14年代測定が普及し始め，少量の試料で精度の高い測定ができるようになる。このため，土器付着炭化物や人骨など，これまで測定できなかった遺物にまで分析対象が広がった。さらに，土器形式編年の精度 に対応できるデータが得られるようになり，弥生時代でも炭素14年代が多数実施されるようになる。一方で，より実年代に近づけるため，各種補正(同位体効果，リザーバー効果)や，暦年較正曲線を用いて炭素14年代を暦年代に補正する方法が取り入れられるようになる。このように，弥生時代の測定データーが急に増え，かつ様々な補正を行った年代値が公表されるようになると，従来の土器編年や炭素14年代と比較することが難しくなり，年代観が混乱する事態が起きた。特に弥生時代初期は，暦年較正や各種補正を行うと測定年代に比べて古くなるため，2000年代始めには，弥生時代の土器編年と実年代に関する論争が起きた。（橋本真紀夫）

弥生時代の鏡(やよいじだいのかがみ) 日本人が鏡にうつる映像を初めて知ったのは弥生時代であった。当時の鏡を大別すると(1)中国系舶載鏡と，(2)遼寧および朝鮮半島系舶載鏡，(3)中国鏡を模倣した朝鮮系仿製鏡，(4)弥生仿製鏡の4種がある。

まず(1)中国系舶載鏡には戦国鏡，前漢鏡，新および後漢鏡などがある。中でも戦国鏡の出土例はきわめて少なく，1822(文政5)年，福岡県三雲出土の甕棺に副葬されていた約35面の鏡のうち，四乳雷文鏡1面が知られている。しかし甕棺そのものは中期後半の所産であった。また戦国時代の末期近い遼寧および朝鮮半島系文化の所産といわれる多鈕鏡は，その古式に属するものが佐賀県宇木汲田の中期中葉の甕棺に伴出し，また山口県梶栗浜でも箱式石棺に伴出した。特に面径が大きく鋸歯文の精細なものが，奈良県長柄では流水文銅鐸に伴出したといい，同形式のものが大阪府大県より出土している。

前漢時代の鏡には古式の草葉文鏡(福岡県須玖岡本D地点，同県星野村出土)をはじめ，星雲鏡(福岡県須玖岡本D地点出土，同県三雲出土)など約10種が知られている。中でも重圏文鏡には素文鏡(同県三雲出土)をはじめ，銘文によって「精白」銘鏡(福岡県飯塚市立岩10号甕棺出土)，「清白」銘鏡(同10号甕棺出土)，「姚皎」銘鏡(同10号甕棺出土)，「昭明」銘鏡(同35号甕棺出土)，「久不相」銘鏡(同39号甕棺出土)などに区分されるが，いずれも同時期の所産であった。また内行花文鏡も銘文によって「日有喜」銘鏡(同10号甕棺出土2面)をはじめ,「清白」銘鏡(同35号甕棺出土)や「日光」銘鏡(同34号甕棺出土)などがあり，いずれも中期終末段階の甕棺に伴っている。

しかるに北部九州では弥生時代後期になると甕棺に伴う鏡は一変する。佐賀県桜馬場出土の甕棺には，王莽の新または後漢初頭とみられる方格規矩四神鏡(「尚方」銘と「大山」銘)を伴い，弥生時代中期と後期の境が西暦紀元後まもないころであったことを示している。そのほかにも後期の甕棺には前漢鏡系の四螭鏡(佐賀県三津永田115号甕棺出土)や，虁鳳鏡(佐賀県上峰町堤，住居跡)などがあり，後期中葉以後になると内行花文「長宜子孫」銘鏡が多くなる(佐賀県二塚山26号土壙墓出土)。そのほか波文縁獣帯鏡(同29号土壙墓出土)も断片的ながら

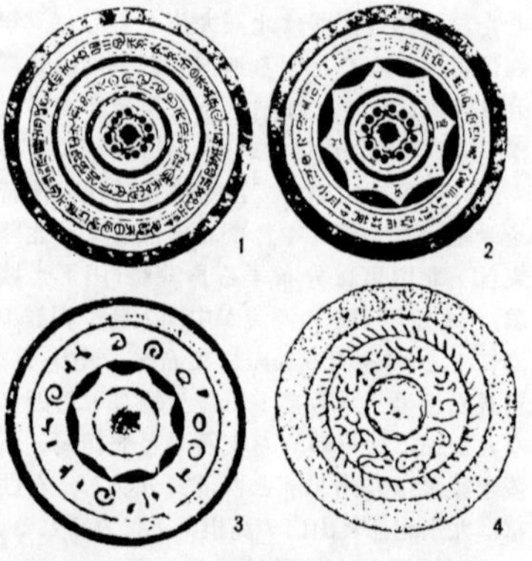

弥生時代の鏡　1:重圏「清白」銘鏡, 2:連弧文「日有喜」銘鏡, 3:連弧文「日光」銘鏡,（以上，福岡・立岩遺跡），4:仿製鏡（佐賀・二塚山17号土壙墓）

出土例がある。特に福岡県祇園山出土の弥生終末期に属する合口甕棺には，後漢後葉の画文帯神獣鏡を伴い，古墳時代への移行期を思わしめる。一方朝鮮半島で漢式鏡系の内行花文鏡を倣製したものが，弥生時代後期の終末近い住居跡(熊本県木瀬出土)や墳墓(佐賀県二塚山46号甕棺)に伴うが，いずれも小形品である。また日本でも漢式鏡を模した仿製鏡が，同時期ごろの住居跡や墳墓に伴出し，その分布は東日本にも及ぶ(東京都中田遺跡出土)。これらの仿製鏡は品質がいちじるしく粗悪である。*岡崎敬「鏡とその年代」(『立岩遺蹟』1977)；高倉洋彰「漢式鏡について」(佐賀県教育委員会『二塚山』1979) (乙益重隆)

弥生時代の石器(やよいじだいのせっき) 当時の石器には縄文時代以来踏襲された石鏃・石匙その他の打製石器のほかに，中国大陸や朝鮮半島より稲作文化とともに伝わった太型蛤刃状石器をはじめ，扁平片刃石器，柱状抉入石器・石庖丁・石鎌・磨製石剣・磨製石鏃があった。そのほかにもわが国独自の所産として磨製石戈や有角石器があり，また伝来の系譜があいまいな環状石器や多頭石器などがある。

機能的にみると，工具としての太型蛤刃状石器は斧に，扁平片刃石器は手斧(ちょうな)に用いられ，ともに源流は中国大陸にもとめられる。柱状抉入石器はノミの用途が考えられ，朝鮮半島の無文土器文化に出現し，その祖型は中国大陸の有段石器にあるとの説がある。農具には，石庖丁が稲・粟などの穂摘具に用いられ，九州・四国・本州のほぼ全域に分布し，その濃淡の差がいちじるしい。石鎌も収穫具の一種とみられ，刃は鈍く重量があり，一般に出土例が少ない。磨製石剣は有柄式と無柄式とがあり，本来実用の武器であったが，しだいに扁平で形式化して儀器化したものがある。磨製石鏃は細身の有茎を原則とするが，中期以後になると広身の扁平なものも出現し，とくに有孔の石鏃は東日本に多い。石戈は朝鮮半島の銅戈を模したといわれ，実用の武器であるが，中には儀器化したものもある。斧の両側に突起を有する有角石器は，儀器的要素が濃厚で，出土例は少なく，用途や起源についても異論が多い。環状石器は縄文時代にもあり，多頭石器とともに日本周辺各地から出土するが，それらとの直接関係は明確でない。これらの石器類は，鉄器の普及とともに弥生時代の中期末から減少していった。*岡本明郎「労働用具」(『日本の考古学』Ⅲ，1966) (乙益重隆)

弥生町遺跡(やよいちょういせき) 1884年，有坂鉊蔵は向ヶ岡にある貝塚から壺形土器を掘り出した。のちこの土器が「弥生土器」と命名され，同種のものはそうよばれた。杉原荘介は，本土器を後期中葉に編年づけて「弥生町式」という型式名を与えた。有名な遺跡なのに所在地が確定せず，1975年，佐藤達夫は東京都文京区弥生2–11–16の発掘で，東京大学構内も向ヶ岡貝塚の一部であると主張した。*大田博太郎「弥生町貝塚の位置」(『論争・学説日本の考古学』4，1966)；東京大学文学部考古学研究室編『向ヶ岡貝塚』1979 (関　俊彦)

弥生土器(やよいどき) 弥生式土器の略称。その名称は1884(明治17)年3月，東京本郷向ヶ岡弥生町(今の東京都文京区弥生町，東京大学工学部構内)の小貝塚より，有坂鉊蔵らによって頸部以上を欠損した壺形土器1個が発見されたことによる。その後，この土器の年代や文化内容については多くの意見があらわれた。1896(明治29)年，蒔田鎗次郎は，当時一部の人たちが呼称していた弥生式の名を踏襲し，「弥生式土器」と名付けた。しかし，この土器の名称が普及するまでには，八木奘三郎の馬来(マレイ)式土器説をはじめ，大野雲外の埴瓮(はにべ)土器，石器時代と古墳時代との中間にあたるという意味からN. G. マンローのIntermediate Pottery，八木の中間(ちゅうかん)

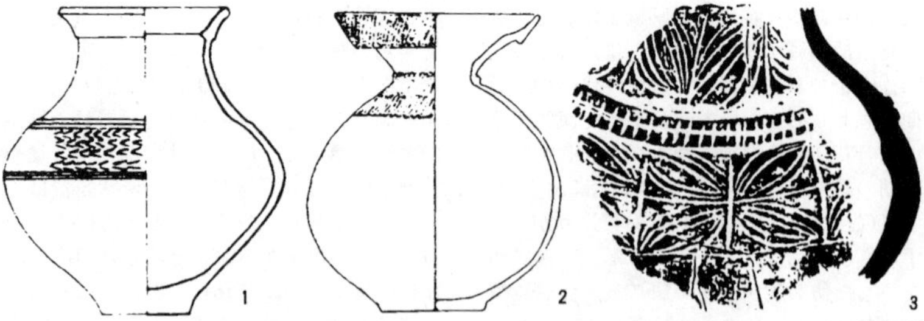

弥生土器　1：福岡・板付Ⅱ式，2：東京・弥生町式土器，3：大阪・鬼塚遺跡

式土器，八木の土蜘蛛(つちぐも)土器などの名称が続出し，明治末年ごろになってようやく「弥生式土器」の名が固定した。

弥生土器は縄文土器とちがって，初期の段階から器形に壺・甕・鉢・高坏などの別があり，のちには成人用甕棺のような大形土器や器台も出現した。それは中国大陸や朝鮮半島文化の影響とともに，農耕社会が形成され，生活文化が高まり，豊かになったことに起因する。弥生土器は前期・中期・後期・終末期の4期に編年され，地域によっては，型式が細分されている。弥生土器は水稲耕作の普及とともに，煮沸・貯蔵・供献用に製作され，そこには農耕の用途意識が強調されている。これらの基本形態は最古とされる北部九州の板付Ⅰ式土器にみられ，縄文時代終末の夜臼式土器にはみられない。＊佐原真編『弥生土器』Ⅰ・Ⅱ，1983

（乙益重隆）

弥生土器の文様(やよいどきのもんよう)　弥生土器には文様で飾りたてたものと，そうでないものとがある。形態は縄文土器に比べて優美で，幾何文様が多く，しなやかな印象を受けるものが目立つ。

土器を製作する人は，つくる時点で造型意識，使用意識，環境意識，美意識がはたらいたにちがいない。どこで，なんのために，どのように使うか，という精神面と使いやすくという物理面である。時代や生活形態によって土器が違うのは，その背景に生活観念があるからである。このことは文様を施文するときにも作用したであろう。ただ美しく飾るというだけではなく，文様にはいろいろな主張があるのではないか。

縄文土器の形態や文様と弥生土器のそれと比較した場合，きわだった違いや新しい文様はさほどない。ただどこか異なる面があるとすれば，狩猟・漁労・採集の段階から農耕という生産段階に入り，生活観念の差からくるものかもしれない。

弥生土器の文様は施文具によって篦描文，櫛描文・縄文・貝殻文といったように分けられる。これら文様は土器を回転台にのせて施したものが多く，スピード感や流れを感じる。短時間に効率よく施文していることと，鹿・水鳥・木の葉・家屋・舟・人物を表現したもの，記号を示したものがあるのも特徴である。

弥生土器の文様は，例えば畿内で独自なものが考えだされると，たちまち周辺地域に普及し，それがファッションとなっていくむきがある。各地へひろまるにつれ，どこか中継地で変形し，そのコピーがまた伝わるのである。＊佐原真「紋様と絵画」(『弥生土器』1976)　　（関　俊彦）

八幡一郎(やわたいちろう)　1902～1987。長野県岡谷市西堀区で出生，1920年頃，諏訪中学校在学中の八幡は，鳥居龍蔵の『諏訪史』第1巻を編さんのための調査に協力，1924年発刊の『諏訪史』第1巻の先史時代の部は鳥居に協力，八幡が執筆している。八幡は，1924年，東京帝国大学理学部人類学科選科を修了，同年理学部副手に就任，1930年，同助手，1939年，理学部人類学科本科成立とともに同科先史学担当専任講師，1943年，文部省直轄民族研究所設立とともに，同研究所員に就任，1945年，同研究所より満蒙（中国東北地方）の民族調査に派遣される。一時中国に抑留，帰還後，1951年，東京国立博物館学芸部考古課長，1953年，東京大学文学部専任講師（考古学），1961年，日本考古学協会委員長，1962年，東京教育大学文学部教授（史学方法論専攻），1966年，上智大学文学部史学科教授，1973年，同学定年退職，日本人類学会・日本民族学会・東京国立博物館・国立歴史民族博物館などの名誉会員·評議員なども務められる。*『八幡一郎著作集』（全6巻）1979〜1980

（江坂輝彌）

仰韶文化（ヤンシャオぶんか・ぎょうしょうぶんか）　中国の黄河中流域に起こった，龍山文化に先だつ比較的早期の新石器文化。その名は，J. G. アンダーソンが1921年に発見した河南省澠池県の仰韶遺跡に由来している。しかし，仰韶遺跡には，廟底溝類型の仰韶文化のほか，廟底溝第二期文化，河南龍山文化，東周時代の遺物など，四つの異なった文化が包括されている。仰韶文化の特色は，彩文のある精製土器（彩陶）がつくられたこと，磨製石器とともに打製石器も多いこと，両側に打ち欠きのある石庖丁や長方形単孔の石庖丁を使ったこと，石製や土製の輪を愛用したことなどである。西安市の半坡（ハンパオ）遺跡と河南省陝県の廟底溝遺跡が代表的遺跡で，この2遺跡によって2段階に分けられる。主な区別は，廟底溝は彩陶の量が多く文様も複雑で，深鉢や盆が普遍的であるのに対し，半坡が，彩陶の量が少なく文様も簡単であること，丸鉢が普遍的であることなどで，半坡類型が時代は早いとされている。　（江坂輝彌）

ゆ

有角石斧（ゆうかくせきふ）　弥生時代中期に関東周辺でつくられた磨製石器の一種。形態は太型の磨製石斧が変形したような異様なもので，基部にちかい両側に突出部がつき，先端に刃部があり，柄と緊着させるために茎が長い。長さは10〜20cm前後で，石材は閃緑岩や安山岩を用い，重量はある。集落から出土することが多く，大陸系磨製石器の出現と時期を同じくするが，その用途は判然としない。*関俊彦「有角石器の所属時期と用途」（『論争・学説日本の考古学』4, 1966）；新田栄治「有角石斧の再検討」（『考古学雑誌』60–4，1975）　（関　俊彦）

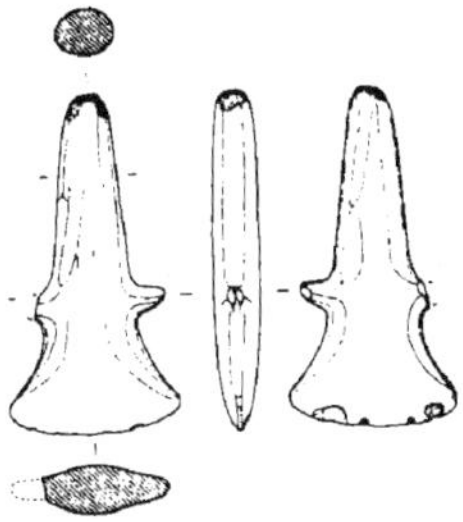

有角石斧（千葉・国分寺台）

有鰭円筒埴輪（ゆうきえんとうはにわ）
→　円筒埴輪（えんとうはにわ）

有肩石斧（ゆうけんせきふ）　刃部の対辺に茎をつけたような平面形のため肩部を持つ磨製石斧。インドシナ半島を中心にインド東部，中国南部，東南アジア島嶼部に多く分布し，さらにその周囲にも散在する。一般に扁平で片刃と両刃の双方がある。平面形にもかなり変化があり，すべてに同一の用途や起源を求めるのは困難である。鍬の類または木工用の平斧の類と考えるのが一般的であろう。かつてオーストロ・アジア語系の民族との関連が強調されたこともである。*Roger Duff "Stone Adzes of South East Asia" 1970　（重松和男）

有孔円板（ゆうこうえんばん）　扁平円形を呈し中央に孔を有する石ないしは土でつくられたもの。前者は古墳時代中期に盛行した滑石を主とする石製模造品の一つであり，1～2孔をうがつものである。後者は径5cmほどの土器片を利用してつくられた縄文時代の用途不明品と，石製模造品の後に主として6世紀代に盛行した土製模造品の一つである径4～9cmほどで中央に孔をうがつ，石製模造品と同様鏡ないしは紡錘車の模造品とされるものがある。　（池上　悟）

夜臼遺跡（ゆうすいせき）　福岡県粕屋郡新宮町大字上の府字高松に所在する縄文時代晩期終末～弥生時代前期の集落遺跡。夜臼式土器の標識遺跡。1950～1951年に森貞次郎により調査され，弥生時代初頭の板付Ⅰ式土器に伴って，条痕のある縄文土器の要素を強く持つ土器が出土した。これを受けて，1951年に日本考古学協会弥生文化総合研究特別委員会により調査を行った結果，これまで柏崎式土器の名で知られていたこの条痕のある縄文土器が大量に出土して，夜臼式土器と命名された。また，夜臼式土器は弥生時代初頭の板付Ⅰ式に共伴することが明らかにされ，夜臼式土器に籾殻圧痕が認められたことから，縄文晩期の文化と弥生文化との連続的な関係が注目された。*森貞次郎「福岡県夜臼遺跡」（『日本農耕文化の生成』1961／「福岡県粕屋郡夜臼遺跡」（『日本考古学年報』4，1955）；乙益重隆「九州西北部」（『日本の考古学』Ⅱ，縄文時代，1965）　（広瀬雄一）

有舌尖頭器（ゆうぜつせんとうき）　基部を舌状に加工した両面加工の尖頭器をいう。1959年，北海道磯谷郡蘭越町の立川遺跡が函館博物館によって発掘されたとき，黒曜石製の尖頭器が発見され，その基部が太い舌状をなしていたので，英語のタングド・ポイント(tanged point)を参考にして有舌尖頭器という造語を考えた。その前年，新潟県東蒲原郡上川村の小瀬ガ沢洞穴から，細身で尖った基部の両側にカエシのついた尖頭器が，また長野県西筑摩開田村の柳又遺跡からは，幅広で基部が鈍角に尖る尖頭器が，それぞれ発見された。このようにして有舌尖頭器には北海道の立川型，新潟県の小瀬ガ沢型，長野県から西日本にかけての柳又型の3種類の変化があることが判った。なお，立川型には土器が伴出しないが，小瀬ガ沢型と柳又型には隆線文土器が伴出している。なお，有茎尖頭器と呼称する研究者もいる。　（芹沢長介）

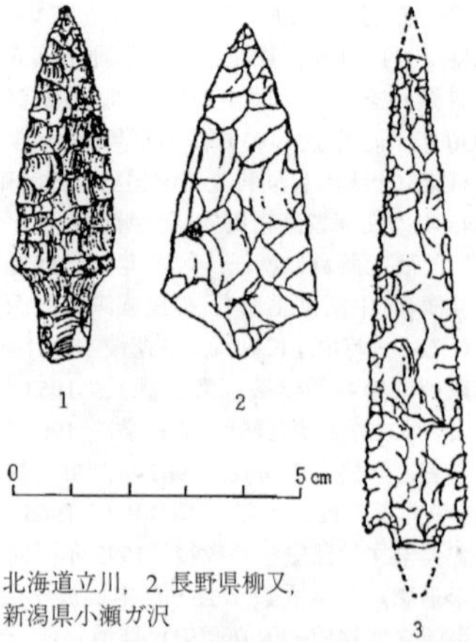

1. 北海道立川，2. 長野県柳又，
3. 新潟県小瀬ガ沢
有舌尖頭器

有段石斧（ゆうだんせきふ）　弥生時代中期に中国南部か，あるいは朝鮮半島から九州にもちこまれたらしい。出土例は少ないが，その分布は中・南九州にかぎられ，長さは10～15cmほどで，柱状基部の中央あたりが，やや張り出して段状をなし，その下が刃部となる。磨製石斧の一つで，木工用具として使われた。このタイプは東南アジア・中国南部・フィリピン・オセアニア・朝鮮半島にもあり，中国龍山文化期に祖型があり，ここから各地へ広がった。*Roger

Duff "Stone Adzes of Southeast Asia" 1970
（関　俊彦）

湧別技法（ゆうべつぎほう）　細石刃生産技術の一つ。芹沢長介・吉崎昌一により1960年ごろに確認された。3工程に分かれる。第1工程では，半月形～木葉形の両面加工石器（ブランク）を製作する。第2工程では，両面加工石器の両端に長軸方向の打撃を複数回加え，器面にほぼ直交する打面を作出する。ここでは，最初に断面三角形の削片が剥離され（ファースト・スポール），2回目以降では断面台形のスキー状スポールが剥離される。第3工程は細石刃剥離の段階であり，長軸の一端もしくは両端より剥離作業が行われる。細石刃核は舟底形（楔形）をなす。これらの内，比較的小形の細石刃核の一群で，打面部に縦方向の擦痕が認められるものがある（白滝 Loc. 30など）。これを使用痕と考え，この場合の湧別技法をある種の舟底形石器の製作技法とみる立場もある。本技法と共伴する石器には，尖頭器，荒屋型その他の彫刻刀形石器，各種スクレイパーなどがあり，その年代は黒曜石水和層法により，約1万3000B. P. と考えられている。湧別技法は，札滑，白滝 Loc. 30・32・服部台，置戸安住，タチカルシュナイ遺跡など北海道内に濃密に分布する。また新潟県月岡，山形県角二山遺跡などの中部地方以東にも分布し，さらにはサハリン・東シベリア・沿海州・カムチャツカ方面にも連絡する。道内に存在するその他の細石刃生産技術，荒屋型彫刻刀形石器などとともに，北海道から東日本の細石刃文化の系統を理解するための重要な指標となっている。 → 石器製作法（せっきせいさくほう）
（山田晃弘）

湯の里4遺跡（ゆのさとよんいせき）　北海道知内町湯の里に所在する旧石器時代・縄文時代・続縄文時代の複合遺跡。知内川右岸，イデス川との合流点近くの標高35mの中位段丘上に立地。1983年に発掘調査。旧石器はその出土分布からA・Bの2群に分けられ，A群では有舌を含む両面加工の尖頭器，荒屋型を含む彫刻刀形石器，エンド・スクレイパー（end scraper），磨製石斧，石刃及び石刃核など，B群では台形石器，荒屋型を含む彫刻刀形石器，錐状石器，エンド・スクレイパー（end scraper），細石刃，峠下型細石刃核，石刃及び石刃核などが出土。台形石器は北海道では初めての出土で，百花台型に近似し，当該石器群の西日本との対比・関連を探るうえで貴重な資料である。また，A群の一画から1.1 × 0.9mの長円形の墓壙が確認され，副葬品として橄欖岩や琥珀の小玉・垂飾，石刃核，剥片など14点が出土した。カムチャツカ半島のウシュキ（Ushki）遺跡の墓壙からも類似の玉類が出土しており，シベリア・極東との関連や墓制の起源を考えるうえで重要である。墓壙出土資料は1991年に国重要文化財に指定。なお，黒曜石水和層年代は1万3200～1万4600B. P. と1万700～1万2000B. P. の値が得られている。＊「湯の里遺跡群」（『（財）北海道埋蔵文化財センター調査報告書』18，1985）
（千葉英一）

弭形角製品（ゆはずがたかくせいひん）縄文時代晩期，弥生時代，北海道の擦文，オホーツク，アイヌの各文化期にある角製器。縄文時代のものは，鹿角の枝部を利用し，基部にソケットをつくり，中軸に直交する穿孔

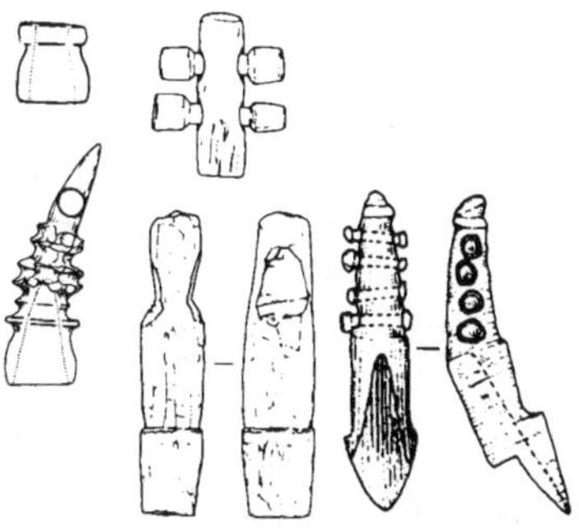

弭形角製品

をもつものもある。外周には溝や隆帯をつけて形を整え，種々の装飾的な彫刻をした例がある。鹿角の枝を使うためにわずかに曲るが，この形は古墳時代から後の弭金物と類似し，この名が起こった。弥生時代のものはさらに単純な長三角形で，中軸に直交する方向につくられた目釘状の栓がいくつも付けられている。北海道のものは形態つくりともに精巧で，金属器による彫刻が複雑につく。そして，古くアイヌ文化の中にもあった。

ところで，以上のものすべてが同じ用途とは考えられていない。縄文時代のものは，別にのべた「浮袋の口」も本製品の一つとみる見方が強い。弥生時代，古墳時代，北海道のものについては楽器用とする意見があるが，儀弓用の装飾品として，弓の鋲飾りと同じ性格の遺物である可能性もある。北海道の擦文文化以降のものもこれとよく似ており，本州から伝えられたものが，元になっていることはまちがいない。＊田中新史「古墳出土の飾り弓」(『伊知波良』1，1979)；久貝健「弓筈状鹿角製品について」(『河内考古』3，199)；瀬川芳則「弓筈状鹿角製品についての一考察」(『服部遺跡』1972)　(金子浩昌)

弓張平遺跡(ゆみはりだいらいせき)　山形県西川町志津に所在。1977～1979年に調査された。旧石器時代の文化層として，有舌尖頭器・ナイフ形石器を主体とする石器群が層位的に出土している。特にナイフ形石器は頁岩地帯ながら，黒曜石を主石材とし形態も南関東地方のものに類似しており，石器群の交流，後期旧石器時代の地域性を考える上で貴重な遺跡となっている。＊山形県教育委員会『弓張平遺跡第1・2次発掘調査報告書』1978　(藤原妃敏)

よ

容器形土偶(ようきがたどぐう)　土偶の一型式。形態が細長い瓢形を呈し，足がなく，体内まで空胴につくられ，頭部が開いて容器的な形をしているので，この名称がつけられた。縄文時代晩期の終末から弥生時代にかけて中部・関東・福島県地方に分布する。遺跡から発見されず，単独か特殊な遺構から発見される例があり，神奈川県大井町中屋敷では胎内に幼児骨が納められていた。東日本の弥生時代の墓地から発見される人面付土器と密接な関係がある。＊甲野勇「土偶型容器に関する一二の考察」(『人類学雑誌』55–1，1940)　(野口義麿)

様式(ようしき)　考古資料を分類する際に規準となる概念の一つである。本来は，絵画・彫刻・建築などの美術史研究において発達した研究法であり，美術作品をその時代的特徴において識別する時代様式と，特定の流派や個人によって識別される個人様式がある。また，ある時代における文化の総合的特徴をもって様式とよぶこともある。ギリシア·ローマの考古学研究をのぞき，先史考古学を対象として様式論を展開させた例では，スウェーデンのサリーン(Salin)の，民族大移動時代とヴァイキング時代の古ゲルマン式動物文様の分析をあげることができる。日本においては，中谷治宇二郎が型式よりも細かい変化をとらえる概念として採用した。小林行雄は，弥生土器の編年体系の作成に様式を使い，その方法論が確立した。弥生土器は，用途・機能の分化が明瞭で，しかも，おのおのの形式において文様施文が異なる場合が多い。その点に着目し，まず，壷・甕といった形式分類を行い，次に文様などの変化に伴い，例えば，壷におけるA型式，甕におけるB型式，といった型式分類を行う。ここで，壷のA型式と甕のB型式が同時に存在した場合，両形式・型式を包括する概念として様式をあてる。同時性の証明は，一括遺物の検討による。これは中谷の「形式→型式→様式」という分類過程と異なり，「様式→(形式)→型式」になる。山内清男の縄文土器における型式は，深鉢・浅鉢などの形式，勝坂式における横位区画文と従位区画文といった二つの型を内包しており，小林行雄の様式に近い概念である。縄文土器の研究に様式の概念を導入したのは小林達雄である。縄文土器における型式は，土器を製作する集団の是とする表現形式＝集団表象であるとし，そこには独特な気風が存在する。様式は，共通する気風をもつ型式の組合せであり，空間・時間において型式の枠を越えた概念とする。具体的には，岡本勇のいう撚糸文土器群・条痕文土器群などの型式群に共通する。また，杉原荘介は，以上述べた各種の様式概念とは別に様相という概念を提唱している。様式分類の対象となるものが人間の製作した遺物・遺構などであるため，様式そのもののとらえ方が，抽象的にならざるを得ないことも手伝い，様式の概念は各研究者や対象とする時期によって異なり，統一がなされていないのが現状である。 → 形式(けいしき)，→ 型式(けいしき) ＊小林行雄「先史考古学に於ける様式問題」(『考古学』4–8，1933) (江坂輝彌)

陽徳寺古墳(ようとくじこふん) 岐阜県関市千疋裏山にある。陽徳寺の裏山の尾根に占地する古墳群中の1基で，鞍部に構築された3×4mの方形部をもつ長軸11.5mの帆立貝式前方後円墳である。内部主体は，河原石による両裾形横穴式石室で，珠文鏡・勾玉・管玉・丸玉・直刀・鉄鏃・刀子・馬具と坏身・坏蓋・高坏を主体とした総数124点の須恵器が発見された。須恵器は6世紀初頭〜7世紀にかけてのもので，特に須恵器の編年における好資料として知られている。＊大江命ほか「陽徳寺裏山古墳群」(『関市文化財調査報告』3，1976) (坂本美夫)

横穴式石室(よこあなしきせきしつ) 古墳の内部施設のひとつで，竪穴式石室と対比される。比較的広い空間を有する石室の壁画の一つに外部とむすぶ通路がある構築物をいう。ふつうは，遺骸を納める玄室と，外部からの通路である羨道で構成される。玄室の平面形には，長方形・正方形・楕円形・三味線胴形などがあり，玄室の前にもう一部屋ある場合は複室構造といい，後室・前室とよび分けるのが一般的である。羨道の両壁が玄室両壁のどちらとも一直線にならないものを両袖式といい，玄室の左右どちらかの壁と羨道の壁が一直線につながるものを片袖式という。また，床面の平面のみでは玄室と羨道の区別がつかないものを無袖式ともいう。壁は，大小の別がある扁平な割石・切石・河原石などを用いて積んでいる。

石室内に，石棺や棺台のほか，石障や石屋形を設けることがある。石室の壁を彩色したり線刻したりする装飾古墳は九州に多くみられる。また，漆喰を塗る例は終末期にみられる。羨道入口の閉塞には石塊を用いることが多いが，切石を使った石室などでは石以外の板材を扉に用いることもあったらしい。横穴式石室は，大陸の墓制が朝鮮半島を経由して伝わり変化したものと考えられており，日本では5世紀前半から出現するとされているが，九州では，竪穴系横口式石室という漸移的変化を示す例もみ

横穴式石室（奈良・石舞台古墳）

られる。追葬などの多葬に便利であり，死後観の変移と表裏一体の関係にある。＊白石太一郎「日本における横穴式石室の系譜」(『先史学研究』5，1965)；尾崎喜左雄『横穴式古墳の研究』1966　(杉山晋作)

横穴式石槨(よこあなしきせっかく)　→横穴式石室(よこあなしきせきしつ)

横口式石棺(よこぐちしきせっかん)　古墳の内部施設。家形石棺の身の短側または長側に口が開いているものをいう。石人山古墳・船山古墳など北九州の例は，家形石棺の短側(妻)に開口部があり，そこに石扉をはめたものもある。多くは横穴式石室内に納められる。出雲地方の石棺は平入りが多く，また，羨道を設け横穴式石室に似た形態を示す例もある。特に妻入り構造で，別種の棺を納め得るものは横口式石槨と通じる。＊堀田啓一「西日本における横口式石棺の古墳について」(『先史学研究』5，1965)　(杉山晋作)

横口式石棺（熊本・江田船山古墳）

横田下古墳(よこたしもこふん)　佐賀県の北部唐津湾を臨む，唐津市浜玉町に所在する径20mほどの円墳。1924年に土地所有者が開墾のために開口し横穴式石室から人骨とともに副葬品を発見した。横穴式石室は南に開口する両袖型であり，幅2.25m，長さ3.95m，高さ2.34mの玄室に，長さ1.12mの短小な羨道が付く。扁平な割石を平積みした構造であり，羨道床面は玄室床面より一段高くなっている。玄室の奥壁に沿って板石を組合せた1・2号石棺，西壁に沿って3号石棺が設置されており，1号石棺から成人男性1体，2号石棺から性別不明2体，3号石棺から性別不明4体，玄室中央部性別不明1体の合計8体の埋葬人骨が確認されている。副葬品は変形獣帯鏡，方格T字鏡，筒形銅器，短甲，直刀，鉄鏃，玉類，多数の土師器が確認されている。北部九州地方における初期横穴式石室として著名であり，5世紀初頭の築造と考えられる。＊松尾禎作「横田下古墳」(『佐賀県史蹟名勝天然記念物調査報告書』10，1951)；小田富士雄「横田下古墳」(『末盧国』1982)　(池上　悟)

横峯C遺跡(よこみねシーいせき)　鹿児島県熊毛郡南種子町島間に所在し，標高120mの西側に開く谷頭部で屋久島を望む。1992年に種子島で初めて発見された旧石器時代の遺跡で，3万年以上前の種Ⅳ火山灰層を挟んで礫群が形成される。旧石器時代で，種Ⅳ火山灰層上下とAT上位で3文化層が存在する。礫群は掘込みをもつものや，環状に形成されるものなどが7基検出され，石器は，敲石・磨石が顕著で，剥片石器が少なく，人々は植物食料により依存した可能性が強い。＊坂口浩一・堂込秀人編「横峯C遺跡」(『南種子町埋蔵文化財発掘調査報告書』8，2000)　(堂込秀人)

横山浩一(よこやまこういち)　1926～2005。大阪府生まれ。1948年(昭和23)に京都大学文学部史学科卒業，同大の副手・助手を経て奈良国立文化財研究所入所，1968年に文化財保護委員会文化財調査官，その後奈良国立文化財研究所飛鳥藤原宮跡発掘調査部長，同埋蔵文化財センター長を歴任した。1977年に九州大学文学部教授に転じ，以後九州大学で弥生土器の製作技法などの研究を行い，多くの考古学研究者を育てた。1992年日本考古学協会会長に就任。また，福岡市博物館長を勤め，九州の考古学界に少なからぬ影響を与えた。瑞宝中綬章受章。

著書に『古代技術史攷』2003など。
（時枝　務）

吉胡貝塚（よしごかいづか）　愛知県田原市吉胡町矢崎にある縄文時代後〜晩期の貝塚。渥美湾奥部の入江に面し，貝層はハマグリが主体。1922，1923年に清野謙次が発掘し，307体の人骨が出土し，日本石器時代人種論の研究に大きな役割を果たした。1951年には文化財保護委員会と愛知県教育委員会によって発掘され，さらに33体の人骨が出土した。多種の石器・土器・骨角器や装身具が出土し，埋葬犬や甕棺も多い。
＊文化財保護委員会『吉胡貝塚』1952
（渡辺　誠）

吉崎昌一（よしざきしょういち）　1931〜2007。旧樺太（現ドリンスク）生まれ。明治大学文学部史学地理学科卒，大学院文学研究科修了。函館市立博物館学芸員を経て北海道大学理学部助教授，文学部教授（基礎文化論講座人類学担当）。北海道の旧石器遺跡の調査研究，とくに湧別技法の発見と細石器文化の編年研究に業績。『立川』（共）1960，『タルカルシュナイ遺跡』（編）1973，『北大構内の遺跡』1〜8（編）1981〜90ほか。還暦記念論集『先史学と関連科学』1993。
（坂詰秀一）

吉田　格（よしだいたる）　1933〜2006。島根県生まれ。立正大学専門部卒。日本考古学研究所，東京都職員。武蔵野博物館，武蔵野郷土館（現，江戸東京博物館たてもの園）で考古担当。武蔵野文化協会に考古学部会を発足，主宰。機関誌『考古学ノート』（改称『武蔵野考古』）発行。花輪台式・称名寺式土器を提唱し縄文文化研究に傾注。立正大学講師，東京都内の遺跡調査会団長を歴任。著書『関東の石器時代』1973，調査報告書多数。
（高麗　正）

吉田惠二（よしだえいじ）　1947〜2014年。兵庫県生まれ。京都大学文学部史学科考古学専攻卒。國學院大學教授などを歴任し，数多くの考古学研究者を育てた。日本と中国の古代の考古学研究に大きな足跡を残した。古墳時代の埴輪生産の研究から古代の土器研究に取むとともに，中国と日本における硯の編年と系統を明らかにし，古代の文房具研究の体系化を目指した。著書に『文房具が語る古代東アジア』2018，『日本古代の窯業と社会』2019などがある。（江口　桂）

吉野ヶ里遺跡（よしのがりいせき）　佐賀県神埼郡吉野ヶ里町と神埼市にまたがって存在する弥生時代の集落・墓地跡。1986年から佐賀県教育委員会によって発掘調査が継続されている。弥生時代の全期間にわたって継続しながら規模を拡大した環壕集落跡や，甕棺墓を主体とする墓地跡などが発掘され，集落・墓地の変遷や社会情勢を把握できる遺跡として重要。前期初頭に小規模な環壕集落が丘陵南端に形成され，前期には3ha規模の環壕集落へ，中期には推定20ha規模の環壕集落，後期には40haを越す大規模な環壕集落へと発展したことが判明した。後期後半には望楼を備えた環壕によって囲まれた北内郭と南内郭の特別な空間が設けられるが，北内郭は，内部に中期の墳丘墓に南面する祭殿と目される大型建物を含む掘立柱建物跡群が存在するなど，司祭者の居住・祭祀の場と考えられ，南内郭は高階層の人々の居住区と考えられる。また，南内郭西方に存在する大規模な高床倉庫と目される掘立柱建物跡群は，その規模・構造から「市」の存在も推定されるなど，クニの中心集落へと発展した姿を読み取ることができる。集落構造や，馬面や角楼を連想させる環壕突出部と望楼跡，甕城を連想させる北内郭の門跡からは中国城郭構造の部分的な波及が認められる。また，前期末から大型甕棺墓が盛行するが，中期の600mにおよぶ長大な列状の集団墓地などとともに，14人の歴代首長を埋葬したと考えられる大規模な墳丘墓が存在し，把頭飾付き有柄細形銅剣を含む細形銅剣7本，中細形銅剣1本や，青銅製把頭飾2点，ガラス管玉

79点，絹布片が出土するなど，階層分化と首長権確立のありさまが理解できる。＊佐賀県教育委員会「吉野ヶ里一神埼工業団地計画に伴う埋蔵文化財発掘調査報告書」(『佐賀県文化財発掘調査報告書』113，1992)　（七田忠明）

吉見百穴横穴墓群(よしみひゃっけつおうけつぼぐん)　埼玉県比企郡吉見町に所在する237基よりなる横穴墓群。日本考古学の黎明期の1887年に坪井正五郎により発掘され，穴居説が提唱され，横穴に関する論争の舞台として研究史的に著名である。その立地が内陸部にあり，群集の規模の大なる点など重要な横穴墓群である。わずかに遺存する遺物より6世紀代末葉の初現，7世紀代の展開と想定される。＊金井塚良一『吉見百穴横穴墓群の研究』1975　（池上　悟）

四隅突出型墳(よすみとっしゅつがたふん)　方墳の四隅から対角線方向へさらに狭長な墳丘がのびる形態をいい，山陰地方を中心として日本海側にみられる。この形態は，その前段階の方形周溝墓の溝が全周せずに，四隅が陸橋状に残っていた形を，さらに強調して列石や貼石などで表現したために生じたとする説がある。被葬表が多数から特定少数へ変化し，弥生から古墳時代への墳墓の推移をみることができる。＊近藤正編『仲仙寺古墳群』1970；山本清「出雲の四隅突出型方墳」(『日本のなかの朝鮮文化』28，1975)；安来市教育委員会『史跡仲仙寺古墳群』1977　（杉山晋作）

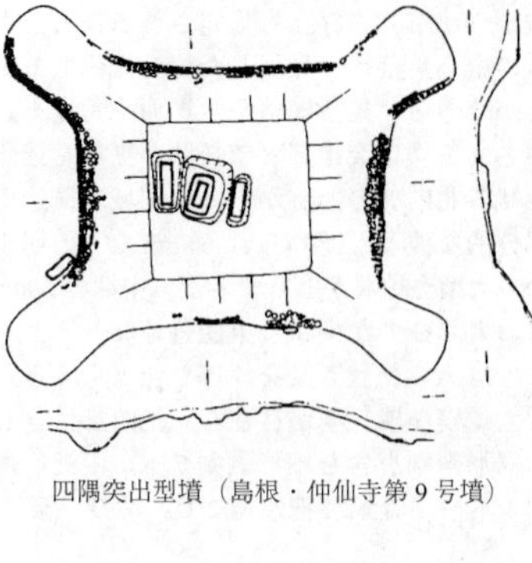
四隅突出型墳（島根・仲仙寺第9号墳）

四ツ池遺跡(よついけいせき)　大阪府堺市西区浜寺船尾町にある弥生時代前期から後期の集落跡。1969年，第2阪和国道の建設に伴い事前調査が実施された。低地に突出した標高10mの丘陵から住居跡群と高床の建物跡，方形周溝墓・土壙墓・壺棺墓群の共同墓地が発見された。石器とともに木製品も多く出土し，この集落に住んだ人々は農耕・狩猟・漁労を行い，周辺地域のムラと活発に交流していた。池上遺跡とともに，この地域の代表的集落で，両者を切りはなしては考えられない。＊第2阪和国道内遺跡調査会編『第2阪和国道内遺跡発掘調査報告書』4，1971　（関　俊彦）

四辻古墳群(よつじこふんぐん)　岡山県赤磐市山陽に所在する7基の古墳で，外形は円墳である。主体部は2・7号墳第4主体の箱式石棺以外は土壙で，玉・櫛・剣・刀子・斧などが出土し，5世紀代に比定できる。なお，5号墳周辺からは弥生時代中期から古墳時代初頭の土壙墓44，土器棺2が明らかになり，また，1・5号墳下から弥生時代中期中葉ごろの台状墓が検出された。本例は墓域を定めた墳墓として最も初現的な性格をもつもので重視される。＊山陽団地埋蔵文化財発掘調査団『四辻土壙墓遺跡・四辻古墳群』1973　（是光吉基）

米ヶ森遺跡(よねがもりいせき)　秋田県大仙市協和荒川に所在。1969〜1975年に調査された後期旧石器時代遺跡。石刃石器群の一つで，基部が整形によって尖り，先端部が素材形状そのままに残された米ヶ森型ナイフが規定されたこと，米ヶ森型台形石器－米ヶ森技法という特殊な小形剥片連続剥離技法が確認されたこと，さらに，細石刃とナイフ形石器の共伴関係の是非などに問題を提起した。＊協和町教育委員会『米ヶ森遺跡発掘調査報告書』1977　（藤原妃敏）

米村喜男衛(よねむらきおえ) 1892～1981。青森県生まれ。元網走市立郷土館長。独学で考古学を修め，モヨロ(最寄)貝塚を発見し，同遺跡の発掘調査とその保存に尽力した。また，オホーツク文化の遺跡と遺物についての調査と解明を意欲的に行った。(主要著作)『モヨロ貝塚資料集』(1950)，『モヨロ貝塚』(1969) (坂詰秀一)

撚糸圧痕文(よりいとあっこんもん) → 縄文の文様(巻末参照)

撚糸文土器(よりいともんどき) 関東地方の縄文時代早期前半に位置する撚糸文や，縄文を主文様とする土器群を総称したもので，撚糸文系土器ともよばれる。撚糸文土器は，井草Ⅰ式・大丸Ⅰ式→井草Ⅱ式大丸Ⅱ式→夏島式→稲荷台式→稲荷原式・大浦山式・花輪台Ⅰ式の変遷をたどり，無文土器群へと移行する。各型式の器形や文様帯構成は比較的スムーズに変化する。

井草Ⅰ式では口縁部の肥厚外反したものが，新しくなるにつれ，その度合いを弱めていき，胴の張った丸底に変化していく。文様帯では，井草Ⅰ式では口唇部・口縁・胴部の3文様帯であったものが，口唇部・胴部となり，さらに胴部文様帯だけとなるように，簡略化がうかがえる。稲荷原式以降では口縁部の無文化と無文土器が増加し，地域性をあらわしてくるようになる。 → 縄文の文様(巻末参照) ＊小林達雄「多摩ニュータウン№52遺跡の発掘調査」(『多摩ニュータウン遺跡調査報告』1967)

(吉田　格)

ら

雷神山古墳(らいじんやまこふん) 宮城県名取市植松字山の丘陵上にある東北地方最大の前方後円墳。全長168m，後円部径96m高さ6m。自然丘陵に3段築成の盛土をして築成。葺石と埴輪壷をもつ。主体部は未発掘。明確な周湟の存在は疑問である。5世紀前半に比定される。＊名取市教育委員会『史跡雷神山古墳』1978 (穴沢咊光)

雷文(らいもん) 角ばった渦巻文。数個の方形渦巻が連接して文様をなす。古来中国の伝統的な幾何学文様の一つであるが，特に殷周古銅器や印文土器に盛用された。雷文が銅器の主文様となっているものと，饕餮文(とうてつもん)や龍文の地文として描かれる場合とがある。また彩文土器や東北アジアの櫛目文土器のモチーフとしても用いられた。日本の縄文晩期土器のうちには，入組文が鍵状に変化した雷文風文様帯をもつものが，東海地方から甲信方面にかけて分布する。 (中山清隆)

絡条体圧痕文(らくじょうたいあっこんもん) → 縄文の文様(巻末参照)

楽浪(らくろう) 漢の武帝がB. C. 108年に朝鮮半島に設けた4郡の一つ。郡治は平壌付近にあり，3世紀初頭に南部が帯方郡として分かれ，313年に高句麗によって滅ぼされた。郡治跡には平城市土城里の土城が，出土した瓦当や封泥によって比定されている。平安南道の於乙洞土城は秥蝉県治跡と考えられる。その文化を最もよく伝えるのは郡治の南方にある古墳群からの出土品で，王旴墓・王根墓・王光墓・彩篋塚・石巌里9号墳などから漆器・鑑鏡などの遺物が発見されている。前漢～後漢にかけては木槨墳で，魏以降は塼室墳である。＊駒井和愛『楽浪郡治址』1965 (重松和男)

ラスコー洞穴(Lascaux Cave) ラスコー洞穴はフランス西南部，ドルドーニュ(Dordogne)県モンティニャック(Montignac)町にある。19世紀のころ，ラスコーの丘には松が生い茂っていたが，やがて1本の松が倒れたとき，その根本に大きな穴があいた。猟師や農民たちは，その穴に牛が誤って落ちこむのを防ぐために，材木で穴をおおっておいた。1940年9月12日，村の4人の少年たちが，その穴の中の探検を思いたち，ランプを持って中へ降りてみた。穴の底には奥ふかい洞穴が続いており，なお進んで行くと間もなく線刻画と動物の画像があざやかに出現した。数日後に著名な考古学者H・ブルイユ(H. Breuil)神父がこの報せを受け，同月31日に現場を視察し，旧石器時代のすばらしい洞穴絵画であることを確認した。

洞穴の入口から入って下に降りる階段を約9m降りてゆくと，間もなく天井の高い「雄牛ホール」とよばれる広い空間に出る。左側の石灰岩の白い壁から天井にかけて，ギャロップする4頭の巨大な雄牛を中心として，14頭のウマ，トナカイ，それに不思議な一角獣などが躍動する姿が私たちの眼に飛びこんでくる。洞穴の最奥部にある「猫の室」までは約180mである。

洞穴内に描かれた絵画と線刻画には，ウマ(155頭)，原牛(18頭)，バイソン(17頭)，野生ヤギ(17頭)，シカ，オオジカ，クマ，オオカミなどの動物のほかに，矢もしくは槍形，四辺形もしくは障子形・こん棒形などの図形，さらには棒の先端にとまった鳥，両腕をひろげた裸体の男などが知られている。彩色のための顔料の素材として集められた酸化鉄，黄土，磁鉄鉱その他多くの鉱物も出土している。さらにまた，34点の動物化石のほか，世界最古の炭化した縄の断片が「猫の室」から発見された。ラスコー洞穴の年代は，後期旧石器時代のマドレーヌ(Madeleine)文化初頭におかれ，約1万7000年前と考えられている。（芹沢長介）

籃胎漆器(らんたいしっき)　竹・木の皮・蔓(つる)などを，編み目を密に編んだ籠状の容器に，内外面ともくまなく5〜10回ぐらい漆を重ね塗りして製作した容器。今日大分県別府市の名産で，竹の皮を細く割き，編んだ籠状の作品に，漆を塗って仕上げた籃胎漆器の茶たく・盆・菓子鉢などが売られている。東南アジアのタイ国などでは，蔓で編んださげ手のついた大きな籠に漆に似た他の樹脂を厚く塗ったバケツ状の容器を井戸の水の水汲用に使用している。縄文時代の籃胎漆器は，1928年青森県八戸市是川(これかわ)・中居(なかい)泥炭層遺跡で角底，丹漆塗のほぼ完形品が晩期前半の土器などと発掘されたのが，最初のものである。その後，青森県亀ヶ岡泥炭層遺跡をはじめ，東北地方各地，北海道などの縄文時代晩期の低湿地遺跡からの発見が知られ，関東地方でも晩期の埼玉県さいたま市の真福寺泥炭層遺跡・寿能遺跡から発見が知られ，最近石川県志賀町鹿首(かしくび)の「もりがふち」遺跡(晩期前半)からも発見が報じられている。このような技法は中国の長江南部でかなり早い時期にみられるが，どのようなルーツで，いつどこから日本列島へ伝播したものであろうか。＊江坂輝彌「縄文土器と貝塚」(『古代史発掘』2, 1973)　(江坂輝彌)

藍田遺跡(らんでんいせき)　陝西省藍田県の灞河両岸の公王嶺と陳家窩を代表とする遺跡群である。両地点で発見された原人の化石は北京原人より原始的な特徴をもち，剣歯虎などの哺乳動物化石が存在することから，前期旧石器時代中葉に位置づけられている。古地磁気年代も65〜80万年前である。石器は石英岩や脈石英を主要な石材とし，片面加工の大形剥片石器が主体であり，スクレイパー，チョパー，チョピングトゥール，大形三稜尖頭器などがある。＊賈蘭坡・蓋培・黄慰文「陝西藍田地区旧石器」(『陝西藍田新生界現場会議論文集』1966)

(佐川正敏)

り

履中陵古墳(りちゅうりょうこふん)　大阪府堺市西区石津ヶ丘にある前方後円墳。百舌鳥耳原南陵に治定されている。百舌鳥陵山古墳ともいう。南南西面して3段に築かれ，全長365m，後円部径205m，前方部幅237mある。西側くびれ部に造出がある。葺石および埴輪列があり，2重の周濠がめぐらされている。なお七観古墳は陪冢とみら

れている。営造時期は5世紀前葉。＊末永雅雄『古墳の航空大観』1975　（車崎正彦）

六国史（りっこくし）　奈良時代から平安時代にかけて作成された官撰の史書。『日本書紀』30巻，『続日本紀』40巻，『日本後紀』40巻，『続日本後紀』20巻，『日本文徳天皇実録』10巻，『日本三代実録』50巻の6部をいう。最古の『日本書紀』が710（養老4）年，最新の『日本三代実録』が901（延喜元）年に成立したもので，以後史書の編纂が計画されながらも完成しなかった。中国の正史に倣って編纂されたもので，令の規定では図書寮が行うことになっているが，実際には高官を中心になされた。いずれも編年体で，漢文で書かれ，天皇を中心に据えて叙述されている。さまざまな史料をもとに編纂されたもので，重要事件の詳細を記載しないなど政治的な限界をもっているが，古代史の基本史料として欠かすことのできないものである。＊坂本太郎『六国史』1978　（時枝　務）

立石（りっせき）（メンヒル）　古代の巨石記念物の一種で，メンヒル（menhir）を訳したもの。自然石の大きなものを，ほとんど手をくわえずに立てたものをいう。

日本にはフランスやイギリスの新石器時代にみられるような高さ20mもある立石や巨石記念物はない。巨石記念物は北欧からインド・東南アジア，朝鮮半島，オセアニアの島々まで広く分布し，新石器時代から紀元後6世紀ごろまで各地でつくられていた。それぞれの地域および時代によって性格も異なる。日本では，メンヒルに相当するものはないが，それにちかいものはある。例えば岡山県楯築遺跡では標高46mの山丘上に盛土した高さ4.5m，径43mほどの円丘部に立石と列石がある。立石は墳頂の平坦部に5本，墳丘斜面に2列の列石が立ち，立石の高さは2〜3mで，板状のもの2例，棒状のもの2例，腰掛状のもの1例で，いずれも人為的に立てたものである。この山頂からは弥生時代後期の墓が発掘され，立石はそれに伴うものか，まだ判然としない。ヨーロッパやインドにみられるような墓標的なものともちがう。駒井和愛は北海道余市の西崎山や狩太の立石をメンヒルに属するとしている。＊駒井和愛『日本の巨石文化』1973　（関　俊彦）

立石（韓国・新浦里）

立体土製品（りったいどせいひん）　縄文時代中期以後，東北地方を中心につくられた立体形の土製品をよんでいる。球形・紡錘形・三角柱形などで，そのほとんどは中軸に太い貫通孔がある。無文のものもあるが，多くは表面に簡単な文様が印刻されている。用途は装身具と思われるがまだ明確にされていない。＊八幡一郎「立体土製品」（『考古学研究』2–3，1928）　（川崎義雄）

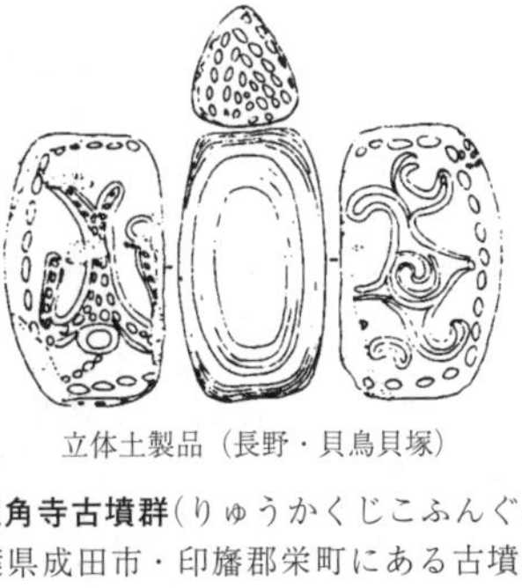

立体土製品（長野・貝鳥貝塚）

龍角寺古墳群（りゅうかくじこふんぐん）　千葉県成田市・印旛郡栄町にある古墳群。印旛沼の北岸にあたる台地上に位置し，東西2km，南北1.5kmにわたる地域に前方後円墳35，円墳71，方墳5が群集している。

前方後円墳が多いことが特徴であるが，全長30m前後の小規模なものがほとんどである。6世紀代の古墳が多いが，方墳は7世紀代の営造。＊千葉県教育庁文化課『竜角寺古墳群測量調査報告書』1982　（車崎正彦）

龍河洞遺跡（りゅうがどういせき）　高知県香美市土佐山田町逆川にある洞穴遺跡。三宝山の中腹，標高220m付近に延長約4kmの石灰洞が連なり，第1室・第2室・第3室の遺跡が確認されている。1931年に岡村武義らが新洞で遺跡を発見し，1934年には浜田耕作が調査して，同年天然記念物及び史跡に指定された。出土した遺物には，弥生土器・鉄鏃・石錘・貝輪・鹿角製有孔品・貝製垂飾などがあり，第3室には石灰花におおわれた状態で弥生土器が残っており，また第3室からは小貝塚も発見されている。弥生土器は，畿内第Ⅳ様式に比せられる龍河洞Ⅰ式土器を主体とする。＊岡本健児「龍河洞の遺跡」（『高知県文化財調査報告書』10，1959）　（岡本桂典）

龍山文化（りゅうざんぶんか）　中国の黄河中流域に起こった新石器時代晩期の文化。山東省歴城県龍山鎮城子崖を標式遺跡とする。1930～1931年，城子崖遺跡が発掘された際，青銅器文化の下層から，多数の石器や骨角器とともに，黒色磨研の土器（黒陶）が発見され，重要な先史土器として注目された。そこで，この城子崖の下層文化に代表される文化を龍山文化とよぶ。龍山文化の特徴は，轆轤で作った黒陶をもつこと，磨製石器が増加するとともに，細石器に似た小型の打製石器もみられること，半月形の双孔石庖丁と石鎌が出現したこと，骨占いが盛んに行われたこと，庖丁や鎌などの貝製品が大量につくられたことなどである。この文化は，仰韶文化の中に胎胚したものとされており，その分布は，山東省・河南省を中心として，山西省・陝西省から東北地区，朝鮮半島にまで及ぶ。黄河流域を中心とした広い地域に，黄河文明の中核をなす龍山文化が栄えたのである。（江坂輝彌）

流水文銅鐸（りゅうすいもんどうたく）→　銅鐸（どうたく）

隆線文土器（りゅうせんもんどき）　日本における最古の土器の一つ。粘土の紐をはりつけたり，箆状工具の移動によってミミズばれ状の隆起部をつくり出したりして器面を飾る。文様は胴上半部に施される。隆線の幅によって隆帯文・細隆起線文・微隆起線文とよび分ける研究者もいるが，必ずしも厳密な基準ではない。砲弾形の丸底が一般的であるが，平底のものや方形で平底の形をしていたと考えられる例もある。現在のところ，南は鹿児島から北は宮城県北部の地域にまで分布している。地域によって若干の違いがみられ，西日本では胎土に繊維状の物質を混ぜる例があり，東日本では隆線以外の要素が併用される例がある。共伴する石器にも差異があり，九州では細石刃，その他の地域では有舌尖頭器・打製石斧などを伴出する。熱ルミネッセンス法，^{14}C法などの理化学的方法によって1万2000年B. P. 前後の年代が算定されている。この種の土器を出土する遺跡としては福井洞穴・上黒岩岩陰・花見山遺跡などが著名である。→　縄文の文様（巻末参照）　＊岡本勇編『縄文土器大成』1，1982　（桑月　鮮）

龍門寺古墳（りゅうもんじこふん）　岐阜県岐阜市長良龍門寺にある。雄総丘陵上に占地する直径17mほどの円墳で，墳丘に鰭付円筒埴輪などや葺石が認められる。内部主体は礫槨に割竹形木棺を据えたもので，槨内から三角縁神獣鏡，方格規矩鏡，五獣鏡，勾玉，棗玉，管玉，ガラス丸玉・小玉，滑石製臼玉，石釧が発見された。槨外からも短甲・頸鎧・肩鎧・鉄刀・鉄鏃・鉄斧・鎌・鉇・刀子・錐・針・鑿・砥石などが発見された。三角縁神獣鏡は他の古墳に同笵鏡がある。＊楢崎彰一「岐阜市長良龍門寺古墳」（『岐阜市文化財調査報告書』1，1962）

（坂本美夫）

龍門石窟(りゅうもんせっくつ)　中国河南省洛陽市にある石窟寺院。伊水の清流に沿った龍門の西山中央部には, 5 世紀末以来, 数多くの小石窟が, 石灰岩の岩山(伊闕とよばれる)に掘られている。北魏・孝文帝の洛陽遷都(494)前後に造営が開始された。龍門北魏窟中最も古い古陽洞の仏龕には, 貴族の発願による多くの造像銘がみえ, それによると, この石窟には 495〜517 年の間に 61 個の仏龕がつくられ, 貴族から民衆まで多くの人々の信仰をあつめていたことがわかる。造像の刻銘は, 中国仏教史上の重要資料であるとともに立派なその書体は, 北碑体とよばれ, 書道史の上でも注目される。龍門北魏窟のうち, 最も豪華で, 壮大なものは宣武帝の勅願による賓陽洞である。三つのうちで完成をみたのは賓陽中洞で, 23 年の歳月を費やしたという。典型的な五尊形式の配列をとり, その本尊大坐仏(坐高 8.4m)は, 代表的な北魏仏で, 裳懸け座が発達し, 日本の法隆寺釈迦三尊像の祖型として知られている。また, ここでは雲岡にある塔廟(方柱)窟はみられない。北魏の滅亡(533)とともに, 石窟造営は中断するが, その後, 唐代に入ると再び造寺・造仏が盛んとなり, 則天武后の時代に, 高宗の勅願によってつくられた奉先寺洞の本尊盧遮那大仏(高さ 17.14m)はその最大のもので, 3 年 9 ヵ月をかけて 675(上元 2)年に完成した。露坐大仏で, インドのグプタ様式をみごとに消化した初唐の代表的傑作であり, 左右に菩薩・仏弟子・神王・金剛力士などを配した九尊形式をとる露天の磨崖彫像である。そのほか, 東山諸洞の唐代彫像がみられるが, 8 世紀の中ごろには, 龍門の石窟造営は, 終息した。* 水野清一・長広敏雄『龍門石窟の研究』1941　(中山清隆)

両極打法(りょうきょくだほう)(バイポーラー・テクニック bipolar technique)　この打法は, 台石の上に原石や石核, あるいは石器の素材となる資料を置き, ハンマーストーン(hammer stone)で上方向から打撃を加え, その力と下の台石からの反発力によって, 資料を剥離, 加工する打法である。この技術で剥離された剥片の主要剥離面の上下両端には, 散漫で扁平なバルブ(bulb)や, フィッシャー(fissure)のみが衝撃点に向かって集中する事例が多い。同打法は約 200 万年前頃には出現しており, エチオピアのオモ(Omo)57 遺跡などからその痕跡を有する資料が検出されている。ヨーロッパでの両極打法は, ムステリアン(Mousterian), オーリナシアン(Aurignacian)などの文化期で適用され, 中石器, 新石器時代にもその報告がある。中国では周口店第 1 地点上層で, この打法の存在が早くから注目されてきた。さらに最古級の石器文化をもつ泥河湾の遺跡群において, 小長梁などの遺跡で同打法がみられる。我が国では, 大分県早水台遺跡下層出土の旧石器群や, 群馬県岩宿遺跡ゼロ文化層出土のそれらのなかにこの打法の存在が指摘されている。* 小林博昭「バイポーラーテクニック」(『考古学ジャーナル』229, 1984)　(小林博昭)

両頭石斧(りょうとうせきふ)　別名, 仏具の独鈷の形に似ているので独鈷石ともよぶ。石器の特色は, 全体が弓形で両端を磨きあげて刃をつけたものが多い。そして弓形の中央に鐔状の突起が二つあり, これは柄と緊密にするためのものであるが, なかには意図的に突出させたものもある。東日本の縄文時代の後・晩期にみられるが, 単独に出土するために用途は明らかでない。* 藤森栄一・神田五六「弥生式遺跡出土の両頭石斧」(『考古学』7–10, 1936)(関　俊彦)

遼寧式銅剣(りょうねいしきどうけん)　かつて満州式銅剣とよばれ, その形態から琵琶形銅剣ともよばれている曲刃の有茎式剣。剣身と剣把を別造りにし, 柄頭には枕状のものをつける。中国東北から朝鮮半島にかけて分布し, 朝鮮無文土器の一形式(美松里型)を伴い, 朝鮮・日本の細形銅剣の祖

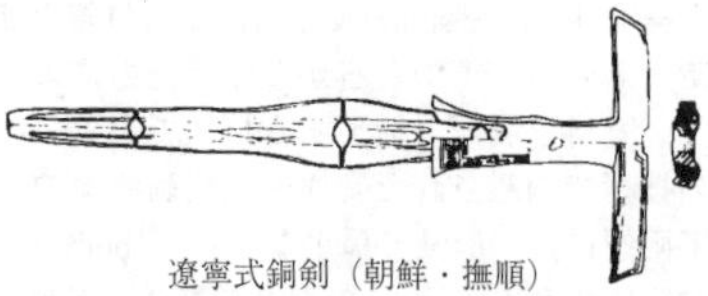

遼寧式銅剣（朝鮮・撫順）

型と考えられる。その示す文化の担い手や年代をめぐって，韓国や北朝鮮では，これを今日の朝鮮民族の祖先である古朝鮮の所産とし，その出現をB. C.8〜7世紀ごろとみているが，中国や日本では，この銅剣の年代をB. C.5世紀ごろ（春秋〜戦国期）とみて，北方系と中国系の二つの文化伝統の影響のもとに，遼寧地方で生まれたものとし，史書にみえる「東胡」族あるいは「東夷」族の残したものとする見解が大きく対立している。＊朱貴「遼寧朝陽十二台営子青銅短剣墓」（『考古学報』1960）；秋山進午「中国東北地方の初期金属器文化の様相」上・中・下（『考古学雑誌』53–4，54–1・4，1968〜1969）　（中山清隆）

陵墓（りょうぼ）　→　天皇陵古墳（てんのうりょうこふん）

緑泥片岩（りょくでいへんがん）　緑色の外観を呈した結晶片岩で，縞状構造から節理に沿って板状に割れやすい。愛媛県および徳島県吉野川，和歌山県紀ノ川周辺は四国・西日本屈指の産地として有名で，関東の秩父山波川，長瀞渓谷など中央構造線南側にも同岩体が広く分布。古くから産地周辺では利用され，縄文時代草創期の愛媛県上黒岩洞窟遺跡出土の線刻ビーナス型土偶，埼玉県主では古墳時代石室・石棺，中世の板碑は2万基以上が造立。緑泥片岩製最大の板碑は埼玉県長瀞町野上下郷石塔婆（応安2年銘−1369）総高5,37m幅1.2m，厚さ0,12m。2014年，埼玉県比企郡小川町下里・青山板碑製作遺跡は板碑製作最盛期に稼働した採掘・加工場跡であることが判明し国史跡に指定された。＊秋池武『中世の石材流通』2005；本間岳史「緑泥石片岩の分布と特質」『板碑の考古学』2016　（松原典明）

緑釉（りょくゆう）　鉛と珪石を混合した鉛釉を基礎とし，これに緑青を加えたものを緑釉というが，これを施釉した陶器をさす場合もある。その源流は中国にあり，わが国での初現は奈良県川原寺出土の緑釉水波文塼で，その年代は7世紀後半代と考えられている。したがって，この時期に緑釉陶器も生産された可能性もあるが，現在発見される緑釉陶器の大半は10〜11世紀ごろのものであり，生産の中心は畿内および東海地方である。＊楢崎彰一編「三彩・緑釉」（『日本陶磁全集』5，1977）　（西脇俊郎）

る

ルヴァロワ・テクニック（Levallois technique）　パリ郊外，ルヴァロワ−ペレ（Levallois-Perret）遺跡出土の遺物により定義付けられた剥片剥離法。剥ぎ取られる剥片の形態と大きさを意識して石核調整を行う点に特徴がある。最古のものはアシュール（Acheul）文化に認められるが，この石核調整に特徴をもつ剥片剥離技法は新石器時代にまで残っている。しかし，最も普遍的に行われた時期は中期旧石器時代でホモ・ネアンデルターレンシス（*Homo Neanderthalensis*）の持ったいちじるしい技法とされている。

まず原材の周縁に，平面に対し直角に近い一連の剥離をめぐらし，つづいてその剥離面の縁部に同じく一連の剥離をめぐらせ

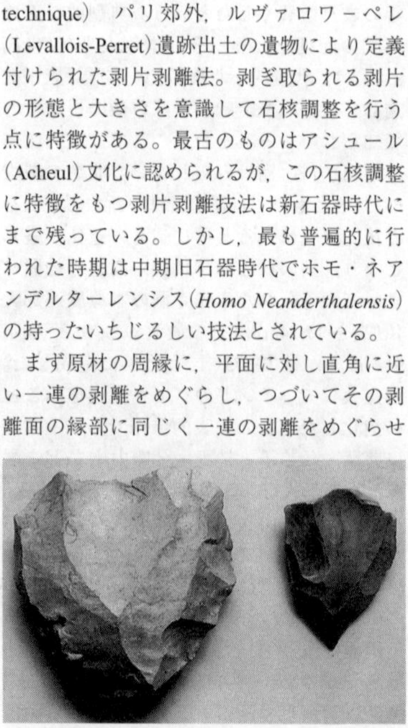

ルヴァロワ・テクニック

る。そこで原材の原面は完全に剥ぎ取られ，断面形が非対称を呈するようになる。表面には求心的方向を示す剥離面が残される。それは亀甲形を呈し，その石核は亀甲形石核とよばれることがある。ふつうはその後端に打面がつくりだされ，1枚の大きな剥片が1度の打撃によって剥ぎ取られる。この剥片をルヴァロワ剥片とよぶ。ルヴァロワ剥片は細部調整を施されずとも，ボルド(F. Bordes)の石器型式リストに含められている。なおルヴァロワ・テクニックの定義には石核上に打面をつくりだすか否かは問われないが，剥片剥離時の打点の位置によってその剥片がルヴァロワ尖頭器とよばれるものが生じる。 → 石器製作法(せっきせいさくほう) *Michel N. Brezillon 'La dénomination des objets de pierre taillée. Matériaux pour un vocabulaire des préhistoriens de langue française' (Ⅳe supplement á "Gallia Prehistoire", 1968) （山中一郎）

れ

鈴鏡(れいきょう) 鏡の外縁に鈴をつけた仿製鏡の一種。4個より10個までの鈴をつけており，鈴は本体と同時に鋳造され内部に小丸をおさめている。140面ほどが発見されており，九鈴鏡は発見されておらず五鈴鏡と六鈴鏡で全体の75％を占めている。

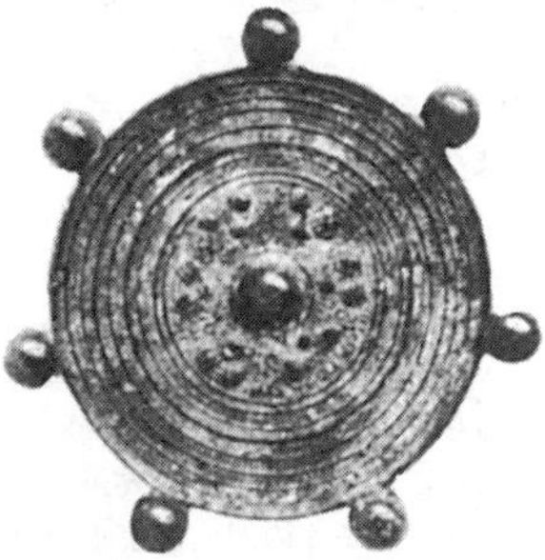
鈴鏡（長野・松尾村）

鏡背の文様は内行花文・方格規矩文・捩文・珠文などがあり，他の仿製鏡の系譜に連なる。宮崎県より宮城県南部に分布するが，東国に7割が集中し，5世紀代の製作と推定されている。* 森本六爾「鈴鏡について」(『考古学研究』2–2，1928) （池上　悟）

礫槨(れきかく) 古墳の内部施設の一つで，木棺を安定させるために礫を使用した構造をいう。礫槨という語は，粘土槨と同様に考えると木棺全体を礫でおおわねばならないが，木棺の下面や脇に礫を敷いただけの例も多く，礫床とよばれることがある。竪穴式石室の床に同様の形態がみられることもある。5世紀代から6世紀初めにかけて多くみられる。辛亥銘鉄剣を出土した埼玉稲荷山古墳の内部施設がそれにあたる。* 後藤守一「多野郡平井村白石稲荷山古墳」(『群馬県史蹟名勝天然紀念物調査報告』1936)；斎藤忠ほか『埼玉稲荷山古墳』1980 （杉山晋作）

礫器(れきき) 円礫や角礫を素材とした石器で，前期旧石器時代初期のオルドゥヴァイ文化の中で初めて出現する。打ち欠いて片側に刃をつくったのがチョパー，両面を交互に打ち欠きジグザグの刃をつけたものがチョピングトゥールとよばれる。チョパーには尖頭礫器も含まれるが，H. L. モヴィウスによれば，礫を素材とした大形のスクレイパーもチョパーとされている。チョピングトゥールはオルドゥヴァイ文化の後期にはハンドアックスに変化するといわれて

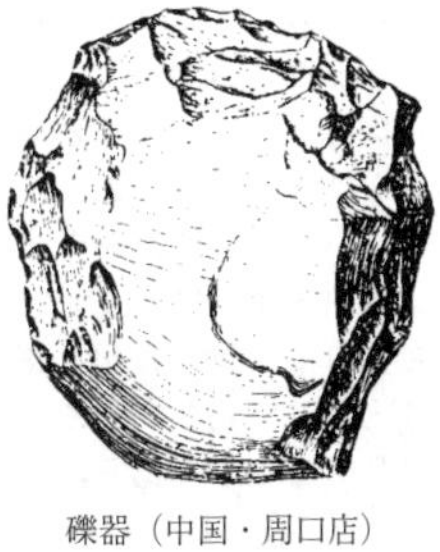
礫器（中国・周口店）

いる。礫器は石器時代を通じて存在するが，前期旧石器時代のユーラシア大陸ではヨーロッパのアシュール文化の系列とされるインドのマドラス文化に代表されるハンドアックス文化圏と，パキスタンのソアン文化，中国の周口店文化などインド北西部から極東までを含むチョパー・チョピングトゥール文化圏に2分されるという仮説をH. L. モヴィウスが提唱した。しかし近年韓国の全谷里遺跡で，ハンドアックス・クリーバーなどを含む石器群が発見されたこともあり，全面的な修正を迫られつつある。

（梶原　洋）

『歴史考古』（れきしこうこ）　歴史考古学研究会→日本歴史考古学会の機関誌。1～9・10，A5判・縦組，1957（昭和32）年10月～1963（昭和38）年6月。11～19・20，B5判・横組，1964（昭和39）年7月～1971（昭和46）年10月。内藤政恒会長主宰の古瓦を中心とする歴史考古学の論文・報告を掲載。9・10は特集・瓦窯跡の研究，19・20は会長追悼号。　→ 内藤政恒（ないとうまさつね）　（坂詰秀一）

歴史考古学（れきしこうこがく）　文献の存否多寡によって設定された三時代区分法に依拠する考古学の一分科。物質的資料を研究の主対象とする考古学の立場では本来的には矛盾する語である。一般的に文献のまったく存在しない先史時代を研究する先史考古学，文献が僅少な原史時代を研究する原史考古学，そして文献の豊富な歴史（有史）時代を研究する歴史（有史）考古学，と説明されるが，考古学の立場にたつ限りそれを受け入れることは出来ない。ただ，かかる三時代区分法を否定しながらも歴史考古学の名称が慣用されているのが現状である。ヨーロッパにおける古典考古学と対比させるのが飛鳥～平安時代を対象とする古代考古学であり，中世考古学は鎌倉～室町時代を対象とする考古学，また，近世考古学は江戸時代の考古学である。欧米でいうHistorical Archaeologyは，われわれの考えている近世以降の遺跡・遺物を研究の主対象としており，日本のイメージとは異なっている。なお，イギリスで発達したIndustrial Archaeologyは，産業革命期の遺構と遺物を扱うものである。＊坂詰秀一『歴史考古学の視角と実践』1990　（坂詰秀一）

歴史時代（れきしじだい）　文献が出現した段階の時代のことで有史時代ともいう。元来このよび方は，文字の存否をメルクマールとして設定された三時代区分法（先史・原史・歴史）によるものである。　→ 歴史考古学（れきしこうこがく）　（坂詰秀一）

ろ

炉跡（ろあと）　縄文時代早期までは竪穴住居跡の中に炉をつくらず，屋外に1.5m前後の穴をつくり，それを炉穴にすることが知られ，一般に屋外炉とよんでいる。屋内に炉をつくる縄文時代前期以降は，竪穴住居跡のほぼ中央に炉跡がみられることが多い。最も炉跡の顕著な時期は縄文時代中期で，炉の周囲を河原石で埋め込んだ石囲い炉，あるいは大形の土器片を埋め込んで囲った炉跡や敷きつめた炉跡などがある。縄文時代後期以降は比較的炉穴の掘り込みも浅く簡素化する傾向にあり，弥生時代終末までつづき，古墳時代になり，やがてかまどに変わっていく。＊文化庁文化財保護部『埋蔵文化財発掘調査の手びき』1969

（川崎義雄）

炉穴（ろあな）　1938年，東京考古学会主催の千葉県飛ノ台貝塚発掘のさい，縄文時代早期茅山期の遺構を発見した。それはローム（loam）層に掘りこまれたほぼ2 × 1mの楕円形の凹穴であった。深さは50～60cm，片側に向かって深くなり，最深部には灰の堆積が認められ，その下面は赤く焼けた痕跡がみられた。ときにはその凹穴が十字形に重複しており，多くの凹穴群が重なり合っているのであった。この発掘に参加した山内清男は，ヨーロッパで用いられていたファイア・ピット(fire pit)を訳してあたらしく「炉穴」という用語を考え出した。その後の調査によって，炉穴末端の最深部からは，煙突状の孔が外側に抜けている事実も判明した。したがって，茅山期の住居跡には炉がみられないので，家屋の外の炉穴で煮炊きをしたのだろうと解釈された。さらにまた最近になって南九州では，旧石器時代から縄文時代早期にかけて，多くの炉穴が発見されてきている。（芹沢長介）

六古窯(ろくこよう)　中世に本格的に陶器生産が始まり，現在まで続いている瀬戸・常滑・越前・信楽・丹波・備前の六窯をさす。六古窯の名称は，古陶磁器研究者の小山冨士夫によって昭和23年ころに命名された。これらは，前段階の陶器との関りから，須恵器生産の影響を受け成立した信楽・備前・丹波の須恵系と，灰釉陶器の生産から影響を受けた瀬戸・常滑・越前の瓷器系に二分できる。この中で，施釉を施すのは瀬戸窯だけであり，黄褐色の木灰釉と黒褐色の鉄釉が認められる。瀬戸窯の製品は，文様のついた四耳壺や酒器・仏器などの高級品が中心に焼かれていた。他の古窯は，釉薬を用いず，焼き締めだけの壺・甕・鉢などの日常雑器を中心に焼かれている。桃山時代になると茶の湯の成立にともない，信楽・備前・丹波の須恵系窯では，茶器の生産が主体となる。中世には，その他各地で窯業生産が開始されるが，操業期間・流通範囲において，六古窯を越すものではなかった。* 小山冨士夫『日本の陶磁』1967（上野恵司）

六勝寺(ろくしょうじ)　院政期に京都の白河周辺に営まれた御願寺。白河天皇の法勝寺，堀川天皇の尊勝寺，鳥羽天皇の最勝寺，待賢門院璋子の円勝寺，崇徳天皇の成勝寺，近衛天皇の延勝寺の6寺をいう。いずれも「勝」が付くことから六勝寺と呼んでいる。1102(康和4)年創建の法勝寺を最古とし，1149(久安5)年創建の延勝寺が最新で，半世紀の間に集中的に建設された寺院群である。法勝寺は金堂・九重塔・九体阿弥陀堂・五大堂・薬師堂などからなる伽藍で，密教色の強い浄土教を背景に建立されたことが知られるが，他の5ヶ寺も同様な形態を採用していたと推測されている。遺跡は都市化が進んだため不明な点が多いが，一部が発掘調査され，大きな礎石をもつ壮大な建築であったことが判明している。また，出土瓦はさまざまな文様のものが混在し，生産地も丹波・播磨・讃岐など多数に及ぶことが判明しており，瓦が各地の受領層から寄進されたものであることを推測させる。* 浪貝毅「六勝寺の発掘」(『日本歴史』377, 1979)（時枝　務）

ロザリオ(ろざりお)　ロザリオは1個の大珠と10個の小珠を1連とし，これが5つ連なる5連でできており，念祷(念ずる祈り)と口祷(言葉に出して唱える祈り)に用いられる。大珠で「主の祈り」を，小珠で「天使祝詞(アベマリア)」を唱える。普通15連(十五玄義)を唱え，各5連ずつ「聖母マリアとキリストの生涯の喜び」「悲しみ」「栄光」をそれぞれ黙想しながら唱えるとされる。伝世品が多く，仙台市博物館には支倉常長将来品が良好な状態で収蔵されている。出土遺物としては東京駅八重洲北口遺跡ではS1404号墓からはメダイ1点とともにロザリオの木製大珠2点，ガラス製小珠49点が出土し，大阪・高槻城キリシタン墓ではN8号墓とS6号墓から木製ロザリオが出土している。また大分・大友府内や原城跡の調査ではロザリオのものと推測されるガラス製珠が大量に出土している。* 今野春樹『キリシタン考古学』2013（今野春樹）

わ

輪鐙(わあぶみ)　鐙の一種。足をかける踏辺部が輪の形をなし，その上部鐙鞆に繋がる棒状部をつけたもの。踏込部は，他の輪の部分と同一のもの，2条のもの，幅の広がったものなどがある。木をまげて輪をつくり，四面を鉄板で被覆鋲留めした木芯鉄板張輪鐙が初期馬具としてあらわれる。木芯鉄板張輪鐙は，杏葉の伴出の有無や棒状部の形態変化などに時間の推移が知られるが，5世紀代を中心に使用され，やがて総鉄製の輪鐙へと交替していく。＊小野山節「馬具と乗馬の風習」(『世界考古学大系』3，1959)　(坂本美夫)

輪形耳飾(わがたみみかざり)　→　耳栓(じせん)

和鏡(わきょう・わかがみ)　中国で作製された鏡に対して日本でつくられた鏡という意で用いられるが，漢鏡や唐鏡を模した鏡を別に仿製鏡とよんでおり，一般には平安時代から江戸時代にかけての鏡を和鏡とよんでいる。和鏡の完成する動機は，宋鏡の影響，蝋形鋳造法から型土の上に直接篦で文様を押しくぼめる方法などが考えられる。鏡面はほぼ平らで，縁は狭くて直角気味に立ち上がる。鈕も小形で図文も種々ある。平安時代の鏡は小型のものが多く，鏡胎も薄くて縁は細縁になり，素鈕が多数を占めるが低い捩菊の鈕がつくものもある。鎌倉時代になると鏡胎は厚みを増すようになり，縁もやや高くて幅広になる。鈕も花形座鈕や亀形鈕があらわれる。室町時代は全体に重量感があり，鏡胎は分厚く，縁も幅広で高くて図文も鋭角的である。鈕のなかには亀形鈕と双鶴が接嘴する形式が新たに出現した。桃山時代から江戸時代にかけては柄鏡が主流となり，「天下一」の鋳出銘が付けられた。＊保坂三郎『和鏡』1973　(是光吉基)

和島誠一(わじませいいち)　1909〜1971。東京に生まれる。東京大学理学部人類学科選科を出て，人類学教室嘱託，東洋大学教授，資源科学研究所員，岡山大学教授を歴任。史的唯物論の立場に立つ考古学的研究により，集落跡研究，古代生産関係の研究などに新領域を開拓し，多くの後進を養成した。集落跡研究の古典ともいうべき「原始聚落の研究」をはじめ著作の大部分は『日本考古学の発達と科学的精神』1973に収められている。　(渡辺　誠)

鷲羽山遺跡(わしゅうざんいせき)　岡山県倉敷市下津井に所在する後期旧石器時代の遺跡。半島の先端部付近に位置する。鎌木義昌らによって，1954年に3つの地点が調査された。いずれの地点も花崗岩の風化土壌からなる。遺物の大半は表土から出

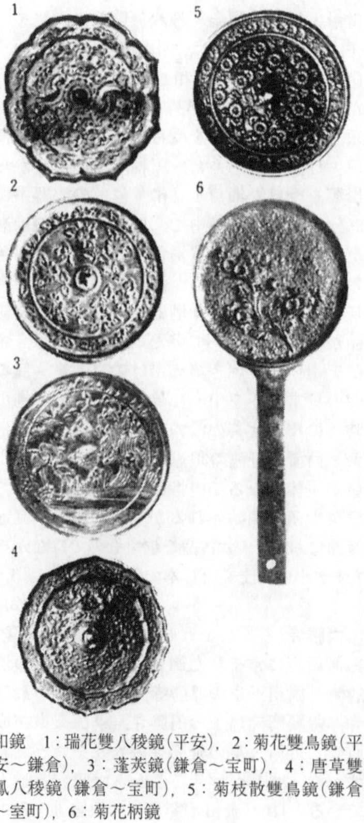

和鏡　1：瑞花雙八稜鏡(平安)，2：菊花雙鳥鏡(平安〜鎌倉)，3：蓬莢鏡(鎌倉〜室町)，4：唐草雙鳳八稜鏡(鎌倉〜室町)，5：菊枝散雙鳥鏡(鎌倉〜室町)，6：菊花柄鏡

土し，細石刃核やナイフ形石器，剥片，石鏃などがみられる。良好な出土状況を示すのはB北地点であり，表土下第2層からは両面加工ポイント類が，第3層では石刃などが検出された。主要石材はサヌカイト(sanukite)である。井島遺跡とともに瀬戸内における旧石器時代編年のもとになった遺跡である。＊鎌木義昌「岡山県鷲羽山遺跡調査略報」(『石器時代』3，1956)（小林博昭）

渡邊直經(わたなべなおつね) 1919～1999。東京生まれ。1968～1979年東京大学理学部人類学教室教授。日本人類学会会長(1976～1980年)，日本第四紀学会会長(1977～1981年)，日本学術会議会員(1978～1981年)などを歴任。考古・古地磁気法，フィッション・トラック法，遺跡土壌のリン分析などにおける日本の先駆者として，先史人類学，年代学，考古科学等の発展に努めるとともに，1975年からジャワ島の化石人類に関する日本・インドネシア国際共同研究を指揮し，インドネシア第四紀地質研究所の開設にも尽力した。主な著作に「人類が来た道のりを測る—新らしい年代学—」(『自然』1959年12月号，1960年1～6月号，1961年7～11月号に連載)。ほか著書・論文等多数。（松浦秀治）

渡辺　仁(わたなべひとし) 1919～1998。1919年11月11日三重県宇治山田市で出生，1942年4月東京帝国大学理学部人類学科に入学。1946年3月同科卒業。1947年4月理学部副手，1948年4月同助手となる。1960年「アイヌの生態人類学的研究」論文で理学博士の学位を受ける。同年4月理学部専任講師。1967年同助教授。1972年4月文学部教授。人文科学研究科考古学課程。1976年4月より同課程主任，1980年3月停年退官。同年4月北海道大学文学部教授，1983年3月同大学教授退官。1984年4月早稲田大学大学院文学研究科客員教授。この略歴でもわかるように生態人類学と土俗考古学，自然と人文の両面を持った学際的な研究者であり，研究視野も広く，論考も多方面にわたっている。1989年，六興出版刊の「古稀記念論文集」『考古学と民族誌』の末尾の氏の「著作目録」を参照すれば一目瞭然である。（江坂輝彌）

綿貫観音山古墳(わたぬきかんのんやまこふん) 群馬県中央南部の高崎市綿貫町の烏川と井野川に挟まれた台地上に所在する前方後円墳。南北1.2kmの範囲に4基の前方後円墳を中心として形成された綿貫古墳群中の1基。1967・1968年の調査の後，保存・整備を前提として1976～1982年にかけて調査が実施された。前方部を西北に向けた全長97m，後円部径61m，前方部幅63mの規模で2段築成であり，墳頂部と中段部に埴輪列をめぐらしている。主体部は後円部に設けられ西南に開口する角閃石安山岩を用いて構築した全長12.6m，玄室幅3.9m，玄室長8.04m，玄室高3.8mの両袖型横穴式石室である。玄室内から百済武寧王陵出土鏡と同形の獣帯鏡，仿製神獣鏡，鈴付き大帯，銅製水瓶，銀装環頭大刀，金銅装頭椎大刀，挂甲，冑，金銅装馬具などのほか多数の武器と須恵器・土師器が出土している。6世紀末頃の築造。＊梅沢重昭「観音山古墳」(『群馬県史』資料編3，1981)；群馬県教育委員会『史跡観音山古墳』1981（池上　悟）

鰐口(わにぐち) 社殿や仏堂前の軒下に懸けられ，誓願成就を祈念するときに軒からの紐で打ち鳴らす梵音具の一つ。金口・金鼓・禁口などともよばれ朝鮮半島に源流が求められる。扁円形を呈し，正面中央に撞座がある。また，圏線によって撞座区・内区・外区・銘帯に分けられる。縁の上方に半円の吊手がつき，下方には突出する目と縁沿に開いた口がつづく。わが国最古の紀年銘鰐口は長保3(1001)年銘の長野県松本市宮淵出土のものである。＊久保常晴「鰐口の研究」(『佛教考古学研究』1967)（是光吉基）

『倭名類聚抄』(わみょうるいじゅうしょう) 分類体の辞書。『和名抄』・『和名』・『順和名』などという。源順(みなもとしたがう)が931～938(承平年間)年に勤子内親王のために撰進したもの。部類・項目を立て，内外の諸書を引用し，撰者の説を付す。項目は三千余に及び，ほぼ同数の万葉仮名による和名を示し，本文は漢文で記す。現存諸本は10巻本系と20巻本系に大別され，部立や内容に異同が認められるが，両者の関係については不明な点が多い。20巻本には歳時部・官職部・国郡部があるが，10巻本にはない。古代史や国語史の基礎史料として貴重である。*宮沢俊雅「倭名類聚抄の十巻本と二十巻本」(『北海道大学文学部紀要』47–1) (時枝 務)

蕨手刀(わらびてのかたな) 奈良時代から平安時代初頭にかけて用いられた鉄製の刀で，柄頭が早蕨の芽をまいたような形状を呈しているところからよばれる。茎はそのままの状態や葛を直接にまきつけて柄にし，柄木を使用しない。刀身は短くて幅が広い。中部地方から北海道にかけての東日本に広く分布しており，北海道では柄よりも刀身の長いものが多い。小規模な円墳や竪穴住居跡などから出土するが，正倉院にも伝世品がある。*石井昌国『蕨手刀』1966 (是光吉基)

蕨手文(わらびてもん) 先端が早蕨のように巻きこんだ図形であり，渦文の1種である。弥生時代に土器あるいは銅鐸や平形銅剣の文様に用いられたほか古墳時代にも盛行した。仿製鏡では方格規矩渦文鏡その他に類似のものが認められるが，この文様は獣脚文に起源すると考えられている。また，装飾古墳の図文としては彩画のみに限って使用されており，2個を並置して描かれるのを通有とする。*小林行雄『装飾古墳』1964 (池上 悟)

割竹形石棺(わりたけがたせっかん) 古墳時代の石棺形態の一つで，身と蓋の形態が竹の一節を縦割りしたようであるためによばれた。断面は円形で，両端も垂直に削られている。そこに，縄掛突起を付けたり，内部に石枕をつくり出したりする。この祖形は4世紀に盛行した割竹形木棺にあり，それを模したものである。舟形石棺に先行して使用されたと考えられる。石室などでおおわない場合が多い。古墳時代前期。*梅原末治「讃岐高松石清尾山石塚の研究」(『京都帝国大学文学部考古学研究報告』12, 1933) (杉山晋作)

割竹形木棺(わりたけがたもっかん) 古墳時代木棺の一形式で，丸太状の材を縦に割り，内部をくり抜き身と蓋をつくる。その形態は竹を割った形に似る。棺材には弥生時代以来，原則としてコウヤマキが用いられ『日本書紀』神代巻に被(まき)をもって棺をつくるという記述があるように，この樹には本来神聖な呪術約な意味があった。割竹形木棺は前期古墳の竪穴式石室や粘土槨内に埋設され，中期以後には少なくなる。(乙益重隆)

日本考古小年表

日本考古小年表・凡例

①「日本考古小年表」は，日本考古学の歩みと現状を展望するときの参考として編んだもので，細目については②を参照されたい。

②考古関係については，斎藤忠『日本考古学史年表』（軽装版 2001），及び坂詰秀一『太平洋戦争と考古学』（1997），「日本考古学学際研究回顧年表」（『季刊考古学』別冊31，2020）によった。

③文化財関係については，文化庁『文化財保護法五十年史』（2001）によった。

④日本考古学の文献については，坂詰秀一『日本考古学文献ガイド』（2010）によった。

⑤年表全体については，歴史学研究会編『日本史年表』（2017）によった。

⑥（南）は南朝，（北）は北朝を示す。

⑦地震（主要）については，国立天文台編『理科年表』（2020）によった。

⑧ 491 ページからの「考古年表」では，月が〈　〉付きのもの及び事項が◆付きのものは，その年に発行もしくは休刊された主要な考古学・埋蔵文化財関連の出版物である。

⑨読者の便宜を考慮し，504 ページにわが国で発行された主な考古関連の年表を紹介した。

日本考古小年表

一般年表

西暦	干支	和暦（年号）	事件・事項
369 頃	己巳		任那成立
391	辛卯		倭兵，百済・新羅をやぶる（好太王碑）
503	癸未		隅田八幡宮人物画像鏡
538	戊午		仏教公傳す（書紀は 552）
593	癸丑		聖徳太子摂政となる
594	甲寅		仏教興隆の詔
603	癸亥		冠位十二階を制定
604	甲子		憲法十七条を制定
607	丁卯		法隆寺建立
645	乙巳	大化 1	大化の改新（乙巳の変）
646	丙午	大化 2	改新の詔
663	癸亥	天智 2	白村江の戦い
684	甲申	天武 12	白鳳地震（M 8.2）
701	辛丑	大宝 1	大宝律令制定
708	戊申	和銅 1	和同開珎を鋳造
708 頃			法隆寺再建
710	庚戌	和銅 3	平城京（奈良）に遷都
712	壬子	和銅 5	「古事記」（太安万侶撰進）
713	癸丑	和銅 6	「風土記」撰上の詔
718	戊午	養老 2	養老律令成る
720	庚申	養老 4	「日本書紀」（舎人親王撰進）
723	癸亥	養老 7	三世一身法を定む
727	丁卯	神亀 1	渤海使初めて来朝
730	庚午	天平 2	薬師寺東塔
741	辛巳	天平 13	国分二（僧尼）寺建立の詔
743	癸未	天平 15	墾田永世私財法
751	辛卯	天平勝宝 3	「懐風藻」成る
752	壬辰	天平勝宝 4	東大寺大仏開眼供養
757	丁酉	天平宝字 1	養老律令実施
759	己亥	天平宝字 3	是年以降「万葉集」成る。平城京に唐招提寺(金堂)創建
788	戊辰	延暦 7	最澄，比叡山延暦寺を創建
794	甲戌	延暦 13	平安京に遷都
796	丙子	延暦 15	東海道を開く
797	丁丑	延暦 16	「続日本紀」撰進
800	庚辰	延暦 19	富士山噴火
801	辛巳	延暦 20	坂上田村麻呂，蝦夷地を平定
807	丁亥	大同 2	「古語拾遺」献上
810	庚寅	弘仁 1	藤原薬子の乱，蔵人所を新設
816	丙申	弘仁 7	空海，高野山金剛峯寺を創建
818	戊戌	弘仁 9	弘仁地震（M 7.5 以上）
828	戊申	天長 5	畿内に班田を行なう
833	癸丑	天長 10	「令義解」撰上
860	庚辰	貞観 2	石清水八幡宮創建

一般年表

西暦	干支	和暦（年号）	事件・事項
864	甲申	貞観 6	富士山噴火
866	丙戌	貞観 8	応天門の変
869	己丑	貞観 11	貞観の三陸沖地震（M8.3 以上）
871	辛卯	貞観 13	鳥海山噴火
878	戊戌	元慶 2	元慶地震（M7.4）
887	丁未	仁和 3	藤原基経，関白となる 仁和地震（M8.0 ～ 8.5）
902	壬戌	延喜 2	荘園整理の令を下す
905	乙丑	延喜 5	「古今集」勅撰の詔
920	庚辰	延喜 20	渤海使入朝（最後となる）
927	丁亥	延長 5	「延喜式」撰上。紀貫之「土佐日記」
939	己亥	天慶 2	平将門の乱。藤原純友の乱
939 ～ 941	己亥 ～辛丑	天慶 2 ～ 4	天慶の乱。「伊勢物語」
985	乙酉	寛和 1	源信「往生要集」成る。清少納言「枕草子」。紫式部「源氏物語」（11 世紀初期完成）。和漢朗詠集
1051	辛卯	永承 6	前九年の役始まる。このころ「大鏡」
1083	癸亥	永保 3	後三年の役
1086	丙寅	応徳 3	院政の初め
1096	丙子	永長 1	永長地震（M8.0 ～ 8.5）
1099	己卯	康和 1	康和地震（M8.0 ～ 8.3）
1124	甲辰	天治 1	良忍，融通念仏をはじめる
1156	丙子	保元 1	保元の乱
1159	己卯	平治 1	平治の乱
1167	丁亥	仁安 2	平清盛，太政大臣となる。このころ清盛，宋との貿易を計る
1175	乙未	安元 1	法然，専修念仏を唱う
1185	乙巳	文治 1	平氏滅ぶ
1190	庚戌	建久 1	東大寺再建（俊乗坊重源）
1191	辛亥	建久 2	栄西帰朝，禅宗（臨済宗）を広む
1192	壬子	建久 3	源頼朝，鎌倉に幕府を開く。金沢文庫創立
1260	庚申	文応 1	日蓮「立正安国論」を北条時頼に呈する
1274	甲戌	文永 11	文永の役
1281	辛巳	弘安 4	弘安の役
1297	丁酉	永仁 5	永仁の徳政令
1324	甲子	正中 1	正中の変
1331	辛未	(南)元弘 3 (北)元徳 3	元弘の変
1333	癸酉	(南)元弘 3 (北)正慶 2	鎌倉幕府滅ぶ
1334	甲戌	建武 1	建武中興
1338	戊寅	(南)延元 3 (北)暦応 1	足利尊氏，征夷大将軍となる
1361	辛丑	正平 16	正平地震（M8.0 ～ 8.5）
1392	壬申	(南)元中 9 (北)明徳 3	南北朝の合一
1399	己卯	応永 6	応永の乱

一般年表

西暦	干支	和暦（年号）	事件・事項
1441	辛酉	嘉吉 1	嘉吉の変
1467 ～ 1477	丁亥 ～丁酉	応仁 1 ～文明 9	応仁・文明の大乱
1498	戊午	明応 7	明応地震（M 8.2 ～ 8.4 以上）
1549	己酉	天文 18	ザビエル，鹿児島にキリスト教を伝える
1585	乙酉	天正 13	天正地震（M 7.8）
1590	庚寅	天正 18	豊臣秀吉の統一
1600	庚子	慶長 5	関ヶ原の戦い
1603	癸卯	慶長 8	徳川家康，江戸に幕府を開く
1604	甲辰	慶長 9	慶長地震（M 7.9）
1615	乙卯	元和 1	大坂夏の陣
1635	乙亥	寛永 12	参勤交代制の確立，武家諸法度改定
1636	丙子	寛永 13	寛永通宝鋳造
1637	丁丑	寛永 14	島原の乱
1639	己卯	寛永 16	鎖国令
1657	丁酉	明暦 3	江戸明暦の大火
1688 ～ 1703	戊辰 ～癸未	元禄 1 ～ 16	〔元禄時代〕 1692(元禄 5)水戸藩主徳川光圀，下野・湯津上で古墳発掘
1703	癸未	元禄 16	元禄地震（M 7.9 ～ 8.2）
1707	丁亥	宝永 4	宝永地震（M 8.4）富士山噴火
1742	壬戌	寛保 2	公事方御定書
1758	戊寅	宝暦 8	宝暦事件
1772	壬辰	安永 1	江戸目黒行人坂大火
1779	己亥	安政 8	ロシア船，蝦夷地に来る
1782	壬寅	天明 2	富士山地震（M 7.0）
1783	癸卯	天明 3	浅間山噴火
1783 ～ 1788	癸卯 ～戊申	天明 3 ～ 8	天明の大飢饉
1787	丁未	天明 7	老中松平定信，倹約令を発す
1789	己酉	寛政 1	棄捐令を発す
1804	甲子	文化 1	象潟地震（M 7.0）
1808	戊辰	文化 5	江戸湾沿岸砲台修築起工。蒲生君平「山陵志」
1825	乙酉	文政 8	異国船打払令
1834	甲午	天保 5	水野忠邦，老中となる
1839	己亥	天保 10	蛮社の獄
1841	辛丑	天保 12	水野忠邦の政治革新
1847	丁未	弘化 4	善光寺地震（M 7.4）
1853	癸丑	嘉永 6	米使ペリー，浦賀来航
1854	甲寅	安政 1	日米和親条約。日英・日露和親条約 安政南海地震（M8.4）
1855	乙卯	安政 2	江戸地震（M6.9）
1858	戊午	安政 5	五国（米・蘭・露・英・仏）と修交通商条約を調印。 飛越地震（M7.0 ～ 7.1）
1859	己未	安政 6	安政の大獄
1860	庚申	万延 1	桜田門外の変
1863	癸亥	文久 3	8 月 18 日の政変
1864	甲子	元治 1	四国艦隊下関砲撃
1867	丁卯	慶応 3	大政奉還

一般年表

西暦	干支	和暦(年号)	事件・事項
1868	戊辰	明治 1	明治維新，王政復古，神仏分離令，廃仏毀釈
1869	己巳	明治 2	版籍奉還。東京・横浜間電信開通
1871	辛未	明治 4	廃藩置県
1872	壬申	明治 5	戸籍簿作成（壬申戸籍） 新橋・横浜間鉄道開通 東京銀座 赤煉瓦街 浜田地震（M7.1）
1873	癸酉	明治 6	徴兵令公布。征韓論破れる。地租改正条例公布。 ウィーン万国博覧会に参加出品。明六社成る
1874	甲戌	明治 7	台湾に出兵
1875	乙亥	明治 8	ロシアと千島・樺太の交換
1877	丁丑	明治 10	西南の役起こる 第 1 回内国勧業博覧会 東京大学創立
1878	戊寅	明治 11	参謀本部設置
1879	己卯	明治 12	教育令制定
1880	庚辰	明治 13	
1881	辛巳	明治 14	国会開設の詔
1882	壬午	明治 15	壬午事変。日本銀行創立
1883	癸未	明治 16	
1884	甲申	明治 17	甲申事変
1886	丙戌	明治 19	第 1 回条約改正会議
1887	丁亥	明治 20	
1889	己丑	明治 22	大日本帝国憲法・皇室典範発布。土地収用法公布。 地租条例改正。東海道本線全通
1891	辛卯	明治 24	濃尾地震（M8.0）

考古年表

月	事件・事項
5	古器旧物保存方発布（太政官布告）
7	文部省設置
9	文部省博物局設置（湯島聖堂・博物館）
11	奈良・美努連岡万墓（銅板墓誌）発掘
	◆町田久成『壬申検査社寺宝物図集』を編集
	古墳発掘の届出方発布（太政官達）
	遺失物取扱規則発布（太政官布告）
4	博物局観覧所が東京博物館となる（内務省所管）
4	開成学校と東京医学校が合併，東京大学となり，法理文学部設置
	E. S. Morse 来日，9月東京・大森貝塚発掘
6	埼玉・黒岩横穴墓群調査（根岸武香など）
8	第1回内国勧業博覧会開催
	宮内省に陵墓掛設置
7	佐々木忠次郎・飯島 魁，茨城・陸平貝塚発掘
〈6〉	◆ H. P. von Siebold『考古説略』
〈12〉	◆ E. S. Morse『*Shell Mounds of Omori*』（矢田部良吉訳『大森介墟古物編』）
	上野公園に博物館落成
5	J. Milne, 大森貝塚の年代を約2,600年前と推定（東京湾海岸線の変化から）
〈12〉	◆文部省編『古物学』（百科全書）
3	坪井正五郎・有坂鉊蔵など，東京・弥生町で土器発見（後に弥生式と名付けられた）
10	人類学会創立
	白井光太郎，「縄文土器」を使用
2	宮内省に諸陵寮（官制公布）
〃	人類学会（『人類学会報告』4号迄），6月東京人類学会と改称（『東京人類学会報告』）
3	農商務省所管博物館，宮内庁管理の帝国博物館となる
〃	東京大学，帝国大学となり，文学部は文科大学に改組
	神田孝平，東京人類学会初代会長
	白井光太郎と坪井正五郎のコロボックル論争
8	『東京人類学会報告』→『東京人類学会雑誌』となる
	宮内庁図書寮附属博物館廃止され，帝国博物館，帝国京都博物館，帝国奈良博物館設置

一般年表

西暦	干支	和暦(年号)	事件・事項
1892	壬辰	明治 25	
1893		明治 26	
1894	甲午	明治 27	日清戦争始まる 明治東京地震（M7.0）
1895	乙未	明治 28	下関条約調印。露・独・仏の三国干渉
1896	丙午	明治 29	日独通商航海条約 白馬会・日本絵画協会創立 明治三陸地震（M 8.2）
1897	丁酉	明治 30	台湾総督府設置 貨幣法公布（金本位制の確立） 京都帝室博物館開設
1898	戊戌	明治 31	日本美術院創立
1903	癸卯	明治 36	
1907	丁未	明治 40	小学校令改正
1908	戊申	明治 41	日米紳士協定。高平・ルート協約覚書交換
1909	己酉	明治 42	江濃（姉川）地震（M 6.8）
1910	庚戌	明治 43	韓国併合。大逆事件
1911	辛亥	明治 44	関税自主権の確立。工場法公布（1916 実施） 喜界島地震（M8.0）
1912～17	壬子~丁巳	大正 1 ～ 6	
1913	癸丑	大正 2	
1914	甲寅	大正 3	第 1 次世界大戦に参戦 桜島大噴火 桜島地震（M7.1）
1915	乙卯	大正 4	
1916	丙辰	大正 5	
1917	丁巳	大正 6	石井・ランシング協定（日米共同宣言）
1918	戊午	大正 7	シベリア出兵
1919	己未	大正 8	
1920	庚申	大正 9	国際連盟に正式加入（常任理事国となる）
1921	辛酉	大正 10	ワシントン会議。四国協定
1922	壬戌	大正 11	海軍（主力艦）制限条約。九国極東条約
1923	癸亥	大正 12	関東大震災（M7.9） 国民精神作興に関する詔書公布
1924	甲子	大正 13	丹沢地震（M7.3）
1925	乙丑	大正 14	普通選挙法公布。治安維持法公布 但馬地震（M6.8）

考古年表

	月	事件・事項
		坪井正五郎，東京・西ヶ原貝塚発掘
		東京帝国大学に人類学講座設置
		八木奘三郎・下村三四吉，千葉・阿玉台貝塚発掘，「大森式」「陸平式」と名付く
		三宅米吉・下村三四吉ら，考古学会設立（翌年『考古学会雑誌』創刊，後に『考古学雑誌』と改称）
		蒔田鎗次郎，「弥生式土器」名称使う
		佐藤伝蔵，青森・亀ヶ岡を発掘
	6	古社寺保存法公布
		◆東京帝国大学『日本石器時代人民遺物発見地名表』
	〈6〉	◆八木奘三郎『日本考古学』上（下は1899年刊）
	〈2〉	◆『古蹟』創刊
		◆関野貞『平城京及大内裏考』
	9	考古学会『考古界』，『考古学雑誌』と改題
	4	東京人類学会『東京人類学会雑誌』，『人類学雑誌』と改題
	12	史蹟名勝天然紀念物保存協会設立
		◆高橋健自『鏡と剣と玉』
		宮崎・西都原古墳群発掘
		◆高橋健自『考古学』
		喜田貞吉と高橋健自による「竪穴式」「横穴式」石室の先後論争展開
	〈3〉	◆歴史地理学会『皇陵』
	〈9〉	◆史蹟名勝天然紀念物保存協会『史蹟名勝天然紀念物』創刊
	〈8〉	◆喜田貞吉『帝都』
	9	京都帝国大学文科大学に考古学講座設立 ◆和田千吉『日本遺跡遺物図譜』
	5	◆考古学会『稿本考古年表』（沼田頼輔）
	〈7〉	◆武蔵野会（鳥居龍蔵会長）『武蔵野』創刊， ◆鳥居龍蔵『有史以前の日本』
	4	史蹟名勝天然紀念物保存法公布
		『民族と歴史』創刊（喜田貞吉主宰）
	2	◆富岡謙蔵『古鏡の研究』
	〈5〉	◆高橋健自『古墳と上代文化』
	〈7〉	◆浜田耕作『通論考古学』
		◆大山柏『土器製作基礎的研究』

一般年表

西暦	干支	和暦(年号)	事件・事項
1926	丙寅	大正 15 昭和 1	日本労働組合総連合結成
1927	丁卯	昭和 2	北丹後地震（M7.3）
1928	戊辰	昭和 3	済南事件。張作霖爆死事件
1929	己巳	昭和 4	
1930	庚午	昭和 5	ロンドン軍縮会議。五国条約調印 金解禁実施。北伊豆地震（M7.3）
1931	辛未	昭和 6	満州事変起る 西埼玉地震（M6.8）
1932	壬申	昭和 7	五・一五事件
1933	癸酉	昭和 8	国際連盟脱退 外国為替管理令公布。三陸沖地震（M8.1）
1934	甲戌	昭和 9	
1935	乙亥	昭和 10	美濃部達吉の天皇機関説問題化 静岡地震（M6.4）
1936	丙子	昭和 11	二・二六事件 日独防共協定成立 河内大和地震（M6.4）
1937	丁丑	昭和 12	日中戦争起る 帝国芸術院創設
1938	戊寅	昭和 13	国家総動員法成立 福島県沖地震（M7.5）多発
1939	己卯	昭和 14	ノモンハン事件 国民徴用令公布 男鹿地震（M6.8）
1940	庚辰	昭和 15	大政翼賛会実践要綱発表。日独伊三国軍事同盟締結。大東亜共栄圏（松岡洋右の造語）構想

考古年表

月	事件・事項
6	浜田耕作・原田淑人，東方考古学協会発足
10	大山史前学研究所設立
〈6〉	◆「考古学講座」(全26巻)刊行はじまる。2年後，全34巻本として増補刊行
3	東亜考古学会発足
〈4〉	◆考古学研究会『考古学研究』創刊
〈7〉	◆梅原末治『銅鐸の研究』
〈10〉	◆長谷部言人『先史学研究』
〈11〉	◆後藤守一『日本考古学』
〈5〉	◆小金井良精『人類学研究』
3	国宝保存法公布
〈3〉	◆『史前学雑誌』創刊
〈6〉	◆「日本考古図録大成」（全16輯）刊行はじまる
〈9〉	◆中谷治宇二郎『日本石器時代提要』，◆浜田耕作『博物館』
1	考古学研究会，東京考古学会と改称，『考古学』創刊
〈10〉	◆中谷治宇二郎『日本石器時代文献目録』
8	朝鮮古蹟研究会発足
4	◆『ドルメン』創刊
4	重要美術品等ノ保存ニ関スル法律公布（国宝以外の文化財の保存）
	◆服部清五郎『板碑概説』
	山内清男，原始文化研究会設立
4	日本古文化研究所（奈良）設立，黒板勝美の主唱
〈12〉	◆末永雅雄『日本上代の甲冑』
〈3〉	◆島田貞彦『造瓦』　／　◆『ひだびと』創刊
〈12〉	◆中谷治宇二郎『日本先史学序史』
〈2〉	◆考古学研究会『考古学論叢』創刊　／　◆『ミネルヴァ』創刊
〈3〉	◆「仏教考古学講座」（全15巻）刊行はじまる
3	ミネルヴァ論争
〈11〉	◆石田茂作『飛鳥時代寺院址の研究』
1	山内清男，縄文土器の編年表を発表
〃	原始文化研究会（山内清男），先史考古学会と改称。『先史考古学』創刊
〈7〉	◆後藤守一『日本歴史考古学』
4	東京帝国大学に考古学講座設立　／　◆『貝塚』創刊
5〜6	慶應義塾，「支那大陸学術旅行隊」を派遣
9	橿原考古学研究所発足
〈5〉	◆「人類学先史学講座」（全19巻）刊行はじまる
〈8〉	◆角田文衛編『国分寺の研究』
〈10〉	◆森本六爾・小林行雄編『彌生式土器聚成図録』
	東京帝国大学に人類学科設立
12	法隆寺若草伽藍跡発掘
〈4〉	◆山内清男『日本遠古之文化』
8	東京帝室博物館で「正倉院御物展」開催

一般年表

西暦	干支	和暦(年号)	事件・事項
1941	辛巳	昭和 16	米国・英国に宣戦（太平洋戦争はじまる） 国民学校令公布 言論出版等臨時取締令公布
1943	癸未	昭和 18	徴兵適令 1 年繰下げ。大東亜会議開催（大東亜宣言）
1944	甲申	昭和 19	大都市に疎開令 東南海地震（M7.9）
1945	乙酉	昭和 20	ポツダム宣言受諾通告。三河地震（M6.8）。8月6日広島, 8月9日長崎に原子爆弾投下。8月15日終戦
1946	丙戌	昭和 21	50字・新かなづかい制定。南海地震（M8.0）
1947	丁亥	昭和 22	日本国憲法施行 教育基本法・学校教育法公布
1948	戊子	昭和 23	福井地震（M7.1）
1949	己丑	昭和 24	法隆寺金堂火災
1950	庚寅	昭和 25	
1951	辛卯	昭和 26	サンフランシスコ講和条約調印 日米安全保障条約調印 ユネスコに正式加入

考古年表

月	事件・事項
1	考古学会，日本考古学会と改称
2	東京人類学会，日本人類学会と改称
〃	東京考古学会，考古学研究会，中部考古学会が併合し，日本古代文化学会が発足。『考古学』『考古学論叢』『中部考古学会彙報』にかえて『古代文化』（『考古学』を改題し巻号を継承）を発刊
〈2〉	◆末永雅雄『日本上代の武器』
〈6〉	◆内藤政恒『本邦古硯考』
〈8〉	◆森本六爾『日本農耕文化の起原』
〈5〉	◆『史前学雑誌』（15 － 1）休刊
〈9〉	◆『古代文化』（14 － 10）休刊
〈10〉	◆樋口清之『日本古代産業史』
〈12〉	◆杉原荘介『原史学序論』
10	日本人類学会創立60周年を迎え記念論文集（『人類学雑誌』59-10）発刊
〈11〉	◆大山 柏『基礎史前学』
〈7〉	◆『あんとろぽす』創刊
3	静岡·登呂遺跡調査会結成。7月から発掘，その後，1950（昭和25）年まで継続
8	東亜考古学会，北海道モヨロ貝塚など発掘
〈2〉	◆小林行雄『日本古代文化の諸問題』
〈7〉	◆後藤守一『日本古代史の考古学的検討』
〈10〉	◆『考古学雑誌』復刊（34巻）
〈12〉	◆甲野 勇『図解先史考古学入門』
4	日本考古学協会発足
〈6〉	◆水野清一『東亜考古学の発達』
1	（26日）国宝法隆寺金堂初層軸部及び壁画焼損
〃	古代学研究会発足，『古代学研究』創刊
2	原田大六，福岡・石ヶ崎支石墓発掘
〃	大分・安国寺遺跡の発掘
〃	江上波夫，騎馬民族論を発表
9	群馬・岩宿遺跡の発掘
	◆八幡一郎『人文学舎報』創刊
	従来の国宝を重要文化財とみなす
	明治大学に私立大学として初の考古学講座設置
5	文化財保護法公布（8.29施行）
8	文化財保護委員会発足
10	文化財専門審議会令制定
〈10〉	◆斎藤忠『考古学の研究法』
	静岡・遠江国分僧寺跡発掘〔国分寺跡発掘の初例〕
	第1回国営発掘（愛知・吉胡貝塚）以降，奈良・法隆寺境内若草伽藍跡の発掘（第23回，1969（昭和44）年まで）
	古代学協会発足，1957年，財団法人として認可，『古代学』創刊

一般年表

西暦	干支	和暦(年号)	事件・事項
1952	壬辰	昭和 27	吉野地震（M6.7）
1953	癸巳	昭和 28	房総沖地震（M7.4）
1954	甲午	昭和 29	
1955	乙未	昭和 30	
1956	丙申	昭和 31	国際連合加盟。日ソ共同宣言
1957	丁酉	昭和 32	
1958	戊戌	昭和 33	
1959	己亥	昭和 34	
1960	庚子	昭和 35	全学連の国会デモ死傷事件
1961	辛丑	昭和 36	農業基本法成立
1962	壬寅	昭和 37	日中総合貿易（LT）覚書調印。日英通商航海条約調印。宮城県北部地震（M6.5）
1964	甲辰	昭和 39	東京オリンピック開催。国鉄・東海道新幹線開通 新潟地震（M7.5）
1965	乙巳	昭和 40	日韓基本条約調印 松代群発地震（最大 M5.4）
1966	丙午	昭和 41	大学紛争はじまる 基地基本法成立

考古年表

月	事件・事項
5	国宝及び重要文化財指定基準，特別史跡名勝天然記念物及び史跡名勝天然記念物指定基準を告示
7	特別史跡名勝天然記念物又は史跡名勝天然記念物の現状変更等の許可申請等に関する規則制定
〈10〉	◆日本考古学協会『日本考古学年報』創刊
〈12〉	◆小林行雄『日本考古学概説』
	京都・椿井大塚山古墳から三角縁神獣鏡 32 面以上出土
8	岡山・月の輪古墳発掘
〈2〉	◆鳥居龍蔵『ある老学徒の手記』
1	文化財保護委員会，奈良・平城宮跡の発掘に着手
5	文化財保護法一部改訂，周知遺跡の発掘届出
10	青年考古学協議会発足
〈6〉	◆考古学研究会『私たちの考古学』創刊（後，改題して 6-1 から『考古学研究』）
〈7〉	◆角田文衞『古代学序説』
〈10〉	◆清野謙次『日本人類学・考古学史』上（下は 1955 年刊）
1	（26 日）第 1 回文化財防火デー
〈1〉	◆「日本考古学講座」全 7 巻（河出書房）刊行はじまる。
〈4〉	◆末永雅雄『空からみた古墳』　／　◆『石器時代』創刊
〈9〉	斎藤忠『日本古墳文化資料綜覧』（全 3 冊）
〈6〉	◆芹沢長介『無土器時代』（考古学ノート・1）
〈4〉	◆『考古学手帖』創刊
〈9〉	◆「世界考古学大系」全 16 巻（平凡社）刊行はじまる
4	神奈川・夏島貝塚出土の資料，9,440 ± 400 年 BP の ^{14}C 測定値発表される
〈6〉	◆水野清一・小林行雄編『図解考古学辞典』
	宮城・多賀城跡の発掘はじまる
〈4〉	◆江坂輝弥『土偶』
〈6〉	◆芹沢長介『石器時代の日本』
1	奈良・平城宮跡内裏北域で木簡が多数出土
7～8	神奈川・三殿台遺跡で集落の全面発掘
〈3〉	◆日本考古学協会『日本農耕文化の生成』
〈〃〉	◆小林行雄・杉原荘介編『弥生式土器集成』1
〈4〉	◆小林行雄『古墳時代の研究』
〈9〉	◆酒詰仲男『日本貝塚地名表』
4	文化財保護対策協議会発足
〈12〉	◆日本考古学協会編『日本考古学辞典』
7～8	東京・宇津木遺跡で方形周溝墓を確認
	埋蔵文化財の緊急発掘に対応する国の暫定方針がでる（いわゆる「64 体制」）
〈1〉	◆「日本の考古学」全 7 巻（河出書房）刊行はじまる
	「風土記の丘」の設置はじまる　／　◆『月刊考古学ジャーナル』創刊
〈11〉	◆文化財保護委員会『埋蔵文化財発掘調査の手びき』

一般年表

西暦	干支	和暦(年号)	事件・事項
1967	丁未	昭和 42	公害対策基本法公布
1968	戊申	昭和 43	日向地震（M7.5） 十勝沖地震（M7.9）
1969	己酉	昭和 44	大学紛争で諸大学に機動隊出動。大学法施行
1970	庚戌	昭和 45	日米安保条約自動延長
1971	辛亥	昭和 46	
1972	壬子	昭和 47	沖縄復帰
1973	癸丑	昭和 48	当用漢字新音訓・送りがな改定発表 根室半島沖地震（M7.4）
1974	甲寅	昭和 49	伊豆半島沖地震（M6.9）
1975	乙卯	昭和 50	
1976	丙辰	昭和 51	
1978	戊午	昭和 53	日中平和友好条約調印 伊豆半島近海地震（M7.0），宮城県沖地震（M7.4）
1979	己未	昭和 54	
1980	庚申	昭和 55	
1981	辛酉	昭和 56	
1982	壬戌	昭和 57	国鉄・東北新幹線開通，国鉄・上越新幹線開通
1983	癸亥	昭和 58	日本海中部地震（M7.7）
1984	甲子	昭和 59	長野県西部地震（M6.8）
1985	乙丑	昭和 60	
1986	丙寅	昭和 61	
1989	己巳	平成 1	消費税実施
1990	庚午	平成 2	株価の暴落始まる
1992	壬申	平成 4	国連平和維持活動（PKO）法成立
1993	癸酉	平成 5	北海道南西沖地震（M7.8）
1994	甲戌	平成 6	国産ロケットＨ２打ち上げ成功 平安遷都 1200 年

考古年表

月	事件・事項
〈3〉	◆日本考古学協会『日本の洞穴遺跡』
	文化庁発足
	福岡・大宰府跡の発掘はじまる
10	学生運動激化，日本考古学協会大会で平安博物館事件
〈3〉	◆石田茂作『日本仏塔の研究』
5	日本学術会議，「埋蔵文化財の保護について」政府へ勧告
〈12〉	◆大場磐雄『祭祀遺跡』
	広島・草戸千軒町遺跡調査研究所設置，発掘はじまる
	日本考古学協会『埋蔵文化財白書』
〈7〉	◆「日本考古学選集」全25冊（築地書館）刊行はじまる
	福井・朝倉氏遺跡発掘着手
2〜3	奈良・高松塚壁画古墳発掘
	宮城・多賀城跡で漆紙文書出土
〈3〉	◆『東京国立博物館百年史』
〈8〉	◆斎藤忠『日本考古学史』
〈11〉	◆『えとのす』創刊
	文化財保護法改正
〈6〉	◆末永雅雄『古墳の航空大観』
	青森・三内丸山遺跡発掘
	「辛亥」銘鉄剣の確認（埼玉・稲荷山古墳）
〈2〉	◆『世界考古学事典』（全2冊）
	太安万侶墓誌出土
	◆山内清男『日本先史土器の縄紋』
	明日香村保存特別措置法成立
〈12〉	◆赤星直忠『中世考古学の研究』
〈5〉	◆日本考古学協会『第2次埋蔵文化財白書』
	日本文化財科学会発足　／　◆『季刊考古学』創刊
	島根・荒神谷で銅鐸（6口）・銅剣（358本）・銅鉾（16本）発掘
	◆近藤義郎『土器製塩の研究』
5	日本考古学協会，核兵器廃絶宣言
〈11〉	◆岩波講座「日本考古学」（全9巻）刊行はじまる
	佐賀・吉野ヶ里遺跡発掘
	江戸遺跡情報連絡会（後に江戸遺跡研究会と改称）発足
3	反核考古学研究者の会結成
	◆『縄文時代研究』創刊
〈12〉	◆斎藤忠『日本考古学史年表』
	◆『動物考古学』創刊
10	文化庁，埋蔵文化財発掘調査体制等の整備充実に関する調査研究委員会設置
〈5〉	◆日本考古学協会『日本考古学』創刊

一般年表

西暦	干支	和暦(年号)	事件・事項
1995	乙亥	平成 7	阪神・淡路大震災（兵庫県南部地震）（M7.3）
1996	丙子	平成 8	
1997	丁丑	平成 9	消費税 5%。臓器移植法
1998	戊寅	平成 10	
2000	庚辰	平成 12	九州・沖縄サミット 鳥取県西部地震（M7.3）
2001	辛巳	平成 13	
2002	壬午	平成 14	経団連と日経連統合し，日本経団連発足
2003	癸未	平成 15	国立大学法人法成立 ヒトゲノム解読完了宣言 宮城県沖地震（M7.1），十勝沖地震（M8.0）
2004	甲申	平成 16	新潟県中越地震（M6.8）
2005	乙酉	平成 17	京都議定書発効 宮城県沖地震（M7.2），福岡県西方沖地震（M7.0）
2006	丙戌	平成 18	改正教育基本法成立
2007	丁亥	平成 19	郵政民営化 能登半島地震（M6.9），新潟県中越沖地震（M6.8）
2008	戊子	平成 20	岩手・宮城内陸地震（M7.2），岩手県沿岸北部地震（M6.8）
2009	己丑	平成 21	
2010	庚寅	平成 22	平城遷都 1300 年
2011	辛卯	平成 23	(3.11) 東日本大震災（東北地方太平洋沖地震）(M9.0)，同遠方誘発地震（長野・栄村）(M6.7) ほか，
2013	癸巳	平成 25	富士山世界文化遺産登録
2016	丙申	平成 28	熊本地震（M7.3）
2017	丁酉	平成 29	
2018	戊戌	平成 30	
2019	己亥	平成 31	
〃	〃	令和 1	
2020	庚子	令和 2	COVID-19（新型コロナウイルス感染症）の世界的流行

考古年表

	月	事件・事項
	12	文化庁，埋蔵文化財発掘調査体制等の整備充実に関する調査研究委員会「埋蔵文化財保護体制の整備充実について」報告
		◆『貝塚研究』創刊
	6	文化庁，埋蔵文化財発掘調査体制等の整備充実に関する調査研究委員会「埋蔵文化財の把握から開発事前の発掘調査に至るまでの取扱いについて」報告
	〈12〉	◆日本考古学協会『日本考古学の 50 年』(『日本考古学』6)
	11	(5 日)「前期旧石器発掘捏造事件」発覚
		◆日本考古学協会『地震災害と考古学』I
	4	東京国立博物館等，独立行政法人となる
	〈8〉	◆文化庁『文化財保護法五十年史』(第 5 章埋蔵文化財の保護 − 263 ～ 291)
		◆佐原眞『銅鐸の研究』
	5	日本考古学協会『前・中期旧石器問題の検証』
	6	日本旧石器学会設立
		◆春成秀爾『考古学者はどう生きたか』
		◆日本考古学協会『第 3 次埋蔵文化財白書』
		◆斎藤忠『日本考古学人物事典』
	3	文化庁，埋蔵文化財発掘調査体制等の整備充実に関する調査研究委員会「今後の埋蔵文化財保護体制のあり方について」報告
	〈6〉	◆小林達雄『総覧 縄文土器』
	5	日本考古学協会，一般財団法人となる
	6	日本文化財保護協会，公益社団法人に認定
	〈12〉	◆『東京文化財研究所七十五年史』
	〈5〉	◆文化庁『発掘調査のてびき』(整理・報告書編，集落遺跡発掘編)
		第 8 回世界考古学会議京都大会
	7	「神宿る島」宗像・沖ノ島と関連遺産群：世界文化遺産登録
	〈11〉	◆日本考古学協会『日本考古学・最前線』
	4	◆「文化財保護法及び地方教育行政の組織及び運営に関する法律の一部を改正する法律」施行
	7	百舌鳥・古市古墳群：世界文化遺産登録

（坂詰秀一）

付：日本考古関連の年表

以下に日本で発行された主な考古関連の年表をあげる。本書掲載の「日本考古小年表」で考古学史に興味を持たれた読者には下記の年表類も参照されることをお勧めする。

日本の考古学に関する年表としては，古く考古学会(沼田頼輔)編**『稿本考古年表』**(A5判，1917，聚精堂)が編まれたが，考古学の年表と言うより有職故実的な内容が含まれた小冊子(26頁)である。1599〜1912の間を扱っているが，明治期の動向記述を除けば考古の年表より，広義の博物学的な項目羅列である。白井光太郎**『日本博物学年表』**(A5判，1890，温古堂；1934－改訂増補437頁，大岡山書店)，上野益三**『年表日本博物学史』**(A5判，538頁，1989，八坂書房)など博物学関係の年表に考古学関係の事項も見られるが考古学プロパーの年表ではなく物足りない。

日本考古学の年表は，斎藤忠**『年表で見る日本の発掘・発見史』**①奈良時代〜大正篇②昭和篇(四六判，1980·1982，日本放送出版協会)をもとに編まれた**『日本考古学史年表』**(B5判，776頁，1993；軽装・増補版480頁，2001，学生社)がある。初版は1988年までを収めているが，軽装版として刊行された増補版には1989〜1998年を追加している。発掘・発見その他の事項，文献(単行本・講座・紀要類・報告書・雑誌)，人事(事項・誕生・死亡)，学界，施設，歴史事項，その他にわけて記載されている。巻末に索引(遺跡，文献，人名)が付けられている。

勅使河原彰**『日本考古学史－年表と解説－』**(B5判，132頁，1988，東京大学出版会)は，年を追って日本考古学の発達史を記述したもので，同**『日本考古学の歩み』**(B5判，278頁，1995，名著出版)の前提的な著作である。

貞末堯司「考古学発達史年表－人物とその業績－」(駒井和愛編**『考古学概説』**B5判，1972，講談社。同名書の1951－世界社，1957－日本評論新社，版には収録されていない)は，西洋・東洋・日本の主な考古学的事項と学者を1枚の紙幅(57cm × 41cm)に収めた労作である。

なお，日本考古学史については，斎藤忠**『日本考古学史』**(A5判，349頁，1974，吉川弘文館)が豊富な資料を用いて説いている。斎藤の年表と参看しながら読むと日本考古学の歩みが理解される。

(坂詰秀一)

付　録

旧石器関係用語対照表（日・英・仏・露）

日本語	英　語	フランス語	ロシア語
旧石器時代	Palaeolithic Old Stone Age	paléolithique	Палеолит
中石器時代	Mesolithic Middle Stone Age	mésolithique	Мезолит
新石器時代	Neolithic New Stone Age	néolithique	Неолит
続旧石器	Epi-Palaeolithic	épipaléolithique	Эпипалеолит
無土器時代	Aceramic Neolithic	néolithique acéramique	Безкерамический Неолит
先土器 新石器	Pre-pottery Neolithic	(néolithique) précéramique	Докерамический Неолит
文化層	culture layer	couche archéologique	культурный слой
無遺物層	sterile layer	couche stérile	слой без находок
重層遺跡	stratified site	site stratifié	многослойная стоянка
ローム層	loam layer	limon	суглинок
テフラ（火山砕屑物）	tephra	téphra	тефра
礫層	gravel bed	horizon gravillonnaire	галечник
火山灰	volcanic ash	cendre volcanique	вулканический пепел
軽石	pumice	ponce	пемза
遺跡	site	site, gisement	стоянка(поселение)
地点	locality locus (loci)	ponce localité	пункт
洞穴	cave	grotte	пещера(грот)
開地遺跡	open site	site de plain air	стоянка открытая
住居	dwelling	habitation	жилище
生活面	living floor	sol d'habitat niveau d'habitat	жилой уровень
竪穴住居	pit dwelling		землянка
柱穴	post hole	trou de picquet trou de poteau	столбовая яма
炉	fire place	foyer	очаг (костер)
遺物	relics	vestige	находка

日本語	英語	フランス語	ロシア語
人工品	artifact	artefact	изделие(артефакт)
層，地層	layer, stratum(strata)	couche	слой
層序	stratigraphy	stratigraphie	стратиграфия
石器	stone tool lithic tool (-implement)	outil lithique outillage lithique	каменное орудие (каменный инвентарь)
骨角器	bone and antler implement	objets en os et en bois	орудие из кости и рога
打撃	percussion	percussion	удар
剥離	flaking	taille, débitage	расщепление (раскалывание)
直接打法	direct percussion	percussion directe	непосредственная ударная обработка
間接打法	indirect percussion	percussion indirecte	непрямая ударная обработка
パンチ打法	punch technique	taille au poussoir	расщепление с помощью посредника
押圧剥離	pressure flaking	taille par pression	обработка отжимом (отжимная ретушь)
台石打法	anvil technique	taille sur enclume technique bloc sur bloc	наковальная техника
両極打法	bipolar technique	débitage bipolaire taille bipolaire	биполярная техника
剥片石器	flake tool	outil sur éclat	орудие на отщепе
核石器	core tool	outil sur nucléus	орудие на нуклеусе
礫石器，礫器	pebble tool	galet aménagé	галечное орудие
背つぶし	blunting	technique du bord abattu,	затупление(притупление)
円筒槌打法	cylinder hammer technique		обработка цилиндрическим отбойником
ルヴァロワ技法	Levallois technique	débitage Levallois	техника Леваллуа
階段状剥離	step flaking	retouche scalariforme	ступенчатая ретушь
蝶番状剥離	hinge fracture	fracture réfléchi	ступенчатый залом
自然面	natural surface cortex	cortex	желвачная корка
敲打	pecking	piquetage	пикетаж (точечная техника)

日本語	英語	フランス語	ロシア語
交互剥離	alternate flaking	retouche alternante	альтернативное скалывание
錯交剥離	alternate retouch	retouche alterne	альтернативная ретушь
母岩	block lump	bloc	сырье
剥片	flake	éclat	отщеп
縦長剥片	elongated flake	éclat allongé	удлиненный отщеп
横判剥片	side-blow flake	éclat large	поперечный отщеп
打面	platform	plan de frappe talon	ударная площадка
平坦打面	plain platform	plan de frappe lisse talon lisse	плоская ударная площадка
調製打面	facetted platform prepared platform	plan de frappe facette talon facetté	фасеточная ударная пло-щадка
バルブ(打瘤)	bulb	conchoide bulbe	ударный бугорок
リング	ring wave	ondulation	ударные волны
フィッシャー	fissure	lancette	трещина
背面	dorsal surface	face dorsal face supérieure	спинка
腹面	ventral surface	face d' éclatement face inférieure	брюшко
礫	pebble	galet	галька
石核	core	nucléus	нуклеус
敲石	hammer stone	percuteur de pierre	отбойник
台石	anvil	enclume	наковальня
石屑	chips waste flake	dechets de taille débris	чешуйка
チョパー	chopper	chopper	чоппер
チョピング・トゥール	chopping-tool	chopping-tool	чоппинг
ハンドアックス	handaxe biface	biface	ручное рубило

日本語	英語	フランス語	ロシア語
クリーヴァー	cleaver	hachereau	кливер
石球	spheroid (bola stone)	bola	сфероид
円盤形石核	discoidal core	nucléus dis coïde	дисковидный нуклеус
円筒形石核	cylindrical core	nucléus prismatique nucléus cylindrique	цилиндрический нуклеус
円錐形石核	conical core pyramidal core	nucléus conique nucléus pyramidal	конический нуклеус
石刃核	blade core	nucléus à lame	нуклеус на пластине
石刃	blade	lame	пластина
細石刃	microblade	lamelle	микропластина
ナイフ	backed knife	couteau à dos	нож на пластине
彫核刀	burin	burin	резец
彫核刀面	burin facet	pan	резцовый скол
エンド・スクレイパー	end-scraper	grattoir	концевой скребок
サイド・スクレイパー	side-scraper	racloir	боковой скребок
錐	perforator drill awl	perçoir	проколка
ノッチ(抉り入りスクレイパー)	notch notched scraper	encoche	зубчатое орудие
石偶	stone figurine (-statuette)	slatuette de pierre figurine de pierre	каменная фигурка (статуэтка)
トランシエ(直刃斧)	tranchet	tranchet	топор-транше
台形石器	trapeze	trapèze	трапеция
三角形石器	triangle	triangle	треугольное орудие
半月形石器	lunate	segment de cercle	сегментовидное орудие
細石器	microlith	microlithe	микролит
幾何形細石器	geometric microlith	microlithe géometrique	геометрический микролит
マイクロビュアリン	micro-burin	micro-burin	микро-резец

日本語	英語	フランス語	ロシア語
有舌尖頭器	tanged point stemmed point	pointe pédonculée pointe à soie	черешковый наконечник
木葉形尖頭器	foliated point foliate	pointe foliacée feuille	листовидный наконечник
磨製石斧	polished axe	hache polie	пришлифованный топор
拇指状スクレイパー	thumb-nail scraper	grattoir unguiforme	ногтевидный скребок
矢柄研磨器 (一整直器)	arrow shaft smoother (-straightner)	polissoir à rainure	выпрямитель древка
使用痕	use-wear	trace d' utilisation	следы использования
微小剥離痕	micro-chipping	retouche d' utilisation microenlèvement	микро - выщербины
条痕(線状痕)	striation	strie	Бороздки (Линейнные следы)
研磨	grinding	polissage	шлифование
局部磨製石斧	partially ground axe edge ground axe	hache à tranchant polie	частично шлифованный топор
光沢	polish	poli(d' usage) lustré	заполировка
小麦光沢	corn gloss		зеркальная степень блеска
磨耗	abrasion	émoussé	изнашивание
破損	damage	fracture	выкрошенность

(芹沢長介・山中一郎
梶原洋・山田しょう)

縄文（土器）の文様

○縄文の文様の解説は，本文「縄文」の項目を参照いただきたい。

1.　実験による文様の復原

参考文献：山内清男『日本先史土器の縄紋』1979

縄文1．無節縄文（R）

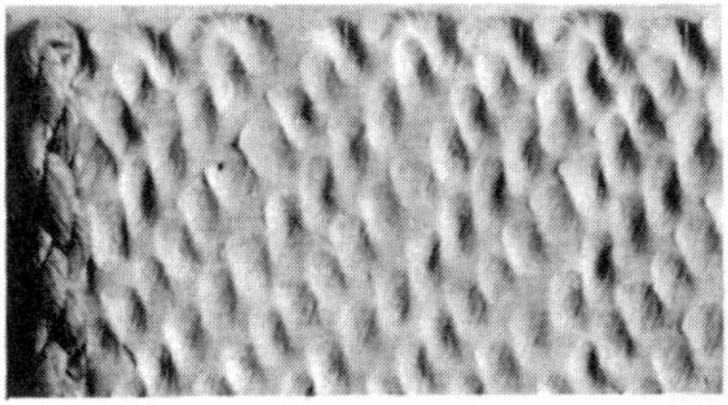

縄文2．斜行縄文（ＬＲ）

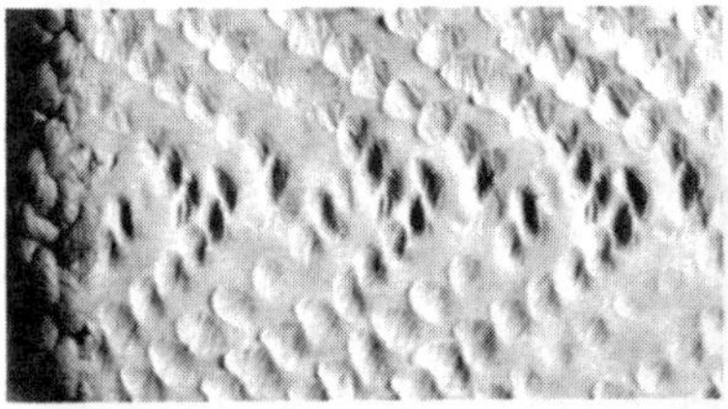

縄文3．羽状縄文（ＲＬとＬＲ）

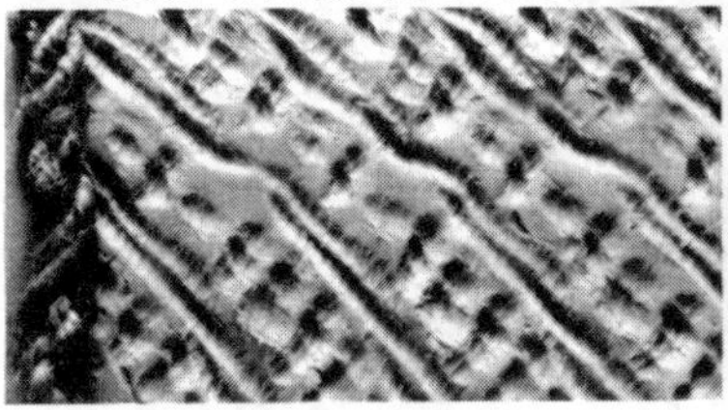

縄文4．異段縄文（$R\text{-}\begin{cases} L \;\; R \\ R \end{cases}$）

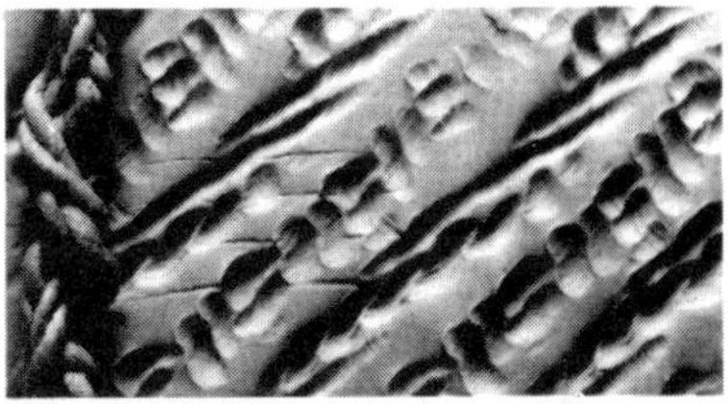

縄文5．異条縄文（$L\text{-}\begin{cases} R\text{-}\begin{cases} R \\ L \end{cases} \\ L\text{-}\begin{cases} R \\ L \end{cases} \end{cases}$）

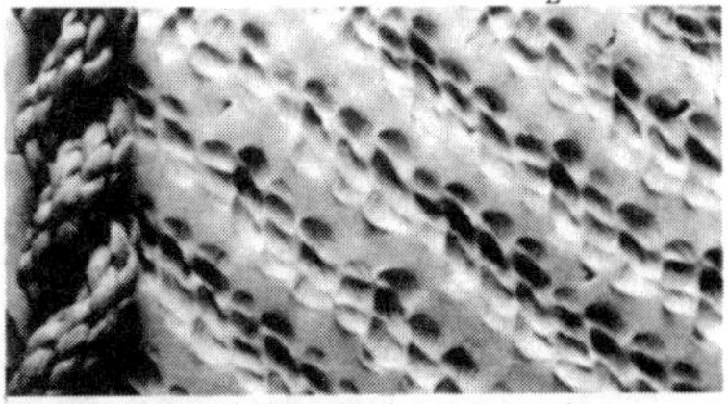

縄文6．多条縄文（ＲＬとＬＲ）

撚糸文1．撚糸文と絡縄体圧痕文

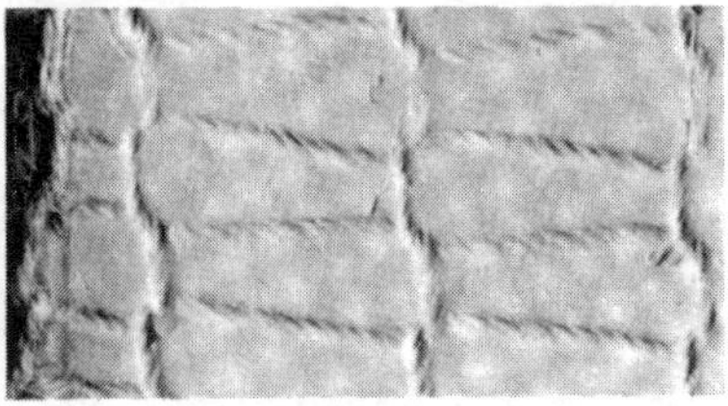

撚糸文2．網状撚糸文

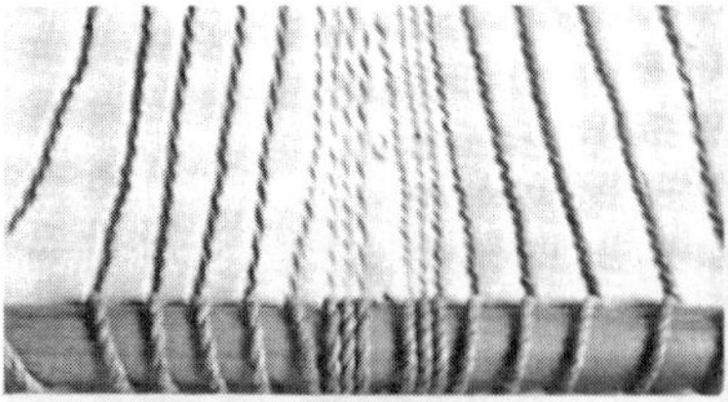
撚糸文３．木目状撚糸文

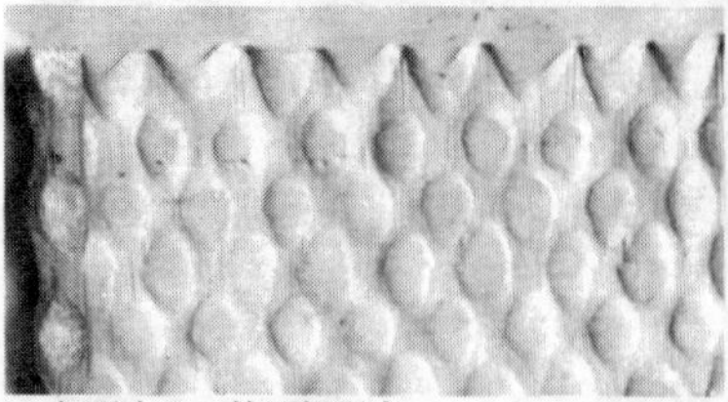
押型文１．楕円押型文

押型文２．山形押型文

押型文３．格子目押型文

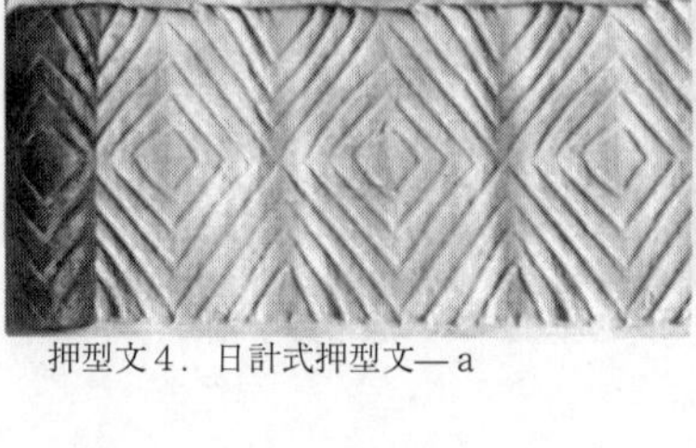
押型文４．日計式押型文—ａ

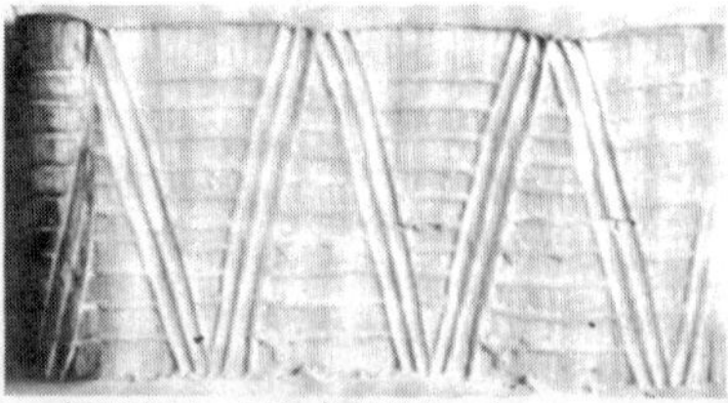
押型文５．日計式押型文—ｂ

貝殻文１．条痕文（ハイガイ）

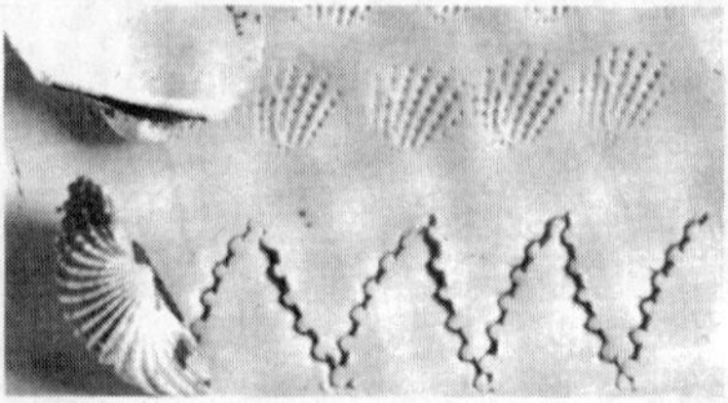
貝殻文２．腹縁文(下)と殻頂文(上)(ハイガイ)

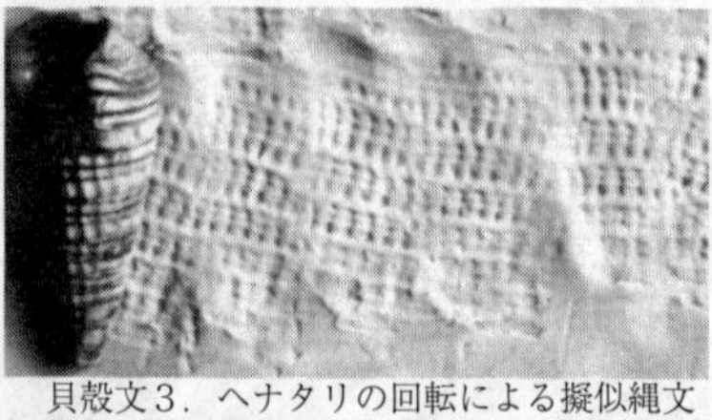
貝殻文３．ヘナタリの回転による擬似縄文

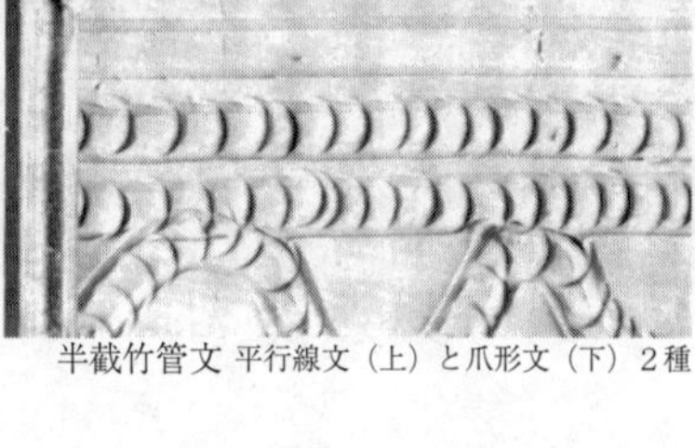
半截竹管文 平行線文（上）と爪形文（下）２種

2. 縄文土器の文様各種

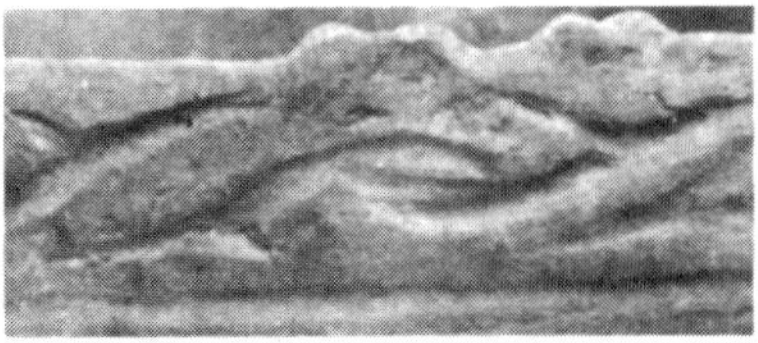

三叉文

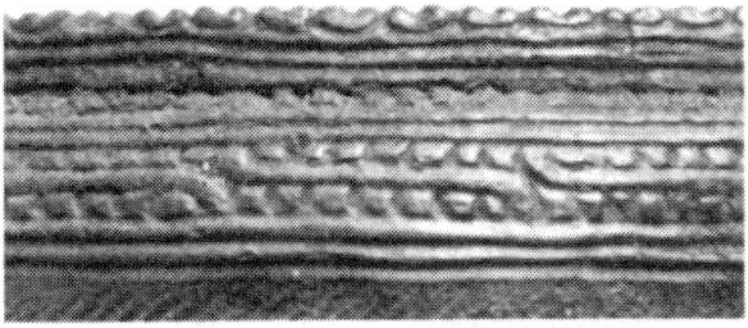

羊歯状文—a

雲形文

羊歯状文—b.

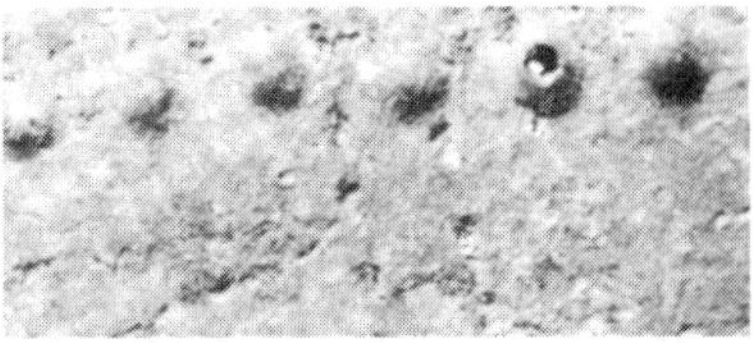

突瘤文

工字文

撚糸圧痕文と沈線文

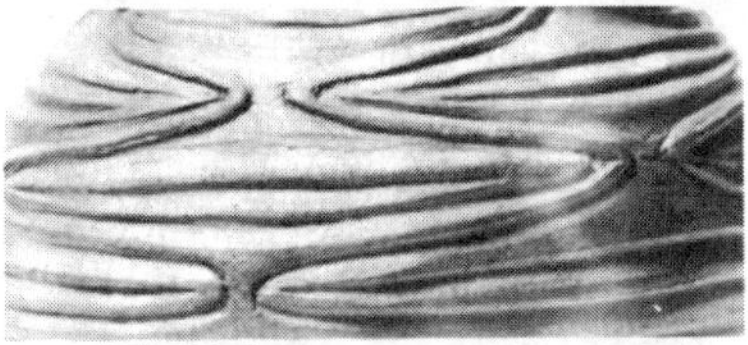

変形工字文

隆線文１.（微隆起線文）

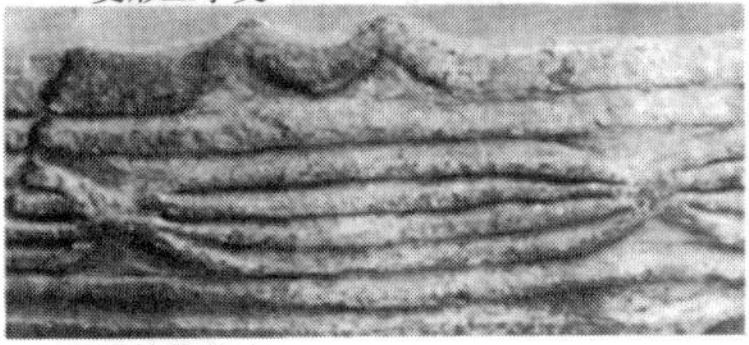

浮線網状文

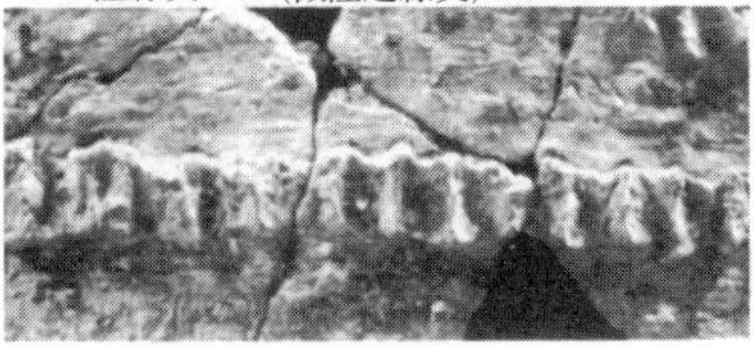

隆線文２.（隆帯文）

紐線文

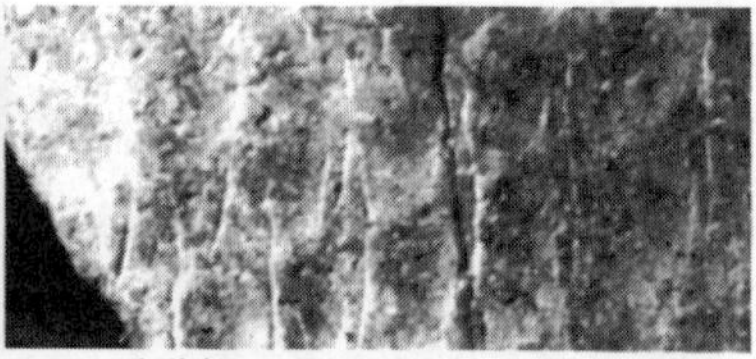
爪形文

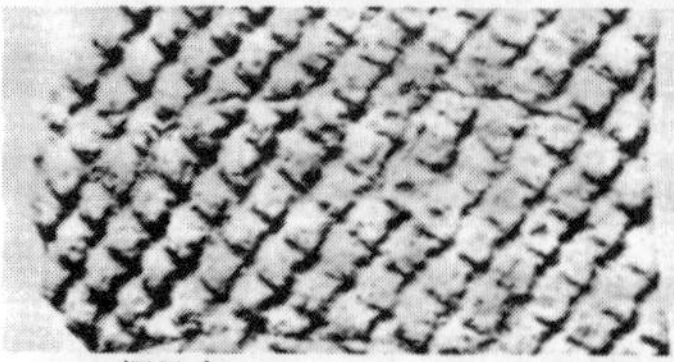
網目文

籠目文

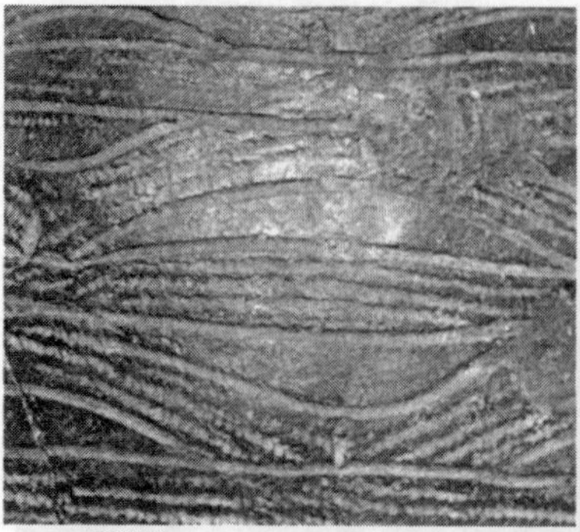
帯縄文

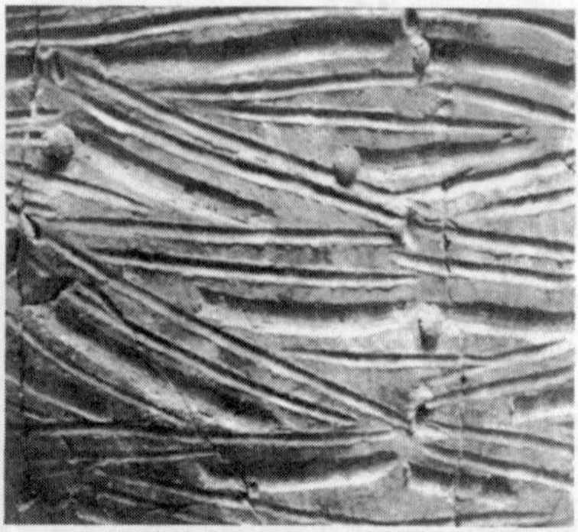
平行沈線文

磨消縄文

懸垂文

(芹沢長介)

旧石器時代編年表

地質学上の時代区分		実年代	氷河期		考古学上の時代区分		人類	アフリカ	ヨーロッパ	東アジア	日本
更新世	上部	1万2千年前 1万5千年	ウルム氷河期	Ⅳ	旧石器時代	上部	新人（ホモ・サピエンス）	カプサ文化 イベロ・マウルサ文化	マドレーヌ文化 Ⅵ Ⅴ Ⅳ Ⅲ Ⅱ Ⅰ 0	コーカレワ　虎頭梁 周口店上洞	福井Ⅲ 荒屋 矢出川
		2万年		Ⅲ				ダッパ文化 ルペンポ文化 アテル文化	ソリュートレ文化 ペリゴール文化 オーリニャック文化	アフォントワ　下川 マリタ　峙峪 ウスチ・ミリ　水洞溝	白滝 杉久保 岩宿Ⅰ 向山4層
		3万5千年		Ⅱ Ⅰ		中部	旧人（ホモ・ネアンデルターレンシス）	ムスチェ文化 サンゴ文化	ムスチェ文化	ドブグラスク　シャラオソゴール ウスチ・カン　丁村 クマリ(上) アシーノフカ 許家窰	星野 5 6 7 8 9 13 早水台
		8万年	リス・ウルム間氷期			下部		後期アシュール文化			
	中部	15万年	リス氷河期				原人（ホモ・エレクトゥス）	アシュール文化	後期アシュール文化 中期アシュール文化	デニソワ(22層)　全谷里 クマリ1 フィリモシュキ ディリングユリャフ 周口店	
			ミンデル・リス間氷期								
		50万年	ミンデル間氷期				ホモ・ハイデルベルゲンシス	前期アシュール文化	前期アシュール文化 文化 クラクトン文化 アブヴィル文化	モーホワ1 ウラリンカ	
			ギュンツ・ミンデル間氷期					オルドヴァイ文化	イセルニア カラリョーワ	百色	
			ギュンツ氷期				猿人：ホモ・エルガスター、ホモ・ハビリス、オーストラロピテクス・アフリカヌス、オーストラロピテクス・ロブストス				
	上部ヴィラフランカ期	100万年	ドナウ氷期						ヴァロネ洞穴	匼河　東谷坨	
		200万年	ビーバー氷期						ドゥマニシ	小長梁　馬圏溝	
鮮新・更新	下部ヴィラフランカ期	250万年 300万年						クービフォラ ロカラレイ オモ ハダール			

（芹沢長介）

縄文土器編年表

	絶対年代（C14）	北海道東部	北海道南西部	東北地方北部	東北地方南部	関東地方	中部地方東北部 長野県	新潟県
晩期	B.C.031±130 （千葉·荒海） B.C.820±120 （大分·大石） B.C.870±130 （青森·八幡崎） 大洞　B～C	緑ガ岡 幣舞	日ノ浜 札苅 上ノ国	砂沢 剣吉 （葛沢） + 新城岡町 平 雨滝 八幡崎	大洞A 大洞A' 大洞C2新 大洞C2旧 大洞C1 大洞BC 大洞B新 大洞B旧	荒海 姥山台Ⅴ 杉田Ⅱ 真福寺 （安行3C） 姥山台Ⅱ	氷1 佐野｛（+）	緒立 鳥屋 藤橋 （朝日Ⅱ） （朝日Ⅰ） 石倉｛1 2
後期	B.C.1125±130 （千葉·検見川） B.C.1240±80 （沖縄·熱田原） B.C.1650±90 （沖縄·室川） B.C.1830±150 （千葉·堀ノ内）	マサコヤノシマ 下雪裡	御殿山 手稲 入江 涌元	十勝内Ⅴ 牛間館 大湯	金剛寺 宝ガ峰 南境 門前	安行 岩井 曽谷 加曽利B｛3 2 1 堀之内｛2 1 称名寺	（中ノ沢） 上ノ段｛3 2 1 大畑｛2 1 大安寺	上山 塔ガ峰 三仏生 三十稲場｛2 1 +
中期	B.C.2115±135 （熊本·轟） （阿高式貝層） B.C.2500±145 （静岡·尾畑） （勝坂1式）	北筒式土器群｛Ⅴ Ⅳ Ⅲ Ⅱ Ⅰ？	サイベ沢Ⅸ サイベ沢Ⅲ	最花 円筒上e 円筒上d 円筒上c 円筒上b 円筒上a₂ 円筒上a₁	大木10 大木9 大木8b 大木8a 大木7b 大木7a 糠塚	加曽利E｛3 2 1 （阿玉台） 勝坂｛3 2 1 （下小野） 五領ガ台	曽利｛4 3 2 1 井戸尻 藤内 新道 梨久保	大平 栃倉2 栃倉1·馬高 + +長者ガ原 +
前期	B.C.2780±165 （神奈川·折本） （矢上式貝層） B.C.3150±400 （千葉·加茂山 水子式） B.C.3240±130 （熊本·曽畑）	朱円 大曲	サイベ沢Ⅲ サイベ沢Ⅱ サイベ沢Ⅰ 椴川 （若生A）	円筒下d₂ 円筒下d₁ 円筒下c 円筒下b₂ 円筒下b₁ 円筒下a₂ 円筒下a₁ 深郷田 ムシリBⅢ	大木6 大木5 大木4 大木3 大木2b 大木2a 大木1 桂島 室浜·上川名Ⅱ	十三菩提 草花 四枚畑 矢上 水子 黒浜 関山 二ツ木 野中	晴ガ峰 下島 上ツ原 南大塚 有尾 神ノ木 中越	鍋屋町2 鍋屋町1 泉龍寺｛？ 刈羽 （芋坂2） 布目
早期 草創期（山内清男提唱6区分）	B.C.5160±120 （青森·赤御堂） B.C.5600±325 （長野·舟山） B.C.6450±500 （岡山·黄島） B.C.7290±500 （神奈川·夏島） B.C.8135±320 （愛媛·上黒岩Ⅱ）	東釧路Ⅴ 東釧路Ⅳ 東釧路Ⅲ 東釧路Ⅱ 東釧路Ⅰ 沼尻	春日町2 春日町1 椴法華 住吉町2 住吉町1	ムシリBⅡ 類家 赤御堂 物見台 吹切沢 （日計） 南部浮石層 B.C.6650±250 （蕪島） 下松苗場 小船渡平 白浜 ムシリBⅠ　？ （最花）	船入島下層 梨木畑·素山Ⅱb 上川名Ⅰ·素山Ⅱa （大寺3 2 1） （蛇王洞Ⅱ～Ⅶ） 大平 一ノ沢Ⅱ 一ノ沢Ⅱ	菊名Ⅱ茅山上 菊名Ⅰ茅山下 清水坂·鵜ガ島台 野島 子母口 田戸上層2 田戸上層1 田戸下層2 田戸下層1 三戸 平坂·花輪台2 稲荷台·花輪台1 夏島 井草 橋立Ⅱ 橋立Ⅰ	（+） （+） （+） （+） （+） （+） 細久保 樋沢下層 立野 曽根 石小屋	樽田·小坂平 （芋坂1） 卯ノ木 （本ノ木） 小瀬ガ沢3 小瀬ガ沢2 小瀬ガ沢1

（1983年8月，江坂輝彌補正。+は該当する型式はあるが未命名。（　）は公式に型式名として報告されていないもの）

中部地方南部		近畿地方	山陽地方	山陰地方	四国地方	九州北西部	九州地方	沖縄と年代	
静岡県	愛知県・岐阜県								
山王 （天王山上層a） （天王山中層b）	五貫森 桜井 元刈谷 寺津	（+） 橿原2 （丹治） 橿原1・滋賀里	黒土BII 原下層 黒土BI		入田B	夜臼 原山 山ノ寺	下原 井手下 黒川 上加世田	カヤウチバンタ 宇佐浜 地荒原 室川上層	晩期
（天王山中層a） 蜆塚3 蜆塚2 西貝塚2 西貝塚1 （大畑1）	伊川津 （+） 西尾 亀山 咲畑2	宮滝 元住吉山II 元住吉山I 一乗寺K1 北白川上層 稲口 天理K	福田KIII 馬取 彦崎KII 彦崎KI 福田KII 中津	権現山 }? 崎ガ鼻 （島）	伊吹町 片粕 平城 なつめの木 松ノ木 宿毛 中津	御領 三万田 西平 御手洗C 鐘ガ崎 北久根山	下弓田3・草野 市来 指宿 岩崎上層	熱田原 嘉手納 B.C.1420±80 室川 伊波・荻堂 B.C.1650±90	後期
+ + + + + 柏窪2	咲畑1 + + 北屋敷	醍醐III 醍醐II （北六田） 鷹島	福田C 黒木II 船元2 船元1	（西灘2）	里木 船元	南福寺 竹崎 阿高	岩崎下層 （阿高） 並木	室川下層式	中期
柏窪1 + + + + 木島2	鞍舟 }? + 石塚II 石塚1 石塚下層	大蔵山 北白川下層3 北白川下層2c/b 北白川下層2a 北白川下層1 （安土N上層）	田井 彦崎ZII 彦崎ZI 磯ノ森 磯ノ森下層 羽島下層III 羽島下層II 羽島下層I	崎ガ鼻下層II （西灘1） 鵜灘2	田井 彦崎Z 磯ノ森 羽島下層	轟上層3/2 轟上層1 曽畑 唐津港海底2/1 轟下層3	春日町 阿多 日勝山 塞ノ神	東原2（曽畑） B.C.2930±130	前期
木島1 木戸上 平井	入海2 入海1 上ノ山 粕畑 大根平 村上 椛ノ湖II 椛ノ湖I	石山7 石山6 石山5 石山4 石山3 石山2 石山1 高山寺 大川 神宮寺	畑ノ浦B 黄島 上黒岩II 上黒岩I	菱根 鵜灘1 妻木 折渡	高山寺 黄島 穴神洞 上黒岩	轟下層2 轟下層1 越高1 兜山 福井 福井 泉福寺？	前平 吉田 石坂 手向山 （松木原） （上場）	東原1 B.C.4720±140	早期 …… 草創期

（江坂輝彌・前田光雄・岡本桂典）

弥生土器編年表1

	鹿児島平野	福岡平野	高知平野	岡山平野	明石川流域(東播磨)	河内平野(河内)	奈良盆地(大和)	濃尾平野南部	豊川流域(東三河)	太田川・原野谷川流域(東遠江)
		板付I式	縄		文		土		器	
I期	(高橋I・II式)	板付II式	東松木式 西見当I式 西見当II式 大篠式	津島式	玉津田中I期	河内I様式	大和I様式	貝殻山式	樫王式	樫王式
				門田式				西志賀式	水神平式	水神平式
II期	入来I式	城ノ越式	(田村式)	南方式	玉津田中II期	河内II様式	大和II様式	朝日式	続水神平式	丸子式
									(平沢式類似)	(原川式)
III期	入来II式	須玖I式	(城式)	菰池式	玉津田中III—1期	河内III様式	大和III様式	貝田町式	瓜郷式	嶺田式
					玉津田中III—2期				(瓜郷下層亜式)	
IV期	山ノ口I・II式	須玖II式	(北カリヤ式) 龍河洞式	前山II式	玉津田中IV期	河内IV様式	大和IV様式	高蔵式	古井式	白岩式
				仁伍式					長床式	
V期	高付式	高三潴式	(横手式)	上東式	玉津田中V期	河内V様式	大和V様式	山中式	寄道式	菊川式
		下大隈式	ヒビノキI式			河内VI様式	大和VI様式			

弥生土器編年表2

	伊那谷	静岡平野	関東平野(南西部)	金沢平野	長野盆地	関東平野(北西部)	会津盆地	仙台平野	津軽平野
	縄			文		土		器	
Ⅰ期	苅谷原式	(樫王式) 水神平式	(矢頭遺跡)	柴山出村式	(+)	沖Ⅱ式	御代田式	(十三塚東D式)	砂沢式
Ⅱ期	(+) 寺所式	丸子式 (西山遺跡土坑1)	(堂山遺跡) (平沢同明遺跡) 平沢式	(吉崎次場遺跡N2土坑) (矢木ジワリ式)	(+) (平沢式類似)	岩櫃山式 平沢式	(西麻生式・今和泉式)	原式	五所式
Ⅲ期	阿島式	(+) (有東遺跡SK05)	遊ヶ崎式 中里式 (+)	小松式	(松節遺跡木棺墓)	神保富士塚式 池上式	(+) 南御山2式	桝形式	田舎館式
Ⅳ期	北原式	有東式	宮ノ台式	(磯部式) 戸水B式	栗林式	竜見町式	二ツ釜式 川原町口式 (御山村下式)	十三塚式	(+)
Ⅴ期	座光寺原式	登呂式	久ヶ原式 弥生町式	猫橋式 法仏式	吉田式 箱清水式	樽式	天王山式 (屋敷式)	天王山式 (+)	(天王山式類似)

(佐藤由紀男)

須恵器編年表　　土師器編年表　灰釉陶器編年表

A.D	畿内		東海		出雲		九州	関東	畿内			関東	東北	東海
	陶邑窯	隼上り窯	猿投窯	遠考研	山本編年	大谷編年	小田編年	武蔵	飛鳥	平城京	平安京			猿投窯
	TG232													
	TK73													
	TK216		東山111									五領	塩釜	
	TK208		東山48											
	TK23		城山２				Ⅰ					和泉	南小浜	
500	TK47		東山11	Ⅰ	Ⅰ	出雲１								
	MT15		東山10	Ⅱ			Ⅱ					鬼高Ⅰ	引田	
	TK10		東山61		Ⅱ	出雲２								
				Ⅲ前										
550	MT85		蝮ヶ池				Ⅲ					鬼高Ⅱ	住社	
						出雲３								
	TK43		東山６	Ⅲ中										
					Ⅲ									
600	TK209		東山44	Ⅲ後		出雲４	Ⅳ	羽尾				鬼高Ⅲ		
		Ⅰ												
									Ⅰ				栗囲	
		Ⅱ						熊ヶ東						
	TK217		東山15	Ⅳ前	Ⅳ	出雲５								
		Ⅲ					Ⅴ		Ⅱ					
650								舞台						
			岩崎101	Ⅳ後										
									Ⅲ					
								赤沼						
									Ⅳ					
			岩崎17											
700				Ⅴ				山下６						
									Ⅴ	Ⅰ				
			岩崎41					南比企Ⅰ						
										Ⅱ				
												真間		岩崎25
								南比企Ⅱ		Ⅲ				
														鳴海32
										Ⅳ				
750								南比企Ⅲ			Ⅰ(古)		国分寺下層	
										Ⅴ				折戸10
								南比企Ⅳ						
										Ⅵ				
800								南比企Ⅴ			Ⅰ(中)			
														井ヶ谷78
								末野8-A5						
										Ⅶ	Ⅰ(新)			
								八坂前4						
														黒笹14
												国分		
								新久A-1						
850											Ⅱ(古)			
								G25-C			Ⅱ(中)			
														黒笹90
								G28						
900											Ⅱ(新)			
													表杉ノ入	
950											Ⅲ(古)			折戸53
											Ⅲ(中)			
														東山72
1000											Ⅲ(新)			
											Ⅳ(古)			百代寺

※遠考研＝遠江考古学研究会，山本＝山本清，大谷＝大谷晃二，小田＝小田富士雄，南比企＝渡辺一編年，G＝御殿山

(上野恵司)

擦文土器編年表

A.D.	時期＼地域		本州(青森県)	道南	道央	道北	道東
(600)	前期	前半	大平４ 奥戸冷水	伏木戸３ 瀬茂内	アヨロ擦文A ウサクマイ	泊内 目梨泊ａ・ｂ	(ノトロ岬) 十勝茂寄
800		後半	大平4C 大平4D	湯の川 御幸町東	由良 K435D	目梨泊ｄ 目梨泊ｆ	十勝太 (緑ヶ丘)
950	中期	前半	沢田B 大平4E	大尽内 御幸町	サクシュコトニ 千歳神社	元地 香深村	カリカリウス オタフク岩
1100		後半	割石 稲崎	元和８ 瀬棚南川	K460 東納内４号	香深井５ チライベツ５号	ピラガ丘５号 岐阜第２，８号
	後期	前半	赤坂 小館	厚沢部河口 松前	K36，２号 K441	香深井A3号 豊富	須藤 栄浦第２，１号
(1200)		後半	古館 内耳	青苗 瀬棚(内耳)	末広 神恵内	ウエンナイ ホロナイポ４号	ライトコロ 西月ヶ岡(内耳)

１）地区毎に，出土遺跡名等を示す。北海道を４地域に分けるが，それらは下記の通り。

道南—渡島支庁，檜山支庁，室蘭市付近以西の胆振支庁

道央—石狩支庁，後志支庁，日高支庁，深川市付近までの空知支庁，上川支庁の南半，上記以外の胆振支庁

道北—留萌支庁，上記以外の空知支庁，上川支庁の北半，宗谷支庁，紋別市付近以西の網走支庁

道東—十勝支庁，釧路支庁，根室支庁，上記以外の網走支庁

２）(　)を付したものは，存在はするが，密度が少ないと予想されるもの。

３）擦文土器の出現にかかわった土師器，オホーツク式を含める。

４）時期区分の前期は，擦文土器の出現，成立期，中期は全体的な広がりをみせる時期，後期は終末期を表す。(旧編年表と対比すると，前期は，旧の草創期，中期は旧の前期と中期に相当し，擦文土器Ⅰ期，Ⅱ期を中期前半，Ⅲ期，Ⅳ期を中期後半，後期は旧の後期と晩期，Ⅴ期，Ⅵ期にほぼ相当する。なお旧編年の位置を訂正している。)

５）実年代は擦文土器の出現が６世紀後半，終末が13世紀として表示している。

６）大沼忠春「擦文・オホーツク文化と北方社会」(『月刊考古学ジャーナル』第411号 1996，p.17，図１）に資料を掲載した編年を示している。

(大沼忠春)

石器・土器の部分名称

石 器

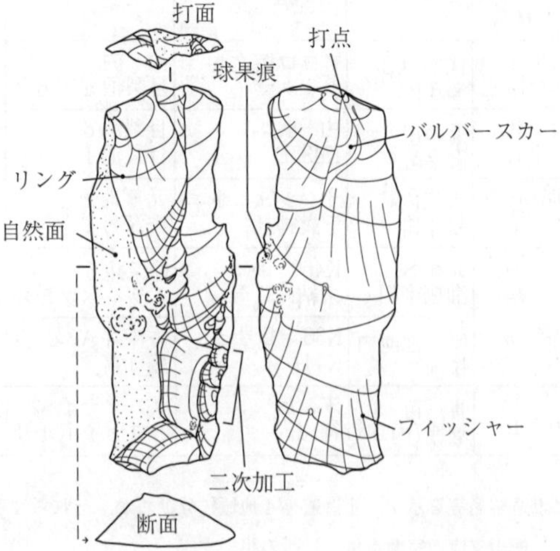

土 器

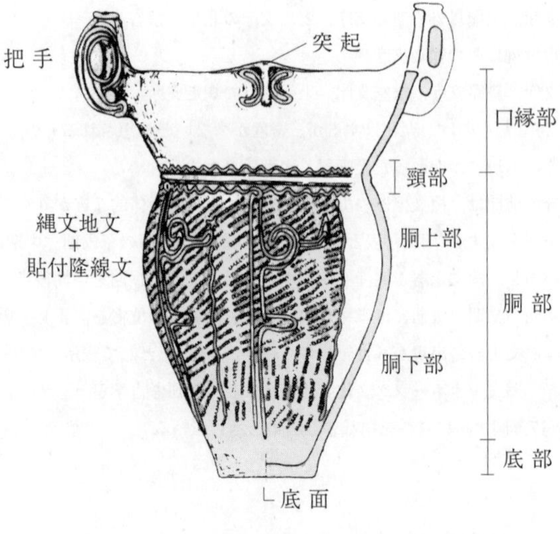

銅矛・銅剣・銅戈・銅鏃・銅鐸の部分名称

銅　矛

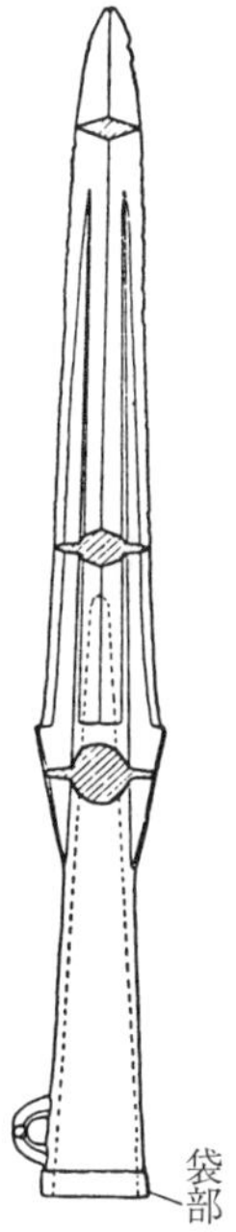

銅　剣

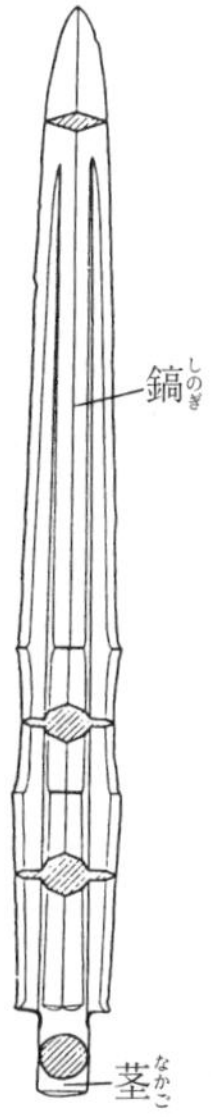

銅　戈

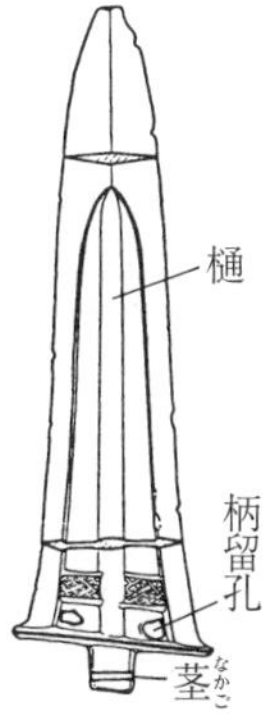

銅　鏃

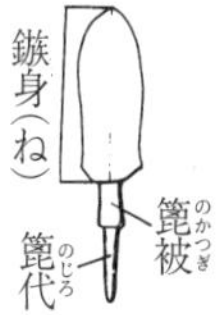

銅　鐸

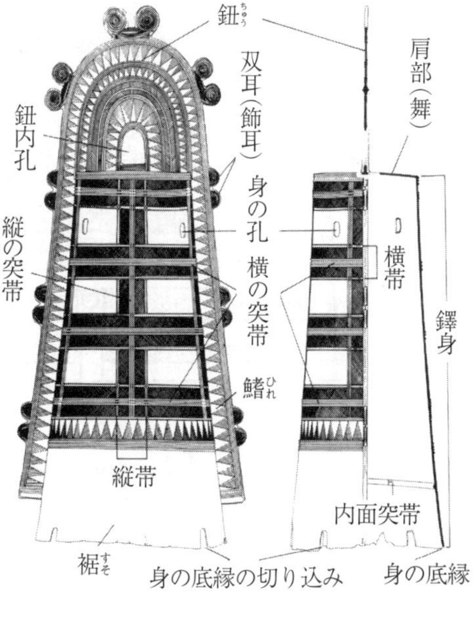

前方後円墳の部分名称

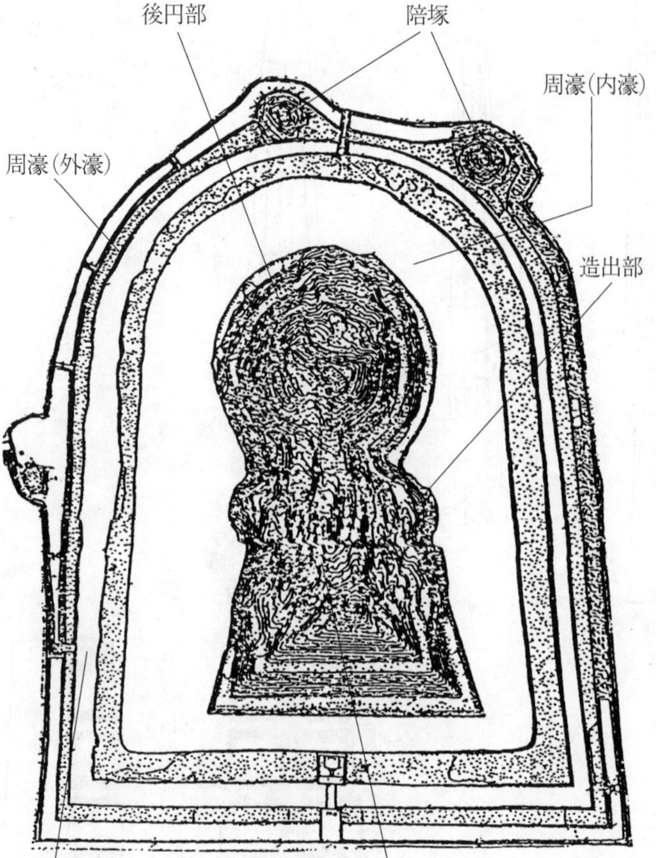

(大仙陵古墳：大阪府)

石室の部分名称

竪穴式石室

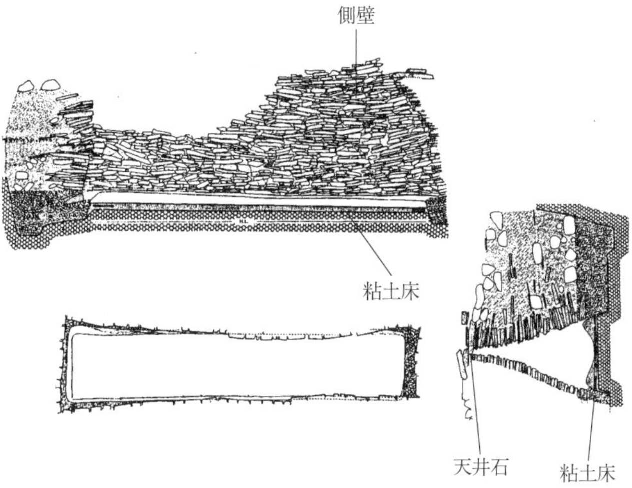

（元稲荷古墳：京都府）

横穴式石室

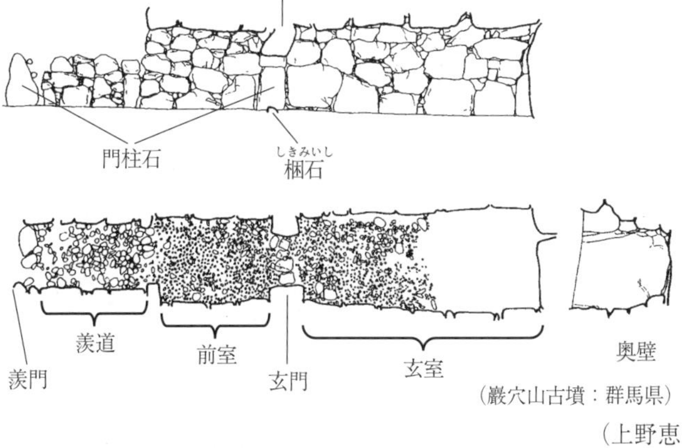

（巖穴山古墳：群馬県）

（上野恵司）

馬具の部分名称

古墳時代

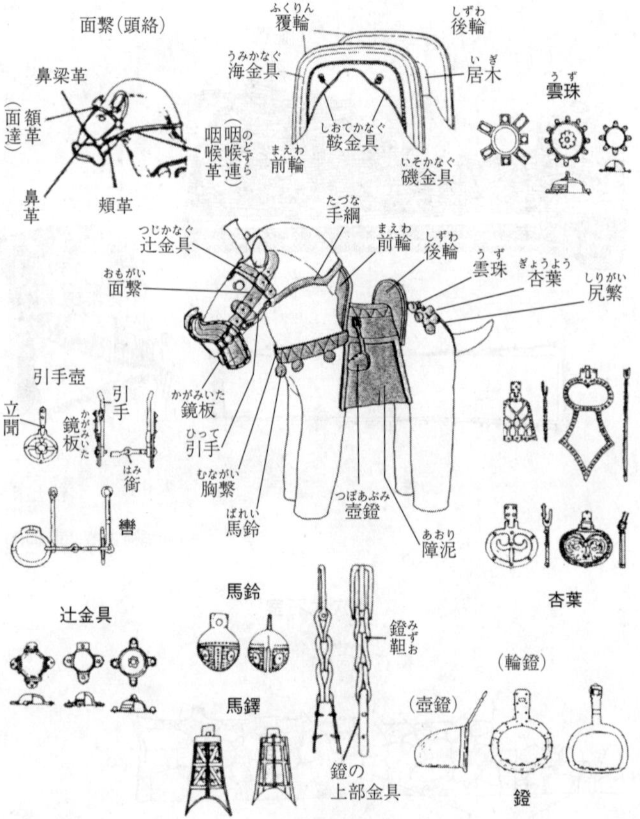

平安時代

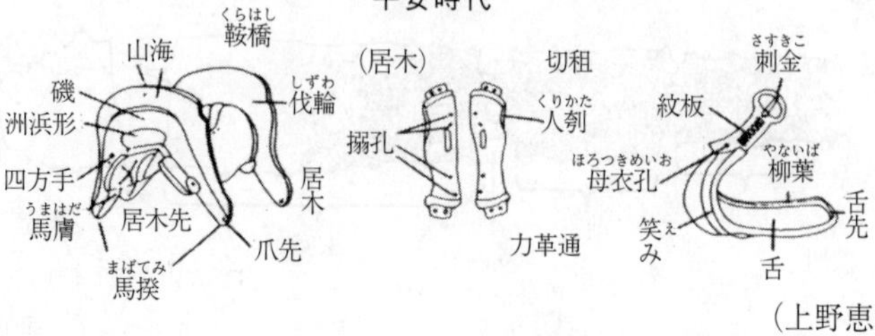

(上野恵司)

鏡の部分名称

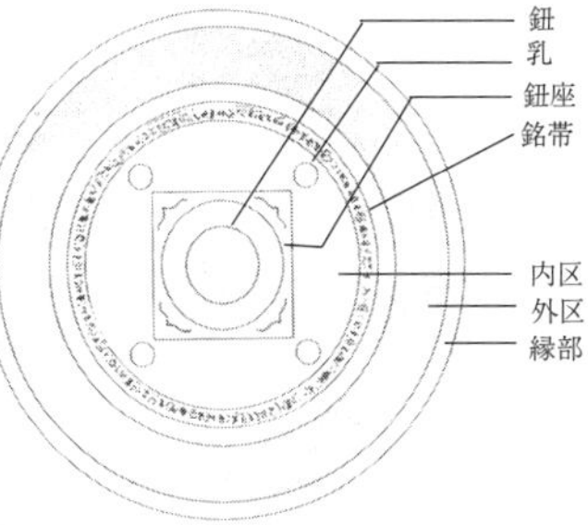
鈕
乳
鈕座
銘帯
内区
外区
縁部

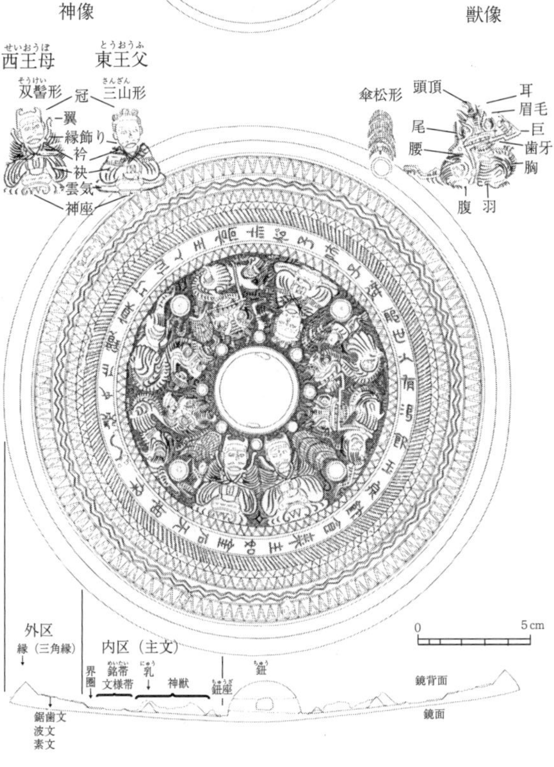
神像
獣像
西王母
東王父
双髻形
冠
三山形
翼
縁飾り
衿
袂
雲気
神座
傘松形
頭頂
耳
眉毛
尾
巨
歯牙
腰
胸
腹
羽
外区
縁（三角縁）
内区（主文）
界圏
銘帯
文様帯
乳
神獣
鈕座
鈕
鏡背面
鏡面
鋸歯文
波文
素文
0
5 cm

（岸本直文）

古墳時代の大刀と甲冑の部分名称

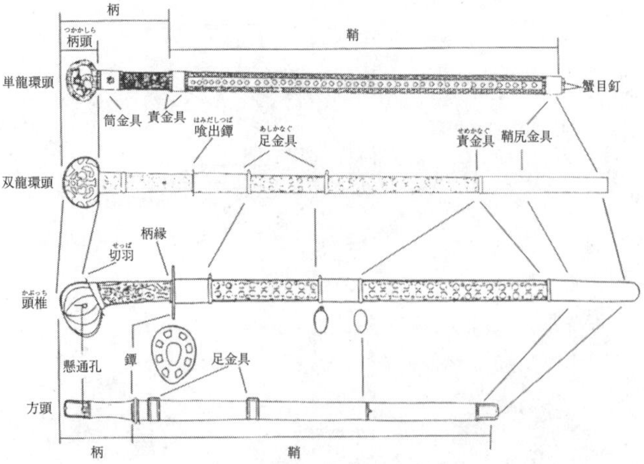

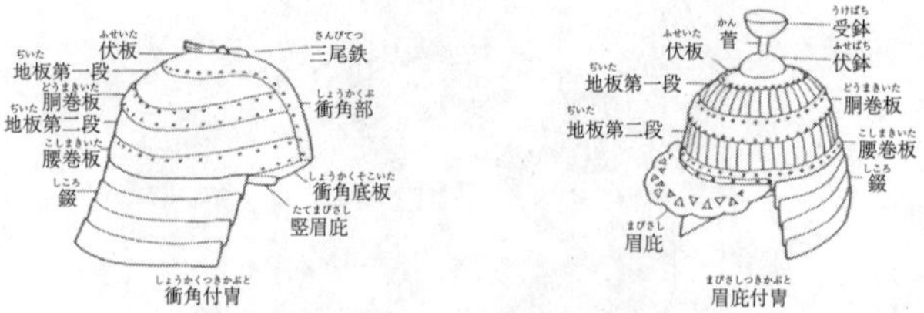

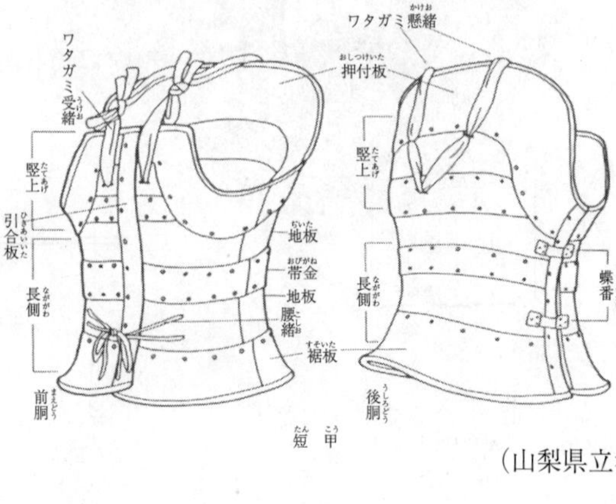

短　甲

(山梨県立考古博物館)

窯跡の部分名称

登窯と平窯

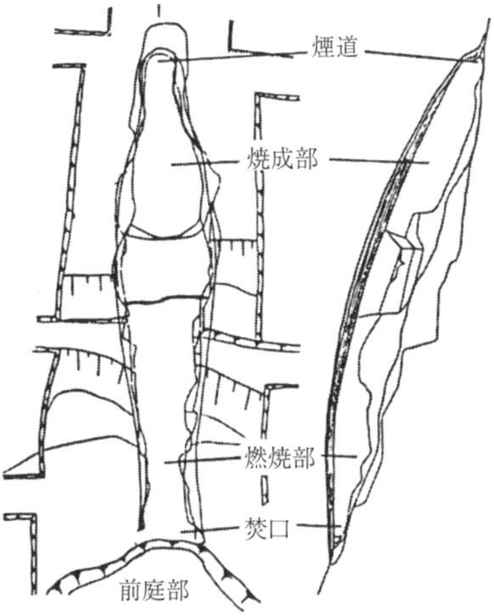

登窯　陶邑TK73号窯

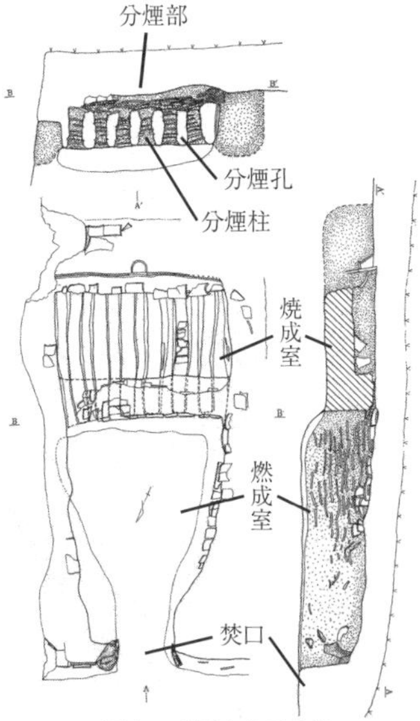

平窯　竜野中井瓦窯跡

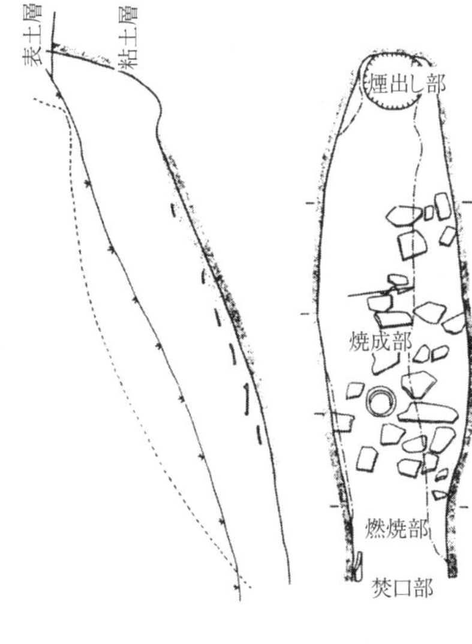

窯跡　上野・金山瓦窯跡第二号跡

瓦の部分名称

鐙　瓦（軒丸瓦）

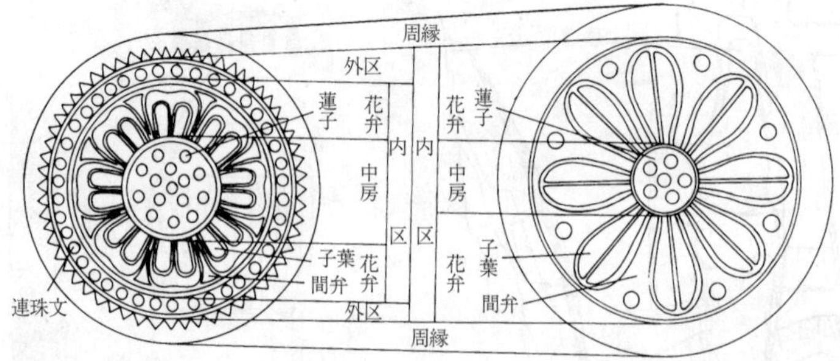

宇　瓦（軒平瓦）

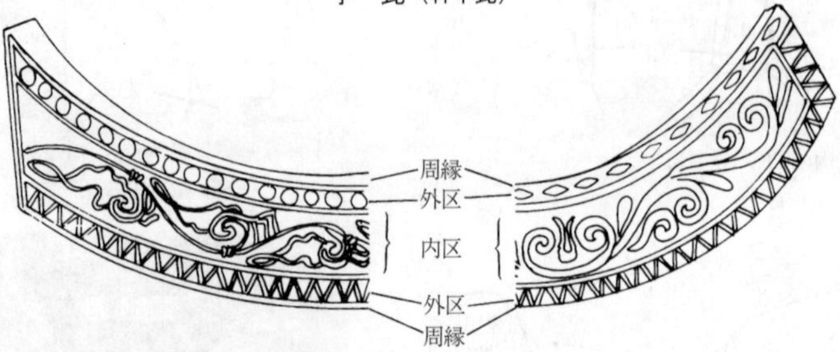

鴟　尾

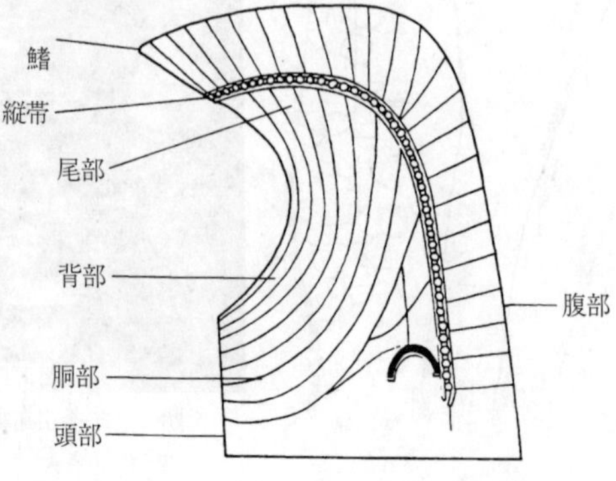

仏（梵音）具の部分名称

雲版

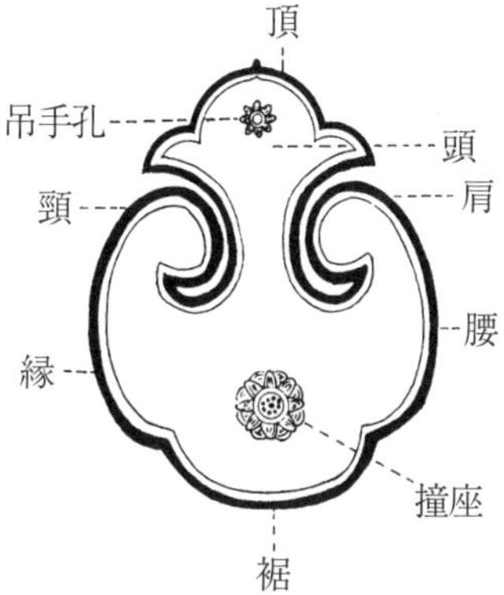

鰐口

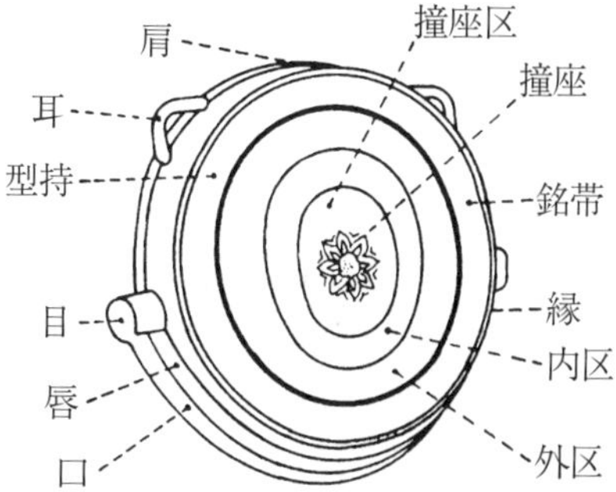

和鐘

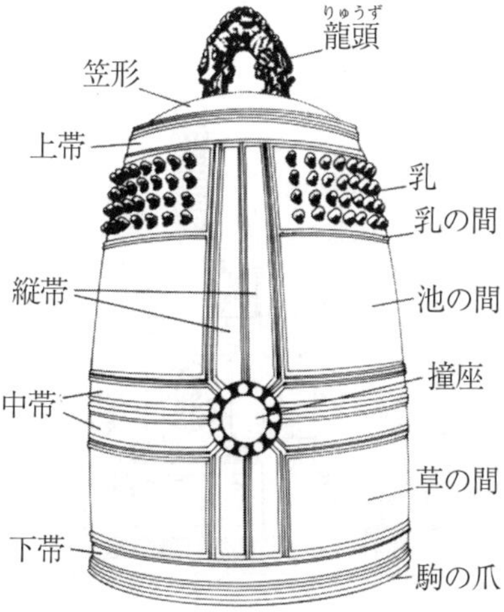

朝鮮鐘

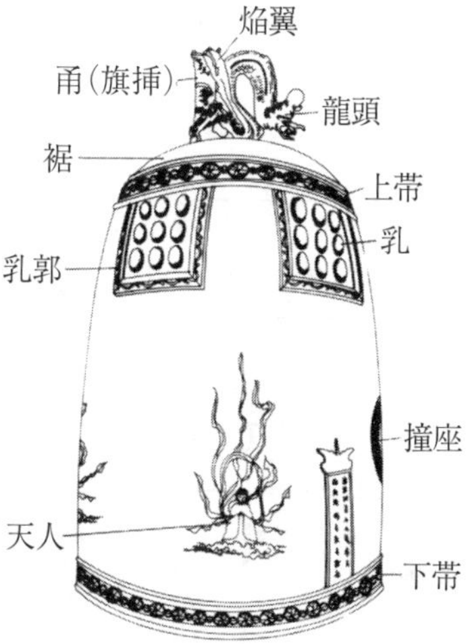

石塔の名称と名所(などころ)一覧 (1)

層　塔

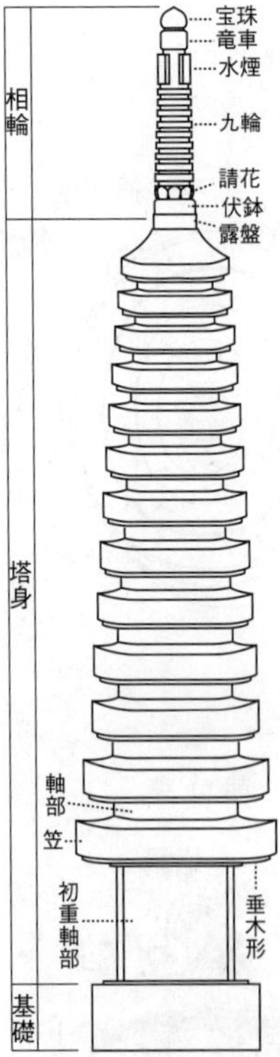

宝　塔

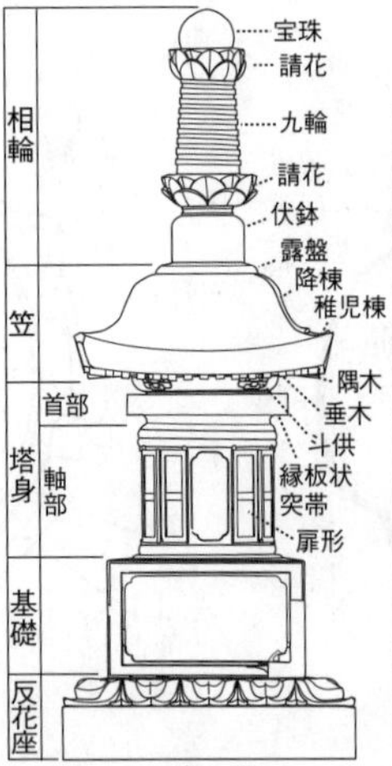

宝　塔

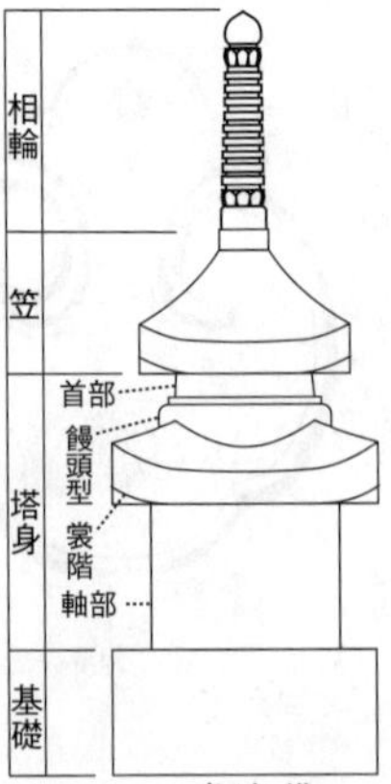

多宝塔

宝篋印塔

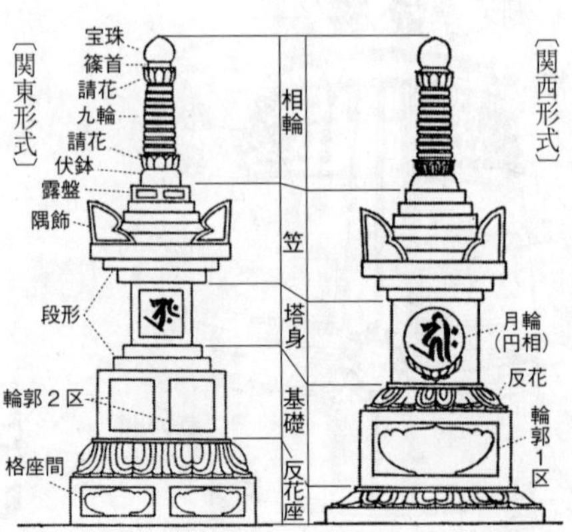

五輪塔

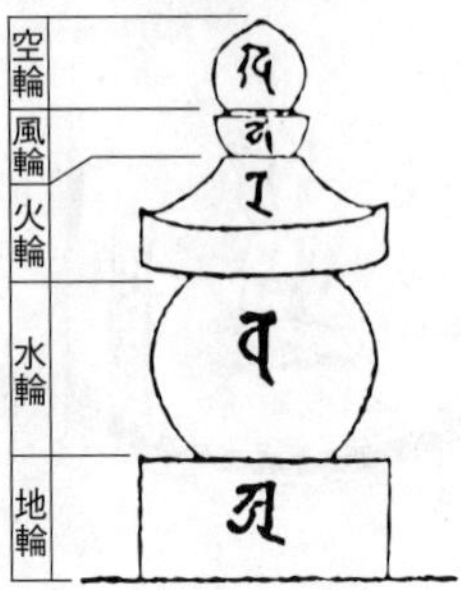

石塔の名称と名所（などころ）一覧 (2)

板　碑（関東形式）

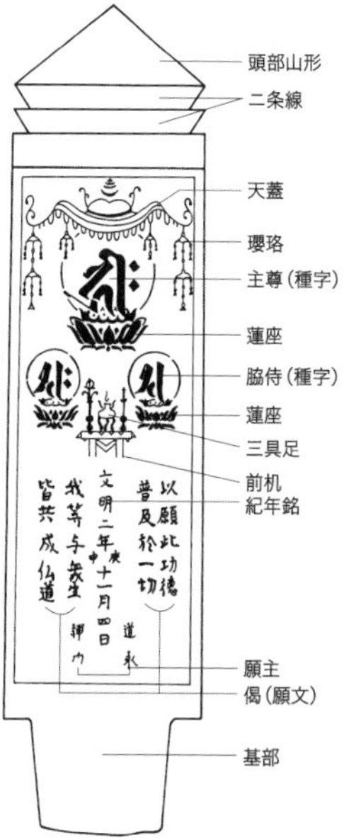

無　縫　塔

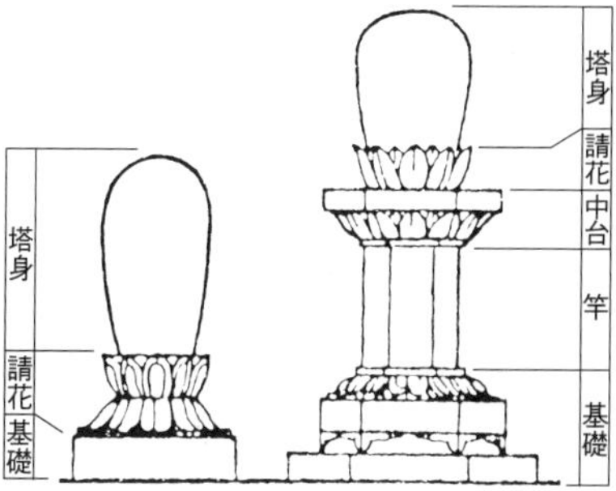

石　　幢

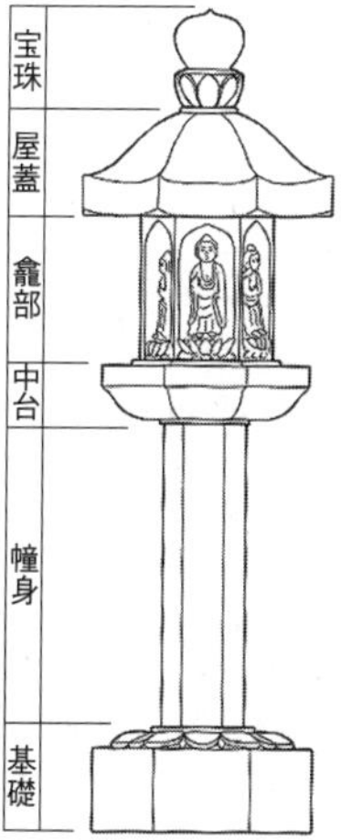

重制六面石幢

単制六面石幢

笠塔婆

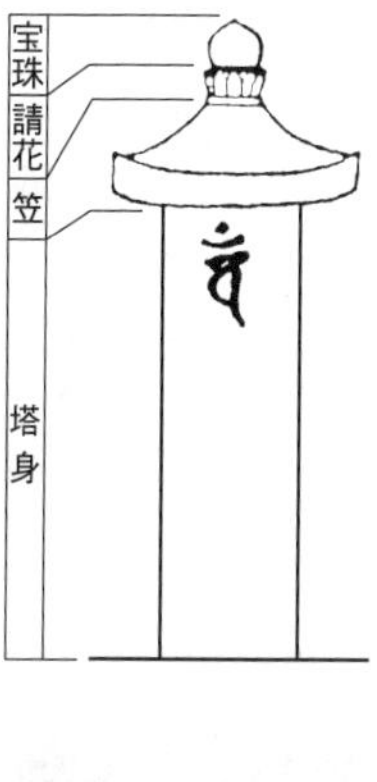

古銭貨一覧　1

銭貨名	初鋳造年		備考
	王朝名	年代	
中　国			
半　両	秦	BC221	
五　銖	漢	BC118	
貨　泉	新	14	
開元通宝	唐	621	(注1)
乾封泉宝	唐	666	
乾元重宝	唐	758	
通正元宝	前蜀	916	
天漢元宝	前蜀	917	
光天元宝	前蜀	918	
乾徳元宝	前蜀	919	
咸康元宝	前蜀	925	
大唐通宝	唐	943	
天福通宝	後漢	947	
漢元通宝	後漢	948	
周元通宝	後周	955	
唐国通宝	南唐	959	
宋元通宝	宋	960	
宋通元宝	宋	968	
大平通宝	宋	976	
淳化元宝	宋	990	
至道元宝	宋	995	
咸平通宝	宋	998	
咸平元宝	宋	998	
景徳元宝	宋	1004	
祥符元宝	宋	1008	
祥符通宝	宋	1008	
天禧通宝	宋	1017	
天聖元宝	宋	1023	
天聖通宝	宋	1023	
明道元宝	宋	1032	
景祐元宝	宋	1034	
景祐通宝	宋	1034	
皇宋通宝	宋	1039	
至和元宝	宋		1054~55
至和通宝	宋		1054~55
嘉祐元宝	宋	1056	
嘉祐通宝	宋	1056	
治平元宝	宋	1064	
治平通宝	宋	1064	
咸雍元宝	遼	1065	
咸雍通宝	遼	1065	
熙寧元宝	宋	1068	
熙寧通宝	宋	1068	
元豊通宝	宋	1078	(注2)
大安元宝	遼	1085	
元祐通宝	宋	1086	
紹聖元宝	宋	1094	
紹聖通宝	宋	1094	
元符通宝	宋	1098	
乾統元宝	遼	1101	
聖宋通宝	宋	1101	
聖宋元宝	宋	1101	
崇寧通宝	宋	1102	
大観通宝	宋	1107	
政和通宝	宋	1111	
宣和通宝	宋	1119	
宣和元宝	宋	1119	
建炎通宝	南宋	1127	
紹興通宝	南宋	1131	
紹興元宝	南宋	1131	
阜昌通宝	金	1156	
正隆元宝	金		1161~78
大定通宝	南宋	1174	
淳熙元宝	南宋	1174	
淳熙通宝	南宋	1190	
紹熙元宝	南宋	1190	
紹熙通宝	南宋	1195	
慶元通宝	南宋	1201	
嘉泰通宝	南宋	1205	
開禧通宝	南宋	1208	
嘉定通宝	南宋	1208	(注3)
大宋元宝	南宋	1225	
大宋通宝	南宋	1225	
紹定通宝	南宋	1228	
端平元宝	南宋	1234	
嘉熙通宝	南宋	1237	
淳祐元宝	南宋	1241	
皇宋元宝	南宋	1253	
開慶通宝	南宋	1259	
景定元宝	南宋	1260	
咸淳元宝	南宋	1265	
至大通宝	元	1310	
至元通宝	元	1335	
至正通宝	元	1341	(注4)
天定通宝	元		1359~60
大義通宝	元	1360	
大中通宝	明	1361	
洪武通宝	明	1368	
永楽通宝	明	1408	
宣徳通宝	明		1426~33
弘治通宝	明		1488~1503
嘉靖通宝	明	1527	
万暦通宝	明	1574	
天啓通宝	明	1621	
崇禎通宝	明	1628	
順治通宝	清	1644	
永暦通宝	明	1647	
康熙通宝	清	1662	
雍正通宝	清	1723	
乾隆通宝	清	1736	
嘉慶通宝	清	1769	
道光通宝	清	1821	
咸豊元宝	清	1854	
朝　鮮			
海東通宝	高麗	1097	
三韓通宝	高麗	1097	
東国通宝	高麗	1097	
東国重宝	高麗	1097	
朝鮮通宝	李	1423	
常平通宝	李	1678	(注5)

古銭貨一覧　2

銭貨名	初鋳造年		備考
	王朝名	年代	
琉　球			
大世通宝	琉球		1454～60
世高通宝	琉球		1461～69
安　南			
太平興宝	安南	970	
天福通宝	安南	984	
大治元宝	安南	1358	
咸元通宝	安南		1403～08
紹平通宝	安南	1434	
大和通宝	安南		1443～53
延寧通宝	安南		1453～55
光順通宝	安南	1470	
洪徳通宝	安南	1470	
景統通宝	安南		1498～1504
洪順通宝	安南		1509～15
永寿通宝	安南	1658	
景興泉宝	安南	1740	
景興通宝	安南	1740	
景興巨宝	安南	1740	
光中通宝	安南	1788	

銭貨名	初鋳造年		備考
	王朝名	年代	
景盛通宝	安南	1793	
嘉隆通宝	安南	1802	
明命通宝	安南	1820	
日　本			
和同開珎	天武	708	
万年通宝	淳仁	760	
大平元宝	淳仁	760	
開基勝宝	淳仁	760	
神功開宝	称徳	765	
隆平永宝	桓武	795	
富寿神宝	嵯峨	818	
承和昌宝	仁明	835	
長年大宝	仁明	848	
饒益神宝	清和	859	
貞観永宝	清和	870	
寛平大宝	宇多	890	
延喜通宝	醍醐	907	
乾元大宝	村上	958	
天正通宝	後柏原	1577	
文禄通宝	後陽成	1592	
寛永通宝	明正	1636	

銭貨名	初鋳造年		備考
	王朝名	年代	
模鋳銭			
開元通宝			(注6)
紹興元宝			(注6)
延寧通宝			(注6)
天聖元宝			(注7)
景徳元宝			(注8)
治平通宝			
元豊通宝			
皇宋通宝			
元祐通宝			
洪武通宝			(注9)
祥符通宝			
平安通宝			(注10)
元通通宝			
永楽通宝			(注11)
開元平宝			(注12)
元平元宝			(注12)
正元通宝			(注12)
和開珎宝			(注12)
元化元宝			(注12)

注

1　845年鋳の開元通宝もある。一般に紀地銭と呼ばれ裏面に鋳造地が表示されている。
2　宋銭中最も多く鋳造されている。書体にも変化が多い。
3　裏面穿上に「元」の字があり，元年を意味している。また，南宋銭には，鋳造の年紀を裏面に記しているものが多い。
4　至正銭には裏面に製造年次の干支にあたる漢字と同音の蒙古文字が鋳出されている。
5　裏面に鋳造所名を表わす文字が種々ある。朝鮮諸銭も他に銭文を異にするものがあり，書体も様々である。
6　「鋳写鐚銭」，渡来銭や皇朝十二銭（本文 p.163 参照）などを母型にして鋳造されたもの。
7　「天」の字が増画されていることから「一天聖」という名で呼ばれている。
8　「景」の字の頭部が「山」になっていることから「山頭景徳」という名で呼ばれている。
9　北九州筑前産として「筑前洪武」と呼ばれている。他に「加治木銭」といわれるものもある。
10　本来渡来銭の模鋳ではないが，その製作が共通していることから模鋳銭の中に入れる。
11　明朝の本鋳とは別の母型を作り本邦で鋳造されたもの。現存で20種位ある。
12　「島銭」と呼ばれ鋳造地不明である。渡来銭と伴出する例が多い。

(松原典明)

国府跡所在地一覧

国　名	等級	国府跡所在地（現地名）
■畿内		
山城国	上国	河陽離宮（京都府乙訓郡大山崎町）
大和国	大国	高市郡（奈良県高市郡高取町）
河内国	大国	志紀郡（大阪府藤井寺市惣社）
和泉国	下国	和泉郡（大阪府和泉市府中町）
摂津国	上国	西成郡（大阪府大阪市北区国分寺）
■東海道		
伊賀国	下国	阿拝郡（三重県伊賀市）
伊勢国	大国	鈴鹿郡（三重県鈴鹿市）
志摩国	下国	英虞郡（三重県志摩市阿児町国府）
尾張国	上国	中島郡（愛知県稲沢市国府宮）
三河国	上国	宝飯郡（愛知県豊川市国府）
遠江国	上国	豊田郡（静岡県磐田市見附）
駿河国	上国	安倍郡（静岡県静岡市）
伊豆国	下国	田方郡（静岡県三島市）
甲斐国	上国	八代郡（山梨県笛吹市御坂町国衙）
相模国	上国	大住郡（神奈川県平塚市四之宮）
武蔵国	大国	多摩郡（東京都府中市宮町）
安房国	中国	平群郡（千葉県南房総市府中）
上総国	大国	市原郡（千葉県市原市惣社）
下総国	大国	葛飾郡（千葉県市川市国府台）
常陸国	大国	茨城郡（茨城県石岡市総社）
■東山道		
近江国	大国	栗本郡（滋賀県大津市大江）
美濃国	上国	不破郡（岐阜県不破郡垂井町府中）
飛騨国	下国	大野郡（岐阜県高山市）
信濃国	上国	筑摩郡（長野県上田市）
上野国	大国	群馬郡（群馬県前橋市元総社町）
下野国	上国	都加郡（栃木県栃木市）
陸奥国	大国	宮城郡（宮城県多賀城市）
出羽国	上国	平鹿郡（山形県酒田市城之輪）
■北陸道		
若狭国	中国	遠敷郡（福井県小浜市府中）
越前国	大国	丹生郡（福井県越前市国府）
加賀国	上国	能美郡（石川県小松市古府町）
能登国	中国	能登郡（石川県七尾市古国府）
越中国	上国	射水郡（富山県高岡市伏木古国府）
越後国	上国	頸城郡（新潟県上越市国府）
佐渡国	中国	雑太郡（新潟県佐渡市真野町）
■山陰道		
丹波国	上国	桑田郡（京都府南丹市八木町屋賀）
丹後国	中国	加佐郡（京都府宮津市府中）
但馬国	上国	気多郡（兵庫県豊岡市日高町）
因幡国	上国	法美郡（鳥取県鳥取市国府町）
伯耆国	上国	久米郡（鳥取県倉吉市国府）
出雲国	上国	意宇郡（島根県松江市）
石見国	中国	那賀郡（島根県浜田市下府）
隠岐国	下国	周吉郡（島根県隠岐郡隠岐の島町）
■山陽道		
播磨国	大国	飾磨郡（兵庫県姫路市）
美作国	上国	苫東郡（岡山県津山市総社）
備前国	上国	御野郡（岡山県岡山市中区国府市場）
備中国	上国	賀夜郡（岡山県総社市）
備後国	上国	葦田郡（広島県府中市元町）
安芸国	上国	安芸郡（広島県安芸郡府中町）
周防国	上国	佐波郡（山口県防府市国衙）
長門国	中国	豊浦郡（山口県下関市長府）
■南海道		
紀伊国	上国	名草郡（和歌山県和歌山市）
淡路国	下国	三原郡（兵庫県南あわじ市）
阿波国	上国	名東郡（徳島県徳島市国府町府中）
讃岐国	上国	阿野郡（香川県坂出市府中）
伊豫国	上国	越智郡（愛媛県今治市上徳）
土佐国	中国	長岡郡（高知県南国市比江）
■西海道		
筑前国	上国	御笠郡（福岡県太宰府市）
筑後国	上国	御井郡（福岡県久留米市）
豊前国	上国	京都郡（福岡県京都郡みやこ町国作）
豊後国	上国	大分郡（大分県大分市古国府）
肥前国	上国	佐嘉郡（佐賀県佐賀市大和町）
肥後国	大国	飽田郡（熊本県熊本市国府本町）
日向国	中国	児湯郡（宮崎県西都市）
大隅国	中国	桑原郡（鹿児島県霧島市国分府中）
薩摩国	中国	――（鹿児島県薩摩川内市国分寺町）
壱岐嶋	下国	石田郡（長崎県壱岐市芦辺町湯岳興触）
対馬嶋	下国	下県郡（長崎県対馬市厳原町）

国分二(僧・尼)寺跡所在地一覧

国　名　所在地　「現　状」　(現宗派)

▩畿内

山城国　京都府木津川市　「史跡【薬師堂】」
大和国　奈良県奈良市　「東大寺」　(華厳宗)
河内国　大阪府柏原市　「史跡【薬師堂】」
和泉国　大阪府和泉市　(真言宗)
摂津国　大阪市天王寺区　(真言宗)

▩東海道

伊賀国　三重県伊賀市　「史跡公園【薬師堂】」
伊勢国　三重県鈴鹿市　「史跡公園【薬師堂】」
志摩国　三重県志摩市　(天台宗)
尾張国　愛知県稲沢市　「礎石と碑」　(臨済宗)
三河国　愛知県豊川市
「礎石と碑，尼寺史跡公園」(曹洞宗)
遠江国　静岡県磐田市　「史跡公園【薬師堂】」
駿河国　静岡県静岡市　「2説あり」
伊豆国　静岡県三島市　「史跡」　(日蓮宗)
甲斐国　山梨県笛吹市　「史跡公園」　(臨済宗)
相模国　神奈川県海老名市　「史跡公園」(真言宗)
武蔵国　東京都国分寺市　「史跡公園」　(真言宗)
安房国　千葉県館山市　「史跡」　(真言宗)
上総国　千葉県市原市
「史跡，尼寺史跡公園」(真言宗)
下総国　千葉県市川市　「史跡」　(真言宗)
常陸国　茨城県石岡市　「史跡」　(真言宗)

▩東山道

近江国　滋賀県大津市，または甲賀市　「史跡公園」
美濃国　岐阜県大垣市　「史跡公園」　(真言宗)
飛騨国　岐阜県高山市　「史蹟」　(真言宗)
信濃国　長野県上田市　「史蹟公園」　(天台宗)
上野国　群馬県高崎市　「史跡公園【薬師堂】」
下野国　栃木県下野市　「史跡公園」　(真言宗)
陸奥国　宮城県仙台市　「史跡公園」　(真言宗)
出羽国　山形県酒田市，または鶴岡市　(天台宗)

▩北陸道

若狭国　福井県小浜市　「史蹟」　(曹洞宗)
越前国　未詳　(天台宗)
加賀国　石川県小松市？　(浄土真宗)
能登国　石川県七尾市　「史跡公園」
越中国　富山県高岡市　「史蹟」　(真言宗)
越後国　新潟県上越市　(天台宗)
佐渡国　新潟県佐渡市　「史跡公園」　(真言宗)

▩山陰道

丹波国　京都府亀岡市　「史跡」　(浄土宗)
丹後国　京都府宮津市　「史跡公園」　(真言宗)
但馬国　兵庫県豊岡市　「史跡」　(浄土宗)
因幡国　鳥取県鳥取市　「礎石」　(黄檗宗)
伯耆国　鳥取県倉吉市　「史跡公園」　(曹洞宗)
出雲国　島根県松江市　「史跡公園」
石見国　島根県浜田市　「史跡」　(真言宗)
隠岐国　島根県隠岐の島町　「史跡」　(真言宗)

▩山陽道

播磨国　兵庫県姫路市　「史跡公園」　(真言宗)
美作国　岡山県津山市　「史跡」　(天台宗)
備前国　岡山県赤磐市　「史跡」
備中国　岡山県総社市　「史跡公園」　(真言宗)
備後国　広島県福山市　「史跡【表示】」　(真言宗)
安芸国　広島県東広島市　「史跡」　(真言宗)
周防国　山口県防府市　「史跡」　(真言宗)
長門国　山口県下関市　「史跡」　(真言宗)

▩南海道

紀伊国　和歌山県紀の川市　「史跡公園」
淡路国　兵庫県南あわじ市　「史跡【塔跡】」(律宗)
阿波国　徳島県徳島市　「史跡【塔心礎】」(曹洞宗)
讃岐国　香川県高松市　「史跡公園」　(真言宗)
伊豫国　愛媛県今治市　「史蹟」　(真言律宗)
土佐国　高知県南国市　「史跡」　(真言宗)

▩西海道

筑前国　福岡県太宰府市　「史跡」　(真言宗)
筑後国　福岡県久留米市　「史跡」　(天台宗)
豊前国　福岡県みやこ町　「史跡公園」　(真言宗)
豊後国　大分県大分市　「史跡公園」
肥前国　佐賀県佐賀市　「表示板だけ」
肥後国　熊本県熊本市　「礎石若干」　(曹洞宗)
日向国　宮崎県西都市　「史蹟【木喰五智館】」
大隅国　鹿児島県霧島市　「石塔だけ」
薩摩国　鹿児島県薩摩川内市　「史跡公園」
壱岐嶋　長崎県壱岐市　「史跡」　(臨済宗)
対馬嶋　長崎県対馬市　「無し」　(曹洞宗)

旧国名・都道府県対照表

畿内（きない）	山城国	やましろのくに	京都府
	大和国	やまとのくに	奈良県
	河内国	かわちのくに	大阪府
	和泉国	いずみのくに	大阪府
	摂津国	せっつのくに	兵庫県
東海道（とうかいどう）	伊賀国	いがのくに	三重県
	伊勢国	いせのくに	三重県
	志摩国	しまのくに	三重県
	尾張国	おわりのくに	愛知県
	三河国	みかわのくに	愛知県
	遠江国	とおとうみのくに	静岡県
	駿河国	するがのくに	山梨県
	甲斐国	かいのくに	静岡県
	伊豆国	いずのくに	静岡県
	相模国	さがみのくに	神奈川県
	武蔵国	むさしのくに	神奈川県 東京都 埼玉県
	安房国	あわのくに	千葉県
	上総国	かずさのくに	千葉県
	下総国	しもふさのくに	千葉県 茨城県
	常陸国	ひたちのくに	茨城県
東山道（とうさんどう）	近江国	おうみのくに	滋賀県
	美濃国	みののくに	岐阜県
	飛騨国	ひだのくに	岐阜県
	信濃国	しなののくに	長野県
	上野国	こうづけのくに	群馬県
	下野国	しもつけのくに	栃木県
	東山道（陸奥）		
	磐城国	いわきのくに	福島県 宮城県
	岩代国	いわしろのくに	福島県
	陸前国	りくぜんのくに	宮城県 岩手県
	陸中国	りくちゅうのくに	岩手県 秋田県
	陸奥国	むつのくに	岩手県 青森県
	東山道（出羽）		
	羽前国	うぜんのくに	山形県
	羽後国	うごのくに	山形県 秋田県
北陸道（ほくりくどう）	若狭国	わかさのくに	福井県
	越前国	えちぜんのくに	福井県
	加賀国	かがのくに	石川県
	能登国	のとのくに	石川県
	越中国	えっちゅうのくに	富山県
	越後国	えちごのくに	新潟県
	佐渡国	さどのくに	新潟県
山陰道（さんいんどう）	丹波国	たんばのくに	京都府 兵庫県
	丹後国	たんごのくに	京都府
	但馬回	たじまのくに	兵庫県
	国幡国	いなばのくに	鳥取県
	伯著国	ほうきのくに	鳥取県
	出雲国	いずものくに	島根県
	石見国	いわみのくに	島根県
	隠岐国	おきのくに	島根県
山陽道（さんようどう）	播磨国	はりまのくに	兵庫県
	美作国	みまさかのくに	岡山県
	備前国	びぜんのくに	岡山県
	備中国	びちゅうのくに	岡山県
	備後国	びんごのくに	広島県
	安芸国	あきのくに	広島県
	周防国	すおうのくに	山口県
	長門国	ながとのくに	山口県
南海道（なんかいどう）	紀伊国	きいのくに	和歌山県
	淡路国	あわじのくに	兵庫県
	阿波国	あわのくに	徳島県
	讃岐国	さぬきのくに	香川県
	伊豫国	いよのくに	愛媛県
	土佐国	とさのくに	高知県
西海道（さいかいどう）	筑前国	ちくぜんのくに	福岡県
	筑後国	ちくごのくに	福岡県
	豊前国	ぶぜんのくに	福岡県 大分県
	豊後国	ぶんごのくに	大分県
	肥前国	ひぜんのくに	佐賀県 長崎県
	肥後国	ひごのくに	熊本県
	日向国	ひゅうがのくに	宮崎県
	大隅国	おおすみのくに	鹿児島県
	薩摩国	さつまのくに	鹿児島県
	壱岐国	いきのくに	長崎県
	対馬国	つしまのくに	長崎県

和暦西暦対照表

年号(天皇)	年	西暦
〈欽明〉(きんめい)	元	540
	2	541
	3	542
	4	543
	5	544
	6	545
	7	546
	8	547
	9	548
	10	549
	11	550
	12	551
飛鳥時代(推古時代)		
	13	552
	14	553
	15	554
	16	555
	17	556
	18	557
	19	558
	20	559
	21	560
	22	561
	23	562
	24	563
	25	564
	26	565
	27	566
	28	567
	29	568
	30	569
	31	570
	32	571
〈敏達〉(びたつ)	元	572
	2	573
	3	574
	4	575
	5	576
	6	577
	8	579
	9	580
	10	581
	11	582
	12	583
	13	584
	14	585
〈用明〉(ようめい)	元	586
	2	587
〈崇峻〉(すしゅん)	元	588
	2	589
	3	590
	4	591
	5	592
〈推古〉(すいこ)	元	593
	2	594
	3	595
	4	596
	5	597
	6	598
	7	599
	8	600
	9	601
	10	602
	11	603

年号(天皇)	年	西暦
	12	604
	13	605
	14	606
	15	607
	16	608
	17	609
	18	610
	19	611
	20	612
	21	613
	22	614
	23	615
	24	616
	25	617
	26	618
	27	619
	28	620
	29	621
	30	622
	31	623
	32	624
	33	625
	34	626
	35	627
	36	628
〈舒明〉(じょめい)	元	629
	2	630
	3	631
	4	632
	5	633
	6	634
	7	635
	8	636
	9	637
	10	638
	11	639
	12	640
	13	641
〈皇極〉(こうぎょく)	元	642
	2	643
	3	644
(白鳳時代)		
大化(たいか)	元	645
	2	646
	3	647
	4	648
	5	649
白雉(はくち)	元	650
	2	651
	3	652
	4	653
	5	654
〈斉明〉(さいめい)	元	655
	2	656
	3	657
	4	658
	5	659
	6	660
	7	661
〈天智〉(てんじ)	元	662
	2	663
	3	664
	4	665
	5	666

年号(天皇)	年	西暦
	6	667
	7	668
	8	669
	9	670
	10	671
〈弘文〉(こうぶん)	元	672
〈天武〉(てんむ)	元	673
	2	674
	3	675
	4	676
	5	677
	6	678
	7	679
	8	680
	9	681
	10	682
	11	683
	12	684
	13	685
朱鳥(しゅちょう)	元	686
〈持統〉(じとう)	元	687
	2	688
	3	689
	4	690
	5	691
	6	692
	7	693
	8	694
	9	695
	10	696
〈文武〉(もんむ)	元	697
	2	698
	3	699
	4	700
大宝(たいほう)	元	701
	2	702
	3	703
慶雲(けいうん)	元	704
	2	705
	3	706
	4	707
和銅(わどう)	元	708
	2	709
奈良時代(天平時代)		
	3	710
	4	711
	5	712
	6	713
	7	714
霊亀(れいき)	元	715
	2	716
養老(ようろう)	元	717
	2	718
	3	719
	4	720
	5	721
	6	722
	7	723
神亀(じんき)	元	724
	2	725
	3	726
	4	727

年号(天皇)	年	西暦
	5	728
天平(てんぴょう)	元	729
	2	730
	3	731
	4	732
	5	733
	6	734
	7	735
	8	736
	9	737
	10	738
	11	739
	12	740
	13	741
	14	742
	15	743
	16	744
	17	745
	18	746
	19	747
	20	748
天平感宝(てんぴょうかんぽう)	元	749
天平勝宝(てんぴょうしょうほう)	元	749
	2	750
	3	751
	4	752
	5	753
	6	754
	7	755
	8	756
天平宝字(てんぴょうほうじ)	元	757
	2	758
	3	759
	4	760
	5	761
	6	762
	7	763
	8	764
天平神護(てんぴょうじんご)	元	765
	2	766
神護景雲(じんごけいうん)	元	767
	2	768
	3	769
宝亀(れいき)	元	770
	2	771
	3	772
	4	773
	5	774
	6	775
	7	776
	8	777
	9	778
	10	779
	11	780
天応(てんのう)	元	781
延暦(えんりゃく)	元	782
	2	783
平安時代前期(貞観時代)		
	3	784
	4	785
	5	786
	6	787

年号(天皇)	年	西暦
	7	788
	8	789
	9	790
	10	791
	11	792
	12	793
	13	794
	14	795
	15	796
	16	797
	17	798
	18	799
	19	800
	20	801
	21	802
	22	803
	23	804
	24	805
大同(だいどう)	元	806
	2	807
	3	808
	4	809
弘仁(こうにん)	元	810
	2	811
	3	812
	4	813
	5	814
	6	815
	7	816
	8	817
	9	818
	10	819
	11	820
	12	821
	13	822
	14	823
天長(てんちょう)	元	824
	2	825
	3	826
	4	827
	5	828
	6	829
	7	830
	8	831
	9	832
	10	833
承和(じょうわ)	元	834
	2	835
	3	836
	4	837
	5	838
	6	839
	7	840
	8	841
	9	842
	10	843
	11	844
	12	845
	13	846
	14	847
嘉祥(かしょう)	元	848
	2	849
	3	850

年号(天皇)	年	西暦
仁寿(にんじゅ)	元	851
	2	852
	3	853
斉衡(さいこう)	元	854
	2	855
	3	856
天安(てんあん)	元	857
	2	858
貞観(じょうがん)	元	859
	2	860
	3	861
	4	862
	5	863
	6	864
	7	865
	8	866
	9	867
	10	868
	11	869
	12	870
	13	871
	14	872
	15	873
	16	874
	17	875
	18	876
元慶(がんぎょう)	元	877
	2	878
	3	879
	4	880
	5	881
	6	882
	7	883
	8	884
仁和(にんな)	元	885
	2	886
	3	887
	4	888
寛平(かんぴょう)	元	889
	2	890
	3	891
	4	892
	5	893
	6	894
	7	895
	8	896
	9	897
平安時代後期(藤原時代)		
昌泰(しょうたい)	元	898
	2	899
	3	900
延喜(えんぎ)	元	901
	2	902
	3	903
	4	904
	5	905
	6	906
	7	907
	8	908
	9	909
	10	910
	11	911
	12	912
	13	913

年号(天皇)	年	西暦
	14	914
	15	915
	16	916
	17	917
	18	918
	19	919
	20	920
	21	921
	22	922
延長(えんちょう)	元	923
	2	924
	3	925
	4	926
	5	927
	6	928
	7	929
	8	930
承平(じょうへい)	元	931
	2	932
	3	933
	4	934
	5	935
	6	936
	7	937
天慶(てんぎょう)	元	938
	2	939
	3	940
	4	941
	5	942
	6	943
	7	944
	8	945
	9	946
天暦(てんりゃく)	元	947
	2	948
	3	949
	4	950
	5	951
	6	952
	7	953
	8	954
	9	955
	10	956
天徳(てんとく)	元	957
	2	958
	3	959
	4	960
応和(おうわ)	元	961
	2	962
	3	963
康保(こうほう)	元	964
	2	965
	3	966
	4	967
安和(あんな)	元	968
	2	969
天禄(てんろく)	元	970
	2	971
	3	972
天延(てんえん)	元	973
	2	974
	3	975
貞元(じょうげん)	元	976
	2	977
天元(てんげん)	元	978
	2	979
	3	980

年号(天皇)	年	西暦
	4	981
	5	982
永観(えいかん)	元	983
	2	984
寛和(かんな)	元	985
	2	986
永延(えいえん)	元	987
	2	988
永祚(えいそ)	元	989
正暦(しょうりゃく)	元	990
	2	991
	3	992
	4	993
	5	994
長徳(ちょうとく)	元	995
	2	996
	3	997
	4	998
長保(ちょうほう(ほ))	元	999
	2	1000
	3	1001
	4	1002
	5	1003
寛弘(かんこう)	元	1004
	2	1005
	3	1006
	4	1007
	5	1008
	6	1009
	7	1010
	8	1011
長和(ちょうわ)	元	1012
	2	1013
	3	1014
	4	1015
	5	1016
寛仁(かんにん)	元	1017
	2	1018
	3	1019
	4	1020
治安(じあん)	元	1021
	2	1022
	3	1023
万寿(まんじゅ)	元	1024
	2	1025
	3	1026
	4	1027
長元(ちょうげん)	元	1028
	2	1029
	3	1030
	4	1031
	5	1032
	6	1033
	7	1034
	8	1035
	9	1036
長暦(ちょうりゃく)	元	1037
	2	1038
	3	1039
長久(ちょうきゅう)	元	1040
	2	1041
	3	1042
	4	1043
寛徳(かんとく)	元	1044
	2	1045

年号(天皇)	年	西暦
永承(えいしょう)	元	1046
	2	1047
	3	1048
	4	1049
	5	1050
	6	1051
	7	1052
天喜(てんぎ)	元	1053
	2	1054
	3	1055
	4	1056
	5	1057
康平(こうへい)	元	1058
	2	1059
	3	1060
	4	1061
	5	1062
	6	1063
	7	1064
治暦(じりゃく)	元	1065
	2	1066
	3	1067
	4	1068
延久(えんきゅう)	元	1069
	2	1070
	3	1071
	4	1072
	5	1073
承保(じょうほう)	元	1074
	2	1075
	3	1076
承暦(じょうりゃく)	元	1077
	2	1078
	3	1079
	4	1080
永保(えいほう(ほ))	元	1081
	2	1082
	3	1083
応徳(おうとく)	元	1084
	2	1085
	3	1086
寛治(かんじ)	元	1087
	2	1088
	3	1089
	4	1090
	5	1091
	6	1092
	7	1093
嘉保(かほう)	元	1094
	2	1095
永長(えいちょう)	元	1096
承徳(じょうとく)	元	1097
	2	1098
康和(こうわ)	元	1099
	2	1100
	3	1101
	4	1102
	5	1103
長治(ちょうじ)	元	1104
	2	1105
嘉承(かじょう)	元	1106
	2	1107
天仁(てんにん)	元	1108
	2	1109
天永(てんえい)	元	1110
	2	1111

年号(天皇)	年	西暦
	3	1112
永久(えいきゅう)	元	1113
	2	1114
	3	1115
	4	1116
	5	1117
元永(げんえい)	元	1118
	2	1119
保安(ほうあん)	元	1120
	2	1121
	3	1122
	4	1123
天治(てんじ)	元	1124
	2	1125
大治(だいじ)	元	1126
	2	1127
	3	1128
	4	1129
	5	1130
天承(てんしょう)	元	1131
長承(ちょうしょう)	元	1132
	2	1133
	3	1134
保延(ほうえん)	元	1135
	2	1136
	3	1137
	4	1138
	5	1139
	6	1140
永治(えいじ)	元	1141
康治(こうじ)	元	1142
	2	1143
天養(てんよう)	元	1144
久安(きゅうあん)	元	1145
	2	1146
	3	1147
	4	1148
	5	1149
	6	1150
仁平(にんぴょう)	元	1151
	2	1152
	3	1153
久寿(きゅうじゅ)	元	1154
	2	1155
保元(ほうげん)	元	1156
	2	1157
	3	1158
平治(へいじ)	元	1159
永暦(えいりゃく)	元	1160
応保(おうほう(ほ))	元	1161
	2	1162
長寛(ちょうかん)	元	1163
	2	1164
永万(えいまん)	元	1165
仁安(にんあん)	元	1166
	2	1167
	3	1168
嘉応(かおう)	元	1169
	2	1170
承安(じょうあん)	元	1171
	2	1172

年号(天皇)	年	西暦
	3	1173
	4	1174
安元(あんげん)	元	1175
	2	1176
治承(じしょう)	元	1177
	2	1178
	3	1179
	4	1180
養和(ようわ)	元	1181
寿永(じゅえい)	元	1182
	2	1183
〔元暦〕(げんりゃく)	3	1184
〔文治〕(ぶんじ)	4	1185
鎌倉時代		
文治(ぶんじ)	2	1186
	3	1187
	4	1188
	5	1189
建久(けんきゅう)	元	1190
	2	1191
	3	1192
	4	1193
	5	1194
	6	1195
	7	1196
	8	1197
	9	1198
正治(しょうじ)	元	1199
	2	1200
建仁(けんにん)	元	1201
	2	1202
	3	1203
元久(げんきゅう)	元	1204
	2	1205
建永(けんえい)	元	1206
承元(じょうげん)	元	1207
	2	1208
	3	1209
	4	1210
建暦(けんりゃく)	元	1211
	2	1212
建保(けんぽう(ぽ))	元	1213
	2	1214
	3	1215
	4	1216
	5	1217
	6	1218
承久(じょうきゅう)	元	1219
	2	1220
	3	1221
貞応(じょうおう)	元	1222
	2	1223
元仁(げんにん)	元	1224
嘉禄(かろく)	元	1225
	2	1226
安貞(あんてい)	元	1227
	2	1228
寛喜(かんぎ)	元	1229
	2	1230
	3	1231
貞永(じょうえい)	元	1232

年号(天皇)	年	西暦
天福(てんぷく)	元	1233
文暦(ぶんりゃく)	元	1234
嘉禎(かてい)	元	1235
	2	1236
	3	1237
暦仁(りゃくにん)	元	1238
延応(えんのう)	元	1239
仁治(にんじ)	元	1240
	2	1241
	3	1242
寛元(かんげん)	元	1243
	2	1244
	3	1245
	4	1246
宝治(ほうじ)	元	1247
	2	1248
建長(けんちょう)	元	1249
	2	1250
	3	1251
	4	1252
	5	1253
	6	1254
	7	1255
康元(こうげん)	元	1256
正嘉(しょうか)	元	1257
	2	1258
正元(しょうげん)	元	1259
文応(ぶんおう)	元	1260
弘長(こうちょう)	元	1261
	2	1262
	3	1263
文永(ぶんえい)	元	1264
	2	1265
	3	1266
	4	1267
	5	1268
	6	1269
	7	1270
	8	1271
	9	1272
	10	1273
	11	1274
建治(けんじ)	元	1275
	2	1276
	3	1277
弘安(こうあん)	元	1278
	2	1279
	3	1280
	4	1281
	5	1282
	6	1283
	7	1284
	8	1285
	9	1286
	10	1287
正応(しょうおう)	元	1288
	2	1289
	3	1290
	4	1291
	5	1292

年号(天皇)	年	西暦
永仁(えいにん)	元	1293
	2	1294
	3	1295
	4	1296
	5	1297
	6	1298
正安(しょうあん)	元	1299
	2	1300
	3	1301
乾元(けんげん)	元	1302
嘉元(かげん)	元	1303
	2	1304
	3	1305
徳治(とくじ)	元	1306
	2	1307
延慶(えんきょう)	元	1308
	2	1309
	3	1310
応長(おうちょう)	元	1311
正和(しょうわ)	元	1312
	2	1313
	3	1314
	4	1315
	5	1316
文保(ぶんぽう)	元	1317
	2	1318
元応(げんおう)	元	1319
	2	1320
元亨(げんこう)	元	1321
	2	1322
	3	1323
正中(しょうちゅう)	元	1324
	2	1325
嘉暦(かりゃく)	元	1326
	2	1327
	3	1328
元徳(げんとく)	元	1329
	2	1330
元弘(げんこう)	元	1331
	2	1332
	3	1333
南北朝時代(吉野時代)		
建武(けんむ)	元	1334
	2	1335
北　朝		
	3	1336
	4	1337
暦応(りゃくおう)	元	1338
	2	1339
	3	1340
	4	1341
康永(こうえい)	元	1342
	2	1343
	3	1344
貞和(じょうわ)	元	1345
	2	1346
	3	1347
	4	1348
	5	1349
観応(かんのう)	元	1350
	2	1351
文和(ぶんな)	元	1352
	2	1353
	3	1354

年号(天皇)	年	西暦
	4	1355
延文(えんぶん)	元	1356
	2	1357
	3	1358
	4	1359
	5	1360
康安(こうあん)	元	1361
貞治(じょうじ)	元	1362
	2	1363
	3	1364
	4	1365
	5	1366
	6	1367
応安(おうあん)	元	1368
	2	1369
	3	1370
	4	1371
	5	1372
	6	1373
	7	1374
永和(えいわ)	元	1375
	2	1376
	3	1377
	4	1378
康暦(こうりゃく)	元	1379
	2	1380
永徳(えいとく)	元	1381
	2	1382
	3	1383
至徳(しとく)	元	1384
	2	1385
	3	1386
嘉慶(かきょう)	元	1387
	2	1388
康応(こうおう)	元	1389
明徳(めいとく)	元	1390
	2	1391
	3	1392
南　朝		
延元(えいげん)	元	1336
	2	1337
	3	1338
	4	1339
興国(こうこく)	元	1340
	2	1341
	3	1342
	4	1343
	5	1344
	6	1345
正平(しょうへい)	元	1346
	2	1347
	3	1348
	4	1349
	5	1350
	6	1351
	7	1352
	8	1353
	9	1354
	10	1355
	11	1356
	12	1357
	13	1358
	14	1359
	15	1360
	16	1361

年号(天皇)	年	西暦
	17	1362
	18	1363
	19	1364
	20	1365
	21	1366
	22	1367
	23	1368
	24	1369
建徳(けんとく)	元	1370
	2	1371
文中(ぶんちゅう)	元	1372
	2	1373
	3	1374
天授(てんじゅ)	元	1375
	2	1376
	3	1377
	4	1378
	5	1379
	6	1380
弘和(こうわ)	元	1381
	2	1382
	3	1383
元中(げんちゅう)	元	1384
	2	1385
	3	1386
	4	1387
	5	1388
	6	1389
	7	1390
	8	1391
	9	1392
室町時代		
明徳(めいとく)	4	1393
応永(おうえい)	元	1394
	2	1395
	3	1396
	4	1397
	5	1398
	6	1399
	7	1400
	8	1401
	9	1402
	10	1403
	11	1404
	12	1405
	13	1406
	14	1407
	15	1408
	16	1409
	17	1410
	18	1411
	19	1412
	20	1413
	21	1414
	22	1415
	23	1416
	24	1417
	25	1418
	26	1419
	27	1420
	28	1421
	29	1422
	30	1423
	31	1424
	32	1425

年号(天皇)	年	西暦
	33	1426
	34	1427
正長(しょうちょう)	元	1428
永享(えいきょう)	元	1429
	2	1430
	3	1431
	4	1432
	5	1433
	6	1434
	7	1435
	8	1436
	9	1437
	10	1438
	11	1439
	12	1440
嘉吉(かきつ)	元	1441
	2	1442
	3	1443
文安(ぶんあん)	元	1444
	2	1445
	3	1446
	4	1447
	5	1448
宝徳(ほうとく)	元	1449
	2	1450
	3	1451
享徳(きょうとく)	元	1452
	2	1453
	3	1454
康正(こうしょう)	元	1455
	2	1456
長禄(ちょうろく)	元	1457
	2	1458
	3	1459
寛正(かんしょう)	元	1460
	2	1461
	3	1462
	4	1463
	5	1464
	6	1465
文正(ぶんしょう)	元	1466
応仁(おうにん)	元	1467
	2	1468
文明(ぶんめい)	元	1469
	2	1470
	3	1471
	4	1472
	5	1473
	6	1474
	7	1475
	8	1476
	9	1477
	10	1478
	11	1479
	12	1480
	13	1481
	14	1482
	15	1483
	16	1484
	17	1485
	18	1486
長享(ちょうきょう)	元	1487
	2	1488
延徳(えんとく)	元	1489
	2	1490

年号(天皇)	年	西暦
	3	1491
明応(めいおう)	元	1492
	2	1493
	3	1494
	4	1495
	5	1496
	6	1497
	7	1498
	8	1499
	9	1500
文亀(ぶんき)	元	1501
	2	1502
	3	1503
永正(えいしょう)	元	1504
	2	1505
	3	1506
	4	1507
	5	1508
	6	1509
	7	1510
	8	1511
	9	1512
	10	1513
	11	1514
	12	1515
	13	1516
	14	1517
	15	1518
	16	1519
	17	1520
大永(だいえい)	元	1521
	2	1522
	3	1523
	4	1524
	5	1525
	6	1526
	7	1527
享禄(きょうろく)	元	1528
	2	1529
	3	1530
	4	1531
天文(てんぶん)	元	1532
	2	1533
	3	1534
	4	1535
	5	1536
	6	1537
	7	1538
	8	1539
	9	1540
	10	1541
	11	1542
	12	1543
	13	1544
	14	1545
	15	1546
	16	1547
	17	1548
	18	1549
	19	1550
	20	1551
	21	1552
	22	1553
	23	1554
弘治(こうじ)	元	1555
	2	1556
	3	1557

年号(天皇)	年	西暦
永禄(えいろく)	元	1558
	2	1559
	3	1560
	4	1561
	5	1562
	6	1563
	7	1564
	8	1565
	9	1566
	10	1567
	11	1568
	12	1569
元亀(げんき)	元	1570
	2	1571
	3	1572
安土・桃山時代		
天正(てんしょう)	元	1573
	2	1574
	3	1575
	4	1576
	5	1577
	6	1578
	7	1579
	8	1580
	9	1581
	10	1582
	11	1583
	12	1584
	13	1585
	14	1586
	15	1587
	16	1588
	17	1589
	18	1590
	19	1591
文禄(ぶんろく)	元	1592
	2	1593
	3	1594
	4	1595
慶長(けいちょう)	元	1596
	2	1597
	3	1598
	4	1599
	5	1600
	6	1601
	7	1602
	8	1603
	9	1604
	10	1605
	11	1606
	12	1607
	13	1608
	14	1609
	15	1610
	16	1611
	17	1612
	18	1613
	19	1614
江戸時代		
元和(げんな)	元	1615
	2	1616
	3	1617
	4	1618
	5	1619
	6	1620
	7	1621
	8	1622

年号(天皇)	年	西暦	年号(天皇)	年	西暦	年号(天皇)	年	西暦	年号(天皇)	年	西暦	年号(天皇)	年	西暦	年号(天皇)	年	西暦
	9	1623		3	1690		7	1757		7	1824		21	1888		29	1954
寛永(かんえい)	元	1624		4	1691		8	1758		8	1825		22	1889		30	1955
	2	1625		5	1692		9	1759		9	1826		23	1890		31	1956
	3	1626		6	1693		10	1760		10	1827		24	1891		32	1957
	4	1627		7	1694		11	1761		11	1828		25	1892		33	1958
	5	1628		8	1695		12	1762		12	1829		26	1893		34	1959
	6	1629		9	1696		13	1763	天保(てんぽう)	元	1830		27	1894		35	1960
	7	1630		10	1697	明和(めいわ)	元	1764		2	1831		28	1895		36	1961
	8	1631		11	1698		2	1765		3	1832		29	1896		37	1962
	9	1632		12	1699		3	1766		4	1833		30	1897		38	1963
	10	1633		13	1700		4	1767		5	1834		31	1898		39	1964
	11	1634		14	1701		5	1768		6	1835		32	1899		40	1965
	12	1635		15	1702		6	1769		7	1836		33	1900		41	1966
	13	1636		16	1703		7	1770		8	1837		34	1901		42	1967
	14	1637	宝永(ほうえい)	元	1704		8	1771		9	1838		35	1902		43	1968
	15	1638		2	1705	安永(あんえい)	元	1772		10	1839		36	1903		44	1969
	16	1639		3	1706		2	1773		11	1840		37	1904		45	1970
	17	1640		4	1707		3	1774		12	1841		38	1905		46	1971
	18	1641		5	1708		4	1775		13	1842		39	1906		47	1972
	19	1642		6	1709		5	1776		14	1843		40	1907		48	1973
	20	1643		7	1710		6	1777	弘化(こうか)	元	1844		41	1908		49	1974
正保(しょうほう(ほ))	元	1644	享保(きょうほう)	元	1711		7	1778		2	1845		42	1909		50	1975
	2	1645		2	1712		8	1779		3	1846		43	1910		51	1976
	3	1646		3	1713		9	1780		4	1847		44	1911		52	1977
	4	1647		4	1714	天明(てんめい)	元	1781	嘉永(かえい)	元	1848	大正(たいしょう)	元	1912		53	1978
慶安(けいあん)	元	1648		5	1715		2	1782		2	1849		2	1913		54	1979
	2	1649		元	1716		3	1783		3	1850		3	1914		55	1980
	3	1650		2	1717		4	1784		4	1851		4	1915		56	1981
	4	1651		3	1718		5	1785		5	1852		5	1916		57	1982
承応(じょうおう)	元	1652		4	1719		6	1786		6	1853		6	1917		58	1983
	2	1653		5	1720		7	1787	安政(あんせい)	元	1854		7	1918		59	1984
	3	1654		6	1721		8	1788		2	1855		8	1919		60	1985
明暦(めいれき)	元	1655		7	1722	寛政(かんせい)	元	1789		3	1856		9	1920		61	1986
	2	1656		8	1723		2	1790		4	1857		10	1921		62	1987
	3	1657		9	1724		3	1791		5	1858		11	1922		63	1988
万治(まんじ)	元	1658		10	1725		4	1792		6	1859		12	1923	平成(へいせい)	元	1989
	2	1659		11	1726		5	1793	万延(まんえん)	元	1860		13	1924		2	1990
	3	1660		12	1727		6	1794					14	1925		3	1991
寛文(かんぶん)	元	1661		13	1728		7	1795	文久(ぶんきゅう)	元	1861	昭和(しょうわ)	元	1926		4	1992
	2	1662		14	1729		8	1796		2	1862		2	1927		5	1993
	3	1663		15	1730		9	1797		3	1863		3	1928		6	1994
	4	1664		16	1731		10	1798	元治(げんじ)	元	1864		4	1929		7	1995
	5	1665		17	1732		11	1799					5	1930		8	1996
	6	1666		18	1733		12	1800	慶応(けいおう)	元	1865		6	1931		9	1997
	7	1667		19	1734	享和(きょうわ)	元	1801		2	1866		7	1932		10	1998
	8	1668		20	1735		2	1802		3	1867		8	1933		11	1999
	9	1669	元文(げんぶん)	元	1736		3	1803	近代				9	1934		12	2000
	10	1670		2	1737	文化(ぶんか)	元	1804	明治(めいじ)	元	1868		10	1935		13	2001
	11	1671		3	1738		2	1805		2	1869		11	1936		14	2002
	12	1672		4	1739		3	1806		3	1870		12	1937		15	2003
延宝(えんぽう)	元	1673		5	1740		4	1807		4	1871		13	1938		16	2004
	2	1674	寛保(かんぽう)	元	1741		5	1808		5	1872		14	1939		17	2005
	3	1675		2	1742		6	1809		6	1873		15	1940		18	2006
	4	1676		3	1743		7	1810		7	1874		16	1941		19	2007
	5	1677	延享(えんきょう)	元	1744		8	1811		8	1875		17	1942		20	2008
	6	1678		2	1745		9	1812		9	1876		18	1943		21	2009
	7	1679		3	1746		10	1813		10	1877		19	1944		22	2010
	8	1680		4	1747		11	1814		11	1878	現代				23	2011
天和(てんな)	元	1681	寛延(かんえん)	元	1748		12	1815		12	1879		20	1945		24	2012
	2	1682		2	1749		13	1816		13	1880		21	1946		25	2013
	3	1683		3	1750		14	1817		14	1881		22	1947		26	2014
貞享(じょうきょう)	元	1684	宝暦(ほうりゃく(れき))	元	1751	文政(ぶんせい)	元	1818		15	1882		23	1948		27	2015
	2	1685		2	1752		2	1819		16	1883		24	1949		28	2016
	3	1686		3	1753		3	1820		17	1884		25	1950		29	2017
	4	1687		4	1754		4	1821		18	1885		26	1951		30	2018
元禄(げんろく)	元	1688		5	1755		5	1822		19	1886		27	1952	令和(れいわ)	元	2019
	2	1689		6	1756		6	1823		20	1887		28	1953		2	2020

年号索引

逆引き年号索引

※五十音順。( ) 内の数字は元年の西暦。

私年号表

私年号	相当年次案	史・資料例	西　暦
保壽	平安末，仁安前後	元年	
泰平	承安2		1172年
和勝	建久元	元年	1190年
迎雲	正治元ないし直前	元年	1190～1199年頃
建教	元仁2	元年	1225年
正久	元応元	2年	1320年，1260年（正元2）
永福	永仁5？		1297年，丁酉年
元眞	南北朝	元年	14世紀，「元徳」？
應治	貞和元（興国6）	元年	1345年
白鹿	貞和元（興国6）	元・2年	1345～1346年
眞賀	延文～応安	2年	1350～1370年頃
品暦	南北朝頃	元年	
弘徳	至徳元（元中元）	元年	1384年あるいは「至徳」か
至大	南北朝未	元年	至徳年間（1384～1387年）か
永寶	嘉慶2	元年	1388年
興徳	応永2	元年	1395年，乙亥年
天靖	嘉吉3	元年	1443年
福安	文安元	元年	1444年，甲子年
享高	康正元？	4年	1455年，「享徳」か
享正	享徳3	2・3・4年	1455～1457年，「康正」か
延徳	寛正元・2	元・2・5年	1461・1462年，「享徳」
永樂	寛正2	元年	1461年
正亨 （正享・正京）	延徳2	2年	1490年
永傳	延徳2	元年	1490年
福徳	延徳元～4	元・2・3年	1491年
王徳	延徳～大永		1490～1520年頃
徳應	文亀元？・嘉吉元？	元年	1501？，1441年？ （明応10か嘉吉元）
子平	文亀2？	5年	1506年？，丙寅年
弥勒	永正3・4	元・2・3年	1506～1508年（1507年か）
加平	永正14	元年	1517年，丁丑年
永喜	大永6・7	2年	1527年
寶壽	天文2	2年	1534年
命禄	天文9	元・2・3年	1540～1542年
光永	天正4または8	元・2年	1576年または1581年
天王	戦国	元年	丑年（天正年間頃か）
神治	慶応3	元年	1867年，丁卯年
延壽	慶応4		1868年
征露	明治37	2年	1905年

※ゴシック体は金石文によく見られる例

〔参考文献〕

久保常晴『日本私年号の研究』1967　千々和到『板碑とその時代』1988

年・月の異称

年の異称

載, 歳, 祀, 年, 天, 禩, 季, 稔, 暦, 秊 (則天文字), 歳在, 歳舎, 歳次, 太歳, 年次, 歳集, 星集, 竜集, 竜次, 竜舎, 蒼龍, 歳星, 竜輯

月の異称

正月……正月, 齋月, 睦月, 元月, 昵月, 瑞月, 初月, 嘉月, 泰月, 征月, 陬月, 謹月, 上月, 正陽月, 年初月, 初春月, 初空月, 暮親月, 霞初月, 太郎月, 三微月, 早禄月, 寅孟月, 瑞正月, 人正月, 周三月, 三之月, 陽春, 初春, 孟春, 上春, 開春, 発春, 献春, 首春, 新春, 子春, 早春, 王春, 春孟, 肇春, 春首, 青歳, 首歳, 初歳, 肇歳, 開歳, 方歳, 華歳, 年初, 甫年, 新年, 肇年, 孟陬, 月正, 王正, 初正, 首正, 履端, 始和, 解凍, 初節, 太簇

二月……如月, 令月, 麗月, 雪消月, 梅見月, 初花月, 大壮月, 小草生月, 冰泮月, 周四月, 四之月, 仲春, 酷春, 殷春, 春中, 春半, 仲鐘, 夾鐘, 夷鐘, 仲序, 仲陽, 陽仲, 陽中, 中和, 中昜, 震節, 桃李節, 令節, 繁節, 橘如, 為如, 降人, 華 朝, 四陽, 美景, 惠風, 著更衣, 白生馬, 衣更著

三月……花月, 嘉月, 櫻月, 稱月, 禊月, 蚕月, 桃月, 宿月, 寎月, 病月, 夬月, 花見月, 春惜月, 花津月, 夢見月, 建辰月, 花老月, 早花咲月, 晩春, 暮春, 季春, 杪春, 末春, 殿春, 春暮, 春末, 春抄, 残春, 春帰, 余春, 花時, 鶯時, 桃禄, 桃浪, 花飛, 節, 姑洗, 彌生, 末葉, 暮律, 修禊, 修寎, 青章, 清明, 穀雨, 中和, 竹秋, 暮陽, 五陽, 載陽

四月……卯月, 余月, 陰月, 乏月, 乾月, 鎮月, 陽月, 農月, 梅月, 除月, 卯花月, 花残月, 夏初月, 清和月, 正陽月, 木葉採月, 得鳥羽月, 初夏, 首夏, 孟夏, 始夏, 維夏, 新夏, 立夏, 槐夏, 早夏, 純陽, 六陽, 六気, 圉余, 跡踵, 跰蹟(ヒョウセキ), 修景, 小滿, 純乾, 乾梅, 農節, 朱明, 清和, 麦候, 麦秋候, 梅溽, 麦秋, 仲呂

五月……皇月, 皐月(サツキ), 橘月, 梅月, 姤月, 啓月, 悪月, 鶉月, 雨月, 暑月, 午月, 早月, 星月, 授雲月, 多草月, 吹喜月, 浴蘭月, 稲苗月, 早稲月, 一陰月, 端五月, 黄梅月, 賎男染月(シソマツキ), 月不見月, 鶉首月, 仲夏, 梅夏, 炎夏, 夏中, 夏五, 盛夏, 夏半, 日長至, 日短至, 長至, 啓明, 梅天, 薫風, 鳴蜩, 鳴鶪, 属皐, 芒積, 茂林, 小刑, 星火, 東井

六月……水月, 旦月, 李月, 伏月, 遯月, 焦月, 未月, 水無月, 涼暮月, 松風月, 風待月, 鳴雷月, 弥涼暮月, 季夏, 晩夏, 長夏, 常夏, 極夏, 末夏, 永夏, 徂夏, 小夏, 百鐘, 林鐘, 長列, 鶉火, 則旦, 二陰, 庚伏, 瓜期, 炎陽, 積陽, 精陽, 陽氷

七月……文月, 親月(オヤツキ), 相月, 蘭月, 涼月, 冷月, 桐月, 否月, 商月, 申月, 文披月, 七夜月, 七夕月, 秋初月, 愛逢月, 大慶月, 女郎女月, 初秋, 孟秋, 新秋, 首秋, 上秋, 肇秋, 桐秋, 蘭秋, 開秋, 始秋, 冷秋, 大晋, 窐相, 流火, 享菽, 瓜時, 三陰, 孟商, 處暑, 夷則

八月……葉月, 壮月, 桂月, 素月, 胠月, 観月, 拓月, 酉月, 木染月, 秋風月, 月見月, 紅染月, 雁来月, 燕去月, 草津月, さ月, 端正月, 闔戸月, 仲秋, 秋半, 正秋, 清秋, 髙秋, 桂秋, 深秋, 秋高, 秋中, 秋凉, 秋清, さゝはな, 竹春, 橘春, 迎寒, 寒旦, 大章, 仲商, 天岡, 白露, 四陰, 函鐘, 南呂

九月……長月, 玄月, 菊月, 祝月, 詠月, 朽月, 剝月, 霜月, 戌月, 貫月, 菊開月, 紅葉月, 竹酔月, 寝覚月, 青女月, 色取月, 苗刈月, 鴻賓月, 五陰月, 小田刈月, 秋末, 季秋, 暮秋, 末秋, 杪秋, 窮秋, 残秋, 晩秋, 髙秋, 勁秋, 凉秋, 九秋, 素秋, 菊秋, 深秋, 梢秋, 盛秋, 霜辰, 粛霜, 季白, 季商, 暮商, 杪商, 歳晏, 終玄, 天睢, 授衣, 菊節, 無射(ブエキ)

十月……神無月, 陽月, 良月, 大月, 吉月, 坤月, 玄月, 陰月, 雷無月, 神去, 鎮祭月, 鏡祭月, 時雨月, 初霜月, 正陰月, 初冬, 孟冬, 上冬, 開冬, 新冬, 立冬, 早冬, 方冬, 亥冬, 玄冬, 首冬, 始冰, 大章, 應章, 大素, 玄英, 玄仲, 小呂, 小陽春, 極陽, 陽止, 小春, 應鐘

十一月…霜月, 暢月, 辜月, 達月, 葭月, 復月, 章月, 周月, 子月, 霜降月, 霜見月, 雪待月, 雪見月, 神帰月, 神楽月, 天正月, 竜潜月, 建子月, 露隠端月, 廣寒月, 仲冬, 盛冬, 深冬, 正冬, 中寒, 陽復, 新陽, 之日, 叶蟄官, 水正, 氷壮, 亜歳, 朔易, 短至, 天泉, 周正, 畢辜, 三至, 六呂, 黄鐘

十二月…極月，层月，臘月，臈月，蜡月(サヅキ)，弟月，荼月(トゲツ)，除月，窮月，氷月，涂月，氿月，臨月，梅月，余月，令月，親子月，春待月，暮古月，梅初月，三冬月，地正月，春王正月，年積月，季冬，暮冬，杪冬，晩冬，窮冬，残冬，黄冬，隆冬，冬索，厳冬，小歳，暮歳，歳抄，歳終，改歳，一歳市，暮節，凋年，玄律，四極(シハス)，三余，清祀，嘉平，橘涂，玄枵，天晧，二陽，二之日，殷正，窮紀，窮稔，窮律，窮陰，師走，大呂

四季の異称

春……芳春，清春，青春，陽春，九春，三春，規春，先春，光春，華節，芳節，良節，嘉節，韶節，淑節，良時，嘉時，芳時，青陽，青帝，陽中，蒼天，発生，東星，東君，天端，三正，歳始，敷和，九正

夏……九夏，朱夏，炎夏，槐夏，盛夏，纁夏，三夏，九暑，升明，朱明，炎節，農節，瓜時，昊天，槐序，炎序，祝融，蕃秀，長嬴，朱炎，朱律

秋……金秋，髙秋，清秋，三秋，九秋，素秋，旻秋，涼秋，凛秋，勁秋，商節，爽節，白蔵，収成，金商，素商，髙商，商顥(ショウコウ)，西候，西皓，精陽，蓐収，素律，旻天，火旻

冬……元冬，貞冬，信冬，上冬，玄冬，盛冬，隆冬，三冬，九冬，厳冬，大冬，陵冬，頑冬，寒冬，窮冬，元英，元序，玄英，厳節，玄冥，上天，安寧，静順，閉蔵

時の異称

丑（前二）鶏鳴	未（後二）日昳（ジッテツ）
寅（前四）平旦（ヘイタン）	申（後四）哺（ホ）時
卯（前六）日出（ジツシュツ）	酉（後六）日入
辰（前八）食事（ショクジ）	戌（後八）黄昏穿濁
巳（前十）万中，禺中（グチュウ）	亥（後十）人定（ジンテイ）
午（前十二）日南，日中（ジッチウ）	子（後十二）夜半

（立正大学考古学演習資料より）

則天文字

則天武后（武照）〔唐３代皇帝高宗―在位 649 ～ 683 の后〕が，十七字について音と義を変えることなく，形を変えて強制的に使用させた文字。690 年から 705 年の 15 年間に使われた神秘的呪力信仰により作られた。

日本では８世紀～９世紀の東日本出土の皿･盤形土器に四字が認められ，西日本では稀れ。現在，十七字のなかで四字に限られて出土。

〔出土則天文字〕

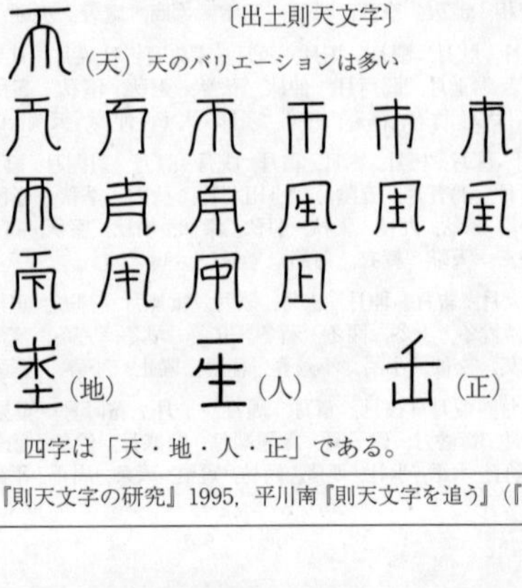

四字は「天・地・人・正」である。

蔵中進『則天文字の研究』1995，平川南『則天文字を追う』(『歴博』34，1989)

方位対照表

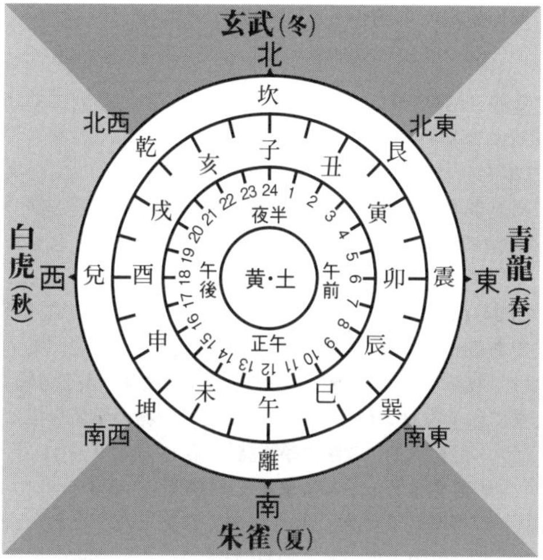

干支順位表

きのえね 甲子	きのとうし 乙丑	ひのえとら 丙寅	ひのとう 丁卯	つちのえたつ 戊辰
つちのとみ 己巳	かのえうま 庚午	かのとひつじ 辛未	みずのえさる 壬申	みずのととり 癸酉
きのえいぬ 甲戌	きのとい 乙亥	ひのえね 丙子	ひのとうし 丁丑	つちのえとら 戊寅
つちのとう 己卯	かのえたつ 庚辰	かのとみ 辛巳	みずのえうま 壬午	みずのとひつじ 癸未
きのえさる 甲申	きのととり 乙酉	ひのえいぬ 丙戌	ひのとい 丁亥	つちのえね 戊子
つちのとうし 己丑	かのえとら 庚寅	かのとう 辛卯	みずのえたつ 壬辰	みずのとみ 癸巳
きのえうま 甲午	きのとひつじ 乙未	ひのえさる 丙申	ひのととり 丁酉	つちのえいぬ 戊戌
つちのとい 己亥	かのえね 庚子	かのとうし 辛丑	みずのえとら 壬寅	みずのとう 癸卯
きのえたつ 甲辰	きのとみ 乙巳	ひのえうま 丙午	ひのとひつじ 丁未	つちのえさる 戊申
つちのととり 己酉	かのえいぬ 庚戌	かのとい 辛亥	みずのえね 壬子	みずのとうし 癸丑
きのえとら 甲寅	きのとう 乙卯	ひのえたつ 丙辰	ひのとみ 丁巳	つちのえうま 戊午
つちのとひつじ 己未	かのえさる 庚申	かのととり 辛酉	みずのえいぬ 壬戌	みずのとい 癸亥

度量衡

	度(長さ)	量(容量)	衡(重さ)
大宝令制	1丈=10尺 1尺=10寸 1寸=10分	1斛(こく)=10斗 1斗=10升 1升=10合=100勺	1斤=16両 1両=24銖 1銖=黍100粒の重さ
平安〜戦国	1尺=10寸 1寸=10分 1分=10厘 1厘=10毛	1斛(石)=10斗 1斗=10升 1升=10合 1合=10勺=0.18ℓ	1斤=16両=160匁 1両=4分=24銖 1貫目=1000匁=3.75kg 1匁=10分=100厘
江戸	鯨尺=曲尺1.25尺 ※曲尺 1丈=10尺 1尺=0.303m	京枡が基準とをる (豊臣秀吉の統一) 1石=10斗=100升 1升=10合=1.804ℓ	
明治	法定尺 =0.303m	1升=64.827立方分 =1.804ℓ	1斤=600g 1両=38.5g 1分=9.62g 1銖=1.6g

考古学を学ぶ読者に

―辞・事典への誘い―

日本で発行された考古学に関する辞・事典について，主なものを種類別・時系列にあげた。研究・学習の参考にしていただければ幸いである。

日本の考古学の辞典・事典は，日本を含めた汎世界・汎東アジア地域を対象として編集されたもの，日本に視点をおいて関連事項を収めたものがある。さらに，日本考古学の「用語・学史・人物・時代別・遺跡・遺物・地域」などを主眼に編まれたものがあり，それぞれ目的別に活用されている。

日本考古学の先駆的な辞典として知られているのは酒詰仲男・篠遠喜彦・平井尚志編**『考古學辞典』**（新書判 1951，改造社）である。クロース装，本文 333 頁(巻首カラー 2，モノクロ 2)，巻末に「項目目録」をつけ，収録項目は 1308。一般・発掘・自然遺物・人工遺物・古墳・人名・遺跡と項目をわけ，文末に参考文献を付記し，とくに自然遺物の学名を掲げている。発行部数は 300 部であった。本辞典以前に**『考古學雑誌』**（第 13 巻第 9 ～ 11 号，第 14 巻第 1 号，1923 ～ 24)に「考古學辞彙」が，**『人類學先史學講座』**（第 3・5・8・10・11・13 巻，1938 ～ 39)に「用語解説」が掲載されたが，ともに未完に終った。なお，斎藤忠**『考古学の研究法』**（A5 判，198 頁，1950，吉川弘文館)に付載された「考古学関係主要用語略解」309 項目(46 頁)は，久しいあいだ本辞典ともども重宝された。

1. 本格的な辞・事典

本格的な辞典は，水野清一・小林行雄編『図解考古学辞典』（1959，東京創元社)，藤田亮策監修・日本考古学協会編『日本考古学辞典』（1962，東京堂)がある。

『図解考古学辞典』は，四六判，1056 頁，執筆者 15 名，各頁に写真・挿図を配している。付表として「日本古代文化の土器型式による編年表」「世界考古年表」。取り扱う範囲は，日本を主としその周辺であるが，一般的な基礎事項などは広い視点から収め，また遺物の大系と代表的な遺跡の解説に留意するとともに「歴史・民俗・地理・地質・鉱物・生物」など関連項目をも収めている。文末には関連文献を記している。日本考古学の代表的な辞典として高く評価され，洛陽の紙価を高めている。

『日本考古学辞典』は，日本考古学協会が日本考古学辞典編集委員会によって項目選定をなし230名の執筆によって完成した。B5判，652頁，項目は考古学及び隣接分野から3,600を選んでいる。口絵写真 8 頁，付録として「国宝・重文一覧，国分寺址・国分尼寺址一覧，日本出土銭貨一覧，指定史跡一覧，考古学関係法規抄，奈良時代以前紀年銘金石文一覧，縄文式・弥生式土器編年図表，国分寺址・国分尼寺址分布図」を付載している。項目は，時代的には先史時代より歴史時代，地域は日本を主とし中国・朝鮮，アジア・中近東・ヨーロッパ・アフリカ・アメリカなどに及んでいる。また，「人名・書名」を取り入れている。項目の文末には参考文献を掲げている。8 名の編集委員は日本考古学協会委員で，230 名の分担執筆である。日本の主要遺跡をはじめ，中国・朝鮮半島などかつての「外地」で日本人研究者が発掘調査した遺跡，日本及び日本周辺を対象とした研究書，報告書，雑誌のほか，人名録の収録にも配慮されている。

『図解考古学辞典』と『日本考古学辞典』は初版以降，版を重ね，考古学関係者をはじめ関連分野の人々によって活用されてきた。

『世界考古学事典』（B5判，上－事典〔1頁～1193頁〕；下－概説・地図・文献・索引〔1195頁～1848頁〕，1979，平凡社）が刊行された。収録項目は約6,000の小項目からなり，12名の編集委員，16名の編集協力者，4名の編集委員助手，220名の分担執筆による大事典である。本事典の特色は「日本を含む東アジアを中心に世界全域を網羅して項目を編成し」たものである。小項目をとり，それぞれの関連の理解を〔下〕の概説などを活用することによって有用さを増すように配慮されている。日本は勿論，世界の考古学界にあっても，本事典のように広い視野で各地の事項を選択して解説しているものは見当たらない。日本の考古学が世界の考古学界に誇る成果である。

西谷正編**『東アジア考古学辞典』**（B5判，594頁，2007，東京堂出版）は，「北東アジアの朝鮮半島を中心に，中国・台湾・モンゴル・ロシア・日本」「東南アジアのベトナム・ラオス・タイ・ミャンマー・カンボジア・マレーシア・インドネシア・フィリピン」を対象にした2300項目を収め，時代は旧石器時代から近世・近代に及んでいる。執筆者は257名である。韓国・北朝鮮・中国の遺跡名と人名は原則として漢字の音読み，遺跡名と文化名の項目に欧文をつけ，韓国・北朝鮮・中国は現地語，その他は英語表記にし，利用者の便に供しているところに特色がある。日本の考古学にとって密接な関係を有する朝鮮半島及び中国などを対象とした本辞典は，日本考古学の研究者にとっても有用なものとなっている。

日本考古学の小辞典として江坂輝彌・芹沢長介・坂詰秀一編**『新日本考古学小辞典』**（B6判，500頁，2005，ニュー・サイエンス社）がある。旧版**『日本考古学小辞典』**（B6判，425頁，1983，ニュー・サイエンス社）の新版である。旧版1,500項目に対して新版1,800項目であり，執筆者は128名。付録として「旧石器関係用語対照表（日・英・仏・露），縄文（土器）の文様，部分名称一覧，旧石器時代編年表，縄文土器編年表，弥生土器編年表，須恵器・土師器・灰釉陶器編年表，擦文土器編年表，古銭一覧」が収められている。日本を主としているが，隣接地域をはじめ世界の著名遺跡をも含んでいる。日本考古学の学会・雑誌・人名などについての項目もあり利用度は高い。旧版以来，多くの人々が簡便な小辞典として活用してきている。

田中琢・佐原真編集代表**『日本考古学事典』**（A5判，992頁，2002，三省堂；小型版，B6判，982頁，2011）は，ユニークな事典である。約1,600項目を収め，編集担当（旧石器時代－加藤晋平，縄文時代－小林達雄，弥生時代－佐原，古墳時代－白石太一郎，歴史時代－田中）のもと78名が分担執筆にあたっている。研究史の重視，東アジア及び世界の考古学と日本との関連性，動詞項目のもと人間活動の復原，近接関連分野の成果と対比などの特色を有している。考古学の基本事項に多くの項目を入れ，読者が「考える」視点を導入している読む事典である。日本考古学の過去と現状を理解し，未来の考古学的視点を考えることに配慮している。

2. 用語辞典と学史・人物事典

日本考古学の用語辞典は，斎藤忠『**日本考古学用語辞典**』(B5 判, 568 頁, 1992, 学生社)と大塚初重・戸沢充則編『**最新日本考古学用語辞典**』(A5 判, 362 頁, 1996, 柏書房)の 2 種がある。

斎藤忠『**日本考古学用語辞典**』は，2004 年に『**改訂新版日本考古学用語辞典**』(A5 判, 574 頁，学生社)が刊行され，旧版項目 4,495 を大幅に上廻る項目が収められた。解説は，一般的な解説，その用語の起源・沿革，参考文献の 3 項目よりなり「引用古文献解題，遺跡・遺物名称(名所)一覧，テーマ別索引，五十音別索引」が付けられている。また，斎藤忠『**日本考古学用語小辞典**』(四六判, 324 頁, 2003, 学生社)は, 4582 語を収めたハンディサイズもある。考古学の研究者にとっては，旧版と改訂新版の項目の文末に記載されている参考文献が有用である。斎藤用語辞典は，単独執筆による労作で，解説など積年におよぶ著者の薀蓄が込められている。

大塚初重・戸沢充則編『**最新日本考古学用語辞典**』は，編者のもと 43 名が分担して執筆したもので，基本用語，専門用語をはじめ考古学の関連用語など約 3500 を収めている。「石器・土器型式一覧」を巻末に掲げ，項目中に土器型式の解説に意を配している。

なお，山本忠尚『**〔和英対照〕日本考古学用語辞典**』(B5 判，293 頁，2001，東京美術)がある。旧石器時代から平安時代の用語を主とし一部中世〜近世も含んでいる。全体を 2 部構成とし，第 1 部は「日本語から英語」第 2 部は「英語圏の研究者に日本考古学の概要を紹介」することを目的としている。巻末に「英語索引」が付けられている。

考古学の研究にとって学史に関する知識が必要である。日本考古学の学史を対象とした辞典がある。斎藤忠『**日本考古学史辞典**』(B5 判，742 頁，1984，東京堂出版)は，文献 932，人物 283，用語 525，発掘の発見史 706，研究史 68，機関・施設 249，学会 131，その他 31 の項目を収めている。文献は 1975 年までに刊行された単行本・報告書・雑誌，人物は 1984 年 8 月までの物故者，発掘・発見史と機関・施設・学会は 1975 年現在の資料によっている。文献は，書誌的事項と内容と学史的意義など，人物は，生没年月・経歴と著作論文を紹介している。資料編として，文献記録，写真図版などが収められている。

また, 斎藤忠『**日本考古学人物事典**』(B5 判, 258 頁, 2006, 学生社)がある。日本の考古学・人類学・歴史学などの研究者 690 人を近世・近代・現代・外国人に分類して, 生没年月, 経歴, 学界に果した貢献，著作，サインなどについて解説している。

日本歴史学会編『**日本史研究者辞典**』(B5 判，359 頁，1999，吉川弘文館)と併用することによって日本考古学の先覚の業歴を知ることが出来る。

3. 時代，遺跡遺物などの専門辞・事典

日本の遺跡については，大塚初重・桜井清彦・鈴木公雄編『**日本古代遺跡事典**』(菊判, 826 頁，1995，吉川弘文館)がある。数万ヵ所の全国の遺跡から，重要な遺跡，考古学史上規準となる遺跡，マスコミで話題となった遺跡など，約 3,200 項を選定し解説した事典，312 名の分担執筆である。巻頭にカラー写真 8 頁を掲げ，遺跡の読み，性格，所在地，

立地状況，発掘調査の概要，出土遺物，出土遺物の保管，展示場所，参考文献について触れている。巻末に遺跡の索引が付けられている。

考古学研究のアルファベットと称されている土器については，大川清・鈴木公雄・工楽善通編**『日本土器事典』**（B5判，1100頁，1996，雄山閣）がある。縄文時代から平安時代までの土器を地域別・型式別に配列している。掲載の項目は約600，時代別，各地域の土器型式を概説し実測図・写真を収め，参考文献を記載している。執筆者は249名。付録として「土器の器形と名称（縄文・弥生），土器の名どころ，縄文～土師器の製作工程と用語，岩版・土版，岩偶・土偶，縄文土器・土偶の補修，縄文土器の文様，弥生土器の文様，土器と漆器の文様，墨書土器，「赤彩土器」の分類と名称，「日本周辺の土器－シベリア・極東－」を収め，「文献」の目録，索引が付けられている。日本全国の地域性をもった土器の型式について解説した事典である。

日本考古学の時代区分に基づいた辞・事典がある。

旧石器文化談話会編**『旧石器考古学辞典』**（四六判，2000－初版；2001－増補改訂；2007－三訂版，307頁，学生社）は，項目として，遺跡（日本・外国），石器，技術，学説，理論，化石人類，分析法，年代測定法，地質，地形，火山灰，岩石，哺乳動物，古生態，学者（故人）の基本用語が収められ，初版で782，三訂版で882が取り上げられている。初版以来，6年余で三版が刊行された所以は，2000年11月5日に発覚した「旧石器発掘捏造事件」（三訂版52頁）により，その検証調査による削除・修正の結果，改訂・増補が刊行されたことによる。よって三訂版を利用することが望ましい。旧石器時代と同時代に関連する自然科学分野の成果が収録されている。項目には英語・フランス語を表記し，該当語のない例には日本語のローマ字表記が示されている。文末には参考文献，付録として各種の図・表など，索引（用語・遺跡・人名）が付けられている。三訂版の執筆者は19名である。

戸沢充則編**『縄文時代研究事典』**（B5判，635頁，1994，東京堂出版）は，用語編（966項目），土器型式編（436項目），遺跡編（811項目）の3部構成，685頁の総頁中に挿図1,500，項目末に文献を掲げている。縄文時代と文化の全容を3部して構成したもので，該当分野の研究はもとより，日本の考古学を理解するためにも有用な事典となっている。執筆の分担者は98名である。

また，小林達雄編**『総覧縄文土器』**（A4判，1322頁，2008，アム・プロモーション）は，縄文土器研究の最新情報を全国的な視野で総覧したもので169名の専門家が分担執筆している。総頁1322頁，第Ⅰ部総論，第Ⅱ部様式各説，第Ⅲ部特論・各論より構成され，縄文土器に関するあらゆる情報が網羅されている。付図の「縄文土器様式編年表」は，巻末に収められている「縄文土器用語日英対照表」ともども有用である。書名は「総覧」であるが，「縄文土器事典」である。

古墳時代関係の辞典として，大塚初重・小林三郎編**『古墳辞典』**（四六判，458頁，1982，1996－増補・新装版，482頁，東京堂出版）がある。第1部・遺跡編（日本国内の主要古墳概要）と第2部・用語解説編（古墳研究の基礎的用語解説）より構成され，編者など8名が分担している。第1部は県別古墳の目次があり便利，第2部は古墳の概念，古墳時代の変遷，時代区分古墳の形態と種類，古墳の築造と外部施設，副葬品，埴輪，土師器，須恵器などの解説が収められている。増補版には，巻末に43の古墳が加えられ，総数837の古墳が収められている。大塚初重・小林三郎・熊野正也編『**日本古墳大辞典**』(B5判，639頁，1989，東京堂出版)，大塚・小林編『**続日本古墳大辞典**』(B5判, 524頁, 2002, 東京堂出版)がある。前著には2800項目4000基の古墳について118名が分担執筆し1400の挿図が収められている。後著は，前著出版後の10余年間に調査された古墳及び再調査の情報が加えられ1800項目，挿図950が収められ，執筆者は300名に及ぶ。2著合計1174頁, 文末には文献が付けられ「県別古墳索引」ともども利用に便である。解説事項は，所在地名，調査年次と調査者名，古墳の形態と大きさ，外部施設と内部施設，副葬品の種類と数量，特徴的な事項と年代観，史跡指定の有無(国・県指定まで)，出土遺物の保管者，主要文献の10項目にわたっている。

歴史時代の考古学を扱った小野正敏・佐藤信・舘野和己・田辺征夫編『**歴史考古学大辞典**』(四六倍判，1247頁，2007，吉川弘文館)は，3270の項目を遺跡，遺物，典籍，宮城，城館，城郭・寺院，建築，絵画，工芸，民俗，加えて地名を449名が分担執筆している。古代から近代化遺産を対象に，さらに自然科学など関連諸分野の最新の研究成果を収めている。さらに，北海道と沖縄の関係事項，出土木簡などの文字資料として異字体・梵字の項目もあり，荘園一覧表なども加えられ，考古学と文献史学の両面から活用し得る構成となっている。89頁に及ぶ索引と11頁に及ぶ収録図版の目録を活用することにより，豊富な挿図ともども研究に資することが大きい。

日本の近世考古学を対象とした江戸遺跡研究会編『**図説江戸考古学研究事典**』(B5判，500頁，2001，柏書房)は，近世考古学分野の事典である。6名の編集委員と21名の執筆による本事典は，Ⅰ江戸と考古学，Ⅱ江戸の市街と考古学，Ⅲ江戸の施設と遺構，Ⅳ江戸の墓，Ⅴ江戸の災害考古学，Ⅵ江戸の生活文化，Ⅶ江戸の遺物，Ⅷ各地の遺跡，よりなっている。考古学の立場から物質的資料を主として扱っているが，文献古記録，絵画類の史料も豊富に用いている。とくに出土資料についての説明が多く，江戸地域の研究にとって重宝である。「江戸遺跡参考文献」が付載され，江戸の考古学の情報が網羅されている。

近現代の遺跡・遺物に視点をおいたものとして十菱駿武・菊池実編『**しらべる戦争遺跡の事典**』(A5判, 428頁, 2002, 柏書房), 同『**続しらべる戦争遺跡の事典**』(A5判, 458頁, 2003，同)がある。近代の戦争関係遺跡の事典で，前著はⅠ戦争遺跡(調査・保存・学習の方法)，Ⅱ戦争遺跡案内，Ⅲ調査・研究のための情報データベース，後者はⅠ全国の戦争遺跡，Ⅱ戦争遺跡を歩く・見る・しらべる，Ⅲ海外の戦争博物館を訪ねる，Ⅳ「都道府県別」全国戦争遺跡リストから構成されている。前著には「戦争遺跡関連の文献目録」「近代戦争・軍事史略年表」が付載されている。

4. 分野別に編集された辞・事典

分野別ごとのものとして，坂詰秀一編『**仏教考古学事典**』(A5判, 467頁, 2003, 雄山閣)があり，日本を主とし仏教伝播地域の遺跡・遺物と基本的用語を収録している。執筆の分担は仏教学の専門家も含めて40名である。仏教考古学の主対象である塔婆・伽藍・経塚・仏像・仏具・墳墓に関連する項目を選択し，巻末に「仏教考古学関連略年表」「仏教遺跡地図」

「仏教考古学基本文献(抄)」を付載している。索引は事項，遺跡，人名の各分野によっている。また，仏教の考古学分野については，中村元編『**図説佛教語大辞典**』(B5判，760頁，1988，東京書籍)，中村元・久野健監修『**仏教美術事典**』(B5判，1035頁，2002，東京書籍)，仏法具については，岡崎譲治監修『**仏具大事典**』(A4判，835頁，1982，鎌倉新書)，清水乞編『**仏具辞典**』(四六判，173頁，1978，東京堂出版)，中野玄三編著『**仏教美術用語集**』(四六判，238頁，1983，淡交社)が参考になる。石造塔婆については，川勝政太郎『**日本石造美術辞典**』(A5判，369頁，1978，東京堂出版)，日本石造物辞典編集委員会編『**日本石造物辞典**』(B5判，1369頁，2012，吉川弘文館)がある。なお，土生田純之編『**事典 墓の考古学**』(B5判，404頁，吉川弘文館)は，日本の原始・古代～近世，朝鮮，中国の墓を総括的に扱っている。

古代交通研究会編『**日本古代道路事典**』(A4判，436頁，2004，八木書店)は，各地で発掘調査の機会が増した古代官道の事例を発掘結果とともにまとめてあり便利である。奈良国立文化財研究所編『**日本古代木簡字典**』(四六判，192頁，2008，八木書店)は，出土文字に接する機会が多くなった考古学分野の人にとって有用である。

地域別，県別の考古学事典として，大塚初重・桜井清彦・鈴木公雄編『**日本古代遺跡事典**』(前掲)のほか，横須賀考古学会編『**三浦半島考古学事典**』(A4判，388頁，2009，横須賀考古学会)，(財)群馬県埋蔵文化財調査事業団編『**群馬県遺跡大事典**』(B5判，464頁，1999，上毛新聞社)があり，一定地域の考古学情報が収録されている。

なお，考古学全般を扱った安斎正人編『**現代考古学事典**』(B5判，452頁，2004，同成社)は，同『**用語解説現代考古学の方法と理論**』Ⅰ～Ⅲ(A5判，1999～2000，同成社)を再編成したもので「現代考古学」など100項目を31名が分担執筆した事典である。新しい考古学を目指す編者の想いが凝集されている。

(財)京都府文化財保護基金編『**文化財用語辞典**』(四六判，517頁，1976，第一法規出版；1989－改訂増補523頁，淡交社)は，埋蔵文化財(遺跡・遺物)の関係者にとって便利な辞典。文化財保存全国協議会編『**遺跡保存の事典**』(四六判，270頁，1990，三省堂；新版－2006，318頁，平凡社)も遺跡情報として有用である。

読む事典として，鈴木公雄『**考古学がわかる事典**』(四六判，302頁，1997，日本実業出版社)，安蒜政雄編『**考古学キーワード**』(四六判，242頁，1997，有斐閣)，熊野正也・堀越正行『**考古学を知る事典**』(四六判，390頁，2003－改訂版，東京堂出版)，熊野正也・川上元・谷口榮・古泉弘編『**歴史考古学を知る事典**』(四六判，416頁，2006，東京堂出版)があり，『**日本史広辞典**』(B5判，2439頁，1997，山川出版社)より考古学関係項目を抜粋して編集した田村晃一・合田芳正『**考古学探訪の基礎用語**』(A5判，170頁，2000，山川出版社)がある。いずれも考古学を平易に説いている事典として有用である。

(坂詰秀一『日本考古学文献ガイド』(考古調査ハンドブック③，2010)より改訂増補し転載)

2020年9月

坂詰秀一

協力者一覧

○本辞典図版作製にあたり，掲載許可あるいは図版（写真）を提供いただいた方々は以下の通りである。(敬称略, 五十音順, 図版名の後のカッコ内の数字は本文掲載頁数)

赤碕塔（2）池上悟
明石原人（2）芹沢長介，岩波書店
飛鳥諸宮跡・飛鳥諸京跡（8）江谷寛
鐙瓦（12）八王子市郷土資料館
アメリカ式石鏃（13）熊谷常正
石臼（19）八幡一郎
石鎌（20）岡崎敬，夕刊フクニチ
石釧（21）奈良県立橿原考古学研究所附属博物館
石鍬（22）乙益重隆
石鋸（24）福岡県志摩町教育委員会
石櫃（24）京都国立博物館
石庖丁（25）尼崎市教育委員会
石枕（26）国学院大学考古資料館
石槍（26）佐世保市教育委員会
伊勢堂岱遺跡（29）江坂輝彌
板碑（31）県敏夫
井戸（34）草戸千軒町遺跡調査研究所
居徳遺跡群（35）江坂輝彌
上野原遺跡（44）江坂輝彌
ウサクマイ遺跡群（45）大谷敏三
雲珠（47）市立市川博物館
漆紙文書（51）宮城県多賀城跡調査研究所
雲版（52）久保常晴，ニューサイエンス社
抉入石斧（53）福岡市教育委員会
円筒棺（58）奈良県立橿原考古学研究所
円筒埴輪（58）東大阪市遺跡調査会
横穴墓（59）静岡県伊豆長岡町教育委員会
大洞式土器（65）山内清男『日本遠古の文化』
オホーツク文化（74）東京大学文学部考古学研究室
海進海退（77）江坂輝彌
貝塚（81）江坂輝彌
家屋文鏡（82）宮内庁書陵部
核石器（83）芹沢長介
懸仏（84）大矢邦宣
籠形土器（85）佐藤美津夫
笠塔婆（85）斎木勝
風張遺跡（86）工藤竹久
片刃石斧（92）大阪文化財センター
堅魚木（92）ニューサイエンス社
鉄鉗（95）埼玉県教育局文化財保護課
頭椎太刀（96）末永雅雄，社会思想社
貨幣（98）日本銀行金融研究所，東洋経済新報社
窯跡（99）陶邑 TK—36
上黒岩岩陰（100）江坂輝彌
上之国勝山館跡（101）松崎水穂
甕棺（103）佐賀県教育委員会
仮面（105）江坂輝彌
加茂岩倉・荒神谷遺跡（106）島根県埋蔵文化財調査センター
伽藍配置（109）石田茂作，雄山閣出版
カリンバ3遺跡（109）上野真一
岩偶・岩版（113）江坂輝彌
環濠（114）鏡山猛，吉川弘文館
乾漆棺（115）大阪府教育委員会
環状石斧（115）大阪文化財センター
環頭大刀（119）市原市教育委員会
顔面付土器（119）縄文：浦和市教育委員会/弥生：天野暢保, 日本考古学会/古墳：永峯光一
顔面把手（120）江坂輝彌
鞠智城跡（121）大田幸博
北野廃寺（124）岡本桂典
夔鳳鏡（127）後藤守一
日本旧石器の編年図（128，129）芹沢長介
旧石器時代のヴィーナス（131）芹沢長介
宮殿跡（132）大阪文化財協会
経塚（133）小田富士雄
経筒（133）津金澤吉茂，ニューサイエンス社
杏葉（134）埼玉県教育委員会
玉器（135）『人民中国』
局部磨製石斧（135）芹沢長介
魚形石器（136）石附喜三男
鋸歯縁石器（136）芹沢長介
御物石器（137）橋本澄夫
錐形石器（137）芹沢長介
切出形石器（139）芹沢長介
櫛（142）福井県教育委員会
国東塔（145）渋谷忠章
倉科将軍塚古墳（147）桐原健
クリーヴァー（148）芹沢長介
鍬形石（150）関西大学文学部
磬（151）滝谷寺
形象埴輪（154）群馬県教育委員会
圭頭大刀（154）千葉県教育委員会
硬玉製大珠（158）甲斐丘陵考古学研究会
下野国庁復元模型（167）栃木県教育委員会
こけし形石製品（169）芹沢長介
御所野遺跡（171）高田和徳
主要骨角・歯牙製品集成（174，175）金子浩昌

獣脚骨蔵器（177）久保常晴, ニューサイエンス社
琴柱形石製品（178）亀井正道
古墳（179）末永雅雄，学生社
古墳群（180）中井正弘，摂河泉文庫
小牧野環状列石（182）江坂輝彌
子持勾玉（183）和歌山県教育庁
五輪塔（184）神奈川県箱根町教育委員会
是川遺跡（184）工藤竹久
細石刃（187）芹沢長介
幾何形細石器（187）芹沢長介
酒船石遺跡（190）江谷寛
鮭石（192）江坂輝彌
擦文文化（192）東京大学文学部考古学研究室
三角縁神獣鏡（195）小林行雄，青木書店
三角形板状土製品（195）江坂輝彌
三脚石器（196）江坂輝彌
三内丸山遺跡（199）岡田康博
敷石遺構（203）秋川市教育委員会
支石墓（205）諫早市教育委員会
耳栓（206）吉田格
鴟尾（211）奈良国立文化財研究所
斜軸尖頭器（215）芹沢長介
車輪石（216）関西大学文学部
重圏文鏡（217）岡崎敬・児島隆人
珠文鏡（223）後藤守一
狩猟文鏡（223）後藤守一
上円下方墳（225）東京都府中市役所
衝角付冑（226）奈良県立橿原考古学研究所附属博物館
城柵跡（227）八木光則
小銅鐸（228）宇佐市教育委員会
縄文土器編年図（232，233）小野美代子
植刃（235）芹沢長介
心礎（241）坂詰秀一，ニューサイエンス社
鋤（249）小林行雄，臨川書店
スクレイパー（251）芹沢長介
硯（252）五島美術館，上：大阪府教育委員会
下：宮城県多賀城跡調査研究所
製塩土器（256）岡山県教育委員会
石人（260）乙益重隆
石錘（260）江坂輝彌
石錐（260）稲荷丸北遺跡調査団，ニューサイエンス社
石鏃（261）埼玉県教育委員会
石帯（262）府中市社会教育部郷土館
石刀（262）高山市郷土館
石幢（262）服部清道，角川書店
打製石斧（263）大阪文化財センター
石棒（264）なすな原遺跡調査会
石器の製作法（267）吉崎昌一，鎌木義昌
石剣（268）なすな原遺跡調査会
尖頭器（273）芹沢長介
塼仏（274）八王子市郷土資料館
前方後円墳（275）末永雅雄，学生社
前方後方墳（275）栃木県教育委員会
双円墳（277）末永雅雄，学生社
層塔（280）川勝政太郎，誠文堂新光社
双方中円墳（280）梅原末治
台形石器（284）芹沢長介
楕円形石器（286）芹沢長介
敲石（291）芹沢長介
竪穴式石室（294）堅田直，講談社
竪穴住居跡（294）江坂輝彌
短甲（299）田中新史，日本考古学会
丹後平古墳（299）工藤竹久
短冊型石斧（299）東京都埋文センター
地下式横穴（300）石川恒太郎, 帝国地方行政学会
彫刻刀形石器（305）芹沢長介
長七谷地貝塚（305）工藤竹久
長者久保遺跡（306）芹沢長介
直弧文（308）ニューサイエンス社
F. ボルド製作のツィンケン（309）芹沢長介
筒形銅器（312）東京堂出版
泥塔（316）木下密運，雄山閣出版
鉄鏃（317）大阪大学文学部国史研究室
鉄鋌（317）大沢正巳・山本信夫，日本考古学会
家形陶棺（324）岡山県立博物館，邑久考古館
桃子剣（329）全栄来
銅鐸（330）羽曳野市教育委員会
土偶の種類（336）小野美代子
土製耳飾（340）江坂輝彌
独鈷石（341）東北大学文学部考古学研究室
土馬（342）奈良県立橿原考古学研究所附属博物館
土版（342）江坂輝彌
巴形銅器（343）杉原荘介
トランシェ(小形品)の製作順序（344）芹沢長介
内行花文鏡（347）佐賀県教育委員会
ナイフ形石器（348）芹沢長介
長持形石棺（351）京都府教育委員会
なすな原遺跡（352）江坂輝彌
夏島式土器（353）芹沢長介
縄掛突起（355）大阪府教育委員会
日光鏡（359）後藤守一
乳棒状石斧（361）藤森栄一，中央公論美術出版

乳文鏡（362）後藤守一
捩文鏡（364）後藤守一
根城跡（365）工藤竹久
買地券（371）倉敷考古館
博山炉（373）『満城漢墓発掘報告』
馬鐸（377）九州考古学会
撥形石斧（377）吉田格
蜂巣石（377）吉田格
八花鏡（378）後藤守一
花見山式土器（380）坂本彰
馬面（382）『満城漢墓発掘報告』
原の辻遺跡（383）安楽勉
ハンドアックス（385）芹沢長介
ピエス・エスキーエ（386）芹沢長介
火鑚臼１と火鑚杵火２（387）森豊，ニューサイエンス社
碑伝（390）石田茂作
美々塚北遺跡（391）高橋理
平窯（395）平安博物館
平原遺跡（395）柳田康雄
風鐸（397）京都府教育委員会
仏足跡（403）加藤諄，築地書館
舟形石棺（405）京都府教育委員会
舟底形石器（405）芹沢長介
分銅形石斧（410）吉田格
璧（411）『満城漢墓発掘報告』
北京原人（412）芹沢長介
篦状石器（412）八幡一郎
方格規矩四神鏡（416）後藤守一
宝篋印塔（417）斎木勝
方形周溝墓（418）横浜市埋蔵文化財調査委員会
方形台状墓（418）岡山県山陽町教育委員会
紡錘車（419）1·2：八王子市教育委員会/3：福岡県教育委員会
墓誌（422）奈良県立橿原考古学研究所附属博物館
帆立貝式古墳（424）群馬県教育委員会
卜骨（424）九州大学文学部考古学研究室，日本考古学会
払田柵跡外柵南門（425）大仙市教育委員会
凡字形石器（429）東久留米市教育委員会
梵鐘（429）興福寺，香取忠彦
勾玉（430）大場磐雄氏資料より
楣石（431）中山清隆
曲物（432）秋田市教育委員会
磨製石鏃（432）関俊彦，立正大学文学部
丸木舟（435）三田史学会
無縫塔（449）川勝政太郎，論文堂新光社
蒙古鉢形冑（451）末永雅雄，創元社
持送式架構（452）松島栄治，新潮社
木簡（453）奈良国立文化財研究所
やぐら（457）赤星直忠，有隣堂
弥生時代の鏡（462）1・2・3：岡崎敬・児島隆人／4：佐賀県教育委員会
弥生土器（464）ニューサイエンス社
有角石斧（465）浅利幸一
有舌尖頭器（466）芹沢長介
弭形角製品（467）金子浩昌
横穴式石室（469）小林行雄，臨川書店
横口式石棺（470）乙益重隆
四隅突出型墳（472）島根県教育委員会
立石（475）江坂輝彌
立体土製品（475）小林康夫
遼寧式銅剣（478）町田章，同朋舎
ルヴァロワ・テクニック（478）芹沢長介
鈴鏡（479）後藤守一
礫器（479）芹沢長介
和鏡（482）後藤守一
古墳（525）上野恵司
竪穴式石室（526）上野恵司
横穴式石室（526）上野恵司
馬具（527）上野恵司
鏡（528）大阪府立近つ飛鳥博物館
大刀（529）大阪府立近つ飛鳥博物館

考古関連人名索引

1. 本文中から考古関連の人名を抽出し五十音順に掲載した。
2. 太字の数字はその人名が項目として掲載されているページを示す。

用語索引

1. 本文中の人名・地名・事項などの用語を五十音順に配列した。
2. 太字の数字はその語が項目として掲載されているページを示す。
3. 本文中では冗長さを回避するため「～遺跡」「～貝塚」「～跡」などの語尾が省略されている場合がある。

あ

い

う

か

き

こ

さ

し

す

せ

そ

た

ち

つ

て

と

ひ

ふ

へ

ほ

む

め

も

や

ゆ

よ

ら

り

る

れ

新日本考古学辞典

2020 年 10 月 20 日　初版発行
2021 年　3 月 10 日　2 版発行

編者　江坂輝彌
　　　芹沢長介
　　　坂詰秀一

発行者　福田久子

発行所　株式会社 ニューサイエンス社

〒153-0051 東京都目黒区上目黒3-17-8
電話03(5720)1163　振替00160-9-21977
http://www.hokuryukan-ns.co.jp/
e-mail : hk-ns2@hokuryukan-ns.co.jp

印刷・製本　倉敷印刷株式会社

ISBN978-4-8216-0614-6 C0521